DICTIONNAIRE

DE

JURISPRUDENCE

ET DES ARRÊTS.

DICTIONNAIRE

DE

JURISPRUDENCE

ET DES ARRÊTS,

Ou NOUVELLE ÉDITION du Dictionnaire de BRILLON, connu sous le titre de *Dictionnaire des Arrêts & Jurisprudence universelle des Parlemens de France & autres Tribunaux ;* augmentée des matieres du droit Naturel, du droit des Gens, du droit Public, du droit Médico-légal, de l'administration de Police, d'Agriculture, de Commerce, de Manufactures, de Finances, de Marine & de Guerre, dans le rapport qu'elles ont avec l'administration de la Justice.

Par M. PROST DE ROYER, ancien Lieutenant-Général de Police de Lyon.

Nobis ita complectenda in hac disputatione tota causa est universi Juris ac Legum, ut hoc, civile quod dicimus, in parvum quemdam & angustum locum concludatur.
CICER. de Leg. lib. 1, cap. 17.

TOME TROISEME.

A LYON,

De l'Imprimerie D'AIMÉ DE LA ROCHE, Imprimeur du Gouvernement & de la Ville.

Il se trouve CHEZ LES PRINCIPAUX LIBRAIRES.

M. DCC. LXXXIII.

AVEC APPROBATION ET PRIVILEGE DU ROI.

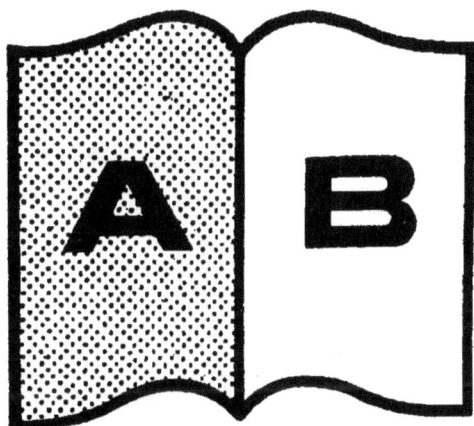

Contraste insuffisant
NF Z 43-120-14

Texte en surimpression

Illisibilité partielle

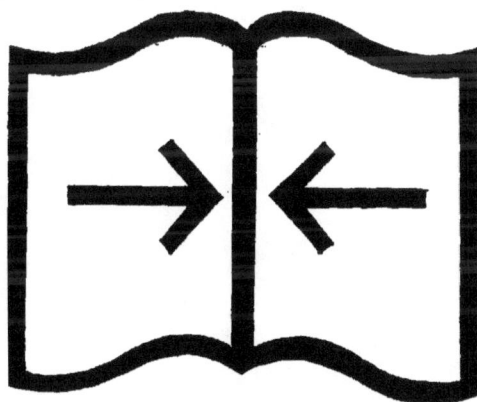

**Reliure serrée
Illisibilité partielle**

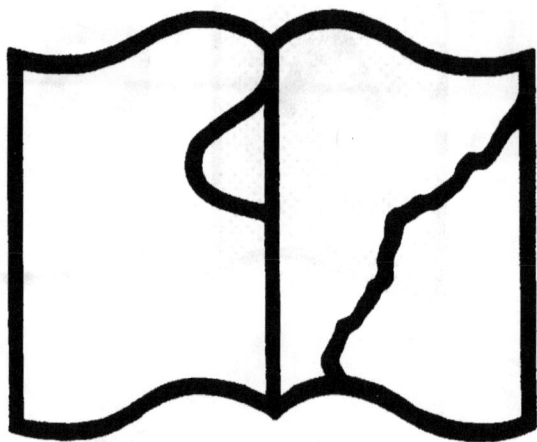

OBSERVATIONS
PRÉLIMINAIRES.

EN parcourant l'océan de la jurifprudence, nous avons reconnu d'autres bâtimens. Nous refpectons le pavillon : nous confidérons les perfonnes, & fi nous nous rencontrons nous irons de conferve. Anfon, Bancks, Bougainville, Coocke, s'eftimerent & eurent le même but.

Le nôtre, à tous, c'eft la recherche de la juftice : c'eft la découverte des routes immuables quelle traça pour arriver à l'ordre focial, & au bonheur public, à travers les paffions, les préjugés, les climats, les cultes, les gouvernemens divers; & malgré cette longue fuite de révolutions phyfiques & morales qui ont bouleverfé notre malheureux globe.

Dans cette recherche de la juftice, chacun a fa maniere de voir, de fentir & d'exprimer. La nôtre feroit celle de notre compatriote Bretonnier, qui ne favoit pas expofer la jurifprudence, fans propofer de la rendre meilleure. (a)

Le compilateur partiel peut étouffer ce fentiment, pour le fuccès même de fon ouvrage; la plupart des gens à qui il a

---

(a) Dans fes queftions de droit, au mot *Retour*, Bretonnier dit : " Cette queftion fe juge diverfement, non feulement dans les différens parlemens, mais dans les différentes chambres du même parlement, comme auffi dans les différens bailliages. „

Il ajoute : *On pourroit faire ceffer un schisme auffi bizarre, en ordonnant. . . Je pense... J'abhorre comme une efpece de facrilege, &c.* Cette maniere loyale plaît à l'homme vertueux : & Bretonnier fut encouragé par le chancelier d'Aguelfeau.

Dans les recherches indifférentes il eft permis d'être infenfible ou aveugle, & de confondre l'or avec le fumier. Mais quand il s'agit de la juftice !... Il n'y a que le lâche Africain qui fe profterne devant un firman injufte, & baife le cordon qui l'étrangle.

affaire, trouvent que *tout eft bien*, & ne lui demandent que des armes pour combattre.

Combien font plus étendus les devoirs du lexicographe, qui embraffant toutes les parties, voyant leurs rapports, leur enchaînement, & les réfultats; s'il n'eft pas un imbécille, a une opinion quelconque, & ne fauroit la diffimuler ni la taire, fans manquer à fes engagemens, fans trahir la confiance, fans être vil & coupable.

Placé à l'entrée *du labyrinthe tortueux & obfcur de la juftice*, où, François I difoit que *les plus éclairés s'égarent*, le lexicographe laiffe à des mains plus habiles, l'honneur d'aider celui qui fait, & s'attache à celui qui ne fait rien. C'eft fur-tout cette jeuneffe, l'efpoir de la patrie, dont il fera la doctrine; dont il peut former le cœur; dont le dégoût, la légéreté, la foibleffe, l'ignorance & les égaremens feroient fon ouvrage. Car, il ne faut qu'une réminifcence dans le magiftrat pour lui épargner des remords, & à la juftice des erreurs trop fouvent irréparables.

Le lexicographe recommence fes études avec fon lecteur, apprend la langue judiciaire, cherche les origines, tâche de fimplifier les idées. Quelquefois il ofe aller plus loin : il effaie de rapprocher la jurifprudence de cette juftice naturelle & fondamentale, fans laquelle les volontés des fouverains & les décrets des tribunaux, ne feront, pour la poftérité, que ce que font pour nous tant d'arrêts, de coutumes, & de loix, qui régirent nos peres, & que nous rejetons comme ridicules, injuftes ou barbares.

Veut-il rendre la jurifprudence intelligible, moins aride, moins dégoûtante même, il la fait marcher avec l'hiftoire. C'eft dans cette vue que nous avons efquiffé celle du droit criminel fous le mot *Accufation*, N^{os} *7* & *107*, comme celle de l'*Adminiftration publique*, fous les N$^{os.}$ *5* & *37*. Nous allons plus loin dans ce volume, & fous le mot *Adminiftration de la juftice*, nous effayons d'écrire l'hiftoire du droit françois, depuis les Gaulois jufqu'en 1780.

Un devoir, non moins facré, c'eft de préfenter à chacun les notions principales, qui doivent le guider, dans les rapports qu'il peut avoir avec la juftice, quelle que foit la pofition où le mettront, fa naiffance, fa fortune, fon rang, & les conjonctures. Nous avons donc raffemblé, autant qu'il eft en nous, les principes épars du droit naturel, du droit des gens, du droit public, du droit martial, du droit criminel, du droit médico-légal; de l'adminiftration, de la police, du commerce & de la finance. Heureux de pouvoir offrir quelquefois les recherches exactes, & les obfervations impartiales que des circonftances extraordinaires nous ont mis à portée de faire !

Cette partie intéreffante peut être confidérée comme la principale de notre ouvrage ; le refte eft l'acceffoire : cependant nous le négligeons d'autant moins, qu'auprès de bien des gens il fert de paffeport. On peut en juger entr'autres par les articles *Accroiffement*, *Acquét*, *Afféagement*, *Agencement* & *Aineffe*.

A ce vafte plan, nous avons ajouté quelques parties que nous croyons utiles, & dont on nous faura quelque gré, peut-être.

C'eft de deffiner quelques grands jurifconfultes ; de chercher leur efprit, d'indiquer leurs ouvrages. La vanité protege tant de fauffes nomenclatures : la juftice doit arracher à l'oubli les hommes qui l'ont bien fervie, & il n'eft pas indifférent de montrer leurs images à ceux qui la fervent encore. (*b*)

Nous effayons auffi la géographie judiciaire de la France, afin que cherchant le nom d'une province ou d'une ville, on voie fur le champ fon état actuel, fa conftitution politique, fon reffort, le droit & la coutume qui la régiffent. (*c*)

Sur les grands objets, n'appercevant quelquefois autour de nous que des ténebres, nous continuons à aller au dehors nous confoler de n'être pas mieux, ou chercher quelque lumiere. (*d*)

_____

(*b*) Voyez les articles d'*Agueffeau*, & *Airault*, nous defirons bien que ceux qui ont des anecdotes précieufes fur les grands magiftrats & les grands jurifconfultes daignent nous les confier. Par ces deux articles on jugera de l'ufage que nous voulons en faire.

(*c*) Voyez dans ce volume les articles *Agde*, *Agen*, *Aigues-mortes*, *Aigues-Perfe*, *Aix-la-Chapelle*, *Aix* en Provence, & *Alais*.

(*d*) " Le 16 janvier 1720, l'empereur Kang-hi dit au légat du pape : Eft-ce l'ufage en Europe de condamner un homme à mort, fanss'affurer qu'il eft coupable? – Non. – Mais fi le prince a prononcé l'arrêt fur des preuves fuffifantes, & que le juge inférieur, à qui l'exécution eft renvoyée, découvre des preuves de l'innocence, l'arrêt doit-il être exécuté ? – Je crois, répondit le légat, que le juge feroit bien de fufpendre, & d'avertir le prince. – Je le crois

Nous continuons à marcher avec notre ſiecle, à conſidérer l'état actuel de l'eſprit humain, à chercher juſqu'où peuvent le conduire, ſa pente naturelle, la commotion générale & l'impulſion donnée par quelques ſouverains.

Enfin, embraſſant du même œil tous les membres de ce grand corps, nous tâchons de leur donner la même vie, de les animer du même feu; c'eſt celui de la juſtice. Eh! qui oſeroit l'éteindre?

N'aurions-nous pas mieux rempli cette tâche, par une ſuite de traités, en ſuivant le plan d'Heineccius? Nous nous ſommes fait cette queſtion. Mais ſi nous voulions être lus par tous, il falloit ſuivre le torrent. Il reſtoit à diminuer les défauts tant reprochés au genre que nous avons adopté; & c'eſt un des points auxquels nous nous attachons le plus. Nous donnons moins un Dictionnaire, qu'un recueil alphabétique de traités, avec toutes les notions relatives à la juriſprudence. (e)

---

certes, ajouta gravement l'empereur: ON NE PEUT ATTACHER TROP DE PRIX A LA VIE D'UN HOMME. ,, (*Iſtoria delle coſe operate nella China, da M. Gio Ambroggio Mezzabarba, &c. in Parigi, Briaſſon* 1740.)

A ce trait du droit étranger, nous joindrons ſeulement deux queſtions; 1°. Que ſtatuent nos loix, ou plutôt quelle eſt notre juriſprudence? car l'ordonnance de 1670 eſt muette ſur ce point intéreſſant, comme ſur tant d'autres. 2°. N'eſt-il jamais arrivé que le juge inférieur ait fait exécuter l'arrêt, ayant en main la découverte de l'innocence? Oui, cela eſt arrivé, cela arrivera encore, & la cauſe en fait frémir.

(e) Voyez dans ce volume les articles ſuivans. — *Adminiſtration de la juſtice.* — Hiſtoire ou *Grandes époques du droit françois.* — *Adoption.* — *Adreſſe,* ruſe, fineſſe, tromperie, dol. — *Adulation,* vue d'après les loix romaines. — *Adultere.* — *Affaires.* — *Affaires étrangeres.* — *Affamer* une ville aſſiégée pour la conquérir; un accuſé, pour lui arracher la vérité; un coupable, pour le faire mourir, une province pour lui vendre du bled. — *Affections* humaines dans leurs rapports avec la juſtice & l'ordre. — *Affiches.* — *Affiliation.* — *Affinité.* — *Affirmation.* — *Affoibliſſement* de la monnoie. — *Affranchiſſemens* des perſonnes & des choſes. — *Affront,* droit ou injure. — *Affronterie,* délit qui en renferme tant d'autres. — *Age,* conſidéré dans tous ſes rapports avec les loix & la vie civile. — *Agio* & *Agiotage.* — *Agnation.* — *Agriculture.* — *Agrier* ou champart. — *Aide* ſecours; *Aide* féodale; *Aides* finances, & *Cour des aides.* — *Aîné, Aineſſe* & droit d'aineſſe. — *Ajournement* civil & *Ajournement perſonnel.* — *Air,* conſidéré d'après les loix ſur la propriété & les réglemens de la police.

A côté de ces traités, ſont des articles moins étendus, moins expoſés avec le même ſoin. — *Adminiſtration provinciale.* — *Admiſſion.* — *Admittatur.* — *Admonition.* — *Adoleſcence.* — *Afféagement.* — *Affinage,* peine afflictive. — *Agencement.* — *Agent de change.* — *Agir.* — *Agrandiſſement.* — *Agreſſeur.* — *Agrégation.* — *Agrégé.* — *Agrément* d'office. — *Aide-de-camp,* &c.

Mais

Mais pouvions-nous feuls, M. Riolz, mon collegue, & moi, parcourir cette vafte carriere, & nos forces ne font-elles pas au deffous de notre zele ?

Nous n'avons eu le courage d'embraffer un plan auffi vafte, que parce que toutes les parties s'enchaînent ; parce qu'on a penfé que tout doit être fait dans un même efprit, & pour ainfi dire, du même jet. Cependant nous n'avons pas eu le fot orgueil de prétendre fuffire à tout. Dès le principe, nous avons invité à regarder ce Dictionnaire comme un dépôt où chacun peut porter les matériaux de la juftice, de l'ordre & du bonheur public. Nous avons penfé que des efforts mendiés par le befoin ou arrachés par l'autorité, ne valoient pas les fecours accordés par l'eftime, la confiance & le zele. Nous avons voulu obtenir tout de la bienfaifance, & de l'opinion qu'infpireroient nos premiers volumes ; perfuadés qu'avec ces fecours, nous pourrons donner l'année prochaine trois volumes, comme nous en donnons deux celle-ci.

Notre efpoir n'a pas été vain. Nous recevons des encouragemens, des arrêts de réglement, des arrêts fameux bien motivés, des offres de coopérer à un ouvrage fi utile, des articles faits d'après notre plan & dans le même efprit. Nous nous empreffons de publier notre reconnoiffance en général, & le nom des auteurs mis à la fin de chaque article, leur affurera celle du public.

Déja, dans ce volume, le traité de *l'adultere*, eft de M. Deschamps, avocat, que nous louerions s'il n'étoit pas notre ami. Le traité de *l'Agrier* ou champart, eft de M. Espagne, avocat à Montpellier, fi eftimé pour fes connoiffances, & pour le courage qu'il a montré dans une conjoncture importante & difficile.

Ainfi, dans les volumes fuivans, on trouvera, entr'autres

Cette nomenclature partielle fuffit pour prouver : 1°. que nous ne négligeons aucun moyen d'indiquer ou d'inftruire. Que nous nous attachons finguliérement à ce qui ne fe trouve point ailleurs, ou ne s'y recueille qu'avec peine. C'eft quelque chofe fans doute, & ce qu'on nous a témoigné de reconnoiffance nous enhardit à exécuter ce que nous avons dit dans la préface : *Aborder fans crainte les lieux efcarpés & folitaires.*

plufieurs articles d'un jurifconfulte célebre, cher à la Provence, comme adminiftrateur & comme avocat, M. Portalis. Ce volume contient, au mot *Aix*, fes difcours précieux fur la municipalité, les hôpitaux, le commerce & l'agriculture. Nous lui devons davantage : Il nous a vu environnés d'obftacles, fans appui, fans manege, fans parti, fans aucun de ces moyens, qui font aujourd'hui le fuccès de tant d'ouvrages : frappé de la grandeur de l'entreprife & touché de fon utilité, il a bien voulu s'y *dévouer*, & il nous a rendu la vie.

Un autre événement nous a encore émus. Tandis qu'on nous entravoit, un homme de bien, nous a montré le premier volume de l'*Encyclopédie méthodique ou par ordre de matiere*, *partie de la jurifprudence* ; & le comparant avec notre premier volume, il a effayé de prouver que c'étoit un plagiat, d'autant mieux caractérifé, qu'excepté au mot obfcur *Acapte*, l'on a affecté de ne pas nous nommer, comme fi, avec des moyens connus, on étoit fûr de confiner notre ouvrage dans la province. *(f)*

(f) Si copier, en changeant un ou deux mots, eft plagiat, il faut avouer qu'on a fuivi notre plan, nos définitions, notre texte même, fur-tout dans les articles qui ne paroiffent traités nulle part. En voici un échantillon.

DICTIONNAIRE DE JURIRPRUDENCE, *imprimé en* 1781.	ENCYCLOPÉDIE MÉTHODIQUE, *imprimé en* 1782.
ABDICATION : c'eft l'action par laquelle on *abandonne* volontairement une dignité fouveraine, fa patrie, fa famille. . . .	ABDICATION : c'eft l'action par laquelle un homme *quitte* volontairement fa patrie, fa famille, fes charges & fes dignités. . . .
L'abdication de la patrie peut être écrite, formelle, de fait & tacite. . . .	L'abdication de la patrie peut être écrite & formelle, ou de fait & tacite. . . .
Nous ne connoiffons d'exemple d'une abdication écrite & formelle, que celui de l'éloquent & vertueux J. J. Rouffeau; malheureux dans fa patrie, en Savoie, en Italie, à Lyon jufqu'en 1748, plus malheureux encore depuis fes fuccès, par fa réputation, fa fierté & fa défiance. Le 12 mai 1763, il écrivit au premier fyndic de Geneve : " Je vous déclare & vous prie de déclarer au magnifique confeil, que j'abdique à perpétuité mon droit de bourgeoifie, dans la ville & république de Geneve. . . .	Nous ne connoiffons d'exemple d'une abdication écrite & formelle, que celle de J. J. Rouffeau, qui, en 1763, écrivit au premier fyndic de Geneve, qu'il lui déclaroit & le prioit de déclarer au magnifique confeil, qu'il abdiquoit fon droit de bourgeoifie & de cité dans la ville & république de Geneve. . . .

Cette maniere lefte d'aller en avant, a été remarquée par un journalifte éclairé, vrai & jufte, que fon perfonnel & fa pofition élevent au deffus des confédérations & des brigues. En nous faifant la faveur d'annoncer notre fecond volume, il a dit : « Le premier volume de cet ouvrage a eu beaucoup de fuccès : Un écrivain affez diftingué, mort l'année derniere, l'a même *littérale-ment & fouvent mis à contribution fans le citer.* » (Journal encyclop. ann. 1783, tom. 3, part. 3, pag. 532.)

DICTIONNAIRE DE JURISPRUDENCE,
imprimé en 1781.

ABOLITION : c'eft en général l'action par laquelle on détruit une chofe. Nous trai-terons cet article fous les deux rapports qu'il a avec la juftice : 1°. les loix, coutumes & ufages ; 2°. les crimes....

Abolir fe dit plutôt à l'égard des coutumes & ufages, & abroger à l'égard des loix. Le non ufage fuffit pour l'abolition ; mais il faut un acte pofitif pour l'abrogation....

Montagne, *liv.* 1, appelle *la coutume reine & emperiere du monde.* Elle eft du moins la loi vivante du peuple....

Par elle, fur-tout, les corps politiques ont leur mouvement, & quelquefois toute leur exiftence....

L'abolition des coutumes eft l'ouvrage du temps, de la perfuafion, de l'exemple & de l'autorité.

Le temps, qui dévore tout, ne fait pas grace aux opinions, aux préjugés & aux ufages.

ABROGATION : c'eft l'acte par lequel une loi eft annullée, n'a plus & ne doit plus avoir fon exécution....

L'abrogation doit être *faite* par le fouve-rain, dans les formes ufitées pour la promul-gation des loix....

L'abrogation d'une loi doit être motivée avec plus de fageffe, de force & de clarté, que la compofition d'une loi fur un objet nouveau. Il eft plus aifé d'établir une loi nouvelle, que d'abroger celle qui exifte. On tient à fes coutumes : on tient aux loix ob-

ENCYCLOPÉDIE MÉTHODIQUE,
imprimé en 1782.

ABOLITION : c'eft en général l'action par laquelle on détruit une chofe....

Dans le droit, le mot *Abolition* peut fe confidérer fous deux rapports : 1°. à l'égard des loix, des coutumes & des ufages ; 2°. à l'égard des crimes.

A parler ftrictement, dans la véritable fignification des termes, abolir fe dit plutôt des coutumes & ufages, que des loix, pour lefquelles on fe fert du mot *Abroger.* Le non ufage fuffit pour l'abolition ; mais il faut un acte pofitif pour l'abrogation.

La coutume, dit Montagne, eft reine & emperiere du monde. Elle eft la loi vivante du peuple. Elle donne le mouvement aux corps politiques : elle fait quelquefois toute leur exiftence....

L'abolition des coutumes eft l'ouvrage du temps, de la perfuafion, de l'exemple & de l'autorité.

Le temps, qui dévore tout, ne fait grace ni aux opinions, ni aux préjugés.

ABROGATION : c'eft l'acte par lequel on révoque ou l'on annulle une loi....

L'abrogation doit être *prononcée* par le fouverain, dans la même forme que la pro-mulgation des loix....

L'abrogation d'une loi doit être motivée avec plus de fageffe, de force & de clarté, que la compofition d'une loi fur un objet nouveau. Il eft plus aifé d'établir une loi nou-velle, que d'en *abolir* une ancienne. On tient à fes coutumes : on tient aux loix obfer-vées depuis long-temps ; à moins que leur

Le premier aspect de ce procédé, & de tout ce qui a suivi, étonne un instant ; le second fait sourire.

Nous nous garderons de nous plaindre comme de nous vanter de l'honneur qu'on nous a fait. Si, du fond de la province, nous pouvons tracer une route, assez commode & sûre, pour qu'elle soit suivie même par les jurisconsultes de la capitale, c'est un hasard. Si nous découvrons quelques vérités utiles, prononcées comme nous sentons, c'est un bonheur.

DICTIONNAIRE DE JURISPRUDENCE, *imprimé en* 1781.

servées depuis long-temps, à moins que leur danger ou leur injustice ne soit démontrés....

Ce pouvoir d'abroger ne *porte* pas sur les loix immuables.

Les loix immuables s'appellent ainsi, parce qu'elles sont naturelles, & tellement justes, & par-tout, qu'aucune autorité ne peut, ni les changer, ni les abolir. Ainsi, le souverain changera sans obstacle, comme sans inconvénient, le droit civil, d'où dépendent les successions, la féodalité, la police, les formes, &c. Mais tentera-t-il d'abroger la loi divine & la loi naturelle ? Détruira-t-il le culte consolateur ? Abattra-t-il les temples, où, avec l'espérance de l'éternité, le peuple va apprendre la soumission & la douceur ? Outragera-t-il la nature en coupant les nœuds qui unissent les parens, lui qui doit se regarder comme le chef d'une grande famille, & le premier de tous les peres ?

Qu'on ouvre l'histoire, on verra dans tous les temps & par-tout, que la misere des peuples, le malheur des princes, la chûte même des empires, ont été le résultat du mépris & de l'abrogation des loix immuables.

ABORDAGE, *marine militaire.* C'est l'approche & le choc de deux vaisseaux ennemis, qui se joignent & s'accrochent par des grappins & des amarres, pour mettre l'équipage à portée de passer sur le vaisseau ennemi, & de s'en emparer.

C'étoit la maniere des peuples anciens qui n'avoient point d'artillerie. Ce fut aussi celle de ces flibustiers, qui dans le dernier siecle

ENCYCLOPÉDIE MÉTHODIQUE, *imprimé en* 1782.

danger ou leur injustice ne soient *clairement* démontrées ?,,,

Le pouvoir d'abroger ne *s'étend* pas aux loix qu'on appelle immuables ; c'est-à-dire, à celles qui, par leur nature sont tellement justes, qu'elles le sont toujours, & par-tout. Le souverain peut, par exemple, changer sans inconvénient le droit civil, d'où dépendent les successions, la féodalité, la police, les formes, &c. Mais il ne peut pas détruire la loi naturelle, ni celles qui tiennent à la constitution de son empire.,,,

Il suffit d'ouvrir l'histoire pour se convaincre que la misere des peuples, le malheur des princes & la chûte des empires ont été le résultat du mépris & de l'abrogation des loix de cette espece.

ABORDAGE, *marine militaire.* On appelle, en terme de marine militaire, abordage, l'approche & le choc de deux vaisseaux ennemis, qui se joignent & s'accrochent par des grappins & des amarres, pour mettre l'équipage à portée de monter sur le vaisseau ennemi, & de s'en emparer.

L'abordage étoit la seule maniere de combattre des peuples anciens qui n'avoient point

Mais ces vérités tiennent à la juſtice ; la juſtice eſt le premier bien de l'homme, le patrimoine de l'univers. Elle exiſte indépendamment de celui qui la reconnoît, la ſaiſit & la découvre. Empêcher ſa propagation, c'eſt un crime. Que le Nouveau Monde porte le nom d'Améric ou de Colomb, & que celui-ci ait été dans les fers, tandis que l'autre a triomphé, c'eſt une

---

DICTIONNAIRE DE JURISPRUDENCE, *imprimé en* 1781.

faiſoient tant de priſes, répandoient la terreur, & fonderent la colonie de St. Domingue. Ce fut la maniere des Duqueſne, des Tourville, des Forbin, des Caſſart & des Duguay-Trouin. C'étoit la derniere reſſource qu'ils employoient quand ils étoient les plus foibles.

N'y a-t-il point de cas où un commandant puiſſe être condamné par le conſeil de guerre, pour n'avoir pas exécuté ou fait exécuter l'abordage ? . . . Si un capitaine s'excuſe ſur le défaut d'obéiſſance ou de bonne volonté de la part de ſon équipage, cette allégation ne devra-t-elle pas être examinée, & ſi elle eſt prouvée, ne doit-il point y avoir une peine ? . . Enfin, ſi ces réflexions ſont préſentées à un conſeil de guerre ou à l'amirauté, ſi les armateurs demandent juſtice ; que prononcera-t-on ? Mais devant qui ſe pourvoir ? Quels ſeront les juges ? Quelle eſt la loi ?

Qu'on y prenne bien garde : cette queſtion principale ſur l'abordage, & toutes celles qui ſuivent ne ſont pas indifférentes.

Le ſort de la guerre, & par conſéquent celui des empires, n'eſt que le réſultat des combats & des priſes, dont le ſuccès épuiſe l'ennemi & le force à acheter la paix. Là il n'y a point de petites fautes, & il n'y a point de délits privés ; les idées abſtraites d'obéiſſance & de courage ne ſuffiſent pas pour conduire les hommes. Dans l'action, il faut qu'ils ſachent préciſément quel eſt leur devoir. Dans le jugement, il faut encore qu'ils ſachent préciſément ſur quoi ils peuvent condamner ou abſoudre. Par-tout l'arbitraire eſt le plus grand des maux. Tel brava cent fois la mort, qui frémit de rage ou pâlit de crainte à la vue du conſeil

ENCYCLOPÉDIE MÉTHODIQUE, *imprimé en* 1782.

d'artillerie. C'eſt par lui que les flibuſtiers de St. Domingue avoient répandu l'effroi dans les mers de l'Amérique. C'eſt par lui que Duqueſne, Tourville, Forbin, Caſſart, Duguay-Trouin ſe ſont illuſtrés en s'emparant des vaiſſeaux ennemis, beaucoup plus forts que ceux qu'ils montoient. On peut dire que l'abordage eſt la reſſource du vaiſſeau le plus foible.

Il pourroit s'élever des conteſtations entre les armateurs & le capitaine d'un bâtiment Corſaire, lorſque ce dernier auroit préféré de rendre ſon bâtiment à l'ennemi ſans tenter l'abordage. Mais nous n'avons aucune loi ſur cette queſtion, ni ſur celles qui en peuvent dépendre. Dans le cas d'une pareille conteſtation, nous ignorons devant quel juge il faudroit ſe pourvoir. Cet objet cependant eſt fort intéreſſant. Le ſort de la guerre & des Empires n'eſt que le réſultat des priſes, dont le ſuccès épuiſe l'ennemi, & le force à acheter la paix. Il y a peu de petites fautes dans cette partie, & il n'y a point de délits privés. Les idées abſtraites de courage & de ſubordination ne ſont pas toujours ſuffiſantes pour conduire les hommes. Il faut encore que dans l'action ils connoiſſent préciſément quel eſt leur devoir, & que dans les jugemens ils ſachent ſur quoi ils doivent être condamnés ou abſous. D'ailleurs, une loi claire & préciſe eſt le ſeul moyen de faire diſparoître l'arbitraire, qui eſt le plus grand des maux dans l'adminiſtration de la juſtice. Elle empêcheroit le juge d'opiner avec des préjugés de corps & des idées diſparates ſur des maximes vagues & des loix obſcures.

de ces injuſtices auxquelles l'hiſtoire accoutume : le reſte n'eſt rien.

Tout bien peſé, nous devons des remerciemens de nous avoir ſi puiſſamment encouragés, & nous ne réclamons rien. Nous n'excepterions même ni la contrefaçon de l'ouvrage entier, ni celle des traités qu'il contient. Mais une entrepriſe ſi vaſte &

DICTIONNAIRE DE JURISPRUDENCE,
imprimé en 1781.

de guerre, qui va le juger avec des préjugés injuſtes & des opinions diſparates ſur des maximes vagues & des loix obſcures.

ABSENT. C'eſt en général celui qui eſt éloigné de ſon domicile, de ſa patrie, de ſes fonctions.

Le mot *Abſent* a une infinité d'acceptions. Les rois, les reines, les princes ſont abſens, lorſqu'ils ont quitté leurs états pour leurs affaires, pour leur plaiſir, ou par néceſſité. Les ambaſſadeurs, les ſoldats, les ſujets ſont abſens, &c.

ABLATIF ABSOLU... Il ſe trouve dans tous les actes, les conventions, les jugemens même où on lit; *ce fait, quoi faiſant*... &c.

ACCESSOIRE. C'eſt ce qui ſuit ou accompagné le principal.

En juriſprudence comme en phyſique, l'acceſſoire n'eſt point au principal, ce que la partie eſt au tout. L'acceſſoire eſt ſuppoſé ajouté au principal, qui a pu & peut encore exiſter ſans l'acceſſoire. Ainſi, le tableau peut ſubſiſter ſans le cadre; l'homme, ſans la charge dont il eſt revêtu; la femme, ſans la beauté; l'enfant, ſans le hochet. La partie eſt une portion intégrante du tout. Ainſi, l'air eſt une partie du lieu qu'on habite. Ainſi, la moitié de la dot promiſe après la mort, eſt une partie du tout, tandis que l'augment n'en eſt que l'acceſſoire.

Cette différence entre la partie & l'acceſſoire, qui ſemble ne tenir qu'à l'exactitude du langage, a ſur l'adminiſtration de la juſtice plus d'influence qu'on ne penſe; & ſi l'habitude

---

ENCYCLOPÉDIE MÉTHODIQUE,
imprimé en 1782.

ABSENT. C'eſt en général celui qui eſt éloigné de ſon domicile, de ſa patrie & de ſes fonctions.

Le mot *Abſent* à un grand nombre d'acceptions, & il ſe dit en général de tous ceux qui ont quitté leur domicile ordinaire. Par cette raiſon, les rois, les reines, les princes ſont abſens, lorſqu'ils ont quitté leurs états, ſoit par néceſſité, ſoit pour affaires. Les ambaſſadeurs, les ſoldats, les ſujets ſont abſens, &c.

ABLATIF ABSOLU.... Se trouve dans les actes, les conventions, les jugemens même où on lit; *ce fait, quoi faiſant, &c.*

ACCESSOIRE, ſe dit généralement de tout ce qui ſuit ou accompagne le principal.

En juriſprudence, comme en phyſique, l'acceſſoire n'eſt point au principal, ce que la partie eſt au tout. L'acceſſoire eſt ſuppoſé ajouté au principal, qui a pu & peut encore exiſter ſans lui. La partie eſt une portion intégrante du tout. Ainſi, la moitié de la dot promiſe après la mort, eſt une partie du tout, tandis que l'augment n'en eſt que l'acceſſoire.

Cette différence entre la partie & l'acceſſoire, qui ſemble ne tenir qu'à l'exactitude du langage a dans l'adminiſtration de la juſtice, plus d'influence qu'on ne penſe. Il eſt

ſi coûteuſe, ne peut s'achever qu'autant que la juſtice univerſelle concourra à aſſurer le fruit légitime d'un travail immenſe. L'Angleterre, elle-même, en chériſſant la liberté de la preſſe, proſcrit ces brigandages. Nulle part, il ne peut être juſte que le laborieux juriſconſulte, victime d'une piraterie, moitié littéraire, moitié typographique, ſoit réduit à dire avec le poëte latin : *Sic vos, non vobis, &c.*

DICTIONNAIRE DE JURISPRUDENCE,
imprimé en 1781.

des affaires a tout fait pour les anciens, il eſt très-intéreſſant que les jeunes juriſconſultes n'entrent dans la carriere qu'avec des notions exactes & des idées parfaitement juſtes. Des idées naiſſent les raiſonnemens, des raiſonnemens les principes, des principes la légiſlation, de la légiſlation la ſûreté, l'ordre & le bonheur de la ſociété, &c.

ACADÉMIE, ACCIDENT, ACCLAMATION, &c. &c.

ENCYCLOPÉDIE MÉTHODIQUE,
imprimé en 1781.

néceſſaire de s'en former des notions exactes : car c'eſt d'elles que naiſſent les principes de la légiſlation, & de la véritable maniere de les appliquer aux eſpeces qui ſe préſentent dans les tribunaux, &c.

ACADÉMIE, ACCIDENT, ACCLAMATION, &c. &c.

Il eſt à-peu-près évident que nous nous ſommes au moins très-heureuſement rencontrés. Et comme le dictionnaire étoit imprimé un an avant l'encyclopédie, ſi l'on pouvoit regarder cette rencontre comme un plagiat, il eſt démontré qu'elle ne ſeroit pas à la charge du provincial, contre lequel on n'auroit pas manqué de réclamer auprès de l'autorité, & dans les papiers publics dont on diſpoſe.

> *Quid mihi Celſus agit ? Monitus, multùmque monendus,*
> *Privatas ut quærat opes, & tangere vitet*
> *Scripta palatinus quæcumque recepit Apollo ;*
> *Ne, ſi fortè ſuas repetitum venerit olim*
> *Grex avium plumas, moveat cornicula riſum*
> *Furtivis nudata coloribus.*
>
> Horat. lib. 1, epiſt. 3, v. 15.

DICTIONNAIRE

DICTIONNAIRE

DE JURISPRUDENCE

ET DES ARRÊTS.

ADMINISTRATION
DE LA JUSTICE.

1. **N**OUS avons terminé le second volume par l'administration publique : ouvrons celui-ci par ce que l'ordonnance de 1731 appelle *le fondement du bonheur des peuples & de la gloire des rois*, l'*ADMINISTRATION DE LA JUSTICE* : & ne renvoyons point au mot *Justice*, ce qu'il faut savoir de son *administration*; ce sont deux choses très-différentes.

La justice est cette loi naturelle que j'ai tâché de prononcer dans la préface, page 106. C'est cette équité suprême, qui élevoit le préteur de Rome au dessus des loix, *jus prætorium*, & à laquelle l'Angleterre a élevé un tribunal extraor-

Tome III.

dinaire, *the court of equity* : c'est cette voix intérieure, qui d'un pole à l'autre avertit chaque mortel de ce qu'il doit à Dieu, aux autres, à lui-même; & malheur à qui ne l'entend plus.

L'*ADMINISTRATION de la justice* est la maniere dont la raison ou le pouvoir entendent, disposent, expliquent, & ordonnent ce qu'ils appellent la justice.

Ainsi, François I plaignant Montagu d'avoir été condamné *par justice*, on lui dit : *ce n'est point par justice, ainsi seulement par commissaires.*

Ainsi, trop souvent le magistrat vertueux & sensible a gémi de prononcer suivant les loix dont il avoit juré l'observation; & tel fut Chasseneuz, suspendant jusqu'à sa mort l'exécution de l'arrêt de Cabrieres & Merindol.

A

Ainſi, un arrêt peut être légal & injuſte; légal, en tant qu'il eſt conforme à la loi vivante; injuſte, en tant que cette loi eſt contraire à l'équité. C'eſt dans ce ſens que, parlant des loix des douze Tables, Tacite dit : CE FUT LE DERNIER CODE JUSTE. *Compoſitæ duodecim Tabulæ, FINIS ÆQUI IVRIS.* (Annal III. 27.)

La juſtice eſt *ce qui doit être*; ſon adminiſtration préſente *ce qui eſt.*

Origine de l'administration de la justice.

2. Ciceron regardoit l'adminiſtration de la juſtice comme la cauſe de la réunion des hommes en ſociété, & de l'établiſſement de la royauté. La multitude, dit-il, foible, pauvre & victime du plus fort, recourut à la protection de l'homme vertueux qui la garantit de l'oppreſſion, en enſeignant & prononçant ce qui étoit juſte, reçut l'hommage de tous, & fut roi. *Eademque conſtituendarum legum fuit cauſa quam regum.* (Cicero *de offic. II. 41.*)

Cette ſublime origine diſparoît long-temps dans l'hiſtoire. Les ſiecles paſſent, moitié à combattre & moitié à réparer ſes forces. Le gouvernement formé pour la juſtice n'exiſte plus que pour la guerre, à laquelle il prodigue ſans meſure les tréſors, les hommes & toute ſon exiſtence; comme ſi le bonheur général, objet de l'union ſociale, & même la force extérieure de l'état, ne réſultoient plus de l'ordre intérieur ! Comme ſi la plus grande partie du globe étant déſerte, c'étoit la peine de s'égorger ſans ceſſe pour de miſérables coins de terre ! comme s'il ne valoit pas mieux cultiver que conquérir !

Livrées à ce vertige, les nations ont vieilli ſans code civil. Si elles en ont formé avec le temps, ce n'a été qu'un ramaſſis monſtrueux ou ridicule de volontés & de loix dictées par l'ignorance, l'intérêt, la paſſion, les circonſtances, en des jours orageux & ſombres, où l'on n'avoit ni le temps, ni le génie, ni le pouvoir, ni le vouloir d'être équi-

table, & d'embraſſer tous les rapports de la juſtice.

Quels ſont-ils ces rapports, & qui pourroit les décrire ?

Objets de l'administration de la justice.

3. Le contrat ſocial devoit avoir une baſe, & ce ne pouvoit être ni le caprice, ni la ruſe, ni la force. Il s'agiſſoit, au contraire, de s'en garantir. C'étoit l'ouvrage de la juſtice : elle eſt au monde moral, ce que le ſoleil eſt au monde phyſique.

Religion, gouvernement & police, agriculture, commerce & finance, fortune, honneur & vie : l'adminiſtration de la juſtice embraſſe tout : rien ne lui eſt étranger ni indifférent : tout commence ou finit par elle; & c'eſt dans ce ſens que Henri IV diſoit avec ſa charmante ſimpleſſe : « Je n'ai que deux yeux & deux pieds. En quoi ſerois-je donc différent du reſte de mes ſujets, ſi je n'avois la force de la juſtice en ma diſpoſition. » (Perefixe, *pag. 501.*)

Mais en embraſſant tout, l'adminiſtration de la juſtice n'a & ne doit avoir qu'un objet, c'eſt la félicité publique. *Non alius eſt quàm ut cives feliciter degant.* (Bacon, *ſerm. fid. de cert. leg. aph. 5.*)

Heureux le pays où l'on ne peut pas dire qu'elle s'eſt égarée; que, de ſes loix, les unes ſont bonnes, les autres médiocres, le plus grand nombre déteſtables ! *Plurimæ aberrant .... ut aliæ excellant, aliæ mediocriter ſe habeant, aliæ prorsùs vitioſæ ſint.* (Ibid. Aph. 6.)

Heureux le ſiecle où peu de loix & d'arrêts mériteront les qualifications données par Dumoulin à tant de nos coutumes, & à l'ordonnance de 1539! *Captieuſe, inepte, abuſive, erronée, injuſte, FOLLE, IMPERTINENTE, ODIEUSE, INHUMAINE, BARBARE, IMPIE.* Voyez tom. 2, le mot *A-cher-prix*, n°. 2, pag. 482, col. 2 ; & le mot *Accuſation*, n°. 7, pag. 222, col. 2; & n°. 107, pag. 454.

L'adminiſtration de la juſtice eſt le premier devoir des rois.

4. Cette précieuſe vérité, gravée dans tous les codes du monde, eſt rappellée ſouvent dans nos ordonnances. *Notre amour pour la* JUSTICE, *dont nous regardons l'*ADMINISTRATION *comme le* PREMIER *devoir de la royauté.* (Préamb. de l'ordonnance des donations de 1731.)

Deux de nos plus grands rois, à l'obligation de faire des loix, ajoutoient celle de juger eux-mêmes.

Le premier eſt Charlemagne. « S'il reſtoit quelque affaire que le comte du Palais n'eût pas pu expédier dans le jour, pour la terminer lui-même, il avançoit l'heure de ſon lever : celle même où il s'habilloit n'étoit pas perdue. Il l'employoit à entendre les raiſons des parties. *Jamais aucun de ſes ſujets n'eut à ſe plaindre, qu'il eût, je ne dis pas refuſé, mais différé de l'écouter;* & qu'il eût remis ſa cauſe à un autre temps, pouvant l'expédier ſur l'heure. Jamais plaideur ne vit un ſeul inſtant la ſérénité diſparoître de ſon viſage, & ne ſurprit dans ſes mouvemens une trace d'impatience, ni d'ennui. *Charlemagne eſt encore à cet égard, plus qu'à tant d'autres, le meilleur modele à propoſer aux rois & aux juges.* » (Hiſtoire de Charlemagne, par *M. Gaillard,* tom. 3, chap. 2, pag. 135.)

« St. Louis obſervoit la juſtice & *la rendoit à tout le monde. . . . Il avoit* accoutumé de venir à ſon jardin à Paris. . . . Là, il faiſoit étendre des tapis pour s'aſſeoir, & donnoit audience toute une après dînée. En été, ſouvent il alloit ſe promener au bois de Vincennes, ſe ſéoit au pied d'un arbre, & faiſoit ſeoir les ſeigneurs auprès de lui : & tous ceux qui avoient affaire à lui s'y préſentoient ſans aucun empêchement. Souvent même il demandoit à haute voix s'il y avoit perſonne là qui eût partie; & ayant écouté le différent,

prononçoit la ſentence. » (Mezeray, tom. 1, pag. 622, édit. de Guillemot 1643.)

Cet uſage de nos rois de juger eux-mêmes, ſeuls & en dernier reſſort, ſubſiſtoit encore en 1392; comme le prouve la ſentence en faveur de Juvenal des Urſins, que j'ai rapportée *tom. 2, pag. 263, col. 2.* D. Bouquet a recueilli pluſieurs de ces jugemens de nos premiers rois, dont le caractere eſſentiel eſt une préciſion dans l'expoſé du procès, & une clarté dans le diſpoſitif qu'on ne trouve plus dans les arrêts & les jugemens modernes.

Adminiſtrateurs de la juſtice dans ſa plénitude, nos rois ſont donc eſſentiellement juges; excepté dans les affaires criminelles, dont les éloignent le droit excluſif de faire grace, & le titre de *peres des peuples.* Voyez *Accuſation,* n°. 50, tom. 2, pag 331.

Etabliſſement des tribunaux.

5. La grandeur de la monarchie, l'éloignement des provinces, la multitude des affaires, ont fait établir par-tout des tribunaux divers, & quelques bons rois ont aimé à y ſiéger.

Tel fut Charles V. Ses ennemis, dit Mezeray, (ibid. pag. 909.) l'appellerent le praticien & l'avocat, parce qu'il ſe trouva ſouvent dans ſon parlement; mais l'hiſtoire qui juge les rois, l'a ſurnommé le Sage.

Tel fut encore Louis XII, ſurnommé le *Pere du peuple.* « Il vouloit *s'aſſurer lui-même de la maniere dont la juſtice étoit rendue.* Il ſe rendoit familiérement au palais, monté ſur ſa petite mule, ſans ſuite, & ſans s'être fait annoncer. Il prenoit place parmi les juges, écoutoit les plaidoyers, & aſſiſtoit à toutes les délibérations. » (*Hiſtoire de France, par* M. Garnier, *tom. 11, in-4°. pag. 539.*)

François I, dans le lit de juſtice du 15 février 1518, compare notre juriſprudence *à un labyrinthe tortueux &*

obscur, où les plus éclairés s'égarent;
& veut faire un code, où chacun puisse
commodément apprendre ses devoirs. On
est étonné ensuite de ne le plus retrouver au parlement, s'assurant, comme
Louis XII de la maniere dont la justice
étoit rendue. François ne fut plus que
guerrier, prisonnier & malade.

Henri IV menant le duc de Savoie
au parlement de Paris en 1600, se tint
dans une lanterne. Avec de l'esprit naturel, & une grande vivacité, il varia
dans son opinion, & ne saisit pas le
motif de l'arrêt, comme je l'ai dit,
tom. 2, pag. 280. Cet essai le dégoûta.

Louis XIII ne parut vouloir être juge,
que dans le procès criminel du duc de
la Valette, cité *tom. 2, pag. 333;* &
il n'en fit pas mieux, comme le lui
prouva le président de Bellievre. Richelieu ne le laissa point aller au parlement:
sa politique avoit une autre marche.

Louis XIV fut éloigné du parlement
de Paris même, par les troubles de sa
minorité; & ce fut un grand mal
pour l'administration de la justice. Ce
long regne donna le ton à toutes les
affaires, & Louis XV élevé d'abord à
Paris, retourna à Versailles, & ne parut
jamais au parlement comme juge.

État des tribunaux.

6. Rien n'est plus difficile que de
décrire exactement l'état des tribunaux
en France, comme dans la plupart des
états de l'Europe; de déterminer incontestablement leur ressort, leur attribution, leur consistance. Les états, les
villes, la législation, l'administration, la
justice, tout a eu un principe foible, des
progrès lents & obscurs; tout se soutient
par l'ensemble; mais l'ordre quel est-il?

Je me peins la France judiciaire,
comme notre foible intelligence, entrevoit l'univers.

Au centre, le trône, source de toute
justice, éclairé & aidé par le *conseil*
quelconque, dont tous les membres ne
peuvent parler que quand ils sont inter-

rogés par le roi, qui ordonne & juge
suivant les lumieres de sa conscience &
les bonnes loix.

Autour du trône, je vois les parlemens, les conseils souverains, les chambres des comptes, les cours des aides
& la cour des monnoies. Ce sont les
tribunaux vraiment souverains.

Dans le ressort de ces cours, sont
des sieges inférieurs & subordonnés par
l'appel, comme châtelets, bailliages,
sénéchaussées, prévôtés, hôtels-de-ville,
juges-consuls, sieges de police, élections,
traites, gabelles, &c. & tant d'autres
jurisdictions dont le nom seul embarrasse
autant que le ressort & l'attribution.

A côté de ces jurisdictions & dans un
état mixte, sont placés les présidiaux,
les bureaux des finances, les conseils
supérieurs & les maréchaussées.

Plus loin, les jurisdictions locales &
seigneuriales: toutes ressortissent nuement
au parlement pour les affaires criminelles.
A l'égard des affaires civiles, l'appel se
porte aux bailliages & sénéchaussées, dans
le territoire desquelles elles sont situées;
il faut en excepter encore quelques-unes,
comme les pairies, qui, dans les affaires
civiles, alignées aux bailliages royaux,
ressortissent directement au parlement.

Vous voyez encore ces commissions,
ces attributions, ces renvois d'un tribunal
à un autre, prescrits par les circonstances.

Fixer l'utilité, le ressort & la compétence
de ces tribunaux divers, est un des premiers
objets de l'administration de la justice, considérée trop souvent comme une propriété.

C'est, dit Bacon, une des foiblesses
de l'humanité que les tribunaux combat-
tent comme des coqs, sur le privilege
de rendre la justice; & que les juges
ont presque tous le préjugé qu'ils doivent accroître leur jurisdiction, & pour
cela, ne jamais douter de leur compétence. C'est au souverain à terminer ces
conflits ruineux pour les parties, & funestes pour le bien public. *Ut curiæ de*
jurisdictione digladientur & conflictentur
humanum quiddam est: eoque magis, quod

per ineptam quandam sententiam (quod boni & strenui sit judicis AMPLIARE jurisdictionem curiæ.) *Alatur planè ista intemperies, & CALCAR addatur ubi frœno opus est.* (Ibid. Aph. 96.)

Au milieu de ces ténebres, brille une vérité précieuse & fondamentale; c'est, que par-tout l'on n'administre la justice qu'à la décharge du roi. Si en quelques lieux elle paroît l'être au nom du seigneur, c'est, parce que le fief est une émanation & un démembrement de la souveraineté. De tous les maux de la féodalité, c'est le plus grand, peut-être; & l'appel imaginé comme un remede, n'est qu'un palliatif.

Cet ordre judiciaire peut se soutenir tant qu'on regardera le trône comme le foyer de la lumiere, dont les rayons passant de cercle en cercle, pénétreront toute la circonférence : s'ils sont interceptés, obscurcis ou divergens, c'est l'anarchie judiciaire, & de toutes, c'est la plus funeste; parce qu'elle est tranquille, & se soutient par l'abus de la loi.

DIVISION de l'administration de la justice.

7. Lorsque l'administration de la justice, ainsi formée, est arrivée à cet état compliqué, elle se partage naturellement & nécessairement en trois branches, la *législation*, la *jurisdiction*, & la *jurisprudence*.

Je supplie qu'on me pardonne, si j'insiste sur cette distinction : peut-être ne l'a-t-on pas assez observée. On jugera de son importance, en suivant & considérant séparément ces trois objets.

Législation.

8. Dans tout état politique, le premier point est de régler la société par des loix positives, claires, générales, uniformes & perpétuelles, qui resserrent le lien social, & avertissent sans cesse le citoyen de ses devoirs. *Leges sunt inventæ quæ cum OMNIBUS SEMPER UNA EADEMQUE voce loquantur.* (Cic. de offic. II. 42.)

La législation regle les personnes, les choses & la procédure. *Personas, res & actiones.* Elle détermine le juste & l'injuste, ce qui est permis & ce qui est défendu. Elle rend les hommes meilleurs par l'attrait des récompenses & la crainte des peines : *Æquum ab iniquo separantes, licitum ab illicito discernentes, bonos non solùm metu pœnarum, verùm etiam præmiorum quoque exhortatione efficere cupientes.* (L. 1, D. de just. & jure.)

Que signifie ce langage de la loi romaine, & avec lui, que devient cette justice primitive, qui sembleroit devoir suffire? Qu'est-ce donc enfin que cette institution humaine, appellée *loi civile*, qui remplace la loi naturelle?

C'est, dit Gravina, la réunion des volontés, comme le gouvernement est la réunion des forces. Cette volonté, on l'appelle raison commune, sagesse civile, philosophie publique. *His è voluntatibus & viribus in unum confluentibus publica voluntas conflatur, summaque potestas; quarum altera dicta lex est, sive communis ratio, vel civilis sapientia, & publica philosophia.* (Gravina, de jure nat. cap. 17, pag. 120, Venetiis, Pittori, 1758.)

D'après cette idée, la justice, la philosophie, la sagesse civile, ne seroient donc plus elles-mêmes; mais ce que les fait la volonté publique, ou la maniere dont elle pense qu'elles doivent être.

Mais comment connoître & fixer cette volonté publique?

C'est là une des plus grandes questions du droit public. Gravina la résout ainsi : l'usage & l'exemple ont attribué la législation au prince, au sénat, au peuple, suivant la nature du gouvernement. *Sive in principe, sive in optimatibus, sive pro sua cujusque portione consistat in omnibus.* (Ibid. Cap. 20, pag. 122, col. 2.)

Dans les gouvernemens despotiques, le souverain entraîne tout par sa volonté, comme dit Montesquieu; & cette volonté timide & féroce est la loi active.

M. Anquetil, dans sa législation orientale, tâche de prouver que par-tout il y a un droit positif qui respecte les propriétés; & nous savons bien que les Musulmans croient trouver dans l'Alcoran, la solution de toutes les questions de justice. Nous lisons encore avec plaisir, pag. 247, les devoirs du lieutenant de police dans l'Inde: *Kotoüal*. Mais tout cela n'empêche pas que la vie ne soit livrée à des muets, porteurs d'un firman du Sultan; comme la tête de celui-ci est abandonnée à des rebelles, munis du fetfa du Muphti.

Dans les états purement démocratiques, comme dans les petits cantons de la Suisse, la législation appartient au peuple assemblé, & la loi est arrêtée suivant l'usage.

Dans les états aristocratiques, tels que Berne, Gênes, Venise, la législation appartient au sénat, qui doit être très-circonspect dans l'administration de la justice & l'introduction des loix nouvelles. Car le peuple souffre impatiemment plusieurs maîtres, & de tous les despotismes, il n'y en a point de plus insupportable que celui de l'aristocratie.

Dans les états dont le régime est indécis, le droit de faire des loix est la pomme de Discorde: c'est lui, & peut-être encore l'abus de la jurisdiction criminelle, occasioné par le défaut des loix qui ont donné lieu depuis près d'un siecle aux troubles de Geneve.

L'édit de pacification, du 4 septembre 1782, a tâché d'y pourvoir. Le titre 2 attribue au *conseil général* (à l'assemblée des bourgeois) le pouvoir législatif; c'est-à-dire, « d'agréer ou de rejeter les loix qui lui seront proposées, ou les changemens à celles qui sont établies; en sorte qu'aucune nouvelle loi, aucune abrogation de loi, aucun changement dans les loix, ne puisse avoir d'effet sans son approbation. » Le titre 21 contient quarante articles, qui renferment quelques dispositions, non sur les crimes & les peines, mais sur l'instruction de la procédure.

Voyez *Accusation*, n°. 83, tom. 2, pag. 395; & ci-après le mot *Geneve*.

Dans les gouvernemens mixtes le pouvoir législatif est divisé: « Dans la Grande-Bretagne, dit Blackstone, le pouvoir suprême est partagé en deux branches. L'une législative, qui appartient au parlement seul, composé du roi, des pairs & des communes. L'autre exécutrice, appartient au roi seul. En réservant la législation au parlement, la constitution lui attribue dans tout l'état le pouvoir absolu & l'autorité suprême. *In England this supreme power is devided into two branches; the one legislative, to wit, the parliament, consisting of King lords, and commons; the other executive consisting of King alone. . . . parliament; in which the legislative power, and (of course) the supreme and absolute authority of the state, is vested by our constitution.* Commentaries on the laws of England, Book 1, chap. 2, tit. 1, pag. 146.

Dans les monarchies, c'est un principe universellement reçu que le roi est seul législateur, sauf à lui d'interroger, de consulter, d'écouter les représentations, de modifier, d'abroger, & de réformer même, s'il pouvoit se tromper. Car l'Éternel seul est infaillible.

« En France, la puissance législative appartient indivisiblement à l'autorité royale, ainsi que le droit de statuer sur l'ordre public, & sur la forme de l'administration; mais ce n'est qu'en s'assujettissant à la forme de la vérification & de l'enrégistrement dans les cours souveraines, que le législateur peut donner à ses loix le caractere d'autorité nécessaire à leur exécution.» (*Elémens du droit*, par M. Trousfel, *part. 2, pag. 1.*)

DISCOURS de Louis XV au parlement de Paris, du 3 mars 1766: « C'est en ma personne seule que réside la puissance souveraine, dont le caractere propre est l'esprit de conseil, de justice & de raison. C'est de moi seul que mes cours tiennent leur existence & leur autorité ; la plénitude de cette autorité qu'elles n'exercent qu'en mon nom, demeure toujours en moi, & l'ufage n'en peut jamais être tourné contre moi. *C'eſt à moi ſeul qu'appartient le pouvoir légiſlatif, ſans dépendance & ſans partage.* C'eſt par ma ſeule autorité que les officiers de mes cours, procedent, non à la formation, mais à l'enrégiſtrement, à la publication, & à l'exécution de la loi, & qu'il leur eſt permis de me remontrer ce qui eſt du devoir de bons & fideles conſeillers. L'ordre public tout entier, émane de moi ; j'en ſuis le gardien ſuprême. *Mon peuple n'eſt qu'un avec moi.* »

Ce principe de notre monarchie eſt rappellé en des termes bien autres dans le préambule de la déclaration, du 13 février 1780 : « Loin de nous cette crainte de la lumiere & de la vérité, & ſur-tout la moindre défiance d'adreſſer nos loix de finance à l'enrégiſtrement de nos cours, comme ſi le ſecours de leurs *obſervations,* les *éveils de leur zele,* pouvoient nous être inutiles ou indifférens ; ou, *comme ſi* ce pouvoit être un obſtacle à l'exécution de *notre volonté,* au moment où elle ſeroit *ſuffiſamment* éclairée. »

D'après ces principes, ſi quelquefois les cours donnent des loix ſous le titre de réglement, *c'eſt en attendant qu'il ait plu au roi d'y ſtatuer.* (ARRÊT du parlement de Paris, du 27 avril 1692, pour les ſommations reſpectueuſes.)

Les tribunaux inférieurs ont encore moins le droit de faire des loix. Si, particuliérement en matiere de police, on fait des réglemens, ce ne peut être qu'autant qu'on renouvelle, développe, & applique la loi générale, ou qu'on les fait homologuer dans les cours.

Dans toutes ces circonſtances, le tribunal ſupérieur a droit de réformer l'inférieur, & le ſouverain a droit de les réformer tous ; il caſſe les arrêts & jugemens, lorſqu'il les trouve contraires à ſes loix ou à ſes vues. Voyez *Arrêt,*

Caſſation, Conſeil, Cour, Jugement, Légiſlation, Loi, Parlement, Police, Réglement, Tribunaux, &c.

Juriſdiction.

9. La juriſdiction eſt l'application de la loi poſitive, & à ſon défaut, de la loi naturelle. Car, le juge n'eſt point établi pour faire le droit, mais pour le dire tel qu'il eſt. *Meminiſſe debent judices eſſe muneris ſui, jus dicere, non autem jus dare ; leges inquam interpretari, non condere.* (Bacon, *ſerm. fid. de officio jud.* 54.)

Cette partie de l'adminiſtration de la juſtice, eſt la ſeule confiée par le roi aux tribunaux. *Leur fonction ſe réduit à l'exécution des loix poſitives ; & cette obſervation ſtricte, eſt leur ſeul devoir en qualité de juges.* (Diſcours de M. de *Lamoignon de Malesherbes,* à la cour des aides, le 12 novembre 1774.)

Lorſqu'il exiſte une loi claire & préciſe, la juriſdiction ſe réduit à appliquer cette loi, & à la faire exécuter ; comme en Angleterre, la fonction des jurés en matiere criminelle, ſe borne à prononcer coupable ou non coupable. *GUILTY* ou *NOT GUILTY.*

Si les loix civiles étoient ce qu'elles doivent être, pour remplacer la loi naturelle, tout procès civil ou criminel ſe réduiroit à un argument. La majeure ne ſeroit autre choſe que la loi ſans gloſe. La mineure compoſée du fait en litige ſeroit ſeule & ſans danger, livrée à l'inſtruction de la procédure, & à l'éloquence du barreau ; l'arrêt ſeroit la conſéquence.

Vous entendez tous les jours ridiculiſer & blâmer la juriſdiction par gens qui ne font pas attention à l'inſuffiſance & à l'obſcurité de la loi, telle qu'il eſt impoſſible de ne pas s'égarer ; par gens qui confondent le droit civil avec le droit naturel, *ce qui eſt* avec *ce qui doit être.* Ils cenſurent indiſcretement le magiſtrat qui prononce, le juriſconſulte qui raiſonne, l'avocat qui défend, le procureur qui inftruit, le notaire qui ftipule, & le greffier qui rédige.

Pour que la jurifdiction fût ce qu'elle doit être, il faudroit avant tout, que la législation qui en eft la bafe eût les caracteres tracés par Bacon : « Pour qu'une loi foit bonne, dit-il, il faut qu'elle foit 1°. claire & précife dans fa compofition, 2°. jufte dans le précepte, 3°. facile à exécuter, 4°. conforme à la nature du gouvernement, 5°. déterminant le citoyen à la vertu. » *Lex bona cenferi poteft quæ fit intimatione certa, præcepto jufta, executione commoda, cum formâ politiæ congrua, & generans virtutem in fubditis.* (Serm. fid. L. XI de cert. legum aph. 7.)

« Il faut encore, dit Bacon, que la loi foit certaine & bien connue, fans quoi elle eft injufte ; car, qui fe préparera au combat, fi la trompette ne donne qu'un fon vague & étouffé ? De même, fi le langage de la loi eft équivoque ou fecret, qui faura obéir ? Elle ne doit pas frapper fans avoir averti. La meilleure loi eft celle qui laiffe le moins au funefte arbitraire. » *Legis tantùm intereft, ut certa fit, ut abfque hoc nec jufta effe poffit : fi enim incertam vocem det tuba, quis fe parabit ad bellum ? Similiter fi incertam vocem det lex, quis fe parabit ad parendum ? Ut moneat igitur oportet, priùs quàm feriat. Etiam illud rectè pofitum eft : optimam effe legem, quæ minimum relinquit arbitrio judicis.* (Ibid. Aph. 8.)

Afin que la jurifdiction fût ce qu'elle doit être pour le bonheur & le repos public, il faudroit enfin que la légiflation remplît *ce vœu de* PERPÉTUITÉ *&* D'UNIFORMITÉ que le chancelier d'Agueffeau attribue à toutes les loix. « Mais, ajoute-t-il, comme fi les loix & les jugemens devoient éprouver ce caractere *d'incertitude* & *d'inftabilité*, qui eft inféparable de tous les ouvrages humains, il arrive quelquefois que, foit par un *défaut d'expreffion*, foit par la différente maniere d'envifager les mêmes objets, la *variété des jugemens* forme d'une feule loi comme autant de loix différentes, dont la *diverfité*, fouvent l'*oppofition*, contraires à l'HONNEUR DE LA JUSTICE, le font encore plus au BIEN PUBLIC. » (*Préamb. de l'ordonn. des donations de 1731.*)

Bacon diftingue deux caufes de ce défordre dans la jurifdiction : le défaut abfolu de loi & fon obfcurité. *Altera ubi lex nulla præfcribitur, altera ubi ambigua & obfcura.* (Ibid. Aph. 9.)

Il manque de loi, foit qu'il n'en exifte point, foit qu'aucune de celles qui exiftent ne s'applique pas précifément au cas litigieux. Alors on prononce non d'après la loi, puifqu'elle n'exifte pas ou ne s'applique pas. On juge par extenfion d'un cas à un autre, fans fonger que la moindre circonftance change le droit. On juge par fimilitude, fans confidérer que les procès ne fe reffemblent pas plus que les phifionomies. On juge par préjugé, par prévention, par idée. Alors la fortune, l'honneur & la vie mifes par le contrat focial fous la protection des loix, font le jouet des paffions, de l'ignorance, de la fantaifie, du moindre vent qui agite les opinions. C'eft dans ce fens, qu'ailleurs, & fur-tout dans les affaires criminelles, j'ai préfenté le moindre juge comme plus puiffant dans le fait, contre l'individu, que le fouverain même. Et certes, nous ne craignons pas le roi, nous le refpectons comme un grand monarque, nous l'aimons comme notre pere ; mais quel homme fi puiffant qu'il foit ne redoutera pas fon juge ? Et fi vous en doutez, voyez à fa porte la baffeffe de la grandeur & l'inquiétude même de l'innocence. S'il eft vrai, comme dit Pafquier, que François I étala à l'amiral Chabot le moyen qu'a un fouverain de perdre fon fujet *fans couleur de juftice*, on peut dire que l'infuffifance des loix donne au magiftrat des moyens infaillibles de perdre *fous couleur de juftice.*

L'obfcurité

L'obscurité des loix a, suivant Bacon, quatre causes : 1°. leur accumulation exorbitante & subordonnée sur-tout quand on laisse les vivantes confondues avec les mortes, qui les infectent & les détruisent: *Ab accumulatione legum nimiâ, præsertim admixtis obsoletis;* 2°. l'ambiguité ou le défaut de précision & de clarté. *Descriptione earum ambiguâ aut minùs perspicuâ & dilucidâ;* 3°. la mauvaise étude du droit ou la négligence dans son interprétation. *Modis enucleandi juris neglectis aut non benè institutis;* 4°. enfin, la contradiction & la vacillation dans les jugemens. *Denique contradictione & vacillatione judiciorum.* (Ibid. Aph. 52.)

Voilà, comme dit d'Aguesseau, *ce qui est contraire à l'honneur de la justice & au bien public.* Voilà ce qui fait de l'administration de la justice, *un labyrinthe obscur & tortueux, où les plus éclairés s'égarent,* comme disoit François I.

Dans la jurisdiction si fort critiquée, ce n'est donc pas toujours au magistrat ni à l'avocat, qu'il faut s'en prendre de l'état des choses, mais à l'insuffisance & à l'obscurité de la loi.

Jurisprudence.

10. Ce que Bacon & d'Aguesseau ont dit de la maniere d'administrer la justice, d'exercer la jurisdiction, d'interpréter les loix, nous l'appellons *jurisprudence,* dans un sens étroit & vulgaire, bien éloigné de la définition romaine. *Jurisprudentia est divinarum atque humanarum rerum notitia, justi atque injusti scientia.*

La JURISPRUDENCE est dans l'administration de la justice un troisième être, qui, se plaçant entre la *législation* & la *jurisdiction,* les modifie, les maîtrise, & leve au dessus d'elles sa tête altiere. C'est dans ce sens que Maynard, conseiller au parlement de Toulouse, écrivoit: *Les jurisconsultes ont* ORDONNÉ. (Tom. 2, liv. 9, chap. 3, n°. 1, pag. 340.)

Essayez d'analyser cette jurisprudence impérieuse ; vous la verrez avec joie,

rappeller quelquefois le droit naturel, & quelquefois encore dans le droit public, oublier des loix barbares ou éphémeres pour ramener tout à l'ordre & au bien général. Mais dans tout ce qui tient au droit privé, au droit ecclésiastique, souvent même au droit criminel, vous ne trouverez qu'un composé monstrueux de loix telles quelles, d'arrêts qui paroissent les interpréter, de commentaires & d'écrits sans nombre. Alors les notions du juste & de l'injuste disparoissent. Il ne s'agit plus de savoir *ce qui doit être,* mais *ce qui est,* mais ce qu'on pense en tel lieu & en tel temps. La jurisprudence regne sur l'administration de la justice, comme l'opinion sur l'univers.

De trois choses qui composent l'administration de la justice, *la législation* n'est pas toujours juste, *la jurisdiction* n'est pas toujours conforme à la loi, *& la jurisprudence* qui s'établit entr'elles sous prétexte de les rectifier? . . . Le chancelier d'Aguesseau écrivoit à son fils: *Vous n'êtes pas encore initié aux* MYSTERES *de la jurisprudence.* (Tom. 1, pag. 267.)

Ainsi, en derniere analyse, cet objet primitif de la réunion des hommes en société, ce premier devoir des rois, cette base de la sûreté, de l'ordre & du bonheur public, se réduiroit à un mystere ! Etrange résultat !

A présent, vous qui vous plaignez de l'administration de la justice, qui couvrez ses ministres de ridicule & de blâme, soyez plus justes ou moins séveres : & vous qui, par votre autorité, vos opinions, vos écrits, pouvez contribuer à la rendre meilleure, législateurs, magistrats, jurisconsultes, philosophes, citoyens paisibles, ne considérez pas sans frémir sur quoi repose la fortune, l'honneur & la vie. Si quelque chose au monde doit fixer vos regards, vos recherches, vos méditations & vos vues, c'est, sans doute, cette science du droit, du juste & de l'injuste, malheureufement la moins connue & la plus négligée de toutes.

De l'étude néceffaire à l'adminiftration de la juftice.

11. Dans fon *difcours fur la fcience du magiftrat, tom. 1, pag. 156 & 157,* le chancelier d'Agueffeau, préfente trois grands objets d'étude.

Ce font d'abord *les premiers principes du DROIT NATUREL, que la raifon du magiftrat découvre fans le fecours de la fcience : ce font les loix que nous favons & que nous n'avons jamais apprifes, qui font nées, pour ainfi dire, avec nous, & qui au milieu de la dépravation du cœur humain, rendent encore un perpétuel témoignage à la juftice pour laquelle il avoit été créé.*

C'eft enfuite le droit romain. Loix auffi étendues que durables : toutes les nations les interrogent encore à préfent, & chacun en reçoit des réponfes d'une éternelle vérité. . . . . *Par les principes qu'elles nous donnent, elles nous fervent de guide, lors même que nous marchons dans une route qui leur étoit inconnue.*

C'eft enfin le droit françois compofé des ordonnances de nos rois, des arrêts des cours, des réglemens divers, & de ce que nous appellons jurifprudence.

Depuis treize fiecles, la légiflation, la jurifdiction & la jurifprudence n'ont ceffé de fe heurter, de s'embarraffer de s'obfcurcir & de fe contredire, accumulant fans ordre dans nos bibliotheques, dans nos têtes des loix, des arrêts, des recueils, des compilations, des traités, des commentaires, des opinions, des controverfes ou des doutes.

Après cela, comment retrouver la loi naturelle? Comment favoir le droit pofitif? Comment fixer la jurifprudence? Comment affigner à ces trois êtres le rang qu'ils ont aux yeux de la raifon, de la juftice & du bien public? Comment faifir la vérité fugitive dans cet abyme, où Dumoulin lui-même s'égara long-temps? *Fugientem veritatem affiduè*

fequens nihil nifi alias fuper alias intricationes inveni. (*Molin. tract. de divid. & ind. n°. 637, tom. 3, pag. 285.*)

Ce grand homme nous a tranfmis fon procédé : parcourir les labyrinthes de l'adminiftration de la juftice, en fouillant & recouvrant fans ceffe. *Hos labyrinthos partim perfodere & retegere :* réduire chaque loi, chaque coutume, chaque arrêt, à leur jufte valeur, en examinant la fource, l'objet, les rapports avec la nature du gouvernement, l'état des mœurs & de l'efprit humain, l'ordre général & le bien public; fe pénétrer de la vérité; la prononcer avec courage; écrire comme on fent & avec cette fainte liberté, qui n'a d'autre intérêt que l'honneur de la juftice & la félicité publique.

GRANDES ÉPOQUES du droit françois.

12. Après avoir étudié le droit naturel dans fon cœur, s'il n'eft pas corrompu, on peut apprendre le droit romain, non en entier; il fuffit de favoir y chercher, de connoître le fiege des matieres, la fignification des titres fi peu relative à leur fujet. Le meilleurs des guides eft fans contredit Heineccius, & l'on peut fe faire un tableau de chaque partie de ce droit, comme je l'ai effayé de la jurifprudence criminelle, fous le mot *Accufation,* n°. 6, tom. 2, pag. 205.

Ainfi, fous le même mot, n°. 7, pag. 219; & n°. 107, pag. 453, j'ai efquiffé l'hiftoire du droit criminel françois, & de l'état actuel de fa procédure. De même, fous le mot *Adminiftration,* n°. 5, pag. 814, j'ai deffiné à grands traits l'hiftoire de l'adminiftration en France.

Mais, qui ofera écrire celle du droit françois? Qui faura dire d'où il eft forti, comment il s'eft formé, comment il eft parvenu à l'état où nous le voyons aujourd'hui.

Cependant on ne fera jamais jurifconfulte, fi, à l'exemple de Dumoulin

& d'Heineccius, le flambeau de l'histoire à la main, on ne fouille pas les ruines qui forment notre jurisprudence.

C'est la leçon de Justinien dans la *préface de ses Institutes*, § 3 : *Ut liceat vobis PRIMA LEGUM CUNABULA non ab antiquis FABULIS discere.*

Tacite lui-même, écrivant quelques accusations fameuses, se vit arrêté par la nécessité d'expliquer l'origine du droit, & comment on étoit parvenu à cette multitude & à cette variété infinie de loix. *Ea res admonet ut de principiis juris & quibus modis ad hanc multitudinem infinitam ac varietatem legum perventum sit altius disseram.* (Annal. III. 25.)

Je vais donc chercher quelle a été en France l'administration de la justice, depuis l'origine de la monarchie jusqu'à nos jours, & je considérerai toujours ce qui la compose ; la législation, la jurisdiction & la jurisprudence : maniere de voir que n'ont pas suivi ceux qui ont parcouru la même carriere.

En commençant l'histoire romaine, Tite-Live dit : *Nec satis scio, nec si sciam dicere ausim.* Dans le même esprit je saisirai seulement de grandes époques, que je groupperai quelquefois : & je ne verrai les faits & les loix que dans le rapport qu'ils ont avec l'état actuel des choses.

Dans ce tableau difficile, je peindrai comme je vois, dussé-je me tromper : j'ai à ma droite l'histoire, à ma gauche les loix, & devant moi la vérité.

Les Gaulois.

13. Si vous voulez avoir quelque idée de l'état des habitans de la Gaule, cinquante ans avant l'ere commune, lisez le *VI livre des commentaires de* César ; & le *petit traité de* Tacite, *sur les mœurs des Germains.*

Si vous voulez abréger, lisez l'*admirable introduction à l'histoire du regne de Charles-Quint,* par M. Robertson, sect. 1, note 6. Après avoir extrait César & Tacite, il compare les Gaulois & les Germains aux Sauvages de l'Amérique Septentrionale : c'étoit les Iroquois, les Illinois, les Algonquins, les Hurons & les Sioux, avant la découverte du Nouveau Monde.

Les Romains.

14. Ainsi que Londres a donné sa langue, ses religions, ses mœurs & ses loix à l'Amérique, de même César ayant conquis les Gaules, Rome y porta ses usages, ses arts, son gouvernement & ses loix. Ce grand acte de domination & de civilisation, étoit d'autant plus facile que les loix de Rome étoient sages, que c'étoient celles de tout l'empire ; & que les Gaulois n'en avoient aucunes. Qu'auroient-ils fait d'un code & de la jurisprudence : chasseurs, pâtres & pêcheurs ; ils erroient, ils n'étoient point agricoles ; ils n'avoient pas même l'idée de la propriété territoriale : ils ne connoissoient que la possession de leurs troupeaux, de leurs vêtemens, de leurs armes, du lieu qu'ils habitoient en passant ; & si quelqu'un disputoit cette possession active, certes, ils savoient bien la défendre.

D'après ce fait incontestable, le droit romain fut communément le premier droit de ce peuple sauvage, qui, jusques-là n'en avoit point eu : ce fut encore le droit commun ; car, qui auroit osé contredire la jurisprudence du vainqueur, & en créer une nouvelle ?

A la tête du premier volume de Henrys, Bretonnier a placé une savante dissertation, où il rassemble plusieurs preuves de cette grande vérité. La Gaule est divisée en dix-sept préfectures. Plusieurs empereurs y séjournent & y jugent suivant le droit romain. Rome encore adressa ses loix aux préfets des Gaules, entr'autres la loi 5, *C. de adult.* & la loi 1, *C. de municip.* Par-tout on ne trouve pas même le souvenir d'une loi gauloise ; par-tout c'est le droit romain : & après les révolutions que nous dirons tout-à-l'heure, la langue s'est perpétuée dans l'administration de la justice, jusqu'à l'ordonnance de 1539, qui ordonne de stipuler, plaider & juger en *langue-mere* françoise.

L'histoire & la jurisprudence ne varient pas sur ce grand fait. Si quelques écrivains des pays coutumiers l'ont vu différemment, c'est aveuglement ou ignorance; c'est qu'ils ont confondu l'établissement des coutumes, dont nous parlerons bientôt avec le droit primitif établi par les Romains, lors de la civilisation.

Ces vérités font essentielles à saisir quand vous jugez, même dans les pays coutumiers. Vous avez pour droit positif les ordonnances du royaume & les coutumes écrites. Ces deux parties du droit françois laissent un vuide immense. Quand il faut le remplir, vous entendez quelques jurisconsultes prétendre que la loi romaine doit être présentée seulement comme raison écrite, comme l'opinion d'un peuple éclairé & sage, laquelle ne va pas toujours à notre gouvernement & à nos mœurs; & ainsi l'on retombe dans le funeste arbitraire.

A cet arbitraire qui perd notre jurisprudence, si l'on préfere le droit positif, si l'on pense avec raison que l'état & la fortune du citoyen résident à l'abri des loix positives, telles quelles; il faut, dans les pays de coutume même, regarder le droit romain comme le droit commun; la coutume écrite comme exception; & juger conformément au droit romain, par-tout où la coutume est muette.

Les Francs.

15. Tandis que Rome s'affoiblissoit par ses mœurs & l'étendue de son empire, des barbares sortoient des cavernes du nord & se répandoient au midi, comme ces nuées de sauterelles qui viennent de pénétrer en Europe. Vous pouvez voir encore dans la *note 5*, de M. Robertson, les horreurs que commirent ces barbares jusqu'en Afrique, où ils égorgerent cinq millions d'habitans.

Ces Hordes innombrables avoient des noms divers, comme celles des Sauvages de l'Amérique; c'étoient les Huns, les Pictes, les Vandales, les Alains, les Goths, & les Francs.

Cette derniere nation est celle qui déboucha au commencement du cinquieme siecle en Gaule, par les pays que nous connoissons aujourd'hui, sous le nom de Flandre, Lorraine & Westphalie.

Ce que les Romains avoient fait lorsqu'ils conquirent la Gaule, les Francs l'exécuterent à leur tour. Ils rapporterent ce qu'on a recueilli ensuite sous le nom de loix antiques ou barbares. L'édition que Herold en a fait à Basle en 1557, leur donne ces titres : *Salicæ, Allemanorum, Saxonum, Angliorum, Thuringorum, Burgundionum, Francocorum, Ripuariæ, Boioariorum, Westphalorum, Vuerinorum, Frisionum, Longobardorum, Theutonum.*

La loi salique, plus particuliere à la France, fut rédigée de l'autorité de Childebert & de Clothaire, enfans de Clovis.

Laissons Montesquieu dans les *livres 28, 30 & 31 de l'esprit des loix,* chercher avec tant de génie dans les codes divers l'origine de nos fiefs, de nos coutumes. Cela prouveroit seulement l'asservissement des peuples conquis, & la dégradation de l'esprit humain; car rien n'est tout à la fois plus barbare & plus minutieux que ces loix, dans lesquelles on ne trouve point comme dans celles des Romains, le droit naturel, le droit public, les grandes sources de l'ordre social & du bonheur public. Vous y voyez, au contraire, une multitude de loix sur les plus petits vols, & ces *compositions* fameuses, par lesquelles pour une somme déterminée on rachetoit tous les crimes.

Mais, ce que le jurisconsulte doit observer; c'est que la jurisprudence romaine, établie depuis cinq siecles, dut s'affoiblir, céder ou disparoître dans tous les points fur lefquels ftatuoient les loix du vainqueur.

A cette époque, la jurifprudence françoife fut donc un compofé monftrueux du droit romain, des loix barbares; & comme ces deux efpeces de loix n'avoient pas été faites l'une pour l'autre, la jurifprudence ne dut être déja, comme elle l'eft fi fouvent aujourd'hui, que le réfultat de l'opinion des juges & des jurifconfultes, s'il y avoit dans toute la nation un feul homme qui méritât ce titre.

Jurifdiction eccléfiaftique.

16. Parcourez avec l'hiftoire, lifez fur-tout avec attention quelques fragmens échappés aux ravages des fiecles, tels que les lettres de St. Rhemi à Clovis, vous reconnoîtrez par-tout l'influence que le clergé a eu & a dû avoir fur l'adminiftration de la juftice: vous verrez, avec la converfion de ce prince, naître cette jurifdiction eccléfiaftique, comparée à un gland, qui, jeté dans un champ inculte, produit d'abord un chêne, & avec le temps une forêt qui couvre toute la furface.

Le préambule de la loi falique peint les François comme une nation brute encore, mais généreufe, brillante, vive, audacieufe : *audax, velox & afpera;* puiffante à la guerre, fidele dans la paix, nouvellement convertie à la foi catholique qu'elle a fcellée du fang de fes martyrs, ayant heureufement fecoué le joug infupportable des Romains perfécuteurs du chriftianifme, formée par Dieu même : *auctore Deo condita;* foutenue par lui feul, & mettant en lui tout fon efpoir. *Vivat qui Francos diligit Chriftus, eorum regnum cuftodiat, & rectores de lumine fuæ gratiæ repleat.*

Le crédit du clergé devoit être d'abord celui qu'ont par-tout les miniftres des autels; combien de chofes concouroient à l'augmenter! La fainteté des fonctions, l'efpérance ou la crainte de l'autre vie, l'adminiftration des facremens, l'autorité de celui de la confeffion qui met le fouverain aux pieds du moindre prêtre, la médiation entre le trône mal affuré, & le peuple inquiet & volage, l'ignorance abfolue & générale, l'art enfin de rapporter tout à la religion, en livrant à fes miniftres comme péché, ce qui appartenoit aux tribunaux humains, comme délit, injuftice ou procès.

Au mot *Accommodement,* n°. 3, tom. 2, pag. 2, j'ai expliqué d'après Grégoire de Tours & l'abbé de Fleury, comment le clergé eût d'abord cette jurifdiction amiable, à laquelle nul ne pouvoit fe refufer, & qui fe faifoit redouter par fes armes fpirituelles.

On peut voir au mot *Abus,* comment par cette efpece d'appel la jurifdiction royale a repris le deffus à tant d'égards.

Au mot *Jurifdiction eccléfiaftique,* j'expliquerai comment elle a été reftreinte jufqu'à l'édit de 1695.

Ici il fuffit de favoir, qu'impofante par l'éclat de fes fynodes & de fes conciles, puiffante par fes armes, le befoin du trône, l'ignorance des grands & l'abrutiffement du peuple, la jurifdiction eccléfiaftique abforboit tout. Il fuffit de fe rappeller cette plainte de Chilperic : « LES ÉVÊQUES REGNENT SEULS, ET NOUS N'AVONS PLUS D'AUTORITÉ. » *Periit honor nofter, & tranflatus eft ad epifcopos. Greg. Tur. lib. 6, cap. 46, pag. 324, edit. Ruinart.*

Charlemagne.

17. Vous retrouverez cet efprit dans les capitulaires de la premiere & de la feconde race, même dans ceux de Charlemagne qui y prend ce titre : *Karolus gratiâ Dei, ejufque mifericordiâ donante, rex & rector regni Francorum, & devotus SANCTÆ ECCLESIÆ defenfor, HUMILISQUE ADJUTOR.*

Avec cela, les capitulaires de Charlemagne, fur-tout ceux donnés à Aixla-Chapelle, en 805 & 806 *font remarquables,* dit le préfident Henaut, *en* ce que plusieurs ont été renouvellés par Louis XIV.

J'en ai déja cité quelques-uns dans les deux volumes précédens, entr'autres celui-ci : *Docendus est populus, non se-quendus* : j'en citerai encore ; car il y a quelquefois de grandes vues & d'excellentes loix.

Mais cette compilation a plusieurs défauts évidens.

Le premier est la confusion qui a regné dans notre légiflation jusqu'à Louis XIV, où pour la premiere fois l'on a fait des ordonnances générales par ordre de matiere.

Le second est l'insuffisance : beaucoup sur la religion ; quelque chose sur la police & l'administration ; quelque chose encore sur le droit criminel & le droit public. Mais quand vous cherchez le droit privé, les principes généraux de juste & de l'injuste, vous trouvez un vuide absolu, comme dans les ordonnances qui ont suivi.

Le troisieme défaut vient de l'ignorance profonde. Charlemagne lui-même savoit-il écrire ? Ce fait est moins sûr que ses conquêtes. Il appella des savans & avec eux la lumiere. Il s'investit d'une académie, si je puis m'exprimer ainsi ; il forma quelques bibliotheques de livres pieux ; il voulut faire davantage, & il mourut.

Or, qu'attendre d'une légiflation sortie de l'abyme des ténebres ? Que faire d'un peuple ignorant & guerrier ? L'administration parfaite de la justice exige du génie, du repos & de la tranquillité dans le légiflateur, de la confiance & de l'étude dans les dépositaires des loix, de la sagacité & de la bonne foi dans ce concours d'opinions qui forme la jurisprudence, du caractere, un bon esprit & des lumieres dans la nation. Or, tout cela est l'ouvrage de plusieurs siecles. Oui, tandis qu'une nuée de barbares replonge en un instant un grand état dans les ténebres, il faut plusieurs siecles pour rétablir l'ordre &

la lumiere. La flamme dévore en un jour le plus vaste édifice, & combien il faut de temps pour le reconstruire. *Naturâ infirmitatis humanæ tardiora sunt remedia quàm mala.* (Tacit. *Agr. vita,* III.)

Coutumes, Féodalité, Noblesse.

18. Ignorans & foibles, les deux successeurs de Charlemagne abandonnerent le grand ouvrage qu'il avoit commencé, & replongerent la nation dans le plus grand désordre.

On rapporte à ce temps trois grandes époques de notre droit françois.

La premiere est la tolérance des coutumes. L'édit de Pistes de 854, distingue les pays dans lesquels on doit juger par le droit romain, d'avec ceux où l'on jugeoit suivant l'usage. Montesquieu a remarqué avec raison cette origine de la légalité des coutumes. (*Esprit des loix,* liv. 28, chap. 4.)

La seconde est l'origine de la féodalité : « Vers la fin de la seconde race, dit le président Hénaut, un nouveau genre de possession, s'établit sous le nom de fief.

Les ducs ou gouverneurs des provinces, les comtes ou gouverneurs des villes, les officiers d'un ordre inférieur, profitant de l'affoiblissement de l'autorité royale, rendoient héréditaires dans leur maison des titres que, jusques-là ils n'avoient possédés qu'à vie ; & ayant *usurpé* également & les *terres* & la *justice*, s'érigerent eux-mêmes en propriétaires des lieux dont ils n'étoient que les magistrats, soit militaires, soit civils, soit tous les deux ensemble. Par-là fut introduit un nouveau genre d'autorité dans l'état, auquel on donna le nom de *suzeraineté* ; mot, dit Loyseau, qui est aussi étrange que cette espece de seigneurie est *absurde*. » (*Remarques particulieres à la fin de la seconde race,* pag. 93.)

Le président Hénaut rapporte encore à ce temps une autre origine : « La

NOBLESSE, dit-il, ignorée jusqu'au temps des fiefs, commença avec cette nouvelle seigneurie ; en sorte que ce fut la possession des terres qui fit les nobles, parce qu'elle leur donna des especes de sujets nommés vassaux, qui s'en donnerent à leur tour par des *sous-inféodations*. »

Ainsi la noblesse ne fut plus composée des compagnons du prince & des grands officiers de l'état, des hommes puissans, riches, vertueux & bienfaisans ; car, chez toutes les nations éclairées, ceux-ci ont formé la vraie noblesse ; la naissance fit tout. La noblesse ne fut plus une récompense, mais un privilege. On ne fut plus noble, parce qu'on étoit vertueux & utile ; mais, parce qu'on se faisoit descendre d'un homme puissant & riche qui avoit possédé un fief. Tandis que le sauveur de l'état peut n'être pas noble, un scélérat, un imbécille fut *homme de qualité*, & donna le jour à d'autres êtres aussi dangereux ou inutiles, qui prétendirent sans cesse aux graces du prince, & surchargerent l'état.

Ainsi la propriété fut affectée par ce contrat, où l'on suppose que le magistrat usurpateur inféodoit à ses vassaux sous des servis, des droits de mutation & mille autres absurdités destructives de la liberté, de l'agriculture, du commerce & de l'état.

Ainsi l'administration de la justice, résidente absolument & exclusivement sur le trône, passa à chaque seigneurie. Il n'est pas un si petit baron qui ne se crût en droit de juger & de faire des loix.

Et l'édit de Pistes ne laissant le droit romain qu'à ceux qui voulurent le garder, la tyrannie des seigneurs, la foiblesse des vassaux & l'ignorance universelle durent introduire autant de coutumes que de seigneuries.

Si vous réfléchissez un instant sur ces changemens, vous conviendrez, qu'affectant l'état des personnes, la propriété des choses, la législation & la jurisdiction, ils ont tout bouleversé. Avec ces bases nouvelles, toutes les loix antérieures ont dû être inutiles, ou avoir besoin de modification ; & l'administration de la justice a dû être surchargée de loix nouvelles, de coutumes, de doutes, & de choses inconciliables. Avant cette époque, on pouvoit, on devoit avoir un code stable & uniforme. Après cela, je ne sai si cela est possible, à moins que l'on ne coupe l'arbre par le pied, ou du moins qu'on ne sacrifie les branches parasites.

Siecle d'ignorance, Chevalerie, Croisades, Combat judiciaire, Epreuve.

19. On a surnommé le dixieme siecle, le siecle d'ignorance ; c'est-là en effet que l'on entrevoit jusqu'où peut être porté l'abrutissement de l'esprit, & la dégradation de l'humanité. Plus funeste mille fois que la guerre, la peste, la famine, les tremblemens de terre, tous les bouleversemens & tous les maux qui ont ravagé le globe, ce fléau a dénaturé tout ce qui l'avoit précédé, & infecté tout ce qui l'a suivi.

Dans l'ordre physique, la nature bienfaisante répare d'elle-même ses accidens, ses erreurs & ses torts apparens ; ses destructions ne font que des déplacemens, ses ruines contiennent des matériaux & de nouveaux germes.

Dans l'ordre moral, la foiblesse de l'homme ne l'éleve point au dessus des événemens, des préjugés de l'habitude. L'homme, a dit le roi de Prusse, est un animal de coutume. L'amour propre, la timidité & la paresse, lui persuadent que ce qu'il tient de ses peres, est sage, que ce qu'il a fait hier, il doit le faire demain. C'est un aveugle accoutumé à parcourir un lieu mal ordonné, qui craint qu'on ouvre de nouvelles rues, qu'on en aligne d'autres. La plûpart des peuples ressemblent à cet aveugle, quand on veut changer leurs coutumes & leurs loix.

Les nôtres ont presque toutes leurs racines dans ce siecle d'ignorance. Vous y voyez la superstition, le fanatisme, les combats judiciaires, les épreuves que je décrirai à leur rang. Vous croirez être au milieu des Negres de l'Afrique, interrogeant leurs fétiches, redoutant les éclypses, & n'ayant d'homme que la figure.

Les capitulaires de nos rois prononcent bien le nom de Rome, & rappellent le droit romain comme la source des bonnes loix. *Lex romana quæ est omnium humanarum legum mater.* Mais Rome & ses loix étoient à la France, ce que lui sont aujourd'hui Pekin, la Chine & tout ce vaste empire; moins encore sans doute: car nous étudions sa constitution, nous traduisons son histoire; nous extraisons Confucius & les autres moralistes chinois.

Au lieu de rechercher la raison, la vérité, la lumiere & le bonheur public dans les décombres formés par les inondations des Barbares, nos peres erroient dans les ténebres, comme les peuples incivilisés, comme ces premiers Grecs peints par Homere & Thucydide. Nos Roland & nos Renaud étoient les Hercule & les Thesée de la fable. Les premiers furent des demi-dieux; les seconds jeterent les fondemens de la chevalerie, espece d'initiation assez semblable à celle de quelques nations sauvages de l'Amérique. Ceux qui y étoient admis, non moins ignorans que le reste du peuple, mais faisant vœu de bravoure & de loyauté, s'établissoient défenseurs de l'état, protecteurs du foible, appuis de l'innocence, de l'ordre & de la justice, parcourant les chemins, cherchant les aventures, & redressant les torts.

Le religion & la gloire se mêlant dans la tête exaltée de ces paladins, l'hermite Pierre & le moine Bernard leur persuaderent aisément les croisades. Le suzerain appella ses vassaux; ceux-ci, leurs serfs, malheureux par le gouvernement féodal, & espérant trouver au loin le bonheur & la liberté: & des millions d'hommes allerent périr dans les sables de la Palestine.

Avec ces émigrations, ces préjugés & ces mœurs, que pouvoit être l'administration de la justice?

Parcourez le code intitulé: *Les Assises de Jérusalem* de 1090. Ce sont les loix données au royaume de Jérusalem par Lusignan & les chevaliers françois. Parcourez encore la *très-ancienne coutume de Bauvoisis*, par Beaumanoir & Thaumassiere. Rien n'est plus minutieux, plus obscur, plus misérable que ces petits codes. Il n'y a ni plan, ni vue, ni ensemble, ni style, ni langage. Vous préférerez les mœurs, les usages & les discours des Hurons.

Comparez ensuite ces codes avec le droit romain, qui avoit été celui de toute la France; & méditez comment il se peut que sous le même ciel, la même nation fût ainsi dégradée.

Cependant ces deux codes & quelques autres semblables, renferment les racines de plusieurs de nos loix, de nos coutumes & d'une grande partie de notre jurisprudence. Au lieu de jeter à bas ces masures dégoûtantes & infectes, & de les détruire jusqu'au fondement; au lieu de recourir aux loix romaines, ou de former dans un bon esprit un corps de loix nouvelles, accommodées à nos mœurs & à l'état de l'esprit humain; on a respecté ces décombres, on s'en est servi, on en a fait la base.

Origine des Communes.

20. Tout étoit perdu; la justice, par l'oubli des loix romaines & l'introduction des coutumes; la *jurisdiction*, par la tyrannie des seigneurs, législateurs, juges, parties & quelquefois même exécuteurs; le *trône*, par la réduction de la souveraineté au domaine de la couronne, consistant en quatre villes; la *liberté individuelle*, par le vasselage, la la servitude, la main-morte, le service personnel, la taille & les corvées; les serfs & les *hommes de poite* n'avoient d'autre

d'autre loi que la volonté du seigneur, d'autre juge que lui ; la *propriété immobiliaire*, par les droits féodaux qui l'affectoient & la dégradoient en cent manieres ; le *commerce*, par la leyde, le barrage, le pontonage, le travers, le droit de garde & les péages ; la *sûreté* & la *tranquillité*, par le défaut absolu de police, d'ordre & de force, plus encore par les incursions continuelles des seigneurs les uns sur les autres, pillant, brûlant, égorgeant, & dévastant tout ce qui les environnoit.

Cet état d'oppression universelle repoussa dans les villes murées, des bourgeois, des marchands sur-tout, & des nobles même ; ils mirent en *commun* la sûreté, l'ordre & la justice qu'ils recherchoient, & leur association, ils l'appellerent *commune*.

Ils leverent des troupes, établirent un service militaire ; &, s'ils ne secoururent pas le trône, du moins ils tinrent en respect les seigneurs qui les environnoient ; c'étoit des places qu'il avoit au milieu du pays ennemi.

Ils se donnerent des loix comme toutes les sociétés politiques naissantes. Vous en trouvez une esquisse dans les coutumes anglo – normandes, *tom. 2, pag. 467*. Le titre suffit pour en indiquer l'esprit. *STATUTA GILDÆ per dispositionem BURGENSIUM constituta : ut multa corpora uno loco congregata, unio consequatur, & unica voluntas, & in relatione unius ad alterum, firma & sincera dilectio.*

Ces confédérations obscures qui ressemblent assez bien à celles faites depuis par la Suisse, la Hollande & l'Amérique-Unie, ont été d'ailleurs la source d'une infinité de droits & d'établissemens politiques, inconnus jusques-là.

Le mot de *Bourgeois* : on ne connoissoit que le titre de citoyen, & ce sont deux choses différentes.

La *municipalité* : les Romains avoient bien des villes *municipes*, mais nos municipalités ont remplacé les com-

munes ; en ont conservé l'esprit, & ont voulu conserver les privileges que chaque commune s'étoit arrogés.

La *justice* : chaque commune se faisoit un code, se formoit une jurisdiction composée de son maire, *major* ; de ses échevins, *scabini* ; aldermans, gens de loi, *fortingmannorum*. La Hollande, la Flandre, & quelques autres villes d'Allemagne ont conservé ce régime. En France, quelques municipalités comme Marseille, Bordeaux & Toulouse ont conservé, les unes, la justice criminelle ; les autres, la police.

On place ces confédérations sous le regne de Louis-le-Gros, qui monta sur le trône en 1109. Elles se soutinrent par la force de l'union, & par la division des seigneurs. Le roi, dévoré lui même par cette fourmilliere de petits tyrans qui ravageoient le royaume, dut protéger ces corporations paisibles & utiles, qui n'étoient qu'un asyle contre le brigandage féodal, & qui d'ailleurs procuroient une justice suffisante aux bourgeois des villes. Les lettres-patentes de Philippe-le-Hardy, de 1278, autorisent les maires & bourgeois de la *commune* de Rouen & leurs successeurs à administrer, comme par le passé, la haute justice appartenant au roi, à l'exception de la mort, du mehaing & du gage de bataille. *Quòd dicti major & illi de COMMUNIA & eorum successores habeant, teneant & exerceant omnimodam jurisdictionem ad nos pertinentem, tam de placidis spade, quàm de aliis, quæ accident & amodò accidere poterunt in civitate & banleucâ Rothomagensi in placitis, jurisdictionibus & justitiis quibuscumque, retentâ nobis justitiâ mortis, mehagnii & vadiorum belli quum secuta fuerint.* (Ord. du Louvre, *tom. 1, pag. 306*.)

Origine de l'état actuel de la Jurisdiction en France.

21. Ces confédérations ne protégeoient que les bourgeois des communes ; il falloit sauver l'état & le trône.

Il falloit reprendre l'administration de la justice, usurpée par tous ces seigneurs, qui n'étoient, dans le principe, que des officiers nommés par le roi ; & l'édifice de la féodalité se seroit écroulé par ses fondemens.

Le monarque qui auroit eu le génie & la force d'exécuter ce grand acte de souveraineté, eût été le restaurateur de la royauté, de la liberté, de la propriété, de l'ordre & de la justice : mais le trône étoit environné de crainte & de ténebres ; il n'avoit d'autre armée que ses vassaux usurpateurs, & dans le nombre paroissoient avec un état imposant les ministres même de la religion, possesseurs des grands fiefs. Trop foible pour détruire le mal, on se borna à le diminuer ; & au lieu de reprendre la grande route tracée par les Romains & par Charlemagne, on se jeta dans des sentiers tortueux & obscurs.

Le premier expédient fut d'obliger les seigneurs à commettre des officiers, qui jugeant d'abord en leur absence, restassent en possession de la jurisdiction. Cette opération fut exécutée d'autant plus aisément par les commissaires départis, que les seigneurs, entraînés au loin par la guerre & les croisades, devoient nécessairement laisser quelqu'un pour administrer la justice : ce fut le second état des justices seigneuriales. Dans le premier, le seigneur avoit été législateur, juge, & quelquefois exécuteur. Il n'y avoit point d'appel de ces jugemens barbares ; ou si quelquefois le condamné pouvoit se réfugier près du trône, le seigneur juge y paroissoit pour défendre, l'épée à la main, son *bien-jugé* ; trop heureux le condamné, quand il n'étoit pas obligé de se couper la gorge avec tous les assesseurs.

Ce changement en amene un autre non moins remarquable. Le seigneur fuyant au loin, & ne s'en rapportant pas à son juge comme à lui-même, sur les profits de son fief, fonda de sa procuration un homme de confiance, qui resta

chargé de poursuivre devant le juge tous les redevables : or, comme les délits & les contraventions entraînoient des amendes & des confiscations au profit du fisc seigneurial, ce commis, pour les assurer, se chargea d'accuser & de poursuivre. Telle fut l'origine des procureurs-fiscaux : ce n'étoit pas la sûreté publique qui déterminoit la poursuite des crimes, c'étoit l'espoir de la confiscation & de l'amende.

Le second expédient fut de créer dans les villes du domaine de la couronne, de grands baillis qui devoient juger de nouveau ce qui l'avoit été par le juge du seigneur, & avoient chacun un ressort dont on ne trouve plus de trace.

Mais on étoit trop foible pour porter devant ces baillis *l'appel* du jugement dans toutes les affaires, & l'on eut recours à un autre expédient, ce fut d'imaginer les cas royaux.

Ce nouvel être dans l'administration de la justice eut trois causes, 1°. le refus supposé du juge seigneurial, appellé *défaute de droit* ; 2°. le prétexte que le jugement étoit contraire à la loi des fiefs ; 3°. l'intérêt vrai ou supposé du roi, que l'on voulait bien convenir ne pouvoir pas être jugé par l'officier de son vassal.

Philippe Auguste multiplia ces bailliages, & les cas où l'on pourroit appeller. Son ordonnance de 1190, enjoint aux baillis « de recevoir tous les mois dans leurs assises les plaintes de ses sujets ; de leur rendre une prompte justice ; de veiller sur la conduite des prévôts des seigneurs ; de les contenir dans leur devoir ; & de rendre compte de leur conduite & de leur province tous les quatre mois au conseil du roi. »

Les commissaires départis renvoyoient encore quelquefois le jugement définitif de l'affaire à ce tribunal suprême, appellé tantôt parlement, & tantôt *mallum imperatoris*. Et l'on conçoit que les comptes rendus tous les quatre mois par les baillis, fournissoient seuls à la souveraineté le droit d'appeller à elle les affaires & les personnes dont le grand intérêt pouvoit la toucher.

Lorsque dans ces anciennes ordonnances, vous entendez le souverain parler sans cesse du devoir de rendre la justice; quand vous voyez tous ces petits efforts pour établir la jurisdiction, le ressort, l'appel, qui sembloit devoir assurer au moindre François le recours au trône; vous cherchez les loix: vous ne trouvez ni le droit romain recueilli par Théodose en 435, ni même le droit naturel; mais ces coutumes barbares, obscures & contradictoires, nées du sein dévorant de la féodalité & ne s'occupant que d'elle. Vous diriez qu'il n'y a plus de notions du juste & de l'injuste.

Établissemens de St. Louis.

22. Un événement pouvoit tout rétablir. C'est la découverte en 1137 de la compilation du droit romain publiée en 530 & qui porte le nom de Justinien. De trois copies faites par ordre du pape, l'une étoit parvenue à St. Louis, monté sur le trône en 1226. Convaincu par l'exercice qu'il avoit fait de la jurisdiction, combien il étoit nécessaire d'avoir des loix positives, & de la beauté de celles des Romains, il en fit faire la traduction dans le jargon bas & pauvre de ce temps-là; il en envoya par-tout des copies; il ordonna de les enseigner dans ses domaines; il vouloit leur redonner l'autorité qu'elles avoient eues depuis la civilisation des Gaules jusqu'à l'invasion des Francs; il vouloit qu'elles fussent le droit commun & unique de la France.

Mais que faire de ces innombrables coutumes légalisées par l'édit de Pistes, & l'habitude plus puissante que les édits? Que faire de la féodalité maintenue depuis Charles-le-Chauve, par la foiblesse du trône, l'abrutissement du peuple & l'ignorance universelle? Que faire de tant d'usurpations autorisées par le clergé,

consolidées par le temps, conservées par la justice elle-même sous ces noms de possession, de prescription, d'héritage & de propriété; dont on savoit déja si bien abuser.

Vous croyez volontiers St. Louis assez éclairé, courageux & puissant pour couper l'arbre par le pied quand vous le voyez donner sur les affaires ecclésiastiques cette pragmatique sanction, l'un des fondemens des libertés de l'église gallicane; vous le croyez, sur-tout quand vous entendez ce saint roi, dire art. 5, (pag. 98.) « Les exactions insupportables de la cour de Rome, par lesquelles le royaume se trouve malheureusement appauvri, ne seront plus levées à l'avenir, si ce n'est pour d'urgentes nécessités, & du consentement du roi & de l'église gallicane. » *EXACTIONES & onera gravissimâ pecuniarum per curiam romanam, ecclesiæ regni nostri impositas vel imposita quibus regnum nostrum miserabiliter depauperatum extitit, &c.*

Le clergé toujours si puissant étoit d'accord sur ce point avec le trône, il ne l'auroit pas été sur le reste.

St. Louis eût donc la bonne intention de faire le meilleur code possible, mais gêné de tant de manieres, il se borna à tout concilier, & sans doute il crut y réussir.

« Qu'est-ce, dit Montesquieu, que cette compilation que nous avons sous le nom d'*établissemens de St. Louis*? Qu'est-ce que ce code obscur, confus & ambigu, où l'on mêle sans cesse la jurisprudence françoise avec la loi romaine; où l'on parle comme législateur & où l'on voit en jurisconsulte; où l'on trouve un corps entier de jurisprudence sur tous les cas, sur tous les points du droit civil? Il faut se transporter dans ces temps-là. » (*Esprit des loix, liv. 28, chap. 38.*)

Montesquieu essaie de justifier l'esprit de cet ouvrage, non par sa bonté réelle, mais par les circonstances, l'esprit du siecle & l'impossibilité de faire mieux,

Il ajoute : « Il y avoit un vice intérieur dans cette compilation : elle formoit un code amphibie, où l'on avoit
mêlé la jurisprudence françoise avec la
loi romaine ; on rapprochoit des choses,
qui n'avoient jamais eu de rapport, &
qui, souvent étoient contradictoires. »
(Ibid.)

Après cette critique, vous pouvez
voir l'éloge & l'extrait de ce code,
par l'abbé Velly, dans son histoire de
France, tom. 1, in-4°., pag. 262.

Vous pouvez voir le texte entier
dans les ordonnances des rois de France,
de l'imprimerie royale, tom. 1, pag. 107,
sous la date de 1270, année à laquelle
on rapporte sa publication : Lauriere,
éditeur, y a joint d'excellentes notes,
qui servent d'ailleurs de traduction.

Le fond est un composé de loix
romaines citées à chaque pas, de canons, de décrétales, de coutumes &
d'ordonnances antérieures. Il est partagé
en deux livres, dont le premier contient cent soixante & huit chapitres, &
le second quarante-deux. Il embrasse
sans ordre la jurisdiction, la procédure,
les personnes, les choses, les délits,
les fiefs, la police, les corporations,
les arts & métiers, érigés dès-lors en
confrairies.

Le ch. 15 du liv. 2, & le ch. 105
du liv. 1, expliquent comment pour
juger on doit appeller pour asseseurs
ou conseillers, gens suffisans, hommes
ou pers qui ne soient de l'une partie
ne de l'autre. Et il falloit bien ordonner
ainsi la jurisdiction, puisqu'il n'y avoit
aucun justicier, conseiller, magistrat en
titre d'office. C'étoit l'ancienne maniere
des Romains ; & c'est encore celle conservée en Angleterre ; c'est le jugement des
jurés & des pairs : & cette disposition
exprimée avec obscurité, est la seule
qu'on puisse regretter.

Le reste ne va pas à l'état actuel de
l'esprit humain, des mœurs, de la constitution politique & de la jurisprudence.
Néanmoins on cite encore quelques-unes
de ces loix quand on ne trouve pas
d'autre appui ; ainsi, n'ayant pour but
que le bien public, le bonheur des individus, & l'autorité du pere de la
grande famille, l'administration de la
justice, qui devroit marcher seule &
avec une noble assurance, ressemble à
un aveugle qui tâtonne & s'appuie souvent sur des ruines.

Encore une observation importante.
Le préambule dit : Avons ordonné ces
établissemens selon les quiex, nous vo-
lons que l'en use és cours laies, PAR-
TOUT LE REAUME & la SEIGNEURIE
de France. (Pag. 108.)

Cette derniere expression justifie l'idée
de Loyseau, que la France se gouvernoit
comme un grand fief ; & elle a été
conservée par les parlemens, qui disent :
le seigneur roi ; comme si la couronne
n'étoit que le fief dominant de tous ceux
qui sont enclavés dans le royaume.

L'autre expression partout le reaume,
semble indiquer que c'étoit une loi générale. Cependant l'histoire atteste que
ce code n'eût son exécution que dans le
domaine de la couronne ; à l'égard des
grands vassaux, il fut reçu par ceux qui
voulurent bien l'agréer, & rejeté par les
autres, & conséquemment par les ar-
rieres-vassaux de ceux-ci ; car les décrets
du trône ne leur parvenoient que médiatement pour l'administration de la
justice, comme pour le service militaire.
C'est le mot si connu du sire de Joinville, arriere-vassal du comte de Champagne : Moi qui n'étois point sujet du
roi, ne voulus point lui faire de serment.

La bonne intention de St. Louis se
réduisit donc à jeter çà & là quelques
notions de justice, tirées des loix romaines ; mais étouffées par les coutumes
& la féodalité qu'il se contenta de
modifier, au lieu de les détruire.

Du reste, ces établissemens adressés
vainement & vaguement à tout le
royaume, ne paroissent ni faits en
parlement ni enregistrés. Le chap. 15
du liv. 2, après avoir cité la jurisprudence

romaine, ajoute : « Et fe ce eft hors de
» l'obéiffance du roy, & il viegne en
» la cort le roy, par refort, par appel,
» ou par défaute de droit, ou par faus
» jugement, ou par récréance née, ou
» par grief, ou par véer le droit de fa
» cort, il convient que il die que le
» jugement eft faus, ou autrement, il
» ne feroit pas oïs felon les établiffe-
» mens. » Ce font-là autant de moyens
de rétablir la fouveraine adminiftration
de la juftice ; mais nous n'y voyons
ni fon autorité, ni fon reffort, ni fa
conftitution.

Fixation du parlement.

23. « St. Louis, dit Montefquieu,
remplit fon objet, quoique fes réglemens
pour les tribunaux des feigneurs n'euffent pas été faits pour être une loi
générale du royaume, mais comme un
exemple que chacun pourroit fuivre, &
que chacun même auroit intérêt de
fuivre. » (Liv. 28, chap. 38.)

En effet, fuivez dans les ordonnances
du Louvre, les loix de Philippe-le-Hardi
& de Philippe-le-Bel ; vous les voyez,
confultés par tout le royaume, répondre
fur les queftions de droit, comme faifoient les empereurs romains, & adreffer
leurs loix aux fénéchaux de la Guienne,
fief que poffédoit encore le roi d'Angleterre. L'adminiftration fouveraine de
la juftice retournoit donc au trône.

Vous trouvez des lettres-patentes,
de juillet 1312, qui reftreignent la jurifdiction eccléfiaftique, & rendent aux
tribunaux laïques tout ce qui ne tient pas
au for intérieur & à l'adminiftration des
facremens. Caufis forenfibus quæ fpiri-
tualitatem & fidei facramenta non tan-
gunt. (pag. 501.)

Autres lettres-patentes de 1309,
adreffées au bailli de Rouen, pour
faire obferver l'ordonnance de la chambre des comptes, cameræ comptorum.
Les baillis & fénéchaux avoient alors,
1°. le commandement & la force militaire, 2°. la jurifdiction territoriale &

d'appel de tout leur reffort, 3°. l'intendance des finances & le foutien des
chambres des comptes : ils étoient ce
qu'on les voit encore en Suiffe & dans
une partie de l'Allemagne ; car la marche
de l'efprit humain a été à-peu-près la
même dans toute l'Europe.

L'importance de ces fonctions détermina Philippe-le-Bel à les affujettir à
la réfidence par des lettres-patentes de
1303.

Ce n'étoit pas affez. Le chap. 15 du
liv. 2 des établiffemens, ayant laiffé la
liberté comme indéfinie, de veignir en
la CORT DU ROI par reffort, par
appel, ou par défaute de droit, ou par
faus jugement, ou par récréance née, ou
par grief, ou par véer le droit de fa
cort ; il falloit donner à ce grand &
fuprême tribunal une certaine confiftance ; & ce fut l'objet de deux loix
remarquables.

La premiere eft celle de 1291, pour
l'expédition des parlemens. Pro celeri
& utili parlamentorum noftrorum Parif.
expeditione. Les moyens font d'affembler plufieurs jours de la femaine, de
charger les baillis & fénéchaux de
rendre compte & d'affifter ; de faire
prêter ferment aux avocats ; de ne rien
dire d'inutile, & de ne pas injurier. Là
loi eft faite en parlement. Actum Parifis in parlamento. (Ordonnances du
Louvre, tom. 1, pag. 320.)

La feconde, ordonnance de 1302,
intitulée pour le bien, l'utilité & la
réformation du royaume eft devenue
fameufe par les difpofitions de l'art. 62 :
« Pour l'utilité de nos fujets & l'expédition des affaires, nous nous propofons de régler les chofes de maniere
que chaque année il y aura deux tenues
de parlement à Paris, deux échiquiers
à Rouen, & deux grands jours à Troyes ;
& qu'il y aura une tenue de parlement
à Touloufe, comme on le faifoit il y a
quelques années, fi cette province confent qu'il n'y ait point d'appel de ceux
qui préfideront ce parlement. Præterea

propter commodum subjectorum nostrorum & expeditionem causarum proponimus ordinare quòd duo parlamenta Parisiis & duo scacaria Rothomagi & dies Trecenses bis tenebuntur in anno, & quòd parlamentum apud Tolosam tenebitur, si gentes terre prædictæ consentiant quòd non appelletur à præsidentibus in parlamento predicto. (Ibid. Pag. 366.)

Dans cette suite de réglemens, vous ne voyez rien pour donner au royaume un droit uniforme. Les lettres-patentes de 1312, (*pag. 497 & suiv.*) permettent seulement d'enseigner, dans l'université d'Orléans, le droit canonique & le droit *civil*, qu'il étoit défendu de professer à Paris ; & le droit écrit ne doit être suivi que quand il n'y aura pas de coutume contraire. *Juribus scriptis utantur in pluribus, non ut juribus scriptis, sed consuetudine, juxta scripti juris exemplar moribus introductâ.* (Ibid. Pag. 502.) Expressions obscures! Elles ont dû donner & ont donné en effet à la jurisprudence l'empire qu'elle a acquis sur la jurisdiction & la législation, comme nous l'avons observé. Et c'est à ce défaut qu'il faut attribuer l'instabilité, les doutes, les variations, les contradictions, l'incertitude affreuse & désespérante, que le chancelier d'Aguesseau lui-même reproche à l'administration de la justice, notamment dans les préambules des ordonnances de 1731 & 1735.

Philippe-le-Bel ne s'occupa donc que de la jurisdiction, & vous la voyez se former, telle qu'elle est encore : d'abord les justices seigneuriales ; pardessus elles, des baillis & sénéchaux ; au dessus de ceux-ci, les parlemens, & celui de Paris ne suffisant pas pour la commodité des sujets & l'expédition des affaires, vous voyez 1°. créer à Troyes en Champagne ces assises souveraines, appellées grands jours ; 2°. rétablir ce parlement de Toulouse, qui avoit subsisté sous ses comtes ; 3°. maintenir l'échiquier subsistant à Rouen depuis la réunion à la couronne en 1200, par l'arrêt de la cour des pairs, qui condamnoit par défaut Jean roi d'Angleterre, accusé du meurtre d'Artus son neveu, commis dans le ressort du royaume de France, & confisquoit toutes ses terres en France ; en sorte que l'Anglois dépouillé de la Normandie, la Touraine, l'Anjou, le Maine, ne conserva plus que la Guienne.

Ancien état du parlement.

24. Qu'étoit-ce donc alors que ce corps administrant souverainement la justice avec le roi, ou au nom du roi, comme s'il étoit toujours présent, comme si lui seul étoit la source & l'organe de la loi ? Qu'est-ce que ce corps politique rencontré à chaque pas dans l'histoire sous des noms divers, & dont l'origine semble se perdre dans la nuit des premiers siecles de la monarchie.

Dans notre droit public, il n'existe aucune question sur laquelle on ait tant écrit : vous pouvez consulter Pasquier, dans ses *Recherches de la France ;* l'abbé Dubos, dans son *Histoire critique de l'établissement de la monarchie françoise ;* l'abbé de Mabli, dans ses *Observations sur l'histoire de France ;* Bodin, dans sa *République ;* Montesquieu, dans son *Esprit des loix ;* & M. Moreau, dans ses *Discours sur l'histoire de France.*

Quatre ouvrages semblent avoir été faits uniquement pour examiner cette grande question.

Le premier est le *Traité des parlemens de France,* par la Roche-Flavin, *in-fol.* ouvrage très-bien fait pour son siecle, & que doit au moins parcourir tout jurisconsulte qui ne veut pas ramper dans les sentiers dorés du droit privé ; & qui, interrogé sur le droit public de son pays, veut du moins avoir quelque idée de la constitution des tribunaux.

Le second a pour titre : *Lettres historiques sur les anciens parlemens,* par M. de Boulainvilliers. Vous vous défierez avec raison de tous les systèmes de ce gentilhomme, dès que dans *sa* quatrieme lettre, vous aurez lu cette barbare abſurdité : *On peut regarder le GOUVERNEMENT FÉODAL comme le CHEF-D'ŒUVRE DE L'ESPRIT HUMAIN, ſoit qu'on le conſidere par rapport à la véritable GRANDEUR DES ROIS, ſoit qu'on l'eſtime par rapport à la LIBERTÉ qu'il aſſuroit aux ſujets.* Comment écrire ainſi à la fin du ſiecle de Louis XIV. Boulainvilliers croyoit à l'aſtrologie judiciaire, & le cardinal de Fleury diſoit fort bien de lui, qu'*il ne connoiſſoit ni l'avenir, ni le paſſé, ni le préſent.* Monteſquieu appelle ce ſyſtême *une conjuration contre le tiers-état,* comme il appelle celui de l'abbé Dubos *une conjuration contre la nobleſſe.* (Eſp. des loix, liv. 30, chap. 10.)

Le troiſieme ouvrage eſt attribué à un magiſtrat célebre, dont le nom cher à la Bourgogne avant ſa réunion à la France, ſe perpétue avec éclat dans le parlement de Paris & le miniſtere ; M. Joly de Fleury, procureur-général du parlement de Paris, qui n'a pas joui du bonheur de voir ſes trois fils, l'aîné procureur-général, le ſecond préſident à mortier, le troiſieme miniſtre des finances. Cet ouvrage eſt intitulé : *Lettres hiſtoriques ſur les fonctions eſſentielles du parlement, ſur le droit des pairs & les loix fondamentales du royaume.* Tom. 1, pag. 13, l'auteur cherche l'état & les fonctions du parlement avant *Clovis :* tom. 2, pag. 328, il prouve que *depuis 1302, le parlement a conſervé les prérogatives qu'il avoit auparavant.*

Le quatrieme ouvrage, condamné par arrêt du conſeil, du 28 ſeptembre 1772, fait pour réfuter le précédent, a pour titre : *Lettres provinciales,* ou *Examen impartial de l'origine, de la conſtitution & des révolutions de la monarchie.* C'eſt un ravaudage de pieces détachées, d'où l'on vouloit conclure, 1°. que la couronne n'eſt point héréditaire ; que le roi peut à ſon gré diviſer ſon royaume entre ſes parens : 2°. que les parlemens ne ſont rien ou qu'on ne ſait ce que

c'eſt : 3°. que *les trois fleurs-de-lis des armes de France, n'ont pas ceſſé de repréſenter trois cours ſouveraines de la nation ; ſavoir, la cour légiſlative & le dépôt des loix ſous le chancelier de France ; la cour de la pairie préſidée par le roi, où a été toujours jugé le premier ordre de l'état, compoſé des pairs de France & des premiers officiers de la couronne ; la cour Palatine ordinairement préſidée par un comte, appellé comte palatin, ou du palais, dans lequel étoit jugé le ſecond ordre de l'état, conſiſtant dans les perſonnes libres.* (Pag. 23.) Ce ſyſtême plus obſcur encore & auſſi ridicule que celui de Boulainvilliers, n'excita l'attention du conſeil que par rapport aux circonſtances. C'eſt lui faire grace que de le juger par cette phraſe de la lettre 11, n°. 4, pag. 170 : *La ſource la plus féconde des erreurs, ſur-tout dans des matieres auſſi abſtraites, vient de l'abus des mots génériques qui s'appliquent à des choſes eſſentiellement différentes.*

L'auteur après avoir eſſayé de renverſer le vaſte & ſolide édifice que nous habitons, nous place ſur des ruines ſans toit, & que l'on parcourt ſans trouver une place où l'on puiſſe ſe repoſer un inſtant.

Le préſident Henaut dans ſon *Abrégé chronologique,* année 1305, dit : ... « Quelques-uns prétendent que le parlement ne commença qu'alors à être ſédentaire. *Ce fut l'inſtitution des parlemens,* dit Loyſeau, *qui nous ſauva d'être cantonnés & démembrés comme en Italie & en Allemagne, & qui maintint le royaume en ſon entier.* Il y a diverſes opinions ſur l'origine des parlemens. Ce que l'on peut en affirmer, c'eſt que les parlemens TELS qu'ils ſont aujourd'hui, exiſtoient dès l'an 1294 ; comme il paroît par une ordonnance de cette année, dont Budé fait mention dans ſon *Commentaire ſur les Pandectes,* qui exiſtoit encore de ſon temps, & que M. Gibert a retrouvée dans un volume des *Chartres*, par laquelle il eſt dit, contre le principe ſagement établi, que l'on ne comptera point les voix, mais qu'elles ſeront peſées par les juges qui jugeront dans le tribunal majeur, *in maximo tribunali*, & que les préſidens de la cour, *principes aut præſides curiæ*, prononceront ſuivant l'avis de ceux qu'ils croiront plus capables & mieux inſtruits. » *Ex cenſentium gravitate & meritis.* (Budæus, *in Pandectis.*)

Tacite, dans ſes *Annales, liv. 3, nº. 25, 26 & 27*, voulant donner l'*Hiſtoire abrégée de l'adminiſtration de la juſtice*, élude les origines, l'inſtitution, les pouvoirs & l'état du peuple, du ſénat & du trône. C'eſt un trait de génie & de raiſon. Car, ſemblables au corps humain, qu'eſt-ce que ſont vraiment les êtres politiques à leur naiſſance? Que ſont-ils encore dans leur enfance & leur adoleſcence? Que ſont-ils même dans l'âge mûr? Parcourez tous les états de l'Europe, vous trouverez les mêmes ténebres : ce n'eſt pas la peine de s'y égarer. Ne voyons du paſſé que ce qui peut éclairer l'avenir, & en fouillant ſous terre ne renverſons pas l'édifice que nous habitons.

Le parlement continuel.

25. C'eſt ſous les plus malheureux regnes que le parlement a acquis de la conſiſtance; c'eſt au ſein des troubles & des maux publics qu'eſt née l'idée d'avoir un corps permanent dépoſitaire des loix, & chargé de les faire exécuter.

Jean étoit priſonnier à Londres, & le Dauphin, depuis Charles V, étoit Régent du royaume. Les états *attroupés* à Paris en 1355, avoient *octroyé* un impôt ſous le nom d'*aide*, & nommé pour le percevoir un tribunal érigé en cour ſouveraine en 1390. On avoit encore pour le gouvernement de l'état & le devoir de tous juſticiers publié cette foible ordonnance de 1356, que Néron place à la tête de ſon recueil.

Ce n'étoit pas là l'adminiſtration de la juſtice. Il y avoit bien des baillis dans les provinces, des officiers des comptes, des généraux des finances & des monnoies. Mais le parlement n'avoit ni autorité, ni exiſtence même. Paſquier, *liv. 2, chap. 3*, explique ſon état de ce temps-là. 1º. Il ne ſe tenoit qu'en vertu de lettres-patentes, & il en falloit toutes les fois qu'on vouloit l'aſſembler, comme aujourd'hui pour le parlement d'Angleterre. 2º. Les membres du parlement étoient ceux dont le nom étoit inſcrit dans le rôle annexé aux lettres-patentes. Ceux qui avoient été du dernier parlement ne pouvoient pas ſiéger dans le nouveau, s'ils n'étoient pas remis dans ſon rôle. 3º. Il n'y avoit *ſi petit ſeigneur* qui fut en crédit, lequel ne voulût être immatriculé au rang des conſeillers. 4º. Le corps étoit diviſé en grand-chambre, enquêtes & requêtes, le travail partagé entre les jugeurs & les rapporteurs. L'ordonnance du 10 avril 1344, avoit bien incorporé les jugeurs & les rapporteurs, dont auparavant les premiers étoient tirés de la nobleſſe, & les ſeconds des maîtres; mais les rapporteurs furent toujours & durent naturellement être choiſis par préférence parmi les ſavans, les clercs, ceux qui paſſoient pour avoir quelque connoiſſance des loix, des coutumes & des ordonnances. Quel pouvoit être ce ſavoir; lorſqu'il n'y avoit point encore d'imprimerie, lorſque le droit romain, rappellé ſans ceſſe dans les établiſſemens de St. Louis, étoit inconnu de tout le monde; lorſqu'il falloit juger ſur plus de cinq cents coutumes ſeulement traditionnelles ou conſignées dans quelques manuſcrits inintelligibles & abſurdes; lorſque les ordonnances qui devoient ſuppléer à tout étoient rares & vraiment inſuffiſantes?

Avec les défauts inévitables de ce temps-là, & qui tenoient au pitoyable état de l'eſprit humain, le parlement, n'en étoit pas moins le corps politique le plus ancien & le plus conſidérable,

puiſqu'il

avoit éminemment l'administration souveraine de la justice qui embrasse tout, pourvoit à tout, & ordonne tout, parce qu'il n'y a de stable que ce qui est juste.

Charles, régent, sentit la nécessité d'opposer un tel corps aux états séditieux qui vouloient tout livrer à des commissaires par eux choisis, en demanderent contre les trente-deux principaux ministres & conseillers du roi, & déclarerent qu'*encore qu'ils fussent trouvés innocens, si falloit-il qu'ils perdissent leur bien & offices, ayant gagné leurs richesses du sang du peuple.*

Une ordonnance du 18 octobre 1358, statua que les officiers du parlement qui devoit finir ses séances, continueroient à juger jusqu'à ce qu'il y eut un nouveau parlement assemblé. Une autre du 19 mars 1359, décida que les présidens du parlement, *le parlement non séant* jugeroient les affaires qui seroient portées devant eux en attendant qu'on pût assembler le parlement.

Dans cette ordonnance du 19 mars 1359, il faut, avec le président Henaut, remarquer cette assertion de Charles V, surnommé le sage, qui parloit comme régent, le roi Jean étant prisonnier. *LE PARLEMENT qui de TOUT TEMPS a été & est, QUAND IL SE TIENT, la justice capitale & SOUVERAINE de tout le royaume de France, représentant SANS MOYEN la personne de mondit seigneur & la vôtre.*

Ces expressions indiquent pourquoi le parlement a le dépôt des loix, donne ou confirme la régence comme les tuteles, & a cru souvent pouvoir & devoir ramener les états généraux à la justice, à l'ordre & aux loix fondamentales; mais c'étoit encore un vœu plus qu'une réalité. A la fin du *tome 2 de ce Dictionnaire, depuis la page 903,* on peut voir combien le parlement avoit laissé juger de ministres, & condamner d'innocens par *commissaires.* Il n'avoit pu

l'empêcher, tant qu'il n'avoit été ni sédentaire, ni continuel.

Cette impuissance du parlement, résultant de sa discontinuité, dura encore long-temps sous le regne de Charles VI.

En 1382, après l'émeute des *Maillotins,* Charles entre triomphant à Paris, & veut punir sur toute la ville les excès de quelques séditieux. C'étoit au parlement à faire justice: il n'étoit pas séant, ou bien l'on ne s'en inquiétoit gueres. On arrête indistinctement & sans procès, on jette dans la Seine une foule de personnes cousues dans des sacs, avec cette inscription usitée alors: *Laissez passer la justice du roi.*

On fait plus, & toujours sans procédure, on fait décapiter publiquement trois cents personnes; & l'on place à leur tête *Desmarets,* avocat général en parlement. *Les ordres sacrés qu'il avoit pris,* dit Mezeray, *sa vieillesse vénérable, ses longs & signalés services rendus à l'état, son éloquence charmante & sa vie jusques-là exempte de tout reproche, ne lui promettoient pas une fin si tragique.* C'est lui qui avoit calmé la sédition; mais les oncles du roi vouloient se venger de son attachement au duc d'Anjou. En allant à l'échafaud, il s'écrioit sans cesse, dit encore Mezeray, *où sont les juges qui m'ont condamné, je ne les ai point vus; ils ne m'ont point déclaré la cause de ma mort.*

Tel étoit l'état de l'administration de la justice, que l'on peut encore apprécier par le trait de Juvenal des Ursins, recueilli *tome 2 de ce Dictionnaire, pag. 263, col. 2.* Pour le perdre, on suborne trente témoins. Le procureur général refuse d'accuser, & Audriquet, simple avocat, le remplace. Le parlement ne fait rien, ou n'est pas *séant.* Des Ursins, cité devant le roi, entend la déclamation d'Audriquet, & demande la lecture de l'information. Le commissaire du Châtelet l'avoit perdue la veille au cabaret, d'où on l'avoit portée à des Ursins, & Charles VI prononce: *Je dis*

par sentence, que mon prévôt est prud'-
homme, & que ceux qui ont fait proposer
les choses sont mauvaises gens : & chacun
se retire, & l'affaire n'a pas d'autre
suite. Rien ne prouve mieux le désordre
& l'incertitude dans l'administration de
la justice, la barbarie, l'ignorance &
les mœurs de ce temps-là.

Est-ce le désir de ramener l'ordre
qui décida la continuité du parlement ?
Non, elle fut établie d'une maniere insensible, expliquée par Pasquier. *La
foiblesse du cerveau du roi, & les par-
tialités des princes, furent cause qu'ayant
leurs esprits bandés ailleurs, on ne se
souvint plus d'envoyer nouveaux rôles de
conseillers; & par ce moyen, le parlement fut* CONTINUÉ.... Et c'est ainsi
trop souvent qu'il faut chercher dans
un accident la racine de ces institutions
politiques qui tiennent au bonheur ou
au malheur des peuples, & au sort des
empires !

Cette continuité se trouve d'ailleurs
préparée par les ordonnances de 1358
& 1359, ci-dessus citées; ainsi que par
les déclarations de 1408 & 1409, qui
assuroient pour la vie les gages à ceux qui
auroient servi vingt ans *au parlement ou
ailleurs*. Ce nouvel ordre de choses
fut consolidé par les ordonnances de
Charles VII, d'octobre 1446, & avril
1453. Néron a recueilli ces quatre dernieres loix, que vous trouvez encore à
leur date dans les ordonnances du
Louvre.

Ne cherchons point quel fut le premier usage de cette continuité long-
temps encore impuissante & vaine par
le désordre général, l'ignorance absolue
& la barbarie du siecle. Que verrions-
nous ? une ordonnance du conseil de
1418, recueillie dans les manuscrits de
la bibliotheque du roi, n°. 10297, portant
cassation de toutes juridictions, & mettant tous les offices en la main du roi !...
Le 18 juin 1418, même dans la cour du
palais, *le sang humain répandu à grands
flots, & gagnant jusqu'à la cheville du*

pied !..... Après l'assassinat du duc de
Bourgogne, sur le pont de Montereau,
en 1419, par Duchatelet, en présence du
dauphin, une déclaration fulminante du
roi contre le dauphin & ses complices,
comme meurtriers du duc de Bourgogne;
espece de condamnation sans procédure,
tandis que le duc de Bretagne, non
suspect, justifioit le dauphin, comme on
peut le voir dans les annotations de
Juvenal des Ursins, & les preuves de
l'histoire de Bretagne !.... Cet incroyable
traité de Troyes, du 21 mai 1420, par
lequel l'insensé Charles VI, enchaîné
par Isabelle de Baviere sa femme, voulant plaire aux Bourguignons, dont on
redoutoit la vengeance, & faire sa paix
avec les Anglois, donnoit sa fille Catherine à leur roi Henry, & lui assuroit le
trône de France, appellant ce roi étranger *son fils*, & statuant, *art. 6*, que
*dorénavant la couronne & royaume de
France, avec tous leurs droits & appartenances, demeureront & seront perpétuellement de notredit* FILS *le roi Henry & de
ses hoirs!* (Rymer, *act. publ. tom. 4,
part. 3, pag. 171*.... Bientôt après, des
assemblés sous le titre de parlement, gens
pour reconnoître le traité de Troyes, &
forcés par les Anglois dans l'hôtel
St. Paul, de rendre arrêt le 28 décembre
1420, qui déclaroit le dauphin & ses
complices meurtriers du duc de Bourgogne, criminels de *leze-majesté au premier chef, & comme tels, indignes &
privés de toutes successions, honneurs ou
dignités, leurs sujets & vassaux déliés de
tout serment de féauté*. (Ibid. pag. 194.)
Arrêt duquel, dit l'annotateur de des
Ursins, *le dauphin appella, tant pour
soi que pour ses adhérans, à la pointe
de son épée, & fit vœu de relever &
poursuivre ladite appellation, &c.*

Vous voyez développer peu à peu
quelques actes de justice & d'autorité ;
comme..... en 1422, le refus d'enrégistrer les lettres d'abolition en faveur
de Robancs, accusé de la mort de la duchesse de Bourgogne..... En octobre

1422, l'ARRÊT portant que *par provi-fion on vendra le plus profitablement que faire fe pourra des biens meubles du feu roi* (Charles VI,) *jufqu'à la fomme néceffaire pour accomplir fes funérailles...* Et le 13 feptembre 1430, ARRÊT par lequel il fut dit que la cour condamnoit « la royne (Ifabelle de Baviere) à payer les fommes par elle dues à divers mar-chands pour fourniture de bois & grains; & abfolvoit, ladite royne, du furplus des demandes des marchands, dépens compenfés. » (*Régl. du parl.*)

Ce n'eft pas au milieu de cette con-fufion générale, qu'il faut confidérer ce parlement fixé dans la capitale, *pour plus magnifier & exalter l'autorité royale.* (Ord. d'avril 1485.)

Quand, à travers les monumens de l'hiftoire, vous cherchez la caufe & les premiers effets de la continuité du par-lement, vous reffemblez aux anciens, qui voyant le Nil couvrir & vivifier l'Egypte, vouloient en vain découvrir fa fource ; & remontant auffi loin qu'ils pouvoient, voyoient ce fleuve roulant des eaux troubles, fe cachant fous terre, & fe montrant de nouveau. Lucain fuppofe cette curiofité à Cefar même.

Nihil eft quod nofcere malim,
Quam fluvii caufas per fecula tanta latentes
Ignotumque caput ; fpes fit mihi certa videndi
Niliacos fontes ; bellum civile relinquam.
Lib. 10, v. 189.

Je terminerai ces recherches fur la continuité du parlement par ce trait de Pafquier. « Le parlement ayant continué d'être tenu fans difcontinuation, & les confeillers continués en leurs charges, cela fut caufe que les feigneurs, fuivant les armes, furent contraints de quitter la place, & de la réfigner aux gens de *robe longue.* »

D'après ce fait, qui a établi la dif-tinction fubfiftante entre l'épée & la robe, je ferois tenté d'examiner, 1°. ce qu'eft devenu ce corps de qui Montefquieu, *liv. 4, chap. 4,* a dit : *L'ignorance natu-*relle à la nobleffe, fon inattention & fon mépris pour le gouvernement civil : 2°. Quel a dû être le génie de cette *robe longue,* éloignée de la compagnie du prince, & renfermée dans le trifte & perpétuel métier de juger. Je voudrois dire quelle influence cette féparation a eue fur la jurifdiction, fur l'efprit national, fur l'adminiftration publique, le foutien du trône & la gloire de l'empire. Je pour-rois m'appuyer de l'opinon de Sully, quand il difoit aux grands feigneurs de fon temps : « *Le vrai grand homme ne fçait que chercher à être utile à fa patrie dans tous les temps, de QUELLE MANIERE QU'IL LE SOIT : Et où eft la baffeffe, finon à laiffer FLÉTRIR par une VIE DÉLICIEUSE ET EFFÉMINÉE, telle que les PERSONNES DE QUALITÉ la menent en France pendant la paix, toute la gloire dont on a pu fe couvrir pendant la guerre.* » (Tom. 3, liv. 4, pag. 41.)

J'examinerois encore avec les Romains, fi Antoine, Pompée & Céfar, pour avoir été grands avocats & grands juges, furent moins grands généraux. Je cher-cherois enfin fi une conftitution & des pré-jugés différens en d'autres états de l'Europe, tels que l'Angleterre, la Suede, le Dane-marck, la Ruffie, la Pologne & l'Autriche même, appellant la nobleffe à l'admi-niftration publique, même à celle de la juftice, l'obligeant à étudier, à s'inftruire & à paffer par les premieres filieres, il n'en réfulte pas une plus grande maffe de lumieres, une capacité plus univerfelle dans les confeils & les délibérations ; tout ce qui tient à l'adminiftration, au gouvernement, au bien de l'état, & même à fa force extérieure.

Cette difcuffion, qui fe termineroit par la comparaifon de l'état actuel des chofes, meneroit trop loin. Je pour-rois m'égarer, & je fuis le fentier obfcur de l'hiftoire de l'adminiftration de la juftice.

Inamovibilité des offices.

26. Philippe le Bel, Charles V &

D 2

Charles VII avoient fait quelque chofe pour l'ordre & la ftabilité de la jurif-diction ; Louis XI fit davantage. C'eft lui qui difoit que tout *fon confeil étoit dans fa tête*, & dont on a écrit qu'il avoit *mis les rois hors de page*.

En lifant attentivement fon hiftoire dans fes contemporains & les hiftoriens équitables, tels que Mezeray, le préfident Henaut, Villaret & M. Garnier, vous voyez à chaque pas l'amour excluſif de l'autorité, le defir le plus évident de foutenir la gloire de fa couronne & les droits du trône, la défiance des grands, le mépris du peuple, l'effroi des conjurations, l'inflexible rigueur & la plus fombre cruauté, naiffant du funefte préjugé, que la fûreté publique ne pouvoit s'opérer que par la terreur des fupplices. Au milieu de ces agitations, vous n'apercevez qu'un motif de confiance, c'eft l'efpoir de ramener l'obéiffance & l'ordre par l'adminiftra-tion de la juftice. C'eft fur cette donnée que Louis XI entrevit, d'une part, qu'il n'avoit rien à redouter des parlemens depuis la féparation de l'épée & de la robe ; & de l'autre, que s'il donnoit aux magiftrats une autorité ftable, il renforceroit un corps qui, en mainte-nant les loix, deviendroit le foutien du trône & l'appui du peuple toujours op-primé par les puiffans & les riches.

C'eft dans cet efprit que paroît avoir été faite cette fameufe ORDONNANCE du 27 octobre 1467, enrégiftrée le 23 novembre fuivant, & dont Louis XI, près de mourir, fit jurer l'obfervation au jeune dauphin, depuis, Charles VIII.

Après avoir énoncé que « plufieurs officiers doutant choir audit inconvénient de mutation & deftitution, n'ont pas tel zele & ferveur à noftre fervice, qu'ils auroient fe n'étoit ladite doute, » Louis XI prononce: « SAVOIR FAISONS que, nous confidérant, qu'en noz officiers, confifte, fouz notre autorité, *la DIRECTION DES FAITS par lefquels eft POLICÉE & ENTRETENUE la CHOSE PUBLIQUE*

de notre royaume., & que d'icelui ils font MINISTRES ESSENTIAUX comme membres du corps dont nous fommes le chef. Voulant extirper d'eux icelle doute, & pourvoir à leur fûreté en notredit fervice, *TELLEMENT qu'ils ayent caufe d'y faire & perféverer, ainfi qu'ils doivent; STATUONS ET ORDONNONS* que déformais nous ne donnerons aucun de nos offices, s'il n'eft *vacant par mort* ou par *réfignation faite* de bon gré & confente-ment du réfignant, dont il appert duement, ou par FORFAITURE, préalablement jugée & déclarée judiciairement & felon les termes de juftice, PAR JUGE COMPÉ-TENT, & dont il appert femblablement. Et s'il advient que par inadvertence, importunité des requérans, ou autre-ment, nous facions le contraire, nous, dès maintenant, comme pour lors, le révoquons & annullons, & voulons qu'au-cunes lettres n'en foient faites ni expédiées ; & fi faites étoient, qu'à icelles ny a quelf-conques autres qu'on pourroit fûr ce ob-tenir de nous, aucune foi ne foit ajoutée, & que pour ce aucun foit deftitué de fon office, ny inquiété en icelui. » *Recueil de* Fontanon, *tom. 2, liv. 2, pag. 1240.*

Election, Vénalité des offices.

27. Comment étoient nommés ceux qui devoient adminiftrer la juftice ? L'hif-toire & les ordonnances de 1344, 1406 & 1446, atteftent que c'étoit par élec-tion. Ce choix fe faifoit avec éclat & précaution, après examen, au fcrutin, dans le parlement & en préfence du chancelier. On préfentoit le nom des trois candidats qui avoient le plus de fuffrages, & le roi choififfoit.

Que fi quelqu'un étoit reconnu avoir payé à qui que ce foit, c'étoit une caufe d'incapacité, comme la fimonie pour les bénéfices eccléfiaftiques. Pafquier rapporte deux arrêts de la chambre des comptes de 1373 & 1404, qui fans autre motif, prononcerent la deftitution.

Louis XII abolit le fcrutin par une confidération qui juftifie ce que j'ai dit *tom. 2 , pag. 877*, en préfentant l'expreffion motivée à haute voix, comme le moyen le plus sûr d'avoir de bons adminiftrateurs.

ORDONNANCE de mars 1498, art. 32. « *Et afin que lefdites nominations ou élections SE FASSENT SANS FAVEUR ET SANS FRAUDE , voulons & ordonnons en outre, que dorénavant lefdites nominations fe faffent PUBLIQUEMENT DE VIVE VOIX & non par balotte.*

Au milieu de ces loix & de ces arrêts, & avançant vers la lumiere, comment tout-à-coup eft-on obftrué par cette vénalité d'offices, qui ne s'eft pas encore établie chez les autres peuples? Ils croient que ce feroit corrompre le caractere effentiel de la magiftrature, arrêter les progrès de l'inftruction & du zele, décourager l'émulation, couvrir de ténebres l'adminiftration de la juftice, & ouvrir à chaque pas des abymes. Ils croient, avec l'Hofpital, que le droit redoutable & fublime de prononcer fur la fortune, l'honneur & la vie , ne doit être confié qu'à l'honneur, au favoir, au courage & à la vertu.

Egregius quondam , nunc multum degener ordo !
Temporibus poftquam cœpit promifcuus effe
Et rudibus , fæpe & nullâ virtute probatis
Qui vix prima tenent elementa docente magiftro.
            Lib. 1 , Epift. 3.

Loyfeau, dans fon traité des offices, *liv. 3, chap. 1, n°. 86 & 90*, explique comment Louis XII , voulant acquitter les dettes de fon pere, mit en vente les offices de finance ; comment enfuite s'étant apperçu de quelques abus dans la réfignation & l'élection des offices de judicature, il rendit l'ordonnance de 1508 , portant confirmation des loix prohibitives de la vente des offices de judicature, avec défenfes au chancelier de fceller , & au parlement d'avoir égard aux lettres de provifions qui lui auroient été furprifes.

« Mais, ajoute Loyfeau, n°. 91, *comme*

EN FRANCE *une ouverture pour tirer de l'ARGENT*, étant une fois commencée, s'accroît toujours de temps en temps parmi l'extrême *DÉVOTION & OBÉISSANCE de ce peuple, & fous le fpécieux & ordinaire PRÉTEXTE DE LA NÉCESSITÉ PUBLIQUE*, le roi François, fucceffeur de Louis XII , pratiqua tout ouvertement & fans reftriction la *vénalité des offices*, qu'il établit comme un nouveau revenu ordinaire , au lieu de fon domaine, qui étoit déja aliéné, érigeant le bureau des parties cafuelles en l'an 1522, *pour fervir de BOUTIQUE à cette nouvelle MARCHANDISE.* »

Ainfi, le droit d'adminiftrer la juftice, après avoir été dans la main des officiers de Charles-le-Chauve, & de fes fucceffeurs, la bafe de la féodalité, & par-là même un moyen de dégrader le trône , & d'opprimer le peuple; ayant été enfuite remis avec peine dans la main fouveraine par l'appel, les bailliages & les parlemens; finit par être un objet de commerce. Etrange deftinée !

Ce droit d'adminiftrer la juftice au nom du roi, fimple commiffion pendant long-temps, devint, par le prix qu'on en exigea, ce que nous appellons *office* ou *charge*. Ces offices ayant été déclarés *inamovibles* par Louis XI, & *vénaux* par François I, ces deux caracteres réunis en firent un nouveau genre de propriété, qu'on s'accoutuma bientôt à regarder comme patrimoniale & héréditaire.

De *devoir, OFFICIUM*, on fit *office*; d'*obligation* , l'on fit *charge* ; & ces expreffions nouvelles fignifierent peu-à-peu toute autre chofe que celles dont elles étoient dérivées.

L'adminiftration de la juftice, *fief*, & enfuite *propriété*! Ces deux grands événemens tiennent au même efprit. Tout cela paroît bizarre à un étranger, & ne nous étonne plus. On fe fait à tout. *Les hommes*, a dit le roi de Pruffe, *font des animaux de coutume.* (*Moyens d'établir ou d'abroger les loix.*)

XVI SIECLE.

28. Comment François I put-il adopter ce systême fiscal, après avoir, dans le lit de justice du 15 janvier 1518, témoigné le desir sublime de réformer la justice, & de composer un code *où chacun de ses sujets pût commodément s'instruire de ses devoirs?*

Laissons cette contradiction au milieu de tant d'autres semblables, pour jeter un coup-d'œil rapide sur les progrès de l'administration de la justice durant le seizieme siecle. Il est pour elle, ce que celui de Louis XIV a été pour les autres sciences, les arts & la guerre.

L'ignorance générale, produite par l'inondation des barbares, avoit duré mille ans. Un événement moins fameux ramena la lumiere; c'est l'invention de l'imprimerie en 1444. Par elle, on commença à se communiquer ses idées, & à rassembler les principes sur les devoirs de l'homme envers Dieu, les autres, & soi-même.

Dans cette effervescence des esprits, cherchons ce que devinrent notre droit public, le droit criminel & la police, le droit romain & les coutumes, notre législation & nos tribunaux.

Droit public.

29. Les loix, conservatrices du trône & du bien public, avoient disparu. Nos peres n'avoient pas plus d'idées du droit public, que n'en ont du droit des gens ces sauvages persuadés que le plaisir de manger ses prisonniers fait partie du droit de la guerre. Tant il est vrai qu'abruti par l'ignorance, l'homme perd les notions premieres de l'humanité & de la justice.

A la révolution opérée dans les esprits par l'imprimerie, succéda celle du rétablissement des lettres par François I, & de la philosophie par Montaigne & Charron : celle-ci ne tient pas moins à l'administration de la justice. La jurisprudence, dit Heineccius, ne peut marcher qu'après la grammaire & la philosophie.

Cette premiere explosion de l'esprit & de la liberté de penser ne pouvoit pas atteindre la perfection; mais on jeta les fondemens du droit public actuel, & c'est quelque chose.

BODIN, l'oracle des états de Blois, fit sa *République*, qu'on lit encore après l'*Esprit des loix*. PASQUIER, dans ses *Recherches de la France*, considéra librement la royauté, l'église, la pairie, la noblesse, les fiefs, les tribunaux & le peuple. DUTILLET, dans son *Recueil des rois de France*, ouvrit des archives plus utiles & plus sûres que celles de tant de châteaux & de cloîtres. HOTMAN, dans son *Franco-Gallia*, agita librement les plus grandes questions; & si sa haine pour Catherine de Médicis l'égara sur la régence des femmes, il fut critiqué avec force par MATHAREL & PAPYRE MASSON. PITHOU assura notre droit ecclésiastique, par la rédaction des *Libertés de l'église gallicane*. LA ROCHE FLAVIN, dans son *Traité des parlemens*, traça l'ordre & les devoirs de la juridiction. LOYSEAU découvrit la nature *des offices*, & *l'abus des justices de village*. CHOPPIN fit un *Traité du domaine*; LEBRET, celui de la *souveraineté*; COQUILLE & BACQUET, ceux de l'*aubaine* & de la *bâtardise*; BUGNYON, celui des *loix abrogées*. LOYSEL, dans ses *Institutes coutumieres*; d'ARGENTRÉ, dans ses *Commentaires de la coutume de Bretagne*; & CHASSENEUZ, sur celle *de Bourgogne*, virent par-tout notre droit public, persuadés avec le chancelier Bacon, qu'il est l'appui du droit privé; & que sans lui, on ne peut être jurisconsulte. BRISSON, dans ses *Formules* & ses *Antiquités*, éclaira le droit françois par celui des Romains. DUMOULIN & CUJAS, par leurs Leçons & leurs Ecrits sur toutes les parties du droit, furent de leur vivant les oracles de l'Europe, & à jamais les flambeaux de la jurisprudence.

Tous furent publiciftes; tous écrivirent avec franchife, courage, liberté; tous eurent la plus grande influence fur la révolution de l'efprit humain, fur les événemens du fiecle & l'affermiffement de la conftitution de l'état, même quand ils s'égarerent; parce que la conviction générale ne réfulte que de la contradiction. Tous convaincus de la néceffité de répandre la lumiere, s'en firent un devoir, même quand leurs talens les appellerent aux plus hautes dignités. Quelquefois encore, ils rentrerent avec joie dans cette folitude délicieufe du cabinet, où l'on ne s'ennuie jamais, où l'on fe confole de tout, où, malgré l'excès du travail, l'on vit heureux de l'efpoir d'être utile à l'humanité & à la patrie. Ainfi, *Loyfel & Pithou*, nommés avocat & procureur général du parlement, après avoir fait les premiers retentir les voutes du palais des cris de *vive le roi Henri IV*, abdiquerent pour achever les écrits qui les immortalifent; bien plus utiles par-là que celui qui paffe fa vie à difcuter le droit privé.

Ce que font les médailles à l'hiftoire, les préjugés au peuple, les coutumes à la jurifprudence, ces écrits le font au droit public; parce que fur les points capitaux, il n'eft fouvent & ne peut être que traditionnel, ou bien il réfulte feulement de l'opinion établie : or dans la marche de l'efprit humain, celle des premiers favans & des premiers raifonneurs, eft devenue une autorité citée encore par les fouverains même.

Tandis que les jurifconfultes s'uniffoient même dans la controverfe pour élever l'édifice de notre droit public, la magiftrature appuyoit leurs travaux par fes jugemens, fes difcours, fes écrits, & fes exemples. *Bellievre, Bertrand, Bochart, Boitie, Briffon, Brulard, Chaffeneuz, Chiverni, Cugniere, d'Aligre, Defpeiffes, de Thou, Dumenil, Duvair, Harlay, le Maitre, l'Hofpital, Loyfel, Marion, Molé, Montholon, Pafquier, Pibrac, Seguier, Servin.* Chacun de ces noms rappelle, ou un ouvrage utile, ou un difcours courageux, ou un avis fage, ou un acte effentiel au falut de l'état.

Deux traits fuffifent pour établir cette vérité, fur-tout fi on les compare à l'état du parlement fous Jean I, Charles VI & Charles VII. Le premier eft le refus fait, le 16 janvier 1589, du libelle d'accufation donné par la ligue, l'emprifonnement du parlement qui fuivit, & l'affaffinat de Briffon, l'Archer & Tardif par les feize. Le fecond eft l'arrêt du 28 juin 1593, qui affura la couronne à Henri IV, en confacrant fur la fucceffion au trône la loi qu'il appelle *fondamentale;* expreffion forte, inconnue aux fiecles ignorans qui avoient précédé.

Un ufage qui caractérife encore ce fiecle, contribua fans doute à multiplier les connoiffances, à exciter l'émulation & le zele. Le favoir & la vertu fuffifoient pour élever fur le trône de la juftice; & le grand l'Hofpital, fils d'un médecin, diftingué d'abord comme avocat par fa fameufe fatyre contre les procès, n'en fut pas moins chancelier de France, & mérita que deux fiecles après, Louis XVI lui élevât une ftatue.

Droit criminel, Police.

30. Ce que nous appellons droit criminel, formant une partie effentielle du droit public, fembloit devoir faire les mêmes progrès : mais voyez quels obftacles s'y oppofoient.

Il n'y avoit d'autres matériaux que les *compofitions* de la loi falique, les épreuves & les combats judiciaires; les ufages abfurdes, la jurifprudence arbitraire, les fupplices affreux, établis dans les fiefs, & confignés dans les premieres coutumes.

L'efprit féroce du tribunal weftphalien avoit infecté l'ordonnance criminelle, publiée par Charles - Quint en 1530; cette ordonnance, appellée *Caroline,* étoit le premier code criminel de l'Europe; &, faute d'autre, il étoit devenu loi civile de la Suisse même, où il conserve encore son caractere.

Les premieres notions de raison & d'humanité s'étoient anéanties sous ce regne de Charles VI, où le sang humain coulant dans le temple même de la justice, gagnoit jusqu'à la cheville du pied. La nation la plus douce s'étoit familiarisée avec la sombre terreur de ce Louis XI, qui ne voyoit la sûreté personnelle que dans le soupçon, l'emprisonnement, le nombre & la rigueur des supplices, comme le prouve entr'autres sa lettre du 11 juin 1479 au parlement. Il y fondoit l'exclusion de trois conseillers, sur ce qu'ils avoient refusé de déclarer le duc de Nemours criminel de lese-majesté; quoique, dit Louis XI, Nemours voulût *le faire mourir, & détruire la sainte couronne de France.* Il pensoit que le parlement ne devoit pas approuver qu'on dût *faire si bon marché de sa peau:* il se plaignoit de ce que quelques magistrats vouloient abolir l'HORRIBLE PEINE qui est due au *crime de lese-majesté.* (Mém. de Commines in-4°., tom. *3, pag. 572.*) Je supplie de remarquer cette anecdote; elle prouve bien ce que j'ai dit souvent, que dans tous les temps les parlemens ont fait des efforts pour ramener l'administration de la justice criminelle aux principes d'humanité, de douceur, de sagesse & de prévoyance, qui doivent les caractériser.

Le regne de Louis XII n'avoit ni éclairé la nation, ni adouci la jurisprudence; & l'on peut voir l'arrêt rendu en 1505 contre le maréchal de Gié, que j'ai rapporté sous le mot *Administration,* tom. 2, page 905.

Si les savans qui entouroient François I, le jurisconsulte Budée à leur tête, eussent rédigé les loix criminelles, sans doute elles eussent été plus humaines & plus sages. Mais on composoit loin d'eux les ordonnances de 1535 & 1539; & ce fut pour perdre l'amiral Chabot que Poyet inséra dans la derniere ces dispositions dont l'aspect fit dire à Dumoulin : Voyez la tyrannique loi de ce scélérat de Poyet. *Vide tyrannicam istius impii Poyeti opinionem.*

De plus, les guerres civiles & religieuses, occasionées par la naissance du protestantisme, répandant l'animosité, la défiance, la discorde & les crimes, obscurcirent la raison & endurcirent tous les cœurs. Enfin, pour comble de maux, l'inquisition avoit arraché aux accusés le droit naturel & sacré d'avoir des défenseurs : elle avoit ôté encore à l'exemple, à l'instruction publique, à la sûreté de tous, cette précieuse publicité de la procédure que nous tenions de Rome, des Germains, de la loi salique, & qui n'avoit disparu dans quelques fiefs qu'accidentellement, lorsque le juge étoit un tyran cruel, comme ce prévôt Tristan, le *terrible compere* de Louis XI. L'esprit s'étoit accoutumé à cette double injustice : s'il se courbe devant toutes les erreurs, c'est sur-tout quand le pouvoir les appelle loix, & le fer à la main les fait d'autant plus respecter, qu'elles sont plus atroces.

Dans le tome 2 de ce Dictionnaire, au mot *Accusation,* n°. 7 & 107, pages 219 & 453, j'ai tâché d'esquisser l'histoire du droit criminel françois. Cette époque, que je développe ici, mérite d'être observée. C'est le seizieme siecle qui a donné ces loix que M. Vermeil appelle *barbares,* & qui n'en n'ont pas moins été la base de l'ordonnance de 1670.

Placé dans le dix-huitieme siecle, François I n'eût pas signé cette ordonnance de 1539; il n'eût pas établi en 1534 l'affreux supplice de la roue, qui n'a fait que multiplier les assassinats; il n'eût pas cru que la sûreté publique ne pouvoit être le résultat que de la rigueur & de l'effroi des supplices; il se fût occupé des moyens de prévenir les crimes; & ce devoir sacré de l'administration de la justice auroit fait partie des loix françoises comme il le devenoit de celles d'Angleterre.

Le chancelier l'Hospital entrevit cette obligation, quand, par les articles 71 &

& 72 de l'ordonnance de Moulins de 1566, *pour donner quelque ordre à la police des villes*, il fépara la jurifdiction que les municipalités avoient confervée en entier d'après les *communes*, leur laiffant la criminelle & la police, & attribuant la civile aux fieges royaux, il ajouta l'obligation d'élire des bourgeois, chargés d'adminiftrer la police; & il fe trompa, s'il crut que le zele fuffiroit.

Il put s'égarer encore dans la taxe impoffible de tous les ouvrages, marchandifes & comeftibles, voulant régler l'état comme un ménage; il put s'égarer dans fes réglemens fur les arts & métiers, dont on abufa fi fort fous le regne de Henri III, lorfque le génie fifcal apporté de l'Italie par les Lombards, fous prétexte d'établir l'ordre & la fûreté, formant fous diverfes dénominations des confrairies de métiets, l'on géna l'induftrie & le commerce par la défenfe de faire ce qui étoit attribué à une autre confrairie; on ôta à l'homme le droit naturel de fubfifter par le travail, & l'on établit en faveur de ces confrairies, contre le public, un monopole réel, nuifible à l'approvifionnement & au bon marché.

Enfin, l'Hofpital a pu s'égarer dans fes réglemens de 1561 & de 1563 pour la *modeftie* des habits; loix qui ne font que renouveller les ordonnances de 1485, 1543, 1547 & 1549.

Les objections les plus fortes contre ces loix fomptuaires fe trouvent dans l'embarras même que le légiflateur eut de les prononcer. Il faut les voir dans Fontanon, *tom. 1, pag. 708.* Il faut voir fur-tout, *pag. 711*, les doutes adreffés en 1549, par le parlement, les réponfes du monarque, les détails minutieux dans lefquels on eft entré, & à l'exactitude defquels le luxe échappe toujours; fur-tout quand il y a un grand commerce, de grandes fortunes, une cour faftueufe qui donne le ton, ce defir naturel de fe diftinguer, qui prend tant de formes, & ne manque

jamais de reffources, dès qu'il ne s'agit que de dépenfer.

Au mot *Luxe*, je chercherai avec franchife la valeur & l'effet de ces loix fomptuaires qui viennent d'être renouvellées en Autriche & en Ruffie. C'eft un des points les plus délicats de la légiflation, & il faut trembler, quand on a devant foi l'opinion de JOSEPH II, de CATHERINE & de l'HOSPITAL.

Catherine & Jofeph ne rougiront point de voir leurs noms accolés à celui de l'*Hofpital*; il voulut comme eux rétablir la fûreté, l'ordre & les mœurs, par une légiflation fage, fimple & puiffante; comme eux il vit dans l'adminiftration de la juftice la bafe de la gloire du prince & de la félicité publique. Il put fe tromper dans le moyen qu'il employa, mais il fit le premier pas, & c'étoit celui du génie. Semblables aux ouvrages de la création, fes productions font brutes; c'eft au temps, à la méditation & à l'expérience de les perfectionner.

Droit romain & Coutumes.

31. On s'égara davantage dans le mélange que l'on fit du droit romain & des coutumes. Ce fait doit fixer l'obfervation de quiconque veut connoître à fond la valeur réelle des différentes parties de notre légiflation, la véritable & premiere caufe de l'obfcurité, de la variété, des contradictions & de l'inftabilité de l'adminiftration de la juftice.

Tâchons de développer ce point d'hiftoire & de jurifprudence, & ne craignons pas de remonter encore au regne de Charles-le-Chauve, fource infecte & peut-être unique de tous les maux qui ont fuivi, & de ceux qui fubfiftent encore.

Ce prince avoit-il *confpiré* contre la nation & le trône? On eft tenté d'employer cette expreffion, & elle eft foible, quand on voit le réfultat de la *féodalité* qu'il autorifa, & des *coutumes* qu'il légitima autant qu'il le pouvoit, par l'édit de Piftes de 864.

En laiſſant à ſes officiers la patrimonialité & l'hérédité de l'adminiſtration de la juſtice, moyennant l'hommage, le cens & le ſervice perſonnel ; en ſe réduiſant à un petit domaine & à une ſuzeraineté bien-tôt inutile ; il créa le gouvernement féodal dont les principaux attributs furent, 1°. l'oppreſſion du peuple par le pouvoir d'attaquer, envelopper & enchaîner ſa liberté, ſa propriété, ſon honneur & ſa vie, ſous les apparences de la juſtice ; 2°. le démembrement du trône, par la faculté de *ſous-inféoder*, d'avoir des arriere-vaſſaux moins dépendans du roi, que ne le ſont de l'empereur les ſouverains des différens bans de l'Empire.

Or, cette aliénation indirecte & effective de la ſouveraineté, Charles-le-Chauve & ſes ſucceſſeurs, ſimples uſufruitiers de la couronne, qui ne leur eſt que ſubſtituée perpétuellement ; cette aliénation, diſons-nous, aucun & eux tous enſemble n'ont pas pu la faire. Ce principe inconteſtable eſt la baſe des conquêtes, des jugemens & des confiſcations qui depuis Philippe-Auguſte ont réuni les grands fiefs à la couronne.

En donnant l'édit de Piſtes, qui légitimoit les coutumes, & en laiſſant à chaque ſeigneur l'adminiſtration entiere de la juſtice, Charles-le-Chauve fit un mal effroyable. Il favoriſa la tyrannie ſeigneuriale par l'abus continuel qu'on ne manqua pas de faire de l'adminiſtration de la juſtice. Par la légiſlation, le ſeigneur établit des réglemens, us & coutumes oppreſſifs & abſurdes ; par la juriſdiction, il les fit obſerver ; par la juriſprudence, il maîtriſa l'opinion, la volonté, la liberté & la juſtice.

Or, cet édit de Piſtes, Charles-le-Chauve pouvoit-il le donner ?

Les coutumes ne ſont tolérables qu'autant que la loi n'a pas prononcé, ou qu'étant obſcure, on eſt accoutumé à juger d'une telle maniere, ce qui rend ſynonymes les mots, coutumes & juriſprudence.

Ce n'étoit pas l'état des choſes, lorſque le droit romain s'établiſſant dans les Gaules avec la civiliſation, en étoit devenu le droit commun & général. Ce ne l'étoit pas non plus d'après les capitulaires encore récens de Charlemagne, puiſque ce prince en donnant quelques loix particulieres, avoit ſans ceſſe rappellé le droit romain.

Charles-le-Chauve ne put donc ni céder aux ſeigneurs le droit de faire des loix, ni laiſſer à chaque fief la liberté d'introduire une nouvelle légiſlation, ſous le titre d'*Us & coutumes*. Ces deux points du droit public de toute les nations, tiennent au grand principe de la ſouveraineté.

En effet, les peuples, comme dit Cicéron, ne ſe ſont donné un roi, qu'afin qu'il leur adminiſtrât la juſtice dans toute ſa plénitude. Cette adminiſtration eſt l'attribut eſſentiel & le premier devoir de la royauté.

Le ſouverain remplit ce devoir quand il crée des *juriſdictions*, dont toute la fonction ſe réduit à *dire la juſtice* d'après les loix données par le ſouverain.

Mais il ne peut pas céder la légiſlation ; & c'étoit l'aliéner que de laiſſer aux ſeigneurs, ſous de modiques & vaines redevances, tout à la fois le droit de faire des loix, & aux fiefs le droit d'en ſuppoſer ſous le nom d'*Us & coutumes*.

On a tant écrit & tant fait ſur l'inaliénabilité du domaine de la couronne, & l'on ne s'eſt pas aviſé de traiter ce point de l'inaliénabilité de la légiſlation ; comme s'il n'étoit pas plus important pour la nation & le trône, d'avoir une bonne, conſtante & uniforme adminiſtration de la juſtice, que de mettre dans la main du roi quelques domaines inutiles par l'impoſſibilité de les régir : & c'eſt ainſi que, voyant toujours le fiſc, on a trop ſouvent négligé ce qui le ſoutient & le vivifie.

Quoiqu'il en ſoit, d'après l'édit de Piſtes, la féodalité & les coutumes avoient marché d'un pas égal ; ſe prétant un fecours mutuel, attaquant audacieufement la liberté, la propriété, la juftice & le trône. Tandis que chaque baron, cantoné dans le reffort primitif de fa jurifdiction devenu fon fief, ne tenoit plus au trône que par le vaffelage, chacun s'étoit fait un droit plus ou moins extravagant & barbare. Ce droit, fi l'on peut l'appeller ainfi, étoit oral & traditionnel; par la même inconféquence, obfcur & incertain.

Les *communes* renfermées dans les villes s'étoient auffi donné des loix, plus douces, il eft vrai, mais contradictoires. Les habitans de Lyon, par exemple, ne communiquant pas avec ceux de Mâcon & de Vienne, moins encore avec ceux de Paris, de Rouen, de Nantes, de Bourdeaux, de Touloufe & de Marfeille; ne fongeant pas même qu'il pût y avoir un jour des rapports entr'eux; avoient compofé en conféquence ces premiers réglemens, dont l'efprit s'eft perpétué dans quelques municipalités, & fur-tout dans les confrairies de métiers, appellées aujourd'hui jurandes.

L'ignorance & l'avidité avoient pouffé cette licence jufqu'à l'abfurdité. Le feigneur imagina aifément une jurifprudence qui accroiffoit fes revenus, par le cens & les peines jurifdictionnelles. *Solebat ille augere fifcum & quæftum judicialem*, dit Dumoulin fur l'*art. 19, chap. 5, de la coutume de Berry*. Puis chacun enchériffant fur fon voifin, c'étoit une concurrence affreufe d'oppreffion & de cruauté. Les villes étoient divifées en partis, ou chacun avoit adopté un fyftême différent. Delà, aujourd'hui les droits de la feigneurie A, ne font pas ceux de la feigneurie B qui la joint. Delà plufieurs villes encore, où les loix du fauxbourg font différentes de celles de la cité. En Flandre, tout change d'un village à l'autre. A la porte de Lyon, dans un village appellé Caluire, il eft permis de ftipuler le prêt à intérêt au taux du prince, d'un côté de la rue; & de

l'autre, cela eft défendu, à peine de nullité, de reftitution & d'ufure. Le trajet de la rue eft l'efpace immenfe qui doit féparer le crime & l'action licite : contradiction révoltante, rencontrée à chaque pas, & dont fe plaignoit fans ceffe le chancelier d'Agueffeau.

Si vous voulez avoir quelque idée des premieres loix coutumieres, parcourez les *Affifes de Jérufalem de 1090;* les anciennes *Coutumes* du Beauvoifis, de Bretagne, du Bourbonnois, du Nivernois & du Berry; les ancienne *Loix françoifes*, & les loix *anglo-normandes*, de M. Houard. Vous ne ferez point étonné de leur diverfité, de leur injuftice, de leur infuffifance, parce qu'elles font l'ouvrage de l'intérêt perfonnel & de l'ignorance; vous le ferez feulement de ce que le bon efprit qui ruina le gouvernement féodal, ne ramena pas au trône l'adminiftration entiere de la juftice, & ne donna pas au royaume une loi uniforme: mais, comme dit Montefquieu, *on tremble encore en faifant le plus grand bien.* On ne s'occupa que du pouvoir fouverain, qu'on ne fut même rétablir que peu-à-peu par des moyens détournés, tel que les bailliages, les appels, les jugemens & les confifcations pour félonie. On s'eftimoit trop heureux d'enchaîner au trône l'hydre de la féodalité : on ne fe croyoit pas affez fort pour couper toutes fes têtes. On ne vit que le domaine du roi & la force extérieure de l'état. On oublia la juftice & le peuple; ou bien l'on renvoya à des fiecles plus fortunés le foin de les rétablir dans leurs droits. Cet efprit paroît avoir été celui de toutes les opérations fi vantées par le préfident Henaut, & de tous les efforts faits depuis Philippe-Augufte, pour détruire le gouvernement féodal.

Le reffentiment des maux produits par l'état monftrueux de l'adminiftration de la juftice, éclata après l'expulfion des Anglois, fous Charles VII, lorfque dans le *Préambule de l'art. 125 de l'ordonnance de 1453*, on écrivit;

Les parties proposent & alleguent plu-sieurs usages, styles & coutumes qui sont divers selon la diversité des pays : pourquoi les PROCÈS *sont souventes fois* MOULT ALLONGÉS.

C'étoit le moment de refondre en entier la législation, base de la souverai-neté, & de donner une loi uniforme & constante : c'étoit l'instant de réta-blir dans son ancienne autorité ce *droit romain*, dont le chancelier d'Aguesseau a écrit : « Tout y respire encore cette *hauteur de sagesse*, cette *profondeur de bon sens*, &, pour tout dire en un mot, cet esprit de législation qui a été le caractere propre & singulier des maî-tres du monde. ... Loix aussi étendues que durables, toutes les nations les interrogent encore à présent, & chacun en reçoit des réponses d'une *éternelle vérité.* » (Tom. 1, pag. 157.)

Ce rétablissement du droit romain étoit d'autant plus facile, que la plus grande partie du royaume l'avoit adopté ; la nation accablée & profondément mi-sérable, sur-tout depuis un siecle, au-roit reçu, comme un présent du ciel, un édit qui lui auroit donné pour loi unique le droit romain, ou un code général fait dans l'esprit des loix romai-nes : il s'agissoit seulement dans le préambule, de développer l'avantage d'une législation uniforme pour un peuple qui commençoit à se considérer comme une famille.

Mais on n'étoit que soldat. Le foible Charles VII ne voyoit qu'Agnès Sorel, & ne regnoit que graces à Jeanne d'Arc. Comme roi, il n'eut pas la force de réclamer celle-ci, quand les inquisiteurs anglois la brûlerent. Comme législateur, son génie & son courage aboutirent à la fameuse loi qui a achevé de légaliser les coutumes, & qu'il faut transcrire.

« NOUS, voulans abroger les procès & litiges d'entre nos sujets, & les relever de mises & dépenses, & mettre certaineté ès jugemens, *tant que faire se pourra*, & ôter toutes matieres de *varia-*tions & contrariétés, ORDONNONS que les COUTUMES, *usages & styles* de tous les pays de notre royaume, soient rédi-gées & MISES EN ÉCRIT, ACCORDÉES par les coutumiers PRATICIENS, & gens de chacun desdits pays de notre royaume, lesquels coutumes, usages & styles ainsi accordés, seront *mis & écrits en* LIVRE, lesquels seront apportés par-devers nous, pour le faire *voir & visiter* par les gens de notre *grand-conseil*, ou de notre *cour de parlement*, *& par nous les* DÉCRÉTER & CONFIRMER ; *&* iceux COUTUMES, *usages & styles, ainsi décrétés & confirmés,* SERONT OBSERVÉS ET GARDÉS *ez pays dont ils seront, & aussi en notre cour de parlement, ez causes & procès d'iceux pays, &c.* » (Ordonnance de Montil-les-Tours, de mars 1453, art. 125 ; Re-cueil de Néron, tom. 1, pag. 43.)

Avec une aussi mauvaise loi, il étoit encore possible d'avoir un bon code. Il falloit recevoir tous ces *livres* de coutumes, les faire *voir & visiter* par gens habiles, ne les *décréter & confirmer* que quand elles auroient été trouvées bonnes. Or, les premiers caracteres de la législation d'un état, sont la simpli-cité, la clarté, l'ensemble & l'unifor-mité. Il ne falloit pas voir seulement un lieu, un moment, & le caprice ou l'intérêt personnel. Il falloit voir la justice, l'avenir, l'état entier, qui, n'étant ou ne devant être qu'une seule famille, ne devoit avoir qu'une loi uniforme, comme sous les Romains & sous Charlemagne.

Il falloit considérer que tout indi-vidu, si fort attaché qu'il puisse être à l'observance de la coutume sous laquelle il est né, la sacrifie volontiers, quand on lui présente les rapports qu'il doit avoir avec les autres provinces, par les alliances & le commerce ; quand on lui explique ce que sa fortune & son repos souffriroient s'il y avoit des loix diver-ses, par la multitude des procès qu'en-gendre cette variété, & par l'impossibilité abfolue où font les tribunaux d'apprendre, d'interpréter & de concilier ce nombre prodigieux de coutumes.

On devoit encore être frappé d'une confidération puiffante; c'eft que ces coutumes, ouvrages de feigneurs avides, de lâches & ignorans praticiens, ne ftatuoient que fur quelques points de petite valeur, excepté le fief & les droits feigneuriaux placés prefque toujours à la tête de ces petits livres, comme dans la coutume de Paris. Aucun ne renfermoit lès regles du jufte & de l'injufte, comme dans le droit romain. C'étoit toujours quelque regle ou exception, qui fuppofoit un droit général qui n'exiftoit pas.

Dans toutes ces coutumes on voyoit un vuide affreux, des difpofitions abfurdes, injuftes & cruelles, & fur le tout une difcordance, fource éternelle d'ignorance, de doutes, de procès & de ruine. Du fein de ce monftre naiffoient la jurifdiction arbitraire, & cette jurifprudence obfcure & verfatile, vafte & éternelle dédale où fe perdent le repos, la fortune & la vie des citoyens, le caractere fondamental & l'*honneur même de la juftice*, pour parler comme le chancelier d'Aguesseau dans le *Préambule de l'ordonnance de 1731.*

De tous ces points de vue d'une légiflation paternelle & fage, on n'en faifit aucun; & faffe le ciel que reconnoiffant cette erreur, & accablé des maux qu'elle caufe, on penfe à la réparer!

Que fit-on donc? Mais que pouvoit-on faire, puifqu'on ne favoit ni lire ni écrire; puifque, pour *accorder* les coutumes, le légiflateur étoit obligé d'indiquer des *praticiens*? Une auffi grande opération ainfi dirigée, devoit être fauffe & ruineufe. N'importe : chaque pays vit rédiger fon petit *livre* de coutume au gré des feigneurs, tous eccléfiaftiques ou nobles, par ces *praticiens* leurs officiers. Le peuple ne fut & ne put ni fe faire entendre, ni même avoir la majorité;

parce que les affemblées fe tenant par états, la voix du *tiers* étoit étouffée par les deux autres. Ces petits livres ainfi rédigés, le fouverain & le parlement les *décréterent* & *confirmerent* fans les approfondir, les concilier, ni voir les réfultats.

Vous pouvez juger de l'étrange maniere dont fut faite cette opération par ce que nous avons recueilli de la *Rédaction de la coutume de Blois*, fous le mot *A-cher-prix*, tom. 2, pag. 479. Vous y voyez le clergé, la nobleffe & les *praticiens* foudoyés confacrer par la pluralité ce droit feigneurial exorbitant qui auroit paffé, fans les efforts extraordinaires & généreux de Dupont & Dumoulin.

En lifant au même endroit, n°. 1, pag. 482, les imprécations de Dumoulin contre les coutumes, vous ne comprenez pas comment elles ont pu être *décrétées & confirmées*, fur-tout quand vous vous rappellez le defir témoigné par François I, au lit de juftice de 1518, de donner à la France un code fimple.

Vous doutez encore de l'adoption de ces coutumes, quand vous voyez le droit romain profeffé dans toutes les univerfités par de beaux génies, tels que Cujas, Alciat, Dumoulin; & dans le college royal, par Budée, l'un des favoris de François I.

Il y avoit donc dans les vrais jurifconfultes une propenfion à reprendre le droit romain; & vous le croirez encore en lifant cet ÉDIT de Henri IV, d'août 1606, au fujet *des grands défordres arrivés par les renonciations ftipulées dans les contrats, efquels les femmes interviennent, au SÉNATUS-CONSULTE VELLÉÏEN, Authentique, SI QUA MULIER, & autres droits introduits en faveur de leur fexe.* En effet, rappeller ainfi des loix romaines fur un point, qui ne faifoit pas partie des coutumes, c'étoit déclarer que le droit romain étoit le droit général, commun & fondamental; que les coutumes n'en étoient que des exceptions, & ne pouvoient y déroger qu'autant que l'autorité souveraine vouloit bien le permettre en les *décrétant* & *confirmant*.

L'autorité souveraine pouvoit donc refuser ce *décret* & cette *confirmation*, rendre au droit romain sa vigueur primitive, & faire un code général uniforme.

Mais, faut-il compter sur le cri de la raison & du bien public, toujours étouffé par l'intérêt personnel & l'ignorance ? L'esprit humain si foible en général, sur-tout quand il embrasse un objet aussi vaste que la légistation entiere d'un grand royaume, se retrécit & se décourage bientôt, quand il lui faut combattre à la fois l'habitude opiniâtre, l'intérêt personnel & le pouvoir aveugle.

D'ailleurs, depuis 1453, on avoit *décrété* & *confirmé* plusieurs coutumes ; & quand les grands jurisconsultes parlerent, on crut avoir trop avancé pour revenir sur ses pas.

De plus, le gouffre où vont se perdre toutes les volontés, toutes les autorités & toutes les fortunes du royaume, la capitale étoit régie par une coutume. L'intérêt du prince parut être de la conserver à cause de ses domaines. Cet intérêt fut encore celui du clergé à raison de ses vastes possessions. A l'égard de la noblesse & des grands, ils durent être empressés à maintenir ces loix obscures, intimement liées au système féodal auquel ils devoient leur existence. Ce fut donc une grace, que de laisser aux provinces qui y persisteroient, le droit de consacrer le droit romain qu'elles avoient adopté ; & l'on défendit de son mieux le droit coutumier pour celles qui s'en étoient fabriqué un.

Faut-il le dire enfin ? Dans la fameuse ordonnance de 1579, rédigée d'après les cahiers des états assemblés à Blois, *l'art. 69* est conçu en ces termes absolus & prohibitifs : *Défendons à ceux de l'université de Paris, d'élire ou graduer en droit civil.* Et Coquille lui-même dans sa note sur cette disposition, dit : « C'est

selon la constitution *Honorii III in cap. super specula ext. de privileg.* & sont mises deux raisons ; l'une, pour ce que LES FRANÇOIS NE RECONNOISSENT LE DROIT CIVIL DES ROMAINS POUR LOI, & Paris est la cité capitale ; l'autre afin que l'étude de *théologie* y ait plus grands cours. »

En rapportant cette loi & la note de Coquille, Néron, *tom. 1, pag. 552,* ajoute : « On a fait voir fort au long dans l'*Histoire du droit romain*, que la défense qui est contenue en cet article n'a jamais eue d'exécution, de quelle maniere *cet article a été inséré APRÈS COUP dans le texte de cette ordonnance.* » Cette anecdote suffit pour indiquer tout ce qui fut imaginé, afin de donner aux coutumes de la consistance, & même de la supériorité sur le droit romain ; comme s'il ne falloit pas toujours recourir à lui dans la plus grande partie des objets de l'administration de la justice, sur lesquels elles ne prononçoient pas.

C'est ce qui arriva lors de l'édit de Henri IV de 1606, qui suffit pour prouver que le droit romain étoit toujours le droit général, & que les coutumes en étoient seulement des exceptions. Vérité importante, contestée mal-à-propos quelquefois dans les pays coutumiers, mais reconnue dans ceux du droit écrit, par rapport à quelques petites coutumes qui s'y sont glissées, & qui, rédigées, sont maintenues par les parlemens, comme celle de Toulouse & les statuts de Provence.

Voilà comment se formerent nos coutumes, filles & sœurs de la féodalité, & comment après avoir dominé plusieurs siecles avec elle dans la barbarie & les ténebres, elles se maintinrent encore par l'ignorance & la foiblesse au moment où la nation, ouvrant les yeux sur l'abyme, demanda de meilleures loix à son prince, dont le premier devoir étoit de les donner.

François I reconnut cette obligation & le pitoyable état de l'administration de la juftice, qu'il compara à *un laby-rinthe tortueux & obfcur*, lorfque dans le lit de juftice de 1518, il annonça la nécessité de donner à la nation *un code fimple, où chacun pût aifément apprendre fes devoirs*. Il ne le pouvoit pas fans abolir ou refondre en une feule toutes ces coûtumes. Ce grand ouvrage fut arrêté par fes guerres continuelles, fa prifon, fa maladie, & plus encore l'efprit chicanier & pervers de Duprat & de Poyet. Cependant ils firent fous fon nom de grandes ordonnances fur l'adminiftration de la juftice. Parcourons-les rapidement, ainfi que celles qui les ont fuivies. Dans la route qui nous refte à parcourir, moins libres à mefure que nous avançons, notre tâche fe réduit à indiquer les loix.

Ordonnances du XVI fiecle.

32. Nous prenons encore le feizieme fiecle pour époque des ordonnances qui forment la légiflation françoife : jufques-là, fi vous exceptez quelques difpofitions éparfes & rares, auxquelles recourt l'in-térêt perfonnel, & celle encore de l'or-donnance de 1453, que nous avons citée, le refte tombé en défuétude, ou abrogé confufément, n'eft guere lu que par ceux qui y cherchent des moyens de caffation, & embrouillent fi fort les affaires ; ce qui n'arriveroit pas, fi, comme chez les Romains, on pouvoit arracher du code les loix abrogées par le non-ufage ou le décret du prince. Voyez *Abrogation*.

On ne s'attend pas à trouver ici une notice exacte des ordonnances rendues dans le feizieme fiecle, fur-tout fous le malheureux regne de Henri III ; où la fifcalité commença à fe développer & à tout obftruer, au point d'ôter à chacun la faculté naturelle de vendre, & d'ériger par-tout *en chef & titre d'office formé, des vendeurs de marchandife*. (Art. 8 de l'ordonnance de mars 1586.)

Nous ne parlerons que des fameufes ordonnances de Is-fur-Tille, Cremieux,

Villers-Cotterets, Orléans, Rouffillon, Moulins & Blois ; & nous les énonce-rons rapidement.

ORDONNANCE de Is-fur-Tille, de 1535, contenant vingt-un chapitres ; 1°. l'examen des confeillers pourvus d'office, & les devoirs des juges ; 2°. les fonctions & les devoirs des avocats & procureurs du roi ; 3°. les greffiers ; 4°. les avocats des parties ; 5°. les procureurs de la cour ; 6°. les huiffiers ; 7°. les enquêtes & les commiffaires ; 8°. les procès par écrit & les appellations verbales ; 9°. le pétitoire & le poffeffoire ; 10°. les fou-miffions ; 11°. les maîtres rationaux ; 12°. les juges reffortiffant fans moyen à la cour ; 13°. la procédure criminelle ; 14°. les congés & défauts ; 15°. les délais ; 16°. les appellations ; 17°. les acquief-cemens & anticipations ; 18°. les greffiers & notaires royaux ; 19°. les fergens ; 20°. les geoliers. De cette ordonnance, qui renferme tant de parties de la jurif-diction, on ne peut connoître ce qui n'eft pas abrogé, qu'en comparant chaque chapitre avec les ordonnances poftérieures, notamment celles de 1667 & 1670 ; & ce travail n'eft pas facile.

ORDONNANCE, dite de Cremieux, de 1536, qui regle la jurifdiction des baillis & fénéchaux, & les cas royaux. Cette ordonnance, fuivie de plufieurs déclarations, eft citée chaque jour fur les objets qu'elle renferme. En faifant l'énumération des cas royaux, elle ajoute, *& autres*. Style critiqué dans plufieurs de nos loix, en ce qu'il ouvre la porte à l'arbitraire.

ORDONNANCE de Villers-Cotterets, d'août 1539, divifée en cent quatre-vingt-douze articles. Il y a un peu de tout & un grand défordre, comme dans les quatre fuivantes. Elle eft remarquable en trois points ; 1°. en ce qu'elle défend d'acter, interroger & prononcer autre-ment qu'en langue françoife : 2°. en ce qu'elle diminua la jurifdiction eccléfiaf-tique, portée jufques-là, dit Loyfeau, à un tel abus, que l'officialité de Sens avoit trente-cinq procureurs ; tandis que le bailliage n'en avoit que six : 3°. en ce qui concerne le droit criminel, ce sont ces dispositions nouvelles, qui ravissant aux accusés le droit d'avoir des conseils, & détruisant la publicité de l'instruction, ont excité le cri de Dumoulin, & la réclamation de tous les vrais jurisconsultes.

ORDONNANCE d'Orléans, de janvier 1560, en cent soixante articles, sur les cahiers des états, concernant la religion, la justice, les universités, la noblesse, les tailles, les élections, *l'assemblée des trois états quand il s'agit d'imposition*, les comptables, les négocians & les banqueroutes.

ORDONNANCE de Roussillon, de janvier 1563, sur les cahiers des états, en trois cents sept articles, concernant divers objets de jurisdiction. Le dernier article fixe au *premier janvier le commencement de l'année*, qui auparavant étoit à *Pâques*...... Les annotateurs observent que le parlement n'enregistra pas cette disposition, & que néanmoins elle a été observée ; tant il est vrai que l'opinion publique, lorsqu'elle est fondée, prévaut sur l'erreur des corps les plus respectables, & les ramene avec le temps.

ORDONNANCE de Moulins, de février 1566, sur les cahiers des états, & en quatre-vingt-six articles, concernant, 1°. l'exécution des ordonnances non révoquées, (article abstrait : *voyez* le mot *Abrogation*, tom. 2, pag. 172 & suiv.) 2°. la lecture des ordonnances de six en six mois, (chose impossible :) 3°. les devoirs & chevauchées des maitres des requêtes : 4°. les grands jours & leurs sujets, (usage intéressant & perdu :) 5°. les présentation, élection, examen, réceptions & devoirs des officiers de justice : 6°. l'état des gouverneurs, des pairs & leur obligation de prêter main-forte à justice : 7°. diverses matieres religieuses & ecclésiastiques, civiles, criminelles & de police, comme la défense

d'imprimer des libelles, & même aucun ouvrage sans permission. (*Art. 77 & 78, &c.*)

Ces trois ordonnances, suivies encore de quelques déclarations sont l'ouvrage du chancelier l'Hospital ; malgré les défauts du temps, on les cite avec confiance comme loix vivantes dans tous les points auxquels il n'y a pas été dérogé par des loix postérieures. On les cite avec respect ; tant il est vrai que l'opinion sur le personnel, le génie & la vertu du législateur ajoute infiniment à celui que doit imposer tout ce qui porte le nom de loi.

ORDONNANCE de Blois, de mai 1579, donnée à Paris, mais appellée de Blois, parce qu'elle fut faite sur les cahiers des états tenus à Blois, divisée en trois cents soixante-trois articles, & statuant encore sur une multitude d'objets différens. *Bodin*, l'orateur de ces états, ayant fourni des matériaux, l'on s'étonne que l'auteur de la *République* n'ait pas eu un plan plus vaste & mieux ordonné. Malgré ce défaut, cette ordonnance est avec celle d'Orléans, de Roussillon & de Moulins, celle dont les dispositions ont été le plus conservées. Ce crédit ne naît ni de Henri III, ni de son chancelier ; car ce n'étoit plus l'Hospital ; il résulte & de la bonté réelle, & de ce que cette loi paroit avoir été le vœu des états assemblés.

Après dix siecles de ténebres, c'étoit beaucoup que ces petits codes, sur-tout au milieu des guerres civiles & religieuses : c'étoit beaucoup pour les auteurs, ou les victimes de la ligue & de la St. Barthelemi.

Multiplication & consistance des tribunaux.

33. Ce n'étoit pas assez de composer des loix, il falloit des tribunaux pour les faire exécuter : & indépendamment des connoissances nécessaires au vrai jurisconsulte, c'est dans l'histoire de l'esprit humain un examen intéressant que celui des moyens pris par une nation pour

ordonner

ordonner & diftribuer la jurifdiction dans le moment où elle veut établir parfaitement l'administration de la justice.

Cette grande opération, dans laquelle il n'y a pas en Europe deux régimes femblables, eft d'autant plus difficile, que là, comme fur tant d'autres objets, le décharnement & l'embonpoint extrêmes font également funeftes.

Ce corps politique, adminiftrant quelquefois, confeillant fouvent & jugeant toujours ; ce parlement, que nous avons vu fucceffivement ambulatoire, fédentaire & continuel, ne fuffifoit plus à l'étendue du royaume, au nombre même des affaires qui naiffent de l'abondance, de la circulation, du commerce & de la liberté.

Le feizieme fiecle comptoit déja huit parlemens, Paris, Touloufe, Grenoble, Bourdeaux, Dijon, Rouen, Aix & Rennes. Ce nombre peut être regardé par l'*adminiftration* comme un embarras, par rapport à l'unanimité des enrégiftremens, & à leur promptitude fouvent fi néceffaire ; mais fous le point de vue de la *jurifdiction*, cette multiplication étoit un avantage réel pour les provinces, en ce qu'elles n'étoient pas obligées d'aller dans la capitale, chercher de fi loin, & à fi grands frais, une juftice qu'il étoit impoffible à un feul corps d'adminiftrer dans tout le royaume, fur-tout d'après la confirmation de tant de coutumes.

Cet efprit dicta encore l'édit du 2 janvier 1551, portant création des préfidiaux, tribunaux fecondaires jugeant en dernier reffort au civil jufqu'à une certaine fomme, comme au criminel certains délits & certaines perfonnes.

On avoit encore, & dès long-temps, penfé qu'il y avoit des affaires, lefquelles, par leur nature, exigeoient des juges particuliers, qui puffent s'en occuper continuellement, & les étudier plus aifément que les parlemens déja fi fort chargés par les affaires ordinaires.

En conféquence, à la *chambre des comptes* de Paris, fi ancienne, on ajouta

celles de Dijon, Rouen, Grenoble, Aix, Nantes, Blois ; & dans le même rapport, ces *bureaux des finances*, multipliés enfuite à raifon de chaque généralité.

Dans le même efprit, *la cour des aides*, érigée en 1390, abolie en 1560 & 1566, fut rétablie définitivement en 1569, & l'on en établit d'autres à Montpellier, à Bourdeaux, à Clermont-Ferrand & à Montauban : ailleurs cette jurifdiction eft reftée unie aux parlemens, ou a été jointe aux chambres des comptes, comme à Montpellier & à Aix.

Dans le même efprit, on créa encore, en 1551, une *cour des monnoies*, ayant au fouverain la jurifdiction exercée depuis fi long-temps par les généraux des monnoies, & que ceux-ci ont encore dans les provinces pour le billonage & le faux.

La fûreté publique parut exiger encore d'établir en France ces officiers qui exiftoient depuis 1221, à la fuite des armées, fous le titre de prévôt des maréchaux ; de leur attribuer une jurifdiction en certains lieux, fur certaines perfonnes & pour certains délits. Ce fut l'objet des ordonnances de 1535, de 1566, & d'une infinité d'autres loix qui fe trouveront fous le mot *Maréchauffée*.

Nous avons dit que la police avoit paru au chancelier de l'Hofpital, mériter une adminiftration & une jurifdiction particuliere, dont il avoit jeté les fondemens dans l'ordonnance de 1566 & les réglemens poftérieurs.

Le commerce lui parut avoir befoin d'une jurifdiction active ; & ce fut le fujet unique de l'édit de 1563, portant création des *juges-confuls*. Il la compofa de marchands ; il penfa qu'ils peuvent feuls favoir parfaitement, & par conféquent bien juger des affaires qui tiennent prefqu'entiérement à des connoiffances verfatiles, & à des ufages locaux. C'étoit d'ailleurs le jugement des pairs ; & par-là, l'Hofpital fe rapprochoit de l'ancien état des jurifdictions.

Ce grand homme vouloit aller plus

loin : il projeta de détruire la vénalité des offices, & de réformer la magistrature, persuadé qu'elle ne doit avoir de considération que par ses vertus & ses services.

Elle n'en acquit pas moins de confiance. A celle que lui avoient donné la continuité, l'inamovibilité & la vénalité même des offices, elle ajouta celle que lui donnerent l'administration de la justice, dans les temps de trouble, & quelques actes importans, comme l'arrêt de 1593, pour la succession au trône. Ce n'étoit plus ce corps éphémere & foible, qui, sous Jean I & Charles VI, n'avoit pas osé faire parler les loix en faveur des souverains.

Tel étoit son crédit dans l'opinion publique, sur-tout en province, qu'après l'affermissement de Henri IV sur le trône, on lui fait adresser, *par le jeune Bassompierre*, ce mot si connu : *Sire, il ne vous manque plus que d'être conseiller au parlement de Grenoble.*

HENRI IV.

34. Ce grand & bon Henri IV! Qu'il est doux, avec Sully, de pénétrer sa grande ame, trop sensible, sans doute, pour les femmes, mais telle qu'il faudroit la desirer à tous les rois pour le bonheur de leurs peuples! Il ne sut point mauvais gré au premier président de Harlay, de lui avoir parlé ainsi le 19 juin 1604: *Si c'est désobéissance de bien servir, le parlement fait ordinairement cette faute ; & quand il trouve conflit entre la puissance absolue du roi & le bien de son service, il juge l'un préférable à l'autre ; non par désobéissance, mais pour son devoir à la décharge de sa conscience :* paroles remarquables & si souvent citées. Henri aimoit à dire qu'il n'avoit rien au dessus de ses sujets que la *force de la justice.* Ah! sans doute, il sentoit que c'étoit par son administration qu'il pouvoit les rendre heureux !

On trouve son cœur dans l'ordonnance du 16 mars 1595 en faveur des agricul-

teurs, portant affranchissement de *toute exécution en leur corps, bétails, biens & meubles servans au labourage*, loi que la jurisprudence a bien modifiée. C'est la justice qui a dicté l'édit de janvier 1598, contenant réglement sur les exemptions de taille *au soulagement du pauvre peuple.* Son amour de la paix l'a déterminé à accorder au clergé l'édit de 1606 ; enfin, la protection qu'il accordoit au commerce éclate dans la sévérité même de l'édit de 1609, sur les *banqueroutes ;* matiere encore obscure, & qui même jusqu'à présent n'a pas été par les loix assez distinguée de la *faillite*, effet du malheur.

Quand on médite le *vingt-sixieme livre des Mémoires* de Sully, & ce qu'il appelle le *cabinet d'état*, on est pénétré d'une tendre vénération, en voyant Henri, après avoir formé ce vaste projet, si connu, de paix perpétuelle entre tous les princes de l'Europe, se renfermant dans l'intérieur de la France, vouloir tout refondre, & porter à la fois ses vues sur l'agriculture, le commerce, la finance, la procédure, le droit criminel, la police, l'éducation & l'instruction publique; persuadé, comme Charlemagne, qu'il faut instruire le peuple, & ne pas le craindre : *Docendus est populus non sequendus ;* & comme l'Hospital, que *les hommes ne sont malheureux que par l'ignorance.*

Qu'est devenu ce manuscrit précieux, qu'on reliroit avec profit? Sully, qui n'en donne qu'une idée vague, énonce, entr'autres, 1°. l'érection de plusieurs cours souveraines, parlemens, chambres des comptes, & cours des aides dans quelques villes principales; 2°. l'établissement général d'un tribunal où trois citoyens vertueux exerceroient la jurisdiction, la réforme, & toutes les fonctions qu'avoient les *censeurs* de Rome; 3°. l'obligation aux parens de s'en rapporter à des arbitres; 4°. entre les plaideurs non parens, la suppression des commitimus, & l'absolue nécessité d'être jugés en premiere instance par le juge du domicile du défendeur ; 5°. l'obligation de ren-fermer & développer dans le libelle in-troductif d'instance, toutes les plaintes & présentations du demandeur ou de l'accusateur ; 6°. la volonté ferme d'abro-ger les procès & de détruire la chicane ; en conséquence, un *réglement général*, concerté, avec les magistrats principaux, sur le *barreau* & la *procédure*.

Sully ne parle point des vices de la législation, résultans du défaut absolu de loix primitives sur le juste & l'injuste, & du mélange monstrueux des coutumes avec le droit romain. Peut-être ces deux grands hommes, élevés dans les camps & les troubles des guerres civiles, furent-ils assez heureux pour mourir sans avoir percé le chaos de la justice. Mais Sully énonce dans son roi, qui étoit son ami, la volonté ferme d'avoir *une jurispru-dence uniforme & invariable*.

Or, si Henri, enlevé un an après ce vaste projet, eût eu le temps de l'exé-cution, il auroit vu ce que c'étoit que notre législation, source unique des maux qu'il imputoit au barreau & à la procé-dure : cette source profonde, il l'auroit tarie par *une jurisprudence uniforme & invariable*, qu'il regardoit comme néces-saire au bonheur des peuples, & par conséquent au bien de l'état ; il en par-loit sommairement, parce qu'il la regar-doit comme indispensable, comme de-vant nécessairement entrer dans l'esprit de tout le monde, comme un caractère essentiel de la justice, & par là même une obligation de ses administrateurs & du roi, le premier de tous.

On me pardonnera ces détails simples ; & malheur à qui les trouvera déplacés ! malheur à qui les lira sans éprouver cette émotion qu'inspire à tout bon François le seul nom de Henri IV.

LOUIS XIII.

35. Après la mort de ce grand & bon Henri, qui avoit éminemment toutes les qualités que l'Anglois renferme dans le mot *Good-nature*, que devint son sublime

projet, & que fit-on pour l'adminis-tration de la justice ?

Tout fut perdu sous une minorité orageuse, sous un roi timide, soupçon-neux & foible ?

Richelieu arrive, & saisit avec fierté les rênes du gouvernement. Lorsque vous le voyez établir ces tribunaux san-guinaires, qui sacrifierent tant d'inno-cens à sa terreur ou à sa haine ; lorsque vous le voyez renouveller les *auto-da-fé* contre ce curé Grandier, qu'il fit accuser d'hérésie & de sortilege ; & envoyer à l'échafaud ce chevalier de Jars, dont tout le crime étoit d'avoir traversé les Capucins, qui vouloient supplanter les Ora-toriens dans le poste de confesseur de la reine d'Angleterre ; lorsque vous le voyez placer à la tête de ces commissions illé-gales des monstres tels que Lafeymas & Laubardemont, vous ne pourrez attendre aucun progrès de l'administration de la justice.

Pour connoître à fond l'esprit de Ri-chelieu sur ce point important de l'ordre public, il faut l'étudier dans son *testament politique*, ouvrage sans plan. Après avoir débuté par la basse flatterie de son maître, il parcourt en *CARDINAL-mi-nistre* les grandes parties de l'administra-tion publique. Ce que nous allons en extraire est d'autant plus essentiel à appro-fondir, que ses principes, toujours vagues & obscurs, souvent faux & cruels, ont été encore après lui l'étaie de quelques opérations, & le flambeau de tel indi-vidu qui avoit son ambition sans avoir son génie.

Part. 2, chap. 1 & 2, il fait de *l'établissement du regne de Dieu le premier fondement du bonheur de l'état ; & d'une maniere abstraite, il donne la raison pour regle & conduite de l'état.*

Part. 1, chap. 4, sect. 1, il traite *des désordres de la justice.* Dans la *sect. 2,* il présente ainsi les *moyens de les arrêter.*

« Si votre majesté, dit-il, fait *grand cas* des officiers de justice dont la *répu-tation* sera entiere ; si elle ne voit pas de bon œil ceux qui, n'ayant eu d'autre moyen que celui de leur *argent* pour parvenir à la magistrature, se trouveront destitués *de tout mérite ; si* elle prive entiérement *de sa grace,* & fait *châtier* ceux qui abusant de leur devoir, *vendront* la justice au préjudice de ses sujets, *elle sera ABSOLUMENT TOUT ce qui peut être utilement pratiqué* pour la réformation de ce corps, *laquelle dépend,* aussi bien que celle de l'ordre ecclésiastique, *PLUS de ceux qui en ont l'ADMINIS-TRATION, que des LOIX* & *des réglemens* qui demeurent inutiles, si ceux qui ont charge de les faire observer, n'en ont aussi la volonté. »

Dans un aussi vaste empire que la France & à travers la prodigieuse quantité d'officiers, qui sous des noms divers, ont l'administration de la justice, comment espérer qu'un roi pourra distinguer les mauvais des bons? *La réputation?* Il faudroit supposer que tous les ministres seront exacts & justes : & s'ils le font, que propose Richelieu à son maître pour les bons magistrats? En faire *grand cas!* les voir *de bon œil!* & à l'égard des mauvais, les priver *de sa grace!* les *châtier!* C'est bien le génie cruel, qui dans le *chap. 2 de la seconde partie,* dédaigne la récompense, & prétend que les hommes peuvent être menés par le seul effroi des peines.

« Quand même, ajoute-t-il, *les LOIX seroient DÉFECTUEUSES, si* les officiers font des gens de bien, *leur PROBITÉ sera capable de SUPPLÉER A CE DÉ-FAUT :* & pour bonnes qu'elles puissent être, elles font tout-à-fait infructueuses, si les magistrats en négligent l'exécution ; beaucoup plus s'ils font méchans pour en pervertir l'usage, selon leurs passions & leur déréglement, étant difficile d'être sage & juste tout ensemble. »

Ainsi, il avoue indirectement la *défectuosité de nos loix,* & il élude, par un sophisme, la nécessité de les refondre. C'est bien encore l'esprit du despote, qui redoute les bonnes loix, & les croit

inutiles, parce qu'il ne voit que la volonté suprême.

Ce mépris des loix tomba sur l'ordonnance de 1629, renfermant quatre cents soixante-un articles sur l'église, les hôpitaux, le clergé, la noblesse, les universités, la procédure, les impôts, la finance, la police, le commerce, quelques parties du droit privé, du droit martial & de la marine. Cette ordonnance, rédigée sur le vœu des états, & enrégistrée avec éclat au parlement de Paris, le roi y étant, excita d'abord de la part des parlemens de Toulouse, Grenoble, Dijon & Bourdeaux, & sur quelques points seulement, des modifications que Néron a recueillies, *tom. 2, pag. 842 & suiv.* modifications qui prouvent combien les hommes les plus éclairés & les plus sages s'accordent difficilement. Ce n'étoit rien : mais l'auteur, le garde des sceaux, Marillac fut emprisonné, tandis que le maréchal son frere fut livré à la commission qui l'envoya à l'échafaud.

Richelieu devenoit maître absolu. Aussi-tôt la flatterie insolente & railleuse encensant le ministre despote, & persifflant le disgracié, donna le nom de *Code-Michaud* à l'ordonnance de 1629, parce que Marillac s'appelloit *Michel.* Ce ridicule, si puissant en France, même par un sobriquet, fit plus qu'une critique raisonnée. L'ordonnance de 1629 fut disgraciée, ou, comme on dit, tomba en désuétude. *Ferriere* l'énonçant dans son *Dictionnaire de droit,* sous le mot de *Code-Michaud,* après en avoir fait l'éloge, assure qu'elle est encore suivie *en quelques endroits,* sur-tout au parlement de Bourgogne ; mais qu'elle n'est point loi au parlement de Paris, où elle a été enrégistrée, à moins que l'article cité ne soit conforme à quelqu'ordonnance plus ancienne.

L'autorité des loix ne dépendroit-elle donc ni de leur bonté & de leur sagesse, ni de la volonté souveraine, de l'enrégistrement & de la publication, ni même du vœu & de l'applaudissement des repréfentans du peuple ? Le fort des loix tiendroit-il à un événement étranger, (la journée des Dupes, 11 novembre 1630;) à un ridicule & un fobriquet, (Michaud;) à l'opinion publique, qui ne peut qu'être corrompue, quand elle naît de celle du courtifan, toujours moulé fur la faveur & la crainte !

Le fort de l'ordonnance de 1629, prouveroit cette affreufe vérité; mais il ne faut point juger de l'efprit humain par tout ce qui s'eft paffé fous le miniftere de Richelieu. Cachant fon ambition fous le prétexte de rétablir l'autorité royale, il attaqua la liberté & la fûreté civile; il outragea la juftice, il méprifa fes miniftres, il atterra fes interpretes. Sous lui difparurent ces favans, qui par leurs écrits avoient raffermi le trône. La terreur qu'il infpira, fe communiquant aux races futures, les jurifconfultes tremblans d'aborder le droit public, fe renfermerent prefque tous dans le droit privé; &, comme dit Bretonnier, il n'y eut plus de Romains. *Quò intendiffet oculos, quò verba acciderent, fuga, vaftitas; deferi itinera, fora : & quidem regrediebantur, oftentabantque fe rursùm, id ipfum paventes quòd timuiffent.* (Tacit. ann. IV. 70.)

L O U I S X I V.

36. Arrêtons-nous un moment pour confidérer l'état de notre légiflation au moment ou Louis XIV eft monté fur le trône.

Vous avez vu dans fept ordonnances fameufes, le légiflateur renfermer fans liaifon, fans ordre & fans plan des difpofitions partielles, non à la fois, fur tous les objets de l'adminiftration de la juftice, mais fur quelques points, où l'abus avoit excité des plaintes.

Pour procéder ainfi, il falloit fuppofer qu'il exiftoit un code général, dont ces ordonnances ne renfermoient que le développement, l'interprétation, la modification ou les exceptions.

Or, ce code général, où étoit-il ? quel étoit-il ?

Etoit-ce le droit romain ? Il falloit donc le dire, une fois pour toutes; en extraire les difpofitions que l'on refpectoit, & les traduire. Ce fut l'idée de quelques jurifconfultes du feizieme fiecle, qui publierent des traductions partielles dans le langage de ce temps-là; idiome foible, traînant, obfcur; tel enfin que les favans ne pouvant exprimer leurs idées, écrivoient tous en latin.

Croyoit-on pouvoir confidérer les coutumes comme le code général des pays appellés autrefois de la *langue d'oil*, par oppofition à ceux de la *langue d'oc*? Mais les coutumes ne contenoient que des difpofitions partielles certainement infuffifantes.

Imaginoit-on avoir remplacé, éclairci & accordé par les ordonnances, édits & déclarations? Mais peut-être eft-il vrai que prononçant feulement fur quelques points, elles agrandiffoient le vuide, femblables à l'architecte qui recrépit fans ceffe une mafure.

Il y a trois manieres de faire les loix.

C'eft d'abord celle que nous venons d'énoncer. Son vice effentiel & fenfible n'appartient pas feulement à la France; & toutes les nations de l'Europe ont ainfi procédé, depuis qu'elles font forties de la barbarie, entaffant des loix partielles fans plan général & fans vues.

La feconde maniere de faire les loix, eft celle qu'entrevit François I; lorfque comparant déja l'adminiftration de la juftice à un *labyrinthe tortueux & obfcur, où les plus éclairés s'égarent*, il propofa de faire un code général & *fimple, où chacun puiffe commodément s'inftruire de fes devoirs*. Depuis encore, ce fut le vafte plan du préfident de Lamoignon, ébauché dans fes fameux *arrêtés*. C'eft celui de CATHERINE II, dans l'inftruction pour la réformation du code : & ce grand ouvrage fini, fera le premier code complet de l'Europe.

La troifieme maniere de faire les loix, eft de traiter fucceffivement les grandes parties de l'administration de la justice, & de renfermer dans chaque ordonnance, non des décisions sur plusieurs sujets, mais toutes les décisions possibles sur un seul sujet, comme sur le droit criminel, ou sur la procédure civile. Procédé sage, pourvu qu'on assure les bases, qu'on ait un plan général, que chaque ordonnance soit complette, & que toutes aient le même esprit ; qu'on n'autorise plus la diversité de jurisprudence, & qu'on laisse le moins possible à l'arbitraire.

Cette maniere de faire les loix inférieure à la seconde, mais si supérieure à la premiere, fut adoptée par Louis XIV, & paroît devoir rester jusqu'à ce que le temps, le génie, le courage & la volonté se réunissent pour composer un code universel.

Jamais prince ne parut moins devoir s'occuper de l'administration de la justice : éloigné de sa capitale & du parlement, par les troubles de sa minorité ; absorbé par les négociations, la guerre, les finances, les établissemens en tous genres, la protection des sciences, des lettres & des arts, toutefois il ne perdit pas de vue que la justice est le premier devoir des rois, & il sentit la nécessité de réformer les loix.

Pour accomplir ce grand œuvre, il falloit travailler lui-même comme Catherine II, ou avoir un l'Hospital qui lui répétât les grandes vérités consignées dans son fameux discours à François II. Il falloit au moins suppléer par le choix des hommes les plus éclairés & les plus vertueux. Or, que fit Louis XIV, & que dut-il en résulter ?

Sur ce point intéressant de l'histoire de notre droit françois, il faut pénétrer la vie secrette de ce grand roi ; lire le fameux procès-verbal des ordonnances de 1667 & 1670, & se rappeller ce que j'ai dit au mot *Accusation*, n°. 7, *pag. 222.* Il faut sur-tout suivre M. Gaillard dans la vie du premier président de Lamoignon, placée à la fin de celle de Charlemagne.

« Le roi, dit M. de Gaillard, voulut réformer la justice comme les finances, & M. de Lamoignon n'avoit pas peu contribué à lui inspirer l'une & l'autre idée. Il avoit, long-temps avant la réformation des ordonnances, présenté au roi un projet de réforme, concernant la justice. *Ce projet, que nous trouvons parmi les papiers de la famille, contient le germe des plus grandes idées,* ... » (Pag. 91.) Peut-on l'avoir, ce projet de réforme, & n'est-il pas intéressant de le publier ?

« Pussort, conseiller d'état, qui ne renonçoit pas à la chancellerie ; Pussort, qui dans le procès de Fouquet s'étoit distingué, en opinant à mort avec une ardeur que madame de Sevigné qualifie *d'emportement & de rage,* fut préféré au premier président, & mis à la tête de la réformation. » (*Pag. 93.*)

« C'étoit assurement, dit M. le premier président, *un homme de beaucoup d'intégrité & de capacité, mais si FÉROCE, d'un naturel si peu sociable, si EMPORTÉ DANS SES PRÉVENTIONS, si éloigné de l'honnêteté & de la déférence qu'on doit avoir dans une compagnie, & d'ailleurs SI PRÉVENU DE SON SENS, & si PERSUADÉ QU'IL N'Y AVOIT QUE LUI SEUL QUI EUT BONNE INTENTION, qu'il étoit toujours prêt à perdre le respect dû à la compagnie.* » (Pag. 94.)

« Comme le GÉNIE de ceux qui travailloient à la réformation de la justice, c'est-à-dire, de M. Pussort & de ses adjoints, dit Chrétien-François de Lamoignon, N'ÉTOIT PAS FORT ÉTENDU, ils s'arrêterent à ce qui en fait la moindre partie, LA PROCÉDURE. » (Pag. 95.)

« Le peu d'expérience qu'ils avoient des formes du parlement, dit encore Chrétien-François de Lamoignon, les fit tomber EN MILLE ERREURS, & les obligea de donner au public UN OUVRAGE TRÈS-IMPARFAIT. (Pag. 101.)

« M. le premier président s'étoit fait une idée plus grande & plus noble de la réformation de la justice. Il vouloit que Louis XIV fût le Justinien de la France ; qu'il eût la gloire de donner à sa nation une législation complette. Louis XI étoit un mauvais roi ; mais il n'avoit pas toujours tort : le desir qu'il avoit montré, qu'*il n'y eût en France qu'une coutume, qu'un poids, qu'une mesure, & que toutes les loix fussent mises en François DANS UN BEAU LIVRE*, étoit d'un esprit aussi éclairé qu'étendu. C'est ce vœu que M. de Lamoignon cherchoit à remplir ; c'étoit un CODE GÉNÉRAL ET UNIFORME qu'il vouloit former. C'est cette multitude de loix contraires , qui rend les différentes provinces d'un même royaume *étrangeres* les unes aux autres , & en quelque sorte *ennemies.* C'est cette diversité, ce combat de jurisprudence dans les différens tribunaux, qu'il vouloit faire disparoître ; il vouloit qu'on prît de chaque coutume ce qu'elle contient de plus conforme à la nature & à la raison, pour en faire la loi générale du royaume.» (*Pag.* 96.)

En transcrivant ces faits, on est tenté de dire, avec le cri du désespoir : y a-t-il donc une fatalité qui s'oppose à ce que la France ait une bonne législation ? En la civilisant, les Romains lui avoient donné ces loix que d'Aguesseau appelle d'une *éternelle vérité :* mais en 420, les Barbares du Nord anéantissent tout. Charlemagne ne paroît que comme un éclair ; & après lui, la France, l'Europe entiere rentrent dans les ténebres ! St. Louis veut les dissiper , & donner un bon code; mais tout s'y oppose ! Louis XI parle de loi uniforme, & ne voit que sa sûreté & des crimes ! François I se montre encore ; & il est égaré par deux chanceliers pervers ! Henri projette de donner à la France une *jurisprudence uniforme & invariable* ; & il est assassiné ! Louis XIV a les mêmes vues; & celui qui doit les remplir est un PUSSORT, *une génie fort peu étendu, sans expérience, trop prévenu de son sens, capable d'em-*

portement & de rage, un homme FÉROCE. En de telles mains, que pouvoit être la législation ?

Tout *imparfait* que soit ce grand ouvrage de la réformation de la justice, par Louis XIV, c'est la loi vivante ; & un jurisconsulte doit en classer dans sa tête les différentes parties.

ORDONNANCE de 1667 , intitulée pour la réformation de la justice, mais bornée à la *procédure civile.* Qu'est-ce que cette loi ? Demandez-le aux jurisconsultes, aux praticiens, aux tribunaux eux-mêmes.

ÉDIT de juillet 1669, portant réglement pour l'âge & la capacité des officiers de judicature, la maniere d'en obtenir les provisions ; &c. Qu'est devenue cette loi ?

ORDONNANCE d'août 1669, pour la réformation de la justice, & continuation de celle de 1667 , évocation, réglement de juges , committimus , lettres d'état & répits.

ORDONNANCE d'août 1669, portant réglement pour les *eaux & forêts,* la *chasse*, la *pêche,* &c. C'est la dix-neuvieme depuis le commencement de la monarchie; & ce n'en est pas moins une des parties les plus ténébreuses pour la jurisdiction de laquelle on a encore établi des sieges particuliers appellés *Maîtrises.* Voyez ce mot & *Eaux & Forêts , Chasse, Pêche.*

ORDONNANCE de 1670, portant réglement général pour l'instruction & le jugement des affaires criminelles. *Voyez* ce que j'en ai dit sous le mot *Accusation, n°. 7, tom. 2, pag. 223, col. 2;* & si vous avez pu trouver mon opinion fortement exprimée, méditez ce que j'ai transcrit de la vie du premier président Lamoignon.

ORDONNANCE ou ÉDIT de 1673, portant réglement pour le commerce. *Voyez* ce que j'en ai dit dans ma *Préface, pag.* 57.

ORDONNANCE de mai 1680, portant réglement général sur les faits des *gabelles.*

Loi fiscale, concernant la vente exclusive du sel; pour l'exécution de laquelle on a créé encore des juges particuliers, ressortissant à la cour des aides.

ORDONNANCE de juin 1680, portant réglement général pour les aides: malgré son étendue, il y a environ dix volumes *in-4°.* d'arrêts du conseil, ou de décisions qu'il faut savoir, si l'on veut connoître à fond cette partie.

ÉDIT de décembre 1680, pour l'interprétation de quelques articles de l'ordonnance criminelle de 1670. Sur le même objet il y a cette année d'autres déclarations. Depuis, combien d'autres encore. Mais jamais un code criminel.

ORDONNANCE de juillet 1681, pour servir de réglement sur plusieurs droits des *fermes* du roi, & sur tous en général. Il y a en outre dix recueils de décisions & arrêts du conseil: & c'est bien pis, pour toutes les parties des domaines du roi. Le plus habile jurisconsulte s'y perd.

ORDONNANCE d'août 1681, portant réglement général pour la *marine.* Il s'y agit de la marine marchande, de l'amirauté, des contrats maritimes, de la police des ports & côtes, & de la pêche. Elle ne s'éleve pas au droit martial maritime, & ne tend point à former de bons officiers & de grands amiraux.

ÉDIT d'octobre 1685, portant révocation de celui appellé de *Nantes,* & défenses de faire aucun exercice public de la R. P. R. dans le royaume. Colbert n'étoit plus. Voyez *Protestantisme.*

ÉDIT d'août 1686, pour l'*imprimerie* & la *librairie:* il y a divers changemens sur cet objet important. Voyez ces deux mots.

ORDONNANCE de février 1687, portant réglement pour la perception des droits de sorties & d'entrées sur les marchandises. Même esprit que dans celle des aides & des gabelles. Et l'on a encore créé des juges appellés des *traites.* Cette législation bien entendue,

peut être infiniment utile au commerce & aux manufactures. Voyez *Douane* & *Traites.*

ÉDIT d'août 1695, portant réglement pour la *jurisdiction ecclésiastique.* C'est la loi vivante, suivie de quelques déclarations.

ÉDIT d'octobre 1699, portant création de lieutenans-généraux de police dans chaque ville, pour en faire les fonctions, ainsi que le lieutenant-général de police de Paris, créé par édit de mars 1667. Établissement précieux s'il eût été bien suivi: mais comme si c'eût été une loi fiscale, on permit aux provinces & aux villes, d'acheter les offices.

Après cela, vous ne trouvez plus que des édits portant création, suppression, recréation & multiplication d'offices de toute espèce & sous des noms divers; augmentations de finance, sous prétexte de privileges: ressources funestes, qui ne sont que des emprunts ruineux. Le contrôleur général Desmarets, dans son *Compte rendu de 1716,* les appelloit *des MOYENS que la FORCE & la NÉCESSITÉ l'avoient obligé de mettre en usage.*

Le soleil, devise de Louis XIV, avoit été brillant à son lever, quelquefois brûlant dans son cours: son coucher orageux & sombre, avoit glacé la félicité publique & obscurci la jurisprudence.

Ce n'étoit plus depuis long-temps le savoir & la liberté du seizieme siecle. Il existoit encore quelques savans, tels que Godefroy, Talon, Portail, Baluze & Ducange; des esprits sages & méthodiques, tels que Domat: mais ils ne pouvoient pas plus être comparés à Dumoulin & à Cujas, que Pothier à Heineccius. Le génie étoit étouffé par la flatterie & la crainte. La circonspection avoit paru jusques dans les objections du premier président à Pussort. Et l'on peut juger par-là de celle des jurisconsultes ordinaires. Qui auroit osé, comme Dumoulin, attaquer les loix nouvelles?

nouvelles ? Il n'étoit permis que de les louer, & c'étoit le travail ou le tourment des écrivains qui vouloient imprimer.

« La jurisprudence étoit livrée à des commentateurs sans génie, plus occupés de compiler des coutumes & des loix, quelquefois ridicules & souvent contradictoires, que de remonter aux grandes vues d'une législation faite pour le bonheur des hommes, seul moyen de rendre à la jurisprudence cette base philosophique, sans laquelle nous la verrons toujours informe & chancelante. (*Éloge de M. de Sacy, lu dans la séance publique de l'académie françoise, par M. d'Allembert, le 20 juin 1776.*)

L O U I S X V.

37. Si un homme put remplir cette grande tâche, ce fut d'Aguesseau, chancelier depuis 1717, jusqu'à la fin de 1750. Ce n'étoit pas le génie de l'Hospital, c'étoit plutôt le savoir, l'esprit, la douceur & toutes les vertus de Lamoignon.

En lisant les œuvres de M. d'Aguesseau, l'on voit à chaque pas combien il élevoit le droit romain, ces loix d'*une éternelle vérité*, au-dessus des coutumes dont l'existence obscure & précaire ne se soutient que par la tolérance du législateur. Dans le *Préambule de l'ordonnance des donations*, il rappelle avec soin cette maxime précieuse pour la raison, pour la félicité publique. . . . « *LA JUSTICE devroit être uniforme, & ne pas dépendre de la différence des temps & des lieux.* » Il ajoute : « *Notre amour pour la justice ne nous permet pas de tolérer plus longtemps une diversité de jurisprudence qui produit de si grands inconvéniens. Nous aurions pu la faire cesser avec plus d'éclat & de satisfaction pour nous, si nous avions différé de faire publier le corps des loix qui seront faites dans cette vue jusqu'à ce que toutes les parties d'un projet aussi important eussent été également achevées.* »

M. d'Aguesseau vouloit donc, comme M. de Lamoignon, refondre nos loix. Il en sentoit l'avantage, la nécessité même. Mais comment réussir chez une nation assez asservie, légere & foible, pour embrasser avec transport le *système de Law ?* L'Europe entiere ne voyant que la guerre, les arts & le commerce, méconnoissoit absolument les grands principes de l'administration publique, & s'inquiétoit peu de celle de la justice, dont le labyrinthe tortueux & obscur, utile à quelques-uns, n'inspiroit à tous les autres que l'effroi ou le ridicule. Montesquieu, dans sa centieme *Lettre persanne*, avoit dit. . . . « Cette *abondance de loix* adoptées, &, pour ainsi dire, naturalisées, est si grande, qu'elle accable également la justice & les juges. Mais ces volumes de loix ne sont rien en comparaison de cette *armée effroyable de glossateurs, de commentateurs & de compilateurs, gens aussi foibles par le peu de justesse de leur esprit, qu'ils sont forts par leur nombre prodigieux.* . . . » C'étoit le ridicule ; ce n'étoit pas le remede. Ce n'étoit pas encore cet *Esprit des loix* qui a secoué sur l'Europe le flambeau de la vérité, de l'humanité & de la justice.

Cependant M. d'Aguesseau n'a pas mérité le reproche fait aux ordonnances de Louis XIV, de s'être arrêté à *la procédure qui fait la moindre partie* de l'administration de la justice. Le vuide qu'avoit laissé cette législation, il a commencé à le remplir dans le droit public, le droit criminel & le droit privé. Voici les principales loix qu'il a rédigées, & c'est beaucoup dans l'état d'asservissement où étoit l'esprit humain.

Droit public. ÉDIT de juillet 1717, sur l'état des princes légitimés, qui *annulle* ceux de juillet 1714 & mai 1715. Par ceux-ci, les princes légitimés avoient été « *déclarés, dans le cas seulement de manquement de tous les princes du sang, capables de succéder à la couronne de France exclusivement à tous autres.*

Le nouvel édit renferme ces expressions remarquables.... « Si la *nation* françoise éprouvoit jamais ce malheur, ce seroit à la *nation* même qu'il *appartiendroit* de le réparer, par la sagesse de son *choix*; & puisque *les LOIX FONDAMENTALES de notre royaume nous mettent dans une HEUREUSE IMPUISSANCE* d'aliéner le domaine de notre couronne, *nous faisons gloire de reconnoître qu'il nous est encore moins libre de disposer de notre couronne même.*... Nous croyons devoir à *une nation* si fidelement & inviolablement attachée à la maison de ses rois, la *justice* de ne pas prévenir le *choix* qu'elle auroit *à faire* si ce malheur arrivoit; & c'est par cette raison qu'il nous a paru *inutile de la consulter* en cette occasion où nous n'agissons que pour elle, en révoquant une *disposition, sur laquelle elle n'a pas été consultée*, notre intention étant de la conserver dans *tous ses droits*, en prévenant même ses vœux, comme nous nous serions toujours cru *obligés de le faire* pour le maintien de l'*ordre public.*... » (Nous avons transcrit tout ceci moins pour l'édit en lui-même qui doit se placer ailleurs, que pour les principes généraux qu'il présente, pour les expressions même qui sont soulignées, sur-tout celles-ci, *loix fondamentales & heureuse impuissance*, qu'on a depuis si souvent & si fortement rappellées.)

DÉCLARATION du 9 avril 1736, concernant les *registres de baptême, mariage, sépulture*, &c. Il s'agissoit d'assurer l'état des citoyens & le bon ordre de la société; objet sans doute important, & qui, dans l'état des choses, semble appeller de nouvelles loix. Voyez *Protestantisme.*

ÉDIT d'août 1749, concernant les établissemens & les acquisitions des *gens de main-morte*, dont la *multiplication* avoit enfin ouvert les yeux, sur-tout par la *facilité* qu'ils trouvoient à acquérir des fonds naturellement destinés à la

subsistance & à la conservation des familles : loi sage, adoptée bientôt par la plupart des états de l'Europe. Voyez *Main-morte.*

Droit criminel. DÉCLARATION du 4 mars 1724, sur la *peine du vol.* Législation foible encore dans ses moyens de prévenir, & qui ne laisse pas moins la peine de ce délit, ainsi que de tous les autres, livrée absolument à l'arbitraire ou à la jurisprudence. Voyez *Crime, Délit, Peine, Supplice, Vol.*

ORDONNANCE de juillet 1737, sur la *procédure en matiere de faux principal ou incident.* Matiere abstraite, où les formes, multipliées pour la sûreté civile, la compromettent peut-être, ainsi que le juge, qui doit trembler à chaque instant. Voyez *Ecriture, Ecrivain, Expert, Faux.*

Droit privé. ÉDIT d'août 1729, concernant *la succession des meres à leurs enfans.* Dans le préambule, il faut remarquer ces traits. ... « Le mélange & l'espece de confusion faits de l'esprit du *droit françois*, avec celui du *droit romain*, qui, par la *difficulté* d'accorder l'un avec l'autre, a été la source d'un nombre infini de contestations & d'une *incertitude perpétuelle dans la jurisprudence.* ... L'engagement de nos prédécesseurs, de conserver la Provence dans la possession de vivre selon ses anciennes loix, ne doit pas nous empêcher d'en corriger les défauts, ou de suppléer à ce qui peut y manquer pour le bien public. Nous ne voulons user à cet égard de notre pouvoir, soit dans la Provence ou dans les autres pays qui observent la même jurisprudence, que pour en *affermir les fondemens*, en *fixer le véritable esprit*, la porter à une *plus grande perfection*, & contribuer toujours de plus en plus par *des LOIX aussi UNIFORMES que SALUTAIRES, à la TRANQUILLITÉ & à la FÉLICITÉ de tous nos sujets.* »

ORDONNANCES. ... des *donations*, de février 1731. ... . des *testamens*, d'août 1735.... des *substitutions*, d'août 1747.

Ces trois loix fameuses, soumises comme toutes les autres à des déclarations interprétatives & à l'arbitraire de la jurisprudence, ont amené des doutes, des représentations, des contrariétés. On leur a reproché d'avoir voulu tout conserver, ou de s'être écarté de l'*uniformité précieuse & salutaire* par une infinité de restrictions, d'abstractions, d'exceptions & de dispositions, telles que celle-ci, qui a donné lieu à tant de procès. *Les curés séculiers ou RÉGULIERS pourront recevoir des testamens dans l'étendue de leurs paroisses, & ce SEULEMENT DANS LES LIEUX où les COUTUMES ou statuts les y autorisent EXPRESSÉMENT.* (Ord. des test. tit. 1, art. 25.) On a dit : comment les religieux, qui ne peuvent pas être témoins, peuvent-ils être notaires ? Et si c'est un bien que les curés puissent recevoir des testamens, pourquoi ne pas l'étendre à tout le royaume ? On a pensé que la faculté de substituer, contraire au droit naturel & au bien de l'état, devoit être infiniment restrainte relativement aux personnes & aux choses. Nous développerons ces idées & la jurisprudence sous les mots *Donation, Substitution & Testament*.

Troubles.

38. C'étoit beaucoup que ces loix, quand on considere que M. d'Aguesseau fut pendant 17 ans privé de la garde des sceaux & durant sept EXILÉ ! Ovide put écrire ses *Tristes* chez les Sarmates, & Voltaire les premiers chants de la Henriade à la Bastille. C'est l'heureuse imagination qui, embellie des charmes de la poésie, absorbe la pensée & transporte l'homme tout entier dans les lieux qu'il décrit. Mais la composition des loix exige une tranquillité d'ame, & dans le génie une vigueur qu'alterent infailliblement l'ennui, l'inquiétude, & l'air seul de la disgrace. Pour s'occuper du bonheur des hommes, il faut être

libre, il faut être avec eux, les voir, les entendre, & espérer que l'on ne travaillera pas en vain.

Quelles purent donc être les causes de l'exil de M. d'Aguesseau ?

Ici commence un nouvel ordre de choses ; & après avoir éprouvé plus d'une fois la difficulté de rapprocher les principes de la justice, je sens combien il est délicat d'écrire ses annales. N'importe, c'est un devoir. Brillon l'a rempli, en donnant en 1727 au mot *Banque royale* (tom. 1, depuis la page 496, jusqu'à la page 514) l'histoire complette du *Système de 1720* ; & sans doute elle est bien moins relative à l'administration de la justice, que les loix, les actes & les faits que je vais écrire. C'est une suite d'événemens intimement liés à la législation, à la jurisdiction, à la jurisprudence, & sur-tout aux principes de notre droit public. Je dois donc les consigner ici, d'autant plus qu'épars en une infinité de recueils & de livres, ils ne présentent point à l'administrateur, au magistrat & au jurisconsulte, un tableau qu'il est intéressant d'avoir sans cesse sous les yeux, pour prévenir les mêmes maux, & se garantir de l'esprit qui les a perpetués.

En esquissant cette suite de faits importans & funestes, j'oserai dire, avec Tacite : Quiconque veut écrire l'utile vérité, doit se garantir de tout préjugé, même de ceux de l'amitié & de la haine. *Incorruptam fidem professis, nec amore quisquam, & sine odio dicendus est.* J'ajoute avec lui : si le ciel m'accorde encore quelques années, j'aurai vu la France heureuse par ces belles loix de Louis XVI, dont j'ai rapproché les premieres à la fin de ma préface ; & je destine à l'occupation & à la consolation de ma vieillesse l'histoire intéressante & tranquille de ce regne fortuné : temps heureux & rare, où l'on est libre de penser & de parler. *Quòd si vita suppeditet principatùm divi Nervæ & imperium Trajani, uberiorem securioremque materiam, senectuti seposui : rarâ temporum felicitate, ubi sentire quæ velis, & quæ sentias dicere licet.* (Tacit. hist. L. 1.)

J'ai parlé du *Système,* cet événement incroyable dans ses détails encore plus que dans son ensemble ; M. d'Aguesseau l'avoit désapprouvé, comme il paroît par deux de ses manuscrits imprimés à la fin du dixieme tome de ses œuvres, sous le titre de *Considérations sur les monnoies, & mémoire sur la compagnie des Indes.* Ce fut assez pour l'éloigner. Ce fut assez encore pour interrompre l'administration de la justice, en punissant les magistrats d'une résistance blâmée alors, & que le temps seul a justifiée.

Le parlement, pénétré des principes de M. d'Aguesseau, & refusant d'enrégistrer, fut transféré à Pontoise le 20 juillet 1720, & rappellé le 20 décembre.

Depuis que le parlement avoit été déclaré sédentaire & continuel, il n'y avoit pas eu un seul exemple d'une pareille translation ; car il ne faut compter ni l'anarchie des regnes de Charles VI & de Charles VII, ni les troubles affreux & ridicules de la ligue, ni enfin ce que Laroche-Flavin appelle les *anti-parlemens.* (Liv. 1, ch. 26.)

Le siege de la difficulté entre la régence & le parlement, étoit dans la question de savoir si le parlement pouvoit refuser l'*enrégistrement,* lorsque le roi n'avoit aucun égard à ses remontrances. Il s'agissoit d'interpréter le tit. 1 de l'ordonnance de 1667, sur-tout l'art. 3 ; la déclaration du 15 septembre 1715, les lettres-patentes du 26 août 1718, & sur le tout de fixer les vrais principes du droit public dans une monarchie. Malheureusement cette question si délicate, quand on ne voit que le pouvoir, si funeste quand de part & d'autre on perd de vue les résultats, & ce bonheur public qui n'existe jamais sans l'administration de la justice ; cette question, disons-nous, a été renouvellée cinq fois.

Première époque. En 1732, il s'agissoit de la bulle *Unigenitus.* Le parlement s'étoit assemblé malgré la défense expresse de se mêler d'affaires ecclésiastiques, & une *DÉCLARATION du 18 août, sur la maniere dont les affaires publiques devoient être traitées en parlement.* Les chambres avoient protesté, avoient déclaré ne pouvoir remplir partiellement leurs fonctions, & étoient restées assemblées malgré les vacations. Les enquêtes & requêtes avoient été exilées le 7 septembre, la grand'chambre restant chargée de tenir seule les vacations. Les exilés furent rappellés à la fin de novembre, & le roi consentit à la non-exécution de sa déclaration du 18 août.

Seconde époque. En 1753, le jansénisme & la bulle *Unigenitus* occasionent des refus de sacremens. Le parlement veut en connoître malgré des lettres-patentes du 22 février, portant évocation au roi & à son conseil. Septieme mai, lettres de jussion & réponse du parlement, *qui ne peut obtempérer sans manquer à son devoir & à son serment.* Exil & enfermement de quelques membres. Translation de la grand'chambre à Pontoise, pour y rendre la justice. Procédures & arrêts de quelques autres parlemens sur le même sujet, les uns négligés, les autres cassés. La grand'chambre ne juge rien. Même inertie dans la chambre des vacations, créée le 18 septembre, & composée de personnes du conseil. Le 20 novembre tout le parlement est exilé à Soissons, & est remplacé par une *chambre royale,* qui ne juge pas davantage. Ce n'est que le 4 septembre 1754 que ce trouble judiciaire cesse, par la suppression de la chambre royale, & le rétablissement du parlement de Paris. Il enrégistre le 5 la belle déclaration qui impose un *silence* absolu sur les disputes de religion, & charge les parlemens de la faire exécuter.

Troisieme époque. Cette loi du silence n'empêche pas un mandement de l'archevêque de Paris, du 19 mai 1756,

portant défenses, fous peine d'excommunication, aux juges de connoître de l'administration des facremens. Plufieurs autres évêques y acquiefcent : c'étoit un combat entre le clergé & les tribunaux. Le 12 décembre 1756, le roi fait enrégiftrer, en lit de juftice, 1°. une déclaration pour renouveller le *silence* : amniftie pour le paffé, & permiffion aux tribunaux de pourfuivre pour l'avenir : 2°. un édit portant fuppreffion de trois chambres des enquêtes : 3°. enfin, une déclaration pour la discipline du parlement. Cette derniere loi paroiffant changer & altérer l'état du parlement, les enquêtes & requêtes donnent leurs *démiffions*. Le premier feptembre 1757, le roi remet ces démiffions, rappelle les exilés, & rend au parlement fes fonctions, à la priere de la grand'chambre, heureufement & fagement reftée en exercice.

Quatrieme époque. Le 30 décembre 1763, le parlement de Paris, comme cour toujours exiftante, *effentiellement* & *uniquement cour des pairs*, déclare nul & incompétemment rendu l'arrêt du parlement de Touloufe du 17, portant décret contre le duc de Fitz-James, pair & commandant du Languedoc. Cet acte qui aliénoit les autres parlemens, les rapproche bientôt, par l'opinion qu'ils ne font tous que des claffes d'un même parlement ; & par l'arrêté de celui de Paris du 7 juin 1764, que tous membres des autres parlemens ont droit de prendre féance dans fes affemblées. Ce fyftème effraie en s'accréditant. Le 3 mars 1766, le roi va tenir fa cour de parlement, & y fait lire une déclaration, portant entr'autres chofes, 1°. *que c'est du roi feul que les cours tiennent leur exiftence & leur autorité :* 2°. *que c'est au roi feul qu'appartient le pouvoir légiflatif, fans dépendance & fans partage :* 3°. *que c'est par la feule autorité du roi que les officiers de fes cours procedent, non à la formation, mais à l'enregiftrement, à la publication & à l'exécution de la loi, & qu'il leur*

est permis de remontrer ce qui est du devoir de bons & fideles confeillers : 4°. *que l'ordre public tout entier émane du roi, qui en est le gardien fuprême, & dont le peuple n'est qu'un avec lui :* 5°. *que les parlemens doivent faire diparoître toutes les vues d'affociation, tous les fyftèmes nouveaux & toutes les expreffions inventées pour accréditer les idées les plus funeftes & les plus dangereufes.*

Cet orage paroît calmé ; mais il a laiffé un levain dans les efprits : & il ramenera la *cinquieme époque.*

RÉVOLUTION de 1770.

39. Plus nous avançons, plus la route devient périlleufe. C'eft l'éruption du Véfuve. On peut peindre les édifices & les monumens renverfés de fond en comble, les arbres jetés loin de leur fol, la campagne dévaftée par des torrens de lave, l'air agité & obfcurci par une vapeur brûlante, des crevaffes fumantes, la terre mugiffante, la pâleur, l'effroi, le défefpoir & la mort. Mais il ne faut pas, avec Pline, porter des regards curieux fur le foyer de ce phénomene.

Nous pafferons donc les événemens préliminaires, qui, avec l'efprit & à la fuite de ce que nous avons écrit, ont amené celui que l'on défigne au barreau par ce feul mot, *la Révolution.*

Eh ! que verrions-nous ? D'abord ces préjugés de province, de corps, de privileges, que chacun veut conferver. Enfuite des écrits défigurés, ridiculifés & calomniés ; des propos, des plaifanteries, des pamphlets, des perfonnalités, toutes ces petites caufes qui, en aigriffant les efprits & faifant perdre de vue le but, ont tant d'effet fur notre nation & produifent de fi grands événemens ; lorfque, s'i olant, on perd de vue la paix, l'union & le bien public. Que verrions-nous encore ? l'agitation d'un pays d'état, l'influence & les réclamations des tribunaux. Au milieu de cette fermentation, d'un côté, un commandant de province accusé à raison de l'exercice de son pouvoir & de l'exécution des ordres suprêmes ; de l'autre, des magistrats principaux recherchés dans leurs fonctions, leurs écrits, & livrés à une de ces commissions dont le siecle offre si peu d'exemples. Sur le tout, les privileges de la pairie, l'ordre des tribunaux, les droits du trône & la paix intérieure, attaqués par les plus grandes questions de droit public. En général, elles sont toujours & par-tout, obscures & délicates, à plus forte raison dans ces états où la constitution publique de tous les corps porte sur des bases que le temps a raffermies, mais qui peuvent disparoître comme Troye & Athenes, comme Carthage & Rome.

Jamais il n'y eut une si vaste complication d'objets importans & de grandes questions, dans un pays où le droit public est si rarement & si difficilement étudié. Nous ne devons les considérer que comme des accessoires, que rassembleront à leur gré les historiens du dix-neuvieme siecle ; & nous pouvons remplir l'obligation qui nous est imposée, de parler de tout ceci, comme Brillon du *Systême*, par l'extrait & l'énonciation des pieces principales.

ÉDIT de décembre 1770 pour réglement : *préambule.* — L'esprit de systême, aussi incertain dans ses principes qu'il est hardi dans ses entreprises, en même temps qu'il a porté de funestes atteintes à la religion & aux mœurs, n'a pas respecté les délibérations de plusieurs de nos cours. Nous les avons vu enfanter successivement de nouvelles idées, & hasarder des principes que, dans tout autre temps & dans tout autre corps, elles auroient proscrits, comme capables de troubler l'ordre public. — Nous les avons vu se livrer plusieurs fois à des interruptions de service, à l'aide desquelles, & en faisant éprouver à nos sujets, par le retard de la justice qu'elles leur doivent à notre décharge, des maux

que notre affection pour nos peuples nous rendroit très-sensibles ; elles ont pensé pouvoir nous contraindre de céder à leur résistance. — D'autres fois elles ont donné des démissions combinées ; &, par une contradiction singuliere, elles nous ont ensuite disputé le droit de les recevoir. — Enfin elles se sont considérées comme ne composant qu'un seul corps & un seul parlement, divisé en plusieurs classes répandues dans les différentes parties de notre royaume. — Cette nouveauté imaginée d'abord & ensuite négligée par notre parlement de Paris, quand il lui a paru utile de le faire, subsiste encore dans nos autres parlemens. Elle se reproduit dans leurs arrêts & dans leurs arrêtés, sous des termes de *classes*, d'*unité*, d'*indivisibilité* ; comme si nos cours pouvoient oublier que plusieurs d'entr'elles existent dans des provinces qui ne faisoient point partie de notre royaume, mais qui nous appartiennent à des titres particuliers ; que l'établissement de chacune d'elles a des dattes différentes ; que nos prédécesseurs, en les créant, les ont formées indépendantes les unes des autres, & n'ont établi aucun titre de rélation entre elles ; qu'ils leur ont marqué à toutes des bornes que nous ou nos successeurs pourrons étendre ou resserrer, quand l'intérêt de nos peuples l'exigera ; & qu'enfin au-delà de ces bornes, leurs arrêts n'ont d'exécution que par nos ordres. — Si ces erreurs n'étoient que l'oubli momentané des principes, nous nous contenterions de renouveller les défenses portées en notre séance du 3 mars 1766 ; mais elles se perpétuent, & chaque jour on en voit éclore les funestes conséquences. — Les envois que nos parlemens se font les uns aux autres, leur correspondance mutuelle, & l'adoption inconsidérée que quelques-uns ont fait récemment, sans connoissance de cause, du jugement les uns des autres, pourroient les conduire à des actes plus irréguliers, qu'il faudroit punir avec séverité, si nous ne les prévenions pas aujourd'hui par notre sagesse. — Quoique ce système n'ait pas encore été poussé jusqu'à renouveller les arrêts d'union, si séverement défendus, ne seroit-il pas à craindre que si nous laissions plus long-temps germer ces principes sans les détruire, nous n'eussions à nous reprocher les excès auxquels nos cours pourroient se porter un jour en les suivant? — Un des plus pernicieux effets de ce système, est de persuader à nos parlemens que leurs délibérations en acquierent plus de poids; & déja quelques-uns se croyant devenus plus puissans & plus indépendans, ont établi des maximes inconnues jusqu'à présent : Ils se sont dits « les représentans de la nation, les interpretes nécessaires des volontés publiques des rois, les surveillans de l'administration de la force publique & de l'acquittement des dettes de la souveraineté. » Et bientôt n'accordant de force à nos loix qu'autant que, par une délibération libre, ils les auront adoptées & consacrées, ils élevent leur autorité à côté & même au-dessus de la nôtre; puisqu'ils réduisent par-là notre pouvoir législatif à la simple faculté de leur proposer nos volontés, en se réservant d'en empêcher l'exécution. — Si après avoir écouté avec patience & avec bonté leurs remontrances, nous croyons devoir faire enregistrer nos loix par nos ordres, on les voit s'élever contre cet usage ancien & légitime de notre puissance, qualifier ces enregistremens de *transcriptions illégales*, & contraires à ce qu'ils appellent *les principes fondamentaux de la monarchie*; ils sortent de l'assemblée lorsque les porteurs de nos ordres se mettent en devoir de les remplir. — Si jusqu'ici ils ont respecté sur leurs registres l'empreinte de notre autorité, quelques-uns ont tenté, par des arrêts de défenses, d'en empêcher l'exécution; & agissant sous notre nom contre nous-mêmes, ils ont osé faire à nos peuples une loi de la désobéissance à nos volontés connues.

— Nous devons au bien de nos sujets, à l'intérêt même de la magistrature, plus encore qu'à celui de notre puissance royale, d'étouffer le germe de ces dangereuses nouveautés : mais avant que de les proscrire par notre édit, nous voulons rappeller à nos cours les principes dont elles ne doivent jamais s'écarter. — Nous ne tenons notre couronne que de Dieu. Le droit de faire des loix par lesquelles nos sujets doivent être conduits & gouvernés, nous appartient à nous seuls, sans dépendance & sans partage. Nous les adressons à nos cours pour les examiner, pour les discuter & les faire exécuter. Lorsqu'elles trouvent dans leurs dispositions quelques inconvéniens, nous leur avons accordé la permission de nous faire les remontrances respectueuses qu'elles jugent convenables. Nous les avons assurées plusieurs fois que nous écouterions tout ce qu'elles nous diroient d'utile pour nos sujets & pour notre service. — Le desir que nous avons de connoître les objets qui pourroient échapper à notre vigilance, nous engagera toujours à les maintenir dans l'usage de nous faire des remontrances, même avant l'enrégistrement, quoique le feu roi, notre très-honoré seigneur & bisaïeul, ne leur eût permis d'en faire qu'après l'enrégistrement pur & simple. — Mais cet usage dans lequel elles ont été rétablies pendant notre minorité; cet usage qui caractérise un gouvernement sage, qui ne veut régner que par la raison & par la justice, ne doit pas être entre les mains de nos officiers, un droit de résistance : leurs représentations ont des bornes, & ils ne peuvent en mettre à notre autorité. — Lorsqu'après avoir balancé les principes qui nous déterminent (& que souvent des raisons d'état ne nous permettent pas de leur révéler), avec les motifs qui les empêchent de procéder librement à l'enrégistrement de nos volontés, nous perséverons néanmoins dans le dessein de les faire exécuter, nous n'exigeons point d'eux qu'ils donnent des suffrages qui ne s'accorderoient point avec leurs sentimens particuliers ; mais, soit par nous-mêmes, soit par nos représentans, nous ordonnons l'enrégistrement de nos loix. Ces loix doivent être exécutées sans contradiction. Il est du devoir de nos cours de les faire observer par tous nos sujets indistinctement, & de poursuivre ceux qui tenteroient d'y contrevenir. — C'est en donnant à nos peuples l'exemple de l'obéissance, que nos officiers feront respecter en eux le caractère de magistrats ; caractere qu'ils ne tiennent pas d'une loi constitutive, & que nous seuls leur imprimons par les provisions qu'il nous plaît de leur accorder. A ces causes.

Art. I. « Nous défendons à nos cours de parlement de se servir des termes *d'unité*, *d'indivisibilité*, de *classes*, & autres synonymes, pour signifier & désigner que toutes ensemble ne composent qu'un seul & même parlement, divisé en plusieurs classes. — Leur défendons d'envoyer à nos autres parlemens, *hors les cas prévus par nos ordonnances*, aucunes pieces, titres, procédures, mémoires, remontrances, arrêts & arrêtés, relatifs aux affaires qui seront portées devant elles, soit par nos ordres, soit à cause de leur ressort. — Comme aussi nous leur défendons de déposer en leurs greffes, & de délibérer sur les pieces, titres, procédures, mémoires, remontrances, arrêts & arrêtés, faits ou rendus *par d'autres parlemens*, leur ordonnant de *nous renvoyer* lesdites pieces, le tout *sous peine de perte & de privation de leurs offices.* »

Art. II. « Voulons que, conformément aux ordonnances, les officiers de nos cours rendent à nos sujets, à notre décharge, la justice que nous leur devons ; & ce, sans autre interruption que celles portées par les mêmes ordonnances : en conséquence, nous leur défendons de cesser le service, soit en vertu d'une délibération, soit par le fait ; de l'interrompre en venant prendre place aux chambres assemblées, pendant les audiences, si ce n'est dans le cas d'absolue nécessité, reconnue par le premier président, auquel nous nous en référons, & ce sous peine de perte & de privation de leurs offices. — Leur défendons, sous les mêmes peines, de donner des démissions *combinées & de concert*, ou en conséquence d'une délibération ou vœu commun. — Ne les empêchant d'ailleurs de s'assembler hors le temps des audiences de la grand'chambre, aussi souvent & aussi long-temps que les affaires dont ils seront occupés l'exigeront. . . . . »

Art. III. « Nous leur permettons de nouveau de nous faire, avant l'enrégistrement de nos édits, déclarations & lettres-patentes, telles *remontrances* ou représentations qu'ils estimeront *convenables pour le bien de nos peuples* & pour celui de notre service, leur enjoignant d'en écarter tout ce qui ne s'accorderoit pas avec le respect qu'ils nous doivent. — Lorsqu'après les avoir écoutées, aussi souvent que nous le jugerons nécessaires pour connoître leurs observations & juger de leur importance, nous persévererons dans notre volonté, & que nous aurons fait enrégistrer en notre présence ou par les porteurs de nos ordres lesdits édits, déclarations & lettres-patentes, nous leur défendons de rendre aucuns arrêts ou de prendre aucuns arrêtés qui puissent tendre à empêcher, troubler & retarder l'exécution desdits édits. — Faisons pareillement défenses à toute personne qui aura présidé aux assemblées, à celui de nos officiers qui auroit rapporté lesdits édits, & à tous autres, de signer aucune minute desdits arrêts ou arrêtés ; à tous greffiers, commis, ou autres préposés, de faire & signer aucunes expéditions ou grosses desdits arrêts & arrêtés ; à tous huissiers, sergens, cavaliers de maréchaussée ou autres qui pourroient être commis, de signifier & mettre à exécution lesdits arrêts & arrêtés ; le tout sous peine de perte & de privation de leurs offices, & d'être poursuivis & punis comme pour désobéissance défobéiffance à nos ordres. Si DONNONS EN MANDEMENT, &c.

REMONTRANCES du parlement préfentées les 3 & 4 décembre. 5, ARRÊTÉ: « La cour, *attendu que l'édit eft contre les loix fondamentales de l'état, auxquelles on ne peut déroger, n'a puiffance de procéder à la vérification de l'édit:* en conféquence a protefté & protefte contre tout ce qui pourroit être fait au préjudice des loix. »

LIT DE JUSTICE du 7 décembre, à Verfailles. On y enrégiftre l'édit. Il faut voir dans l'imprimé les difcours refpectifs, comme dans les recueils du temps l'agitation, l'inquiétude, les anecdotes & les bons mots, dont l'enfemble feul découvre & peint l'opinion publique.

ARRÊTÉ du parlement, du 10 décembre. « Attendu que l'édit attaque les formes effentielles du gouvernement, l'honneur & la propriété des fujets; attendu que, par le *préambule de l'édit*, tous les membres de la magiftrature font préfentés comme criminels envers l'état & la perfonne du roi, defquels le crime, par le *difcours de M. le chancelier*, eft défini : Le projet d'enlever des mains du roi l'autorité fouveraine, pour ne lui laiffer que le nom de roi; inculpation d'où il réfulte, contre les magiftrats, une incapacité abfolue de faire exécuter les loix dont eux-mêmes devroient éprouver la rigueur. . . . Ladite cour a *arrêté* que le roi fera fupplié de rétablir *l'honneur du parlement & la conftitution de l'état*, & de rendre au parlement fes fonctions auffi intéreffantes pour la perfonne facrée du roi que pour l'état, ou de recevoir l'offre unanime, qu'à l'exemple des anciens magiftrats tous les membres du parlement font au roi de leur état & de leur tête. » . . . . . . RÉPONSE du roi. *Rien ne prouve mieux la néceffité de la loi que j'ai fait enrégiftrer, que la conduite de mon parlement. Qu'il reprenne fes fonctions. Je vous l'ordonne.*

Tome III.

LETTRES DE JUSSION, du 20 décembre, pour reprendre les fonctions. Secondes du 3 janvier 1771. ARRÊTÉ du parlement du 11, portant qu'il reprendra fon fervice ordinaire; que tous fes membres ne fe font jamais attribué d'autre titre que celui qui leur eft donné par l'édit d'octobre 1467, « *d'officiers du feigneur roi, en qui confifte fous fon autorité la direction des faits par lefquels eft policée & entretenue la chofe publique de fon royaume, dont ils font les MINISTRES ESSENTIAUX, comme membres du corps dont il eft chef. . . .* » RÉPONSE du roi : « Mon parlement, en reprenant fon fervice ordinaire, eft rentré dans fon devoir. Il n'auroit jamais dû s'en écarter. *Son arrêté contient des maximes contraires aux principes établis par mon édit, dont je maintiendrai toujours l'exécution.* »

ARRÊTÉ du parlement, du 15 janvier 1771, portant : *que les chambres demeureront affemblées, pour ne s'occuper que des affaires intéreffant le public, & notamment l'affaire des bleds; & qu'il fera fait d'itératives remontrances.* 16 & 17, fecondes & troifiemes LETTRES DE JUSSION, pour reprendre le fervice. 18, ARRÊTÉ, « que la cour attendra, avec la réfignation la plus refpectueufe & la foumiffion la plus entiere, les événemens, tels qu'ils puiffent être, dont elle fe trouve menacée; convaincue ladite cour, que tous les membres qui la compofent, dans quelque fituation qu'ils fe trouvent réduits, conferveront toujours le même attachement inviolable pour la perfonne du roi, pour fon fervice, pour le bien de fes fujets, & pour la confervation des loix effentielles de l'état. »

Nuit du 19 au 20 janvier 1771. Ordres du roi, à chaque membre du parlement, de reprendre fon fervice ordinaire, de remettre par écrit au porteur de la préfente, fans tergiverfation ni détour, par fimple déclaration de OUI ou de NON, l'acquiefcement ou le refus, figné de fa main, de se soumettre aux ordres, déclarant que le refus de s'expliquer & de signer sera pris pour désobéissance....» trente-huit troublés, signent, *oui*. . . .

ARRÊTÉ du parlement, du 20 janvier, portant, « que l'intention unanime est de continuer le service dans le parlement, conformément aux arrêtés, notamment à celui du 18, qui a lié tellement tous ses membres, qu'aucun ne peut, sans violer son serment, s'écarter de ce qui est déterminé par ses arrêtés. »

Tout ce qui vient d'être extrait, n'offre que les préliminaires. Voici l'explosion.

ARRÊT du conseil, du 20 janvier 1771, qui déclare *acquis & confisqués, & comme tels, vacans & impétrables aux parties casuelles*, tous les offices de ceux qui, sur les ordres de sa majesté, ont refusé de reprendre le service, & ont persévéré dans leur refus, & qu'il sera incessamment pourvu à donner à leur place des officiers au parlement.....» Cette forme étoit-elle réguliere? (*Voyez* ci-après les *art. 30, 31 & 32 de l'ordonnance de novembre 1774*, portant réglement pour la discipline du parlement.)

Nuit du 20 au 21. Signification aux refusans dispersés & conduits chacun aux lieux indiqués par les ordres du roi.... 21, ARRÊTÉ des trente-huit magistrats restans, pour s'unir à tous les autres.... Nuit du 21 au 22, ils ont le même sort.

LETTRES-PATENTES, du 23 janvier 1771, commettant les officiers du conseil pour tenir le parlement. Le lendemain 24, installation par M. de Maupeou, chancelier. Cependant la justice n'est ni administrée ni requise. Les princes & les pairs ne vont point à ce parlement, & ne consentent pas d'y être jugés.

ÉDIT de février 1771, regîstré le 23, portant établissement de *conseils supérieurs* à Arras, Blois, Châlons, Clermont-Ferrand, Lyon & Poitiers. On promet aux officiers des gages : on leur défend de prendre des épices ; & leurs offices, especes de commissions, ne peuvent pas être vendus. Mais l'état de la jurisdiction n'est pas bien déterminé. Ils ne peuvent connoître, ni de la haute police, réservée par toutes les anciennes loix aux parlemens, ni des causes criminelles des nobles, ni de la régale, ni du domaine, &c. Ce ne sont que des présidiaux renforcés.

DÉCLARATION du 22 février 1771, autorisant les avocats au conseil à plaider au parlement. Ceux du parlement avoient disparu.

ÉDIT de février 1771, portant réglement pour la procédure, & faisant plusieurs changemens à l'ordonnance de 1667. (Abrogé.)

PROTESTATION des princes du sang, du 4 avril 1771, contre tout ce qui avoit été fait ou pourroit l'être en conséquence, signifiée au greffe du parlement le 12. Acte important dans une monarchie.

ARRÊTÉ & remontrances de toutes les cours du royaume, de plusieurs tribunaux inférieurs, même du corps de la noblesse de quelques provinces. Par-là l'opinion publique, toujours si puissante avec le temps, s'établit, se développe & prend des forces.

ÉDIT d'avril 1771, regîstré en lit de justice à Versailles le 13, portant suppression & création d'offices dans le parlement de Paris. Après avoir restreint le ressort, cet acte diminuoit le nombre des officiers, leur attribuoit des gages, supprimoit les épices & la vénalité des offices, comme pour les conseils supérieurs.

ÉDIT d'avril 1771, portant suppression du grand-conseil, avec renvoi au parlement de toutes les affaires de ce tribunal, & constituant ses officiers pour tenir à l'avenir ce parlement : regîstré en lit de justice le 13 à Versailles : le même jour installation par M. de Maupeou.

ÉDIT d'avril 1771, portant suppression & création d'avocats, procureurs généraux & substituts au parlement de Paris.

ÉDIT d'avril 1771, enrégistré par ordre du roi à la cour des aides de Paris, portant suppression de cette cour & réunion de ses fonctions au parlement & aux conseils supérieurs. Elle avoit réclamé avec force, ayant à sa tête M. de Lamoignon de Malesherbes.

ÉDIT de mai 1771, registré le 28, portant suppression & recréation d'offices dans le châtelet de Paris. (Mêmes motifs.)

ÉDIT portant suppression de la cour des aides de Clermont - Ferrand, & réunion de ses fonctions à celle du conseil supérieur de la même ville.

ÉDIT de mai 1771, portant suppression des procureurs du parlement de Paris, & création de cent avocats faisant les deux fonctions. Les procureurs refusoient de paroître au tribunal, ou ne s'y montroient que pour demander des renvois.

ÉDIT de juin 1771, portant suppression de la table de marbre de Paris.

ÉDIT de juin 1771, portant suppression de plusieurs offices au bureau des finances & chambre du domaine de Paris.

ÉDIT de juin 1771, portant suppression du siege général de l'amirauté de France, & attribution au parlement.

ÉDIT de juin 1771, portant réglement pour la taxe des frais. (Même sort que celui sur la procédure.)

ÉDIT portant suppression & recréation de tous les parlemens, conseils souverains, cours des aides, cour des monnoies de Lyon, même de quelques sieges inférieurs qui avoient témoigné leur attachement à l'ancienne constitution & aux cours supprimées. Le seul parlement de Pau est conservé ; mais la vénalité y est pareillement détruite.

ÉDITS d'août, septembre & décembre, portant création de conseils supérieurs à Nîmes, à Bayeux & à Rouen.

ÉDIT de juin 1771, concernant les *hypotheques*. De rant de décrets de la suprême législation, c'est le seul qui ait eu pour objet la propriété & la sûreté ; les autres n'étoient que des étaies du nouvel édifice.

Ce n'étoit pas ce qu'on avoit annoncé. Pour s'emparer de l'opinion publique, on avoit promis un code national simple, clair, invariable & uniforme. Mais c'étoit toujours *le labyrinthe obscur & tortueux* dont s'étoit plaint François I, & il devenoit plus funeste en ce que l'on multiplioit les routes sans les applanir. En parcourant le royaume on ne trouvoit plus que l'aveugle obéissance, un morne silence, & l'affreuse misere de ceux qui n'avoient pour subsister que le produit journalier des professions dont tant de siecles & de loix leur avoient garanti la stabilité.

Cet état général de défiance, d'anxiété & de souffrance parvient au trône : on s'unit pour ramener l'ordre & la paix. On délibere.

At Capys, & quorum melior sententia menti
Aut Pelago DANAUM INSIDIAS, SUSPECTAQUE DONA
Precipitare jubent, subjectisque urere flammis,
Aut terebrare cavas uteri & tentare latebras.

Virg. Æneid. Lib. 2, v. 35.

Louis XV, après avoir cédé aux impressions de l'esprit, se livroit aux mouvemens de son cœur. Irrité un instant, mais pere tendre, il commençoit à regretter ses enfans : il meurt le 10 mai 1774, détrompé sur le projet qui avoit attristé ses derniers jours, comme la nation l'avoit été sur le système de 1720. Que n'avoit-il entendu ce qu'un magistrat vertueux dit bientôt à l'un de ses petits fils ?

« S'il s'élevoit jamais de *ces génies inquiets, qui ne peuvent avoir d'existence que par les troubles ;* s'ils osoient faire entendre ces *maximes funestes.* — Que la puissance n'est jamais assez respectée quand la terreur ne marche pas devant elle. — Que l'administration doit être un mystere caché aux regards du peuple, parce que le peuple tend toujours à se souftraire à l'obéiffance, & que toutes fes repréfentations, fes fupplications mêmes font des commencemens de révolte. — Que l'autorité eft intéreffée à foutenir tous ceux qui ont le pouvoir en main, même lorfqu'ils en ont abufé. — Enfin, que les plus fideles fujets font ceux qui fe dévouent à la haine du peuple. — Alors, monfeigneur, fans recourir à ce qui s'eft paffé dans les jours heureux de St. Louis, de Charles V, de Louis XII & de Henri IV, il fuffira au roi de fe rappeller ce qu'il a vu dans les premiers inftans de fon regne. Et vous, monfeigneur, qui en avez été témoin, & qui êtes affis à côté du trône, nous efpérons que vous lui retracerez fans ceffe *avec quelle tendreffe, quelle franchife, quelle effufion de cœur la nation entiere s'eft jetée dans les bras de fon jeune fouverain.* » (Difcours de *M. de Lamoignon de Malesherbes* à M. le comte d'Artois, le 12 novembre 1774.)

C'étoit ainfi qu'il falloit envifager cette malheureufe révolution. Eh! que faire de ces controverfes fur l'autorité? Queftions abftraites, vaines & toujours embrouillées dans les monarchies; quand remontant à des temps éloignés on trouve des opinions diverfes, des citations obfcures & des exemples contraires! Il ne faut voir que la *tendreffe,* la *franchife* & l'*effufion de cœur* d'un bon peuple fincérement & inviolablement attaché à fon roi. Oui, l'état eft une famille, le roi eft un pere : idée fimple, mais exacte & jufte; fource unique de l'amour des François pour leur roi, toujours prêts à *fe jeter dans fes bras,* comme les enfans dans ceux de leur pere : eh! pourroit-il les repouffer s'ils avoient paru s'égarer un inftant? Il eft bien queftion de pouvoir & d'autorité dans les familles! Il ne s'agit que de refpect, de confiance & d'amour : c'eft ce fentiment ineffable qui rend la nation *une* avec fon fouverain. C'eft lui qui fait trouver la gloire & le bonheur à facri-

fier au roi fa fortune & fa vie : c'eft lui qui produira toujours ces miracles de dévouement abfolu, qui font la fûreté du trône, la grandeur des rois & la puiffance de l'état.

Tels parurent être les principes de Louis XVI, lorfqu'arrivant au trône au milieu des acclamations publiques, il entendit le *vœu général* pour le rétabliffement des anciens tribunaux. Mais ce grand ouvrage entraînoit des préliminaires, tels que la néceffité d'un nouveau chef de la juftice. Un inftant avoit fuffi pour brifer : il falloit du temps pour reconftruire. *Tardiora funt remedia quàm mala.*

LIT DE JUSTICE à Paris, le 12 novembre 1774. On y place les magiftrats rappellés; &, après deux difcours paternels du roi, l'on enrégiftre les loix fuivantes.

ÉDIT de novembre 1774, portant entr'autres.... *Art.* 1 : « Le rétabliffement, en l'exercice de leurs charges, de *TOUS* ceux qui étoient pourvus d'offices de *préfidens & confeillers* au parlement de Paris, antérieurement à l'édit d'avril 1771, pour en jouir *aux mêmes honneurs, prérogatives, droits, pouvoirs, privileges & prééminences, gages & émolumens quelconques, dont ils jouiffoient avant ledit édit,* avec ordre de *reprendre leurs fonctions accoutumées,* & de rendre la juftice fans retardement & fans interruption.... *Art.* 2, 3, 4, 5, 6, 7 : Rétabliffement pareil des autres officiers du parlement.... *Art 8* : Le parlement réduit aux grand'chambre, tournelle & trois chambres des enquêtes. Le refte fupprimé. (Depuis on a rétabli une chambre des requêtes du palais.) L'*art.*9 fupprime quarante offices de confeillers laïques, & quatre de confeillers-clercs. Les articles fuivans renferment des détails intérieurs. L'*art.* 25 abroge les édits de février & juin 1771, & rétablit en entier l'ordonnance de 1667, pour la procédure civile. Les *art.* 26 & 27 ordonnent l'exécution des arrêts & jugemens rendus, ainfi que des loix enrégiftrées dans les parlemens, foit par les gens du confeil pendant qu'ils ont tenu le parlement, foit pas *ceux* qui l'ont tenu depuis l'édit d'avril 1771. L'*art.* 28 *& dernier*, pour affurer *la tranquillité*, veut, que toutes dénonciations, arrêts provifoires ou d'inftruction, décrets, arrêtés & autres actes faits par le parlement, contre aucunes perfonnes eccléfiaftiques ou laïques, autres que les arrêts & jugemens *définitifs*, demeurent fans fuite & fans effet; impofe au parlement & au procureur-général, un filence abfolu fur tous lefdits objets; leur fait défenfes de donner aucune fuite aufdites dénonciations, arrêts, jugemens & arrêtés, excepté néanmoins les caufes pour inftance de particulier à particulier, les procès criminels pendans à la tournelle & dans les jurifdictions inférieures, & pourfuivis à la requête du miniftere public pour raifon de vol, affaffinat, faux, ufure & autres délits femblables. »

ÉDITS de novembre 1774, portant fuppreffion de tous les nouveaux offices des parlemens & confeils fupérieurs, & rétabliffement des anciens tribunaux, grand-confeil, cour des aides de Clermont-Ferrand, & confeil provincial d'Artois. Le feul parlement de Trevoux & la cour des monnoies de Lyon, n'ont pas été rétablis.

ÉDIT de feptembre 1774, portant fuppreffion des offices d'avocats au parlement, & rétabliffement des offices de procureurs. Le préambule dit : qu'en laiffant fubfifter les avocats-procureurs, *l'étude des loix & de la jurifprudence feroit bientôt abandonnée ou tellement négligée, que l'on ne pourroit plus trouver dans les avocats, les fecours qu'on a droit d'en attendre.* L'*art.* 7, ordonne que le nombre des procureurs du parlement *fera à l'avenir réduit à deux cents.*

LETTRES-PATENTES du 24 août 1774, portant création de la charge de garde des fceaux, en faveur de M. de Miromenil; & en cas de vacance de l'état & office de chancelier, qu'il fera

& demeurera joint & uni à celui de garde des fceaux, pour alors en jouir par M. de Miromenil, & en faire *dès-à-préfent* les fonctions. C'étoit la jufte récompenfe des facrifices faits par ce magiftrat, premier préfident du parlement de Rouen, de fon zele pour le rétabliffement ; & c'en avoit été le premier gage.

ÉDIT portant ampliation du pouvoir des préfidiaux, à 2000 liv.; il étoit de 500 liv.

ORDONNANCE portant réglement pour la difcipline du parlement, en trente-deux articles, contenant, entr'autres, les objets réfervés à la grand'chambre, tels que *le plaidoyer, la police générale dans les matieres civiles & eccléfiaftiques,* l'enrégiftrement des lettres-patentes, fur demandes de particuliers, le droit & la maniere d'affembler les chambres, les dénonciations. . . . *Art.* 22, « la néceffité d'affembler les chambres, lorfqu'il s'agira d'enrégiftrement d'*ordonnances, édits, déclarations & lettres-patentes, adreffées du propre mouvement du roi, concernant l'*ADMINISTRATION GÉNÉRALE DE LA JUSTICE, *les impofitions nouvelles, les créations de rentes ou d'offices, ou autres de cette nature.* . . . » *Art.* 23, « conformément à l'*art.* 2 de l'ordonnance de Moulins de *1566,* à la déclaration du 11 décembre de la même année, à l'*art.* 2 du *tit.* 1 de l'ordonnance de *1667,* l'obligation de *procéder fans retardement & toutes affaires ceffantes* audit enrégiftrement. . . . » *Art.* 24, « conformément à l'*art.* 6 de l'ordonnance de juillet *1493;* à l'*art.* 93 de celle de mars *1549;* à l'*art.* 12 de celle de Moulins; aux déclarations du 11 décembre *1566; du* 15 feptembre *1715, & du* 26 août *1718.* Si en procédant à l'enrégiftrement, le parlement trouve qu'il y a lieu pour *le bien du fervice du roi,* & pour l'*intérêt public,* de faire des repréfentations & remontrances à fa majefté, ils le *pourront avant d'enrégiftrer, fans que pour la rédaction le fervice puiffe* être interrompu. . . . » *Art.* 25, « conformément à l'*art.* 2 *de l'ordonnance de Moulins*, ces remontrances feront préfentées dans *le mois* pour le parlement de *Paris*, & dans *deux mois* pour *les autres*, à compter du jour de la remife des édits & déclarations. . . . » *Art.* 26, « conformément à la déclaration du 11 décembre 1566, & à l'*art.* 4 *du tit.* 1 *de l'ordonnance de* 1667, après la réponfe du roi aux remontrances, lorfque fa majefté aura fait enrégiftrer à Paris, en la préfence des chargés de fes ordres, rien ne pourra plus retarder l'exécution. . . . » *Art.* 27. « Dans le cas où après ces enrégiftremens, le parlement voudroit pour le bien du fervice du roi, lui faire *de nouvelles repréfentations*, il le pourra, fans néanmoins fufpendre l'exécution. . . . » *Art.* 28, point de difpenfe d'âge. . . . *Art.* 29, « réfidence, défenfes de s'abfenter fans permiffion de la compagnie ; & hors du reffort fans permiffion du roi. . . . » *Art.* 30. « Défenfes de *fufpendre l'adminiftration de la juftice*, ni de donner en corps des *démiffions combinées*, fans préjudice à la liberté de chacun, de réfigner fon office entre les mains du roi, lorfqu'il fera empêché de l'exercer par l'âge, les infirmités *ou autres caufes auffi légitimes*... » *Art.* 31. « *Dans le cas où les officiers des parlemens, SUSPENDROIENT L'ADMINISTRATION DE LA JUSTICE, ou donneroient leurs DÉMISSIONS par une délibération COMBINÉE, & refuferoient de reprendre leurs fonctions au préjudice des ordres du roi, la FORFAITURE fera par eux encourue.* . . . . » *Art.* 31. « *Pour inftruire & juger lefdites FORFAITURES, le roi tiendra fa COUR PLÉNIERE, à laquelle feront appellés les princes du fang, le chancelier & garde des fceaux, les pairs, les gens du confeil, & les autres grands & notables perfonnages, qui par leurs charges ou dignités ont entrée & féance aux lits de juftice.* » SI DONNONS, &c.

L'indication, l'extrait & même le texte entier du difpofitif de toutes ces loix, ne préfentent qu'un réfultat froid, fec & obfcur, effet inévitable du ftyle de notre légiflation, bien différent encore de ce qu'il étoit, il y a un fiecle. Il faut chercher l'efprit du monarque dans l'expofition qu'il fait à fes peuples des motifs qui l'ont guidé.

PRÉAMBULE de l'édit de rétabliffement du parlement de Paris.... APPELLÉ par la divine providence au gouvernement d'un grand royaume, nous fommes dans la ferme réfolution de n'*employer* l'AUTORITÉ qu'elle nous a confiée, *que pour procurer le BONHEUR d'un peuple digne de notre tendreffe par fa fidélité & par fon amour pour fes fouverains. Comme la STABILITÉ DES LOIX ET CELLE DES MAGISTRATS pour leur dépôt & leur exécution, font la BASE LA PLUS SOLIDE de la FÉLICITÉ PUBLIQUE*, nous avons cru qu'elle devoit être *le premier & principal objet de nos foins paternels*. C'eft, fans doute, *à regret & contre le vœu de fon cœur*, que notre très-honoré feigneur & aïeul, s'eft vu forcé par la *SUSPENSION des fonctions* des officiers du parlement de Paris, malgré *fes ordres réitérés de les reprendre*, à leur faire fentir le poids de fa puiffance, & à *fuppléer* à leur fervice par des *moyens* que les circonftances ont alors rendu *néceffaires*. Les réflexions que cette *difgrace* a dû infpirer aux officiers qui l'ont éprouvée & la perfuafion dans laquelle nous fommes, que lorfque nous les aurons rappellés à notre fervice, ils nous prouveront leur reconnoiffance par leur foumiffion & leur affiduité, nous engagent à fuivre les mouvemens de notre cœur, & à fignaler notre avénement à la couronne, par un *BIENFAIT qui nous a paru être le VŒU GÉNÉRAL de nos fujets*. Mais nous ne pouvons nous diffimuler que les tribunaux avoient introduit dans leur fein des *abus*, dont l'intérêt public & notre amour pour nos fujets exige la réformation, & qu'il eft de notre devoir de prévenir pour l'avantage même & l'honneur de la magistrature. C'est ce que nous nous proposons de faire, afin que la même époque rassemble à la fois un acte signalé de bonté de notre part, & un témoignage solemnel du desir que nous avons de rétablir l'empire des regles. Ainsi la *magistrature épurée de tout ce qui pouvoit en altérer l'éclat*, n'aura *trouvé dans cette ÉPREUVE qu'un ACCROISSEMENT de CONSIDÉRATION*. Nous sommes assurés que les MAGISTRATS eux-mêmes, pénétrés de l'esprit dont nous sommes remplis, s'empresseront à concourir à nos vues; qu'ils se rendront *recommandables par la sagesse de leur conduite, autant que par la dignité de leur caractere, & par l'importance du ministere qui leur est confié*; que l'ESPRIT DE CORPS *cédera en toutes circonstances à* l'INTÉRÉT PUBLIC; *que les ministres de la loi, s'*UNIRONT *avec le souverain législateur, dans ces PRINCIPES SALUTAIRES, DESQUELS DÉPENDENT LA PAIX ET LA PROSPÉRITÉ DES PEUPLES*. Notre intention sera toujours de *régner par l'esprit de raison & de conseil, suivant la forme & les loix*, SAGEMENT *établies dans notre royaume*. C'est ainsi que notre *AUTORITÉ toujours* ÉCLAIRÉE, *sans être jamais* CONTRAINTE, *ne se trouvera obligée en aucun temps de déployer toute sa force, & que par les précautions dont elle veut bien s'environner*, elle n'en deviendra que plus chere & plus sacrée. A CES CAUSES, &c.

Nous ne saurions mieux terminer cette longue & délicate compilation, que par ces traits du discours prononcé par M. de Lamoignon de Malesherbes, à la cour des aides, le 21 novembre 1774.

« Magistrats, orateurs, citoyens de tous les ordres, n'oublions jamais que le plus grand attentat contre une nation est de semer un germe de divisions intestines dans chaque province, dans chaque ville, dans chaque corps, dans chaque famille, & que le plus grand bienfait du monarque, aujourd'hui si cher à son peuple, est d'avoir paru en pacificateur dans le temple de la justice. Couronnons l'ouvrage qu'il a si glorieusement commencé, & achevons de confondre les auteurs des calamités publiques, en arrachant de nos cœurs tous les levains de discorde, & faisant luire après les orages, le jour le plus pur, le plus calme & le plus serein. Il est prêt à luire sur nous ce jour tant desiré : *oublions les malheurs, excusons les foiblesses, sacrifions les ressentimens, & ne nous permettons qu'une noble émulation, toujours dirigée vers le bien public*. »

L O U I S XVI.

40. Six jours après, ce grand magistrat parloit ainsi à Louis XVI. — « Votre regne sera celui de la justice. . . . Le temps est venu où les hommes plus éclairés savent que les vertus qu'ils doivent révérer, sont les vertus pacifiques, la bienfaisance, & sur-tout la JUSTICE QUI EST LA VRAIE BIENFAISANCE DES ROIS. — *C'étoit un LÉGISLATEUR que nous demandions, Sire, & les premiers actes de votre administration, ont fait reconnoître en votre majesté celui que la providence nous a destiné. Des loix sages introduiront des mœurs pures. Des loix sages rendront l'état puissant par le bonheur des particuliers. Des loix sages peuvent seules rendre le bonheur du peuple solide & durable.* » (Discours de *M. de Lamoignon de Malesherbes au roi, du* 27 *novembre* 1774.)

A la fin de ma préface, *pag.* 113, j'ai tâché de rapprocher ces *premiers actes de l'administration* actuelle, & sur-tout d'en développer l'esprit. Il l'est bien mieux par ce seul trait du discours du général Conway, au parlement britannique, le 28 avril 1780 : *Dans ses loix,* UN JEUNE PRINCE, SUCCESSEUR ET ÉMULE DU GRAND HENRI, PARLE A SES SUJETS, COMME UN PERE PARLE A SES ENFANS. Et quel éloge que celui d'une nation ennemie ! Quelle pensée sur la royauté dans un sénat qui dit : 'que le grand boulevart de la liberté civile & de la constitution britannique , n'est autre chose que les bornes données à l'autorité royale ! *The principal bulwarks of civil liberty, or of the british constitution was the commitation of the kings prerogative..*(Commentaries on the laws of england by *William Blackstone, book 1, ch. 7.*)

Le regne actuel aura dans l'histoire deux caracteres distinctifs ; celui de ne voir l'état que comme une famille dont le roi est le pere ; celui d'être le *regne de la justice.*

Déja le droit fiscal , jadis si ténébreux & si arbitraire, s'assujettit à des principes invariables, à une perception plus douce, à une proportion exacte, à une régie loyale, & à une jurisdiction éclairée.

L'administration sagement répartie , porte la lumiere au fond des provinces, & appelle chacun à prêter ses forces au bien public.

L'esprit du droit criminel est entièrement changé, par l'abolition de la question préparatoire, par la liberté d'écrire avec sagesse, par la douceur de la jurisprudence & par le vœu des parlemens. L'édifice gothique & barbare est ébranlé jusqu'aux fondemens. Pour en élever un autre, que faut-il ? des matériaux suffisans, & quelques jours encore pour les choisir & les ordonner.

Ce grand ouvrage est réservé au regne de Louis XVI, & après celui de la paix, ce sera le premier des dons de sa *bienfaisance* & de sa *justice.*

DROIT ÉTRANGER.

41. Dans le tableau fidele que je viens de tracer, vous avez vu nos origines barbares, notre enfance de mille ans, les efforts du seizieme siecle, les progrès de celui-ci, nos erreurs de l'esprit, & toutes nos espérances.

Serez-vous plus satisfait en parcourant le reste de l'Europe ? Quelque nation a-t-elle échappé aux torrens dévastateurs du cinquieme siecle, à l'ignorance & à la barbarie qui l'ont suivi, à la féodalité tyrannique, aux coutumes absurdes, à tous les maux qui ont dégradé l'humanité, obscurci la raison, étouffé le génie, bouleversé la société & flétri la justice ?

De quelque côté que vous jetiez vos regards, ce furent les mêmes maux, & par conséquent les mêmes résultats : car dans l'état politique, c'est rarement la raison qu'il faut chercher : ce sont les événemens qui ont tout fait. Toujours des loix incoherentes, bonnes ou mauvaises, entassées sans plan & sans vues, se comprimant & s'affaissant comme les neiges que le temps amasse sur les Alpes. Toujours des jurisdictions qui s'embarrassent par le nombre, nuisent au bien public par les conflits, & trop souvent ne savent ni ce qu'elles font, ni ce quelles peuvent, ni ce qu'elles doivent. Toujours une jurisprudence incertaine & fragile , qui dicte à son gré les arrêts, les opinions & la loi-même.

L'Espagne.

42. Ce vaste royaume paroît avoir une jurisdiction plus simple ; des alcades, des audiences, & pour tous les royaumes, deux seules cours souveraines ; (les *chancelleries* de Valladolid & de Grenade :) mais parcourez ses codes, *las partidas* & *la recopilacion*, vous y trouverez un mélange continuel des loix gothiques, des loix romaines, & des statuts locaux. Ecoutez les voyageurs : « Il y regne une telle confusion de loix, & tant de gens de loi qu'il faut plaindre, là plus que par-tout ailleurs, le malheureux qui est forcé d'avoir recours à la justice ; elle est si lente, enveloppée de tant de formes & si coûteuses, qu'il est préférable à tous égards de perdre son bien que de le disputer, Les cas où l'on adjuge les dépens à la partie gagnante, sont très-rares. . . . . . L'ennemi le plus terrible que l'on puisse avoir, est un *scrivano* notaire

notaire & procureur , &c. (*Voyage d'Espagne en 1778, par M. Peyron, tom. 2, pag. 297.*)

L'Italie.

43. Après avoir donné à l'univers ce droit romain, que d'Aguesseau disoit être d'une *éternelle vérité*, l'Italie l'a défiguré par des statuts locaux, par les coutumes de ses conquérans, par les décrétales des papes, les édits éphémeres de ses princes & les loix féodales. Quand vous y cherchez le droit naturel, ou le droit romain, vous ressemblez à cet Anglois que Voltaire peint découvrant la place du palais de Marc-Aurele, & n'y trouvant plus qu'un couvent de récolets.

L'auteur *della Riforma d'Italia* à proposé d'abroger les mauvaises coutumes & les loix pernicieuses, *i piu cattivi costumi, i piu pernitiose leggi*, & de composer un code nouveau avec les meilleures loix de tous les peuples ; on ne l'a pas écouté. Naples, dans son code appellé *Leggi consuetudinarie di vari luoghi*, mêle avec le droit romain ces coutumes normandes que lui porterent nos chevaliers françois. Milan a reçu de notre Louis XII des statuts, qu'il ne donna pas à ses états. L'hommage de la haquenée est un simulacre annuel de la *vassalité* de Naples, & de la *suzeraineté du pape*. Le palais des Césars, détruit & enterré par la barbarie des Goths, a été, comme le champ du pauvre & foible laboureur, *inféodé* par Paul III à Farnese son fils.

La Suisse.

44. Après avoir conquis sa liberté, la Suisse semble avoir dédaigné sa législation, & elle a vingt codes divers, que personne n'ose réformer, de peur d'altérer la constitution politique.

Nulle part la *féodalité* n'est mieux établie & plus protégée, parce qu'elle fait partie des revenus de la souveraineté.

Ce qui prouve l'aveugle attachement de tous ces petits peuples aux loix &,

coutumes diverses qu'ils ont adoptées, c'est le trait que j'ai cité au mot *Accusation, tom. 2, pag. 396.* Lors de la médiation de 1738, les Genevois demanderent la suppression de la question préparatoire qu'ils tenoient, comme les Suisses, de l'ordonnance de Charles-Quint, appellée la *Caroline*. Berne & Zurich s'empresserent de prononcer pour Geneve, l'abolition de cette antique barbarie, & l'ont conservée pour leurs cantons, où elle est légale encore, ainsi que dans toute la Suisse. Elle l'est d'une maniere si étrange, que l'accusé convaincu par toutes les preuves possibles, n'en est pas moins appliqué à la torture, jusqu'à ce qu'il fasse, par l'effet seul des tourmens, un aveu évidemment inutile.

Là, comme dans les deux états dont nous allons parler, l'attachement aux loix & aux coutumes établies, fait partie de la constitution politique & de la liberté timide. Berne, plus éclairée & plus puissante, a proposé des réformations utiles, & n'a pas été entendue. Le prix proposé par la société économique, pour la refonte des loix criminelles, a répandu sur l'Europe une lumiere dont ne profiteront pas de long-temps les Suisses. Heureux s'ils échappent toujours aux abus de la diversité & de la défectuosité des loix par les mœurs & la probité !

La Hollande.

45. Lorsque les Bataves eurent chassé le féroce duc d'Albe, & vaincu le sombre Philippe II, ils ne profiterent de leur liberté que pour s'enrichir par le commerce. Chacune des sept provinces a son code ; & dans chacune encore, quelques localités. Les procès n'y sont ni moins longs, ni moins coûteux que par-tout ailleurs.

L'état de la jurisdiction y est si incertain, que lorsqu'il a fallu juger cet enseigne de Witt, accusé de haute trahison envers *les États-Généraux des sept Provinces-Unies*, chacun a prétendu au droit de juger : on a été jusqu'à dire, qu'il devoit l'être par le grand-conseil de guerre ; & l'on n'est point étonné de la proposition de quelques provinces, de casser ou restraindre à de justes bornes ce tribunal accidentel & d'attribution.

En général, un conseil de guerre ne doit juger que les délits militaires. Un officier traître, peut être plus coupable, en ce qu'il est chargé de défendre la frontiere qu'il vouloit livrer à l'ennemi. Un conseil de guerre peut le juger, lorsque la souveraineté l'y autorise, comme le congrès l'a fait en Amérique ; ou lorsque l'éloignement & le danger exigent un prompt exemple, comme à l'égard des espions. Mais quand la trahison se commet dans l'intérieur, c'est à la cour nationale à juger, ou bien c'est aux Etats-généraux à nommer des juges. Le délit attaquant la souveraineté, c'est à elle à le punir.

Par-tout où le conseil de guerre ne se bornera pas aux délits purement militaires, & pourra envelopper le citoyen sous prétexte de trahison, l'armée s'emparera de la puissance souveraine. Dans les monarchies, elle deviendra redoutable au prince ; elle s'emparera des avenues du trône, & des graces qui en découlent ; & les défenseurs de l'état deviendront ses tyrans ou ses sang-sues. A l'égard des républiques, l'armée, devenue maîtresse de l'administration de la justice, par le seul crime de trahison, qu'on peut appliquer à tout, comme celui de lese-majesté, & renouveller sans cesse, saisira les propriétés, accablera le peuple timide, rira du sénat, & fera comme à Rome un empereur de son général ou du premier venu.

L'Amérique unie.

46. Dans son acte du 4 octobre 1776, le congrès de l'Amérique unie, laisse à chacun des treize états « le droit de faire des loix sur toutes les matieres qui ne sont point comprises dans la présente confédération. »

Or, si chacun use de cette liberté, comme l'ont fait nos fiefs & nos communes ; si au contraire on ne profite pas de ces premiers instans d'affection mutuelle & d'union générale, pour donner à ces peuples de freres, des loix simples & uniformes, présent, après la liberté, le plus précieux que l'on puisse faire aux hommes, je vois arriver, comme en Europe, le désordre & la ruine.

Sans doute la génération actuelle fait beaucoup pour le bonheur de l'Amérique ; mais elle n'aura pas fait tout ce qui est en elle. Bientôt occupée d'agriculture, de commerce & de finances, elle ne songera, comme la Hollande & la Suisse, qu'à réparer ses maux, à assurer sa constitution politique & sa sûreté extérieure. Bons ou mauvais, les us & coutumes autorisés par cet édit de Pistes, s'enracineront. Ce bon peuple, qui peut n'avoir qu'une loi, sera, comme tous ceux de l'Europe, agité, fatigué, obstrué & ruiné par l'administration de la justice. Dans un siecle, cet asyle des mœurs & de la liberté, sera ravagé par la diversité des loix, le despotisme des jurisdictions, & l'arbitraire de la jurisprudence. Les jurisconsultes seront à Philadelphie ce qu'ils furent à Rome, ce qu'ils sont en Angleterre, ce qu'ils étoient en France quand Maynard écrivoit : *les jurisconsultes ont ordonné.* Eh ! qui sait encore si les actes d'*inféodation,* faits par la couronne britannique, aux premiers concessionnaires de ces vastes contrées, sous des hommages & des redevances annuelles ; ne seront pas le germe de *sous-inféodations* destructives & d'impôts déguisés ! *Quod Deus avertat !*

L'Angleterre.

47. La patrie de la liberté, de l'éloquence & de la raison auroit-elle épuisé son génie dans la composition de son droit criminel que j'ai esquissé au mot *Accusation,* n°. 93, tom. 2, pag. 414 ?

La jurisdiction y est plus simplement organisée que la nôtre. On aime encore à y voir, comme à Rome, les jurifconfultes, affeffeurs des grands juges, & ceux-ci allant toujours tenir les affifes. Mais dans tout le droit privé, comment l'adminiftration de la juftice peut-elle être foumife à un fyftéme de loix, de jurifprudence & de formes que Blackftone, *liv. 3, chap. 17,* avoue être LE PLUS EMBROUILLÉ, LE MOINS NATUREL, LE MOINS FAIT POUR UN PEUPLE ÉCLAIRÉ ET LIBRE? *The moft intricate, and unnatural, that ever was adapted by à free and enlightened people?*

Je fupplie qu'on life avec quelque attention ce que j'ai dit dans le tom. 2, au mot *Acte, pag. 662,* & au mot *Action, pag. 693.*

En écrivant ces deux articles, je ne me rappellois pas cette opinion du roi de Pruffe : « Quoique l'Angleterre ait beaucoup de fages loix, c'eft peut-être le pays où elles font le moins en vigueur... Elle eft dans le cas d'avoir *plus befoin de réforme* dans fa jurifprudence qu'aucun autre royaume. » (*Differtation fur les loix, pag. 44 & 45.*)

La Suede.

48. En 1731, le fénateur Curnielon a rédigé un code qui a été publié en 1736; mais il faut qu'il y ait un vice dans la légiflation ou la jurifdiction, puifque dans le mémoire remis aux états le 15 août 1766, je lis : « Il y a néceffité de tarir, *avant tout,* la fource des *clameurs* & du *mécontentement du peuple* fur la *mauvaife adminiftration de la juftice.* » Guftave a juré de rendre la Suède heureufe, & c'eft le vœu de fon cœur; il n'a pu le remplir qu'en donnant à fes fujets de bonnes loix & de bons juges.

Le Danemarck.

49. L'état où l'adminiftration de la juftice paroît la meilleure par la fimplicité de la légiflation & de la jurifdiction; c'eft le Danemarck. Le code de Chrétien V renferme en fix livres, 1°. la procédure; 2°. la religion & fes miniftres; 3°. les

offices, & l'état des perfonnes; 4°. le droit maritime; 5°. le droit privé, contenant les différentes manieres d'acquérir, de pofféder, & tous les contrats; 6°. les délits & les peines.

La Ruffie.

50. Civilifée par *Pierre-le-Grand,* la Ruffie recevra bientôt un code fimple & uniforme des mains bienfaifantes de CATHERINE II, *mere de la patrie.* Elle en a rédigé le plan dans fa fublime inftruction; elle y embraffe tout : la conftitution de l'empire, le fouverain; le caractere des loix & la maniere de les compofer; les tribunaux dépofitaires & exécuteurs de ces loix; l'état des perfonnes, la nobleffe, l'état mitoyen, les payfans, les héritages & propriétés; les contrats, les fucceffions; les villes, la population; le commerce, les manufactures, arts & métiers; l'éducation, l'inftruction, les devoirs; les délits & les peines; en un mot, tout ce qu'embraffe l'adminiftration de la juftice. *La mere de la patrie veut n°. 148, que ce code foit un livre de moyenne grandeur, que l'on puiffe acheter à bon marché comme l'on fait un catéchifme :* & cela eft poffible, dit l'impératrice, *n°. 504, parce que l'application & l'attention furmontent toutes les difficultés : de même que la pareffe & la diffipation détournent de tout bien.* Oui, tout eft poffible à Catherine; & celle qui a eu le génie de concevoir un fi beau plan, aura le courage de le faire exécuter.

La Pologne.

51. Les Sarmates, en peuplant la Pologne, n'y porterent pas l'efclavage; il ne fut l'ouvrage ni de Leck fon premier duc, ni de fa race, ni même des douze ariftocrates, qui fous le nom de Palatins, formerent le premier fénat.

Ce fut encore le gouvernement féodal qui, fe couvrant du manteau de l'ordre & de la juftice, anéantit l'humanité, la liberté & la propriété. Et fans contredit aucune nation n'a payé plus cher l'oubli des droits de l'homme & de la société; puisqu'après avoir outragé si long-temps les premiers, elle a vu violer les seconds sans pouvoir se défendre.

Une campagne fertile tombant en friche, & ayant pour ainsi-dire l'air, la couleur & l'empreinte de l'esclavage; des chaumieres que n'ose ni embellir, ni élever le serf, toujours prêt à en être chassé par le Palatin voyageur, ou à être vendu comme le bétail: dans les villes, quelques marchands sans état, se regardant comme en exil jusqu'au moment où la fortune & le crédit les agrégeront à la noblesse. Celle-ci est ce qu'elle doit être, ce qu'elle fut en France, ce qu'elle sera par-tout, quand ne voyant que ses parchemins, son orgueil & ses fables, elle se croira destinée à vivre du sang du peuple, comme le pâtre du lait de ses brebis; sur cet étrange corps politique, un chef qui ne peut ni régler les mouvemens, ni donner la vie aux membres épars & décharnés. Voilà le triste tableau de la Pologne.

Que peut y être l'administration de la justice? un roi sans législation; des tribunaux ambulatoires; des jurisdictions sans force. Il n'y a pas même de jurisprudence: car qui prendroit la peine de noter ce qu'on a jugé hier, pour savoir, comme dit Montesquieu, ce qu'on doit juger demain?

Le savant & vertueux Zamoski présenta vainement à la derniere diete un code, qu'on nous a assuré renfermer de bonnes loix pour le moment. Qui sait si la diete actuelle sera plus heureuse, éclairée par l'infortune & l'humiliation publiques, par l'exemple, la bienfaisance, les vertus & le discours touchant de Stanislas-Auguste?....... *Adhuc quadraginta dies!*

L'Allemagne.

52. Après cette misérable contrée, le pays le plus couvert des débris de la féodalité, c'est l'Allemagne, dont le chef suprême n'est à l'égard des vassaux de l'empire, que ce que furent si long-temps nos rois pour leurs féaux & leurs pairs.

Avec une pareille constitution, comment l'administration de la justice seroit-elle simple & uniforme?

La législation est un mélange confus du droit romain, des rescrits versatiles des princes & de ces coutumes locales, qui varient comme les dominations.

La jurisdiction seroit plus puissante & plus simple, si les empereurs avoient établi l'appel, & employé tous les moyens pris par nos rois, à dater de Philippe-Auguste.

Mais la chambre impériale de Wetz-Laar, & le conseil aulique, ces deux grands tribunaux, ne jugent que les grandes affaires du droit public de l'empire, & particuliérement d'état à état. A l'égard de toutes les affaires du droit privé, même des causes criminelles de chaque cercle, district & territoire, tout électeur, prince, marcgrave, landgrave, comte & baron immédiats de l'empire, toute ville a ses tribunaux souverains & subalternes. Leurs divisions, leur ordre, leurs ressorts, leur attribution, leurs noms mêmes sont encore plus variés qu'en France: là plus qu'ailleurs, sur la chose du monde où il semble qu'on devroit être le plus d'accord, la justice, on l'est le moins: & cela doit être ainsi, parce que le chef suprême ne fait aucune loi générale. La *Caroline*, adoptée presque par-tout, ne l'est que faute d'autre loi.

Cette constitution désastreuse, objet de l'observation de tant de savans, dont l'Allemagne fut le berceau ou l'asyle, a fixé les regards de plus d'un prince; auroit-elle échappé aux recherches vertueuses de ceux qui s'occupent en *freres* du bonheur de la famille humaine. Wisbaden a vu FERDINAND & CHARLES le chercher dans l'*instruction* & la *bienfaisance*; ils y ajouteront la justice, & c'est par sa perfection qu'ils rempliront leurs sublimes vues: *Vindicate the ways of God to man.* (Essay on man. Ep. 1, v. 16.)

L'Autriche.

53. Ce que l'empereur ne peut pas ordonner dans les moindres contrées du corps germanique, parce qu'il n'en a ni la législation, ni la jurisdiction, il l'exécute dans ses états héréditaires : & voyez ce que peut pour le bonheur public la souveraineté puissante & libre !

En trois années d'une administration éclairée & ferme, JOSEPH II a plus fait pour ses peuples, pour sa puissance & sa gloire, que Charles-Quint, durant un regne de quarante ans. Tous les maux que fit à l'empire ce temps aveugle & barbare, sa main paternelle les répare par l'autorité ou par l'exemple.

Le fanatisme atroce, l'intolérance sacrilege, l'esclavage dévastateur, la paresse orgueilleuse, l'ambition sans mérite, & les préjugés de tant de siecles ont disparu à l'aspect de JOSEPH II, comme les ombres de la nuit au lever du soleil. Agriculture, commerce, finances, police, instruction, mœurs, humanité, religion, justice ; tout respire & prend une nouvelle vie.

Le génie qui a réformé le droit ecclésiastique & le droit criminel, embrassera toute l'administration de la justice, il assurera la félicité publique par des loix uniformes & durables. Il doit encore cet exemple à l'univers.

Prusse.

54. Mais ce grand ouvrage est-il possible ? Examinons ce qu'a fait, & lisons ce qu'a écrit ce roi philosophe que j'ai tâché de peindre, tom. 2, pag. 405.

A son avénement au trône, il a aboli la torture. Par-là, comme il l'a dit, « on est sûr de ne pas confondre l'innocent avec le coupable, & la justice ne s'en fait pas moins. » (Dissertation sur les raisons d'établir ou d'abroger les loix.)

Il a fixé la durée des procès, puni des juges ignorans ou pervers, simplifié la jurisdiction ; & dans cette combinaison

difficile, le mal apparent est presque toujours le bien général.

Dans le code FRÉDÉRIC, il a été plus loin qu'aucun législateur moderne ; il a coupé la racine d'une infinité de questions abstraites, éternelles & ruineuses ; & sur plusieurs points essentiels, il a donné une loi uniforme & sage. S'il a laissé des disparates & des nuages ; si même il a paru s'arrêter, qui a pu retenir son génie ? Ecoutons-le dans cette dissertation sur les loix publiées en 1750 par M. Formey.

Le roi de Prusse, après avoir parcouru la législation du monde connu, depuis Osiris jusqu'à nos jours, arrivé à l'Allemagne continue ainsi :

« Il n'est aucun cercle, aucune principauté, quelque petite qu'elle soit, qui n'ait un droit coutumier différent ; & ces droits, par la longueur du temps, se sont acquis force de loix.

On trouve *trois fortes de loix dans tous les pays* ; à savoir, celles qui tiennent à la *politique*, & qui établissent le *gouvernement* ; celles qui tiennent aux *mœurs* & qui punissent *les criminels* ; & enfin, les *loix civiles* qui reglent les successions, les tuteles, les usures & les contrats.

Un corps de loix parfaites seroit le chef-d'œuvre de l'esprit humain. Dans ce qui regarde la politique du gouvernement, on y remarqueroit une *unité de dessein & des regles si exactes & si proportionnées*, qu'un état conduit par ces loix, ressembleroit à une montre dont tous les ressorts ont été faits pour un même but. On y trouveroit une connoissance profonde du cœur humain & du génie de la nation. *Les châtimens seroient tempérés* ; de sorte qu'*en maintenant les bonnes mœurs*, ils ne seroient ni légers, ni rigoureux. *Des ordonnances claires & précises* ne donneroient jamais lieu au litige ; elles consisteroient dans un choix exquis de tout ce que les loix civiles ont de meilleur, & dans une application ingénieuse & simple de ces loix aux

,usages de la nation. Tout seroit prévu ; tout seroit combiné , & rien ne seroit sujet à des inconvéniens. *Mais les choses parfaites ne sont pas du ressort de l'humanité.* » (Ibid.)

Réflexions.

55. Ce beau portrait de la législation n'offriroit-il qu'une brillante chimere, & seroit-on découragé par les difficultés qu'indique le roi jurisconsulte, après les avoir surmontées quand il a voulu ?

Lorsque les loix sont innombrables dans une partie , & insuffisantes sur les points capitaux ; obscures dans leur rédaction , & contradictoires entr'elles, cet état dépravé produit nécessairement ce pouvoir d'opinion qui enchaîne la législation & la jurisdiction. Si cette vérité est incontestable, & si l'on daigne observer ses résultats affreux & journaliers, ne frémira-t-on pas en considérant que la fortune, la liberté, l'honneur & la vie, ne dépendent plus de la loi; mais de cette opinion légere & vacillante, arbitraire & suspecte, que nous appellons jurisprudence ?

Dans cet état, l'excès du désordre & du malheur seroit-il un motif d'abandon & de découragement, tel qu'il fallût renoncer à l'espoir de rendre la souveraineté plus puissante & les sujets plus heureux par la seule administration de la justice ?

Si l'on pouvoit raisonner ainsi, & agir en conséquence, il faut avouer, ou que la société politique seroit un état déplorable & bien inférieur à celui que nous présente l'homme guidé dans sa famille par la seule loi naturelle; ou que l'esprit humain auroit perdu sa vigueur primitive & sa tendance irrésistible au bonheur public; ou enfin que la souveraineté ne feroit pas ce qu'elle doit & ce qu'elle peut ; ce qu'elle doit, parce que l'administration exacte de la justice est sa premiere obligation ; ce qu'elle peut, parce que, maîtresse absolue de la législation, elle a ainsi en son

pouvoir la source intarissable de la félicité publique.

Quoi ! des barbares, après avoir, au cinquieme siecle, dévasté nos contrées, égorgé nos peres, brûlé nos moissons, nos demeures & nos codes, nous auront, le fer à la main, donné leurs loix ridicules ou atroces : ils auront tout bouleversé, envahi, dénaturé, ne laissant après eux que l'esprit d'usurpation & de violence, l'esclavage & l'ignorance. Et mille ans d'abrutissement & de misere, mille ans d'injustice, de ténebres & de sang, ne seront pas assez ! Nous resterons sous ces ruines dégoûtantes, infectes & meurtrieres de notre jurisprudence, dont l'aspect seul fait reculer la raison & le savoir, & dont l'idée seule réveille le blâme ou le ridicule de ceux que l'intérêt ne force pas à s'y loger ! Nous n'aurons ni le courage, ni le génie, ni le dessein même d'effacer jusqu'aux dernieres traces de cette grande catastrophe ! Abrutis encore, & profondément corrompus, nous respecterons ces masures; les uns, parce qu'elles sont antiques, & les autres, parce qu'il faudroit avoir la peine de les remplacer ! Tandis que la religion aura été si puissante, la justice, sa sœur, aura encore pour oracles les folies cruelles des Huns, des Goths & des Vandales, ou de ces siecles d'ignorance qui nous virent encore plus dégradés ! Nous ne saurons plus penser d'après nous, d'après la loi naturelle, d'après les progrès de l'esprit humain & le bien public ! Ce que la barbarie détruisit en un jour, après mille ans de souffrance, lâches & foibles que nous sommes, nous ne songerons plus à le relever !

Ainsi les vices politiques seroient éternels ; & augmentant graduellement par leur nature, le ravage se perpétueroit jusqu'à ce que la gangrene affectant toutes les parties, le corps arrivât à la dissolution, & à la mort !

Ainsi, sur la demande des états généraux du royaume, l'art. 207 de l'ordonnance de Blois auroit en vain statué de *recueillir* PAR ORDRE & *en* UN VOLUME *les ordonnances qui se trouveroient* UTILES & NÉCESSAIRES ; *de rédiger* RÉFORMER & *éclaircir au* MIEUX POSSIBLE *les constitutions particulieres & locales de chaque province :* CE MIEUX POSSIBLE seroit une chimere à réléguer entre l'enthousiasme du bien public & les rêveries philosophiques ! Louis XIV se seroit trompé, en mettant sa gloire à commencer ce grand & salutaire ouvrage ; & Louis XV, éclairé par d'Aguesseau, se seroit égaré en le continuant !

Ainsi ce vœu perpétuel de nos meilleurs rois, comme des plus grands magistrats, d'avoir *une jurisprudence uniforme & invariable*, même *un code simple où chacun pût commodément s'instruire de ses devoirs* ; ce projet sublime ne seroit qu'une illusion mensongere! Tandis que les sciences maîtrisant la foudre & portant la tête dans les cieux s'élevent au-dessus de la foiblesse humaine ; la premiere de toutes par son objet, celle sans laquelle le bonheur public ne sauroit exister, l'administration de la justice ramperoit à travers les décombres de la barbarie, empoisonnant ou rongeant ce qu'elle touche, comme le serpent qu'adore l'imbécille negre de Suida.

L'ignorance primitive, la légéreté nationale & le vil intérêt, ont pu quelquefois raisonner ainsi : car tel est le résultat de leurs sophismes désespérans. Mais ce langage odieux & ridicule n'est plus entendu, ou n'excite que le mépris. Un nouveau jour a lui sur l'Europe. Après nous avoir dévasté au cinquieme siecle, le nord répare ses torts, en nous offrant les moyens de nous régénérer. Les repaires antiques de la barbarie deviennent le foyer de la lumiere & des bonnes loix. CATHERINE, FRÉDÉRIC LÉOPOLD, JOSEPH & LOUIS XVI, établissent entr'eux la glorieuse concurrence de rendre leurs sujets heureux par une sage administration & des loix paternelles. Gardons-nous de croire qu'ils

ne réussiront pas : car c'est un crime de désespérer du salut public. Ne décourageons point ceux qui approchent du trône par l'énumération des difficultés qu'enferme ce grand ouvrage ; ou, si nous sommes réduits à les énoncer, ne le faisons jamais, qu'en essayant de les résoudre. Sans mesurer nos forces, & sans savoir si nous serons entendus, ne craignons pas de mêler nos foibles accens à ceux du pouvoir & du génie ; & concourons, autant qu'il est en nous, à la félicité publique, par la recherche des moyens d'épurer l'administration de la justice.

ADMINISTRATION
DES FINANCES.

C'est en France le soin de diriger la fortune publique.

Si vous consultez l'histoire, vous verrez que les ministres chargés de cette direction ont eu des noms divers, qui supposoient des pouvoirs plus ou moins étendus. Jacques CŒUR fut *argentier*, SULLY *surintendant*, COLBERT *controleur-général*, M. NECKER a été *directeur-général*, & M. JOLY DE FLEURY est *ministre des finances.*

Si vous voulez connoître toutes les parties qui répondent à cette administration, lisez l'*Almanach royal* : vous y trouverez tous les détails du département des finances. Ils présentent d'abord en général l'agriculture, le commerce, les finances ; & ensuite comme accessoires toutes les parties correspondantes, comme les provinces, municipalités, villes, hôpitaux, mines, les ponts & chaussées, les impôts quelconques, les fonds de tous les autres ministres, les tribunaux relatifs, &c.

Enfin, si vous voulez avoir quelque idée de ce qu'est en France cette grande administration, lisez d'abord ce qu'en a écrit Sully dans ses *Mémoires, liv. 20, &c.*

ajoutez-y ce portrait deſſiné par M. Necker, qui en louant Colbert, enſeignoit comment il pourroit l'être.

« Quel emploi ! quels devoirs ! ſi, comme nous l'avons eſtimé dans notre orgueil, l'homme eſt l'image de Dieu ſur la terre, celui qui peut avec plus de motifs prétendre à cet auguſte titre, c'eſt après le monarque, l'*adminiſtrateur des finances* d'un grand état : comme le maître du monde, il doit gouverner ſans efforts & ſans paroître ; ainſi que l'Être ſuprême fait ſervir le mouvement à l'harmonie de l'univers, il doit diriger les paſſions vers la force & la félicité publique : c'eſt lui qui doit raſſembler en ſa penſée *les droits de l'homme & ceux de la nation ;* ce qu'il faut à l'un pour ſon bonheur ; ce que l'autre exige pour ſa défenſe. C'eſt lui qui doit être le médiateur entre l'*intérêt perſonnel qui ſe refuſe à l'impôt, & les beſoins de la ſociété qui le réclament.* On peut le dire : *dans la conſtitution actuelle des ſociétés, c'eſt à l'adminiſtration des finances que toutes les parties du gouvernement ſe rapportent & s'enchaînent ;* c'eſt elle qui doit indiquer à la *marine* & à la *guerre* la portion de richeſſes qu'on peut conſacrer à la force ; c'eſt elle qui doit enſeigner à *la politique* le langage qui ſera d'accord avec la puiſſance ; c'eſt elle enfin qui enveloppe dans ſes ſoins *les intérêts de tout un peuple.* Car c'eſt *par une juſte meſure & une intelligente application des impôts,* qu'ils *accompagnent l'induſtrie, ſans la combattre, & que le travail s'unit au bonheur ;* & c'eſt par une *ſage diſtribution de dépenſes* que le tribut du citoyen remplit ſa deſtination, & lui retourne en accroiſſement de ſûreté, l'ordre & la tranquillité. »... « *O quelle éminente & redoutable fonction que celle où l'on peut ſe dire, tous les ſentimens de mon cœur, tous les mouvemens de ma penſée, tous les inſtans de ma vie, peuvent nuire ou ſervir au bonheur de vingt millions d'hommes, & préparer la ruine ou la proſpérité de la race future !* » (Éloge de *J. B. Colbert.* Diſcours qui a remporté le prix à l'académie françoiſe en 1773, *pag. 12.*)

ADMINISTRATION
PROVINCIALE.

C'eſt la direction des affaires publiques d'une province confiée par le roi à un certain nombre d'habitans, propriétaires, capables & choiſis à cet effet.

Cette adminiſtration n'eſt encore celle des pays d'états, ni par le pouvoir, ni par les objets, ni même par le régime : il eſt aiſé de les comparer. Voyez *État.*

ARRÊT du conſeil, du 12 juillet 1778, revêtu le 9 mai 1779 de lettres-patentes, enrégiſtrées au parlement, le 15 mai 1779. Le préambule développe les vues du légiſlateur dans cet établiſſement politique.

« LE ROI, au milieu des événemens politiques les plus dignes de ſon attention, ne perd point de vue les grands objets d'adminiſtration intérieure qui peuvent concourir au bonheur de ſes ſujets ; & ſi des dépenſes extraordinaires, dont ſa majeſté ne peut encore aſſigner le terme, ne permettent pas de diminuer la ſomme des impoſitions, elle deſire du moins préparer, dès-à-préſent, tous les moyens propres à adoucir le fardeau, ſoit par les modifications raiſonnables dont elles ſont ſuſceptibles, ſoit plus particuliérement encore par la ſageſſe & l'égalité des répartitions. Sa majeſté a remarqué le peu de progrès qu'on a fait à cet égard depuis ſi long-temps ; & ſon attention s'étant fixée ſur les avantages qui pouvoient réſulter de l'établiſſement d'adminiſtrations provinciales ſagement conſtituées, elle a vu avec ſatisfaction que, ſi les beſoins de l'état écartoient pour un temps pluſieurs projets ſalutaires, il étoit au moins un genre de bienfait envers

envers ses peuples, auquel les circonstances les plus difficiles n'apporteroient aucun obstacle.

La marche uniforme & suivie de ces administrations provinciales, telles que sa majesté se proposeroit de les établir; leur attention plus subdivisée; les diverses connoissances qu'elles pourroient rassembler, & qui, en écartant l'arbitraire, assureroient davantage la justice des répartitions; la forme d'abonnement qui, en fixant la somme demandée à chaque généralité, rendroit tous les propriétaires intéressés à prévenir les abus, & à féconder les ressources générales de la province; la publicité des délibérations, & l'honnête émulation qui en résulte; le maintien des principes éprouvés par l'expérience, & cette tendance vers la perfection des établissemens, plutôt que vers les changemens & les nouveautés; tous ces moyens particuliers à une administration locale, permanente & nombreuse, ont paru à sa majesté comme autant de secours offerts à ses intentions bienfaisantes.

Elle a d'ailleurs observé que dans un si vaste royaume, la diversité des sols, des caractères & des habitudes, devoit apporter des obstacles à l'exécution, & quelquefois même à l'utilité des meilleures loix d'imposition, lorsque ces loix étoient uniformes & générales; & dès-lors sa majesté a dû penser que ce n'étoit peut-être qu'à l'aide du zele éclairé d'administrations partielles, qu'elle pourroit connoître plus particuliérement ce qui convenoit à chacune de ses provinces, & parvenir ainsi par degrés, mais plus sûrement, aux améliorations générales dont elle étoit occupée.

Sa majesté n'a pu méconnoître qu'en ramenant à un même centre tous les détails de l'administration des finances, la disproportion entre cette tâche immense, & la mesure du temps & des forces du ministre honoré de sa confiance, ou étendoit trop loin les autorités intermédiaires, ou soumettoit à des

décisions rapides des intérêts essentiels, tandis que ces mêmes intérêts, remis à l'examen d'administrations locales sagement composées, seroient presque toujours mieux connus, & plus sûrement balancés : sa majesté voulant d'ailleurs réserver dans tous les temps, à ses commissaires départis, l'importante fonction d'éclairer le conseil sur les projets & les délibérations de ces assemblées, il se trouvera que, dans cette nouvelle forme, la surveillance & l'exécution étant remises en des mains différentes, sa majesté se procurera des garans multipliés du bonheur & de la confiance de ses peuples.

Portant même plus loin ses vues bienfaisantes, & réfléchissant sur cette succession de systêmes & d'opinions, à laquelle l'administration des finances est exposée, sa majesté a pensé qu'un des plus grands bienfaits qu'elle pouvoit répandre sur ses peuples, c'étoit de former dans ses provinces des administrations stables qui se perfectionneroient d'elles-mêmes, en profitant nécessairement & des lumieres générales, & des leçons de l'expérience.

Enfin, sa majesté a encore considéré avec satisfaction, qu'en attachant les principaux propriétaires par le sentiment de l'honneur & du devoir, au succès de l'administration de leurs provinces, c'étoit un moyen de les y fixer davantage, & de faire servir au bien particulier de ces mêmes provinces, le zele & les connoissances des personnes qui ont le plus d'intérêt à leur prospérité : & tandis que par ces administrations paternelles, le peuple verroit de plus en plus ses besoins prévenus, ses intérêts ménagés, ses plaintes discutées; ces mêmes administrations devenant les témoins fideles des sentimens justes & bienfaisans de sa majesté, écarteroient cette défiance qui trouble le repos des contribuables, & rapporteroient à sa majesté ce tribut d'amour & de reconnoissance, si précieux à un monarque qui attache sa gloire au bonheur de ses peuples.

Ce sont ces diverses considérations, que sa majesté se plaît à confier à ses fideles sujets, qui ont fixé son attention ; mais guidée par son esprit de sagesse, & desirant d'être encore éclairée par l'expérience, sa majesté a préféré de n'avancer que par degrés vers le but qu'elle se propose, & ce n'est que dans une seule généralité qu'elle a résolu d'établir dès-à-présent une administration provinciale. Différens motifs l'ont décidée pour sa province de Berry. L'état de langueur où elle est depuis si long-temps, avec des moyens naturels de prospérité, annonce plus particuliérement le besoin qu'elle auroit d'un ressort plus actif; lors même qu'un nouvel ordre d'administration y éprouveroit les difficultés attachées à tous les commencemens, la situation de cette province, & la perspective du bien qu'on y peut faire, aideroient à soutenir le courage & les espérances.

Le roi qui, dans cette institution éloignée de toute idée fiscale, n'a que le bien de ses sujets en vue, n'exigera que la même somme qui entre aujourd'hui à son trésor royal; de maniere que tous les avantages qu'une sage économie, des établissemens salutaires, ou une meilleure répartition pourront procurer, tourneront en entier au soulagement de la province.

Sa majesté prescrira dès-à-présent les conditions essentielles de cette administration provinciale; mais elle différera de statuer sur les arrangemens subsidiaires, jusqu'à ce qu'elle ait pu être éclairée par l'opinion de la premiere assemblée. Sa majesté se réserve encore en tous les temps, de modifier & de perfectionner les réglemens qu'elle auroit adoptés, & dans lesquels elle aura toujours soin de concilier l'ordre & le maintien de son autorité, avec la confiance étendue qu'elle a dessein d'accorder à cette administration. Ceux qui

seront appellés successivement à la composer, sensibles à ce témoignage de l'estime publique, y répondront sans doute, de maniere à mériter l'approbation de sa majesté. Elle recommandera sur-tout à leurs soins le sort du peuple, & les intérêts des contribuables les moins aisés. C'est en revêtissant cet esprit de tutele & de bienfaisance, qu'ils se montreront dignes de la confiance de sa majesté; & elle doit d'autant plus attendre de leur zele, qu'ils auront sans doute présent à l'esprit, qu'indépendamment du bien qu'ils pourront faire à la province, dont les intérêts leur seront particuliérement confiés, c'est encore du succès de leur administration que naîtront de nouveaux motifs pour étendre ces mêmes institutions, & qu'ils hâteront ainsi, par la sagesse de leurs délibérations & de leur conduite, l'accomplissement des vues générales & bienfaisantes de sa majesté; & si jamais, ce qu'elle ne veut pas présumer, les intérêts particuliers, la discorde ou l'indifférence, venoient prendre la place de cette union vers le bien public, qui peut seule l'effectuer, sa majesté en détruisant son ouvrage, & en renonçant à regret à ses espérances, ne pourroit du moins jamais se repentir d'avoir fait, dans son amour pour ses peuples, l'essai d'une administration qui forme depuis si long-temps l'objet des vœux de ses provinces, & dans laquelle sa majesté eût desiré trouver de nouveaux moyens de concourir au bonheur de ses sujets, & d'accroître encore la prospérité de son royaume.

Art. I. Il sera formé dans la province de Berry une assemblée composée du sieur archevêque de Bourges, & de onze membres de l'ordre du clergé; de douze gentilshommes propriétaires, & de vingt-quatre membres du tiers-état, dont douze députés des villes, & douze propriétaires habitans des campagnes; pour, ladite assemblée, aussi long-temps qu'il plaira à sa majesté, répartir les impofitions dans ladite province, en faire faire la levée, diriger la confection des grands chemins, & les atteliers de charité, ainfi que tous les autres objets que fa majefté jugera à propos de lui confier.

Art. II. Cette affemblée, préfidée par le fieur archevêque de Bourges, aura lieu tous les deux ans, & ne pourra pas durer plus d'un mois : les fuffrages y feront comptés par tête, & non par diftinction d'ordre ; & fa majefté y fera connoître fes volontés par un ou deux commiffaires chargés de fes inftructions.

Art. III. Dans l'intervalle de ces affemblées, il y aura un bureau d'adminiftration, compofé du fieur archevêque de Bourges, & de fept membres de l'affemblée ; de deux procureurs-fyndics, & d'un fecretaire ; lequel bureau fuivra tous les détails relatifs à la répartition, & à la levée des impofitions, ainfi qu'aux autres objets confiés à la direction de l'affemblée provinciale. Ce bureau fera tenu de fe conformer aux délibérations de ladite affemblée, & de lui rendre compte de toutes fes opérations.

Art. IV. Sa majefté veut qu'il ne foit verfé à fon tréfor royal que la même fomme qui y entre maintenant, provenant des impofitions, déduction faite des frais de recouvrement, ainfi que du montant des décharges & modérations, & des fecours qu'elle accorde en moins-impofé & en atteliers de charité ; & fa majefté attend du zele de cette affemblée, qu'elle s'occupera inceffamment des meilleurs moyens à propofer pour écarter l'inégalité & l'arbitraire, & pour établir la plus grande juftice dans les répartitions, & la plus grande économie dans les recouvremens, & pour encourager le commerce & l'agriculture, en étendant & facilitant les communications.

Art. V. Aucune dépenfe, déterminée par lefdites affemblées ou le bureau général d'adminiftration, ne pourra avoir lieu, fi elle n'eft expreffément autorifée par fa majefté, fauf toutefois les frais indifpenfables & ordinaires de l'adminiftration, dont la fomme fera fixée.

Art. VI. Permet fa majefté à ladite affemblée, ainfi qu'au bureau d'adminiftration intermédiaire, choifi par l'affemblée provinciale, de faire en tout temps à fa majefté telles repréfentations qu'ils aviferont, & de lui propofer les réglemens qu'ils croiront juftes & utiles à la province : défend cependant fa majefté que, fous prétexte de ces repréfentations ou de réglemens projetés, la répartition & le recouvrement des impofitions établies, ou qui pourront l'être par la fuite, fuivant les formes ufitées dans fon royaume, puiffent éprouver le moindre obftacle ni délai : fa majefté voulant dès-à-préfent qu'audit cas, il foit procédé à l'affiette & recouvrement des impofitions dans la forme obfervée jufqu'à ce jour dans les différentes provinces de pays d'élections.

Art. VII. Veut fa majefté que le fieur intendant & commiffaire départi pour l'exécution de fes ordres dans ladite province, puiffe prendre connoiffance des diverfes délibérations de l'affemblée provinciale & du bureau d'adminiftration, toutes les fois qu'il le croira convenable pour le fervice de fa majefté, & le bien de fes peuples.

Art. VIII. La maniere conftante de procéder aux élections, tant pour la formation des affemblées générales, que pour la nomination des membres du bureau intermédiaire, ainfi que tous les autres objets d'adminiftration, non encore prefcrits dans le préfent arrêt, ne feront définitivement ordonnés par fa majefté, qu'après le terme de la premiere affemblée provinciale, & ce afin de concilier d'autant plus fûrement ces divers réglemens avec les circonftances particulieres de la province : fe réferve même fa majefté de modifier, fur les obfervations qui lui feront faites, les difpofitions du préfent arrêt, qui feroient u fceptibles d'un changement favorable aux vues de juftice & de bienfaifance dont elle eft animée.

Art. IX. Pour parvenir cependant à compofer la premiere affemblée, fa majefté veut que le 5 octobre il foit tenu à Bourges, dans le palais archiépifcopal, une affemblée préliminaire de feize propriétaires, convoqués en vertu des ordres de fa majefté, lefquels en indiqueront trente-deux autres, pour, d'après l'approbation de fa majefté, former, avec les feize antérieurement nommés, la premiere affemblée provinciale, & ce à l'époque que fa majefté fixera dans les lettres de convocation qu'elle fera expédier à cet effet. »

LETTRES-PATENTES, du 30 juillet 1779, régiftrées le 10 août, portant : « Que l'établiffement de l'adminiftration provinciale aura lieu fur toute la portion du royaume, qui compofe dans le moment actuel la généralité de Bourges, & que la dénomination de *province* de Berry, ne pourra s'entendre que de ce qui compofe actuellement l'arrondiffement de ladite généralité dans fon intégrité. »

ARRÊT du confeil, du 27 avril 1779, portant établiffement d'une adminiftration provinciale dans le *Dauphiné*. . . . Les motifs font à-peu-près les mêmes que pour le Berry. Dans le régime, il n'y a de différence qu'en ce que le nombre des membres eft porté à foixante, douze du clergé, dix-huit de la nobleffe, & trente du tiers-état. Pourquoi cet établiffement n'a-t-il pas eu lieu ? Sous les dauphins il y eut, dit-on, des états. Il y a un parlement. Et ce n'eft pas le feul point fur lequel, malgré le defir général du bien public l'on ne foit pas d'accord.

ARRÊT du confeil, du 11 juillet 1779, & lettres-patentes du 26 novembre, regiftrées au parlement de Touloufe, le 23 décembre, portant établiffement d'une adminiftration provinciale dans la *Haute-Guienne*, ou généralité de Montauban,

Même régime & cinquante-deux membres, dont dix du clergé, feize de la nobleffe, & vingt-fix du tiers-état.

ARRÊT du confeil, du 17 mars 1780, portant établiffement d'une adminiftration provinciale dans la généralité de *Moulins*, encore compofée de cinquante-deux membres, dont dix du clergé, feize de la nobleffe, & vingt-fix du tiers-état. . . . Après une premiere affemblée, l'adminiftration de cette généralité a reçu une grande modification par une loi, qui la foumet à des fyndics : & c'eft le régime de la province de Breffe. Voyez *Bourbonnois*, *Breffe* & *Moulins*.

Ainfi, de ces quatre adminiftrations provinciales, il ne refte plus que celle du Berry & celle de la Haute-Guienne. Nous allons donner un apperçu des procès-verbaux qu'elles ont fait imprimer. On a lu ce que le fouverain attendoit de leur zele ; on verra ce qui a été exécuté.

L'affemblée du Berry a publié fes procès-verbaux de 1778 & 1780. Les premieres féances ont eu pour objet le régime & la difcipline.

Les élections doivent être faites au fcrutin & à la pluralité des voix, *art. 10*, *pag. 37.* Voyez l'*Ordonnance de 1478*, dont l'*art. 32*, veut que, pour que *les élections fe faffent fans FAVEUR & fans FRAUDE, on y-procede PUBLIQUEMENT & de VIVE VOIX, & non par ballotte.* Voyez encore ce que nous avons dit du danger du fcrutin au mot *Adminiftration*, n°. 26, tom. 2, pag. 877.

L'*art. 10, du ch. 2, fect. 2, pag. 45,* impofe à chaque opinant l'obligation de figner ce qui aura paffé dans l'affemblée à la pluralité & contre fon avis. Voyez ce que nous avons ofé écrire fur cette queftion délicate, au mot *Adminiftration*, n°. 11, tom. 2, pag. 827.

Au fond, cette collection de délibérations renferme d'excellentes vues & des mémoires fages, entr'autres, fur les objets fuivans. ━ *Impofitions*, *Taille*,

Capitation, pag. 61, 229 & 255. — *Corvées, Grands chemins & Travaux publics*, pag. 110, 130, 167, 193, 253, 261 & 310. — *Navigation intérieure & canaux*, pag. 153 & 281. — *Agriculture, Commerce, Manufactures*, pag. 220 & 272.

Sur tous ces objets intéressans, il y a des détails, un intérêt, un esprit, une ame, si je puis parler ainsi, que l'on ne trouve pas en général dans la plupart de nos loix froides, maigres & partielles, & que ne peuvent jamais avoir les ordonnateurs étrangers, indifférens, éloignés, & occupés d'une immensité d'affaires. Nous y puiserons quelquefois, sous les mots que nous avons soulignés.

L'administration provinciale de la HAUTE-GUIENNE renferme les mêmes dispositions sur l'élection des membres & la signature des délibérations.

Son régime présente quatre bureaux ; 1°. imposition, vingtieme, taille, capitation : 2°. formation & revision du réglement & de la discipline : 3°. grands chemins : 4°. *affaires extraordinaires &* BIEN PUBLIC.

Ce nom est resté à ce quatrieme bureau, qu'on appelle le bureau *du bien public*. C'est une idée bien ingénieuse. Les corps politiques, sur-tout ceux d'administration, n'existent que pour le bien public, qui doit les animer sans cesse. Mais ce titre seul réveille dans les membres un sentiment qui, à force de se généraliser dans le corps, se refroidit & s'évapore. Ce sont les sentinelles chargées de veiller pour la communauté qui sommeille souvent & compte sur ses représentans. Si l'on en doute il faut voir le zele, les recherches & les mémoires de ce bureau, dans le procès-verbal de 1779, *pag. 37,* & dans celui de 1780, *pag. 143, 248, 254, 257 & 282.* Il ne s'agit plus, comme on l'a vu, dans quelques administrations, d'alléguer, qu'on n'a point de fonds destinés, ou que cette partie n'est pas renfermée dans

le nombre de celles soumises aux regards & aux soins des administrateurs, ou enfin que ce n'est pas l'usage ; réponse bannale & destructrice de toute émulation, comme de tout bien public. Ces obstacles disparoissent à la suite de ces mots réunis, *affaires extraordinaires & bien public.* En sorte qu'il suffit qu'un objet y ait rapport, pour qu'il doive fixer les regards du bureau & de l'administration. Et c'est ainsi qu'en écartant d'un seul mot la routine & les formes barbares, on applanit la route de la justice & du bonheur public.

Si nous avions un vœu à former, ce seroit, que part-tout il y eut un pareil bureau animé du même esprit. Quel sera son objet dans les corps judiciaires ? Quel !... Si quelqu'un peut faire cette question, certes il ne connoit pas le bien ou le mal résultans de l'administration de la justice : & ce n'est guere la peine de lui répondre.

Ces deux procès-verbaux contiennent pareillement d'excellens mémoires, entr'autres, sur les objets suivans. — *Impositions, vingtiemes, tailles, capitations, octrois, cadastre & allivrement.* Procès-verbal de 1779, *pag. 102, 106, 186 & 206.* Procès-verbal de 1780, *pag. 24, 38, 43, 50, 76, 88, 91, 117, 135, 153, 261 & 296.* — *Grands chemins & navigation.* Procès-verbal de 1779, *pag. 182.* Procès-verbal de 1780, *pag. 28, 59, 96, 108 & 239.* — *Fonds de charité & travaux publics.* Procès-verbal de 1780, *pag. 37, 66, 107 & 143.*

Après avoir lu avec attention les opérations & les vues de ces deux administrations, il faut les comparer sur les mêmes objets, tel que celui des chemins par adjudication ou par corvées. Comme les hommes tiennent toujours à leurs coutumes ! Comme chacun croit avoir le mieux, ou du moins le *mieux possible !* (pour parler avec l'*art.* 207 *de l'ordonnance de Blois.*) Comme le bien public & la justice distributive tiennent aux localités, à la moindre circonstance, quelquefois même à l'opinion la plus modeste & à la réflexion la plus inattendue !

Ces deux administrations provinciales ne se garantiront pas de tous les défauts inhérens à la foible humanité : mais nous avons vu peu d'aussi bons régimes, & jamais de vues plus pures, ni plus de ces connoissances que l'on n'attendoit pas d'hommes éloignés, jusques-là des études de l'administrateur. Le bien s'y fait donc, & il se perpétuera, tant qu'il y aura ce bon esprit, des syndics éclairés, & des bureaux intermédiaires bien choisis.

Nous terminons par ce présage heureux ce dernier article des administrations, & nous demandons grace encore à nos lecteurs, qui ne cherchent que des loix & des arrêts. Nous croyons toujours que ces recherches ne sont point étrangeres à la justice, qui doit être l'ame de ces administrations; qu'un jurisconsulte, pouvant y être placé ou être consulté sur ce qu'elles délibèrent, ou statuer sur leurs opérations, doit les connoître. Nous espérons même qu'on nous saura gré de notre travail, lorsque l'esprit d'administration ayant pénétré partout, le malheureux jurisconsulte ne se croira pas condamné à ramper & à vieillir sur les questions du droit privé; semblable, dit Muratori, au coupable, *qui tourne & retourne sans cesse autour du poteau, instrument de son supplice.*

ADMISSION.

(Dr. eccl. Dr. pub. Dr. des gens. Dr. privé.)

1. Ce mot vient des deux verbes actifs & passifs *admettre, être admis*, qui dérivent eux-mêmes des deux latins *admittere, admitti*; mais il n'a pas, non plus que ses racines, autant d'acceptions dans notre langue qu'il en avoit dans celle des Romains.

Ceux-ci disoient *ADMITTERE cædem,*

l. 23 & 25, D. de S. C. Silan; ADMITTERE furtum, l. 3, § 18, de acquir. vel admitt. possess. ADMITTERE crimen, l. 38, D. ex quibus causis maj. ADMITTERE vim, l. 14, § 5, D. quod metûs causâ: nous disons *commettre* & non pas *admettre* un meurtre, un larcin, un crime, une violence.

Les Romains disoient encore, *ADMITTERE socium, l. 19, 22 & 23, D. pro socio; ADMITTERE probantem, l. 1, § 2, D. quæ sentent. sinè appel. ADMITTI ad honores, l. 8, D. de muneribus, & l. 15 & 17, D. ad municip. ADMITTI ad privilegium, l. 17, § ult. D. de bon. autor. jud. possid. ADMITTI ad probationem, l. 5, C. de probat. ADMISSIO bonorum possessionis, l. ult. C. unde legat.* Nous avons adopté le sens de ces expressions *admittere, admitti, admissio* dans ces dernieres applications; & nous n'usons du mot *admission* que pour désigner les *actions* & les *actes* par lesquels on est admis à une *ordination*, à un *grade*, à un *bénéfice*, à une *charge* à une *dignité*, aux *prérogatives* d'une *compagnie*, aux droits d'une *jurande*, à la qualité & à la représentation d'*ambassadeur*, de *ministre public*, aux travaux & aux profits d'une *société*, au partage d'une *hérédité*, à une *preuve*, &c. &c. Voyez *ces mots*.

DROIT ECCLÉSIASTIQUE.

2. L'*admission* aux ordres sacrés, n'a lieu qu'après un examen rigoureux des mœurs & de la capacité de celui qui demande à y être promu. « On assure qu'il va paroître à Florence un ordre du grand duc à tous les évêques de la Toscane de n'*admettre* plus personne aux ordres sacrés, sans une permission spéciale de la cour: le motif de cette disposition, est, dit-on, l'accroissement prodigieux des ecclésiastiques, & la nécessité de choisir mieux les sujets qui aspirent à entrer dans cet état, où les connoissances, la piété & les mœurs doivent être réunies. » (*Mercure de France de janvier 1783,* pag. 56.) Nous exami-

nerons les droits des souverains sur cet objet essentiel sous les mots *Age*, *Clergé*, *Jurisdiction*, *Roi*, &c. &c. Voici toujours une décision importante du concile de Meaux, tenu en l'année 845 : *Ut capitula ECCLESIASTICA à domno Carolo Magno imperatore, nec non à domno Ludovico Pio Augusto promulgata obnixe servari præcipiuntur, sicut & LEGALIA observanda esse noscuntur. Cap. 78.*

L'admission au *grade* de *docteur* en théologie, ne peut avoir lieu qu'après qu'on a pris les grades préliminaires de *Maître-ès-arts*, de *Bachelier* & de *Licencié*. *Voyez* ces mots & *Université*.

L'admission des deux *résignations* des copermutans suffit-elle pour pouvoir dire que la *permutation* est effectuée ? Pour concilier les sentimens contradictoires des auteurs avec les dispositions de l'art. 13 de l'édit des insinuations, de l'art. 14 de la déclaration de 1646, & de la déclaration du 11 mai 1684, adressée au parlement de Guienne, il faut distinguer, en matiere de permutations, de résignations & de démissions l'*admission* de la collation.

Autre chose est *admettre* la démission, la résignation des permuttans, autre chose est de conférer leurs bénéfices sur la vacance par la démission *admise*. Dans le fait l'*admission* & la collation sont souvent confondues, sur-tout en matiere de provisions de cour de Rome. Mais ce sont cependant deux especes différentes ; & il faut, nous le répétons, distinguer dans le droit le cas de la procuration suivie de l'*admission*, de celui de cette procuration, non seulement *admise* mais suivie de collation : en effet, *admettre* une démission, & conférer en conséquence, sont deux actes parfaitement distincts & séparés. Sous les mots *Collation*, *Démission*, *Permutation*, *Résignation*, nous discuterons les questions importantes que nous laissons entrevoir. *Voyez* encore ci-dessus le mot *Acceptation*.

Les vingt-cinq ans accomplis, requis pour posséder des bénéfices à charge d'ames, doivent-ils s'entendre du moment de l'*admission* en cour de Rome, ou seulement de celui de la prise de possession. *Voyez Age*.

ARRÊT de la cour du parlement de Flandres, du 2 décembre 1698, qui juge « que le magistrat de Lille a droit d'*admettre* aux offices du chœur, aux distributions d'icelui, émolumens & casuels des paroisses de ladite ville les prêtres qu'il en juge *capables* selon l'exigence & le besoin desdites paroisses. » (*Pinault*, tom. 2, pag. 265.) Cette décision fut déterminée par la disposition de la coutume de la salle de Lille, *tit. des hauts-justiciers, art. 29*, & par la possession immémoriale du magistrat d'*ADMETTRE* tels prêtres au chœur, & de le refuser à qui il trouvoit bon.

DROIT PUBLIC.

3. Celui qui a droit de choisir parmi un certain nombre de sujets qu'on lui présente pour un bénéfice, une charge, peut-il refuser son *admission*, lorsqu'on affecte, pour lui forcer la main, de donner à celui qu'on veut favoriser des concurrens, ou *indignes*, ou *incapables* : grande question de droit dont nous avons déjà parlé sous le mot *Administration*, n°. 25, 28 & 29, & sur laquelle nous reviendrons sous les mots *Confirmation*, *Election*, *Présentation*. Contentons-nous de remarquer ici que l'*ORDONNANCE du 18 mars 1716*, rendue pour le renouvellement du magistrat de Douay, défend aux électeurs d'*admettre* dans cette magistrature d'autres sujets que ceux qui seront *capables*, bien intentionnés pour le service du roi, & celui du public de ladite ville. (*Réglem. de Flandres*, tom. 2, pag. 668, & 669.) *Voyez Examen*, *Magistrat*, *Scrutin*, *Suffrage*, &c.

DROIT DES GENS.

4. On distingue dans la jurisprudence diplomatique l'*admission* publique

de l'*admiſſion* privée d'un ambaſſadeur & de tout autre miniſtre public.

Dom Bernardo de Quiros, envoyé vers la fin du dernier ſiecle, par la cour de Madrid, vers les États-Généraux des Provices-Unies, en qualité d'ambaſſadeur ordinaire, négligea de remettre ſa lettre de créance ſur la déclaration honnête que lui fit le grand penſionnaire, que ſon caractere étoit aſſez connu des miniſtres de la république, par les lettres qu'ils avoient reçues de ceux d'Eſpagne; & en conſéquence, il communiqua avec les premiers en ſa qualité d'ambaſſadeur, ſans en venir à l'*admiſſion* cérémonielle. Cependant quelques différends s'étant élevés entre les deux ſouverainetés au ſujet du ſieur de Schonenberg, envoyé des Etats-Généraux auprès du roi d'Eſpagne, ceux-ci déclarerent à dom Bernardo de Quiros, qu'ils ne communiqueroient pas avec lui, qu'ils n'euſſent reçu ſatisfaction de ſa cour; & en conſéquence, ils réſolurent qu'on ne pourroit accepter aucun de ſes mémoires. Dom Bernardo de Quiros répondit à cette réſolution des Etats, qui lui fut communiquée le 15 octobre 1699, que leurs refus paroiſſant fondés ſur ce qu'ils le conſidéroient, comme n'ayant point été *admis*, ni reconnu comme miniſtre du roi d'Eſpagne, il lui étoit aiſé d'en détruire le prétexte. Il poſa & avança, " pour définition inconteſtable de l'admiſſion d'un miniſtre, 1°. que tout homme autoriſé pour cet effet par un ſouverain, étoit miniſtre vers ceux & à l'égard de ceux avec qui il étoit autoriſé de traiter, & avec leſquels il *traitoit effectivement*...; 2°. que ce n'étoit ni la lettre de créance, ni l'entrée, ni l'audience publique qui conſtituoient la légitimation du miniſtre, mais bien ſon *admiſſion* aux négociations effectives, & la *communication réelle qu'on lui accordoit.* "

A ces raiſons & à beaucoup d'autres, il ajouta, " par forme de réſumption & pour un plus parfait éclairciſſement de la choſe, que le miniſtere des ambaſſades

admettoit deux voies de communication; l'une publique, & qui entraînoit avec elle les cérémonies & les formalités; & l'autre privée & particuliere, & dès-lors, ſans conſéquence & ſans embarras. La premiere voie de communication exige les entrées, les audiences publiques & les conférences de bouche avec le ſouverain: en un mot, l'apparat & les formalités qui ſont inſéparables du caractere, quand il eſt expoſé en public. Mais l'autre ſe trouvant dépouillée de tout cet embarras, conſiſte uniquement dans l'eſſentiel de la négociation, admettant pour cet effet non ſeulement les conférences particulieres, mais auſſi les propoſitions & les réponſes juſques aux traités excluſivement. "

Tous les publiciſtes adopterent les raiſons de Quiros, & traiterent de vains les motifs des Etats-Généraux, lorſqu'ils diſoient qu'ils ne pouvoient *admettre* pour ambaſſadeur celui qu'ils avoient cependant déja *admis* & reconnu pour tel, ſinon d'une maniere publique & ſolemnelle, du moins d'une *admiſſion* privée.

On a demandé ſi c'étoit agir contre le droit des gens, que de refuſer d'admettre un ambaſſadeur, & on a décidé que cette *admiſſion* étoit parfaitement libre. Il faut donc bien faire attention aux ſujets qu'on choiſit pour ces fonctions importantes; parce qu'un refus, pour être ſouvent fondé ſur les qualités perſonnelles de l'ambaſſadeur qui n'eſt pas agréable au ſouverain à qui il eſt envoyé, eſt toujours mortifiant pour le ſouverain qui l'envoie, en ce qu'il ſuppoſe de ſa part un défaut de réflexion & de combinaiſon. Voyez *Ambaſſadeur.*

DROIT PRIVÉ.

5. L'*admiſſion* à une preuve doit avoir lieu toutes les fois que les faits avancés par la partie qui l'offre, ſont pertinens & *admiſſibles*, & qu'il n'eſt point queſtion d'un objet que les ordonnances défendent de vérifier par cette voie. Voyez *Preuve.*

On

Ne devoit-on pas foumettre à un examen préliminaire un grand nombre d'actions & de demandes dont les conféquences font importantes pour le bien général de la fociété & le maintien de l'ordre? Il y auroit la moitié moins de procès. C'eſt l'objet d'un reſcrit du roi de Pruſſe. « Il y fait connoître fes intentions relativement à l'admiſſion dans les tribunaux des demandes en divorce; il ordonne de les rejeter dans certains cas, & fixe ceux dans leſquels elles pourront être admiſes.» (Mercure de janvier 1783, pag. 54.)

Offices, Cérémonies.

5. Au mot *Accompagnement*, nous avons été obligés, pour fuivre le torrent, de parler des cérémonies, de leurs devoirs & de leurs acceſſoires, d'où font nés des procès longs & bizarres. Nous devons à plus forte raiſon dire que les premiers gentilshommes de la chambre, les capitaines des gardes, les introducteurs des ambaſſadeurs, les grand maître & maîtres des cérémonies, les huiſſiers de la chambre & du cabinet rempliſſent en France d'une maniere plus ou moins folemnelle, & fuivant les circonſtances ordinaires & extraordinaires, les fonctions des officiers qui introduiſoient chez les empereurs romains ceux qu'ils vouloient bien *admettre* à leur faire leur cour, & à leur rendre leurs refpects & leurs hommages. Ces anciens officiers s'appelloient du titre de leurs offices, *ab officio admiſſionum*, admiſſionnaires, *admiſſionales*. Il en eſt queſtion *in l. 2, C. de privil. eor. qui facr. palatium, & in l. ult. C. de diverſ. offic.* Voyez auſſi fur les fonctions des *admiſſionnaires*, tant chez les peuples les plus anciens, que chez les Romains, le préfident Briſſon & Pancirole; (Briſſonii *opera minora*, pag. 500, edit. 1749, in-fol.* Pancirolii *noticiam dignitatum utriuſque imperii*, part. 1, pag. 105.) Et ci-après *Capitaine (des gardes), Cérémonies (grand maître des); Gentilhomme (de la chambre), Huiſſier, Introducteur, &c. &c.*

ADMITTATUR.
(*Droit public.*)

Ce mot latin, qui fignifie littéralement, qu'*il foit admis*, a paſſé dans la langue françoiſe judiciaire, & y déſigne l'agrément que donne, par un certificat authentique, un corps d'officiers au candidat qui aſpire à y être *admis*. Ce n'eſt que ſur le vu de ce certificat appellé *admittatur*, qu'on peut obtenir en la grande chancellerie des proviſions d'une charge de magiſtrature, ou d'un office de commiſſaire, de notaire, de procureur, &c. &c.

Lorſqu'on refuſe l'*admittatur*, le chef de la juſtice peut prendre trois partis, dont le choix eſt déterminé par les circonſtances.

Le premier, le plus ordinaire, eſt de ne pas faire expédier des proviſions à un ſujet déſagréable à une compagnie. En général, il eſt très-rare de voir un corps rejeter un candidat par humeur, par paſſion & ſans motifs; & il eſt très-dangereux de contrarier ſa délicateſſe. Le bien public en ſouffre: tout va mal. Il vaut mieux ſacrifier l'intérêt particulier de l'aſpirant, à l'honneur, à la paix, à la délicateſſe du corps où il veut entrer. D'ailleurs que gagneroit-il? Les compagnies font ſubir aux ſujets, que l'autorité les a forcées de recevoir, des déſagrémens cent fois plus mortifians que le refus d'une admiſſion. Quand l'officier paroît aux audiences, aux aſſemblées, tout fuit à ſon aſpect, & il eſt bientôt obligé de renoncer à un état qu'il auroit dû ne jamais s'obſtiner à embraſſer. S'il ne ſe retire pas, on va plus loin; & dans les corps où les places de préſidens ſont dues à l'ancienneté, on les refuſe au ſujet qui déplait; on crée même un doyen moins ancien que lui; & l'on ne craint pas de conſigner ſes ſentimens dans les tableaux imprimés, dans les almanachs.

L'admission forcée a deux inconvéniens marqués ; 1°. l'interruption du service & de l'ordre dans la compagnie. 2°. A l'égard de l'officier ainsi reçu, une conduite publique & perpétuelle, plus flétrissante que le refus des provisions.

Le second parti a lieu, lorsque le refus de l'*admittatur* est l'effet de la prépondérance de quelques voix dans une compagnie, & qu'on sait que cette prépondérance est le fruit de la cabale de quelques esprits jaloux & opiniâtres, dont les résolutions violentes, entraînant la plus grande partie des suffrages, sont cependant blâmées par un certain nombre de gens sages & prudens qui n'ont pas pu se faire entendre. On attache alors à la délivrance des provisions l'obligation de faire déclarer son droit par les juges ordinaires.

ARRÊT du parlement de Paris, du 9 juillet 1755, qui autorise le sieur Tilloy à s'adresser à la grande chancellerie pour y obtenir des provisions, & être ensuite reçu dans l'office de commissaire, & qui condamne les commissaires du Châtelet à des dommages & intérêts envers ledit Tilloy, pour lui avoir refusé l'*admittatur* sans expliquer leurs motifs.

ARRÊT du parlement de Paris, du 30 mai 1756, qui autorise Bordua, notaire, acquéreur de l'office de Bastian, procureur en la sénéchaussée de Lyon, à se pourvoir en la grande chancellerie, pour y obtenir les provisions de cet office, malgré la *surannation* de la procuration *ad resignandum* ; condamne la communauté des procureurs de Lyon à garantir Bordua des intérêts par lui dus du prix de son office depuis le jour de la procuration, la condamne de plus à 10000 livres de dommages & intérêts envers Bordua, à qui elle avoit d'abord refusé l'*admittatur*, & contre qui l'on avoit excité de la part de quelques paysans, une dénonciation de divers crimes, faux, malversations, concussions dans les fonctions, tant de l'office de notaire, que de celui de juge

en différentes jurisdictions subalternes. Dans l'origine de cette affaire, dont nous avons déja parlé sous le mot *Accusation*, (n°. 22, *pag.* 269,) M°. Mercier, doyen de la communauté des procureurs, écrivoit à ses confreres, que l'effet des cabales de *deux* ou *trois* membres à qui Bordua avoit déplu, tendoit à leur faire commettre une injustice. Il se plaignoit de ce que ces deux ou trois ennemis élevoient un bruit confus dans les assemblées, lorsque les confreres impartiaux vouloient prendre sa défense. C'est donc vraiment sur ces particuliers qu'auroit dû frapper la condamnation. Mais trop souvent la brigue s'empare du grand nombre, & c'est tout son art. La pluralité l'emporte. On ne sait pas même s'il est permis de ne pas signer, & de protester, comme nous l'avons dit sous le mot *Administration*, (n°. 11, *pag.* 827.) Le corps entier est condamné & doit l'être. Ainsi l'erreur se perpétue, & la brigue cachée derrière le corps, n'en est pas moins prête à recommencer ses manœuvres, puisque les condamnations ne portent pas sur elle.

Le troisieme parti est celui où l'administration éclairée sur l'injustice & les conséquences du refus de l'*admittatur*, prend sur elle de s'en passer. Tel est l'esprit de la lettre écrite par M. le contrôleur général à M. Policard, trésorier de France à Bourdeaux, dont on vouloit arrêter la réception de président honoraire, sous prétexte qu'il faisoit le commerce. Cette décision est si importante pour le commerce, que nous transcrirons en entier cette lettre. « Ce 24 février 1736..... Je reconnois, monsieur, dans votre lettre, les sentimens d'un vrai négociant, qui sont toujours ceux de l'honnête homme & du bon citoyen. On ne voit que trop de commerçans quitter la profession de leurs ancêtres par une fausse ambition, ou une oisiveté encore plus condamnable, & perdre la vraie considération & les richesses réelles de leur état. Ainsi, loin de vous détourner de fuivre cette route tracée par vos peres, je fouhaiterois que tout ce qu'il y a de nobleffe en France, tant par extraction que par charges, fe portât à l'embraffer ; & le roi qui vient fur cela de manifefter fes intentions , en accordant des lettres de nobleffe les plus diftinguées à une famille de Normandie, qui exerce le commerce de pere en fils depuis deux cents ans, *(la famille le Couteux de Rouen)* eft dans la difpofition d'accorder les mêmes prérogatives à ceux qui auront fuivi cette profeffion avec la même conftance & la même intégrité, perfuadé qu'il n'en eft point de plus utile & de plus précieufe à l'état que celle qui tend à augmenter fes richeffes , fa puiffance au dehors, & fa félicité au dedans : vous ne devez donc regarder les oppofitions que l'on vous annonce de la part du parlement & de la cour des aides à votre réception, que comme des difcours fort hafardés de gens qui font peu inftruits des vrais fentimens de ces deux corps. Je rends trop de juftice aux fentimens des magiftrats qui les compofent pour ne pas croire qu'ils concourent avec leur fouverain dans toutes fortes de circonftances à honorer le commerce, & ceux qui le profeffent ; & vous pouvez même leur faire part de ce que je vous mande à ce fujet, après avoir pris les ordres du roi. »

C'eft à la prudence du chef de la juftice à fe décider, d'après les circonftances & les conféquences ; mais comment avoir des renfeignemens fûrs ? Auffi, ouvrez tous nos livres, vous trouverez en apparence des contradictions réfultant de confidérations ou de motifs fecrets. Les arrêts n'offrent que des hypothefes, jamais un principe exact & lumineux. S'il étoit permis de le prononcer, on diroit : *l'admittatur ne peut être refufé à celui qui a les qualités requifes*. Mais enfuite, quand vous voulez examiner quelles font ces qualités , vous vous perdez , & tout dépend des préjugés, des prétentions des corps, & tout devient arbitraire.... Voyez *Afpirant, Commiffaire, Commerce, Examen, Magiftrat, Notaire, Office, Procureur, Provifion, Réception.*

ADMONITEUR.
(Droit eccléfiaftique.)

« C'eft (dit l'*Encyclopédie méthodique*) parmi les religieux ou religieufes, celui ou celle qui eft chargé d'avertir les autres. Dans quelques couvens, ce nom fe donne à celui des novices, qui doit avertir les autres de ce qu'ils ont à faire. »

Ce rôle d'admoniteur eft bien fubalterne d'après cette explication, fi elle eft exacte. Nous n'avons pas pu le vérifier, parce que les auteurs des recueils de jurifprudence qu'on préfente aujourd'hui au public, ne citent rien ou citent en maffe, en forte qu'il faut les croire fur parole.

Nous avons parcouru affez exactement la regle donnée aux chanoines réguliers, par Hugues de St. Victor, celle de St. François, recueillie par Myrican; celle de St. Auguftin, à l'ufage des ci-devant Antonins; la bibliotheque de l'ordre de Clugny & fes ftatuts de 1458, 1676, 1685 & 1693, &c. &c. & nous n'y avons rien trouvé qui concerne les fonctions de l'*admoniteur*, tel qu'on nous le préfente.

Il faut donc aller chercher ce que c'eft qu'*admoniteur*, dans l'invention déteftable de deux hommes fameux, qui, à une baffe & cruelle politique facrifierent l'humanité, la confiance, la charité, la paix & toutes les vertus chrétiennes.

Lainez, fecond général des Jéfuites, inftitua dans cet ordre des *admoniteurs*, auxquels il donna la plus grande importance. L'*admoniteur* étoit l'efpion de tous les provinciaux & de tous les fupérieurs. Ce furveillant néceffaire dans le plan de defpotifme abfolu de l'inftitut, avoit une correfpondance directe avec le général, & lui rendoit compte de toutes les actions quelconques du fupérieur qu'il étoit chargé d'infpecter. *Sive illæ ad perfonam five ad officium fuperioris pertinebant.* Le tableau de fes devoirs & de fes droits, tracé dans la célebre & très-rare édition des regles imprimées dans le college romain en 1580, *(pag. 136)* fe trouve refait dans celles de 1590, & on y donne à cet officier important, *(pag. 133)* la faculté d'avoir un fceau particulier qui mette fa correfpondance à l'abri de toute vérification : *figillum apud fe habeat.* Et puis on fera étonné de ce qu'en aimant, plaignant & refpectant les individus, on a détruit cet ordre ! Il faut l'être, comme adminiftrateur & comme citoyen, de ce qu'on a laiffé fubfifter fi long-temps un corps dont la tête fe cachoit fous la tiare ; tandis que les membres embraffant le globe depuis la Ruffie blanche jufqu'à Pekin & au Paraguay, n'étoient vraiment que les efclaves du général ; ou, comme on l'a dit des *bâtons dans la main du vieillard.* Voyez *Jéfuite.*

Le pere Jofeph, capucin, agent & confeil du cardinal de Richelieu, avoit le caractere & les principes de Lainez. Il prefcrivit à fes religieufes de l'*avertir charitablement des manquemens qu'elles auroient reconnu en la mere directrice ; ce qu'elles feront fans refpect humain.* Il n'avoit donc pas une feule *admonitrice* dans le régime qu'il établit, & la directrice avoit autant de furveillantes qu'elle avoit de religieufes. Il y avoit à cet effet dans tous les couvens, *un lieu où l'on pouvoit faire tenir fûrement les lettres au vifiteur;* & ces lettres, qui s'appelloient *lettres d'ADMONITION,* ne paffoient pas par les mains de la directrice ; elle devoit au contraire, *prendre garde de ne les vouloir voir ou remarquer en forte aucune,* quand même elles y tomberoient, y ayant PÉCHÉ MORTEL *d'avoir les lettres du vifiteur avec fraude & malice, & CELLES-*

LA PRINCIPALEMENT. Ce qui oblige *tant la directrice que toutes les autres fœurs.* (Confidérations fur la regle de St. Benoît, ou conftitutions des religieufes de la congrégation du Calvaire ; Paris, Cramoify, 1634, in-12, pag. 106 & 107.) Voyez *Calvaire. (filles du)*

Cette fabrique de *péchés mortels* par le capucin Jofeph, nous en rappelle une autre femblable dans la fameufe bibliotheque des jéfuites de Lyon : là, derriere la porte étoit un cadre où j'ai lu : qu'il étoit défendu d'emporter un livre, fous peine de péché mortel. *Sub pœnâ peccati mortalis.*

ADMONITION.

(Droit criminel.)

1. Dans la langue judiciaire, ce mot eft fynonyme d'*avertiffement, d'avis, réprimande.* On l'employoit autrefois dans le droit eccléfiaftique, dans le droit public & dans le droit privé : & il faut rappeller ces changemens pour l'exactitude de la langue judiciaire, & l'intelligence des loix anciennes.

Dans le droit eccléfiaftique, *admonition* a été remplacé par *monition.* Voyez ce dernier mot & le mot *Abus, n°. 38, tom. 1, pag. 440.*

Dans le droit public, *admonition* étoit l'avertiffement donné par le prince au fujet de quelques abus qu'il vouloit faire ceffer, comme l'exaction dans la perception des impôts, ou le refus de payer la dîme. *Creberrimas ADMONITIONES fecimus. . . . In diverfis placitis ADMONITIONEM fecimus.* (Capitul. *lib. 2, n°. 21, 23, pag. 741 & 742, tom. 1. edit.* Baluzii.)

Dans le droit privé, *admonition* exprimoit l'affignation donnée à un débiteur de la part de fon créancier. Cette expreffion avoit d'abord été employée dans ce fens par les Romains. Cicéron difoit *ADMONITUS hujus æris alieni nolui deeße ne tacitæ quidem flagitationi tuæ.* (In topicis ad Trebatium.) L'empereur Leon dit enfuite, *MONITUS actione civili, l. 6, § 3, C. de his qui ad eccl. conf.* Elle fut adoptée par nos premiers légiflateurs dans la loi falique, *tit. 52, n°. 2, & tit. 54, apud Lindenbrogium, pag. 337 & 338.*) Elle s'eft confervée dans le texte de la coutume de la Rochelle, *art. 10 du chap. 26.* « En la cour dudit fcel de la Rochelle, en matiere d'*admonition*, foit perfonnelle & hypotheque enfemble, ou perfonnelle feulement, ou hypotheque feulement, fuffit deux défauts pour avoir gain de caufe par contumace. » C'eft auffi dans ce fens que l'ancien praticien Imbert difoit, *admonition de payer, & requête, de payer eft tout un.*

Dans le droit criminel, l'*admonition* eft une remontrance que fait le préfident d'un tribunal, en vertu du jugement qui le prefcrit, à celui qui eft coupable de quelques excès contre le bon ordre, par laquelle il l'avertit de ne pas récidiver. C'eft le pere qui pardonne avant de punir. Il avertit le citoyen convaincu de quelque délit, fufceptible d'excufe à raifon de fa légéreté, ou des circonftances dans lefquelles il a été commis, de fe comporter à l'avenir avec plus de modération & plus de régularité, s'il ne veut pas être traité avec plus de févérité.

Après cela, on ne comprend pas pourquoi quelques auteurs ont mis l'admonition au rang des peines. Serpillon, *tom. 2, pag. 1092,* dit : l'*admonition eft une PEINE moins grande que celle du blâme.*

On jugera de l'inexactitude de cette notion par ce que nous allons recueillir, & fur-tout par le droit romain, dont nous avons dû fuivre l'efprit, en empruntant de lui cet acte judiciaire qui ne fe trouve dans nos premieres loix barbares fous aucun rapport avec le droit criminel, mais feulement avec le droit public.

DROIT ROMAIN.

2. Suivant les empereurs Gordien, Carin & Numerien, l'admonition n'emportoit pas note d'infamie, quelque grave qu'en fût la caufe. Méditez leurs loix & les meilleurs interpretes; tantôt c'eft un pere de la patrie qui avertit un citoyen d'être plus circonfpect dans fes paroles, plus modéré dans fes actions, comme auroit pu le faire un ami; tantôt c'eft l'autorité paternelle qui cherche à faire rougir un fils de l'irrégularité de fa conduite, en lui faifant un tableau vif & pathétique des fautes qu'il a commifes, & en le follicitant de changer à l'avenir de façon de penfer & d'agir; tantôt enfin, c'eft un juge, qui en parlant à un accufé, l'inftruit moins comme l'exécuteur de la loi que comme fon interprete, moins comme le vengeur public que comme un docteur particulier. *Verbum precibus infertum potiùs VERECUNDIAM ONERARE quàm ullam exiftimationis maculam videtur afpergere. Etenim cùm non caufâ cognitâ dictum eft ινικοφαντηγας fed ad poftulatum patroni interlocutione judicis refponfum fit, nequaquam hoc infamiam irrogat; l. 7, ex quib. cauf. infam... Interlocutio præfidis quæ indicta eft infamem eum de quo quæris fecifse non videtur, cùm non fpecialiter ob injuriam vel admifsam vim condemnatus fit, fed ita præfidis verbis GRAVATUS & ADMONITUS ut ad melioris vitæ frugem fe reformet, l. 19, eod... Verba judicis generalia... infames eos non facere apud quos PRIVATUM SE QUASI DOCTOREM præftiterit judex, nimirum de plano non autem de terrente reos tribunali, fellâque maleficiorum vindice.* (Mornacius ad hanc ult. l. tom. 3, pag. 368.)

Celui qui avoit été admonêté fous un faux expofé, n'étoit point admis à une réparation; parce que l'intention du magiftrat étoit moins de faire une infulte à l'accufé, & de chercher à ternir fa réputation, que de l'inftruire de fes devoirs, & de le ramener à l'amour de l'ordre. D'ailleurs, le magiftrat avoit moins rempli les fonctions d'un juge que celles d'un pere, d'un inftituteur, d'un pafteur des ames, qu'on ne préfume jamais dirigés par des motifs de paffion & d'inimitié. *Collige magiftratum non præfumi aliquid animo injuriandi, fed potiùs animo corrigendi dixiffe; idque generale eft in omnibus perfonis in quibus animus hoftilis non præfumitur, ut in parentibus, præceptoribus, paftoribus, & in fpecie magiftratu, eft præfumptio.* (Brunemannus, *ad leg. 17 & 19, tit. cit. tom. 1, pag. 117.*)

Cependant on croira volontiers que celui qui avoit été admonété injuftement, pouvoit s'adreffer au magiftrat, le convaincre de fon erreur, & que celui-ci ne refufoit pas de convenir qu'il s'étoit trompé : car, comme le dit encore Brunemann, l'admonition faifoit perdre une partie de cette confidération qui donne *droit* à l'eftime publique, quoiqu'elle ne déterminât pas une véritable infamie de fait. *SED TAMEN GRAVANT EXISTIMATIONEM APUD BONOS, ID EST MINORIS EST EXISTIMATIONIS, QUAM INFAMIAM FACTI NOMINANT.* (*Ibid.*)

Les monumens hiftoriques viennent à l'appui de ces conféquences; & nous préfentent, non feulement une différence dans ce qui s'appelle *peine, infamie* ou *admonition;* mais encore des nuances, felon les différens cas où l'admonition avoit lieu.

Augufte, dit Suétone, ayant demandé au fénat dix affeffeurs, força chaque chevalier Romain à rendre compte de fa conduite; & il infligea à quelques-uns des peines, il en déshonora quelques autres; mais fur-tout, il admonéta le plus grand nombre en différentes manieres. La plus douce des admonitions fut celle qui ménagea la délicateffe des coupables, en tenant leurs fautes fecrettes, & ne les livrant qu'aux remords de leur confcience: *Impetratifque à fenatu decem ad-*

jutoribus, unumquemque equitùm rationem vitæ reddere coegit; atque ex improbratis alios pœnâ, alios ignominiâ notavit, plures ADMONITIONE SED VARIA. Leniffimum genus ADMONITIONIS fuit traditio coram pugillarium, quos taciti & ibidem ftatim legerent. (Suetonius *in Augufto, cap. 39, pag. 305 & 306, edit. Burmanni.*)

Ceux que l'admonition ne corrigeoit pas, étoient punis très-féverement à la moindre rechûte. Il y a, dit le jurifconfulte Calliftrate, dans prefque toutes les villes, une foule de jeunes gens effrénés, toujours prêts à faire tapage & à exciter des troubles; ceux qui font arrêtés pour la premiere fois en flagrant délit, font punis du fouet, ou par la privation du droit d'affifter aux fpectacles publics; mais ceux qui récidivent après avoir été déja admonétés, doivent être condamnés à l'exil, & même à la mort, dans le cas où leur perverfité ait réfifté à plufieurs genres de correction. *Solent quidam qui vulgò fe juvenes appellant in quibufdam civitatibus, turbulentibus fe acclamationibus popularium accomodare; qui fi ampliùs nihil admiferint, nec ante fint à præfide ADMONITI, fuftibus cœfi dimittuntur, aut etiam fpectaculis eis interdicitur: quod fi ita correcti in iifdem deprehendantur, exilio puniendi funt, nonnunquam capite plectendi; fcilicet cùm fæpius feditiofè & turbulentè fe gefferint & aliquoties adprehenfi, tractati clementiùs in eadem temeritate propofiti perfeveraverint.* L. 28, § 3, D. *de pœnis.*

Pour juger de la douceur des loix criminelles de ces Romains, il fuffit de favoir que Tibere, le fombre & féroce Tibere, avant de s'être abruti, puniffoit rarement fes détracteurs, & fe contentoit de les admonéter. *ADMONITIO frequens erat, caftigatio & vindicta rariffima.* (Velleïus Paterculus, hift. lib. 2.)

Cependant on appelloit *admonition,* la fuftigation des efclaves: *fuftium admonitio, flagellorum caftigatio, vinculorum verberatio.* L. 7, D. *de pœnis.* Godefroi dit fur cette loi, que la fuftigation étoit apellée admonition, à caufe de la douceur de cette peine, comparée à celle de la flagellation : *fuftis ictus ADMONITIO hic dicitur, ut eo melius notetur hujus pœnæ LEVITAS ad comparationem flagellationis . . . . rei nudi corpore flagellabantur . . . gravior erat flagellatio fuftigatione, ideoque horribilis dicitur Horatio,* Satyr. 3.

Mais il ne faut pas plus juger de l'efprit des loix romaines par tout ce qu'elles ordonnoient ou permettoient à l'égard des efclaves, qu'il ne faudroit prononcer fur le caractere des Européens & l'efprit de leur légiflation, d'après l'état des negres de leurs colonies.

DROIT FRANÇOIS.

3. En France, comme à Rome, l'admonition eft une correction pour des délits qui ne méritent pas une peine févere & flétriffante ; & elle n'emporte pas plus d'infamie. C'eft ce qu'un grand nombre d'arrêts du parlement de Paris ont décidé, foit implicitement, foit explicitement. Nous en extrairons la plus grande partie d'une excellente confultation, foufcrite le 11 janvier 1741, par Mrs. Prevot & Sarrafin, célebres avocats au parlement de Paris, dans laquelle ils décident affirmativement cette queftion : *Si l'admonition, & même une amende y jointe, peuvent emporter infamie.* (Elle eft inférée dans le traité des matieres criminelles de Rouffeau de la Combe, *pag. 602 de l'édition de 1756.*)

ARRÊTÉS des mercuricales des 1 février 1609 & 12 janvier 1611. ARRÊTS de réglement du 6 août 1620 & 3 feptembre 1667, qui décident que les procès fur lefquels les fentences ne contiennent qu'une *admonition*, fe portent aux enquêtes par appel, parce qu'il ne s'agit pas d'une peine infamante qui oblige d'aller à la tournelle.

ARRÊT du 30 juillet 1625, portant admonition à de Laroche, l'un des principaux commis au greffe criminel, &

injonction de ne plus contrevenir aux réglemens fur le fait de fa charge, à peine de 3000 liv. d'amende. Cette prononciation fuppofoit néceffairement que l'admonition ne l'empêcheroit pas de continuer les fonctions de fa charge.

ARRÊT du 26 mai 1627, qui ordonne que le prévôt d'Auxerre fera admonêté, & lui enjoint de ne plus juger en fa maifon : il pouvoit donc juger ailleurs.

ARRÊT du 12 décembre 1671, par lequel Lecointre, greffier criminel du Châtelet, eft admonêté, fans qu'il ait difcontinué l'exercice des fonctions de fa charge.

ARRÊT du 14 avril 1682, qui ordonne que frere Loubaiffin, prieur des carmes du couvent de la place Maubert à Paris, fera admonêté, & lui ordonne de *préfenter à l'ordinaire* frere Buhi, *pour exercer dans le diocefe les fonctions dont il le jugeroit capable.* Cette difpofition annonce bien que l'*admonition* n'imprimoit aucune flétriffure au frere Loubaiffin, puifqu'on lui laiffoit le libre exercice des fonctions de fa charge. Voyez les circonftances de cette fameufe affaire ci-deffus, *tom. 1, pag. 521 & 522.*

ARRÊT du 27 janvier 1683, portant *admonition* contre un huiffier qui avoit fignifié une bulle latine qu'il n'entendoit pas, & lui fait défenfe d'en fignifier de pareilles : il n'étoit donc pas interdit de fes fonctions. . . . ARRÊT du 8 juin 1683, portant admonition contre le prévôt d'une collégiale fans qu'il y eût une inftruction criminelle. . . . . ARRÊT du 7 avril 1691, portant admonition contre un procureur, fans qu'il ait ceffé de remplir les fonctions de fon office. . . . ARRÊT du 29 novembre 1692, portant admonition contre le prévôt de la maréchauffée d'Auvergne, & qui le renvoie à fes fonctions. . . . . . ARRÊT du 25 juillet 1703 & du 8 janvier 1706, portant *admonition* contre un huiffier de Tours & un fergent, & interdiction *feulement pour une année.* . . . . . ARRÊT du 4 janvier 1706, par lequel un prêtre trop zélé pour la correction fraternelle, fut *admonété* en la grand'chambre, fans que le procès eût été inftruit par recollement & confrontation.

SENTENCE du lieutenant criminel de Paris, du 5 juillet 1729, qui condamne M. Marc-Antoine le Coq, procureur au Châtelet, à être admonété, en 20 liv. d'aumône, en 500 liv. de réparation civile, dommages & intérêts, & à l'inter-diction *pendant un an* des fonctions de fa charge, pour avoir, étant en cravate, & en canne, infulté un de fes confreres, qui étoit en robe dans une des falles du Châtelet, *un jour d'audience;* & en outre, lui fait défenfes, & à tous autres procureurs, de fe trouver au Châtelet les jours plaidoyables, autrement qu'en robe, conformément aux ordonnances, arrêts & réglemens. Voyez *Audience, Décence, &c.*

ARRÊTS du parlement de Paris, du 2 décembre 1770, & du 20 juin 1771, qui infirment deux fentences, l'une du lieute-nant criminel, & l'autre de l'official de Lyon, portant *admonition* contre le curé de Couzon, au Mont-d'Or, feule-ment, en ce qu'elles déclaroient ce curé incapable de poffeder aucun bénéfice à charge d'ames. Voyez *Abus*, tom. 1, pag. 501.

L'amende jointe à l'*admonition* ne peut opérer plus que l'admonition ifolée. Loyfeau, (*Traité des offices, liv. 1, chap. 13,*) démontre que l'amende n'eft point infamante par elle-même, & que la condamnation n'en eft flétriffante, qu'au-tant qu'elle fe trouve jointe à un autre condamnation, portant une peine qui entraîne par elle-même note d'infamie. C'eft-là, difent Mrs. Prévot & Sarrafin, ce qui doit réfulter de la véritable in-terprétation de l'*art. 7, du tit. 25* de l'Ordonnance de *1670*, qui porte que, *l'amende payée par provifion ne portera aucune note d'infamie, fi elle n'eft con-firmée par arrêt.* Il eft même défendu aux juges en prononçant l'*admonition* d'y joindre l'amende, par des arrêts

du 20 juin 1708, du 26 août 1709 & du 3 feptembre 1712. C'eft donc par inadvertence & contre les regles, que les juges prononcent tout à la fois l'amende & l'admonition; & cette cumu-lation légitimeroit un appel, à moins que les fupérieurs n'envifageaffent l'amende, comme une reftitution envers les par-ties intéreffées : ce qui eft quelquefois arrivé en matiere de délits & contra-ventions aux réglemens des eaux & forêts & des fermes du roi; mais dans ces cas, aucune de ces condamnations n'eft infamante.

ARRÊT du parlement de Paris, du 28 feptembre 1715, qui porte *admonition* contre un meûnier de Pierre-Fonds, convaincu de s'être fervi d'une mefure plus grande que celle qu'il devoit em-ployer; & lui défend de fe fervir d'au-cunes mefures qu'elles ne foient étalon-nées par le juge royal plus prochain de Pierre-Fonds : il avoit été condamné par le premier juge à un banniffement de trois ans. (*Journal des audiences, tom. 6, part. 2, liv. 5, chap. 37, pag. 120.*)

ARRÊT du parlement de Paris, du 4 décembre 1673, qui défend au juge de la Buffiere, de condamner en même temps au banniffement & à l'admonition. Voyez *Accumulation*, n°. 5, tom. 2, pag. 198 & 199.

L'admonition ayant pour objet des fautes d'ignorance, d'irréflexion, ou qui naiffent d'un zele aveugle & dangereux, on l'emploie avec fuccès pour les refus de facremens ou pour les approbations données mal-à-propos par les cenfeurs royaux. Ainfi, le fieur Boetin, curé de St. Étienne-du-Mont, fut admonété & condamné à une aumône pour un refus public de facremens : ainfi le cenfeur du livre de la *Philofophie de la nature*, le fut pour avoir approuvé cet ouvrage con-damné par arrêt du parlement.

Effets de l'admonition.

4. Chez les Romains, quoique l'ad-monition ne fût pas infamante; elle **diminuoit**,

diminuoit, disent les interpretes, cette opinion qui assure l'estime & la considération publique. *Sed tamen gravat existimationem apud bonos.* De là, tel qui aspiroit à une magistrature, se voyoit préférer ses concurrens, s'il avoit été *admonété*.

Parmi nous, quel sera l'effet de l'admonition ? Résultera-t-il du texte des ordonnances ? Elles n'en parlent pas : & l'art. *13, du tit. 25 de l'ordonnance de 1670*, ne faisant des peines qu'une énumération relative & partielle, n'énonce pas même le blâme. Sera-t-on éclairé par la jurisprudence ?

ARRÊT du parlement de Paris, qui adopte le refus que faisoient les avocats de Saumur, de continuer leurs fonctions avec un des leurs admonété par arrêt de la tournelle, pour *un fait qui avoit trait à la procédure.* Ils disoient que « pour exercer une profession, à laquelle la confiance publique est continuellement attachée par la correspondance des autres avocats, il faut maintenir cette correspondance. Dès qu'elle cesse, toute confiance cesse alors. » (Jousse, *tom. 1, part. 1, tit. 3, art. 5, n°. 112, pag. 77.*)

Mais il ne faut pas juger des autres corps par les principes de l'ordre des avocats ; & si l'on pese bien le dire de ceux de Saumur, on conviendra que, n'ayant pour base que la confiance & l'extrême délicatesse, ce qui peut les affecter, doit, ou peut n'avoir aucune influence partout ailleurs.

En général l'admonition n'est point une peine ; elle est seulement un avis de ne pas s'y exposer ; elle ne peut donc pas avoir les effets de la peine.

Mais, si dans un corps quelconque un membre a été *admonété*, quelle conduite tiendra-t-on avec lui ? L'exclura-t-on ? Refusera-t-on de s'assembler avec lui ?

Cette décision dépend, 1°. de la dignité & de l'autorité du corps ; car, ce qu'il soutiendra par son importance & sa conduite, un corps subalterne ne pourra pas

l'effectuer, ou sera condamné, s'il persiste : 2°. de la nature de la faute pour laquelle on a été admonété ; car, si elle est intérieure, & si, par exemple, dans l'administration, elle tient à la fidélité, il sera difficile de forcer le corps à garder un membre qu'il a soupçonné, & que le parlement aura admonété : 3°. de l'opinion publique ; car elle dédaigne, note & flétrit les arrêts qui lui paroissent injustes. Si l'on croit un accusé coupable, & s'il a le bonheur d'échapper avec une admonition, il ne sera légalement, ni *indigne*, ni *incapable :* mais il n'échappera pas à cette opinion qui le poursuivra dans la société, & l'éloignera de toutes les places qu'assurent l'estime & la considération publique.

Réflexion.

5. Quand on se pénetre de l'esprit des loix romaines, dont nous avons tiré la jurisprudence de l'admonition ; quand on considere les inconvéniens de la prison, du bannissement & des galeres à temps, qui corromproient l'homme le plus doux & le moins enclin au mal ; on seroit tenté d'examiner si, pour les délits premiers, uniques & peu graves, pour les délits qui ne naissent point de la férocité, mais de la foiblesse ou du besoin, ce ne seroit pas assez de prononcer l'admonition. Car, on perd une infinité de citoyens, qui auroient pu devenir meilleurs, qui, dégradés par la société des méchans & incapables de tout par la flétrissure, deviennent nécessairement des hommes suspects, & le plus souvent dangereux. Or, ne vaudroit-il pas mieux les avertir une premiere fois ? Ne pourroient-ils pas changer ? Et en tout cas, ne seroit-on pas toujours à temps de punir la récidive ? Par-là l'ordre & la sûreté publique seroient-ils compromis ?

Ces questions ne peuvent être approfondies que sous le mot *Peine.* Voyez encore *Blâme, Bannissement, Enfermement, Galeres.*

ADOLESCENCE.

(*Dr. pub. Dr. eccl. Dr. crim. Dr. privé.*)

« C'eſt l'âge qui eſt depuis la puberté juſqu'à la majorité; c'eſt-à-dire, depuis quatorze ans juſqu'à vingt-cinq. Il ne ſe dit guere que des garçons : *Au commencement de l'adoleſcence : Il eſt encore dans l'adoleſcence. . . .* Adoleſcent ne ſe dit guere qu'en plaiſantant. » (*Dictionnaire de l'académie.*)

Au mot *Age* nous dirons, comme nous pourrons, quel eſt le droit poſitif; car la loi civile doit déterminer à quel âge on peut juger, adminiſtrer, contracter & être puni. Dans un ſiecle où l'on exiſte ſi-tôt, & où l'on vieillit de ſi bonne heure, ſans doute, il eſt eſſentiel de connoître la juriſprudence. Oſera-t-on ici rappeller cette loi de Solon, qui ne vouloit pas que l'adoleſcence fût admiſe à l'adminiſtration publique, quelque inſtruite & prudente qu'elle pût ſe montrer? *Ne quis magiſtratum gerat* ADOLESCENS, *neve ad conſultationes admittatur, quamvis prudentiſſimus videatur.* (Stobæus, *ferm. 114, pag.* 587.)

C'eſt dans cet eſprit que M. d'Agueſſeau, dans ſa *Mercuriale ſur l'eſprit & la ſcience,* tom. 1, pag. 114, diſoit : « Qu'a fait ce JEUNE ſénateur, pour parvenir à cette fermeté intrépide de déciſion, avec laquelle il tranche les queſtions qu'il ne peut réſoudre, & coupe le neud qu'il ne ſauroit délier? Il ne lui en a coûté que de ſouffrir qu'on le fît magiſtrat. . . . Faudra-t-il s'étonner ſi la légéreté préſide ſouvent à ſes jugemens, ſi le haſard les dicte quelquefois, & preſque toujours le TEMPÉRAMENT? *Puiſſances aveugles, &c.* »

Mais il ne s'agit pas des dépoſitaires de la loi, & nous ne devons voir que ceux qui lui ſont ſoumis. Il s'agit de ces jours orageux, où l'homme commence à ſentir & à développer ſes facultés & ſon intelligence. Époque intéreſſante; elle va lui donner la ſanté ou la mort, la vigueur ou la foibleſſe, l'ignorance ou le ſavoir, le crime ou la vertu, l'infortune ou le bonheur du reſte de ſes jours. *ADOLESCENS juxtà viam ſuam ambulans, etiam cùm ſenuerit non recedet ab eâ.* (Proverb. 22, cap. 6.)

Arrivé à cet inſtant critique, le ſauvage n'eſt point embarraſſé; il exerce ſes forces, ſe montre brave, & ſuit les loix de la nature.

Mais l'homme ſocial que deviendra-t-il, placé entre ces loix de la nature & celles de la ſociété? Deſtiné à marcher ſans ceſſe entre des abymes, qu'a-t-on fait pour le guider? A-t-on du moins, par cette éducation qui commence & finit avec l'adoleſcence, a-t-on cherché à le former tel qu'il doit être toujours pour ſon bonheur & celui de ceux qui l'entourent? Après avoir dégradé l'homme de la nature, inſtitue-t-on le citoyen?

Sur ces objets importans de l'ordre public, légiſlateurs, juriſconſultes, philoſophes, naturaliſtes, jamais ils n'ont été d'accord. Ils ne le ſont pas même ſur la maniere dont il faut diviſer les âges de la vie : & cette diverſité doit être obſervée.

Chez les premiers Romains, leur roi Servius Tullius n'établit que trois périodes; l'enfance qui duroit juſqu'à dix-ſept ans, la jeuneſſe juſqu'à quarante-ſix, & la vieilleſſe juſqu'à la mort. (Aulus Gellius, *lib. 1, cap.* 28.)

Dans la loi 69 *in fine,* D. *de legatis* 3, le juriſconſulte Marcellus, place l'adoleſcence entre l'enfance & la jeuneſſe. *Cæterùm* EXISTIMARI *poteſt juvenis is qui adoleſcentis exceſſit ætatem quoad, incipiat inter ſeniores numerari:* définition vague, qui prouve que les Romains n'avoient pas déterminé exactement les âges de la vie. Du moins, dans la compilation juſtinienne, Tribonien n'a conſervé aucune loi préciſe à cet égard; ſans doute, parce que depuis les Céfars elles étoient abolies; & quand il faut trouver à quel âge on pouvoit exercer la magiftrature, l'étude la plus approfondie de l'hiftoire ne donne que des apperçus : elle indique, par exemple, que Cicéron & Céfar font parvenus au même âge à la queſture, à l'édilité & au confulat.

Suivant Macrobe, *(in fomnium Scipionis, lib. 1 , cap. 6 ,)* les philofophes & les naturaliftes divifent la vie en fept parties ; parce que , difent-ils, le corps de l'homme reçoit des changemens remarquables tous les fept ans : la perfection eft au point où le nombre fept fe multipliant par lui-même donne quarante-neuf, & la borne ordinaire de la vie eft foixante ~~dix~~ ; parce que le nombre fept eft multiplié par dix, de tous les nombres le plus parfait.

Au milieu de ces contradictions frappantes & de ces fyftêmes abftraits, que dit la loi civile? Elle peut bien, fi l'on veut, varier fur une infinité de chofes à raifon du befoin, des préjugés, des ufages, des difpofitions perfonnelles, du tempéramment & du climat même. Mais s'il s'agit de prononcer fur la liberté, l'honneur & la vie, elle doit être uniforme & claire, paternelle & douce : car, les mœurs & la fûreté publique ne naiffent pas de la rigueur des fupplices.

Après avoir fous le mot *Accufation,* n°. 66, tom. 2, pag. 364, montré combien la jurifprudence de l'Europe eft arbitraire fur la punition des délits de l'enfance même; après avoir, avec l'hiftoire, imputé à l'inquifition l'abolition des confeils de l'accufé, & l'établiffement du fecret de la procédure criminelle ; l'équité veut que nous difions combien ce redoutable tribunal eft indulgent pour l'adolefcence & les motifs qu'il en donne dans fon directoire. *Etiam pueri doli feu criminis capaces fint, adhuc mitiùs puniri debent; primùm, quoniam ADOLESCENTIA eft veluti fuaptè naturâ ad vitia labilis & prona, & ideò fi quis peccaverit adolefcens magis eft adfcri-*

bendum ÆTATIS VITIO quàm pertinaci malitiæ & improbitati. (Eymericus *in directorio inquifitorum, pag.* 40 , *edit.* 1607 , *in-fol.*)

Or, fi cette impitoyable jurifdiction s'adoucit en faveur de cet âge, où, la raifon étant obfcurcie par les paffions, l'on eft fans contredit moins coupable, ferons-nous plus féveres? Et qu'avonsnous fait pour garantir l'adolefcence des pieges qui l'entraînent & l'abyment, avant qu'elle ait eu le temps de réfléchir & de fe connoître?

Si vous parcourez les inftitutions des peuples anciens, vous les voyez occuper, inftruire & former l'adolefcence par des exercices publics, l'école de l'adminiftration & la converfation des vieillards. Si Gnozius mêlé avec les jeunes Lacédémoniens ne leur enfeigna pas la vertu, les éphores l'en punirent, en lui défendant de paroître avec eux. *Interdici converfatione adolefcentum fummam infamiam videri.* (Ærodius *in Pandectis rerum judicatarum, lib.* 6 , *tit.* 8, *cap.* 17.)

Les *Perfes* alloient plus loin , dit Xenophon; ils faifoient entrer dans l'éducation de la jeuneffe l'étude des loix. *(Cyropedia, lib.* 1, *pag.* 5, *edit.* R. *Stephani.*)

Les *Crétois* alloient plus loin encore : pour rendre cette étude facile, ils avoient mis LES LOIX EN MUSIQUE, & les faifoient chanter aux jeunes gens avec les louanges des dieux, & les faits héroïques des grands hommes. *Cretenfes jubebant liberos ingenuos leges perdifcere cum quâdam melodiâ, ut ex mufica voluptatem caperent & faciliùs eas memoriâ complecterentur, ET NÈ, SI QUID CONTRA LEGES ADMISSSENT, VELUT IGNORENTIA FACTUM, EXCUSARENT; alterum illis edifcendum proponebant hymnos in deorum laudem; tertium verò fortium virorum encomia.* (Ælianus, *lib.* 2, *variarum hiftoriarum, cap.* 39.)

A Rome, enfin, les jeunes gens, après

avoir donné les premieres années de l'adolefcence à l'étude des langues, de la grammaire, de la rhétorique, de la philofophie, revêtus de la robe virile s'occupoient de l'étude des loix, en fuivant le barreau, en s'entretenant avec les anciens jurifconfultes, en ne dédaignant pas d'effayer leurs forces ; & préparoient ainfi de grands magiftrats, de grands jurifconfultes, de grands hommes dans tous les genres : *Adolefcentes primos annos dabant græcis litteris, adeòque grammaticos, rethores, philofophos audiebant.... Hinc fumptâ virili togâ fe fe ad forenfem præparabant eloquentiam & à viro quodam illuftri in forum deducebantur.* (Heineccius, *Hift. jur. lib. 1, cap. 3, n°. 154, tom. 4, collect. operum.*)

Et nous, inftruits par Fénelon, avertis chaque jour par le fpectacle des erreurs, des vices & des crimes de l'adolefcence; difons-le encore, qu'avons-nous fait pour la rendre plus heureufe & plus fage, pour l'éclairer & la garantir des pieges féducteurs qui l'environnent & la perdent?

L'églife convaincue de ce danger, relativement à ceux qu'elle voue au miniftere des autels, détermine dans le quatrieme concile de Tolede, de les élever dans les féminaires, fous l'infpection de vieillards chargés de les inftruire & de les furveiller. *Omnis ætas ab ADOLESCENTIA in malum prona eft. Nihil enim incertiùs eft quàm vita ADOLESCENTIUM. Ob hoc conftituere oportuit, ut fi qui in clero impuberes aut ADOLESCENTES exiftunt, omnes in uno conclavi atrii commaneant, ut lubricæ ætatis annos non in luxurid, fed in difciplinis ecclefiafticis agant, deputati probiffimo feniori quem & magiftratum difciplinæ & vitæ teftem habeant.* (Can. 1, quæft. 1, caufa 12, in decret. 2ᵈᵃ, parte.)

Mais cette crainte, pourquoi n'a-t-elle pour objet que l'état eccléfiaftique ? & de bons prêtres fuffifent-ils au bonheur public ? Si l'on ne peut pas affujettir ainfi les autres jeunes gens, du moins,

comment en général néglige-t-on fi fort de les inftruire ? Dans nos paroiffes, pourquoi de toutes nos loix, fe borne-t-on à lire la terrible ordonnance de Henri II, concernant les déclarations des filles enceintes ? Ce que l'on croit néceffaire pour un délit, eft-il indifférent pour les autres ? En un mot, n'eft-il pas néceffaire & poffible d'inftruire le peuple, fur-tout dans cet âge qui prépare fes vertus & fes vices? Et peut-on le punir lorfqu'on a manqué de l'inftruire ?

L'impératrice de Ruffie s'eft fait ces objections dans fon inftruction pour la réformation du code, n°. 148, & voici comment elle les réfout : .... " *Les loix doivent être écrites en langue vulgaire,* & le code qui les renferme TOUTES, doit être un livre de moyenne grandeur, que l'on puiffe acheter à bon marché, comme l'on fait un CATÉCHISME. *Si le citoyen, au contraire, n'eft pas en état de connoître par lui-même les fuites fâcheufes, que des actions mauvaifes peuvent avoir à l'égard de fa perfonne ou de fa liberté, il devient,* en quelque forte, *l'efclave d'un certain nombre de perfonnes qui ont pris les loix fous leur protection, & qui les expliquent SUIVANT CE QUE BON LEUR SEMBLE. Plus il y aura de perfonnes qui liront & entendront ces loix, & moins il y en aura qui les violeront.* C'eft pourquoi il faut ordonner dans toutes les écoles d'employer pour apprendre à lire aux enfans, tantôt *les livres* de religion, & tantôt ceux *qui traitent des loix.* "

Méditons ces grandes & fimples penfées de Catherine II, dignes d'êtres placées à côté des meilleures loix de l'antiquité. Joignons-y notre capitulaire ; *Docendus populus;* & la penfée de notre chancelier l'Hofpital : *Les hommes ne font malheureux que par l'ignorance;* & ajoutons quelques faits.

Qui voit-on dans les prifons, aux galeres & au gibet ? Sur cent malfaiteurs, vous compterez quatre vingt-dix jeunes gens, qui ne parviennent pas à leur majorité; qu'égarent une jeuneſſe bouillante, des beſoins impérieux, des paſſions ardentes, des liaiſons funeſtes, & le défaut abſolu d'inſtruction. Ce ſont des brutes, des ſauvages, ou c'eſt un malheureux moment. Et l'état perd ainſi tous les ans une jeuneſſe vigoureuſe, qui, dirigée par de ſages inſtitutions, eût donné d'excellens ſoldats & de bons peres de famille! Je n'oſe pas écrire combien chaque année il en périt ainſi. On ſeroit effrayé. Mais, allez dans les priſons; demandez-leur ce qu'ils ont fait, quel étoit leur but, quelle éducation ils ont reçue, quel ſyſtême ils ſe ſont formé ſur le bonheur & la vertu: vous ſerez encore plus effrayé!

Ces queſtions ſur l'état de la ſociété civile peſent ſur votre cœur, & feront couler vos larmes, ſi vous ſongez que ces êtres dégradés ſont hommes comme vous, & que leur *adoleſcence* modifiée par d'autres inſtitutions en eût fait d'excellens ſujets: car, ce ſont les paſſions bien dirigées qui font les héros.

Enfin, ſans nous ſuivre dans les repaires du crime, deſcendez un inſtant en vous-même. Parcourez le cercle de votre vie, & vous arrêtant à l'*adoleſcence*, dites-nous ce que vous fûtes; combien quelquefois vous fûtes plus heureux que ſage; combien ſans un nom, une famille & des amis, peut-être vous auriez payé cher l'erreur d'un moment. Vous héſitez. Ah! ne rougiſſez pas, & liſez ce que l'Eſpagnol, Jules Inigo de Madrane, met dans la bouche d'un jeune homme.

« Le ciel m'avoit fait un préſent plus précieux que le trône. Il m'avoit donné des vertus. Cependant le nombre de mes crimes égale celui de mes jours. Il eſt un âge.... O Dieu! que ne l'avez-vous retranché, cet âge impétueux, du reſte de mes jours? Que l'éguillon de nos premieres paſſions eſt piquant! Dominés, entraînés par un aſcendant ennemi,

ſavons-nous jamais nous arrêter au bord du précipice? Malheureux! ce n'eſt qu'au bruit de notre chûte que la raiſon s'éveille. Réveil tardif! réveil cruel! âge terrible, où la nature aveuglée donne tant de force au preſtige qui naît des impreſſions que nous recevons de la beauté! La beauté! le crime! Ces deux images devoient-elles être ſi près l'une de l'autre! »

Nous terminons par ce trait, qui n'eſt point déplacé, ſi l'on conſidere combien il s'eſt commis de crimes puiſés dans la même ſource, & combien en prépare le contraſte entre la nature & la loi. Voyez *Abandon*, tom. 1, pag. 5, *Accuſation*, tom. 2, pag. 201. Voyez *Amour, Affiche, Audience, Avocat, Barreau, Catéchiſme, College, Curé, École, Éducation, Enfans trouvés, Exemple, Galeres, Hôpitaux, Inſtruction, Peine, Prédication, Priſon, Spectacle, Supplice & Univerſité.*

ADOPTION.

(*Dr. naturel. Dr. public. Dr. privé.*)

1. « Adopter; c'eſt choiſir quelqu'un pour ſon fils, le faire entrer dans tous les droits & obligations d'un véritable fils..... Adoption, eſt l'action d'adopter. » (*Dict. de l'académie.*)

Adoptio eſt actus legitimus, quo in jus & locum filiorum familias adſciſcimus eos qui nobis extranei ſunt. (Vinnius.) Pothier, *dans ſes Pandectes, tom. 1, pag. 21*, dit: *actus ſolemnis.*

Cette fiction de la nature & de la loi exiſta chez les peuples anciens, ſur-tout dans le droit Romain, où on la rencontre à chaque pas. Vous la trouverez en Aſie & en Afrique: en Amérique, c'eſt la nature qui l'inſpire aux Sauvages pour réparer les excès de la barbarie: en Europe, quelques nations l'ont ſauvée des ravages de la féodalité, & le roi de Pruſſe l'a conſervée dans ſon *Code Frédéric.*

En France, d'abord indigene, & confirmée par le droit romain; de là proscrite par la fiscalité, la féodalité, les substitutions & les propres, elle a reparu de temps en temps, elle s'est maintenue en quelques lieux avec des modifications, & ce siecle même en a vu un grand exemple.

Ce n'est donc point une vaine curiosité qui nous fera rechercher l'origine, l'esprit & les résultats de l'adoption. C'est un devoir pour le jurisconsulte exposé à traiter quelque question relative. C'est un plaisir pour le publiciste, qui, s'élevant à la hauteur de son sujet, en considere les rapports avec les mœurs & le bien public.

DROIT NATUREL.

2. Ces loix que notre chancelier d'Aguesseau appelloit d'*éternelle vérité*, les loix romaines, ont regardé l'adoption comme l'image & l'émule de la nature. *Imago naturæ, œmula naturæ.*

Si ce n'étoit qu'une illusion, comme tant d'autres qui remplissent le cercle de la vie, & soutiennent les institutions politiques; du moins elle étoit douce, elle étoit sage, elle servoit bien les individus, la famille & l'état. Mais n'étoit-ce qu'une illusion?

L'homme a, d'aimer & d'être aimé, ce besoin, qu'exprime si bien le mot du pauvre isolé à qui l'on ôtoit son chien : *Eh! qui m'aimera donc?*

Ce sentiment, plus encore que son intelligence, distingue l'homme des brutes, qui, après l'instant marqué par la nature, méconnoissent tous les leurs, & n'éprouvent que les sensations du besoin & du plaisir. C'est cette affection pour ses semblables, qui après avoir fait son bonheur en multipliant son être, est le garant infaillible de cette autre vie dont l'espoir soutenoit Cicéron. *Spem melioris vitæ.*

De toutes les affections de l'ame, celle qui unit le pere, la mere & les enfans, est la plus naturelle & la plus durable. L'espace & le temps attestent sa puissance. Elle triomphe des événemens, des passions, des tourmens, de l'art même qui ne peut pas plus la détruire que la peindre. L'orateur qui veut l'exprimer s'égare, pleure, s'il est pere, & fait à peine dire : puissent mes enfans m'aimer toujours comme je chérissois mon pere !

Mais s'ils meurent, ces enfans, ou si l'on n'en eut jamais, ne peut-on pas réparer ce malheur? Sera-t-on condamné à vivre seul au milieu de citoyens indifférens ou de collatéraux avides? & après avoir embrassé toute la famille humaine, ce sentiment ne pourra-t-il pas se fixer sur quelqu'individu?

Le mot *adopter* ne sera-t-il employé dans notre langue qu'au figuré, pour exprimer qu'on fait siens les systêmes, les principes, les idées & les opinions créés par d'autres? Et pourroit-il être défendu de donner le doux nom de fils à celui que le cœur préfere, & d'imaginer quelquefois qu'on est pere?

Seroit-il illicite de remplacer l'acte aveugle & momentané de la paternité par tout ce qui peut réunir les hommes & leur inspirer l'affection la plus pure? Et ne tient-on pas à ses enfans par un double sentiment, celui que donne l'idée, souvent trompeuse, de la paternité; celui qu'inspirent & accroissent l'habitude, l'éducation, les caresses, les bienfaits & la reconnoissance.

Je ne me rappelle pas, sans émotion, une espece d'adoption, où, comme administrateur de l'hôpital-général de la charité de Lyon, je jouois un rôle principal. Un enfant trouvé avoit été mis en nourrice chez un bon paysan, qui l'avoit rendu à l'âge de sept ans, & bientôt après avoit vu périr ses trois enfans. Ce nourricier entre au bureau avec sa femme, ses voisins, & s'adressant à moi d'un air égaré & d'un ton suppliant : *MON FILS*, me dit-il, *mon pauvre Pierre! rendez-le-moi. Hélas! tant qu'il a été avec nous, le Ciel nous* a benis, & depuis que vous l'avez repris, j'ai perdu tous mes enfans & j'ai été grêlé. *NOUS SOMMES SEULS*, ma pauvre femme & moi; *QU'ALLONS-NOUS DEVENIR?* Rendez-le-moi, mon Pierre, *CE SERA NOTRE ENFANT*, & nous lui donnerons *TOUT*....Pierre arrive, saute au cou de sa nourrice & de son pere, qui fondent en larmes en lui disant : *ne pleures pas, tu viendras avec nous & nous ne te quitterons plus;* & ils lui font une donation universelle avec ce seul mot : *ce sera tout pour toi,* (car ils ne me parloient plus.) Aussi-tôt, & comme si nous avions peut-être voulu reprendre ce trésor, l'enfant adopté est emmené en triomphe... Ames honnêtes & sensibles, peres & meres, je peins mal : cependant, j'entends encore ces mots déchirans : *Mon fils......Nous sommes seuls,...qu'allons-nous devenir? Ce sera notre enfant, ...ce sera tout pour toi.*

Qu'est-ce donc que ce sentiment vif & tendre, qui remplace sur le champ celui de la nature? On est aussi heureux de l'éprouver qu'embarrassé de le définir.

En parlant de la connoissance de l'homme, *tom. 1, pag. 18 & 19,* M. d'Aguesseau disoit : « Pour régner par la force ou par la douceur du *sentiment*, il suffit de parler devant des hommes.... *Tel est le caractere de l'esprit humain,* qu'il veut que la raison même s'engage à lui parler le langage de *l'imagination;......* accoutumé à ne recevoir les impressions de la vérité que quand elles sont accompagnées de ce plaisir secret qu'il prend pour un de ses caracteres, *il préfere souvent un mensonge agréable à une austere vérité.* »

Si cette analyse de l'esprit humain est exacte; si le sentiment & l'imagination font trouver le bonheur dans l'adoption; qui pourroit la rendre illégale? Est-ce la religion, la morale, la politique?

La Religion.

3. Jesus eut un disciple chéri, qu'il traitoit comme son fils. « En mourant, il dit à sa mere : voilà votre fils ; puis se retournant vers celui-ci, il dit : voilà votre mere ; & St. Jean la prit dès-lors pour sa mere, & se regarda comme son fils. » *Cùm vidisset ergo JESUS matrem & discipulum stantem, quem diligebat, dicit matri suæ : MULIER ECCE FILIUS TUUS. Deinde dicit discipulo: ECCE MATER TUA; & ex illâ horâ ACCEPIT EAM discipulus IN SUA.* (Joann. XIX. 26, 27.)

Après ce texte, d'autant plus précieux, que l'adoption étoit usitée chez les Juifs, on est inquiet de savoir si l'église a influé sur l'abolition de cet acte civil; si au contraire elle n'a pas fait tout ce qu'elle a pu pour le maintenir dans sa force primitive. Car si le clergé, comme possédant les plus grands fiefs, avoit pu favoriser cette abolition, ce seroit une erreur qu'il faudroit imputer aux ténebres épaisses, dont il ne se garantit pas plus que nous dans les siecles d'ignorance.

L'indifférence du clergé à cet égard seroit d'autant plus extraordinaire, que dans les livres saints & dans le langage des peres de l'église, *adoption* est synonyme de la régénération par le baptême. *Misit Deus filium suum. ... ut eos, qui sub lege erant, redimeret, & ADOPTIONEM filiorum reciperemus.* (Paulus ad Galat. IV. 4 & 5.)

L'abolition de l'adoption seroit contradictoire avec l'établissement des hôpitaux, où la religion & l'humanité s'empressent de rendre à l'enfant trouvé, orphelin ou abandonné, un pere que la nature lui avoit donné, & que le destin lui ravit.

Enfin, cette proscription entre les gens du monde, seroit d'autant plus étrange de la part du clergé, qu'on en trouve la tradition, l'image & les effets dans les cloîtres même sous le nom d'*affiliation* & d'*adoption;* actes licites & inviolables, par lesquels le religieux, après avoir brisé tous les nœuds de la nature, se crée une famille. Foible illufion ! La religion l'autorife, malgré la confécration à celui qui doit tout payer dans l'éternité, malgré le détachement abfolu des chofes d'ici bas, & le vœu d'obédience. Tant il eft vrai que la nature a fes droits inviolables, & qu'en exigeant leur facrifice, la religion elle-même confole par leur image & par l'illufion d'un fentiment qu'elle ne condamne pas !

Les mœurs.

4. En Chine, celui qui n'a point d'héritier mâle, adopte un parent ou un étranger, qui prend le nom & fuccede, même par égalité, s'il furvient un enfant mâle. (*Hift. gén. des voyages*, in-4°. tom. 6, liv. 2, pag. 144.)

Dans la province de *Chan-fi*, on pouffe plus loin la fiction. Quand deux enfans deftinés à être époux meurent, on réunit en pompe leurs cadavres ; on les conferve ainfi quelques jours, on les enferme enfuite dans la même tombe, & les deux familles fe traitent d'amis, d'alliés, de parens. (*Ibid. pag. 148.*)

En Amérique, l'ufage le plus commun eft de dédommager les parens de celui qui a été tué à la guerre, par un prifonnier, qui, adopté par eux, remplace le mort. Dès cet inftant, fa condition ne differe pas de celle des enfans de la nation ; & la reconnoiffance, jointe à l'habitude, lui fait prendre de fi bonne foi l'efprit national qu'il ne feroit pas difficulté de porter la guerre jufques dans fon ancienne patrie. (*Ibid. tom. 15, liv. 6, pag. 26 & 55.*)

M. Ferguffon, dans fon *Hiftoire de la fociété civile*, liv. 2, chap. 2, peint ainfi cet ufage. « Cette adoption fe fait même quelquefois au milieu des couteaux & des bûchers préparés pour les fupplices. La main déja levée pour frapper, retombe dans la main du prifonnier, en figne d'amitié & d'*adoption*. Il devient le concitoyen, le fils, le frere de ceux qui alloient être fes bourreaux. Ce n'eft ni par haine, ni par vengeance qu'ils con-

damnent leurs ennemis à des morts fi cruelles. Ils font barbares par le même point d'honneur, qui les rend prefqu'impaffibles. Les prifonniers pour lefquels ils témoignent le plus d'eftime, font ceux qu'ils livrent aux fupplices les plus affreux : le lâche leur en paroît indigne, & ils l'abandonnent aux femmes, qui lui donnent une mort prompte. Je me rejouiffois, difoit un vieillard à un jeune homme, de ce que le fort t'a fait tomber entre mes mains ; je voulois te placer dans la couche de mon neveu, qui a été tué par les tiens ; *je voulois tranfporter fur toi toute la tendreffe que j'avois pour lui, & te deftiner à la confolation de ma vieilleffe*: mais fanglant & percé de coups, la mort te fera meilleure que la vie. Prépares-toi donc à mourir en homme... » Ce mélange de fentiment & de barbarie nous étonne. Valons - nous mieux dans quelques-uns de nos fupplices ? Valons-nous mieux encore dans ce que nous appellons les regles de l'*Honneur?* Voyez ce mot.

Ainfi, chez le Sauvage l'adoption répare la dépopulation ; chez le Chinois policé, elle maintient la paix & l'union générale par cet efprit de famille, qui eft le fondement de l'empire. Voilà deux grands effets.

On oppofe le trait de Tacite, qui impute à Augufte d'avoir adopté Tibere, « non par amitié pour lui ou par intérêt pour l'état, mais par la connoiffance qu'il avoit de fa cruauté & de fon orgueil, & dans la vue de la gloire que la comparaifon avec ce monftre lui affuroit. » (*Ann. I. 10.*)

C'eft comme fi l'on difoit que la loi qui abfolvoit du fupplice les filles impuberes étoit mauvaife, puifque Tibere fit violer par le bourreau les vierges qu'il facrifioit à fes foupçons ou à fa vengeance.

Un fait plus remarquable, c'eft que parmi les parricides, Rome ne compta point des enfans adoptifs. Céfar fut vengé par Augufte qu'il avoit adopté ; & fon affaffin fut celui que Rome regardoit
comme

comme fon fils, parce qu'il avoit été l'amant heureux de fa mere ; & en effet, quand il reconnut la premiere main qui le frappoit, il s'enveloppa la tête en pleurant, comme pour ne pas voir le parricide, & dit ce feul mot fi connu : *Tu quoque* MI *Brute !*

Seroit-il donc vrai que le fentiment de l'adoption égale & furpaffe même celui de la nature ?

Laiffons cette analyfe, & difons avec l'expérience de tous les temps & de tous les lieux :

Par-tout où regnent le célibat, l'égoïfme & le vil intérêt, vous voyez l'indifférence pour la patrie, & quelquefois des mœurs cruelles.

Par-tout où regne l'efprit de famille, & où l'on a multiplié même par des fictions les liens qui uniffent les hommes, vous trouvez des mœurs douces, & cette vertu active qui ne confifte pas à ne rien faire contre les loix, mais à aimer fes femblables, & à leur faire tout le bien poffible.

La politique.

5. Lorfque la religion & la morale ont approuvé une inftitution, que peut oppofer la politique ?

En expofant les principes de l'ariftocratie, Montefquieu dit : « Que les loix doivent ôter le droit d'aineffe aux nobles, afin que, par le partage continuel des fucceffions, les fortunes fe mettent toujours dans l'égalité. — Il ne faut point de fubftitutions, de retraits lignagers, de majorats, d'ADOPTION. Tous les moyens inventés pour perpétuer la grandeur des familles dans les états *monarchiques*, ne fauroient être d'ufage dans l'ariftocratie. » (*Efprit des loix, liv. 5, chap. 8.*)

En lifant ce paffage, j'ai cru qu'il s'agiffoit de la démocratie, dont le principe fe perd par la grandeur, la fortune, l'ancienneté des familles ; & non de l'ariftocratie, dont le fénat eft au peuple ce qu'eft le monarque à fes fujets.

Mais, comment eft-il arrivé que des monarchies légitimant le droit d'aineffe & les fubftitutions, aient rejeté l'adoption ? Car elle perpétuoit ces grandes familles, que Montefquieu, dans nos préjugés & nos mœurs, croit néceffaires au foutien du trône.

Comment, fur-tout après avoir joui durant près de mille ans des avantages & des douceurs de l'adoption, la plus grande partie de l'Europe l'a-t-elle abolie ou reftreinte ?

On ne peut bien juger de ce qui eft, qu'après avoir vu ce qui a été !

Peuples anciens.

6. Quelque contrée que vous abordiez avec l'hiftoire, vous y trouvez l'adoption indigene fans doute ; & après la civilifation, maintenue par les loix comme un de ces points du droit naturel que refpectent encore les inftitutions civiles.

Je vous ai déja parlé de la CHINE, dont la légiflation paternelle n'a pu varier depuis trois mille ans.

L'INDIEN foumis n'a point altéré fes dogmes & fes loix, & vous trouvez encore un chapitre entier fur l'adoption dans le *Code des Gentoux, chap. 21, fect. 117, pag. 299.*

L'ASSYRIE en offre des traces depuis Ninus, dans Diodore de Sicile, *liv. 4,* Berofe, *liv. 5,* & Jofeph, *liv. 1, ch. 15.*

En ÉGYPTE, la fille de Pharaon, prend pour fils le jeune Moyfe : *Quem illa adoptavit in locum filii, vocavitque nomen ejus Moyfes.* (Exod. II. 10.)

Les Juifs.

7. Chez les HÉBREUX, Sara avoit dit à Abraham : je fuis ftérile, prenez Agar ma fervante, & fes enfans feront les miens. *Ex illa fufcipiam filios.* (Genef. XVI. 2.)... Mardochée avoit adopté Efther. *Mardocheus fibi adoptavit eam in filiam.* (Efther, 2, 7.)... Les Hébreux avoient ajouté une fiction affez femblable à celle de la Chine & qu'ils confervent encore

N

Le frere épousoit la veuve de son frere mort sans enfans, & ceux que donnoit ce second mariage, étoient censés appartenir au premier mari, lui succédoient & portoient son nom ; afin que ce nom ne fût pas perdu en Israël : *Ut non deleatur nomen ejus ex Israel.* (Deut. XXV. 6. & Ruth. IV.)

Ce motif résultoit de l'obligation où se croyoient les Hébreux, d'accomplir le premier précepte donné à l'homme & à la femme : *Crescite & multiplicamini.* (Genes. I. 28.) La dette que le mort n'avoit pu acquitter, passoit à son plus proche parent.

L'adoption subsiste encore chez les Juifs ; & dans ce siecle, il s'est élevé en Allemagne des contestations sur les formalités qui la rendent légale. Les jurisconsultes de Hall, proposerent plusieurs questions relatives : Heineccius, dans une dissertation curieuse, prouva que l'adoption des Juifs doit se faire par l'attouchement d'un linge ou d'un manteau. *De adoptione Judæorum & usitato in eâ tactu sudarii vel pallii.* On la trouve dans le *Recueil de ses Œuvres, au supplément,* tom. *9, pag. 152.*

Les Grecs.

8. S'il reste encore une bonne opinion de la sagesse & du génie des Grecs, on peut, sans paroître courir après le savoir, s'arrêter un instant aux loix de Solon, conservées & traduites en latin par Samuël Petit. (*Lib. 2, tit. 4, pag. 10, edit. 1635, in-fol.*)

Premiere loi. « Si quelqu'un, sans enfant & maître de son bien, adopte un fils, que cette adoption ait son effet. » *Si quem orbus, rerum suarum dominus, adoptaverit, ea adoptio rata esto.*

Seconde loi. « Que celui qui adopte soit plein de vie. » *Vivus liberos adoptato.*

Troisieme loi. « Que l'adopté ne retourne pas à sa famille naturelle, sans avoir laissé un fils légitime dans la famille adoptive. » *Adoptatus in familiam*

suam naturalem ne redito, nisi relicto in adoptivâ familiâ filio legitimo.

Cette crainte de mourir sans enfans étoit si grande, qu'on pouvoit adopter par testament, avec nullité de l'acte s'il survenoit un enfant, & c'est ainsi que Chærestrate fut fils adoptif de Philoctemon. (Ibid. *In commentario, pag. 140.*)

La jurisprudence offroit encore des dispositions remarquables. Il falloit être citoyen, maître & libre à tous égards, *orbus,* ce qui excluoit les exilés, les femmes, les enfans, les esclaves, tous ceux qui étoient sous la puissance d'autrui, & n'avoient pas le droit de disposer. (*Ibid.*)

Le pere adoptif devoit être sain d'esprit, d'une santé parfaite, *vivus.* Cette condition est rappellée par Libanius dans l'argument de l'oraison de Démosthene contre Léocharé. Un passage d'Isée prouve qu'on y dérogea. (*Ibid.*)

Le fils adoptif devoit être né légitimement d'un citoyen & d'une citoyenne. Périclès le premier, après la mort de ses enfans, employa tout son crédit pour obtenir le droit de citoyen d'Athenes, en faveur du fils qu'il avoit eu de la femeuse Aspasie, courtisanne de Milet. (*Ibid. Pag. 141.*)

L'acte d'adoption devoit être porté dans les registres publics pendant la vie du testateur, & il falloit encore être reconnu dans la famille; ce qui ne se faisoit qu'un jour de fête & avec le plus grand appareil. (*Ibid. Pag. 140.*)

Le célibataire qui avoit adopté, ne pouvoit plus se marier sans avoir obtenu la permission du magistrat. (*Ib. Pag. 141.*) Cette jurisprudence est confirmée par Tzetzès, *chiliad. 6, chap. 49.*

Enfin, l'ingratitude du fils adoptif suffisoit pour révoquer l'adoption ; & c'est ainsi que fut cassée celle du rhéteur Andocides, pour avoir poursuivi en justice Léogaras, son pere adoptif. (*Ibid.*)

La sévere Lacédémone avoit le même esprit, & à-peu-près les mêmes formes. Mais la nature de son gouvernement exigeoit que l'acte d'adoption fût confirmé en présence du roi; & c'est ainsi qu'on légitimoit les bâtards.

M. Lambert Bos a donné un excellent traité des antiquités de la Grece; & M. Frédéric Leisner y a ajouté des notes instructives. La quatrieme partie offre la vie privée des Grecs, le mariage & ses cérémonies, le divorce, l'adultere, la naissance & l'éducation des enfans, la musique, &c. Comment avec tant de savoir & de recherches a-t-il négligé l'adoption ?

DROIT ROMAIN.

9. Laissons les savans, tels que Hotman, Alciat, & dans ce siecle, Heineccius, (*Antiq. roman. lib. 1, tit. 11,*) chercher l'origine ou l'affermissement de l'adoption chez les Romains dans ce fragment des loix des douze tables, *SACRA PRIVATA PERPETUA MANENTO.* Si leurs conjectures sont vraies, l'esprit de cette jurisprudence tiendroit beaucoup à celui des Juifs. Les Romains superstitieux, faisant du domicile de chaque citoyen, par le culte des Lares & des Penates, un espece de temple qui devoit être éternel comme leur religion & leur empire, n'auroient pas voulu qu'il pût être détruit par l'extinction de la famille; & la perpétuant par une fiction, auroient attaché le fils adoptif à la perpétuité de ce culte.

Vous préférez sans doute ce motif plus simple, que vous retrouvez à chaque pas : la consolation de la vieillesse & du maheur de n'avoir point d'enfans. *Ut vel senescentes familias, vel fœtus matrimonii jam caducos fœcunditas prolis ornaret.* (*Vopiscus in Aureliano, cap. 14.*)

Quel qu'ait été ce motif, tandis que l'histoire conserve une infinité d'exemples, la compilation justinienne, indépendamment de plusieurs loix éparses, renferme des titres entiers.

De adoptionibus. Inst. I. XI.

De acquisitione per adrogationem. Inst. III. XI.

De adoptionibus & emancipationibus, & aliis modis quibus potestas solvitur. D. I. 7.

De adoptionibus. C. 8, 48.

Ut eunuchi adoptare possint. L. N. 26.

Ut pariter omnibus adoptare liceat. L. N. 27.

Ne filii naturales cum adoptivis matrimonium contrahant. L. N. 24.

De legitimatione per adoptionem. N. 74, cap. 3.

Caïus. I. 4.

Ulpianus. 8.

Tâchons de réduire cette jurisprudence sous trois divisions : Quelles étoient à Rome les diverses especes d'adoptions & leurs formes? Quels en étoient les effets? Enfin, qui pouvoit adopter & être adopté ?

Différentes adoptions des Romains.

10. Rome partagea d'abord l'adoption en deux especes, qui avoient chacune leur forme particuliere; *l'adoption simple* & *l'adrogation.*

L'adoption simple étoit celle d'un enfant sous la puissance paternelle. Son pere naturel se présentoit avec lui & le pere adoptif devant le préteur. Là le premier émancipoit son fils, & consentoit qu'il passât dans la famille du citoyen qui vouloit en devenir le pere : celui-ci déclaroit qu'il adoptoit l'enfant émancipé, & le préteur en rédigeoit acte. Les interpretes ont appellé cet acte public, *solemnis*, soit parce qu'il devoit être fait devant le peuple, soit aussi parce qu'il l'étoit naturellement dans les premiers siecles de Rome, où le préteur tenoit ses assises dans la place publique. *Imperio magistratûs adoptamus eos easve qui quœve in potestate parentum sunt.* I. § 2, de adopt.

L'adrogation étoit l'acte par lequel le citoyen adoptoit une personne qui n'étoit point sous la puissance paternelle. Ce nom dérivoit de ce qu'on interrogeoit l'adopté & l'adoptant, à-peu-près comme nos curés interrogent l'homme & la

femme qui vont fe prendre pour époux.
*Quia & is qui adoptat ROGATUR id eft
interrogatur an velit eum quem adopta-
turus fit juftum fibi filium effe; & is qui
adoptatur, ROGATUR an id fieri patiatur.*
(L. 2 , D. de adopt.)

Heineccius , penfant autrement que
Cujas, fait dériver l'*adrogation*, qu'il croit
antérieure à l'adoption fimple, de l'ufage
ancien de la faire dans l'affemblée des
comices & par l'autorité des pontifes.
*Antiquiſſima fuiſſe videtur adrogatio, non
ab interrogatione patris & filii adoptivi
itâ dictâ, fed à rogatione ad populum latâ.
Fiebat enim adrogatio in comitiis curiatis
autoritate pontificum.* (Antiq. roman. lib. 1,
tit. 11, § 5, tom. 4, pag. 119.)

Il eft d'autant plus difficile de penfer
comme Heineccius, que l'adrogation eft
moins dans la nature & dans l'efprit des
loix des douze tables ; & cela eft fi vrai
que l'adrogation une fois admife, le
fénat fut obligé de pourvoir à la garde
des Pénates qu'abandonnoit le pere de
famille adopté, & qu'il ne pouvoit pas
tranfporter chez fon nouveau pere. *Sacra
privata perpetua manento.*

Aulu-Gelle conferve la formule de cette
adrogation. *VELITIS, JUBEATIS, QUI-
RITES, UTI LUCIUS VALERIUS LUCIO
TITIO TAM JURE LEGEQUE FILIUS
SIBI SIET, QUAM SI EX EO PATRE,
MATREQUE FAMILIAS EJUS NATUS
ESSET; UTIQUE ET VITÆ NECISQUE
IN EUM POTESTAS SIET, UTI PA-
RIUNDO FILIO EST: HOC ITA UT
DIXI, ITA VOS, QUIRITES ROGO.*
(Gellius, lib. 5, noct. attic. cap. 18.)

L'adrogation faite avec tant de folemnité dans la république, fut fimplifiée
par les empereurs, qui s'en réfervèrent
le droit : *Principis autoritate adoptamus
eos, qui fui juris funt, quæ fpecies
adoptionis dicitur adrogatio.* (L. 2 ,
D. de adopt.)

A ces deux adoptions principales, il
faut ajouter celle qu'introduifit l'abus,
& qui confiftoit à inftituer quelqu'un
fon héritier, à la charge de porter fon

nom : acte qui n'avoit point de valeur,
s'il n'étoit approuvé par le peuple.

Telle fut l'adoption que fit Céfar de
ce jeune Octave fon neveu, & qu'Antoine prétendit être le prix de l'infamie :
Adoptionem avunculi ſtupro meritum.
(Sueton. *in Auguſto*, 68.)

Par fon teſtament, Céfar avoit nommé
pour héritiers fes trois arrieres neveux,
Pinarius & Pedius pour un quart &
pour les trois quarts. C. Octavius, qu'il
adoptoit, & à qui il donnoit fon nom :
*In imâ cerâ Caïum Octavium etiam in
familiam nomenque ADOPTAVIT.* (Id.
in Cæfare 83.)

Octave, ayant fait reconnoître & approuver cet acte par les curies affemblées, cette formalité lui donna le nom,
les droits, le pouvoir de fon pere adoptif, & décida du fort de l'empire & des
races futures. Si l'adoption par teſtament
eût été illégale, le jeune & foible Octave
n'eût ni ofé, ni pu fufciter cette grande
révolution dont les contre-coups nous
atteignent. Car tel eft l'efprit humain,
qu'il fe traîne fur les ruines de l'antiquité. L'ambition y trouve des exemples,
l'ignorance des droits, la foibleffe des
titres ; & tels font à beaucoup d'égards les
leviers qui foutiennent ou agitent l'univers politique.

Effets de l'adoption.

11. En général, on peut dire que
cette fiction opéroit au moral, à l'égard
de fon fujet, ce qu'opere, au phyfique,
la transfufion du fang ou la ente des
arbres.

Ainfi, bien que la politique défendît
abfolument de nommer les deux freres
collegues, fur-tout dans le confulat,
vous voyez Fulvius & L. Manilius Aci-
dius, confuls à la fois l'an 572 de Rome,
quoique nés du même pere & de la même
mere. Perfonne ne l'ignoroit, & ils
devoient s'aimer. Mais le dernier avoit,
par l'adoption, paffé dans la famille
Manilia, en portoit le nom, & devoit
en avoir l'efprit.

C'étoit le même effet dans l'ordre des familles ; à cela près, qu'on pouvoit bien épouser sa sœur adoptive, & jamais sa sœur naturelle ; défense dictée par la bienséance, & renouvellée par l'empereur Leon dans sa Novelle 24.

Pour tous les autres droits du fils de famille, ils passoient en entier à l'adoptif, & l'on ne pouvoit les restreindre ni pour l'espece, ni pour le temps. Ainsi, le pere naturel ne pouvoit pas dire à l'adoptif : je vous donne mon fils à condition que dans trois ans vous permettrez qu'il soit donné à un autre. *L. 34, D. de adopt.*

Mais ensuite ce fils pouvoit être donné en adoption à un autre par son nouveau pere, pourvu qu'il fût un de ses descendans. (*Inst. lib. 1, tit. 11, § 8.*) Et ce pouvoir, qui présente un trafic si contraire aux droits de la nature, ne se justifie, s'il peut l'être, que parce qu'il étoit un effet nécessaire de cette puissance paternelle qui donna sur les enfans le droit de vie & de mort.

Une conséquence non moins évidente, est que le pere de famille qui avoit consenti à se donner en adoption par l'adrogation, redevenu fils de famille, & en ayant pris toute l'incapacité, ne pouvoit ni donner, ni affranchir, ni acquérir autrement qu'à titre de pécule. Tel fut Tibere, après son adoption par Auguste, comme l'a remarqué Suétone, (*in Tiberio 15.*)

L'effet de la fiction frappoit non seulement l'adopté, mais tous les siens, les entraînant avec lui & sous lui dans la famille nouvelle ; en sorte que ses enfans naturels ou adoptifs, devenoient ceux du pere adoptif, & entroient sous sa puissance. Ainsi, Auguste n'adopta Tibere qu'après que celui-ci eut adopté Germanicus, qu'il vouloit pour petit-fils. (*Inst. lib. 1, tit. 11, § 11.*)

Ces grands effets furent modifiés de différentes manieres, tendantes à prévenir les abus.

Ainsi, on prononça que si un homme chargé d'un fidéicommis, mouroit sans enfans, il ne pourroit pas en éluder l'effet par l'adoption. *L. 76, D. de cond. & demonst.*

On prononça que l'adopté ne pouvoit pas demander un legs fait à quelqu'un, *in tempus liberorum. L. 51, § 1, D. de legat. 2°.*

On prononça que ce ne seroit pas un moyen ni de s'affranchir des charges publiques, ni de conserver les immunités & privileges accordés comme récompense à ceux qui avoient des enfans d'un mariage légitime. *L. 2, § 2, D. de vacat. & exusat. muner.*

On prononça, pour prévenir l'inconstance, que le fils adoptif, une fois émancipé, ne pouvoit plus rentrer dans la famille adoptive, *l. 37, § 1, D. de adopt.* tandis que le fils naturel émancipé pouvoit rentrer dans sa famille naturelle par l'adoption. *L. 12. eod.*

On prononça même que l'impubere ne pouvoit pas être émancipé par son pere adoptif, sans justifier qu'il l'avoit mérité ; ce qui ne l'excluroit pas du droit de reprendre les biens qu'il avoit apportés ; & que si le pere adoptif avoit déshérité ou émancipé l'impubere sans cause légitime, il devoit, en mourant, lui laisser la quatrieme partie de son bien, outre ce que celui-ci avoit apporté, & ce qu'il avoit pu gagner. (*Inst. tit. 11, § 3.*)

Toutes ces précautions n'avoient pour objet que la fortune : celles qui suivent étoient plus importantes.

Qui pouvoit adopter & être adopté ?

12. Il falloit conserver l'esprit de l'institution, l'illusion même de la fiction, & prévenir les abus.

Pourquoi auroit-on adopté tant qu'on devoit & pouvoit être pere ? Et comment un jeune homme auroit-il adopté un vieillard ? Ce double abus est l'objet d'une exclamation de Cicéron dans son plaidoyer *pro domo suâ, 13.* Aussi se moqua-t-on de l'adoption de l'empereur

Alexandre par Héliogabale, plus jeune de deux ans ; & l'on ftatua que l'adoptant auroit dix-huit ans de plus que l'adopté. *(Inft. ibid.* § *4.)*

D'autres motifs fenfibles firent profcrire l'adoption entre le tuteur & le pupille, & l'on ne la fouffrit qu'à des conditions exprimées dans les loix *17 & 18, D. de adopt.* Savoir, 1°. qu'elle feroit faite publiquement & devant le magiftrat ; 2°. que le tuteur, par fes mœurs, fa fortune & fon affection bien connue, préfenteroit un avantage réel pour le mineur ; 3°. qu'il donneroit caution de reftituer les biens du pupille aux héritiers naturels de celui-ci, s'il mouroit avant la puberté : difpofitions fages.

Dans le même efprit, l'impubere ne pouvoit pas être adopté par un étranger avec le confentement de fon tuteur, dont l'autorité n'alloit pas jufqu'à aliéner ainfi la perfonne & les biens de fon pupille : & fi Antonin & Juftinien le permirent, ce fut feulement avec les mêmes précautions indiquées pour l'adoption du pupille par le tuteur. *(Inft. tit. 11,* § *3.)*

Dans le même efprit, on prononça que l'adoption ne pouvoit pas être faite en vertu d'une procuration, comme on époufe parmi nous. Il falloit répondre au magiftrat, favoir & pouvoir fe repentir jufqu'au dernier inftant. *(L. 24, D. de adopt.)*

La légiflation porta encore fes regards fur quelques perfonnes que fembloit exclure une incapacité réelle ou relative.

Les *femmes* ne pouvoient pas adopter, puifqu'elles étoient dans une tutele perpétuelle, ne pouvoient pas comparoître devant les comices, & n'avoient pas la puiffance paternelle. Néanmoins les empereurs leur en accorderent la faculté, afin de les confoler de la perte de leurs enfans : *Ad folatium liberorum amifforum.* l. § 10. *Ibid.*

L'*efclave* ne put jamais adopter, & tout l'en excluoit. Il put l'être, & c'étoit une grande diftinction, mais l'effet en étoit réduit à l'affranchiffement. C'étoit

à la générofité de la famille à acquitter la tendreffe du pere adoptif. *(Ibid.* § *22.)*

L'*impuiffant* n'étoit pas exclu, parce qu'on efpéroit que la nature reprendroit fes droits. *(L. 2,* § *1, D. de adopt. L. 9, D. de liber. & pofth.)*

L'*eunuque* enfin avoit été exclu pendant mille ans ; & c'eft le texte de la *loi 16, D. de adopt.* Mais l'empereur Leon l'admet, dans fa *Novelle 26,* avec des motifs plus ingénieux que refpectables. *Qui fermonem labris fundere nequit, per fcripturam ad ordinandas res fuas procedere non prohibetur. Ita neque qui, quòd genitalibus privati funt, liberos non habent, horum indigentiam alio modo compenfare vetandum eft.* Ce motif eût été louable, fi cet état eût été accidentel : mais la jaloufie, le luxe, la mufique, & une barbare politique commençoient à multiplier ces êtres au point de leur affigner les places de confiance, comme s'ils ne pouvoient les mériter qu'en ceffant d'être hommes. Ce fut faveur plus que juftice.

L'hiftoire peint une infinité d'autres abus établis par le luxe, l'intrigue, la corruption, comme l'adrogation du riche plebéïen par le patricien, ou du patricien, qui vouloit avancer par une charge plebéïenne ; & tel fut Clodius, qui fe fit adopter par un plebéïen pour être nommé tribun du peuple. Tacite, *dans fes Annales xv. 19.* cite un décret du fénat, rendu à la follicitation de quelques hommes encore vertueux, qui firent valoir la néceffité d'encourager le mariage & la procréation des enfans naturels, contre la fraude & l'artifice des fcélérats, qui vouloient avoir des enfans fans mere, ou fans prendre la peine de les élever. Mais que pouvoit un décret fous ce Néron, qui adopté lui-même par l'imbécille Claude, fe fit un jeu d'outrager la nature, tantôt en s'habillant en femme pour époufer Doriphon, tantôt en mutilant Sporus pour en être l'époux, & toujours en vivant au milieu des hommes comme le tigre, altéré de fang, qui ne peut jamais affouvir fa rage ?

Quand vous confidérez l'adoption dans les premiers fiecles de Rome, c'eft le Rhin qui, échappé du fommet des Alpes dans un lit large & profond, d'un cours rapide & majeftueux, traverfe, embellit & fertilife le Palatinat, l'Alface & la Weftphalie. Quand, arrivé aux derniers fiecles, vous voyez l'efprit primitif de l'adoption, fe perdre à travers une infinité de loix, de précautions, de reftrictions & de dérogations ; c'eft le Rhin, qui à force de fe divifer, perd fon nom, & fe traine à peine jufqu'à l'Océan, près duquel on ne le reconnoît plus.

L'adoption, après avoir mis fur le trône deux monftres, Tibere & Néron, donna au monde deux empereurs qu'il fuffit de nommer, Trajan adopté par Nerva, & Marc-Aurele par Antonin. La balance du bien & du mal étoit égale ; mais d'autres mœurs amenerent d'autres loix.

Peuples modernes.

13. L'adoption fe foutint encore par le baptême. Héraclius feignit de donner fon fils en adoption à Crifpe, le jour qu'il le préfenta à l'églife pour être baptifé.

Procope, dans fon *Hiftoire fecrette*, chap. 2, dit encore que Bélifaire & fa femme Antonine, avoient adopté le jeune Théodofe, en le tenant fur les fonds baptifmaux, fuivant l'ufage des chrétiens ; & l'empereur Léon, dans fa *Novelle* 24, ne permit plus l'adoption, qu'autant qu'elle feroit jointe au baptême.

C'étoit reftreindre. Il falloit peu pour détruire ; & ce fut l'ouvrage de trois grands événemens, dont nous avons rendu compte au mot *Adminiftration de la juftice*, n°. 15, pag. 22, & n°. 18, pag. 14 & fuivantes : L'irruption des barbares du nord, la féodalité & les coutumes.

Comment des hommes, qui n'exiftoient que par le fer & le feu, au-

roient-ils en l'idée d'une inftitution qui n'avoit d'autre but que d'imiter la nature ?

Comment la loi des fiefs auroit-elle fouffert une fiction qui auroit éludé fa tyrannie ?

Comment, enfin, les coutumes auroient-elles fongé à confoler l'homme du malheur de n'être pas pere, elles qui ne fe font pas plus occupé de fon bonheur & de la nature, que de la juftice primitive ?

Au milieu de ces orages paroiffent quelques inftitutions relatives à l'adoption, ou qui en portent le nom, comme au fein d'une nuit obfcure vous entrevoyez quelques lueurs, refte foible du foleil qui a échauffé la terre.

Nouvelles adoptions.

14. Montefquieu a trouvé, chez les peuples du nord, l'adoption qui remplaça celle de Rome. Voici fon texte entier dans l'*Efprit des Loix*, liv. 18, chap. 28.

« Comme chez les Germains on devenoit majeur en recevant les armes, on étoit adopté par le même figne ; ainfi Gontran voulant déclarer majeur, SON NEVEU, Childebert, & de plus, l'ADOPTER, il lui dit : *J'ai mis ce javelot dans tes mains comme figne que je t'ai donné mon royaume ; & fe tournant vers l'affemblée : Vous voyez que MON FILS eft devenu homme, obéiffez-lui.* (Grégoire de Tours, liv. 7, chap. 33.) Théodoric, roi des Oftrogots, voulant adopter le roi des Hérules, lui écrivit : *C'eft une belle chofe parmi nous de pouvoir être adopté par les armes ; car les hommes courageux font les feuls qui méritent de devenir nos enfans. Il y a une telle force dans cet acte, que celui qui en eft l'objet aimera mieux mourir que de fouffrir quelque chofe de honteux. Ainfi, PAR LA COUTUME DES NATIONS, & parce que vous êtes un homme, NOUS VOUS ADOPTONS par ces boucliers, ces épées & ces chevaux que nous vous envoyons.* (Caſſiodore , *liv. 4 ,* *epît. 1.* »)

Il falloit que cette *coutume des na-* *tions* inſpirât un grand reſpect au ſein même de la barbarie ! Alboin , fils du roi des Lombards , au retour de ſa victoire ſur les Gépides , ne peut pas être admis à la table de ſon pere , parce qu'il n'avoit pas reçu l'adoption mili- taire , & va la demander : à qui ? au roi vaincu , dont il avoit tué le fils ; il l'obtient & retourne en triomphe prendre place au banquet royal. (Varne- fride , *l. 1 , pag. 23.*

La forme , l'objet & l'eſprit de ces adoptions ont peu de rapports à celles des anciens peuples. Là c'étoit l'homme heureux & tranquille , qui vouloit avoir un fils dans ſa vieilleſſe & perpétuer ſon nom. Ici , c'eſt le courage qui arme un homme , qui ſe donne un défenſeur , & le choiſit quelquefois pour ſon héri- tier. Ceci tient beaucoup plus aux mœurs des ſauvages de l'Amérique , & paroît avoir amené notre chevalerie , comme l'a obſervé Ducange dans ſa *Diſſert. 22* *ſur Joinville , pag. 268.*

Que dire encore de ces adoptions par la barbe ou par les cheveux , qui eurent de ſi grands effets ?

Celle par les cheveux n'étonne point. Les Germains avoient un grand reſ- pect pour la chevelure , qui étoit tout leur ornement ; elle fut encore le ſeul diadême de nos premiers rois , & plus long-temps elle diſtingua l'homme libre du ſerf. Suivant l'ancienne loi ſalique , c'étoit un crime de tondre un jeune homme ; & c'étoit à la main paternelle à couper l'extrémité des cheveux. C'eſt d'après ces préjugés que Charles-Martel envoie ſon fils à Luitprand , roi des Lombards , afin que lui coupant ſes premiers cheveux , il devînt ſon pere adoptif. *Qui ejus cæſariem incidens ei* *pater effectus eſt.* (Paulus Varnefridus , *hiſtoriæ Longobardorum , lib. 6.*)

L'adoption par la barbe tient aux mêmes idées , & un peu à celle qui a fait regarder le ſoufflet comme une in- jure irréparable. Dans un traité entre Clovis & cet Alaric , roi des Viſigots , qu'il tua enſuite dans la bataille de Poitiers , on fait engager Alaric à tou- cher la barbe de Clovis , afin de devenir par-là ſon pere adoptif. *Ejus patrinus* (Collect. hiſt. lib. 3 , cap. 10 , *apud* *Caniſium ,* tom. 2 , lect. antiq.)

Ce fut dans cette forme , qu'en 878 , au Concile de Troye , & à la priere de Louis-le-Begue , *LE PAPE JEAN VIII* *ADOPTA* ce Boſon , qui , puiſſant par ſa beauté , ſes alliances & ſes intrigues , devenu fils de celui qui donnoit les couronnes , ſe fit nommer & fut cinquieme roi d'Arles. Étrange abus du deſpotiſme ſpirituel , que celui pour qui c'étoit un crime de devenir pere , ſe permit ſo- lemnellement une imitation de la nature ! Rare exemple de l'abaiſſement de l'eſprit humain , toujours prêt à ſaiſir , comme bon & juſte , tout ce qui ſort des mains du pouvoir , de la terreur & de l'uſage ! Et il falloit bien que l'adoption fût légale : ce Boſon , voulant aſſurer le ſort de ſon fils , le fit encore adopter par l'empereur Charles-le-Gros.

L'hiſtoire offre à chaque pas de pareils traits. L'un des plus remarquables , ſans doute , eſt celui qui fit paſſer le royaume de Chypre à la république de Veniſe , au quinzieme ſiecle. Quels droits put- elle y acquérir ? Elle adopta d'abord Catherine Cornaro , en la mariant avec le roi de Chypre ; elle adopta enſuite Jacques , né de ce mariage. Celui - ci mort , la république ſe fit adopter elle- même par la reine Chriſtine , pour de- venir ainſi l'héritiere de l'un & de l'au- tre ; de l'un , comme du fils de Saint- Marc ; de l'autre , comme fille & mere de la république : fille par naiſſance , & mere par adoption. (*Hiſt. Thuana , lib. 49.* Amelot , *hiſt. du gouv. de Veniſe.*)

J'ai choiſi ces grands traits au haſard , pour prouver , quels qu'en fuſſent la forme ou le ſigne , que l'adoption s'eſt con- ſervée long-temps en Europe.

DROIT.

DROIT FRANÇOIS.

15. En ouvrant nos livres claſſiques vous trouvez toujours ce texte : *l'adoption eſt abolie*, ou *l'adoption n'eſt plus en uſage* : « Nous avons cru ſans doute, dit Boutaric, que les adoptions étoient également contraires aux loix de la nature & du chriſtianiſme, qui nous font regarder les droits des peres ſur les enfans, comme des droits ſacrés & pour ainſi-dire inaliénables ; les devoirs & les obligations des peres envers les enfans, comme des obligations perſonnelles, dont il n'eſt pas permis de ſe décharger ſur des perſonnes étrangeres. A cette maniere, INVENTÉE *par les Romains*, de perpétuer le nom au défaut d'enfans naturels, nous avons ſubſtitué les donations & ſubſtitutions à la charge de porter le nom & les armes du donateur & du teſtateur. » (*Inſtitutes, liv. 1, tit. 11.*)

Boutaric tranche & dit plutôt lē fait que le droit. Allons plus loin, & voyons d'abord ſi nos loix eccléſiaſtiques, ou civiles, renferment quelque diſpoſition contraire à l'adoption.

Loix eccléſiaſtiques.

16. *An ſpirituales vel adoptivi filii naturalibus copulari valeant. Decret. part. 2, cauſ. 30, quæſt. 3.* Le chap. 6, s'exprime ainſi : *per adoptionem quæſita fraternitas eò uſque impedit nuptias, donec manet adoptio ; ideòque eam quam pater meus adoptavit & emancipavit, potero uxorem ducere. Æque, & ſi me emancipato illam in poteſtate retinuerit, poterimus jungi matrimonio : itaque volenti generum adoptare, ſuadetur ut filiam emancipet. Similiter ſuadetur ſi, qui velit nurum adoptare, ut emancipet filium.*

L'égliſe gallicane a trouvé ces déciſions juſtes, & a déterminé que les adoptifs ne ſeroient plus cenſés liés avec les fils naturels, lorſque les uns ou les autres ſeroient émancipés par le pere de famille. Ce ſont les diſpoſitions du ſynode de Paris, de 1557. Il diſtingue trois alliances, la charnelle, la ſpirituelle, la légale. Celle-ci eſt formée par l'adoption & l'adrogation. *Legalis, propinquitas eſt perſonarum ex adoptione vel arrogatione procedens.* Dans les unes comme dans les autres, le mariage eſt prohibé juſqu'au quatieme degré incluſivement. Mais l'empêchement réſultant de la légale, ceſſe lorſque l'adoption ou l'arrogation prend fin par l'émanciption. *In cognatione verò legali tandiu ſubeſt impedimentum, quamdiu adoptio aut arrogatio durat, quæ per emancipationem ſolvuntur.* (*Bochellus in decret. eccl. gallic. lib. 3, tit. 5, cap. 73, pag. 425.*) Voyez *Affinité*, *Alliance*, *Emancipation*, *Empêchement*, *Mariage*.

Ordonnances.

17. Etablie, mais non INVENTÉE par le droit romain, comme le dit Boutaric, & maintenue bien avant juſques dans la troiſieme race, l'adoption avoit encore pour baſe les ordonnances de nos rois.

Un capitulaire de Dagobert, ſtatue que « tout homme & toute femme qui n'auront point d'enfans, pourront adopter tout homme ou toute femme qu'ils voudront choiſir pour leur héritier, avec la permiſſion du roi, ſoit par acte authentique, ſoit par la tradition de leurs biens, en préſence de témoins ſuivant ce qui eſt preſcrit par la loi ripuaire. » *ADOPTARE in hæredem . . . . per ſcripturarum ſeriem, ſeu per traditionem teſtibus adhibitis. Tit.* 48. Baluzius, *tom. 1, pag. 39.*

Autre capitulaire de Louis & Charles le Chauve. *Qui filios non habuerit & alium quemlibet hæredem ſibi facere voluerit, coram rege, vel coram comite & ſcabinis, vel miſſis dominicis qui ab eo ad juſtitias faciendas in provinciâ fuerint ordinati, traditionem faciat. Lib. 6, n°. 207.* (*Lindenbrogius, pag. 1012.*)

Vous trouvez pluſieurs formules de ces adoptions dans les auteurs ſuivans. . . . Marculphe, *lib. 1, cap. 13, tom. 2, coll.*

Baluzii, *pag.* 413.... Le pere Sirmond, *n°. 23, ibid. pag.* 480, & 481..... Lindenbroge, *n°. 58, ibid. pag.* 526 & 527. Celle de Marculphe a ce titre : *SI QUIS EXTRANEUM hominem in loco filiorum ADOPTAVERIT...*

Comment ces loix se perdirent-elles, & comment la jurisprudence maîtrisa-t-elle encore la législation & la jurisdiction ?

Changement par la jurisprudence.

18. La corruption de Rome avoit abusé d'une institution sage, parce qu'on abuse de tout ; & Justinien, & Leon, & tous ces Empereurs, esclaves de leurs femmes, ou de leurs eunuques, ne pouvoient pas lui rendre sa premiere essence. Nos mœurs barbares l'avoient defigurée dans son esprit & dans ses formes. J'ai dit que la féodalité acheva de la perdre, & ma preuve est tirée des loix des fiefs, placées, je ne sais pourquoi, à la fin du corps du droit Romain.

Voici la loi : *Adoptivus filius in feudam non succedit.* (Feudorum, lib. 2. tit. 26. si de feudo defuncti, &c. in verb. *Vassallus.*)

La glose ajoute : *Adoptivus non omni modo naturali comparatur. Quid ita ? feudum dari intelligitur vassallo, ejus contemplatione & eorum qui ex vassalli sanguine descendent; adoptivi non sunt adoptivo patri consanguinei.*

Ce fut donc l'esprit de la féodalité qui attaqua l'adoption. Après avoir fait de l'administration de la justice, une propriété héréditaire, il ne voulut plus admettre cette fiction de la nature, existante par-tout. On fit dire au grand suzerain : « Je vous ai bien permis de transmettre la propriété de vos fiefs à vos parens, mais autant seulement qu'ils seroient de votre sang. » Les comtes & les ducs en dirent autant à leurs vassaux ; ceux-ci à leurs hommes, emphytéotes, villains & serfs.

Sans ce raisonnement, appuyé par la force, l'ignorance & la barbarie, que seroient devenus les profits des fiefs,

le retrait censuel, les droits de mutation, & tout ce qui, sous des noms, des formes & des atributs divers, entrave & detruit la proprieté ?

Ce raisonnement fut malheureusement appuyé du nouvel ordre de succession établi par les coutumes. Que seroit devenue cette regle de notre droit françois : *le mort saisit le vif ?* Que seroit devenue cette distinction des propres, des acquêts & conquêts, formant dans les familles une substitution perpétuelle ? Que seroit devenue la communauté ? Que seroit devenu ce retrait lignager que Montesquieu appelle un *mystere de l'ancienne jurisprudence françoise,* après quoi tournant avec transport ses regards vers Rome, il s'écrie comme Achate, dans l'Énéide : *Italiam, Italiam !*

A tant de moyens destructeurs se joignirent bientôt les principes de la fiscalité qui découlerent d'abord de ceux de la féodalité. Qu'auroit-on fait, par exemple, du centieme denier ?

Attaquée ainsi de toutes parts, l'adoption ne pouvoit pas se soutenir. Qui l'auroit défendue ? La nature l'avoit imaginée, & par-tout l'intérêt a étouffé la nature. On cherche encore l'adoption dans les pays de droit écrit à côté du franc-aleu & de l'allodialité naturelle. Mais là, comme ailleurs, le clergé & la noblesse tout-puissans avoient les grands fiefs. Là, comme ailleurs, la liberté naturelle avoit disparu. Le peuple étoit compté pour rien & il n'y avoit point de tiers-état avant le quatorzieme siecle. Là, comme ailleurs, les légistes n'étoient que ces *praticiens* appellés par l'*art.* 125. de l'ordonnance de 1453, à la rédaction des coutumes. Vous pouvez juger de leur esprit par les motifs que donne ce Boutaric, d'ailleurs estimable à tant d'égards.

A la fin du seizieme siecle, Bodin, dans sa *république,* cherche à rappeller la puissance paternelle & l'adoption à défaut d'enfans legitimes. Il trouvoit déja une des grandes causes de la corruption des mœurs, dans le renversement de

l'autorité paternelle & dans l'empêchement de favoriser les plus vertueux,
comme les plus dignes d'être aimés; de-
là, l'indépendance & l'insolence des enfans, qui tenant tout de la loi, ne devant rien à la bienfaisance paternelle, &
affranchis de l'obéissance filiale, mépri-
sent bientôt les loix civiles. N'ayant plus
l'esprit de famille, comment auroient-
ils celui de la patrie: mauvais fils, ils
sont bientôt mauvais citoyens, mauvais
sujets & mauvais peres; car tout se tient.

Peut-être ces idées entrerent-elles dans
la réforme projetée par l'art. 207 de l'ordonnance de Blois, ouvrage de Bodin;
mais il étoit trop tard, & le pli étoit
fait. Dans ses *arrêtés* célebres, le président
de Lamoignon ne rappelle, au titre deux,
la puissance paternelle, pour les lieux
où elle existe, que relativement à
l'émancipation, & il ne dit mot de
l'adoption.

Quelques coutumes.

19. Cependant vous trouvez encore
quelques restes de l'ancienne adoption
dans nos coutumes.

SAINTONGE, *titre* 2, *article* 2.
« Par la coutume, celui qui est associé
& affilié, succede à l'*associant* & *affiliant*,
aveques ses enfans naturels & légitimes,
par testes ez biens meubles & acquests
immeubles, faits par l'affiliant, seulement
& non ez héritages; car quant à iceux
adoption ne peut profiter par la coustume,
si ce n'est que les *adoptés*, *affiliés* ou
associés portent & conferent les héritages,
ou qu'à iceux aient renoncé, ou qu'en
traité de mariage autrement eût été accordé: car ez dits cas, l'affilié, associé
ou adopté succede par teste, avec les
autres enfans, ez héritages comme ez
autres biens. . . . »

Dans l'exacte vérité l'on ne devroit
placer cette disposition que dans la coutume de St. Jean d'Angely, ville de la
Saintonge, & vous ne la trouvez point
dans l'*usance* du bailliage de Saintes, qui,
à cette usance près, suit le droit écrit.

Mais le coutumier général place la coutume de St. Jean d'Angely comme de
Saintonge, & Bechet dans son *Commentaire sur l'usance*, traite des *affiliations*
communes dans les contrats de mariage,
principalement entre villageois.

BOURBONNOIS, *art.* 265. « Si personnes marient *leurs enfans* les uns avec
les autres, les enfans ainsi mariés (que
l'on appelle *par échange*) ont droit tant
en meubles, héritages que conquêts,
tels qu'auroient ceux au lieu desquels ils
sont subrogés, & en demeurent saisis &
vêtus, & *succedent aux pere, mere &
ascendans, en directe ligne,* appellés & con-
sentans audit mariage ceux auxquels ils
sont subrogés, COMME S'ILS ÉTOIENT
ENFANS LÉGITIMES ET NATURELS;
& sont, au moyen dudit échange, censés & réputés dès-lors être apanés, *sans
préjudice des droits des seigneurs,* pour les
taillables, mortaillables & bourdelages;
mais par tel échange ou apanage n'est
le mâle forclos d'autre succession que de
pere, mere & ascendans; & la fille,
d'autre succession que de pere, mere &
ascendans, frere & sœur, & autres successions collatérales, étant dedans le terme
de représentation, tant qu'il y ait hoir
mâle ou descendant de mâle, s'il n'y
a convention contraire, & a lieu
ladite coutume, seulement entre *non-
nobles*. . . . »

Les différences de cette coutume avec
le droit romain sont sensibles; mais
voilà, toujours par l'*échange*, des enfans
subrogés, & *succédant comme s'ils étoient
enfans légitimes & naturels.* C'est à plusieurs égards la fiction de l'adoption.

NIVERNOIS, *ch.* 23, *art.* 25. « Si
gens francs marient leurs enfans par
échange, les enfans ainsi mariés ont pareil droit que ceux au lieu desquels ils
sont baillés ou échangés, en *tous les
droits* qu'ils avoient en l'hôtel dont ils
sont sortis, & en la succession des ascendans seulement, & *en sont saisis comme
les enfans légitimes qu'ils représentent,*
s'il n'y a convenance au contraire; &

fi l'un defdits échangés décede , fa fucceffion appartiendra à fes propres parens,
felon la difpofition de la coutume. »

C'eft toujours l'échange qui produit
les effets de l'adoption.

BUEIL, *chapitre 9*. . . . « A celle
fin que par ci-après les *adoptions
& émancipations* des enfans qui fe feront dans les terres de notre jurifdiction,
foient faites avec confidération que fe
convient, & que fur icelles foit fuivie la
volonté de ceux qui les feront, & obfervée
la difpofition de la loi & droit commun;
nous ordonnons que *telles adoptions &
émancipations* feront dorefnavant faites
& paffées pardevant notre juge majeur
d'appellation, & non ailleurs, fur peine
de la nullité d'icelles, &c. »

C'eft encore le même efprit des coutumes précédentes, & l'on fent bien
qu'affujettie à ce droit commun, l'adoption doit avoir eu le même fort.

Arrêts & Auteurs.

· 20. Lorfqu'on marche avec le droit
Romain & les ordonnances, on croit
être fûr de la jurifprudence ; fi elle a
pris une autre route, on fuppofe du
moins, & avec raifon, qu'elle eft éclairée, que fes décifions ont une bafe
commune, un principe inconteftable.
Trouverons-nous cet efprit général dans
le rapprochement des préjugés cités par-
tout comme fameux. »

TRAITÉ du 15 août 1437. *Efpece.*
« Artus de Bretagne donna, *fous titre
d'adoption*, à Pierre, fils puîné du duc,
fon frere, les terres que celui-ci lui
avoit données en apanage, & autres
terres en Poitou, *que le roi Charles VII
lui avoit données par lettres d'adoption,*
du 24 octobre 1428. Les contractans
ayant craint, *prudemment*, que telle
adoption & don ne fût caffé, ils fup-
plierent François, fils ainé du duc Jean,
d'approuver, ce que celui-ci accorda,
moyennant qu'il pût retirer, quand il lui
plairoit, les terres de Bretagne qu'Artus
avoit eues en apanage. » (Choppin, *fur*

*la coutume d'Anjou, liv. 3, tit. 2,
n°. 13, pag. 288.*) Ainfi il y avoit
eu deux adoptions, de Charles VII à
Artus, & d'Artus à Pierre. Celle-ci ne
tint que pour les biens libres hors de
l'apanage, & peut-être encore parce
qu'elle étoit accompagnée d'une donation.

ARRÊT du parlement de Paris, du
8 Juin 1576. « Un étranger, nommé
Champagnon, ayant obtenu lettres de
naturalité, pourvu qu'il eût enfans regnicoles ; il advient qu'il *adopta* un de
fon nom, lequel voulant fuccéder, il eft
empêché par le procureur du roi. Par
l'arrêt la fucceffion a été adjugée audit
adoptif. » (Papon, *liv. 5, tit. 2, n°. 4.*)

Ce préjugé cité par-tout, eft mieux
expofé par Bacquet, dans fon *Traité
du droit d'aubaine, chap. 24, n°. 7.*
Auguftin de Champagne, étranger
naturalifé, avoit ADOPTÉ un jeune
enfant, Auguftin Drouet, à la charge
de porter fon nom, & lui avoit donné
tous fes biens, confiftant en plufieurs
héritages acquis au bailliage de Touraine.
Vingt-fept ans après la mort de Champagne, le procureur du roi du tréfor,
avoit fait faifir, prétendant la donation
nulle, fuivant l'article 233, portant :
« Qu'on ne peut donner, finon fes acquêts & tierce-partie de fon patrimoine,
à vie feulement, & fes meubles à perpétuité. » *Mais par l'arrêt, main-levée
fut baillée au donataire de Champagne,
de tous les biens, tant meubles, qu'acquêts
immeubles qui lui avoient été donnés, pour
en jouir en pleine propriété.* . . . . Bacquet
motive ainfi l'arrêt : « Comme la coutume n'étant introduite finon en faveur
des héritiers du fang. » Il ajoute : « Et
l'adoption n'étoit aucunement confidérable, parce qu'au pays coutumier de France
les adoptions ne font reçues, & les enfans
adoptés ne fuccedent point ; tellement
qu'il eft befoin de leur faire donations
ou legs teftamentaires, comme avoit fait
ledit Champagne : *Ut notat* Mafuerius *in
fuâ practicâ forenfi, titulo de probationibus, § eft advertendum. »*

ARRÊT du grand conseil, sans date. « Nous avons en France, dit l'éditeur, un fameux exemple dans lequel on exécuta une *adoption* générale, accompagnée d'institution d'héritier, comme une simple donation sujette aux réserves coutumieres. ..... » *Espece singuliere.* Yves, marquis d'Allegre, tuteur d'Yves, son neveu, ayant été donné en otage aux Allemands, proposa de se racheter & de se faire remplacer par son neveu, à qui il avoit fait donation par testament. *Les docteurs qui suivent les armées* déciderent que les donations n'étant pas faites en ligne directe n'étoient pas solides. Yves proposa d'*adopter son neveu pour son fils*, & de l'instituer son héritier universel ; ce qu'il fit par acte du 16 mai 1576. Le neveu vint remplacer l'oncle, qui fut assassiné. Revenu en France, il demanda la succession de son oncle, en vertu de la donation, de l'institution testamentaire *& de l'adoption*. Les enfans héritiers *ab intestat* défendirent ; l'arrêt maintint le marquis d'Allegre dans les biens dont l'oncle avoit pu disposer entre vifs, & jugea par-là, que l'adoption en pays coutumier n'a force que de donation entre vifs, & qu'elle demeure sujette au réserves coutumieres. (Lebrun, *Traité des successions*, *liv.* 3, *chap.* 3, *n°.* 27, *des adoptions & affiliations.*

ARRÊT du parlement de Dijon, sans date, rapporté par Bouvot, *lettre A*, *pag.* 2, avec ce titre, *adoption & affiliation.* « Par la coutume de Bourgogne, gens de main-morte ne peuvent succéder l'un à l'autre, s'ils ne sont communs en bien, parens & susceptibles. Par traité de mariage, il y a échange & affiliation. Jugé contre le seigneur prétendant la main-morte, & les biens adjugés aux communiers, par vertu de l'*affiliation & paction de succéder.* » A ces décisions, joignez ce qu'ont écrit les auteurs qui les rapportent, sur-tout le Brun & Bacquet, ainsi que Bechet, sur l'usance de Saintonge, & Maichin, sur celle de Saint-Jean d'Angely, vous verrez rapprocher

en quelque sorte, comme synonymes, l'adoption, l'affiliation, l'échange & la subrogation : vous conclurez, 1°. que l'adoption proprement dite, n'a été faite dans aucuns de ces procès, avec la simplicité & les effets qu'elle avoit chez les Romains. 2°. Qu'on ne peut pas dire qu'elle soit prescrite ; mais que si elle a un effet, c'est moins par elle-même que par la donation qui l'accompagne, ou par le testament qui la suit. 3°. Que cette disposition n'est valable qu'autant qu'elle n'est pas contraire à la coutume. 4°. Que si les quatre coutumes citées ont des dispositions extraordinaires, elles ne se soutiennent qu'à titre d'échange & de subrogation, & comme pacte entre les familles. Voyez *Affiliation.*

Adoption de noms & d'armes.

21. Tandis que le sentiment est gêné par l'usage ou la jurisprudence, qui ne manquent pas de s'appuyer *des loix de la nature & de la religion*, pour parler comme Boutaric, la vanité, plus puissante & plus libre s'est ménagé une ressource, qui consiste à donner, par contrat de mariage, donation ou testament, ses biens disponibles, à la charge de porter son nom, & les armes du bienfaiteur.

C'est ainsi que Mazarin, venu en France sans nom & sans fortune, mais adroit & *heureux*, après avoir gouverné paisiblement, & voulant perpétuer son nom dans le pays où il avoit été vainement proscrit par plusieurs arrêts, de janvier 1649, laissa des biens immenses à un françois & à ses descendans, à la charge de porter à perpétuité son nom & ses armes.

Cet acte, que les Romains appellerent adoption, sur-tout lors du testament de César en faveur d'Auguste, est parmi nous innommé, à moins qu'on ne l'appelle *quasi-adoption*, comme on dit, *quasi-délit*. Il n'a point les effets de l'adoption. L'héritier des biens, du nom & des armes de Mazarin, ne fut point

affranchi des droits royaux & feigneuriaux, & n'acquit aucun titre aux fucceffions des Mazarini, des Mancini, des
Ponty & des Epynola.

Cet acte a deux effets : le premier,
de tranfmettre les biens difponibles. Le
fecond, d'ajouter à cette tranfmiffion la
condition de porter le nom & les armes.

De ces deux effets, le premier eft
fondé fur la liberté qu'a tout citoyen de
difpofer des biens, que la loi générale,
la loi de famille, ou des conventions
particulieres ne l'empêchent pas de donner
à qui il veut. Le fecond effet eft fondé
fur cette loi romaine, invoquée même
dans les pays coutumiers : *Si verò nominis ferendi conditio eft, quam prætor
exigit ; rectè quidem facturus videtur, fi
eam expleverit ; NIHIL ENIM MALI
EST HONESTI HOMINIS NOMEN AD-
SUMERE.* (L. 63, § 10, D. ad fena-
tufconf. Trebell.)

Jamais la validité & les conféquences
de ces efpeces d'actes ne furent difcutées
avec plus d'éclat & de profondeur que
dans le grand procès entre M. le duc de
Rohan-Chabot & Mrs. les ducs & princes
de Rohan, jugé contre ceux-ci par arrêt
rendu par la propre perfonne du roi,
le 26 août 1704. Nous y reviendrons
aux mots *Armes, Nom, Condition.*

Dumoulin, fur la *Coutume de Paris,*
§ 2, glof. 2, n°. 10, regarde cette
difpofition comme une efpece d'adoption.
Mais Henrys, tom. 1, liv. 6, chap. 5,
queft. 35, dit très-bien que ce n'eft
qu'*une ombre.*

En effet, ce n'eft pas remplir l'objet
principal, qui eft de placer auprès du
pere adoptif un être, qu'il regarde comme
fon enfant, à qui il donne fon ame &
toutes fes affections, fes mœurs plus que
fa fortune ; un fils, qui dans la maifon,
vrai fils de famille, foit la confolation
de la vieilleffe & l'exemple de tous.

Que fait-elle donc cette jurifprudence ?
Elle conferve la moindre partie de l'adoption. Qu'importe en effet à l'état, aux
mœurs & à la félicité publique, un

figne qui n'attefte point l'homme effectif ?
Qu'importe un nom, fi on le traine ou
fi on le déshonore ? Les fouverains ne
manqueront jamais de ferviteurs zélés
& fideles, quand ils rendront faciles les
avenues du trône & de la gloire,
quand la juftice affurera les récompenfes
& les graces au dévouement, & non à
la flatterie ; aux talens & aux vertus,
non à la baffeffe & à l'intrigue, non
aux parchemins & aux titres. *Minimè
verò ut ratio habeatur infignium aut
imaginum. . . . Utilitas enim apud illos
valet non dignitas.* (Baconi, fermon.
fid. XIV.)

Adoption d'honneur.

22. Nous appellerons adoptions d'honneur, celles qui ont été imaginées quelquefois pour illuftrer, mais qui n'ont
eu aucun effet dans le droit privé, le
droit public, le droit des gens.

Telle fut celle de Louife-Marie de
Gonzagues de Cleves, lors de fon mariage avec Uladiflas, roi de Pologne.
Le contrat du 26 octobre 1645, reçu
par Mrs. de Guenegaud & de Lomenie,
fecretaires d'état, porte que, *fa majefté,*
(Louis XIV,) *donne en mariage au
roi de Pologne, ladite dame princeffe,
COMME SI ELLE ÉTOIT SA PROPRE
FILLE* (Corps univ. diplom. tom. 6,
part. 1, pag. 326.)

Les mêmes expreffions furent employées dans le contrat de mariage fait
en janvier 1722, entre Louis, prince
des Afturies, depuis roi d'Efpagne, &
Louife-Élifabeth d'Orléans, fille de Philippe, petit-fils de France & régent du
royaume. Dans le contrat de mariage du
20 janvier 1720, entre le duc de Modene & Charlotte-Aglaë d'Orléans ; on
avoit feulement ftipulé qu'il étoit fait
du confentement & agrément de fa majefté ;
mais c'étoit un autre mariage que celui
de Louife avec le prince des Afturies :
il falloit d'autant plus illuftrer celui-ci,
que l'Efpagne échangeoit, pour ainfi dire,
cette princeffe avec celle qu'elle defti-

noit à Louis XV ; & il ne fut pas difficile au régent de faire inférer cette clause, reste des anciennes adoptions.

Dans ces cas, les stipulations d'honneur sont d'autant moins conséquentes, par rapport à la branche de la maison, qu'on ne manque pas d'inférer toutes les renonciations autorisées par notre jurisprudence pour les mariages des filles. A l'égard du trône, on sait que la couronne est substituée perpétuellement de mâle en mâle & en ligne directe.

C'étoit encore par une espece d'adoption, que quelques-uns de nos rois, appelloient *mon pere*, ceux de leurs sujets pour qui ils avoient un sentiment d'attachement, d'estime & de vénération inspirée par l'âge, la vertu & les services : sans doute, c'est un grand bien que tout ce qui, faisant descendre les souverains du faîte de leur grandeur, les rapproche de la foule des humains, & leur rappelle sans cesse les loix de la nature. Mais je vois conduire au gibet de Montfaucon & pendre avec ses cheveux blancs, au milieu des larmes du peuple, ce brave & vertueux Samblançay, qui, après avoir si bien servi, succomboit sous l'intrigue de la duchesse d'Angoulême, mere de François I. Je lis que ce roi l'appelloit *son* PERE, & je vois bien que ce titre ne signifie rien.

Adoption des villes.

23. Dirons-nous mieux des adoptions faites par les villes des hommes illustres, bienfaisans ou utiles ? Oui, sans doute.

Cette fiction qui se réduit à assurer les honneurs, les droits & les privileges de la cité ou du corps qui vous admet dans son sein, quoiqu'étranger, coûte peu, acquite de beaucoup, encourage à la vertu, & a fait des miracles.

Elle est fort ancienne. Une inscription grecque, trouvée en Laconie, dit : qu'entre les magistrats de Sparte, Caïus Pomponius Acastus, joignoit au titre de grand pontife & d'ami de César, celui de FILS *de la ville* ΥΙΟΣ ΠΟΛΕΩΣ ;

& qu'il y avoit reçu tous les honneurs accordés par la loi, aux citoyens qui avoient bien mérité de la république.

C'étoit un titre de vertu, & Apulée mettant dans la bouche d'une jeune fille l'éloge de son amant, lui fait dire : *Speciosus adolescens, inter suos principalis, quem* FILIUM PUBLICUM OMNIS CIVITAS SIBI COOPTAVIT. (Apul. metamorph. lib. 4.) Tous l'avoient adopté, parce que chacun auroit désiré de l'avoir pour fils.

C'étoit un titre d'honneur, & l'on s'en glorifioit toute la vie. Ainsi, Rome le donnant à Romulus, fils de l'empereur Maxime, fit frapper une médaille, qui avoit pour légende : *Divo Romulo nostræ* URBIS FILIO. Elle contrastoit avec ce titre donné par Ovide au premier Romulus : *Romule* PATER, ou *urbis* GENITOR.

Cet usage a passé heureusement aux peuples modernes, sans être troublé par la féodalité & sujet à la fiscalité. A-t-il été donné par un souverain ? Les successeurs l'ont toujours confirmé : a-t-il été délibéré par une province, une ville, un corps ? L'autorité supérieure ne l'a point contredit, quoiqu'il communique des privileges, des exemptions & des droits de séance. Sous cet aspect, les corps politiques sont envisagés comme une famille qui adopte l'homme qu'elle considere, ou qui l'a bien servie.

Ainsi, je lis le titre de *noble Vénitien*, à côté de celui de DUC DE NIVERNOIS ; & j'aime à voir cette superbe république, regarder comme un des siens celui qu'ont adopté les lettres & la philosophie, heureux par elles, & le Mécene de ceux qui les cultivent véritablement.

Ainsi encore, M. le maréchal de Richelieu, a été adopté par cette république de Genes, dont il fut le libérateur : elle a placé son nom dans le registre de ses nobles, sa statue dans la salle du grand conseil, & ses armes avec les siennes,

Ainſi, Calais avoit adopté ce jeune du Belloy, qui, dans la tragédie du fameux ſiege de cette ville, & dans celle de Bayard, comme le comte de Guibert dans celle du connétable de Bourbon, a prouvé que, ſans recourir aux fables des Grecs, nous avons dans notre hiſtoire des faits, des vertus & des grands hommes dignes d'orner la ſcene tragique.

Ainſi encore, comme nous l'avons dit, *tom. 2, pag.* 425, la ville de New-Yorck a adopté, en 1735, ce juriſconſulte Hamilton, qui en défendant Zenger, avoit ſauvé la liberté publique; la lettre étoit renfermée dans un boîte d'or, ſur laquelle ce vœu de Cicéron : *Ita cuique eveniat ut de republicâ meruit.*

C'eſt ſur-tout en Angleterre que cette fiction ingénieuſe eſt uſitée & a eu de grands effets. Mânes du grand Chatam, dites-nous avec quelle joie vous liſiez ces lettres de corporation & de bourgeoiſie que vous adreſſoient loyalement des villes, comme un témoignage libre de leur reconnoiſſance & de leur reſpect pour le défenſeur de la liberté & de la patrie; dites-nous ſi vous ne le préférâtes pas toujours à cette baſſe flatterie des cours, qui dans la grandeur, le pouvoir & la fortune, encenſe aveuglement & indifféremment le ſavoir & l'ignorance, la bienfaiſance & la cruauté, les vertus & les crimes.

Adoption des hôpitaux.

24. Voici ſans contredit de toutes les adoptions celle qui mérita le plus la protection des loix.

Des peres & meres meurent, laiſſant après eux des enfans qu'abandonne une famille, ou miſérable, ou dénaturée, comme il en exiſte tant dans les pays riches & corrompus. La religion & l'humanité ont ouvert un aſyle, & l'enfance ainſi délaiſſée, y trouve de nouveaux peres.

En général, les hôpitaux reçoivent & confondent l'enfant trouvé, réputé bâtard juſqu'à ce que le pere ſe faſſe recon-

noître, l'enfant abandonné, dont les parens connus ont diſparu, & l'orphelin que laiſſent en mourant ſes pere & mere.

Cette derniere eſpece a paru mériter le privilege de l'adoption dans trois hôpitaux de France; celui du St. Eſprit à Paris, ceux de l'Hôtel-Dieu & de la charité à Lyon.

Les *articles* 14, 15, 16, 20, 21 & 22 *des lettres-patentes de* 1729, enrégiſtrées par-tout, en renouvellant d'anciennes lettres-patentes, confirment aux adminiſtrateurs de l'Hôtel-Dieu & de la Charité de Lyon, l'ancien *uſage d'ADOPTER,* & donnent aux adminiſtrateurs " *tous les droits de la* PUISSANCE PATERNELLE, *L'USUFRUIT des biens des adoptifs, le DROIT DE LEUR SUCCÉDER par portion égale aux freres & ſœurs, & à l'EXCLUSION DES COLLATÉRAUX, de faire faire l'inventaire par les officiers de l'hôpital, de vendre leurs biens, meubles & immeubles, & de n'être tenu à d'aure rendement de compte qu'à l'extrait du grand livre de raiſon de l'hôpital en recette & dépenſe, lequel ne pourra être débattu.* "

L'uſage de ces adoptions, chéri & reſpecté par le peuple, ſe maintient encore aujourd'hui ſans inconvéniens: j'en ai fait pluſieurs. La famille s'aſſembloit pour amener les orphelins, & nous les laiſſoit avec reconnoiſſance, après avoir aſſiſté à l'acte qui ſe fait dans le bureau. La famille retirée, nous devenions peres, & nous avions vraiment la puiſſance paternelle. S'agiſſoit-il de ſe marier, on nous demandoit notre conſentement; nous prenions des informations. Les fiançailles & le contrat ſe faiſoient dans le bureau, & l'enfant recevoit un petit préſent de chacun de ſes peres adoptifs. Après quoi, deux adminiſtrateurs accompagnoient les époux à l'autel, & aſſiſtoient à la noce avec les parens aſſemblés. Mœurs antiques! je ne les ai jamais vues ſans intérêt; & peut-on les ridiculiſer? Elles font oublier quelques inſtans au pauvre ſa miſere, & au peuple l'aviliſſement l'aviliſſement où le réduiſent le pouvoir, la fortune, une injuſte & fauſſe politique.

Voilà l'adoption romaine dans toute ſa force. Qu'a fait la juriſprudence ?

ARRÊT du parlement de Paris, du 23 juillet 1647, confirmatif de ſentences de la ſénéchauſſée de Lyon, qui avoient maintenu l'adoption des enfans Coſte. Le célebre Talon, avocat général, dit : « que les adminiſtrateurs de la Charité de Lyon, étant fondés dans *la poſſeſſion immémoriale d'adopter* les pauvres enfans, ſans autres formalités, que celles qu'ils y rapportent de leur chef, par la recherche curieuſe qu'ils font de la naiſſance des parens & la diſpoſition de ceux qu'ils adoptent, il n'y auroit pas apparence d'y rien innover, après les déclarations du roi, vérifiées en cette cour, & les arrêts rendus en pareil cas. » (Henrys & Bretonnier, *tom. 1, liv. 6, ch. 5, queſt. 35, pag. 976, édit. de 1708*; Soëfve, *tom. 1, cent. 1, chap. 36, pag. 243*.

ARRÊT du parlement de Paris, du 13 mai 1735, qui ordonne que *l'adoption* des enfans de Hugues Fournier, ouvrier en ſoie de Lyon, & de Marie Roche, *N'AURA LIEU. ... Eſpece*. Marie Roche, qui avoit ſurvécu à ſon mari, avoit *prié* les adminiſtrateurs, par ſon teſtament du premier juillet 1730, d'adopter ſes enfans. Cette adoption avoit été faite de concert avec les parens des mineurs & avec les formalités ordinaires. Cependant elle fut déclarée nulle; & le *motif* fut l'offre de faire valoir la ſucceſſion des mariés Fournier & Roche, à concurrence de 12,000 liv. toutes dettes, charges & frais de juſtice acquités, ſauf aux mineurs tous leurs droits, ſi par la diſcuſſion de leurs biens il ſe trouvoit leur revenir une ſomme plus conſidérable. Cependant l'*arrêt maintint les adminiſtrateurs des Hôpitaux de Lyon*, défendus par le célebre Cochin, *dans l'exercice & uſage de la faculté d'adopter les enfans des pauvres habitans de la Ville de Lyon, à la forme des lettres*

Tome III.

patentes *de 1672 & 1729, & arrêts d'enrégiſtrement d'icelles, & NON AUTREMENT*, (Terraſſon, ſur Henrys & Bretonnier, *tom. 3, liv. 6, chap. 5, queſt. 35.*)

Cet arrêt ſolitaire n'a jugé qu'une eſpece, & n'a ſans doute porté aucune atteinte au principe. Si l'on pouvoit en conclure que l'hôpital ne peut *adopter que les enfans des pauvres habitans*, & par ce mot *pauvres*, entendre ceux qui n'ont rien, 1°. on feroit un tort irréparable aux enfans : s'ils ont une petite fortune encombrée, elle ſe perdra par les frais de juſtice qu'épargne l'adoption, & par une mauvaiſe adminiſtration inſéparable de l'ignorance & des occupations du peuple : 2°. on feroit une injuſtice; en ce que, ſi ces hôpitaux ſont obligés par leur inſtitution d'adopter, & ſi en conſéquence ils ont la charge, ils doivent avoir le profit éventuel, certainement rare & modique. Puffendorf, examinant cette queſtion, dit : « *Il eſt juſte de préférer à un PERE NATUREL un PERE PAR ADOPTION, afin que celui-ci ſe dédommage par-là de ce qu'il a dépenſé pour l'éducation de l'enfant.* » (Dr. de la nat. & des gens, *liv. 4, chap. 11, § 13.*)

Qu'on me pardonne cette petite diſcuſſion. J'avois déja imprimé, en 1760 : « Cette adoption eſt une inſtitution admirable, dans une ville de commerce, où l'étranger & le national, le pauvre & le riche, ont un droit égal à l'attention & aux bienfaits de la patrie. L'orphelin n'eſt plus à charge à une famille accablée de travail & de miſere; il ne quittera pas la France pour aller au loin chercher une famille qu'il ne connoît pas; il ne ſervira plus de proie au tuteur mercenaire; *un nouveau pere lui eſt créé*: c'eſt la patrie, dont les adminiſtrateurs ne ſont que les repréſentans. — Je ne ſais ſi je m'égare, mais il me ſemble que cette police ſalutaire vaudroit bien par-tout ailleurs ces loix, qui font de la tutele une charge publique, accablante & ruineuſe; qui ne préſentent au magiftrat, pour raifon de fe décider, que des exemptions conteftées, des embarras & des difficultés, & rendent trop fouvent la tutele dative ou arbitraire ; des loix telles que l'on marche toujours entre deux écueils, la ruine du tuteur & celle du pupille. » (*Défenfe des hôpitaux de Lyon*, pag. 29 & 30.)

DROIT ÉTRANGER.

. 25. Nous avons vu l'adoption née du befoin d'aimer & d'être aimé , établie chez les peuples indigenes, accablée par la féodalité ou défigurée par quelques coutumes ; reparoiffant par intervalles, tantôt fous le voile de la religion, & tantôt fous la gaze de la vanité ; confervée enfin dans trois hôpitaux, où il fembleroit qu'on veut la reftreindre à la profonde mifere. Sera-t-elle mieux traitée chez les autres peuples ?

L'Italie.

26. Qu'eft-elle devenue dans le berceau du droit romain ? vous l'avez vue à Venife, au quinzieme fiecle, quand cette république voulut fe former un titre au royaume de Chypre. Peut-être encore trouverez-vous quelques traits qui m'ont échappé dans l'hiftoire ou les codes. Mais à moins d'une régénération abfolue, elle ne peut plus exifter dans un pays qui a reçu des Goths la fervitude, des Lombards la féodalité, des papes le droit canon, & des conquérans toutes leurs coutumes diverfes. Je n'en trouve aucune trace dans l'heureufe Suiffe, qui ne connoît même l'échange que pour l'éducation & le langage. Rien de plus dans le code victorin, qui n'offre par-tout que la fucceffion des parens naturels & l'admiffion des fidéicommis. Rien ne me la rappelle enfin dans ces réglemens paternels qui feront à jamais le bonheur de la Tofcane & la gloire de Léopold.

L'Efpagne.

27. Je traverfe la Méditerranée, & j'imagine que fi les Goths ont ravagé

l'Efpagne, les Maures y auront porté des mœurs plus douces.

Sous l'année 986, Mariana parle de la mort de fept freres iffus du fang des comtes de Caftille & qu'il appelle les *enfans de Lara*. En regardant l'anecdote comme fufpecte à beaucoup d'égards, l'hiftoire la conferve comme une preuve qu'alors il y avoit une adoption, dont elle trace la forme que nous retrouverons en Orient : c'étoit de faire paffer l'enfant dans la manche très-large de la chemife du nouveau pere, & de le faire fortir par le collet ; après quoi celui-ci l'embraffoit & le prenoit dans fes bras.

Le mot eft encore dans la langue, *HIJO ADOPTIVO*, *fils adoptif* ; & puifque la loi donne aux enfans trouvés & aux batards de fi grands privileges, que les confidérant comme les enfans de l'état, elle les range dans la claffe des nobles, il femble que, par une fiction plus douce, elle pourroit laiffer au citoyen malheureux le plaifir d'imaginer auffi qu'il eft pere.

Mais au difcrédit général occafioné par la féodalité, s'eft joint l'obftacle des majorats ; ils ont anéanti jufqu'à l'inftitution d'héritier, à la charge de porter le nom & les armes. On a plié fous la maxime introduite par Molina, Mierez, Avendano & Jean del Caftillo ; « que l'agnation s'acquiert feulement par le mariage : » *Agnatio non acquiritur nifi, per medium matrimonium.* Galindo donne, comme général & inconteftable, le principe que l'adoption n'eft plus ufitée en Efpagne : *Adoptio apud Hifpanos in ufu non eft.* (Phænix, jurifp. Hifp. pag. 11.)

Angleterre.

28. Peut-être ferons-nous plus heureux chez ce peuple libre & fier, inftruit & commerçant, mélancolique & fenfible, qui a ouvert tant d'afyles à l'humanité, & qui fe vante d'avoir éminemment les qualités qu'il exprime par le mot *Goodnature*. C'eft-là que j'entendrai les compatriotes de Sterne dire avec fa bonne

philosophie.... *Dear sensibility! Source inexhausted of all that's precious in our joys, or costly in our sorrows! Thou chainest thy martyr down upon his bed of straw-and it is thou who lifts him up to HEAVEN-Eternal fountain of our feelings!... I am positive I have a soul; nor can all the Books with which materialists have pestered the world, ever convince me of the contrary.* (A sentimental Journey, chap. The Bourbonnois, and Maria Moulines.)

J'ouvre l'histoire & je lis : « Etienne, roi d'Angleterre, meurt après avoir *adopté* Henri, qui devint roi d'Angleterre. Cette adoption dut coûter beaucoup à Étienne, puisqu'il laissoit un fils nommé Guillaume, qui fut comte de Boulogne. » (*Abr. chron. du* P. Henaut, *ann. 1154.*)

C'est en 1153 que fut fait cet acte célebre qui rendit la paix à l'Angleterre. « Dès qu'elle fut signée, Etienne fit la cérémonie d'*adopter* le jeune duc, qui lui rendit ses respects *comme à son pere.* D'un autre côté, Guillaume, fils du roi, prêta serment à Henri..... Ce traité fut conclu à Winchester dans une assemblée convoquée exprès, à laquelle assisterent tous les seigneurs spirituels & temporels du royaume. » (Rapin Thoiras, *liv.* 6.)

Certes, voilà l'adoption la plus importante & la plus solemnelle. Comment n'en retrouvez-vous plus de traces ?

Blackstone vous dira que, suivant le droit commun, la succession n'est dévolue qu'aux enfans nés d'un mariage légitime. *Are such children as are not born either in lawful wedlock, or within a competent time after it's determination.* (Book 2, ch. 15, nº. 5.)

Nº. 6. Il expose une jurisprudence infiniment subtile. Un homme qui avoit un fils, se fait naturaliser par lettrespatentes du roi, achete une terre, a ensuite un second fils & meurt. Qui lui succédera ? Le cadet seul, répond Blackstone. Quel motif ? L'ainé étant né avant la naturalisation, son pere n'a pas pu lui communiquer le droit d'hériter. *Had no inheritable blood to communicate to his eldest son.* Il l'auroit pu, si c'avoit été par acte du parlement : ce corps seul a le pouvoir suprême d'effacer toute incapacité antérieure, & donne au naturalisé un droit plus étendu que celui du simple regnicole.

Dans les autres chapitres, Blackstone établit comment l'état, la propriété & les successions sont absolument gouvernés par le systême féodal, introduit lors de la conquête : en sorte que c'est *Guillaume LE BATARD,* qui, saisissant le trône britannique, a décidé que le citoyen sans enfans ne pourroit pas se choisir un fils !

Il n'y a point d'apparence que cet ancien usage revive ; à moins que quelqu'homme riche, comme Lord Clive, ennuyé d'être seul, & agitateur par mélancolie, ne persuade au peuple qu'un des caracteres de la liberté constitutionnelle, doit être, à Londres comme à Rome, de pouvoir se donner un fils, quand la nature nous l'a refusé : s'il ajoute qu'un Anglois peut dans sa famille ordonner, que celui qui n'est pas son fils le devienne par adoption, tout aussi bien que le roi peut, par la naturalisation, faire que celui qui n'est pas Anglois le devienne : avec cela s'il a l'éloquence de M. Burke, il sera entendu.

Allemagne & Pays-Bas.

29. Si vous rentrez dans le continent, vous entendrez dire en Allemagne, que l'institution à la charge de porter le nom & les armes, est un reste de l'ancienne adoption, & que celle-ci est encore légale : *Edictum archiducum anni 1616, quod de armis & insignibus nobilium scriptum est, adoptionis meminit, tanquam fieri hìc possit.* (Stockmans decis. 69.)

Les jurisconsultes Flamands, disent que l'adoption n'ayant été abolie par aucun rescrit, elle peut se faire avec la permission du souverain & du magistrat.

De plus, dans les dix-sept provinces des Pays-Bas, on connoît sous le nom d'*unio prolium*, cette union des enfans qui a lieu dans nos cinq coutumes, lorsque deux conjoints ayant chacun des enfans d'un précédent mariage, les adoptent respectivement. (Kulpisius *in peculiari dissertat. de adoptione & emancipat. princip.* . . . . Feldmannus *in commentar. ad l.* 2, § 2, *D. de adopt.* n°. 5. . . . . Vande Poll, *de exhæred. & præter. cap.* 43, *pag.* 9 & 10. . . . . Rickius, *in speciali opusculo de unione prolium.* . . . . Conynenberg, *in dissertatione de adopt. sect.* 5, *pag.* 114 & *seq.* Christinæus, &c.)

Danemarck & Suede.

30. En remontant au nord, tout vous annonce la jurisprudence.

L'ordonnance danoise, du 21 février 1702, n'a aboli que partiellement la servitude personnelle. Les paysans enrégimentés & seulement fermiers, sont soumis à deux autorités absolues, celle de l'état, qui en dispose comme soldats ; & celle des seigneurs propriétaires. Dans la Norwege, l'agriculture a des propriétés ; mais elles sont attachées au sang par une espece de fidéicommis appellé *Odels-gaarde.*

La Suede, dans son code de 1618, n'a laissé de liberté que celle de faire du bien à l'enfant dont on est parrain ; & c'est un foible reste de l'adoption par le baptême. *De pecuniâ quam compater aut commater donat infanti ex baptismo à se suscepto.* (Tit. 3, n°. 21.)

Pologne.

31. Aucun gouvernement n'est moins disposé à rétablir cette fiction de la nature, que celui où la nature même est sans cesse outragée. Qui permettroit l'adoption ? Le roi ! Cette faculté ne fait point partie du *pacta conventa.* Qui adopteroit ? La noblesse ! elle ne doit qu'à la nature aveugle ses monstrueux priviléges. Qui donc ? Les paysans ! ils ne le peuvent pas plus que les esclaves de Rome. Que donneroient-ils ? La misere & des fers. Qui encore ? Quelques marchands ou bourgeois des villes, qui n'ayant qu'une existence précaire, ne songent qu'à en sortir par l'agrégation à la noblesse, ou par la fuite, après la fortune ! Il ne reste que les Juifs, composant le tiers de la population, & ils adoptent suivant l'ancien rite, comme le prouve la dissertation d'Heineccius, citée ci-dessus. n°. 7. Mais est-ce la peine de favoriser la propagation de ces familles ; ou si c'est pour elles une bonne loi, pourquoi ne pas la suivre ?

La Russie.

32. Le fameux *Oukase*, du 5 février 1722, renouvelle le droit du Czar, de prendre son successeur dans une famille étrangere ; & Pierre le Grand couronna sa femme, craignant que ses petits-enfans ne laissassent rentrer l'ignorance & la barbarie.

Ce que peut le souverain pour la succession au trône, il semble que tout homme libre le peut pour sa famille. Là, c'est le pere de la patrie ; ici, c'est le chef de quelques individus. Là, par sa seule volonté le Czar dispose d'un empire & de la paternité de vingt-millions d'hommes ; ici, c'est un individu isolé, qui transmet des biens qu'il aura acquis & un nom toujours indifférent : car ce ne sont pas les noms qui font les hommes.

Mais la féodalité, la servitude, le préjugé, l'usage, que deviendroient-ils ? Un staroste écoutoit à Paris, en 1769, un mémoire sur la justice & la nécessité d'affranchir les serfs de la Pologne & de la Russie, pour l'honneur de l'humanité, l'avantage de l'état, de l'agriculture & de la propriété. Étonné & convaincu ; que ferai-je donc, s'écrie-t-il, & que deviendrai-je sans esclaves ? Vous irez au marché, lui dit avec humeur un grand seigneur, françois & éclairé : vous traiterez avec les hommes, & vous acheterez des bœufs.

Dans l'inftruction de Catherine II, pour la réformation du code, je ne vois rien qui annonce le rétabliffement de l'adoption, ni l'abolition de la fervitude : & ce n'eft pas le feul point fur lequel la mere de la patrie eft arrêtée par les préjugés, qui par-tout s'oppofent au bonheur des peuples & à la perfection des loix.

L'Afie & l'Afrique.

33. A côté de ce vafte empire, je trouve les mêmes inconvéniens ; il y a plus : dans fon coran Mahomet n'a pas manqué d'ordonner le renvoi des enfans adoptifs à leur pere naturel. *Revocate adfcititios ad parres eorum. Hoc eft juftius apud Deum.* (Sur. 33, verf. 5, pag. 556, edit. Maraccii, tom. 1.)

Toutefois ce que défendoit ainfi le defpotifme farouche enveloppé du fanatifme religieux, la nature & la crainte l'ont maintenu conftamment du Danube au Nil, & du Tanaïs au Gange.

« L'adoption, dit milady Montague, eft fort commune parmi les Turcs & encore plus parmi les Grecs & les Arméniens. Il ne leur eft pas permis de léguer leurs biens à un ami, ou à un parent éloigné. Or, pour éviter qu'ils n'aillent groffir le tréfor du grand feigneur, quand ils fe voient fans efpérance de lignée, ils choififfent dans une famille du commun, quelque bel enfant de l'un ou de l'autre fexe ; le menent au Cadi ; & là, en préfence de fes parens, déclarent qu'ils l'*adoptent* pour leur propre enfant. En même temps les pere & mere renoncent à tous leurs droits fur lui : on paffe un contrat en forme ; & dès-lors l'enfant ainfi adopté ne peut être déshérité. »

« J'ai cependant vu, ajoute milady Montague, plus d'un mendiant refufer de livrer ainfi leurs enfans à de riches Grecs, (tant la nature a de pouvoir fur le cœur d'un pere & d'une mere) ; quoique les *peres adoptifs* aient en général beaucoup de tendreffe pour ces enfans,

qu'ils appellent *ENFANS DE LEURS AMES.* »

« Cette coutume, dit enfin milady, feroit encore plus de mon goût, que l'*ufage abfurde* où nous fommes de nous attacher à notre nom. *Faire le bonheur d'un enfant que j'éleve à ma maniere,* ou pour parler turc, *SUR MES GENOUX ; que j'ai accoutumé à me refpecter comme fon pere,* eft, felon moi, plus conforme à la raifon, que d'enrichir quelqu'un qui tient, des lettres qui compofent fon nom, tout fon mérite, & toute fon affinité. Voilà néanmoins une abfurdité qui fe renouvelle fouvent à nos yeux. » (*Lettres de* milady Marie Wortley Montague, lett. 42, tom. 2, pag. 222. Roterdam, Bernard 1764.)

La Pruffe.

34. Qui n'a pas fait ces réflexions ? & fi elles font juftes, qui ne defire pas un changement dans la jurifprudence ? Mais il faut dans le légiflateur un efprit libre de préjugés, un génie vafte, un pouvoir abfolu, & la volonté de rendre les peuples heureux par la juftice & par les mœurs. Pour créer Sparte, il fallut un Lycurgue. Pour éclairer l'Europe, il falloit ce roi philofophe & jurifconfulte, que je cite fi fouvent, & que j'ai tâché de peindre, tom. 2, pag. 405.

Par lui, au milieu de ce fiecle éclairé, l'adoption tirée des débris de la féodalité & de la barbarie, a repris fa confiftance en Pruffe. Le CODE-FRÉDÉRIC, part. 1, liv. 1, tit. 9, art. 1, § 10, 11, 12, 13 & 14, contient des difpofitions claires & précifes, & en général femblables à celles du droit romain. Nous regrettons infiniment de ne pouvoir pas les tranfcrire en entier ; nous extrairons feulement ce qui a rapport à l'ordre public, au droit privé, à la féodalité, au fidéicommis, à la nobleffe & à l'abolition des coutumes.

Ordre public, ... § 10, n°. 5 : « Nous voulons auffi que l'on requiere pour cet acte notre confirmation royale ; parce que par-là une famille s'éteint, le chef paſſant dans une famille étrangere. »

Droit privé, § 12, n°. 4 : « Si ceux qui ſont adoptés, de quelque maniere que ce ſoit, ſe trouvent léſés par l'adoption, ils peuvent demander la reſtitution en entier. »

Féodalité & fidéicommis, § 10, n°. 9 : « Ces adoptés *(arrogati)* ne peuvent pas, ſelon les conſtitutions du pays, avoir part aux fiefs ; ce que nous voulons auſſi être obſervé par rapport aux fidéicommis & majorats. »

Nobleſſe, § 12, n°. 2 : « Lorſqu'un gentilhomme adoptera l'enfant d'un bourgeois, qu'il ſoit ſous la puiſſance paternelle ou non, cet enfant n'acquerra pas la nobleſſe, quand même nous aurions confirmé l'adoption. — Il en ſera de même lorſqu'un comte ou baron adoptera pour fils un gentilhomme, lequel ne ſera pas par-là élevé à la dignité de comte ou de baron. Pour que l'adoption ait cet effet, il faut que nous l'ayions formellement déclaré dans l'acte par lequel nous confirmons l'adoption. »

Ces modifications maintiennent, à quelques égards, ce que nous entendons par propriété & état des choſes. Il n'y en a point pour ce qui ſuit.

Abolition des coutumes, § 14 : « L'uſage a introduit une autre ſorte d'adoption, qu'on appelle union des enfans, *unio prolium* ; elle avoit lieu, lorſque deux conjoints, ayant chacun des enfans, les recevoient au nombre de leurs enfans & héritiers communs. Mais cette union eſt ſujette à bien des difficultés qui donnent lieu à des procès, & n'eſt pas d'ailleurs fort utile. Car les conjoints peuvent, par le moyen de l'adoption, ou par leurs diſpoſitions teſtamentaires, faire du bien à ces enfans d'un autre lit. A quoi ayant égard, nous aboliſſons pour l'avenir cette union des enfans de différens lits. »

C'eſt un beau ſpectacle, de voir ainſi, du ſein des nuages entaſſés ſur l'Europe

depuis tant de ſiecles, ſortir un aſtre lumineux qui porte par-tout ſa lumiere bienfaiſante & vive. Ce que vous faites, nous dit-il, *n'eſt pas fort utile* à l'ordre & au bonheur publics. Ce que je fais l'eſt ſans contredit, & j'en ai pour garant le cri de la nature, l'exemple de la plus haute antiquité, & la conſtance de toutes les autres parties du monde.

Concluſions.

35. Frappé de cette lumiere vive & pure, j'ai cru devoir donner à cet article une étendue que je ne prévoyois pas en le commençant, entravé comme tant d'autres ſous le joug de l'aveugle préjugé. Ils ſouriront dédaigneuſement ceux qui ne cherchent que le droit poſitif, ceux encore qui rampent ſur la féodalité & la fiſcalité, vivant des ronces qui croiſſent au milieu des ruines.

Je les ſupplie de conſidérer que je ne propoſe point le rétabliſſement de l'adoption, comme Bodin *dans ſa République*, & M. Robinet *dans ſon Dictionnaire*, tom. 1, pag. 341.

Je ne dis point avec eux : combien de grands avantages produiroit l'adoption ! Des parens aſſez malheureux pour n'avoir point d'enfans, & qui en retrouveroient dans leur famille, ou dans un choix libre, & toujours heureux quand il eſt formé par le ſentiment ! D'autres, qui chargés d'une nombreuſe famille, allégeant ce fardeau inſupportable, feroient le bonheur de tant de riches iſolés, qui périſſent d'ennui au milieu de l'opulence, du luxe, de la bonne chere, des collatéraux, des flatteurs & des paraſites ! Des enfans livrés à l'infortune, & qui feroient la tige d'une race précieuſe ! Des jeunes gens ſans reſſources, qui en trouveroient près de ceux qui pourroient ſe les attacher par des liens plus forts & bien plus doux que ceux de la reconnoiſſance ! Des familles indifférentes ou diviſées, qui ſe rapprocheroient, s'uniroient, & ne feroient plus qu'une ! Population, eſprit de famille, harmonie, mœurs, cette fiction de la nature renferme tout.

Et sæpe alterius ramos impunè videmus
Vertere in alterius : mutatamque insita mala
Ferre pyrum, & prunis lapidosa rubescere corna.
Quare, agite, ô proprios generatim discite cultus
Agricolæ, fructusque FEROS mollite colendo.

　　　　Virgil. Georg. lib. 2, v. 32.

Mais quelle impression produiroit cette vérité, là où « les liens du sang ne décident rien pour l'amitié, & n'imposent que des devoirs de décence . . . . . où il regne une certaine indifférence générale, qui multiplie les goûts passagers, qui tient lieu de liaison, qui fait que personne n'est de trop dans la société, & que personne n'y est nécessaire ? » (*Considérations sur les mœurs*, par Duclos, *chap. 1, pag. 17.*)

Cette idée raviroit peut-être quelque vieillard triste & solitaire. Mais qui sait s'il ne diroit pas avec Montaigne : « Il faut se réserver une arriere-boutique, toute nostre, toute franche, en laquelle nous établissions notre vraie liberté, & principale retraite & solitude. En cette-cy faut-il prendre notre ordinaire entretien de nous à nous-mêmes, & si privé, que nulle assistance ou communication de chose étrange n'y trouve place ; discourir & y rire, comme *sans femme, SANS ENFANS*, & sans bien, sans train & sans valets, afin que quand l'occasion adviendra de leur perte, il ne nous soit pas nouveau de nous en passer. Nous avons *une ame contournable en soi-même ; elle peut faire compagnie.* » (*Essais de Montaigne*, édit. de 1604. Paris, Langelier, liv. 1, pag. 190.*)

Ainsi raisonnoit notre philosophe, tant que jeune, absorbé par le monde, l'étude & les affaires, il desiroit la solitude. La curiosité le mene à Rome, & il y reçoit les honneurs de l'adoption civique dans ce siecle, où le philosophe étoit le frere de tous les habitans du globe. Il revient dans sa patrie, où l'âge & les infirmités l'accablent, & il sent qu'il est seul. Si la nature l'a oublié dans ses dons, il se dédommage par le sentiment ; il cherche l'enfant de son ame, & il le trouve dans mademoiselle de Gournay. Il l'adopte : elle ne le quitte plus ; elle lui ferme les yeux ; & c'est elle qui, dépositaire de son manuscrit, met à la tête cette *Préface sur les Essais de Michel, seigneur de Montaigne PAR SA FILLE D'ALLIANCE*. . . . Montaigne fut donc adopté par honneur, mais il adopta par sentiment.

Ce trait dit plus que tous les raisonnemens que peuvent entasser d'un côté l'intérêt & le préjugé ; de l'autre, la nature & la raison.

Comme homme, mon opinion est libre, & elle est désintéressée, car j'ai cinq enfans que j'aime. Comme jurisconsulte, je dois rassembler les pieces du procès ; mais je ne m'avise point de prononcer entre l'antiquité & les peuples modernes, entre l'Europe & le reste du globe, entre notre jurisprudence & les loix du roi philosophe.

Roscia, dic, sodes, melior lex, an puerorum
Nænia, quæ regnum rectè facientibus offert,
Et maribus curiis, & decantata Camillis ?

　　　　Horat. lib. 1, ep. I, v. 62.

ADORATION.

(*Dr. ecclésiastique. Dr. public.*)

1. « C'est l'action par laquelle on adore. . . . . *Adorer*, c'est rendre à Dieu le culte qui lui est dû. Il ne faut adorer que Dieu. Dieu seul mérite d'être adoré. » (*Dict. de l'Acad.*)

Cependant on adoroit les rois de Perse & les empereurs romains, en leur rendant des hommages & des respects dont la soumission tenoit du culte. L'adoration doit donc être envisagée comme *religieuse* & comme *civile* : nous parlerons aussi de l'*adoration du pape*.

Adoration religieuse.

2. L'Être suprême mérite seul un culte religieux : *Non habebis Deos alienos coram me ; non facies tibi sculptile neque*

omnem fimilitudinem. . . . Non ADORA-BIS ea neque coles; ego fum dominus Deus tuus. Exod. *C.* 20 , *v. 3, 4 & 5.* D'après ce premier précepte de la loi, donnée à Moyfe, & qui du peuple Juif a paffé à tous ceux qui ont eu des philofophes pour légiflateurs, on a eu raifon de refufer l'*adoration* aux con-quérans, aux monarques vains & ftu-pides, qui exigeoient le culte dû à la feule Divinité; c'eft-à-dire, qui vou-loient convertir l'*adoration civile* en *adoration religieufe*.

Cette derniere, fuivant la définition du concile de Bourges, affemblé en 1584, doit non feulement confifter dans le re-cueillement intérieur, mais encore fe manifefter par les actions extérieures. *Vera autem ADORATIO in fpiritu & veritate effe debet. In fpiritu quidem Deum ADORANT qui affectu Deum colunt. In veritate, qui CULTU EXTE-RIORE & piis operibus mentis affectum teftantur & exprimunt. Perfecta igitur ADORATIO eft cùm animâ fimul & cor-pore divino obfequio mancipamur.* (Bo-chellus *in decret. eccl. gallic. lib. 1, tit. 2, cap. 2, pag. 27.*)

Le concile de Rheims, de 1583, veut que l'on aboliffe l'ufage d'*adorer* l'Euchariftie debout, & qu'on rempliffe ce devoir à genoux : *Si qua ecclefia ftando Chrifti corpus in hoc facrificio ADORET, procumbat deinceps dum fancta myfteria proponuntur ADORANDA.* (Bo-chellus, *ibid. lib. 3, tit. 1, cap. 140, pag. 383.*)

Lorfqu'on porte le viatique aux ma-lades, & le faint Sacrement, dans les pro-ceffions folemnelles, tous les habitans d'un royaume dans lequel on fait profeffion de la foi catholique, doivent les refpects du culte extérieur; on l'exige même des troupes étrangeres, qui, à la folde du roi, ont d'ailleurs des privileges parti-culiers dans les fonctions de leur fervice.

Filleau dit que par les loix *politiques* du royaume, ceux de la religion prétendue reformée, doivent rendre *les refpects exté-*

rieurs au très-faint Sacrement de l'autel, lorfqu'il eft porté en public, & que ceux qui y manquent font punis. (*Décifions catholiques, décif. 5, § 5, pag. 116.*)

Il ajoute qu'ils font obligés de tendre devant leurs maifons, les jours de pro-ceffion folemnelle, ou de fouffrir que l'on tende, & de payer en ce cas les frais des tentures. (*Décif. 6, pag. 130.*)

Enfin, il cite un ARRÊT du parle-ment de Paris du 17 février 1632, qui condamne deux écoliers de Saumur, qui avoient fait injure au faint Sacrement, à l'amende honorable, à un banniffement de trois ans, à 1200 liv. d'amende envers le roi, & à 1000 liv. de réparation, dont 200 liv. feroient employées à l'achat d'une lampe d'argent, & 800 liv. feroient placées pour fervir de fonds à l'entretien du luminaire. (*Décif. 7, pag. 136.*)

Depuis, il y a eu des arrêts plus féveres, parce qu'en général les peines font arbitraires, fur-tout dans cette matiere, d'après la déclaration du 30 juillet 1666, l'édit de juillet 1682, & les déclarations des 4 mars 1724, & premier juillet 1727.

Avignon, fous la puiffance du pape, a une loi fort douce. Tout Juif qui ne fe tient pas retiré chez lui ou loin des endroits par lefquels doit paffer le faint Sa-crement, n'eft condamné qu'à une amende de cinq fous tournois. *Ad honorem & reve-rentiam Dei ftatuimus quod, dum Sacro-fanctum Chrifti corpus portabitur per civitatem, nullus Judeus nec Judea maneat in viâ, fed recedat, vel fe abfcondat : & quoties contra fecerit, quinque folidis turo-nenfibus puniatur.* (Statuta civit. Ave-nionenfis, *lib. 1, rubr. 61, art. 3, pag. 52, recto.*) Voyez ci-deffus *Accom-pagnement, pag. 32, col. 2; & ci-après Blafphême, Euchariftie, Fête-Dieu, Juif, Proceffion, Profanation, Proteftant, Suiffe, Viatique,* &c.

Adoration civile.

3. Le mot *adorer*, qui dans l'Exode défigne le culte exclufif dû à Dieu, eft employé, dans un grand nombre d'autres textes

textes de l'écriture, pour défigner le refpeɔt, la déférence, les égards qu'on doit à fes parens, à un vieillard, aux magiftrats, aux rois. (*Genef. c. 49, v. 8; Exod. c. 18, v. 7; Reg. 2, c. 18, v. 28; Paralipomen. 2, c. 24, v. 17, &c.*) Les Hébreux connoiffoient *l'adoration civile* comme *l'adoration religieufe.* Heineccius, (*tom. 3, part. 1, pag. 133,*) dit : *ADORABANT homines pii veteris teftamenti Deum, fed* cultu religiofo; *ADORABANT etiam reges fed* cultu civili; *uti hodie quoque Britanni regem fuum provoluti, genua venerantur, quos nemo tamen fanus illi divinos honores tribuere fufpicatur.*

L'*adoration religieufe* & l'*adoration civile* étoient diftinctes chez les peuples anciens. Cependant les rois de Perfe, affectant de les confondre, par le fafte avec lequel ils exigeoient des hommages avilifſans, la plupart des Grecs, trop fiers & trop inftruits pour proftituer à l'homme ce qui n'étoit dû qu'à la Divinité, leur refuferent ce qu'ils exigeoient de leurs fujets. Spertiès & Bulis, envoyés de Sparte auprès de Xerxès, refuferent conftamment d'*adorer* ce roi, quelques efforts que fiffent fes gardes pour les y contraindre : *Ut verò afcenderunt Sufa & in confpeɔtum regis venerunt, principis jubentibus fatellitibus ac vim afferentibus ut procumbentes regem ADORARENT, negaverunt fe, vel fi in caput protruderentur, ullo modo faɔturos; neque enim fibi effe confuetudinem hominem ADORANDI, neque fe ad id veniffe.* (Herodotus, *lib. 7, cap. 136.*).

Timagoras ayant fléchi baſſement le genou devant Darius, fut condamné au dernier fupplice par les Athéniens, défefpérés qu'un Grec eût ainfi compromis l'honneur de la patrie. *Athenienfes autem Timagoram inter officium falutationis Darium regem, more Gentis illius adulatum, capitali fupplicio damnaverunt; unius civis humilibus blanditiis, totius urbis fuæ decus perficæ dominationi fummiffum graviter ferentes.* Va-

Tome III.

lerius Maximus, *lib. 6, cap. 3, in extran. 2.*

Mais tandis que les fiers républicains de la Grece, refuſoient au grand roi le culte divin, leur compatriote Alexandre prétendit à fon tour à l'adoration, enivré de fes conquêtes, qu'arrêta la mort à trente-trois ans, & de fes fables, qui lui donnoient Jupiter pour pere, comme elles donnent à tant de nos grands modernes des peres qu'ils n'ont jamais eus. *Jamque omnibus præparatis, quod olim pravâ mente conceperat, tunc effe maturum, quonam modo CŒLESTES HONORES ufurparet, cœpit agitare : JOVIS FILIUM non dici tantum fe, fed etiam CREDI VOLEBAT, TANQUAM PERINDÈ ANIMIS IMPERARE POSSET AC LINGUIS.* (Curt. VIII. 5.)

Dom Garcie de Sylva Figueroa, ambaffadeur du roi d'Efpagne, peut-être lâche courtiſan, fe montra avec fierté en Perfe. « Le jour qu'il fit fon entrée à *Ifpahan*, les deux gouverneurs de la ville, qui l'accompagnoient, le firent paſſer par le *Maidan*, & le voulurent obliger à defcendre de cheval pour aller baifer le pas de la porte du palais du *Schach.* Ils difoient que c'étoit la coutume, de laquelle perſonne ne fe pouvoit difpenfer, & que les fils du roi même étoient obligés de rendre ce refpeɔt au palais de leur pere; mais *Figueroa* leur répondit, qu'il ne les empêcheroit point de faire leurs cérémonies; mais pour lui, qu'il n'avoit garde de faire au *Schach* un honneur qu'il ne feroit pas à fon propre maître. Tellement, que bien que les deux gouverneurs & ceux de leur fuite miſſent pied à terre, l'ambaffadeur défendit à fes gens de defcendre de cheval; & étant proche du palais, il fe contenta de tourner la tête de fon cheval vers la porte, & de la faluer d'un coup de chapeau. » Vicquefort, qui rapporte ce trait, obferve que les révérences & inclinations que les ambaffadeurs font au grand-feigneur, font forcées, & tirent leur origine de l'*adoration* que les rois orientaux exigent de ceux qui les approchent. Il ajoute avec raison, *que de trop grandes civilités dégénerent en des soumissions qui sont indignes du ministre public & du prince qui l'emploie*. (Liv. 1, sect. 2, pag. 306 & 307 du tom. 1 de l'édition de 1715.)

Les empereurs romains furent aussi vains qu'Alexandre & les rois de Perse. Au lieu de l'*adoration civile*, à laquelle ils devoient se borner, ils prétendirent à l'*adoration religieuse*. Ils sont représentés dans leurs médailles avec des rayons sur leur tête. Etoit-ce la flatterie des courtisans qui leur faisoit oublier qu'ils n'étoient que des hommes? Etoit-ce ambition raisonnée, qui leur persuadoit de fasciner ainsi la populace, qui se mene par tant de prestiges?

L'empereur Severe rougit pour ses prédécesseurs, & défendit d'user à son égard de l'*adoration religieuse*. Il fit plus: il chassa les flatteurs, dont à Rome, comme par-tout, le nombre devoit être prodigieux. *Si quis caput flexisset aut blandius aliquid dixisset, uti adulator vel abjiciebatur, si loci ejus qualitas pateretur, vel ridebatur ingenti cachinno, si ejus dignitas graviori subjacere non posset injuriæ. . . . . Ipse ADORARI se vetuit.* (Lampridius *in Alexandro*, pag. 180, edit. Casauboni, 1603, in-4°.)

Après cela, on est bien étonné de voir Julien, ce monarque philosophe, ne pas suivre l'exemple de Severe, & se laisser adorer par de petits rois Sarrasins. *Sarracenorum reguli genibus supplices nixi, oblatâ auri coronâ tanquam mundi nationumque sacrum dominum ADORAVERUNT Julianum.* Ammianus Marcellinus, *lib.* 23.

Ce n'est que de l'*adoration civile* qu'il faut entendre ce que nous disent de l'*adoration du prince* ou de l'*adoration de la pourpre du prince*, diverses loix des deux codes théodosien & justinien. (Lib. 3, C. TH. de domest. & protect. L. 6, § 3, C. de advoc. divers. judicum; l. unic. C. de comitibus & trib. scholarum; l. 4;

C. de consulibus; l. 1, C. de apparitoribus præfectorum prætorio; l. 1, C. de appar. præf. urbis.)

Delà, dans le fragment d'un manuscrit rapporté par Borel, dans ses antiquités de Castres, *pag.* 11, on n'a eu en vue que l'*adoration civile*, lorsqu'on a dit de Bernard, comte de Toulouse: *Tolosam venit & regem Carolum in cœnobio sancti Saturnini juxta Tolosam ADORAVIT.* Ce fragment curieux, inséré dans un livre très-rare, annonce que l'usage du mot *adorer* s'est soutenu long-temps après la chûte de l'empire romain; ce que la plupart des savans n'ont pourtant pas voulu reconnoître.

Quelque respect que l'on doive à nos rois, on ne se sert plus depuis long-temps du mot *adoration* pour désigner les hommages qu'on leur rend même à genoux dans les grandes cérémonies, telles que celle du *sacre*, du *lit de justice*, de la *réception* des députés des états de certaines provinces, de ceux des villes, des compagnies, &c. Voyez *ces mots*.

En Angleterre, ce mot n'est pas non plus en usage, quoique suivant Heineccius, on y vénere à genoux la personne du prince. *Britanni regem suum in terrâ provoluti venerantur.*

Il faut voir cette espece de culte dans l'esprit de Blackstone: *By Which the people are led to consider him in the light of a superior Being, and to pay him that awful respect, Which may enable him with greater ease to carry on the business of government.* (Book. I, chap. 7.) Cette définition est d'autant plus juste, que, certes, on ne soupçonnera jamais de regarder comme un Dieu, celui que l'on traite souvent comme un homme.

Adoration du pape.

4. Elle consiste à lui baiser les pieds lorsqu'on est admis à son audience. On demande si les ministres des princes protestans sont tenus à cet hommage.

La négative ne paroît pas susceptible de difficulté, soit que l'on considere cette *adoration* comme *religieuse*, soit qu'on la confidere comme *civile*.

Au premier cas, ce n'eſt que comme vicaire de Jeſus-Chriſt en terre, qu'on peut *adorer* le pape; & c'eſt ce dont convient le jéſuite Tanner: *Eodem cultu quo Chriſtus ut homo colitur, romanum pontificem ADORANDUM, quatenùs per ſimplicem mentis aprehenſionem agnoſcitur quodammodo in illo Chriſtus, cujus PERSONNAM ET MUNUS ſuſtinet.* (Part. 2, theol. ſcholaſt. diſput. 5, quæſt. 2, dub. 2, n°. 61.) Or, les proteſtans ne reconnoiſſant point dans le pape cette qualité, la cour de Rome, vraiment éclairée, n'inſiſte plus; elle en diſpenſa même, en 1746, le comte de Woronſoff, vice-chancelier de Ruſſie.

Au ſecond cas, le pape ne peut exiger le baiſement des pieds que comme prince ſouverain; c'eſt-à-dire, en vertu du droit qu'il a de fixer les rits & les cérémonies de ſes états, & de la même maniere que les rois de France & d'Angleterre exigent dans les leurs le fléchiſſement du genou: mais un miniſtre public n'étant pas aſtreint au *droit civil* de la nation vers laquelle il eſt envoyé, il ne doit point au prince qui la gouverne, les hommages que celui-ci peut preſcrire à ſes ſujets; il ne doit que les égards déterminés *par le droit des gens*.

La cérémonie de l'*adoration* ou baiſement des pieds du pape nouvellement élu, eſt ainſi décrite par l'auteur d'une petite *relation de tout ce qui ſe paſſe à Rome à la mort du pape, & dans le conclave à l'élection du nouveau*, imprimée en 1666. « Auſſi-tôt que le pape eſt élu, les deux premiers cardinaux diacres le conduiſent en ſa place derriere l'autel, où ils le revêtent d'une robe blanche, du rochet, du camail & de la calotte rouge ou blanche, ſuivant la ſaiſon, & lui mettent les pantoufles avec les autres ornemens: puis ils l'amenent devant l'autel, & l'y font aſſeoir dans une chaiſe où tous les cardinaux le viennent *adorer*; c'eſt-à-dire, qu'ils lui baiſent les pieds,

les mains & la joue: enſuite on le porte dans l'égliſe de St. Pierre, où il s'aſſied ſur le grand autel, & les cardinaux lui vont *rendre le même hommage*: les chanoines vont de même lui *baiſer les pieds*, & puis on le reporte dans l'appartement ordinaire des papes, après quoi les cardinaux ſe retirent dans leurs palais. » (Pag. 86 & 87.) Voyez *Ambaſſadeur, Apothéoſe, Cardinal, Conclave, Cérémonie, Dieu, Egards, Election, Pape, Polithéiſme, Religion, Reſpect, Rit*, &c.

ADOUCISSEMENT.

(Dr. eccléſiaſtique. Dr. criminel.)

1. C'eſt l'acte par lequel on diminue la rigueur de la regle par la diſpenſe d'une partie de ce qu'elle preſcrit, & par la *tolérance* de légeres inobſervations.

DROIT ECCLÉSIASTIQUE.

2. Il faut convenir que ces diſpenſes ne ſont, pour ainſi dire, qu'une altération & un affoibliſſement de la regle; c'eſt-à-dire, de la loi à laquelle on s'eſt volontairement ſoumis: cependant il y a des circonſtances où il eſt difficile, pour ne pas dire impoſſible de ne pas marcher ainſi. D'ailleurs l'adouciſſement eſt autoriſé par la doctrine de St. Thomas, du cardinal de Turre Cremata, du docteur Navarre, ainſi que de beaucoup d'autres grands théologiens & canoniſtes.

Le premier dit, que les regles monaſtiques n'obligent pas toutes, parce qu'elles n'ont pas toutes été ordonnées par maniere de précepte: *Non omnia quæ continentur in lege traduntur per modum præcepti; ſed quædam proponuntur per modum ordinationis cujuſdam.* Secundà ſecundæ, quæſt. 386, art. 9, ad. 2.

Le ſecond, dans ſon cinquieme *Traité de la regle de St. Benoît*, s'expliquant ſur celle-ci: *Præceptum ſemper inducit NECESSITATEM adimplendi*, dit, que par ce terme de *néceſſité*, il faut entendre l'obligation; ſous peine de péché; & il ajoute, que toutes les constitutions du patriarche d'occident ne sont pas toujours de PRÉCEPTE ; qu'il en est beaucoup qui sont simplement de CONSEIL: *Non omnes constitutiones sunt PRÆCEPTORIÆ, sed quædam sunt simplices... In regulâ S. Benedicti non omnia in eâ contenta PRÆCEPTA sunt; sed quædam traduntur per modum PRÆCEPTI, quædam verò traduntur per modum ordinationis cujusdam, vel statuti, aut SIMPLICIS ADMONITIONIS.*

Enfin, le troisieme dit, qu'il seroit à desirer que les fondateurs de toutes les sociétés religieuses eussent eu les idées qu'a eu St. Dominique dans la rédaction de la regle qu'il a laissée aux freres Prêcheurs ; & qu'à son exemple, ils n'eussent soumis les infracteurs qu'à des peines de corps, à des mortifications, à des privations; parce que la regle la plus sage est toujours susceptible de quelques *adoucissemens* de la part des supérieurs, sur lesquels ils se trouvent gênés lorsque tout est ordonné sous peine de péché.

Aussi, les constitutions des religieuses Carmélites, après avoir puni les inobservations par des jeûnes & des disciplines, & ordonné même la prison pour des fautes d'ailleurs assez légeres, déclarent au *chap. 22*, que rien dans ces constitutions n'*oblige, sous peine de péché mortel, ni véniel, si ce n'est qu'elles fissent quelque chose par dépit & mépris de ce qu'y est commandé.*

Les causes pour lesquelles un supérieur est dans le cas d'*adoucir* la regle & de tolérer quelques inobservations sur des objets peu essentiels, sont, 1°. le changement de temps ; car, ce qui est indifférent ou bon dans un temps, peut devenir mauvais & nuisible dans un autre ; 2°. la nécessité qui, comme on dit, n'a point de loi ; 3°. le bien général auquel tout doit céder ; 4°. certains événemens imprévus ; 5°. la piété qui s'attache à l'*esprit qui vivifie*, & laisse *la lettre qui tue* ; 6°. le scandale ; car, quel-

quefois pour vouloir s'attacher trop scrupuleusement à la lettre, on blesse les foibles & les simples ; 7°. la condition des personnes : *Personarum conditio, principes, viri docti, prælati.* Nous avons puisé ces motifs dans le commentaire que donne de la regle de St. Augustin, le pere Lairvelz, abbé de Notre-Dame de Pont-à-Mousson. (*Optica regularium seu commentarii in regulam S. P. N. Augustini Hipponensis episcopi; imp. Colon. Agrippinæ, 1614, in speculo sexto.*) Voyez *Carême, Constitution, Dispense, Jeûne, Pénitence, Réforme, Regle, Relâchement, Religieux, &c.*

DROIT CRIMINEL.

3. Ce que l'église pense sur l'observation de ses regles, la justice criminelle ne le peut-elle pas, ne le doit-elle pas pour les peines qu'elle inflige ? Ne peut-elle pas les *adoucir*, lorsqu'elles sont cruelles & vaines ; ou, lorsque le coupable l'est pour la premiere fois ? Nous ne pouvons traiter cet article délicat, que sous les mots *Peine* & *Supplice.*

A D O U X.
(Commerce.)

« Ce mot se dit des fleurs bleues, que jette le pastel mis dans la cuve. Le réglement de 1669, veut que la teinture des draps noirs se fasse avec de fort guède, & qu'on y mêle six livres d'indigo tout apprêté, avec chaque balle de pastel, quand la cuve sera en *adoux.* » (*Dictionn. encyclopédique.*)

Cette explication, qui a déja induit en erreur les rédacteurs de plusieurs collections de jurisprudence, mérite d'être réfutée par des éclaircissemens nécessaires aux teinturiers, aux négocians, aux inspecteurs des manufactures, & aux juges de la police des arts & métiers.

Avant M. Colbert, il s'étoit introduit dans l'art de la teinture une liberté & une indépendance deſtructives, également préjudiciables à la conſommation intérieure & au commerce extérieur. Il s'occupa donc des moyens de rétablir l'ordre où régnoit la licence; & après avoir fait dreſſer des ſtatuts pour la diſcipline des trois communautés de teinturiers en laine, ſoie, fil & coton, il fixa encore par pluſieurs expériences *le pié* de toutes ſortes de teintures. Ce fut d'après leur réſultat, qu'il fit défendre de mettre plus de ſix livres d'indigo par chaque balle de paſtel, parce qu'on croyoit alors que la couleur de l'indigo n'étoit pas ſolide, & qu'il n'y avoit qu'une grande quantité de paſtel qui pût l'aſſurer & la rendre bonne. Mais le ſiecle où nous vivons a procuré, dans les expériences qu'on a mieux faites, un réſultat tout différent. Le célebre M. Dufay, de l'académie des ſciences, ayant démontré que la couleur de l'indigo, même employé ſeul, étoit toute auſſi bonne, & réſiſtoit autant à l'action de l'air, du ſoleil, de la pluie & des débouillis que celle du paſtel, on a réformé l'article du réglement de 1669; en conſéquence on a expreſſément permis, *par celui de 1737,* aux teinturiers du bon teint, d'employer dans leurs cuves de paſtel, la quantité d'indigo qu'ils jugent à propos. (*Traité de la teinture des laines, par M. Hellot, chap. 5, pag. 67.*) Voyez *Débouilli, Indigo, Paſtel, Teint, Teinturier, &c.*

A D R A S.

(Droit coutumier.)

Ce mot a, dans l'art. 30, *du tit.* 4 des Coutumes générales de la ville & cité de Metz, la même acception que celui d'*Éramme,* dans l'art. 4 de la Coûtume de Clermont en Beauvoiſis, & celui d'*Arame,* dans l'art. 7 de celle de Valois. Ils ſignifient l'amende due par celui qui a manqué de ſatisfaire dans le délai convenu, au créancier à qui il étoit obligé

avec ſerment. *Adras, Adhras* ou *Adhramiſſement,* employés aſſez indifféremment par les anciens auteurs, pour marquer *la peine du défaut,* dérivent tous de l'expreſſion *adrhamire,* fort uſitée dans les loix anciennes, telles que la ſalique & celle des Lombards, ainſi que dans les capitulaires de nos rois de la ſeconde race. On la trouve, entr'autres, employée pour exprimer la maniere dont on s'engageoit avec ſerment, dans ces deux textes : *Sacramenta adrhamire vel jurare.* (L. Longobard. 2, tit. 55, cap. 26, edit. Lindenbrogii, pag. 662.) *Ut ſacramenta quæ ad palatium fuerunt adrhamita in palatio perficiantur.* (Capitular. lib. 3, cap. 58, pag. 766, edit. Baluzii, tom. 1.) Voyez *Amende, Défaut, Éramme, Reclain, Serment, &c.*

A D R E S S E.
DÉSIGNATION.

(Dr. eccléſiaſt. Dr. public. Commerce.)

1. *ADRESSE,* ſ. f. indication, déſignation, ſoit de la perſonne à qui il faut s'adreſſer, ſoit du lieu où il faut aller ou envoyer. (*Dict. de l'académie.*)

A l'exemple de ce Dictionnaire, que nous aimons à ſuivre dans les définitions, nous diviſerons en deux articles ſéparés ce mot qui a deux ſens différens, ſans le moindre rapport entr'eux; tant nos langues ſont pauvres. L'angloiſe qui nous enrichit de temps-en-temps de quelques-uns de ſes mots, tels que *MOTION,* (*ovaterre or propoſal,*) a laiſſé au mot adreſſe, *an addreſſ,* toutes nos acceptions françoiſes, & y en a ajouté une troiſieme encore plus diſparate : *an addreſſ preſented to the King.* Nous en parlerons à la fin du préſent article.

DROIT ECCLÉSIASTIQUE.

2. L'ADRESSE, en ſtyle de chancellerie romaine, eſt le *commiſſatur,* c'eſt

à-dire la clause des différentes expéditions qui se font au nom du pape, par laquelle il en confie l'expédition soit aux ordinaires des lieux, à d'autres prélats, à des dignitaires d'un chapitre; soit aux impétrans eux-mêmes. Ces différences prennent leur source dans celle des actes émanés de sa sainteté, qui sont tantôt des rescrits de justice, tantôt des rescrits de grace. *En matiere de provision d'un bénéfice, par exemple, ces différences résultent de ce que ces provisions sont en forme commissoire, ou en forme gracieuse.* Le Pape pourvoit en forme gracieuse, *in formâ gratiosâ,* lorsqu'il le fait sur l'attestation de l'ordinaire, & alors les provisions sont *adressées* à l'impétrant lui-même. *Pius, episcopus servus servorum Dei, dilecto filio Petro priori capellano, &c.* Le Pape pourvoit en forme commissoire, *in formâ dignum,* lorsqu'il *adresse* les provisions à l'ordinaire pour pourvoir l'impétrant, s'il en est digne, si par le résultat de l'examen de ses mœurs & de sa doctrine, il est trouvé capable. *Pius, &c. venerabili fratri, N. &c.*

Quand l'*adresse* du pape, pour tous les rescrits quelconques, est faite à un cardinal qui n'est pas évêque, elle se fait en ces termes: *Dilecto filio & non fratri,* & elle est la même pour les dignitaires, les simples prêtres, les religieux: pour les religieuses, le rescrit porte: *Dilectæ filiæ nostræ.* Quand le pape adresse quelque chose aux rois, aux reines, il emploie ces expressions: *Carissimo filio, carissimæ filiæ.*

En général, le pape ne commet que des personnes constituées en dignité lorsqu'il *adresse* des rescrits délégatoires. C'est le réglement de Boniface VIII. *Sancimus igitur ut nullis, nisi dignitate præditis aut personatum obtinentibus, seu ecclesiarum cathedralium canonicis, causæ autoritate litterarum sedis apostolicæ, vel legatorum ejusdem de cætero committantur; nec ad earum aliis quàm in civitatibus vel locis insignibus, ubi*

possit commodè copia peritorum haberi. cap. Statutum 11, de rescriptis in 6, lib. 1, tit. 3. (*Pratique de Perard, Castel & Noyer, tom. 1, pag. 395, & suiv. Amydenius, de stylo datariæ, cap. 4, quæst. 7, pag. 11, & sequent.*) *Voyez Annexe, Bref, Bulle, Délégué, Expédition, Jubilé, Ordinaire, Provision, Regles, Rescrit, Signature, &c.*

Voici en France le style de l'*adresse* des provisions données par les ordinaires: *Quocirca vobis universis & singulis personis ecclesiasticis, notariis & tabellionibus publicis, per civitatem & diœcesim nostram constitutis & subditis nostris, autoritate prædictâ, tenore præsentium MANDAMUS, quatenus vos aut alter vestrum accedat, ut prædictum Petrum, vel procuratorem suum ejus nomine & pro eo, in corporalem possessionem prædictæ ecclesiæ juriumque & pertinentium prædictorum inducatis vice nostrâ, & defendatis inductum, amotâ quolibet alio defensore, &c.* Par les expressions de cette *adresse,* on voit, que les évêques n'exigent pas que ceux qui exécutent leurs provisions, soient des personnes constituées en dignité. Ils veulent simplement qu'elles soient ou ecclésiastiques ou revêtues du caractere public de notaire, tabellion, &c.

Il en est de même des autres collateurs; avec cette différence, que s'il s'agit d'une collation laïque, l'*adresse* est en françois.

Les provisions émanées de roi ne sont jamais adressées au pourvu, mais tantôt aux évêques, tantôt aux officiers royaux suivant que les uns ou les autres doivent les mettre à exécution. C'est par des lettres-patentes adressées à des évêques, à des chapitres, ou à d'autres collateurs que le roi accepte les induls des membres du parlement de Paris; enfin pour les bénéfices consistoriaux, aussi-tôt que l'évêque a prêté le serment de fidélité, le roi adresse à la chambre des comptes, des lettres-patentes qui lui servent d'investiture. *Voyez Collation, (laïque) Evêque, Induls, Installation, Notaire.*

Possession, (prise de) Régale , Serment , (de fidélité) &c.

DROIT PUBLIC.

3. En France l'on nomme *adresse* la clause qui concerne l'exécution des ordres du souverain émanés de lui , ou même de ses cours en son nom. Elle est ainsi exprimée ordinairement : *Si mandons à , si donnons en mandement.*

L'adresse des lettres royaux ne se fait jamais qu'aux juges royaux & huissiers ou sergens royaux ; ainsi si elles ont été obtenues sur des affaires pendantes devant des juges seigneuriaux , elles sont *adressées* à un huissier royal pour faire injonction & commandement à ces juges, de par le roi, de les entériner, si faire se doit. Le roi ne reconnoissant que les juges royaux, ceux-ci peuvent seuls exécuter ses mandemens ; ou , si l'on vouloit suivre les filieres du gouvernement féodal & de l'appel, il faudroit que le roi adressât au parlement, celui-ci aux baillis & sénéchaux, & ceux-ci aux juges des seigneurs ; ce qui ne finiroit pas.

Cette verité rentre dans ce que dit Loyseau, avec ce style naïf & libre qu'ont perdu la plupart des jurisconsultes.

« L'Origine de cette pratique vient d'une vieille maxime de chancellerie, que le roi n'*adresse* ses lettres qu'à ses officiers ; comme si toutes justices ne tenoient pas de lui, du moins en directe seigneurie ; & d'ailleurs, comme si les juges des seigneurs n'étoient pas sujets & tenus d'exécuter ses mandemens, & s'ils n'étoient pas aussi dignes de les recevoir que de simples sergens ; enfin, comme si cette formalité étoit importante à l'autorité du roi, que sous prétexte qu'il voudroit *adresser* un mandement aux juges subalternes, il leur dût ôter ce qui dépend de leurs offices. Mais sur-tout n'est-ce pas un vrai abus, une pure illusion en justice, qu'un vil sergent fasse commandement à un juge notable, étant en son siege & en pleine audience, de faire ce qui est de sa charge ; comme il est mandé par le style des chancelleries, lorsque les lettres royaux doivent être présentées au juge subalterne? Aussi, on auroit honte de pratiquer à la lettre ce style & formulaire ridicule, & faire qu'un sergent commandât à un juge, étant même au lieu & en l'acte de justice ; mais on fait présenter les lettres par un procureur tout ainsi qu'en justices royales. » (*Traité des seigneuries, chap. 14, n°. 57 & suiv.*)

Quand les lettres du grand sceau doivent être exécutées en Dauphiné, il faut, dans l'*adresse* aux juges de cette province, ajouter après ces premiers mots : *Louis par la grace de Dieu, roi France de Navarre,* ces autres mots, *dauphin de Viennois, comte de Valentinois & Diois.* Quand elles doivent être exécutées en Provence, il faut ajouter, *comte de Provence, Forcalquier & terres adjacentes* Enfin, quand elles doivent être exécutées en Normandie, il ne faut pas omettre ces mots : *Nonobstant clameur de Haro, chartre normande, prise à partie & lettres à ce contraires, &c.* Ces formalités dans les lettres royaux données pour ces trois provinces, sont si essentielles, que quand elles ont été omises il faut en faire expédier de nouvelles. Cela a même lieu pour les loix qui émanent du trône. On trouve dans le recueil des priviléges des Suisses, que certaines immunités ayant été accordées à ces anciens alliés de la France, par des lettres-patentes du 7 décembre 1516, il fallut en obtenir de nouvelles le 24 août 1543, portant *relief d'omission d'adresse,* avec confirmation des mêmes immunités, lesquelles furent vérifiées au parlement de Grenoble, le 3 septembre suivant. (*Priviléges des Suisses, par Vogel, part. 2, aux preuves, pag. 19.*)

Dans toutes les lettres qui doivent être scellées en double queue, il faut toujours insérer : *A tous ceux qui ces présentes lettres verront, &c.* Car tel est notre *plaisir; en témoin de quoi nous avons fait mettre notre scel à cesdites présentes : & quand elles doivent être scellées de lacs de soie & de cire verte, il faut mettre : A tous présens & avenir, &c. Afin que ce soit chose ferme & à toujours, nous avons fait mettre notre scel à cesdites présentes, sauf en autre chose notre droit & l'autrui en toutes, donné à . . . . au mois de . . . . l'an de grace . . . . & de notre regne le . . . .*

Enfin dans toutes les lettres du grand & petit sceau, il ne faut point mettre le mot *salut*, lorsqu'elles sont *adressées* à un huissier ou sergent.

ARRÊT du parlement de Paris, de l'année 1384, qui décide l'affirmative de cette question, savoir; si l'*adresse* faite à tous amés & féaux justiciers, est censée faite à la cour du parlement : *An littera universis justiciariis directa, videatur directa curiæ parlamenti.* Jean le Coq dit que la question ne laisse pas d'être douteuse malgré cette décision, & qu'il ne faudroit pas l'appliquer à toutes les circonstances; parce qu'on a vu des exemples contraires. *Cave quia communiter non reciperentur in curiâ tales litteræ, nisi esset aliqua causa specialis : sic mihi fuit dictum contra Petrum Blemur in parlamento initiato anno domini 1386.* (Quæst. 18, *J. Galli*, pag. 254, edit. 1551, in-4°.)

Le style de la chancellerie est aujourd'hui si raffiné en France, qu'on ne voit plus ces questions. Voici une preuve de l'attention qu'on y met.

DÉCLARATION du roi, du 23 février 1703, qui ordonne que des lettres de rémission, pardon, & autres de semblable qualité, obtenues par des personnes de condition roturiere, l'*adresse* sera faite aux baillis & sénéchaux ressortissant nuement aux cours de parlemens, dans le ressort desquels le crime aura été commis : ordonne néanmoins que dans le cas où le crédit des accusés seroit à craindre dans le bailliage, dans le ressort duquel le crime aura été commis, les lettres de rémission, & autres de semblable nature, puissent être *adressées* au baillage ou à la sénéchaussée la plus prochaine non suspecte ; ce qui n'aura cependant lieu qu'à l'égard des lettres, scellées en la grande chancellerie.

Commerce.

4. Le mot *Adresse* sert encore à exprimer l'indication, la désignation soit de la personne avec qui il faut traiter, soit du lieu où il faut aller ou envoyer.

Ainsi pour les lettres de change, on appelle *adresse*, non seulement l'indication de la personne sur qui elles sont tirées, & qui se place ordinairement en marge de ces lettres, mais encore l'indication des domiciles où elles doivent être payées, qui sont souvent différens de ceux des négocians sur qui on a tiré. On tire, par exemple, sur un négociant de *Birmingham*, une lettre de change ; & on annonce, tant à celui à qui on la fournit qu'à ceux à qui elle pourra passer par la voie de la négociation, qu'elle sera payable au domicile d'un négociant de *Londres* ; cette *adresse* sert d'élection de domicile, tant pour le paiement de la lettre que pour les poursuites que le porteur pourroit être obligé de faire à défaut de paiement ou d'acceptation. Voyez ci-dessus *Accepteur*, & ci-après, *Domicile*, *Lettre de change*, *Tireur*, &c.

En fait de lettres missives, l'*adresse* ou l'indication de la personne à qui on les envoie, & du lieu où elle est domiciliée, doit être claire; parce que les confusions peuvent avoir de dangereuses conséquences. Celui qui intercepteroit une lettre missive dont l'*adresse* ne renfermeroit aucune espece d'ambiguité, seroit sévérement puni. Voyez *Lettre missive*, *Poste*.

En fait d'expéditions de marchandises par tonneaux, caisses, pacquets, il est d'usage d'y mettre l'adresse de celui à qui on les fait passer par de simples lettres initiales; cependant le voiturier qui s'en charge demeure responsable des **dommages**

dommages & intérêts qui peuvent résulter de quelques équivoques dans la remise; parce qu'il y a dû faire une attention particuliere, & parce que d'ailleurs il doit avoir dans une lettre de voiture l'*adresse*, en toutes lettres & clairement énoncée, de celui à qui les tonneaux, caisses & paquets étoient destinés. Voyez *Chargement*, *Commissionnaire*, *Expédition*, *Lettres (de voiture)*, *Messagerie*, *&c.*

Sous le mot *Achalander*, d'après la loi, nous avons énoncé la maniere la plus honnête d'accréditer un commerce, de mériter dans l'exercice d'un art méchanique la préférence sur ses concurrens, & nous avons rapporté une ordonnance de police, qui défendoit de se ménager les acheteurs au préjudice de la liberté du commerce : on a été plus loin.

ARRÊT du parlement de Paris, du 11 mai 1782. ... *Espece*. Tissot, tailleur, avoit répandu dans le public des *adresses* imprimées, portant l'indication de son nom, de sa profession, de son domicile & le tarif de ses ouvrages. La communauté des tailleurs crut que l'intérêt de ses membres & celui du public exigeoient une démarche éclatante qui pût, d'un côté, enlever à Tissot, les effets qu'il s'étoit promis de son *adresse*, & de l'autre, empêcher que le public ne fût victime de la préférence qu'il lui donneroit, par des fournitures de mauvaise qualité. Les jurés se rendirent donc chez Tissot, saisirent une grande quantité de ses *adresses* imprimées & plusieurs habits faits, avec des morceaux coupés en travers & à contrepoil, en contravention aux réglemens de la communauté. Sentence du lieutenant de police, qui déclare la saisie valable, & condamne Tissot en l'amende de 50 liv. La cour confirme, & cependant par grace modere l'amende à 10 liv.

Mais, si les marchandises saisies n'avoient pas été défectueuses, auroit-on condamné à l'amende? L'arrêt ne porte pas défenses de distribuer ces *adresses* : on en voit tous les jours; on les insere dans tous les papiers publics. Il semble donc que ces *adresses* sont au marchand, une répétition de ce qu'est l'enseigne mise sur la boutique, & ce qu'est pour le négociant la lettre circulaire écrite dans toute l'Europe commerçante. C'est encore l'avis que donnent, dans les journaux, des particuliers de leur changement de domicile, & des établissemens publics de leur objet. Sous tous ces points de vue l'*adresse* faite, imprimée & distribuée honnêtement ne paroît pas condamnable. Voyez *Arts & métiers*, *Commerce*, *Contravention*, *Enseigne*, *Jurande*, *Saisie*, *&c.*

Adresse trouvée après la mort.

5. Lorsque le pere de famille a laissé, en mourant, des paquets avec leurs *adresses*, que doit-on faire?

Espece. Le sieur Valseney confie au sieur Kesseline trois paquets cachetés, & le prie de les remettre, après sa mort, chacun à leur *adresse*. Le dépositaire déclare ne vouloir les remettre qu'en présence des deux héritiers. Procès, où ceux-ci interviennent & demandent, qu'avant la remise des paquets, le juge les ouvre & les examine; pour voir s'il n'y a rien d'illicite & de contraire aux loix : sentence du premier juge, qui ordonne qu'il ouvrira & visitera. ... ARRÊT du parlement de Paris, du 30 avril 1778, confirmatif. (*Gaz. des trib. de 1779, tom. 7, pag. 199.*)

Nous croyons pouvoir dire que ce préjugé, rapporté ainsi séchement, n'est pas satisfaisant. Nous n'y voyons d'autre motif que l'intérêt & l'ordre publics, dont le maintien n'appartient pas à des particuliers. Il faut donc ou que le ministere public ait requis, ou qu'il y ait eu quelques circonstances que le journaliste n'a pas recueillies. Dans une affaire de cette nature, en matiere de *Dépôt*, & de *Lettres*, elles font tout. Voyez *ces deux mots*.

DROIT ÉTRANGER.

6. En Angleterre on nomme *adresse*

non feulement toutes les requêtes & demandes que préfentent au roi la chambre des pairs & celle des communes, mais encore les écrits & placets, que les provinces, villes ou corps lui font paffer ; foit pour fervir de fondement à des graces générales ou particulieres ; foit fimplement pour lui témoigner leur alégreffe, lui faire des complimens de félicitation dans des occafions folemnelles, comme victoire fur les ennemis de l'état, mariages, naiffances, &c.

Ce n'eft pas au roi feul que l'on préfente des *adreffes* de remerciement, de félicitation ; on en agit ainfi quelquefois à l'egard des fimples particuliers qui ont bien mérité, foit de la patrie en général, foit de quelque province, ville ou corps en particulier. Ainfi, la chambre des communes, au mois de décembre (1782,) arrêta d'une voix unanime une adreffe de remerciement au chevalier Edouard Hughes, au commodore King, & au chevalier Eyre Coote.

___

ADRESSE.
DEXTÉRITÉ.
(Dr. des gens. Dr. pub. Dr. crim. Police.)

1. « ADRESSE f. f. dextérité, foit pour les chofes du corps, foit pour celles de l'efprit. » *(Diction. de l'académie.)*

Ces deux qualités ayant, avec la fûreté, l'ordre & la juftice, des rapports intéreffans, j'effaierai de les développer.

Je commencerai par l'adreffe du corps, qui a prêté à celle de l'efprit fon nom, fon caractere, fa marche & l'opinion qu'elle infpire. Étrange effet des mots fur l'efprit ! Ils entraînent avec eux, dans le *figuré*, toutes les idées attachées au *propre*.

ADRESSE DU CORPS.

2. Ce mouvement habile & raifonné, que nous appellons dextérité, eft l'art de fuppléer à la force. Par-tout où la force fuffit, la dextérité n'eft pas connue. Partout où elle échoue, vous voyez l'homme fe plier & s'exercer en cent manieres.

Ce moyen de fuppléer à la force eft infiniment utile dans une multitude de chofes qui tiennent aux arts, à la fûreté, aux conftructions & au bien-être. Il l'eft fur-tout dans les accidens & les dangers qui inveftiffent la foible & malheureufe humanité. Là, le courage n'exclut point l'adreffe, & l'honneur ne la dédaigne pas. Quand il s'agit d'échapper à la mort, le lion peut comme le ferpent, ramper, fuir & fe taire.

Dans les périls communs, tels que le naufrage, la foule, la pourfuite & l'incendie, l'adreffe a fauvé beaucoup d'hommes.

Je me rappelle avec horreur la chûte des maifons fur le pont de Lyon, en 1744, & je vois encore un enfant au berceau, refté fur une pierre d'évier enclavée dans le mur du quatrieme étage, pleurant & criant comme s'il eut connu le péril & la mort. Pour avoir l'idée de l'aller chercher, il falloit être courageux & humain, & pour exécuter, il falloit être *adroit*. Car, il reftoit à peine quelques morceaux de pierre échappés à l'écroulement général, & la riviere mugiffante, menaçoit d'entraîner ces triftes reftes. Un charpentier fend la preffe, grimpe avec une *dextérité* miraculeufe, s'attache le berceau, & arrive heureufement au milieu des bénédictions du peuple, qui, s'il m'en fouvient, furent fa récompenfe. Louis XVI ne régnoit pas.

On a récompenfé *Bouffard le brave homme*, le patron Narbonnet de Vienne; & il n'a pas tenu à M. de Fleffelles de découvrir deux jeunes enfans, qui, voyant un homme fe noyer de défefpoir d'avoir perdu fon argent au jeu, fe jeterent après lui avec courage, & le fauverent avec une raviffante dextérité.

Dans tous ces cas, l'adreffe eft une qualité précieufe qu'il faut honorer &

encourager. Chaque état, chaque ville doit avoir ses graces & ses récompenses : de l'argent pour ceux qui en ont besoin ; des avancemens gratuits pour d'autres, tels que les ouvriers dans les jurandes. Pour le citoyen au dessus de ces attraits, il faut de l'honneur, des remerciemens & des distinctions. Rome avoit ses couronnes de chêne, & nous avons vu avec joie renouveller cet usage en Languedoc.

Exercices & jeux d'adresse.

3. D'après cette idée primitive, les loix qui défendent les jeux de hasard, permettent les jeux où l'adresse dans les mouvemens, la justesse dans le coup-d'œil, & la précision dans l'effet, assurent le succès. *Senatus-consultum vetuit in pecuniam ludere, præterquàm si quis certet hastâ vel pilo jaciendo, vel currendo, saliendo, luctando, pugnando, quod VIRTUTIS causâ fiat.* (L. 2, § 1 , D. de aleatoribus.)

ARRÊT du parlement de Paris, du 6 mai 1603, qui ordonne le paiement de vingt-sept écus d'or, gagnés au jeu de paume ; parce que , dit Mornac, ce jeu sert à former le corps. *Quoniam universo corpori vires ex æquis, exercitatione laboriosâ comparat.* (Mornacius, *tom. 1, pag.* 740 & 741.)

Aux mots *Arbalète, Arc, Arquebuse, Athlete, Bague, Billard, Course, Joûte, Papegai, Paume & Tournoi,* nous verrons pourquoi l'on a établi, & comment on maintient, à cause de leurs privileges, ces jeux d'adresse, précieux dans l'origine, mais inutiles aujourd'hui, ainsi que la chasse, depuis que l'artillerie a fait de la guerre un art compliqué, dans lequel la discipline l'emportera toujours sur le nombre, & la tactique sur le courage.

Au mot *Jeu,* nous dirons cette jurisprudence qui rejette ou adopte l'action en justice, résultante du jeu. — Nous chercherons comment elle peut le prévenir, & comment elle doit le punir.

Mais, après avoir montré les avantages de l'*adresse*, il faut voir quelques-uns de ses dangers.

Abus de l'adresse du corps.

4. On a divisé la société en deux classes ; les frippons & les dupes. Cette nomenclature est courte, dure & trop avilissante.

Toutefois, dans les états corrompus, il existe une espece parasite, qui, sans profession comme sans fortune, vit d'intrigue ou d'*adresse*. Gens polis, complaisans, empressés, grands parleurs, sachant tout, ayant été par-tout, ayant tout vu, connoissant tout le monde, hors leurs camarades ; adroits dans tous les jeux comme dans tous les exercices, employant tour à tour la *souplesse*, la *finesse*, la *ruse*, & tout ce qui peut, sans les compromettre, les conduire à leur but. Vous en trouverez par-tout ; ils mettent la plus grande *adresse* à vous circonvenir, à vous séduire & à vous entraîner insensiblement dans les pieges qu'ils tendent ; gens d'autant plus habiles qu'ils s'exercent l'esprit & le corps, & qu'ils paroissent officieux, lourds & sans conséquence. Vous les outrageriez si vous les confondiez avec les filous & les voleurs. Les peines sont différentes, & la punition est rare faute de preuves.

Leur doctrine est celle-ci : il y a plusieurs moyens de faire fortune & d'être heureux ; ce qui, pour eux, comme pour tant d'autres, est synonyme : lequel prendre ? Le hasard ! Il est rare & aveugle. Le travail ? Il est accablant, mal payé, & pour parler leur langage : *la terre est trop basse.* La violence ? Elle mene au gibet ? Le vol ? Il conduit aux galeres ? La fraude ? Elle compromet plus qu'elle ne réussit. Il ne reste que l'*adresse.* Invisible dans ses mouvemens & sûre dans sa marche, elle enlace la victime, & la dépouille sans qu'on puisse punir faute de preuves.

C'est en abusant de ce mot qu'on a

vu des *gens comme il faut*, & très-bien nés, gagner sûrement à tous les jeux.

Dans le nombre infini de ces *tours d'adresse*, dont quelques honnêtes gens font les dupes, tels que la jarretiere, les trois cartes, les trois pierres, & toute espece de jeu, il en est dont on ne se défie pas.

Après la mort d'un maître de poste du Dauphiné, son fils G.... alla solliciter la place & porta de l'or, persuadé mal-à-propos qu'on la feroit payer. Il l'obtint & repartit en compagnie de FA... un de ces *adroits* & officieux personnages. FA.... qui avoit sondé vainement le Dauphinois, lui montre Lyon, l'amphithéâtre, les aqueducs, & lui donne à dîner dans un cabaret voisin, dont il étoit sûr; (ce qu'on appelle en argot, un *tapis-franc.*) Surviennent deux camarades de FA.... qui paroissent ne pas le connoître. La conversation s'engage, les deux inconnus jouent, & G.... se garde bien de parier. Vous avez raison, lui dit FA.... car on rencontre des gens toujours plus adroits que soi. Les inconnus prennent des boules, c'étoit le jeu favori de G.... qui sourit en voyant mal jouer. Vous êtes donc fort, lui dit FA....? Oh! le plus fort de ma ville. Je ne le suis pas mal, continue FA.... & il y a ici de l'argent à gagner. Les inconnus avoient affecté de jouer gros jeu, & de montrer des filoches (anguiles,) remplies de gros liards. G.... qui avoit bu d'ailleurs, se laisse tenter. Après quelque temps, & sur un coup décisif, FA.... joue mal. G.... se fâche. FA.... s'emporte. On s'échauffe. Le pouls s'agite, (& quand on a la fievre, la direction de la main n'est pas sûre,) G.... joue aussi mal que FA.... La tête se perd. Enfin, de cent vingt-huit louis qu'avoit G.... il ne lui en reste pas un, & il retourne à sa poste, regardant comme un rêve tout ce qui lui étoit arrivé.

Ce fait n'ayant point eu de témoins, comment a-t-on pu s'en assurer? Les

camarades de FA.... eurent aussi l'adresse de partir sans avoir partagé, quoiqu'il lui en revînt la plus grosse part, ayant *levé*, c'est-à-dire, amené le gibier à la portée des chasseurs. FA.... se plaint. L'anecdote perce. FA.... tombe sous la main, & c'est lui-même qui explique tout, après qu'on lui eut promis sa grace. Vous l'auriez pris pour un homme de bonne compagnie; l'air doux & vif; la phisionomie bien, (hormis les yeux qui ne se laissoient pas rencontrer;) un habit de soie, gorge de pigeon, avec un grand galon d'argent, des dentelles, une boîte d'or, un brillant & l'épée au côté. C'étoit un *homme comme il faut.*

Pourquoi, dira-t-on, faire grace à ce mauvais sujet? Pourquoi ne pas punir avec la plus grande sévérité?

On fait tous les jours ce reproche à la justice en général, & particuliérement à la police. Il faut les absoudre, en prouvant que, quand la sûreté publique dépendroit, autant qu'on le croit, des peines, il est presque toujours très-difficile à la police d'acquérir les preuves, & par-là même, à la justice de prononcer les peines.

Divers moyens de prévenir.

5. Il y a deux especes de convictions; celle du juge, qui doit avoir pour base des preuves légales; celle de l'homme, qui résulte de son intérieur & de mille circonstances étrangeres à la procédure. Tout est perdu, si l'une peut remplacer l'autre. Dans la nuit de notre jurisprudence criminelle, c'est encore une lumiere vive, qui a absous quelques coupables, mais qui heureusement a sauvé encore plus d'innocens. *Satiùs enim est impunitum relinqui facinus nocentis, quàm innocentem damnare.*

Dans le nombre des délits, il en existe beaucoup dont il est impossible, disons-nous, d'acquérir la preuve; cela ne paroîtra pas extraordinaire, si l'on considere que les malfaiteurs s'occupent sans cesse de trois choses; la premiere, de préparer, (ce qu'ils appellent *monter;*) la seconde, d'exécuter, (*faire;*) la troisieme, de n'être pas découverts, (*mouiller.*) Or, ces trois précautions font le fruit d'une *adresse* qui s'exerce nuit & jour dans les prisons, & jusques dans les galeres.

Quels seront donc les moyens d'établir la sûreté, & de purger la société de ces funestes & *adroits* personnages. Je n'en connois que trois.

Le premier, si commun chez les peuples anciens, consistoit à s'enquérir des facultés de l'habitant, à savoir de quoi il subsistoit, à le forcer au travail, ou à le réléguer.

Le second, pratiqué en Angleterre, consiste à demander caution à celui qui n'ayant pas pu être condamné, laisse pourtant des soupçons, tels que l'on croit devoir s'assurer de sa conduite par une caution qui le veillera, à défaut de quoi il est transporté. Voyez *Accusation,* n°. *100, tom. 2, pag. 432.* Ce moyen, inférieur à celui des peuples anciens, fait partie de ce que l'Anglois appelle justice préventive, *the preventive justice.*

Le troisieme moyen, certainement inférieur aux deux autres, est celui que nous employons. Il consiste à avoir des espions, même parmi les malfaiteurs, comme à la guerre on en a parmi les ennemis; à harceler, à envoyer, comme vagabonds, aux galeres, où l'on acheve de se perfectionner & de se corrompre; à rassembler les preuves possibles; à ordonner un plus amplement informé, durant lequel l'accusé tiendra prison; après le délai, à renfermer encore; puis vuidant le repaire qui s'engorge, à mettre en liberté, avec défenses d'approcher de plusieurs lieues de la capitale & de la cour : en sorte que les provinces deviennent le refuge de ces malheureux que vous voyez circuler.

C'est sous ce point de vue que le lieutenant de police de L.... ayant reçu des ordres pour établir la sûreté au

passage de madame la princesse de Piémont & de MONSIEUR, annonça qu'il alloit faire enfermer tous les gens suspects & notés dans ses régistres. Il en sortit quinze cents qui allerent désoler Beauvoisin, Chambery, Aix, Geneve & Ferney. Des traîneurs, cent quatre-vingt-sept furent arrêtés; & jamais la ville n'a été plus sûre, puisqu'en trois mois on ne vola qu'une tabatiere d'écaille. Mais ce procédé n'a qu'un temps, après lequel le désordre se rétablit & se dédommage.

Au mot *Préventive,* (*justice*) je reviendrai sur cet objet intéressant de la sûreté publique, déja traité par le célèbre Fielding, juge de paix de Londres, & auteur de Tom-Jones, dans son traité : *An enquiry into the causes of the late increase of Robbers, &c. With some proposals for remedying this growing evil in Wich, &c.*

Dans tous les cas que nous venons de parcourir, l'adresse du corps ou des doigts est le moyen dont se sert l'esprit pour arriver à une fin, bonne ou mauvaise, louable ou punissable. Car si le filou n'a pas une grande dextérité dans les doigts pour le jeu & dans tout le corps pour des vols qui en exigent, il ne réussira pas, ou il risquera d'être pris sur le fait.

Nous allons voir l'esprit marcher seul, & employer la dextérité dont il a besoin pour arriver à son but.

ADRESSE DE L'ESPRIT.

6. Qui ne sera pas effrayé des rapports de ce mot avec l'honneur, l'ordre, la sûreté & la justice, en lisant les synonymes de l'abbé Girard ?

« L'*adresse,* dit-il, est l'art de conduire ses entreprises d'une maniere propre à réussir. La *souplesse* est une disposition à s'accommoder aux conjonctures & aux événemens imprévus. La *finesse* est une façon d'agir secrette & cachée. La *ruse* est une voie déguisée pour aller à ses fins. L'*artifice* est un moyen recherché & peu naturel pour l'exécution de ses deſſeins. *Les trois premiers de ces mots ſe prennent plus ſouvent EN BONNE PART que les autres. »*

« IL FAUT qu'un négociateur ſoit *adroit*; qu'un courtiſan ſoit *ſouple* ; qu'un *poli-tique* ſoit *fin* ; qu'un eſpion ſoit *ruſé* ; qu'un *LIEUTENANT-CRIMINEL* ſoit *ARTIFICIEUX dans ſes interrogatoires.* »

« Les affaires difficiles réuſſiſſent rare-ment, ſi elles ne ſont traitées avec beau-coup d'*adreſſe*. Il eſt impoſſible de ſe main-tenir long-temps dans la faveur, ſans être doué d'une grande *ſoupleſſe*. Si l'on n'eſt pas extrêmement fin, l'on eſt bientôt pénétré à la cour juſqu'au fond de l'ame. Il n'eſt pas d'un galant homme de ſe ſervir de *ruſe*, excepté en cas de repré-ſailles & en fait de guerre. On eſt quel-quefois obligé d'uſer d'*ARTIFICE pour ménager des génies épineux, ou pour ra-mener au point de la VÉRITÉ des per-ſonnes fortement prévenues. . . . . »*

« Avec un *PEU* de talent, & beau-coup d'habitude à traiter les affaires, on acquiert de la *dextérité* à les manier, de l'*adreſſe POUR LEUR DONNER LE TOUR QU'ON VEUT*, & de l'*habileté* pour les conduire. »

A cette longue & ſubtile tirade, vous préférerez ſans doute cette courte pen-ſée du bon Sternes : « S'il n'y a pas dans l'homme un fond de complaiſance & de bonté qui le rende dupe, tant pis. » *Is there is not à fund of honeſt cullibi-lity in man, ſo much the vorſe.* (A ſentiment. journ. the caſe of conſcience.)

En écrivant ainſi, l'abbé Girard a dit ſans doute plutôt le fait que le droit, plutôt *ce qui eſt* que *ce qui devroit être.* Car, dans quelque rapport que je place le mot *adreſſe*, je le vois ſynonyme de *menſonge, fauſſeté, tromperie*, de tout ce que les Romains appelloient *dol*. C'étoit du moins l'opinon de notre grand l'Hoſpi-tal, quand il écrivoit à ſon ami Pibrac : « Nous expoſons nos jours pour ſavoir éviter les pieges & les paroles menſon-geres. Dupés une fois, nous faiſons nos efforts pour ne plus l'être. *Telle eſt la*

PRUDENCE dont nous faiſons tant de cas. SCIENCE en effet lucrative, pré-cieuſe ; ou plutôt HABILETÉ & FI-NESSE très-voiſine de la RUSE & de la PERFIDIE. »

D'ailleurs, le vulgaire & le beſoin, la prévention hardie & la paſſion aveugle, n'appercevant pas la ligne de démarcation tracée entre ces ſynonymes, il n'arrive que trop ſouvent, qu'on prend pour *prudence, habileté & adreſſe* ce qui eſt *fineſſe, fauſſeté, ruſe, artifice, perfidie, baſſeſſe :* tout ce qui avoiſine le crime, & y mene par une pente inſenſible.

Ces hommes qui ſe vantent de leur *habileté*, & qui ne ſe croient qu'*adroits*, qui penſent pouvoir l'être, & qu'on oſe louer; s'ils étoient dans les mêmes con-jonctures, & s'ils étoient doués de la même énergie, reſſembleroient à ce Cati-lina que Salluſte peint ainſi : « C'étoit un homme hardi, *ADROIT, SOUPLE*, profondément *diſſimulé*, enviant la for-tune des autres, tandis qu'il diſſipoit la ſienne, ardent dans ſes paſſions, & plus éloquent que ſage. » *Animus audax, SUBDOLUS, VARIUS, CUJUSLIBET REI SIMULATOR AC DISSIMULA-TOR, alieni appetens, ſui profuſus, ardens in cupiditatibus, ſatis eloquentiæ, ſapientiæ parum.* (Sall. in Catil. 5.)

Suivons donc l'*adreſſe* ſous ſes diffé-rens rapports avec l'ordre & la juſtice. Diſons aſſez pour qu'on nous entende ; mais ne diſons pas tout. *Nec ſatis ſcio, nec ſi ſciam dicere auſim.*

Adreſſe à la guerre.

7. Le premier & le plus grand emploi que l'homme fait de l'*adreſſe*, la *ſou-pleſſe*, la *fineſſe*, la *ruſe* & l'*artifice*, c'eſt dans l'acte où la force décide tout, ſans s'inquiéter de la raiſon, de l'huma-nité & de la juſtice.

La guerre mettant les hommes dans une étreinte, telle qu'il s'agit de périr ou de vaincre, la grandeur du danger excuſe la *petiteſſe*, la baſſeſſe & la cruauté du moyen.

D'ailleurs, on a pour foi la poéfie; & qui ne fait pas le mot de Virgile: *Dolus an virtus?* On a pour foi l'hiftoire, à prendre depuis *l'adreffe d'Uliffe* & *l'ar-tifice du cheval de Troye.* Il n'y a point d'enfant, dont l'efprit formé par ces *rufes,* ne foit perfuadé qu'elles font licites. Delà, dans la vie civile, qu'il regarde comme une guerre continuelle, por-tant ces impreffions funeftes d'une édu-cation menfongere, il traite fon vendeur, fon acheteur, fon ami même, comme de fort honnêtes gens, quant aux égards & à la politeffe; mais comme de vrais ennemis en matiere d'intérêt, où chacun doit fe défendre de fon mieux, & où il n'y a point de quartier.

Foibles humains! nous épuifons nos finances, nous dépeuplons nos campa-gnes, nous entravons le commerce & les arts, nous deffechons toutes les fources de la félicité publique pour des lambeaux de terre que nous dévaftons, afin de les garder; pour des querelles qui ne valent pas le premier coup de canon; la nature outragée à chaque pas paroît foumife à nos efforts; le globe couvert de nos armées & de nos flottes, femble n'avoir pas affez d'efpace; tout ce que peuvent fournir, la fortune d'or, la population de fang, la puiffance réelle de reffources, va fe perdre dans ces grandes & inépuifables querelles. Mais à quoi aboutiffent ces amas formidables du génie & de la force? Souvent à *l'artifice* d'un détachement de nuit; à la *foup'effe* du foldat qui l'exécute; à la *rufe* d'un vil efpion; à la *fineffe* intéreffée des vi-vriers; à *l'adreffe* du général, qui évite quand il eft le plus foible, & attaque quand il eft le plus fort, le mieux pofté, & quand il a le vent. Foibles humains!

Aux mots *Guerre* & *Rufe,* nous étu-dierons ce qu'ont penfé des rufes de guerre Grotius, Puffendorf & la lifte des auteurs qu'ils citent. Nous analyfe-rons leur opinion fur la *tromperie pofi-tive* & la *tromperie négative,* fur les *rufes* & *l'adreffe* qu'ils admettent fur-tout

par *repréfailles.* En effet, fuivant eux c'eft une *adreffe,* de rendre à l'ennemi le mal qu'il a fait, afin qu'il n'y revienne pas.

Ce feroit donc une grande *mal-adreffe* de la part des Américains-Unis, d'avoir rendu ce jeune Afgill, qu'ils pouvoient faire pendre, fuivant les loix de la guerre. Ce feroit une imprudence, que cette lenteur qu'ils ont affectée, afin que l'Angleterre fît juftice, ou qu'une voix compatiffante follicitât la grace de cet officier, dont la vie ne devoit, ni ne pouvoit acquitter le tort de fon général; ce feroit un manquement que les égards de M. Wafington; ce feroit foibleffe que l'intérêt de M. le comte de Vergennes & de M. Franklin; ce feroit par un abus énorme de fon crédit, qu'un grand monarque auroit, de deux mille lieues, fait entendre fa voix puiffante pour fauver l'innocence! Ah! plutôt, & remarquons-le avec joie; cet événement eft un de ceux qui hono-rent le plus Louis XVI, les Américains & notre fiecle. La juftice & l'humanité; ces deux grandes vertus de mon roi, lui ont parlé, ont remué fes entrailles paternelles; & du code du droit des gens, il a effacé cette barbare loi de repréfailles. Pouvez-vous en douter? Voyez comment toute l'Europe a pris part à la vie d'un feul homme; comment tous les journaux ont répété le vœu géné-ral; comment on a béni Louis XVI & loué l'Amérique; & comment ont ap-plaudi ces princes qui ne veulent plus de gloire que celle de la félicité publique. Difons-le donc fans ceffe: en s'éclairant, les hommes deviennent meilleurs; & ne nous laffons pas de citer cette grande vérité de notre chancelier l'Hofpital: *Les humains ne font malheureux que par l'ignorance.* (Ep. à Pibrac.)

Adreffe dans les négociations.

8. Que fignifie encore cette affertion? « Il faut qu'un négociateur foit *adroit.* » Eft-ce dans la conduite? mais l'hiftoire du fiecle paffé vante la franchife de ce

comte d'Avaux, dont la parole valoit mieux & faifoit plus que le ferment des autres : & l'avenir louera le miniftre dont tout l'art a été de prouver l'avantage de la liberté des mers, de ne promettre que ce qui eft jufte & poffible, & d'être efclave de fa parole.

S'agiroit-il d'ambiguité dans la rédaction, ou de myftere dans la correfpondance ? ce feroit affimiler le négociateur à ce praticien, qui fait mal un traité, pour être occupé encore, & vivre de la difcorde publique. L'un eft auffi méprifable que l'autre.

L'*adreffe* entortilleroit-elle un difcours, comme on en a vu quelques-uns, dont tout l'art eft de ne rien fignifier, ou de paroître dire ce qu'évidemment on ne penfe pas ? Celui qui parleroit ainfi, mériteroit qu'on lui répondit, comme Henri IV au jeune Montpenfier : « Mon ami, je crois que quelqu'efprit malin a charmé le vôtre, & que *vous n'êtes pas en votre fens* ; car le *langage* que vous me tenez eft *difconvenable à un homme de bien*. (Econ. roy. de *Sully*, chap. 60, pag 750.)

Grand & bon roi ! comme il étoit loyal, & comme il vouloit que fes miniftres le fuffent ! Il difoit que l'*obfervation de la foi eft plus utile que toutes les perfidies*. Sa franchife fit fa force, en lui affurant la confiance & le refpect de l'Europe.

Ce langage n'eft pas celui de beaucoup d'écrivains politiques anciens, & vous rougirez en lifant quelques traits.

Là c'eft Jufte-Lipfe, qui peint ainfi les négociations : *Argutum confilium à virtute aut legibus devium, regni regifque bono.* (Civilis doctrinæ, lib. 4, cap. 14.)

Ici Charron, dans fa *Sageffe*, liv. 3, dit ce qui eft, & non ce qui doit être. « La juftice, vertu & probité du fouverain, chemine un peu autrement que celle des privés ; elle a fes allures plus larges & plus libres, à caufe de la grande, pefante & dangereufe charge qu'il porte & conduit ; dont il lui convient marcher d'*un pas* qui fembleroit aux autres *détraqué & déréglé*, mais qui lui eft néceffaire, loyal & légitime. Il lui faut quelquefois *efquiver & gauchir*, mêler la prudence avec la juftice, &, comme l'on dit, *coudre à la peau de lion*, fi elle ne fuffit, *celle de renard*. Ce qui n'eft pas toujours, & en tout cas ; mais avec ces trois conditions : que ce foit pour la néceffité ou évidente & importante utilité publique ; (c'eft-à-dire, de l'état & du prince, qui font chofes conjointes,) à laquelle il faut courir : c'eft une obligation naturelle & indifpenfable. C'eft toujours être en devoir que procurer le bien public : *Salus populi, fuprema lex efto*. Que ce foit à la défenfive, & non à l'offenfive, à fe conferver & non à s'agrandir, à fe garantir & fauver des tromperies & fineffes, ou bien méchancetés & entreprifes dommageables, & non à en faire. Il eft permis de jouer à *fin contre fin*, & *près du renard le renard contrefaire*.... » (Sageffe de Charron, liv. 3, n°. 4, édit. d'Elzevir de 1646, pag. 409.)

Là c'eft Walfingham, qui dans fon livre intitulé *le Secret des cours*, traite des moyens de s'avancer & de fe foutenir avec cette *adreffe* que Moliere peint par ce vers : *Tout jufte ce qu'il faut pour n'être pas pendu.*

Ici c'eft Richelieu, qui dans fon *Teftament, part. 1, fect. 3*, dit que « la probité d'un miniftre ne fuppofe pas une confcience craintive & fcrupuleufe, » &c. C'eft merveille de comparer cet écrit avec ceux de Sully.

Enfin, Gabriel Naudé, correfpondant de Richelieu à Rome, confeille de « venir à bout de fon deffein par *moyens couverts, équivoques & fubtilités*, affiner *par belles paroles, lettres & ambaffades*. » (Coups d'état, chap. 2, édit. de 1752.)

Placé au milieu de ces politiques fameux, il nous femble encore entendre les êtres vils & malheureux que j'ai peints dans cet article fous le n°. 4. La bafe eft la même. Il n'y a qu'une différence.

différence. Les uns font feuls ; les autres étoient grands & foutenus.

Heureufement, cette adreffe vile & perfide, a difparu du corps diplomatique. Le miniftre qui auroit cette contenance, ces rufes & tout ce ftratageme, bientôt pénétré, démafqué & hué, ne feroit bon qu'à être remplacé ; ou s'il pouvoit être encore accrédité, certes, il ne réuffiroit pas, & il feroit bientôt la fable de tous les cabinets.

On doit avoir de la réferve & garder fon fecret. On peut fonder les difpofitions, préfenter des plans, faire des propofitions avec une éloquence forte ou touchante felon les conjonctures, brillante ou fimple, fuivant le caractere de celui avec qui l'on traite. Mais il faut être vrai, jufte, fe montrer tel ; l'art le plus fûr eft de n'en point avoir : & les Sully, les d'Avaux, les Vergennes réuffiront mieux que les Duprat, les Poyet, les Dubois & les Alberoni.

L'*adreffe* eft le partage du prince ambitieux & foible, du miniftre ignorant & timide. Vils infectes, l'aigle les voit, s'éleve, & fans s'abaiffer jufqu'à eux, les écrafe d'un coup de pierre.

Adreffe dans l'adminiftration.

9. Ce que Charron difoit, comme un ufage, quelques adminiftrateurs fe le font permis quelquefois ; & cette marche, qu'ils auroient regardé comme *détraquée & déréglée* pour eux-mêmes, ils ont ofé la fuivre, fous prétexte du *bien public*, & à caufe de cette charge *pefante & dangereufe* qu'ils ne pouvoient pas fupporter.

Et ce fophifme, paffant de la chofe publique à l'homme puiffant, qui s'aligne avec elle, il y en a eu un au moins de qui le chancelier de l'Hofpital écrivoit à Pibrac : « S'il fe préfente à lui un homme de bien & d'honneur, il dira : *Je n'ai pas befoin de celui-là ; qu'il fe cherche ailleurs un appui. Ce n'eft point de fes pareils que j'attends des fervices. Je fais choifir bien autrement mon monde.* »

Tome III.

C'eft-là une *adreffe* ufée. On emploie la main, la plume & la baffeffe d'un agent, fur lequel on rejette le blâme, & qu'on défavoue au befoin. Mais le fil du mannequin eft apperçu, & l'on eft décrié & déshonoré.

Au mot *Bien public*, nous tâcherons de trouver les principes qui reglent les facrifices que lui doivent les particuliers, & comment la juftice les prononce.

Au mot *Adminiftration*, n°. 22, pag. 864, nous avons effayé de deffiner le caractere de la franche, jufte & bonne adminiftration : fans lui, plus d'eftime, de confiance, & tout eft perdu.

Henri IV difoit : « Je fais à la Rochelle tout ce que je veux, parce que je ne fais rien que ce que je dois. » (Perefixe, pag. 78.)

Il difoit au parlement de Paris : « Mes prédéceffeurs vous ont donné des paroles avec beaucoup d'appareil ; & moi, avec ma jaquette grife, je vous donnerai des effets. » (*Mercure françois, ann. 1598.*)

Voilà la meilleure adminiftration : fans détour & fans *adreffe*, elle va droit à fon but ; & c'eft le modele de toutes les adminiftrations fecondaires, feul objet de cet ouvrage.

Adreffe dans les affaires.

10. C'eft ici que la foibleffe humaine marche avec audace, & fe replie avec adreffe, s'étayant de l'ufage, de la néceffité, des mœurs & des loix-mêmes.

« Faire fortune eft une fi belle phrafe, & qui dit une fi bonne chofe, qu'elle eft d'un ufage univerfel.... Elle regne à la cour & à la ville : elle perce les cloîtres & franchit les murs des abbayes de l'un & de l'autre fexe. Il n'y a point de lieux facrés où elle n'ait pénétré, point de défert ou de folitude où elle foit inconnue. (La Bruyere, chap. 6.)

LA FINANCE, dit Duclos, chap. 9, « jadis une lotterie, eft devenue un jeu mêlé d'adreffe & de hafard. » Voyez préfenter un projet : c'eft une charge légere & un produit sûr. Viennent les interprétations forcées, les décisions arbitraires, les EXTENDEURS. Et quand il s'agit de passer de la régie à la ferme, ou de continuer celle-ci, l'adresse aura pourvu à céler les profits. Ne croyez pas non plus que le contribuable soit en arriere d'éluder les droits : détours, déclarations, mesures, stratagemes ; il n'y a pas jusqu'à la fraude qui ne s'appelle *adresse* ; on en rit, & l'on se garde bien de la placer au rang des crimes.

LE COMMERCE encore se soutiendroit-il sans adresse ? La Bruyere a dit : « Le marchand fait des montres pour donner de sa marchandise ce qu'il a de pire. Il a le cati & les faux jours, afin d'en cacher les défauts, & qu'elle paroisse bonne : il la surfait pour la vendre plus cher qu'elle ne vaut ; il a des marques fausses & mystérieuses, afin qu'on croie n'en donner que son prix, & un mauvais aunage afin d'en donner le moins qu'il peut. » (*Chap. 6.*)

Ce n'est là que l'*adresse* de quelque détailleur. Il faut aller plus loin. 1°. Dans l'achat, on déprise, on feint de n'avoir pas besoin, de trouver ailleurs, & mieux & à plus bas prix. 2°. Dans les manufactures, on substitue l'éclat à la matiere, le lustre à la bonté, l'apparence à la réalité ; & l'on ruse avec l'ouvrier par la concurrence. 3°. Dans la spéculation, le secret assure l'accaparement ; & l'on n'a pas le scrupule que Cicéron, dans ses offices, *liv. 3, n°. 50,* veut donner au marchand qui conduisoit du bled à Rhodes. 4°. Dans la commission & le courtage, on double la provision par des intermédiaires & sous des noms divers ; l'on fait tort au commettant, en payant la marchandise plus qu'elle ne vaut ; l'on n'en donneroit pas ce prix, mais on vend cher au fabriquant d'autres marchandises : ce qui s'appelle *rencontre*. 5°. On prête un peu en empruntant beaucoup ; & le crédit inconstant, & aveugle est si bien la dupe de ces finesses ... ; que, tel avec qui l'on craint de

traiter, parce qu'on redoute sa finesse ; on lui prête volontiers au cours, parce que son *adresse* garantit sa solidité. 6°. Enfin, l'on compare le commerce à une mer orageuse, & la faillite au naufrage. En conséquence, on s'en garantit *en veillant*, & l'on soutient le bâtiment qui puise, jusqu'à ce qu'on ait échappé. Que si l'on n'en a pas le temps, on obtient une composition particuliere, soit du débiteur malheureux qu'on effraie, soit des créanciers qu'on alarme par la menace des chicanes, des longueurs & des procédures.

Voilà ce qui s'est fait plus d'une fois par-tout & dans tous les temps. Je ne me souviens plus d'en avoir vu des preuves ; mais comme je me souviens des bonnes actions, je dois, entr'autres, dire celle-ci. Mrs. *Scherer* & *Guillard*, de Lyon, font commandite à un commerce où ils ont cent mille écus. Le vuide est profond & secret : la maison pouvoit se soutenir quelques mois par le crédit, & elle le propose. Ils peuvent retirer la moitié, les trois quarts, tout leur compte courant, & ne laisser que leur compte de fonds. Il ne faut que du secret & de l'*adresse* ; ils la dédaignent, font manquer sur-le-champ la maison, & partagent la perte avec les autres créanciers.

LES AFFAIRES en général sont une petite guerre, où la vérité se cache, où la candeur est dupe, où la probité est timide, où l'or sert de laurier. Vous diriez qu'il n'y a point de valeur réelle, que le profit n'a point de mesure ; que l'art peut tout ; & que l'équité n'est qu'un rêve. « Un homme, dit Duclos, qui en a trompé un autre avec l'artifice le plus *adroit* & le plus *criminel*, loin d'avoir des remords ou de la honte, se félicite de son *habileté*. Il se cache pour réussir, & non pas d'avoir réussi. Il s'imagine simplement avoir gagné une belle partie d'échecs ; & celui qui est sa dupe ne pense pas autre chose, sinon qu'il l'a perdue par sa faute. Le ressentiment est déja devenu un sentiment trop noble,

A peine eft-on digne de haïr, & la vengeance n'eft au plus qu'une revanche utile ; on la prend comme un moyen pour réuffir & pour l'avantage qui en réfulte. » (*Confidérations fur les mœurs de ce fiecle, chap. 4.*)

Seroient-ce là nos mœurs ? Je n'ofe pas approfondir cette queftion, & je me réduis à en chercher les racines.

Quelques caufes de cet abus.

11. Sous le nombre 7, 8 & 9, nous avons vu comment, dans les plus grandes actions, l'homme foible s'excufant fur le bien public, l'intérêt de fon prince, le falut de la patrie, la grandeur du péril & l'étreinte des conjonctures, outrage l'honneur, l'humanité & la juftice. Or, de fimples particuliers feroient-ils plus délicats & plus vertueux que des grands & des corps qui doivent l'exemple ?

Ils feroient encore féduits par l'obfcurité du langage. Elle eft telle que Cujas, (*ad tit. D. de dolo malo*) après avoir défini ainfi : *dolus eft ratio vafra decipiens alium*, ajoute, *alio nomine caret*. C'eft la même chofe en françois. L'on n'eft pas d'accord fur la valeur réelle de tous ces mots ; en forte que l'homme, entraîné par le befoin ou l'avidité, confond tout, & appliquant à fon procédé l'expreffion la plus douce, ne manque pas d'appeller *adreffe*, ce qui eft *rufe, dol* & *fripponnerie*. Il arrive encore que, parcourant l'échelle de tous ces moyens de réuffir, après avoir débuté par l'*adreffe*, il finira bientôt par la fripponnerie : femblable à tant de malfaiteurs, qui font fucceffivement adroits au jeu, efcrocs, filoux, voleurs, & terminent par affaffiner, s'ils n'ont pas d'autre reffource, fi le profit eft grand, ou s'ils craignent d'être reconnus. Tel fut le comte de Horn.

Cette idée trifte ne m'appartient pas. La Bruyere, chap. 8, a dit : *LA FINESSE eft l'occafion prochaine de la FOURBERIE. De l'une à l'autre le pas eft gliffant.* Il ajoute, chap. 11 : *S'il y avoit moins de DUPES, il y auroit moins de ce qu'on* appelle *des hommes FINS OU ENTENDUS, & de ceux qui tirent autant de VANITÉ que de DISTINCTION d'avoir fu, pendant toute leur vie, TROMPER les autres. . . . La diftance qu'il y a de l'HONNÊTE HOMME à l'HABILE HOMME, s'affoiblit de jour à autre, & eft fur le point de difparoître.* (*Chap. 12.*)

Duclos va plus loin : chap. 3, il dit que celui qui eft *irréprochable au jeu & dans la valeur*, eft homme d'honneur décidé. Il ne parle point des affaires, comme fi l'honneur leur étoit étranger, ou comme *fi l'honnête homme étoit celui qui ne vole pas fur les grands chemins & qui ne tue perfonne, dont les vices enfin ne font pas fcandaleux.* (La Bruyere, *chap. 12.*)

Duclos dit encore : « *LES LOIX fe font prêtées à la foibleffe & aux paffions, en ne réprimant que ce qui attaque* ouvertement *la fociété. Si elles étoient entrées dans le détail de tout ce qui peut la* bleffer indirectement, *elles n'auroient pas été univerfellement comprifes, ni par conféquent fuivies. Il y auroit eu trop de criminels*, qu'il auroit été quelquefois dur & fouvent difficile de punir, attendu la proportion qui doit toujours être entre les fautes & les peines. » (*Chap. 3.*)

Jurifprudence.

12. Eft-il donc vrai que « *nos loix fe foient prêtées à la foibleffe & aux paffions, en ne réprimant que ce qui attaque ouvertement la fociété ?* » Eft-il poffible que la juftice tolere l'*adreffe*, la fineffe, la rufe & leur affreux cortege ? Les ordonnances de 1453, art. 13, & de 1499, *art. 58*, condamnent vaguement les *fraudes & abus*, le dol, la *SIMULATION & AUTRES SEMBLABLES.* Les coutumes ne difent rien. Les arrêts jugent des efpeces. A l'égard des auteurs, la plupart, tels que Farinacius, *queft. 88*, tout en voulant prouver que *fraude, adreffe, rufe, fineffe & fubtilité*, font fynonymes, ont fait des diftinctions fi abftraites & fi obfcures, fi fubtiles & fi

fines, que l'esprit s'égare quand le cœur ne parle pas.

Il faut donc remonter au droit romain, ce droit universel, quand il s'agit de fixer ce qui est juste. La *loi 1, D. de dolo malo*, dit : « Le préteur est venu au secours de ceux que des gens *ADROITS & fins* ont trompé par quelque ruse que ce soit ; afin que la malice de ceux-ci ne leur profite pas, & que la simplicité des autres ne lui nuise pas. » *Hoc edicto prætor adversùs VARIOS* (de plusieurs couleurs) *& DOLOSOS, qui aliis offuerunt calliditate quâdam, subvenit, ne vel illis malitia sua sit lucrosa, vel istis simplicitas damnosa.*

« Les termes de l'édit sont : Ce qui sera dit & reconnu fait par ce méchant dol, ne pourra pas avoir son effet, & je le condamnerai. » *Verba edicti sunt: QUÆ DOLO MALO FACTA ESSE DICENTUR, SI DE HIS REBUS ALIA ACTIO NON ERIT, ET JUSTA CAUSA ESSE VIDEBITUR, JUDICIUM DABO.*

« Le dol est *toute ADRESSE, toute RUSE*, toute machination employées pour circonvenir, surprendre & tromper.» *Dolum malum esse, OMNEM CALLIDITATEM, fallaciam, machinationem, ad CIRCUMVENIENDUM, fallendum, decipiendum alterum adhibitam.*

Ce mot *circonvenir* a donné lieu à d'innombrables subtilités, & l'on peut voir tout ce qui a été écrit sur cette assertion insérée dans le § 4 de la *loi 16, D. de minoribus*. Pomponius dit « qu'il est permis naturellement aux contractans de se circonvenir dans la fixation du prix. » *Pomponius ait in pretio emptionis & venditionis naturaliter licere contrahentibus se circumvenire.* Et ce qu'un simple jurisconsulte a dit contre le texte de la loi, ou plutôt ce qu'il n'a dit que pour la manière de marchander, on l'a appliqué à tout : tant il est vrai que la mauvaise foi ne manque pas de défenseurs ardens, tandis que la simple probité n'irrite pas l'esprit, comme si elle devoit se suffire à elle-même.

Nous reviendrons à cette grande question sous les mots *Dol, Fraude, Lésion, Vente*. Ici il suffit de consigner la loi ; mais on ne peut bien la saisir qu'en cherchant son esprit dans le troisieme *livre des Offices de Cicéron*, qui préteur avec Aquilius, contribua à la faire rendre, & en parle avec transport.

Après avoir, dans le n°. 57, opposé à l'honnête homme celui qui est adroit, double, rusé, artificieux, trompeur, fourbe, qu'il appelle plutôt un méchant homme : *VERSUTI potiùs, obscuri, astuti, fallacis, malitiosi, callidi, veteratoris, vafri*, Cicéron, dans le n°. 58, explique l'affaire qui donna lieu à l'édit.... Pithius voulant vendre sa petite maison, y invite à souper Canius, après avoir fait adroitement venir des pêcheurs & du poisson ; en sorte que Canius, ravi de l'abondance & du plaisir de la pêche, propose d'acheter, & offre d'autant plus, que Pithius feint de ne vouloir pas vendre. Le contrat fini, plus de pêche, ni de poisson...... C'est de ce fait, rappellé si souvent sous d'autres formes, qu'il falloit garantir les bonnes gens.

Sous le n°. 66, Cicéron rapporte une autre décision sur le même principe. Les augures avertissent Claudius de couper une partie de sa maison qui obstruoit leurs observations. Il se hâte de la vendre à Lanarius, qui instruit aussi-tôt après, & obligé d'obéir, demande à être jugé *EN CONSCIENCE, ex fide bonâ*. L'ARRÊT fut : « Pour avoir su & n'avoir pas averti, le vendeur doit indemniser l'acheteur. » *Quùm in vendendo rem eam sciffet & non pronunciasset, emptori damnum præstari oportet.*

Ayrault cite un ARRÊT plus célèbre. Un sénateur reste à la campagne ce jour de juillet, où les Romains s'assembloient pour les locations. Le propriétaire peut & n'ose louer. Le sénateur revenu, feint de vouloir quitter, à moins qu'on ne diminue le prix de son bail : c'étoit *adresse*, rien de plus : le sénat le condame, & l'empereur lui ôte le laticlave. (*Rerum ab antiquo judicatarum pandectæ, lib. 4, tit. 9, cap. 3, pag. 211.)....*

Tels étoient les Romains, corrompus par le luxe, la débauche & les richesses du monde. Serions-nous moins séveres? Malheur à nous!

Mais comment découvrir, prouver & juger? L'*adresse* & la ruse échappent & s'enveloppent : Oui, mais la loi laisse à la prudence & à la sagesse du magistrat le soin de reconnoître & réprimer, suivant les circonstance : *An dolo quid factum sit ex facto intelligitur.* (L. 1, § 2, D. de dol. mal. & met. excep.)

Sans doute on ne réussira pas toujours. Mais si quelques frippons plus adroits échappent, il en restera quelques - uns dont la punition effraiera les autres : au contraire, si l'on est indulgent & timide, si l'on se *prête à la foiblesse & aux passions,* la société deviendra le repaire de la ruse & de la défiance, & la honte de tous. Ils n'auront pas même des *scrupules,* s'il est possible, (comme dit Duclos, *chap. 9,) quand ils en ont, qu'un peu de plaisanterie les soulage & beaucoup d'or les dissipe.*

Quoi! je doute, je balance, je crains les conséquences, je parle de propriété, j'allegue la sûreté, je biaise & je m'égare dans les possibilités, moi qui, hier, n'ai pas hésité à condamner le malheureux que proscrivoit une loi sévere!.... Il ne me reste plus qu'à rougir, ou de la jurisprudence, ou des mœurs, ou de moi-même.

Mais enfin, que prononcer? Trois choses; 1°. la réparation civile; elle est indispensable, & le juge, qui foiblit sur ce point, doit payer, comme fit Chamillard, en donnant 20000 liv. à celui qu'avoient condamné son ignorance & sa foiblesse. 2°. Quelquefois on peut prononcer une peine, & souvent ce seroit le cas de l'injonction ou de l'admonition des Romains. 3°. Sans recourir à des peines funestes, notez l'homme *adroit,* rusé, fin, double & artificieux. Qu'il soit éloigné de toutes les places réservées

à la confiance & à la considération. Les a-t-il? qu'on les lui ôte, s'il est possible. En un mot, qu'un homme de bien ne soit pas impunément la victime de l'homme adroit ; que celui-ci, fier de ses triomphes, soit remis à sa place ; que justice soit faite à tous : & avec d'autres loix, vous verrez d'autres mœurs.

Mais en me réfugiant ainsi dans le temple de la justice, j'entends une voix qui me crie, que j'y trouverai aussi l'adresse & le mensonge. Est-ce calomnie? est-ce vérité?

Adresse dans la procédure.

13. Dans sa satyre contre les procès, le chancelier de l'Hospital, s'identifiant avec des gens-d'affaire, crayonnoit ainsi leur *adresse* & leur *faire.*

« Les procès sont une mine abondante : échauffons donc les ames de cette passion ; présentons aux cliens un espoir assuré ; & sachons enlasser la justice.... Voyez cette loge, écueil fatal, où tant de plaideurs ont fait naufrage. C'est l'arsenal des ruses, des finesses, des ressources, & de tout ce que l'*adresse* a de plus délié. On y apprend l'art de voler impunément, d'aveugler les juges, d'alonger, d'obscurcir, d'embrouiller, d'éterniser, de dénaturer & de donner une tournure à la plus mauvaise affaire. »

Ainsi la procédure imaginée pour établir la vérité, serviroit à l'étouffer & à la perdre!

Si cet abus pouvoit subsister, il faudroit l'imputer à quelques formes ruineuses & vaines dont l'exercice rendroit pointilleux & subtil : à quelques adages si souvent faux, tel que celui-ci : *Nemo tenetur edere contra se ;* à des succès révoltans, d'après lesquels tout deviendroit paradoxe. Il faudroit accuser cette opinion, qui, déja sous la Bruyere, confondoit l'homme *fin* avec l'homme *entendu,* l'homme *adroit* avec l'homme *habile,* & le *savant* avec l'homme *à ressources.* Il faudroit flétrir cet art perfide, qui laisse au zele des gens - d'affaire, l'emploi de moyens dont on rougiroit personnellement, & que confacre l'ufage. Il faudroit s'en prendre au client, qui choifit, felon fon cœur; au public peu délicat qui applaudiroit aux rufes; au magiftrat enfin, qui fouriroit & accueilleroit, tandis qu'il devroit avertir, réprimander, rayer d'une part, & de l'autre encourager la franchife & le favoir par les égards, les diftinctions, & tout ce qu'il a dans la main pour éclairer ce public, dont l'opinion dépend fi fouvent des tribunaux.

Mais tandis que nous rendons fon caractere effentiel à une profeffion néceffaire pour guider dans le labyrinthe de la juftice, Poyet, par l'ordonnance de 1539, lui ravit fa fonction la plus noble, celle d'affifter l'innocent accufé. Si elle l'ofe, il faut de l'*adreffe* pour aborder, de l'*adreffe* pour voir les charges, de l'*adreffe* pour empêcher le zele aveugle de s'égarer, de l'*adreffe* enfin, & même la plus groffiere dans la maniere d'imprimer les charges. On fouligne pour indiquer une tranfcription exacte; & l'on ne manque pas d'ajouter que *le témoin DOIT avoir ainfi dépofé?*

Le barreau & la jurifprudence.

14. Echappé de ce dédale, vous refpirez, en abordant le trône de la juftice; les vertus l'environnent, & le vrai feul trouve accès auprès d'elle. Qui va parler? l'ami de la liberté, l'apôtre de l'humanité, le gardien de la vérité, l'interprete de la loi, l'homme de bien, dont tout l'art eft de bien dire. *Vir probus, dicendi peritus.* Cette définition vous raffure.

Qu'eft-ce donc que cette inattention des juges, cette indifférence du public, ce murmure de l'étonnement & ce fourire du dédain; quelquefois même ces huées qu'excitent de la part de l'orateur l'*adreffe*, qu'il prend pour de la force, & la rufe, qu'il fubftitue à l'éloquence? Qu'eft-ce encore que cette défiance, qui enveloppant jufqu'à fes écrits, les flétrit

comme indignes de fon caractere; & dégoute la curiofité même, qui les lifant quelquefois pour le ftyle, ne s'attend pas à y trouver la vérité qu'elle cherche?

Eft-ce l'état actuel des loix ou de la jurifprudence, telles, qu'il foit permis de fe jouer avec elles, en les maniant avec une certaine *adreffe?* Seroit-ce le tort des magiftrats, du public, ou des jurifconfultes?

Qui oferoit approfondir cette queftion, trouveroit une des caufes principales de l'obfcurité répandue fur le jufte & l'injufte; & de cette inftabilité dans la jurifprudence qui excitoit les gémiffemens & la cenfure du grand d'Agueffeau.

Bornons-nous à cette propofition générale que nous regrettons de ne pouvoir pas fuivre dans toutes fes branches.

Dans l'orateur & le jurifconfulte, l'*adreffe* peut être licite; mais quelquefois elle eft coupable, & prefque toujours elle eft vaine.

L'*adreffe* eft licite, quand obligé de narrer un fait compliqué, ténébreux, délicat, vous avez l'art de lier les incidens, d'écarter les nuages, d'applanir la route, de ménager la pudeur, de refpecter les bienféances, & même en jetant la gaze de la décence, de faire qu'on ait vu, ou qu'on defire de voir davantage; *Et fugit ad falices & fe cupit ante videri.*

L'*adreffe* eft néceffaire, quand, protégeant l'humanité, la foibleffe & la liberté contre l'abus du pouvoir, l'empire du préjugé, l'oppreffion de la fociété, & ne pouvant rompre le filet où l'on eft pris, vous cherchez plutôt à l'élargir.

L'*adreffe* eft précieufe, quand obligé de difcuter une queftion aride, on a l'art de fixer l'attention & l'intérêt par l'exactitude des principes, la netteté des idées, la clarté du raifonnement & la jufteffe des conféquences. Le caractere augufte de la vérité & le refpect pour la juftice, n'excluront même ni la facilité qui raffure, ni la vivacité qui entraîne, ni les graces décentes qui jettent en courant quelques fleurs légeres fur les épines de la jurisprudence. Ainsi, l'austere & raisonneur Cochin, plaidant contre mademoiselle Gardel, l'attaquoit dans sa replique avec les armes de l'ironie, paroissant d'abord douter, se rendre, & avec un sourire amer, avec une *adresse* remarquable, retourna sur elle avec plus de force tout ce qui avoit été dit pour sa défense.

Cicéron admettoit encore l'*adresse* dans la défense de l'accusé, même coupable, & avec cette seule réserve, c'est que ce ne fût pas un scélerat; & ce qu'il dit sur ce point délicat, mérite d'être médité. *Nec tamen ut hoc fugiendum est, ita habendum est religioni, NOCENTEM ALIQUANDO, modò ne NEFARIUM IMPIUMQUE, defendere : vult hoc MULTITUDO, patitur consuetudo, fert etiam HUMANITAS. Judicis est, semper in causis verum sequi; patroni non nunquam verisimile, etiam SI MINUS SIT VERUM, defendere.* (Cic. de offic. II, 51.)

Presque tous les plaidoyers de Cicéron présentent cette *adresse* aimable & innocente. Dans la cause désespérée, pour Ligarius, voyez comment, en faisant connoître à Cesar, devant qui il plaidoit, la gloire de la clémence, il arracha son client au ressentiment de ce maître du monde. Et dans la défense du meurtrier Milon, si Cicéron parla comme il a écrit, voyez quel art il mit dans le rapprochement des circonstances, le portrait de Claudius, & l'avantage pour la paix publique.

C'est en l'imitant que Marc-Antoine déchira la robe d'Aquilius, faisant oublier ses concussions à ceux qui ne virent plus que ses honorables cicatrices. C'est encore par une *adresse* plus ingénieuse, que s'appercevant qu'il ne convainquoit pas, mais tout-à-coup s'identifiant avec Norbanus, Antoine demanda pour lui-même la grace que n'auroit pas obtenu le coupable.

Dans tous ces cas, ce n'est ni l'astuce mensongere, ni la finesse fatigante, c'est l'art d'émouvoir, c'est cet art sublime,

duquel d'Aguesseau a dit : *Pour régner par la force ou la douceur du sentiment, il suffit de parler devant des hommes.* (Tom. 1, pag. 18 & 19.)

L'éloquence inspire l'intérêt qu'elle desire & le respect qui lui convient, quand elle marche avec *adresse*, s'appuyant sur la pitié, l'humanité, la décence & le bien général. Le public sensible, applaudit; & le magistrat, qui condamne toujours à regret, remercie intérieurement celui qui a l'*adresse* de forcer la justice à être indulgente.

Peut-être encore, dans quelques affaires publiques, faut-il de l'*adresse* pour manier les esprits agités, & les détourner comme le courrier qui s'abyme. C'est dans ce sens que l'abbé Girard a écrit, qu'on est quelquefois obligé d'user d'*artifice* pour ménager des *génies épineux*, & ramener au point de la vérité des personnes fortement prévenues. Vous en trouvez un exemple dans le plaidoyer de Cicéron pour la loi Manilia, lorsqu'il a concilié la bonté de cette loi, son amour de la patrie, & son amitié pour Pompée.

Peut-être enfin sera-t-il permis d'étayer adroitement la grande raison de décider par de petits moyens & des considérations peu importantes. Le premier président de Harlay, le reprochoit à Dumont, avocat savant & homme de bien. Ce n'est pas pour vous, lui répondit celui-ci; mais il en faut pour tout le monde. Cet art lui réussit le lendemain même; & après la prononciation de l'arrêt, le président l'apostrophant, lui dit ce mot inintelligible pour l'audience, mais qui a été recueilli : *Vos paquets ont été remis à leurs adresses.* Anecdote précieuse, qui prouve que l'on peut arriver au même but par des routes diverses, mais aussi, & par-là même, qu'il est possible de s'égarer.

Cette *adresse* trop usitée, ne compromet point la délicatesse de l'orateur, puisqu'il a son moyen victorieux pour le magistrat instruit & le public éclairé : ce sont les troupes légeres qui ne dipensent pas du corps de l'armée ; c'est la petite guerre : malheur cependant au tribunal où elle peut être décisive ; malheur à l'avocat qui, bien différent de Cochin, n'en connoît pas d'autres ; malheur à celui qui mériteroit le reproche de M. d'Aguesseau : *de faire servir la loi aux intérêts de ses cliens par des couleurs plus ingénieuses que solides;* (tom. 1, pag. 9 :) malheur à celui qui, défigurant les faits, n'est plus lui-même que le protée de la fable, qui prend toutes les formes & échappe toujours. On le serre par la force du raisonnement, on l'accable du poids de la vérité, & son triomphe passager, souvent inutile à la cause, décrie l'orateur, & finit par le perdre. *DOLI CIRCUM hæc demùm frangentur INANES.* (Virg. Georg. IV. v. 399.)

Ce n'est pas ainsi qu'avoit plaidé ce Nouet, loué par M. d'Aguesseau. « Quelle droiture d'esprit, disoit ce grand homme ! quelle justesse ! Nous oserions presque dire : quelle infaillibilité de raisonnement ! Il n'y avoit rien au-dessus de la *bonté* de son esprit que celle de son cœur. On voyoit en lui une vive image & une noble expression de la *candeur* de nos peres, & de l'ancienne simplicité. Sa *probité reconnue étoit une des armes les plus redoutables de son éloquence, & son nom seul étoit un préjugé de la justice des causes qu'il défendoit.* » (Tom. 1, pag. 41.)

Delà, si, renfermé dans son cabinet, le jurisconsulte est consulté, ira-t-il donner à la complaisance, ou à l'intérêt, un avis favorable, dans lequel il taise la loi ou déguise les circonstances. De la fonction la plus noble & la plus utile, il fera un trafic honteux, bientôt décrié, & déja dénoncé par ce mot du chancelier Bacon : *ASTUTI isti homines similes sunt pusillarum mercium propolis, non abs re fuerit officinas ipsorum excutere.* (Serm. fide. XXII. pag. 196.)

Enfin, le jurisconsulte emploiera-t-il l'*adresse* dans les arbitrages ? Il y en a

beaucoup à rapprocher & à concilier les esprits & les cœurs, à élaguer & à simplifier les objets. C'est l'art précieux de la médiation, qui si souvent précede l'arbitrage, & amene une heureuse transaction. S'il n'en vient pas à bout, il doit juger en homme & en conscience. Il est juge volontaire, & la moindre démarche contraire à ce caractere exclusif, est une honte, la moindre *adresse* est un crime.

Adresse du magistrat.

15. Mais tandis que nous alignons le magistrat & le jurisconsulte pour rendre celui-ci plus exact & plus scrupuleux, l'autre n'est-il pas lui-même autorisé, par l'usage ou la nécessité, à user d'*adresse*; 1°. pour trouver la vérité dans quelques causes civiles ; 2°. pour maintenir la sûreté, l'ordre & prévenir le crime ; 3°. Pour pouvoir punir le coupable ?

Suivons le magistrat sous ces trois point de vue qui renferment ses fonctions principales. Ce ne sont plus des efforts souvent superflus, c'est le pouvoir qui marche, ou la loi que l'on dit : il s'agit du repos, de la fortune, quelquefois de l'honneur, de la vie. Et j'avoue que j'hésite toujours à écrire le mot d'*adresse* à côté de celui de *justice*. Je voudrois ne voir celui-ci entouré que de la confiance & du dévouement, de la candeur & de la simplicité.

Adresse du juge civil.

16. Sans doute il est des causes où la vérité est si bien enveloppée par la réticence des parties, l'art des défenseurs & la nature des circonstances, qu'il n'y a que l'*adresse* du juge qui puisse arracher le voile.

Tel fut l'empereur Galba, dans une affaire expliquée par Ayrault. (Rer. ab ant. jud. lib. 4, tit. 11, cap. 10.) Il s'agissoit de la propriété d'un cheval. Les présomptions étoient égales. Galba ordonna de conduire l'animal à son abreuvoir ordinaire, & de lui couvrir la la tête d'un voile épais, afin que, retournant de lui-même chez son maître, il découvrît ce qu'on ne pouvoit pas deviner. Ayrault ajoute, qu'il a plaidé à Paris la même affaire, sur un appel du bailliage de Poitiers. *Certè me patrono eadem controversia ex appellatione præsidis Pictaviensis accidit.* Mais il ne dit point si l'arrêt de Paris fut semblable à celui de Rome.

Tel fut encore le trait du duc d'Ossone, que nous avons déjà cité, *tom. 1, pag. 706, col. 1.* Solas se plaignoit d'avoir été renversé en passant, par un porte-faix chargé. Faites le muet, dit le duc au malheureux ; & après avoir entendu Solas, l'autre ne répondant rien : il fait le muet, dit Solas, mais il ne l'étoit pas ; je l'ai bien entendu crier *gare.* Si vous l'avez entendu, dit le duc, pourquoi ne vous êtes-vous pas reculé ?

Nous aurions dû placer avant tout le trait fameux de *l'adresse* dont se servit Salomon, pour découvrir laquelle des deux femmes qui réclamoient un enfant, étoit véritablement sa mere. Divisez cet enfant, dit le roi juge, & donnez à chacune sa moitié ; & tandis que l'une des deux, fiere de son triomphe, restoit tranquille, la mere émue demanda grace pour son fils, & offrit de le céder à l'autre : *Commota sunt quippe viscera ejus super filio suo.* (Reg. III, cap. 3, v. 26.) Nous l'avons dit au mot *Accouchement, n°. 16, tom. 2, pag. 76, col. 2,* Salomon interrogea la nature par l'apparence d'un jugement absurde & barbare : & le cri de la nature, ce cri, si puissant dans les meres, éclaira la justice : ce cri ne vous trompera jamais quand vous l'interrogerez sans apprêt. Mais dans les causes d'intérêts pécuniaires, dans les procès qui n'existent que parce qu'il n'y a plus de sentiment ; dans les affaires, où, pour parler comme le chancelier de l'Hospital, il n'y a d'autre passion que celle de l'or, & où le crime a pris un masque de fer, comment reconnoître la vérité ?

Tome III.

Nous ne nous aviserons pas de tracer une route. Nous dirons seulement que le juge doit être très-circonspect, très-prudent, très-délicat dans le choix des moyens, sur-tout, qu'il doit agir publiquement, afin qu'on voie tout à la fois l'impossibilité qu'il y avoit à découvrir la vérité & la maniere simple, naturelle, mais *adroite,* dont il a marché pour prendre sur le temps le mensonge & la mauvaise foi.

Adresse dans la police.

17. Par-tout on a pensé que le magistrat de police étoit obligé de recourir à *l'adresse,* pour prévenir les délits & découvrir les malfaiteurs. Il faut voir à cet égard les titres suivans du droit romain, avec les interpretes & les gloses.... *De officio præfecti vigilum,* D. 1, 15, & C. 1, 43.... *De Irènarchis,* C. 10, 75.... *De furtis,* D. 47, 2.... *De furibus Balneariis,* D. 47, 17.... *De effractoribus & expilatoribus,* D. 47, 18.

Sur le titre *de officio præfecti vigilum,* C. la glose appelle le magistrat de police un juge ténébreux, un arbitre silentieux, veillant aux incendies & aux vols. *Obscurus judex, arbiter silentiosus, incendiorum & furum indagator.* Les fonctions de ce magistrat étoient une espece de guerre contre les malfaiteurs, ennemis intérieurs qu'on ne pouvoit vaincre que par la ruse. *Dolus bonus est ille qui à præfecto vigilum exercetur adversùs nocturnos fures aliosve male feriatos homines.* C'étoit encore une chasse où il étoit licite de ruser, & glorieux de réussir. *Cui fallere insidiantes fas est & decipere gloria, cujus actus & officium VENATIO NOCTURNA est.* (Cassiodor. lib. 7, epist. 7 & 8.)

Mais, quels seront les caracteres de cette *adresse,* pour qu'elle ne laisse après elle ni doute sur la vérité, ni inquiétude sur les moyens employés ? On cite une infinité de traits : bornons-nous à trois.

L'Histoire des tribunaux, tom. 1, *pag. 26*, à ce titre : *Adreſſe d'un viſir.* Le bey de Salélie commettoit d'horribles concuſſions, dont la terreur éloignoit la preuve; Naſſuf, viſir d'Achmet I, veut le convaincre & le perdre. A cet effet, on fabrique une maſſe d'argent, enrichie de diamans, avec un reſſort caché, renfermant le nom & le projet du viſir. Il la confie à un Juif, qui, arrivé à Salélie eſt bientôt arrêté & empriſonné ſur une fauſſe accuſation, par l'ordre du bey, qui, pour prix de la grace, retient la maſſe. Naſſuf aſſemble le peuple, découvre le reſſort, & le bey convaincu eſt aſſommé avec la maſſe même.

Vous aimeriez mieux que l'on eût pu ſe procurer d'autres preuves. C'eſt beaucoup encore pour la Turquie, que cette *adreſſe* & cette ſévérité : Voici nos loix & nos mœurs.

En 1768, Pierre ſe préſente au lieutenant de police de Paris, & lui dit : Je ſuis arrivé hier pour acheter une charge, & j'ai confié 30,000 livres en or à Jean, qui, aujourd'hui nie effrontément. Jean mandé ſur-le-champ, ſoutient ſon rôle; mais tandis que la bouche déſavoue, la phiſionomie décele: car, ainſi que nous l'avons dit au mot *Accuſation*, n°. 19, tom. 2, *pag. 247*, il y a des indications & un tact preſque infaillibles que donnent l'habitude, la bonne volonté, & une exacte obſervation. Quel parti prendra le magiſtrat que j'ai loué dans ma préface? Voici le génie, & à ce trait on le reconnoîtra. Prenez cette plume, dit-il, à Jean; écrivez à votre femme que vous êtes découvert, & qu'il n'y a d'autre moyen de vous ſauver, que d'apporter ſur-le-champ la ſomme. Je ne vous dis pas que vous ſoyez coupable; mais ſi vous n'avez pas cette ſomme, comme vous le ſoutenez, votre femme ne pourra pas l'apporter. La lettre dictée eſt envoyée. La femme arrive avec l'or qui eſt rendu : on remercie d'un côté; de

l'autre on rougit, on balbutie, & l'on demande grace.

Peſez bien ces détails; il n'y en a pas un qui ne porte avec lui le caractere de la loyauté & de la prudence; pas un qui compromette le magiſtrat, la juſtice & l'innocence.

En 1775, la connoiſſance de ce trait guida un magiſtrat de province dans une conjoncture à-peu-près ſemblable. — Marc lui dit : hier à ſept heures du ſoir j'ai laiſſé entr'ouverte la porte à reſſort de mon cabinet. A mon retour, il me manquoit trois ſacs de 1200 liv. Je ne ſaurois ſoupçonner mon commis, fidele depuis vingt ans. Il n'eſt entré dans mon comptoir que Jean, qui, après m'avoir attendu un quart-d'heure, a dit qu'il reviendroit, & n'a pas reparu. Je ſais bien que l'argent n'a point de marque, mais la police a des reſſources, de l'uſage & de l'*adreſſe* à découvrir la vérité. — Fort bien; mais, qu'eſt-ce que Jean? — Il a pour 60,000 liv. d'immeubles, & quelques affaires avec moi. — Fort bien; mais, pas la moindre marque ſur vos ſacs? — L'un d'eux, venant de Clermont, doit être de toile griſe, & avoir le cachet de mon correſpondant. — Allez chercher ſa lettre. — La lettre apportée, le magiſtrat ajoute : j'eſſaierai, mais ſur-tout le plus grand ſecret. — Jean arrive & le magiſtrat, après lui avoir rendu un compte exact : voilà le cachet, lui dit-il; ſi l'on trouvoit chez vous le ſac gris & une empreinte pareille! Voyez. Je ne vous accuſe pas, mais il y a de malheureux momens, & Marc a pu vous faire quelques torts. Si cela étoit, il ſuffiroit que vous fiſſiez un billet payable dans ſix mois; alors je ſerois cenſé avoir reçu l'argent de quelque confeſſeur : tout ſeroit ſecret & oublié. — Jean inquiet pendant le récit, raſſuré par la concluſion, & ému par la confiance, qui le pénétroit ſans le flétrir, demande une plume. — Non : à préſent ce pourroit être l'effet de la ſurpriſe ou de l'effroi. Retirez-vous quelque temps ; reprenez bien vos fens & rentrez. — Après un quart-d'heure, Jean paroît, remet le billet ; puis avant les fix mois rapporte la fomme, prend la main du magiftrat, la couvre de larmes, & lui dit feulement : vous avez bien raifon, monfieur, il y a de mauvais momens ; mais, c'eft vous qui êtes un honnête homme.

Dans les deux derniers traits le magiftrat de police eft un confident adroit, un conciliateur d'autant plus néceffaire que, là, comme dans une infinité d'autres conjonctures, il eft impoffible d'avoir des preuves.

Mais, remarquez que toute cette *adreffe* fe réduit à bien faifir toutes les circonftances, à voir celle qui peut prêter, à pénétrer le caractere, à lire dans l'ame, à ramener à la probité & à la vérité d'une maniere douce & infenfible, telle que le coupable approuve le moyen pris pour le convaincre, tient compte des égards & des bontés, du fecret & de l'indulgence.

Le magiftrat de police a befoin d'*adreffe* dans une infinité d'autres circonftances.

Veut-il affurer l'approvifionnement ? Il faut affembler plufieurs fils, défaire les nœuds, & n'être jamais apperçu.

S'agit-il de mœurs ? Il étouffera certains crimes, d'accord même avec la juftice.

Y a-t-il quelque rumeur ? Il va à la fource, inftruit, parle & écarte l'orage. De quelque maniere que la tranquillité publique foit troublée, il marche dans le filence, prefcrit dans les ténebres & impofe davantage : car, fouvent le bruit qu'on fait nuit plus que celui qu'on veut empêcher.

Enfin, la fûreté publique eft-elle compromife par quelque délit inquiétant, ou par la multiplicité de ceux qui font inféparables du luxe & des grandes villes ? Il paroîtra fort *adroit* à les découvrir, s'il fait oppofer les petits aux grands ; avoir, fi je puis parler ainfi,

une carte morale de fon pays, claffer exactement les individus, fur-tout les malfaiteurs, tirer parti de tout, &, comme on l'a dit, tailler le diamant avec la pouffiere du diamant.

Mais fur-tout, fa demeure fera un afyle inviolable ; fon cœur s'ouvrira au befoin, à l'infortune & aux foibleffes ; & fa parole fera facrée. Qu'il foit humain, éclairé, jufte & compatiffant ; voilà l'ame de toutes fes opérations, la véritable & la feule adreffe.

Ces idées meneroient trop loin. Nous les développerons fous différens mots qui tiennent à l'ordre public, & particuliérement fous ceux-ci : *Approvifionnement, Affaffinat, Affemblée illicite, Bruit public, Efpion, Malfaiteur, Police, Rumeur, Sûreté, Tranquillité, Vol, &c.*

Adreffe du juge criminel.

18. Après avoir ainfi modifié l'art de la police, qui confifte plus à prévenir les délits, qu'à préparer les fupplices, admettrons-nous cette affertion ? *IL FAUT qu'un lieutenant criminel foit ARTIFICIEUX dans fes interrogatoires.* D'où vient ce malheureux préjugé ?

Le brave lieutenant criminel Ayrault difoit : « *La DEXTÉRITÉ & induftrie de bien faire & inftruire un procès, a bien toujours été requife au magiftrat ; mais aujourd'hui que toutes fes fonctions, qui (avant l'ordonnance de 1539) réfidoient aux parties & aux avocats, font en lui, IL FAUT qu'elles approchent tellement du nom de RUSE & de FINESSE, s'il veut bien tirer les vers du né d'un criminel, qu'à grand peine fauroit-on plus dire fi ces artifices fe doivent appeller JUSTICE ou CIRCONVENTION.* (Liv. 3, art. 3, n°. 22, pag. 334.)

M. Servan a peint comme il fent. Parlons, a-t-il dit, d'un *ART DANGEREUX, dont j'ai SOUVENT entendu vanter l'utilité ;* c'eft celui d'égarer l'accufé par des interrogations captieufes, même par des fuppofitions fauffes, & d'employer enfin l'*ARTIFICE* & le men-

songe à découvrir la *VÉRITÉ. Cet ART
n'est pas bien difficile.* On trouble la tête
d'un malheureux, accusé par cent questions disparates. On affecte de ne pas
suivre l'ordre des faits : on lui éblouit la
vue, en le faisant tourner avec rapidité
autour d'une foule de différens objets,
&, l'arrêtant tout à coup, on lui suppose un aveu, qu'il n'a point fait : on
lui dit : voilà ce que tu viens de con-
fesser ; tu te contredis, tu mens, tu ès
perdu. (*Discours sur l'administration de
la justice criminelle.*)

Sur ce point si intéressant de notre
jurisprudence criminelle, nous rapporterons, au mot *Confrontation*, des arrêts
sur l'*adresse* employée extrajudiciairement
pour s'assurer si le témoin reconnoît
l'accusé ; & encore ces arrêts se contre-
disent-ils. Nous n'avons rien trouvé sur
l'artifice du juge dans les interrogatoires
& le reste de l'instruction. Mais l'histoire & nos livres attestent que l'innocence a été égorgée ou compromise,
& l'on peut voir les arrêts que nous
avons rassemblés au *tome 1,* sous le mot
Accarement, & au *tome 2,* sous les
mots *Accusation* & *Administration.*

Cet art est de tous les vices de notre
procédure celui, peut-être, qui fait le
plus regretter la publicité & le conseil
des accusés, abolis par cette ordonnance
de 1539, qui faisoit imprimer à Dumoulin cette imprécation : *Voyez la
tyrannique loi de ce scélérat de Poyet.*

Qu'il en fut bien puni, ce chancelier
Poyet, quand accusé lui-même, & se
plaignant de l'*adresse* mise à l'interroger,
il disoit : *qu'il étoit bien mal aisé de
beaucoup parler sans faillir ;* ... *que les
gens du roi ne devoient prendre les paroles
d'une personne affligée à la RIGUEUR ;* ...
*que LA LANGUE LUI AVOIT TOUR-
NÉ.* ... *Hier,* ajoutoit-il, *j'ai été ÉGA-
RÉ, déconcerté, à la vue du COMBAT
que je suis obligé de soutenir contre des
ENNEMIS INSTRUITS & ÉLOQUENS,
moi, devenu PUSILLANIME, accablé
par la FOIBLESSE de la nature, & par*

la *CRAINTE qu'inspire le danger de ma
position.*

Avant lui, cet art homicide n'existoit
point dans notre instruction ; nous ne le
tenions pas des Romains, & vous n'en
trouvez aucun trait dans les autres
états de l'Europe ; car, qui oseroit le
pratiquer en public ? Que s'il étoit un
juge vil & féroce, ramené bientôt par
les conseils, comme il l'est à Londres
par les Sherifs, lorsqu'il paroît inexact
ou captieux, il seroit hué par le peuple
assistant ; & au lieu de la réputation
qu'il voudroit se faire par sa coupable
adresse, il ne seroit plus, comme le
disoit le maréchal de l'Isle-Adam, qu'*un
mauvais homme & traître.*

Quoi ! tandis que le juge Anglois,
après avoir réuni tout ce qui est possible
pour sauver l'innocence, excuser la foiblesse & préparer l'indulgence, se tournant vers le public, lui adresse ces paroles
touchantes : *N'y aura-t-il personne qui
veuille prendre encore la défense de ce
malheureux accusé ?* au sein d'une nation
douce & franche, avec des lumieres assez
généralement répandues, sous le meilleur
& le plus juste des rois, tout homme
sera, comme le chancelier Poyet, (& à
plus forte raison) exposé à périr innocent, victime de l'éloquence, de l'*adresse,*
de l'artifice, de *cet art funeste dont on
ose vanter l'utilité !* Seul au milieu de
ses juges, ce sera autant d'*ennemis qu'on
aura à combattre !* Images de la Divinité,
ils dégraderont son caractere auguste de
candeur & de clémence, par l'*adresse,*
la finesse, la ruse, l'artifice même ; ras-
surés par l'usage, aveuglés par ce fatal
amour-propre qui met une certaine gloire
à découvrir, à convaincre & à condamner ; entraînés par le cri de la sûreté
publique & le préjugé vulgaire qui la
place au milieu des supplices !

Si le juge veut remplir son devoir,
ne s'exposer à aucun remord, être tranquille avec lui-même ; ah ! loin d'être
l'agresseur & l'ennemi de l'accusé, qu'il
soit plutôt son défenseur & son pere !

& que retournant ainsi, autant qu'il est en lui, à cette ancienne jurisprudence que les parlemens ont voulu si long-temps conserver, qu'il réforme & tempere la nouvelle, & que par les qualités de son cœur, il efface les taches qu'y a fait celui de Poyet.

Si jamais il connoît l'*adresse*, que ce soit pour se garantir des pieges que lui tendront à chaque pas la calomnie, la haine, la vengeance, la méprise, l'erreur, l'apparence, la fatalité des conjonctures, le zele subalterne, le bruit public, la crainte du blâme, & sur-tout l'amour-propre.

Qu'avant de commencer une procédure, il examine préliminairement toutes les circonstances, l'accusateur & l'accusé, ainsi que nous avons tâché de l'expliquer au mot *Accusation*, n°. 18 & 19.

Qu'il apprenne des loix romaines à démêler les motifs qui ont pu déterminer, & les circonstances qui font si souvent regarder comme coupable un accusé innocent : car toute cette partie du droit romain est bien supérieure à nos coutumes, qui ne savent que les fiefs, & à nos ordonnances, qui ne prescrivent que les formes, laissant le fond & le principal à l'arbitrage du juge.

Nous ne citerons qu'un exemple, que nous supplions de saisir avec d'autant plus d'attention, qu'il revient tous les jours dans nos mœurs, & qu'il prouve quel étoit l'esprit de la législation romaine. Il est tiré du titre du digeste *de furtis*.

Dans la *loi 82 de ce titre*, § 2, Rome traite comme voleur celui qui enleve un esclave; mais dans la loi 39 du même titre, elle ne lui donne point ce nom, & elle ne le punit point comme tel, s'il a été entraîné par le sentiment ou la débauche même. *Verum est, si meretricem alienam ancillam rapuit quis, vel celavit, furtum non esse. NEC ENIM FACTUM QUÆRITUR, SED CAUSA FACIENDI. Causa autem faciendi libido fuit, non furtum.* Cette loi, après avoir ainsi décidé qu'IL FAUT CHERCHER,

NON LE FAIT BRUT, MAIS LA CAUSE QUI A FAIT AGIR, ajoute, que si quelqu'un a forcé la porte d'une fille par libertinage, il ne faut pas le traiter comme un voleur.. *Et ideo etiam eum qui fores meretricis effregit libidinis causâ, & fures non ab eo inducti, sed alias ingressi meretricis res egesserunt, furti non teneri.* Cependant on a plus d'une fois compromis, & même perdu des jeunes gens dans les mêmes circonstances. Nous l'avons vu, entr'autres, en 1751, dans une affaire qui sembloit ne tenir qu'à la police. Dans les mémoires, nous ne voyons pas qu'on ait cité cette loi, & nous lisons, au contraire, dans celui du défenseur de la femme : « On est censé VOLEUR au moment même que l'on s'est armé pour le devenir. » *LATRO est etiam antequàm manus inquinet.* (Mém. de Mannory, tom. 8, pag. 314.)

Si le juge criminel veut avoir de l'*adresse*, qu'il l'emploie à rassurer, à aider, à consoler l'accusé réputé innocent jusqu'à l'arrêt; que par ses égards, ses soins, sa pitié, ses conseils même, il lui fasse oublier, s'il est possible, l'état affreux où la jurisprudence criminelle réduit l'innocence tout ainsi que le crime.

Si le juge criminel veut être *adroit*, que ce soit pour démêler les artifices trop ordinaires du crime, lorsqu'il rejette sur l'innocent l'apparence, & ce que nous appellons *indices*, comme fit le scélérat qui, avant d'assassiner son ennemi, se couvrit de la soutane de son curé, la reporta chez lui ensanglantée, & servit ensuite de témoin. Ces stratagêmes ne sont que trop communs; & si l'on en doute, on peut voir, tom. 2, pag. 44 & 45, le trait du voleur, qui, détaché des fourches par un homme charitable, bientôt l'arrêta & l'accusa de l'avoir volé !

Que le lieutenant criminel ait l'adresse de celui de Paris, dans l'affaire de Leroi, que j'ai rapportée sous le mot *Accarement*, tom. 1, pag. 648, col. 2. Suivant de l'œil & de l'ame le témoin suborné, qui vacilloit, héfitoit & s'attendriffoit, il faifit l'inftant ; puis parlant avec éloquence, déterminant l'aveu de la fubornation, & faifant arrêter l'accufateur avec l'autre témoin, il fauva l'innocence.

Qu'il imite la conduite à jamais mémorable de M. Hurfon, dans l'affaire que nous avons extraite au mot *Accufation*, tom. 2, pag. 253, col. 2. Il voyoit fur la fellette l'innocent déja condamné à la Rochelle. Le Dieu de la juftice l'infpire. Il a l'*adreffe* de quitter fa place, & le courage, en prenant celle d'accufateur, de donner plainte en calomnie ; puis de faire arrêter fur le champ les deux témoins, de les féparer, afin qu'ils fe coupent, de les fuivre & de les convaincre, de triompher enfin, & de fauver l'innocence, qui alloit être égorgée par la juftice ; car il y avoit deux témoins.

Sur-tout, que dans le rapport du procès, le juge ait foin de foutenir l'attention par la clarté & la précifion, d'arracher la vérité au langage obfcur des témoins & aux ténebres inévitables de nos formes ; qu'il diftingue bien la preuve lumineufe & fentie de ce que nous appellons fi improprement preuve légale ; comme nous l'avons obfervé au mot *Accufation*, n°. 104, dag. 444 ; qu'abandonnant la route vulgaire dans la procédure, comme dans les opinions, il faififfe avec ardeur tous les fentiers qui menent à l'innocence. Et fi c'eft un premier délit, fi l'accufé n'eft pas un fcélérat de profeffion, tels que je les ai peint fous le mot *Accufation*, tom. 2, pag. 202, qu'il ne craigne pas, avec Cicéron, d'être fon défenfeur, & par fon éloquence, d'entraîner l'abfolution ou l'indulgence. L'humanité lui en fait un devoir : *Fert humanitas*. Que fi des hommes imbécilles ou cruels, le taxoient d'ignorance, ou de foibleffe, il répondroit, avec Charlemagne : que quand le Ciel ne permet pas qu'il y ait des preuves plus claires que le jour, c'eft qu'il fe réferve le jugement à lui feul. *In ambiguis Dei judicio refervatur fententia*. (Capit. lib. 7, cap. 259, tom. 1, ed. Baluzii, pag. 1079.)

Voilà la véritable *adreffe* du juge criminel, je n'en connois point d'autre ; tout ce qu'on prend pour elle, & dont on vante l'utilité, n'eft qu'une lâcheté, qui dans le juge, image de la Divinité, ne montre que la foibleffe ou les paffions de l'homme. Ces rufes, ces fineffes, ces artifices qu'on préfente comme néceffaires à la conviction du crime, ne font que des pieges tendus à la fûreté publique, de petits moyens de l'inquiétude, des erreurs de l'amour-propre, des armes empoifonnées indignes de la juftice ; & qui, après avoir facrifié l'innocent, peuvent perdre celui qui les emploie comme Poyet, qui les a forgées.

Conclufion.

19. J'ai ainfi raffemblé, fous le mot *Adreffe*, des loix, des principes, des préjugés, des obfervations & des vues qui font difperfés dans une infinité de livres fous les mots *Habileté*, *Induftrie*, *Savoir-faire*, *Prudence*, *Précaution*, *Déguifement*, *Réticence*, *Détour*, *Fineffe*, *Rufe*, *Aftuce*, *Artifice*, *Tromperie*, *Stratageme*, *Fourberie*, *Manœuvre*, *Fraude*; & dans le droit romain, fous le mot générique *Dol*.

Cette maniere, qui n'empêchera pas de prononcer les autres mots, & fur-tout de développer ce que les Romains entendoient par *dolus malus* & *bonus dolus*, ne paroîtra ni extraordinaire, ni déplacée dans un dictionnaire raifonné ; fur-tout fi parcourant nos livres d'hiftoire, de morale & de jurifprudence, on daigne confidérer que tous ces mots y font à-peu-près fynonymes, & que la même action eft caractérifée par des expreffions différentes, préfentant toujours à l'efprit la même idée avec quelques nuances imperceptibles.

Cujas, voulant définir cette action, difoit : « Le dol eft tout acte tendant à tromper quelqu'un ; & il n'a pas d'autre nom. » *Dolus est actio vafra decipiens alium, alio nomine carens.* (Ad tit. D. de dolo malo.)

Pasquier expliquant, au seizieme siecle, ce qu'on entendoit alors par *finesse*, disoit : « Nous appellons un homme *fin*, celui qui est *caut & rusé* en ses actions, & *finesse* une *ruse*; & à dire vrai, un *fin homme* n'est proprement un trompeur, mais aussi ne procede-t-il avec telle *rondeur* que l'homme de bien qui accompaigne ses actions de prudence : tellement que la *finesse* est une parole *moitoyenne* entre la *prudence* & la *tromperie*. » (Rech. de la France, liv. 7, chap. 60.)

Nous avons perdu le mot *caut*; celui de *cautele* a vieilli; & ceux de *cauteleux* & *cauteleusement* reparoissent à peine dans le style de quelque pracicien de province.

Depuis Pasquier, nous nous sommes si étrangement raffinés & polis, que cette parole *moitoyenne* entre la *prudence* & la *tromperie*, c'est l'ADRESSE. Aujourd'hui, l'art de tromper, de trahir, de voler, se couvre lestement du voile de l'*adresse*, s'introduisant ainsi sans gêne, sans obstacle, faisant quelquefois seulement sourire, & souriant lui-même, quand on lui ôte le masque. Dans le jargon des gens peu délicats, ce mot tient la place qu'a celui *faire* dans l'argot des filoux au lieu de *voler*; & l'*escroc*, qui par la dextérité de ses doigts, parvient à voler sans qu'on le voie, appelle *adresse* son *savoir-faire*.

J'ai donc marché avec l'usage & la langue, & je l'ai dû. Je dis la langue, telle que l'entendent une infinité de gens : & cette acception est si exacte, que l'homme délicat sera blessé, si on lui dit qu'il est *adroit* dans les affaires, qu'il est un *adroit personnage*, qu'il met de l'*adresse* dans la maniere de traiter, de présenter, de discuter un objet grave; tant la candeur est une vertu réelle dont on se pare encore.

Si l'on me désapprouve, le blâme ou la critique partiront de ces hommes *adroits* & vils que Tacite peignoit comme capables de se cacher, par une fraude aussi détestable que honteuse, entre le toit & le lambris, & d'approcher des trous & des fentes, pour être ensuite de lâches & ambitieux délateurs. *Tectum inter & laquearia, tres senatores, haud minùs turpi latebrâ, quàm detestandâ fraude se se abstrudunt foraminibus & rimis aurem admovent.* (Ann. IV. 69.)

Êtres vils & funestes ! Il n'y auroit qu'un moyen de les corriger; ce seroit, les détachant pour ainsi-dire d'eux-mêmes, & supposant qu'il leur reste encore quelque pudeur, de placer la portion integre de leur ame en observation de la portion trompeuse, & de leur demander s'ils voudroient qu'on leur en fît autant. En se voyant ainsi à nud, ils rougiroient d'eux-mêmes.

Ce n'est pas pour de tels êtres qu'il faut écrire; c'est pour ceux qui disent avec Montaigne : « Il peut être que je me laisse aller après ma nature à faute d'*art*. Présentant aux grands cette même licence de langue & de contenance que j'apporte de ma maison : je sens combien elle décline vers l'indiscrétion & incivilité; mais outre que je suis ainsi faict, je n'ai pas l'esprit assez souple pour gauchir à une prompte demande, & pour en eschapper par quelque *destour*, ni pour *feindre une vérité*, ni assez de mémoire pour la retenir ainsi *feinte*; ni certes assez d'assurance pour la maintenir : & fais le brave par foiblesse. Parquoi je m'abandonne à la *naïfveté*, & à tousjours dire ce que je pense, & *par complexion & PAR DESSEIN*, laissant à la fortune d'en conduire l'événement. » (Essais, édit. de 1617, pag. 555.)

Nous écrivons encore pour les *hommes de bien*, qui *procedent avec rondeur*, comme dit Pasquier, & qui ne changeant point, tandis que d'autres se raffinent & s'aiguisent chaque jour, sont exposés à être les dupes de leur antique bonne foi; s'ils nous lisent avec quelque intérêt, & si nous faisons quelque impression sur ceux qui par état doivent

avoir cette candeur aimable qui caracté-
risoit les l'Hospital, les Lamoignon &
les d'Aguesseau, & qui est le' sceau de
la justice, nous aurons rempli notre objet.

ADRIANISTE.

(Droit ecclésiastique.)

On a donné ce nom à deux especes
de sectaires, les uns très-anciens, les
autres très-modernes.

Les premiers, selon Théodoret, furent, ainsi que les Cléobiens, les Dosithéens, les Gorthéens, les Marbothéens,
les Eutichetes & les Canistes, des fanatiques, dont la réputation ne fut pas de
longue durée, parce qu'ils ne firent
tous que de légers changemens au systême de Simon le magicien, leur cory-
phée. Le fond de ces changemens n'eut
même, pour ainsi dire, d'autre objet
que d'ajouter aux impiétés, aux débauches, & aux prestiges de leur auteur,
qu'ils oserent bien adorer, ainsi que sa
coutisanne Helene, après avoir représenté celle-ci en Minerve, & celui-là
en Jupiter. *Qui hujus erant sectæ, liberè
omnem libidinem exercebant & præsti-
giarum omni genere utebantur, amatoria
quædam & pellicientia usurpantes, &
quæcumque alia incantatores solent, velut
divina mysteria obeuntes : & cùm hujus
quidem in Jovis figuram, Helenæ autem
in speciem Minervæ statuam efformassent,
his thura adolebant & libabant ac tanquam deos adorabant, Simonianorum
nomen sibi imponentes. Ex hac amaris-
simâ radice orti sunt Cleobani, Dositheani,
Gortheni, Marbothei, ADRIANISTÆ,
Eutkychetæ, Canistæ : verùm hi omnes
cùm impiæ hæresis parvas quasdam mu-
tationes excogitassent, non diù durarunt
sed perpetuæ oblivioni traditi sunt.*
(Theodoretus, *in fab. hæret.* 1, tom. 4,
operum. pag. 193, edit. Cramoisy,
1642, in-fol.)
L'évêque de Pamiers, Sponde, raconte

d'après St. Épiphane, des traits de ces différens novateurs, qui prouvent que nos
siecles modernes n'ont rien à regretter.
Son récit fait horreur. *Tradit enim
Epiphanius eosdem execranda sacrificia
ex mulierum menstruo & virorum semine admiscere consuevisse.* (Spondanus
in annalibus eccles. tom. 2, an. *Christi*
35, § 13, pag. 63.) Voyez *Cleobiens,
Dosithéens, Menandrites, Simonïens &
Simoniaques.*

Les seconds sectaires appellés Adria-
nistes, prirent leur nom de leur chef
Adrien Hamstedius. Ce novateur chassé
d'abord de la Zélande, ayant répandu
ses erreurs en Angleterre, fut suspendu
de toutes fonctions par Edmond, évêque
de Londres, & obligé de se retracter
publiquement dans une église de cette
capitale : comme il ne se corrigea pas,
il fut excommunié & banni. Hamstedius
enseignoit qu'il étoit parfaitement libre
de garder pendant plusieurs années les
enfans sans leur administrer le baptême,
parce que rien ne déterminoit le temps
après lequel on devoit en conscience
leur conférer ce sacrement : il soutenoit encore une autre erreur capitale.
*Item affirmabat, credere Christum Do-
minum ex semine mulieris natum, ac
humanæ carnis nostrique generis parti-
cipem factum esse, non fundamentum
esse religionis christianæ, sed ipsius fun-
damenti circumstantiam quandam; atque
idcircò qui Christum ex mulieris semine
esse negat, is non fundamentum negat,
sed unam ex fundamentis circumstantiam.*
(Prateolus *in Elencho hæreticorum,*
lib. 8, tit. 4, § 1, pag. 205, edit.
colon. Agripp. 1569, in-fol.) L'auteur
ajoute, qu'Adrien Hamstedius avoit beaucoup d'autres sentimens, à-peu-près conformes à ceux des Anabaptistes, qu'il
cherchoit dans Londres à attirer dans
son parti. Voyez *Anabaptistes.*

Ce qu'il y a de bien surprenant, c'est
qu'Ottius dans son *Histoire des Anabaptistes,* où il décrit plus de quatre-vingts
especes différentes de cette secte, ne
dise

dife pas un mot de celle de nos *Adria-nistes* modernes. Spanheim n'en parle pas non plus dans son traité *De origine, progressu & sectis Anabaptistarum*, inféré à la fin de celui de Cloppenburg, intitulé : *Gangræna theologiæ Anabaptisticæ* ; mais comme il n'a donné qu'un petit abrégé, cela surprend moins.

ADRIATIQUE. (MER)

(*Dr. nat. Dr. des gens. Dr. pub.*)

C'est une partie de la mer Méditerranée, qui s'étend du sud-est au nord-ouest, depuis le quarantieme degré de latitude, jusqu'au quarante-cinquieme ou environ.

Nous avons observé sous le mot *Acquisition*, n°. 3, *pag.* 499, que la mer étoit libre ; que ce n'étoit que bien tard, que quelques souverains avoient prétendu à la propriété exclusive des mers qui avoisinoient leurs états, & que des nations ambitieuses avoient cherché à usurper leur domination universelle : *Et quidem NATURALI JURE communia sunt omnium hæc, aer, aqua profluens, MARE ; nemo igitur AD LITTUS MARIS ACCEDERE PROHIBETUR, dum tamen à villis & monumentis & ædificiis abstineat, quià non sunt JURIS GENTIUM sicut est MARE.* I. lib. 2, tit. 1, § 1.

Vinnius, s'expliquant sur ce paragraphe, dit que les Vénitiens prétendent au domaine exclusif de la mer *Adriatique*, les Danois à celui de la Baltique, & les Anglois à celui de la mer qui entoure les trois royaumes : *Hodiè Veneti maris ADRIATICI, Baltici rex Daniæ, magnæ Britanniæ rex maris circonflui dominium sibi vindicant;* & il décide, avec la plus grande partie des publicistes, que ces prétentions n'ont pas le moindre fondement. Les souverains des pays qui sont situés sur les rivages de la mer, ont beau, dit-il, en usurper la propriété ; cette usurpation sera toujours

proscrite par les regles du droit naturel. Nous reviendrons sur cette grande question qui a partagé les Grotius, les Selden, &c. sous le mot *Mer.* Cependant nous ne croyons pas pouvoir nous dispenser de présenter ici quelques courtes réflexions bien essentielles, soit pour l'objet particulier de la mer *Adriatique,* soit pour celui de la prétention ridicule des Anglois à la domination, pour ainsi dire universelle, de la mer.

Et d'abord, à l'égard des Anglois, la circonstance du moment prête à vérifier ce qu'on leur a si souvent dit, que ceux qui veulent *retenir pour eux seuls la terre & la mer, perdent ordinairement l'une & l'autre :* cette circonstance, disons-nous, exige que nous rappellions une autorité bien précieuse, pour ruiner de fond en comble leur système exclusif.

En 1560, les Espagnols se plaignant vivement de ce que l'amiral Drack avoit entrepris de suivre le tour du globe de la terre & de passer par les Indes occidentales à leur préjudice ; l'Angleterre répondit qu'ils *s'étoient attiré ce mal par leur infidélité & leur cruauté envers les Anglois, auxquels ils s'autorisoient de défendre le commerce maritime contre le droit des gens;* & on leur soutint *que l'usage de la mer ne devoit pas être moins commun à toutes les nations que celui de l'air.*

En 1600, lors des démêlés de l'Angleterre avec le Danemarck, au sujet de la pêche du Spitzberg & du Groenland, la première couronne allégua contre l'autre, que les décisions de tous les plus fameux jurisconsultes portoient, *que par le droit des gens la mer étoit libre & commune, & qu'il n'y avoit point de prince qui eût droit d'en interdire l'usage.* Ce langage attesté par les plus fameux historiens anglois eux-mêmes, & par le véridique de Thou, n'est-il pas décisif contre les chimériques prétentions qu'ils ont osé mettre au jour depuis bien des années. (*Chronique de R. Baakers dans la vie de la reine Élisabeth, pag.* 346.

Camdenus, *in vitâ Elisabethæ, pag. 769 & 770. Thuanus, in historiarum, lib. 71, n°. 1, tom. 3, pag. 772, edit. Buckley.*)

A l'égard des Vénitiens, un auteur qui a vécu long-temps à la solde de la république, s'exprime ainsi sur le domaine de la mer Adriatique : « La guerre dans ce golfe est sans quartier ; ils ne prennent point de prisonniers ; & le capitaine qui en feroit, perdroit la tête pour récompense de sa pitié. Ils pendent aux vergues tous les renégats, & n'épargnent pas même les femmes à qui ils font passer le pas comme aux autres. Les Chrétiens armés en guerre, qui se hasarderoient d'y faire des courses, seroient traités de la même façon irrémissiblement ; & c'est avec cette sévérité qu'*ils se maintiennent maîtres paisibles de leur golfe.* » (Politique civile & militaire des Vénitiens, *part. 2, ch. 3, pag. 81, Paris, Sercy, 1668, in-12.*)

Julius Pacius à Beriga, qui a fait un traité pour prouver les droits de la république de Venise sur son golfe, énonce d'abord en quoi ils consistent : 1°. ils doivent tenir la mer libre & en chasser tous les pirates ; 2°. ils doivent protéger leurs sujets le long des côtes ; 3°. ils peuvent se saisir des malfaiteurs sur cette mer, & les punir comme délinquans dans leur territoire : *Possunt deliquentes in eo mari capere & punire tanquam delinquentes IN SUO TERRITORIO ;* 4°. ils peuvent empêcher tous les navigateurs de passer dans cette mer ; 5°. enfin, ils peuvent exiger de ceux à qui ils le *permettent, tels subsides & tels péages que bon leur semble,* & punir ceux qui refusent de les acquiter, quelques *exorbitans,* qu'ils puissent être : *Possunt navigatoribus vectigalia, gabellas, & collectas imponere & AUGERE, & contrà facientes punire.* (De dominio maris Adriatici. *Lugduni, 1619, in-8°. pag. 39.*)

Aux raisons que donne Pacius pour justifier ces droits exorbitans, il joint des citations sans nombre, de la manière

la plus pédantesque & la moins claire, tant pour établir son système, que pour réfuter les objections de l'Espagnol Velasquez, du conseiller du parlement de Grenoble, François Marc, & de l'auteur anonyme du traité *de libertate maris Adriatici.* Il invoque les moyens tirés de l'*occupation* & de la *prescription,* comme si on pouvoit *occuper* exclusivement ce qui appartient à tout le monde par le droit naturel & le droit des gens, comme si on pouvoit *prescrire* contre des loix immuables. Laissons donc Pacius citer entr'autres les beaux vers du *Vénitien* Sannazar, comme une de ses preuves ; & en admirant le génie du poëte, méprisons le fatras du compilateur.

Viderat hadriacis Venetam Neptunus in undis
Stare urbem & TOTO DICERE JURA MARI :
Nunc mihi turpeias quantumvis Jupiter arces
Objice, & illa tui mœnia Martis, ait :
Si Pelago Tibrim præfers, urbem aspice utramque,
Illam homines dices, hanc posuisse Deos.

Sannazar est éloquent ; mais de bons vers ne furent pas toujours de bonnes raisons.

Encore un Vénitien : c'est le fameux cardinal Contarini. Il trouve la propriété de sa république sur le golfe *Adriatique,* dans la donation, que lui en ont faite les papes : *Antiquorum pontificum beneficio ;* depuis laquelle s'est introduit l'usage où est le doge, de monter toutes les années le Bucentaure, le jour de l'Ascension, pour épouser la mer en grande solemnité & en présence du nonce du pape. (Contarini *opera, pag. 282.*)

Les argumens de Pacius, les vers de Sannazar, & la bizarre cérémonie des épousailles de la mer Adriatique par le doge, ne disent pas plus en faveur de cette propriété, interdite par le droit naturel & le droit des gens, que ne disent pour la propriété des deux Indes les actes par lesquels les papes les ont données aux couronnes de Castille & de

Portugal, dans ces temps de ténebres, où l'on a détruit toutes les idées primitives de la juftice, de la liberté & du pouvoir réel.

S'il pouvoit refter quelque doute, il a été levé par l'établiffement du port de Triefte, au fond du golfe, à côté de Venife même.

Foibles publiciftes que nous fommes! Après douze fiecles d'ignorance, nous ramaffons à grands frais les débris du droit des gens échappés à la barbarie. Un grand prince arrive, & d'un mot il tranche la queftion. Heureux les peuples, quand ce pouvoir eft fondé, comme celui de JOSEPH II, fur le droit naturel, & ce droit public de l'Europe, qui doit avoir pour bafe la liberté & la félicité publique!

ADROGATION.

(Droit public.)

Sous le mot *Adoption*, n°. *10, pag. 99 & 100,* nous avons donné la définition de l'adoption fimple & de l'*adrogation*, écrite dans tout le code Frédéric *arrogatio*. Nous ne la rappellons que par exactitude, & pour ajouter les particularités fuivantes.

Dans les premiers temps de Rome, le fénat étoit ouvert aux feuls patriciens; auffi les plébéiens qui y furent admis par Tarquin l'Ancien, furent obligés de fe faire recevoir auparavant dans l'ordre des patriciens. Cette réception préliminaire fut appellée *adrogation*, & elle ne ceffa que vers l'an 301 de la fondation de Rome, fous les Décemvirs: alors les plébéiens furent admis de plein vol dans le fénat. (Dionifius Halicarn. *lib. 3, cap. 67; & lib. 5, cap. 13.* Sigonius *de jure antiquo civium romanorum, lib. 2, cap. 2.*)

Il y avoit encore une efpece d'adrogation. C'étoit lorfqu'un étranger acquéroit le droit de bourgeoifie; il entroit dans l'ordre des plébéiens, & prenoit le nom de celui par le crédit duquel il avoit obtenu ce droit: c'eft ainfi qu'en ufa Cornelius Balbus, qui avoit le droit de bourgeoifie par la protection de L. Cornelius Lentulus. (Paulus Manutius *in argumento orationis Ciceronis pro Balbo.*) Voyez *Bourgeois, Cité, Patricien, Plébéien, Sénateur, Tribun, &c. &c.*

ADSCRIPTICES.

(Droit public.)

C'étoit le nom que les Romains avoient donné à une efpece mitigée d'efclaves attachés à la culture de la terre pour le profit des propriétaires, & qui ne pouvoient la quitter fans leur confentement. *Adfcriptitii. & glebæ addicti.*

Les *adfcriptices*, dit Cujas, n'étoient pas précifément des efclaves; mais ils l'étoient cependant en quelque maniere: ils l'étoient fous tous les rapports poffibles avec leurs maîtres; & ils ne l'étoient pas fous les rapports qui exiftoient d'ailleurs entr'eux, le fifc & les autres citoyens: *At cenfiti five ADSCRIPTITII non PLANÈ SERVI, fed QUASI SERVI funt: infpecto domino, fervi; infpecto fifco, infpectifque aliis omnibus, liberi & propriorum poffeffores.* (Cujacius, *tom. 2, priorum part. 2, pag. 214, ad tit. C. de agricolis & cenfitis.*)

Les adfcriptices, comme effentiellement *attachés à la glebe*, étoient compris dans l'aliénation des terres. (*L. diutius 21, C. de agric. & cenfit.*) Ils ne pouvoient, non plus que leurs enfans, quitter ces terres dont ils étoient cenfés faire une partie, *veluti membra terræ.* (*L. cùm fatis 23, eod.*) Enfin, ils étoient confidérés comme immeubles, ne pouvoient être vendus qu'avec les terres, au fervice defquelles ils étoient effentiellement deftinés; & on pouvoit les contraindre à reprendre ce fervice fans qu'ils puffent prescrire leur liberté à cet égard, pas même par un intervalle de quarante années. (*L. 3, D. de divers. temp. præscrip. L. 9, § 1, C. de secund. nupt. L. 122, D. de legat. 1°. L. 2 & 7, C. de agric. & cens.*

Dans la deuxieme partie de l'Authentique, *si servus C. de episcop. & cler.* l'empereur permet aux *adscriptices* d'entrer dans l'ordre de cléricature sans le consentement des propriétaires des terres auxquelles ils sont attachés en faisant exécuter les clauses, conditions & charges auxquelles ils sont engagés envers eux par qui bon leur semble. Ceci confirme la remarque de Cujas : *Adscriptitii non plane servi.* En effet, par la premiere partie de la même Authentique, *si servus,* l'esclave, proprement dit, doit être rendu à son maître, qui a ignoré qu'il avoit été reçu dans l'ordre de cléricature.

Qu'est-ce donc que ce nouveau moyen d'enchaîner d'une maniere plus douce la liberté des hommes ? La nature les fait naître libres : *Jure enim naturali omnes homines ab initio liberi nascuntur. J. lib. 1, tit. 2, § 3.* La nature les fait naître égaux. *Quod ad jus naturale attinet omnes homines æquales sunt. L. 32, D. de reg. juris.* C'est, dit le jurisconsulte Conan, l'avarice qui a créé ces différences entre les serfs, les ADSCRIPTICES, les colons, les censitaires, les affranchis & les hommes libres ; différences que nous avons depuis adoptées sous cette immensité de modifications : *Abonnati, adscriptitii, capitales homines, coliberti, coloni, conditionales, litui, litones, manentes, mansi, nativi, optati, obnoxii, pagenses, pertinentes, proprii, servi, sincinni, stalliati, villani,* homines de corpore, homologi, &c. &c. Ce n'est pas l'humanité : AVARICIÆ *magis quàm* HUMANITATI *videtur assignanda & imputanda servitus. Lib. 2, cap. 1, col. 5.*

L'intérêt personnel, appuyé de l'usage, a entrepris de justifier ce renversement de la nature & de la justice. Le droit de la guerre, a-t-il dit, avoit mis nos ennemis dans nos mains, & nous pouvions les égorger : si nous ne l'avons pas fait, c'est par *humanité.* On a ajouté : Bien des gens se sont persuadés que le reste d'esclavage, qui subsiste parmi nous sous le nom de main-morte, doit uniquement son origine à la trop grande autorité des seigneurs, pendant la foiblesse des derniers regnes de la seconde race de nos rois ; mais c'est-là une erreur. La main-morte est au contraire un *adoucissement* de la servitude, auquel les patrons ont pu mettre des restrictions, pour se conserver une partie des avantages qu'ils avoient auparavant ; & il est d'autant plus juste de les y maintenir, que c'est le prix, tant de la liberté des serfs, que des fonds qui leur ont été abandonnés autrefois pour subsister, & qu'ils ont accepté à cette condition, tant pour eux, que pour leur postérité.

Parmi les fauteurs de ce coupable paradoxe, nous ne voulons pas nommer un magistrat célebre, savant, & d'ailleurs vertueux. Il a voulu s'étayer par une fausse politique. *Les terres,* a-t-il dit, *le fondement principal des revenus d'un état, sont cultivées avec beaucoup plus de soin dans les lieux de main-morte, que dans les autres, où le plus souvent elles tombent en friche faute de cultivateurs.* O FORTUNATOS NIMIUM SUA SI BONA NORINT AGRICOLAS !

Sous le mot *Main-morte,* nous examinerons ce sophisme encore accrédité en quelques lieux par l'intérêt, l'orgueil & l'ignorance. Et nous nous bornerons peut-être à l'expérience, maniere la plus sûre de juger les grandes questions de justice politique. Voyez, dirons-nous, les lieux que cultive la *main-morte* ; ne diriez-vous pas que ce nom a été placé là pour signifier l'indolence, le dégoût & l'abandon ? Voyez au contraire les lieux cultivés pas des mains libres & propriétaires. Voyez d'un côté la Pologne, & de l'autre l'Angleterre. Voyez & jugez.

La main-morte a un caractere particulier, observé dès-long-temps par un seigneur de la province du magiſtrat que nous avons cité, ſans le nommer; c'eſt d'abrutir l'homme, comme ſi la raiſon fuyoit avec la liberté. Ce trait, tiré d'un livre rare, devroit être gravé en lettres d'or ſur la porte des égliſes des paroiſſes où la main-morte eſt encore en vigueur, & ſur celles des auditoires de toutes les juſtices des ſeigneurs qui maintiennent ce droit affreux, ſoit par eſprit de routine, ſoit intérêt perſonnel.

Jean de la Beaume, *Joannes del Balmeto*, affranchiſſant, en l'année 1185, Jean Pition & ſes enfans, DÉCLARE QU'IL LEUR REND, avec la liberté, L'USAGE DE LA RAISON. *Manumitto à conſuetudine legis ſalicæ Joannem Pition de vico hominem meum, & ſuos legitimos natos; ET AD SANUM INTELLECTUM REDUCO.* (Guichenon, *hiſtoire de Breſſe, part. 3, preuve premiere, pag. 5.*)

Après la célebre loi, par laquelle le roi affranchit les ſerfs de ſon domaine, & donne un ſi grand exemple à tous les ſeigneurs, il ſemble que ces queſtions devroient diſparoître. Mais on a cité ceux qui ont affranchi, & ils ſont remarqués dans la foule. La main-morte eſt encore puiſſante & très-étendue; l'aveugle préjugé la défend de toutes ſes forces, & la juſtice ne la proſcrit pas, quand elle eſt couverte du manteau de la propriété, de la poſſeſſion & de la coutume. Il faudra donc combattre encore d'abord & eſſentiellement ſous le mot *Main-morte*, & enſuite ſous ceux *Affranchiſſement, Bourgeois, Communes, Échûte, Eſclave, Fief, Liberté, Meix, Mercy, Miſéricorde, Serf, Soufferte, Taillable, &c.*

ADVENTIFS.

(Droit privé.)

1. On appelle *adventifs* dans les pays de droit écrit, tous les biens échus au *fils de famille* par ſucceſſion & donation de ſes proches & de ſes amis, & tous ceux qu'il a acquis, ſoit par ſon induſtrie & ſon commerce, ſoit par l'effet du haſard: on diſtingue dans quelques pays coutumiers les biens échus au premier titre, par *ſucceſſion, &c.* de ceux acquis au ſecond, par *induſtrie, &c.* & l'on a, ſur la propriété & l'uſufruit de ces deux eſpeces de biens, des idées directement contraires: enfin, on donne le nom d'*adventifs* & quelquefois même celui de *paraphernaux,* par une confuſion déplacée, aux biens qui advienent à une *femme,* après qu'elle eſt *fiancée* ou *mariée.*

Fils de famille en pays de droit écrit.

2. Par une ſuite de ce pouvoir illimité, que les loix des douze tables avoient donné aux peres ſur leurs enfans, ceux-là avoient la libre & pleniere diſpoſition de tous les biens de ceux-ci, ainſi que de leurs perſonnes: *Apud Romanos liberi, patribus adhuc viventibus, nihil proprium poſſident; ſed & ipſis pecuniis, & corporibus filiorum, patribus arbitratu ſuo uti permiſſum eſt.* (Dioniſius Halicarnaſſenſis, *lib. 8, cap 79, edit. Hudſoni.*)

Sous Céſar, Auguſte, Veſpaſien, Domitien, Nerva & Trajan, les ſoldats en exercice, & ſous Adrien, les vétérans obtinrent de jouir en pleine propriété du fruit de leurs ſueurs dans le pénible métier de la guerre; & ce privilege fut étendu depuis à ceux qui combattoient dans l'arene du barreau, & à ceux qui étoient, ſoit au ſervice du prince, ſoit à celui du public: enfin, il fut communiqué aux miniſtres des autels pour les économies, qu'ils pouvoient faire ſur leurs bénéfices & autres biens deſtinés à leur entretien.

On forma ainſi une quadruple diſtinction de différentes eſpeces de milices, connues ſous les noms de *militia ſacra, armata, togata & palatina,* & réduites ſous la double dénomination de pécule *caſtrenſe* & *quaſi caſtrenſe.* (*L. 1, D. de teſt. milit. Inſ. in princip. quibus non est permissum facere testamentum. L. 11, D. de castr. pecul. L. 1, C. eod. L. ult. C. de inoffic. testam. L. advocati, C. de adv. div. jud. L. 7, C. de bonis quæ liber.*)

Antonin, Constantin, Gratien, Théodose, Valentinien, Leon, Anthemius, & enfin Justinien, attribuerent au fils de famille la propriété de tous les biens *adventifs*, en la grévant seulement de l'usufruit en faveur de son pere ; & c'est ce qu'on appelle pécule *adventif*. (*L. 50, D. ad. S. C. Trebell. L. 52, D. de acquir. vel omitt. hæred. L. 1, C. de bon. matern. L. 6, eod. L. 1, 4, 5, 6, 7 & 8, C. de bonis quæ liber.*)

Les biens profectifs formerent une quatrieme espece de pécule improprement dite, puisque ces biens, provenant de la substance du pere, *ex substantiâ patris*, ne furent jamais que d'une maniere bien imparfaite dans la main du fils de famille qui n'étoit le maître d'en disposer, ni quant à la propriété, ni quant à l'usufruit, ce fut le *pécule profectif.* (*L. cùm opportet. C. de bon. quæ liber. L. profectitia, D. de jure dotium. L. non solùm, D. de condit. & demonstrat.*)

Le fils de famille ne pouvoit disposer par testament, legs ou fidéicommis de ses biens *adventifs*, ou de son *pécule adventif*, même du consentment de son pere ; parce que le droit de tester appartient à l'ordre public ; *quia testamenti factio juris publici est. L. 3, D. qui testam. facere possunt.*

Dans deux cas, cependant, le fils de famille pouvoit tester ; l'un, sans le consentement de son pere, en faveur de la cause pie. (Ferrerius, *in quæst.* 21, *præsidis Duranti.* Tiraquellus *de privilegiis piæ causæ, cap. 78.* Julius Clarus, § *testamentum, quæst. 5.*) Enfin, le fils de famille pouvoit donner, à cause de mort, ses biens *adventifs*, du consentement de son pere & en sa présence, soit à son pere, soit à toute autre personne.

Cette derniere question a cependant souffert pendant long-temps beaucoup de difficultés relativement au pere. En effet, en convenant que le fils de famille pouvoit donner à cause de mort à un étranger, du consentement de son pere, on soutenoit qu'il ne pouvoit donner de même à cause de mort à celui-ci, parce que son consentement étant nécessaire pour faire une donation de cette qualité, il ne pouvoit pas se prêter son autorité à soi-même, d'après la regle de droit : *nemo in rem suam autor esse potest. L. 1, D. de autorit. & consensu tut. & curat.* En conséquence, un ARRÊT du parlement de Grenoble, du 19 août 1459, rapporté par Guy-Pape, *question* 223, jugea que le pere étoit incapable d'une pareille donation.

Cet arrêt a paru, à presque tous les auteurs, fondé sur la fausse supposition, qu'il falloit, pour faire subsister la donation à cause de mort du fils de famille, que l'autorité du pere intervînt ; ce qui n'est pas. En effet, le seul consentement suffit ; ce qui est bien différent. Lorsque la loi prononce que le tuteur ne peut pas autoriser son pupille dans les contrats concernant les affaires qu'ils peuvent avoir ensemble, c'est parce que le mineur est entiérement incapable de contracter sans l'autorité de son tuteur ; mais il n'en est pas de même des donations à cause de mort, faites par le fils de famille. Pour les faire valoir, la loi ne requiert que le consentement du pere, & non pas son autorité ; il suffit alors que le pere renonce à l'intérêt qu'il peut avoir à la donation par l'approbation qu'il y donne. Cette derniere opinion, adoptée par Cujas, en sa quarante-quatrieme *Consultation*, a été consacrée par deux *arrêts* consécutifs du parlement de Toulouse, qui ont jugé valables des donations à cause de mort, faites par des fils de famille de biens *adventifs* en faveur de leur pere, de leur consentement. Le premier, du 7 février 1586, est rapporté par Maynard, *liv. 5, chap. 3.* Le second, du 9 septembre 1593, se trouve dans le

recueil de Cambolas, *liv. 1, chap. 45.*
Enfin, des arrêts plus modernes, rendus dans des circonstance plus délicates, assurent invariablement l'opinion de Cujas & de la plus grande partie des auteurs.

ARRÊT du parlement de Toulouse, du 16 mars 1664..... *Espece.* Un fils de famille fait son testament en présence & du consentement de son pere; dans lequel, après avoir disposé entre ses enfans, il fait des legs & des fidéicommis en faveur de personnes étrangeres, *avec la clause de donation à cause de mort.* On soutenoit la nullité du testament, relativement à ces dernieres libéralités, tant sur le fondement du défaut de consentement exprès de la part du pere pour une donation à cause de mort, que sur celui du défaut d'acceptation de cette donation de la part des légataires & fidéicommissaires. Cependant la cour jugea que cette donation étoit réguliere & valable. 1°. La présence du pere supposoit son consentement à toutes les clauses de l'acte. 2°. L'acceptation n'est pas nécessaire dans le cas d'une donation à cause de mort, *subsidiaire par la conversion du testament en donation à cause de mort.* (Catellan, *tom. 1, liv. 2, chap. 41, pag. 340 & suiv.*)

ARRÊT du parlement de Toulouse, du 4 avril 1707, qui déclare valable le testament d'un fils de famille en faveur de son pere, attendu qu'il renfermoit la clause de donation à cause de mort. (Serres, *dans ses Institutions du droit françois, pag. 238.* (L'auteur dit avec raison, que cet arrêt *ne doit pas être tiré à conséquence,* puisque les enfans du testateur furent exclus de sa succession par leur aïeul, qui *transporta lesdits biens à des étrangers.* Voyez *Aïeul, Castrense, Emancipation, Donation, Fils de famille, Pécule, Profectifs, Quasi-Castrense, Testament, &c.*

Fils de famille dans les pays coutumiers.

3. « Tout ce que les enfans non éman-

cipés acquierent, *par marchandise ou par autre voie,* est au pere; au cas que le pere le veuille avoir, & le déclare ainsi en son vivant : sinon que lesdits biens leur vinssent par raison de mariage, ou fussent acquis par les enfans non émancipés après le mariage fait du consentement du pere, comme dit est; ou qu'ils leur eussent été donnés, ou qu'ils leur fussent venus par raison de succession, ou qu'ils les eussent *acquis par service ou par prouesse de leur corps.* » *Art. 529 de la nouvelle Coutume de Bretagne, formant les 501 de l'ancienne.* Nous n'ajouterons rien sur ce texte, de crainte de l'obscurcir, comme d'Argentré, à qui on l'a justement reproché : (Argentreus *in art. 501, veter. conf. pag. 1890 & sequent.*) Nous citerons de même tout simplement les textes des coutumes suivantes.

« Les fruits ou revenus d'une *donation faite à fils ou fille de famille,* appartiennent à ses pere & mere autant & si long-temps qu'il est en leur puissance, si ce n'est que la donation les oblige à lui rendre compte. ..... Les pere & mere n'ont aucun droit en ce que le fils de famille s'est acquis en portant les armes, *faisant service à quelqu'un, ou autrement par son travail ou industrie,* hors la maison de son pere; ains demeure telle chose à la disposition du fils de famille *émancipé ou non émancipé.* » (Art. 12. & 13. du tit. 1 des coutumes générales de la ville & cité de Metz.)

« Quand le pere fiance ou marie sa fille, il est privé de l'usufruit à lui appartenant *ez* biens maternels ou *adventifs* de sadite fille, si expressément il ne le réserve. » ..... « Le pere est usufruaire des biens maternels & *adventifs* de son enfant, & dure ledit usufruit, nonobstant que l'enfant trépasse, le pere survivant. » *Art. 48 & 49 du tit. 14. de la cout. d'Auvergne.*

Femme fiancée ou mariée.

4. « Femme mariée ou fiancée est en

la puiſſance de ſon mari ou fiancé, excepté quant aux biens *adventifs* ou *paraphernaux*, deſquels elle eſt réputée mere de famille & dame de ſes droits. » *Art. 1 du tit. 14 de la cout. d'Auvergne.* Prohet, ſur ce texte, (*pag. 149 & 150 de l'édition in-8°. tom. 1*,) juſtifie avec raiſon la diſtinction que fait la coutume des biens *adventifs* & *paraphernaux* qu'on confond aſſez ſouvent mal à propos. Les biens adventifs ſont ceux qui *adviennent* à la femme après les fiançailles ou pendant le mariage : les biens *paraphernaux* ſont ceux que la femme s'eſt réſervés lors du mariage, & ne s'eſt point conſtitués en dot. La même coutume d'Auvergne, par l'*art. 9 du même titre*, permet à la femme de diſpoſer à ſon plaiſir & volonté, ſans le conſentement de ſon mari, par quelque contrat que ce ſoit, de ſes biens *paraphernaux* ou *adventifs* au profit de ſes enfans, ou de toute autre perſonne, à l'exception de ſon mari ou des enfans de ſondit mari d'autre mariage, ou autre à qui le mari puiſſe & doive ſuccéder.

ARRÊT du parlement d'Aix, du 14 novembre 1678, qui débouta dame Claire de Cipriani, épouſe de noble Charles de Milonis, des lettres de reſciſion qu'elle avoit priſes contre la donation par elle faite aux Carmélites de Marſeille, d'un *capital de 6000 liv.* de ſes *biens adventifs.* On cita d'autres arrêts conformes de la même cour, rendus « ſur le fondement de la loi *fin. C. de pact. convent.* de M. le préſident de Saint-Jean *defin. 5*, de M. le préſident Favre *defin. 2, C. de fund. dotal.* à la différence des biens dotaux ; parce que des dotaux, la femme n'en a pas la diſpoſition comme elle l'a des *adventifs* & *paraphernaux.* » (Bonifaco, *tom. 3, liv. 7, tit. 4, chap. 7, pag. 800.*) Sous les mots *Dot, Femme*, & ſur-tout ſous celui de *Paraphernal*, nous traiterons les queſtions importantes rélatives à cette eſpece de biens.

ADVERSAIRE.
(Droit privé.)

C'eſt en général celui ou celle qui eſt d'un parti oppoſé, d'une opinion contraire ; mais dans la langue judiciaire on donne particuliérement ce nom à la *partie adverſe* de celui qui eſt engagé dans un procès. Cicéron s'en ſervit en ce ſens, lorſqu'il plaida pour Cluentius, en ſe plaignant de ce qu'on traitoit avec rigueur l'accuſé, tandis qu'on donnoit à l'accuſateur ſon *adverſaire* les plus grandes facilités : *In fauſto tamen illi judices ſtatuerunt iniquâ conditione reum cauſam dicere, cùm ADVERSARIO ejus ad jus accuſationis ſumma vis poteſtatis accederet.* (Pro Cluentio, n°. 75, pag. 251, edit. R. Stephani, in-fol.) Ulpien l'employa de même pluſieurs fois : *ADVERSARIUS cum quo agitur, l. 9, D. de except. & præjudiciis. . . . Ne quis meſſium, vindemiarumque tempore ADVERSARIUM cogat ad judicium venire oratione divi Marci exprimitur, quià occupati circâ rem ruſticam, in forum compellendi non ſunt : l. 1, D. de feriis.* Enfin, on le trouve dans Gaïus : *Satiſdare dicimur ADVERSARIO noſtro, l. 1, D. qui ſatiſdare cogantur, &c.* Voyez ci-deſſus *Acception de perſonnes* ; & ci-après *Avocat, Agriculture, Caution, Contradicteur, Féries, Privilege, &c.*

ADVESTURES
ou ADVÊTURES.
(Droit coutumier.)

Ces mots ont été employés indifféremment par les rédacteurs de la plupart des coutumes de Flandres, pour exprimer les fruits pendans par racines. Bouthillier dit, *un champ adveſtu de ſa veſture.* (Somme rurale, pag. 420, édit. de 1611.)

Adveſtures,

Adveſtures, advêtures, dérivent du mot latin *veſtire,* traduit anciennement en françois par celui de *veſtir* : ce ſont donc les fruits qui *revêtent,* qui couvrent la terre : *Fructus VESTIENTES terram.*

Les *art. 22, 23 & 24, du tit. 12 de la coutume de Cambrai,* déterminent que, l'héritier immobilier de celui qui a laiſſé ſes terres *advêtues* au jour de ſon décès, ſans diſpoſer des *advêtures,* ne doit rien rendre pour *les labeurs & ſemences* à l'héritier mobiliaire : il en ſeroit autrement ſi ces terres avoient été advêtues par un fermier, celui-ci en prendroit les fruits en payant *la cenſe & redhibence due pour ladite advêture & dépouilles d'icelles ;* il en ſeroit encore autrement, ſi le défunt, qui a laiſſé ſes terres *advêtues* à ſes dépens, n'avoit été que ſimple uſufruitier : le propriétaire dans ce cas ſeroit tenu de rendre à ſes héritiers *les labeurs & ſemences.*

La *Coutume d'Artois,* art. 141, dit : « Bleds verds & autres *adveſtures,* juſques au mi-mai, ſont réputés héritages, & après ſont réputés catheulx. »

L'interprétation de cet article a donné lieu à une queſtion intéreſſante : on a demandé de quelle nature étoient les fermages d'un bien de campagne dus à un propriétaire, mort au commencement de juin. . . . L'héritier mobilier qui réclamoit ces fermages comme meubles, invoquoit l'autorité de Maillart, qui dit, que les advêtures appartiennent après la mi-mai à l'héritier mobilier, quand même elles ſeroient affermées ; & celle d'un ARRÊT du 11 juillet 1716, qui avoit déclaré les fruits meubles après la mi-mai, dans la *Coutume de Nivernois,* qui a une diſpoſition ſemblable à celle d'*Artois.* . . . L'héritier mobilier diſoit que l'application de l'art. 141, ne pouvoit ſe faire à la cauſe, parce que cet article ne doit s'entendre que des fruits même que produit la terre, & que perçoit celui qui fait valoir ſon bien par ſes mains, & non des fermages dus au

Tome III.

propriétaire par le fermier. La *Coutume d'Artois,* ne diſant point que les fermages qui ſe trouvent dus, puiſſent être mobiliers comme les fruits, on ne peut étendre ſa diſpoſition d'un cas à l'autre, parce que tout eſt de rigueur en matiere d'exceptions au droit commun. Or, comme par le droit commun les fruits pendans par racines ſont partie du fonds & ſont réputés immeubles, (*fructus pendentes pars fundi videntur, l. 44, D. de rei vindicat,*) il faut reſtreindre l'art. 41, dans les termes précis de ſa diſpoſition. C'eſt l'avis d'Hébert, conſeiller au conſeil ſupérieur d'Artois, dans ſon *Commentaire manuſcrit de la coutume,* connu & eſtimé dans toute la province, & dépoſé dans les archives du conſeil ; c'eſt celui de Rouſſel, autre commentateur, qui décide que les fruits induſtriaux ſont immeubles à la mi-mai, & catheux après ce temps. Ce dernier auteur ajoute, contre l'avis de Maillart, & conformément à celui d'Hébert, que la diſtinction faite par la coutume, ne peut avoir lieu que dans le cas où le propriétaire exploite ſes biens par lui-même.

ARRÊT du parlement de Paris, du 20 avril 1781, confirmatif de la ſentence du conſeil ſupérieur d'Artois, qui avoit déclaré l'héritier mobilier non-recevable dans la demande des fermages, & les avoit adjugés à l'héritier immobilier.

La coutume de la ville & échevinage de Douay eſt plus claire que celle d'Artois : « Les *adveſtures* & fruits, croiſſans & pendans, ſortiſſent pareille nature que l'héritage, juſqu'à ce qu'ils ſoient coupés & cueillis, que lors ſont meubles. . . . Cenſes deues pour la dépouille de l'année en laquelle le poſſeſſeur meurt, ſi le pied eſt coupé au jour de ſon trépas, ſont réputées meubles, jaçoit que les termes du payement ne fuſſent échus. » *Art. 4 & 5 du chap. 11.*

Par l'art. 6 de la *Coutume de la ſeigneurie de Bovines,* (locale de Lille) appartenant à l'abbé & religieux de St. Amand en Péuele : « Tous héritiers &

X

occupeurs dès héritages chargés de droit de terrages vers lesdits religieux, à cause de ladite seigneurie, sont tenus avant qu'ils puissent emporter les *advestures* & ablais venans à meurisson, de tels héritages, préalablement appeller ou faire appeller lesdits seigneurs, censiers ou commis, pour voir faire le compte; & en sa présence prendre la dixieme gerbe, *& tourner la unzieme* pour la laisser à dixme, &c. »

Suivant cette derniere disposition, il paroît que la dîme n'est exigible qu'après la moisson, & elle est conforme au droit commun; cependant on a décidé par des principes différens une contestation élevée dans le ressort de la coutume de la salle de Lille, quoique cette coutume ne dise rien sur la maniere de percevoir la dîme.

Arrêt du parlement de Flandres, du 23 juin 1706. . . . *Espece.* Le sieur de Coambreschies, & le curé de Longpré, propriétaires de la grande & petite dîme dans ce village, obtiennent des officiers du bailliage à Lille, commission de plainte & saisie, & la font exploiter sur les *advestures* de colsas, croissans sur les terres occupées par divers fermiers, pour sur icelles avoir & prendre la dîme à l'advenant de la seizieme rasiere. . . . Les fermiers s'opposent à cette plainte, & disent qu'on n'a jamais levé à Longpré la dîme de colsas, mais que d'ailleurs, les *plaintissans* étoient mal fondés aux termes de l'*art. 7 du tit. 22* des plaintes à loi de la coutume de la salle de Lille, qui porte, qu'on ne peut se faire assurer par plainte à loi, *pour sommes ou autres choses non échues.* Or, la dîme de colsas n'étoit encore échue, mais encore croissante. . . . Les décimateurs produisent leurs titres sur le fond; & sur l'exception que la plainte étoit prématurée, conviennent qu'à la vérité les colsas étoient encore sur terre; mais ils soutiennent que, se trouvant mûrs & prêts à recueillir, ils ont dû en prévenir l'enlevement. La dîme

est une portion des fruits pour le rendage desquels la coutume permet aux propriétaires de faire plainte avant qu'ils soient échus, aux termes de l'*art. 7*, cité par les fermiers. Cet article ne concerne, d'ailleurs, que les plaintes faites pour assurance, & non celles faites pour paiement, dont parle l'*art. 2*. . . . . La cour confirma la sentence des officiers du bailliage à Lille, qui, sans avoir égard à l'exception, avoient admis les parties à la preuve respective de l'usage sur la perception de la dîme de colsas à Longpré. (Pinault, *tom. 3, ch. 94, page 308 & suiv.*) Ce préjugé nous paroît bien sévere, & nous avons encore peine à croire que les articles cités, de la coutume de Lille, pussent autoriser la saisie des décimateurs de Longpré.

On ne finiroit pas si l'on vouloit rendre compte des dispositions de toutes les coutumes de la Flandre concernant les *advêtures;* nous nous contenterons d'indiquer la plus grande partie de celles qui en parlent. *Art. 11 du chap. 122* des chartes du pays & comté de Haynaut; *chap. 22* des chartes & coutumes du chef-lieu de Mons; *art. 47 & 48* de l'ancienne coutume du pays de l'Angle; *art. 20* de l'ancienne coutume de Saint-Paul, locale d'Artois; *& art. 22 du tit. 4* de la coutume nouvelle; *art. 117* de la coutume de Valenciennes; *art. 2 du chap. 7, art. 8 & 9 du ch. 16, & art. 6 & 7 du ch. 22* de la coutume de la salle, bailliage & châtellenie de Lille; *art. 23* de la coutume de Namur, &c.

Encore une observation qui prouve combien la multiplicité & la variété de ces coutumes, la discordance & l'abandon du langage, ont perdu l'administration de la justice. Dans cette coutume de Namur, le mot *advêture*, dans les *art. 48, 70 & 75*, a une signification bien différente de celle qu'il a dans l'*art. 23.* Ici, il exprime ce qui *revêt* la terre; & là, il est synonyme d'*Adhéritance, Saisine, &c.* Voyez ces mots, & ci-dessus,

Ablais, & ci-après, *Bail*, *Bled*, *Catheux*, *Champart*, *Colfa*, *Dime*, *Fermages*, *Héritier*, *Immeubles*, *Labours*, *Meubles*, *Semences*, *Terrage*, *Ufufruitier*, &c.

Une queftion intéreffante va terminer cet article. L'ordonnance du 30 juin 1681, porte exemption, en faveur des maîtres des poftes, de toutes tailles, pour les biens qu'ils poffedent & qui leur appartiennent en propre, enfemble des crues y jointes, taillons, &c. La même loi, dans la vue de leur ôter tous prétextes de fervir négligemment, & de ne pas bien s'acquitter du devoir de leurs charges, défend de faifir, pour dettes particulieres, ni leurs gages, ni leurs chevaux, ni *les fourrages fervant à la nourriture defdits chevaux*. Il a été queftion de favoir fi ce privilege s'étendoit jufqu'aux *advefures* ou grains verds qui leur appartenoient.

ARRÊT du parlement de Flandres, du 18 octobre 1703..... *Efpece*. La dame de la Buffiere fait exécuter Boufquet, maître de pofte à Orchies, pour recouvrement des frais du rapport d'un arrêt, montant à 815 florins.

Boufquet obtient main-levée de l'exécution faite fur fes meubles & provifions, conformément à l'ordonnance du 30 juin 1681, & foutient que les *advefures* & grains verds qu'il avoit encore fur pied n'avoient pu de même être faifis; parce qu'ils étoient deftinés pour faire fes provifions, & devoient fervir à renouveller les fourrages néceffaires à fa commiffion, pour lefquels le fouverain l'exemptoit pareillement de toutes tailles & impofitions. La dame de la Buffiere foutient au contraire, que les bleds & *foucrions* verds ne pouvant paffer pour *fourrages*, pouvoient par conféquent être valablement faifis. La cour déclare *la faifie defdites advefures nulle & de nulle valeur;* en accorde la main-levée à Boufquet, & condamne la Dame de la Buffiere à la moitié des dépens, l'autre compenfée. (Pinault, *tom. 3, chap. 46, pag. 135 & 136.*) Voyez *Angarie, Cheval,*

Courrier, Exemption, Fourrages, Meffager, Pofte, Privilege, Relais, Roulier, Taille, &c.

ADULATION.

(Dr. ecclefiaft. Dr. public. Dr. criminel. Dr. privé. Police.)

1. « C'eft une flatterie lâche & baffe.... *Adulateur, adulatrice,* celui ou celle qui par baffeffe, ou par intérêt, donne des louanges à une perfonne qui ne les mérite pas. » *(Dict. de l'académie.)*

Ce mot ne fe trouve point dans la plupart des dictionnaires de droit, comme s'il n'avoit aucun rapport à la juftice : cherchons-les, & comparons la flatterie avec l'adulation.

La flatterie peut être jufte & utile. En flattant l'amour-propre du prince, & en le dirigeant vers la vraie gloire, on excite fa bienfance naturelle, & on prépare la félicité publique. Parler de la grandeur, du pouvoir & de la naiffance, fruit du hafard, c'eft enfeigner des devoirs : environner le magiftrat de la confidération publique, c'eft l'avertir qu'elle fuira, s'il ceffe de la mériter. « Ce n'eft pas même être flatteur, que de *manier la vérité* avec ménagement, & d'une façon à ne pas déplaire à celui qu'elle choqueroit, fi on la préfentoit *trop cruement.*» (Synonymes de l'abbé Girard.)

La flatterie décente peut être un encouragement à la vertu, & le paffe-port de la vérité. Dans les difcours, elle foutient l'attention & l'intérêt ; dans un ouvrage deftiné à répandre des lumieres utiles, elle défarme le pouvoir, & fe le concilie par deux idées fimples ; l'une, qu'on n'a point, ou peu de torts ; & l'autre, qu'ils peuvent fe réparer. C'eft un malade dont il faut d'abord careffer l'imagination ; & la foibleffe humaine exige ces ménagemens. La flatterie couvre de miel les bords de la coupe, & l'on avale à longs traits le remede que l'amertume auroit fait repouffer.

Cosi all'egro fanciul porgiamo asperfi
Di soavi licor gli orli del vaso:
Succhi amari, ingannato intanto el beve,
E dall'inganno suo vita riceve.

La Gieruf. liber. cant. 1. Stroph. 3.

L'*adulation* n'a aucun de ces caracteres, & Diogene préféroit le corbeau, qui ne se repaît que de cadavres, à l'*adulateur*, qui dévore les hommes vivans. *Præstare ad corvos potiùs ire quàm ad adulatores, qui etiam ex hominibus vivos optimosque devorant.* L'adulateur ressemble au tigre, suçant le sang de l'animal qu'il tue, & le dédaignant quand il n'a plus de vie.

C'est aux hommes puissans, c'est surtout aux souverains que l'adulation s'attache, parce qu'ils ont plus à donner; si elle peut les saisir dès l'enfance, elle leur dira qu'ils ne sont point hommes, que le ciel fit pour eux un cinquieme élément; & ces absurdités se classant dans la tête avec une infinité d'autres, obscurcissent à perpétuité la raison. Un jeune prince, de la plus grande espérance, avoit un gouverneur cagot & *adulateur*, qui dans l'esprit de l'enfant, avoit rapproché deux idées : la premiere, que Dieu est par-tout; la seconde, que les rois étant l'image de Dieu sur la terre, leur pouvoir est sans bornes. Un jour l'enfant demande le roi; on lui répond qu'il n'est pas au palais. Mais s'il est Dieu, dit-il en riant & avec vivacité; je dois le trouver ici : car Dieu est par-tout. Epigramme sanglante ! Le gouverneur ne la sentit pas, & le charmant enfant, bientôt malade, vit bien qu'il n'étoit pas Dieu.

Des rois l'adulation descend aux ministres. Duclos fait dire à un grand: « Il faut tenir le pot de chambre aux ministres tant qu'ils sont en place, & le leur verser sur la tête quand ils n'y sont plus. »

Je ne sais comment, à côté de cette dégoûtante image, placer cette pensée de Montesquieu : « L'*honneur* ne défend l'*adulation*, que lorsqu'elle est séparée de l'idée d'une grande fortune, & n'est jointe qu'au sentiment de sa propre bassesse. » (*Esp. des loix, liv. 4, ch. 2.*)....
En sorte que l'espoir d'une grande fortune qu'on ne mérite pas, & l'opinion de sa fierté qu'on ravale, pourroient embellir & légitimer une action infame !

Qu'on ne s'y trompe pas. Montesquieu a dit *ce qui est*, & non *ce qui doit être*. Il ne parle que de l'*honneur*, qui n'est pas la *vertu* : & si vous en doutez, écoutez-le encore. « L'ambition dans l'oisiveté, la *bassesse* dans l'orgueil, le desir de s'enrichir sans travail, l'*aversion pour la vérité*, la *flatterie*, la *trahison*, la *perfidie*, l'abandon de tous ses engagemens, le mépris des devoirs du citoyen, la crainte de la vertu du prince, l'espérance de ses foiblesses, & plus que tout cela, le ridicule perpétuel, jeté sur la vertu, forment, je crois, le caractere du plus grand nombre des courtisans, marqué dans tous les temps & dans tous les lieux. » (*Ibid. liv. 3, ch. 5.*)

Après la cruauté, l'adulation est, de tous les vices de la société, celui que les sages ont le plus redouté. Socrate, Platon, Pitagore, Cicéron, Horace, Seneque & Tacite, l'ont dénoncée à l'univers comme la plus affreuse des contagions politiques. — Le savant évêque de Sylva la peint comme un monstre, donnant à la faveur le prix du talent; à l'ignorance, la distinction du savoir; au crime, la récompense due à la vertu; pervertissant le cœur des rois, dégradant la justice, détruisant toutes les bases de l'ordre public; par-là même, digne de tous les supplices. Eh! que feroit-on? s'écrie-t-il, au scélérat qui empoisonneroit toutes les sources de la ville ? *Quibus tandem supliciis dignus est? summis profectò ac sempiternis.* (*Osorius de rege & regis Institut. pag. 42, edit. 1614, in-8°.*)

Si ces images sont vraies, l'adulation est un crime. S'il est commun, & s'il en résulte tant de maux, la législation n'a-t-elle point de remede ?

DROIT ROMAIN.

2. Au respect qu'imposent les loix romaines, comme dépôt unique des regles du juste & de l'injuste, se joint une certaine admiration, quand on considere l'art avec lequel, saisissant l'esprit humain, elles ont su l'assujettir & le diriger vers la sûreté individuelle, l'union des familles & le bien public. C'est une des plus belles parties du droit romain. Malgré le vuide immense & le désordre de la compilation Justinienne, l'on retrouve des débris épars.

D'abord, dans le *droit privé*, voyez comment Rome garantit la bienfaisance & la foiblesse, des pieges de la séduction; comme elle dessine toutes les passions, comme elle prononce tous leurs mouvemens, comme elle prévient & condamne. De toutes les especes de *captations*, si elle approuve celle de l'épouse & des enfans, c'est qu'elle sacrifie la fortune particuliere à la paix, à l'ordre & au bonheur de la famille; mais ce sacrifice, qui peut avoir ses inconvéniens, parce que tout en est susceptible, est racheté par d'autres avantages, l'amour conjugal, la piété filiale & les mœurs, sans lesquelles les loix ne sont rien.

Rome ne dédaigna aucun détail; & prévoyant l'ascendant que les cajoleries des vivandieres doivent leur donner sur le soldat vigoureux & affamé, Antonin proscrivit les dons qu'il pouvoit leur faire. *Milites tamen MEOS à focariis suis, hac ratione fictifque ADULATIONIBUS spoliari nolo.* (*L. 2, C. de donat. int. vir. & ux.*)

On attaquoit ainsi la séduction dans toutes ses branches, & il y avoit plusieurs loix sur la corruption des esclaves. Le citoyen qui en étoit convaincu étoit puni, soit qu'il les eût pervertis, soit qu'il les eût rendus plus méchans encore. *Sive ergo bonum servum fecerit malum, sive malum fecerit deteriorem, corrupisse videbitur.* (*L. 1, § 4, D. de servo corrupto.*)

Puisque Rome descendoit ainsi jusqu'à cette espece d'êtres, trop souvent assimilés aux animaux; & puisqu'elle s'occupoit tant de conserver la fortune particuliere, elle dut garantir la fortune publique de la ruine, effet nécessaire de l'*adulation*. Il y eut plusieurs loix; & Auguste lui-même, après l'avoir reprimandée en public, se crut obligé de la proscrire de nouveau par une loi severe. *Indecoras ADULATIONES repressit, & insequenti die gravissimo repressit edicto.* (*Sueton. in August. 53.*)

Outre ses loix pénales, qui étoient douces & peu nombreuses, Rome avoit des maximes traditionnelles, comme celles de notre droit public: vous les trouvez répandues dans le corps de droit, & écrites en lettres italiques, comme les édits du préteur le sont en petites capitales. C'étoient des vérités morales & éternelles, auxquelles, au besoin, devoient se lier toutes les loix nouvelles & toutes les décisions particulieres. Telle est celle que vous trouvez dans la *loi 1, § 4, D. de servo corrupto.* « Il ne faut pas augmenter la dépravation par la louange. » *Non enim oportet LAUDANDO augere malitiam.*

Enfin, la législation romaine éloignoit du magistrat les dangers des présens & de l'adulation. C'est le sujet du titre, *C. de statuis & imaginibus*, fait dans un excellent esprit.

D'abord le législateur dévoue à l'infamie tout magistrat qui souille par des présens la pureté de ses fonctions; ensuite il le condamne à une amende du quadruple, grave dans l'opinion publique le mépris qu'il doit inspirer, & lui annonce la perte absolue de sa considération. *Simulque noverit existimationis suæ pœnam se subiturum.*

Delà, comparant l'*adulation* à un présent illicite, & regardant cette séduction plus dangereuse encore, le législateur essaie de retenir par la pudeur; & s'il n'y réussit pas, il déclare infame le magistrat qui aura eu la lâcheté de prêter l'oreille à l'adulation, ou de la faire entendre. *Nec fané à periculo pudoris (infamiæ) haberi volumus immunes, qui ADULANDI ſtudio, aut metu inconſtantis IGNAVIÆ tranſire, quæ ſunt interdicta, tentaverint.*

Tibere, lui-même, exécuta ces loix, ſoit par reſpect pour elles, ſoit plutôt par dégoût de la baſſeſſe & du menſonge qu'il devoit bien connoître. *ADULA-TIONEM averſatus eſt.* (Sueton. *in Tiberio.* 27.

Pour Veſpaſien, Tite, Trajan, Antonin & Marc-Aurele, ils furent même au-deſſus de la flatterie; j'oubliois Alexandre-Sévere, qui chaſſoit impitoyablement les *adultateurs*, ou les dévouoit au mépris, en leur répondant par de grands éclats de rire. *ADULATOR vel abjiciebatur vel ridebatur ingenti cachinno.* (Lamprid. *in Alexandro*, pag. *180*, edit. *Caſauboni.*)

DROIT FRANÇOIS.

3. Eſt-ce là notre juriſprudence, ou bien avons-nous d'autres mœurs ?

Nous les tiendrions donc de cet *évangile* qui, comme diſoit Maſſillon à Louis XIV, *ne parle pas comme le monde.* En effet, la ſageſſe a donné cette maxime : *Meliùs eſt à ſapiente corripi; quàm à ſtultorum ADULATIONE decipi.* (Eccleſiaſt. VII. 6.) Et le concile de Carthage dégrade le clerc adulateur, en l'aſſimilant au traître : *Clericus qui ADULATIONIBUS & proditionibus vacare deprehenditur, ab officio degradetur.* (Decret. part. 1, diſt. 46, can. 43.)

C'eſt delà que la tribune des orateurs ſacrés a pris le nom de chaire de vérité; & quelquefois encore, Nathan y a prononcé le terrible *tu es ille vir.* C'eſt-là qu'un bon miſſionnaire oſa dire à Louis XIV, déifié par ſa cour : « Je ne ferai point de compliment a votre majeſté, parce que je n'en ai point trouvé dans l'évangile. » C'eſt dans cet eſprit que le chancelier Poyet, voulant perſuader à François I, que tous les biens de l'état lui appartenoient, & qu'il étoit maître abſolu de ſes ſujets; Duchâtel,

évêque de Macon, le *rabroua* fortement, en lui montrant qu'il diſoit faux & n'étoit qu'un lâche *adulateur.* C'eſt dans le même eſprit que le duc de Bourgogne, ayant dit à ſon précepteur : *Je ſais ce que je ſuis & ce que vous êtes.* Fenelon répondit : *Vous vous imaginez donc être plus que moi! quelques VALETS vous l'auront dit; & moi, je ne crains pas de vous dire, puiſque vous m'y forcez, que je ſuis plus que vous.* (Vie du Dauphin, pere de Louis XV. t. *1*, p. *22*.)

Si tel eſt le devoir des miniſtres de la religion, & ſi la vénération publique en eſt le prix, quand ils le rempliſſent avec ſageſſe, les miniſtres de la juſtice n'ont-ils pas les mêmes engagemens? Ne prêtent-ils pas un ſerment terrible pour quiconque en parcourt l'étendue? Le premier de nos légiſlateurs, Charlemagne leur crie encore du fond de ſa tombe : *Non in muneribus, quia munera excœcant corda prudentium & ſubvertunt corda juſtorum, non in ADULATIONE.* (Capit. Car. Mag. lib. 1, cap. 72, edit. Pith.)

Cependant, ſi le flambeau de l'hiſtoire à la main, nous pénétrions les ravages que l'*adulation* a fait dans le ſanctuaire de la juſtice, nous ſerions effrayés : nous la verrions commenter lâchement *tout ce qui eſt*, ſans s'inquiéter de *ce qui doit être*; confondant ſans pudeur les bonnes loix avec les mauvaiſes, & vantant la queſtion préparatoire juſqu'au moment où Louis XVI l'a abolie. Nous la verrions louer, dans le moindre juge, les vertus qu'il n'a pas; profaner par d'inſipides éloges, les jours deſtinés à la cenſure; & acheter la faveur par la condamnation de l'innocence. Arrêtons-nous à ce dernier effet.

Dans le nombre des jugemens placés à la fin du Traité de l'*adminiſtration, tom.* 2, je ſupplie qu'on ſe rappelle ceux de l'amiral Chabot & du chancelier Poyet, pag. *907*. C'eſt un des grands événemens de notre juriſprudence.

Qu'avoit fait Chabot? Il avoit défié François I de le trouver coupable, &

par-là, il avoit irrité l'amour-propre de celui qui croyoit si mal-à-propos qu'un souverain pouvoit perdre son sujet *sans couleur de justice.* Ce n'étoit qu'une tracasserie d'intimité. Mais Poyet arrive; & François I lui racontant le fait, le chef de la justice, entraîné par la plus basse & la plus atroce *adulation*, se livre, tête baissée, au ressentiment passager du roi : or suivez les résultats. Poyet forge vingt-cinq chefs d'accusation. C'étoit peu; mais il dit aux juges, que *Chabot est* COUPABLE, PUISQUE *le roi l'a* ABANDONNÉ à *la justice, & que* DÉPLAIRE à *son maître est un* CRIME *dans une monarchie.* C'est déja beaucoup que cet abominable principe, puisqu'il décide la condamnation. Ce n'est rien encore, mais pour égorger plus aisément sa victime, Poyet fabrique l'ordonnance de 1539. En sorte que c'est l'*adulation* qui a dicté la loi qui abolit la publicité de l'instruction criminelle & le conseil des accusés. Oh ! c'est ici qu'il faut gémir, avec le grand Lamoignon, si on a le malheur de rencontrer encore un Passort VALET comme Poyet, comme lui grand *chicanneur* & rien de plus; comme lui, *adroit* dans le maniement des affaires, *souple* avec la faveur, & *féroce* envers le peuple.

Les jurisconsultes ne méritèrent pas ce reproche, parlant & écrivant avec une sainte liberté, comme Dumoulin : *(Vide tyrannicam impii Poyeti opinionem.)* Non, le seizieme siecle ne vit plus l'*adulation* dans le temple de la justice. On peut en juger par les discours du chancelier l'Hospital à François II, aux parlemens de Rouen & de Bourdeaux; & par cette satyre contre les procès, qu'il fit étant avocat, & qui lui ouvrit la route des honneurs; vous aimerez encore cette épître, où il dit au chancelier Olivier : « Inflexible à l'or, à l'espérance, à la faveur, à la crainte, le magistrat porte sa tête majestueuse au sénat & dans les cours. . . . Quand Baillet ou Selve alloient saluer François I; ce prince

hésitoit s'il ne devoit pas d'abord se lever. . . . . UN BRAVE HOMME AIME LA VERTU SAUVAGE. »

Le ministere de Richelieu, & la grandeur de Louis XIV, durent ôter à l'esprit national la franchise noble de Henri IV & de Sully: cependant vous voyez encore des Baillet & des Selve; vous retrouvez le même esprit dans les discours de d'Aguesseau, & dans ses séveres mercuriales. Voyez comme il parle de « ces distinctions, qui ne sont fondées que sur le hasard de la naissance, de ces grands noms, dont l'orgueil du commun des hommes se flatte, & dont les sages même sont éblouis. » Voyez comme il peignoit quelques avocats, « faisant de l'éloquence un art mercenaire; se réduisant en servitude; & rendant le plus célebre de tous les états, esclave de la plus servile de toutes les passions. » Voyez comme il invitoit à *mériter du moins* LA GLOIRE DE LA SINCÉRITÉ, *si l'on ne pouvoit pas parvenir à celle de l'éloquence.* (Tom. I, pag. 2, 8 & 32.)

Il y a donc une *gloire* attachée à la *sincérité,* quand elle peut influer sur le bonheur public, quand elle est nécessaire à l'administration de la justice.

Questions.

4. Mais si l'*adulation* est un crime, est-il de nature à fixer les regards de la législation? Si l'on statue, que dira-t-on? Et quand on aura ordonné, comment faire exécuter? Qui accusera? qui déposera? & comment jugera-t-on?

Ces embarras rappellent le caractere que donne Tacite à l'autorité d'Othon, qui ne s'étendoit pas à empêcher le crime, mais suffisoit déja pour l'ordonner. *Nondum auctoritas inerat ad prohibendum scelus, jubere sanè poterat.* (Tacit. hist. 1. 45.)

S'il s'agissoit d'imaginer une peine contre l'*adulation*, c'en seroit une assez convenable que celle des loix angloises contre la femme querelleuse, qui par son humeur & ses cris, commet une *nuisance* publique (*a public nuisance.*) On la met dans un trebuchet appellé, cage de querelle, (*ducking stool*) & on la plonge dans l'eau. (Blackstone, *book IV, ch. 13, n°. 5.*)

Or, dans les choses graves, telles que l'administration de l'état ou de la justice, certes la *nuisance* publique, commise par l'*adulateur*, est bien autre que les criailleries d'une femme. Dans l'une comme dans l'autre, le délit porte sur le mot, le geste, l'intention, l'effet; & l'une est aussi aisée à punir que l'autre. L'Angleterre apprécie bien & punit en conséquence le lâche conseiller, lorsqu'entourant le trône par l'*adulation*, il augmente l'erreur & fait le malheur public.

Mais, cette discussion meneroit trop loin, & à ces questions délicates, il suffit d'en opposer d'autres que nous prions de méditer.

Dans les cours, si, comme Montausier, l'on découvroit la chaumiere du pauvre, pour montrer aux princes la misere publique; si, comme Montausier, on juroit de n'aborder la cour que pour y dire la vérité; & si, comme lui, on tenoit parole, les rois ne seroient-ils pas plus grands, & les peuples plus heureux ?

L'administration de la justice n'est-elle pas admirable, là où elle ne paroit qu'éclairée par la vérité, & là où l'éloge est une récompense méritée ? Ailleurs l'adulation du pouvoir & de la faveur, n'at-t-elle pas fait des maux irréparables ?

Entre mille traits, on ne se rappelle pas sans dégoût celui d'un plat, avide & rusé financier, commensal à la cour, & traitant à Paris. Il avoit prouvé au maître qu'il l'adoroit : c'étoit l'art ridicule des courtisans du dix-septieme fiecle. Ce n'étoit pas assez. Pour faire sa cour au ministre des graces, il fait illuminer & sabler les lieux où il doit passer. Ce n'est rien. Le ministre a perdu une épagneule avec laquelle il jouoit, comme Richelieu avec son chat : aussi-tôt notre adulateur d'en chercher

une semblable, de l'affamer, de s'affubler de la simarre & de la perruque ministérielles, & de passer ainsi la journée donnant à manger à l'épagneule, afin qu'accoutumée à ne recevoir que d'une perruque & d'une simarre, elle caressât naturellement quiconque en seroit revêtu. Le stratagême réussit, & l'infame bientôt reconnu, sourit, baisse les yeux & n'est pas chassé ! Les graces pleuvent... Et après avoir mangé en *adulation*, vingt millions pris sur le peuple, il meurt insolvable !

On dit toujours que les loix ne sont rien sans les mœurs. Ne peut-on pas ajouter que les mœurs ne sont rien sans les loix ?

Les Romains furent-ils des imbécilles, & avec eux tous les sages de l'antiquité, notre Charlemagne & nos loix ecclésiastiques ?

N'avons-nous pas des peines contre la calomnie, l'injure, la diffamation, le scandale, la fausse monnoie, la contrebande, le recélé, le conseil de vol, & le rapt de séduction ? L'*adulation*, qui participe à la nature de tous ces délits, tout aussi bien sentie & vue, ne peut-elle pas être plus funeste ? Les jurisconsultes du seizieme fiecle, l'appelloient la chasse aux hommes, la pipée, & la classoient dans le rang des chasses défendues. *De interdictâ venatione hominum (syntagma juris universi. Pet. Gregor. Tolos. part. 3, lib. 39, cap. 9.)*

N'y a-t-il pas une police ? n'y a-t-il pas une censure qui avertit ou reprimande même les expressions équivoques ? Cette censure ne s'étend-elle pas à tout & partout ? Une belle & bienfaisante reine, rencontrant un homme d'esprit qui s'exprima bassement, ne s'écria-t-elle pas : *Ah ! le vilain flatteur !* ne lui tourna-t-elle pas le dos avec un grand éclat de rire ; & ce trait bientôt su, ne fut-il pas suffisant pour éloigner d'elle la basse *adulation* ?

Lorsque le jurisconsulte Bodin eut proposé les projets de réforme, dont l'*art. 207 de l'ordonnance de Blois*, est la pierre

pierre d'attente, les *adulateurs* ne manquerent pas de vouloir le mettre mal dans l'esprit de Henri III. Il répondit que Bodin étoit *homme de bien*; qu'eux étoient *perfides & desloyaux*, & qu'il ne *pouvoit plus se fier à eux*. Et ce mot n'imposa-t-il pas silence? (*Recueil général des états tenus en France, part.* 2, *pag.* 315, *édit. de* 1651, *in-*4°.)

Enfin, si celui qui déteste l'*adulation*, parce qu'il en a vu d'épouvantables résultats, est critiqué pour avoir exprimé son sentiment, ne pourra-t-il pas dire comme Montausier? *Si vous êtes honnête homme, vous m'aimerez: si vous ne l'êtes pas, vous me haïrez, & je m'en consolerai.* Voyez *Adolescence, Adoration, Adresse, Age, Captation, Suggestion, Donation, Testament, Volonté, Vœu, &c.*

A D U L T E.

(Dr. ecclésiast. Dr. public. Dr. privé.)

1. Ce mot, qui dérive du latin *adultus*, désigne celui qui est parvenu à l'adolescence, & que les loix réputent capable de discernement.

Les Romains l'ont employé souvent, tant au propre qu'au figuré: au figuré, Cicéron disoit: *ADULTA pestis.... Non nascentibus Athenis sed jam ADULTIS;* de même Tacite: *Eloquentia ADULTA.... Æstas ADULTA.* Au propre: *Receperat in gremium ADULTAS virgines.* (Q. Curtius, IV. 10.) *Matres familias & ADULTAS ætate virgines.* (Suetonius in August. 69.) *ADULTO consentiente, l.* 43, § 3, *D. de procurator. ADULTÆ mulieri curator; l.* 60, *D. de jure dotium. ADULTA ætate agere; l.* 15, *C. de excusat. tutor. innocentiâ purgari crimen, non ADULTA ætate convenit; l.* 6, *C. ad l. corn. de sicariis, &c. &c.*

L'on ne se sert aujourd'hui du mot *adulte*, que par rapport à l'administration du sacrement de baptême aux ido-

lâtres, juifs ou mahométans, qui, dans l'âge de raison, embrassent la religion chrétienne; & son acception est dans ce sens plus étendue que chez les Romains. Ils n'appelloient *adultes* les jeunes personnes de l'un & de l'autre sexe que pendant l'intervalle de la douzieme ou quatorzieme année à la vingt-cinquieme. Nous donnons ce nom à tous les catéchumenes, quelqu'âge qu'ils puissent avoir.

Cet article sembloit se borner à ces définitions. Car, lorsqu'un catéchumene se présente, s'il est de bonne foi, & quelqu'âge qu'il ait, que peut-il arriver, sinon que l'église l'admette dans son sein; & quelle que soit la main qui administre le sacrement, qu'importe, pourvu qu'il y ait un fidele de plus?

Cependant, il s'est élevé quatre questions sur le baptême des *Adultes*. Nous énoncerons seulement les premieres: à l'égard de la derniere, on nous sollicite de ne pas séchement énoncer l'arrêt auquel elle a donné lieu, & de rendre le compte le plus détaillé des circonstances & des moyens respectifs: nous cédons, entraînés par deux motifs; l'un, que cette question n'est traitée nulle part, & quelqu'embrouillé que soit le droit ecclésiastique, nous ne voulons pas qu'on nous accuse de le négliger: l'autre, que quand on extrait M. *Portalis*, il semble qu'on ne peut rien retrancher.

Premiere question.

2. Doit-on conférer de nouveau le baptême à l'*adulte*, qui l'avoit reçu dans une secte hérétique, ou à l'*adulte* qui a perdu la grace, qui est l'effet de ce sacrement.

Cette question, qui divisa St. Cyprien, Firmilien de Cappadoce & Denis d'Alexandrie d'avec le pape Etienne, a été décidée en faveur de l'opinion de ce chef de l'église; & l'autorité séculiere a tenu la main à l'exécution de ce qu'avoit déterminé à cet égard l'autorité ecclésiastique.

Les empereurs Valentinien, Valens & Gratien déclarent indigne du sacerdoce le prélat qui osera conférer deux fois le sacrement de baptême. *Antistitem qui sanctitatem baptismatis illicitâ usurpatione geminaverit, sacerdotio indignum esse censemus. L. 1, C. ne sanctum baptisma iteretur.* Les empereurs Honorius & Théodose condamnent au dernier supplice tous ceux qui auront concouru à ce délit : *Si quis rebaptisare quempiam de ministris catholicæ sectæ fuerit detectus, unâ cum eo qui piaculare crimen commisit, (si tamen criminis per ætatem capax sit,) & hic cui persuasum sit, ultimo supplicio percellatur. L. 2, eod.* Enfin, il est défendu à tous les hérétiques de réitérer le baptême aux orthodoxes qui l'auront déja reçu : *Nulli hæreticorum danda licentia est vel ingenuos, vel servos proprios qui orthodoxorum sunt initiati mysteriis, ad suum rursùs baptisma reducendi. L. 3, eod.*

Ce n'est que dans le cas où l'on douteroit réellement si quelqu'un a été baptisé dans son enfance, qu'on pourroit lui conférer le baptême s'il étoit *adulte*; & encore, l'administration de ce sacrement devroit-elle être faite conditionnellement. *Placuit de infantibus, quoties non inveniantur certissimi testes qui eos baptisatos esse sine dubitatione testentur, neque ipsi sunt per ætatem idonei de traditis sibi sacramentis respondere, absque ullo scrupulo eos esse baptisandos. (Decret. part. 3, distinct. 4, cap. 121, & sequent.)*

Celui qui a été baptisé par les hérétiques, ne doit pas l'être de nouveau, dit Charlemagne dans ses Capitulaires : *Quicumque baptisatus fuerit ab hæreticis, in nomine Patris, Filii & Spiritûs Sancti, nullo modo rebaptisari debet. Capitular. lib. 7.* C'est la pratique constante de l'église gallicane, attestée dans le concile de Toulouse en 1590 : *Quos jam anteâ baptisarint hæretici, eos rebaptisari prohibemus, nisi fortè receptam ab ecclesiâ baptismi formam materiamque, eos observasse minimè constiterit.* Ce sont aussi les

dispositions du synode d'Evreux, de 1576. (Bochellus, *in Decret. eccles. gallican. pag.* 171 & 2344.)

Seconde question.

3. Doit-on baptiser les enfans d'abord après leur naissance, ou différer l'administration de ce sacrement jusqu'à ce qu'ils soient *adultes* ?

Quelques auteurs, séduits par l'opinion de Tertullien & de St. Grégoire de Nazianze, ont soutenu que l'on ne conféroit le baptême, dans la primitive église, qu'à ceux qui connoissant la vertu de ce sacrement, désiroient instamment d'y être admis : c'est ce qu'a assuré, entr'autres, Louis Vivès, dans son célèbre Commentaire sur la cité de Dieu de St. Augustin : *Nè quis fallatur, nemo olim sacro admovebatur baptisterio, nisi ADULTA jam ætate, & cùm idem ipse sciret quid sibi mystica vellet aqua, & se ablui illâ peteret, & non semel peteret. Cap.* 27. Cette erreur a eu d'autres fameux partisans. Saumaise, (*in libro de transsubstantiatione, sub ficto Simplicii Verini nomine ad J. Pacium contra Grotium, pag.* 495.) Colomiez, (*in observ. sacris, pag.* 23.) Erasme, (*in epistolâ quâdam editâ cum aliis à Merula, 1607.)* Grotius, (*in epistolis ad Gallos, pag.* 418, *& in notis ad Mathæum XIX. 14.)* Suicer, (*in thesauro ecclesiast. tom. 2, pag. 1136.)* Enfin, Godefroi Arnold, (*de moribus christianor. seculi tertii, part. 1, lib. 1, cap. 5, § 14, pag. 115.)*

Des théologiens, très-versés dans les antiquités, sur-tout liturgiques, ont combattu avec succès cette erreur. Ils ont invoqué le témoignage de St. Irenée; du dix-huitieme canon du premier concile d'Auxerre de 578, & du troisieme canon du second concile de Mâcon de 585; des deux grands papes, St. Leon & St. Grégoire : ils ont rapporté les textes précis de plusieurs anciens sacramentaires, dont l'authenticité étoit reconnue de tous les savans. On peut consulter, entr'autres, Mabillon, (*Museum italicum, pag.* 28, n°. 46.) Martenne, (*de antiquis ecclefiæ ritibus, lib. 1, cap. 1, art. 7, pag. 61.*) Juenin, (*de baptifmo parvulorum differt. 2, quæft. 7, art. 1, pag. 962.*) Enfin, le proteftant Zornius lui-même, (*in hiftoriâ euchariftiæ infantium, cap. 8, pag. 95.*) Voyez *Anabaptiftes, Baptême, Catéchumene, Donatiftes, Liturgie, Néophite, Novatiens, &c.*

Troifieme queftion.

4. L'adulte, nouvellement baptifé, peut-il demander à être élevé aux facrés minifteres, fans avoir fait les épreuves convenables ?

Neophitus prohibetur ordinari ne extollatur in fuperbiam. (*Decret. part. 1, diftinct. 61, can. 9.*) Tertullien fe moquoit, avec raifon, de cette précipitation peu convenable : *Heri catechumenus, hodie pontifex.* Campanelle demande un intervalle de deux années entre le baptême de l'*adulte* & fon élévation aux moindres ordres. (*Diverfor. jur. can. rubr. 11, cap. 7.*) Cependant, le fixieme canon du troifieme concile d'Orléans, de l'année 540, n'exige qu'une année. *De clericorum præmittendâ converfione, id omnimodo obfervatur, ne unus ex laïcis ante ANNUALEM CONVERSIONEM.... præsbyter ordinetur.* (*Bochellus, lib. 3, cap. 35, pag. 391.*)

Quatrieme queftion.

5. Un évêque peut-il, fans abus, défendre aux curés des différentes paroiffes de fon diocefe, de baptifer les *adultes* fans fa permiffion ; & fur-tout, ordonner qu'ils feront baptifés, foit dans fon églife cathédrale, foit dans toute autre églife qu'il lui plaira de défigner exclufivement ?

ESPECE. Jofeph, mufulman, demeurant à Marfeille, fur la paroiffe de faint Ferréol, veut recevoir le baptême, inftruit par M. Olive, fon curé, qui en fait part à l'un des vicaires généraux ; celui-ci lui notifia verbalement, que *le baptême des ADULTES ne pouvoit être adminiftré que par les curés de l'églife cathédrale.*

Le curé, qui avoit d'ailleurs la poffeffion de baptifer les adultes, interpelle le vicaire général de lui donner copie du titre en vertu duquel il prétend qu'il lui prohiberoit de baptifer les *adultes*, & attribueroit exclufivement cette fonction curiale aux curés de la cathédrale ; déclare qu'à refus d'exhiber un titre, il paffera outre au baptême, & que fi on le lui produit, il protefte de tous fes droits pour l'attaquer comme nul, *abufif* & contraire aux maximes fondamentales du droit canonique du royaume.

Pour toute réponfe, on lui fignifie une ordonnance, dans laquelle on fait dire à l'évêque, au nom duquel elle eft rendue, qu'ayant eu connoiffance de la prétention de M. Olive, de baptifer un *adulte* nouvellement arrivé dans cette ville, au préjudice des ftatuts fynodaux du diocefe, & d'une ordonnance rendue par fon prédéceffeur le 5 juillet 1742, il lui fait inhibitions & défenfes de paffer outre à l'adminiftration du baptême de cet *adulte* ; lui enjoignant de le renvoyer pardevant lui, ou fes vicaires généraux, à l'effet d'être examiné fur les principaux myfteres de notre religion, & éprouvé fur la fincérité de fes intentions.

M. Olive répondit à cette fignification, que l'injonction de préfenter l'*adulte* à l'examen étoit inutile, puifqu'il l'avoit prévenue en fe rendant chez l'un des vicaires généraux ; du refte, qu'il n'empêchoit point cet examen tel qu'on le jugeroit convenable à la forme des ftatuts fynodaux. A l'égard des défenfes de procéder au baptême, il protefta d'en appeller pardevant la cour, & il réclama de nouveau la fignification de l'ordonnance de 1742, attendu qu'elle n'avoit jamais été faite ni à lui, ni à fes prédéceffeurs.

On rendoit bien à M. Olive le libre exercice de fes fonctions, en lui permettant par écrit de baptifer l'*adulte* Jofeph ; mais il crut devoir aller à la fource du mal. L'ordonnance de 1742, étant dénoncée, on pouvoit en demander à tout moment l'exécution ; il falloit donc attaquer le titre pour ne plus voir renaître l'abus.

En conféquence, acte extrajudiciaire de la part de M. Olive, par lequel il interpelle les curés de l'églife cathédrale, de déclarer s'ils entendent tirer avantage de l'ordonnance alléguée, & fe maintenir dans le droit qu'elle leur attribue, ou au contraire, s'en départir ; leur déclarant qu'il prendra leur filence ou refus pour une adhéfion à cette ordonnance, & prendra les voies de droit pour la faire réformer.

Cet acte étant refté fans réponfe, M. Olive rapporta une confultation, & prit la voie de l'appel comme d'abus. Sur la fignification des lettres d'appel, l'un des curés déclara, que ne prenant aucune part à l'exécution de l'ordonnance, M. Olive auroit dû diriger fon appel contre l'évêque ; mais l'appellant lui ayant répondu que cette ordonnance étant rendue fur le comparant de fes prédéceffeurs, c'étoit à eux feuls à la défendre ; ils prirent enfin ce parti.

La caufe ainfi engagée, M. Olive foutint que cette ordonnance étoit abufive fous trois différens rapports ; 1°. en ce qu'elle prononçoit fur un fait poffeffoire ; 2°. en ce qu'elle avoit été rendue fans entendre partie ; 3°. en ce qu'elle entreprenoit fur le droit des curés, & renverfoit la conftitution fondamentale des paroiffes. C'eft fous ce dernier point de vue que l'affaire eft importante & tient vraiment au droit public eccléfiaftique. Sans cela même, nous croyons volontiers que M. Portalis n'y auroit pas mis tant d'intérêt.

PREMIER MOYEN D'ABUS. L'ordonnance du 5 juin 1742, a prononcé fur un fait poffeffoire : les curés de la cathédrale fe plaignent de ce qu'un curé de la ville a donné le baptême à un *adulte* fans leur participation ; ce qui, difent-ils, eft oppofé à leurs droits, & *à l'ufage perpétuellement & inviolablement obfervé dans cette ville depuis un temps immémorial.* Sur cet expofé, l'ordonnance

les maintient dans le droit de baptifer les *ADULTES, felon l'ufage immémorial obfervé dans cette ville.*

L'*ufage* ou la poffeffion, réelle ou imaginaire, légitime ou abufive, étoient donc le titre invoqué par les curés de la cathédrale : leur comparant étoit donc une *complainte* intentée contre les autres curés de la ville ; & l'ordonnance qui y a fait droit, a donc prononcé une véritable *maintenue.*

Mais fuivant l'art. 4 de l'ordonnance de 1667, & l'art. 3 de l'édit de 1695, la connoiffance du poffeffoire en matiere de bénéfice, appartient aux juges royaux, *privativement aux juges d'églife.* Vainement, diroit-on, qu'il ne s'agit pas ici du *poffeffoire* d'un bénéfice ; puifque le principe, en vertu duquel toute queftion *poffeffoire* appartient exclufivement aux juges féculiers, s'applique à toutes matieres eccléfiaftiques, aux chofes même les plus fpirituelles : c'eft l'opinion de Dumoulin, *(tom. 4, pag. 222,)* & de tous les canoniftes.

Sur ce point, à ce que nous avons dit au mot *Abus*, n°. 42, pag. 473 & *fuiv.* il faut joindre une autorité récente & précife. — « Nous étendons, dit l'abbé de Foi, *(Maximes fur l'abus, pag. 295,)* l'incompétence des officiaux, conformément aux maximes du royaume & à l'ufage, même fur les chofes fpirituelles ; en forte que les juges d'églife ne peuvent, *fans abus,* connoître dans la forme judiciaire de tout *poffeffoire* & fait de fervice divin, de l'ordre des proceffions, des préféances dans ces proceffions & à l'églife, des droits de paffer proceffionnellement croix haute ou baffe dans certains lieux, *& d'autres matieres eccléfiaftiques.* »

L'ordonnance dont il s'agit, ayant prononcé, dans les circonftances, d'une matiere *poffeffoire,* c'eft-à-dire, d'un droit que les curés de la cathédrale fondoient fur l'*ufage* & fur la *poffeffion,* a donc prononcé par entreprife fur l'autorité féculiere ; elle eft donc incompétente par un défaut de pouvoir qui détermine le plus grand abus. *Nullus major defectus quàm defectus potestatis.*

SECOND MOYEN D'ABUS. L'ordonnance a prononcé fans entendre les parties. On diftingue celles qui interviennent par voie de réglement, de celles qui interviennent fur un fait contentieux. Les premieres, émanées du propre mouvement d'un prélat, font l'ouvrage de fa follicitude paftorale, font des actes légiflatifs qu'il propofe dans le fecret de fa fageffe, délibere avec fon fénat, & par conféquent inattaquables; parce qu'aucun particulier n'ayant droit de concourir à la formation d'une loi eccléfiaftique, d'une loi publique, ne peut s'en plaindre : mais les fecondes ne pouvant être confidérées comme loi, & ne formant qu'un jugement, ne peuvent être légales, qu'autant qu'elles font rendues, toutes les parties étant entendues ou duement appellées. Delà, ce principe fondamental en matiere de jugement: *Nemo damnatus nifi auditus*; delà, ces ordonnances, ces réglemens qui défendent, à peine de nullité, de rendre des décrets portant profit, fans ouir partie; ordonnances & réglemens qui ne font que l'expreffion du droit naturel.

En appliquant ces maximes à l'ordonnance attaquée, on voit qu'elle n'eft point intervenue dans la forme d'un réglement, d'une loi de difcipline, puifqu'elle eft intervenue fur une demande particuliere, fur la réquifition des curés de la cathédrale, qui fe plaignoient de ce qu'un curé de la ville avoit baptifé un *adulte* fans leur participation, & au préjudice de l'*ufage immémorial* où ils étoient de conférer exclufivement le facrement de baptême en pareil cas. Dans ces circonftances, il falloit examiner fi la poffeffion & l'ufage allégués exiftoient véritablement; il falloit voir fi ce que les curés de la cathédrale dénonçoient comme un trouble, n'étoit pas au contraire un droit acquis à tous les curés de la ville : en un mot, il n'étoit pas permis de prononcer légalement fur la plainte d'une partie fans entendre l'autre. L'oubli d'une formalité qui eft de l'effence des jugemens, *ex fubftantiâ judiciorum*; l'oubli d'une formalité prefcrite par les loix naturelles & par les regles de la juftice immuable & primitive, eft bien autrement effentiel que ne le feroit l'oubli d'une formalité prefcrite par des loix canoniques ou civiles, par des regles qui feroient d'inftitution pofitive. Il y a donc *abus* dans une ordonnance rendue fans que les parties intéreffées aient été entendues, ni même appellées.

Si l'on difoit qu'on lit à la fin de cette ordonnance, qu'elle fera communiquée aux curés de la ville, on répondroit que l'objet de cette communication étant annoncé, *afin qu'ils n'en ignorent & qu'ils s'y conforment à l'avenir*, il eft clair qu'on n'a pas eu en vue d'appeller les curés de la ville comme parties, mais de les contraindre comme inférieurs. Cette communication n'a d'ailleurs jamais été faite; on s'étoit propofé de laiffer l'ordonnance dans l'obfcurité la plus profonde, puifque dans l'origine on a héfité quand il a été queftion de la défendre.

TROISIEME MOYEN D'ABUS. L'ordonnance qui attribue aux curés de la cathédrale le droit de baptifer les *adultes*, privativement aux autres curés de la ville, opere trois effets effentiels. 1°. Elle reftreint la jurifdiction des curés auxquels elle interdit l'adminiftration du baptême des *adultes*: 2°. elle donne une jurifdiction plus étendue, & même une forte de fupériorité hiérarchique à ceux auxquels elle attribue exclufivement cette adminiftration : 3°. elle tend à déterminer le nombre des paroiffes, moins par les bornes de leurs territoires, que par la qualité des perfonnes. Sous ces trois points de vue, l'ordonnance renverfe la difcipline fondamentale de l'églife, choque de front toutes les loix canoniques, & eft diamétralement oppofée à tous les principes du droit eccléfiaftique françois. Sous ces trois points de vue, elle renferme donc l'abus le plus caractérisé.

1°. L'ordonnance n'a pu restreindre la jurisdiction des curés, relativement au baptême des *adultes*, parce qu'ils tiennent cette jurisdiction de Dieu même comme les évêques. Tous les auteurs ont vu l'institution des pasteurs du second ordre dans la vocation des soixante & douze disciples, appellés, non par les apôtres, mais par celui même qui avoit choisi les apôtres : *Ecce ego mitto vos*. Les évêques attestent eux-mêmes cette origine, en disant aux curés assemblés en synode : *Fratres dilectissimi & sacerdotes Domini, cooperatores ordinis nostri estis... nos vices apostolorum fungimur, vos ad formam discipulorum estis.* (*Pontif. rom. ord. ad synod.*)

Les curés sont *prélats & hiérarchiques inférieurs dans l'église* ; c'est de droit divin qu'ils sont les pasteurs des peuples soumis à leur jurisdiction ; ils sont *chargés de l'administration des sacremens EX STATU ET ORDINARIO JURE.* Enfin, *le même principe qui rend les évêques ordinaires dans leurs dioceses, leur assure cette prérogative dans leurs paroisses.*

C'est-là la doctrine de la faculté de théologie de Paris, dans un décret du 2 janvier 1408, & dans deux censures de l'année 1665 ; c'est celle de Gerson, (*Quæst. de conf. evang.*) du grand Bossuet, (*Défense des quatre articles du clergé.*) C'est encore celle du concile de Trente, (*sess. 23, can. 26.*)

Si les curés sont de droit divin vrais ordinaires, ils ne peuvent être privés arbitrairement de leurs fonctions ; parce qu'il n'est pas au pouvoir des hommes de détruire l'ordre établi par Dieu lui-même.

Le pouvoir de baptiser les *adultes* est une fonction curiale, & leur appartient incontestablement. « Ils sont chargés du salut & du soin des fideles depuis le moment de leur naissance, jusqu'au jour de leur sépulture : ils doivent les instruire par leurs prédications...... *ils doivent leur donner le baptême*, &c. » (Thomassin,

dans sa *Discipline ecclésiastique*, tom. 2, part. 3, liv. 1, ch. 13, n°. 4, pag. 41.) « Le ministre ordinaire *du sacrement de baptême* est le propre curé, ou un prêtre commis de sa part ; & c'est principalement à cause de cette naissance spirituelle qu'on a donné le nom de *pere* aux pasteurs de l'église. » (Fleury, *dans son Institution au droit ecclésiastique*, tom. 1, part. 2, chap. 3.) Enfin, le pouvoir d'administrer le baptême, est si bien un droit paroissial, que l'église paroissiale n'est appellée telle, que parce qu'elle est église baptismale : *Parocho munus baptisandi ita proprium est, ut indè ecclesiæ parochiales dictæ sunt baptismales.* (Gibert, *in Corpore juris canonici*, tom. 2, tit. 10, § 5, art. 1, pag. 251.)

Le droit général des curés, relativement à l'administration du sacrement de baptême cesseroit-il dans le cas particulier du baptême des *adultes*? Mais il n'y a dans l'église qu'un baptême, comme il n'y a qu'une foi, *unus dominus, una fides, unum baptisma.* (Paulus, *ad Ephesios IV. 5.*) Le baptême des *adultes*, & celui des nouveaux-nés ne different donc point dans leur substance ; ils different uniquement par l'âge des personnes qui se présentent à l'église, & par quelques cérémonies. *Constat baptismum à solis sacerdotibus esse tractandum.* (*Can. 17, de consecr. dist. 4.*) Cette décision des saints canons s'applique indistinctement au baptême des nouveaux-nés & à celui des *adultes*.

Les ordonnances synodales de quelques dioceses, défendent aux curés de baptiser les *adultes*, sans avoir fait part aux évêques des dispositions qu'ils peuvent avoir à ce sacrement ; mais cette inspection, réservée aux évêques, n'altere en rien le droit essentiel & *ordinaire* des curés. Le cardinal le Camus, dans ses statuts synodaux, a dit : *Si quelqu'A-DULTE, ou quelqu'autre personne avancée en âge se présente pour être baptisée, les curés surséoiront le baptême, & nous en donnerons avis; afin que nous puissions* faire les enquêtes nécessaires pour éviter les surprises & les sacrileges qui se commettent souvent par des vagabonds & des Turcs, qui se font baptiser plusieurs fois pour avoir quelqu'aumône des assistans & de ceux qui les tiennent sur les fonds.

Ces précautions, dictées par la sagesse & la prudence, qui se retrouvent dans plusieurs ordonnances recueillies par Gibert dans ses *Consultations canoniques sur les sacremens*, (tom. 2, pag. 107 & suiv.) reconnoissent & supposent le droit des curés, puisqu'elles ne font qu'en surseoir l'exercice, jusqu'à ce que l'évêque *ait pris les informations nécessaires pour éviter les surprises & les sacrileges* ; ce ne font que des loix de police, qui, sans restreindre le droit, prescrivent simplement des tempéramens nécessaires pour en éclairer l'usage.

Enfin, la solemnité des cérémonies, qu'on apporte au baptême des *adultes*, n'ajoute rien à la substance de ce sacrement, qui demeure toujours le même, *unum baptisma*; elles ne font que d'institution humaine, & ne sauroient dénaturer une fonction qui est essentiellement sacerdotale par son institution divine.

Cependant, en soutenant que l'administration du baptême des *adultes* n'est point une fonction épiscopale, on n'entend point contester aux évêques le droit d'administrer en personne ce sacrement quand ils le jugent à propos. Comme ils font les premiers pasteurs, & qu'en eux réside éminemment le gouvernement de toutes les paroisses, ils peuvent à ce titre administrer par eux-mêmes les sacremens dans les églises paroissiales, & suppléer au défaut ou à la négligence des curés dans tous les cas de droit & de dévolution. Mais ces prérogatives certaines ne renferment point celle de commettre arbitrairement les fonctions curiales au préjudice des curés. Il en est du baptême des *adultes* comme de toutes les autres fonctions curiales : si l'évêque a le droit de les remplir par lui-même dans toutes les paroisses, ce droit est attaché à sa qualité de premier pasteur ; mais cette qualité lui étant personnelle, il est sensible qu'il ne peut la communiquer à d'autres au préjudice du curé. L'auteur des conférences d'Angers, dit avec raison, que le prêtre *qui a la charge des ames*, est le vrai ministre du baptême des *adultes* ; & que si on est en coutume d'en déférer la cérémonie à l'évêque, c'est par respect. (*Conférences sur le baptême, pag.* 222.) L'abbé Fleury, dans son institution déja citée, après avoir dit, que les ADULTES *doivent être baptisés aux jours solemnels, & par l'évêque en personne, autant qu'il se peut*, ajoute tout de suite, *le ministre ordinaire de ce sacrement est le propre curé, ou un prêtre commis de sa part* ; (tom. 2, part. 3, chap. 3.) Cet auteur annonce donc bien clairement que si l'*évêque ne peut administrer en personne*, la cérémonie appartient incontestablement au curé, *comme ministre ordinaire*, & qui seul peut *déléguer un prêtre*.

2°. Après avoir prouvé que l'administration du baptême aux *adultes*, comme aux nouveaux-nés, est une fonction vraiment curiale ; qu'ainsi, l'ordonnance qui l'interdit à tous les curés du diocese de Marseille, est *abusive* & attentatoire au droit divin, à la constitution fondamentale de l'église ; il reste à examiner si elle n'est pas également *abusive*, en ce qu'elle assure une jurisdiction plus étendue & une sorte de supériorité hiérarchique aux curés de la cathédrale.

Il faut distinguer la cathédrale & la paroisse, qui font deux choses très-distinctes, quoiqu'elles soient desservies dans un même temple, *sub eodem tecto*. La cathédrale n'est autre chose que l'évêque avec son sénat : *elle est honorée du titre de cathédrale, parce qu'elle est le siege de l'évêque; que c'est la chaire épiscopale qui fait que cette église est la mere des autres & le centre de la communion de tout le diocese.* (Mémoires du clergé, tom. 6, col. 1121.)

Mais les vicaires perpétuels de la cathédrale ne font, à ce titre, ni chefs, ni membres de la cathédrale ; ce font tout au plus des délégués que le chapitre cathédral prépofe pour exercer, non les droits de la cathédralité, mais les fonctions curiales, dans le diftrict paroiffial, réfervé à la premiere églife du diocefe, lors de la diftribution des territoires. Il faut donc raifonner ici de curé à curé, de vicaire perpétuel à vicaire perpétuel ; & dès-lors tous les curés ne font-ils pas égaux ? n'ont-ils pas tous la même inftitution, la même origine, & par conféquent, les mêmes privileges, les mêmes droits ?

Ce feroit vouloir déprimer l'ordre facerdotal, que de chercher à introduire entre des prêtres égaux, par le titre de leur miffion, des principes arbitraires de fubordination & de dépendance. Ce que l'on tente aujourd'hui, relativement au baptême des *adultes*, on le tenteroit demain, en établiffant un autre genre de fervitude ; & infenfiblement une hiérarchie factice & de convention, remplaceroit celle qui a été établie par Jefus-Chrift ; infenfiblement, l'œuvre de Dieu deviendroit méconnoiffable entre les mains des hommes.

3°. Les paroiffes ne doivent point être déterminées par la qualité des perfonnes, & chaque curé doit avoir un territoire certain, dans lequel toute forte de perfonnes de quelque qualité qu'elles foient, doivent être foumifes à fa jurifdiction.

Ce font-là des principes invariables, confervés par la jurifprudence & l'avis des canoniftes les plus célebres. Un ARRÊT du parlement de Paris, du 10 décembre 1666, condamna la prétention du chapitre de Péronne à la jurifdiction curiale fur les nobles & officiers qui réfidoient dans l'étendue des quatre autres paroiffes de la ville. (*Mémoires du clergé, tom. 6, col. 418.*)

Un autre ARRÊT de la même cour, du 21 juillet 1676, a profcrit les cures perfonnelles, & a jugé que la détermination des paroiffes devoit être faite, non par la qualité des paroiffiens, mais par la limitation d'un territoire circonfcrit. Son motif, felon Gueret, fut que la *divifion des paroiffes eft néceffaire pour le bon ordre, & qu'elle ne peut être troublée fans fcandale pour le peuple, fans défordre dans l'églife, & fans la haine & l'ambition entre les miniftres.* (Journal du palais, tom. 1, pag. 758.)

Enfin, d'Héricourt a fait un excellent mémoire pour faire profcrire l'abus qui s'étoit gliffé à Amboife, où la paroiffe, dite *de Notre-Dame*, n'avoit point de territoire déterminé, fa jurifdiction s'étendant fur certaines perfonnes, le bailly, le lieutenant général, & les nouveaux habitans pendant la premiere année de leur établiffement. (*Œuvres pofthumes, tom. 4, pag. 536.*)

Il eft donc vrai que l'ordonnance de 1742 ne fauroit fe foutenir, puifqu'au préjudice des regles conftantes, elle affigne aux curés de la cathédrale une jurifdiction indéfinie, au préjudice de la jurifdiction territoriale des autres curés.

Après avoir ainfi établi d'une maniere folide fes *trois moyens d'abus*, le curé de St. Ferréol repouffoit quelques objections des curés de la cathédrale de Marfeille.

Premiere objection. Les *adultes* ne font d'aucune paroiffe ; donc on a pu donner aux curés de la cathédrale le droit de les baptifer, fans que les autres curés puiffent par-là prétendre d'avoir été dépouillés.

Les *adultes* font ordinairement des étrangers, on en convient ; mais ces étrangers, fe fixant dans une paroiffe, ce choix fuffit pour les conftituer paroiffiens. On eft fuffifamment domicilié dans une paroiffe pour y recevoir les facremens, lors même qu'on ne l'habiteroit qu'en paffant ; & ce n'eft qu'à l'égard des facremens de l'ordre & du mariage que les loix ont fixé un temps néceffaire pour faire préfumer l'établiffement d'un domicile.

Entendroit-on dire que les *adultes* ne font

font d'aucune paroiffe, en ce fens que n'étant point encore chrétiens, ils ne font foumis à la jurifdiction d'aucun curé : plufieurs réponfes écarteroient ce foible moyen.

Les enfans nouveaux-nés feroient dans le cas des *adultes*, puifque n'étant point encore baptifés, ils ne font pas plus chrétiens que ceux-ci ; il faudroit donc détruire les fonts-baptif-maux de toutes les paroiffes, & réfor-mer la pratique générale de toutes les églifes.

On pourroit foutenir que les *adultes* ne font d'aucun diocefe, avec autant de raifon, qu'on foutient qu'ils ne font d'aucune paroiffe ; l'églife cathédrale leur feroit donc auffi étrangere que toute autre églife. Enfin, en fuppofant que les *adultes* ne font point foumis à la jurifdiction d'aucun pafteur, il en réfulteroit qu'ils feroient libres de difpofer de leur con-fiance, pourvu que celui en qui ils la placeroient ne fût point fufpect à l'églife. C'étoit la pratique qu'on fuivoit dans l'en-fance de la religion, malgré la divifion des paroiffes & leur diftinction par terri-toires ; on les regardoit toutes comme n'en formant qu'une, lorfqu'il s'agiffoit de recevoir les infideles qui demandoient à fe convertir. Chaque catéchumene fe rangeoit fous les ailes du pafteur qui l'avoit gagné à la foi, & cela étoit naturel & jufte. On doit en ufer encore de même, avec d'autant plus de raifon, que l'*adulte* qui a manifefté au curé de la paroiffe, fur laquelle il réfide, la volonté de recevoir le baptême, a, en quelque maniere, reconnu par-là la jurifdiction de ce curé. Pourquoi donc le lui arracher, pourquoi le priver du prix & de la plus noble récompenfe de fon travail, pourquoi lui ravir le droit de conduire en triomphe celui qu'il a inftruit dans le filence ? La gloire du paf-teur peut accroître la confiance des ouailles ; & ce qui paroit d'abord n'être perfonnel qu'au miniftre, peut réfléchir fur le miniftere même.

Mais, fi le fyftême des curés de la cathé-drale eft *abufif* par rapport aux autres curés, en ce qu'il tendroit à les dé-grader, à les rendre, en quelque ma-niere, fubalternes ; ne l'eft-il pas par rapport à l'*adulte*, aux paroiffiens, & à la religion elle-même.

Il eft *abufif* par rapport à l'*adulte*, en ce qu'il feroit dangereux qu'en con-trariant fa confiance, on ne mît obftacle à fa converfion.

Il eft *abufif*, par rapport aux paroif-fiens, en ce qu'on les priveroit d'un exemple d'édification qui leur eft acquis, en ce qu'on leur enléveroit une reffource que la providence fembloit leur avoir ménagée dans fes vues de miféricorde. Depuis que Dieu ne renverfe plus, par des miracles, l'ordre de la nature, pour affermir celui de la religion, il n'y a plus pour les fideles d'autre fpectacle que les merveilles qui s'operent, dans l'ordre de la grace, par les converfions des *adultes*, qui éclatent de temps à autre : mais pourquoi chercheroit-on à inter-rompre le cours ordinaire de ces mer-veilles, & à les dérober à ceux auxquels il plaît à la providence de les manifefter.

Il eft *abufif* enfin, par rapport à la religion, dont on arrêteroit infaillible-ment les progrès, en étouffant le zele de fes miniftres, qu'on dépouilleroit d'une des plus nobles fonctions de leur miniftere.

Seconde objection. Un ufage immé-morial affure aux curés de la cathé-drale le droit exclufif de baptifer les *adultes*.

Cet ufage n'exifte pas ; & quand il exifteroit, il ne pourroit avoir la force de dépouiller les curés d'une jurifdiction qu'ils tiennent de la main de Dieu-même.

Tous les regiftres des paroiffes de Marfeille, dépofent de la vérité du fait contraire, que les différens curés ont toujours baptifé les *adultes*, habitans fur leurs paroiffes, tant avant qu'après l'or-donnance de 1742, qui ne leur a pas même été signifiée. Si ces registres énoncent que les *adultes* ont été baptisés par la permission de l'évêque, on ne peut abuser de cette énonciation, pour en induire que ces sortes de baptêmes sont dévolus à l'évêque, & dépendent de la jurisdiction épiscopale : en effet, la permission de l'évêque n'intervient que pour rassurer sur les dispositions de l'évêque, & non pour conférer au curé un pouvoir qu'il tient de son titre. Cette explication est celle des ordonnances synodales du diocese, lorsqu'elles disent : *S'il se présente quelqu'ADULTE pour le baptême, les curés nous en donneront avis, afin que nous examinions par nous-mêmes s'ils sont instruits des principaux mysteres de notre foi, & que nous éprouvions la sincérité de leurs intentions.* (Tit. du baptême, § 6, pag. 67.) Une telle disposition annonce que quand l'épreuve est une fois faite, les curés peuvent librement conférer le baptême, qu'aucun obstacle n'arrête plus l'exercice de leur droit, & qu'ils n'ont pas besoin de recevoir une mission plus étendue que celle qui est attachée à leur qualité de pasteur.

On produit cent soixante extraits de la part des curés de la cathédrale ; mais ces extraits sont insuffisans pour prouver l'usage allégué, par plusieurs raisons.

Ils ne supposeroient, en combinant les époques, qu'une possession de quatre-vingt-cinq ans, insuffisante pour caractériser un usage immémorial. Vingt & un de ces extraits font foi du baptême de vingt & un galériens ; mais les galeres n'étant d'aucun territoire, on a pu s'adresser, dans ces circonstances, à telle paroisse qu'on a voulu choisir. Cinq parlent de cinq *adultes*, demeurant sur la paroisse de la cathédrale ; & vingt & un parlent d'enfans nouveau-nés ; ainsi leur communication est inutile, & annonce même de la mauvaise foi. Enfin, tous les autres extraits ne présentent que le nom de l'*adulte* baptisé, sans parler de son domicile ; ce qui prouve, ou

qu'on a eu intérêt de le taire, ou du moins, qu'il est impossible de savoir si les *adultes* résidoient sur la paroisse de la cathédrale, ou sur toute autre.

Mais à supposer pour un moment la preuve de l'usage allégué acquise, les curés de la cathédrale n'en seroient pas plus avancés. On ne peut changer la hiérarchie fondamentale de l'église ; & tout ce qui y porte atteinte, est un *abus* caractérisé qui ne sauroit être autorisé par le temps, quelque long qu'il soit ; parce que rien ne couvre l'abus : *Abusus perpetuò clamat.* C'est cet axiome qui a déterminé la déclaration du 15 janvier 1731, qui porte que les curés primitifs ne pourront rien acquérir au préjudice des vicaires perpétuels, par rapport aux *fonctions ou devoirs* auxquels ceux-ci sont obligés, *ou autres matieres semblables*, & ce nonobstant *tous actes, sentences & arrêts, ou USAGES à ce contraires.* Comme il ne s'agit dans cette loi que de certaines fonctions secondaires, qu'auroit dit le souverain, s'il avoit eu à prononcer sur des fonctions essentiellement attachées au sacerdoce, sur la jurisdiction que les curés tiennent immédiatement de Dieu-même. Une telle jurisdiction est-elle soumise à l'empire des prescriptions ; une telle jurisdiction, attachée au sacerdoce, *de droit divin*, c'est-à-dire, *immuable* par son essence, peut-elle être démembrée par l'usage ?

Troisieme objection. Nous avons, disent les curés de la cathédrale, le droit exclusif de baptiser les *adultes* de toutes les paroisses, presque tous étrangers d'origine ; puisque nous avons le droit exclusif d'ensevelir les étrangers qui décedent dans les différentes paroisses.

Il n'y a aucune induction à tirer d'un cas à l'autre. Si l'on a jugé en faveur des curés de la cathédrale, qu'ils enseveliroient tous les étrangers, c'est parce que le droit d'ensevelir tient simplement à la police ecclésiastique, dont les dispositions peuvent être confirmées par l'usage ; mais le droit de baptiser est un droit inhérent au titre de pasteur, qui fait partie de la vocation que chacun d'eux tient de Dieu. Aucune puissance, aucun titre, aucun usage ne peut donc ravir à un curé un droit qu'il ne peut perdre qu'en perdant la place même à laquelle ce droit est attaché.

ARRÊT du parlement d'Aix, du 3 février 1777, qui juge, qu'il y a *abus* dans l'ordonnance du 15 juillet 1742, & conséquemment, que l'évêque ne peut point déléguer, pour baptiser un *adulte*, un curé quelconque au préjudice du curé ordinaire, du curé de la paroisse dans laquelle cet *adulte* fait sa résidence habituelle. Voyez *Baptême, Cathédrale, Curé, Délégué, Enterrement, Évêque, Jurisdiction ecclésiastique, Ordinaire, Pasteur, Prescription, Sacrement, Sépulture, Synode, Usage, &c.*

ADULTÉRATION.

(Droit public.)

Ce mot vient du latin *adulteratio*, & exprime l'action de dépraver ce qui est pur; *corrumpere quod sincerum est*.

On a dit en latin ADULTÉRER la parole de Dieu; *ADULTERANTES verbum Dei*. (Paulus 2, ad Corinth. 2, 17. & 4. 2.) Une science *adultérine*; *doctrina ADULTERINA*. (In præf. 1, digestorum. § hoc autem 7.) Des cachets, des sceaux *adultérins*, appliqués à un testament supposé; *ne lituris coargui posset, testamentum in alias tabulas transcriptum signis ADULTERINIS obsignavit*. (Cicero pro Cluentio, n°. 30, edit. R. Steph.) *Signum ADULTERINUM*. (L. 30, D. ad l. Cornel. de fals. & Pauli sentent. lib. 4, tit. 25, § 1.) Un testament *adultérin*; *testamentum ADULTERINUM*. (L. 6, D. ad l. Cornel. de fals.) Des lettres ADULTÉRINES; *litteræ ADULTERINÆ*. (Apuleius de asino aureo, lib. 4.) ADULTÉRER des comptes, *adulterare rationes*. (L. 1, § ult. D. de

servo corrupto.) Des marchandises ADULTÉRÉES, *mercis ADULTERIA*. (Plinius in histor. natur.) Des balances ADULTÉRINES, *stateræ ADULTERINÆ*. (L. 6, § 1, D. de extraord. crim.) Des clefs ADULTÉRINES, *claves ADULTERINÆ*. (Sallustius in Jugurthâ, cap. 12.) ADULTÉRER la monnoie : des pieces de monnoie *adultérines*; *ADULTERARE nummos*. (Pauli sentent. lib. 5, tit. 25, § 1.) *ADULTERARORES monetæ*. (L. 16, § 9, D. de pœnis, & l. 1, C. TH. de conlat. æris.) *ADULTERINA moneta*. (L. 6, § 1, D. ad l. Jul. peculatûs; & l. 2, C. quibus ex causis servus; & l. 1, C. de falsâ monetâ & Pauli sentent. lib. 5, tit. 25, § 1.) *ADULTER monetæ*. (L. 3, C. de episcop. aud.) *ADULTERINI nummi*. (L. 9, D. ad l. cornel. de falsis.) *ADULTER solidorum*. (L. 2, C. de falsâ monetâ; & l. 5, C. TH. eod.)

En françois, l'on s'est servi pendant long-temps du mot *adultération*, & des autres expressions employées par les latins. Belon, dans son livre des observations des singularités trouvées en Grece, (liv. 1, chap. 18, pag. 44, édit. de 1588, in-4°.) dit qu'au lieu d'hysope, les apothicaires usent d'une méchante petite herbe ADULTÉRINE. François I, dans sa célebre ordonnance *sur le fait des monnoies, état & regle des officiers d'icelles*, donnée à Blois le 19 mars 1540, s'est exprimé ainsi : *Et pource qu'il est mal aisé de découvrir & avérer les falsifications, ADULTÉRATIONS, rognemens & autres malversations & fautes qui se commettent au fait desdites monnoies, &c.*

Aujourd'hui les mots *adultérer* & *adultération* ne s'emploient plus au figuré, à moins qu'on n'y soit déterminé par l'impossibilité de s'exprimer autrement avec décence & rapidité, comme nous avons cru pouvoir le faire, tom. 2, pag. 329, col. 2, ligne 33. On ne s'en sert qu'au propre, pour exprimer le crime *adultere*, & par *adultérins*, les enfans qui naissent de l'adultere. Nous difons altérer les monnoies & les ouvrages faits avec l'or, l'argent & les autres métaux; nous difons *falfifier* un teftament, un compte; *contre-faire* une fignature, l'addition d'un livre; *fophiftiquer* des médicamens, des drogues, des marchandifes; *fabriquer de fauffes clefs*, fe fervir de *faux fceaux*, de *faux cachets*, de *faux poids*, de *fauffes mefures*, de *fauffes balances*. Voyez *Altération, Apo-thicaire, Aune, Auteur, Balance, Ca-chet, Contre-façon, Drogues, Epiciers, Faux, Imprimeur, Libraire, Médicamens, Mefure, Monnoie, Qui-pro-quo, Sceau, Serrurier, Sophiftiquer.*

ADULTERE.

(Dr. criminel. Dr. privé.)

1. L'*adultere* eft la conjonction char-nelle d'un homme & d'une femme, dont l'un, ou tous les deux font mariés, à d'autres perfonnes.

Les auteurs ont varié fur l'étymologie du mot adultere, *adulterium*. Les Romains ne l'avoient point emprunté des Grecs, qui appelloient l'adultere *moikein*, dont les Latins ont fait leur *mœchus*. Adul-tere fignifioit en latin, altération, adul-tération, une chofe mife pour une autre, un crime de faux, fauffes clefs, faux contrat, faux feing, *adulteratio*; delà, celui qui fe mit dans le lit d'un autre, fut nommé *adulter*, comme une fauffe clef qui fouille dans la ferrure d'autrui. *Queftions fur l'Encyclopédie*, au mot *Adultere.*

On a auffi fait dériver *adulterium*, tantôt du mot *torus*, lit; & tantôt du mot *uterus*, ventre; *adulterium ad alterum torum, vel uterum acceffio.*

Les loix de prefque tous les peuples ont prononcé des peines capitales contre ce délit, & les ont variées avec une re-cherche cruelle, qui feroit penfer qu'elles ont été plutôt infpirées par une jaloufe paffion, que dictées par cette raifon fage

& éclairée, qui mefure la peine des délits fur le trouble fait à la fociété, & non fur le reffentiment des offenfés.

Ces loix, comme toutes celles qui tendent à diriger les mœurs, ont fouvent manqué leur but; là où regne la vertu & la fimplicité, elles font fuperflues; là où les mœurs font corrompues, elles font infuffifantes.

Par-tout où des inftitutions civiles, ou religieufes, & plus encore les befoins créés par le luxe, ont condamné au cé-libat une partie nombreufe de citoyens; où l'intérêt calculant les mariages, n'af-fortit que les fortunes; où les femmes reçoivent une éducation fi abfolument étrangere à l'état d'époufe & de mere, que loin d'appercevoir dans le mariage des devoirs importans & graves, elles ne l'efperent que comme l'époque de leur indépendance; là où font tant honorés tous les arts de l'imagination, qui em-belliffent quelquefois la vie, qui nuifent plus fouvent au vrai bonheur, & qui toujours corrompent les mœurs publiques; l'opinion générale a tellement prévalu fur les loix, que toutes nombreufes qu'y font les infidélités dans le mariage, l'accufation d'adultere y eft très-rare: la preuve en devient d'autant plus difficile, qu'il y a comme une efpece de ligue pour la faire échouer; & la raillerie, qui pourfuit dans la fociété, fur nos théatres, & jufqu'au pied des tribunaux le mari qui ofe fe plaindre, l'engage prefque toujours à dévorer en fecret une douleur que perfonne ne partage, & à garder un filence prudent fur un malheur dont il n'eft plus au pouvoir des loix de le venger entiérement. Chez les nations qui ont admis le divorce, que nous n'avons rejeté que depuis environ le dixieme fiecle de l'ere chrétienne, que la Pologne catholique tolere, que l'églife grecque autorife; l'accufation d'adultere, rend du moins la liberté à celui qui n'eft que malheureux; il peut encore redevenir époux & pere, & oublier fa douleur & fa honte

A D U

dans les bras d'une femme vertueuse : mais nos loix ayant prononcé l'indissolubilité du mariage, quoique l'évangile eût autorisé le divorce dans le cas de l'adultere ; (*Quicumque dimiserit uxorem suam, nisi ad fornicationem, & aliam duxerit, mœchatur*. Math. ch. 19, v. 9 ;) il n'est resté au mari outragé que la perspective de vivre avec une femme qui le déshonore, ou de se livrer au ridicule pour obtenir une satisfaction toujours incertaine, dont le succès même ne rétablit point son honneur, & le laisse dans une privation absolue, ou une débauche criminelle.

Le philosophe se fait sur l'adultere beaucoup de questions que le jurisconsulte ne sauroit résoudre, parce qu'il ne peut parler que le langage des loix.

Qu'ont-elles voulu punir dans l'adultere ? Est-ce l'introduction d'un héritier étranger dans une famille ? Elles auroient donc distingué les circonstances, où l'âge, la stérilité, une grossesse avancée, mettent le mari à l'abri de ce danger. Elles paroissent d'ailleurs avoir été peu touchées de cet inconvénient ; à leurs yeux, le mari est toujours le pere : *Pater est quem nuptiæ demonstrant* ; & cela suffit en effet à l'état.

Ont-elles espéré prévenir le trouble dans les mariages ? Mais auroient-elles laissé impuni l'adultere du mari ? Celui qui dissipe avec une concubine une fortune destinée pour ses enfans, qui ne veille plus à leur éducation, qui par un divorce réel cesse de vivre avec une femme dont l'état devoit espérer encore des citoyens, qui fait chaque jour couler les larmes d'une épouse vertueuse & sensible, à qui même il ne dissimule souvent pas ses infidélités, trouble-t-il moins le mariage qu'une femme qui s'enveloppe du mystere ; & qui, par les égards & les soins domestiques, cherche à éloigner des soupçons qu'elle a tant d'intérêt à ne pas laisser naître ?

On se demande aussi pourquoi les loix qui ont gradué, selon les circons-

tances, les peines des autres délits, n'ont admis aucunes distinctions, lorsqu'elles ont eu à punir l'adultere, quoiqu'en ce genre les degrés de *coupabilité* puissent varier infiniment. Une femme outragée par un mari violent & dur, réduite au besoin par un mari avare, trompée par un mari infidele, abandonnée par un mari absent, livrée, dans sa jeunesse, à un vieillard impuissant & fâcheux, forcée par d'ambitieux parens de donner sa main quand elle retenoit son cœur, livrée peut-être à de plus doux sentimens conçus dans la liberté & l'innocence ; une telle femme subira la même peine que celle qui ayant trouvé dans un mari de son choix tous les rapports d'âge, d'agrémens, de fortune, de caractere ; des soins complaisans ; des procédés généreux ; une tendresse fidele, auroit, par une indigne perfidie, trompé un époux qui devoit échapper à un outrage qu'il ne méritoit pas. La loi ne distingue pas non plus entre une Messaline & une femme sensible, qu'égare un penchant qu'on ne doit pas justifier, mais qui du moins n'exclut pas toute vertu. Le public saisit à la vérité ces nuances, & blâme, ou excuse en conséquence : mais les juges ne peuvent fausser une regle qui ne plie point ; car la loi n'a rien distingué.

Le seul moyen d'expliquer son silence, seroit d'adopter l'opinion de M. Linguet, qui pense que les législateurs ont regardé la femme comme une esclave, faisant partie des effets du mari. D'après ce système, qui fut celui des Romains, du moins dans les premiers siecles de la république, où toutes les loix sur l'état des femmes, & sur celui des enfans, respirent la servitude, rien n'est plus conséquent que de ne faire aucune distinction. On n'examine point si l'esclave qui fuit, a volontairement perdu sa liberté ; s'il a pu la perdre ; si son maître pouvoit en espérer, ou non, de longs & importans services ; s'il étoit traité avec humanité, ou avec rigueur : il a fui, il n'étoit plus à lui, il ne pouvoit disposer de fa perfonne, il eft puni. Nos mœurs n'adoptent plus ces idées ; mais nos loix n'ont point changé avec nos mœurs.

Ne feroit-il point à defirer, qu'au lieu de porter dans les tribunaux l'accufation d'adultere, & d'y amufer la curiofité publique, fi ardente à recueillir des détails cyniques & des circonftances dont fe rit la malignité, le mari qui fe croit outragé & la femme accufée, fuffent tenus de s'en remettre au jugement des deux familles affemblées, qui feroient obligées de prononcer. Là feroient connus & pefés tous les procédés, les torts refpectifs feroient calculés avec équité, la liberté de fe défendre feroit entiere ; mais l'art des procédures & des fubterfuges feroit écarté, & un jugement fans éclat, qui ne feroit point configné dans des greffes, ni annoncé dans des papiers publics, mais qui feroit ftrictement exécuté, abfoudroit ou puniroit, en modérant, ou aggravant la peine felon les circonftances.

Il n'eft pas fans vraifemblance que ce tribunal domeftique, incapable d'erreur fur des faits aont il feroit difficile qu'il n'eût pas été en quelque forte le témoin néceffaire, feroit plus important pour une femme coupable, que nos formes judiciaires, à la faveur defquelles elle efpere toujours échapper, & qui jufqu'au jugement, lui laiffent tant de moyens d'humilier, de calomnier, d'outrager encore fon mari.

Dans un moment où de bons efprits, en portant la lumiere fur nos loix criminelles, en ont éclairé les défauts, & fait defirer vivement la réformation, les réflexions que nous venons de nous permettre, ne paroîtront peut-être pas fuperflues : mais jufqu'à ce que le vœu que la nation paroît former à cet égard, foit rempli, nous ne pouvons que refpecter le droit pofitif dont nous allons rendre compte. Dans le grand nombre d'ouvrages que nous avons confultés pour refondre cet article du dictionnaire de Brillon, aucun ne nous a été plus utile

que le *Traité de l'adultere* de M. Fournel : cet excellent ouvrage nous a prefque toujours fervi de guide. Nous étions loin d'avoir la témérité d'efpérer faire mieux ; & fur beaucoup de queftions, nous nous fommes permis de l'extraire.

La marche de cet article fera celle même de la procédure qu'on doit fuivre en matiere d'adultere.

Nous examinerons d'abord qui peut accufer, devant qui on doit accufer, comment on doit accufer.

Nous parlerons enfuite des exceptions & des preuves en matiere d'adultere.

Enfin, après avoir indiqué la légiflation de différens peuples, nos coutumes anciennes & les loix romaines fur l'adultere, nous parviendrons à la jurifprudence actuelle, & nous defcendrons à toutes les conféquences qui dérivent de l'abfolution, ou de la condamnation des accufés.

Qui peut intenter l'accufation d'adultere ? Mari accufateur.

2. On expofera, fous le n°. *Loix romaines*, les différentes variations du droit, fur la faculté accordée aux peres & aux étrangers, de former l'accufation d'adultere : il nous fuffit ici de donner comme principe général, qu'en France le mari eft feul admis à fe plaindre de l'adultere de fa femme. Nous rapporterons fucceffivement le petit nombre d'exceptions que peut admettre ce principe confacré par la jurifprudence la plus conftante.

ARRÊT du parlement de Touloufe, rendu aux grands jours, du Puy, en 1548, qui juge que le mari feul eft recevable à accufer fa femme d'adultere. Papon, *liv. 24, tit. 2, n°. 6.*

ARRÊT du parlement de Paris, du 10 juillet 1599, qui fait défenfe au nommé Bindé de pourfuivre l'accufation d'adultere, qu'il avoit intentée contre la femme du nommé Sevin, notaire à Orléans, lequel ne fe plaignoit point : l'arrêt fupprima le mémoire donné par

Bindé à M. le procureur général. *Bibliot. de Bouchel*, au mot *Adultere*.

ARRÊT du parlement de Grenoble, du 16 mai 1638, qui a jugé que le mari peut seul accuser sa femme d'adultere, même par voie d'exception & à fins civiles. Basset, *tom. 2, liv. 6, tit. 19. chap. 2.*

Pere, beau-pere, & autres parens, accusateurs.

3. Notre jurisprudence a rejeté l'accusation d'adultere, *jure parentum*. Il y a cependant des exemples d'accusation par le pere & les parens, admis dans des cas singuliers.

ARRÊT du parlement d'Aix, du 13 novembre 1675, qui déclare un pere recevable à accuser d'adultere sa fille, dont le mari étoit sourd & muet. Boniface, *tom. 5, lib. 4, tit. 2, chap. 5.*

L'espece d'impossibilité où le mari étoit d'agir, méritoit sans doute une exception, & ne devoit pas assurer l'impunité.

ARRÊT du parlement de Paris, du 18 juillet 1665.... *Espece*. Antoine Gayot, curé d'Arnac, diocese de Limoges, marie sa niece, avec laquelle il avoit déja un commerce scandaleux, qu'il continua après le mariage ; tellement qu'il en eut un enfant, pendant une absence de deux ans que fit le mari. — Le pere du mari rend plainte devant le juge royal ; le curé est décrété de prise de corps. Cependant le mari revient, désavoue la poursuite commencée par son pere, & le curé est absous. — Le pere se pourvoit alors devant l'official de Gueret, & accuse le curé d'ivrognerie, de blasphême, d'adultere & d'inceste avec sa niece : l'official décrete d'ajournement le curé, qui, après avoir prêté ses réponses, interjette appel comme d'abus ; & intime le promoteur, lequel, de son côté, avoit aussi interjeté appel comme d'abus, de la sentence du juge laïque, qui avoit renvoyé le curé d'accusation.

M. Bignon qui portoit la parole dans cette affaire, observa qu'il y avoit preuve de la vie abominable de ce curé, dont le crime renfermoit l'inceste, le sacrilege & l'adultere ; que l'official pouvoit connoître de tout ce qui regardoit les mœurs des ecclésiastiques ; que l'absolution du juge laïque étoit irréguliere, & ne pouvoit être considérée ; que le promoteur pouvoit d'autant mieux en connoître, que la femme n'étoit pas accusée ; qu'ainsi il n'y avoit abus dans ce qu'avoit fait l'official de Gueret. En conséquence, M. Bignon interjeta appel *à minimâ* de la sentence du premier juge, & conclut au renvoi devant l'official, pour le procès être fait au curé sur le délit commun, à la diligence du pere, & requête du substitut, & par le lieutenant criminel pour le cas privilegié. L'arrêt fut conforme & fit défenses à l'official d'élargir le curé, sans ouir le substitut de M. le procureur général, & sans que le cas privilégié fût jugé. Sur l'intervention du mari, les parties mises hors de cour. *Journal des audiences, tom. 2, liv. 7, chap. 26.*

Il est à remarquer que dans cet arrêt, il n'est question que du curé, & que l'accusation ne fut point suivie contre la femme que son mari défendoit, loin de l'accuser. Mais comment condamner le curé, sans impliquer la femme sa complice ? Nous ignorons quelles furent les suites de cette affaire, dans laquelle on doit présumer que des circonstances très-graves de scandale & de publicité, déterminerent un arrêt qui semble blesser les principes en cette matiere, qui sont que le silence du mari, à plus forte raison, son opposition, ferme toute issue à l'accusation d'adultere, à moins qu'il n'y ait eu connivence de sa part. Alors le ministere public pourroit agir, mais il faudroit qu'il comprît le mari dans sa plainte, comme fauteur du scandale commis par sa femme.

Héritiers accusateurs.

4. Le principe général est que le mari

qui décede, après avoir intenté une accusation d'adultere, mais avant le jugement, transmet son action à ses héritiers, soit en ligne directe, soit en ligne collatérale ; suivant cette regle de droit : *Omnes actiones quæ tempore aut morte pereunt, semel inclusæ judicio, salvæ permanent; l. 39, D. de reg. jur.* Mais il est à observer que la poursuite des héritiers n'expose la femme adultere qu'à la perte de sa dot & de ses conventions matrimoniales, & qu'elle ne peut plus être soumise aux peines de l'authentique ; & que par conséquent elle ne doit plus être poursuivie que par la voie civile.

ARRÊT du Parlement de Paris, du 16 juillet 1670, qui reçoit une fille mineure à reprendre contre sa mere, l'accusation d'adultere commencée par son pere, mort pendant l'instruction. (Duplessis, *Consultation neuvieme.*)

Cet arrêt, qui pour quelques intérêts pécuniaires, armoit une fille contre sa mere, & lui permettoit de la déshonorer, ne blessoit-il pas davantage les mœurs publiques, que n'avoit pu le faire une infidélité envers un mari qui n'existoit plus ? Le premier devoir de la piété filiale n'est-il pas de dérober à tous les yeux la honte de ses peres, & d'en écarter respectueusement ses propres regards ? Etoit-ce à une fille à constater la souillure du lit où elle avoit pris naissance ? Des héritiers étrangers, en poursuivant l'accusation commencée par le mari, n'ont pas de pareilles réflexions à redouter, & la jurisprudence les a constamment admis.

ARRÊT du 5 janvier 1680, qui permet aux héritiers du sieur de Courcen, de suivre l'action qu'il avoit intentée contre Marie Sidonia de Lenoncourt sa femme ; condamne cette veuve, pour l'adultere par elle commis avec le sieur de Rostaing, en 60000 liv. de dommages & intérêts, à 20000 liv. d'aumônes, 5000 liv. d'amende & aux dépens ; & la déclare déchue de ses conventions matrimoniales, douaire, préciput, & part de communauté ; mais elle ne subit point la peine de la reclusion à laquelle les héritiers n'ont pas le droit de conclure.

Si le mari a été dans l'impossibilité de se plaindre de son vivant, on a quelquefois admis les héritiers à accuser d'adultere, par forme d'exception.

ARRÊT du parlement de Grenoble, du 11 août 1635, qui admit les héritiers d'un homme mort à Maroc, où il étoit captif depuis plusieurs années, à opposer à la femme sa mauvaise conduite, que le mari n'avoit pu connoître, ni poursuivre, ni pardonner. (Basset, *tom.* 2, *liv. 4, tit. 7, chap. 5.*)

Il est à remarquer que la femme ne fut privée que d'une donation à elle faite par son mari : les héritiers n'auroient pas été admis à la preuve de l'adultere, s'il eût été question de contester à la femme sa dot & ses conventions matrimoniales ; distinction importante, dit M. Fournel, qui nous a fourni cette observation.

ARRÊT du parlement de Bourdeaux, du 6 mars 1709, qui a jugé qu'une fille n'est pas recevable à prouver que son pere, du vivant de sa premiere femme, mere de cette fille, avoit un commerce avec celle qu'il vouloit épouser en secondes noces, & qu'il lui avoit promis de l'épouser après la mort de sa premiere femme. La Peyrere, *lettre* M, n°. 8.

ARRÊT du parlement de Paris, du 2 mai, 1585, qui a déclaré les héritiers du mari non-recevables à informer civilement, & par forme d'exception, de l'adultere commis, tant du vivant du mari, qui ne s'étoit pas plaint, que pendant la viduité ; sauf à eux à se pourvoir au criminel, à raison de l'homicide du mari dont ils accusoient la femme. Maynard, *tom. 1, liv. 4, ch. 2.*

ARRÊT du 2 juin 1589, qui déboute une fille de la preuve de l'adultere de sa belle-mere, du vivant du mari qui n'avoit formé aucune plainte. Louet, *lettre* I, *som.* 4.

ARRÊT du parlement de Bourdeaux, qui a jugé dans la cause de la Dlle. de Poyferre, que le frere, qui n'est pas héritier

héritier du mari, ne peut reprendre l'accufation d'adultere, intentée par le mari. — L'arrêt ordonna, (fans doute d'après une fcandaleufe notoriété,) que le procès feroit fait à M. de Poyferre, à la requête du procureur du roi. *Décifions de la Peyrere, lettre A, n°. 22.*

On trouvera fous le n°. *Legs & donations entre adulteres,* les cas où les héritiers pourroient être admis à propofer l'adultere par forme d'exception pour faire anéantir les dons.

Étrangers accufateurs.

5. Les étrangers n'ont aucun caractere pour troubler la paix conjugale & intenter l'accufation d'adultere. *Extraneos autem procul arceri ab accufatione cenfemus. L. 30, C. ad l. Jul. de adult.*

Arrêt du parlement de Dijon, du 30 juillet 1691, qui a jugé que les étrangers ne pouvoient, même par voies indirectes, accufer la femme, du vivant du mari. . . . *Efpece.* Deux particuliers ayant furpris, à dix heures du foir, tête à tête avec la femme de Jean Bizot, le fieur Guyard, defervant la paroiffe de Ville-Berny; ils fe jeterent fur lui & le maltraiterent. Guyard rendit plainte, & obtint décret de prife de corps contre les deux particuliers; ils interjeterent appel, & articulerent, pour fe juftifier, qu'ils étoient parens du mari, & qu'ils avoient trouvé le fieur Guyard en adultere avec la femme Bizot; celle-ci s'oppofa à une preuve qui tendoit à établir contre elle une accufation d'adultere, qui n'appartient qu'au mari, & l'arrêt rejeta la preuve. *Serpillon, pag. 1475.*

Miniftere public accufateur.

6. L'adultere eft un crime privé, qui n'eft foumis à la cenfure du miniftere public, que dans le cas où il y auroit fcandale, ou connivence notoire de la part du mari; & alors le procureur du roi doit comprendre le mari dans fa plainte, à moins que fon abfence n'éloigne de lui le foupçon de complicité. Il faut

auffi remarquer que la femme adultere, pourfuivie par le miniftere public, n'eft pas condamnée aux peines de l'authentique, mais à celles qui ont lieu contre les femmes proftituées; & le mari complice eft puni comme coupable de maquerellage.

Arrêt du parlement d'Aix, du 24 mai 1642, qui a jugé que M. le procureur général eft non-recevable à accufer d'adultere une femme mariée.

Arrêt du même parlement, du 14 avril 1668, qui ordonna qu'avant de pourfuivre une femme qui avoit commis un adultere en l'abfence de fon mari, M. le procureur général fe muniroit d'un pouvoir donné par le mari pour faire la pourfuite. *Boniface, tom. 2, part. 3, liv. 1. tit. 7, chap. 1 & fuiv.*

Arrêt du parlement de Touloufe, qui juge que le procureur général ne peut accufer une femme d'adultere, qu'après avoir convaincu fon mari de complicité. *Catellan, liv. 2 chap. 85.*

Arrêt du parlement d'Aix, du 6 juillet 1675, qui admet M. le procureur général à fuivre une accufation d'adultere que le mari n'avoit abandonnée qu'à *raifon de fa pauvreté, fauf à M. le procureur général à la pourfuivre.* C'eft cette follicitation de la part du mari, qui détermina l'arrêt. *Boniface, tom. 5, liv. 4, tit. 2, chap. 4.*

Arrêt du parlement de Paris, du premier février 1647. . . . *Efpece.* Un jeune homme époufe une fille qui accouche le jour de fon mariage; il rend plainte, & la femme avoue que fon coufin germain eft le pere de cet enfant. — L'enfant meurt quelques jours après; le mari abandonne fa pourfuite : le procureur-fifcal, emporté par fon zele, rend plainte contre le coufin germain & le décrete. L'accufé interjette appel, & le mari fe joint à lui. D'un autre côté, le pere de la fille fe réunit au procureur-fifcal. L'arrêt rendu fur les conclufions de M. Talon, mit les parties hors de cour; *Code matrimonial,* au mot *Adultere,*

ARRÊT du conseil souverain d'Alsace, du 25 Juin 1689. .... *Espece.* Michel Speckner voyoit souvent la femme de Jacques Harnit son compatriote : cette fréquentation ayant excité du scandale, les magistrats firent emprisonner Harnit & sa femme, & déposer des témoins, qui dirent avoir vu Speckner prendre des libertés avec la femme Harnit ; elle dénia ; son mari, qui fut aussi interrogé, dit que sa femme ne lui avoit donné aucun sujet de plainte. Cependant, sentence qui condamne Speckner à une amende, & la femme Harnit, à trois jours de prison, au pain & à l'eau, avec défenses de plus se fréquenter. Quelque temps après, elle rencontre Speckner, & cause avec lui. Les magistrats informés de cette entrevue, condamnent Speckner à une nouvelle amende ; & la femme Harnit à huit jours de prison. Alors Speckner & Jacques Harnit interjeterent appel de ces deux sentences, & firent intimer les magistrats. L'arrêt déclara les emprisonnemens nuls, & condamna les juges en 200 liv. de dommages & intérêts. *Traité de l'adultere, premiere partie, chap. 2, § 2.*

Brillon rapporte, d'après Leprêtre, un arrêt du parlement de Paris, du premier juillet 1606, qu'il prétend avoir jugé que le procureur du roi, & même un procureur fiscal, sont recevables, pour l'honnêteté publique, à rendre plainte en adultere, quoique le mari ne se plaigne pas, & qu'il ne puisse pas être reputé complice. Cet arrêt, qui seroit contraire à tous les principes, décide précisément le contraire de ce qu'a prétendu M. Leprêtre ; on le trouve dans le *soixante-deuxieme Plaidoyer* de Corbin.

Nous devons observer sous ce titre, que tous les arrêts qu'on vient de citer, ne concernent que les procureurs du roi & Mrs. les procureurs généraux ; car les procureurs-fiscaux n'ont point le droit de rendre plainte des adulteres commis même avec connivence de la part du mari ; ils pourroient seulement traduire les parties à la police, & les faire condamner à sortir des terres de la seigneurie, dans le cas d'un scandale bien public. Ainsi jugé sur les conclusions de M. Talon, contre le procureur-fiscal du marquisat d'Illierz, qui fut déclaré non-recevable. *Journal du palais, tom. 2, pag. 979.*

Femme accusatrice.

7. Si on consultoit les docteurs de l'église sur la question de savoir si les femmes peuvent accuser leurs maris d'adultere, on croiroit qu'elles ont ce droit : mais c'est un principe incontestable en France, que cette accusation est interdite aux femmes, conformément à la *loi 1. cod. ad leg. Jul. de adult.*

Publico judicio non habere mulieres adulterii accusationem, quamvis de matrimonio suo violato quæri velint lex Julia declarat : quæ cùm masculis jure mariti accusandi facultatem detulisset, non idem fœminis privilegium detulit.

Nous disons ainsi le droit positif sur cet article si délicat, & nous nous gardons bien d'examiner si ce défaut de réciprocité est parfaitement juste. Il faut croire que la loi a eu deux grands objets, la pudeur si nécessaire aux femmes & le danger d'introduire des étrangers dans la famille.

Cependant la femme peut se faire, de l'adultere de son mari, un moyen de séparation, s'il a été accompagné de scandale, de dissipation & de mauvais traitemens. Voyez *Séparation.*

Il est néanmoins un cas où l'accusation d'adultere seroit accordée à la femme contre son mari ; ce seroit celui où le mari auroit commis adultere avec la fille que sa femme auroit eue d'un premier mari : car alors elle poursuivroit son mari, *jure matris,* comme corrupteur de sa fille. *Traité de l'adultere, premiere partie, chap. 2, § 1.*

Mais la femme accusée par son mari, ne peut-elle pas lui opposer l'adultere par forme d'exception ? Voyez ci-après n°. 21, *Mari adultere.*

Quel juge peut connoître de l'accusation d'adultere.

8. Dans un temps où le clergé avoit usurpé presque tous les genres de pouvoir, les officiaux s'étoient exclusivement attribué le droit de connoître les accusations d'adultere : les papes, les conciles, celui même de Trente, les y avoient confirmés : la profanation du sacrement étoit le prétexte de cette attribution, de laquelle il résulta de monstrueux abus. On vit des officiaux se permettre de citer à leur tribunal ceux qu'ils soupçonnoient d'adultere, & les forcer de composer moyennant une somme ; d'autres condamnoient à de rigoureuses peines les nouveaux époux qui avoient usé des droits du mariage, sans en avoir acheté d'eux la permission.

Il fallut des loix, & toute la fermeté des parlemens à les faire exécuter, pour rendre aux tribunaux civils, la connoissance d'un délit qui ne pouvoit être raisonnablement du ressort de la jurisdiction ecclésiastique.

Deux ordonnances citées par tous les auteurs, sous le titre d'arrêts des *Ribauds mariés*, commencerent à remettre les choses dans leur ordre naturel : elles ont été trouvées au greffe du parlement de Paris, au registre des ordonnances, appellé *les Antiques*; & elles sont citées dans le *Recueil des actes*, servant de preuves aux *Libertés de l'église gallicane*, *chap. 36, n°. 10 & 11*.

La premiere de ces ordonnances, rendue par Philippe de Valois, le 10 juillet 1336 : *Fait défense aux évêque & archidiacre d'Amiens, de plus faire citer à l'avenir les laïques devant leurs officiaux en matiere d'adultere.*

La seconde, du 5 mars 1388, fut adressée par Charles VI au bailli d'Amiens, & lui enjoint de tenir la main à la réformation des mêmes abus, que sans doute l'ordonnance de 1336 n'avoit pas détruits : il paroît même que les évêques d'Amiens étoient difficiles à réduire;

car, le parlement de Paris fut obligé de rendre arrêt le 19 mars 1409, rapporté par Secousse, *tom. 2, pag. 27*, qui fait défense à l'évêque d'Amiens, qu'*il ne print, ne exigeast argent des nouveaux mariés, pour leur donner congé de coucher avec leurs femmes la premiere, seconde & troisieme nuit de leurs noces.*

Brillon cite deux arrêts du parlement de Paris, l'un de 1538, qui juge y avoir abus dans l'ordonnance de l'official d'Amiens qui avoit condamné un laïque en l'amende pour crime d'adultere.

L'autre, du 19 juin 1606, contre le promoteur & l'official de Poitiers, intimés en leurs noms, pour avoir jugé une question d'adultere. L'arrêt qui les condamne aux dépens, dit qu'il a été mal & abusivement par eux prononcé. Bouchel, au mot *Adultere*.

ARRÊT du parlement de Grenoble, du dernier février 1566, rapporté par Expilly, *chap. 64*, qui décide que le juge d'église ne connoît point de l'adultere.

C'est donc aujourd'hui un principe incontestable de notre droit public, que la connoissance exclusive de l'accusation d'adultere, appartient aux tribunaux séculiers; il n'y a pas même d'exception, lorsque l'accusé est ecclésiastique : &, si d'anciens arrêts ont renvoyé devant leurs évêques des clercs accusés d'adultere, il est décidé depuis long-temps que l'adultere est un cas privilégié, dont l'official ne peut connoître : & si l'accusation s'en présente incidemment dans une procédure, instruite contre un ecclésiastique, sur un délit commun, l'official est à l'instant obligé d'appeller le juge royal. C'est la disposition de l'*art. 38 de l'édit d'avril 1695*, concernant la jurisdiction ecclésiastique.

« Les procès criminels qu'il sera nécessaire de faire à tous prêtres, diacres, ou sous-diacres, ou clercs vivans cléricalement, résidans & servans aux offices, ou au ministere & bénéfices qu'ils tiennent en l'églife, ou qui feront accufés de cas qu'on appelle privilégiés, (l'adultere en eft un,) feront inftruits conjointement par les juges d'églife, & par nos baillis & fénéchaux, ou leurs lieutenans, en la forme prefcrite par nos ordonnances, & particuliérement par l'*art. 22 de l'édit de Melun*, par celui du mois de février 1678, & par notre déclaration du mois de juillet 1684, lefquels nous voulons être exécutés felon leur forme & teneur. »

Cet édit n'a fait, comme on le voit, que renouveller des difpofitions anciennes ; & la compétence du juge royal pour la connoiffance du crime d'adultere, commis par un eccléfiaftique, n'étoit pas un problême au temps de l'édit de *1695*. On trouve dans les *Mémoires du clergé, tom. 7, pag. 673*, un arrêt célebre du parlement de Paris, rendu le 17 juin 1673, contre un curé accufé d'adultere : M. Talon qui portoit la parole dans cette affaire, développa tous les principes fur la compétence en cette matiere, & établit que l'adultere d'un eccléfiaftique étoit un cas privilégié, dont la connoiffance & l'inftruction appartenoient conjointement au juge eccléfiaftique & au juge féculier.

Un arrêt très-récent, rendu au parlement de Bourdeaux, le 29 août 1776, fournit l'exemple d'une application bien précife du principe que l'adultere d'un eccléfiaftique eft de la compétence du juge féculier.

Le curé de Saint-Vincent-de-Paule, diocefe de Bourdeaux, prend la fuite avec une jeune femme, dont le mari rend plainte en adultere & en enlévement ; ce qui préfentoit un délit commun dans la difparution & l'enlévement, & un délit privilégié dans l'adultere. L'inftruction fut faite conjointement par l'official & le juge royal : l'official rendit le premier fa fentence, le 29 juillet 1776, par laquelle il déclare la contumace bien acquife contre ledit curé, atteint & convaincu de crime de difpa-

rution, départ & enlévement de la dame de G.... & du fcandale public qui en eft réfulté : pour réparation, le condamne à demeurer vingt ans dans un féminaire, pour y fubir les peines canoniques ; l'interdit à perpétuité de fes fonctions, déclare fa cure vacante & impétrable ; & pour le cas privilégié, (l'adultere) renvoie au juge royal, (c'étoit le lieutenant criminel de Bourdeaux,) qui, par fentence du 8 avril fuivant, condamna le curé aux galeres : ce qui fut confirmé par l'arrêt.

Il refte encore une queftion fur la compétence des juges en matiere d'adultere, qui eft celle de favoir, fi les juges de feigneurs peuvent en connoître.

Puifque tous les auteurs, dit M. Fournel, rangent ce délit au nombre des cas royaux ; cependant aucune ordonnance n'a parlé de l'adultere comme d'un cas royal ; le viol & l'incefte font de la compétence des juges feigneuriaux ; pourquoi la connoiffance de l'adultere, qui eft un délit privé, pour raifon duquel le miniftere public même n'a point d'action, leur feroit-elle interdite ? M. Fournel ajoute, qu'il ne fait ces réflexions que pour le maintien des principes, fans avoir l'intention de critiquer la jurifprudence, qui faifit les juges royaux du crime d'adultere ; jurifprudence qui lui paroît très-judicieufe, vu le mauvais état des juftices des feigneurs.

Ce feroit donc s'expofer à voir les accufés foutenir l'incompétence du juge, que de rendre plainte en adultere devant un juge de feigneur. Le mari qui intente cette action, doit la porter devant le juge royal de fon domicile, lors même que fa femme feroit juridiquement féparée d'habitation d'avec lui, & auroit un autre domicile ; mais, fi c'étoit le miniftere public qui pourfuivit l'accufation d'adultere, dans le cas où il lui eft permis de l'intenter, elle feroit portée devant le juge du lieu du délit, fans égard pour le véritable domicile des parties. *Voyez* Serpillon &

Jouffe, fur l'art. 2, du tit. 2 de l'ord. de 1670. On peut auffi confulter fur les *Queflions de compétence en fait d'adultere*, le *Code matrimonial*, Bouchel; le *Traité de l'abus*, liv. 8; le *Code criminel*; Expilly, *Arrêt 64*; le *Traité des libertés de l'églife gallicane*; les *Loix criminelles*, tom. 2; la differtation de Bretonnier, *Alteferra ecclefiaft. jurifd. vindiciæ*, lib. 4, cap. 9; le nouveau *Traité de la jurifdiction des préfidiaux*; le *Recueil de jurifprudence*, au mot *Délit commun*, & l'arrêt rapporté au *Journal du palais*, tom. 2, pag. 979, que nous avons indiqué en terminant le § *Miniftere public, Accufateur*.

Forme de l'accufation d'adultere.

9. L'adultere étant un délit dont la conviction entraîne peine corporelle & afflictive, il ne peut être pourfuivi que par la voie criminelle, lorfque c'eft le mari qui intente l'accufation; car, fi c'étoient les héritiers du mari, comme leur action ne peut tendre à faire infliger aucune peine, mais feulement au retranchement des avantages, legs, &c. ils n'ont que la voie civile.

ARRÊT du parlement de Paris, du mois de juillet 1775, rendu à l'audience, en la troifieme chambre des enquêtes.... *Efpece*. La D. R.... avoit formé contre fon mari une demande en féparation d'habitation. Le mari ne nioit pas les févices, mais prétendoit les juftifier par la mauvaife conduite de fa femme, qui s'étoit, difoit-il, proftituée à fon jardinier : fentence qui, avant faire droit, permet au mari de faire la preuve du fait articulé : la femme au lieu d'interjeter appel de cette fentence, la lui fait fignifier avec fommation d'y fatisfaire : le mari procede effectivement à fon enquête, & elle fe trouve concluante, au grand étonnement de la femme qui rend plainte en fubornation & faux témoignage; les témoins décrétés, propofent des faits juftificatifs, qui tendent à faire foupçonner la femme

elle-même de fubornation; les faits juftificatifs font admis : appel de la part de la femme, & nonobftant cet appel, les témoins accufés de fubornation, procedent à la preuve de leurs faits juftificatifs.

La procédure devient très-compliquée; mais les confeils de la dame R.... la tirent de ce labyrinthe, en lui faifant intejeter appel de la fentence qui avoit admis, par forme d'exception & par la voie civile, la preuve de l'adultere : le mari oppofa vainement l'acquiefcement de la dame R.... à cette fentence; elle foutint qu'aucuns acquiefcemens ne pouvoient valider une fentence, viciée d'une nullité d'ordonnance contraire aux bonnes mœurs & à l'ordre judiciaire : l'arrêt ordonna que les parties plaideroient au fonds; c'eft-à-dire, fur le bien ou le mal-jugé de la fentence, & fur la demande principale en féparation d'habitation. *Traité de l'adultere*, chap. 4.

ARRÊT rendu au parlement de Paris en 1723, au rapport de M. Duport, qui débouta le fieur Lemort de la preuve qu'il demandoit à faire des faits d'adultere, de poifon, & de blafphême qu'il imputoit à fa femme par forme d'exception. Denifart, au mot *Séparation*.

Contre qui doit porter la plainte?

10. Dans le droit romain, celui qui intentoit l'accufation d'adultere ne pouvoit la diriger à la fois contre les deux coupables. Voyez le § *Loix romaines*. Il avoit le choix des coupables; mais fi le premier étoit abfous, il ne pouvoit reprendre le fecond. Cette jurifprudence fut long-temps celle des tribunaux françois : & c'eft en 1552, que le parlement de Paris s'en écarta pour la premiere fois. Depuis cette époque, la néceffité de comprendre les deux coupables dans l'accufation, eft devenue un principe fi rigoureux, que le mari qui ne pourfuivroit que l'un des deux, feroit déclaré non-recevable.

ARRÊT du parlement de Paris, du 31

août 1552. . . . *Espece.* Le fieur Gallot, examinateur du Châtelet, ayant dirigé une accusation d'adultere contre fa femme, & en même temps contre le nommé Verrier, fourrier du grand conseil, son complice, l'arrêt condamna Verrier à l'amende-honorable, la tête & les pieds nus, la corde au col, à 200 l. d'amende envers le roi, à 400 l. de dommages & intérêts envers Gallot, & au banniffement perpétuel hors du royaume ; la femme fubit la peine de l'authentique. Papon, *liv. 22, tit. 9, § 1.* Papon remarque cet arrêt comme une nouveauté introduite dans le droit françois ; jufques-là on n'avoit point dirigé l'accusation d'adultere, contre les deux coupables à la fois : le contraire feroit maintenant une nullité.

ARRÊT du 14 juin 1625, rendu au parlement de Paris, sur les conclufions de M. l'avocat général Servin. . . . . *Espece.* Un jeune homme étudioit en droit à Angers, & logeoit chez un huif-fier, qui l'accufa d'adultere avec fa femme : le prévôt d'Angers décréta de prife-de-corps l'étudiant, qui interjeta appel, fur le fondement que le mari n'avoit point compris fa femme dans la plainte, & la gardoit chez lui. Sur l'appel, M. le premier préfident demanda à l'avocat du mari où étoient les informations faites contre la femme, puifque la plainte étoit pour crime d'adultere : l'avocat ayant répondu qu'il n'y en avoit point, le mari fut déclaré non-recevable. Bardet, *tom. 1, liv. 2, chap. 47.*

Par une conféquence du principe, que les deux coupables doivent être renfermés dans la plainte, le mari qui fe réconcilie avec fa femme, n'a plus d'action contre le complice. Voyez l'arrêt en faveur du comte de Crufq, rapporté ci-après au § *Réconciliation, n°. 13.*

L'obligation de comprendre les deux coupables dans l'accufation, fouffre cependant deux exceptions. La première, fi la chofe n'eft plus poffible, comme fi l'un des deux eft décédé. La feconde, fi l'adultere eft l'effet de la violence ou de la furprife, parce qu'alors il n'y a réellement qu'un coupable.

Comment doit être rédigée la plainte ?

11. Elle doit contenir des faits précis, bien caractérifés, & qui conftituent réellement l'adultere ; & non des faits vagues, qui annonceroient moins la réalité du délit, que l'inquiétude jaloufe du mari : il faut défigner l'époque & le lieu du délit ; car, l'époque peut être affez éloignée, pour que la prefcription fût acquife ; elle peut auffi avoir été fuivie de réconciliation : la défignation du lieu peut de même devenir utile à l'accufé. Ces principes font tirés de la *loi 3, D. lib. 48, tit. 2, de accufationibus,* qui donne le modele d'une accufation régulière : *Lucius Titius profeffus eft, fe Mæviam lege Julia de adulteriis ream deferre : quòd dicat eam cum Gaio Seio in civitate illa, domo illius, menfe illo, confulibus illis* ADULTERIUM *commififfe.*

Cette loi particulière eft conforme aux maximes générales fur les accufations, qui fe trouvent dans la *loi 26, au code de accufationibus ;* & elles ont été adoptées par l'ordonnance de 1670, qui prefcrit, *tit. 3, art. 6,* de circonftancier les dénonciations.

Le mari peut comprendre dans fa plainte, non feulement les adulteres, mais encore ceux ou celles qui les ont favorifés, en prêtant leurs maifons, ou en recevant de l'argent pour cacher au mari les défordres de fa femme, ou de toute autre manière bien caractérifée.

Des exceptions contre l'accufation d'adultere.

12. Il eft des exceptions abfolues contre l'accufation d'adultere ; il y en a de relatives : les exceptions abfolues feroient celles-ci ; 1°. fi l'accufé étoit impubere ; *quoniam tale crimen poft pubertatem incipit ; l. 36, D. ad leg. Jul. de adul-*

teriis: 2°. s'il étoit eunuque. Ainſi l'hiſ-toire nous apprend que l'eunuque Bagoas fut abſous : on obſervoit cependant contre lui que, quoiqu'incapable de produire, il n'en avoit pas moins ſouillé le lit d'autrui : Ærodius *ad legem Juliam de adulteriis*. Quel eſt donc l'eſprit des loix ſur l'adultere ? L'impuiſſant n'eſt pas plus ſécond que l'eunuque ; la femme ſtérile n'expoſe pas non plus ſon mari à ſe voir déclarer le pere d'un enfant étran-ger ; & cependant, ni l'un ni l'autre ne ſont à l'abri de l'accuſation d'adultere ? Derniere exception plus abſolue encore, ſeroit, s'il y avoit erreur ſur le ſexe de l'accuſé, & qu'une femme eût été priſe pour un homme ; ainſi que nous avons vu une femme célebre paroiſſant dans la ſociété, & y rempliſſant ſous les dehors d'un homme, des fonctions dont nos mœurs ont exclu ſon ſexe.

Les exceptions relatives ſont, la preſcription, la réconciliation, une tranſac-tion, l'invalidité du mariage : il faut les examiner ſéparément.

Preſcription.

13. La loi *5* & la loi *28*, *au cod. ad l. J. de adulteriis*, prononcent la preſ-cription du crime d'adultere, par cinq ans de ſilence de la part du mari, à compter du jour du délit, & nous avons admis cette ſage diſpoſition du droit romain.

Si cependant l'abſence, ou la captivité du mari, l'avoit laiſſé dans l'impoſſibilité d'être inſtruit des déſordres de ſa femme, ou de former ſon accuſation, ſoit par lui-même, ſoit par un fondé de pouvoir, on ne pourroit lui oppoſer la preſcrip-tion quinquenaire : cette exception au principe général eſt fondée ſur la *loi 22, C. ob commiſſa*.

Elle eſt conſacrée par un arrêt du parlement de Paris de 1674, rapporté par M. Fournel, dans ſon *Traité de l'adultere, pag. 68*. . . .*Eſpece*. Sentence du juge de Langres, qui déclare le ſieur Guyot non-recevable, *attendu la preſ-*

cription de cinq ans, qui lui étoit op-poſée par ſa femme accuſée d'adultere. Appel de la part du mari : arrêt par lequel l'appellation & *ce*, fut miſe *au néant*, émendant les parties hors de cour & de procès ; c'étoit tout à la fois in-firmer la ſentence & en conſerver les diſpoſitions. M. le préſident Portail expli-qua cette contradiction, en diſant que la cour avoit ainſi prononcé, *afin qu'on n'induiſît pas de la ſentence, que dans tous les cas, un mari eſt exclus, après cinq ans, de l'accuſation d'adultere ; puiſ-qu'il en eſt pluſieurs où un mari, venant à découvrir les déſordres de ſa femme, peut après les cinq ans intenter ſon action.*

Il faut que la preſcription ſoit oppoſée *in limine litis* ; & les accuſés en per-droient le bénéfice, s'ils avoient con-teſté ſur le fond. *L. 15, § 7, de adult*. . .

Cette preſcription n'a pas lieu non plus lorſque la violence ou l'inceſte ſe trouvent réunis à l'adultere. *L. 7, ad leg. Juliam.*

ARRÊT du parlement de Bourdeaux, du 13 avril 1530, rapporté par Papon, qui a jugé que l'adultere inceſtueux ne ſe preſcrit que par vingt ans.

Réconciliation.

14. La réconciliation s'opere par la cohabitation paiſible des deux époux, depuis que le mari à eu connoiſſance de l'adultere.

ARRÊT du parlement de Paris, du 7 juillet 1691, rapporté au *Journal des audiences, tom. 4, liv. 6, chap. 37, pag. 366*. . . . *Eſpece*. Le nommé ***, accuſe ſa femme d'adultere avec le comte de Cruſq. Sentence du juge de Saint-Pierre-le-Mouſtier, qui condamne la femme & abſout le comte : appel à *minimâ*, ſur le fondement qu'on n'avoit pu abſoudre le complice. Pendant l'appel, la femme fait venir chez elle un com-miſſaire avec ſon clerc, & conſtater par un procès-verbal, qu'elle avoit été trouvée couchée avec ſon mari. Arrêt qui abſout la femme, & enjoint à ſon mari de la traiter maritalement, fauf à lui à fe pourvoir contre le comte de Crufq; celui-ci, attendu cette réferve, forma oppofition à l'arrêt : fur l'oppofition, M. l'avocat général de Lamoignon, obferva qu'il n'y avoit lieu de pourfuivre le complice d'une femme reconnue innocente par la réconciliation avec fon mari; en conféquence, le comte fut renvoyé des demandes du mari, tant pour la peine, que pour les dommages & intérêts.

Ce n'eft pas la feule fois qu'une femme adroite, profitant de la foibleffe de fon mari, ou d'une ivreffe excitée à deffein, s'eft fait furprendre dans le lit conjugal, pour échapper à l'accufation, ou à la condamnation du crime d'adultere.

ARRÊT du parlement d'Aix, du 10 mars 1640, qui juge, qu'après la cohabitation & la réconciliation avec fa femme, le mari ne peut plus l'accufer d'adultere, ni pourfuivre le complice. Boniface, *tom. 2, part. 3, liv. 1, tit. 7, chap. 4.*

Au refte, il faut obferver que la réconciliation n'a d'effet que pour le délit antérieur; car, fi la femme commettoit un nouvel adultere, le mari feroit fondé à la pourfuivre : ainfi jugé par arrêt du parlement d'Aix, du 14 décembre 1675. *Voyez* Boniface.

Des lettres miffives qui contiendroient l'oubli de l'offenfe, & des témoignages de tendreffe, feroient auffi une fin de non-recevoir.

Tranfaction.

15. Chez les Romains on ne pouvoit tranfiger fur l'adultere : *Tranfigere vel pacifci de crimine capitali, excepto adulterio, prohibitum non eft. L. 18 de tranfactionibus.* Il n'étoit pas cependant interdit au mari de remettre l'accufation, pourvu que ce ne fût pas à prix d'argent : *Quicumque ob confcientiam ftupri aliquid acceperit, pœnâ erit plectendus, cæterum fi gratis quis remifit, ad legem non*

pertinet. L. mariti, D. ad leg. Jul. § 2 & 3.

Dans notre droit, le mari peut tranfiger avec fa femme, foit avant, foit après l'accufation; & la tranfaction eft une fin de non-recevoir infurmontable, tant contre le mari, que contre fes héritiers.

ARRÊT du parlement de Paris, du 18 juillet 1619, qui confirme une tranfaction fur le crime d'adultere.

Catherine Louvet, mariée à M. Guillaume Sanguin, eut, en l'abfence de fon mari, une fille du nommé Poncet, fecretaire de M. d'Aumale, & la fit baptifer fous le nom de Jean d'Amours gagne-denier, & d'une fervante : plainte de la part du mari; information concluante & aveu de Catherine Louvet dans fa réponfe. Claude Louvet fon pere, pour faire diverfion à cette pourfuite, préfente requête, & demande réparation de l'injure que cette accufation fait à fa fille & à lui : fans y avoir égard, le procès fut réglé à l'extraordinaire. Claude Louvet interjette appel du décret de prife-de-corps laxé contre fa fille. Dans l'intervalle, Catherine Louvet tomba dans un état de foibleffe d'efprit. On lui nomma un curateur, avec lequel Guillaume Sanguin & Claude Louvet, firent une *tranfaction,* par laquelle les conjoints demeurent féparés de corps & de biens. Sanguin rendit la dot, & le curateur de Catherine Louvet, ainfi que fon pere renoncerent pour elle, à la part dans la communauté, au douaire & autres conventions matrimoniales. Claude Louvet promit de faire ratifier cette tranfaction à fes autres enfans à leur majorité; & elle fut homologuée en la chambre des vacations, en 1597. En 1616, Guillaume Sanguin fait affigner fes beau-freres pour ratifier la tranfaction : ils déclarent n'être point tenus des faits & promeffes de leur pere dont ils ne font pas héritiers. Arrêt qui met les parties hors de cour. En 1619, Sanguin, fait fon teftament; legue tous fes ses meubles acquêts & conquêts immeubles, à Mrs. Loisel, président en la cour des aides, & Brion conseiller au parlement, & décede peu de temps après: à l'inftant le curateur de Catherine Louvet, fit appofer les fcellés fur les effets de Guillaume Sanguin, les légataires en interjeterent appel ; alors le curateur prit des lettres de refcifion contre la transaction, & revint par requête civile contre l'arrêt qui l'avoit homologuée. M. le Bret, avocat général, porta la parole dans cette affaire, & fur fes conclufions, la cour, tant fur l'intervention des freres, que fur les lettres de refcifion, & fur les lettres en forme de requête civile, mit les parties hors de cour ; ordonna que la transaction & arrêt d'homologation feroient exécutés felon leur forme & teneur ; & faifant droit fur l'appel, met l'appellation & ce au néant, en émandant, fit pleine & entiere main-levée des chofes faifies, fans dépens. Bardet, *tom. 1, chap. 67.*

ARRÊT du mois d'août 1619, rapporté par M. le Bret, *liv. 2, décifion 23,* qui juge, qu'il eft permis de tranfiger fur le crime d'adultere.

ARRÊT du parlement de Rouen, du mois d'octobre 1729. . . . *Efpece.* Un accufé d'adultere, décrété & interrogé, tranfige avec le mari qui reprend fa femme : M. le procureur général voulut obliger le mari à pourfuivre l'accufation ; mais il fut déclaré non-recevable dans fa prétention. Bafnage, fur l'*art. 143 de la coutume de Normandie.*

ARRÊT du parlement de Rouen, du 5 avril 1669, qui interprete une tranfaction fur l'adultere. Une femme, chaffée de la maifon de fon mari à caufe de fa mauvaife conduite, devient veuve, & fe remarie. Trois mois après, fon fecond mari la furprend avec le prieur de St. Martin, & tue le prieur d'un coup de piftolet. La femme prend la fuite : plainte & information contre elle. Pendant le cours de la procédure, elle tranfige avec

fon mari : ils fe féparent de corps & de biens ; elle lui donne le tiers de fon bien, & renonce à prétendre aucun douaire fur le bien de fon mari *vivant :* il meurt après fix mois de maladie, fans qu'elle l'ait vu ; elle demanda à l'héritier fon douaire, fon deuil & fes paraphernaux. Comme la transaction ne l'avoit point privée de fon douaire après la mort de fon mari, & qu'il étoit dit feulement qu'elle n'auroit point de douaire du *vivant* du mari, quoiqu'ils fuffent féparés, l'arrêt le lui adjugea. Quelques circonftances tendoient à juftifier cette femme : le prieur de St. Martin avoit foixante ans ; une information faite à la diligence du fupérieur de ce religieux, prouvoit que le mari ne l'avoit tué qu'après une débauche exceffive ; & d'ailleurs deux informations faites à la requête du mari, n'avoient point juftifié fa plainte, & prouvé le délit. Bafnage, fur l'*art. 377 de la coutume de Normandie.*

ARRÊT du parlement de Rouen, du 8 mars 1678, *rapporté par Bafnage, ibid.* qui juge, qu'une femme accufée d'adultere, qui a tranfigé avec fon mari & renoncé à fon douaire, ne peut, après la mort de fon mari, fe faire reftituer contre fa renonciation.

Les ARRÊTS que nous venons de rapporter ont été cités par Brillon ; mais il n'a fait qu'indiquer le premier, dont nous avons donné l'efpece.

ARRÊT du parlement d'Aix, du 16 juin 1734, qui déclare le mari non-recevable à reprendre l'accufation d'adultere après une tranfaction. Le fieur C**, commis au greffe du parlement d'Aix, avoit rendu plainte en adultere contre fa femme ; poftérieurement à l'accufation, il foufcrivit une tranfaction, par laquelle il confentoit à une féparation volontaire, & s'obligeoit à faire une penfion à fa femme : l'acte ne contenoit point de défiftement formel ; mais il paroiffoit que c'en étoit l'efprit. Auffi le mari ayant voulu reprendre l'accufation, fa femme, à la faveur de la transaction, le soutint-elle non-recevable: ce qui fut adopté par l'arrêt, rapporté par le nouvel éditeur de Duperier. *Obs. sur l'arrêt 13, tom. 2, pag. 426.*

ARRÊT du parlement de Paris, du 24 février 1776. . . . *Espece.* Le Sr. de Garcaslan de Juillé, chevalier de St. Louis, colonel d'infanterie, épousa, en 1773, la demoiselle Boisart de l'Epiniere, âgée de trente-sept ans : six mois après son mariage, il fut obligé de rejoindre son corps, & resta dix-huit mois absent. A son retour sa femme étoit prête d'accoucher : le sieur de Juillé la crut malade ; mais ne soupçonna pas son état que les médecins dissimuloient : cependant il ne put ignorer long-temps la mauvaise conduite que la dame de Juillé avoit eu en son absence ; il témoigna de la défiance, elle s'offensa, & demanda une visite de médecins & de chirurgiens ; le jour fut indiqué, & la veille la dame de Juillé quitta le domicile de la dame Dupont sa tante à Angers, où elle s'étoit retirée sous prétexte de consulter sur son état. Le sieur de Juillé se donne des soins inutiles pour découvrir la retraite de sa femme ; il prend le parti de rendre plainte devant le lieutenant-criminel d'Angers, tant contre la dame Dupont, que contre des quidams, auteurs de l'enlévement. Il se fait ensuite autoriser, par le lieutenant-général de police, à faire des recherches dans les communautés & pensions de la ville ; mais ayant appris que sa femme étoit chez le sieur Beaugé, chirurgien, il obtient permission de l'en retirer. Le sieur Beaugé déclare qu'on ne peut, sans danger, transférer la dame de Juillé. Les huissiers se retirent, reviennent quelques jours après ; la dame de Juillé leur fait écrire, *Qu'une malheureuse passion lui a fait oublier son devoir ; qu'elle s'en repent ; qu'elle s'en remet à la clémence de son mari, qui peut disposer de sa personne, en lui réservant une pension ;* & elle signe ce procès-verbal. Mais le surlendemain elle présente requête au lieutenant-général d'Angers, demande la permission d'assembler ses parens, & qu'un d'entr'eux soit nommé son conseil pour la diriger dans la poursuite de ses droits contre son mari. Ses conclusions lui furent adjugées. Cependant, aidée de la demoiselle de l'Epiniere sa sœur, elle tente, pendant la nuit, de s'évader de chez le sieur Beaugé ; elle en est empêchée, & on lui donne un garde. Alors elle écrit à son mari, avoue ses torts qu'elle traite d'*infamie*, & demande l'assemblée de parens : ainsi, d'après l'ordonnance obtenue sur la propre requête de la dame de Juillé, les deux familles furent convoquées.

Elles furent d'avis, 1°. que la dame de Juillé seroit tenue de se retirer dans une communauté cloîtrée, au choix de son mari ; 2°. que le sieur de Juillé auroit l'entiere administration de ses biens, sur lesquels seroient prélevées 700 liv. pour la pension de la dame de Juillé ; qu'attendu les dettes qu'elle avoit contractées en l'absence du sieur de Juillé, il seroit autorisé à vendre deux cloiserées dépendantes de la terre de la Bedaudiere ; & que, ne pouvant pas fixer sa demeure à Angers où l'éclat de cette affaire étoit trop considérable, la dame son épouse l'autoriseroit à vendre sa terre de Millé.

A ces conditions, le sieur de Juillé consentoit à abandonner ses poursuites ; & la dame de Juillé fut transférée aux Hospitalieres, sur un ordre du lieutenant de police, qui enjoignoit de la recevoir. On croyoit l'affaire assoupie, lorsque la demoiselle de l'Epiniere, se disant fondée de procuration de la dame sa sœur, fit signifier un appel des ordonnances du juge de police ; ainsi le sieur de Juillé se vit obligé de reprendre ses poursuites. Alors la dame de Juillé lui écrivit pour désavouer toute procédure de sa part, & le prier de cesser les siennes. Cependant quarante-huit heures après, on signifie un arrêt sur requête, qui reçoit la dame de Juillé appellante, & ordonne l'apport des charges, avec assignation pour procéder sur l'appel : le sieur de Juillé n'avoit plus de ménagement à garder ; il fit procéder à une information.

Les parens, médiateurs, se réunirent encore ; & il fut passé pardevant notaire, dans le parloir des Hospitalieres, une transaction dont la dame de Juillé avoit apostillé le projet. Elle y reconnoît ses torts, se soumet à se retirer dans tel couvent qu'il plaira à son mari, révoque les procurations données à la demoiselle de l'Epiniere & à tous autres ; se défiste de toutes protestations, & s'en rapporte, sur la pension, à la générosité de son mari. Le sieur de Juillé, de son côté, se défiste de sa plainte, consent que sa femme se retire dans un couvent pour y rester, sans en sortir, pendant la vie de son mari ; s'oblige à lui payer 700 liv. de pension, qui seront augmentées en cas de succession du chef de sa femme ; il lui abandonne les effets à son usage, & demande une procuration pour vendre la terre de Millé : la dame de Juillé signe cette transaction, & la ratifie encore par une lettre écrite depuis à son mari.

Tout paroissoit ainsi consommé, lorsque la dame de Juillé signifie une nouvelle requête, par laquelle elle demande d'être mise en liberté du couvent des Hospitalieres, & la prise à partie contre le lieutenant général de police, qui avoit précédemment ordonné qu'elle seroit reçue aux Hospitalieres, offrant de se retirer dans tel couvent qu'elle jugeroit à propos, & demandant à y être autorisée à voir, seule & sans tiers, ses avocats, ses conseils & sa famille. L'affaire portée en cet état au parlement, est intervenu arrêt sur les conclusions de M. l'avocat général Seguier, qui a enfin rendu justice au sieur de Juillé, dont la bravoure & les mœurs étoient dignes d'un meilleur sort. L'arrêt donne acte au sieur de Juillé de ce que la dame de Juillé consent à l'exécution de la *transaction ;* la déclare non-recevable dans ses appels & dans toutes ses demandes. En conséquence, ordonne qu'elle sera retenue dans le couvent qui lui sera indiqué par son

mari, dans trois mois du jour de la signification de l'arrêt. *Gazette des tribunaux, année 1776, n°. 25, 26, 27, & année 1777, n°. 5.*

Il est encore un principe sur les transactions en matiere d'adultere ; c'est qu'elles doivent être à titre gratuit de la part du mari. *Si uxori pareat maritus & consenserit ut penès eum maneat bonorum lucrum, talis conventio non valeret. Jul. Clarus in addit. n°. 62.* Cependant une transaction de cette espece, nulle quant aux stipulations pécuniaires, n'en produiroit pas moins une fin de non-recevoir en faveur de la femme.

ARRÊT du parlement de Provence, du 12 novembre 1673.... *Espece.* Magdeleine Renaud avoit épousé Jean Fairan en 1610. Il soupçonna sa femme d'adultere ; il traita avec elle de l'accusation ; elle étoit mineure, & protesta, avant la transaction par laquelle elle abandonnoit sa dot, tant pour le capital, que pour les fruits. Après avoir signé cette transaction, elle protesta une seconde fois. Après la mort de son mari, elle prit des lettres de rescision contre la transaction, & réclama sa dot dont les héritiers de son mari s'étoient emparés. L'arrêt entérina les lettres de rescision, & annula la transaction.

Invalidité du mariage.

16. Comme l'accusation d'adultere ne peut avoir lieu qu'entre deux personnes valablement mariées, ce seroit une exception importante si la femme soutenoit que son mariage n'est pas valide. Ainsi, par exemple, un mineur qui se seroit marié sans consentement de ses pere & mere, sans publication de bans, hors la présence du propre curé, ne seroit pas reçu à accuser d'adultere une femme que les loix ne regardent que comme une concubine.

Mais si le vice qui rend le mariage invalide est caché, telle que seroit l'impuissance absolue du mari, il faudroit, avant tout, juger la question de la validité du mariage.

ARRÊT du 18 mars 1640, rendu au parlement de Paris.... *Espece*. Magdeleine le Royer, ayant intenté une action en séparation de corps & de biens contre Me. Jean Costé son mari, médecin à Orléans, un arrêt lui ordonna de retourner avec son mari. Costé voulut, en conséquence, reprendre sa femme; elle résista, & se pourvut devant l'official d'Orléans, pour faire déclarer son mariage nul; attendu, disoit-elle, l'impuissance de Costé. Il recusa l'official d'Orléans, & fut renvoyé devant celui de Paris, qui ordonna que les parties seroient visitées, interrogées, en présence l'une de l'autre. Enfin le congrès nommé (aboli depuis en 1767, par un arrêt de réglement rendu sur les conclusions de M. l'avocat général de Lamoignon) Costé interjeta appel comme d'abus, & en même temps rendit plainte en adultere contre sa femme, un nommé Rusignan, & quelques autres; car Magdeleine le Royer avoit eu une conduite très-scandaleuse, & il y avoit preuve de la naissance d'un enfant. Pendant le procès, elle prétendit qu'elle ne pouvoit être poursuivie en accusation d'adultere, tandis qu'il y avoit incertitude sur son mariage, dont plusieurs mois avant d'être accusée, elle avoit demandé la nullité. M. l'avocat général Bignon reconnut le principe, que le mari, à qui on conteste ce titre, ne peut poursuivre une accusation d'adultere; mais, attendu la vie scandaleuse de Magdeleine le Royer, il pensa que la poursuite pouvoit être faite à la requête de M. le procureur-général ou de ses substituts. Et l'arrêt, avant faire droit sur l'appel comme d'abus, ordonna qu'à la requête du substitut du procureur-général au bailliage d'Orléans, à la dénonciation, frais & diligence de Costé, ce procès seroit fait & parfait, tant à Magdeleine le Royer, qu'aux autres accusés, jusqu'à sentence définitive exclusivement, pour le tout fait & rapporté, être ordonné ce que de raison. Bardet, *tom. 2, l. 9, ch. 3.*

Indépendamment de ces exceptions, qui ne permettent pas de recevoir l'accusation d'adultere, il en est d'une autre espece qui peuvent faire excuser le délit: nous allons les examiner.

Violence.

17. S'il étoit vrai qu'un homme se fût trouvé assez supérieur en forces à une femme, pour jouir d'elle contre son consentement, alors elle ne seroit pas coupable; mais si elle avoit accordé des entrevues secretes qui emportent le soupçon d'adultere, si le fait s'étoit passé au sein d'une ville, & qu'aucuns cris ne se fussent fait entendre, elle ne pourroit opposer avec vraisemblance l'exception du viol. Si le délit avoit été commis dans un bois, on pourroit croire, comme dit l'écriture, qu'elle a crié, & n'a pas été entendue : *Clamavit & nullus adfuit qui audiret. Deut. 22.* On examineroit cependant si toute issue étoit fermée à la fuite, si la femme porte des marques de la violence de l'agresseur, si elle lui en a imprimé de sa résistance, si, en sortant des bras du coupable, elle s'est mise aussitôt en devoir d'en obtenir vengeance. Une forte terreur, telle que celle qu'inspireroit un homme armé qui menaceroit de la mort une femme qui résisteroit, deviendroit une légitime exception contre l'accusation d'adultere.

On a agité la question de savoir si une femme qui se trouveroit avoir conçu, pourroit exciper de la violence qu'elle prétendroit avoir essuyée ? Cette espece se présenta au parlement de Toulouse. Les médecins déciderent que dans ce cas, les opérations de la nature sont indépendantes de la volonté. *Posse quidem voluntatem cogi, sed non naturam, quæ semel irritata, jungi voluptate fervescit; rationis & voluntatis sensum amittens.* L'arrêt rapporté par la Roche-Flavin, (*pag. 253, édit. de 1745,*) adopta cette opinion.

Erreur sur la personne.

18. Si dans l'obscurité de la nuit,

une femme laiſſoit prendre à un étranger des droits qu'elle croiroit accorder à ſon mari ; ſi une femme impudente ſe ſubſtituoit à la place d'une autre femme pour dérober des embraſſemens qui ne lui étoient pas deſtinés ; ſi enfin une femme avoit de fortes raiſons de croire que celui avec qui elle habite eſt réellement ſon mari, il n'y auroit pas lieu à l'accuſation d'adultere contre celui des deux qui auroit été dans l'erreur.

Le dernier cas que nous venons de ſuppoſer, paroît, au premier coup-d'œil, impoſſible ; cependant les faſtes de la juriſprudence en ont conſervé un exemple auſſi ſingulier que mémorable.

Le nommé Martin Guerre, marié à Bertrande de Rols, prend querelle avec ſon pere, s'engage, & reſte abſent pendant huit ans ; dans un combat, un coup de canon lui emporte une jambe. Arnaud du Tilh, un de ſes camarades, le voit tomber, le croit mort, & forme le projet de ſe ſubſtituer à lui. Il y avoit entr'eux une ſinguliere reſſemblance, & du Tilh, ami de Martin Guerre en avoit appris les détails les plus circonſtanciés ſur ſa famille, ſa maiſon & ſes alentours. Bertrande de Rols, trompée par cette impoſture, ainſi que tous ſes parens & tout le pays, reçoit du Tilh comme ſon mari ; vit avec lui pendant trois ans, & en a deux enfans. Cependant, Pierre Guerre, oncle de Martin, ſe brouille avec du Tilh, découvre la fourberie, en inſtruit Bertrande de Rols, qui rend plainte contre du Tilh : celui-ci, interrogé avec les plus grands détails, & ſur des circonſtances dont il paroiſſoit impoſſible qu'il fût inſtruit, s'il n'étoit pas Martin Guerre, répondit avec tant d'exactitude, que ſes réponſes ſe trouverent en tout conformes à celles de Bertrande de Rols, qui fut auſſi interrogée ſur les mêmes faits. Du Tilh, admis aux faits juſtificatifs, fit entendre cent cinquante témoins, dans le nombre deſquels étoient quatre ſœurs & deux beaux-freres de Martin, qui le reconnurent pour Martin Guerre ;

quarante-cinq témoins ſoutenoient, au contraire, qu'il étoit Arnaud du Tilh ; il offrit de s'en rapporter au ſerment de Bertrande Rols, & elle n'oſa affirmer qu'il ne fût pas ſon mari. Au milieu de toutes ces procédures, & des incertitudes qu'elles faiſoient naître, Martin Guerre arrive avec ſa jambe de bois, il demande à être interrogé ; & ce qui eſt ſingulier, il répondit ſur beaucoup de circonſtances, moins exactement que n'avoit fait du Tilh : mais enfin, la vérité fut reconnue, & par arrêt du parlement de Toulouſe, du 12 ſeptembre 1560, du Tilh fut condamné à être pendu, ſes biens furent adjugés aux enfans nés de lui & de Bertrande de Rols, qui ne ſubit aucune peine pour un adultere fondé ſur une erreur qui avoit ſéduit tant de perſonnes. *Voyez* Papon, *liv. 22, n°. 9, § 20.*

Erreur ſur la qualité.

19. Cette exception auroit lieu, 1°. ſi l'accuſé ignoroit que la femme à laquelle il avoit affaire fût mariée, & qu'il eût au contraire des motifs pour la croire fille ou veuve ; 2°. ſi la femme s'étoit rencontrée dans un mauvais lieu, ce qui auroit fait croire à l'accuſé qu'il avoit affaire à une femme publique.

Des femmes qui ſe remarient en l'abſence de leurs maris.

20. Aucun prétexte ne peut excuſer une femme qui paſſe à d'autres noces pendant l'abſence de ſon mari : il eſt indiſpenſable, pour qu'elle puiſſe ſe remarier, qu'elle rapporte des preuves légales de la mort de ſon premier mari ; autrement il pourroit la pourſuivre comme adultere, s'il venoit à reparoître : le droit canon s'eſt accordé ſur ce point avec le droit civil ; les arrêts, ſur cette queſtion, ſont nombreux. Les plus intéreſſans ſe trouvent déja conſignés dans le premier volume de ce dictionnaire, *pag. 179,* au mot, *Abſent, Mariage,* auquel nous renvoyons.

Adultere du mari.

21. Plufieurs jurifconfultes ont regardé l'adultere du mari comme une exception que peut oppofer la femme accufée. *La loi 13, au Code de adulter.* enjoint au juge d'examiner fi le mari n'eft point lui-même coupable d'adultere. *Judex adulterii ante oculos habere debet & inquirere an maritus, pudicè vivens, mulieri quoque bonos mores colendi auctor fuerit? Periniquum enim videtur effe, ut pudicitiam vir ab uxore exigat, quam ipfe non exhibeat.*

La loi 39, C. foluto matrimonio, décide qu'aucune des parties n'eft recevable à invoquer des loix que tous les deux ont méprifées, & qu'il fe fait une compenfation des torts refpectifs. *Viro atque uxore, mores invicem accufantibus, caufam divortii utrumque dediffe pronunciatum eft : id ita accipi debet ut eâ lege, quam ambo contempferunt, neuter vindicetur; paria enim delicta mutuâ compenfatione folvuntur.*

Ces loix ont autorifé l'opinion des jurifconfultes & des théologiens : parmi les premiers, Damhoudere, Ferriere, Lebret, Defpeiffes, Coquille, Bretonier, Raviot, &c. parmi les feconds, St. Jerôme, St. Auguftin, &c. ont regardé l'adultere du mari comme une exception en faveur de la femme accufée.

Mais d'autres auteurs ont interprété différemment les loix que nous venons de rapporter. « La femme, dit Lacombe, peut oppofer l'adultere de fon mari par forme d'exception, non pour fe mettre elle-même à couvert de l'accufation & pourfuite criminelle de la part de fon mari, mais pour empêcher que fon mari ne gagne fa dot : c'eft ainfi qu'il faut entendre la *loi 39, folut. matrim.* & la *loi 47.* Cujas, fur la *loi 39;* Perezius, Bouguier, *lettre A. n°. 3,* font du même avis. »

Cette diverfité d'opinions femble laiffer la queftion indécife, & nous ne connoiffons aucun arrêt qui l'ait précifément décidée : ceux que rapporte Brillon, au mot *Adultere,* n°. 74, prouvent bien que la femme peut fe plaindre de l'adultere de fon mari, & s'en faire un moyen de féparation, lorfque l'adultere du mari eft d'ailleurs accompagné de publicité, & de mauvais traitement ; mais non qu'une femme accufée d'adultere puiffe compenfer, avec fon mari coupable, du même défordre.

M. Fournel, dans fon *Traité de l'adultere,* femble fe ranger à l'avis le plus favorable à la femme : nous croyons cependant que cette exception ne feroit pas admife dans les tribunaux : il eft à croire que fi on l'y adoptoit, elle feroit fouvent employée par les femmes, & que cette excufe leur manqueroit affez rarement.

Confentement du mari.

22. Un confentement formel de la part du mari, lui interdiroit l'action en adultere, contre fa femme ; mais il les expoferoit l'un & l'autre aux pourfuites du miniftere public, pour l'outrage fait aux bonnes mœurs.

ARRÊT du parlement de Paris, du premier juillet 1606, qui confirme la procédure extraordinaire, faite par le procureur fifcal au bailliage de Vendôme, pourfuivant une femme adultere, & fon mari coupable de connivence. *Plaidoyers de Corbin, chap. 62.*

Un confentement donné par plaifanterie, feroit une ridicule exception ; ainfi jugé par arrêt du parlement de Paris, du 22 janvier 1712. . . . . . *Efpece.* Louis Semitte de Lacroix, épicier à Paris, fit à fa femme un billet en ces termes : *Je permets à ma femme de faire (vous m'entendez bien) avec qui il lui plaira.* La femme n'ufa que *trop* de la permiffion ; le mari rendit plainte en adultere : la femme oppofa deux exceptions, le libertinage de fon mari avec fes fervantes, & le billet qu'il lui avoit donné. Le mari convenoit du billet écrit en badinant, à l'occafion d'un reproche de jaloufie de la part de fa femme ; le Châtelet condamna la femme, connue fous le nom de la Belle épiciere, aux peines de l'authentique : mais en la privant de fes conventions matrimoniales, il en ôta le bénéfice au mari, comme fauteur du libertinage de fa femme, & les adjugea à une fille née de ce mariage. Le mari & la femme interjeterent appel ; mais la femme fe défifta du fien, & convint que l'écrit dont elle avoit voulu, d'abord exciper, avoit été fait en badinant ; l'arrêt ordonna qu'elle feroit enfermée à bicêtre, & déclara adultérins les enfans qu'elle avoit eu de fon commerce avec Euftache le Noble. *Plaidoyers de* Gillet, *tom.* 2.

Il eft à obferver que cet arrêt femble juger auffi la queftion que l'adultere du mari ne fouftrait point la femme à l'accufation d'adultere ; car on ne s'arrêta pas à l'exception que la femme prétendoit tirer du libertinage de fon mari.

St. Auguftin, *l.* 1, *de fermone Domini in monte, cap.* 16, nous a tranfmis un exemple fingulier de confentement donné par le mari.

Acyndinus, préfet d'Antioche, pourfuivant un citoyen pour une livre d'or qu'il devoit au fifc, le fit emprifonner, & jura qu'il le feroit mourir, fi dans tel délai il n'avoit pas payé. Le temps approchoit, & le débiteur étoit fans reffource. Il avoit une très-belle femme ; un homme riche qui la convoitoit, promit la livre d'or, fi elle vouloit lui donner une nuit : cette femme fit part de la propofition à fon mari ; il la reçut avec tranfport, & lui ordonna d'accepter le don & la condition : elle obéit, elle reçut le fac contenant la livre d'or ; mais avant de fortir, l'infame féducteur enleva le fac, & en fubftitua un autre rempli de terre. Cette femme indignée, s'élance dans la place publique, raconte au peuple les menaces du préfet, le danger de fon époux, fon indigence, les propofitions de l'homme riche, la permiffion de fon mari, & l'indigne ftratageme du libertin

avare. Le peuple mene cette femme à Acyndinus, qui reconnoiffant que fa rigueur a été la premiere caufe de cet événement, fe condamna lui-même à payer la livre d'or au profit du fifc, & adjugea à la femme la propriété du domaine où avoit été prife la terre enfermée dans le fac.

Le cardinal de Panorme, rapporte une efpece à-peu-près dans le même genre. Un médecin appellé au fecours d'un homme dangereufement malade, ne veut lui accorder fes foins qu'autant qu'il lui permettra de jouir de fa femme. L'amour de la vie détermine le mari à exiger que fa femme fe livre, & elle fait ce facrifice de fa fidélité ; on demande fi le malade rappellé à la fanté, peut accufer fa femme d'adultere. Il faut répondre que non, dit le cardinal : *Concluditur quod non, ex quo ipfe fuit caufa.*

Mauvais traitemens, extrême néceffité.

23. M. Fournel penfe qu'un mari qui auroit chaffé fa femme de fa maifon, fans motif, & l'auroit réduite à l'indigence, ne devroit pas être reçu à intenter l'accufation d'adultere contre une femme qu'il auroit obligée de recourir à cette affreufe reffource : il cite, pour garans de cette opinion, Tiraqueau, Menochius & Julius-Clarus, qui penfent qu'au moins on doit alors ufer d'indulgence ; cependant la loi *palam, D. de ritu nupt.* rejette formellement cette exception : *Non eft ignofcendum ei, quæ obtentu paupertatis turpiffimam vitam agit.* Il nous paroît qu'il feroit d'autant plus jufte de s'en tenir à la décifion de la loi, que dans les circonftances fuppofées, la femme auroit une action infaillible pour obtenir fa féparation de biens & d'habitation, & dès-lors fe procurer, par une voie légale, un afyle & des alimens que l'injuftice de fon mari lui auroit refufés.

Procédure.

24. Nous avons dit que l'accufation d'adultere ne pouvoit fe pourfuivre que

par la voie criminelle. Ainſi on doit procéder à une information, c'eſt-à-dire, faire entendre les témoins qui ont quelque connoiſſance du fait.

Mais attendu les précautions que prennent communément les adulteres, il arrive le plus ſouvent que les témoins n'ont vu que par un trou de ſerrure, la fente d'une cloiſon, une ouverture au plancher, ou qu'ils n'ont entendu qu'à travers des corps intermédiaires. Rien n'eſt plus facile que l'erreur, lorſque les yeux ne reçoivent ainſi que d'une maniere oblique & partielle la trace des objets, & que les ſons ne parviennent pas directement à l'oreille; l'imagination, dans de pareilles circonſtances, exagere preſque toujours : il eſt donc du devoir du juge de faire expliquer aux témoins, avec des détails très-circonſtanciés, la maniere dont ils ſe ſont procuré la vue des faits dont ils dépoſent, pour juger du mérite de leurs dépoſitions.

Les domeſtiques ſont des témoins recevables en pareille matiere; on eſt même quelquefois réduit à leur ſeul témoignage : il eſt cependant de la prudence de le peſer bien ſcrupuleuſement, attendu la facilité qu'un mari pourroit avoir à les corrompre.

ARRÊT du parlement de Paris du 13 juillet 1745, qui déclare une femme adultere, ſur la dépoſition des domeſtiques.... *Eſpece*. Le ſieur Dupré, danſeur de l'opéra, rentrant chez lui à une heure après minuit, trouve ſa femme & le galant en chemiſe, ſortant du lit, ayant été réveillés par la voix d'un petit chien. Il n'y avoit pour témoin qu'un ami du mari, le laquais de la maiſon & la cuiſiniere.

Il eſt néceſſaire que les dépoſitions portent poſitivement ſur le fait articulé par le mari, avec la déſignation du jour & du lieu; car ſi les témoins ſans rien dépoſer du fait articulé par le mari, dépoſoient d'un autre adultere commis dans une autre époque, leurs dépoſitions ſeroient inutiles : *Si fiat inquiſitio, vel*

accuſatio de crimine, tanquàm commiſſo certo tempore vel loco, & probetur de alio tempore & loco, debet ſequi abſolutio. Non eſt enim probatum crimen intentatum, ſed aliud; & ideò de novo debet inquiri, vel accuſari.... Cæpola, *de ſervitutibus urb. cap. 24, n°. 8.*

Monitoire.

25. Quelques arrêts ont autoriſé des maris à employer la voie du monitoire pour acquérir la preuve du fait d'adultere. Mais il eſt à remarquer qu'il n'eſt pas permis d'inſérer dans les monitoires le mot *Adultere*, ni les noms de ceux qu'on ſoupçonne.

ARRÊT du parlement de Rouen du 21 février 1676.... *Eſpece*. Pierre Savé demandoit à être admis à faire publier un monitoire dans une accuſation d'adultere, ſa femme s'y oppoſoit; le parlement trouvant la queſtion difficile, conſulta ſes anciens regiſtres. Il y trouva deux arrêts, l'un du 25 janvier 1652, l'autre du 2 mai 1653, qui avoient admis les monitoires en fait d'adultere, mais en ordonnant que le monitoire ne contiendroit pas le titre d'accuſation. En conſéquence il fut ordonné que le terme *adultere* ſeroit rayé des cenſures obtenues par Savé, & qu'elles ne ſeroient publiées que pour les faits néceſſaires à la preuve.

ARRÊT du parlement de Paris du mois de juillet 1609, qui annulle un monitoire obtenu par un mari ſur le fait d'adultere; mais ce fut parce que le mari avoit obtenu le monitoire, avant d'avoir formé ſa plainte, ce que l'ordre judiciaire ne pouvoit admettre.

ARRÊT du parlement de Paris du 23 juillet 1698, qui déclare y avoir abus dans la procédure faite par l'official de Bourges, en ce qu'il avoit nommé dans le monitoire l'abbé avec lequel on prétendoit que la dame de la Pivardiere étoit en mauvais commerce. Brillon, qui rapporte cet arrêt, l'avoit entendu prononcer.

Preuve

Preuves muettes.

26. Des lettres, des billets de la femme ou de son complice qui contiendroient des aveux échappés à la passion; des vêtemens du complice, oubliés sur le lit de la femme, seroient des pieces de conviction très-importantes pour la preuve.

Aveu.

27. Le mari pourroit utilement invoquer l'aveu fait par sa femme en jugement : il faudroit cependant qu'il fût étayé de fortes présomptions, de témoignages déterminans, & sur-tout qu'il n'eût pas été arraché à l'inexpérience par des conseils insidieux, ou à la timidité par des menaces. Au reste, l'aveu ne peut nuire qu'à celui qui le fait, & non à son complice.

ARRÊT du parlement de Paris du 26 janvier 1664.... *Espece.* Le sieur de Boissy, âgé de plus de soixante ans, épousa Anne Vallier, âgée de seize à dix-sept ans : après quelques années de mariage Anne Vallier, lassée de n'avoir point d'enfans, vient seule à Paris, sous prétexte de consulter des médecins; après sept mois d'absence, elle retourne à Pontoise où son mari étoit malade : elle accouche quatre mois après; les collatéraux du sieur de Boissy l'engagent à poursuivre sa femme en crime d'adultere. En conséquence, plainte devant le prévôt de Meulan; la dame de Boissy interrogée, fit l'*aveu* que depuis deux ans elle n'avoit point eu de commerce avec son mari : il y eut le même jour transaction entre le sieur de Boissy & sa femme, par laquelle ils réglerent quelques articles d'intérêt; mais à peine la dame de Boissy eut-elle signé, qu'elle s'évada de la maison, & prit des lettres de rescision contre les *aveux* contenus dans son interrogatoire, comme lui ayant été extorqués par la crainte : le mari reprend sa poursuite, & meurt avant le jugement; mais il charge ses neveux, à qui il donne ses biens, de continuer l'accusa-

tion.... La dame de Boissy fut déchargée d'accusation faute de preuve, son *Aveu* n'étant pas suffisant; & la succession du sieur de Boissy fut adjugée à l'enfant. *Journal des audiences, tom. 2, liv. 6, chap. 7.*

Question ou *Torture.*

28. On aura peine à croire que des criminalistes aient sérieusement agité, si on pouvoit appliquer les accusés à la question pour avoir révélation du crime d'adultere, & que quelques-uns ont été d'avis qu'on pouvoit la donner. Le droit romain sembloit les autoriser dans cette opinion; il permettoit de faire torturer les esclaves de la maison, où l'accusateur prétendoit que s'étoit commis l'adultere. Voyez le § *loix romaines.* Heureux le siecle, où cette idée seule révolte tous les esprits & souleve tous les cœurs.

Preuve.

29. La preuve physique de l'adultere est presqu'impossible : le plus grand désordre dans l'extérieur des accusés trouvés seul à seul, peut bien faire soupçonner le dessein, mais non démontrer la consommation du délit; cependant on regarde comme une preuve suffisante si les accusés étoient surpris, *solus cum sola, nudus cum nuda, obscena in obscenis posita, clausus cum clausa.*

Présomptions.

30. Les présomptions en fait d'adultere, seroient, 1°. si la femme étoit surprise donnant ou recevant des baisers libertins; *osculo luxurioso probatur adulterium :* 2°. si elle permettoit sur sa personne des libertés obscenes; *veluti si mamillarum vel pudendorum obtrectationem permiserit :* 3°. si sans motif elle s'évadoit furtivement la nuit de la maison de son mari : *Adulterium præsumitur ex pernoctatione : Doctores ad auth. sed nove C. de repud.* De fréquens tête-à-tête, une correspondance clandestine, des présens respectivement reçus, des familiarités

équivoques, & mille autres circonftances, fans faire féparément une preuve, formeroient par leur réunion de très-fortes préfomptions.

Naiffance tardive.

31. Une préfomption qui femble plus décifive, feroit la groffeffe de la femme à une époque où il paroîtroit impoffible que fon mari en fût l'auteur. Cependant elle vient prefque toujours échouer contre la loi, qui donne au mari les enfans nés pendant le mariage. *Pater eft quem demonftrant nuptiæ.*

ARRÊT de 1735, rapporté par Bouteiller en fa *Somme rurale, tit. 95, des illégitimes.... Efpece.* Simon Larmoyeur quitte Tournay fa patrie, & demeure abfent pendant quinze ans; onze mois après fon départ fa femme accouche: on apprend dans la fuite que Simon Larmoyeur eft mort; fa fœur veut s'emparer de la fucceffion, foutenant que l'enfant né onze mois après la difparution de fon frere, eft illégitime: la veuve foutient au contraire que la nature n'a point de loix invariables fur le temps de la geftation des femmes; que d'ailleurs fon mari, qui s'étoit abfenté à caufe de fes dettes, pouvoit être revenu, la voir, & fe cacher à tous autres: l'arrêt fur cette feule poffibilité d'une vifite fecrete du mari, déclara l'enfant légitime, & lui adjugea la fucceffion de fon pere.

ARRÊT du parlement de Paris du 2 août 1649, rapporté par Augeard.... *Efpece.* Jean Pellon, marchand à Lyon, tombe en paralyfie, & fe fait porter aux eaux de Barbantan en Gafcogne: dix mois & neuf jours après fon abfence fa femme accouche d'une fille; le mari inftruit de cet événement, envoie à un de fes parens une procuration pour intenter contre fa femme l'accufation d'adukere; mais Jean Pellon meurt avant que la plainte foit rendue: fes héritiers munis de la procuration du défunt, d'une enquête d'examen à futur, qui conftatoit la conduite équivoque de la femme

Pellon, & enfin d'une déclaration fignée d'elle, par laquelle elle reconnoiffoit que l'enfant dont elle étoit accouchée, n'étoit pas de fon mari, voulurent contefter la légitimité de cet enfant; mais malgré ces circonftances, la plainte n'ayant pas été formée du vivant du mari, & n'y ayant d'ailleurs aucune impoffibilité que la femme eût été voir fon mari à Barbantan, l'enfant, fur les conclufions de M. Talon, fut déclaré légitime.

ARRÊT du parlement de Paris, du 28 juillet 1703, rapporté par Augeard.... *Efpece.* Geoffroy, marchand de Lyon, difparoît au commencement de l'année 1703: une information conftata que le 26 février Geoffroy s'étoit noyé dans le Rhône, & un cadavre trouvé peu de jours après, fut enterré fous fon nom. Cependant le 4 mars 1704, un an fix jours après la mort de Geoffroy, fa veuve mit au monde un enfant; les héritiers du mari en attaquerent la légitimité: la mere prétendoit qu'un accouchement à treize mois n'étoit pas contre l'ordre de la nature, & fur-tout articuloit que fon mari étoit venu à Lyon depuis le 26 février, époque donnée à fa prétendue mort. Ce fecond moyen fut adopté, & la femme admife à prouver par témoins que fon mari avoit paru à Lyon dans le courant de mai.

ARRÊT du parlement de Nancy de 1782.... *Efpece.* La femme de M. de Beauchamp, commandant en Lorraine, prétextant d'aller aux eaux, vint à Lyon, & y accoucha d'un fils qu'elle nomma Bermoudan: l'enfant mis en nourrice dans le voifinage de Lyon, fut enfuite envoyé à Nancy chez le nommé Henri. ami de fa mere, qui le préfentoit fouvent au fieur de Beauchamp comme un aimable enfant qu'elle protégeoit. Après quelques années, madame de Beauchamp meurt, & joint à fon teftament, où elle n'explique rien, un billet cacheté *pour n'être vu & lu* que par M. le préfident de Vigneron: arrivé à l'âge de faire valoir fes droits, le jeune homme a réclamé fon état ; & un arrêt vient de le déclarer fils légitime du fieur & dame de Beauchamp. *Journal encyclopédique du premier novembre 1782.*

Il eft des auteurs qui ont porté la crédulité jufqu'à croire que la naiffance d'un enfant peut avoir lieu fans copulation, & que l'ufage des bains dans lefquels des hommes auroient demeuré quelque temps, l'odeur, la force de l'imagination peuvent faire concevoir : on a été jufqu'à fuppofer que la queftion avoit été décidée par arrêt du parlement de Grenoble, du 13 février 1637. Voyez au mot *Accouchement, tom. 2, n°. 16, pag. 74.*

En lifant les arrêts que nous venons de rapporter, il n'échappera pas fans doute que les maris étoient vivans dans le temps où l'on prétendoit que leurs femmes avoient conçu, & que dès-lors les tribunaux ne voyant point d'impoffibilité légale à la paternité, ont dû prononcer en faveur de la légitimité. Il n'en feroit pas de même fi une femme accouchoit onze mois après la mort de fon mari. La jurifprudence a rigoureufement arrêté que tout enfant qui naîtroit après le dixieme mois de la mort de fon pere, feroit réputé illégitime ; & elle eft conforme à la loi des douze tables : *Si filius patri poft mortem ejus intra decem menfes proximos natus erit, juftus filius efto.* Mais fi la naiffance anticipoit fur l'onzieme mois, il étoit, fans retour, déclaré illégitime. *Poft decem menfes mortis natus, non admittitur ad legitimam hæreditatem.* Quelques auteurs ont parlé d'un décret d'Adrien, qui déclare légitime l'enfant né onze mois après la mort du mari, & d'un jugement de Papyrius, qui légitime un pofthume de treize mois ; mais perfonne n'a vu ce prétendu décret d'Adrien ; & Cujas, fur la nouvelle 39, affure que dans les anciens exemplaires de Pline, on lit dans le jugement rendu par Papyrius : *Decem menfibus,* au lieu de *tredecim menfibus.*

La queftion de la légitimité des naiffances tardives a divifé les plus célebres médecins & les plus grands anatomiftes de nos jours : elle a été renouvellée entre Mrs. Petit & le Bas, qui défendoient la légitimité des enfans nés après les dix mois de la mort de leur pere ; & Mrs. Bouvart & Louis, qui les foutenoient illégitimes. Cette queftion peut refter long-temps indécife pour les gens de l'art, mais elle eft, depuis long-temps, décidée pour les jurifconfultes.

ARRÊT du 29 juillet 1758, rendu par le parlement de Paris, au rapport de M. Lambert..... *Efpece.* Charles Marcille, laboureur, époufe, le 17 février 1749, Marie-Genevieve Laurent ; il tombe malade le 16 avril fuivant, & meurt le 23 du même mois. Sa veuve accouche onze mois vingt-trois jours après fa mort, & fait baptifer l'enfant fous le nom de fon mari. Les héritiers du mari foutiennent cette naiffance illégitime. L'arrêt fait défenfes à la veuve Marcille de donner à fa fille la qualité de fille & d'héritiere de Marcille ; ordonne que cette qualité fera rayée de tous les regiftres & actes où elle avoit pu être infcrite, & condamne la veuve Marcille aux dépens.

ARRÊT du parlement de Paris, du 5 janvier 1768, rendu fur les conclufions de M. l'avocat général de Barentin.... *Efpece.* Elizabeth de Veffene époufe, en 1762, Alexis Niquet, procureur fifcal de la juftice d'Invale en Picardie. Après vingt-un mois de mariage, fans qu'il y eût apparence de groffeffe, Niquet meurt fubitement, le 5 novembre 1763, à dix heures du foir. Le lendemain, un des collatéraux étant venu faire appofer les fcellés, la veuve déclara qu'elle fe croyoit enceinte ; elle crut enfuite s'être trompée, & figna un partage de communauté avec les héritiers de fon mari : cependant, le 12 mai 1764, la groffeffe étant devenue certaine, elle provoqua une affemblée de parens pour nommer un tuteur au pofthume. Enfin, le 12 octobre 1764, onze mois sept jours après la mort de son mari, elle accoucha d'une fille, qu'elle fit baptiser sous le nom de Niquet, & dont la constitution robuste sembloit justifier un long séjour dans le sein de sa mere : cependant, y ayant eu contestation sur la légitimité de cet enfant, le juge de Mont-Didier le déclara bâtard; &, sur l'appel, la cour confirma la sentence.

ARRÊT du parlement de Rouen, du 20 août 1632, qui déclare illégitime un enfant né dix mois quatre jours après le mariage : tant est rigoureusement observée la loi qui fixe à dix mois le plus long terme de la gestation des femmes.

Voici cependant un arrêt isolé qui a été plus favorable aux naissances tardives; mais les circonstances déciderent à donner cet exemple unique.

Le sieur de Villeneuve, déja âgé, avoit épousé Jacqueline Dubois. La nuit du 2 au 3 février 1624, il tombe en défaillance, & meurt le 4. Dix-huit jours après la dame de Villeneuve déclare qu'elle est enceinte, & demande qu'il soit nommé un tuteur au posthume. A neuf mois elle éprouve toutes les douleurs de l'enfantement, & cependant l'accouchement ne se consomme pas; ce n'est que trois mois après qu'elle accouche d'une fille, dont l'état débile annonçoit qu'elle avoit beaucoup souffert. Les héritiers attaquerent la légitimité de cet enfant en argumentant de la loi : & la dame de Villeneuve se défendoit par ces circonstances; la mort effrayante de son mari, les douleurs éprouvées dans le neuvieme mois, son accouchement laborieux, l'état de l'enfant, & une réputation de vertu respectée même par ses adversaires. Cependant, par arrêt du 22 août 1626, il fut fait défenses à la dame de Villeneuve de donner à sa fille le nom de René de Villeneuve. Bouguier & Louet, qui rapportent l'arrêt, disent qu'il fut rendu pour le maintien de la regle, & que la continence de la dame de Villeneuve

ne fut pas même soupçonnée; aussi, perpersuadée qu'il ne portoit aucune atteinte à sa vertu, demanda-t-elle son douaire aux héritiers, qui le lui contesterent, en lui opposant l'arrêt; mais, par un second arrêt du 8 juin 1632, il fut ordonné qu'elle jouiroit de son douaire. Ces deux arrêts sembloient se contrarier : aussi la fille de la dame de Villeneuve, ayant atteint sa majorité, se pourvut-elle par requête civile contre l'arrêt de 1626; & après une plaidoierie solemnelle, la cause ayant été appointée, il intervint un dernier arrêt le 24 mars 1651, au rapport de M. Coquelay, qui admit la requête civile, & il fallut par conséquent traiter tout de nouveau la question de la légitimité.

Cet arrêt n'est qu'une exception particuliere, qui ne porte aucune atteinte au principe qui n'admet point la légitimité des enfans nés plus de dix mois après la mort de leurs peres.

État de l'accusateur & des accusés pendant l'instruction.

32. Pendant le procès, le mari est obligé de fournir à sa femme une pension proportionnée à ses biens & à sa qualité, & même une provision pour subvenir aux dépenses du procès.

La femme ne doit pas rester avec son mari; &, dès la premiere requête, le mari fait ordonner que sa femme se retirera dans une maison religieuse : si dans la suite l'information devient concluante, & met dans le cas de régler la procédure à l'extraordinaire, les accusés, décrétés de prise de corps, sont constitués prisonniers jusqu'au jugement.

Mais si la femme, déja condamnée en premiere instance, venoit à mourir pendant l'appel, la mort éteint tout, le délit & le jugé; & le mari n'est pas fondé à continuer ses poursuites, même pour obtenir la confiscation de la dot & des conventions matrimoniales.

Nous avons suivi l'accusation d'adultere depuis le moment où elle est formée, jusqu'à l'instant où les accusés vont être absous ou condamnés. Il nous reste à parler de la peine & de ses effets, & de l'absolution ; mais avant de nous occuper de la jurisprudence actuelle, nous exposerons les loix pénales des différens peuples, anciens & modernes, contre les adulteres ; les loix romaines ; & nos anciennes coutumes de France, qui nous ameneront naturellement à l'état actuel de la jurisprudence.

Loix des peuples anciens & modernes sur l'adultere.

33. Les Hébreux punissoient de mort les adulteres, en les lapidant hors de la ville : *Si mœchatus quis fuerit cum uxore alterius, & adulterium perpetraverit cum conjuge proximi sui, morte moriatur, & mœchus & adultera. Levit. cap. 20, vers. 10.* Cette loi se trouve répétée dans le Deutéronome, *cap. 22, n°. 22. Si dormierit vir cum uxore alterius, uterque morietur, id est adulter & adultera, & auferes malum de Israel.*

Jesus-Christ, sans violer la loi de Moyse, en affranchit la femme adultere que les Scribes & les Pharisiens amenerent devant lui : Que celui de vous, leur dit-il, qui est sans péché, lui jette la premiere pierre : *Qui sine peccato est vestrûm, primus in illam lapidem mittat.* A ces mots, tous prirent la fuite : Femme, lui dit alors Jesus, où sont ceux qui vous accusoient? personne ne vous a-t-il condamnée ? ni moi non plus je ne vous condamnerai pas : allez, & ne péchez plus : *Nec ego te condemnabo, vade, & jam non amplius noli peccare.* St. Jean, *chap. 8.* Touchante & sublime leçon d'indulgence & de bonté, qui mieux que tous les prodiges attestoit la divinité du Sauveur du monde.

Les loix des Gentoux, condamnoient les femmes adulteres à être dévorées par les chiens.

En Egypte, l'homme recevoit mille coups de fouets, la femme avoit le nez coupé.

Les Lidiens punissoient de mort les adulteres ; les Locriens leur crevoient les yeux.

Chez les Grecs la femme adultere, au rapport de Socrate, étoit livrée à quiconque vouloit l'outrager.

A Sparte, l'adultere étoit puni comme le parricide ; & pendant long-temps il y fut réputé impossible : aussi, un Spartiate interrogé par un étranger sur le genre de peine qu'on feroit subir à un adultere, répondit-il qu'on le condamneroit à fournir un taureau d'une si grande taille, que du sommet du mont Taygette il pût boire dans l'Eurotas. Il est cependant vrai qu'à Sparte un mari cédoit quelquefois sa femme à un homme robuste & bien fait, dans l'espérance de procurer à l'état des enfans vigoureux ; tant l'amour de la patrie l'emportoit dans ce gouvernement sur tout autre sentiment ; mais on pensoit qu'alors le consentement détruisoit le crime.

Les anciens Saxons brûloient la femme adultere ; & sur ses cendres, élevoient un gibet où son complice étoit étranglé.

Les Sarmates, suspendoient l'adultere à un crochet par les parties, & plaçoient un rasoir à ses côtés ; ce qui lui laissoit le choix de mourir dans cette horrible situation, ou de se dégager en se mutilant.

En Angleterre, le supplice de l'adultere a varié. Le roi Edmond le fit punir comme le meurtre : Canut se contenta de bannir l'homme, mais il faisoit couper à la femme le nez & les oreilles : d'autres fois, après avoir rasé la femme adultere, on la traînoit, en présence de tous ses parens, hors de la maison de son mari, étant nue ou dépouillée jusqu'à la ceinture ; on la fouettoit ensuite en la promenant de ville en ville, jusqu'à ce qu'elle expirât sous les verges ; & on pendoit ordinairement à un arbre son séducteur.

Un exemple de supplice atroce en Angleterre, fut celui de René de Mortimer, convaincu d'adultere avec Isabelle de

France, reine d'Angleterre. Il fut condamné, par arrêt prononcé en 1339, à être traîné dans les rues de Londres fur un bahut : on le mit enfuite fur une échelle au milieu de la place, où on lui coupa les parties naturelles qui furent jetées au feu. Il fut enfuite écartelé, & fes membres envoyés dans les quatre principales villes de l'Angleterre.

Chez les Turcs, la femme eft enterrée jufqu'à mi-corps, & enfuite lapidée.

Au Tunquin, le mari peut tuer de fa main fa femme & l'amant ; & s'il s'adreffe à la juftice, la femme coupable eft jetée à un éléphant, qui l'enleve avec fa trompe, la laiffe retomber à terre, & l'écrafe en la foulant aux pieds : l'homme reçoit la mort par quelqu'autre fupplice.

Au Beffin, les effets de la femme coupable appartiennent au mari, qui la chaffe après lui avoir donné la baftonnade : les negres riches cherchent à appaifer le mari avec de l'argent ; les grands, plus féveres, ou plus délicats fur l'honneur, tuent fur le champ les deux coupables, & jettent leurs corps aux bêtes féroces.

Lorfque le crime n'eft pas prouvé, les prêtres foumettent l'accufé à des épreuves ; ils lui percent la langue avec une plume de coq ; fi elle pénetre aifément, il eft déclaré innocent ; fi elle éprouve de la réfiftance, il eft coupable. D'autres fois, ils pétriffent de la pâte, où ils mettent cinq ou fix plumes de coq ; le plus ou moins de difficulté que trouve l'accufé à les arracher, le fait abfoudre ou condamner. On crache auffi aux yeux de l'accufé du jus de certaines herbes ; fi fes yeux deviennent rouges, il eft coupable.

Nos épreuves par l'eau, par le feu, par le duel, étoient auffi abfurdes, & beaucoup plus cruelles & plus dangereufe pour l'innocence.

A la Corée, fi le mari ne tue pas fa femme fur le champ, & la livre à la juftice, elle n'a que le choix du fupplice. Le féducteur eft dépouillé, mis en caleçon, une fleche dans chaque oreille, le

vifage barbouillé de chaux, un baffin fur lequel on frappe eft attaché fur fon dos, il eft ainfi promené dans les carefours ; on lui ôte enfuite fon caleçon, & il reçoit quarante ou cinquante coups de baguettes fur les feffes.

A Juida, un negre, convaincu d'adultere avec une femme du roi, fervit de but aux grands, qui s'exercerent à lui lancer leurs zagaies ; & après lui avoir coupé les parties, qu'on l'obligea de jeter lui-même au feu, on defcendit les deux coupables dans une foffe profonde, où ils furent arrofés d'eau bouillante avant d'être enterrés vifs.

Deux ans après, un jeune homme, ayant commis le même crime avec une autre femme du roi, le coupable fut condamné au feu.

Aux Philippines, l'adultere eft puni par une amende, dont les anciens reglent la quotité ; & l'honneur eft rendu à l'offenfé, qui eft obligé de reprendre fa femme.

Au Japon, le mari, fon pere, fon frere, peuvent fans crainte immoler les deux coupables.

A la Louifiane, le chef invite toute la colonie à une danfe ; lorfqu'elle eft le plus animée, on faifit les adulteres, on les couche à terre, on les frappe de verges jufqu'à ce que le fang jailliffe de toutes parts ; on leur coupe les cheveux, & on les renvoie maîtres d'aller s'époufer ailleurs.

Au Mexique, la femme adultere étoit tuée, déchirée en morceaux, & mangée par fon mari, les témoins & les juges.

Chez les Oftiaques, le mari porte, à celui qu'il foupçonne, du poil d'ours : s'il eft innocent, il accepte ce poil, & les foupçons s'évanouiffent : s'il eft coupable, perfuadé que l'ame de l'ours le feroit périr fous trois jours, il avoue le délit, & convient d'une fomme avec le mari, qui coupe un doigt à fa femme & la répudie.

Au royaume de Quoja, la femme jure qu'elle n'eft point coupable ; fi malgré

... serment, elle est convaincue, son mari, après lui avoir couvert les yeux, l'amene, vers le soir, devant le conseil; on invoque les Jaunanius, ou esprits des morts, en lui laissant pendant quelques momens la crainte d'être emportée par eux. Un vieillard lui reproche ensuite ses désordres, & l'exhorte à se mieux conduire : si elle retombe, le grand prêtre & ses ministres se saisissent d'elle, la conduisent au bois sacré, & on n'en entend plus parler; les negres la croient enlevée par les esprits : le fait est, qu'on la tue, & qu'on l'enterre secrétement.

A Tierra-Firme, si la femme jure qu'elle a été forcée, l'homme seul est puni; mais si le crime est prouvé, elle est brûlée vive.

Chez les Yésides, le pere, le frere, le mari de la femme peuvent la tuer : le complice se rachete avec de l'argent; mais s'il ne compose pas, le mari le tue, expose le corps dans sa tente, & tous ceux qui y entrent, le percent d'un coup d'épée.

On pourroit augmenter infiniment cette liste des peines infligées aux adulteres chez les différens peuples; mais celle-ci suffit, sans doute, pour établir que par-tout l'infraction du contrat qui lie les époux, est regardée comme un crime : cet accord de toutes les nations, sous tant de climats, & de gouvernemens divers, doit prouver que la jalousie d'une jouissance exclusive, est un sentiment naturel & indépendant des institutions sociales, qui n'ont fait que s'y prêter, en armant les loix contre les adulteres.

Mais il est temps de se rapprocher d'un objet plus utile aux jurisconsultes, & d'examiner qu'elle fut la jurisprudence des Romains sur l'adultere.

Loix romaines.

34. La jurisprudence des Romains, tantôt plus, tantôt moins sévere, varia plusieurs fois sur les peines qu'elle infligea aux adulteres.

Sous les rois de Rome, le mari étoit seul juge de sa femme coupable d'adultere, & il pouvoit la punir à son gré, après en avoir délibéré avec ses parens.

Denis d'Halicarnasse attribue cette loi à Romulus; & les jurisconsultes en ont rétabli le texte en ces termes : *Seï. stuprum. comisit. aliud. ve. peccavit. maritus. judex. &. vindex. estod. de. que. eo. cum. cognatis. cognoscito.*

Ce pouvoir du mari fut considérablement diminué depuis la loi des douze tables; & dans la suite celui qui auroit tué sa femme avant qu'elle eût été déclarée adultere par le juge, auroit été puni comme homicide suivant la loi *Cornelia de sicariis.*

Vers la fin de la république, & pendant les troubles civils & les proscriptions qui préparerent la grandeur d'Auguste, les mœurs se corrompirent à l'excès; ce prince espéra les rétablir en portant la fameuse loi *Julia de adulteriis.* Le texte n'en est pas parvenu jusqu'à nous, mais elle est souvent rappellée au code, liv. 9, tit. 9, *ad legem Juliam de adulteriis & stupro;* & au digeste, liv. 48, tit. 5, *ad legem Juliam de adulteriis coercendis.* Ce qu'on a de plus certain sur la peine que prononçoit cette loi, est un passage du jurisconsulte Paul, liv. 2, *receptarum sententiarum,* tit. 26, n°. 12, par lequel il paroît que la femme adultere étoit privée de la moitié de sa dot, & de la troisieme partie de ses autres biens, & étoit ensuite réleguée dans une isle. *Adulterii convictas mulieres dimidia parte dotis, & tertia parte bonorum, ac relegatione in insulam placuit coerceri.* Auguste fut obligé d'employer la rigueur de cette loi contre sa propre famille : sa fille & sa petite fille, convaincues d'adultere, subirent l'exil, ainsi que leurs complices.

Il permit, non-seulement au mari, mais au pere, & même aux étrangers, d'intenter l'accusation d'adultere; ainsi elle eut lieu, *jure patri, jure mariti, jure extranei.* Ce dernier genre d'accusation faisoit un crime public d'un délit privé, & introduisoit une effrayante inquisition dans tous les foyers domestiques ; c'étoit livrer à tout calomniateur l'honneur & la paix de chaque citoyen.

La loi Julia autorisoit le pere à tuer sa fille surprise en adultere, pourvu qu'en même-temps il donnât la mort au complice ; car s'il n'immoloit que l'un des deux à l'honneur de sa famille, il étoit réputé homicide : si cependant l'un étoit mort & l'autre grièvement blessé, les empereurs Marc Aurele & Commode accorderent l'impunité ; persuadés que c'étoit le hasard plutôt que la volonté qui avoit épargné l'un des deux coupables. *Nihil interest adulteram filiam priùs pater occiderit, an non, dum utrumque occidat ; nam si alterum occidit, lege Corneliâ reus erit. Quòd si, altero occiso, alter vulneratus fuerit, verbis quidem legis non liberatur ; sed divus Marcus & Commodus rescripserunt impunitatem ei concedi, quia licet interempto adultero, mulier supervixerit post tam gravia vulnera quæ ei pater infixerat, magis fato quàm voluntate ejus servata est. D. lib. 48, tit. 5, L. 32.*

Il faut pourtant remarquer que ce droit accordé au pere, de tuer sa fille surprise en adultere, étoit subordonné à des circonstances qui en restreignoient heureusement l'exercice.

Il falloit, 1°. que le pere ne fût pas lui-même sous la puissance paternelle ; & s'il n'en étoit pas affranchi, ni lui, ni l'aïeul n'avoient le droit de tuer : *Patri datur jus occidendi adulterum cum filiâ quam in potestate habet ; itaque nemo alius ex patribus idem jure faciet. Sed nec filius familias pater. D. ibid. L. 20. Sic eveniet ut nec pater nec avus possint occidere. Ibid. L. 21.*

2°. Qu'il trouvât sa fille en flagrant délit : *Voluit enim (lex) ita demùm hanc potestatem patri competere, si in ipsâ turpitudine filiam de adulterio reprehendat. Ibid. L. 23.*

3°. Que le délit se passât dans la maison d'habitation du pere, ou dans celle de son gendre : *Quare non ubicumque deprehenderit pater, permittitur ei occidere, sed domi suæ, generive sui tantùm : illa ratio redditur, quòd majorem injuriam putavit legislator, quòd in domum patris, aut mariti ausa fuerit filia adulterum inducere. Sed si pater alibi habitet, habeat autem & aliam domum, in qua non habitet : reprehensam illo filiam ubi non habitat, occidere non poterit. Ibid. L. 23, § 3.*

4°. Qu'il tuât les deux coupables à la fois, & dans le même instant ; si cependant l'un des deux prenoit la fuite, étoit suivi, atteint, & percé par le pere, il étoit encore censé avoir été tué dans le premier mouvement ; mais il n'étoit pas permis de tuer l'un des coupables sur le champ, & de réserver l'autre pour le lendemain : *Quod ait lex, incontinenti filiam occidat, sic erit accipiendum, nè, occiso hodiè adultero, reservet, & post dies filiam occidat ; vel contrà. Debet enim propè uno ictu & uno impetu utrumque occidere, æquali irâ adversùs utrumque sumptâ. Quòd si non affectavit ; sed, dum adulterum occidit, profugit filia ; & interpositis horis adprehensa est à patre, qui persequebatur ; incontinenti videbitur occidisse. Ibid. L. 23, § 4.*

Enfin, le droit de tuer sa fille surprise en adultere, n'étoit point accordé au pere qui auroit été d'une condition vile, ou infâme ; l'accusation même ne lui étoit pas permise : *Quid si pater, maritusve leno, vel aliquâ ignominiâ notatus est ? Et rectiùs dicetur, eos jus occidendi habere, qui jure patris, maritive accusare possunt. Ibid. L. 24, § 3.*

La réunion de toutes ces circonstances pouvant seule autoriser le pere à tuer sa fille, il étoit sans doute infiniment rare qu'il fût dans le cas d'exercer ce droit rigoureux ; & même lorsqu'il pouvoit en user, les loix avoient espéré que sa tendresse retiendroit son bras : aussi n'avoient-elles point remis le même pouvoir

dans

dans les mains du mari, dont elles redoutoient davantage la colere : *Ideò autem patri, non marito mulierem, & omnem adulterum permiffum eft occidere, quòd plerumque pietas paterni nominis confilium pro liberis capit : ceterùm mariti calor & impetus facilè decernentis fuit refrænandus.* Ibid. *L.* 22, § 4.

Le mari ne pouvoit dans aucune circonftance tuer impunément fa femme coupable d'adultere ; mais s'il faififfoit le complice fur le fait, & que ce fût un perfonnage vil & infame, tel qu'un homme convaincu de maquerellage, un baladin, celui qui auroit été flétri par un jugement, ou bien un affranchi du mari, ou de fa femme, de fon pere, de fa mere, de fes freres, ou de fes fœurs, il pouvoit le tuer : *Marito quoque adulterum uxoris fuæ occidere permittitur ; fed non quemlibet ut patri. Nam hâc lege cavetur, ut liceat viro deprehenfum domi fuæ, non etiam foceri, in adulterio uxoris occidere eum qui leno fuerit ; quive artem ludicram antè fecerit, in fcenam faltandi, cantandive caufâ prodierit ; judiciove publico damnatus, neque in integrum reftitutus erit ; quive libertus ejus mariti, uxorifve, patris, matris, filii, filiæ, utrius, eorum fuerit.* Ibid. *L.* 24.

Le mari, après avoir pris cette vengeance devoit auffi-tôt renvoyer fa femme : *Et præcipitur ut is maritus, qui horum quem occiderit, uxorem fine morâ dimittat.* Ibid. § 2.

Cependant fi dans l'impétuofité d'une jufte douleur le mari tuoit fa femme furprife en adultere, les empereurs Marc Antonin & Commode, permirent qu'on lui fît grace de la vie ; mais fi c'étoit un homme du peuple, il étoit condamné aux travaux publics ; s'il fe trouvoit d'une condition plus relevée, il étoit relégué dans une ifle : *Ei qui uxorem fuam in adulterio deprehenfam occidiffe fe non negat, ultimum fuplicium remitti poteft, cùm fit difficillimum juftam dolorem temperare : & quia plus fecerit, quàm*

quia vindicare fe non debuerit, puniendus fit ; fufficiet igitur fi humilis loci fit, in opus perpetuum eum tradi ; fi qui honeftior in infulam relegari.* Ibid. *L.* 38, § 8.

Celui qui étoit furpris commettant un adultere, pouvoit être retenu pendant vingt heures par le mari, pour avoir le temps de raffembler les preuves ; & s'il prenoit la fuite, il pouvoit être ramené pour vingt heures : *Capite quinto legis Juliæ ita cavetur, ut viro adulterum in uxore fuâ deprehenfum, quem aut nolit, aut non liceat occidere, retinere horas diurnas, nocturnasque continuas, non plus quàm viginti, teftandæ ejus rei causâ, fine fraude fuâ, jure liceat.* Ibid. *L.* 25. *Quid ergo fi evaferit ? An reductus cuftodiri viginti horis poffit ? Et putem, hic magis dicendum, reductum retineri poffe, teftandæ rei gratiâ.* Ibid. § 4.

Telles font les loix qui pourvoyoient à ce qui fe paffoit dans la maifon de l'offenfé au premier inftant du délit. Il en eft d'autres qui régloient le temps & la forme de l'accufation, la maniere de faire la preuve, la prefcription, &c.

Le divorce devoit toujours précéder l'accufation d'adultere ; car le mari qui gardoit fa femme ne pouvoit l'accufer : *Crimen adulterii, maritum retenta in matrimonio uxore inferre non poffe, nemini dubium eft.* C. *lib.* 9, *tit.* 9, *l.* 11.

Après que le libelle de divorce avoit été envoyé, le pere, & le mari avoient foixante jours pour accufer, *jure patris, jure mariti*, & pendant ce temps aucun étranger n'étoit admis à former l'accufation : *Marito primum, vel patri eam filiam, quam in poteftate habet intra dies fexaginta divortii accufare permittitur, nec ulli alii in id tempus agendi poteftas datur. Ultra eos dies neutrius voluntas expectatur.* D. *lib.* 48, *tit.* 5, *l.* 14, § 2.

Après ce temps, les accufateurs étrangers pouvoient fe préfenter : *Si negaverint fe pater & maritus accufaturos intra diem fexagefimum : an ftatim incipiant tempora extraneo cedere ? Pomponius putat, admitti ad accufationem extraneum posse statim . . . cui assentiendum puto.* Ibid. *L. 15, § 5.*

Ils avoient quatre mois pour intenter l'accusation : *Post sexaginta dies, quatuor menses extraneis dantur, & ipsi utiles.* Ibid. *L. 4, § 1.*

Le mari qui avoit négligé d'accuser pendant les soixante jours, n'y étoit plus admis, *jure mariti* ; mais il pouvoit poursuivre sa femme, *jure extranei : Cùm præterierint dies utiles, maritus quoque jure extranei agere potest. C. lib. 9, tit. 9, l. 6.*

Pour parvenir à la preuve de l'adultere, le pere, le mari, les étrangers même pouvoient faire appliquer à la question les esclaves qu'ils soupçonnoient avoir quelque connoissance du délit. Le maître de l'esclave ne pouvoit le refuser à l'accusateur, qui le lui payoit le double de l'estimation, & le faisoit ensuite torturer à son gré. Cette affreuse jurisprudence se trouve développée (*lib. 27, D. ad l. Jul. de adult.*)

Quoique l'adultere soit nécessairement le crime de deux personnes, on ne pouvoit intenter l'accusation contre les deux coupables à la fois : ce n'étoit qu'après la condamnation de l'un, qu'il étoit permis de poursuivre l'autre ; & si on les avoit dénoncés tous les deux, il falloit abandonner son action, & revenir par accusation nouvelle contre l'un des deux : *Reos adulterii duos simul marem & fœminam ex eâdem causâ fieri lex Julia de pudicitiâ vetat ; sed ordine peragi utrosque licet. C. lib. 9, tit. 9, l. 8. Si quis adulterum & adulteram simul detulit, nihil agit ; poteritque, quasi neutrum detulerit, rursùs, à quo velit, initium facere : quia nihil agit primâ delatione. D. lib. 48, tit. 5, l. 15, § 9.*

La femme n'étoit point admise à intenter l'accusation d'adultere contre son mari : *Publico judicio non habere mulieres adulterii accusationem, quamvis de matrimonio suo violato quæri velint, lex Julia declarat. C. lib. 9, tit. 9, l. 1.*

Mais elle pouvoit opposer, comme une exception, l'adultere de son mari ; & la loi recommandoit au juge d'examiner si le mari avoit donné l'exemple des bonnes mœurs qu'il exigeoit de sa femme : *Judex adulterii antè oculos habere debet, & inquirere an maritus, pudicè vivens, mulieri quoque bonos mores colendi auctor fuerit ? Periniquum enim videtur esse, ut pudicitiam vir ab uxore exigat, quam ipse non exhibeat. D. lib. 48, tit. 5, l. 13, § 5.*

Enfin, l'adultere se prescrivoit par cinq ans, à compter du jour où il avoit été commis : *Adulter post quinquennium quùm commissum adulterium dicitur, (quod continuum numeratur) accusari non potest : easque præscriptiones legibus reo datas auferri non opportet. C. lib. 9, tit. 9, l. 5.*

Mais cette prescription ne couroit point en faveur des femmes, dont les maris absens pour les affaires de la république, n'avoient pas pu former leur accusation : *Ob commissa adulteria, atque accusandas uxores, certa tempora, quæ utiliter computari solent, præscripta sunt. Si igitur per occupationes publicas accusationem instituere non potuisti, nec antè creditum tibi munus præscripta tempora transacta sunt : post depositam sollicitudinem quâ detineris, integram accusandi potestatem habebis : ad quam cùm vacare cœperis, properare debebis : nec effrenata licentia ad terrendam adversariam futuræ accusationis speciem prætendas. C. lib. 9, tit. 9, l. 21.*

La jurisprudence des Romains, sur l'adultere, subsista jusqu'au temps de Constantin, telle que nous venons de la rapporter ; mais il parut odieux à cet empereur, de laisser aux étrangers le pouvoir d'accuser d'adultere une femme sur laquelle ils n'avoient aucun droit. Il proscrivit les accusations *jure extranei*, & ne laissa subsister que celles qui étoient intentées par ceux à qui la proximité de leur parenté, donnoit un véritable intérêt : *Nè volentibus temerè liceat fœdare connubia, proximis necessariisque personis*

solummodò placet deferri copiam accu-
sandi, hoc est patri, fratri, nec non
patruo & avunculo, quos verus dolor
ad accusationem impellit. . . . Extraneos
procul arceri ab accusatione censemus.
C. lib. 9, tit. 9, l. 30.

Cette loi étoit sage sans doute, & détruisoit un abus monstrueux ; mais en res-
treignant le droit d'accuser, Constantin
aggrava la peine de l'adultere, & porta
celle de mort. Macrin & Aurélien en
avoient déja donné l'exemple, en faisant
punir de mort des soldats coupables d'a-
dultere : exemples isolés, justifiés peut-
être par la sévérité qu'exige la discipline
militaire, mais non encore autorisés par
les loix. Constantin fut le premier qui
punit l'adultere par le glaive : *Sacrilegos*
autem nuptiarum gladio puniri opportet.
Ibid. *L. 30, § 1.*

On assure que cette loi, conforme au
caractere de Constantin, dont le christianisme ne put détruire la férocité, ne
fut pas long-temps exécutée après sa mort,
& que ses successeurs infligerent aux adulteres des peines moins séveres : on en cite
un exemple bien singulier. On reléguoit,
dit-on, la femme adultere dans un lieu
de prostitution publique, où elle étoit
obligée de souffrir les approches de quiconque vouloit se présenter ; & ceux-ci
devoient se ceindre les reins de grelots
& de sonnettes, afin que ces instrumens
mis en mouvement apprissent aux passans
que la coupable subissoit en ce moment
une partie de sa punition. Nicéphore,
Histoire ecclésiastique, liv. 12, chap. 22,
& Cedrenus, *pag. 266,* rapportent que
Théodose abolit cet infame usage, dont
au reste on ne trouve aucun vestige
dans les loix qui nous sont parvenues.

Les loix, qui sous les rois de Rome,
avoient autorisé le mari à condamner
arbitrairement sa femme coupable d'adultere ; qui sous Auguste, se contentoient
de la relégation dans une isle, & de la
perte d'une partie des biens ; qui, plus
séveres sous Constantin, prononcerent la
peine de mort, changerent encore une

fois sous Justinien. Ce prince, par sa
Novelle 134, chap. x, veut que la
femme adultere, après avoir été frappée
de verges, soit enfermée dans un monastere : pendant deux ans, son mari pourra
la reprendre ; mais s'il meurt pendant ce
délai, ou s'il le laisse écouler sans avoir
repris sa femme, elle doit être rasée,
& revêtue de l'habit monastique, pour
rester enfermée toute sa vie. Si elle a
des enfans, ils ont les deux tiers du
bien de leur mere, l'autre tiers appartient
au monastere ; si elle n'a que des ascendans, ils ont le tiers, & le monastere
les deux autres tiers ; si elle n'a ni descendans, ni ascendans, ou que les ascendans
se soient prêtés à sa mauvaise conduite,
tout appartient au monastere, en observant
cependant dans tous les cas, les clauses
insérées dans les contrats de mariage.
De la Novelle, qui renferme ces dispositions, on a tiré l'authentique *Sed hodie,*
rapportée *au Code, liv. 9, tit. 9, après la*
loi 30. Sed hodie adultera verberata in mo-
nasterium mittatur : quam intra biennium
viro recipere licet. Biennio transacto, vel
viro, priusquàm reduceret ream, mortuo ;
adultera tonsa, monastico habitu suscepto,
ibi dum vivit, permaneat : duabus parti-
bus propriæ substantiæ, liberis si habet,
applicandis, tertia monasterio ; sed si libe-
ros non habet, parentibus extantibus,
hujusmodi iniquitati non consentientibus,
tertia pars applicabitur, duæ monasterio :
quibus prædictis non extantibus, omnis
ejus substantia monasterio quæretur, pactis
dotalium instrumentorum in omni casu
viro servandis.

Justinien, en portant ces loix contre
les femmes adulteres, donna aux maris
un moyen assez sûr de prévenir leur déshonneur : il leur permit de tuer impunément tout homme suspect qu'ils auroient
averti, trois fois par écrit, en présence
de trois témoins dignes de foi, de ne
pas parler à leurs femmes, & qu'ils
viendroient à trouver ensuite avec elles,
ou dans leur maison, ou dans celle de
la femme, ou dans celle du suborneur,

ou dans une hôtellerie, ou dans les faux-bourgs. S'il les rencontroit ailleurs, il prenoit avec lui trois témoins, & traduifoit le coupable devant le juge, qui fans autres preuves que les trois fommations, pouvoit condamner. Si les rendez-vous fe donnoient dans des églifes, le mari qui y trouvoit fa femme & le galant, les pouvoit remettre l'un & l'autre aux protecteurs de l'églife, ou à des clercs qui devoient les garder féparément jufqu'à ce que le juge, en ayant pris connoiffance, eût averti l'évêque, à qui les coupables étoient livrés pour fubir les peines prononcées contre les adulteres qui profanent les églifes par leur préfence; le juge les condamnoit enfuite comme adulteres. Telles font les difpofitions de la *Novelle 117, chap. 15,* dont on a tiré l'authentique *Si quis,* rapportée au code, immédiatement après l'authentique *Sed hodie. Si quis ei quem fufpectum habet de fua uxore, ter in fcriptis denuntiaverit, fub præfentiâ trium teftium fide dignorum, & poft invenerit eum convenientem uxori fuæ in domo fua, vel uxoris, vel adulteri, vel in popinis, aut in fuburbanis; finè periculo eum perimat. Si alibi inveniat, tribus teftibus convocatis, tradat eum judici, qui nullâ aliâ ratione quæfitâ habet puniendi licentiam. Si tamen in facro oratorio colloqui inveniantur, poft tres, ut dictum eft, denuntiationes, licet marito utrafque perfonas defenfori ecclefiæ tradere, aut aliis clericis, ut ad eorum periculum divifim ifti ferventur, donec judex cognofcens hoc, mittat epifcopo civitatis, quatenùs ei ifti tradantur, ut debeant fubire tormentum, ut nuntietur per eum ad præfidem provinciæ, qui fecundùm leges pœnam imponat legitimam.*

Depuis Juftinien jufqu'à Leon le philofophe, les loix pénales fur l'adultere n'éprouverent point de changement; mais cet empereur, dans fa trente-deuxieme conftitution, ordonna qu'à l'avenir on couperoit le nez aux deux coupables, & que la femme feroit enfuite enfermée

dans un couvent : *Nafus deteftandis illis ambobus abfcindatur. . . . Atque hæc quidem nefarii iftius fceleris efto pœna. . . . Ob fcelus commiffum in monafterium (mulier) vel ut in exilium detraditor.*

De toutes ces loix pénales, celles raffemblées dans l'authentique *Sed hodie,* font les feules que nous ayions adoptées, du moins en partie; mais avant que notre jurifprudence fur cet objet ait été invariablement fixée, on a long-temps fuivi des coutumes bizarres, qui bleffoient les mœurs, loin de les venger.

Anciennes coutumes de France.

35. Après avoir rapporté les loix romaines fur l'adultere, nous devons compte de nos anciennes coutumes fur ce délit; & ce n'eft pas un tableau indifférent pour l'hiftoire des mœurs de nos ancêtres.

Les loix faliques, qui avoient tariffé tous les délits, n'avoient pas négligé de calculer toutes les libertés qu'on pouvoit prendre avec la femme d'autrui, & d'y mettre un prix : elles avoient taxé l'adultere à deux cents fous : (le fou d'or, dont parlent les loix faliques vaudroit aujourd'hui environ 15 liv. de notre monnoie:) *Si quis uxorem alienam, vivo marito, tulerit, octo denariorum culpabilis judicetur.*

Sous la feconde race, il paroît que les loix furent plus féveres; on trouve des capitulaires qui ne laiffent aux coupables que l'alternative de la peine de mort, ou de l'entier abandon de leurs biens en faveur du fifc : *Sub pœna capitali adulteria in regno noftro à quibufcumque fieri prohibemus. . . . Ita ut fi voluntariè quis fecerit de vitâ componat, & omnes res ejus tam mobiles, quam immobiles fifco noftro partiantur.*

Cette rigueur ceffa fous la troifieme race : lorfque les grands vaffaux, & même beaucoup de feigneurs particuliers eurent déchiré le royaume, & fe l'étant en quelque forte partagé, devinrent indépendans, ils n'infligerent plus aux adulteres la peine de mort, qui leur eût enlevé des foldats ; ils bornerent la fatis-faction de ce délit à des amendes affez modiques qui tomboient dans leurs revenus cafuels ; & même les coupables pouvoient fe racheter de l'amende, en fe foumettant à donner un fpectacle humiliant, qui violoit publiquement la pudeur, & qui outrageoit plus effentiellement le mari, que n'avoit pu le faire volontairement la proftitution fecrette de fa femme.

Voici quelques exemples de ces coutumes. Celle de Bergerac, *art.* 84, condamne tout adultere en cent fous de monnoie courante envers le feigneur, s'il eft furpris fur le fait ; ou à courir tout nu par la ville, enfemble la femme avec laquelle il a commis adultere, pourvu qu'elle foit mariée : fi celui qui commet l'adultere n'eft pas marié, la femme feule fera condamnée, & l'homme abfous : fi, au contraire, l'homme eft marié & non pas la femme, l'homme fera condamné, & la femme abfoute : mais, s'ils font tous deux mariés, ils auront le choix de courir tous nus par la ville, ou de payer cent fous au feigneur.

Ainfi, cette coutume puniffoit le mari adultere, comme la femme adultere ; ce qui n'eft plus dans nos mœurs.

La coutume de Turenne, donnée en 1219, condamne l'adultere à être traîné nu *per genitalia*, accompagné de fa complice auffi nue : *Quicumque habitator villæ Martelli cum aliquâ uxoratâ in eâdem villâ captus effet, & probatur adulter, trahetur per genitalia nudus, & adultera nuda.*

Selon l'art. 21 des coutumes données à la ville de Riom, en 1270, par Alphonfe, comte de Poitou, frere de St. Louis, ceux qui font furpris en adultere, ou convaincus par gens dignes de foi, ou qui avouent le délit en jugement, doivent courir la ville nus, ou payer chacun foixante fous : *Item, adulter & adultera fi deprehenfi fuerint in adulterio, vel per homines fide dignos convicti fuerint, fuper hoc accufatore exiftenti, & accufationem fuam legitimè profequenti,* vel in jure confeffi fuerint, nudi currant villam, vel nobis folvat quilibet LX folidos ; & hoc fit in opinione delinquentis.

Le texte original qu'on peut defirer connoître, donnera une idée de la langue de ce temps-là. Art. XXI : *Adultres & adultra fi pres ferant en adultri, o per homes creables convencut o ateynhut, fobre ayfo accuzador appareffent, & laccuzatio fya lealment perféquent, o en jutjament aurant cofeffat lo fayt ; nu corrunt la vila, o à nos page chafcus LX folz per juftizia, & ayfo fya en la chauzida dal meyprenent.*

L'art. 22 des privileges accordés à la ville de Grenade en 1291, porte que l'homme & la femme, furpris en adultere, *nudus cum nudâ* ou, *veftitus cum veftitâ, brachiis feu femoralibus depofitis,* auront le choix de courir tout nus dans l'étendue de la feigneurie, ou de payer cent fous touloufains au roi, ou à l'abbé.

Les privileges des habitans de Priffey, près Mâcon, confirmés en 1362, par le roi Jean, les affujettiffent (*art.* 2) à la même peine, s'ils n'aiment mieux compofer avec foixante fous & un denier.

A Caftelnaudary, fuivant les privileges accordés par Charles V, la peine de l'adultere étoit fixée à une amende de cinq fous.

A Vienne, les riches payoient vingt-quatre florins, & les pauvres dix, à moins qu'ils ne préféraffent de courir nus par la ville, la femme néanmoins couverte *ufque ad mamellas, nè pareant genitalia.*

A Montfaucon, les privileges accordés en 1396, exigeoient une entiere nudité : *Vir & mulier fpoliati penitùs, & nudati currant per villam, aut folvant fexaginta folidos tolofanos.*

Les anciens privileges de Beauvais, en Dauphiné, quittoient l'homme & la femme pour fix fous & un denier : *Et pro dictis fex folidis & uno denario, funt quifti & foluti.*

La coutume de Bayone, *titre* 25, condamne l'adultere, pour la premiere fois, à courir la ville fans fuftigation, & à un banniffement arbitraire de la ville & jurifdiction ; & pour la feconde fois, à la fuftigation publique, & au banniffement perpétuel.

Les coutumes de Saint-Sever, *tit. 11, art. 3*, cumulent la fuftigation publique avec l'amende : *Hommes & femmes, trouvés en adultere, doivent être fuftigés par la ville tous deux enfemble, & payer au feigneur 7 liv. 8 fous 6 den. tournois.*

La coutume de Béarn, rédigée en 1551, porte, *rubr. 42, art. 16*, que les adulteres courront par la ville, & feront fuftigés par le bourreau : *Prées en adultery fia mafclé o femela toutz dus deben corre la vila & eftar affuetatz per lo executo de la hauta-juftitia.*

L'*art. 5* de l'ancienne coutume d'Agen, porte que l'homme & la femme pris en adultere, doivent courir par la ville, leurs mains liées toutes deux avec une corde, & le feigneur avoir cinq fous arnaudens.

Les temps, où les coutumes bizarres étoient en vigueur, font les mêmes que ceux où nos loix criminelles avoient adopté la preuve par le combat ; auffi, les femmes accufées d'adultere étoient-elles reçues à fe juftifier par le duel, en préfentant un champion de condition noble, qui offroit de forcer en champ-clos l'accufateur de fe dédire : le vaincu, mort ou vif, étoit traîné fur la claie, & pendu par les pieds ; & la femme étoit juftifiée, ou punie. *Effais fur Paris, tom. 2, pag. 109.*

Ainfi, le mari outragé couroit encore des rifques pour fa vie, en pourfuivant fa vengeance devant les tribunaux.

L'hiftoire nous fournit l'exemple de deux adulteres qui furent punis avec bien plus de rigueur que n'en préfentent les coutumes que nous venons de rapporter : mais ce qui peut juftifier l'atrocité des fupplices, c'eft fans doute la qualité des coupables, & celle des maris, dont ils fouillerent la couche ; c'étoient les fils de Philippe IV, dit le Bel. Il en avoit

trois, les plus beaux hommes de leur temps. Louis, dit Hutin, roi de Navarre du chef de fa mere, marié à Marguerite, fille de Robert II, duc de Bourgogne ; Philippe, dit le Long, comte de Poitiers, marié à Jeanne, fille ainée d'Othon IV, comte de Bourgogne ; & Charles, dit le Bel, marié à Blanche, fille cadette d'Othon IV, fœur de Jeanne.

Ces trois princeffes furent accufées d'adultere ; Marguerite & Blanche, convaincues de ce crime, furent rafées & enfermées au château Gaillard d'Andely, où Marguerite fut étranglée par ordre de fon mari ; Blanche y refta fept ans, fut enfuite répudiée fous prétexte de parenté, & prit le voile en l'abbaye de Maubuiffon.

Jeanne, enfermée depuis près d'un an au château de Dourdan, fut jugée au parlement, en préfence du comte de Valois & du comte d'Evreux, & déclarée abfolument fans reproche & fans tache.

Les amans des deux princeffes coupables étoient deux freres, Philippe & Gautier de Launey, gentilshommes Normands, officiers de la maifon des princes outragés. Ils furent jugés dans une affemblée convoquée par le roi à Pontoife, & condamnés à être écorchés vifs, enfuite traînés fur la prairie de Maubuiffon, nouvellement fauchée, puis mutilés des parties coupables, décolés, & enfin pendus par-deffous les bras à un gibet, où fut auffi attaché l'huiffier de la chambre, qui pendant trois ans avoit favorifé ce commerce. Beaucoup de gens furent enveloppés dans cette malheureufe affaire, comme complices, fauteurs, confidens, ou fufpects d'un coupable filence. Voyez l'*Hiftoire de France*, par Velly, *tom. VII, pag. 487 & fuiv.*

Cet exemple mémorable fait exception aux loix générales. On va voir la jurifprudence fixée relativement à la peine qu'elle inflige aux femmes adulteres ; & varier, à l'égard de leurs complices, felon les circonftances plus ou moins aggravantes, & la qualité des coupables.

Peines infligées aux adulteres.

36. Le dernier état de la jurisprudence romaine, sur le crime d'adultere, se trouve dans l'authentique *Sed hodie*, qui renferme deux dispositions quant à la peine corporelle, la fustigation & la reclusion.

Nos anciens arrêts ont presque tous prononcé la fustigation conformément à cette loi, qui, depuis, a été modifiée par l'usage.

Arrêt du parlement de Paris, du 23 décembre 1522, qui condamne Marie Quatrelivre à être battue de verges pendant trois vendredis, ce fait, mise en un couvent. *Voyez* Papon, *liv. 33, tit. 9, n°. 2.*

Arrêt du parlement de Bourdeaux, du 7 décembre 1523, qui condamne la femme d'un huissier, convaincue d'adultere avec un clerc de son mari, à être dépouillée & battue de verges par deux sergens le long de la salle du palais, recluse pour deux ans, &c. Papon, *ibid. n°. 4.*

Quelquefois la femme n'étoit fustigée que lorsque son mari avoit laissé passer deux ans sans la reprendre.

Arrêt du parlement de Bourdeaux, du 31 août 1652, qui condamne la nommée Martine à être battue, nue, de verges par la prieure du couvent & autres religieuses à ce commises, si son mari ne la réclame dans les deux ans. Papon, *liv. 22.*

Arrêt du même parlement, du mois de septembre 1614, qui condamne la nommée Faustine à être enfermée dans un hôpital ; permis à son mari de l'en retirer pendant deux ans, passé lequel temps elle y prendra l'habit de la maison, préalablement fustigée de verges par les servantes de l'hôpital.

Ces arrêts, s'ils étoient rigoureux, étoient du moins conséquens, en n'ordonnant la fustigation que lorsqu'on ne pouvoit plus rien espérer de la clémence d'un mari, qui réclamoit toute la sévé-rité de la loi ; mais on ne sauroit expliquer le motif de celui qui fut rendu au parlement de Rennes le 17 novembre 1568, rapporté par Papon, *liv. 22, tit. 9, n°. 2,* qui, ayant condamné Marie Faucheu à l'amende honorable & à la fustigation, ne permit de la reprendre, à son mari qui la redemandoit, qu'après qu'elle auroit été battue de verges.

L'ancienne jurisprudence a été quelquefois jusqu'à prononcer la peine de mort contre des femmes adulteres.

Arrêt du parlement de Toulouse, de 1567, prononcé en robes rouges, qui condamne une femme de Moisette, qui avoit induit son valet à commettre adultere avec elle, à être pendue, ainsi que le valet. Papon, *liv. 22, tit. 9, n°. 2.*

Arrêt du parlement de Bretagne, du 27 octobre 1578, qui condamne la demoiselle de Vaugirard, pour adultere avec son métayer, à avoir la tête tranchée, & le métayer à être pendu.

Nous nous dispensons d'autant plus volontiers de faire des observations sur ces arrêts, que depuis deux siecles la peine infligée aux femmes adulteres a été fixée, & n'a pas varié.

Elles sont condamnées à être reléguées dans un monastere, un hôpital ou une maison de force, selon la condition des parties ; déclarées déchues de leur douaire & privées de leurs dots & parts de communauté, lesquelles appartiennent à leurs maris en propriété. Pendant deux ans, la femme conserve, dans le monastere, ses habits séculiers, son mari peut la voir & la reprendre ; mais s'il ne la reprend pas, ou s'il meurt pendant ce temps, sans avoir clairement manifesté l'intention de la reprendre, elle est rasée, voilée & revêtue des habits de la communauté. Cependant le délai de deux ans n'est point un terme fatal, passé lequel le mari ne puisse réclamer sa femme ; il y est admis jusqu'à son décès : & en retournant avec son mari, la femme rentre dans tous ses droits relativement à sa dot ; ses gains nuptiaux, &c.

Comme tous les arrêts contre les femmes adulteres portent les mêmes dispositions, il suffit d'en rapporter un seul pour en connoître la formule.

Arrêt du parlement de Paris, du 27 mars 1719... La cour a déclaré ladite de B.... & le baron de G.... duement atteints & convaincus du crime d'adultere: pour réparation de quoi condamne ladite de B... à être renfermée dans une maison religieuse, telle qu'elle lui sera indiquée par son mari, pour y demeurer le temps & espace de deux ans, en habit séculier, pendant lequel temps ledit de B.... son mari pourra la voir, visiter & icelle reprendre si bon lui semble; si non, ledit temps passé, & où ledit de B... viendroit à décéder pendant ledit temps, la condamne à être rasée, voilée & vêtue comme les autres religieuses ou filles de la communauté, & à y rester sa vie durant, pour vivre selon les regles de ladite maison; la déclare déchue de tous ses droits de communauté, douaire, préciput & autres avantages à elle faits par son contrat de mariage; ordonne que sa dot appartiendra à son mari, pour par lui en jouir à perpétuité. A banni le baron de G.... pour cinq ans; l'a condamné en 2000 liv. de réparations civiles, & en tous les dépens, jusqu'au paiment desquelles condamnations il gardera prison. Denisart, au mot *Adultere*.

Si la peine infligée aux adulteres est toujours uniforme lorsqu'il s'agit de punir les femmes coupables, elle varie à l'égard de leurs complices, suivant les circonstances & la qualité des personnes: l'amende pécuniaire, l'amende honorable, le blâme, le bannissement, les galeres, même la peine de mort, ont été souvent prononcés.

Arrêt du parlement de Paris, du 21 août 1552, qui condamne le nommé Verrier, fourrier du grand conseil, convaincu d'adultere avec la femme de Me. Galliot, commissaire examinateur au Châtelet, à l'amende honorable, nuds pieds, la corde au col, une torche à la main; en 200 liv. d'amende envers le roi, 400 liv. envers Me. Galliot, au bannissement perpétuel du royaume, & à la confiscation de ses biens, étant en pays de confiscation. Papon, *liv. 22, arrêt 1.*

Arrêt du parlement de Paris, du 27 octobre 1605, qui déclare un particulier incapable de posséder aucunes charges, le condamne au bannissement pour cinq ans, hors du royaume, en 4000 liv. d'amende, & 6000 liv. de dommages & intérêts, pour avoir débauché une femme mariée, & l'avoir retenue chez lui pendant six à sept mois.

Duluc fait mention d'un arrêt sans date, qui condamne un jeune homme convaincu d'adultere, à faire amende honorable, & aux galeres pour dix ans.

Arrêt du parlement de Paris, du 3 juin 1766, qui condamne le nommé Loziet, convaincu d'adultere avec la nommée Broquin, femme Café, à un bannissement de trois ans.

Si le coupable est avec le mari offensé dans des rapports de domesticité qui exigent une confiance nécessaire, on a souvent prononcé la peine de mort.

Arrêt du parlement de Paris, du mois de mai 1557, qui condamne à être pendu un valet de cabaret, qui avoit abusé de sa maîtresse endormie & prise de vin, quoique, avant de se mettre au lit, elle l'eût tenté en se découvrant devant lui sans pudeur. Papon, *liv. 22, n°. 4.*

Arrêt du même parlement, du 28 février 1553, qui condamne à être pendu le clerc du sieur de la Côte, conseiller, pour avoir commis adultere avec la dame la Côte. Basset, *tom. 1, liv. 6, tit. 19, chap. 6.*

La Roche-Flavin rapporte un arrêt pareil contre le clerc d'un avocat. La même sévérité auroit lieu contre les maîtres de danse, de musique, de dessin, de langue, &c. qui seroient convaincus d'adultere avec une femme leur écoliere.

Un geolier qui abuseroit d'une prisonniere, seroit aussi puni de mort:
Commentariensis

Commentarienfis quando cognofcit carna-
liter mulierem quam habet in cuftodiam,
ex confuetudine regni Franciæ fufpendi-
tur. Franc. Marc. *tom. 2, quæft. 729.*
Guy-Pap. *quæft. 448.*

On doit appliquer les mêmes principes
aux huiffiers, exempts de police, officiers,
foldats de maréchauffée ; en un mot, à
toute perfonne judiciairement établie à
la garde d'une femme.

Un procureur, un avocat, un juge,
qui féduiroient une femme qui auroit
eu recours à leur miniftere, s'expofe-
roient à une peine plus févere, que celle
prononcée contre les coupables d'adultere fimple.

Le feigneur, convaincu d'adultere avec
la femme de fon vaffal, perd fon droit
de fief ; & le vaffal, dégagé de fa mouvance, releve du feigneur fuzerain. Si,
au contraire, le vaffal fe rend coupable
d'adultere avec la femme de fon feigneur,
fon fief tombe en commife. Dumoulin
étend cette peine au commerce illicite
que le vaffal peut entretenir avec la fille,
la bru, la petite-fille & la veuve du
feigneur dominant. *Traité de l'adult.*
part. 2, chap. 3, pag. 352.

ARRÊT du parlement d'Aix, du 18
novembre 1656. . . . . *Efpece.* Un
prêtre, qui, pour féduire une femme
mariée, avoit employé ce qu'on appelloit alors fortilege, fut condamné à être
pendu & jeté au feu. Baffet, *tom. 1, liv. 6,*
tit. 19, chap. 6.

Lorfque l'adultere s'eft trouvé accompagné de vol, il a été auffi puni de mort.

ARRÊT du parlement de Rouen, du
17 juin 1516, qui condamne à être
pendu le nommé Mouquet, coupable
d'adultere, & d'avoir volé plufieurs effets
de la communauté.

Quelquefois l'adultere a été accompagné du crime d'affaffinat. Papon, *liv. 22,*
tit. 5, n°. 33, rapporte, qu'une femme,
pour avoir aidé celui avec qui elle commettoit adultere, à affaffiner fon mari,
eut le poing coupé devant fa maifon, &
fut enfuite pendue.

Tome III.

ARRÊT du parlement de Paris, du
31 décembre 1616. . . . *Efpece.* Martine
Prudhomme, mariée à Louis Emard,
s'abandonne à Louis Limeron, qu'elle aimoit avant fon mariage ; ils comploterent
d'affaffiner Louis Emard. Le 13 novembre 1616, Martine Prudhomme, étant
couchée avec fon mari, & Gilles Prudhomme fon pere étant dans un autre
lit, mais dans la même chambre, elle
fe leve fans bruit, & ouvre la porte à
Limeron, qui poignarde Louis Emard,
& tue auffi Gilles Prudhomme qui étoit
accouru pour fecourir fon gendre.
Limeron fut condamné à être rompu vif,
& Martine Prudhomme, à être pendue,
déclarée déchue de fes conventions matrimoniales, privée du droit de communauté : tous les deux condamnés folidai-
rement en 500 liv. de réparation, &
aux dépens du procès.

Il s'éleva, à l'occafion de cet arrêt,
une queftion finguliere, celle de favoir
fi les 500 liv. de réparation & les frais
du procès pouvoient être pris fur les
biens de Gilles Prudhomme, qui, par
fa mort, avoient été transférés à Martine
fa fille ; la mere de Louis Emard les
avoit fait faifir. M. l'avocat général s'en
rapporta à la cour, qui, par arrêt du
4 feptembre 1618, donna main levée
des faifies quant aux 500 liv. de réparation ; mais condamna la fucceffion de
Gilles prudhomme aux frais & dépens
du procès. Bardet, *tom. 1, liv. 1,*
chap. 49.

Conféquence de la condamnation aux
peines de l'authentique, quant à la
perfonne de la femme.

37. Si le mari reprend fa femme dans le
délai de deux ans, qui eft la fixation la
plus commune, de ce terme de grace
(quoiqu'il y ait des exemples qu'il ait
été étendu au delà, & même à dix années) alors il n'eft point néceffaire de
faire rendre un nouveau jugement pour
remettre fa femme en fa poffeffion :
mais s'il a laiffé expirer le terme fixé

par l'arrêt, il est obligé de se pourvoir pour être autorisé à la reprendre.

Si le mari décede sans avoir repris sa femme, elle ne peut espérer sa liberté que dans deux circonstances ; ou en prouvant d'une maniere précise, & par quelque écrit émané de son mari, qu'il avoit l'intention de la réunir à lui ; ou en se remariant après la mort de son mari.

ARRÊT du parlement de Bourdeaux, du 21 juillet 1674, rapporté par la Peyrere, *lettre* A, qui déboute la nommée Dubuisson, condamnée aux peines de l'authentique de sa demande à être mise en liberté, son mari étant mort dans les deux ans, quoiqu'elle articulât certains faits qui annonçoient la réconciliation.

ARRÊT du parlement de Paris, du 22 août 1724.... *Espece.* La demoiselle de Richemont, femme du sieur de Vaux, gendarme de la garde, authentiquée par arrêt du 5 octobre 1723, demanda sa liberté après le décès de son mari, mort subitement. La supérieure & la dépositaire du couvent attestoient que le sieur de Vaux étoit prêt à lui pardonner & à la reprendre : la demande en élargissement fut rejettée. Denisart, au mot *Adultere*, n°. 22.

Il en auroit été autrement si quelque preuve par écrit eût manifesté, sans équivoque, l'intention qu'on supposoit au sieur de Vaux ; mais ne pouvant l'établir légalement, il ne restoit à la dame de Vaux d'autre espoir que celui de trouver un homme assez généreux pour l'épouser, en bravant l'opinion publique.

C'est ce qui arriva à Marie Joisel, femme de Pierre Gars. Elle avoit été condamnée, en 1673, aux peines de l'authentique ; & son mari, qui mourut après les deux ans, loin de lui pardonner, avoit inséré dans son testament, qu'il vouloit qu'elle restât enfermée toute sa vie. En 1683, le sieur Thomé, de Lyon, médecin, revenant d'un voyage d'Angleterre, vit Marie Joisel, pensa qu'elle pouvoit encore devenir une femme estimable, & demanda à l'épou-

ser. Par arrêt du 29 janvier 1684, n'ayant que M. le procureur général pour partie, il lui fut permis de contracter ce mariage : mais le tuteur des enfans mineurs de Pierre Gars forma opposition à ce premier arrêt. Second arrêt du 21 juin de la même année, qui, sans s'arrêter à l'opposition, ordonne l'exécution de celui du 29 janvier, sans néanmoins que ladite Joisel puisse se pourvoir contre celui de 1673, qui l'avoit condamnée. Ainsi il fut exécuté quant à sa dot & à ses conventions matrimoniales, dont elle avoit été privée par sa condamnation. En exécution de cet arrêt, qui est très-célebre, un huissier du parlement vint retirer Marie Joisel de la maison de refuge où elle étoit, la conduisit dans l'église de St. Médard, où le mariage fut célébré en sa présence, & il en dressa procès-verbal. *Journal des audiences*, tom. 4, liv. 7, chap. 3 ; & tom. 5, liv. 2, chap. 9. Henrys, *édit. de 1738*, tom. 4, ch. 6, quest. 45. On y trouve les plaidoyers des avocats des parties, & les conclusions de M. Talon.

Cet arrêt décida une grande question fort controversée par les jurisconsultes, celle de savoir si la condamnation aux peines de l'authentique entraîne la mort civile de la femme ?

Furgole, dans son *Traité des testamens*, chap. 4, sect. 2, n°. 188 & suiv. regarde comme plus conforme aux vrais principes du droit romain, l'opinion de ceux qui pensent que la femme encourt la mort civile ; & il se fonde sur la *loi* 30, (*D. ad leg. Jul. de adult.*) qui déclare capitale la peine infligée aux adulteres : *Gladio punire oportet.* Il pense que quoique Justinien ait changé la peine de mort en celle d'une réclusion perpétuelle, cet adoucissement ne change rien à l'effet de la condamnation : le corps est pour ainsi dire confisqué.

Fevret est aussi du même avis ; mais l'arrêt que nous venons de rapporter ne peut plus laisser de doute. Les parens de Marie Joifel foutenoient que fon état équivaloit à la mort civile; qu'un mariage qui lui rendoit la liberté, étoit incompatible avec un arrêt qui l'en avoit privée à perpétuité. Ils invoquoient le droit romain, des décifions des conciles d'Arles & de Fréjus, des réponfes des papes, des capitulaires. M. Talon difcuta favamment toutes ces autorités; prouva qu'il n'en réfultoit point que la femme condamnée aux peines de l'authentique, fût morte civilement; ce qui fut adopté par l'arrêt.

Une obfervation importante, c'eft que le mari qui auroit rappellé à lui la femme condamnée aux peines de l'authentique, ne feroit plus admis à l'accufer d'un nouvel adultere.

On a agité la queftion de favoir, fi un magiftrat pouvoit, fans fe défaire de fa charge, reprendre fa femme authentiquée? ARRÊT du parlement de Touloufe, qui a décidé qu'il ne pouvoit fe réunir à elle, tant qu'il feroit magiftrat. Denifart, au mot *Adultere*, n°. 35.

Senatus cenfuit non conveniens effe ulli fenatori uxorem ducere aut retinere damnatam publico judicio. L. Palam, 43, D. de ritu nuptiarum.

Cet arrêt a-t-il voulu punir ce magiftrat de ce qu'il avoit fait confacrer fa honte par les tribunaux?

Il eft un cas où une femme authentiquée ne feroit pas rendue à fon mari qui la redemanderoit; c'eft celui où cette femme feroit en même temps convaincue de maquerellage. La raifon en eft fenfible: ce dernier délit eft un délit public, qu'il n'eft pas au pouvoir du mari de pardonner; ainfi jugé par arrêt du parlement de Touloufe, du 12 décembre 1591, contre la femme d'un cuifinier. La Roche-Flavin, *liv. 1, tit. 7, art. 6.*

Des biens de la femme condamnée.

38. Examinons maintenant l'effet de la condamnation aux peines de l'authentique, quant aux biens de la femme coupable.

En thefe générale, elle eft privée de fa dot, déchue de fon douaire & de fa part de communauté, & de tous autres avantages réfultans de fes conventions matrimoniales, ou de la coutume des lieux, & le tout appartient à fon mari.

Mais, ce principe fouffre des exceptions felon différentes circonftances.

Si la femme n'a point d'enfans, il eft appliqué dans toute fa rigueur pour les biens qu'elle s'eft conftitués; mais pour les biens qu'elle fe feroit réfervés en paraphernal dans les pays de droit écrit, ou les biens propres en pays coutumiers, c'eft une queftion de favoir, fi la propriété en pafferoit au mari. Nous ne fuivons plus la Novelle 134, qui prive la femme de fes biens pour les faire paffer à fes parens, ou, à leur défaut, au monaftere. Boerius, affure que de fon temps on adjugeoit les paraphernaux au mari : *Et ifta eft communis opinio quoad paraphernalia; decif. 338.* Cette décifion eft contraire à la Novelle 134, qui divife les paraphernaux, de maniere que le mari n'en a aucune portion. M. Fournel qui agite cette queftion dans fon *Traité de l'adultere, part. 2, chap. 3,* penfe qu'il n'eft point à propos de multiplier les confifcations en faveur du mari qui fait condamner fa femme : cette expectative à le double danger d'engendrer des accufations calomnieufes, en excitant la cupidité de certains maris, & d'oppofer à l'indulgence des obftacles, d'autant plus puiffans, qu'il y aura plus à gagner à être inflexible. Bretonnier fur Henrys, eft de cet avis. Il dit : le mari n'a pu regarder les biens adventifs comme des gages de la fidélité de fa femme : il eft à croire qu'un mari ne calcule pas en fe mariant le bénéfice que pourra lui apporter l'adultere de fa femme. Une raifon de plus dans les principes, eft fubftituée par M. Fournel à celle de Bretonnier; c'eft que les claufes pénales doivent être reftreintes le plus qu'il eft poffible : s'il y a des enfans, la dot de leur mere leur est conservée, suivant la *Novelle 117, cap. 8, § 2: Sed enim si filios habuerit ex eodem matrimonio, jubemus etiam dotem, secundùm quod de hoc censent leges, aliamque mulieris substantiam filiis conservari.*

S'il y a des enfans d'un premier lit, le second mari, par l'adultere de sa femme, ne gagne qu'une portion égale à la part d'un de ses enfans. Cette doctrine qui est celle de Balde, sur la loi *Hac edictali*; de Godefroy, sur la *loi 1, D. ad leg. Jul.* est confirmée par plusieurs arrêts.

Ainsi jugé en dernier ressort, le 28 mars 1555, par une commission du conseil, au bailliage du Forez, entre un gentilhomme, accusateur, & sa femme, mere de deux enfans d'un premier lit.

ARRÊT du parlement de Bourdeaux, du 30 novembre 1595, qui adjuge les biens de leur mere aux enfans légitimes, que Pierrette Thevenin, femme de Pierre Guibert, échevin de Bourdeaux, convaincue d'adultere, avoit eue d'un premier mariage; sur lesquels biens seroient prélevés cinquante écus d'amende envers le roi, & cinq sous par jour pour la nourriture de ladite Thevenin. Papon, *liv. 22, tit. 9, art. 5.* Le même auteur cite deux arrêts pareils, du 5 juillet 1466, & 28 mars 1554.

Si le mari a tué sa femme surprise en adultere, il ne peut profiter de ses biens.

ARRÊT du parlement de Paris, du 10 avril 1603, qui déclare déchu de tous les avantages de son contrat de mariage, un mari qui avoit tué sa femme surprise en adultere. Charondas, *liv. 13, rép. 39.*

Le sieur Wtsin, conseiller en la chambre de l'édit de Grenoble, tua Magdeleine de Boulogne sa femme, ensemble Pierre Boujot, surpris avec elle : il obtint des lettres de grace, qui furent entérinées, & cependant il fut condamné en 100 liv. au profit de l'hôpital de Grenoble, 25 liv. pour les prisonniers, 300 liv. de dépens, & déchu du profit du testament de sa femme, ensemble de la dot & des gains nuptiaux.

On a vu au titre des *Loix romaines, n°. 34*, que le mari qui tuoit sa femme surprise en adultere, étoit condamné à une peine capitale; nous avons adopté la même jurisprudence : cependant le mari qui tue sa femme en pareille circonstance, obtient facilement des lettres de grace, s'il n'y a point de circonstances aggravantes.

ARRÊT du parlement de Paris, en 1666, qui entérine les lettres de grace accordées au sieur de Cambou, qui avoit tué sa femme surprise en adultere.

Scipion Menalioti, italien, ayant massacré à coups de couteau sa femme & le nommé Bruneau, avec qui il la trouva sur le fait : obtint des lettres de grace. Peleus, *act. forenses, liv. 6.*

M. Henrys, *liv. 4, chap. 6, quest. 65.* rapporte que Pierre Imbert, prévôt des maréchaux du Forez, ayant feint un voyage, rentra dans sa maison sans être attendu, & tua sa femme & son complice; l'un d'un coup de pistolet, l'autre d'un coup de poignard : il obtint des lettres de grace, tant pour lui que pour un archer qui l'avoit aidé dans cette exécution; mais elles ne furent entérinées qu'avec beaucoup de peine, attendu que la conduite du mari fut regardée comme un piege tendu à la femme.

ARRÊT du parlement de Paris, du 23 mai 1579, qui condamne à la mort un mari qui avoit tué sa femme & son complice sur des soupçons, & sans les avoir surpris. Papon, *liv. 22, tit. 9, n°. 6.*

On a agité la question de savoir, si le mari privé de la succession de sa femme surprise en flagrant délit lorsqu'il l'a tuée, peut succéder à ses enfans héritiers de leur mere.

Les opinions des jurisconsultes ont été fort partagés sur ce point de droit: il a été discuté par M. Henrys, sur la *quest.* 20 *du liv.* 6, *chap.* 5 ; & par Bretonnier, dans ses *Observations sur ce chapitre.* Le Brun, des *Successions, liv.* 3, *chap.* 9, *n°.* 8, la décide formellement en faveur du pere ; & les arrêts rapportés par M. Louet, ne doivent plus laisser de doute.

ARRÊT du 16 juillet 1615, qui a jugé, que le pere qui a tué sa femme surprise en adultere, peut succéder aux biens dont sa fille avoit hérité de sa mere. Louet, *lettre* S, *somm.* 20, *n°.* 7.

Le mari est aussi privé de la dot de sa femme authentiquée, s'il lui a donné mauvais exemple, en se rendant lui-même coupable d'adultere. *L.* 1, *D. sol. mat. l.* 13, § 5, *D. ad l. Jul. de adult.*

Il en seroit de même si elle se fût livrée de son consentement. *L.* 47, *D. solut. mat.*

Enfin, si celui qui a constitué la dot, a stipulé, qu'en cas de prédécès de la femme sans enfans, la dot lui reviendroit, le mari ne peut alors obtenir la dot à son profit. C'est la disposition de la *loi* 24, *cod. de jure dot.* En effet, le droit de retour est acquis au donateur avant le crime commis ; par conséquent, avant que la dot appartînt au mari.

Mais la question est plus difficile, par rapport à la reversion légale. La glose sur la *loi* 24, *cod. de jure dot.* dit que la dot est perdue pour le pere, ainsi que pour la fille, quand il n'a pas stipulé de retour.

Sed an idem sit in patre, si non sit stipulatum sibi reddi ? Respondeo utique : licèt lex provideat ei, quia & filiæ providet & tamen amisit ; & sibi imputet quod non fuerat stipulatum.

L'opinion de la glose a été suivie par Bartole & plusieurs auteurs. Balde, Alexandre, Cynus, &c. sur cette même loi sont d'avis contraire. Peresius & Despeisses ont suivi cette derniere opinion ; mais M. Henrys se détermine pour l'opinion de la glose, comme la plus juridique, & comme importante à

la consécration des bonnes mœurs. *Voyez* Henrys, *liv.* 6, *chap.* 1, *quest.* 20, *n°.* 11.

Sur les biens adjugés au mari, il doit fournir des alimens à sa femme condamnée, en payant sa pension dans le lieu où elle est enfermée ; il est même obligé de suppléer à l'insuffisance de biens de sa femme.

ARRÊT du parlement de Paris, du 12 mai 1712, qui adjuge à André de Monginet, la propriété des propres de Marie Louise sa femme, convaincue d'adultere ; & ordonne, qu'il sera pris sur les biens de la femme pour sa pension, & qu'en cas d'insuffisance, Monginet fera le surplus. Charles Lefevre, complice, fut condamné solidairement aux dépens avec Marie Louise ; sans néanmoins que pour raison de la solidarité, il pût se pourvoir sur les biens de sa complice, adjugés à Monginet. Denisart, au mot *Adultere, n°.* 8.

Non seulement le mari est obligé de fournir des alimens à sa femme, après la condamnation, mais il lui en doit aussi pendant le procès.

ARRÊT du parlement d'Aix, du 8 février 1670, qui a jugé que le mari doit, pendant l'instance, une provision à sa femme accusée d'adultere. Boniface, *Tom.* 5, *liv.* 4, *tit.* 2, *chap.* 1.

ARRÊT du parlement de Paris, du 12 mars 1636, qui décide que le mari doit fournir aux alimens de sa femme & aux frais du procès, ou consentir la vente de la dot jusqu'à concurrence de ce qui est nécessaire. Papon, *liv.* 24, *tit.* 6, *n°.* 2.

ARRÊT du parlement de Paris, du 21 juin 1758, rendu sur les conclusions de M. Seguier, qui adjuge une pension alimentaire à une femme qui étoit en même temps accusée d'adultere & d'inceste avec le curé de la paroisse, frere de son mari, & autorise la femme à emprunter sur ses biens, & à en aliéner jusqu'à la concurrence de 1500 liv. pour subvenir aux frais de sa défense, & à l'inftruction d'une plainte en fubornation des témoins entendus contre elle. Denifart, au mot *Adultere*, n°. 10.

Si la femme eft rappellée par fon mari, elle rentre dans la propriété de fa dot & de tous les droits réfultans de fon contrat de mariage. Ainfi, les dettes que le mari auroit pu faire dans l'efpace intermédiaire, ne grevent pas d'hypotheque les biens dotaux de fa femme, ni ceux qui feroient affectés à fon douaire; & les créanciers ne fauroient fe plaindre : le retour de la femme eft un événement auquel ils ont dû s'attendre.

Si la femme, condamnée par le premier juge, interjette appel, & meurt pendant l'appel, tout eft éteint par fa mort, le délit & le jugé, & le mari n'eft point admis à continuer fes pourfuites pour obtenir la confifcation de la dot & des conventions matrimoniales.

Il eft à remarquer qu'en condamnation d'adultere, l'appel n'eft pas de droit comme pour les autres peines afflictives; la femme peut à fon choix appeller ou ne pas appeller.

Du mariage entre adulteres.

39. Dans la pureté de la morale des premiers fiecles de l'églife, ceux que le crime d'adultere avoit rapprochés ne pouvoient jamais être époux; le quatrieme canon du concile de Tribur en Franconie, tenu en 895 porte : *Non licèt ut ullus eâ utatur in matrimonio, cum quâ priùs pollutus eft in adulterio.* L'églife avoit adopté en ce point les difpofitions du digefte, & notamment de la *Novelle 134, cap. 12* : mais on s'eft relâché en France de la rigueur de cet ancien droit : & pour que l'adultere y foit un empêchement diriment, il faut l'une ou l'autre de ces deux circonftances, ou que les adulteres aient confpiré contre la vie du conjoint décédé, ou qu'ils fe foient promis de s'époufer auffi-tôt qu'ils feroient libres. Cette doctrine, ouvrage du moine Gratien fut adopté dans le treizieme fiecle par la décrétale *Significanti* du

pape Clément III, *chap. 6, ext.* Cette décifion a fixé la difcipline de l'églife, & la jurifprudence des tribunaux.

La Roche-Flavin, *liv. 1, tit. 7, art. 4*, rapporte l'exemple d'un procureur au parlement de Touloufe, lequel étant clerc d'un autre procureur, fut accufé d'avoir commis adultere avec la femme de fon maître : il fut déchargé après avoir fubi la queftion; la femme devint veuve & il l'époufa.

Si une femme a fait déclarer fon mariage nul pour caufe d'impuiffance, elle ne peut époufer celui avec qui elle a eu commerce pendant qu'a fubfifté ce premier mariage.

ARRÊT du 25 juin 1655, rapporté par Defmaifons, *lettre A, chap. 1*, qui l'a ainfi jugé : il y avoit un enfant qui fut déclaré appartenir au mari, & défenfes furent faites aux adulteres de fe fréquenter, fous peine de la vie.

ARRÊT du 3 février 1661, qui décide que l'enfant conçu pendant le premier mariage, ne peut appartenir au fecond mari, quoique dans fon contrat de mariage il eût déclaré que l'enfant étoit de fes œuvres. Defmaifons, *lettre B, chap. 2.*

ARRÊT du parlement de Rouen, du 14 juillet 1679.... *Efpece.* Le nommé Rol, âgé de foixante & dix ans, obtient difpenfe d'époufer la fervante qu'il avoit entretenue pendant fon premier mariage; il énonça qu'il lui avoit donné fa foi de l'époufer : les enfans s'oppoferent à ce mariage; l'official permit de paffer outre. L'arrêt prononça qu'il y avoit abus, & fit défenfes aux parties de s'époufer.

De la prohibition de fe donner entre adulteres.

40. On fuit en France la difpofition de la loi, *Claudius Seleucus, D. quæ res ut indig.* qui prohibe les avantages entre adulteres; mais au lieu que par cette loi, le don fait à l'adultere appartenoit au fifc, il demeure aux héritiers du donateur.

Dans ce cas, les héritiers du donateur font reçus à objecter le mauvais commerce du défunt, ce qui donne lieu à de fréquentes contestations.

S'il s'agit d'une femme libre à laquelle les héritiers imputent un mauvais commerce avec le testateur, la preuve s'en reçoit aisément : on conçoit tout le danger de cette jurisprudence, cependant elle est constante.

ARRÊT du parlement de Paris, du 26 avril 1635.... *Espece*. Jacques Charpentier de la ville de Sens avoit eu pendant son mariage une fille d'une servante; l'ayant fait nourrir & élever il la maria, & lui constitua 300 liv. de dot; quelques années après il fit en sa faveur une donation universelle : après son décès, Jean Charpentier, son cousin germain, soutint la donation nulle; elle fut effectivement cassée par l'arrêt, qui adjugea néanmoins 300 liv. à la fille par forme d'alimens. Bardet, *tom. 2, liv. 4, chap. XIII.*

Il semble que lorsque l'imputation d'adultere est dirigée contre une femme mariée, pour la priver d'un legs; une preuve qui tend à troubler la tranquillité du mariage & compromettre les droits d'un tiers, à constater un délit dont la poursuite est interdite, même au ministere public, ne peut sans une inconséquence révoltante être ordonnée comme exception pour le simple intérêt pécuniaire d'un héritier qui veut se dispenser de payer un legs; cependant il faut convenir que grand nombre d'arrêts ont admis à faire cette preuve.

ARRÊT du parlement d'Aix, du 6 novembre 1673.... *Espece*. Laurent Ladarrie, séparé d'habitation de Magdelaine Bauzile sa femme, legue environ huit mille livres d'effets à Anne Ricarde pour les bons services qu'il dit avoir reçus d'elle & de Jacques Durand son mari, & institue héritier Antoine Ladarrie son frere, avec prohibition de contester le legs, à peine d'être privé de son hérédité : Antoine Ladarrie refusa de dé-

livrer le legs, sur le fondement du mauvais commerce qu'il prétendoit avoir existé entre le testateur & la légataire, & l'arrêt rendu sur les conclusions de M. de Vergons, procureur général, admit à la preuve des faits d'adultere. *Journal du palais, tom. 1, pag. 447, & suiv.*

ARRÊT du parlement de Paris, rendu au rapport de M. Louet, le 5 avril 1599.... *Espece*. Le nommé Vaugirault avoit fait une donation par testament de tous ses meubles, acquêts & conquêts immeubles à la nommée Forestiere sa servante, avec laquelle il avoit vécu, qui même avoit occasioné un divorce entre Vaugirault & sa femme, mais qui s'étoit mariée depuis le décès du testateur : malgré cette derniere circonstance, le frere du testateur ayant attaqué la donation, fut admis à prouver l'adultere. Louet, *lettre D, som. 43.*

Brodeau, sur ce sommaire de Louet, rapporte deux arrêts du premier mars 1625, & 13 décembre 1629, qui ont décidé de même la même question.

Un arrêt plus récent & plus fameux, est celui rendu au parlement de Paris, le 17 mai 1736, sur les conclusions de M. l'avocat général de Chauvelin, qui admet les héritiers du sieur Forestier à prouver qu'il avoit vécu en mauvais commerce avec Françoise Lagogue, qu'il avoit instituée son héritiere universelle, quoique Jean Thibouft son mari ne s'en fût pas plaint. Denisart, au mot *Adultere, n°. 21.*

Ces arrêts, tous décisifs qu'ils paroissent ont cependant été combattus par d'autres arrêts, qui ont rejeté la preuve de l'adultere, proposée par exception pour ne pas délivrer des legs; & le seul moyen de les concilier, est de présumer que lorsque la preuve a été admise, il existoit ou une notoriété, ou un commencement de preuve par écrit, qui déja ne laissoient plus de doute sur le mauvais commerce, & sur la tolérance des maris qui en profitoient.

ARRÊT du parlement de Paris, du 22 février 1633.... *Espece.* Le sieur Perault, prieur de St. Lambert, institue Petitpied, procureur au parlement, & sa femme, légataires universels ; les héritiers du défunt contestent le legs, sous prétexte que le testateur vivoit en mauvais commerce avec la femme de Petitpied, & demandent à en faire la preuve. M. Talon qui portoit la parole, s'éleva contre cette preuve, comme étant d'une périlleuse conséquence, convenant cependant qu'elle avoit été quelquefois admise, mais seulement lorsque la femme étoit notoirement impudique & vivoit avec le testateur : les héritiers furent déboutés de leur demande, & condamnés à une aumône de 80 liv. au pain des prisonniers. Bardet, *tom. 2, liv. 2, chap. XI.*

ARRÊT du parlement de Paris, du 16 mars 1656.... *Espece.* Ange Lolli, connu sous le nom de *Docteur de la comédie italienne,* étant devenu veuf, se mit en pension chez une femme mariée, que depuis il institua sa légataire universelle. Ses héritiers demanderent la nullité du legs, sous prétexte qu'il avoit vécu avec la légataire : M. Portail soutint que la requête des héritiers du testateur ne devoit pas être admise, parce qu'elle blessoit les droits du mari, qui seul pouvoit accuser sa femme ; l'arrêt débouta les héritiers Lolli. *Traité de l'adultere, part. 2, chap. VIII.*

ARRÊT du parlement d'Aix, du 20 mars 1713.... *Espece.* Le sieur le Brun, prêtre, fait un legs à Jeanne Daigneau ; les héritiers le Brun contestent le legs, en alléguant un commerce adultérin entre les parties : sur les conclusions de M. Godefroy, avocat général, la preuve fut rejetée. *Ibid.*

ARRÊT, du 19 mai 1722, qui a jugé que les héritiers du testateur ne peuvent être admis à faire la preuve du commerce adultérin du testateur avec la légataire, lorsque le mari de la légataire ne se plaint pas de sa conduite, & qu'il n'y a contre eux ni scandale ni soupçons violens. *Journal des audiences, tom. 7, liv. 5, chap. 22.*

ARRÊT du parlement de Paris, du 19 juin 1758, au rapport de M. l'abbé Langlois.... *Espece.* Gabrielle Toubille, qui étoit mariée, avoit institué le sieur Kornman, son légataire universel ; elle avoit laissé pour héritieres deux sœurs, contre lesquelles il demande la délivrance de son legs ; l'une des deux le soutint incapable de le recueillir, pour avoir vécu en adultere avec la testatrice, & elle articuloit les faits les plus précis. L'autre sœur acquiesçoit au testament. Kornman nioit le commerce adultérin, soutenoit que n'en rapportant aucune preuve, la sœur de la défunte ne pouvoit pas l'opposer, que cette action n'appartenoit qu'au mari. L'arrêt ordonna l'exécution du testament.

Observation.

41. Nous ne saurions terminer cet article sans parler d'une procédure indiquée par M. Fournel, pour prévenir les accusations d'adultere : il pense que le mari, qui a des soupçons réels sur la conduite de sa femme pourroit, conformément à la *Novelle 117,* faire signifier à trois fois différentes à l'homme qu'il suspecte, de cesser de fréquenter sa femme ; & que si ces significations étoient insuffisantes pour écarter celui qui lui feroit ombrage, il pourroit rendre plainte en *sollicitation.* Cette procédure entacheroit certainement une femme dans l'opinion publique ; & il est des moyens moins éclatans que la prudence doit suggérer suivant les circonstances. M. Fournel les indique : épouser une femme née de parens vertueux, lui donner sa confiance, écarter d'elle sans affectation les exemples scandaleux, & les compagnies équivoques, & sur-tout l'aimer sans partage. Mais si le tempérament, le caractere, & la destinée, presque toujours supérieure à tout, se jouent des précautions, & que les infortunés maris soient tentés d'employer les voies judiciaires, nous leur dirons,

dirons, lifez cet article, & fi vous êtes ennemis de vous-même, fuccombez à la tentation. (*Article de M. DESCHAMPS, avocat à Lyon.*)

CET ARTICLE *adultere* eft des plus difficiles à traiter, même pour le mari de la femme la plus aimable & la plus vertueufe. S'il eft févere, on l'accufe de jaloufie, de férocité; on le place entre Barthole & Brillon, qui n'ont déchiré les femmes, que parce qu'ils n'avoient pas fu s'en faire aimer. S'il eft indulgent, c'eft un autre reproche. Placé entre la clémence du divin légiflateur, la loi infuffifante, la jurifprudence verfatile, le danger des conféquences, la nature & les mœurs plus puiffantes que la religion & la loi, le jurifconfulte eft bien embarraffé de tracer une route affurée & qui concilie tout. Vous pouvez en juger par l'idée vraiment extraordinaire de M. Fournel, fur les moyens de prévenir l'éclat de l'accufation d'adultere. *Incidit in Scyllam cupiens vitare Charybdim.*

M. Defchamps a très-habilement évité ces écueils, en fe bornant à expofer le droit pofitif, la jurifprudence telle quelle; & ce n'eft pas fa faute, fi elle eft découfue, incohérente, verfatile & arbitraire. Il s'eft permis à peine quelques réflexions préliminaires, très-fines, très-vraies, & qui méritent d'être méditées. Il a fini par un confeil très-fage.

Peut-être on trouvera laconiques les divifions, *preuves*, *préfomptions* : mais que doit-on de plus? Comment ofer fixer des principes lumineux & inconteftables à travers la loi, l'opinion, le préjugé & les mœurs?

L'enfemble des circonftances & les mœurs générales ou particulieres; voilà ce qu'il faut voir avant de prononcer. On ne jugera pas les femmes du midi comme celles du nord. On n'affimilera pas les Françoifes à ces Chinoifes, pour qui c'eft un crime de laiffer voir le plus petit bout du pied, ni même aux Efpagnoles, quand leur reine étant entraînée par fon cheval, celui qui eut le

bonheur de lui fauver la vie, prit la fuite pour échapper à la jurifprudence, qui puniffoit de mort celui qui avoit ofé toucher le pied de la reine.

Voulez-vous une preuve plus frappante de l'influence des mœurs, fur l'opinion qu'on doit avoir des preuves & des préfomptions de l'adultere? Lifez le nouveau voyage de M. l'abbé Robin dans l'Amérique feptentrionale en 1781 : *Les Américains font hofpitaliers, ils n'ont qu'un même lit : l'époufe CHASTE, fût-elle feule, le partage fans remords & fans crainte avec fon hôte.*

En extrayant ce livre, dans le mercure du 8 mars 1783, M. Garat ajoute, que ce font les mœurs de l'intérieur de l'Irlande. « Un homme, dit-il, de trente ans tout au plus, qui avoit des paffions très-violentes, m'a conté qu'étant obligé, en Irlande, de paffer la nuit dans le lit & à côté d'une jeune fille de feize ans, cette fimplicité & cette bonne foi lui avoient infpiré tant de refpect, que l'idée de la moindre tentative lui eût fait plus d'horreur que le plus vil incefte. »

Et le bon Sterne, à la fin de fon *Voyage fentimental*, ne raconte-t-il pas gaiment, comment obligé de paffer la nuit à côté d'une jeune & jolie dame de Nantes, il en fortit fans que ni l'un ni l'autre euffent à rougir de leur foibleffe : *The cafe of delicacy?*

Pour prononcer équitablement il faut donc une grande connoiffance des acteurs, des circonftances & des mœurs, du cœur & de l'efprit humain.

Je ne finirai pas fans rappeller encore le tribunal domeftique des Romains. C'eft-là que la femme étoit citée en préfence des deux familles. S'il exiftoit, ou il n'y auroit point d'accufations, ou elles feroient autrement fuivies. Voyez *Amitié*, *Amour*, *Colere*, *Divorce*, *Embûche*, *Enfant*, *État*, *Exception*, *Femme*, *Foibleffe*, *Jaloufie*, *Mari*, *Mariage*, *Mœurs*, *Naiffance* (*tardive*,) *Nature*, *Paffion*, *Pere*, *Sentiment*, *Séparation de corps*, *Viol*.

ADVOUATEUR & ADVOUER.

(Droit coutumier.)

Ces mots dérivent du latin *advoare*, synonyme de *recognoscere*, *probare*, reconnoître, approuver.

Dans les coutumes du Broc, Ginhac, Periers & Pardines, locales de la province d'Auvergne, il est dû une amende par celui dont le bétail a été pris causant des dommages dans les fonds d'autrui, pourvu que le propriétaire du fonds *approuve* & *avoue* la démarche de celui qui a saisi, en dénonçant le fait à la justice : car autrement, le *gastier* ne peut de lui-même faire cette dénonciation. On appelle *gastier*, en Auvergne, celui qui est présenté à la justice par les habitans d'un canton pour garder leurs héritages, & qui répond des dommages à défaut d'avertir les propriétaires qui en souffrent.

« Le *gastier* qui prend le bétail en dommage dans l'héritage d'autrui, ou autre preneur d'icelui, ne peut bailler à justice sa prinse dudit bétail, s'il n'est requis par la partie intéressée de ce faire... Si partie ne veut *advouer* ladite prinse, le *gastier* de soi ne le peut faire. » *(Art. 1 & 2 des cout. du Broc, &c.)*

Dans la coutume de Saintonge, au siege de Saint-Jean-d'Angeli, on a donné le nom d'*advouateur* à celui qui réclame ses bêtes trouvées & saisies dans les fonds d'autrui. « Peuvent icelles bêtes être détenues, jusqu'à ce qu'elles aient trouvé *advouateur*, auquel les doit délivrer en donnant caution ou gagement de l'amende coutumiere s'il est étrangier ; & outre, l'*advouateur* est tenu resarcir le dommage que le bestail aura donné. » *(Art. 10 du tit. 4 des droits de jurisdiction.)*

Les mots *Advouer* & *Advouateur*, d'après les explications que nous venons de donner, n'ont pas deux significations différentes & opposées, comme on a voulu l'imaginer. En effet, quoiqu'ils soient appliqués dans les deux textes à deux personnages très - différens ; dans l'un, au propriétaire du fonds endommagé ; dans l'autre, au propriétaire du bétail qui cause le dommage ; on a pu dire, dans la coutume d'Auvergne, qu'un propriétaire peut *advouer* ou *desadvouer* une saisie, & se plaindre, ou ne pas se plaindre du dommage qu'il a souffert ; & on a pu, dans celle de Saintonge, appeller *advouateur* le propriétaire qui se déclare le maître du bétail saisi en causant du dommage, qui *avoue* qu'il lui appartient, & le réclame en conséquence. Il n'y a en tout cela aucune espece de contradiction.

Ces réflexions tendent à répondre à la critique que l'on a faite de cette définition de M. Massé, dans son dictionnaire portatif des Eaux & Forêts. ADVOATEUR : *on nomme ainsi le propriétaire qui trouve sur ses terres des bestiaux en dommage, & qui les appelle, les AVOUE, & les prend comme s'ils étoient à lui.* Nous prenons la défense de M. Massé avec d'autant plus de plaisir, que son ouvrage nous a paru très-méthodique, & renfermer, dans un assez petit volume, tout ce que l'on a dit d'utile dans un très-grand nombre de traités, commentaires, & dictionnaires composés sur la même matiere.

Bouthillier, *en sa Somme rurale*, dit : que le propriétaire d'animaux rétifs doit réparer le dommage qu'ils peuvent causer dans le cas où il réclame ces animaux ; & que dans le cas où il ne les réclame pas, ces animaux doivent être vendus à la requête du seigneur qui, après avoir employé partie du prix à la réparation du dommage causé, garde pour lui le surplus. « Sachez que si elles (*bestes rebelleuses par crasse naturelle, ou coustumieres de mordre, ou getter, ou férir,*) font à aucun dommage par tel rebel, le seigneur à qui elles sont, sera tenu d'amender le dommage par la bête ainsi fait, au cas que le seigneur *advoueroit* la bête qui ce dommage feroit : & s'il advenoit que le seigneur de la bête la *désadvouât*, sachez que la bête, selon le plus des coutumiers & coutumes locaux, & aussi le droit écrit, demeureroit à la main du seigneur pour amender à partie blessée le dommage par lui fait, premier & avant toute œuvre, & le résidu demeureroit à la confiscation du seigneur. » (*Pag. 264 de l'édit. de 1611.*)

Voici les sources où l'on peut puiser les connoissances nécessaires pour discuter les questions relatives aux dommages causés par des animaux, soit à des fonds, des héritages ; soit à des hommes ou à d'autres animaux.

DROIT ROMAIN. . . . *Ad l. aquiliam, D. 9, 2. De lege aquiliâ I, 4, 3, & C. 3, 35. Si quadrupes pauperiem fecisse dicatur, I, 4, 9, & D. 9, 1.*

COUTUMES. . . . . . Acqs, *tit. 11;* Aloft, *rubr. 8;* Anjou, *art. 182;* Artois, *tit. 1, art. 54 à 58;* Auvergne, *tit 28;* Auxerre, *tit. 15;* bailliage du Bassigny, *tit. 12;* Bar, *tit. 15;* Bayonne, *tit. 2;* Béarn, *rubr. 49 & 50;* Berry, *tit. 10;* Blois, *chap. 5;* Boulenois, *tit. 28;* Bourbonnois, *tit. 32;* duché de Bourgogne, *tit. 1, art. 6 & 7;* comté de Bourgogne, *tit. 8 & 10;* Bretagne, *tit. 19;* Chartres, *chap. 22;* Chaumont en Bassigny, *chap. 9;* Clermont en Argonne, *chap. 20;* Espinal, *tit. 8;* Étampes, *tit. 15;* Hainaut, *chap. 22, 117 & 132;* Labour, *tit. 3 & 4;* Lodunois, *chap. 19,* Lorraine, *tit. 15;* Maine, *art. 200;* la Marche, *tit. 29;* Marsan, *chap. 11;* Melun, *chap. 22;* Mons, *chap. 53;* Montargis, *chap. 4;* Nivernois, *chap. 15;* Normandie, *art. 81 à 85;* Orléans, *chap. 5;* Ponthieu, *tit. 7;* Poitou, *art. 80 & 81;* St. Mihiel, *tit. 13;* St. Sever, *tit. 2,* Sedan, *chap. 15;* Sens, *tit. 15;* Sole, *tit. 21;* Thionville, *tit. 18;* Touraine, *tit. 18;* Troyes, *tit. 10, &c.*

Voyez pour les détails, le mot *Accident,* n°. 6, tom. 1, pag. 710, & ci-après, *Agatis, Amende, Animal,*

Arbre, Aumailles, Banon, Bétail, Berger, Blairie, Blavier, Bled, Blessure, Bois, Brebis, Cerf, Chasse, Cheval, Chevre, Chien, Clame, Cochon, Communaux, Défends, Dommage, Embannie, Futaie, Garde-chasse, Garde-faite, Gastier, Glandée, Marciage, Méfait, Messier, Mésus, Oye, Parcours, Pâturage, Pauture, Pré, Recousse, Saisie, Sergent, Taillis, Troupeau, Vigne, &c.

AÉRIENS.

(Droit ecclésiastique.)

C'est ainsi qu'on appella, sur la fin du quatrieme siecle de l'église, les partisans du moine *Aerius.* Ce sectaire, désespéré qu'Eustathe, son ami, eût été élevé successivement à l'évêché de Sebaste & au patriarchat de Constantinople, lui voua une haine irréconciliable. Il commença d'abord par soutenir que les évêques n'étoient point au-dessus des prêtres ; & il se fonda sur ce passage de l'apôtre des nations, qui, en exhortant Timothée *à ne pas négliger le don qu'il avoit reçu par l'imposition de la main des prêtres,* annonce que Timothée avoit reçu l'ordination d'un *prêtre,* & non d'un évêque.

Aerius joignit bientôt d'autres erreurs à celle que lui avoit inspiré sa basse jalousie contre Eustathe. Il condamna l'usage de prier pour les morts, & de célébrer la pâque. Il blâma l'observation de l'abstinence & des jeûnes. *Quànam, inquit, in re præsbitero episcopus antecellit? Nullum inter utramque discrimen est. . . . Præterea quid est, inquit, pascha quod à vobis celebratur? nimirùm ad Judæorum adhuc fabulas adhærescitis.... Quæ ratio est, inquit, post obitum mortuorum appellare nomina? nam ut vivus oret, aut in pauperes bona sua dispenset, quid ex eâ re tandem ad mortuum redit?... Sed neque jejunii, inquit, instituendi ulla ratio eft : hæc omnia Judæorum propria funt.*

St. Epiphane, qui analyfe ainfi les principaux points de la fauffe doctrine d'*Aerius*, les combat avec force. Il établit que Timothée avoit été ordonné dans le fénat, l'affemblée des eccléfiaftiques qui renfermoit les deux ordres d'évêques & de prêtres : c'eft, dit-il, le fens qu'il faut donner au mot *prêtres*, employé par St. Paul. Ce fens eft déterminé par deux autres paffages du même apôtre, qui font vraiment décififs. En effet, s'il eût penfé que les prêtres étoient égaux aux évêques, auroit-il recommandé à ceux-ci de ne pas traiter ceux-là avec trop de rigueur, & de ne point admettre contre eux des accufations qui ne feroient pas étayées par la dépofition de deux ou trois témoins ? Ces avis n'indiquent-ils pas une fupériorité formelle dans les évêques fur les prêtres ? (Paulus *I, ad Timoth. cap. 5, v. 1 & 19.*)

Ne voit-on pas que le même apôtre célébra la pentecôte à Jérufalem ? (*act. apoft. 20. 16.*) & la célébration de la pâque n'avoit-elle pas dû précéder celle de la pentecôte ?

Enfin, la tradition conftante des fideles, depuis les apôtres, attefte que c'eft d'eux que l'églife tient l'ufage de la priere pour les morts, & du jeûne ; ufage invariablement obfervé depuis l'établiffement du chriftianifme. D'ailleurs, l'efficacité de la priere pour les morts étoit établie avant la venue du Meffie ; puifque nous lifons, au fecond livre des Machabées, (c. 22, v. 4,) que c'eft une chofe fainte & falutaire de prier pour les morts, afin qu'ils foient délivés de leurs péchés ; (S. Epiphanii *operum ex edit. Dionyfii Petavii, tom. 1, pag. 906 & féquent.*)

Le droit canon parle des *Aériens*, d'après Ifidore dans fes *Origines*, (*lib. 8, cap. 5,*) en ces termes : *AERIANI ab AERIO, quodam nuncupati funt : hi offerre facrificium pro defunctis fpernunt.* (*Decret. p. 3, cauf. 24, q. 3, c. 39.*)

Enfin, Philaftre annonce une fecte qui paroît totalement diftincte de celle que nous venons de décrire, & à qui on donna auffi le nom d'*Aériens* à caufe d'*Aerius* leur chef. Ceux-ci répandus dans la Pamphilie, blâmoient l'ufage des viandes & celui des noces : *AERII ab AERIO quodam fic appellati funt, qui abftinentiis vacant, & in provinciâ Pamphiliâ quam plurimi commorantur, qui encratitæ dicuntur, id eft, abftinentes : hi non poffident aliquid, efcas abominantur quas Deus cum benedictione humano generi TRIBUIT ; damnant etiam de lege nuptias, non à Deo inftitutas adferentes.* (Philaftrius *in hærefeum catalogo, pag. 30 & 31, edit. Bafileenfis, 1528, in-8°.*) Voyez *Encratites, Epifcopaux, Presbitériens, &c.*

AÉROMANCIE.
(*Droit eccléfiaftique.*)

C'eft ainfi qu'on appelle le genre de divination, qui a pour objet l'examen de l'air & de tout ce qui paroît dans cet élément : ce genre fe divife en plufieurs efpeces.

La premiere, pratiquée chez les Romains par les *augures*, confifte à prédire l'avenir par l'examen du chant ou du vol des oifeaux, & par le moyen du tonnere, de la foudre & des éclairs. La feconde, qui a de grands rapports avec l'*aftrologie*, fonde fes connoiffances fur l'afpect heureux ou finiftre des planetes. La troifieme, appellée *teratofcopie*, s'exerce fur les phénomenes qui préfentent dans les cieux des fpectres, des cavaliers armés & combattans, &c. La quatrieme enfin, eft celle qui doit être proprement dite *aéromancie* : elle prononce fes oracles après diverfes conjurations de l'air. Nous tirons ces divifions & ces diftinctions de l'ouvrage du fameux jéfuite Delrio. (*Difquifitionum magicarum, lib. 4, cap. 2, quæft. 6, fect. 4, pag. 245, edit. Lugduni 1612, in-fol.*)

Le canon *Igitur genus*, (*Decret. part. 2, cauf. 26, quæft. 3 & 4,*) tiré de St. Auguftin, avoit fourni à Delrio les idées qu'il a développées fur les différentes efpeces d'*aéromancie*; & il décrit également celles de la *géomancie*, de l'*hidromancie* & de la *pyromancie*. Tout cela eft févérement profcrit par les loix canoniques & civiles.

Alexandre III blâme la démarche d'un eccléfiaftique qui s'étoit laiffé perfuader qu'il découvriroit l'auteur d'un vol confidérable, fait à une églife par le moyen de l'infpection de l'*aftrolabe*; & il décide qu'il doit être févérement puni & fufpendu de fes fonctions pour un an, quoique fa grande fimplicité puiffe, en quelque maniere, fervir à excufer fa faute : *Præsbiter cum quodam infami ad privatum locum acceffit, non eâ intentione ut vocaret demonium, fed ut ASPECTIONE ASTROLABI furtum cujufdam ecclefiæ poffet recuperari : licèt hoc ex bono ZELO ET SIMPLICITATE fe feciffe proponat, id tamen GRAVISSIMUM fuit, & non modicam indè maculam peccati contraxit : mandamus quatenùs talem ei pro expiatione dilecti pænitentiam imponas, quod PER ANNUM, & ampliùs, fi tibi vifum fuerit, EUM AB ALTARIS MINISTERIO PRÆCIPIAS ABSTINERE.* (*Decretal. lib. 5, tit. 21, de fortilegiis, cap. 2.*)

On trouve dans le droit romain plufieurs textes qui condamnent aux peines les plus féveres tous ceux qui s'adonnent à la pratique de l'*aéromancie* & de toutes les autres efpeces de divinations : c'eft entr'autres, l'objet de différentes loix, tant du code Théodofien, que du code Juftinien, au titre *De maleficis & mathematicis*. Nos anciens capitulaires parlent auffi de l'*aéromancie*, en fuppofant qu'il y avoit des perfonnes capables d'exciter les tempêtes, & de faire fondre la grêle fur les campagnes, en conjurant l'air : *maleficiis AERA poffe conturbare & grandines immittere*, & ils les condamnent à des peines féveres; *acrius corrigendi.*

(*Addit. 2, ad capitular. tom. 2, edit. Baluzii, n°. 22, pag. 1243 & 1244.*) Voyez ci-deffus *Adjuration*, & ci-après *Almanach, Arufpices, Aftrologie, Augures, Devin, Exorcifme, Magie, Mathématicien, Simplicité, Sorcier*, &c.

ÆS--USTUM.
(Commerce, Traites.)

« L'*æs-uftum*, ou cuivre brûlé, eft du cuivre rouge, coupé en petites plaques & mifes dans un creufet avec du foufre & quelque peu de fel marin; *ftratum fuper ftratum*, & mis dans un grand feu de charbon; & lorfque le foufre eft brûlé, on retire le cuivre qui fe trouve d'une couleur de gris de fer & d'un gris rougeâtre & brillant en dehors, & fort caffant. » Les Hollandois faififfent mieux qu'en France cette préparation du cuivre; auffi leur *æs-uftum* eft-il plus eftimé que le nôtre. (*Pomet, Hiftoire des drogues, part. 3, pag. 30 de l'édit. in-fol.*)

L'*æs-uftum* doit à l'entrée du royaume & des provinces réputées étrangeres, 4 livres par quintal de droit principal, à la forme du tarif de 1664; mais ce même tarif ne l'affujettit à aucun droit de fortie.

AÉTIENS.
(Droit eccléfiaftique.)

C'eft le nom qu'on donna aux fectaires qui adopterent les erreurs d'*Aetius*, dit l'*athée*, le plus *impie* des Arriens. L'une de fes erreurs confiftoit à prétendre que le Fils & le Saint-Efprit différoient en tout du Pere. St. Epiphane l'a combattue avec beaucoup de vigueur, ainfi que toutes les autres opinions fingulieres, ridicules & abfurdes de cet héréfiarque, & notamment fur Dieu créé & incréé: *de Deo creato & increato.* Il s'eft encore attaché à repouffer les farcafmes, *(cavillationes Aetianorum)* que les Aétiens s'étoient permis contre les catholiques, qu'ils appelloient temporaires, *TEMPORARIOS.* (S. Epiphanius, *pag. 912, ad pag. 993, tom. 1, edit. 1622. in-fol.*)

Le droit canon, d'après Ifidore, dans fes origines, annonce que les *Aétiens* foutenoient, entr'autres propofitions hétérodoxes, qu'un fidele qui perfifte dans la profeffion de la vraie foi, ne commet aucun péché : *Dicunt etiam nullum imputari peccatum in fide manentium.* (*Decret. part. 3, cauf. 24, quæft. 3, can. 39.*) Eymeric a copié Gratien dans fon *Directoire des inquifiteurs,* (*pag. 244, column. 2, edit. 1607, fol.*) Voyez *Arriens, Eunomiens, &c.*

AFFAIRE.
(*Tous les droits poffibles.*)

1. « C'eft tout ce qui eft le fujet de quelque occupation. . . . . Ce mot fe dit de toutes les chofes qu'on a à difcuter, à démêler avec quelqu'un dans le commerce de la vie. . . . . . Il fe prend auffi pour foin, peine, embarras, démêlé. . . . Il fe dit particuliérement des actions de guerre. . . . Il fe dit auffi particuliérement de ce qui regarde la lévée des deniers publics, la recette, la geftion & l'adminiftration des finances.... C'eft auffi un terme général qui fe dit de toute forte de chofes, & que l'on fubftitue fouvent à la place des termes propres & particuliers. Ainfi, en parlant d'une victoire remportée fur les ennemis, on dit que c'eft une grande affaire. . . . Il fe dit généralement de toutes les chofes qui concernent la fortune & les intérêts du public & des particuliers..... *Il fe dit particuliérement des procès & de tout ce qui fe traite en quelque jurifdiction que ce foit, tant en matieres civiles qu'en matiere criminelle.* » (Dict. de l'acad.)

C'eft une chofe remarquable que ce mot, qui tient tant de place dans tous les dictionnaires, en ait fi peu dans ceux de droit & de jurifprudence. Les uns le regardant comme fynonyme d'*action* ou de *procès,* renvoient à ces deux mots ; les autres n'en parlent pas du tout, comme s'il n'y avoit point d'*affaire* au palais, ou comme fi l'expreffion n'étoit plus reçue.

Pour nous, qui penfons qu'il faut marcher avec la langue ; & qu'un des grands objets des dictionnaires, eft de fixer les idées qu'on attache aux expreffions reçues, nous tâcherons d'en raffembler quelques-unes, qui fe placeroient difficilement ailleurs.

DROIT ECCLÉSIASTIQUE.

2. On aime à voir la religion & la juftice fortant à la fois du fein de l'Eternel, marchant fur la même ligne, amenant avec elles la paix, l'union, la fûreté, l'ordre, les mœurs & la félicité. Quels devoirs elles impofent à leurs miniftres !

Aux fiens, la juftice dit : vous êtes mes prêtres ; vous devez rendre mon culte aimable, fimple, bienfaifant & puiffant ; vous devez enfeigner à tous les hommes à diftinguer le bien d'avec le mal, le jufte de l'injufte, les rendre bons & heureux par la crainte & les récompenfes. *Cujus merito quis nos SACERDOTES appellet, &c.* (L. 1, § 1, D. de juftitiâ & jure.)

Aux autres, le légiflateur divin a dit : que fon royaume n'eft pas de ce monde : *Regnum meum non eft ex hoc mundo;* (Joann. XVIII, 36 ;) qu'il y a une autre vie où chacun fera recompenfé ou puni fuivant fes actions : & dans la chaire de vérité, dans le tribunal de la confcience, cette crainte redoutable pour les méchans, cet efpoir confolateur pour les bons, s'uniffant avec les efforts de la juftice, font un des plus grands moyens de l'ordre & du bonheur public.

Mais telle eft la foibleffe humaine,

que l'on peut confondre la religion avec ſes miniſtres, le dogme avec ſes rites, l'autel avec le prêtre, l'égliſe avec le clergé, & le ſpirituel avec le temporel.

Affaires eccléſiaſtiques.

3. Qu'entend-on par *affaires eccléſiaſtiques*? mot générique & vague. Ses acceptions ſans nombre ont cauſé bien des maux.

Si par-là on entend les affaires de la religion, on ne manque pas de répondre qu'elle eſt au-deſſus des choſes tempo-relles, des paſſions, des opinions & des révolutions humaines, comme le ſoleil au-deſſus de la terre, des orages & des nues.

Si par *affaires eccléſiaſtiques* on entend celles de l'*égliſe*, on demande encore ce que ſignifie ce mot, dans ſon acception primitive, & ſi aujourd'hui encore il peut ſignifier autre choſe que l'aſſemblée des fideles. (Voyez *Egliſe*.)

Si l'on entend les *affaires temporelles*, il ſemble qu'elles ſont étrangeres à la loi divine, ou que le temporel ne pou-vant être confondu avec le ſpirituel, c'eſt un ordre de choſes ſecondaires, qui conſerve ſa nature, & doit ſuivre la route tracée dans la ſociété pour le régle-ment des affaires temporelles.

Si l'on entend que la puiſſance ſpiri-tuelle, n'ayant pour but que l'autre vie, doit toutefois ſe manifeſter dans celle-ci, & influer ſur la puiſſance temporelle, alors vous donnez à la premiere, ſur toute la ſociété politique, le pouvoir que l'eſprit a ſur le corps; & évidem-ment, elle abſorbera tout, ſinguliérement, ſi vous négligez d'enſeigner la juſtice tandis qu'elle enſeignera le dogme & la morale.

Enfin, ſi par *affaires eccléſiaſtiques* vous entendez confuſément ces objets ſans les approfondir, les claſſer, les déterminer & les développer, voyez où ce mot vous entraîne.

Dans un état catholique ſur-tout, le

ſacerdoce & l'empire ont une infinité de rapports qu'il eſt indiſpenſable de fixer: ſous le mot *PUISSANCE*, (*deux puiſ-ſances*,) nous tâcherons de les expoſer d'après les loix du royaume.

La religion eſt dans l'état, & l'état n'eſt pas dans la religion. Vérité éter-nelle dans le catholiciſme comme par-tout.

De ce principe, il réſulte que l'état doit veiller à l'adminiſtration & à la juriſdiction des *affaires eccléſiaſtiques*.

Adminiſtration des affaires eccléſiaſtiques.

4. En France, le roi n'eſt point l'au-teur du dogme comme il l'eſt des loix civiles. Il n'eſt pas même le juge du dogme, c'eſt l'égliſe; mais il eſt l'appui du dogme, le défenſeur de l'égliſe, le protecteur de la diſcipline, le conſerva-teur des anciens canons qui forment ce que nous appellons les libertés de l'égliſe gallicane: à tous ces titres, par lui & ſes tribunaux, il doit avoir une ſin-guliere attention ſur le maintien du dogme, l'obſervance de la diſcipline, l'état du clergé, & toutes les *affaires eccléſiaſtiques*.

Pour remplir ce devoir eſſentiel, nos rois ont eu toujours près du trône des magiſtrats & des prélats, choiſis pour conſeiller ſur toutes les affaires relatives à la religion, à l'égliſe, au clergé, à la puiſſance ſpirituelle & aux biens de l'égliſe. Sous Louis XIV, ce conſeil avoit le titre de conſeil de conſcience. Il fut augmenté en octobre 1720, lorſque le régent créa des conſeils particuliers pour chaque partie de l'adminiſtration publique. Son devoir étoit de rendre compte au ſouverain de toutes les affaires eccléſiaſtiques, & de tout ce qui forme le *droit public eccléſiaſtique françois*.

Un des grands objets de ce conſeil, eſt de prévenir les conteſtations relatives à la religion; de veiller au temporel de l'égliſe, & d'arrêter ce que le clergé doit à l'état.

Tous ces points ſont le ſujet des aſſemblées générales & provinciales du

clergé ; & c'eſt par l'union la plus parfaite entre l'empire & le ſacerdoce, c'eſt
par la juſtice la plus exacte, que ſe maintiennent l'ordre, la paix & la religion
même. Voyez *Clergé.*

Juriſdiction des affaires eccléſiaſtiques.

5. Mais s'il s'éleve des conteſtations
ſur la diſcipline, ſur le temporel, ſur
les bénéfices, quels ſeront les juges ?

Dans l'hiſtoire du droit françois, au
commencement de ce volume, *pag. 23,*
nous avons dit comment, ſous prétexte de
péché, ou de conciliation, toute conteſtation étoit devenue *affaire eccléſiaſtique,* ſe
portoit devant les évêques, & étoit jugée
par eux aſſez ordinairement en dernier
reſſort. C'étoit néceſſité, puiſque les
clercs ſeuls ſavoient lire & écrire : choſe
admirable alors, & d'où eſt venu le
fameux privilege de *clergié,* conſervé
encore en Angleterre.

De cet ancien état, il a dû réſulter
que l'égliſe a conſervé quelque partie de
cette juriſdiction univerſelle, celle qui
avoit plus de rappport à la religion, à
ſes miniſtres & à la diſcipline.

Les matieres vraiment eccléſiaſtiques,
furent long-temps portées devant l'évêque
diocéſain, & terminées définitivement
par le concile de la province; cet uſage,
reſpecté ſi long-temps & ſans inconvénient, fut bouleverſé par le concile de
Sardique, qui admit l'appel du jugement
des comprovinciaux, lorſqu'il condamnoit un évêque. Bientôt, ſous prétexte
d'unité, de centre & de ſuprématie, la
cour de Rome attira tout à elle par la
voie de l'*appel* & de l'*évocation.*

Cet abus a déterminé *quatre loix* remarquables.

La premiere, eſt la pragmatique de
St. Louis. L'*art. 2,* veut que les prélats,
patrons & collateurs, ſoient reſpective-
ment maintenus dans leurs droits, &
que l'ordre des juriſdictions ſoit immuable. *Ut eccleſiarum regni noſtri prælati,
patroni & beneficiorum collatores ordinarii
jus ſuum plenarium habeant & vnicui-*

qve sva jvrisdictio ſervetur.
L'*art. 6* confirme les libertés, droits,
franchiſes & immunités, prérogatives &
privileges accordés par nos rois aux
égliſes, monaſteres, lieux pieux & perſonnes eccléſiaſtiques. *Libertates, &c.
laudamus, approbamus & confirmamus.*

La ſeconde loi, eſt la pragmatique
faite dans l'aſſemblée de Bourges, ſous
Charles VII. L'*art. 2 du chap. 5,* explique comment Rome attiroit à elle
les affaires les plus minutieuſes, *pro
parvis & minimis rebus;* en ſorte
qu'effrayés par l'éloignement, les longueurs & les dépenſes, les ſujets du
roi abandonnoient les droits les plus
juſtes : on arrête; 1°. que la cour de
Rome déléguera des juges dans le royaume
pour toutes les affaires ordinaires : *Judices
in partibus :* 2°. que l'ordre des appels
ne ſera point interverti, & qu'on ſe
pourvoira devant les ſupérieurs immédiats:
*Ad immediatum ſuperiorem per appella-
tionem recurſum habeat; nec ad quemcumque, etiam ad papam, omiſſo medio:*
3°. qu'on ne pourra être reçu à appeller
que des ſentences définitives, à moins
que les griefs ne fuſſent irréparables
en définitive : *Niſi forſitan tale grava-
men extiterit quod in diffinitiva reparari
nequiret.*

C'étoit un ſecond pas; mais ce n'étoit
pas définir les *affaires eccléſiaſtiques.*

La troiſieme loi eſt le concordat. Le
tit. 22, de frivolis appellationibus, ajoute
à la pragmatique le devoir impoſé aux
juges délégués de terminer en deux ans,
à peine d'excommunication, privation
de bénéfices, &c. *Infra biennium termi-
nare debeant.*

Ce n'étoit pas encore déterminer préciſément la nature des *affaires;* mais ce
point parut peu intéreſſant, lorſque par
l'appel comme d'abus, on reconnut pouvoir ſaiſir les tribunaux du roi de tous
les jugemens rendus par les officiaux,
évêques, juges délégués, commiſſaires
du pape, & de l'examen des bulles,
brefs, &c. même dans *les affaires
purement*

purement spirituelles : appel de droit, consacré par une jurisprudence constante, & par une loi positive.

Cette quatrieme loi est l'édit de 1695. L'art. 34 enjoint de laisser aux juges ecclésiastiques, même de leur renvoyer la connoissance des *affaires purement spirituelles* .... si ce n'est qu'il y eût appel comme d'abus, &c.

Dépositaires des loix, les cours ont dû veiller à l'observation de celles-ci, comme à celles des canons & saints décrets.

Ces grands objets ont fixé l'attention des tribunaux, la surveillance des procureurs généraux, & les études des plus habiles jurisconsultes, tels que Dumoulin, Pithou, Dupui, Füet, Noüet Fevret, d'Héricourt, &c. C'est à leurs savantes recherches & au zele des magistrats que l'on doit l'état du droit ecclésiastique françois, la conservation de nos libertés. Et sans doute on leur doit de la reconnoissance ; car dans toute la jurisprudence, il n'y a point de partie plus arbitraire, plus obscure, & plus difficile à traiter. Voyez tom. 1, la jurisprudence sur l'*Abus*, notamment les divisions 11, 12, 13, 16, 20, 21, 22, 26, 28, 31, 34, 41, 45, 47, 49 & 53. Et à l'égard des principes sur les *affaires particulieres* des clercs, voyez ce que nous avons dit au mot *Action*, n°. 3.

Affaires séculieres dans leur rapport avec les ecclésiastiques.

6. Après cela examineroit-on si les ecclésiastiques peuvent s'entremettre dans les affaires séculieres, appellées par eux *profanes*, par opposition aux choses *sacrées* ; but & objet unique de la formation de l'église & de l'institution de ses ministres ? Combien on pourroit recueillir de loix & de textes !

Nemo militans Deo implicat se negotiis sæcularibus. (Paulus *ad Timoth. II, c.* 2, v. 4.)

Ne clerici, vel monachi sæcularibus
Tome III.

negotiis se immisceant. (*Decretal. lib. 3, tit. 49.*)

Plusieurs capitulaires de nos rois : citons en un : *Quòd non oporteat sacerdotes vel clericos ad sæcularia negotia convolare.* (*Capitul. lib.* 8, *art.* 22, *tom.* 1, *pag.* 829, *edit. Baluz.*)

ARRÊT du parlement de Rouen, du 16 juillet 1607, qui enjoint à un religieux carme, arrêté à la clameur de haro par un bourgeois de Rouen, & trouvé saisi de lettres missives & rescriptions en banque portugaise, espagnole & italienne concernant le commerce & trafic de marchandises, de se retirer dans la huitaine au couvent des carmes de Paris, *pour faire & continuer la profession monachale sans divaguer ne s'entremettre des AF-FAIRES SÉCULIERES, à peine d'être contre lui procédé comme irrégulier, suivant les saints décrets & constitutions canoniques.*

ARRÊTS contre les Jésuites. Un des plus grands motifs fut qu'ils se mêloient infiniment des affaires séculieres. Voyez *Jésuite.*

De ces citations faudra-t-il conclure que les prêtres, les clercs & les religieux ne peuvent en aucune maniere se mêler des affaires séculieres ? Ce point de droit public doit d'autant plus fixer l'attention, qu'au moment où nous écrivons, il donne lieu à une contestation dans l'administration d'une province. Or, nous croyons que pour se décider sainement, il faut comparer & distinguer.

Que les prêtres & les clercs ne pussent se mêler des affaires séculieres, c'est le résultat des textes que nous avons cités : ce fut constamment l'esprit, le vœu & la loi de la primitive église.

En se consacrant à Dieu on renonçoit au monde ; en déterminant de s'occuper uniquement de l'éternité, on abjuroit les affaires du siecle ; d'où est venu le mot *sæcularia negotia*, dont on a fait ensuite *sæcularis, SECULIER.*

Alors les moines & les religieux ne possédoient rien & vivoient du travail de leurs mains. Alors tous les ministres de la religion, à prendre depuis le chef juſqu'au dernier acolyte, n'avoient rien en propriété; & ſi les fideles apportoient à leurs pieds des tréſors, s'ils les dépoſoient entre leurs mains, c'étoit uniquement pour les diſtribuer aux pauvres.

On ne peut pas conſidérer, ſans une tendre vénération, l'eſprit & le régime de cette primitive égliſe. On n'eſt plus étonné de la propagation de la foi quand on voit les chrétiens ne former qu'une ſeule famille, les prêtres en être les peres, d'où le nom *pere* donné aux confeſſeurs, aux curés, aux évêques. C'étoit aux pieds de ces peres communs que les fideles portoient leurs offrandes. Ces peres n'en étoient que les dépoſitaires, les adminiſtrateurs, & ce grand & continuel dépôt avoit pour deſtination l'intérêt commun, l'entretien de la veuve, de l'orphelin, de l'opprimé, du malade & du pauvre.

Tel fut quelque-temps l'état de l'égliſe, & il ſe maintint auſſi long-temps qu'elle fut obſcure, opprimée & militante, *militans Deo*. Des hommes qui alloient gaiement au martyre, & ne voyoient que l'eternité, devoient peu s'inquiéter des *affaires ſéculieres*.

Tout a changé. La ferveur générale a paſſé avec la perſécution. Dès que la religion chrétienne s'eſt affermie, s'eſt propagée, eſt devenue dominante, tous ont pris d'autres mœurs & d'autres loix. Les prêtres & les religieux ont formé un corps à part, qui s'eſt appellé *clergé*, & le mot égliſe n'a plus préſenté qu'un ſens vague, exprimant tantôt l'égliſe univerſelle, quelquefois l'égliſe gallicane, & plus ordinairement les temples où s'aſſembloient les fideles. Cette ſéparation formée, le clergé a eu ſon exiſtence politique, ſes propriétés, ſes droits, ſes immunités & ſes privileges toujours conteſtés & toujours ſubſiſtans. Le pape, les évêques, des chapitres, des couvens ſont devenus ſouverains. Tout a changé.

Dans cet état, quels rapports doit-il y avoir entre la perſonne dévouée à Dieu & les affaires ſéculieres? Il nous ſemble qu'il faut diſtinguer d'abord les perſonnes & enſuite la nature des affaires.

A l'égard des perſonnes, il faut encore diſtinguer les religieux quelconques, des prêtres & des clercs.

Les religieux nous paroiſſent être reſtés dans l'état d'interdiction perpétuelle où les ont mis leurs vœux.

1°. Ils ne peuvent ni ſuccéder, ni être témoins dans les teſtamens, ni être tuteurs ou curateurs, ni plaider en leur nom pour demander leur penſion; ils ſont morts au monde.

2°. Ils ne peuvent, ni en corps ni en particulier faire des affaires de commerce; & toutes les fois qu'ils y ſeront ſurpris, tout en les condamnant à cauſe de la foi publique, les procureurs-généraux peuvent requérir, & les tribunaux faire des défenſes de continuer, comme le portent les arrêts cités.

3°. Ils ne peuvent pas vendre, parce qu'ils ſont *Main-morte*, expreſſion qui ſe rapporte d'une part à ce qu'ils ſont *morts* au monde, & de l'autre, à ce que cette main, comme celle des morts, ayant ſaiſi une fois ne relâche jamais, à moins qu'on ne la coupe. Voyez *ce mot*.

4°. Pour la défenſe de leurs propriétés & de leurs poſſeſſions, quelques-uns ont conſervé des *peres temporels*; c'eſt un reſte de l'ancien eſprit, qui n'empêche pas les ordres qui n'en ont point, d'agir & de plaider.

5°. En général, ils ne peuvent être ni fondés de procuration, ni officiers publics, ni juges. Et ſi l'on voit ſiéger au parlement de Paris l'abbé de St. Denis, comme au parlement de Dijon l'abbé de Cîteaux, c'eſt une ancienne exception qui confirme la regle : *Exceptio firmat regulam*.

6°. Quant à l'adminiſtration publique, on penſe que, morts au monde, ils ne doivent pas y participer. Des conſidérations particulieres peuvent les faire admettre, ſi le perſonnel a de grandes qualités, & ſi le corps peut faire de grands biens. Ce ſera encore une exception, mais ils ne peuvent pas forcer de les recevoir.

En leur opposant leurs vœux, & les décrets à la main, on les repoussera toujours avec succès.

A l'égard des ecclésiastiques non religieux, c'est autre chose, & il faut bien considérer l'état des choses.

1°. Ils peuvent agir seuls pour leurs affaires séculieres personnelles, ou celles de leurs bénéfices ; & à l'égard des affaires du corps, du chapitre, par leurs *Agens*, leurs *Syndics*, leurs *Procureurs*, leurs *Députés*, leurs *Représentans*, ainsi que tous les *Corps*. Voyez ces mots.

2°. Ils sont tuteurs, curateurs, conseils de famille ; & n'ayant point d'enfans, ils adoptent en quelque sorte & gerent avec plus de zele.

3°. Ils sont témoins dans les testamens, & ils peuvent même comme curés, les recevoir en l'absence du notaire, suivant l'art. 25 du tit. 1 de l'ordonnance d'août 1735.

4°. Ils ne peuvent pas commercer, & quand ils s'en avisent, d'une part ils se rendent irréguliers, d'autre part ils s'exposent à être contraints par corps, pour le maintien de la foi publique, ainsi que l'ont jugé les arrêts que nous rapporterons aux mots *Commerce* & *Lettre de change*.

5°. Ils peuvent administrer la justice, ils ont long-temps rempli seuls cette fonction séculiere ; en la confiant aux laïques, on a dans la plupart des tribunaux conservé des évêques, des prélats ; on les a vu long-temps chanceliers, comme *Duprat* & *Poyet*. Ils ne sont pas inhabiles à posséder des charges de présidens ; dans les parlemens & dans la plupart des bailliages & sénéchaussées, il y a des conseillers clercs, moins détournés en général par les soins domestiques, plus capables d'études & d'affaires : indépendamment de ces considérations, il paroît essentiel d'en avoir dans les cours pour le jugement des appels comme d'abus.

6°. Enfin, pour l'administration publique, si on considere la premiere, le ministere proprement dit, c'est au sou-verain d'appeler à son conseil qui il veut, comme à renvoyer quand il lui plaît ; & si dans ses ministres la France a eu le malheur de compter Duprat, Poyet, Richelieu & Dubois, elle a eu le bonheur d'être administrée par Sugger, d'Amboise & Fleury.

7°. A l'égard des administrations secondaires *des États généraux*, des *États provinciaux*, des *Administrations provinciales*, des *Municipalités*, *Paroisses*, *Colleges*, *Écoles*, *Hôpitaux* & autres établissemens publics, l'usage & nos ordonnances y appellent nommément le clergé ; savoir, dans les assemblées d'administrations, comme premier corps de l'état, avant la noblesse & le tiers ; ou bien ils y ont un rang quelconque relatif à leur dignité. Voyez ces mots, celui *Clergé*, & le mot *Administration*, tom. 2, notamment le n°. 27, pag. 878, col. 2.

Tel est l'état des choses : qu'en conclurre? C'est à la sagesse des souverains à faire, du régime de la primitive église & des décrets, l'usage qu'il veut dans la composition des loix, & c'est le bien de l'état & de la religion qui doivent décider les exceptions. C'est pareillement à la sagesse des tribunaux à employer ces décrets pour éloigner des affaires séculieres, quand on en abuse, quand on s'écarte de l'esprit de désintéressement, de bienfaisance, de charité, de justice, qui est le vrai, grand & premier caractere du clergé, comme il fut celui de l'église primitive.

DROIT ROMAIN.

7. Ce que nous appellons *affaire*, les Romains l'appelloient *negotium*, dans un sens moins étendu : car, ils n'auroient pas dit, l'*affaire De Pharsale*. Indépendamment du titre *de negotiis gestis*, *D. 3, 5, C. 2, 19*, il y a une infinité de principes répandus par-tout sous les titres relatifs aux affaires particulieres ; & à l'égard des affaires publiques, sous ceux que nous avons recueillis au mot *Administration*, tom. 2, pag. 813.

Toutes les affaires qui concernoient l'administration de la république, se portoient au sénat, qui délibéroit & statuoit. Il n'y avoit que la création des magistrats, la publication des loix, la délibération sur la guerre ou la paix, qui devoient absolument être portées devant le peuple assemblé. (Denis d'Halicarnasse, *liv. 4, chap. 20, & liv. 6, chap. 66.*)

C'étoit encore devant le peuple assemblé par comices, que se faisoient les adoptions, & quelques autres actes aussi importans. Mais tout changea avec les Césars. Les droits du peuple, de délibérer sur certaines affaires, furent abandonnés aux empereurs. Cette maniere de traiter les affaires a passé aux nations modernes ; en sorte que le peuple ne s'occupe plus que des affaires qu'on veut bien lui laisser, & que ses délibérations ne sont définitives qu'autant qu'elles ont reçu la sanction du prince ou des tribunaux auxquels il a confié la grande police.

Rome divisoit les affaires judiciaires, en civiles & en criminelles.

Au mot *Accusation*, tom. 2, n°. 6, pag. 205, nous avons exposé la maniere franche, publique, simple & prompte, avec laquelle Rome traitoit les affaires criminelles ; nous avons dit comment l'accusé prisonnier étoit libéré de droit au bout de deux années. Il faut voir encore le titre du *C. de Custodiâ reorum*, & les précautions qui y sont prises pour la plus prompte expédition.

D'abord la loi premiere veut que l'accusé soit interrogé sur le champ, soit qu'il ait été arrêté sur l'inquiétude publique, soit qu'il ait un accusateur inscrit : *In quâcumque causâ reo exhibito, sive accusator existat, sive eum publicæ sollicitudinis cura produxerit, STATIM debet quæstio fieri ut noxius puniatur, innocens absolvatur.* Voyez *Emprisonnement, Interrogatoire.*

Ensuite, la *loi 5* exige la plus prompte expédition, sur-tout à l'égard des accusés prisonniers : *De his quos tenet carcer*

inclusos id apertâ definitione sancimus ut AUT CONVICTOS VELOX PŒNA SUBDUCAT, AUT LIBERANDOS CUSTODIA DIUTURNA NON MACERET. Belle loi ! Il faudroit la graver à la porte des prisons, & dans tous les tribunaux criminels. Ce n'étoit pas assez que l'accusé, quelqu'immense & compliquée que fût son affaire, fût assuré de la voir terminée *définitivement* en deux années, il falloit encore la plus prompte expédition. Si d'un côté il s'agit de la sûreté publique, il s'agit de l'autre de la sûreté de cent mille citoyens arrêtés trop souvent injustement. S'ils sont coupables, on ne sauroit trop tôt les réprimer ou les punir : *Convictos VELOX pœna subducat* ; car l'exemple tardif est sans effet, & laisse des nuages. S'ils sont innocens, pourquoi sont-ils dans les fers ? C'est une inhumanité de faire souffrir un prisonnier innocent ; c'est un abus de la justice ; c'est un attentat à la sûreté publique ; attentat d'autat plus énorme, qu'il l'attaque avec ses propres armes. Tel étoit l'esprit de Rome : l'Angleterre seule l'a bien conservé ; & la tenue réguliere des assises, assure l'expédition des affaires criminelles.

A l'égard des affaires civiles, la maniere de les traiter toutes est répandue dans le corps du droit romain, sous les titres relatifs aux différens contrats, obligations & conventions, & dans le titre *de Regulis juris.* Vous n'y trouverez cependant rien sur la nécessité d'expédier qui autorise le terrible jugement de Sixte-Quint. Un Romain se plaignit à ce pape, de ce qu'il sollicitoit vainement depuis vingt ans la décision d'un procès. Le procureur mandé, promit de terminer dans trois jours, fit juger le lendemain matin, & fut pendu sur le soir. Cette jurisprudence n'est pas non plus tirée des décrétales.

DROIT FRANÇOIS.

8. Les principes de jurisprudence de Prevot de la Jannès, sont tous liés au mot *Action*, parce qu'il n'a vu que le

contentieux. On pourroit, à plus forte raison, raſſembler tout le droit ſous le mot *Affaire*; mais nous choiſirons quelques acceptions particulieres.

Affaires judiciaires.

9. A l'exemple des Romains nous diviſons les *affaires judiciaires* en deux claſſes, les civiles & les criminelles, & nous avons particuliérement deux grandes ordonnances ſur la maniere de les inſtruire, celle de 1667, appellée *civile*; celle de 1670, appellée *criminelle*.

Nous avons encore emprunté des Romains la néceſſité de la prompte expédition des *affaires* criminelles. L'art. 2, *du tit.* 25 *de l'ordonnance de* 1670, enjoint " à tous juges, même aux cours, de travailler à l'expédition des *affaires* criminelles par préférence à toutes autres. " C'eſt quelque choſe; mais ce n'eſt pas la loi qui abſout l'accuſé au bout de deux ans. Ce n'eſt pas l'eſprit qui a dit : *Aut convictos velox pœna ſubducat, aut liberandos diuturna cuſtodia non maceret;* & ſi vous en doutez, voyez les priſons.

L'expédition des *affaires* criminelles eſt devenue plus difficile depuis l'ordonnance de 1539, par la complication & les délais de nos formes, par le ſecret de la procédure, qui éloignant les preuves, rend la conviction plus difficile, & réduit les juges à laiſſer les accuſés en priſon, dans l'attente de preuves, qui preſque toujours n'arrivent pas. Voyez *Accuſation, n.* 6, 16, 18, 19, 20, 60, 61, 64, 98, 100, 101, 102, 103, 104 & 105.

Pour les *affaires* civiles, c'eſt pis encore, & ſouvent ce n'eſt pas la faute des juges. Si vous les comparez à ceux de Rome ils paroîtront avoir tort; mais obſervez combien la juriſdiction a été ſurchargée par une infinité de choſes qui n'exiſtoient pas à Rome.

On n'y avoit aucune idée de ce que nous appellons *juridiction & matieres eccléſiaſtiques* : chez nous, cette partie eſt immenſe.

On n'y avoit aucune idée du droit féodal : & en France, comme dans toute l'Europe cette partie eſt le tiers des *affaires courantes*.

On n'y avoit aucune idée du droit fiſcal tel qu'il exiſte parmi nous. C'eſt une choſe curieuſe de comparer tout ce que le corps du droit romain renferme ſur le fiſc, & qu'on peut réduire à 100 pages, avec peut-être 200 volumes d'ordonnances, édits, déclarations, arrêts & déciſions ſur les différentes parties de notre fiſcalité.

Ajoutez les appels plus nombreux, les conflits de juriſdiction, les réglemens des juges, le défaut de loix ſur les objets principaux du droit civil, l'ambiguïté & la contradiction de celles qui exiſtent, l'inſtabilité de la juriſprudence, & le nombre prodigieux des *gens d'affaires* créés en titre d'office; vous ne ſerez plus étonnés de la longueur des *affaires*, & vous direz encore que le vice eſt dans la légiſlation, non dans la juriſdiction.

Le roi de Pruſſe a preſcrit un nouvel ordre de choſes, & ſous ſes loix il faut bien que les *affaires* finiſſent. Mais qui oſeroit le propoſer ? Voyez comme va notre pauvre eſprit humain. On regarde comme impoſſible ce qui ſe fait en Pruſſe, parce que cela n'eſt pas ſous nos yeux; & l'on ſe contente de crier vaguement contre le *palais*. L'obſervateur ſe conſole, en voyant qu'en Angleterre les *affaires* civiles ſont encore plus longues & plus embrouillées, comme nous l'avons dit aux mots *Acte* & *Action*. Le magiſtrat courageux & philoſophe s'occupera encore avec Lamoignon des moyens de ſimplifier & d'abréger les *affaires*, par d'autres loix, d'autres formes & un moins grand nombre d'officiers.

Affaires ſommaires.

10. Dans l'ordonnance de 1667, l'expédition des *affaires* a fixé l'attention du légiſlateur, & il a prononcé 17 articles dans le titre des *matieres ſommaires*.

En liſant attentivement ces diſpoſitions, on peut être étonné de trouver

au rang des affaires sommaires des objets
de la plus grande importance, tels que
les choses concernant la POLICE, *à quelque somme ou valeur qu'elles puissent
monter.... Les sommes dûes pour ventes
faites en* PORTS, *étapes,* FOIRES *&
marchés,* &c. (*art.* 3.) Car que ne renferme pas le mot *police,* & quelles ne peuvent pas être les ventes faites dans les
ports de Bourdeaux, Marseille, Rouen &
Nantes, ou dans les foires de Lyon,
Francfort & Leipsick ?

D'après cette loi il n'y auroit donc
que deux genres d'*affaires,* les *sommaires*
désignées, qui devroient être traitées plus
promptement & à moins de frais, & toutes les autres en général qui resteroient
assujetties sans· distinction aux mêmes
formes & aux mêmes délais.

La raison & le bien public ne disent-
ils pas encore au magistrat, que n'ayant
qu'une portion de temps déterminée, il
doit la partager équitablement, & distinguer dans les *affaires* leur intérêt &
leur nature ?

Cette distinction ne doit-elle pas être
faite également par l'orateur & l'instructeur? Consumer le temps précieux de l'audience, & donner d'énormes mémoires
pour le moindre objet, ou traiter les
plus grands avec sécheresse & monotonie,
n'est-ce pas également s'éloigner du but ?

Enfin, n'y a-t-il pas une immense
quantité d'*affaires,* si petites ou si simples
que pour les terminer par la médiation,
ou les mieux juger, il suffiroit de rapprocher & d'entendre les parties ?

Ce sont-là des choses dites par-tout
vainement ; & si nous sommes obligés
de les rappeller, nous le faisons seulement par forme d'interrogation & de
doute. Voyez *Ajournement, Matiere-
sommaire, Procédure, Procès.*

Affaires des étrangers.

11. Les juges d'un pays sont naturel-
ment disposés à favoriser leur compatriote, leur voisin, leur ami, lorsqu'il
a affaire à un étranger. S'ils ne sont pas

injustes au fond, ils peuvent fatiguer par
des longueurs : & cet abus a été quelquefois
reproché à nos colonies, lorsque les habitans de la métropole demandoient justice
contre leurs débiteurs, leurs comptables,
& sur-tout les procureurs aux successions
vacantes.

C'est bien pis dans toutes les Indes : &
en les parcourant avec les voyageurs,
on voit que les étrangers obtiennent
difficilement justice des naturels du pays,
à moins qu'ils n'en imposent ou qu'ils
ne fassent des présens. La justice si vantée
des Turcs n'a point d'autre ressort.

Les rapports continuels entre les différentes nations de l'Europe, ont mis
toutes celles qui veulent avoir un grand
commerce, dans la nécessité d'assurer à
l'étranger une justice aussi prompte & la
même qu'aux nationaux. La négligence
sur ce point intéressant a même dicté
des clauses extraordinaires. Telle est
celle du traité de commerce entre la
France & la ville de Hambourg, du
premier avril 1769. L'*art.* 9 porte : « Sa
majesté ayant proposé d'établir un tribunal particulier pour juger plus promptement toutes les affaires contentieuses
de ses sujets dans la ville de Hambourg,
& le sénat de ladite ville ayant. représenté
que cet établissement exigeroit beaucoup
de temps, sa majesté a bien voulu accepter
provisionnellement l'offre qui lui a été
faite, d'établir une commission particuliere pour *la plus prompte instruction &
décision des affaires de commerce,* soit
en accommodant les parties, soit en référant au sénat ; ne suspendant qu'à
cette condition les arrangemens à prendre
de part & d'autre, pour l'établissement
du susdit tribunal particulier : &, en
attendant, *le sénat pourvoira aussi par un
réglement, à ce que les procès des sujets
du roi, autres que ceux qui sont relatifs
au commerce, soient terminés le plutôt
qu'il sera possible, & au plus tard dans l'espace d'un an, à compter du jour de la
premiere assignation, si la nature de l'instruction ne s'y oppose pas évidemment.* »

En France aucune loi ne ftatue fur ce point; mais le titre d'étranger fuffit pour intéreffer tout le monde & déterminer le juge à expédier : s'il pouvoit le refufer, il y feroit amené par des ordres fupérieurs, que produit la moindre lettre adreffée au miniftre ou au parlement : & cette expédition des affaires des étrangers, plus prompte en France peut-être que par-tout ailleurs, contribue infiniment à les y attirer. Cet excellent ufage tient au droit des gens, à la politeffe nationale, & à l'intérêt qu'infpirent des hommes éloignés de leur patrie. Chacun fe dit qu'il voudroit être traité de même s'il étoit hors de chez lui, & perfonne ne fe plaint. Voyez *Étranger.*

Affaires des pauvres.

12. Ce que les égards infpirent en faveur des étrangers, la pitié le follicite en faveur des pauvres; & c'eft juftice : car, qu'importe qu'un malheureux ait raifon, fi fon adverfaire l'accable, le ruine & le décourage par les longueurs, les frais, les appels fucceffifs & l'appareil de la jurifdiction?

Novarius a fait un Traité *de privilegiis miferabilium perfonarum,* imprimé en 1709, in-4°. Nous y reviendrons aux mots *Pauvre & Privilege.* Ici, bornons-nous aux loix?

Les Romains avoient pourvu à la prompte & facile expédition des affaires des pauvres, dans le *titre 14 du livre 3* du code: *Quando imperator inter pupillos, vel viduas, vel alias MISERABILES perfonas cognofcat; & ne exhibeantur.* L'empereur veut que les veuves, les pupilles & les pauvres ne foient pas tenus de fortir de leurs provinces; & que s'ils s'adreffent à lui directement, leurs adverfaires foient tenus de plaider devant lui & fur le champ : *Cogantur eorum adverfarii examini noftro fui copiam facere.*

Cette jurifprudence paroît avoir paffé à toute l'Europe; & nous voyons la chambre impériale évoquer les affaires des pauvres, pourvu qu'elles foient bonnes, & que la mifere foit établie fommairement : *In camerâ appellationes in caufis pauperum non recipiuntur nifi primò de juftâ caufâ litigandi ex actis fummariè conftet; & fides de paupertate fieri debet teftimonio vicinorum vel inftrumentis publicis.* (And. Gail. *obferv. 142, pag. 210, col. 2.*)

Au mot *Accufation,* tom. 2, *pag. 385 & fuiv.* nous avons montré les états étrangers nommant, honorant & ftipendiant des avocats pour les affaires des pauvres, fur-tout pour les criminelles.

Parmi nous, l'ordonnance de 1539 a aboli les confeils des accufés; il ne refte que les affaires civiles, fur lefquelles il faut rapprocher la loi & la jurifprudence.

ORDONNANCE de 1543, *art. 22,* « voulons & ordonnons, qu'aux jours extraordinaires foit fait rolle, felon que les caufes fe dépefchent, fans interruption, finon, *que pour l'expédition des pauvres & miférables perfonnes,* chofes urgentes & très-néceffaires, ou autres confidérations pour le bien de la juftice, foit néceffité de bailler audience, fans garder l'ordre defdits rolles; fur quoi nous chargeons l'honneur & confcience de nofdits préfidens. »

ARRÊT du parlement de Rennes, du 17 octobre 1572, qui enjoint aux fubftituts du procureur général, de prendre en l'audience la caufe des *pauvres.* (Dufailh, *liv. 2, chap. 426.*)

ARRÊT du parlement de Bourdeaux, du 27 avril 1710, qui juge que la nommée Foucaret, pauvre femme mendiante, impétrante en lettres de reftitution en entier contre Sepharus, procureur au lieu d'Aguillon, a pu, attendu fa pauvreté notoire, faire affigner en première inftance en la cour; & ordonne que les parties y procéderont. (Lapeyrere, *lettre I, n°. 54 aux notes, pag. 189.*)

« Le parlement de Grenoble évoque les caufes des pauvres & des miférables, & en connoît en première inftance. Il enjoint, à cet effet, aux fermiers du Dauphin, (du domaine du roi) d'en faire porter les actes dans fon greffe;

& cela fans frais. Il leur donne enfuite avocat & procureur, & il interdit celui, qui fans caufe raifonnable, refufe de s'employer pour eux gratuitement. » (*Jurifprudence de* Guy–Pape, *fect. 4, art. 7, pag. 80.*) Chorier ajoute, que le parlement va jufqu'à difpenfer les pauvres de prendre des lettres de refcifion, & il rapporte un arrêt du 30 juillet 1615.

On ne doute pas que les pauvres ne trouvent des défenfeurs zélés, quand ils fe préfentent à l'ordre des avocats; & c'eft en leur faveur que les jeunes ora-teurs devroient faire leurs premieres armes. Il eft beau d'entrer dans la lice pour défendre l'indigent opprimé; & j'entends encore avec plaifir M. Baftard, profeffeur de droit françois à Touloufe, difant à l'évêque de Caftres: *Monfeigneur, j'aime mieux plaider pour mes pauvres.*

Mais ne feroit-il pas utile que cette ordonnance de 1543 fût renouvellée, & que le réglement du parlement de Gre-noble fût commun à tout le royaume?

On y a fuppléé par les établiffemens utiles que j'ai rapporté au mot *Accom-modement, n°. 24, tom. 2, pag. 27,* fur-tout par celui du confeil charitable de Lyon. Là, le pauvre trouve des con-feils & des procureurs gratuits, & la plus prompte juftice. Mais ce qui eft le plus précieux, c'eft que l'on commence par la médiation, & qu'on réuffit fouvent. Voyez *Confeil charitable, Evocation, Pauvre, Privilege, Procès & Refcifion.*

Homme d'affaires.

13. Dans la plupart des terres un peu confidérables il y a ce qu'on appelle un homme d'affaires. C'eft un *mandataire*, un *régiffeur*, un *receveur*, ayant la *procu-ration* du feigneur; & il eft affujetti à toutes les loix du *mandat*. Voyez ces mots.

Les maifons riches ont auffi un *homme d'affaires*: le titre d'intendant ne fe prend que chez les très-grands feigneurs. Ces deux mots font fynonymes pour les fonc-tions & les obligations.

Les fonctions font de recevoir, de payer, de tenir un regiftre avec les pieces juftificatives, de fuivre les procès, de folliciter les juges, d'inftruire les con-feils & les *gens d'affaires extérieurs.*

Par quels actes l'*homme d'affaires* peut-il engager fon maître?

En général, on peut dire qu'il peut recevoir & paffer quittance, foit qu'il ait une procuration générale ou *ad hoc;* foit que, fans procuration authentique, il foit connu pour exercer ces fonctions. On juge qu'il a bien reçu, fuivant l'adage: *fic agebat, fic contrahebat.*

Il peut encore commettre les chofes néceffaires au fervice de la maifon, fixer les gages des autres domeftiques, & faire ainfi tout ce qui eft dépenfe courante.

Mais il ne peut pas feul engager fon maître, ni traiter pour lui dans certaines affaires qui tiennent à l'état de la per-fonne & à la propriété directe, à moins qu'il n'ait une procuration *ad hoc.* Ainfi il ne pourra pas vendre; il ne pourra ni contracter ni tranfiger; ou, s'il prend fur lui de le faire, l'acte ne vaudra rien, à moins qu'il ne foit ratifié par le maître.

Il y a une exception à cette regle; c'eft lorfque le maître laiffe fon *homme d'affaires* emprunter ouvertement pour lui, & lorfqu'il l'approuve par un long filence, s'appropriant la totalité des fommes, ou une partie. C'eft ce qui a été jugé dans la fameufe affaire de Billard contre les adminiftrateurs des poftes, dont il étoit le caiffier infidele. Nous rapporterons cet ARRÊT du parlement de Paris aux mots *Caiffier, Commis.*

Les obligations de l'*homme d'affaires* font de rendre compte, de le faire arrê-ter & figner, d'être fidele à tous égards: ce font les obligations du facteur dans le commerce.

Si l'*homme d'affaires* demeure dans la maifon, c'eft le premier domeftique, il a des gages, & porte le deuil. En cas de foupçon, il peut être arrêté fur la dénonciation du maître. S'il eft infidele, il fera puni comme voleur domeftique.

S'il

S'il ne demeure pas chez le maître, ce n'eſt plus abſolument un domeſtique, c'eſt un fondé de procuration, puniſſable pour ſes infidélités ; d'autant plus que la négligence & la confiance du maître laiſſent à ſa diſpoſition la fortune de la famille ; mais alors il ne ſera pas arrêté ſur la ſimple dénonciation. Les peines étant arbitraires, l'excès de ſes déprédations pourra le conduire au gibet ; mais on ne le jugera pas comme voleur domeſtique, & l'on ne le qualifiera pas ainſi dans le jugement.

Dans l'affaire de madame la ducheſſe d'Olonne, défendue par Linguet, l'on traitoit comme un *homme d'affaires* le ſieur O.... meſtre de camp ; on demandoit compte ; on l'accuſoit d'abus de confiance. Mais quoiqu'il logeât chez elle, ſon état & les circonſtances ne permirent pas de le traiter comme un domeſtique ; & la conteſtation ne portant que ſur des circonſtances qui ne ſont jamais les mêmes, ſur des comptes qu'il s'agiſſoit de régler, nous ne rapportons pas l'arrêt.

On a remarqué dans plus d'une capitale, que là où le maître ſe ruine, l'*homme d'affaires* s'enrichit, ne rougiſſant pas d'acheter les meubles, les terres & l'hôtel de celui qu'il a ruiné, ou aidé à ruiner. Là où ce déſordre exiſte, ſans doute il eſt beſoin d'exemples ſévères, & peut-être ne ſeroit-il pas impoſſible de faire un réglement utile ; car on connoît les manœuvres, les pots de vin, les préſens, les ſurcharges dans les comptes, les fermes ſous des noms empruntés, &c. Ce réglement ſeroit infiniment utile pour les grands ſeigneurs, les hommes en place, les veuves, & en général la fortune des grandes familles ; mais qui oſeroit le projeter ? & il n'appartient pas à cet ouvrage. Voyez *Adminiſtration, Agent, Avocat, Commis, Intendant, Mandat, Notaire, Procureur*, &c.

L'homme d'affaires eſt-il capable de legs, de donations, d'inſtitutions ? Nous traiterons cette queſtion aux mots *Capta-* tion, *Donation, Incapacité, Intendant, Legs, Maître, Serviteur, Suggeſtion, Teſtament*. Ici nous nous bornerons au préjugé ſuivant.

ARRÊT du parlement de Paris, du 14 mars 1781.... *Eſpece*. Le ſieur C.... avoit fait les affaires de la comteſſe de R.... ſur l'eſprit de laquelle il avoit pris un tel aſcendant, qu'il l'avoit engagée à prendre un appartement dans ſa maiſon, & lui avoit arraché une donation entrevifs de 30000 livres : delà il ſe fit inſtituer légataire univerſel. Les héritiers attaquerent la donation & le legs, par incapacité, captation, ſuggeſtion, & rendirent plainte en recélés & ſouſtractions. Première ſentence, qui convertit l'information en enquête, & renvoie les parties à fins civiles. Seconde, qui annulle la donation & le legs, & alloue au ſieur C.... 1500 livres pour ſes débourſés, peines & ſoins dans les *affaires* de la comteſſe. Appel. Arrêt confirmatif ſur les concluſions de M. l'avocat général Séguier.

Eſprit des affaires.

14. Dans le *labyrinthe obſcur & tortueux* de la juriſprudence européenne, ſans doute il faut une grande ſagacité pour traiter les affaires. A la juſteſſe de l'eſprit, la vivacité de l'imagination, la netteté dans les idées, l'énergie de l'expreſſion, & une pénétration rapide, ſi vous joignez l'étude des loix, la routine de la procédure, la connoiſſance des hommes, une ame ſenſible & un cœur droit, vous devez être l'oracle des tribunaux & le Dieu tutélaire de ceux qui ont le malheur d'avoir des *affaires*.

Cependant, ces qualités ſi rares & ſi difficiles à réunir ne forment pas encore ce qu'on appelle aujourd'hui un *homme d'affaires*, un *homme à reſſources*. Tout ſavant, tout éloquent que vous êtes, euſſiez-vous toutes ces qualités du préſident Jeannin, qui le rendoient ſi cher à Henri IV, qu'à ſon retour de la Hollande il alla au-devant de lui, l'embraſſa & le préfenta à la reine ; fi vous êtes *un bon homme*, comme l'appelloit Henri IV, vous pouvez être embarraffé, déconcerté, joué & atterré par un praticien fubtil & renforcé, qui rampe, tourne, retourne, entortille, ferre, étouffe, mord, fe redreffe & fiffle comme le ferpent au tour du lion.

Il y a donc, pour les *affaires*, une marche & un art extraordinaires. Il y a donc un efprit particulier. Quel eft-il ?

Seroit-ce le caractere que la Bruyere a voulu peindre quand il a dit, *chap. 9 :* « *Ces hommes fins & entendus*, qui tirent autant de vanité que de diftinction d'avoir fu pendant toute leur vie tromper les autres. »

Ce n'eft pas cela precifément : mais il y a dans les loix une effrayante obfcurité ; dans la jurifprudence, une inftabilité & une diverfité blâmées fans ceffe par le grand d'Agueffeau ; & dans les formes tant de détours, que l'homme d'*affaires*, qui connoiffant tous les fentiers & les faux-fuyans, les prend avec adreffe, fe gliffe & fe courbe dans les taillis qui embaraffent la route, a beaucoup d'avantage fur celui qui, la loi à la main, allant droit devant lui, fe heurte, s'égare & fe perd.

Delà, il y a dans la maniere de traiter les *affaires*, un art qui fait que l'homme d'affaires l'emporte très-fouvent ; qu'on s'en fert parce qu'il réuffit, & qu'en le méprifant au fond du cœur, on l'emploie comme les guides qu'on choifit parmi les voleurs, pour traverfer en fûreté la Sicile.

Quand on voit l'indifférence, la répugnance & le dédain d'un certain monde, pour tout ce qu'on appelle *gens d'affaires*, quelles que foient leur naiffance, leur dignité & leurs qualités perfonnelles, on regarde ce préjugé comme un refte de la barbarie féodale & chevalerefque, qui fe faifoit honneur de ne favoir pas écrire. Mais ne feroit-on pas tenté de l'excufer, en confidérant l'efpece d'*efprit des affaires*, qui a prévalu fi fouvent,

& qui contrafte fi fort avec la loyauté guerriere, même avec le jargon, le manege & le talent de l'homme de cour ; ne pourroit-on pas l'approuver, lorfque dans des tribunaux bien compofés, on a vu des magiftrats fe faire un nom, & être les hommes du jour, non par le favoir & les grandes qualités des l'Hofpital, des Lamoignon, des d'Agueffeau, mais par un certain *efprit dans les affaires*, qui, fans étude, & dédaignant les loix, manie avec adreffe les opinions, montre une apparente facilité, & donne aux affaires la tournure qu'il veut.

Là où cet efprit triomphe, là où il honore & enrichit, c'eft un malheur public, & c'eft la faute, ou de la légiflation ou de la jurifdiction, ou quelquefois celle de toutes les deux enfemble.

Là on gémit dans les affemblées nationales, en voyant les grands convenir qu'ils n'entendent rien aux *affaires*, & fur-tout en comparant cette inaptitude aux connoiffances profondes & au difcours éloquens des plus grands feigneurs d'un autre pays. On gémira de voir que tout en afpirant à gouverner, la haute nobleffe dédaigne l'étude, même du droit public & du droit des gens ; en forte qu'arrivant à l'adminiftration, par la faveur, elle fera toujours dominée par les gens d'affaires, égaux & fubalternes. Que fi en d'autres états, la plus haute nobleffe prend, dès l'adolefcence, l'efprit des affaires & la connoiffance des loix ; fi elle étudie dans les univerfités, fi elle travaille dans les chancelleries, & ne craint pas de paffer dans la filiere des légations & le fecretariat d'ambaffade ; fi enfin, elle ne regarde pas au deffous d'elle l'exercice de la magiftrature, on conviendra que l'état où la haute nobleffe s'éloigne ainfi des affaires, peut fe foutenir par fa pofition, fa grandeur, fa population, fa richeffe & fa puiffance réelle ; mais qu'il pourroit être plus puiffant & plus heureux fi tout le monde y avoit l'efprit des affaires.

Vigilance dans les affaires.

15. Dans le titre du *D. Quæ in frau-dem creditorum*, Scævola, après avoir exposé l'espece d'un créancier qui s'est fait payer au préjudice des autres, conclut ainsi : *VIGILAVI, meliorem meam conditionem feci. JUS CIVILE VIGILANTIBUS SCRIPTUM EST, ideo quoque non revocatur id quod percepi. L. 24.*

Cette loi n'est autre chose que l'avis isolé d'un jurisconsulte dans une espece particuliere, dans un pays où le commerce, livré à des étrangers, des affranchis & des esclaves, n'étoit pas honoré ; & chez un peuple retenu par cette considération personnelle qui disposoit des honneurs, des places, & des grandes fortunes. Cependant, & tandis que nous négligeons une infinité de loix précieuses, combien de fois, même dans les pays coutumiers, n'a-t-on pas fait sonner le mot *vigilavi*, & cet adage, *jus civile vigilantibus scriptum est* ?

Au mot *Adresse dans les affaires*, pag. 137, nous avons tâché de réduire à sa juste valeur cette maniere trop souvent synonyme de *vigilance*. Nous y reviendrons aux mots *Banqueroute*, *Créancier*, *Débiteur*, *Faillite* ; & nous chercherons l'esprit de la regle des dix jours : nous développerons encore quelques idées sous les mots *Diligence*, qui appartient aux fonctions du magistrat, & *Vigilance*, à la conduite du citoyen.

Qu'il nous soit permis cependant de combattre ici l'adage romain par une réflexion simple.

Dans la guerre, qui n'est point la justice, tout se décide dans le fait par la force, le courage, la vigilance & l'habileté, pour ne pas dire la ruse. Voyez *Adresse*, *Guerre*, *Ruse*.

Dans le commerce, la nécessité de l'approvisionnement, & l'avantage de la concurrence, exigent que l'on donne plus de bénéfice à celui qui a veillé, spéculé ; & qui, par son activité, comme par son intelligence, a procuré l'abon-dance. Voyez *Approvisionnement*, *Commerce*, *Concurrence*.

Dans les affaires judiciaires, lorsque la loi a prescrit rigoureusement des formalités, il faut bien donner avantage à celui qui les remplit, & punir celui qui les oublie ou dédaigne. Il le faut pour l'observation des loix telles quelles, & pour l'expédition des affaires.

Mais dans les affaires ordinaires du commerce de la vie, de particulier à particulier, nous croyons que l'adage du jurisconsulte Scævola, *jus civile vigilantibus scriptum est*, est de toute fausseté : car gens adroits & vigilans n'ont pas besoin que l'on vienne à leur secours ; ils vont bien tous seuls, & l'on peut s'en fier à leur âpreté & à leur adresse. Nous croyons, au contraire, que le droit a été établi en faveur de l'ignorance trop commune, & de la foiblesse, partage de la malheureuse humanité.

S'il en étoit autrement, que deviendroient toutes ces belles loix romaines sur le juste & l'injuste, sur les lésions & les restitutions en entier ? Que seroit devenu le droit du préteur, qui étoit autorisé à juger *ex æquo & bono* ?

S'il en étoit autrement, pour traiter les *affaires*, il faudroit joindre une science profonde, une activité incroyable ; & avec toutes ces qualités, on seroit la victime de l'adresse, de la finesse, d'une plus grande activité & des circonstances, l'honnête homme seroit toujours dupe du frippon. Or, c'est en faveur de l'honnête homme que les loix ont été faites. C'est pour l'exacte probité, contre le dol & l'artifice.

Ce principe général ne peut se développer que dans ses rapports avec les actes de la vie civile ; il faut avouer, sur-tout dans l'état de la jurisprudence, qu'il est difficile à saisir, & que les conséquences se montrent toujours à côté de la décision, quelle qu'elle soit. Nous prendrons pour base, autant qu'il sera possible, 1°. la bonne-foi ; 2°. cette maxime de tous les pays, qu'il n'y a rien fans inconvéniens ; & que de tous, le plus funeſte eſt celui qui fait triompher la fraude. Voyez *Achat*, *Acquiſition*, *Acte*, *Action*, *Bien public*, *Bonne-foi*, *Contrat*, *Léſion*, *Marché*, *Obligation*, *Vente*, &c.

FAISEUR D'AFFAIRES.

16. Dans le plaidoyer imprimé de M. Linguet, pour le comte de Morangiès, on lit : *Le ſeul* ÉTAT *qu'on puiſſe ſuppoſer à Veron, eſt celui de courtier ſans qualité, d'agent obſcur, de* FAISEUR D'AFFAIRES*, on pourroit dire d'affaires ſuſpectes.*

Si ce portrait n'étoit celui que d'un homme, ou d'un très-petit nombre, nous nous garderions bien de donner ici la moindre place à l'eſpece qu'il peint : mais *faiſeur d'affaires* eſt devenu un métier, un état ; & il ſemble s'être ſi fort multiplié, que ce mot, qui n'eſt point dans nos dictionnaires, a paſſé de la converſation au barreau.

Faire des affaires, c'eſt faire métier de ſa faveur, de ſon crédit, de ſon intrigue, de ſes ſollicitations, de ſes rapports obſcurs, & les vendre au plus offrant. C'eſt s'intéreſſer ſans fonds dans des entrepriſes onéreuſes, équivoques, ou malhonnêtes pour les étayer par ſon crédit, ſon intrigue & ſon adreſſe. Ce métier ne convient ni à la nobleſſe, ni au magiſtrat, ni à l'homme de bien. Peut-être n'eſt-il que trop vrai qu'il y a partout une infinité de gens qui n'ont pas d'autre exiſtence. Peut-être encore ſeroit-il poſſible d'oppoſer la digue des loix à ce torrent, qui dépouille la vertu, les ſervices & la probité, pour revêtir le premier venu, quel qu'il ſoit, pourvu qu'il paie bien ; & nous rapporterons tout à l'heure le jugement célebre d'Alexandre Sévere.

Faire des affaires, c'eſt acheter cher & à crédit, pour revendre à bas prix & comptant.

Le *faiſeur d'affaires*, qui, profitant du beſoin preſſant, occaſioné par le plaiſir, la débauche, le déſordre, la miſere,

entraîne le jeune homme, & même le pere de famille dans des achats, des ventes, des négociations, des *affaires* en un mot, qui hâtent & conſomment leur ruine.

L'*uſure*, proprement dite, conſiſte à louer ſon argent à un taux au-deſſus de celui fixé par le prince, ou du cours dans le commerce. L'*uſurier* exige encore des nantiſſemens, & alors eſt appellé *prêteur ſur gages*. C'eſt un des plus grands fléaux ; & tel eſt le malheureux état ſocial des grandes villes, que pour détruire cette vermine, on a été obligé d'établir des *Lombards* ou *Monts-de-piété*. Voyez ces mots & *Anatociſme*, *Intérêt*, *Prêt* & *Uſure*.

Un *faiſeur d'affaires* n'eſt donc pas un *uſurier*. C'eſt un autre acte, un autre délit, une autre maniere de s'enrichir en ruinant les autres. Elle eſt plus calculée & plus prompte, plus enveloppée & plus ſûre. Sous cet aſpect funeſte, elle a fixé l'attention des loix dans tous les pays du monde.

Nous aurions pu, à l'exemple des autres livres claſſiques, renvoyer aux mots *Dol* & *Uſure*. Mais puiſque la multitude des *faiſeurs d'affaires* a fait imaginer ce mot, nous croyons devoir en faire un article à part, nous y ſommes entraînés par les progrès de l'abus ; & c'eſt ſuivre l'eſprit de notre ouvrage, que de raſſembler ici le droit romain & le droit françois.

DROIT ROMAIN.

17. En liſant les plaidoyers de Cicéron, vous ne pouvez douter que les Romains n'euſſent des uſuriers & des *faiſeurs d'affaires* de toutes les eſpeces. Horace peint ceux-ci par ce ſeul mot : plus vous êtes malheureux & près de votre ruine, plus ils vous preſſent pour achever de vous perdre : *Quantò perditior quiſque eſt, tantò acriùs urget.* (Satyr. 2, v. 15.)

Tacite parle des formes & des ſtratagèmes ſous leſquels ſe cachoit l'avidité, & des plebiſcites donnés pour la réprimer : *Poſtremò vetita* VERSURA : *multiſque plebifcitis obviam itum fraudibus, quæ totiens repreſſæ, MIRAS PER ARTES rurſum oriebantur.* (Ann. VI , 16.)

Juvenal, dans ſa *ſatyre 3*, attribue cette dépravation aux *Grecs*, ſuppoſant que Rome en étoit remplie : *Græcam urbem*; mot qui a paſſé parmi nous avec la choſe, ſans doute : car malheur au diſſipateur, ou au malheureux obéré, qui tombera entre les mains d'un *Grec*.

Salluſte peint largement ces mœurs. « Les Romains, dit-il, ſe corrompirent par l'oiſiveté & l'opulence. . . . . La cupidité amena l'orgueil, l'inſenſibilité, la cruauté, l'irréligion & la vénalité de toutes choſes : *Omnia venalia habere*. On s'avilit, on devint ſouple, adroit & faux; & le ſentiment ne fut plus qu'un calcul d'intérêt. Cette peſte ravagea tout; & le gouvernement, de juſte & parfait, devint cruel & inſupportable : *Civitas immutata, imperium ex juſtiſſimo atque optimo, crudele, intolerandumque factum.* (Bell. Catil. 10.)

Ce déſordre inhérent au luxe & à la miſere, s'étoit perpétué ſous Alexandre Sévere. Turinus, courtiſan adroit, vendit ſon crédit. Sévere le ſut, acquit la preuve, le fit accuſer, & le condamna à être atatché à un poteau entouré de foin & de bois verd, où le *faiſeur d'affaires* mourut étouffé par la fumée, tandis qu'un héraut crioit : « Celui qui a vendu la fumée eſt puni par la fumée. »

Contre l'uſure propre, & l'uſure déguiſée ſous le nom d'*affaires*, Rome eut ſucceſſivement pluſieurs loix; on peut citer, entr'autres, la loi *Atinia. Quod ſurreptum erit ejus æterna auctoritas eſto.* La loi *Lætoria*, la loi *Sempronia*, la loi *Aquilia*, les loix renfermées ſous le titre *de dolo malo*, & tout le ſénatus-conſulte Macédonien.

Dans ces loix, Rome ne renfermoit pas ſeulement le prêt à un intérêt illégitime, mais la vente, le louage, toute eſpece de contrat : *Vendidit, locavit, vel alio modo contraxit :* en un mot, toute eſpece d'actes, dans leſquels, ne voulant

pas, ou ne pouvant pas prêter, on fait quelqu'affaire frauduleuſe : *Quod ita demum erit dicendum, ſi non FRAUS ſenatuconſulto fit cogitata, ut, QUI CREDERE NON POTUIT, MAGIS EI VENDERET, ut ille rei pretium haberet in mutui vicem.* (L. 3, § 3, D. ad ſenat. conſ. Macedon.)

La Gloſe, interprétant le mot de fraude, dit qu'elle a lieu quand on paroît vendre ou acheter pour éviter l'apparence de l'uſure; & quand on vend au fils de famille, pour qu'il revende ſur le champ : *Fraus fit de contractu ad contractum. Prohibetur autem hìc venditio in fraudem mutui; ut ſi quis vendat filio familias rem aliquam ut rursùs alteri venditâ pretium conſequatur.*

Ce principe eſt encore répété dans la *loi 7*, § 3 du même titre de la vente ou départ du bled, du vin ou de l'huile; & c'eſt bien ce que nous entendons par faire des affaires.

DROIT FRANÇOIS.

18. ORDONNANCE d'Orléans de 1560, art. 101. « Enjoignons à tous juges de nier toute action aux marchands qui auront vendu draps de ſoie à crédit, à quelque perſonne que ce ſoit, fors de marchand à marchand; & *avons dès à préſent caſſé toutes cédules & obligations qui ſe trouveront DÉGUISÉES & faites en fraude de cette ordonnance.* »

Article 143. « Défendons auſſi à tous marchands & *autres*, de quelque qualité qu'ils ſoient, de ſuppoſer aucun prêt de marchandiſe, appellé perte de finance, laquelle ſe fait par revente des mêmes marchandiſes à perſonnes ſuppoſées. Et ce, à peine contre ceux qui en uſeront, *EN QUELQUE SORTE QU'ELLE SOIT DÉGUISÉE*, de punition corporelle & confiſcation de biens, ſans que nos juges puiſſent modérer la peine. »

Sur le premier de ces articles, l'avocat Chalard, un des premiers commentateurs, peint ainſi les faiſeurs d'affaires dans le langage de ſon temps. « Si un poure gentilhomme, ou autre, s'adreſſe à eux pour emprunter de l'argent, ils lui difent qu'ils n'en ont point, mais qu'ils lui bailleront de la marchandise jufqu'à la concurrence de la fomme qu'il demande, *fur laquelle gagnent la tierce partie, à caufe du prêt qu'ils font ; & pour gagner encore l'autre tierce, ils fuppofent un leur voifin pour acheter telle marchandife à vil prix & en leur nom :* ainfi mon poure gentilhomme, qu'ils font obliger *à rigueur* de l'exécuter, & qui emprunte *par néceffité* ou quelquefois *par folie*, eft *pippé*, déçu & trompé des deux tiers par ces deux impofteurs malheureux ; & s'il *faut* déporter ou envoyer argent au terme, tant le fort que l'intérêt immodéré & exceffif, le font conftituer *prifonnier*, ou fubhafter tout fon bien. Par tels moyens beaucoup de bonnes maifons & honorables fe font perdues & tombées entre les mains de ces créanciers à faute de payement. » (*Sommaire expofition des ordonnances de Charles IX, fur les plaintes des trois états de fon royaume, tenus à Orléans. Lyon, Rigaud 1573, pag. 93.*)

Ce que dit Chalard eft arrivé mot à mot en février 1773. Un pauvre gentilhomme d'Auvergne accompagne à Lyon fon frere, chanoine, & trouve le foir à l'auberge un *courtier* obfcur qui fe lie à lui, & lui offre, non feulement de lui faire prêter l'argent qu'il défire, mais de lui faire faire une *affaire* où il gagnera beaucoup. Il le mene chez un particulier qui a une caiffe de batavia, fur laquelle il doit gagner beaucoup, & l'on fe contente d'une obligation folidaire, payable *à ordre & en paiement* de 3000 livres. L'opération faite, tout difparoît. Le magiftrat informé mande le courtier & le faifeur d'affaires ; fait eftimer la marchandife, qui ne valoit que 1262 livres ; fait déchirer l'obligation, reprendre la marchandife ; & s'eft reproché de n'avoir pas fait un exemple, fur-tout quand il en a vu dans la capitale.

ARRÊT du parlement de Paris, du 10 janvier 1777, qui condamne Bouleau,

Vedy, Naudi, & la femme Fillon d'Orléans au carcan & au banniffement pour neuf ans, Bedaume & autres de la même ville à faire amende honorable & au banniffement pour neuf ans.... Fait défenfes à toutes perfonnes, de quelque état & condition qu'elles foient, d'exercer aucunes efpeces d'ufures prohibées en quelque maniere que ce foit où puiffe être, *même fous apparences feintes & controuvées de faits de commerce, directement ou indirectement par elles-mêmes ou par perfonnes interpofées.* Fait pareillement défenfes à toutes perfonnes de fervir de proxénetes, médiateurs ou entremetteurs de prêts & *négociations illicites & prohibées* ; le tout fous peine de nullité, amendes pécuniaires, banniffement, confifcation de corps & de biens, amendes honorables & autres peines corporelles felon l'exigence des cas & la gravité des délits....

Dans les charges, je lis entr'autres : *D'avoir* « en 1771 reçu du fieur Forêt un *billet à ordre de 500 liv. payable à neuf mois de terme, l'avoir placé chez un marchand qui auroit fourni, pour le montant, des marchandifes, de la revente defquelles il fe feroit enfuite chargé, & du produit de la revente defquelles ledit Forêt n'auroit reçu qu'une fomme de 120 liv. en argent, fix mouchoirs, & auroit perdu le furplus.... D'avoir, PAR UNE INDIGNE MANŒUVRE, & fous prétexte de donner des FACILITÉS au fieur Triquois pour LE RÉTABLISSEMET DE SES AFFAIRES, fait faire audit fieur Triquois différens billets, pour le montant defquels il a fourni des marchandifes, fur la revente defquelles il y a eu près de moitié à perdre ; & à l'échéance defquels billets, que ledit fieur Triquois n'a pu acquitter, ledit Bouleau lui auroit fait fubir à fon profit deux contrats de conftitution, l'un de 4500 liv. & l'autre de 3000 liv.* »

ARRÊT du parlement de Paris, du 5 juillet 1776, qui « déclare les interrogatoires des enfans Sayde nuls, déboute le marquis de Brunoi de fes lettres de refcifion contre quatre contrats de conftitution de rente, de fa demande en nullité des billets de 22000 livres & de 30000 livres ; déclare le billet de 2700 livres *nul, comme n'énonçant point de caufe*, en affirmant par le marquis de Brunoi, en perfonne à l'audience, qu'il n'en a point reçu la valeur : fur le furplus des demandes, hors de cour. Le marquis de Brunoi condamné aux dépens ». . . . *Efpece*. Le marquis de Brunoi, immenfement riche, achete immenfement chez Sayde, fameux bijoutier ; convertit des dettes à jour en rentes conftituées, & avoit enfuite pris des lettres de refcifion, foutenant qu'on lui avoit furvendu, & pour tout dire, que c'étoit *des affaires*. Les mariés Sayde, interrogés fur faits & articles, avoient dit, 1°. que quand ils avoient traité avec le marquis de Brunoi, il étoit relevé de fon interdiction : 2°. Qu'ils ne vendoient que comptant ou fur des reconnoiffances : 3°. Qu'ils avoient vendu de bonne-foi, & qu'en fait de mobilier il ne peut y avoir lieu à la refcifion : 4°. Que leurs livres, qu'ils repréfentoient, étoient parfaitement en regle : 5°. Qu'il étoit de la plus dangereufe conféquence pour le commerce d'admettre des recherches entre majeurs... Ces moyens ont réuffi : dans l'affaire qui fuit, le marquis de Brunoi a été moins malheureux, parce que les circonftances étoient différentes.

ARRÊT du parlement de Paris, du 29 mars 1779, qui condamne F., B. & P. de M. à être *blâmés*, & chacun *en 20 liv. d'amende* ; D., C., L. & P. à être *admonêtés*, & *en 3 liv. d'aumône*. — Fait défenfes à L. de plus à l'avenir récidiver, fous telles peines qu'il appartiendra. — *Enjoint* à F. fa femme & B. d'être à l'avenir plus circonfpects. — Met hors de cour onze accufés. — *Décharge* d'accufation deux notaires. . . . Déclare nulles plufieurs reconnoiffances, donations, &c.

Jamais fujet ne parut plus propre à être manié par des *faifeurs d'affaires* que ce marquis de Brunoi, poffeffeur de l'im-

menfe & légitime fortune de fon pere, Paris de Montmartel. A une grande légéreté dans l'efprit, & à la prodigalité de la jeuneffe, il joignoit des goûts bizarres & dépravés, qui raffembloient autour de lui des efpeces difparates, & qui érigerent en *faifeurs d'affaires*, gens qui peut-être n'y auroient pas fongé. Les uns voyant dans fa fortune de l'excès ou une fource équivoque, s'imaginoient que c'étoit *reprendre*. D'autres voyant l'occafion de faire de grands profits ne la renvoyoient pas, perfuadés que ce qu'ils refuferoient, le diffipateur le porteroit ailleurs. L'un d'eux, quand il eut entendu la lecture de fon arrêt & ce terrible mot : *La cour vous blâme & vous déclare infame*, alla fe jeter dans un bain & fe donna la mort.

Obfervations fur ce délit.

19. S'il eft vrai, comme l'écrivoit le chancelier de l'Hofpital, que l'on *ne penfe plus qu'à gagner, & que la paffion de l'or ôte tout autre fentiment*, on croira volontiers que le *faifeur d'affaires* fe fait illufion au point de penfer que fi fon action n'eft pas vertueufe, elle n'eft pas puniffable ; de s'occuper froidement de tous les moyens de la rendre légale ; de fe faire des principes avec lefquels il dort en paix avec fa confcience ; de fe raffurer par de grands exemples ; de rire de celui qui ne les imite pas ; de dédaigner celui qui les méprife, & de répondre infolemment au juge qui le mande, l'interroge ou le réprimande.

Cette illufion, qui précede le délit, eft une obfervation intéreffante pour le légiflateur, le magiftrat & le philofophe.

S'agit-il de vols habituels & réfléchis ? vous verrez les malfaiteurs fe pénétrer des chimeres du fyftême de la communauté des biens ; ajouter que les trois quarts des grandes fortunes font des vols déguifés ; fe perfuader enfin qu'il n'y a qu'*heur & malheur* ; car on fe perfuade tout. Voyez *Vol*.

S'agit-il d'*ufure* ? vous entendez Harpagon vous crier que fon argent eft fa marchandise, qu'il y met le prix qu'il veut, & que c'est à prendre ou à laisser: il essayera de justifier son infamie par des absurdités semblables aux sophismes que Pascal, dans sa huitieme lettre provinciale, accumule à propos du contrat *Mohatra.* Voyez *ce mot.*

S'agit-il de *faire des affaires*? oh! l'on est bien plus à son aise. Que fait-on contre les loix? Rien qu'elles proscrivent clairement. Que fait-on contre l'honneur? Rien encore, puisque tant d'honnêtes gens s'en mêlent. Que fait-on contre la conscience? Si l'on vend plus cher, c'est qu'on risque davantage, c'est qu'on est exposé à attendre; c'est que celui qui a de grands besoins doit être plus reconnoissant; c'est qu'on ne fait rien pour rien; c'est qu'il n'est pas défendu de gagner quand on le peut; c'est que le profit n'a point de mesure, comme la reconnoissance n'a point de bornes, c'est qu'on doit être tranquille à l'abri des droits sacrés du commerce & de la propriété. Que si le citoyen ruiné se plaint, on lui répondra qu'il étoit majeur; que c'étoit à lui à savoir ce qu'il faisoit, que la justice ne vient au secours que du pupille, du mineur, du fils de famille, de l'interdit & des personnes en puissance. S'il hésite, s'il doute, qu'il aille à cette loge que dénonça l'auteur de l'ordonnance d'Orléans, l'Hospital, dans sa satyre contre les procès; à cette loge, arsenal de ruses, où l'on apprend l'art de voler; où les coupables vont acheter l'audacieuse scélératesse, & prennent des visages de fer: là ces abominables sophismes seront apprêtés par des gens d'affaires peu délicats, & couronnés par le succès; il n'en faut pas davantage pour accréditer, affermir & propager cette odieuse morale.

Je ne charge point ce tableau: lisez ce que nous avons recueilli sous le mot *Adresse,* *pag.* 133 de ce volume, notamment le *n°.* 22, *pag.* 139, où la Bruyere & Duclos peignent des gens qui regardent ces manœuvres comme une *partie d'échecs,* & si le remords les inquiete, s'en *consolent avec beaucoup d'or.*

Je ne grossis point le mal; & si vous en doutez, observez quelque victime de ce délit, comme il y en a par-tout. La premiere *affaire* une fois conclue & cimentée, vous pouvez calculer la ruine du citoyen: elle est d'autant plus certaine que ces *affaires* se font par gens exercés, entourés, conseillés, protégés, avec des formes exactes qui saisissent la justice, après quoi il n'y a plus rien à dire; c'est une obligation pardevant notaire, & plus souvent une lettre de change à courte échéance, & sur l'aspect de laquelle le juge de commerce se hâte de prononcer. A ce moment critique, le citoyen n'est plus qu'un cadavre entouré de corbeaux: on lui offre de nouveaux secours, moyennant hypoteque, cession, caution, & de plus grands sacrifices: on étaie ainsi quelque temps & on démeuble; mais quand on est arrivé à un certain période, quand on a calculé le capital, les intérêts & les frais, alors on se réunit, on poursuit sans pitié, on fait emprisonner, on met une saisie réelle, on gagne sur tout; & pour dix mille livres, on vient à bout de fondre une fortune de cent mille écus.

Le faiseur d'affaires l'emporte autant sur l'usurier, que celui-ci sur le voleur: c'est le rafinement de la corruption. Quand on en est venu là, & si des gens d'un certain rang se livrent froidement à cet infame trafic, tout est perdu.

Mais que peut la jurisdiction? Ce qu'elle peut! ce que lui prescrit le législateur, & ce qu'elle exécute quelquefois. Veiller, poursuivre, envelopper les faiseurs d'affaires, leurs agens obscurs, leurs conseils coupables & leurs protecteurs infames; renverser ces odieuses fortunes, & prononcer avec sévérité: voilà le devoir, & il est facile à remplir. Croit-on servir merveilleusement l'état & la justice, quand, s'armant d'une loi rigoureuse, on poursuit un vol obscur, un délit solitaire.

Souvent

Souvent ce font quelques oifeaux affamés, qui dérobent quelques grains ; & l'on refpecte le tigre qui ravage la contrée.

Ces procédures ne font pas familieres, & la preuve ne fe préfente pas d'elle-même. Qui l'ignore ? L'hiftoire, la loi, la jurifprudence peignent les *faifeurs d'affaires* comme des gens merveilleufement, adroits & enveloppés : *miras per artes*. Rome femble infectée de ce vice : *græcam urbem* ; & en parlant de ces GRECS, dont la race s'eft perpétuée, Juvenal ajoute qu'ils prennent toute forte de formes : *quemvis hominem fuum attulit ad nos*. Parmi nous, & d'après la connoiffance de ces artifices, l'ordonnance d'Orléans dit : *En quelque forte que l'ufure foit DÉGUISÉE*; & telle a été la bafe des arrêts cités, lors defquels il falloit voir les *faifeurs d'affaires* accufés, l'échafaudage de leurs précautions, le nombre de leurs moyens, fur-tout l'art avec lequel ils fe cachoient fous le voile du commerce, la fauvegarde de la propriété & le danger des conféquences.

L'ordonnance a prévu ces déguifemens, & elle ne les énonce avec foin que pour exprimer qu'ils ne doivent faire aucune impreffion, que leur combinaifon, leur appareil & leur force ne doivent, ni arrêter, ni défarmer la juftice.

Que faut-il pour condamner les faifeurs d'affaires ? L'ame d'Alexandre-Sévere & de l'Hofpital, & la fermeté des magiftrats qui ont rendu les arrêts cités : certes, ni eux, ni les autres parlemens ne défapprouveront pas le juge inférieur qui marchera fur leurs traces. Que faut-il à celui-ci ? L'enfemble des circonftances, & cette conviction intérieure, qui raffure plus le juge délicat ou timide, que cette preuve légale que nous avons examinée au mot *Accufation*, tom. 2, pag. 444.

D'ailleurs, & c'eft une importante confidération ; ces accufations ne frappent jamais l'homme de bien, qui, s'il avoit pu s'égarer, fe hâteroit de s'arranger. Qu'eft-ce que tous ces *faifeurs d'affaires* ? Des gens biens connus à la police, au

palais, dans le commerce & par le peuple. En liant leur délit à l'ufure, la jurifprudence donne un moyen fûr de les convaincre ; c'eft d'informer, comme dans l'ufure fimple, fur tous les faits pareils, en forte qu'un témoin fur chaque fait, & plufieurs ainfi prouvés, forment une preuve légale, complete, & bien plus fûre que celle où l'on voit un homme à l'échafaud, fur la délation de deux témoins qui peuvent être les coupables.

Nous avons infifté fur ce délit, parce qu'il nous a paru gagner la province ; & nous effayons d'encourager fa pourfuite, comme M. Turgot difoit à Limoges : « Des infectes rongent des récoltes, & vous les laiffez pulluler, parce que vous croyez qu'ils reviendront ; pourfuivez-les, détruifez les œufs, vos voifins vous imiteront, & vous détruirez la race. »

Nous paroîtrons peut-être avoir donné trop de développement ; mais nous fupplions de confidérer, que dans nos livres ce délit eft confondu avec l'ufure ; qu'il étoit effentiel de le diftinguer dans le droit, comme il l'eft dans le fait ; & que moins nos prédéceffeurs ont dit fur ces matieres importantes & difficiles, plus nous devons nous étendre : tel eft l'efprit & le plan de notre ouvrage.

Affaires publiques ou communes.

20. Ce mot n'a pas befoin d'être défini ; mais ce qu'il faut répéter, c'eft que de toutes les *affaires*, les *communes* font ordinairement les plus mal faites. S'il n'y a pas une adminiftration montée, perfonne ne régit ; ou tout le monde voulant gouverner, fe croife & s'embarraffe. S'il y a une adminiftration, il faut qu'elle ait un bon régime, du favoir, du zele, de la pureté ; tout ce que nous avons tâché de développer à la fin du *tom. 2*. Avec toutes ces qualités, on dira encore d'après l'édit de janvier 1780 : *Les foins d'une adminiftration collective & changeante ne peuvent jamais égaler l'activité de l'intérêt perfonnel.*

Affaires communes, des paroiſſes & des gens de poëte.

21 Si les ſeigneurs avoient jadis une telle idée du peuple, qu'en affranchiſſant un ſerf, ils déclaroient naïvement lui rendre l'*uſage de la raiſon*, comme nous l'avons dit, page 156 de ce volume; par une conſéquence néceſſaire, ces *vilains* & *manans* n'avoient aucune affaire, ou s'ils imaginoient d'en avoir, s'ils vouloient s'en occuper en commun, s'ils vouloient *raiſonner*, ils devoient en obtenir la permiſſion du ſeigneur, qui ne l'accordoit qu'à condition que les affaires qui ſeroient traitées, ne ſeroient pas contre les droits ſeigneuriaux.

L'*art. 6 du tit. 2 de la Coutume d'Auvergne*, dit : « Les habitans d'aucune juſtice, qui n'ont corps commun ne conſulat, ne ſe peuvent aſſembler pour leurs *affaires communes*, ſans demander licence à leur ſeigneur haut-juſticier, & aux officiers du lieu dont ils ſont ſujets, à peine d'amende, qui doit être arbitrée par le juge, ſuivant l'exigence des cas. »

L'*art. 7.* « La licence par eux requiſe, (en déclarant le cas pour lequel ils veulent s'aſſembler) ſi elle leur eſt refuſée, ſe pourront aſſembler nonobſtant le refus, pourvu que, ſous couleur de ladite aſſemblée, ils ne traitent de choſe qui ne ſoit licite & honnête. »

Ces deux articles n'ont lieu que pour le bas pays d'Auvergne; « car en haut, dit l'*art. 8*, les habitans en icelui peuvent s'aſſembler ſans autorité de juſtice, pour faire les luminiers ou jurés qui ont l'*adminiſtration des affaires communes* des lieux, villages, ou paroiſſes deſdits pays. »

Il ne faut point de commentaire ſur des diſpoſitions qui défendent *en bas*, ce qui eſt permis *en haut*; comme ſi d'ailleurs les habitans des montagnes n'étoient pas plus dangereux dans leurs aſſemblées. Ce ſont ces abſurdités qui, liant l'homme à ſon champ, comme l'animal au ratelier, & ne lui permettant

pas de s'unir pour ſe défendre, ont donné tant de facilité aux ſeigneurs pour fabriquer ces droits ſeigneuriaux, révoltans & divers, que conſerve aujourd'hui la juriſprudence, ſous le voile de la poſſeſſion & de la propriété.

Même diſpoſition dans la coutume du comté de Bourgogne. « *Gens de poëte* ne peuvent, *pour fait de leur communauté*, eux aſſembler, ni paſſer procuration, ſans congé & licence de leur ſeigneur haut-juſticier..... & ſeront tenus leſdits *gens de poëte*, en demandant ledit congé, de déclarer audit ſeigneur les *cauſes*, &c. (*Art. unique du chap. 15.*)

Même diſpoſition dans la coutume du duché de Bourgogne, *tit. 13 des forêts & pâturages, art. 6.* « *Gens de poëte* ne ſe peuvent aſſembler.... ne faire ou paſſer procuration, ſans l'autorité & licence de leur ſeigneur haut-juſticier; &, en ſon refus, & délai, doivent recourir au prince ou à ſes officiers. »

Dans ſes *Traités du droit françois, tom. 1, pag. 94*, Davot, après avoir rapporté ce texte, .& expliqué, avec Ducange, que *poëte, poſte, pote* dérivent de *poteſtas*, rapporte un préjugé.

« ARRÊT rendu au conſeil du roi, le 5 janvier 1670, par lequel les chartreux de Dijon furent maintenus à qualifier leurs juſticiables de Longchamps, *gens de poëte*, ſur les titres que ces religieux repréſenterent. Cependant l'arrêt ordonna qu'il ſuffiroit aux habitans de requérir la permiſſion de s'aſſembler une ſeule fois pour toute l'année. *Le même arrêt leur permit de s'aſſembler, ſans en demander la permiſſion, quand il s'agiroit d'impoſer les deniers royaux, ou de délibérer pour* LES AFFAIRES *que les habitans pourroient avoir contre leurs ſeigneurs.* »

Davot ajoute, 1°. que les habitans, *gens de poëte*, ne ſont pas tenus, d'après cet arrêt, d'informer le ſeigneur de la nature de l'affaire; 2°. qu'ils peuvent s'aſſembler pour les intérêts & le ſervice

du roi ; 3°. que lorſqu'il s'agit de délibérer contre le ſeigneur, on ne doit pas
l'inſtruire en lui demandant permiſſion ;
4°. non plus pour les impoſitions ordonnées par les commiſſaires qui ſont
juges ; 5°. non plus pour le ſervice divin,
& les réparations de l'égliſe ; ce que
Chaſſeneuz, ſur l'*art. 6 du tit. 13 de la
Coutume*, dit avoir vu juger ſouvent contre
la diſpoſition de la coutume ; 6°. non
plus pour les *affaires fixes* qui reviennent
toutes les années, comme la nomination
des échevins & fabriciens, meſſiers,
l'arrêté des comptes, & autres choſes
ſemblables.

« Hors ces cas, continue Davot, ſi
les habitans, *gens de poëte*, avoient fait
une délibération ſans permiſſion du ſeigneur, ils ſeroient condamnés à une
amende envers le ſeigneur, *pour ne pas
rendre ſon droit illuſoire. L'art. 7 du
titre des juſtices, de la Coutume de Nevers*
le décide ainſi. »

Nous demandons pardon de ces citations, & de ces ambiguités coutumieres ;
mais ſi nous pouvions, par leur rapprochement, exciter un cri général ; ſi
dénonçant à la raiſon, à l'humanité &
au bien public ces droits ou ces coutumes diverſes, dont un des moindres
effets eſt d'entraver l'agriculture, de
multiplier les procès, & d'obſtruer la
juriſprudence ; ſi, oſant penſer comme
Dumoulin, nous pouvions écrire auſſi-
bien que lui, & amener une réformation
néceſſaire, nous croirions avoir bien
mérité de la patrie ; & c'eſt dans cet
eſprit que nous diſons :

Le droit de *faire ſes affaires* eſt un
droit naturel ; rien ne peut le ravir : &,
quoiqu'en diſe Davot, tout droit contraire eſt *illuſoire.*

Dès que vous raſſemblez des hommes
en ſociété, ils ont des affaires communes.

Dès qu'ils ont des affaires communes,
il doivent pouvoir les examiner, délibérer & ſe défendre : car ils ne ſe ſont
réunis, que pour veiller enſemble à
l'intérêt commun, pour être plus forts

par la réunion de leurs fortunes & de
leurs lumieres ; pour adminiſtrer leurs
affaires communes, par le corps entier
ou par ſes repréſentans.

Que le ſouverain établiſſe un ordre,
une police, pour prévenir les attroupemens, les ſéditions, pour empêcher ces
communautés de ſe ruiner par des procès injuſtes ; qu'il aille plus loin encore,
comme nous l'avons obſervé ſous le mot
Adminiſtration, n°. 21, tom. 2,
pag. 863 : c'eſt un bienfait.

Mais que des ruines coutumieres &
féodales, il ſorte des entraves miſes par
un ſeigneur ſeul, pour empêcher ſes
habitans *main-mortables, ſerfs, adſcriptices*, ou *poëtes*, de traiter leurs affaires
communes, ſans la permiſſion de celui
dont le droit dérive uniquement de
l'uſurpation de la ſouveraineté & de
l'abus de la juſtice, c'eſt une des plus
grandes fautes de notre juriſprudence :
& l'on ne voit pas, ſans ſurpriſe, des
juriſconſultes, d'ailleurs eſtimables, commenter ainſi lâchement, embarraſſés entre
les coutumes & les diſpoſitions du ſouverain. Après avoir diminué la tyrannie
féodale par le reſſort & les appels, il
doit & paroît s'occuper des moyens de
rendre à l'agriculture, à la propriété &
à la liberté, cette conſtitution naturelle
& primitive, qui eſt la baſe du trône &
de la félicité publique.

Ce ne ſont point là de vaines décla-
mations ; & en voici une preuve éclatante.

Dunod, *dans ſes Obſervations ſur la
coutume du comté de Bourgogne, pag.
71 & 72*, atteſte que « cet article n'eſt
plus en uſage ; … que les habitans peuvent délibérer, … demander ou défendre en juſtice, à l'occaſion de leurs
biens, plus communément contre les
ſeigneurs que contre d'autres ; … que
cet article *ſentoit trop la dureté de la
ſervitude* ; qu'il a déja été jugé, le 2 juin
1592, pour les habitans de Nevers, qu'ils
pouvoient élire leurs meſſiers & foreſtiers,
faire proye à part, viſiter les chemins
entre les quatre croix, & ſtatuer ſur les

réparations d'iceux , fans permiffion de leur feigneur. Et depuis que le fouverain a donné, dans fon domaine, l'exemption de cette obligation , il n'a plus paru d'inconvénient d'autorifer indiftinctement les affemblées des communautés, que notre ancienne ordonnance défend feulement pour fait de ligue entre les habitans d'un même lieu, fous prétexte de conrairie, ou autres, danfes & jeux, &c. »

ARRÊT du confeil d'état, du 13 feptembre 1763 , qui ordonne que « dans chacune des villes, bourgs & *paroiffes* de la généralité de Lyon, où il n'y a ni hôtel de ville ni corps municipal, il fera établi des fyndics particuliers qui feront chargés de l'adminiftration des *affaires des communautés* ; d'affembler les habitans lorfqu'il fera queftion de prendre des délibérations fur ces *affaires*, après en avoir préalablement pris la permiffion de l'intendant & commiffaire départi conformément à l'ufage & aux réglemens ; & généralement de faire *tout ce qui fera néceffaire* pour les intérêts defdites communautés , *dans les affaires qui les concernent.* »

Dans quelque pays de la France que ce foit, fi les communautés fe pourvoient devant les intendans, elles feront appuyées quand leurs affaires feront juftes, & les parlemens ont le même efprit. Il paroît entr'autres , dans les arrêts de réglemens donnés récemment pour l'adminiftration de plufieurs paroiffes , telles que Noify - le - Sec & Bagnolet. Voyez *Adminiftration, Affemblée, Bourg, Communautés, Confuls, Municipalité, Paroiffe* & *Syndic.*

AFFAIRES DU ROI.

22. Les vices de l'*adminiftration* publique, efquiffés fous ce mot, difparoiffent ou diminuent dans les *affaires du roi:* eft-ce qu'il y auroit un meilleur régime ? Seroit-ce le crédit ou le pouvoir? Non; mais il y a plus de profit & d'honneur à s'en mêler. On a, ou l'on prend pour la perfonne du fouverain un fentiment na-

turel dans une monarchie comme la nôtre. Or, ce fentiment, on ne l'a point pour l'état, fa province, fa ville, dans tout pays où l'on ne connoît plus de patrie, où l'honneur de fervir eft une charge; où après le bonheur d'avoir fait le bien public, & une froide & ftérile confidération, que ne peut pas ravir la jaloufie, il ne refte en général que cette ingratitude qui a perfécuté les plus grands hommes.

Cette affertion n'eft point vaine. Comparons au moment où j'écris, les *affaires* du roi avec celles des adminiftrations particulieres. Parmi celles-ci, on en compteroit où le bien eft comme impoffible: dans les autres, voyez quels grands pas on a faits vers l'ordre. Voyez encore celui-ci.

RÉGLEMENT pour l'adminiftration des finances, du 26 février 1783 : « LE ROI *voulant faire goûter à fes peuples les avantages de la paix*, fa majefté a confidéré qu'elle ne pouvoit leur procurer des *foulagemens réels & durables*, que lorfqu'elle connoîtroit le montant des dépenfes, dont la durée de la guerre a retardé le paiement, & qu'elle auroit fixé irrévocablement, avec l'*efprit d'économie* qui l'anime, l'état des dépenfes de tous les départemens & de tous les ordonnateurs du temps de la paix.— Sa majefté a pareillement confidéré , qu'il n'étoit pas moins intéreffant de s'occuper des moyens de fupprimer les *impofitions* qui font le *plus à charge*, de changer la nature & la forme de quelques-unes, de diminuer & de fimplifier les frais de perception. — Et comme fa majefté ne peut donner à fes peuples une plus grande preuve de fon AMOUR, qu'en s'occupant par elle-même de foins auffi importans, elle a réfolu, conformément à l'exemple de Louis XIV, d'appeler auprès d'elle, pendant le temps qui paroîtra convenable, un *comité* compofé du chancelier ou garde des fceaux de France, du chef du confeil royal des finances, & du miniftre des finances, qui fera le rapport des affaires & redigera les réfolutions de fa majefté, dont il tiendra regiftre. *Sa majefté fe propofe de tenir ce comité une fois par femaine, ou plus fouvent s'il eft befoin, &c.* »

Encore quelques années de ce bon regne, & les affaires du roi feront adminiftrées comme celles d'un bon pere de famille. C'eft là leur grand & feul caractere.

AFFAIRES ÉTRANGERES.

(Dr. naturel. Dr. des gens. Dr. public.)

1. On appelle *affaires étrangeres*, les rapports qu'un état a avec les autres états.

Dans tout gouvernement les affaires fe divifent naturellement en intérieures & en étrangeres ; comme dans toute famille les affaires font ou domeftiques, ou extérieures : car une nation n'eft aux autres nations, que ce qu'un individu eft aux citoyens qui l'environnent.

Les affaires intérieures comprennent la religion, la juftice, les mœurs, l'éducation, la police, la finance, l'agriculture, le commerce, les fciences, les arts & les manufactures ; la fûreté, la tranquillité, la propriété, la liberté, la profpérité publique & particuliere. Toutes ces chofes font le réfultat de la puiffance réelle & de l'efprit national, de la légiflation & de l'adminiftration.

Les *affaires étrangeres* comprennent la paix, la guerre, la marine, les alliances, les traités, les négociations, les ambaffades, le commerce extérieur, la furveillance, l'équilibre politique & la juftice univerfelle. C'eft un autre droit, un autre efprit, & un autre faire.

Dans les grands états, l'immenfité des affaires & l'inftabilité des principes, peuvent multiplier les départemens au point qu'ils nuifent au mouvement général par le frottement, l'entrelacement, l'inquiétude, la jaloufie, les prétentions refpectives & les dénominations même. Dans leur formation, leurs rapports & leur marche,

il femble qu'il ne faut jamais perdre de vue cette grande divifion des affaires qui maintient l'ordre général, la puiffance réelle & la félicité publique.

En France le *conseil d'état*, proprement dit, eft le *conseil des affaires étrangeres* ; & le miniftre & fecretaire d'état des *affaires étrangeres* y eft rapporteur né. Le *conseil des dépêches* a pour objet unique les affaires intérieures. Le chef de la juftice, le miniftre des finances & les autres fecretaires d'état y portent chacun les affaires de leurs départemens divers.

De là il réfulte, qu'il fuffit qu'un événement, un intérêt & un procès, particuliers en apparence, aient quelque rapport aux affaires étrangeres, pour qu'on puiffe le porter au *conseil d'état*, ou que le miniftre des affaires étrangeres puiffe en rendre compte au *conseil des dépêches*.

ARRÊT du confeil, du 12 novembre 1772, qui fupprime le livre intitulé : *Lettres provinciales, ou examen impartial de l'origine, de la conftitution & des révolutions de la monarchie françoife. A Paris, chez Merlin.* Ceux qui fe rappellent les circonftances & quel étoit l'appui fecret de ce monftrueux ouvrage, favent pourquoi l'affaire ne fut pas portée au confeil des dépêches.

ARRÊT du confeil, du 27 avril 1782, qui caffe & déclare nul tout ce qui a été fait en France entre le fieur Beresfort, la dame & la demoifelle Hamilton, *anglois ; fauf* à eux, fur la validité ou invalidité de leur mariage & leurs droits refpectifs, *à fe pourvoir, ainfi qu'ils aviferont devant leurs juges naturels. Mettant, fa majefté, ladite dame & ladite demoifelle Hamilton, & ledit fieur Beresfort, fous fa fauve-garde tant qu'ils feront dans fes états.... Voyez Accufation, n°. 34, tom. 2, pag. 302,* & ci-après le mot *Mariage,* fous lequel nous énoncerons cette affaire, ainfi que les motifs qui paroiffent avoir déterminé le confeil à ne pas laiffer porter en France, la queftion & le jugement de la validité ou invalidité du mariage fait en

Angleterre de deux Anglois domiciliés en Angleterre.

Dans tout ceci nous écrivons pour les étrangers, pour les jeunes gens sur-tout qui entrent dans la carriere des affaires publiques, & nous essayons d'applanir leur route.

Peuples anciens.

2. Long-temps on a voulu gouverner les peuples modernes, avec Aristote, Platon, Thucydide, Xénophon, Isocrate, Tite-Live, Tacite & Salluste. L'antiquité inspire une vénération presque religieuse, augmentée par le respect dû au génie de ces grands écrivains. L'éloquence y a puisé de grands traits, & j'entends encore dans la chambre des communes M. Burke, pour toute réponse à ses adversaires, opposer le fameux *deleatur Carthago*. Mais pour les affaires étrangeres le globe entier est un monde nouveau. L'esprit humain a tant acquis, & tout a si fort changé, que la politique doit avoir une autre marche & d'autres bases.

Anciennement les peuples ne se connoissoient que par la guerre, le brigandage, les transfuges & les fables; & Orphée rapportant de l'Egypte l'initiation de la science, fut un Dieu pour la Grece.

Cet état de séparation absolue des peuples que vous retrouvez en Afrique a duré long-temps chez les modernes. Quels rapports les nations auroient-elles eues? les provinces même en avoient si peu! Sur la fin du dixieme siecle « un abbé de Cluny, invité par Bouchard, comte de Paris, d'amener des religieux à St. Maurdes-Fossés, s'excuse de faire un si long voyage *dans un pays ÉTRANGER & INCONNU.* » (*Ab. chr. du P. Henaut, ann. 992.*)

Le quinzieme siecle a changé l'état, & par conséquent la politique du globe entier par l'imprimerie, les postes, l'artillerie, la boussole, le passage aux Indes sur l'océan, & la découverte de l'Amé-

rique. Il y a plus de rapports entre Paris & Pondichery, qu'il n'y en eut entre Rome & Memphis. L'univers politique se soutient en se balançant, comme on prétend que dans l'équilibre du globe, les Cordelieres en Amérique sont le contrepoids des Alpes en Europe.

Influence respective des affaires étrangeres & intérieures.

3. Après la mort de Charlemagne sa puissance colossale s'écroula par la foiblesse de ses enfans, les folies du clergé, la féodalité, les coutumes & la noblesse légale. Comment Louis le Débonnaire auroit il conservé ce vaste empire, lorsque le *champ du mensonge* vit le roi de France, le successeur des Césars, jugé par des prêtres, dégradé, renfermé, revêtu d'un sac & d'un cilice par le pape Gregoire IV?

Aujourd'hui ces événemens ne sont plus redoutables, mais l'influence des affaires intérieures n'est pas moins forte sur les affaires étrangeres, parce que les puissances plus éclairées & plus actives se pesent, se toisent, s'évaluent sans cesse & mesurent le crédit sur l'opinion.

Si les finances sont dérangées, si l'agriculture est négligée, si le commerce languit dans les entraves, si la législation ou la jurisdiction inspirent le mépris ou la crainte, si la nation entiere croupit dans une profonde ignorance; vous pouvez avoir de vastes possessions; votre empire perdra son crédit chez l'étranger, & cette opinion amenera tôt où tard sa ruine.

Mais encore, si l'état prospere au dedans, ce bien-être ne sera ni réel ni solide, lorsqu'il ne sera pas assuré par ses rapports extérieurs. Qu'importe que Rome conquiere Veïes & Faléries, si les Gaulois arrivent sans qu'on s'en doute, saccagent la ville, & ne sont repoussés du capitole, que parce qu'on est éveillé par les oyes de Junon? Qu'importe que par vos négociations vous ayiez ménagé des neutralités, des alliances &, pour ainsi dire, isolé & cerné l'ennemi, si la guerre vous donne de mauvais généraux; si la finance ne suffit pas aux troupes & aux subsides; & si enfin après une combinaison admirable vous vous trouvez réduit à traiter par épuisement? Qu'importe que vous ayiez un sol fertile, des denrées surabondantes, des manufactures & une marine, si, par des prohibitions absolues, ou par des droits exorbitans, les débouchés se ferment de toutes parts? Qu'importe que vous fassiez des loix, si elles contrarient les progrès de l'esprit humain, l'opinion universelle, les mœurs générales; si par le défaut de justice, d'ordre & de sûreté on craint de traiter avec vous & de vous aborder? Dans les efforts de la curiosité, de l'inquiétude & de l'avidité humaine, depuis le seizieme siecle, l'ambition, la politique & le commerce pénetrent partout, voient tout, & tiennent à tout.

De cette influence réciproque, il semble résulter que le souverain peut ne pas admettre dans son conseil d'état tous les administrateurs des divers départemens de l'intérieur; mais que le ministre des *affaires étrangeres* doit être par-tout. C'est à lui de veiller sans cesse, & sur-tout de prononcer l'opinion des étrangers; car en général on se flatte, on est flatté, & l'on s'endort dans ses préjugés. L'opinion de la cour & de la capitale rappelle la pensée de Benoît XIV, tandis que l'on ne lui rendoit pas justice à Rome, un Anglois lui vantoit sa haute considération chez l'étranger: c'est comme cette bougie, dit le pape, les ténebres sont au pied, & la lumiere se porte au loin.

Esprit de l'administration des affaires étrangeres.

4. Dans l'intérieur tout se regle par le droit civil tel quel, & malheur au pays où il est destructeur. Bonnes ou mauvaises, les loix doivent être exécutées jusqu'à ce qu'elles soient abrogées. Ainsi, jusqu'à Louis XVI, la question préparatoire a outragé la nature, déshonoré la raison, flétri la justice & égorgé l'inno-

cence. Le magistrat a jugé d'après la jurisprudence, le servile commentateur a applaudi, & le peuple a baissé la tête.

Tout se fait donc dans l'intérieur par la loi qui a statué, ou par le prince qui ordonne; par le magistrat qui prononce, ou par l'administrateur qui exécute. Tout va & se soutient, sinon par la bonté des ressorts, du moins par l'habitude & l'ensemble.

Il n'en est pas de même des *affaires étrangeres*, il faut pressentir, prévenir, détourner, préparer, obtenir la confiance, convaincre & déterminer. C'est le grand art des négociations. Là, il n'est question ni de loi, ni de force; & l'on n'a droit de montrer que la raison, la justice & la convenance.

Jamais un ministre des *affaires étrangeres* n'a manié plus habilement ces trois grands ressorts, que celui qui a dit à l'Europe assoupie: « La mer est libre par le droit naturel, & depuis un siecle une puissance veut y régner seule. Louis XVI va briser ce sceptre de fer, & c'est pour vous qu'il combattra, tandis que vous serez neutres; que risquez vous? Qu'il ne rétablisse pour lui-même le tronc qu'il aura détruit? Alors vous vous unirez contre lui. » Ce raisonnement fondé sur la justice a persuadé; & quand le grand objet de la guerre a été accompli, il a offert une paix généreuse, sans abuser de la victoire, sans se départir de ses principes.

La guerre a ses événemens, ses fautes même. C'est le cabinet qui fait tout. Et l'histoire, plus libre que nous, dira ce que la France, l'Amérique & l'Europe entiere, doivent au génie, au zele & à la sagesse de *M. le comte de VERGENNES*.

Formes de l'administration des affaires étrangeres.

5. De cette différence dans les ressorts de l'administration naît un point de droit universel, qui ne doit échapper ni au publiciste, ni même au jurisconsulte, puisqu'il tient à la législation & aux formes.

Par-tout & dans tous les temps, la

paix, la guerre, les traités, les alliances & tout ce qui en dépend, ont été, sont & seront l'ouvrage des souverains seuls. Tout se signe par eux & par le ministre des *affaires étrangeres*, ou par les personnes accréditées à cet effet; sauf les ratifications & les échanges ordinaires. Tout se traite dans le secret des cabinets, & se conclut dans l'intimité; comme dans les affaires ordinaires de la vie, les peres de famille négocient, écrivent, poursuivent ou transigent. Cet état ramene la souveraité à son origine. Sa volonté paternelle suffit, & l'exécution n'a besoin, ni du consentement des peuples, ni de la sanction des tribunaux.

Or, dans l'agitation des esprits & dans la constitution politique des peuples, c'est une chose très-remarquable, que tandis que ces actes de la puissance extérieure, les plus importans, à tous égards, dépendent, par-tout & de tout temps, de la seule volonté du souverain, on mette tant de précautions & de formes à constater, vérifier, enrégistrer, publier & exécuter cette même volonté dans les affaires intérieures.

Ce droit de la souveraineté dans les *affaires étrangeres* résulte de son état essentiel & primitif, de la nécessité du secret, de l'impossibilité de traiter avec le peuple ou ses représentans, & encore moins avec les tribunaux épars.

Ce droit universel est salutaire, & si l'on veut s'en convaincre, il suffit de jeter les yeux sur l'état affreux du Royaume durant la prison du roi Jean, les factions du regne de Charles VI & la ligue.

Nous pourrions, à l'exemple de Grotius & Puffendorf, entasser ici autorités sur autorités; nous aurons tout dit, quand nous aurons rapporté le droit public de l'Angleterre elle-même, d'après Blackstone, *liv. 1, chap. 7, n°. 2 & 3.*

Il est, dit-il, de l'essence de la prérogative royale de pouvoir faire des traités, des ligues & des alliances avec des états & des princes étrangers. « *It is also the king's prerogative to make treaties, lea-*

gues, and alliances, With foreign states and princes.... » Par une suite du même principe, le roi a SEUL le droit de faire la paix ou la guerre. « *Upon the same principle the king has also the* SOLE *prerogative of making war and peace.* »

Mais, ajoute Blackstone, afin que la plénitude de ce pouvoir ne nuise pas à l'intérêt public, la constitution emploie un moyen qui prévient l'abus *sans restraindre le pouvoir du roi*. Ce moyen consiste à admettre l'accusation contre les ministres au sujet des traités faits par le roi. Le parlement peut les punir, quand ces traités, conclus par DES MOTIFS CRIMINELS, sont jugés contraires à l'honneur & à l'intérêt de la nation. *Lest this plenitude of authority should be abused to the detriment of the public, the constitution hath here interposed a check, by the means of parliamentary impeachment, for the punishment of such ministers as from criminal motives advise or conclude any treaty, which shall afterwards be judged to derogate from the honour an interest of the nation.* (Blackstone, *book, 1, chap. 7, n°. 2.*)

Qu'est-ce que ce moyen obscur, détourné, & quel en peut-être l'effet?

Pour le justifier, Blackstone ajoute, il est vrai, que la jurisprudence exige des *motifs criminels;* expression qui retombe dans le funeste arbitraire.

Mais de deux choses l'une : ou le roi a connu ces motifs, ou il les a ignorés. S'il les a connus, il les a légitimés; car il est la tête qui ordonne : s'il les a ignorés, il faut qu'il fasse accuser le ministre perfide par son procureur-général, & qu'il le livre au parlement pour être jugé comme coupable de haute trahison.

De plus, comment concilier cette jurisprudence avec l'*opposition* parlementaire, dont l'établissement, l'office, les agitations, les motions & les efforts éclatans ne tendent qu'à surveiller secretement & censurer publiquement l'administration?

Si cette *opposition* est éclairée & vertueuse tout ira bien encore; car avec ces
deux

deux qualités, le bien se voit & se fait indépendamment des loix & des peines. Le code de l'homme juste est dans son cœur.

Mais il peut arriver un jour que Londres se corrompe comme Rome, par l'égoïsme, le luxe & le commerce ; & que Ciceron ne soit plus regardé que comme un déclamateur, & Caton comme un censeur ridicule. Alors l'*opposition* n'aura & ne montrera de patriotisme qu'autant qu'il en faut pour cacher l'ambition & se faire illusion à soi-même. Alors l'opposition ne se formera notoirement que pour s'emparer de l'administration : & elle marchera droit à son but par toutes sortes de chemins. Que si le ministre régnant tient tête à l'orage, se reposant sur sa conscience & sur la faveur royale, il sera menacé d'une *enquête* générale sur ses opérations; examen auquel il est difficile d'échapper: que s'il s'y expose, qui lui répondra que pour le perdre aucun membre de l'opposition n'emploiera ces moyens, dont l'homme isolé rougiroit, & que se permettent plusieurs hommes réunis, sous le voile de l'intérêt public, d'après les maximes odieuses que nous avons recueillies au mot *Adresse*, n°. *8, 9 & 10* ? Alors l'administration ne pourra plus marcher qu'en intriguant, en soudoyant, & en achetant la *majorité*. Et au milieu de cette constitution, de cette jurisprudence, de ces résultats, que sera le souverain ? Que deviendra la patrie ? Alors.... Les plus beaux systêmes ne font donc rien sans la vertu.

Étude des affaires étrangères.

6. Plus l'administration des affaires étrangeres influe sur la puissance des états & sur la félicité des peuples, plus il est essentiel que ceux qui y sont appellés aient une parfaite connoissance du droit naturel, du droit des gens, du droit public de l'Europe, de l'état actuel des puissances & de leurs intérêts respectifs, du caractere & des mœurs de chaque nation,

Tome III.

de la composition des cabinets & de l'esprit des cours.

D'après cette idée, quelques nations ont établi des écoles, une marche suivie & des filieres, si je puis m'exprimer ainsi. On commence par travailler dans les bureaux ou chancelleries. On devient secretaire d'ambassade de son égal, de son frere, de son pere, comme nous en avons vu à Paris & à la Haye. On arrive aux premieres places par son génie & ses services. Alors quand il s'agit de représenter, de rédiger, de discuter, on inspire plus de confiance, on persuade plus aisément. On a bien de l'avantage sur le ministre, qui n'apporteroit avec lui que de l'amabilité, de la légéreté, de l'esprit, les intrigues de sa cour, & un faiseur qui, toujours caché derriere la coulisse, ne peut ni intéresser, ni donner de mouvement à la scene, comme s'il étoit en rôle.

Réflexion.

7. On n'est point étonné du dégoût qu'inspirent les études nécessaires à l'administration des affaires étrangeres, quand on lit certains publicistes, tels que ceux dont nous avons extrait quelques maximes au mot *Adresse*, n°. *8, pag. 135 & 136* ; & nous n'en exceptons pas, sur bien des choses, Grotius & Puffendorff, se traînant après des faits tirés des siecles d'ignorance & de barbarie. Nous osons parler ainsi, quoiqu'on les cite toutes les fois qu'on peut s'accommoder de leur opinion.

Heureusement les progrès de l'humanité, de la philosophie & de l'esprit humain en général ont amené de grands changemens dans les principes du droit public de l'Europe. Nous les devons à Montesquieu. Nous devons encore beaucoup à M. l'abbé de Mably : & pour s'en convaincre, il suffit de lire ses entretiens de Phocion, ses principes des négociations, & son droit public de l'Europe.

Dans le *tome 1* de ce dernier ouvrage,

pag. 443, il se trouve un fait remarquable. « Ce qui, dit-il, doit paroître une espece de prodige, *la Porte,* dans la guerre de 1741 ÷ invita elle-même les princes chrétiens à se réconcilier, & leur offrit sa médiation. La lettre que le grand visir écrivit à ce sujet aux différentes puissances de l'Europe, mérite d'être connue. On y voit une doctrine bien différente de celle que le fanatisme, l'ambition & le mépris pour les chrétiens inspiroient autrefois aux sultans. *SELON LE GRAND VISIR,* « *il y a une société générale entre les hommes; les états ne font que les membres divers du même corps, & la guerre est un remede auquel il ne faut avoir recours qu'à la derniere extrémité, & qu'on ne doit employer que pour rétablir l'harmonie entre les parties de la société. La paix est la source de toute félicité; elle est agréable à Dieu, utile aux hommes; & après la vie éternelle, doit être l'objet & la fin que se proposent les princes qui aiment la justice.* »

Et nous avons appellé chimere, le projet formé par notre bon & grand Henri IV, d'une diete européenne & d'une paix perpétuelle! Et nous avons dédaigné les questions faites par le chancelier d'Aguesseau, dans son institution au droit public sur la légitimité de la guerre, les moyens de la prévenir, & de maintenir la paix! (*Tom. 1, pag. 552.)*

Ainsi, par-tout & dans tous les temps, cette attrayante idée d'union & de paix est venue à des hommes puissans, éclairés & vertueux. Si jamais elle peut se réaliser, c'est dans ces jours de bienfaisance & de lumiere. Déja la gloire des souverains en changeant d'objet, s'est fixée à l'administration intérieure & au bonheur des peuples; déja les guerres sont plus rares & plus humaines, si l'on ose parler ainsi. Déja l'affaire d'Asgill, que nous avons citée, *pag. 135 de ce volume,* prouve que la terrible loi des représailles est tempérée. La paix qui a suivi est un ouvrage de raison & de justice.

S'arrêtera-t-on là? & seroit-il impossible de rédiger un code du droit public de l'Europe, dans lequel, en écartant le fait, on se borneroit à fixer irrévocablement les principes généraux du droit des gens, tels qu'ils conviennent aux progrès de l'esprit humain & à la félicité publique? Cet ouvrage simple & abrégé, est digne des souverains que l'Europe a le bonheur de voir assis sur ses trônes; & celui qui le proposera sera plus grand que ces fameux conquérans de l'antiquité, que l'on ose appeler d'illustres brigands. Voyez *Adresse, Affamer, Ambassadeur, Conseiller, Droit naturel, Droit des gens, Droit public, Guerre, Ministre, Négociation, Paix, Siege, Traité, &c.*

A F F A L E R.

(*Marine.*)

Ce terme a différentes acceptions, tant à l'actif qu'au passif: dans ce dernier sens, *être affalé* se dit d'un vaisseau, qui par une mauvaise manœuvre, ou par le calme & les courans, a été porté à la côte. « Des vaisseaux *affalés,* a dit M. le chevalier de la Coudraye, ont quelquefois été forcés de se jeter à la côte, choisissant un endroit commode, d'où l'équipage peut gagner la terre. *On sent bien qu'un parti pareil ne peut être autorisé que par l'impossibilité totale de se relever, & la certitude de périr corps & biens si l'on s'échouoit dans tout autre instant.* » (Dict. Encyclop.)

Dans tous les cas funestes, les capitaines des navires doivent prendre l'avis des principaux officiers & des matelots; c'est la disposition de l'art. 26 du tit. 1 *du liv.* 2 de l'ordonnance du mois d'août 1681 : « Leur faisons défenses d'abandonner leur bâtiment pendant le voyage, *pour quelque danger que ce soit,* sans l'avis des principaux officiers & matelots, &c. »

Cette loi pourvoit bien aux devoirs du capitaine dans le cas d'un *danger imminent*; mais n'y en a-t-il point qui pourvoie à l'oubli qu'il a pu faire de ses devoirs, en s'exposant au danger ? Nous n'en trouvons point.

On voit bien, dans l'*art. 18 du tit. 3 du liv. 4*, qu'on a songé aux lamaneurs, *qui, par ignorance, auront fait échouer un bâtiment*, & qu'ils doivent être condamnés au fouet, & privés pour jamais du pilotage ; mais on ne trouve rien au sujet du capitaine, qui, par ignorance, ou par insouciance, a négligé de veiller sur les manœuvres, de les diriger, de prévenir par ses soins & son intelligence, les dangers auxquels on est exposé à tout moment sans cette précaution.

Bien plus, Valin, dans son *Commentaire, tom. 2, pag. 507*, observe à l'égard des lamaneurs, « que quoiqu'il ne se passe point d'année que quelques navires ne périssent par leur faute, on ne voit point qu'il en soit fait d'exemple ; & cela, faute de dénontiation par une charité mal entendue. Il ne se peut rien de plus contraire au bien public : ce qui en résulte, le voici. 1°. Les maladroits & les étourdis, continuent leurs fonctions sans travailler à se corriger, & font périr d'autres navires. On assure qu'il en est un de la côte de Bretagne qui en a fait périr jusqu'à trois. 2°. Le défaut de punition, donnant une sorte d'assurance que les fautes ne seront point recherchées, peu de pilotes s'appliquent à se perfectionner dans leur art ; & ce qui est pire encore, ils *négligent* d'apporter l'attention requise à éviter *les dangers*, en multipliant & variant les manœuvres suivant les circonstances, &c. »

Les Grecs & les Romains ne se dirigeoient pas avec cette indifférence, soit dans la rédaction de leurs loix, soit dans leur exécution.

Une ancienne loi grecque, tirée d'Æschine, détermine qu'un pilote qui a fait périr un vaisseau, ne peut plus être reçu

à en conduire, afin de ne pas compromettre la vie des citoyens : *Si quis eorum imprudens trajiciendo navem deprimat, ei non liceat deinceps trajicere, ut nemo deinceps Græcorum corpora temerè demergat.* (Pardulphus Prateius *in jurisprudentiâ vetere, L. 53, pag. 123 & 124, edit. Gryphii, 1559, in-8°.* & pag. 422, tom. 4, *Thesauri* Ottoniani.)

Les Romains décidèrent que celui qui se comportoit mal dans l'exercice d'un emploi quelconque, devoit en être privé sans espérance d'y rentrer : *Si aliquid à susceptore vel à tabulario fraude admissum esse possessor deprehendat, nemo eorum semel de interversione convictus, id rursùs officium gerat in quo ante decoxit. L. 12, C. de suscept. præp. & arcariis.* Voyez ci-dessus *Abordage*, & ci-après *Capitaine, Danger, Impéritie, Lamaneur, Navigation, Négligence, Quasi-délit, Vaisseau, &c.*

A F F A M E R.

(*Dr. natur. Dr. de la guerre. Dr. marit. Dr. crim. Police.*)

1. « C'est ôter, retrancher les vivres, causer la famine ; *affamer une ville, une place, une province, tout un pays.* » (*Dict. de l'acad.*)

De toutes les souffrances qui assiègent l'homme, la plus avilissante, la plus épouvantable, c'est l'extrémité de la faim. Eût-il sur sa tête la couronne des Césars, & à ses pieds l'or du monde, sa raison disparoit, son corps s'affaisse, ses membres se tordent, sa bouche est béante, ses yeux s'égarent, & il ne lui reste pas même de substance pour les larmes. Comme le plus vil des animaux, il ronge ce qui le touche ; comme le plus féroce, il mange jusqu'à ses enfans ; comme les monstres, il se dévore lui-même.

L'humanité, la religion, la justice, demandent, si, pour parvenir à leurs fins, quelles qu'elles soient, des hommes peuvent se permettre de réduire d'autres hommes à cette horrible extrémité. Cette question, traitée si froidement & si légèrement par la plupart des publicistes & des jurisconsultes, appartient à un ouvrage où l'on se fait gloire d'aborder les lieux escarpés & solitaires : & cet examen ne sera point déplacé en ces jours heureux, où l'humanité commence enfin à imposer silence à tant de loix amoncelées sur nos têtes par la barbarie & l'ignorance.

DROIT NATUREL.

2. En peignant ainsi l'homme réduit à l'extrémité de la faim, nous n'avons point exagéré, & l'histoire offre mille traits plus horribles.

Ouvrez la bible : Samarie est affamée. Deux femmes se présentent au roi : Nous sommes convenues, dit l'une, que nous mangerions successivement nos enfans. Le sort est tombé sur le mien que nous avons dévoré, & aujourd'hui elle cache le sien. Affreux contrat, procès abominable ! Le roi déchire ses vêtemens, refuse de prononcer & fuit : *Quod cùm audisset rex, scidit vestimenta sua & transibat per murum.* (Reg. IV, cap. 6, v. 26 & sequent.)

Jérusalem essuie le même fléau ; & une mere, arrivée au délire de la faim, adresse à son enfant ce discours que notre langue exprime mal : « Mon fils, mon cher fils, environnés par le vol, l'incendie, le désespoir & la faim, qu'allonsnous devenir ? Si je meurs la première, qui se chargera de toi, & que feras-tu de ce dernier souffle de vie ? Mais que dis-je, & comment hésiter ? Restes mourans de mon fils, avant de vous dissoudre, servez encore à appaiser mon horrible faim. Ah ! sans doute, oh ! mon fils, tu dois rendre à ta mere la vie que tu reçus d'elle ; retourne d'où tu ès venu, & que mon sein te serve de tombeau ; j'y contiendrai, j'y embrasserai ce que j'avois de plus cher. Elle dit, & détournant la tête, elle égorge son enfant, le fait rôtir, le coupe en morceaux ; & maudissant la vie, le dévore tout saignant encore : »

Quid, inquit, faciam tibi parvule ? Quid faciam ? Sæva ecce circumstant mala, fames, incendia, latrones, ruinæ. Cui credam te moritura ? An vitæ tantillùm relinquam ? Sed potes, ô fili ! & sic matrem pascere idoneæ ad cibum manus tuæ. O ! suavia mihi viscera ! O ! artus perjucundi ! age priusquàm fame in ultimam solvamini tabem ; reddite matri quod accepistis. Age, ô fili, intimum naturæ secretum repete ; undè vitales auras carpere orsus es, indè & tumulus paretur tibi. Complectar ipsa quæ genui & exosculabor pressiùs. Hæc verò cùm enuntiasset flebiliter, mox aversa gladium impegit, ac in frusta consectum igni percoxit, indeque hiantes explevit ventris latratus. (Rhodiginus *ex Egesippo, lectionum antiqu. lib. 13, cap. 24, pag. 699.*)

Voltaire peint de même une mere dans le siege de Paris.

> *Cher & malheureux fils, que mes flancs ont porté,*
> *Dit-elle, c'est en vain que tu reçus la vie ;*
> *Les tyrans ou la faim l'auraient bientôt ravie ;*
> *Et pourquoi vivrais-tu ? Pour aller dans Paris,*
> *Errant & malheureux, pleurer sur ses débris ?*
> *Meurs avant de sentir mes maux & ta misere ;*
> *Rends-moi le jour, le sang que t'a donné ta mere ;*
> *Que mon sein malheureux te serve de tombeau,*
> *Et que Paris du moins voie un crime nouveau !*
> *En achevant ces mots, furieuse, égarée,*
> *Dans les flancs de son fils sa main désespérée,*
> *Enfonce en frémissant le parricide acier ;*
> *Porte le corps sanglant auprès de son foyer,*
> *Et d'un bras que poussoit la faim impitoyable,*
> *Prépare avidement ce repas effroyable.*
>
> Henriade, ch. 10, vers 296.

Est-ce la nature qui réduit les hommes à cette affreuse extrémité, & leur permet-elle ces épouvantables excès ? Ah ! jamais elle ne les réduit à l'outrager, à la faire rougir, à verser sur eux des larmes de sang. Ces affreuses positions sont l'ouvrage de l'erreur & des passions.

DROIT DE LA GUERRE.

3. Ce qu'il y a de plus affreux, ce n'est pas de se peindre cette horrible situation, parce qu'on ne peut pas s'en faire une idée exacte, & que dormant

dans l'abondance, on ne craint pas d'y être exposé : c'est d'imaginer que le pouvoir de réduire par la faim est consacré par une longue tradition, par ce droit des gens & ce droit de la guerre, qui ne sont écrits nulle part, & par le langage presque unanime des publicistes.

Ouvrez Frontin, dans ses *Stratagêmes de guerre;* Suidas, dans son *Dictionnaire grec,* au mot Εὐπορία. Strabon, *liv. 10;* Vegece, *liv. 4, chap. 1, n°. 7,* & Grotius, *liv. 3,* ils vous diront que quand on a investi une place, on peut détourner les eaux, couper tous les vivres; que c'est la façon de fatiguer les assiégés *à son aise* & sans rien risquer. Ils vous diront, & c'est une des contradictions de l'esprit humain, que le droit des gens, qui défend de faire mourir par une mort prompte, en empoisonnant les sources, permet d'assurer la plus affreuse des morts par la *faim.* Ils vous diront, que l'on peut chasser les vieillards, les femmes, les enfans; parce que, dans la nécessité du choix, il vaut mieux encore les laisser mettre à mort par les ennemis que par leurs concitoyens; & si St. Ambroise, dans son *troisieme livre des Offices,* réclame en faveur de ces malheureuses victimes, il est peut-être seul. Ils vous diront enfin, que tout cela est fondé sur ce grand principe : que si le droit de la guerre permet d'égorger, à plus forte raison d'*affamer;* qu'on doit regarder comme licite & juste tout ce que prescrivent l'avantage public, le besoin, la nécessité & la fatalité des circonstances.

Qu'est-ce donc que l'état social, si ne pouvant pas se soutenir par les regles de la justice universelle, il est forcé de recourir à ces moyens extrêmes, qui font rougir la nature & douter si l'on est homme? Et à quoi servent-ils encore, ces affreux moyens? Les maux que vous faites au Nord, on vous les rend au Midi; ce qui vous réussit aujourd'hui, sera tourné demain contre vous; & ainsi, les peuples seront éternellement les victimes de l'ambition de ceux qui réduisent la

gloire, l'honneur & la noblesse au droit affreux d'égorger ses semblables, ou de réduire des villes, des provinces, des peuples entiers à cet état horrible qui fait frémir la nature, la dégrade, & est au-dessus de ses forces. Ah! sans doute, vous aimez mieux entendre le connétable Duguesclin. « En disant adieu aux vieux capitaines qui l'avoient suivi pendant quarante ans, il les pria de ne pas oublier ce qu'il leur avoit dit mille fois : *Qu'en quelque pays qu'ils fissent la guerre, les gens d'église, les femmes, les enfans & le pauvre peuple n'étoient point leurs ennemis.* » (Ab. Chron. du P. Henaut, ann. 1380.)

Vous aimez mieux entendre Henri IV parlant ainsi :

Que Mayenne à son gré s'immole ces victimes;
Qu'il impute, s'il veut des désastres si grands
A la NÉCESSITÉ, *l'excuse des tyrans :*
De mes sujets séduits qu'il comble la misere;
Il en est l'ennemi, j'en veux être le pere.
Je le suis, C'EST A MOI DE NOURRIR MES ENFANS. . . .
Et si trop de pitié me coûte mon empire,
Que du moins sur ma tombe un jour on puisse lire :
» *Henri de ses sujets ennemi généreux,*
» *Aima mieux les sauver que de régner sur eux.*

Henriade, ch. 10, vers 342.

Ce trait, qui valut à Henri le cœur de ses sujets & l'admiration de l'Europe, s'est perdu à travers cent cinquante ans d'erreurs, de guerres, de dévastation & de fausse gloire. Mais l'humanité a enfin repris le dessus : & si l'on conserve encore quelques-uns de ces moyens extrêmes, du moins on rejette ceux qu'invente l'art affreux d'égorger ses semblables.

Aimons à le consigner ici : Dupré, dauphinois, présente un feu si dévorant & si rapide, qu'on ne pouvoit ni l'éviter, ni l'éteindre, & que l'eau lui donnoit une nouvelle activité. L'épreuve faite devant la cour, fait frémir nos artilleurs. C'étoit fait des ennemis qui pressoient de toutes parts, & ce moyen n'étoit pas plus cruel que tant d'autres. Louis XV s'empara du secret, refusa de l'employer,

& l'auteur l'a emporté avec lui au tombeau.

Vers ce temps, Montesquieu écrivoit : « Nous devons au christianisme, & dans le gouvernement, un certain droit politique ; & dans la guerre, *un certain droit des gens*, que la nature ne sauroit assez reconnoître. . . . . Il faut rendre hommage à nos temps modernes, à la raison présente, à la religion d'aujourd'hui, à notre philosophie & à nos mœurs ? » (*Esp. des Loix, liv. 24, chap. 3, liv. 10, chap. 3.*)

Oui, le droit public de l'Europe n'est plus ce droit des gens, recueilli par Grotius, Puffendorff, Hobbes & leurs pareils, d'après les siecles de l'ignorance & de la barbarie, comme si les exemples du crime pouvoient former un code destructeur de l'humanité, de la raison & de la justice.

Que si vous en doutiez, voyez les dernieres guerres, & lisez la lettre écrite le 29 juillet 1782, par M. le comte de VERGENNES au général WASINGTON, au sujet du jeune Asquill, dont nous avons parlé, *pag. 135 de ce Volume.* Voyez-y comment le ROI & la REINE ont été affectés, émus, & se sont intéressés au sort de cette malheureuse victime du droit de représailles ; voyez comment, en admettant des cas où l'humanité elle-même exige la plus extrême rigueur, M. de Vergennes ajoute : « En cherchant à soustraire M. Asgill à la destinée dont il est menacé, je suis bien éloigné de vous engager à chercher une autre victime. *Le pardon, pour être parfaitement satisfaisant, doit être entier. Je n'imagine pas qu'il puisse y avoir AUCUNE MAUVAISE CONSÉQUENCE.* » C'est ainsi que le ministre d'un roi sensible & vertueux, a su amener à une grace, que desiroient accorder ces Américains, qui ne doivent entrer en lice avec les Européens que pour donner des exemples d'humanité, de raison & de justice.

Quand on temporise ainsi avec les loix cruelles, elles tombent bientôt en désuétude.

Quand les peuples raisonnent & s'instruisent, la lumiere se propage, & il s'éleve un cri général en faveur de l'humanité & de la justice. Tel a été celui en faveur du jeune Asgill. Et tant qu'il y aura de bons princes, & de vertueux ministres, il est permis d'espérer que le droit public changera avec les mœurs, & que nos enfans seront plus heureux que ne furent nos peres.

Que permet la faim extrême ?

4. En Afrique, les Dahomais, les Jaggas & les Mandingos entretiennent des boucheries de chair humaine ; & c'est le dernier cran de la barbarie. Ces mœurs sont si révoltantes, qu'à leur approche, les autres noirs reculent d'effroi & prennent la fuite. Voyez *Antropophage.*

Par où cette dégradation de l'humanité peut-elle arriver jusqu'à des hommes civilisés ?

Dans son voyage de la *Nouvelle-France, liv. 1, pag. 59*, Lescarbot écrit : « Enfin, au dernier désespoir, quelques-uns proposerent qu'il étoit plus expédient qu'un seul mourût, que tant de gens périssent ; suivant quoi ils arrêterent que l'un mourroit pour sustanter les autres. Ce qui fut exécuté en la personne de *Lachere, ... la chair duquel fut départie également entre eux tous ; chose si horrible à reciter, que la plume m'en tombe des mains.* »

J'ai lu cent traits pareils : on les justifie par la nécessité ; en sorte que là, elle légitime les moyens affreux de conquérir en *affamant*, & ici, pour subsister, le droit d'égorger & de manger son semblable.

Ainsi, par-tout on rencontre ce mot *nécessité* dans notre droit naturel & notre droit des gens ; comme celui de loi & d'autorité dans le droit public, & celui de propriété dans le droit féodal & le droit privé. Et, ... Il faut se

taire. Qu'il foit feulement permis de propofer ces queftions.

Cent fois on a égorgé & mangé fon
femblable, parce qu'on a été plus fort
que lui ; & on a été excufé par l'extrémité où la faim réduit l'homme.

Dans la famine de 1709, entre plufieurs jugemens femblables, il y en a
un de Mâcon, par lequel de pauvres
payfans, qui, pour échapper à la mort,
avoient volé quelques coupes de bled,
entaffées par un monopoleur, furent
condamnés à être pendus : & comme il
n'y avoit point de bourreau, l'on accorda
grace à l'un d'eux, à condition qu'il
pendroit les autres ; ce qui fut exécuté,
& a fait de plus une race de bourreaux.

Or, fi l'on a condamné l'un avec la
loi & pour les conféquences, n'y en
a-t-il point à excufer l'autre, & ne
peut-on pas lui dire : La vie de ton frere
étoit un dépôt facré que t'avoit confié
le Verbe ; il falloit mourir plutôt que
de t'affimiler au tigre.

Là où les loix fe contràrient, & con-
traftent avec l'humanité, ne doit-il pas
arriver qu'elles ne font qu'une chaîne
qu'on brife quand on eft le plus fort,
& qu'on lime quand on n'eft pas apperçu ?

Prifon, Queftion, Supplice.

5. Une barbarie plus affreufe pénetre
le temple de la juftice & au pied des
autels.

Dans l'énumération des moyens de
torture, pour arracher l'aveu de l'accufé,
Jacques de Bellovifu, *liv. 3, queft. 7,*
place la privation des alimens : *Alio
modo, DENEGANDO ALIMENTA IN-
CARCERATO.* (*Collect. prax. crimin.
tom. 1, pag. 327.*)

Plus loin, Balde eft obligé d'imprimer
que l'évêque a bien droit d'emprifonner
ceux qui font foumis à fa jurifdiction ;
mais qu'il devient *irrégulier*, s'il les laiffe
mourir de faim. Et Mornac attefte que
Balde avoit en vue des évêques d'Italie,
qui pratiquoient cette affreufe tyrannie,
s'inquiétant peu de l'irrégularité : *Baldus*

*dicit epifcopos poffe quidem continere
carcere eos qui fuæ jurifdictionis fint ;
irregulitatem autem ab ipfis contrahi, fi
carcere inclufi FAME PEREANT. Nefcio
an quorumdam fuæ etatis, EPISCOPALEM
APUD ITALOS MOREM contingere, quafi
aliud agens voluerit.* (Mornacius, *tom. 3,
pag. 672, edit. 1721.*)

Plus loin, c'eft un autre motif, & il
s'agit de fauver la maxime : *Eclefia abhorret
à fanguine.*

Faut-il écrire ceci ? « Le religieux,
après la lecture de l'ARRÊT, qui porte
condamnation de l'*in pace*, eft dégradé
& conduit tout au milieu de fon *repos*,
avec les cérémonies fuivantes : Le cruci-
ger ou porte-croix, marche devant, tenant
la croix renverfée ; les acolytes, avec des
cierges éteints, le fuivent, accompagnés
de deux autres clercs ; l'un qui porte
l'encenfoir, l'autre le bénitier : pendant
la marche, qui eft grave & lente, tous
les freres, le capuchon enfoncé, les yeux
baiffés, le vifage confterné, les mains
cachées fous le fcapulaire, récitent, d'un
ton trifte & lugubre, les prieres des
agonifans avec les autres prieres & oraifons pour les défunts. Si c'eft le matin,
on dit une meffe de *requiem* pour le
repos de l'ame du pénitent, qui affifte
à fes obfeques, couvert d'un drap mor-
tuaire. Lorfqu'il eft arrivé au lieu deftiné pour fon repos, qui eft une foffe
faite en forme de puits, ou plutôt de
tombeau, on chante le *libera*, on fait
des afperffions d'*eau bénite*, & des EN-
CENSEMENS fur le religieux. On lui
donne un pain de trois ou quatre livres,
un pot d'eau & un cierge béni allumé,
& on le defcend dans le tombeau, dont
on mure tout de fuite l'ouverture. Tel eft
l'*in pace*. » (*Hift. des ordres monaftiques,
tom. 3, pag. 430, Berlin 1751.*)

Nous héfitions à extraire cette hiftoire,
peut-être furchargée dans quelques points,
tels que la bénédiction de l'eau, du cierge
& les encenfemens : cependant nous
trouvons, entr'autres, dans les ftatuts
des récollets, dreffés dans leur chapitre

général de 1613, & imprimés à Paris, chez Julliot, la peine du feu contre un crime grave. *Decernimus quòd ſi crimen ſit nefandum, pœná ignis torqueantur.* (*Cap. 6, § 9, pag. 97.*)

De plus, nous liſons dans tous les papiers publics cette anecdote, qui n'a été démentie nulle part.

« Un jeune chirurgien s'étoit fait religieux, & avoit engagé ſa liberté dans un âge où nos loix n'auroient pas permis d'engager ſes biens, & dans un moment de ferveur illuſoire, que l'abbé de Saint-Pierre appelloit la petite vérole de l'eſprit : il s'étoit répenti, avoit fui, avoit été pris, mis en priſon; s'étoit évadé, avoit été reconnu, repris & mis dans un cachot où il gémiſſoit depuis trois ans, enchaîné, n'ayant pour lit que de la paille, pour nourriture que du pain & de l'eau. Le 9 ſeptembre 1782, à la pointe du jour, un ſergent d'un régiment en garniſon dans la ville où cela ſe paſſoit, ſe promenant ſur le rempart, vit ſortir d'un trou formé dans le glacis intérieur, un malheureux, couvert de haillons déchirés & pourris, avec une longue barbe, traînant avec peine une chaîne peſante, & reſſemblant à un ſauvage : c'étoit le malheureux échappé du *repos*. Qui que vous ſoyez, dit-il au ſergent, donnez-moi la mort ou laiſſez - la moi donner plutôt que de me ramener à mon couvent. On le couche, on le panſe, on briſe ſes fers ; il raconte qu'il lui avoit fallu ſix mois pour limer ſa chaîne, & ſix autres pour faire le trou par où il étoit ſorti.... Il ajoute que depuis ſix ſemaines ON DIMINUOIT LA QUANTITÉ DE SA NOURRITURE, & que deux jours avant ſon évaſion on lui avoit remis un livre latin, ſur lequel on avoit écrit : *Celui qui renonce à ſon baptême & à J. C. mérite LA MORT DU CORPS ET DE L'AME.* La charité active des ſoldats, qui auroient peut-être le droit d'être durs, s'empreſſe de le vêtir, de le déguiſer, & de lui donner tout leur argent, même celui deſtiné à fournir à leur beſoin de la ſemaine, & de le faire conduire ſûrement ſur la frontiere. (*Merc. de France, du 28 ſept. 1782, n°. 39, pag. 280.*)

Ce trait ſi connu, qui rappelle ceux de Montpellier & de Troyes, prouveroit qu'en France, au ſein du chriſtianiſme, en 1782, après trois ans de ſouffrance, dans un cloître, des religieux vouloient faire périr un de leurs freres par la *faim*, le plus atroce des ſupplices ! *MALO FAMIS PREMI ATROCISSIMUM SUPPLICII GENUS.* (S. Chriſoſtom. *in homeliá de S. Luciano*).... Nous ne nous permettrons aucune réflexion.

DROIT ROMAIN.

6. Ce mélange de barbarie & de religion ſembleroit avoir pris ſa ſource dans le ſupplice des veſtales, ainſi raconté par Amyot, d'après Plutarque, dans la vie de Numa. (*Vie des illuſtres Grecs & Romains, pag. 46, verſo de l'édit. de Vaſcoſan, 1565, in-fol.*)

« Celle qui a forfait à ſon honneur, & violé ſa virginité, eſt enterrée toute vive, joignant une des portes de la ville... On creuſe un petit caveau, & laiſſe-t-on une ouverture par laquelle on y peut dévaler, & au-dedans un petit lit dreſſé, une lampe ardente, & *quelque peu de vivres néceſſaires à ſoutenir la vie de l'homme; comme un peu de pain, d'eau, & du lait dans un pot, & un peu d'huile, par maniere de décharge & acquit de conſcience; AFIN qu'il ne ſemble qu'on faſſe MOURIR DE FAIM un corps qui a été ſacré par les plus ſaintes & dévotes cérémonies du monde.* » Plutarque donne le détail du ſupplice exercé par les prêtres de Rome, mêlé de cérémonies & de prieres ſecretes aux Dieux, &c.

Les loix romaines, ſi douces en général, avoient-elles donc placé ce ſupplice dans le petit nombre de ceux qu'elles avoient adoptés ? Non : mais par-tout, & dans tous les temps l'abus de la religion a rendu les hommes cruels.

Voyez le texte, *ne utatur neceſſariïs expenſis, l. 20, D. de interdictis & relegatis;*
c'eſt

c'eſt une loi de Marcian, conſervée dans les Baſiliques.

C'eſt, dit Cujas, une peine proſcrite par toutes les loix des peuples policés, que de condamner un coupable quelconque à mourir de faim. En reléguant dans une iſle déſerte, les tyrans eux-mêmes avoient ſoin de pourvoir de quelque nourriture les condamnés ; & ainſi, ſelon Sophocle, en uſa Créon, en condamnant Antigone. *ILLEGITIMA PŒNA EST INEDIA NECARI*, ut Marcianum retuliſſe, *l. 10, D. de interdictis & relegatis, ex Baſilicis didicimus : quâ de cauſâ & quos ablegabant tyranni in ſpecus aut loca ſola, his ſolebant CIBI ALIQUID APPONERE, ut apud Sophoclem Creon jubet defoſſæ Antigonæ.* (Cujacius, *in obſerv. lib. 14, cap. 34, tom. 2, priorum, pag. 452.*)

Le trait tranſcrit par Valere-Maxime, *liv. 5, chap. 4,* conſervé par la peinture, & ſi connu ſous le nom de *charité romaine,* peut tromper, quand on voit le pere priſonnier allaité par ſa fille ; mais il avoit été condamné à la mort : or ſouvent, comme on lit dans les catilinaires, le géolier ſervoit de bourreau. Celui-ci avoit ſuſpendu le ſupplice, & permis à la fille de voir ſon pere, qui ne recevoit plus d'alimens ; ému lui-même de l'innocent artifice qui ſoutenoit la vie du malheureux condamné, il montra ce touchant ſpectacle au préteur, & celui-ci en ayant rendu compte aux conſuls, la grace du condamné lui fut accordée.

Je ne connois qu'un bon empereur, qui ait paru condamner à *mourir de faim;* c'eſt Antonin le Pieux : mais quel coupable & quel crime ! c'étoit un ſénateur qui avoit aſſaſſiné ſon pere ; & encore le bon Antonin, déterminé à conſerver la douceur des peines, le condamna-t-il, non à être *affamé,* mais à être jeté, comme un monſtre, dans une iſle où il n'y avoit aucune ſubſiſtance, & d'où cependant il pouvoit arriver qu'il ſe ſauvât. *Uſque adeo ſub eo nullus percuſſus*

Tome III.

eſt ſenator, ut etiam parricida conſeſſus in inſulâ deſertâ poneretur, quia vivere illi naturæ legibus non licebat. (Jul. Capitol. *in vitâ Antonini, cap. 8, pag. 29, edit. Caſauboni.*)

Comment Rome auroit-elle adopté cet affreux ſupplice, elle dont l'eſprit, deſcendant aux plus petits détails, veilloit même en faveur de l'eſclave, de l'animal, ainſi que le prouvent les loix 9, § 2 & 39, § 7, *D. ad legem Aquiliam.* Et la loi 5, *C. de lege Aquiliâ?* Elle puniſſoit celui qui, par méchanceté, négligence ou imprudence avoit fait mourir de faim ces deux êtres par-tout aſſimilés par l'ambition, le pouvoir & l'orgueil ; *qui fame necaverit.* Que ſi la punition prononcée eſt légere, c'eſt que Rome n'imagina pas, comme nous, que la cruauté de la peine dût l'emporter ſur celle du délit : c'eſt qu'elle faiſoit dépendre l'ordre & la ſûreté de l'inſtruction, de la police & des mœurs plus que de l'appareil, du raffinement, & de l'effroi des ſupplices.

Heineccius, dans ſes *Elémens du droit germanique, tom. 7, pag. 829,* dit que dans la Souabe on oblige ceux à la requête de qui un homme ou une femme ont été empriſonnés, de leur fournir des alimens ; que ſi cette obligation n'eſt pas remplie exactement, & ſi malheureuſement le priſonnier *meurt de faim,* on doit punir comme *homicides* la partie civile qui devoit fournir, & le juge qui devoit veiller, & les condamner chacun en une amende : *Si verò in morâ ſint, adeò ut captivus FAME PEREAT, & JUDICEM, & eos qui ad alimenta obſtricti fuerint, tanquam HOMICIDAS, INEDIA expiare delictum, & prætereâ ſingulos regi exſolvere debere mulctam viginti librarum.*

Cette juriſprudence eſt remarquable en ce qu'elle ſemble avoir eu en vue un abus dont il y a peut-être des exemples. Le juge pervers, qui a voulu perdre un innocent, & ne l'a pas pu ; qui a craint l'éclat du ſupplice, ou les ſuites de l'abſolution, a pu le faire périr en l'*affamant;*

moyen facile par-tout où le prifonnier peut être mis un certain temps au fecret.

Mais ces objets tiennent à d'autres principes. Voyez *Aliment, Animaux, Cachot, Concierge, Dommage, Enfermement, Efclave, Juge, In-pace, Irrégularité, Négligence, Pauture, Peine, Prifonnier, Queftion, Religieux, Supplice, Veftale.*

DROIT FRANÇOIS.

7. Parmi les fupplices atroces que la féodalité des coutumes, & dix fiecles de barbarie ont introduits chez les peuples modernes, nous n'appercevons pas qu'on ait imaginé de torturer ni de tuer par la faim. Nous aimons même à voir qu'il n'y en a aucune trace dans le fameux directoire des inquifiteurs, à qui, au contraire, il eft recommandé de vifiter fouvent les prifonniers, & de leur demander s'ils ont toutes les chofes néceffaires à la vie.

Cependant, au fein de la paix, & dans un état policé, des hommes ont exécuté & formé le projet d'en *affamer* d'autres! Qu'entends-je par-là? Quels motifs pouvoient-ils avoir, & comment les a-t-on punis?

Je n'écris point une fable, & l'on doit s'en fouvenir encore dans une province d'un grand état. Il y avoit rareté & cherté de grains. Un homme riche, celui, peut-être, que nous avons peint au mot *Adulation, pag. 168*; cet homme, difons-nous, accapare *adroitement*, emmagafine & cache; par-là augmente la rareté, éleve le prix, & amene rapidement la crainte: c'eft *affamer*. Eh! que vouloit-il en *affamant*, cet homme vil & atroce? Gagner beaucoup, faire un grand coup, une opération bien concertée, une brillante affaire, (langage des gens de cette efpece.) En effet, il fe montre: vous manquez de bled, dit-il, je fuis bien heureux de pouvoir vous en faire venir, & de favoir où en trouver. Par ce langage, Protée étonne, féduit, entraîne: car la terreur & la faim ne raifonnent pas. On

traite: profit fûr, approvifionnement convenable: il eft payé & difparoît. C'eft un Dieu tutélaire qu'on regrette; l'on frappe pour lui une médaille, & ce n'eft qu'un an après qu'on a découvert la manœuvre. Que fi on a pu affembler affez de preuves, quoique les fils fuffent rompus, & que tout fût difperfé, peut-être a-t-on eu tort de ne pas faire un exemple.

Qu'auroit-on prononcé? La mort! c'eft un inftant. Lorfque la foif de l'or, le mépris des hommes & une profonde corruption menent à de tels délits; il faudroit dépouiller les coupables de tout ce qu'ils ont gagné, & les condamner à une mifere toute publique; il faudroit, dans la place publique du lieu où ils ont exercé leur *adroit* brigandage, les enchaîner à un poteau avec leur habit doré, les nourrir au pain & à l'eau, les expofer aux huées & aux cris de ceux qu'ils ont *affamé*; & tous les mois leur faire éprouver la faim jufqu'à un degré qui leur rappellât une partie de ce qu'ils ont fait fouffrir; & qu'après avoir langui dans l'humiliation & l'opprobre, ils mouruffent de douleur & de honte, s'ils en font capables. Certes, cet exemple, qui n'a de cruauté que dans l'opinion & la vanité, éloigneroit à jamais de pareils délits; comme en Autriche, aujourd'hui, le fpectacle des travaux publics produit bien plus d'effet, fur-tout lorfqu'on y eft condamné fans confidération du rang, de la naiffance & des alliances. Voyez *Adminiftration, tom. 2, pag. 925, col. 2.*

On oppofera, que ce genre de peine eft inufité: mais ne font-elles pas toutes arbitraires? Et la plupart n'ont-elles pas été introduites ainfi? Il s'agit feulement de favoir fi celle-ci eft jufte, conféquente & exemplaire.

Ne faurons-nous toujours que tuer? & n'aurons-nous jamais devant les yeux certaines peines; celle-ci, par exemple? Heidersford, major général de l'empire, & chevalier de l'ordre teutonique, après avoir été, pour crime de lâcheté, condamné à être décapité, fut dégradé par ſes freres, à Heidelberg, en 1693 ; delà, conduit à l'échafaud, au milieu de l'armée ; là il eut ſa grace : de ſuite il reçut ſur le viſage trois coups d'épée, par la main du bourreau, & fut conduit hors du territoire, livré à ſon infamie, plus redoutable, plus longue & plus exemplaire que la mort.

On nous oppoſera peut-être encore les principes que nous avons, recueillis au mot *Accaparement*. Nous ne les abandonnons point, & nous croyons que la liberté intérieure eſt le grand moyen contre la diſette, la cherté, les accaparemens & les monopoles ; que l'adminiſtration doit veiller, prévoir, faciliter, avancer, encourager de toutes les manieres : nous croyons, comme le chancelier d'Agueſſeau l'écrivoit au parlement de Bourdeaux, le 18 décembre 1748, qu'il faut éviter, par des *recherches alarmantes, l'inquiétude du peuple, & d'effrayer tous ceux qui ſe mêlent du commerce des bleds*. Mais il ajoute qu'on punira toujours *ceux qui, par TOUTES SORTES DE VOIES cherchent à augmenter le malheur des peuples dans les temps de diſette*. Or, ſi l'on compare le fait dont nous avons parlé avec le commerce des bleds, on verra qu'en conſtatant les manœuvres affreuſes qui avoient été pratiquées, le coupable auroit été puni, ſans alarmer le commerce, qui ſe plaignoit lui-même d'avoir été entravé par ce monſtre.

Nous reviendrons ſur ces objets abſtraits & délicats, aux mots *Approviſionnement, Bled, Commerce, Famine, Grain, Marché, Peine, Police, Supplice & Sûreté*.

Obſervation.

8. Dans tout ceci, nous nous écartons de la route battue : nous pourrions dire que nous reprenons celle des juriſconſultes du ſeizieme ſiecle. Nous pourrions ajouter, que dans les articles, qui paroîtront neufs, ou extraordinaires, nous ſommes déterminés toujours, ou par quelque motif puiſſant, que l'on doit

appercevoir dans l'article même, ou par cela ſeulement, que la matiere n'eſt point traitée dans les livres claſſiques ordinaires ; & que tel eſt l'eſprit, le plan annoncé de notre ouvrage. Diſons ſeulement que le ſilence & l'exemple ne doivent pas arrêter la recherche des vérités utiles.

Nihil magis præſtandum eſt QUAM NE PECORUM RITU SEQUAMUR ANTECEDENTIUM GREGEM, PERGENTES NON QUO EUNDUM EST, SED QUO ITUR. Atqui nulla res nos majoribus malis implicat quàm quod ad rumorem componimur, optima rati ea quæ magno aſſenſu recepta ſunt ; NEC AD RATIONEM, SED AD SIMILITUDINEM VIVIMUS. Indè iſta tanta coacervatio aliorum ſupra alios ruentium. (Seneca, *de vitâ beatâ, cap. 1.*)

A F F A N A G E,
AFFANEUR & AFFANURES.
(Droit privé.)

On appelle *affanage*, dans la coutume de Bragerac, le ſalaire dû aux vignerons ; & l'*art*. 38 diſpoſe, qu'en cas de ſaiſie, ils ſeront préférés à tous autres créanciers, ſur le prix qui proviendra des vins que leur débiteur aura recueillis. *Item. Si qui venerint ad vindemias, & pro AFFANAGIO ſeu mercede ſolvendis oporteat fieri executionem contra dominum ſeu dominos qui eos conduxerunt, ſeu conduci fecerunt, ſtatim fiet executio in primis vinis vindemiatis & apportatis per eoſdem ; & iſti ſolventur antè omnes creditores, & omnem obligationem præcedent.*

Il eſt parlé des *affaneurs* dans la charte des privileges accordés aux habitans de Montbreton, par Jacques de Rouſſillon, en 1376. (*Mémoires pour ſervir à l'hiſtoire de Dauphiné, pag. 85 & 86 ; édit de 1711, in-fol.*) Chaque *affaneur* n'y étoit taxé qu'à une meſure d'avoine, pour droit de fouage ; tandis que chaque agriculteur y eſt taxé à une meſure de froment : *Supra quolibet foco cujuſlibet* AFFANATORIS *diƈi mandamenti unam heminam avenæ ſingulis annis in perpetuum. .... Supra quolibet foco cujuſlibet* AGRICOLÆ *unam heminam frumenti, &c.* L'agriculteur, le laboureur paroît être dans ce texte celui qui poſſede quelques biens en propre, & *l'affaneur* ne paroît être qu'un mercenaire ſans biens, qui vit du jour à la journée, au ſervice d'autrui, pour gagner ſa ſubſiſtance & celle de ſa famille.

On appelle *affanure*, dans les provinces de Breſſe & de Dombes, le ſalaire dû aux moiſſonneurs & aux batteurs. Ce ſalaire ſe paie ordinairement en nature, & d'une maniere qui mérite d'être remarquée.

« Nous appellons *meſſure* le ſalaire qui eſt donné chaque année à ceux qui moiſſonnent les bleds, du grangeage. Quand il eſt en un fonds précieux, on charge le granger de moiſſonner, ſans prétendre aucune récompenſe que ſa moitié des fruits, & cela eſt juſte : mais aux lieux ſtériles, les grangers ne ſe chargent point de faire la moiſſon : au contraire, ils prennent cinq ou ſix moiſſonneurs étrangers, qui prennent pour leur ſalaire, en chaque champ, l'onzieme gerbe ; c'eſt-à-dire, que le dimier vient compter les gerbes, & lever, à la 12, 13 ou 16ᵉ. gerbe, pour ſon droit de dime, ſuivant la coutume des lieux. Après, le granger vient avec ſon char, il prend une gerbe pour lui, que nous diſons barbarement DIZIAPART, c'eſt-à-dire, *que Dieu y ait part* ; puis il en compte dix & laiſſe l'onzieme aux moiſſonneurs ; après il recommence, & toujours l'onzieme eſt pour les moiſſonneurs, qui mettent leurs gerbes en un monceau ſéparé, appellé *la maye des meſſures*, & auquel le granger ne prend rien, quand même les valets, ſervantes & autres domeſtiques du granger ont été de ſes moiſſonneurs : *Niſi aliud conventum ſit. .... Les batteurs* ſont

les droits & ſalaires de ceux qui battent les bleds ; leur nourriture auſſi bien que celle des moiſſonneurs, eſt preſque toujours à la charge du granger ; *mais leur ſalaire ſe paye en bled, & ſe prend ſur le meaux ou monceau, avant le partage d'entre le maître & le granger* ; & c'eſt auſſi l'onzieme meſure, laquelle ſe partage entr'eux, quand même le granger lui-même, ou ſes valets auroient été l'un deſdits batteurs : & ainſi voilà deux onziemes *friſées* pour le maître. .... Nous appellons ces deux droits *affanures*, qui ſont rudes ; car de 20 coupes, c'eſt 4 ; de 100, c'eſt 20 ; & de 500 il y en a 100 pour les moiſſonneurs & batteurs. » (Revel, *uſage des pays de Breſſe*, *part.* 1, *pag.* 260 *de l'édit de* 1729, *in-4°.* & *pag.* 233 *du tom.* 1 *de l'édit de* 1775. *in-fol.*)

Revel a trop généraliſé cet uſage, qui ne peut s'appliquer qu'à une partie de la Breſſe. Pour rectifier cette erreur, il faut diviſer cette province en deux parties ; la ſeptentrionale & la méridionale.

Il paroît que Revel n'a eu en vue que la premiere partie, qui, en général, eſt très-fertile, très-peuplée, & où les fermiers & cultivateurs ont un domeſtique très-nombreux, compoſé pour l'ordinaire de leurs enfans & petits-enfans ; parce qu'ils gardent avec eux tous leurs enfans mâles, quoique mariés.

La partie méridionale, au contraire, dans laquelle eſt enclavée une partie de la Dombes, eſt très-ſtérile ; & preſque chaque paroiſſe a des uſages particuliers : nous ne deſcendrons pas dans des détails minutieux ; nous nous contenterons de donner les uſages généraux de cette partie de la Breſſe, & de relever quelques erreurs dans leſquelles il paroît que Revel eſt tombé.

1°. Les *meſſures* ou *affanures*, étoient, anciennement, comme l'obſerve Revel, la onzieme gerbe que les moiſſonneurs prélevoient ; mais la valeur des bleds ayant beaucoup diminué, & étant tombée à un très-bas prix, les étrangers ne daignoient pas venir pour s'aider à les recueillir ; pour les y engager, on fut donc obligé de leur donner la dixieme gerbe : si l'on a laissé jusqu'à présent subsister cet usage, malgré l'augmentation des grains, ç'a été pour donner un moyen aux pauvres journaliers de gagner une quantité de bled assez considérable pour qu'ils ne fussent pas à charge aux paroisses pendant l'hiver : cependant, dans plusieurs paroisses l'on a déja réduit les moissonneurs à la onzieme gerbe.

2°. Les *affanures* se prélevent les premieres, & non la dîme ; c'est-à-dire, que lorsque toutes les gerbes sont liées & rangées dans la terre, sur une même ligne, l'on compte les gerbes & l'on sort de la ligne la dixieme, pour les *affaneurs* ; cela fait, le dimier compte à son tour, & prend la 12, 13, 16 ou 21e. suivant l'usage, & sort aussi son lot du rang ; mais il ne peut l'enlever de la terre que lorsque les *affanures* & la portion des propriétaires en sont sorties.

3°. L'on ne connoît point, dans la partie méridionale de la Bresse, le droit du *Diziapart*. Dans quelques paroisses de la Dombes, seulement, où la dîme a des fractions, (telles que Saint-Trivier, Ambérieux & Saint-Olive,) il y a un droit qu'on appelle droit de *perche*, & qui est la 21e. gerbe qui se prélève sur toute la portion, de la dîme qui se porte au monceau commun, & qui se partage entre le maître & le granger.

4°. Lorsque les *affanures* sont battues, elles se divisent en autant de portions qu'il y a eu de moissonneurs ; soit que le granger, ou ses servantes, ou autres domestiques aient moissonné. Et à cet égard, il faut distinguer deux especes de domestiques ; les uns s'engagent à servir pendant l'année un cultivateur, moyennant un gage très-modique, & alors ils se réservent leurs *affanures* & les prennent, tant comme moissonneurs que comme batteurs. Si le cultivateur ne juge pas à propos de les faire moissonner & battre, dans ce cas, il leur donne la même quantité de bled que les moissonneurs & batteurs ont gagnée ; les autres au contraire exigent un gage très-considérable, & ne se réservent point les *affanures* ; & si le maître les fait moissonner & battre, pour lors il prélève toutes les *affanures* que son domestique a gagnées ; & de cette maniere le propriétaire paie toujours la moitié des *affanures*, & ne profite jamais du travail des domestiques de son granger.

5°. Les *affanures* des batteurs ne se prélevent point sur le monceau commun ; mais le granger & propriétaire commencent à lever la majeure partie du bled ; les batteurs prennent ensuite leur portion, qui est la 10e. ou 11e. mesure, comme les moissonneurs ; & s'il reste encore du bled, les propriétaires recommencent à prendre pour eux & les batteurs : il arrive même souvent que les propriétaires en ayant trop pris, & n'en ayant pas laissé suffisamment pour les *affanures*, reprennent sur leur portion, pour donner aux batteurs celle qui leur revient.

Nous ajouterons aux observations de Revel, deux réflexions qui lui ont échappées. La premiere, c'est qu'il est rare que l'on nourrisse les batteurs des dîmes, parce que les fermiers ou décimateurs sont pour l'ordinaire trop éloignés, ou qu'ils ne veulent pas se donner cet embarras, & que pour lors les batteurs se nourrissent eux-mêmes, & prennent des *affanures* plus considérables, qui consistent en un tiers en sus ; c'est-à-dire, que si les affanures se paient à la dixieme ou onzieme mesure, au lieu d'une mesure, ils en prennent une & demie ; & cette demi-mesure, que l'on donne en sus, s'appelle *apanage*.

La seconde, c'est que lorsque les *affanures* des moissonneurs sont battues, l'on est obligé d'appeller le propriétaire pour assister au partage ; par cette reconnoissance, il peut calculer le produit net de sa récolte ; c'est-à-dire, que s'il y a eu 100 mesures d'*affanures*, la récolte doit être de 900 mesures, moins la dîme ; &

s'il n'y avoit pas ce nombre, il seroit sûr que le granger ou les batteurs en auroient volé.

Cette maniere de payer les batteurs & les moissonneurs en bled, nous paroît ménager également les intérêts des mercenaires & du maître qui les emploie, & prévenir les inconvéniens qui résultent de deux usages ; l'un trop rigoureux pour celui - ci, & l'autre trop injuste pour ceux-là

L'usage rigoureux pour le maître, c'est celui qui a lieu en vertu des dispositions de la coutume de Bretagne. « Les mercenaires, pour leur service & loyer, par marché fait ou autrement, peuvent, *dedans le jour, ou lendemain de l'accomplissement de l'œuvre ou de leurs journées, de leur autorité, prendre biens pour lesdits loyers & services, appellant deux témoins quand ils prendront lesdits biens ;* lesquels ils pourront vendre ou exploiter en la chastellenie ou baronnie, où lesdits biens sont pris en la forme que dessus ; & qui empêcheroit lesdits mercenaires en ladite prinse de biens, celui qui les auroit empêché devroit l'amende comme descousse faite à sergent. » *Art.* 229 *de la Coutume de Bretagne.*

ARRÊT du parlement de Bretagne, du 15 juillet 1593, qui prononce : « Que pour les gages on ne renvoie point les serviteurs & mercenaires au bénéfice d'inventaire & à l'ordre des créanciers. » (Belordeau, *en ses Observations, liv.* 2, *part.* 3, *art.* 2, *pag.* 370, *& liv.* 4, *part.* 2, *art.* 2, *pag.* 709.)

Il est bien certain que les salaires des mercenaires méritent de la faveur, & que toutes les loix des peuples policés, depuis Moyse, (*Levitic.* 29, ℣ 13, *& Deuteron.* 24, ℣ 14 & 15,) leur en ont accordé : cependant, c'est aller trop loin que de permettre à ces mercenaires d'enlever les denrées & les meubles de celui qui les emploie, & qui souvent n'a pas d'autre ressource pour les payer, que le produit de sa récolte. Les voies de fait sont toujours dangereuses, & la coutume,

qui les autorise, est en opposition avec les loix sages que nous ont laissées les Romains.

Du reste, ces loix ne sont que l'expression de la raison & de l'équité, qui se trouve blessée toutes les fois qu'un particulier prend, de sa propre autorité, ce qu'il ne devroit tenir que de celle du juge : *Non est singulis concedendum quod per magistratum publicè possit fieri, ne occasio sit majoris tumultûs faciendi. L.* 176, *D. de reg. juris. . . . Vis est & tunc, quoties quis id quod sibi deberi putat non per judicem reposcit. L.* 13, *D. de vi, l.* 1, *§ licet. de pericul. & comm. rei venditæ, l.* 19, *C. de obligat. & act. &c. &c.*

L'usage trop injuste pour les mercenaires, c'est celui que Guy-Pape assure avoir adopté, par un jugement qu'il rendit dans l'espece suivante. Un particulier promet, aux vignerons qu'il envoie à ses vignes, le salaire que les autres habitans de Grenoble donneront à ceux qu'ils feront travailler. Les différens propriétaires donnent différens prix. Que devra celui qui n'a rien fixé ? Le moindre prix. « *Cela se pratique ainsi tous les jours à Grenoble ; & c'est ainsi que je l'ai décidé lorsque je faisois les fonctions de juge ordinaire dans cette ville.* » *Ista quæstio est in singulis annis in hac civitate Gratianop. & dicendum videtur quod secundùm salarium illorum qui grossum dederunt,* ET ETIAM MINUS; *& ita judicavi de anno domini* 1431, *tempore quo eram judex curiæ communis d. civit. Gratianop. cùm de facto concurrisset.*

Le président de la Croix, l'un des annotateurs de Guy-Pape, a vu, comme nous, trop d'injustice dans cet usage du Dauphiné ; il a pensé qu'il faudroit prendre la moyenne proportionnelle : *Sed credo quod media eligeretur fortè.* (*Decis. Guidonis-Papæ,* 252, *pag.* 262.)

Nous répétons que la maniere de payer le salaire des mercenaires, en nature, prévient tous les inconvéniens. D'une part, un propriétaire, qui n'a point d'argent, ne voit point périr ses récoltes sur pied ; ou ne les voit point enlever à main armée à mesure qu'on les coupe : & d'autre part, un mercenaire qui a des besoins prochains, trouve dans l'objet même de son travail, dans les *affanures*, un produit sûr & incontestable, & n'est point exposé à recevoir un paiement peu proportionné à la peine qu'il a prise ; un paiement qui dépende du caprice d'un propriétaire : celui-ci, d'intelligence avec quelques voisins peu délicats, peut en effet établir un taux déraisonnable, que la justice adopte, parce que tel est l'usage.

Le parlement de Paris a senti la possibilité de cette intelligence entre les propriétaires, & il a voulu en prévenir les effets.

ARRÊT du 3 août 1760, qui ordonne que par les officiers des justice de Gonesse, d'Aulnai & des paroisses circonvoisines, il sera pourvu au prix à payer par les fermiers, cultivateurs, aux ouvriers qui seront employés à faire la moisson des grains .... eu égard à la mesure qui a lieu pour les arpens de terres situées dans l'étendue de chaque justice, à l'abondance plus ou moins forte de la récolte, dans les lieux circonvoisins. Enjoint aux fermiers .... de se conformer aux ordonnances qui seront rendues par les officiers de justice des lieux, sous peine d'amende, &c. .... Ce sage réglement concilie les intérêts réciproques des propriétaires & des *affaneurs :* cependant le paiement en nature seroit encore plus avantageux, parce qu'enfin un propriétaire peut être sans argent.

Rendrons-nous compte de l'idée de Spifame, ce faiseur d'arrêts, dont nous avons parlé dans la préface.

« Le roy ordonne que désormais tous religieux seront employés à faire la moisson des bleds & tous autres grains, autant de l'aoust & mestines ; & que de ce labeur viendra leur pain pour vivre toute l'année, ainsi que leurs ancestres & prédécesseurs gens de bien, & dont la plusspart ont été canonisés. .... Et leur en ont laissé très-bon exemple, fondé sur la doctrine de la sainte escriture .... *Labores manuum tuarum quia manducabis beatus es, & benè tibi erit :* & ne seront employés à ladite moisson autres gens que lesditz religieux, sinon à leur refuz ; au moyen de quoi ledit sieur leur a inhibé & défendu toute queste de pain, & toutes offrandes de bledz & grains pour les retenir en ce labeur d'un mois l'an, pour en vivre toute l'année. » (*Dicearchiæ Henrici regis christianissimi progymnasmata,* arr. 256, pag. 320, verso, & 321.) Voyez *Agriculture, Colon-Partiaire, Charpille, Fargeage, Fouage, Grangeage, Journalier, Manœuvre, Mercenaire, Métayer, Moisson, Ouvrier, Panage, Quête, Religieux, Salaire, Vendange, &c. &c.* (Article de M. ROBIN, avocat à Lyon, & ancien avocat du roi en la sénéchaussée de Dombes.)

AFFAR & AFFARE.
(Droit féodal.)

Ces deux mots, qui dérivent du latin *affarium* sont employés dans les anciens titres des provinces du droit écrit, pour désigner les différens tenemens d'un héritage de campagne, ou les différentes dépendances d'un fief. Voyez Ducange & Carpentier dans leurs *Glossaires,* & Salvaing de Boissieu dans son *Traité des fiefs.*

Ducange dit : *AFFARE prædium rusticum occitanis & provincialibus bona vel facultates quævis, &c.* & cite diverses chartes, qui toutes confirment sa définition du mot *affare.* Carpentier cite la seule, qui dise *affar :* elle est de Jean, duc de Berri, en 1402, & tirée des registres de la chambre des comptes de Paris : « Deux septiers froment sur le *affar,* ou tenement appellé des Laurens en la paroisse de Causac, & sept sols tournois. »

Salvaing dit : « *Affare* est fréquent dans les anciens titres du Dauphiné, pour fignifier toutes les dépendances du fief. Ainfi Jarenton de Plaifian, chevalier, reconnut en fief de Jean Dauphin de Viennois, fon château de la Roche fur le Buyz, *cum toto fuo affare*, par acte du 24 feptembre 1317. » (Salvaing, *Tom. 2, chap. 97, pag. 228, édit. de 1731.*) Voyez *Appartenances & Dépendances*, *Fief*, *Tenement*, &c. &c.

AFFATOMIE.

(Droit féodal.)

Ce mot ancien dérivoit des Latins *adfatomia*, *affatomia*, *affatimia*, ufités dans le texte de nos anciennes loix, pour exprimer l'efpece de faifine, d'inveftiture, qui avoit lieu par le jet d'une paille dans le fein de celui à qui on tranfmettoit une terre, un droit quelconque. Il y a à ce fujet un titre entier dans la loi falique *de affatomiæ tit. 48* : un capitulaire de 819, donné en interprétation de cette loi, *de interpretatione legis falicæ*, s'exprime ainfi : *De AFFATOMIE dixerunt quod traditio fuiffet*, art. 10. (Baluzius, *tom. 1, pag. 610.*)

Le gloffaire de Pithou dit, d'après cinq autres plus anciens : *De AFFATOMIÆ. Sic veteres quinque gloffarii, de donationibus quæ fiunt feftucâ in finum is cui donabatur projectâ.* Il donne enfuite une formule de l'*affatomie*, d'après Marculphe : *Marculphus in formulâ AFFATIMIÆ : Dulciffimis, &c.* (Baluzius, *tom. 1, pag. 698.*) Si on veut de plus grands détails fur l'emploi de ces mots *adfatomia*, *affatomia*, on les trouvera dans M. Échard, qui, venant après d'auffi grands hommes que Pithou, Herold, Lindenbroge & Baluze, a pu, en profitant de leur travail, être encore plus utile qu'eux aux curieux de nos anciens ufages. (Eccardi *leges Francorum falicæ & ripuariorum Francofurti & Lipfiæ, 1720, in-fol. pag. 220, in notis.*)

Voyez ci-deffus *Adhéritance ;* & ci-après *Entrée*, *Inveftiture*, *Saifine*, &c.

AFFÉAGEMENT,
AFFÉAGISTE.

(Droit féodal.)

1. L'*afféagement* dans la coutume de Bretagne, eft l'*aliénation* du total, ou de partie d'une terre noble acquife par *fucceffion*, ou par *retrait féodal*, ou de *premeffe*, (retrait lignager) fous la *réferve* de la *rente ancienne*, impofée lors de la premiere conceffion, avec *rétention de l'obéiffance ;* c'eft-à-dire, de la *feigneurie directe.* (*Art. 344 & 345 de l'ancienne Coutume ; art. 358 & 359 de la nouvelle.*)

L'*afféagifte*, eft celui qui reçoit d'un feigneur de fief, le tout ou partie d'une terre noble, fous les conditions dont on vient de parler.

Faculté d'afféager, confentement du feigneur fupérieur.

2. L'art. 262 de la très-ancienne Coutume, porte, que tout *feigneur d'un domaine le peut FÉAGER en héritage autre, ou autres par certaines conditions, rentes, &c.* L'art. 19 de l'ordonnance rendue en 1420, par Jean V, duc de Bretagne, décide, *que par la coutume générale, toute perfonne noble peut faire de fon DOMAINE NOBLE fon FIEF, & de fon fief fon domaine, &c. &c.* déclarant & ordonnant, *que, dorénavant chacun qui aura DOMAINE NOBLE, quiconque il foit, le pourra bailler par héritage, & en faire fon FIEF, à tenir de lui roturiérement & en retenir à foi l'obéiffance.* L'art. 344 de la Coutume réformée en 1539, & l'art. 358 de la nouvelle, difent, *que le feigneur qui a DOMAINE NOBLE, le peut BAILLER à FÉAGE.*

Ainfi, il réfulte de ces textes, que le *feigneur*

seigneur féodal peut *sous-afféager* son domaine. C'eſt l'opinion de Hevin dans ſes notes ſur Frain, *tom. 2, pag. 803,* où il dit : « Que la *ſub-inféodation* eſt de l'inſtitution des fiefs ; car, quand les ſouverains ont concédé en fiefs les provinces & grands territoires aux ducs & aux comtes, ce n'a pas été pour les tenir en domaine, & les faire labourer par main ou par des fermiers ; mais pour ſe faire des barons & vaſſaux : & les barons les ont reçus à même intention, & ainſi ſubordinément. » ... Quant à la queſtion de ſavoir, ſi on peut *sous-afféager* ſans le conſentement du ſeigneur ſupérieur, d'Argentré, ſur l'art. 344 de l'ancienne *Coutume de Bretagne, gloſ. 1, nº. 6, 7 & 8,* ſoutient la négative, prétendant que ce ſeroit préjudicier aux droits du ſeigneur ſupérieur : « Suppoſons, dit-il, qu'un ſeigneur faſſe conceſſion de ſon fief, ſous la réſerve du *bail,* (uſufruit du fief, acquis au ſeigneur par la mort de ſon vaſſal, juſqu'à ce que les enfans de ce dernier aient atteint l'âge de vingt-ans,) en cas de mutation par mort de ſon vaſſal ; que celui-ci *afféage* à un ſecond, avec rétention ſeulement de l'obéiſſance & d'un faucon ; ſi le premier vaſſal vient à mourir, & que le ſeigneur demande le *bail,* le ſecond aura droit de s'y oppoſer : & ainſi le ſeigneur ſupérieur ne trouvant que l'obéiſſance dans la main de ſon vaſſal immédiat, perdra le bail qui lui étoit dû par la mutation. De même, ſi l'arriere-vaſſal vend le fief pendant la vie de celui qui le lui a *sous-afféagé,* celui-ci percevra les lods & ventes au préjudice du ſeigneur ſupérieur ; car, il eſt de principe en droit féodal, que le ſeigneur dominant n'a d'action contre l'arriere-vaſſal, que celle qu'il trouve dans la ſucceſſion de ſon vaſſal immédiat. Il y a donc, dit d'Argentré, de l'abſurdité & de l'injuſtice à admettre le *sous-afféagement, ſans le conſentement du ſeigneur ſupérieur,* puiſque par ce moyen il perd le bail, le

rachat ou autres droits qu'il auroit recueillis, ſi le *sous-afféagement* n'eût pas eu lieu. » ... L'auteur convient cependant, nº. 4, qu'en Bretagne l'uſage eſt de *sous-afféager* ſans le conſentement du ſeigneur ; parce que les fiefs y ſont regardés comme biens patrimoniaux, dont le vaſſal peut diſpoſer, pourvu qu'il retienne la foi. .... C'eſt même ſelon Hevin, *(ibid. pag. 804,)* l'eſprit de l'inſtitution des grands fiefs qui ont été accordés aux ducs, comtes, &c. afin qu'ils ſe fiſſent des vaſſaux ; & ainſi des autres. D'ailleurs, le jeu de fief eſt autoriſé par preſque toutes les coutumes. Les unes permettent au vaſſal d'aliéner le tiers de ſon fief, d'autres, telles que la *Coutume de Paris,* art. 51, étendent cette faculté juſqu'aux deux tiers ; d'autres permettent de ſe jouer de tout ſon fief ; mais toutes exigent la réſerve de la foi entiere. Enfin, dans les coutumes qui gardent le ſilence ſur la maniere dont on peut ſe jouer de ſon fief, la plupart des auteurs ſont d'avis que le vaſſal peut *aliéner* tout ſon fief ſans le conſentement du *ſeigneur,* & ſans lui payer aucun droit, pourvu qu'il conſerve la foi entiere à ſon ſeigneur. (Renauldon, *Dictionnaire des fiefs,* au mot *Jouer, nº. 74 & ſuiv. pag. 22.)* Il n'y a donc pas de difficulté à admettre le *sousafféagement ſans le conſentement du ſeigneur,* pourvu que le vaſſal *retienne l'obéiſſance;* d'autant mieux que, comme le remarque Hevin, l'art. *62 de la nouvelle Coutume de Bretagne,* permet au ſeigneur *d'amortir les rentes* que lui doit ſon *homme,* au préjudice du ſeigneur ſupérieur. De plus, l'ordonnance du duc Jean, en permettant de *faire de ſon domaine ſon fief,* ne parle pas du conſentement du ſeigneur ſupérieur. L'art. *358 de la nouvelle Coutume,* bien loin d'impoſer cette condition, décide, que dans le cas de l'*afféagement du domaine* acquis par retrait, on peut prendre de l'argent, ſans que le ſeigneur y puiſſe *prendre aucune choſe :* il eſt donc bien démontré que son consentement n'est pas nécessaire pour la validité du *sous-afféagement*. . . . Voyons quels biens on peut *afféager*.

Qualités des biens que l'on peut afféager, Attache de fief, Noblesse de l'héritage, Fouage, Droits incorporels, &c.

3. D'après l'ordonnance du duc Jean V, & les anciens & nouveaux articles de la coutume, il est permis d'*afféager* indifféremment les *terres patrimoniales*, & celles acquises par retrait *féodal* ou *lignager*; & comme l'exemple du retrait cité par la coutume n'est pas *limitatif*, mais seulement *démonstratif*, on peut aussi *afféager* les terres acquises par *échange, vente, reversion, consolidation, confiscation, déshérence*, & par tout autre titre. (D'Argentré, *art. 344 de l'ancienne Coutume, glos. 2, n°. 5;* Hevin sur Frain, *tom. 2, pag. 805.*) Mais dans tous ces cas, il faut qu'elles soient nobles & dépendantes d'une justice féodale; autrement, loin d'être un *afféagement*, ce seroit un contrat de pure rente censive, soumis aux *ventes* & *prémesses*, par les *art. 60 & 314 de la nouvelle Coutume;* parce qu'en Bretagne, suivant d'Argentré, (*art. 73, veter. Conf. not. 2, n°. 1, & art. 230, glos. 1, n°. 5,*) le cens est une pure rente fonciere sans fief & sans rétention de seigneurie directe.

Arrêt du parlement de Bretagne, du 5 juillet 1621, qui juge, qu'un seigneur ne peut *afféager noblement* l'héritage qui lui est venu par retrait féodal, lorsqu'il a été tenu *roturiérement*. (Frain, *Plaidoyer 133, tom. 2, pag. 800.*). . . . *Espece*. Le seigneur d'Aubigné retire féodalement la métairie du Tilleul, vendue par la demoiselle Deshayers qui l'avoit tenue *roturiérement*, & la donne à titre de *pur féage* au sieur Truillot, procureur en la cour, en considération de ses services, & à la charge d'une rente. Procès entre Truillot & les paroissiens de Saint-Médard, qui veulent l'obliger

de payer le *fouage* pour cette métairie. (Le fouage est une imposition seigneuriale, sur chaque chef de famille, pour le droit de tenir feu.) Truillot demande la réjection de cette imposition, disant que son contrat est un *pur féage noble*, & qu'à ce titre il est exempt du fouage. Sentence des requêtes, qui appointe les parties au principal, & ordonne par provision le paiement du fouage. Appel par Truillot : il oppose l'*art. 356 de la nouvelle Coutume*, qui décide que le fief tenu *roturiérement*, retiré ensuite par le seigneur, *redevient noble* entre ses mains; que le seigneur d'Aubigné a pu lui *afféager* la métairie, en vertu de l'*art. 358*, qui permet l'*afféagement* du domaine *acquis par retrait*; qu'ainsi, quoique la métairie en question fût sujette au fouage, lorsqu'elle étoit entre les mains de la demoiselle Deshayers, elle en est exempte depuis sa consolidation au fief dominant. Sur cela, il invoque les suffrages de Benedicti, Guy-Pape, Ranchin, & s'étaie d'un arrêt cité par d'Argentré, (*art. 340 de l'ancienne Coutume, glos. 1, n°. 4, 5 & 6.*) rendu en faveur du sieur de Mont-Boucher, contre les habitans d'Argentré, qui l'avoient imposé au *fouage* pour raison de deux métairies qu'il avoit réunies à son domaine.... Les paroissiens de Saint-Médard répondent qu'à la vérité, l'héritage tenu roturiérement, retiré ensuite par le seigneur, reprend sa premiere noblesse, qu'il conserve tant qu'il demeure entre ses mains, mais qu'il le perd aussi-tôt qu'il en sort. S'il en étoit autrement, on blesseroit l'intérêt public, & on entreprendroit sur les droits du roi, qui a seul le pouvoir d'ennoblir ce qui est roturier.— La cour confirma la sentence, & déclara la métairie sujette au *fouage*.... Dans le vrai Truillot avoit tort de soutenir que son contrat étoit un *pur féage noble*, puisque la métairie du Tilleul avoit été tenue *roturiérement* par la demoiselle Deshayers; car de ce que l'*art. 358 de la nouvelle Coutume*, permet d'*afféager* l'héritage acquis par *retrait*, il

ne s'enfuivoit pas que le feigneur d'Aubigné eût pu lui *afféager noblement* cette
métairie ; puifqu'elle avoit réellement
perdu fa qualité de terre noble, par les
conditions auxquelles la demoifelle Def-
hayers l'avoit reçue. Lorfque la coutume
permet au feigneur d'*afféager* l'héritage
retiré, elle entend implicitement, qu'il
n'ait pas perdu fa premiere qualité de
noble. En vain objecte-t-on que le domaine retiré peut être *afféagé*, quoiqu'il
ait été tenu en roture, parce qu'il a repris fa premiere nobleffe depuis fa confolidation au fief dominant. On répond
à cela, qu'il ne redevient noble que par
fa réunion néceffaire ; parce que le même
individu ne peut pas être agent & patient
tout à la fois, comme dit d'Argentré,
(*art. 340, veteris Confuet. glojf. 1, n°. 3.*)
Et dans ce cas, le feigneur ne peut être
impofé au fouage ; parce que l'héritage
retiré eft confondu avec le fief noble,
qui ne peut être impofé. Mais fi le feigneur fait un nouvel *afféagement* de ce
fond, l'*afféagifte* ne peut le tenir que *roturiérement* ; parce que fa confolidation
ne lui a pas rendu fa vraie nobleffe primitive, mais une nobleffe relative feulement au feigneur, & pour lui feul, une
nobleffe enfin purement conditionnelle
qu'il ne peut conferver que dans les
mains du feigneur. Ainfi, lorfqu'il paffe
en d'autres mains, l'effet doit ceffer,
parce que le feigneur n'a pas le pouvoir
d'ennoblir réellement un héritage roturier ; ce droit étant réfervé au, prince
feul : *Propterea quòd in poteftate cujufque non eft nobilitatem conferre five rei,
five perfonæ, citra principis confenfum.*
(D'Argentré, *art. 343, veter. Conf.
glof. 1, n°. 1.*)

ARRÊT du parlement de Bretagne,
du 8 juin 1626, qui adjuge le retrait
lignager d'un héritage, qui d'abord avoit
été tenu *à convenant*, (à titre de colon),
par conféquent *roturiérement*, & afféagé
depuis moyennant 30 liv. de rente annuelle, & 100 liv. pour l'entrée *du féage.*
(*Frain, Plaid. 139, tom. 2, pag. 627.*)

ARRÊT du parlement de Bretagne,
du mois de juin 1665, qui déclare nul
l'*afféagement* d'un héritage retiré lignagerement ; parce que l'afféageant ne put pas
prouver que cet héritage eût dépendu
autrefois de fa feigneurie. (*Sauvageau,
liv. 1, chap. 97, pag. 65.*)

ARRÊT du parlement de Bretagne,
du mois de.... 1667, qui déclare nul
un *afféagement* fait par un homme qui
n'avoit point le fief & jurifdiction de la
terre qu'il avoit *afféagée.* (*Guyot, Traité
des fiefs, ch. 5, diftinct. 19, tom. 1,
pag. 221.*)

Lorfque l'afféagement ne porte point
que l'héritage fera tenu roturiérement,
& que l'on a réfervé la foi & hommage,
il conferve fa nobleffe, fans fouffrir
d'altération par les rentes dont il eft
chargé. Cette jurifprudence eft atteftée par
un ACTE DE NOTORIÉTÉ du parquet
du parlement de Bretagne, du 14 janvier
1738. (*Journal du parlement de Bretagne,
tom. 2, pag. 628.*)

D'Argentré, fur l'*art. 336 de l'ancienne Coutume*, avoit dit, que quoiqu'il
foit peu ordinaire de voir tenir en fief
d'autres chofes que des fonds réels, il
pourroit pourtant arriver quelquefois
qu'on afféageât des droits incorporels,
des offices, &c. *Difficile eft ponere cafum de aliis rebus infeodatis quàm quæ
funt foli, quia REGULARITER jure
confuetudinario in aliis rebus non confiftit,
nifi cùm fortè jura incorporalia, officia
& talia jura infeodantur, QUOD IN
FEUDUM ACCIDIT.* (*Glof. 1.*) Mais
M. du Parc prétend qu'il eft inutile
d'examiner fi l'opinion de d'Argentré,
fur la poffibilité de l'*afféagement* des droits
incorporels peut être fondée, parce qu'il
eft *de maxime à préfent*, que le feul domaine de la feigneurie peut être *afféagé*,
& qu'on ne peut pas afféager des offices, &c.
(*Comm. fur la Coutume de Bretagne,
tom. 2, pag. 607.*)

Sur toutes ces controverfes, nous citons
féchement. Eh! que dire? dans le droit
féodal, tout eft loi pofitive ou arbitraire.

Conditions de l'afféagement, Héritage patrimonial, Héritage retiré.

4. Il est indifférent, quant à la faculté d'*afféager*, que l'héritage soit patrimonial où qu'il ait été acquis par retrait féodal ou lignager ; mais lorsqu'il s'agit des conditions de l'afféagement, la distinction est essentielle à faire. Si le domaine est *patrimonial* & qu'il n'ait pas encore été *afféagé*, le seigneur afféageant est maître de stipuler une rente aussi médiocre qu'il le juge à propos. Si au contraire ce domaine avoit déja été *afféagé*, il doit retenir l'obéissance & la rente ancienne : *Eâdem lege & conditione ne quid omnino utile domino pereat aut imminuatur.* Il peut même en ce cas augmenter la rente, parce que cela tourne au profit du seigneur supérieur ; mais il ne peut la diminuer, parce que le vassal ne peut détériorer cette condition : *Nam jura dominis debita nullo modo dispositionibus vassallorum subjacent.* (D'Argentré, *art. 344, de l'anc. Cout. glos. 1, n°. 10.*) Cependant par l'*art. 359* de la nouvelle coutume, l'*afféageant* peut prendre 100 sous par journal de terre, sans que cela détruise la nature gratuite de l'*afféagement*, vu la modicité de la somme comparée à la valeur de l'héritage ; & en ce cas il n'y a pas lieu au retrait lignager, selon les *art. 312 & 369* de la nouvelle coutume. Mais si l'*afféageant* prend au-delà de ce que la coutume permet, le retrait lignager peut être exercé ; parce qu'alors l'*afféagement* est *frauduleux*, dégénere en vraie vente, & le seigneur *perd* l'*obéissance* qui retourne au supérieur. *Est enim contra SUBSTANTIALIA FEUDI cùm BENEVOLA & GRATUITA RATIO diffiniatur esse feudum ; quare COR-RUMPUNTUR SUBSTANTIALIA TA-LIS CONTRACTUS si EA INTERVE-NIT (PECUNIA) & ACTUS IN ALIAM CONVENTIONIS SPECIEM TRANSIT, & DESINIT ESSE FEUDUM : Ex quo fit ut DEFICIENTE MATERIA, NON ENTIS NULLÆ SINT QUALITATES,* cùm sic dicitur *FEUDUM NON EST ; ergo nec DOMINII DIRECTI RETEN-TIO,* ny obeyssance ny seigneurie, *QUIA DOMINIUM DIRECTUM DEVOLVI-TUR ad SUPERIOREM QUALE apud PRÆTENSUM INFEUDATOREM FUE-RAT.* (D'Argentré, *art. 345 de l'anc. Cout. glos. 1, n°. 1.*)

ARRÊT du parlement de Bretagne, du 5 juillet 1622, qui juge que l'*afféa-gement* d'un héritage *retiré féodalement*, doit être fait sous la même condition que la chose portoit auparavant. (Sauvageau, *liv. 3, ch. 91, pag. 16.*)

ARRÊT du parlement de Bretagne, du 22 mai 1631, qui adjuge le retrait lignager d'un héritage *afféagé* à prix d'argent, quoique l'*afféageant* eût obtenu du roi la permission d'en prendre tant qu'il pourroit ; & que les lettres portant cette permission, eussent été vérifiées en la cour & à la chambre des comptes. (Poullain du Parc, *art. 312, de la nouvelle Coutume de Bretagne, tit. 16, tom. 2, pag. 479....*) L'auteur, dans ces notes sur cet article, dit que la cour regarda cet *afféagement* comme un *arrentement* qualifié mal à propos de *féage ;* & qui, suivant l'*art. 314*, étoit sujet aux *lods & ventes* & au *retrait.*

Si l'héritage est venu par *retrait féodal* ou *lignager,* comme cette acquisition est onéreuse par rapport au remboursement du prix, le seigneur peut en l'*afféageant,* prendre de l'argent jusqu'à concurrence de ce qu'il lui en coûte pour le retirer. « En effet, dit Hevin, (*ibid. pag. 808,*) il faut considérer, comme dit (la très-ancienne coutume), que le retrait est en faveur de celui qui l'exerce, & qu'il a été introduit, non seulement pour donner au seigneur la facilité de réunir son fief à son domaine, mais aussi pour éloigner un vassal désagréable & s'en procurer un qui lui plaise, en remettant le domaine en fief & le r'*afféageant* à mêmes rentes ou plus grandes. Il ne faut donc pas priver l'*afféageant* du pouvoir de s'indemniser & de reprendre ce qu'il a payé, puisqu'il ne fait que remettre les chofes en même état fans faire préjudice à fon feigneur, & qu'il eſt vrai que s'il n'avoit point retiré, il auroit & un vaſſal & fes deniers. » Mais il doit retenir l'obéiſſance, fans rien diminuer de la rente ancienne, s'il y en avoit une, conformément à *l'art. 358 de la nouvelle Coutume.*

Terres incultes.

5. *L'art. 359 de la nouvelle Coutume* ayant permis aux feigneurs *afféageans* de prendre 100 fous par journal de leurs *terres incultes*, fon filence fur les *terres cultivées*, ne doit pas être regardé comme une prohibition de prendre les mêmes deniers de l'*afféagement* de ces dernieres. « Car, dit Hevin, *(tom. 2, pag. 811,)* fi cette fomme de 100 fous par journal eſt jugée fi modique qu'elle n'altere pas la nature du contrat de *féage*, même dans les *terres ſtériles*, à plus forte raifon dans les *terres cultivées*, où nonobſtant tels deniers d'entrée, la *libéralité eſſentielle* au *féage* demeure *beaucoup plus grande* que dans les *terres incultes.... Les réformateurs ont changé en 100 fols*, les *10 fols* de l'ancienne, & les *5 fols* de la *très-ancienne* qui fe prenoient *fans diſtinction*, foit du *domaine fertile* ou de l'*inculte*; & fi les réformateurs ont mentionné l'*inculte*, ce n'a pas été pour faire une *reſtriction* ou *limitation*; il n'y a aucun *terme limitatif* dans le texte, tel que feroit *feulement*, ou autre femblable; ils n'ont fait mention du *domaine inculte* que par *démonſtration*, parce que *cela arrive plus fréquemment*, & pour décider *cafum magis dubitabilem*. Il faut bien diſtinguer ce qui eſt dit dans les coutumes par *démonſtration*, & felon l'ufage le plus ordinaire, comme ici; d'avec ce qui eſt dit par *reſtriction & limitation*, comme obferve au long M. Paul Chaline, dans fa *Méthode pour l'intelligence des coutumes, regle 8.* »

Juſtice.

6. Le feigneur qui *afféage* une partie de fon domaine ne perd pas pour cela fa juſtice, haute, moyenne, ou baſſe; il a droit d'exercer fa jurifdiction fur fon nouveau vaſſal felon le degré de juſtice qu'il a, de la même maniere qu'il le fait fur fes anciens hommes de fief.

ARRÊTS du parlement de Bretagne, des 13 janvier 1626, & 26 août 1642, qui maintiennent des feigneurs dans l'exercice de leur juſtice fur leurs *afféagiſtes*. (Poullain du Parc, *art. 359 de la nouvelle Coutume, tom. 2, pag. 683.* Frain, *Plaid. 86, tom. 1, pag. 357.)*

Retrait.

7. Lorfqu'un vaſſal a vendu une partie des terres nobles qui lui avoient été *afféagées*, fon fils peut les retirer lignagerement, quand même le vendeur n'en auroit pas été *approprié*, c'eſt-à-dire, quand même les proclamations publiques de fon contrat n'auroient pas été faites; parce que l'*afféagiſte* devient propriétaire incommutable, fans cette formalité, dès le moment de l'*afféagement*. L'*art. 298 de la nouvelle Coutume*, en ordonnant l'*appropriement* comme une condition fans laquelle les lignagers de l'acquéreur ne peuvent exercer le retrait, a fait une exception en faveur du fils par les termes fuivans : *Ores que le retrayant n'en fût defcendu* (de l'acquéreur.)

ARRÊTS des 19 août 1735, & 6 août 1737, qui confirment ces principes. *(Journal du parlement de Bretagne, chap. 47, tom. 2, pag. 460.)*

Refcifion.

8. Jurifprudence conſtante. Quoique la mouvance foit perdue pour le feigneur qui fait un *afféagement frauduleux*, la propriété de l'héritage n'en paſſe pas moins à l'*afféagiſte*, & la refcifion ne peut avoir lieu, fous prétexte que l'*afféagement* étant devenu une véritable vente, il y a léfion d'outre moitié.

ARRÊTS du parlement de Bretagne, des 20 juin 1656, 20 juillet 1658, & 15 février 1661, qui l'ont jugé ainfi.

(Poullain du Parc, *art. 295, tom. 2,
pag. 355, & art. 359, pag. 635.*
Sauvageau, *liv. 1, ch. 63, pag. 40.*)

Il y a fin de non-recevoir contre le
seigneur qui demande la *rescision de l'afféagement*, sous prétexte que les causes
de l'acte étoient fausses, & qu'il a été
lésé par la modicité de la rente. Car l'*afféagement* est un contrat purement *gratuit*
& fondé sur la libéralité; *originem ex
amicitiâ trahit.* Il n'exige donc aucune
autre cause.

ARRÊT du parlement de Bretagne, du
24 février 1628, conforme à ce principe.
(Poullain du Parc, *tom. 2, pag. 632.*)

Biens d'église.

9. L'*afféagement* étant une vraie *aliénation* qui transfere la propriété, les
ecclésiastiques, tant séculiers que réguliers, ne peuvent *afféager* les biens de
leur église sans demander le consentement
de leur chapitre, & l'autorisation de
l'évêque, si le bénéfice dépend de sa
jurisdiction; ou du pape, s'il en est
exempt: car le pape est diocésain aux
lieux exempts. (*L. 17, cod. de sacros.
ecclef.*) Sans ces formalités l'*afféagement*
est nul, quand même le roi auroit accordé
des lettres patentes.

ARRÊT du parlement de Bretagne,
du 29 octobre 1632, qui ordonne que
les jésuites du college de Quimpercorentin
r'entreront en la possession & jouissance
des terres & domaines dépendans du
prieuré de Locament, que le sieur Rin-
quier, prieur commendataire dudit lieu,
avoit *afféagés* sans les formes requises
aux aliénations ecclésiastiques, quoique
cependant il eût obtenu lettres patentes;
condamne le sieur Sallon, détenteur desdits héritages à déguerpir, néanmoins
sans rapport de jouissance, ni des sommes portées par le contrat; sauf audit
Sallon à se pourvoir pour icelles sommes, vers qui il verra l'avoir à faire,
sans dépens. (Frain, *Plaid. 113, tom. 2,
pag. 968, & suiv.*)

Les auteurs de l'encyclopédie de juris-

prudence, *tom. 3, pag. 375,* rapportent un ARRÊT du parlement de Bretagne, du 19 juillet 1753, qui a déclaré
valable un *afféagement* fait par l'évêque de
Saint-Pol de Léon, sous la réserve d'une
rente de 100 livres, quoique ce prélat eût
négligé d'observer les formalités prescrites
pour les aliénations des biens d'église....
Quel qu'ait été le motif de cet arrêt dont
nous ignorons l'espece, nous observerons
qu'il ne doit pas tirer à conséquence; parce
que l'*afféagement* étant un acte translatif
de propriété, l'évêque de Léon n'avoit
pas pu *afféager* valablement sans les formalités prescrites par les canons & les
ordonnances. Il falloit sans doute qu'il
y eût eu *nécessité indispensable d'afféager*
pour éviter une détérioration absolue
des biens de l'église de Léon; il falloit
en même temps que la rente n'excédât
pas les 100 sous par journal de terre dont
parle l'*art. 359 de la nouvelle Coutume:*
autrement c'eût été une vraie vente &
non un *afféagement.*

Eaux & forêts.

10. L'*art. 11, du tit. 6 de l'ordonnance de 1669,* porte qu'il sera donné
connoissance aux procureurs de sa majesté
dans les sieges des maîtrises « de tous
les démembremens, aveux, acensive-
mens, *afféagemens,* contrats de vente,
déclarations, titres nouveaux, reconnoissances & aliénations des immeubles
& héritages de toute nature, situés dans
l'enceinte, & joignant les bois & forêts
du roi, pour en donner avis au grand
maître; & suivant leurs ordres & instructions, les blâmer si besoin est, & empêcher que rien ne soit vendu, aliéné ou
afféagé qui dépende des domaines du roi,
ou qui puisse préjudicier à ses droits, ou
établir servitude sur ses bois & forêts, à
peine de nullité de tous les actes & contrats qui seront faits sans cette formalité,
lesquels ne feront aucune foi contre le
roi pour l'établissement d'aucuns droits
prétendus par les particuliers, ni pour
la propriété des héritages y contenus,

qui pourront être contestés par sa majesté : & si le procureur du roi donne de son mouvement quelque consentement, il en demeurera responsable envers sa majesté, & de tous ses dépens, dommages & intérêts. »

Clôtures, Riverains.

11. En Bretagne chaque seigneur donne une partie de son fief à défricher, & l'*afféagiste* a coutume d'y faire des clôtures ; mais comme ces barrieres ont été plusieurs fois endommagées, le parlement de Bretagne a fait un réglement, le 10 décembre 1736, par lequel il permet aux *afféagistes* de se pourvoir civilement pour leurs dommages & intérêts contre les riverains, qui en seront responsables solidairement, à défaut par eux d'avoir dénoncé les coupables. Les *afféagistes* ne sont pas tenus de la poursuite criminelle, pas même de désigner les coupables : le ministere public est seul chargé de les découvrir & de les faire punir.

ARRÊTS du parlement de Bretagne, des 10 juillet 1747, & 16 juillet 1748, qui condamnent solidairement des riverains aux dommages & intérêts des *afféagistes*, pour n'avoir pas dénoncé les coupables du bris des clôtures. Voyez *Aliénation, Amortissement, Arrentement, Biens d'église, Clôtures, Communes, Confiscation, Consolidation, Convenant, Démembrement, Déshérence, Dommages & intérêts, Domaine congéable, Échange, Emphytéose, Féage, Fief, Fouage, Inféodation, Jeu de fief, Jurisdiction, Justice, Lésion, Lods, Mouvance, Prémesse, Rente, Retrait, Reversion, Riverain, Vente, &c.*

AFFECTATION.

(*Dr. ecclésiastique. Dr. privé.*)

1. Nous n'envisagerons pas ici ce mot dans ses rapports avec la morale, & en tant qu'il désigne une maniere d'être

recherchée, qui forme un contraste choquant avec la maniere d'être ordinaire. C'est un vice dans un souverain, dans un magistrat, dans un homme public, encore plus grand que dans un simple particulier. Il n'y a rien en effet de plus opposé à la véritable justice, à l'équité naturelle, que l'*affectation* de paroitre juste & équitable ; parce qu'il n'y a rien de plus opposé à la vérité que l'art qui veut l'imiter.

Nous nous contenterons d'examiner ce que c'est que l'*affectation* dans ses acceptions reçues en jurisprudence.

C'est, en matiere bénéficiale, une exception, une réservation qui met obstacle au droit naturel qu'a tout collateur de disposer d'un bénéfice d'une maniere parfaitement libre & indépendante. C'est, dans le droit privé, l'imposition d'une charge sur un fonds, sur un droit réel pour la sûreté d'une obligation quelconque.

DROIT ECCLÉSIASTIQUE.

2. On distingue deux especes d'*affectations* ; l'une connue par le droit ultramontain, & l'autre adoptée par le droit françois.

Jurisprudence ultramontaine.

3. Comme nous avons rejeté les moyens par lesquels les papes s'étoient successivement attribué la disposition de presque tous les bénéfices, & que suivant la pragmatique, le concordat, l'ordonnance de Louis XII, de 1500, celle de François I, de 1527, &c. nous ne reconnoissons point les mandats *de providendo*, les graces expectatives générales ou spéciales, les réservations, &c. nous n'entrerons pas dans de longs détails sur la distinction proposée par quelques canonistes entre les réservations proprement dites, & ce qu'ils appellent *affectations*, & sur les exemples qu'ils proposent pour tâcher de rendre cette distinction sensible.

Il faut convenir d'abord que l'*affectation*, ou la *réservation*, c'est-à-dire, la

droit du pape de difpofer d'un bénéfice *affecté* ou *refervé*, font des objets
parfaitement affimilés & même confondus dans l'expofition de l'Extrava-
gante de Paul II, (*cap. ad Romani
14, tit. 2, de præbendis, lib. 3,
Extrav. com.*)

Cependant Pyrrhus Corradus, en convenant de cette vérité, propofe les
diftinctions qu'en ont voulu donner
Mandofius & Gonzalès ; & il faut convenir qu'elles font fubtiles, & faites pour
obfcurcir une matiere où l'intérêt de la
cour de Rome n'a jamais voulu qu'on
vît bien clairement.

Mandofius dit qu'il y a, entre la *réfervation* & l'*affectation*, la différence qu'il
y a entre la caufe & l'effet ; entre une
opération intérieure & tacite, & une
démonftration extérieure & expreffe :
*Hæc differentia colligi poteft, quæ inter
caufam & caufatum, ac inter tacitum &
expreffum redundat ; nam refervatio erit
caufa, AFFECTIO verò caufatum.*

Gonzalès dit, qu'on peut établir cette
différence entre la réfervation & l'*affectation ;* que la premiere marque un *acte*
verbal & exprès, comme quand le pape,
par une conftitution ou fa fimple *parole*
dit : *nous nous réfervons ;* & que la
feconde eft déterminée par une *action*
réelle, un fait dont la réfervation s'induit. Ainfi, par exemple, *quand le pape
met la main fur la difpofition d'un bénéfice, on dit que ce bénéfice eft affecté,* &
les inférieurs ne peuvent plus entreprendre fur fa difpofition : *Hæc differentia poteft conftitui inter refervationem
& AFFECTIONEM, fcilicet quòd refervatio refpicit actum verbalem & expreffum ;
veluti fi papa per fuam conftitutionem,
aut folo verbo dicit : RESERVAMUS ; tunc
enim dicitur refervatio. AFFECTIO verò
refpicit actum realem, & factum ex quo
refervatio oritur ; veluti QUANDO PAPA
APPONIT MANUM SUPER DISPOSI-
TIONE ALICUJUS BENEFICII, NAM
TUNC DICITUR AFFECTIO ; ita ut
omnes inferiores ampliùs fe intromittere*

non valeant. (Pyrrhus Corradus *in praxi,
lib. 5, cap. 2, n°. 72, pag. 325.*)

Nous le répétons, ceci n'eft que
fubtil ; mais les exemples de l'*affectation*, propofés par les canoniftes, ne
font pas mieux fentir la différence de
la *réfervation* & de l'*affectation* que leurs
définitions.

Lorfque le pape a donné un bénéfice
en commende, il eft *affecté* pour tout le
temps que fubfifte la commende ; & le
pape feul peut en difpofer lorfqu'il eft
remis en titre : *Ex appofitione manûs
papæ in tali commendâ, remanet beneficium AFFECTUM, ut ceffante commendâ
vel adminiftratione papa folus providere
debeat.* (Barbofa, *de reb. eccl. lib. 3,
cap. 23, n°. 90.*) Le même auteur
affure qu'un bénéfice eft *affecté*, lorfque
le pape en a difpofé en vertu du droit de
prévention ; de maniere que l'ordinaire
ne peut plus en difpofer, même dans le
cas où la provifion du pape fe trouve
nulle par l'incapacité du pourvu. (*Ibid.*)
Il décide encore que le bénéfice réfigné
en cour de Rome, eft *affecté*, & qu'il
fuffit que le pape y ait mis la main,
pour que la difpofition doive lui en
appartenir exclufivement, lors même que
la réfignation eft nulle, ou ne peut
autrement avoir fon effet. Les réfignations en faveur font feules fouftraites à
la regle de l'*affectation*. (*Ibid. n°. 93.*)
Enfin, il foutient qu'un bénéfice électif
eft *affecté*, quand le pape envoie aux
électeurs des défenfes de procéder à
l'élection.

Tonduti dit, que la nomination d'un
coadjuteur *affecte* un bénéfice qui eft irrévocablement dévolu au pape ; quand
même le prélat, à qui on a nommé ce
coadjuteur, décéderoit avant que celui-ci
eût fait fignifier fa nomination, ou avant
qu'il fût entré en fonctions : *Per deputa-
tionem coadjutoris cum futurâ fucceffione
AFFECTIO beneficii inducitur ; quamvis
coadjutus decederet antequàm coadjutor
litteras intimaffet, vel coadjutoris officium
exercere cæpiffet.* (Tonduti Sanlegerii,
quæft.

quæst. & resol. beneficial. part. 2, cap. 3, § *1, n°. 7, tom. 1, operum, pag.* 255.)
Un bénéfice est *affecté,* quand le pape en a disposé par un mandat *de providendo,* lors même que ce mandat demeure sans effet : *Beneficia esse affecta per appositionem manûs papæ & provisiones seu mandata de providendo, etiamsi ex aliquâ causâ non sortiantur effectum.* (*Ibid. n°.* 4.)

Et dans tous ces différens cas, l'*affectation* cesse, lorsque, par exemple, la provision du pape porte sur une fausse supposition : celle-ci ; quand le pape confere comme réservé un bénéfice qui ne l'étoit pas, ou s'il avoit conféré comme vacant un bénéfice qui étoit actuellement desservi : *Cessaret tamen reservatio & AFFECTIO si provisio papæ facta fuisset ex falsâ causâ, quando falsitas causæ versaretur circa pertinentiam collationis, ut pote quòd papa conferret beneficium tanquam reservatum, cùm tamen verè non esset reservatum. . . . . Vel si falsitas causæ versaretur circa vacationem ipsam principaliter narratam, cùm tamen beneficium verè non vacaret.* (*Ibid. n°.* 5.)

L'*affectation* cesse après l'accomplissement de la grace, & que la collation du pape a eu effet ; parce que cette *affectation* ne s'étend pas aux futures vacances : *Cessat autem AFFECTIO, neque beneficium ampliùs reservatum est per appositionem manûs papæ, quando gratia est perfecta, & collatio papæ sortita fuit effectum per provisionem subsecutam ; quia AFFECTIO locum non habet quoad futuras vacationes.* (*Ibid.* n°. 9.)

L'*affectation* cesse lorsque la grace ne peut avoir lieu par le défaut d'accomplissement d'une condition : *Quia tunc constat de contrariâ mente ipsius papæ, qui noluit providere, nisi sub illâ conditione.* (*Ibid.* n°. 12.) Elle cesse encore lorsqu'il s'agit d'un différent genre de vacance : si le pape a conféré, par exemple, pour cause de permutation, & que le bénéfice vaque pour cause de décès. (*Ibid.* n°. 13.) Elle cesse aussi, lorsqu'elle auroit pour objet de déroger

à l'indult d'un cardinal, à moins que le pape n'ait eu précisément l'intention d'y déroger : *Non etiam locum habet AFFECTIO quando ex tali manuum appositione resultaret derogatio indulti concessi alicui cardinali, nisi expressè papa illi indulto derogasset.* (*Ibid.* n°. 14.)
Enfin, elle cesse lorsqu'elle attaqueroit les droits d'un patron laïque ; à moins que le pape n'ait voulu formellement, & en grande connoissance de cause, conférer au préjudice de ces droits. (*Ibid.* n°. 16 & 17.)

C'en est assez, & trop peut-être, puisque les Ultramontains eux-mêmes conviennent que l'*affectation* du pape ne peut concerner les bénéfices du royaume de France, où les collateurs ordinaires peuvent en disposer comme si le pape n'y avoit pas apposé la main : *Dicta manûs appositio non inducit reservationem in beneficiis Galliæ, in quibus ordinarius potest conferre, perinde ac si non essent AFFECTA aut reservata.* (Sanlegerius, *ibid.* n°. 14.)

Tous les canonistes françois, sans exception, & à leur tête le grand Dumoulin, assurent que nous n'admettons pas plus les *affectations par l'apposition des mains du pape,* que les mandats & les réserves : *Reservatio, præventio, vel APPOSITIO MANUS PAPÆ non operatur præventionem, nec reservationem, nec impedit ordinarium potestate suâ.* (Molinæus, *ad reg. de verisimili notitiâ,* n°. 68, tom. 5, operum, pag. 166.)

Jurisprudence françoise.

« 4. En France, (*dit l'auteur de la Bibl. canonique,*) nous n'avons point de cette façon de faire ; car, encore que le pape ait *apposé la main,* toujours l'ordinaire confere, si la premiere collation du pape n'est bonne, si ce n'est un mandataire auquel le bénéfice est *affecté* par les concordats de France. . . . Toutes ces réserves & *appositions de mains* furent abolies par le concile de Basle ; & nous gardons cela en France, que nous ne recevons point de réserves *ni d'appo-fitions de mains*, fuivant les concordats. » (Bouchel & Blondeau, *tom. 2, pag. 478.*)

En France. « Il y a trois fortes d'*affectations* de bénéfices : les uns font *affectés* par la loi à certaines perfonnes qui doivent avoir certaines qualités ; les autres font *affectés* à certaines perfonnes, pour les conférer fous certaines formes & folemnités ; & les autres font auffi *affectés* à certaines perfonnes par la loi de leur fondation. Aux premier & troifieme cas, il faut nécessairement que ceux à qui l'on confere ces bénéfices, aient les qualités requifes par la loi ou la fonda-tion, mais avec cette différence, qu'il fuffit d'avoir la qualité requife par le droit au temps de la poffeffion du béné-fice ; & au contraire, il faut abfolument avoir la qualité requife par la fondation au temps de la provifion ; autrement, c'eft une nullité effentielle, &c. » Ainfi s'exprimoit M. l'avocat général Bignon, en portant la parole dans une affaire fur laquelle nous reviendrons. (Bardet, *tom. 2, liv. 2, pag. 116.*)

Cette différence établie par M. Bignon, entre les bénéfices *affectés* par le droit ou par la loi, & les bénéfices *affectés* par la fondation, eft conforme aux textes du droit canon & aux explications des anciens canoniftes les plus accrédités, qui la déterminent par ces deux déno-minations : *refpectu aptitudinis,* & *refpectu usûs.* (Panormitanus *in cap. Cùm in cunctis,* 7, *de elect. & electi poteftate, decretal. 1, tit. 6.*)

Nous ne faifons qu'ajouter, qu'en France on diftingue encore l'*affectation* faite par le titre même de la fondation, & celle qui feroit faite par des ftatuts particuliers & poftérieurs à la fondation.

Cette derniere ne lieroit les collateurs, & ne nuiroit aux droits des expectans, qu'autant que ces ftatuts fe trouveroient cimentés par le concours des deux puif-fances. Les réflexions que nous joindrons aux différens ARRÊTS que nous allons citer, vont donner toute la clarté né-

ceffaire à ces points préliminaires, & rendre aifée l'application des regles aux différentes efpeces qui pourront fe pré-fenter à décider.

ARRÊT du parlement de Paris, du 22 février 1625, qui déclare le chapitre de St. Germain l'Auxerrois non rece-vable dans fon appel comme d'abus de la fignature apoftolique, qui avoit admis la réfignation d'une des chapelles *affectées*, par un ftatut capitulaire, aux chantres & choriftes de fon églife. Nous avons cité ce préjugé fous le mot *Abus,* nº. 51, *pag. 542.* On fera bien de parcourir en entier ce que nous avons dit fous cette divifion, où l'on trouve des principes & des exemples fur les cas où le ftatut d'un chapitre, d'un corps quelconque, doit ou ne doit pas être maintenu. En général, le ftatut portant *affectation* eft maintenu, s'il eft approuvé par l'auto-rité eccléfiaftique & féculiere ; & il ne l'eft pas, fi l'on a négligé cette formalité effentielle, ou fi l'on ne l'a remplie qu'après la vacance d'un bénéfice, & dans un inftant où un préventionnaire y avoit déja droit. Le préjugé fuivant eft remarquable.

ARRÊT du parlement de Paris, du 15 décembre 1625, qui juge que « les *affectations* de chapelles aux choriftes, depuis le concordat, ne nuifent aux gradués, qu'après une bulle du pape, lettres-patentes du roi vérifiées en la cour, & information de la commodité & utilité. » 1588, bulle de Sixte-Quint, portant fuppreffion de deux des foixante & fix prébendes, compofant le chapitre de Rheims, & *affectation* de treize cha-pelles pour l'entretien de douze vicaires defservant & tenant le chœur & la mu-fique. Premiere vérification de cette bulle au parlement de Paris en 1589 ; elle eft réitérée en 1595, & encore en 1625. Après l'obtention de lettres-patentes de fa majefté, une des chapelles vaque *per obitum* en 1624, eft requife par un gradué à qui on la refufe, & qui fe pourvoit au pape. La caufe portée en la cour, ce gradué foutient que la bulle d'*affectation* n'eft point duement vérifiée, puifque la premiere vérification de 1589 eft nulle, attendu l'interdiction du parlement de Paris, & qu'on a ofé *fceller & intituler CHARLES X.* La feconde vérification, de 1595, n'a pour objet que la fuppreffion des prébendes : à l'égard de la troifieme, elle eft faite après fa réquifition, fa provifion de Rome; & conféquemment, n'a pu préjudicier à un droit acquis. M. Talon dit : « qu'il eft vrai que lorfque le bénéfice, par fa fondation, eft *affecté* à certains religieux, prêtres, ou autres perfonnes, fi le gradué n'eft de cette qualité, il ne peut prétendre au bénéfice ; parce que la loi de fondation eft plus puiffante que celle qui donne le privilege aux gradués : car celui qui fonde un bénéfice, contracte avec le public qui eft obligé de faire exécuter fa volonté : *Et beneficium femel AFFECTUM, femper remanet AFFECTUM.* Lorfque l'*affectation* eft faite par bulles bien & duement homologuées, fur lettres-patentes entérinées & vérifiées avec grande connoiffance de caufe, comme il fe doit faire, telle *affectation* eft pareillement bonne : mais pour faire préjudice aux gradués, il faut qu'elle foit *avant le concordat*, n'étant pas raifonnable que le privilege qui leur a été octroyé leur puiffe être ôté par telles *affectations* beaucoup moins favorables que *la doctrine & la fcience.* Ce motif, qui a donné lieu au privilege des gradués, furpaffe de beaucoup *le ton de mufique*, laquelle néanmoins eft néceffaire ès églifes. » (Bardet, *tom. 1, liv. 2, chap. 60, pag. 154 & 155.*)

M. Piales s'explique d'une maniere très-claire fur la matiere importante que nous traitons. Il obferve que les anciens arrêts avoient jugé que l'*affectation* du tiers des bénéfices aux gradués par la pragmatique & le concordat, devoit prévaloir fur toute autre *affectation*, & fin-guliérement fur celle qui étoit faite par des ufages & ftatuts particuliers des cha-pitres & des églifes cathédrales ou collé-

giales au profit des prêtres habitués, chantres, choriftes, &c. parce qu'une *affectation* fondée fur le motif du bien général de l'églife univerfelle, étoit préférable à celle qui n'avoit d'autre fondement que l'intérêt, ou d'une églife particuliere, ou des eccléfiaftiques attachés au fervice d'une églife. Louet & Brodeau, (lettre G. fomm. 4, tom. 1, pag. 781, édit. de 1742,) citent deux de ces ARRÊTS des 22 décembre 1520, pour une chapelle de l'églife de St. Gatien de Tours, & 29 novembre 1573, pour les bénéfices *affectés* à la mufique du chapitre du Mans.

Mais dans la fuite, les cours fouveraines confidérerent qu'il falloit donner une récompenfe aux eccléfiaftiques élevés dès la plus tendre jeuneffe dans une églife à laquelle ils étoient toujours demeurés attachés, & qui d'ailleurs étoient plus propres que d'autres au fervice de cette églife ; enfin, qu'il ne falloit pas donner atteinte à la maxime, toujours fuivie dans le royaume, que les loix de la fondation des bénéfices & les ftatuts revêtus de lettres-patentes duement enrégiftrées, de-voient être inviolablement obfervés. Plu-fieurs ARRÊTS furent fondés fur ces dernieres confidérations.

Celui du 29 janvier 1575, pour une corbeillerie de l'églife d'Angers, porte, qu'afin « que toutes les églifes de ce reffort ayent connoiffance que les cha-pellenies & corbeilleries, & autres béné-fices *affectés* aux enfans de chœur corbeil-lers & habitués de l'églife d'Angers, leur font tellement *affectés*, qu'autres n'en peuvent être pourvus par mort, par ré-fignation, ou autrement, finon qu'ils foient de ladite qualité ; le préfent ARRÊT fera enregiftré aux régiftres du chapitre de ladite églife, & d'abondant lu, publié & regiftré aux registres de la fénéchauffée d'Angers à iffue de plaids & iceux tenans. » Sept autres ARRÊTS, rapportés par Bro-deau, ont jugé en conformité de ce réglement. Pour établir une regle cer-taine, M. Piales dit qu'il faut diftinguer différentes especes d'*affectations*. Celles qui font portées par la fondation, doivent être toujours exécutées, foit qu'elles foient antérieures ou poftérieures au concordat ; parce qu'un fondateur eft le maître d'impofer à fa libéralité telles conditions qu'il juge à propos, pourvu qu'elles ne renferment rien de contraire au droit public & aux bonnes mœurs. Les *affectations* établies par des ftatuts particuliers, font autorifées par des lettres-patentes, ou ne le font pas. Dans ce dernier cas, elles n'obligent que ceux qui s'y font foumis, & ne peuvent être oppofées à des tiers. Dans le premier cas, il faut diftinguer fi l'*affectation* eft antérieure ou poftérieure au concordat, à l'établiffement du droit des gradués.

Eft-elle antérieure ? les gradués, dont les privileges n'ont pris naiffance que depuis cette *affectation*, n'ont point droit de requérir les bénéfices qui en font l'objet.

Eft - elle poftérieure ? il faut en examiner les claufes. S'il y en a qui dérogent aux droits des gradués, ceux-ci font exclus ; parce que la même puiffance qui a pu établir ces droits, a pu y déroger : s'il n'y a point, au contraire, de claufes de dérogation, ces droits doivent être entretenus ; parce qu'étant formés par des décrets qui font devenus loix de l'état, ils doivent être exécutés dans tous les cas où ils ne font pas modifiés par d'autres loix. . . . Ces détails abregeront la marche de cette divifion.

ARRÊT du parlement de Paris, du 3 mai 1633, qui juge qu'une femi-prébende du chapitre de Sens, *affectée* aux choriftes, & vicaires par un concordat fait, en 1410, entre l'archevêque & le chapitre duement homologué, n'a pu être réfignée en faveur. C'eft dans cette affaire que M. Bignon propofa, fur la matiere des *affectations*, les diftinctions placées à la tête de cette divifion. On difoit que le concordat, par ces mots : *Si quando una dictarum femi-præbendarum vacare contingerit*, ne pouvoit fe rapporter qu'à

la vacance par mort ou par démiffion pure & fimple, qui font, à proprement parler, les feules véritables vacances. M. Bignon obferva, pour détruire cette objection, que les réfignations en faveur n'étant point encore ufitées & pratiquées en 1410, *ceux qui contractoient dans ce temps-là, n'avoient pu prévoir une chofe qui n'étoit point lors en ufage*. (Bardet, tom. 2, liv. 2, chap. 25, pag. 116 & fuiv.

ARRÊT du parlement de Paris, du 15 juillet 1633, qui juge que les bénéfices en patronage, font fujets à l'*affectation*, comme les autres. La cour maintint un vicaire en l'église cathédrale d'Amiens en la poffeffion d'une chapelle au préjudice du préfenté, & fit défenfes d'y préfenter à l'avenir d'autres qu'un vicaire de ladite église actuellement fervant, & qui y auroit fervi en fadite qualité avant la vacance de la chapelle. (*Mémoires du clergé*, tom. 2, col. 1533.) M. le Merre, (*ibid. colon. 1536*,) cite un autre ARRÊT du premier feptembre 1635, qui maintint le chapitre en la poffeffion de pouvoir conférer la même chapelle aux vicaires capables de la defservir, & cela feulement, tant qu'ils rendroient les devoirs & feroient le fervice à l'église, fans qu'ils puffent, en aucun cas, la réfigner.

ARRÊT du parlement de Paris, du 31 juillet 1634, qui juge que la cure, ou vicairie perpétuelle de l'église de St. Flour, n'eft point affétée à un chanoine de la cathédrale, quoique le chapitre ait la faculté d'en élire un ; la bulle de féculariſation du chapitre, contenant une alternative, & lui donnant la faculté de conférer la vicairie à un chanoine, ou à telle autre perfonne qu'il voudroit choifir, il n'y avoit point d'*affectation* précife. (Bardet, tom. 2, liv. 3, chap. 33, pag. 183 & 284.)

ARRÊT du parlemeut de Paris, du 7 mai 1635, qui juge " qu'un bénéfice *affecté* aux originaires du lieu, peut être conféré à celui dont les parens en étoient habitans, quoiqu'il n'y foit pas né ; & que le dévolutaire, natif de la ville, n'eft pas recevable, ni fous prétexte de ce que le pourvu n'étoit pas prêtre lors de fes provifions du bénéfice *facerdotal par la fondation*, parce que la promotion dans l'an à l'ordre de prêtrife eft fuffi-fante. » M. Talon dit, fur le premier moyen propofé par le dévolutaire, que la bulle d'affectation, étant conçue en ces termes : *Qui ex dicto loco originem duxerit, ex dicto loco oriundus ut præfertur*, il fuffifoit au pourvu que fes parens fuffent habitans de la ville de Chaumont, & y euffent tenu les prin-cipales charges : l'origine que nous em-pruntons de nos parens eft beaucoup plus confidérable que celle qui procede d'une naiffance fortuite & cafuelle, & c'eft à la premiere qu'on s'attache le plus ordi-nairement, fuivant la loi *affumptio, D. ad municip*. Sur le fecond moyen, M. Talon, en convenant que le bénéfice étoit *facer-dotal de fondation*, prétendoit qu'il étoit *fuffifant* que le pourvu eût été promu à l'ordre de prêtrife trois mois avant fa prife de poffeffion. Ceci feroit en oppofi-tion avec la maxime pofée par M. Bignon, *qu'il faut abfolument avoir la qualité requife par la fondation au temps de la provifion, AUTREMENT C'EST UNE NULLITÉ ESSENTIELLE*. Ceci feroit également en oppofition avec les prin-cipes de tous les canoniftes, qui exigent, dans le cas d'une *affectation* par la loi de la fondation, la qualité requife au moment de la provifion *refpectu ufus*. Mais il faut croire, ou que M. Talon s'écartoit un peu des regles par une fuite de cette défaveur avec laquelle on envifage les dévolutaires, ou plutôt que le bénéfice n'étoit pas réellement *affecté* à un prêtre par la fondation, comme le foutenoit le défenfeur du pourvu, en difant que la bulle d'érection du chapitre de Chaumont, *ne defiroit point la prê-trife en celui qui feroit élu pour doyen, mais aux chanoines feulement*. (Bardet, *tom. 2, liv. 4, chap. 16, pag. 205 & fuiv.*)

ARRÊT du parlement de Paris, du 24 mars 1637, qui déclare abufive la col-lation du doyenné de Châteaudun à un eccléfiaftique qui n'étoit pas du chapitre. Le titre de fondation *affectoit* cette dignité à un chanoine. (Fevret, *tom. 1, liv. 3, chap. 1, n°. 6, pag. 223.*)

ARRÊT du parlement d'Aix, du 28 juin 1639, qui annulle une délibération du chapitre de Fréjus, qui *affectoit* le premier bénéfice vacant à un organifte, fans autorifation du pape, ni de l'évêque, & fans lettres-patentes enrégiftrées. (Bo-niface, *tom. 1, liv. 2, tit. 18, chap. 4, pag. 156.*)

ARRÊT du grand confeil, du 12 fep-tembre 1641, qui confirme l'*affectation* des prébendes du chapitre primatial de l'églife de Saint Jean de Lyon, à des eccléfiaftiques nobles de quatre générations, tant du côté paternel que maternel, conformément aux bulles de Martin V & de Léon X. Cet arrêt important a été rappellé avec les détails & les réflexions néceffaires fous le mot *Abus, pag. 542*. Ajoutons ici que la bulle de Léon X, du 4 des ides de janvier 1515, rappelle les trois genres d'*affectation* des bénéfices de cette églife, des chanoines comtes, des chevaliers & des perpétuels, & les qualités que doi-vent avoir ceux qui peuvent être admis à cet trois efpeces de bénéfices : *TRI-GINTA DUÆ præbendæ & etiam digni-tates & perfonatus, inibi folis nobilibus ; & alia OCTO beneficia, folis magiftris in theologia & doctoribus ut præfertur ; ac QUATUOR ET DUODECIM alia beneficia, hujufmodi duntaxat perfonis idoneis, quæ officium & ceremonias ipfius ecclefiæ corde tenus noviffent conferri confueverant : & ita obfervatum fuerat à tempore cujus contrarii memoria non exiftebat.*

ARRÊT du parlement de Paris, du 6 mai 1653, qui juge que l'*affectation* des bénéfices par un ftatut non entretenu & volontairement interrompu, n'eft plus un obftacle à ce qu'ils puiffent être réfignés à d'autres qu'à ceux qui auroient les qualités requifes par ces ftatuts, & que cette réfignation ne donne point lieu au dévolut.

Il faut entrer dans quelques détails, parce qu'ils feront intéreffans, & que nous aurons occafion d'y ramener nos lecteurs. . . . *Efpece.* Un dévolutaire appelle comme d'abus de l'exécution des provifions de cour de Rome, fur la réfignation d'une femi-prébende de la cathédrale de Poitiers, en faveur d'un eccléfiaftique âgé feulement de quatorze ans, qui en avoit pris poffeffion. Premier moyen d'abus : un ftatut de 1291, portoit que les fix femi-prébendes feroient *affectées* à l'avenir à des prêtres, ou à des eccléfiaftiques qui feroient tenus de fe faire promouvoir à l'ordre de prêtrife dans l'année; l'intimé n'étoit point prêtre, & ne pouvoit l'être dans l'efpace de temps déterminé. Second moyen d'abus : l'intimé s'étant préfenté à l'ordinaire pour avoir fon *vifa*, conformément aux difpofitions de l'*art. 22 de l'Ordonnance de Blois*, avoit été refufé par le grand vicaire de l'évêque de Poitiers en l'abfence de ce prélat, attendu l'incapacité réfultante de fon âge; il étoit donc cenfé intrus dans le bénéfice, & fon titre ne méritoit aucune confidération. L'intimé répondoit, 1°. que le ftatut de 1291 n'avoit point eu d'exécution depuis un temps immémorial, & que la preuve en réfultoit de fon inftallation, à laquelle le chapitre n'auroit pas procédé, fi fon titre avoit été contraire à un ufage conftamment établi : 2°. qu'il avoit obtenu le *vifa* du prélat qui avoit, par cette démarche, défapprouvé le refus de fon grand vicaire. L'appellant repliquoit que fi le ftatut n'avoit pas toujours été en vigueur, c'étoit par les brigues des membres du chapitre, qui y avoient mal-à-propos contrevenu pour favorifer leurs amis : *Multa per patientiam tolerantur, quæ fi in judicium deducta fuerint exigente juftitiâ, non debeant tolerari. Cap. cùm jamdudùm 18, lib. 3, Decretal. tit. 5.* Il ajoutoit que

l'évêque n'avoit pu donner légalement le *vifa* refufé par fon grand vicaire, parce que l'évêque & le grand vicaire ne formoient qu'un feul & même tribunal, un feul degré de jurifdiction; & qu'ainfi, après le jugement du grand vicaire, on n'avoit pu fe pourvoir que devant le métropolitain : *Judex poftquam fententiam dixit, judex effe definit; functus eft enim officio.* La cour mit les parties hors de cour & de procès, fur le motif de l'inftallation faite de l'intimé par le chapitre; ce qui affuroit la non obfervation du ftatut de 1291. (*Journal des aud. tom. 1, liv. 7, chap. 26, pag. 561.*)

ARRÊT du parlement de Paris, du 2 décembre 1664, qui déclare nulle la réfignation en cour de Rome, d'une chapelle *affectée* au maître de mufique & enfans de chœur de l'églife de Soiffons; & ordonne que vacance arrivant d'icelle, ceux qui auront fervi quatre ans en ladite églife, & qui auront les qualités requifes, feront préférés. (*Soefve, tom. 2, centur. 2, chap. 27, pag. 255.*)

ARRÊT du parlement de Paris, du 19 juin 1669, qui juge que la nomination d'une prébende *affectée*, de quinze en quinze ans, à une abbaye de religieufes, doit avoir lieu en toute forte de vacances par mort, réfignation, permutation, &c. (*Journ. des aud. tom. 2, liv. 8, chap. 13, pag. 702.*)

ARRÊT du parlement de Dijon, du 27 novembre 1673, qui maintient un ftatut du chapitre d'Autun qui *affectoit* les bénéfices vacans, *cuilibet in ordine fuo* à ceux qui avoient fervi l'églife *in albis*. (Voyez ci-deffus *Abus*, pag. 544 & 545.)

ARRÊT du grand confeil, du 31 décembre 1683, qui ordonne, que vacation arrivant des bénéfices de l'abbaye de St. Jean-des-Vignes de Soiffons, ils feront conférés aux feuls religieux profès d'icelle, fans qu'autres religieux gradués, même transférés d'ailleurs, y puiffent être nommés par l'univerfité. (Voyez ci-après les réflexions que nous ferons fur les arrêts de feptembre 1742, 1746, & 16 juillet 1749.)

ARRÊT du confeil privé, du 31 décembre 1686, qui en maintenant le chapitre de l'églife de Paris dans la poffeffion de conférer feul la chanoinie & femi-prébende de St. Aignan, deffervie en ladite églife, fans qu'elle puiffe être réfignée ni en cour de Rome, ni en légation, ordonne l'exécution des *affectations* portées par les ftatuts de l'églife de Paris, confirmés par lettres-patentes du mois d'août 1638, enregiftrées le 23 du même mois.

Ainfi, vacation arrivant, par quelque genre que ce foit, des deux chanoinies & femi-prébendes, & deux vicairies de St. Aignan, des huit prébendes de St. Jean-le-Rond, dix prébendes de St. Denis-du-Pas, & chapelle de Ste. Catherine, le chapitre fera tenu de les conférer à ceux qui auront fervi d'enfans de chœur, ou qui feront chantres, machicots ou clercs de matines en ladite églife, inftruits au chant, fervices & cérémonies d'icelle, & non autres; fans que tous lefdits bénéfices puiffent être réfignés purement & fimplement, en faveur, par permutation, &c. (*Mém. du Clergé*, tom. 2, colon. 1542.)

ARRÊT du parlement de Paris, du 20 juin 1689, qui, en prononçant qu'à l'avenir un bénéfice *affecté* à certaines perfonnes, ne pourra être conféré à d'autres fans nullité des provifions; maintient, fans tirer à conféquence, celui qui en jouiffoit depuis dix-huit années. (*Journal des audiences*, tom. 5, liv. 5, chap. 17.)... Il auroit été cruel de dépoff: éder un titulaire de bénéfice, après une fi longue poffeffion.

ARRÊT du parlement de Paris, du 22 janvier 1692, qui ordonne l'exécution de la bulle de Pie V, qui *affecte* les douze chapelles de St. Hilaire de Poitiers aux vicaires de cette églife; & en conféquence, que ces chapelles vicariales ne pourront à l'avenir être conférées, vacance arrivant par mort,

permutation, réfignation, &c. qu'aux vicaires qui ont accoutumé fervir dans ladite églife: impreffion, lecture & publication.

ARRÊT du parlement de Paris, du 6 novembre 1692, au rapport de M. Joly-de-Fleury, confeiller de grand'chambre, qui maintient le chapitre de St. Amé-de-Donas en la poffeffion de conférer les femi-prébendes *affectées* aux choriftes, lorfqu'elles vaqueront par décès *ou autrement*, aux vicaires & autres clercs de leur églife qu'ils jugeront capables, conformément à la bulle de Martin V.

ARRÊT du parlement de Paris, du 12 août 1697, qui prononce que la tréforerie de St. Jean de Lyon, *affectée* par les anciens ftatuts *antérieurs au concordat*, à ceux qui ont été élevés dans l'églife, & formés à tels rits & ufages, ne peut être fujette à l'expectative des gradués. (Augeard, *tom. 1, chap. 139, pag. 384.*)

ARRÊT du parlement de Paris, du 5 août 1704. Le chapitre de Menigou, en Poitou, doit, fuivant fes ftatuts, être compofé de bénéficiers prêtres. Depuis longues années, le patron laïque avoit préfenté aux bénéfices des eccléfiaftiques qui n'étoient point dans les ordres. Le doyen affemble le chapitre, expofe la contravention aux ftatuts, demande l'exclufion de deux chanoines, qui ayant été plufieurs fois fommés de fe faire promouvoir, n'ont pas fatisfait à l'interpellation. Sur cinq capitulans, trois font d'avis de renvoyer à une affemblée plus nombreufe l'examen de cette affaire vraiment importante; mais le doyen & un chanoine déclarent les bénéfices des chanoines non promus vacans. Appel comme d'abus des titulaires, qui, dans le cours du procès reçoivent l'ordre de prêtrife. M. l'avocat général le Nain, conclut à ce qu'il foit dit, qu'il y a abus dans la délibération capitulaire formée contre la pluralité des voix; à ce que les titulaires qui ont fatisfait à la loi de l'*affectation*, foient maintenus dans leurs bénéfices;

& à ce qu'il soit ordonné pour l'avenir, que le statut soit exécuté; avec défenses au chapitre d'installer d'autres que des prêtres. Les conclusions furent suivies. (*Journ. des aud. tom. 5, liv. 4, chap. 33, pag. 481.*)

ARRÊT du parlement de Paris, du 3 août 1709, qui décide que celui qui est né par hasard dans un autre lieu que celui du domicile de son pere, est censé né dans ce dernier domicile, & capable de posséder les bénéfices affectés aux enfans du lieu. Il s'agissoit d'un canonicat de Chaumont. Nous avons cité ci-dessus un pareil arrêt pour le même chapitre de Chaumont, à la date du 7 mars 1635. . . . Felinus, sur le chapitre, *Rodulphus 35, de rescriptis Decretal. lib 1, tit. 3,* dit que son pere, né à Ferrare, quitta cette ville à cause de la contagion, & se retira à Milan, où Felinus nâquit. Depuis, de retour à Ferrare avec son pere, il demanda une chaire de docteur-régent en droit dans cette ville: on lui opposoit qu'il étoit étranger, & que les statuts affectoient la chaire à ceux qui étoient natifs de Ferrare; il fut néanmoins reçu, parce qu'il étoit *municeps originarius* de Ferrare. (Du Perray, *Droits honorifiques, pag. 42.*)

ARRÊT du parlement de Toulouse, du 8 mai 1716, qui juge que la fondation du college de Foix, portant qu'il y aura quatre places pour des prêtres, & vingt-cinq pour des écoliers, doit être exécutée; en conséquence, que Dufour, pauvre écolier, impétrant une place *affectée* aux écoliers, & occupée par M. Estremé, prêtre, doit y être maintenu. (*Journal de M. de Juin, tom. 2, pag. 512.*)

ARRÊT du parlement de Paris, du 26 janvier 1717, qui admet l'expectative des gradués au préjudice de l'*affectation* portée par la bulle d'érection de l'évêché de St. Omer. (Voyez ci-dessus *Abus, pag. 558 & 559,* & les explications qui suivent; dans la présente division, la citation de l'arrêt du 15 décembre 1625.)

ARRÊT du parlement de Toulouse, du 10 juin 1724, qui confirme l'*affectation* portée par la fondation du college de St. Nicolas, aux prêtres natifs du diocese de Mirepoix. (*Journ. de M. de Juin, tom. 2, pag. 527.*)

ARRÊT du grand conseil, du mois de septembre 1742, qui juge que la cure de St. Langis, dont le patronage & la présentation appartiennent à l'ordre de St. Lazare, n'a pu (au préjudice d'une transaction passée, en 1686, entre les religieux de Chartrage & l'ordre de St. Lazare, & qui *affecte* cette cure à un religieux de la maison & chapitre de Chartrage) être impétrée ni *pro cupiente profiteri,* ni en commende, ni à tout titre contraire à l'affectation faite à ce chapitre.

ARRÊT du grand conseil, de l'année 1746. . . . *Espece.* La cure de Fontaine-Millon, diocese de Chartres, dont le patronage appartient au seigneur de ce lieu, dépend de l'abbaye de Toussaints, membre de la congrégation de France. Cette cure vaque en 1745; & le seigneur voyant que les bâtimens qui en dépendoient menaçoient d'une ruine totale, & que les cotes-mortes des religieux, précédens titulaires, ne présentoient aucune ressource, prend le parti de nommer le sieur Regnier, séculier, avec consentement qu'il se fit nommer en commende; ce qui fut fait: frere d'Allemance s'étant fait pourvoir en titre de la même cure, procès. Le religieux soutient que la cure a été formée d'une ancienne chapelle, & rapporte l'acte de fondation de l'année 1200, qui détermine que le collateur, libre de choisir pour chapelain un chanoine de l'abbaye de Toussaints, pourra le congédier à volonté, & demander à l'abbé un autre chanoine. Le séculier prétendoit que l'*affectation* portée par l'acte de fondation, paroissoit d'autant plus équivoque, que tout au plus elle n'étoit que relative à une simple chapelle, & qu'il s'agissoit d'une cure dont l'érection n'étoit point rapportée. Le grand conseil jugea

l'affectation

l'*affectation* portée par l'acte de 1205, suffisante pour exclure tout autre qu'un religieux de l'abbaye de Toussaints d'Angers.

ARRÊT du grand conseil, du 16 juillet 1749, qui juge, en faveur d'un chanoine régulier de l'ordre de Prémontré, contre un chanoine régulier de l'Hôtel-Dieu de Caen, que le prieuré-cure, & chapelle de St. Jean & de St. Euftache d'Afnieres, fon annexe, *affectés* à l'abbaye & religieux de Belle-étoile, de la congrégation réformée de Prémontré, ne peuvent être poffédés que par un religieux de cette abbaye.

De ces arrêts, & de quelques autres conformes, M. Piales conclut, que non feulement les bénéfices affectés par les titres de la fondation à certaines maifons religieufes, ne peuvent pas être impétrés par des féculiers, en commende, ou *cum voto profitendi*; mais qu'ils ne peuvent pas même être requis ni poffédés en regle par des religieux du même ordre, au préjudice de ceux de la maifon à laquelle ils font *affectés*. (*Traité des collations, tom. 7, part. 3, chap. 12, pag. 432 & fuiv.*)

ARRÊT du parlement de Touloufe, du 2 mai 1749, qui juge que les bénéfices *affectés* aux originaires d'un lieu, & à leur défaut aux originaires des lieux circonvoifins, font donnés aux voifins immédiats plutôt qu'aux autres. (*Journal de M. de Juin, tom. 6, chap. 482, pag. 299.*)

ARRÊT du parlement de Touloufe, de l'année 1750, qui juge, conformément à l'arrêt du 8 mai 1716, ci-deffus cité, qu'un prêtre ne peut pas être pourvu des places affectées à des écoliers par la loi de fondation d'un college. (*Journal de M. de Juin, tom. 2, chap. 248, pag. 513.*)

ARRÊT du grand conseil, du 10 février 1753, qui décide que les bénéfices de l'ordre ci-devant exiftant, de faint Antoine, étoient tellement affectés aux membres de cet ordre, que les chanoines

Tome III.

réguliers des autres congrégations établies fous la regle de faint Auguftin, ne pouvoient les impétrer. La cour débouta un chanoine régulier de l'ordre de Chancelade. (*Denifart, au mot Antonin, n°. 10, tom. 1, pag. 97.*)

ARRÊT du parlement de Paris, du 20 mars 1778.... *Efpece.* Le prieuré de Septeuil, *affecté* à la menfe conventuelle de l'abbaye de Saint-Germain des Prés, vaquoit depuis près d'un fiecle, lorfque l'abbé Malaffis le demande au pape, & retient date, le 18 décembre 1770, avec la claufe *cum voto profitendi*. Le prieur de Saint-Germain des Prés demande des provifions de ce même bénéfice, les obtient, prend poffeffion, & le confere enfuite, *jure proprio*, à dom Bourdon. L'abbé Malaffis demande alors des provifions à la date ancienne qu'il avoit retenue, & interjette appel comme d'abus du refus que le pape fait de lui en donner; concluant à être maintenu dans la poffeffion du prieuré, & à être autorifé à fe retirer pardevers l'évêque diocéfain, pour en obtenir des provifions à la date de celles que le pape auroit dû lui accorder. Dom Bourdon foutient que le bénéfice dont il eft pourvu eft *affecté* à la menfe conventuelle de Saint-Germain des Prés, & ne peut être poffédé que par un religieux profès de cette abbaye, qui intervient dans la conteftation, & demande l'exécution des titres qui déterminent cette *affectation*. La cour, conformément aux conclufions de M. Seguier, déclare le bénéfice *affecté* à la menfe conventuelle de Saint-Germain des Prés; & comme tel, ne pouvant être poffédé que par un religieux profès de cette abbaye; en conféquence, confirme le droit de nomination du prieur de Saint-Germain, & la nomination par lui faite, de dom Bourdon; déclare qu'il n'y a abus dans le refus fait par la cour de Rome, à un féculier, d'un bénéfice *affecté* à une maifon réguliere; déboute l'abbé Malaffis de fes demandes, & le condamne au dépens.

Voyez ci-deſſus les différentes diviſions du mot *Abus*, & les n°. *1, 2, 4 & 5*, du mot *Affaires*, & ci-après, *Affiliation*, *Age*, *Alternative*, *Appoſition*, *Bourſe*, *Bulle*, *Cardinal*, *Chanoine*, *Chapelle*, *Chapitre*, *Choriſte*, *Citoyen*, *Coadju-teur*, *Collation*, *College*, *Commende*, *Concordat*, *Démiſſion*, *Dérogation*, *Dé-volut*, *Expectative*, *Fondation*, *Grade*, *Incapacité*, *Indult*, *Légation*, *Mandat*, *Ordinaire*, *Originaire*, *Pape*, *Patron*, *Permutation*, *Pragmatique*, *Prévention*, *Proviſion*, *Religieux*, *Réſervation*, *Ré-ſignation*, *Statut*, *Vacance*, *Viſa*, &c.

DROIT PRIVÉ.

5. L'*affectation*, avons-nous dit, eſt l'impoſition d'une charge ſur un fonds, ſur un droit réel, pour la ſûreté d'une obliga-tion quelconque. Nous renverrons la plus grande partie des diſcuſſions relatives à cet article, au mot *Hypotheque*, qui eſt vraiment le ſiege de la matiere ; nous ne donnerons que quelques exemples d'*af-fectation*, dans quelques objets où ce terme a été plus ſpécialement conſacré & préféré à celui d'*hypotheque*.

Quand on ouvre des emprunts pour les beſoins de l'état, indépendamment des ſûretés générales, on aſſure le paiement des intérêts & le rembourſement des ca-pitaux ſur certaines caiſſes particulieres, dont on *affecte* ſpécialement les fonds. Le dernier édit du mois de décembre 1782, enrégiſtré au parlement de Paris le 10 du même mois, portant création de dix millions de rentes perpétuelles, au denier 20, ſans retenue, rembourſables en quatre paiemens, *affecte*, pour le paiement des rentes & pour le rembourſement des capitaux, *la caiſſe des arrérages*. Voyez *Amortiſſement*, *Arrérages*, *Caiſſe*, *Em-prunt*, *Fermes du roi*, *Hôtel-de-ville*, *Régie*, *Rente*, &c.

ARRÊT du parlement de Bourdeaux, du 4 février 1649, qui juge que quand, dans un contrat de location, il y a *affec-tation* & hypotheque expreſſe de la mai-ſon, pour l'entretenement & garantie de la location, le propriétaire ne peut ſe ſervir du privilege qui lui eſt accordé par la loi *Æde*.

ARRÊTS du parlement de Bourdeaux, du 20 août 1676, & 11 août 1701, qui jugent que des locataires peuvent être congédiés par le propriétaire qui veut jouir lui-même de la maiſon louée, quoique celui-ci la leur ait ſpécialement *affectée*, pourvu qu'il ſoit *arrivé un cas nouveau*. Dans la premiere affaire, il y avoit eu tranſaction entre le propriétaire & ſa femme, ſur un mariage auparavant conteſté ; dans la ſeconde, l'arrivée d'un vaiſſeau rendoit néceſſaire l'emplacement loué par le propriétaire.

Dans l'uſage des tribunaux, on ſuit l'opinion des auteurs, qui ſoutiennent que l'*affectation* ſpéciale n'a pas plus d'effet que l'hypotheque générale, relativement aux privileges accordés par les loix *Æde* & *Emptorem*. Nous traiterons toutes les queſtions importantes que fait naitre chaque jour l'exercice de ces privileges, ſous le mot *Bail* : nous traiterons auſſi ſous ce même mot de l'*affectation* des meubles qui garniſſent une maiſon, & des fruits qui naiſſent dans un domaine, pour le prix des loyers & des fermages.

Sous le mot *Propres*, nous examine-rons la queſtion de ſavoir ſi les ſtipula-tions de propres, dans les contrats de mariage, operent une *affectation* parti-culiere à certaines lignes, en ſorte que les deniers ſoient déférés comme les pro-pres réels ; ou ſi au contraire ces ſtipu-lations excluant l'autre conjoint & ſa famille, les deniers ſtipulés propres ſont déférés comme meubles dans la ſucceſſion de celui qui a fait ou pour qui on a fait la ſtipulation.

Dans l'uſage du parlement de Tou-louſe, il eſt néceſſaire de faire rendre un jugement pour obtenir l'*affectation* des biens aliénés par le débiteur, s'il a acheté ſans qu'il lui ait été fait une *dé-nonce* préalable ; autrement il acquiert la preſcription de l'action hypothécaire dans les dix ans ; parce que cette preſcription ne requiert que la bonne foi au commencement, & que cette bonne foi ne seroit pas interrompue par un acte fait après l'acquisition : mais si le créancier est averti de la vente que veut faire son débiteur, & qu'il dénonce son hypotheque à l'aquéreur, avant l'aquisition, cette *dénonce* lui assure son *affectation*, & le met à couvert de la prescription de l'action hypothécaire.

On se sert aussi, dans le ressort du parlement de Toulouse, de la *dénonce*, pour conserver son *affectation* sur les biens d'un débiteur qui se marie ; sans quoi la femme, en vertu de la loi *Assiduis*, dont cette cour a conservé les dispositions, auroit un privilege sur tous les biens de son mari, & une préférence sur tous les créanciers même antérieurs à son mariage. Voyez *Créancier, Dot, Débiteur, Dénonce, Femme, Hypotheque, Meuble, Préférence, Privilege, &c.*

AFFECTÉ.

(Droit criminel.)

Ce mot est synonyme de *destiné*, & est employé pour distinguer les différens genres de *peines* & *supplices* qui sont infligés aux différens genres de *crimes*.

Le supplice du *feu* est *affecté* aux *incendiaires* & aux *empoisonneurs* ; le supplice de la *roue* est *affecté* aux *assassins* ; le supplice de la *potence* est *affecté* aux *voleurs domestiques* & aux *voleurs avec effraction*, &c. Anciennement le supplice du *bouillissement* étoit *affecté* aux *faux monnoyeurs*, &c.

Quelquefois on punit le même crime par différens genres de peine, suivant les *récidives* : Voici, par exemple, la gradation des peines *affectées* au *blasphême*, par les dispositions de la *déclaration du 30 juillet 1666* : 1°. l'amende ; 2°., 3°. & 4°., l'amende double, triple, quadruple ; 5°. le *Carcan* ; 6°. le *Pilori* & l'*Abscision* de la levre supérieure avec un *Fer chaud* ;

7°. l'abscision de la levre inférieure ; 8°. l'abscision de la langue.

ÉDIT de *Charles-le-Chauve*, de 861, qui prescrivoit à l'officier de police chargé d'inspecter les marchés & les foires, d'avoir une piece de fer bien empreinte, & *affectée* pour être jetée dans le feu, & appliquée, toute rougie, sur le front des *scélérats* de profession, de maniere que ce supplice jetât l'épouvante parmi leurs complices & affidés : *Et qui post hunc præsentem bannum inventus fuerit pro tali correptione non castigatus, habeat missus reipublicæ in civitatibus & in mercatis denarium sic* AFFECTATUM, *ut deprehensum, in fronte denario calefacto, salvis venis, taliter coquat, ut ipse homo & cæteri castigentur.* (Recueil des historiens de France, par dom Bouquet, tom. 7, pag. 648.) Voyez les mots placés en italique dans cet article.

AFFECTION.

(Dr. nat. Dr. divin. Dr. pub. Dr. privé.)

1. « C'est un sentiment qui fait qu'on aime quelque personne, qu'on s'attache à quelque chose. » (Dict. de l'académie.)

Ce sentiment, présent du ciel, dont la pureté fait le bonheur, & dont la corruption produit tant de maux, ne doit-il pas être le premier objet de la loi civile ? Préviendra-t-elle l'effet sans connoître la cause ? Jugera-t-elle l'acte sans s'inquiéter du motif ? Réglera-t-elle les mouvemens du corps, si elle ne parle pas à l'ame qui les ordonne ? Et ne doit-elle pas s'emparer de toutes les *affections* humaines, pour les diriger vers le bonheur social & individuel !

Ainsi pensa le législateur, qui s'adressant à tous les hommes, réduisit les loix à deux principes : *Aimer Dieu par-dessus tout : aimer les autres comme soi-même.* IN DUOBUS MANDATIS UNIVERSA LEX. (Matth. XXII. 40.) Morale sublime, qui, assujettissant tout à ce double sentiment, porte l'empreinte ineffaçable de la divinité ! Pourquoi ne la trouve-t-on pas dans la plupart des codes? tandis que, dans quelques-uns, la religion & la justice parlent à la fois, ici, laissant à la religion le soin de s'adresser au cœur, la justice se bornera-t-elle à mouvoir l'homme comme une machine ?

Ouvrages du moment & de la crainte, de l'ignorance & de l'abrutissement, les premiers codes n'ont pas dû s'élever à cette hauteur. Aujourd'hui les progrès de l'esprit humain ne peuvent-ils pas l'atteindre ?

Dira-t-on, que semblable à la pensée qui échappe aux chaînes de l'oppression, le sentiment n'est point soumis à la loi; qu'elle ne peut ni le créer, ni le saisir, ni le diriger, ni le punir ?

Le jurisconsulte qui raisonne ainsi ressemble au physicien, qui, témoin de la conservation & de la réproduction des êtres, les classe péniblement, sans s'inquiéter de leur origine & de leur essence. Effrayé des volcans & des tremblemens de terre, il n'imaginoit pas que Franklin pût diriger la foudre.

Ce que l'électricité est à l'univers physique, les *affections* humaines le sont au monde moral. C'est d'après cette grande vérité, que le roi jurisconsulte, considérant un corps de loix parfaites comme le chef-d'œuvre de l'esprit humain, dit *qu'on y trouveroit une connoissance profonde du cœur humain.* (Differt. sur les raisons d'établir ou d'abroger les loix, *par l'auteur des mémoires de Brandebourg,* pag. 55.)

Telle fut aussi l'opinion de Gravina, ce jurisconsulte si souvent cité par Montesquieu. Il rapporte tout à la pensée & aux *affections* de l'ame : ne voyant le corps que comme une montre, & les actes de la vie civile que comme des vibrations, dont le moteur seul doit fixer les regards de la loi ; il lui présente le cœur humain comme un miroir, où elle voit clairement toutes les causes du bien & du mal public. « Ce sont, dit-il, les

affections de l'homme qui font tout, & c'est à la justice à les diriger.... Les hommes justes sont toujours unis pour le bonheur commun. » *AFFECTIO quæ hominis naturam sedat aut exagitat, eadem si naturalis, in civibus multiplicatur, universam componit evertit que civitatem.... Quam partium in civitate convenientiam atque consensum inducit sola* JUSTITIA, *cùm justorum sit unus concorsque sensus; injustorum verò discors & varius.* (Originum juris civilis *lib. 3 , cap. 1 , de justitiâ civili.*)

D'autres jurisconsultes moins profonds, tels que Grotius, Puffendorff, Cumberland, Barbeyrac & Burlamaqui n'ont considéré les *affections* humaines que dans ce droit naturel, qui semble aujourd'hui étranger au droit public & au droit privé. Wolff dit, que pour son bonheur individuel & le repos de la société, il faut diriger ses *affections* d'une maniere conforme à la loi naturelle. *Opera danda est ut eos (affectus) ad actiones leges naturæ convenientes dirigamus.* (Wolffius, *in Inst. juris naturæ, part. 1 , cap. 4, § 109.*) Wolff parle ainsi du devoir de l'homme, & ne voit pas le pouvoir de la loi.

DROIT ROMAIN.

2. Lorsque fouillant dans les ruines de Rome on découvre les fondemens de sa grandeur, on y lit encore avec quel art elle enchaîna toutes les *affections* humaines. Cet amour de la patrie, dont nous parlons ; cet esprit de famille dont nous n'avons pas l'idée ; cette défense publique des accusés, qui intéressoit toute la ville au salut de l'innocence; ce tribunal domestique, où chacun devoit compte de ces mœurs que le magistrat public n'examine pas sans danger; cette adoption, qui réparant l'oubli de la nature, rendoit le bonheur d'aimer & d'être aimé ; les fictions, les usages, les préjugés, les honneurs, les triomphes, les monumens, la religion, tout avoit l'empreinte de ce sentiment, qui, élevant l'homme au-dessus de l'hu-

manité, peut feul infpirer, faire concevoir & accomplir de grandes chofes.

Cicéron fe rend compte de ces *affections* diverfes, & après les avoir graduées, les confond dans l'amour de la patrie. *Cari funt parentes, cari liberi, propinqui, familiares, fed omnes omnium caritates patria una complexa eft.* (De offic. lib. 1, n°. 57.)

Ce fentiment étoit réveillé fans ceffe par les mots & les titres même ; car fouvent les hommes font plus gouvernés par les mots, que par les chofes. L'empire n'étoit que le bien public ou le patrimoine de tous, *res publica.* Rome étoit la patrie, *patria* ; expreffion douce, qui, peignant une feule famille, parloit mieux au cœur que ce mot vague & abftrait, *état*, que nous avions employé depuis Richelieu ; mieux que les périphrafes angloifes *a man's own country, a man's native country.* Le citoyen prudent, l'homme de la loi s'appelloit *pere de famille, pater familias.* Les fénateurs, dédaignant les titres inventés depuis par la féodalité, l'ignorance & la barbarie, ne prenoient que celui de peres : *Patres certè ab honore, patriciique progenies eorum appellati.* (Livius, I, 28.) Augufte lui-même défendit aux fiens de l'appeller feigneur ou maître, *dominus* ; & ne voulut, comme Catherine II, que le titre de pere de la patrie. *Sic enim nos perpetuam felicitatem reipublicæ, & læta huic precari exiftimamus : Senatus te, confentiens cum populo Romano, confalutat patriæ patrem.* (Sueton, *in vit Auguft. 58.*)

Ainfi, tout étoit fentiment, tout étoit famille, & Rome enchaînoit toutes fes loix à ces deux grandes idées. Malgré le vuide immenfe de la compilation Juftinienne il refte quelques lambeaux échappés à Tribonien.

D'abord, & dès la premiere page du digefte, vous trouvez le fentiment univerfel qui doit unir tous les hommes pour la félicité commune. La nature, dit la loi Romaine, a fait de tous une feule famille. Ils font tous parens, ils

font tous freres. Unis par ce lien indiffoluble & animés par cette douce *affection*, ils ne doivent ni s'attaquer, ni fe tromper, mais fe foutenir & s'aimer : *Inter nos* COGNATIONEM *quandam natura conftituit, confequens eft hominem homini infidiari nefas effe.* (L. 3, D. de juft. & jur.)

C'eft la fuppofition de ce fentiment qui avoit dicté cette maxime : *Par* AFFECTIONIS *caufa fufpicionem fraudis amovet.* (L. 67, § 1, D. de ritu nupt.) comme fi aimer & tromper étoient deux chofes incompatibles.

Combien d'autres maximes puifées dans la même fource ! Celle-ci, par exemple : « Tout ce qui bleffe le fentiment ne doit pas même entrer dans l'efprit. » *Quæ facta lædunt pietatem.... nec facere nos poffe credendum eft.* (L. 15, D. de condit. inftit.)

Et cette autre : « Les droits du fang ne peuvent être détruits par aucun droit civil. » *Jura fanguinis nullo jure civili dirimi poffunt.* (L. 8, D. de reg. juris.)

Tel étoit le refpect que Rome avoit pour le fentiment, que ne portant pas un regard curieux fur le motif qui pouvoit l'avoir fait naître, on alloit quelquefois jufqu'à autorifer les bienfaits qu'il pouvoit infpirer. AFFECTIONIS *gratiâ neque honeftæ neque inhoneftæ donationes funt prohibitæ ; honeftæ erga benè merentes, amicos, vel neceffarios ; inhoneftæ circa* MERETRICES. (L. 5, D. de donationibus.)... Cette loi, qui n'eft que la décifion du jurifconfulte Ulpien, entre autres commentaires, a fait donner ce motif : Que le don fait à une courtifanne pouvoit être légitime, en ce qu'il la mettoit à portée de devenir honnête. Voyez *Courtifanne, Fille publique.*

Mais c'étoit dans les *affections* honnêtes, utiles & bien prononcées qu'éclate la fageffe des loix romaines.

D'abord, elles donnent du mariage cette fublime idée, qu'il ne confifte pas dans le plaifir des fens, mais dans l'*affection* mutuelle, la fympatie & l'eftime. *Non enim coitus matrimonium facit, sed maritalis* AFFECTIO. (*L. 3, §. 13, D. de donat. int. vir. & ux.*) Et c'est d'après cette opinion bien établie, que, s'excusant de ses amours subalternes, Ælius-Verus fit à sa femme cette réponse, qui sans doute ne la satisfit pas : *Uxor dignitatis nomen est, non voluptatis.* (Spartianus *in Ælio Vero, pag. 23, edit. Casauboni.*)

Ensuite considérant le lien de la fraternité, la loi dit : « Si un frere accuse son frere, même d'un crime grave, qu'il ne soit pas entendu & qu'il soit exilé. *Non solùm audiendus non est, sed etiam exilii pœnâ plectendus est.* (*L. 13, C. de his qui accus. non poss.*)

Que si un pere arrêtant son fils, l'expose à la peine des déserteurs, la loi fait grace à celui-ci pour ne pas outrager l'*affection* paternelle : *Ne videatur pater ad supplicium obtulisse.* (*L. 13, § 6, D. de re militari.*)

Cette décision tenoit à une maxime si connue & encore plus forte : Que le pere & les enfans ne formoient aux yeux de la loi qu'une seule & même personne : *Pater & filius una eademque persona censentur.*

Delà, l'autorité paternelle tempérée par la tendresse & la persuasion qu'aucune affection ne peut égaler la paternelle. *Quis enim* AFFECTUS *extraneus inveniatur ut vincat paternum.* (*L. 7, in princip. C. de curat. furios.*)

Les commentateurs, saisissant cette grande vérité, ont cherché si l'*affection* des enfans peut égaler celle des peres, & ils pensent que non. Godefroy en donne cette raison, que l'amour descend plutôt qu'il ne remonte. *Quippe magis descendit amor quàm ascendit.* Cujas, (*tom. 2, oper. posthumorum, pag. 1052,*) a d'autres idées. Voyez *Amour.*

Delà, cette maxime répandue par-tout, que le pere ne peut avoir d'autre but que le bonheur de ses enfans, & qu'il fait toujours pour le mieux. *Optimum capit pro liberis consilium parens.*

Delà, cent autres loix qui dans le doute se décident toujours par le seul principe de l'affection. *Paterna* AFFECTIO *inducit. L. 7, D. de evict......* AFFECTIONIS *avitæ intuitu. L. 67, § 1, D. de ritu nupt. &c.*

Ainsi, tandis que la politique faisoit de l'*affection* un ressort puissant, la jurisdiction y trouvoit un flambeau d'autant plus sûr, que dans une infinité de cas la justice est embarrassée de motiver ses décisions.

Après avoir généralisé l'*affection* pour tous les hommes, & l'avoir considérée dans l'ordre des familles, la loi y appelloit encore d'autres personnes sous le nom d'amitié, d'attachement. Elle les confondoit avec les parens dans les assemblées de famille, & attachoit à ce sentiment une pureté qui ne permettoit de se faire payer ni les services rendus, ni même certaines dépenses. *Cùm etiam si quis pro* AFFECTIONE *domesticâ aliquos sumptus fecerit, nullâ ratione eos repetere possit.* (*L. 1, C. de negot. gestis.*)

Cette décision paroîtroit extraordinaire à ceux qui mettent à l'amitié la borne de l'intérêt, sur-tout pécuniaire. Mais en statuant ainsi, la loi définissoit l'amitié, & avertissoit de ne pas la confondre avec ce que notre langue appelle une simple CONNOISSANCE. *Amicos apellare debemus, non levi* NOTITIA *conjunctos, sed quibus fuerint jura cum patre familias honestis familiaritatis quæsita rationibus.* (*L. 223, § 1, D. verb. signif.*)

Enfin, l'*affection* pouvoit avoir pour objet ces êtres malheureux, que toute l'antiquité plaça entre l'homme & la brute ; comme ils le sont encore aujourd'hui en Asie, en Afrique, en Amérique, en Pologne & en Russie. La loi supposant de l'*affection* dans quelques maîtres pour quelques esclaves, ne dédaignoit pas de s'occuper des difficultés qui en pouvoient naître : & voici quelques décisions d'autant plus curieuses, qu'elles tiennent à d'autres questions.

Le vendeur d'une esclave assujettit l'acheteur à ne pas la prostituer : celui-ci manquant à sa parole doit la peine convenue, parce qu'au déshonneur de l'esclave, il a joint le mépris de l'*affection* du maître. *Cùm & ancillam contumeliâ adfecerit, & venditoris* AFFECTIONEM, *forte simul & verecundiam læserit.* (L. 6, D. *de servis exportandis.*)

Papinien, auteur de cette loi, pose dans la suivante, deux especes presque semblables, & où la différence ne résulte que de l'*affection* supposée. Ici, après avoir stipulé que l'esclave que je vends sortira d'Italie, il reste, & cependant la peine convenue m'est refusée. Là, je stipule qu'on ne l'expatriera pas, & l'inexécution donne lieu à la peine. Mais, au premier cas, c'étoit une condition dure, malhonnête & inutile. Si l'acheteur a été plus généreux que moi, c'est un bienfait. Or, loin de punir la bienfaisance & la pitié, ce sont des vertus précieuses, pour le bonheur de l'humanité, & que doit honorer la justice. Au second cas, c'est un manquement & une cruauté d'avoir expatrié un esclave *affectionné* à son ancien maître ; & ce double caractere, dans la conduite de l'acheteur, rend la peine stipulée infiniment juste : *Quòd si ne pœnæ causâ exportaretur, convenit, etiam* AFFECTIONIS RATIONE *rectè agetur ; nec videntur hæc inter se contraria esse, cum* BENEFICIO ADFICI HOMINEM, INTERSIT HOMINIS. *Enim verò, pœnæ non irrogatæ indignatio solam duritiem continet.* (L. 7, D. *de servis export.*)

Ailleurs, il s'agit de fixer la valeur des esclaves à raison des services qu'ils rendoient. Ulpien examine les rapports de l'*affection* qu'ils pouvoient inspirer ; mais *affection* désordonnée, illicite, telle que l'ont peinte Juvenal, Martial, Suétone, Horace, & telle qu'on l'entrevoit dans Virgile ; & Ulpien décide avec la vertu & les mœurs, que cette considération n'ajoute rien à la valeur réelle. *Item, voluptatis vel* AFFECTIONIS *æstimatio*

non habebitur, veluti si dilexerit eum dominus aut in DELICIIS *habuerit.* (L. ult. § 2, D. *de oper. serv.*)

Cette décision remet le jeune esclave dans la maxime générale donnée par le jurisconsulte Paul, qu'on ne doit pas, en réglant les indemnités, faire état du PRIX D'AFFECTION, pas même lorsqu'il est question d'un esclave, fils naturel de celui qui s'en trouve privé : *Si servum meum occidisti non* AFFECTIONES *estimandas esse puto, veluti si filium tuum naturalem occiderit quem, tu magno emptum velles ; sed quanti omnibus valeret.* (L. 33, D. *ad leg. Aquiliam.*)

Dans cette espece, la loi place l'esclave au rang des effets commerçables ; & pour ceux-ci, d'après Pedius, Paul dit qu'il faut avoir égard, non aux circonstances qui détermineroient un grand prix d'après une *affection* particuliere & relative, mais seulement à celles qui fixent un prix commun & absolu. *Sextus quoque Pedius ait, pretia* RERUM, *non ex* AFFECTIONE *nec utilitate singulorum, sed communiter fungi.* (Ibid.)

Cependant on retrouve ce *prix d'affection* dans plusieurs loix relatives aux meubles & aux immeubles... E. 22, C. *de adminis. tut.*... L. 36, D. *de bon. libert.*... L. 35, D. *de minoribus*... L. 2, § 15, *si quis in fraud. patron.*... L. 54, D. *de legatis.* 2°.... L. *In fundo,* D. *de rei vind.* ... L. 24, D. *de emptione, &c.*

Sous les mots *Estimation, Lésion, Prix, Propres, Retrait, Valeur, Vente,* nous développerons la jurisprudence romaine & ce que nous y avons ajouté. Ici nous nous bornons aux réflexions suivantes.

Après avoir donné au sentiment qui doit unir les hommes, la place qui lui appartient dans la législation & la jurisdiction, les Romains supposerent, comme nous, qu'il étoit possible de s'attacher à une chose inanimée, à une propriété quelconque ; & cette espece d'attachement bien différent de celui qu'on a pour ses semblables, fut l'objet des loix que nous venons d'indiquer.

Mais ce n'étoit point cet attachement vague, indéterminé, fondé uniquement sur la convenance ou le profit. Ce n'étoit point le prétexte dont se couvre le vendeur avide, ou le parent qui veut retraire un bien vendu à bas prix & qui lui convient. Dans son plaidoyer *pro Cornelio Balbo*, Cicéron disoit très-bien que les immeubles ne sont d'aucune famille : *Prædiorum nullam esse gentem.*

Qu'étoit-ce donc que cette *affection* pour les choses, & qu'elle idée les Romains y attachoient-ils ? C'étoit lorsqu'on avoit été élevé dans le lieu vendu ; lorsqu'il renfermoit les cendres paternelles, & les images des ancêtres ; il rappelloit ainsi tout ce que les Romains avoient en vénération, tout ce qui avoit tant d'influence sur leurs mœurs & sur l'esprit public. C'est dans ce sens que Pline le Jeune écrivoit à Valérien : « Je n'ai pas trop à me louer des terres que j'ai héritées de ma mere : elles ne laissent pas que de me faire plaisir, parce qu'elles viennent de ma mere. » *Me prædia materna parùm commodè tractant*, DE-LECTANT TAMEN UT MATERNA. (*Lib. 22, epist. 15.*)

Dans les loix de Rome tout se rapportoit donc à l'*affection* pour la patrie, la famille & les hommes en général. Persuadée que ces *affections* font tout, & que c'est à la justice à les diriger, Rome en fit l'ame de sa législation, & ne craignoit pas de descendre aux plus petits détails. Avons-nous conservé cet esprit ?

DROIT FRANÇOIS.

3. Si on lit avec quelque attention les premieres époques de l'histoire du droit françois, placée au commencement de ce volume, *pag. 10*, on voit disparoître l'opinion des Romains sur l'art salutaire, avec lequel la politique & la justice doivent diriger les *affections* humaines.

Des cavernes du nord, sortent, au cinquieme siecle, ces barbares, qui, le fer & la flamme à la main, apportent d'autres loix, d'autres mœurs, & si je puis m'exprimer ainsi, un autre esprit humain. Sous eux s'effacent toutes les notions d'humanité, de patrie, de famille, de propriété absolue, de liberté active & de vraie gloire ; car toutes ces idées se tiennent. Par eux, d'absurdes *compositions* mettent tout à prix d'argent, & tariffent l'honneur comme la vie. Par eux, tout dépend de la force ; & cette douce *affection*, qui, après avoir appellé les hommes en société, doit augmenter par la réunion dans le même foyer, ne présente plus à la féroce ignorance, qu'une idée fausse, un principe coupable & des conséquences funestes. Les hommes sont-ils faits pour s'*aimer*, disoit un de ces tyrans Hyperboréens ? Ils sont nés pour obéir & se taire ; pour travailler, payer & mourir. Leur misere est ma fortune ; leur foiblesse, mon pouvoir ; leur discorde, ma sûreté : *Divide ut imperes.*

A ce fleau destructeur, succéda, au neuvieme siecle, la féodalité, qui bouleversa encore la propriété des choses & l'état des personnes.

Sur cette double base s'éleva cette noblesse héréditaire, qui s'attribua le privilege de servir l'état, d'avoir un nom, une famille, & une existence civile ; assimilant le reste de la nation au bétail qu'on nourrit & qu'on accouple. Je n'exagere point. Au mot *Affaire*, *pag. 260*, on peut voir comment les habitans ne pouvoient pas s'assembler. Au mot *Adscriptice*, *pag. 157, col. 1*, comment le gros de la nation devenu serf ne devoit pas même prétendre à l'*usage de la raison*. En effet, jusqu'en 1254 le peuple ne fut rien, & long-temps encore il ne fut pas grand'chose.

Enfin, ce gothique édifice est cimenté par l'abus de la religion, la foiblesse du trône, l'ignorance universelle, & le droit d'ériger en loix diverses ce désordre politique & moral.

Après

Après ces grandes révolutions, cherchons dans le droit privé & le droit public ce qui peut refter de l'efprit & des loix de Rome. Cette fouille en vaut bien d'autres.

DROIT PRIVÉ.

4. Dans tous ces petits codes, que nous appellons coutumes, l'on trouve, non ce *fentiment qui fait qu'on aime quelque perfonne*, non celui qui fait qu'*on s'attache à quelque chofe*, par rapport à l'ancien poffeffeur qu'elle rappelle; on trouve des loix qui détruifent la liberté naturelle, affectent la propriété, gênent la circulation, énervent le bien public & le fifc. On trouve des inftitutions qui réduifent l'efprit de famille au nom, aux armes & aux propriétés, comme fi les rapports du fang & de l'*affection* n'étoient plus que ceux de l'intérêt & de la vanité. Or, cette légiflation doit avoir eu, fur les événemens & les mœurs, une influence qu'il eft aifé d'appercevoir.

Parmi ces inftitutions inconnues à Rome, je remarque les *propres*, dont l'objet eft d'attacher pour toujours les propriétés aux familles. Ce n'eft pas Pline qui chérit un trifte lieu, parce qu'il vient de fa mere; c'eft le citoyen qui ne peut pas difpofer de fa fortune, à moins qu'il ne l'ait acquife; & le pere & le fils ceffent d'être la même perfonne, puifque l'*acquêt* du pere, devient *propre* dans la main du fils. Voyez *Acquêt* & *Propre*.

A la fuite de cette idée eft venue, pour les biens qu'on pouvoit vendre, celle du *retrait lignager*, que Montefquieu, *liv.* 31, *ch.* 34, appelle *un MYSTERE de notre ancienne jurifprudence*.

Ce *myftere* établi dans toutes nos coutumes, & qui a même gagné quelques provinces de notre droit écrit, telles que le Mâconnois, le Bourdelois, le Quercy, le Rouergue & une partie du Dauphiné: ce *myftere*, difons-nous, en a produit un autre; c'eft de favoir fi les préfidiaux doivent connoître du retrait

lignager. Suivant Henrys, *tom.* 2, *liv.* 2, *chap.* 4, *queft.* 19, on oppofoit que l'*affection* que chacun a pour les héritages de fes prédéceffeurs n'a point de *limites*, & que c'eft chofe *ineftimable*. En forte qu'on a de l'*affection* pour un champ de cent livres qu'a vendu un coufin, & qui ne vient pas des ancêtres; en forte que cette *affection* fuppofée fans *limites* & le rendant *ineftimable*, il faudra effuyer des appels, parcourir plufieurs tribunaux, & fe ruiner même en gagnant! Henrys dit : « Sans bleffer le refpect que nous devons aux arrêts, s'il nous eft permis de dire notre opinion, nous croyons que les préfidiaux peuvent être juges compétens auffi-bien du retrait lignager que des fervitudes, la reftriction fuppofée. »

Ce *myftere de notre ancienne jurifprudence* n'eft évidemment pas fondé fur une *affection* réelle pour certains immeubles; car les terres des plus grandes maifons ont paffé en des mains étrangeres avec leurs monumens, & le noble des Pyrénées préfere au château crénelé de fon pere, la propriété qui le rapproche de la Capitale & de la cour. C'eft affaire d'argent, de profit, de convenance; rien de plus.

Moins d'*affection* pour les fiens, aucune pour le lieu où l'on eft né: voilà les mœurs. A l'égard des coutumes, après avoir ainfi pourvu vainement à la perpétuité de la fortune, tandis qu'elles fe taifent fur les regles du jufte & de l'injufte, de même que fur le droit naturel qu'elles ont anéanti, vous en voyez s'occuper longuement de la confervation de quelques effets mobiliers, fous prétexte d'*affection*.

Celle d'Amiens, après avoir dans l'*art.* 63 permis à l'un des conjoints de léguer des effets de la communauté, excepté dans l'*art.* 66, le *meuble précieux* qui fut long-temps dans la maifon, & *venu de pere en fils*, « Au dit cas, l'héritier le peut entièrement retenir, & avoir, en baillant au légataire l'eftimation d'icelui. »

L'art. 235 de la même Coutume, dit : « Que les mâles & femelles âgés de vingt ans sont réputés majeurs pour contracter de leurs biens meubles, mais qu'ils ne peuvent aliéner ni hypothéquer leurs biens propres & patrimoniaux, & meubles précieux & de grands prix venant de leurs majeurs qu'ils n'aient vingt-cinq ans accomplis. »

Sur le premier de ces textes, de Heu, (dans son Commentaire inséré au corps des Coutumes de Picardie, pag. 160 du tom. 1,) dit : « Combien que de disposition de droit, pretia rerum, non ex AFFECTU nec utilitate singulorum, sed communiter fungantur; toutes fois le prix d'AFFECTION fait à considérer en ce lieu, tellement qu'une chose sera dite précieuse pour le regard de l'héritier, qui ne seroit jugée telle pour un autre, comme pour vases & vaisselles, bagues, tableaux & autres choses où pourroient être gravées les armes d'une famille, ou peintures qui représenteroient les images des ancêtres & prédécesseurs. »

Mêmes dispositions dans la Coutume de Vermandois, art. 63, & Châlons, art. 73. L'art. 500 de celle de Bretagne dit : « Que le tuteur ou curateur ne peut compromettre & transiger, déférer serment décisif ès causes héritales & de meubles riches & précieux, sans l'avis des parens & décret de justice. »

Par une contradiction remarquable d'autres coutumes, celle de Paris, par exemple, assujettissent à la vente publique le mobilier du défunt, sans distinction. Que si l'un des héritiers, qui n'a pas quitté la maison paternelle, veut conserver les choses qui lui rappellent la mémoire de son père, il faut qu'il enchérisse. C'est pour la succession un profit, auquel doit céder toute affection particuliere ; & vous trouvez ensuite chez les revendeurs, les portraits, les livres, quelquefois même les manuscrits des plus grands hommes. Ainsi, dans un château, vendu à un financier au commencement de ce siecle, des savans

ont trouvé, il y a quelques années, des effets précieux, sur-tout des écrits de Henri IV.

Telles sont les dispositions mystérieuses & extraordinaires de nos coutumes. Leur esprit a été de conserver la propriété dans les familles, comme dans une espece de main-morte ; d'autres états ont été plus loin par les majorats. On diroit qu'effrayée des ravages de la barbarie & des guerres civiles, l'Europe avoit imaginé d'opposer une digue à de nouveaux torrens, d'assurer la fortune par des substitutions perpétuelles, & d'échapper ainsi par la loi au temps qui dévore tout. A-t-on réussi ? Et quelle que soit l'opinion de Montesquieu, ne seroit-il pas permis de craindre que cet ordre de choses ne fût un mal public dans les monarchies, ainsi que dans les républiques ?

Quoiqu'il en soit, il est évident que ces coutumes ont attaché les biens aux familles, non par respect pour la mémoire des ancêtres, mais pour le profit des descendans. Elles n'ont vu que les choses.

A l'égard des personnes, vous ne trouvez rien qui prouve qu'on s'en est occupé ; rien qui prononce cette affection mutuelle qui doit unir les parens, les amis, les concitoyens, les compatriotes & tous les hommes.

L'amitié ne paroît dans les tribunaux, que quand, pour les assemblées de famille, au défaut des parens, on appelle le premier venu, a qui l'on donne le titre d'ami du défunt.

Sans respect pour les mœurs, on assigne les parens pour déposer, & on leur permet de s'accuser : la femme qui veut se faire séparer, sur un exposé quelconque, admise à donner plainte & à informer, traîne son mari de tribunaux en tribunaux, déshonorant elle, sa famille & l'affection la plus pure.

A ces décrets de la jurisprudence, si l'on ajoute quelques dispositions coutumieres, que penser encore ?

Qu'eſt-ce que cette loi qui défend aux époux, de ſe donner tout par le contrat de mariage, & qui pendant ſa durée, proſcrit le moindre don s'il n'eſt pas mutuel? C'eſt-à-dire, qu'on peut faire du bien à celle qu'on ne connoît pas; mais, que quand, par ſes mœurs & ſa conduite elle a tout mérité, on ne peut plus pour elle, ce qu'on peut pour le dernier étranger; à moins qu'on n'ait recours au fidéicommis, ce qui introduit l'eſprit de fraude; ou qu'elle ne donne à ſon tour, *do ut des*, eſpece de marché qui répugne à une *affection* vive & déſintéreſſée.

Qu'eſt-ce encore que cette diſpoſition coutumiere, qui aſſure aux enfans une portion égale dans la ſucceſſion; en ſorte que, s'inquiétant peu de mériter, par leur attachement & leur conduite, ils peuvent ne regarder leur pere que comme un uſufruitier, de qui ils tiennent une naiſſance équivoque, & auquel ils ne doivent que les égards fixés par la froide bienſéance & la fauſſe politeſſe?

Qu'eſt-ce enfin que ces coutumes, qui, pour ſatisfaire un vain orgueil, tranſmettent à l'aîné tous les biens, ne laiſſant aux cadets que la miſere? — Qu'eſt-ce dans un endroit que ce *quint viager*, & dans un autre ce *chapeau de roſes*, qui réduiſent les hommes à s'avilir par l'intrigue, & les filles à s'enterrer dans les cloîtres?

Nous ne prétendons pas attaquer ces coutumes décriées par Dumoulin; car, elles ſont écrites, décrétées & devenues légales. Nous exciterions contre nous l'aveugle préjugé & les railleries ameres. Nous diſons ſeulement, que ces loix & cette juriſprudence ont dû anéantir les principes d'*affection* qui ſubſiſtoient chez les Romains; que delà ont pu naître l'indifférence la plus abſolue & l'égoïſme le plus raffiné, le ridicule jeté ſur toute eſpece de ſentiment, & par conſéquent l'abandon des vertus, des bienfaits & des devoirs qui en réſultent. Nous nous gardons bien encore, quoiqu'en aient

écrit nos moraliſtes, d'énoncer que ce ſont-là nos mœurs; mais nous diſons, que les mœurs pourroient changer avec les loix, & c'eſt au droit public, ſur-tout, qu'il appartient de les refondre; car, le droit privé n'eſt rien que par lui: *Jus privatum ſub tutelá juris, publici latet.* (Baconi, ſerm. fid. *XXI*, aph. 3.)

DROIT PUBLIC.

5. Il faut bien que l'*affection* ſoit le moteur le plus puiſſant de toutes les choſes humaines, puiſqu'après avoir forgé & tendu les reſſorts de l'autorité abſolue, Richelieu avoue, *que le dernier point de la puiſſance des princes, doit conſiſter dans la poſſeſſion du cœur de leurs ſujets.* (Teſtam. pol. part. 2., chap. 9, ſect. 8.)

C'étoit un reflet de la morale céleſte de Henri IV; il diſoit: *Ayant le cœur de mon peuple, j'en aurai ce que je voudrai; & ſi Dieu me donne encore la vie, je ferai qu'il n'y aura point de laboureur qui n'ait moyen d'avoir une poule dans ſon pot.* Il ne ceſſoit de dire au parlement & aux miniſtres: *Ayez ſoin de mon peuple, CE SONT MES ENFANS.* (Péréfixe, *pag.* 520 & 522.)

Voilà ce que les loix romaines appelloient une certaine parenté: *Cognationem quandam.* Voilà l'ame univerſelle de tous les gouvernemens, du moins des monarchies, & ſur-tout de la nôtre: car quelques républiques reſſemblent à des freres, qui, unis & heureux ſous la puiſſance paternelle, auſſi-tôt après la mort du pere, ſe diviſent par intérêt & ſe ruinent par jalouſie.

Après ce grand aveu, échappé à Richelieu, comment n'a-t-il pas propoſé de faire auſſi de l'*affection* mutuelle le plus grand reſſort des mœurs, de la ſûreté, de l'ordre & du bien public? Que ſignifient ces maximes du chapitre cinquieme? *Je fais marcher la peine devant la récompenſe!* .... *Les châtimens ſont un moyen plus aſſuré pour contenir un* chacun dans fon devoir, vu qu'on les oublie d'autant moins, qu'ils font impreffion fur nos *SENS*, plus puiffans fur la plûpart des hommes que la raifon, qui n'a point de force fur beaucoup d'efprits!... *LA VERGE, QUI EST LE SIMBOLE DE LA JUSTICE, NE DOIT JAMAIS ÊTRE INUTILE!*

Cet efprit de rigueur & de féchereffe, avoit gagné la légiflation. Parmi les ordonnances de Louis XIV, obfervez, entr'autres, celle de 1670, qui avoit pour objet la fûreté & le repos publics. Elle ne parle que de *la crainte des châtimens*; elle punit fans prévenir, & il n'eft queftion ni de mœurs, ni d'*affection*. Ce dernier mot, oublié depuis Henri IV, reparoît un inftant dans le préambule de l'ordonnance de 1731, où d'Agueffeau fait dire au fouverain : *Notre AFFECTION pour nos peuples, dont nous préferons toujours l'intérêt à toute autre confidération.* Louis XVI va plus loin. Par-tout, & aujourd'hui, dans les réglemens du 26 février 1783, il veut *donner à fes peuples la plus grande preuve de fon AMOUR.* Par-tout, comme difoit le général Conway au parlement d'Angleterre, le 28 avril 1780, Louis XVI, *émule du grand Henri, parle à fes fujets comme un pere à fes ENFANS.*

Cet efprit paternel environne les trônes; la gloire folide n'eft plus que le bonheur & l'amour des peuples. L'Hofpital, adreffant au jeune François II, fa fameufe inftruction, ne feroit plus la fatyre des autres monarques.

Cet efprit fraternel devient celui des nations à mefure qu'elles s'éclairent. Les gens de bien font freres par-tout, indépendamment du gouvernement, du climat & du culte. Le befoin, le commerce, les fciences, les arts, la curiofité, les voyages, le bonheur & le plaifir, ont rapproché tous les hommes : ils difent, qu'ayant une même origine, deftinés à une même fin, & n'ayant qu'un inftant à vivre, ce n'eft pas la peine de le paffer à s'égorger, à fe nuire, & qu'il

eft plus doux de s'aimer. Le droit des gens fe dépoüille de la fange des fiecles barbares qui avoit infecté fes premieres loix. Les guerres font moins cruelles & plus rares. Qui fait même, fi après avoir été l'état prefque continuel de l'Europe, on ne les verra pas difparoître comme ces fléaux contagieux qui ont affligé l'humanité, & dont on ne trouve plus de traces que dans l'hiftoire? On peut tout efpérer, quand on voit, en 1741, le grand vifir, offrant aux puiffances de l'Europe la médiation de fon maître; écrire à chaque fouverain, que les nations ne font que les membres d'un même corps, une feule fociété, une même famille, & que la paix doit être la fin de tout prince qui aime la juftice. (*Droit pub. de l'Europe*, tom. 1, pag. 443.)

Enfin, cet efprit d'*affection* générale fe répand par-tout, & fait chaque jour des progrès. On ofe écrire, & l'on penfe que la naiffance n'eft que le fruit du hafard; que l'ambition eft un tourment; la dignité, une charge; le rang, une fervitude; le plaifir, une peine; & la richeffe, une dette envers l'infortune. On éprouve que le bonheur n'eft ni dans la grandeur, le pouvoir, l'or & le fafte, mais dans le fentiment & la bienfaifance. Celui qui, tranquille au milieu des fiens, ne les quitte que pour aider un ami, pour encourager un établiffement utile, pour foulager une famille indigente, eft plus grand, plus heureux mille fois, que celui qui, fous des lambris dorés, fur le duvet de la molleffe, au fein du tourbillon, des parafites & des flatteurs, baille, déplaît, irrite, n'exifte que par l'or, ne fait pas en jouir, & s'inquiete de favoir à qui il pourra le laiffer.

Ces caracteres divers d'*affection*, que vous remarquez par-tout, depuis le trône jufqu'à la chaumiere, forment ce que Montefquieu, dans fa *préface*, appelle *cette VERTU GÉNÉRALE, qui comprend l'AMOUR DE TOUS.* Le plus grand de fes vœux, fut de l'inspirer à tous les hommes; & si dans les tableaux que je viens de tracer, je ne me suis pas fait illusion, si tel est l'état actuel de l'esprit humain, de tous les écrivains du siecle, certes, Montesquieu est celui qui y a le plus influé.

Questions.

6. Mais tandis que la religion, la philosophie, l'administration & la politique s'emparent des *affections* humaines pour les diriger vers la gloire des rois & le bonheur des peuples; la justice se bornera-t-elle à parler aux *sens*, & ne se montrera-t-elle qu'avec cette *verge* de fer que Richelieu substitue à la balance de la fable?

S'il est vrai que ce sont les *affections* diverses qui font le bien & le mal publics; s'il est vrai que la justice seule peut entretenir l'ordre & l'union, doit-elle rester aveugle & passive sur tout ce qui peut éclairer, instruire, persuader, & par-là même établir l'ordre & prévenir le crime? Ne doit-elle pas, au contraire, dans ses décrets, dans ses oracles, avoir, comme le dit le roi de Prusse; *une connoissance parfaite du cœur humain?*

Dans le droit civil, n'y a-t-il pas une infinité de causes embarrassantes, obscures, où, avec la loi romaine, on pourroit se décider par le seul principe de l'*affection?* Cette jurisprudence, ainsi propagée & publique, ne contribueroit-elle pas infiniment à épurer les mœurs & à éclairer le peuple? Car, quoiqu'en ait écrit Richelieu, la vérité, la raison & la justice parlent à tous les cœurs. C'est une grande vérité, que nous avons reconnu au sein de la débauche, de la dépravation & du crime même. L'homme ne naît ni injuste, ni cruel. Ses vices sont une maladie, & comme pour celles du corps, c'est l'ame qu'il faut guérir, c'est l'esprit qu'il faut éclairer, c'est l'imagination qu'il faut saisir, ce ne sont pas les *sens*.

Dans le droit criminel, n'est-il pas des jugemens où l'on a égorgé l'innocence, faute d'avoir mesuré l'échelle des *affections* humaines? Voyez *Accusation &* *Innocent condamné.* N'est-il pas une infinité d'especes, où, ramenant la jurisprudence romaine, on conserveroit l'esprit de famille, la sûreté générale & la pudeur publique?

Dans la législation, seroit-il étrange & superflu de parler aux citoyens de l'*affection* mutuelle qui doit les unir, comme les rois parlent de l'*amour* qu'ils ont pour leurs peuples? En pénétrant le *cœur humain*, n'y trouveroit-on pas encore des moyens plus doux & plus sûrs que la rigueur silentieuse & les peines toujours renaissantes & toujours vaines. Ah! qu'on ne s'y trompe pas, & c'est le chancelier l'Hospital qui nous l'a dit: *Les humains ne sont malheureux que par l'ignorance.* Qu'on les instruise dès leur enfance; que dans un livre commode, tel que le prescrit l'impératrice de Russie, on rassemble les loix qu'ils doivent suivre; que, loin de les avilir par tant d'institutions au moins extraordinaires, on les éleve jusqu'à leur principe; qu'on ennoblisse leur existence; qu'avec le chancelier d'Aguesseau, (*tom. 1, pag. 467,*) on leur dise sans cesse, qu'*ils doivent se regarder comme des freres, comme les enfans du même pere, comme une seule famille composée de tout le genre humain:* alors on les rendra plus aisément bons & justes. Car, dit-il ailleurs, *tous les hommes sont capables de SENTIR ET D'AIMER. Tous les esprits ne le sont pas de raisonner & de connoître.* (Tom. 1, pag. 17.)

Dans son *Institution au droit*, *pag. 481,* ce grand homme examinant le pouvoir de la loi civile & de la loi naturelle, se plaint de l'abandon de celui qu'on n'envisage que comme *principe de morale, & ne renfermant que des regles impuissantes, auxquelles il manque des armes.* Ensuite, *pag. 519 & 520;* il examine *la grande différence que l'esprit humain* met entre l'infraction de la loi naturelle & la contravention aux loix positives. Ce qu'il affirme à cet égard contraste merveilleusement avec l'opinion de Richelieu, & de tous ceux qui ne voient l'ordre & la sûreté que dans la loi civile & la peine.

« Pendant, dit-il, qu'on se croiroit perdu d'honneur & de réputation, si l'on osoit s'élever publiquement contre les principes du droit naturel, on se fait un jeu d'avouer, quand on peut le faire impunément, qu'on a éludé l'observation d'une loi purement positive. Il n'y a point d'homme qui ne confesse, s'il veut être de bonne-foi, que l'autorité de la loi naturelle lui fait impression. Il naît, pour ainsi parler, intérieurement persuadé de l'obligation où il est d'en respecter les regles, comme un droit immuable, qui ne dépend point du fait arbitraire de la volonté d'un souverain, ou de ceux qui sont chargés de l'administration : s'il viole ces regles, il sent dans le moment même qu'il se livre à la colere du ciel, à *la torture de sa conscience*, & à la vengeance des autres hommes. *Motif, sans comparaison, plus fort & plus puissant que la crainte des peines établies par les loix civiles.* »

Cette opinion sur l'insuffisance de nos loix civiles, tout exactes, nombreuses & séveres qu'on les suppose, a été celle de tous les grands magistrats, de tous les vrais jurisconsultes ; & l'impératrice de Russie en a bien été convaincue dans sa célebre *Instruction*, quand elle a dit : *Il faut, par les loix, faire naître dans le cœur des citoyens, des mœurs pures, & non pas abattre leur courage & leur esprit, en infligeant des peines corporelles & capitales*; n°. 75.... *On peut ENCORE trouver d'autres moyens de ramener les hommes.... On peut faire usage de ceux que fournissent la philosophie & la morale*; n°. 85.

Ainsi pensoit le chancelier Bacon, quand il disoit : Vous avez beau imaginer des loix, & inventer des supplices ;

sans l'humanité, sans l'*affection*, sans le sentiment, l'homme social ne sera toujours qu'un être inquiet, avide, dépravé, misérable, capable de tout, un cadavre rempli de vers infects & voraces. *Humanitas, bonitas nativa, ... quâ, è rebus, sublatâ, HOMO animalis nihil aliud fuerit quàm RES INQUIETA, SCELESTA, MISERA, IMO SPECIES QUÆDAM NOXIORUM VERMIUM.* (Serm. fidel. XIII.)

Ainsi pensoit Blackstone, quand, critiquant avec courage la sévérité de la législation Angloise sur plusieurs délits, & la comparant au charlatan qui n'a qu'un remede à tous les maux, il dit qu'elle semble avoir eu pour but de détruire le genre humain, & non de le corriger. *It must be owned much CASIER to extirpate tan to amend mankind.* (Book, 4, chap. I.)

Ainsi pensoit Gravina : il reprochoit encore aux législateurs de s'être égarés, au point de supposer des *affections* cruelles dans la divinité même, & de composer sa justice d'après leurs barbares institutions. *Caducas AFFECTIONES Deo applicantes, ejusque justitiam ex humanâ lege definientes.* (*Præfatio*, libri 2.)

Il cherchoit l'amélioration de la société des hommes dans la direction des sentimens ; il vouloit rendre les hommes bons & justes sans force, &, comme Lycurgue, les y déterminer par le plaisir même : car, disoit-il, tout ce que l'homme fait de bien ou de mal, a le plaisir pour objet. *Quidquid agunt homines, propositam habet voluptatem.* (Lib. 2, cap. 5.)

Ce grand mobile tient au physique ou à l'imagination. De ce dernier genre est la guerre. On met de la gloire à s'égorger méthodiquement & en troupe, & à multiplier les causes de la mort. Sous la main du préjugé la barbarie est un plaisir.

Seroit-il donc impossible de faire aussi un préjugé de cet AMOUR DE TOUS, que Montesquieu appelle *la vertu générale*, eelle qui les renferme toutes? Seroit-il difficile de placer le *plaisir* le plus pur, le plus vif & le plus durable dans l'*affection* mutuelle ; seroit-il au deffus du pouvoir & du génie de réalifer le charmant tableau que Pope fait de ce fentiment naturel qui embraffe la famille, les amis, les voifins, la patrie & tous les hommes !

Earth fmiles around, With Boundlefs Bounty blefs,
And heav'n beholds its image in his breaft.

Effay on man, epift. 4.

La religion à fait beaucoup, puifqu'elle eft venue à bout, d'après la parole du divin maître, de perfuader le pardon des offenfes, & de faire aimer, même fon ennemi. Elle a adouci le droit des gens, & même le droit de la guerre, comme l'a obfervé Montefquieu. « Nous devons, dit-il, au chriftianifme & dans le gouvernement, un certain droit politique, & dans la guerre un certain droit des gens, que la nature ne fauroit affez reconnoître. » (*Efp. des loix, liv.* 24, *chap.* 3.)

C'eft à la juftice à faire le refte. Faut-il qu'armée d'une *verge*, elle ne parle qu'aux *fens*, comme le difoit Richelieu ? Faut-il qu'elle mérite encore les reproches accumulés de toutes parts & dans tous les temps par les plus beaux génies ? Ou bien ne peut-elle pas avec d'Agueffeau trouver dans le cœur de l'homme *des moyens, fans comparaifon plus forts que la crainte des peines* ?

Qu'en ordonnant, la loi inftruife, touche & perfuade. Qu'à l'exemple de Louis XVI, le légiflateur ne parle que *comme un pere à fes enfans.* Que d'après la loi romaine les tribunaux ne perdent jamais de vue, que les hommes ne font qu'une famille, *cognationem quandam*; & que cette grande idée porte la lumière au fein des ténèbres de la jurifprudence civile & criminelle. Que les difcours confacrés à l'inftruction publique & à la cenfure particuliere, reveillent cet amour de tous, la premiere des vertus. Sur-tout,

qu'abandonnant la féchereffe du droit privé, l'orateur fe livre aux mouvemens de fon cœur; & que, par-tout où il pourra, il inftruife & il touche. Alors la loi, la jurifdiction, la jurifprudence & le barreau feront ce qu'ils furent à Rome, & ce qu'ils doivent être par-tout pour la félicité publique.

Ce langage paroîtra-t-il extraordinaire ? dira-t-on que nous nous égarons, entraînés par un fentiment fupérieur à nos forces ? En tout cas, nos intentions font pures, & nous avons pour guides Rome & fes loix, Louis XVI & fes miniftres, Jofeph II & Catherine II, l'Hofpital, Bacon, d'Agueffeau & Montefquieu, l'expérience & l'état actuel de l'efprit humain. Voyez *Abandon, Abannation, Abfolution, Accufation, Adminicule, Adminiftration, Adolefcence, Adoption, Adreffe, Affiche, Audience, Avocat, Catéchifme, Crime, Inftruction, Peine, Spectacle, &c.*

AFFÉRENT.

(Droit privé.)

C'eft le participe du vieux mot *afférir.* Cette expreffion ne s'emploie que pour fignifier la portion qui appartient & revient dans une fucceffion, dans une fociété, dans une propriété quelconque, à chacun des cohéritiers, des affociés, des copropriétaires : on ne l'emploie même alors qu'au féminin & avec le mot *part*; & on dit, la *part afférente* à Titius, la *part afférente* à Mevius.

Carpentier dans fes *additions* ou *fupplément* à l'excellent gloffaire de Ducange, rapporte deux paffages tirés de deux mémoriaux, dépofés au tréfor de la chambre des comptes de Paris, dans lefquels le mot *afférir* eft employé, comme fynonyme du mot *appartenir.*

Charte de 1286 : *Tout le douaire qu'il lui* AFFÉROIT, *ou pouvoit* AFFÉRIR. (Memoriale conflis auenlif. & droit.

fol. 11,) . . . *à lui entiérement appar-*
tenoit & AFFÉROIT la ville & comté
d'Aucerre. (Memoriale, D. fol. 115.)
Supplementi Cangiani, tom. 2, pag. 107,
in verbo AFFIRERE, Attinere, Pertinere.

A F F E R M E R.
(Droit privé.)

Ce mot a dans notre langue une double
acception parfaitement opposée, puisqu'il
signifie tout à la fois donner ou prendre
à ferme, un domaine, une maison, des
droits seigneuriaux, &c. moyennant un
prix convenu. On dit, qu'on a *affermé* son
domaine à Titius, pour exprimer qu'on
a donné son domaine à ferme à Titius;
& on dit, qu'on a *affermé* le domaine de
Titius, pour exprimer qu'on a pris à
ferme le domaine de Titius.

Les Romains ne parloient pas ainsi :
ils appelloient *locator* celui qui donnoit,
& *conductor* celui qui prenoit. Nous ferions bien si nous adoptions leur marche; & si pour éviter toute confusion
dans les idées, nous appellions; comme
eux, *bailleur* ou *locateur* celui qui donne,
& *fermier* ou *preneur*, celui qui prend le
bail d'un domaine, d'une maison, de droits
seigneuriaux, &c. Quoiqu'il en soit du mérite de ces réflexions, c'est sous ce dernier
mot *bail* que nous traiterons du contrat
synnallagmatique qui porte ce nom, &
que nous analyserons les obligations res-
pectives du locateur & du fermier. Nous
suivrons en cela le plan de la plupart des
auteurs qui nous ont précédés.

A F F E U R E R.
(Droit féodal.)

Ce vieux mot étoit employé dans le
sens que nous employons aujourd'hui,
apprétier, taxer, estimer. « *Affeurer* &
affurer, selon Ragueau, mettre à certain

prix, taxer, estimer, ce qui vient de
forum, marché : Pasquier l'explique aussi
pour acheter, mais mal. » (Borel, dans
ses *Antiquités gauloises*, pag. 6 & 7.)

On trouve *affeurer* dans le sens que
lui donne Borel, au *chap. 20 de l'anc.*
Coutume de Normandie. « Usure est
faite en trois manieres : une maniere
est, quand celui qui achapte se oblige
à payer aucune chose plus que le prix,
pour ce qu'on lui donne terme de payer:
raison comment, P a *affeuré* son cheval
à B, au *feur* de dix livres, & en ce sont
accordés, & pour ce que B lui donne
terme de quarante jours, par convenant
qu'il lui payera lors douze livres pour
le cheval, illec est usure faite de quarante
sols, &c. » . . . Il y a donc eu des usu-
riers, des faiseurs d'affaires, des prêteurs
à la petite semaine dans tous les temps.

D'*affeurer* on a fait *affeurage*, ou plus
communément *afforage*, qui exprime,
tantôt le droit qu'ont les officiers municipaux de beaucoup de villes, de taxer
les denrées qu'on porte aux marchés,
halles, &c. & tantôt le droit de plusieurs seigneurs, de percevoir une redevance pour la vente de certaines denrées,
dont leurs officiers taxent le prix. C'est
sur-tout pour la vente du vin, du
cidre, &c. que le droit d'*afforage* se
perçoit encore aujourd'hui par nombre
de seigneurs dans le ressort de plusieurs
coutumes. Voyez *ce mot* & *Forage*.

A F F I A G E.
(Droit féodal.)

Ce mot venant du latin *affidagium*,
synonyme d'*affecuramentum*, signifie assurance, sauve-garde. « Dans le temps que
les guerres privées étoient permises en
France, lorsqu'une personne ne vouloit
pas s'engager dans une guerre, ou vouloit faire finir une guerre qui étoit commencée, il alloit trouver le seigneur
suzerain, & le prioit de lui donner
une

une *affurance* que fon ennemi ne l'attaqueroit pas, & de prononcer un jugement
fur leur différent. »

C'eft ainfi que s'exprime M. Secouffe,
dans fa note fur le mot *affecuramentum*,
inféré dans la fauve-garde accordée par
Charles, régent de France, en 1358 à
l'ordre de St. Lazare de Jérufalem. Ce
même mot *affecuramentum* fe trouve
uni à celui *affidagium*, dans une fauve-
garde du même prince, pour la communauté & les confuls de la ville de
Limoges. (*Ordonn. du Louvre, tom. 3,
pag. 263, 264 & 305.*)

A F F I C H E.

(*Dr. public. Dr. des gens. eccléfiaftique.
privé. féodal. fifcal. criminel, &c.
Eaux & Forêts. Guerre. Marine. Commerce, &c.*)

1. C'eft ainfi qu'on appelle tout placard, manufcrit ou imprimé que l'on
expofe en divers lieux pour rendre une
chofe publique & notoire.

Peuples anciens.

2. L'Éternel donna l'exemple & grava
fur la pierre, les loix qu'il donna au
peuple juif : *Dixit autem Dominus ad
Moyfen, afcende ad me in montem, &
efto ibi, daboque tibi TABULAS LAPI-
DEAS & legem ac mandata quæ SCRIPSI ut
doceas eos.* (Exod. 24, v.12.) Il ordonna
enfuite à Moyfe de les *publier* devant le
peuple affemblé, de les dépofer dans
l'arche fainte, entre les mains des Lévites,
qui, tous les fept ans, feroient tenus d'en
faire une nouvelle *publication.* (Deuter.
31, ℣ 9 & fequent.)

Les Athéniens infcrivoient fur des colonnes, fur des tables de pierre, d'airain,
de plâtre, de cire, les actes publics qu'on
vouloit faire connoître ; c'eft-à-dire, les
loix qu'on promulguoit, les avis qu'on
demandoit aux citoyens, les noms de ceux
dont on *difcutoit les biens,* & la qualité de

ces biens, les offres des acheteurs, &c. &c.
& ils *expofoient* ces colonnes, & ces tables
dans un lieu ouvert & éminent : *Apud
Athenienfes obtinuit ut haud rarò acta publica in columnas fcriberentur, erantque
hæ columnæ vel æreæ, vel lapideæ.
(Pollucis Onomafticon, lib. 8, cap. 6,
not. 76, tom. 2, edit. 1706, pag.
886)…. Athenienfes autem non tantum
ceratas adhibebant tabulas, fed & gypxatas,
quales erant PUBLICÆ in quibus ADNO-
TABANTUR RES DISTRACTÆ, empto-
rumque nomina, aut in quibus confulta
proponebantur.* (Ibid. *lib. 10, cap. 14,
pag. 1216.*)

Chez les Abyffins, de tout temps les
loix font *affichées* dans l'auditoire du
premier tribunal de chaque ville ; & il
eft ordonné à tous les juges de prononcer conformément à ce qu'elles prefcri-
vent : aucun avocat, aucun procureur,
aucun praticien n'eft, par conféquent,
néceffaire à ces peuples, qui, dans les
cas imprévus, favent fe mettre d'accord
par la médiation d'arbitres, amis communs : *STATUTA IN MAJORI URBIS
CUJUSQUE FORO PALAM ET PUBLICÈ
EXPOSITA, quorum ad præfcriptum ferri
fententias oporteat ; idcircò neque patronis,
neque caufidicis, neque cognitoribus, neque rabulis, neque ullis demum juris
peritis effe opus ; fi quid occurrat quod
juxtà illas leges fcriptas nequeat judicari,
id boni viri committi arbitrio.* (Godignus,
*de Abaffinorum rebus, lib. 1, cap. 13,
pag. 80, edit. 1615, in-8°.*)

DROIT ROMAIN.

3. A Rome, dans les premiers temps de
la république, le conful méditoit chez
lui la loi qu'il croyoit néceffaire ; & il
confultoit d'abord les citoyens les plus
équitables & les plus éclairés, après quoi
il la communiquoit au fénat. Ce préliminaire rempli, il l'expofoit *dans la place
plublique,* afin que chacun de ceux qui
avoient droit de fuffrage dans les comices,
pût, au jour de l'affemblée, la recevoir
ou la rejeter en grande connoiffance de

caufe. Au jour indiqué pour cette affemblée, on en faifoit la lecture, & les
tribuns faifoient un difcours .pour en
montrer les avantages & les inconvéniens;
fi elle étoit admife, on la gravoit fur
des tables d'airain, qu'on *affichoit*, afin
que perfonne ne pût prétexter qu'il
ignoroit la promulgation. Ces différentes
formalités font préfentées dans le plus
grand détail, par le préfident Briffon,
dans fon favant ouvrage des *formules*;
& peuvent être réduites, comme nous
l'avons fait, d'après deux textes qu'il a
cités; l'un de Ciceron, dans fon oraifon
pour Flaccus, l'autre de Servius, fur
Virgile: *Populi jubere, ut plebis fcifcere,
fenatûs cenfere..... figi leges dicebantur
quòd incifæ in æreis tabulis affigebantur
parietibus.* (Briffonius, *de formulis*,
pag. 245 & 252, edit. 1582.)

Cet ufage d'*afficher* ainfi les loix, pour
les faire bien connoître, fut conftamment
fuivi. Au commencement de fa magiftrature, le préteur publioit & *faifoit expofer*
un édit concernant la formule, ou la
méthode fuivant laquelle il rendroit,
durant l'année, la juftice touchant les
affaires de fon reffort; c'étoit afin de
pouvoir interpréter & corriger le droit
civil dans les chofes qui concernoient les
particuliers. Cet édit, qui fe renouvelloit
tous les ans, & que Ciceron appelloit
la loi annuelle, (*in Verrem, 1, cap. 24,*)
lex annua, préfentoit des inconvéniens;
parce que les préteurs, fouvent dirigés
dans leurs jugemens, par des motifs d'ambition ou de faveur, s'écartoient fouvent
des faines regles. Pour les prévenir, C.
Cornelius, tribun du peuple, porta, l'an
686, la loi *Cornelia*, qui affujettit les
préteurs à fuivre leurs édits dans leurs
jugemens: dans la fuite, Salvius-Julia-
nus recueillit tous ces différens édits,
les mit en ordre, en un volume, appellé
Edictum' perpetuum & jus honorarium.
L'AFFICHE du préteur étoit appellée *Album prætoris*, & il étoit défendu, fous les
peines les plus féveres, de l'effacer, de la
déchirer, de l'enlever: *Hodie qui edicta*

*PROPOSITA dolo malo corrumpunt, falfi
pænâ plectuntur. L. 3, in princip. D. ad
l. Cornel. de falfis... Et qui ALBUM ra-
ferit, corruperit, fuftulerit, quidve aliud
PROPOSITUM EDICENDI CAUSA turbaverit, extra ordinem punietur.* (Pauli
fentent. lib. 1, tit. 13, § 3.) Cujas s'ex-
plicant fur ce texte, dit: *Vel fi chartam,
aliamve materiam publicè AFFIXAM
perpetuæ jurifdictionis causâ turbaverit.*
(*Tom. 1, priorum pag. 351.*)

Les empereurs continuerent de faire
graver & *afficher* les loix; entre plufieurs
textes qui le prouvent choififfons. Conftantin: *Quod ut perpetuâ obfervatione firmetur
legem hanc incifam æreis tabulis juffimus
PUBLICARE. L. 11, quemad. mun. civil.
C. TH. Æreis tabulis vel ceruffatis, aut
linteis mappis fcripta, per omnes civitates
Italiæ PROPONATUR lex. L. 1, de aliment.
quæ inop. parent. C. TH.* Valens & Valentinien: *Hæc autem omnia, æreæ tabulæ
IN FORO fuario COLLOCANDÆ, ad æter-
nam memoriam oportebit infculpi. L. 4, de
fuariis C. TH. Conceffi igitur gratia beneficii
publicis actibus intimetur, & incifâ tabulâ,
DEBITA SOLEMNITATE, permaneat. L.
1, de jure italico. C. TH.* Juftinien voulut
de même que fes loix fuffent connues de
tout le monde; & pour y parvenir, il
ordonna qu'elles fuffent publiées & *affichées* dans des lieux éminens, fuivant
l'ufage de fes prédéceffeurs: *Leges facra-
tiffimæ quæ conftringunt hominum vitas,
INTELLIGI AB OMNIBUS DEBENT,
ut univerfi præfcripto earum MANIFES-
TIUS cognito, vel inhibita declinent, vel
permiffa fectentur. L. 9, C. de legibus.
Ea proponens gloria tua SOLEMNIBUS
LOCIS, effectui & fini contradi præcipio;
N. 27, in epilogo. Gloria tua in almâ
hac urbe, confuetis LOCIS PROPONET;
N. 43, in. epilogo, &c. &c.*

DROIT ECCLÉSIASTIQUE.

4. Boniface VIII, abufant de l'idée
des *affiches*, qu'il avoit prife dans le droit
romain, détermina que les citations qui
feroient faites par ordre du pape dans

l'audience des lettres apostoliques, ou dans le palais papal, même hors les jours solemnels, auroient le même effet que si elles avoient été faites à la personne citée, pourvu qu'elles eussent été *affichées* à la porte de l'église principale de la ville où le pape feroit son séjour. Clément V abrogea cette constitution au concile de Vienne, & vonlut que l'*affiche* ne remplaçât la citation personnelle que lorsque celle-ci ne pourroit être faite par des obstacles qui proviendroient du fait même de la personne citée. Voici le sommaire de la clémentine par Jean-André : *Constitutio Bonifacii quæ habet, quòd citationes etiam extra dies solemnes publicè factæ, de mandato papæ, in audientiá litterarum apostolicarum, vel papali palatio, AFFIXÆ januæ majoris ecclesiæ loci in quo papa cum curiâ suâ degit, arctent citatum, ac si ad eum personaliter devenissent ; restringitur ad eos qui impediunt ne ad eos possit citatio pervenire, vel quorum domicilium tutè non potest adiri. (Clement. lib. 2, tit. 1, de judiciis, cap. 1.)*

C'est suivant les formalités de cette clémentine, que Jean XXII procéda dans la publication de l'excommunication qu'il prononça contre des voleurs qui s'étoient emparés du trésor de l'église de Perouse, qu'on transportoit à Lucques : *Ut autem hujusmodi nostra monitio veriùs ad communem omnium notitiam deducatur, chartas sive membranas monitionem continentes eamdem, in ecclesiá Avenionensi APPENDI vel AFFIGI ostiis, seu superliminaribus ejusdem ecclesiæ faciemus, quæ monitionem ipsam, suo quasi sonoro præconio, ut patulo indicio publicabunt.* (Extravag. com. lib. 5, tit. 5, de furtis.) Ce n'est qu'à l'égard des monitoires que nous avons reçu cet usage des *affiches*, introduit par la cour de Rome ; & nous ne reconnoissons en aucune maniere les citations qu'on peut faire à l'égard des sujets du roi, par l'*affiche* aux portes du Vatican, ou de l'église de St. Pierre, ou au champ de Flore : c'est-là une

vérité consacrée par la disposition de l'*art.* 45 des libertés de l'église gallicane, la jurisprudence des cours souveraines du royaume, & l'avis unanime de tous nos canonistes, entr'autres, de Fevret, *en son traité de l'Abus, liv. 7, chap. 2, n°. 10 & 11.*

En France, les archevêques & évêques font *afficher* leurs ordonnances pastorales & leurs mandemens ; mais toutes les fois qu'ils ont abusé de cette faculté, on a sévérement réprimé leurs entreprises. Voyez ci-dessus au mot *Abus, n°. 16,* l'ARRÊT rendu au parlement de Paris, toutes les chambres assemblées, le 9 mai 1703, qui reçoit le procureur-général appellant comme d'abus d'un mandement de l'évêque de Clermont, donné le 15 avril précédent ; fait défenses de lire, publier, *afficher* ledit mandement dans le diocese de Clermont & par-tout ailleurs, &c. Voyez aussi dans la même division les ARRÊTS de 1485, 1580, 1623, 1641, 1647, 1665, 1716, 1717, 1727, 1764, 1778 ; & enfin, la déclaration du 8 mars 1771.

Les *affiches* & publications sont essentielles pour la validité des aliénations & des baux des biens d'église, à moins que les objets ne soient d'une petite conséquence, ou qu'il n'y ait des circonstances particulieres, telles que celles qui déterminerent les décisions remarquables dont nous avons rendu compte sous le mot *Abrogation, n°. 5, pag. 175 & 176.* Voyez *Aliénation, Bail, &c.*

Avant l'édit de 1695, on faisoit publier, au prône des différentes paroisses du royaume, une grande partie des actes de justice qu'il faut *afficher* aujourd'hui : voici le texte de cette loi, *art. 32* : « Les curez, leurs vicaires & autres ecclésiastiques, ne seront obligez de publier aux prônes, ni pendant l'office divin, les actes de justice & autres qui regardent l'intérest particulier de nos sujets. Voulons que les publications qui en seront faites par des huissiers, sergens ou notaires, *à l'issue des grandes messes de paroisse, avec les AFFICHES qui en seront par eux posées aux grandes portes des églises,* soient de pareille force & valeur, même pour les décrets, que si lesdites publications avoient été faites ausdits prônes, nonobstant toutes ordonnances & coutumes à ce contraires, auxquelles nous avons dérogé à cet égard. » Une déclaration du 16 décembre 1698, a ordonné l'exécution de la disposition de l'*art. 32* de l'édit de 1695, même à l'égard des affaires du roi, voulant que les publications en soient faites seulement, à l'issue des messes de paroisse, par les officiers qui en seront chargés, & que ces publications soient de même effet & vertu que si elles étoient faites aux prônes desdites messes, nonobstant tous édits & déclarations à ce contraire, auxquels il est dérogé.

ARRÊT du grand conseil, du 9 septembre 1717, qui juge qu'un seigneur haut-justicier a droit de faire apposer *affiches* à la porte d'une église prieurale, nonobstant que le prieur dît que ce n'étoit pas une paroisse, & qu'il étoit maître de son église. Le seigneur étoit défendu par M. Cochin. (Brillon, *tom. 1, pag. 92.*)

Dans un grand nombre de chapitres, on appelle *semainier* où *tournaire* le chanoine qui a droit de nommer aux bénéfices vacans pendant une semaine : il est aussi appellé *intabulé,* parce que les noms de ceux qui doivent nommer successivement à leur tour, chacun dans sa semaine, s'inscrivent sur un tableau qui est *affiché,* ou dans le lieu où s'assemble le chapitre, ou à l'entrée du chœur, ou encore dans la sacristie, suivant les usages des différentes églises. Voyez *Chapitre, Hebdomadier, Intabulation, Semaine, Tableau, Tournaire, &c.*

Code des réguliers.

5. Pour prévenir les dissipations qui font perdre l'esprit de la profession religieuse, les divers fondateurs ou réformateurs d'ordre ont établi qu'on sortiroit

rarement des monasteres, & jamais qu'avec la permission des supérieurs. Lorsque ceux-ci l'accordent, ce qui n'arrive que dans des cas de nécessité, le religieux, à l'instant de sa sortie, entre chez le portier, & laisse sur un tableau *affiché,* qui contient le nom de tous les membres de la communauté, une marque qui annonce son absence, & il la retire lorsqu'il rentre. Cet usage est, entr'autres, rigoureusement prescrit par l'institut des ci-devant soi-disant jésuites : *Qui domo egrediuntur, signabunt sua nomina, quæ prope ostium domûs IN TABULA DESCRIPTA SUNT, & admonebunt janitorem quo sint profecturi. (Regul. 46, regular. communium.)* Voyez *Portier.*

DROIT DES GENS.

6. Un ambassadeur qui veut protester contre ce qu'il prétend avoir été fait d'irrégulier & d'injurieux à sa personne, peut-il rendre publiques ses protestations, & même les faire *afficher* à la porte de son palais, ou des lieux qui en sont une dépendance, lorsque l'écrit dont il se prétend offensé, a été rendu public, & même placardé & *affiché* ?

Dans l'affaire des franchises des quartiers des ambassadeurs à Rome, dont nous avons déja parlé sous le mot *Abus,* n°. 16, pag. 323, le marquis de Lavardin envoya à tous les cardinaux, & fit *afficher* à la porte de son palais, & de l'église de St. Louis, ses protestations contre l'excommunication lancée contre lui. « Henri-Charles, sire de Beaumanoir, marquis de Lavardin, ambassadeur extraordinaire du roi très-chrétien auprès du pape Innocent XI, ne peut croire que certain *placard* imprimé, qui court, se débite & se voit *affiché* dans Rome, supposant excommunication notoire contre lui, en vertu de certaine prétendue bulle à lui inconnue & non publiée en France, puisse être émanée de sa sainteté même, &c. &c. Il suffit de dire que le marquis de Lavardin est ambassadeur de sa majesté très-chrétienne, & par conséquent exempt de toutes cenfures eccléfiaftiques, tant qu'il fera revêtu de ce caractere, & qu'il exécutera les ordres du roi fon maître. Ainfi, il ne juge pas néceffaire d'appeller de cette prétendue excommunication du pape mal informé, à fa fainteté même, lorfqu'elle fera défabufée, dans l'audience qu'elle lui accordera, des fauffes impreffions que lui ont données des efprits brouillons & ennemis de la France, qui ne travaillent qu'à rompre le bon concert qui doit être entre le faint fiege & fa majefté : il eftime auffi qu'il eft inutile d'en appeller au futur concile légitimement affemblé ; & néanmoins dès-à-préfent, & en tant que befoin feroit, il protefte de nullité de tout ce qui pourroit avoir été fait, ou être à l'avenir prononcé, publié ou *affiché* contre fa perfonne, fa famille, fes domeftiques ou autres, & de fe pourvoir ainfi que de raifon : déclarant que fi quelqu'un, de quelque qualité que ce puiffe être, manque aux égards, ou aux refpects qui font dus à fon caractere, il fe rendra refponfable, envers Dieu & les hommes, de tous les malheurs que peut attirer après foi l'offenfe faite à fa majefté, en violant le droit des gens en la perfonne de fon ambaffadeur. Fait à Rome le 27 décembre 1687. » Rome répondit à ces proteftations, mais la France les approuva, & le roi foutint la conduite de fon ambaffadeur, en provoquant l'ARRÊT du 23 janvier 1688.

DROIT FRANÇOIS.

7. Nos légiflateurs ont penfé comme ceux de la Grece & de Rome. Ils ont prefcrit l'enrégiftrement, la publication & l'*affiche* des réglemens qu'ils faifoient pour le régime des peuples qui leur étoient foumis ; ils les adreffoient aux prélats, aux comtes, & à tous ceux qui avoient l'adminiftration de la juftice pour les faire lire & publier dans leurs départemens refpectifs aux jours d'audience & de plaids, *in mallo publico*. En faifant paffer un capitulaire de l'année 803, à

Etienne, comte de Paris, Charlemagne lui enjoint de le faire lire à l'audience des échevins, & de le *publier* dans toute la cité : c'eft ce qui fut exactement fait, ainfi que l'annonce la conclufion qui fe trouve au bas de ce capitulaire, copiée par le pere Sirmond fur un ancien exemplaire : *Anno tertio clementiffimi domini noftri Karoli Augufti, fub ipfo anno hæc facta capitula funt, & confignata Stephano comiti, ut hæc MANIFESTA FACERET in civitate Parifius mallo publico, & illa legere faceret coram fcabinis, quod ita & fecit : & omnes in uno confenferunt, quod ipfi voluiffent omni tempore obfervare in pofterum : etiam omnes fcabini, epifcopi, abbates, comites manu propriâ fignaverunt.* (Baluzius, tom. 1, pag. 387 ad 391.)

Louis-le-Débonnaire veut, dans un de fes capitulaires de 823, que tout ce qu'il prefcrit dans le moment, & qu'il pourra prefcrire à l'avenir, foit exactement adreffé, par fon chancelier, à tous les archevéques & comtes, ou à leurs commiffaires ; & que ceux-ci le faffent parvenir aux évéques, & aux différens officiers, qui le feront lire & connoître à tout le monde : il veut encore que fon chancelier prenne une note exacte des évéques & comtes à qui on aura fait paffer les réglemens, & lui en rende compte, afin que perfonne ne puiffe objecter qu'il ne les a pas connus : *Volumus etiam ut capitula quæ nunc & alio tempore confultu noftrorum fidelium à nobis conftituta funt, à cancellario noftro, archiepifcopi & comites eorum de propriis civitatibus modò aut per fe, aut per fuos miffos accipientes, & unufquifque per fuam diæcefim cæteris epifcopis, abbatibus, comitibus & aliis fidelibus noftris ea TRANSCRIBI faciant, & in fuis comitatibus coram omnibus relegant, ut cunctis noftra ordinatio & voluntas NOTA fieri poffit. Cancellarius tamen nofter nomina epifcoporum & comitum qui ea accipere curaverint, notet, & ad noftram notitiam perferat, ut nullus hoc prætermittere præsumat.* (Baluzius, *pag.* 640, *cap.* 24, *ibid.*)

Charles-le-Chauve ordonne de publier de nouveau les capitulaires de son aïeul & de son pere, & enjoint à ceux des comtes qui n'en auroient pas des exemplaires, d'envoyer au palais un commiſſaire & un greffier pour les y tranſcrire, & procéder enſuite aux proclamations légales : *Mandamus præterea, ut ſi capitula domini avi & genitoris noſtri ſcripta non habetis, mittatis ad palatium noſtrum de more prædeceſſorum veſtrorum miſſum veſtrum, & ſcriptorem cum pergameno, & ibi de noſtro armario ipſa capitula accipiat atque conſcribat. Et vos deindè ſecundùm ipſa capitula, Dei juſtitiam, populique à Deo vobis commiſſi, neceſſarias proclamationes legaliter ſolerti vigilantiâ procuretis.* (Baluzius, *tom.* 2, *pag.* 67, *cap.* 11.)

Enfin, l'édit de Creci, de 861 , porte expreſſément qu'il ſera lu, publié, *affiché* & obſervé dans le palais, dans les villes, dans les auditoires, dans les aſſemblées publiques , dans les marchés : *Hanc autem noſtram de præſenti tempore conſtitutionem , ſalvâ in poſtmodum , ut diximus ex hoc, prædeceſſorum noſtrorum conſuetudine, ET IN PALATIO NOSTRO, ET IN CIVITATIBUS, ET IN MALLIS ATQUE IN PLACITIS, SEU IN MERCATIS, RELEGI, ADCOGNITARI, ET OBSERVARI MANDAMUS.* (Baluzius, *tom.* 2, *pag.* 152 & 154.)

Charles VIII ordonna, en 1490, au parlement de Toulouſe, de faire relire & publier chaque année, à ſa rentrée, les ordonnances de Charles VII : *Anno quolibet in parlamenti principio legantur & publicentur.* Dumoulin, toujours précieux à citer, s'exprime, ſur le dernier mot de ce texte, d'une maniere qui doit pénétrer des ſentimens de la plus grande vénération pour la mémoire d'un auſſi grand homme. *Ceci n'a pas été établi en faveur des gens d'affaires, mais en faveur du peuple, envers qui le prince a contracté l'engagement d'ériger des parlemens ſé-*

dentaires , afin qu'il pût vivre en ſûreté ſous la protection d'une cour réglée, qu'il pût prendre plus de confiance aux juges qu'il auroit ſous ſes yeux, & qu'il fût à couvert des vexations & des dangers qu'il couroit avec des juges inconnus, des juges donnés par commiſſion extraordinaire, & par délégation. HOC NON STATUITUR FAVORE PRAGMATICORUM, SED TOTIUS POPULI, CUJUS PRÆCIPUÈ FAVORE ETIAM PER VIAM CONTRACTUS ICTO FŒDERE ERECTA SUNT, ET CERTIS SEDIBUS FIXA PARLAMENTA; UT SUBDITI SUB CERTA ORDINARIA JURISDICTIONE SECURI, VIVANT SUB CONFIDENTIA SINCERIORIS JUSTITIÆ, TUEANTURQUE AB INJURIIS ET PERICULIS IGNOTORUM JUDICUM, ET EXTRAORDINARIARUM QUAS VOCANT COMMISSIONUM, SEU DELEGATIONUM, QUÆ PERICULOSISSIMÆ SUNT. (*Stylus parlamenti, part.* 3 , *pag.* 158, & in *collect.* operum Molinæi, *tom.* 2, *pag.* 488.) C'eſt l'idée du Céleſtin de Marcouſſy : *Sire, ce n'eſt point par juſtice, ains ſeulement par commiſſaires.*

François I, par ſon édit du mois de novembre 1539, dit : " que ſes ordonnances ſeront *attachées à un tableau, écrites ſur du parchemin en groſſes lettres,* dans les ſeize quartiers de la ville de Paris, & dans les fauxbourgs, *aux lieux les plus éminens,* afin que chacun puiſſe les connoître & les entendre : fait défenſes de les ôter, à peine de punition corporelle, & ordonne aux commiſſaires de quartier de les prendre ſous leur garde, & d'y veiller. »

Il ſeroit ſuperflu de donner des preuves plus amples du ſoin qu'ont pris nos rois de la ſeconde & troiſieme race, de faire connoître leurs loix par la voie de la publication & de l'*affiche*, il n'eſt plus queſtion que de ſavoir quels ſont les juges qui ont le droit de faire publier & afficher.

C'eſt en général au juge territorial que ce droit appartient ; c'eſt-à-dire , aux baillis, sénéchaux, prévôts, &c. A Paris, c'est le prévôt qui en a joui de tous les temps : un ARRÊT du parlement de cette capitale, de 1475, rendu entre les généraux des monnoies & le prévôt de Paris, détermine que lorsqu'il conviendra de faire des cris & proclamations sur le fait des monnoies, le crieur diroit d'abord : *Or oyés de par le roi, notre fire, & de par M. le prévôt de Paris ; &* ensuite, *on vous fait à savoir de par le roi notre fire, & de par Mrs. les généraux des monnoies, &c.*

ARRÊT du parlement de Paris, du 7 juin 1649, qui fur les conclusions du procureur général, défend d'*afficher* aucuns arrêts de la cour, ordonnés être lus, publiés & *affichés* ; qu'au préalable la lecture & publication n'en ait été faite par le juré-crieur & les jurés-trompettes de la ville de Paris.

C'est aujourd'hui le lieutenant de police, l'un des principaux officiers de la jurisdiction du prevôt de Paris, qui a le droit de veiller à tout ce qui se publie & s'affiche dans cette capitale.

ARRÊT du parlement de Paris, du 5 février 1652, portant qu'il sera informé contre les auteurs & *afficheurs* d'un placard tendant à fédition ; & cependant ordonne *aux officiers du Châtelet tenant la police,* de condamner au fouet & au carcan ceux qui feront trouvés imprimant, *affichant,* criant, publiant & débitant placards contre l'autorité du roi, ou tendant à fédition, *& de faire exécuter leurs fentences comme jugement de police, nonobstant & sans préjudice de l'appel.* . . . . . C'étoit dans des temps malheureux & orageux, durant les guerres civiles de la fronde, qu'on étoit obligé de permettre de faire fouetter & attacher au carcan, *nonobstant & sans préjudice de l'appel ;* ce qui détermina aussi l'arrêt rendu l'année suivante.

ARRÊT du parlement de Paris, du 22 janvier 1653, fur la remontrance du procureur général du roi, par lequel il est fait défenses à tous imprimeurs, d'im-

primer placards & mémoires pour *afficher* fans permission, & à toutes personnes de les *afficher,* à peine de la vie, & d'être procédé contr'eux comme perturbateurs du repos public : enjoint aux officiers du Châtelet d'y tenir la main.

ARRÊT, du conseil du 4 mai 1669, revêtu de lettres-patentes, qui fur le vu d'une feuille imprimée, concernant une prétendue ordonnance & réglement fur les chasses, imprimée & débitée à Paris fans ordre, autorité ni permission, voulant empêcher les conféquences d'une telle entreprise, ordonne que par le lieutenant de police, il fera informé contre l'imprimeur & le distributeur de la prétendue ordonnance : fait fa majesté défenses a tous libraires, imprimeurs, colporteurs, d'imprimer à l'avenir, vendre, colporter, ou *afficher* aucunes feuilles & placards, fans la permission dudit lieutenant de police ; à peine, contre les imprimeurs, d'interdiction & privation de la maîtrise ; & de punition corporelle contre ceux qui auront appliqué ou *affiché* dans les carrefours ou lieux publics aucuns placards imprimés ou manufcrits, fans permission. Voyez l'excellent *Traité de la police* de Delamare, dont nous avons beaucoup profité dans cette division, *tom. 1, liv. 1, tit. 16, chap. 2, pag. 278 & fuiv.* & ci-après *Afficheur, Colporteur, Édit, Enrégistrement, Imprimeur, Loi, Police, Publication, &c.*

On *affiche* dans la chambre du conseil des différens tribunaux, un tableau des officiers fuivant leur rang & leur ancienneté ; delà vient cette expression ufitée dans toutes nos loix, & dans les arrêts de renvoi des cours fupérieures, d'une procédure qu'ils commettent au lieutenant général, ou *au plus ancien dans l'ordre du tableau.* Il y a aussi le tableau de l'ordre des avocats. Nous traiterons ces objets fous les mots *Avocat, Commission, Délégation, Dévolut, Matricule.* Observons, en passant, que les Romains, qui ont presque toujours été nos modeles, avoient l'ufage d'un tableau pour les décurions ; il en est question au *tit. 3 du liv. 50 du Digeste*, sur lequel Cujas remarque : *Album est numerus sive matricula, vel ut ex veteribus quidam loquuntur, pericula decurionum. Quo ordine in eo sint perscribendi decuriones hic titulus declarat. Sequuntur autem albi ordinem etiam in sententiis ferendis, & in honoribus vel muneribus suscipiendis.* (Tom. 1 priorum, pag. 903.)

Sous le mot ARRÊT, nous examinerons la question de savoir si l'on peut multiplier à son gré les *affiches* des jugemens favorables qu'on a obtenus, & qui ont permis de les faire *afficher*.

DROIT CRIMINEL.

8. Sous le *n°. 3*, nous avons dit que la loi romaine défendoit de gâter, de déchirer & d'enlever les *affiches* placées par l'autorité du préteur & des autres magistrats : *Album corrumpere, radere, sufferre* ; & sous le *n°. 4*, que l'édit de François I, qui vouloit que ses *ordonnances* fussent *attachées à un tableau*, défendoit *de les ôter, à peine de punition corporelle.* La jurisprudence prononce l'amende ou la prison, suivant les circonstances ; & si ces circonstances annonçoient ou un mépris formel de la loi *affichée*, ou tendoient à fomenter une sédition, la peine corporelle, celle de mort même pourroient être nécessaires.

ARRÊT du parlement de Grenoble, du 16 mars 1665. « Isabeau Sauriac, ayant fait crier à trois briefs jours le sieur avocat Cossas, les *affiches* de l'exploit furent faites *ex more*. La demoiselle de Brand de Rossas les arracha, où il fut informé contr'elle. Quoiqu'elle ne manquât pas de raisons pour sa justification, elle fut condamnée aux dépens, qui furent liquidés & fixés à 200 livres. » (Chorier *sur* Guy-Pape, *liv. 4, sect. 8, art. 7, pag. 274.*)

Voici, en matiere de contumace, quelles sont les *affiches* prescrites par les *art. 3 & 7 du tit. 17 de l'ordon. de 1670,* & par l'*édit du mois de décembre 1680.*

« Si l'accusé n'a point de domicile, ou ne réside au lieu de la jurisdiction, la copie du décret sera *affichée* à la porte de l'auditoire. .... Si l'accusé est domicilié, ou réside dans le lieu de la jurisdiction, il y sera assigné à comparoir dans quinzaine ; sinon, l'exploit d'assignation sera *affiché* à la porte de l'auditoire. ... Si après les trois mois échus depuis que le crime aura été commis, l'accusateur veut poursuivre & faire instruire la contumace, la perquisition de l'accusé sera faite, & les assignations données au domicile ordinaire de l'accusé ; laquelle assignation sera à quinzaine : & outre ce, lui sera donné le délai d'un jour par chaques dix lieues de distance de son domicile, jusqu'au lieu de la jurisdiction où il sera assigné. A faute de comparoir dans les délais ci-dessus, sera crié à son de trompe, par crieur public, à huitaine dans le lieu de la jurisdiction où se fera le procès ; & ledit cri & proclamation *affichés* à la porte de l'auditoire de la jurisdiction. A l'égard de l'accusé qui n'aura point de domicile, soit qu'il ait été poursuivi avant ou depuis les trois mois échus, à compter du jour que le crime aura été commis, la copie du décret ensemble l'exploit d'assignation feront seulement *affichés* à la porte de l'audience de la jurisdiction. »

Il est encore question d'*affiches* dans le même *titre 17 de l'ordonnance criminelle*. L'*art. 16* veut que les condamnations de mort naturelle soient exécutées par *effigie* ; que celles des galeres, amende honorable, bannissement perpétuel, flétrissure, & du fouet, soient écrites dans un tableau sans effigie, & que les effigies & les tableaux soient attachés à la place publique. A l'égard de toutes les autres condamnations par contumace, elles seront seulement signifiées par bail de copie au domicile du condamné, s'il en a dans le lieu de la jurisdiction, sinon *affichées* à la porte de l'auditoire. Il paroit résulter de cet article, que la signification sans *affiche* suffit lorsqu'elle est faite

au

au lieu de la réſidence, ſi elle eſt dans celui de la juriſdiction ; mais il faudroit l'*affiche* pour une ſignification qui ſeroit faite hors le lieu de la réſidence. Dans tous ces cas, le procès-verbal du greffier ſuffit, aux termes de l'*art. 27*, & les juges ne ſont point tenus d'aſſiſter à l'appoſition des effigies, tableaux ou *affiches*.

Quelle ſeroit la peine de ceux qui arracheroient les effigies, tableaux ou *affiches*?

ARRÊT du parlement de Touloſe, du 27 janvier 1628. ... *Eſpece*. Claude Chauve, ayant été tué par Guillaume Flamme ; ſentence à Nîmes, qui condamne le meurtrier à la mort, & ordonnance ſur requête, du parlement de Touloſe, *qui permet de l'exécuter figurativement nonobſtant l'appel*. La mere de Flamme fait briſer la potence *& arracher l'effigie* : information ſur ces voies de fait, & ſentence du 13 ſeptembre 1624, qui la condamne à remettre la potence & le tableau à ſes frais, & à une amende de 150 liv. applicables en œuvres pies. Appel ; le défenſeur de la veuve Chauve diſoit : « Nos reſſentimens, meſſieurs, ſont bien différens, comme procédans d'une contraire ſource : cette mere ſe plaint d'une choſe imaginaire, une ombre de peinture la faſche, au lieu qu'une cruelle réalité, un corps effectivement mort met au déſeſpoir ma partie. Elle demeure toujours mere, & ma partie n'eſt plus épouſe ; elle a été grevée en peinture, & ma partie en effet ; ſes griefs ſont les traits du pinceau d'un peintre, & les miens, les coups de poignard d'un aſſaſſin.... Autrefois, meſſieurs, le ſujet d'une riche déclamation, fut pris de ce qu'un célebre peintre, ayant projeté de peindre un Prométhée dans les tourmens, acheta un eſclave, qu'il expoſa aux rigueurs d'un cruel ſupplice pour le voir mourir ; & tandis que dans l'horreur de la mort, ce malheureux rendoit l'ame, le peintre, ou plutôt le bourreau, couchoit ſur la toile les traits les plus ſubtils de la douleur, & les mouvemens les plus langoureux des derniers abois ; ne crai-

gnant point, pour faire un chef-d'œuvre de ſon art, de détruire un chef-d'œuvre de la nature. Si le portrait de ce fils eût été fait ſur ce modele, que le peintre y eût fait le bourreau, ou le bourreau le peintre ; qu'il eût détrempé ſes couleurs dans ſon ſang & dans ſes larmes ; que pour le peindre pendu, il l'eût plutôt pendu en effet ; & qu'on eût pu dire de lui, *dubium eſt ſtudioſus pingat, an ſæviat ; ſic iſte carnifex colores temperat :* Je confeſſe, en ce cas, qu'elle devoit s'échapper ; que les ſentimens naturels devoient faire violence, & qu'un objet ſi ſenſible eſmouvant la puiſſance, devoit donner aſſez de cœur & de vigueur à cette mere, non ſeulement pour l'arracher d'une potence, mais même des mains de cent ſatellites & de cent bourreaux ; *tout cela, meſſieurs, ſeroit pardonnable*. Mais s'en être priſe à un portrait, & portrait encore qui ne reſſembloit rien moins qu'à ſon fils ! s'en être priſe à une vaine image ! cela témoigne que c'eſt une femme pouſſée d'un eſprit entreprenant, qui, après avoir été conſeillere de l'aſſaſſin, en a voulu encore paroître la protectrice. » La cour ordonna que la ſentence ſeroit exécutée ; mais, par grace, modéra l'amende à 20 liv. (*Plaidoyer 4 de* Boné, *pag. 71 & ſuiv.*)

Nous conſervons ainſi quelques fragmens, non pour les expoſer à la raillerie des modernes, mais comme monumens de l'eſprit humain, car tout marche de front : & la foibleſſe de l'éloquence eſt trop ſouvent l'amour de celle de la légiſlation.

Affiches injurieuſes.

9. Par-tout la ſûreté publique a puni les *placards* injurieux & les *affiches* diffamatoires.

ARRÊT du parlement de Paris, du 14 juin 1548, qui juge que quand on a *affiché* des placards diffamatoires contre un ſeigneur qui en pourſuit l'aveu ou le déſaveu contre une communauté d'habitans ſes vaſſaux, il ne ſuffit pas qu'on faſſe cet aveu ; qu'il faut encore que tous ces vaſſaux ſoient obligés ſolidairement à trouver les auteurs qui ſont punis, & non pas le corps des habitans. (Bouchel & Bechefer, *au mot* Injures, *tom. 2, pag. 387.*). . . Ce préjugé, qui peut paroître bien rigoureux, ſe rapproche de l'eſprit des rédacteurs de la *Coutume de Lodunois*, qui décident, dans l'*art. 2 du chap. 28*, que le vaſſal *perd ſon fief*, « s'il oit parler de ſon ſeigneur d'aucuns cas de trahiſon, & il ne le revele à ſon ſeigneur. » *Dumoulin*, toujours juſte, toujours clairvoyant, mettoit à cet article une exception qui ſemble néceſſaire : *Si tamen commodè probare poteſt, non aliàs.* (Tom. 2 operum, *pag. 751.*)

ARRÊT de réglement du parlement de Touloufe, du 23 décembre 1572, qui, ſur la requête du procureur-général, « défend, ſur peine de confiſcation de biens, & d'être ſévérement punis, à toutes perſonnes d'uſer de paſquils & *placards* diffamatoires, comme eſt porté par le contenu audit arrêt, permettant audit ſieur procureur-général faire publier monitoire là-deſſus, juſqu'à révélation incluſivement. » (La Roche-Flavin, *liv. 2, tit. 5, arr. 7, pag. 165.*)

ARRÊT du parlement de Dijon, ſur la queſtion de ſavoir, « ſi celui qui a *affiché* des cornes à la porte d'une maiſon, peut être accuſé & informé contre lui. A été répondu, que telle *affiche* eſt une eſpece du libelle diffamatoire, punie par la loi *Un. C. de fam. libel.* & doit être condamné celui qui a fait tel *affiche*, à tenir l'inſtigant pour homme de bien, & aux dépens. » (Bouvot, *tom. 2, au mot* Injures, *queſt. 6, pag. 482.*). . . . Que ſignifie cette déclaration ? La loi ne peut rien ſur le ridicule.

ARRÊT du parlement de Touloufe, du 18 décembre 1761, qui juge que la diffamation par *affiches*, qui bleſſent la réputation, eſt ſévérement punie, quelques déclarations que les accuſés puiſſent faire en jugement. La cour condamna deux coupables à une abſtention d'un

an de la ville où ils avoient *affiché*, en 1000 liv. de dommages, & aux dépens ſolidairement : un troiſieme coupable fut condamné en une réparation en préſence de dix perſonnes, & aux dépens le concernant. (*Journal* Aguier, *tom. 2, arr. 276, pag. 274.*)

ARRÊT du parlement de Grenoble, du 10 mars 1777. . . . *Eſpece.* Gayard, curé, & Fayol, vivoient en grande intimité, & s'étoient toujours rendu mutuellement des ſervices. Le 3 ſeptembre 1774, Fayol paſſe au curé une obligation de la ſomme de 3171 livres, payable dans un an ſans intérêts, ou dans trois ans avec intérêts ; la méſintelligence ſurvient ſur ce que le curé prétend que Fayol lui avoit promis verbalement de lui remettre des immeubles en paiement de la ſomme, formant l'objet de l'obligation, & que cette condition n'étant pas exécutée, il a beſoin de ſon argent pour acquérir ailleurs. En conſéquence, il écrit à Fayol qu'il s'eſt déterminé à faire *afficher* ſon obligation, qu'il remet dès le lendemain au crieur public de la ville de Romans pour en annoncer la vente ; ce qui fut fait. Sur la plainte de cette diffamation, ſentence qui condamne le curé Gayard en 1500 liv. de dommages & intérêts : appel. On dit pour le curé, que le refus de Fayol d'exécuter la convention verbale, & le beſoin d'argent, pour l'employer à d'autres acquiſitions, doivent faire excuſer ſon imprudence : on ſoutient que l'obligation étant rédigée en acte public, ſa divulgation n'étoit point un délit ; parce qu'il eſt très-permis de vendre, de négocier une action ; & que les loix, aux titres *de hæred. vel act. vend.* n'aſſujettiſſent à aucune forme particuliere pour procéder à une telle vente ; une action eſt un meuble, & tous les jours on proclame de la même maniere la vente d'objets mobiliers. On en fait l'annonce dans les papiers publics, & on les fait propoſer par des notaires. On ajoute, enfin, que le curé n'a point eu intention de nuire, & n'a causé en effet aucun préjudice à Fayol; d'où l'on conclut qu'une démarche, innocente dans ses motifs & dans ses effets, n'a pu donner lieu à une procédure criminelle.

On répond pour Fayol, que cette injure étoit qualifiée; que tout *placard* insultant, toute *affiche* injurieuse, méritent des peines graves, & conséquemment, nécessitent une instruction précédée de plainte & d'information. L'ordonnance de 1539, *art. 177*, enjoint aux notaires de garder le secret sur les actes qu'ils passent, & leur défend d'en communiquer les minutes, ni d'en délivrer des expéditions aux tiers, qu'en vertu d'ordonnance de justice. Les motifs de cette loi sont sensibles; c'est de maintenir le secret des familles, d'empêcher qu'on ne connoisse la situation de leurs affaires. Mais peut-on permettre aux parties contractantes ce que la loi défend sévérement aux officiers publics? Non, sans doute. S'il est permis d'aliéner un contrat, c'est en gardant des mesures que la prudence & le ménagement qu'on doit à son débiteur doivent dicter. Si les papiers publics proposent des négociations, c'est avec des réserves qui ne compromettent point la sûreté publique. Si les notaires annoncent des effets à vendre, c'est avec discrétion, & en ne faisant connoître les parties intéressées qu'avec le plus grand ménagement. En un mot, il est inoui qu'on ait, en aucune circonstance, proclamé la décadence d'un citoyen par des avis injurieux, qui l'exposent aux soupçons de la malignité publique.

Les prétextes de Gayard sont évidemment controuvés. La stipulation de l'acte dément l'idée d'une convention antérieure; & le refus qu'on a fait à divers acquéreurs connus & honnêtes, de leur céder la créance, déterminent l'envie formelle de nuire, & donnent à l'injure un caractere d'atrocité que rien ne peut atténuer. La cour condamna le curé Gayard en 600 liv. de dommages & intérêts, & à tous les frais des deux instances.

Voyez Bourreau, Contumace, Diffamation, Effigie, Injure, Libelle, Pasquinade, &c.

DROIT PRIVÉ.

10. La nécessité des *affiches* dans plusieurs actes se trouve unie à celle d'un grand nombre d'autres formalités qui demandent une discussion entiere & suivie : cela est sur-tout essentiel quant à l'objet des saisies réelles. Nous nous contenterons donc ici de jeter un coup-d'œil rapide sur les principaux objets.

Assignation.

11. ORDONNANCE de 1667, *tit. 2, art. 4*: « Si les huissiers ou sergens ne trouvent personne au domicile, ils seront tenus, à peine de nullité, & de 20 liv. d'amende, d'attacher leurs exploits à la porte, &c. » C'étoit la disposition du droit romain : *Libellum ad ædes proponere. L. 4, § 6, D. de damno infect.* C'est aussi la disposition de la coutume de Bar, *tit. 10, art. 161*: « Et s'il n'y a domicile, suffira que l'ajournement soit fait publiquement & par *affiches*, au lieu où l'héritage est assis, ez lieux accoutumés à faire cris & publications. » C'est enfin celle des statuts d'Avignon, qui contiennent encore la défense d'enlever ou de gâter les *affiches*: *Copia tabellionata cartelli seu tilleti in manibus unius ex cohabitantibus dimissa, vel ibi nemine reperto AFFIXA hostio dictæ domûs .... nemini licere copiam prædictorum ut suprà AFFIXAM amovere aut corrumpere.* (*Lib. 2, rubr. 1, art. 1 & 16, pag. 60 & 62, verso.*) *Voyez* Ajournement, Assignation, Défaut, &c.

Bail judiciaire.

12. A défaut par les locataires d'une maison située à Paris, saisie réellement, de s'expliquer s'ils entendent convertir leurs baux de volontaires en judiciaires, & ce dans la quinzaine, à compter de l'enrégistrement des saisies, « le commissaire poursuivra les baux en la maniere

accoutumée; & à cette fin, fera fignifier les remifes auxdits locataires après une feule appofition d'*affiches* aux lieux & endroits accoutumés. .... Et à l'égard des maifons, terres & héritages fitués hors la ville de Paris, fix femaines après l'enregistrement d'icelles (faifies,) feront les *affiches* appofées fur les lieux, & procédé aux baux judiciaires defdites terres, &c. » *Art. 3 & 4*, de l'ARRÊT de réglement du parlement de Paris, du 12 août 1664. Dans quelques tribunaux, on infere dans les *affiches* les conditions de l'adjudication; dans quelques autres, on fe contente d'y énoncer que cette adjudication fe fera aux conditions portées par l'enchere qui fera lue & publiée en jugement les jours où il y fera procédé. Au jour fixé par l'adjudication, on reçoit les encheres; mais il faut donner trois remifes, & le juge peut même en accorder davantage, ordonner qu'il fera pofé de nouvelles *affiches* jufqu'à ce qu'il trouve que le prix du bail eft pouffé à la jufte valeur du bien. Voyez *Bail judiciaire*.

Nouvel édit des hypotheques.

13. L'acquéreur qui veut profiter de la faveur de cette loi, doit dépofer au greffe du bailliage ou fénéchauffée, dans le reffort defquels font fitués les héritages vendus, fon contrat de vente; & le greffier eft tenu, dans les trois jours du dépôt, d'inférer un extrait de ce contrat dans *un tableau placé à cet effet dans l'auditoire*, où il doit refter expofé pendant deux mois, après l'expiration defquels les lettres de ratification pourront être obtenues. C'eft ce que porte l'*art. 8 de l'édit du mois de juin 1771*.

L'*affiche* prefcrite par cette nouvelle loi, eft peut-être celle de fes difpofitions qui a donné lieu à moins de queftions & de difficultés. On a cependant demandé, fi on pouvoit vendre un immeuble avec la condition que la vente n'en feroit pas expofée aux *affiches* dans l'auditoire; & fi l'inexécution de cette condition rendroit

la vente nulle & fans effet? M. Brohard, (dans fon *Commentaire fur l'édit*,) combat l'idée de ceux qui foutiennent qu'une telle claufe renfermeroit une convention contraire à l'édit des hypotheques, en obfervant qu'il n'oblige pas les acquéreurs d'appofer leurs titres aux *affiches*, & ne leur impofe pas la néceffité de prendre des lettres de ratification. Il ajoute, que « l'objet de la nouvelle loi n'eft point de porter le défordre dans les familles qui ont eu le malheur de faire des dettes, dont la plupart ont fouvent été contractées pour élever une nombreufe famille, & pour donner aux enfans une éducation qui puiffe les rendre utiles à leur patrie; ni d'empêcher qu'un pere de famille puiffe retirer le prix de quelque immeuble dont il lui fera avantageux de faire l'aliénation pour l'établiffement de fes enfans, ou pour quelque autre fujet également favorable, fans être obligé de payer tous fes créanciers, qu'il peut fatisfaire infenfiblement par fon économie & une bonne adminiftration. »

Nous reviendrons fur cette matiere fous les mots *Confervateur* & *Hypotheque*; nous y rendrons auffi compte d'une difficulté qui s'eft élevée fous nos yeux, fur la maniere de remplir le vœu de la loi, qui ordonne l'*affiche* d'un contrat pendant deux mois. Ces deux mois courent-ils pendant le temps des féries, où perfonne ne peut lire cette *affiche* dans l'auditoire, qui eft prefque toujours fermé?

Héritiers bénéficiaires, Biens vacans.

14. « L'héritier par bénéfice d'inventaire ou curateur aux biens vacans d'un défunt, ne peut vendre les biens meubles de la fucceffion ou curatele, finon en faifant publier la vente devant la principale porte de l'églife de la paroiffe où le défunt demeuroit, à l'iffue de la meffe paroiffiale, & délaiffant une *affiche* contre la porte de la maifon du défunt. » *Art. 344 de la Coutume de Paris*. L'*art.* 342 *de la Cout. d'Orléans*, exige une double

affiche; l'une à la porte de l'églife de la paroiffe où le défunt demeuroit, & l'autre à celle de la maifon. A l'égard des immeubles, dont la coutume de Paris ne parle pas, l'*art.* 343 veut que l'héritier bénéficiaire & le curateur aux biens va-cans, n'en puiffent *faire vente*, finon en *gardant les folemnités requifes en ma-tiere de criées d'héritages.* Tronçon dit que la difpofition de l'*art.* 344 *de la Cou-tume de Paris* n'eft point gardé : c'eft un grand mal. Ç'en eft un bien plus grand encore que le régime qu'on permet à de prétendus *curateurs* de biens vacans, qui ont tant de *foin* de ces biens, qu'ils s'en approprient prefque toujours la valeur au préjudice de malheureux créanciers qui perdent tout ce qui leur eft dû. Voyez *Bénéfice d'inventaire, Curateur, Vacans,* (*biens*) &c.

Interdits.

15. Un ARRÊT du parlement de Paris, du 13 novembre 1621, avoit fait défenfes aux notaires du Châtelet de Paris de paffer aucuns contrats, obliga-tions ou autres actes contre les perfonnes interdites ; & leur avoit enjoint d'avoir, à l'effet de pouvoir les reconnoître, un *tableau* dans leur étude, où les noms & furnoms de ces perfonnes feroient écrits, tableau qu'ils feroient obligés de faire voir à ceux qui fe préfenteroient pour contracter. Inexécution de ce régle-ment, & obligation d'un interdit en faveur du payeur des Suiffes, de la fomme de 600 liv. : demande en nullité. Le fyndic des notaires intervient, & dit que leur condition feroit trop périlleufe, fi on vouloit les obliger à connoître toutes les perfonnes qui contractent pardevant eux, & les rendre refponfables des défauts & incapacités qui peuvent fe trouver en elles ; il ajoute, que l'ARRÊT de 1621 n'a jamais eu d'exécution. Malgré ces prétendues raifons, M. Bignon conclut à la nullité de l'obligation attaquée, & la cour la pro-nonça fur fes conclufions ; & ordonna auffi que l'ARRÊT de 1621 feroit exécuté, &

que pour cet effet, à la diligence du fyndic des notaires du *Châtelet de Paris*, feroit fait un tableau contenant les noms & les furnoms de toutes les perfonnes inter-dites ; lequel tableau feroit appofé & AFFICHÉ en la chapelle dudit Châtelet, & que chacun des notaires feroit tenu d'en prendre copie & exemplaire, & de le TENIR PUBLIQUEMENT en fon étude ; à peine de répondre, tant par ledit fyndic qu'autres notaires, de tous les dépens, dommages & intérêts que les parties pour-roient fouffrir. Ce fecond ARRÊT de réglement eft du 11 février 1633. (Bardet, *tom.* 2, *liv.* 2, *chap.* 8.)

A la formalité de l'*affiche* qui eft en-core obfervée, on devroit joindre encore celle de la publication à l'audience & à cri public, qui avoit lieu dès l'année 1527 ; qui fut prefcrite par un ARRÊT de réglement, du 18 mars 1614, dont l'exécution fut de nouveau ordonnée par ARRÊT du 4 août 1718, & qui malheu-reufement n'eft plus ufitée. Pourquoi laiffer ainfi tomber en défuétude des loix fages & effentielles au bien de la fo-ciété, tandis qu'on en maintient tant d'inutiles, pour ne pas dire funeftes ? Voyez *Interdiction, Notaire, &c.*

Licitation.

16. Comme perfonne n'eft obligé de refter en communauté, on peut provo-quer la licitation d'un objet commun qui fe trouve indivifible. Pour y parvenir, on fait affigner les autres copropriétaires, & on conclut à ce qu'il foit vendu au plus offrant & dernier enchériffeur, pour être le prix de la vente diftribué aux parties ; & à ce que, pour rendre la vente publique, & que toutes perfonnes foient reçues à enchérir, *affiches* foient mifes aux lieux & endroits accoutumés. On marque dans les *affiches* la confiftance de l'immeuble & fes confins ; & au bas de l'original, l'huiffier écrit fon acte d'ap-pofition, dont on doit mettre copie à la porte de la maifon, fi c'eft une mai-fon dont on pourfuit la licitation ; à

celles de tous les copropriétaires ; aux portes du tribunal où l'on pourſuit. Enfin à Paris, on met les *affiches* au pilori des Halles ; le procureur du pourſuivant fait ſignifier aux autres copropriétaires l'appoſition des *affiches* : on procede aux encheres au jour indiqué, & on fait plus ou moins de remiſes ſuivies de nouvelles *affiches*, ſuivant que l'objet licité eſt, ou n'eſt pas promptement porté à ſa juſte valeur. Dans quelques tribunaux il n'eſt pas d'uſage d'inſérer dans les *affiches* les conditions de la licitation ; on ſe contente de mettre au greffe une enchere, ſur laquelle ces conditions ſont énoncées avec tous les détails néceſſaires.

Un acte de notoriété du bailliage de Villefranche, atteſte que les licitations n'ont pas lieu dans ſon reſſort; & qu'il faut, lorſque les héritages ſont indiviſibles, procéder, non par ſimples *affiches*, mais par ſaiſie réelle, criées, certification, congé d'adjuger, *placard* de quarantaine, &c. Voyez ci-après la diviſion *Saiſie réelle*, & les mots *Copropriétaire*, *Indiviſion*, *Licitation*.

Mineur.

17. Dans les ventes des biens des mineurs, il faut, entr'autres formalités, celles des *affiches* ; c'eſt ce qu'a décidé, préciſément l'ARRÊT du parlement de Paris, du 28 février 1722, qui nonobſtant un avis de parens, homologué par ſentence du châtelet, portant pouvoir à une mere de vendre la maiſon qui lui étoit commune avec ſon fils mineur, entérine les lettres de reſciſion priſes par ce fils, & ordonne qu'il demeurera propriétaire de la moitié, à la charge de rembourſer. La cour ordonna de nouveau l'exécution de ſon ARRÊT de réglement du 9 avril 1630. (*Journal des audiences, tom. 7, liv. 5, chap. 8, pag. 652.*)... Il y a pourtant des cas où la faveur que mérite un *accommodement de famille*, a autoriſé des ventes de biens de mineurs faites ſans publications, *affiches* & autres formalités.

Voyez l'ARRÊT du 11 juin 1720, cité ci-deſſus au mot *Accommodement*, n°. 16, pag. 20 : Voyez encore les mots *Mineur*, *Vente*, &c.

Ouvrages publics.

18. Il faut procéder par *affiches* dans l'adjudication qui ſe fait des ouvrages publics donnés au rabais par les communautés des villes & des campagnes, pour conſtructions, réparations, &c. Cette formalité eſt auſſi néceſſaire pour les baux de leurs octrois & autres revenus patrimoniaux. Voyez ci-deſſus *Adjudication*, n°. 2, 5 & 38, & *Adminiſtration*, n°. 19 & 20.

Saiſie réelle.

19. Ce n'eſt pas ici qu'on doit placer tous les erremens de la procédure terrible à qui on a donné ce nom, & qui a enrichi tant de gens d'affaires aux dépens d'un grand nombre de débiteurs & de leurs créanciers ; nous n'en parlerons que relativement à la formalité des *affiches*, l'une de celles qui y ſont néceſſaires.

Nous avons vu ci-deſſus, n°. 2, que les Athéniens l'employoient : les Romains en uſerent de même ; & c'eſt à cet uſage que Plaute fait alluſion, lorſqu'il dit : (*In Perſâ, act. 1, ſc. 2,*) *Qui hîc albo pariete oppugnant aliena bona;* expreſſions qui juſtifient bien ce que nous venons d'obſerver ſur les ſuites des ſaiſies réelles.

Des diſpoſitions de l'édit vulgairement dit *des criées*, donné par Henri II, à Fontainebleau le 3 Septembre 1551, dans les art. 2 & 3, il réſulte : Qu'après la ſaiſie, l'huiſſier doit mettre, à la porte de l'égliſe paroiſſiale des biens ſaiſis, une *affiche*, où il déclarera & ſpécifiera *par le menu*, comme dans l'exploit de ſaiſie, la nature de l'objet ſaiſi, ſa ſituation, ſes confins, les cauſes de la ſaiſie, le domicile du ſaiſiſſant, le lieu où ſe feront les criées, & le tribunal où l'on procédera à l'adjudication. L'huiſſier doit encore inſérer dans ſon exploit mention de l'appoſition de l'*affiche*.

Indépendamment de l'*affiche* à la porte de l'église, il faut encore *afficher* sur l'entrée de la maison saisie *un panonceau* aux armes du roi, au dessous duquel est écrit que la maison est saisie & mise en criées, & en faire aussi mention dans l'exploit.

Mais qu'entend-on par église paroissiale ? Quelques auteurs prétendent que ce mot comprend toutes les églises succursales, & qu'il suffit que l'affiche soit mise à la porte de l'église matrice : c'est, entr'autres, l'avis de M. le Maître, dans son traité des criées ; de Laroche-Flavin, dans les aphorismes qu'il a tirés des décisions de cet auteur, (*liv. 2, tit. 1, chap. 1 ;*) enfin, de l'annotateur de Lapeyrere, *let.* A, n°. *10, pag. 20.* Tournet cite cependant, sur l'*art. 347 de la Coutume de Paris,* un arrêt du parlement de cette ville, qui jugea qu'un décret étoit nul, parce que l'*affiche* n'avoit pas été mise sur la porte de l'église succursale.

Autre ARRÊT du parlement de Toulouse, du 7 septembre 1711, qui a cassé les procédures d'une saisie, parce que les *affiches* avoient été faites à la porte de l'église d'une autre paroisse que celle où les biens étoient situés : c'étoient des biens situés dans deux annexes d'une paroisse de Gaillac, & les affiches furent faites à la porte de l'église matrice, & non à celles des annexes, (*Journ. de* M. *de Juin, tom. 2, pag. 400.*)

Que conclure dans ce choc d'idées ? Qu'il n'y a rien de certain ; & qu'il vaut mieux, peut-être, en pareil cas s'exposer à quelques frais de plus & placer l'*affiche* tant sur la porte de l'église principale que sur celle de la succursale.

A plus forte raison faut-il mettre les *affiches* sur la porte de l'église de chacune des paroisses sur lesquelles sont situés les différens corps d'héritages saisis, & en faire encore mention dans l'exploit ou procès-verbal d'*affiches*. S'il s'agit d'une seigneurie, qui ait la suzeraineté sur plusieurs fiefs, il faut que les *affiches* soient placées dans les paroisses où sont situés tous ces fiefs : à l'égard des arriere-fiefs,

il paroît qu'on peut s'en dispenser. Mais... tout est encore une fois si incertain, qu'il ne seroit peut-être pas inutile de faire des recherches sur tous ces arriere-fiefs, & de faire mettre des affiches aux portes de toutes les églises des paroisses où ils sont situés.

La formalité de l'*affiche* des panonceaux aux armes du roi, est de rigueur, lors même que les décrets se poursuivent dans des justices seigneuriales : c'est-là un hommage au droit de souveraineté, & un signe de la garantie que le roi donne à l'adjudicataire, pour le faire jouir du fruit de son acquisition.

ARRÊT du parlement de Paris, du 20 janvier 1609, qui juge que l'on n'a pu, dans un décret poursuivi au comté d'Eu, mettre les armoiries de la dame de Guise, à qui ce comté appartenoit. (Mornac, *tom. 4, part. 5, arr. 97, pag. 337.*) Un ARRÊT de 1576 avoit jugé la même chose contre le cardinal de Guise, archevêque de Rheims. (Bouchel & Bechefer, *au mot* Panonceau, *tom. 2, pag. 880.*)

« Il n'est pas nécessaire d'apposer des *affiches* des choses saisies, ni en cas qu'on en mette, d'ajouter les armes ou panonceaux royaux ; parce qu'aucune ordonnance registrée en Artois, ne requiert cette formalité, *qui ne gâteroit rien.* » (Maillart, *sur l'art. 190 de la Coutume d'Artois, pag. 990 de l'édit. in-fol.*)

L'*art. 13* du réglement du parlement de Dijon, du 14 juillet 1614, homologué par lettres-patentes du 19 septembre 1616, & dont les dispositions sont toujours suivies, semble prescrire une *affiche* aux armes du roi dans l'un des héritages compris dans les saisies réelles, lorsqu'il n'y a point de maison.

En effet, cet article s'exprime ainsi : « En toutes saisies de maisons & héritages, avant la premiere criée, sera mis & apposé un panonceau sur l'entrée des maisons saisies, *ou en l'un des héritages compris esdites criées, &c.* » L'*art. 38* du même réglement, porte, « qu'après la premiere enchere, reçue & proclamée par trois dimanches, ès prônes des églises, (l'*édit de 1695, & la déclaration de 1698*, ont dérogé à cet usage,) & *affiches* faites d'icelles encheres ès portes des auditoires où les biens se discutent, il sera procédé à l'adjudication. » Il faut donc, indépendamment des *affiches* mises avant la premiere criée, faire *afficher* successivement les encheres.

Dans le ressort de la coutume de Vitry en Perthois, il faut mettre les *affiches* à chacun corps des bâtimens saisis, comme châteaux, moulins, maisons de fermiers, & à la porte de l'auditoire où l'adjudication doit se faire ; quand le siege de la prévôté est distinct de celui du bailliage, dans le même lieu, c'est à la porte de la prévôté qu'il faut *afficher* le procèsverbal de criées ; & quand ils sont unis, c'est à la porte de l'auditoire, qui comprend les deux. (Durand, *sur l'art. 139 de la Coutume de Vitry, n°. 8 & 10, pag. 563 & 564.*)

Comme l'*art. 567 de la Coutume de Normandie*, porte seulement que le sergent doit *afficher* la déclaration des choses saisies, il s'éleva une difficulté sur la validité d'une procédure dans laquelle le sergent n'avoit pas *affiché* la copie des contrats en vertu desquels il avoit fait la saisie, mais seulement la déclaration des choses saisies. On inféroit d'un ancien réglement, du 8 mars 1608, que cette omission emportoit nullité ; mais la cour, le 27 août 1629, fit, en la grand'chambre, un *consulatur*, d'après lequel il fut dit, que la coutume seroit gardée, sans l'étendre davantage, & que c'étoit assez d'attacher la copie de la déclaration. (Basnage, *sur l'art. 557 de la Coutume de Normandie, tom. 2, pag. 503.*)

Coquille, sur les *art. 38 & 39 du tit. 32 de la Coutume de Nivernois*, dit qu'on a continué, depuis l'édit de 1551, de faire, entre la premiere & seconde criées, « une criée au marché de la ville plus prochaine du lieu où les héritages sont assis avec *affiches* mises au lieu public & accoutumé, contenant la déclaration des

héritages, les causes de la saisie, sur qui & à la requête de qui elles sont faites. » (Coquille, *tom. 2, pag. 334.*)

La coutume de Bar veut, dans l'*art. 217*, qu'à chaque criée qui se fait, de quinzaine en quinzaine, l'huissier publie par le menu, la déclaration de tous les héritages mis en vente audevant de l'auditoire, ou lieu public où se fera la poursuite, & y laisse *affiche*.

« Après le jugement de discussion, sera ordonné, que dans la huitaine après, seront mises les encheres & *attaches* à la porte de l'auditoire du juge pardevant lequel seront conduites lesdites criées, & aussi à la porte de l'eglise paroissiale du lieu où sont lesdits héritages assis ; & y demeureront, lesdites encheres, l'espace de *trois semaines entieres*, durant lesquelles seront reçus tous enchérisseurs, au greffe du lieu où sera ledit procès de criées, &c. » (*Art. 61 du tit. 19 de la Coutume de Berry.*)

Les formalités relatives aux *affiches*, en matiere d'adjudication par décret, en Languedoc, sont déterminées par les *art. 2, 3, 4, 5 & 6 de la déclaration du 16 Janvier 1736.* Après la certification des criées ; le jugement intervenu sur les oppositions, qu'il est d'usage de juger avant le décret ; & la signification de ce jugement au procureur de la partie saisie, si elle en a un, ou à personne, & domicile ; on dresse une *affiche*, qui contient qu'il sera procédé quarante jours après à l'adjudication. Il doit y être fait mention de la contenance, bornes & situation des biens roturiers ; & à l'égard des nobles, elle doit contenir le nom des fiefs & le principal manoir d'iceux : elle doit être apposée à la porte de l'auditoire du siege où le décret est pendant, & aussi tant à la porte du principal manoir des biens, qu'à celles des églises paroissiales où ils sont situés : elle doit être lue & publiée à la porte de ces dernieres, un jour de dimanche à l'issue de la messe paroissiale : elle doit enfin être signifiée ou au procureur de la partie saisie, ou à personne & domicile , ainsi qu'au plus ancien procureur des opposans. Le procès-verbal d'*affiches* est remis au greffe , à la requête du poursuivant, sans qu'il soit besoin de rapporter procès-verbal de leur levée, ni de faire aucune autre procédure ou formalité dont l'usage est abrogé. A l'échéance de la quarantaine, on prononce l'adjudication , sauf quinzaine, sans qu'il soit besoin de nouvelles *affiches* ni publications. A l'expiration de cette quinzaine, le juge a la liberté d'ordonner une ou plusieurs remises, même une publication surabondante d'*affiches*, s'il en est requis , ou même d'office, si les biens ne lui paroissent pas portés à leur juste valeur.

Les dispositions de cette loi claire & simple, paroissent, en diminuant les procédures , les frais & les longueurs, ménager cependant le plus grand intérêt du débiteur & de ses créanciers. Pourquoi ne pas faire jouir des avantages qu'elle présente tous les sujets du même monarque , tous les enfans du même pere ? Pourquoi ne pas la substituer à tant de réglemens divers , d'usages compliqués, résultat des dispositions de tant de coutumes contradictoires ? Pourquoi ne pas faire cesser une foule de difficultés que font naître leur obscurité & leur multiplicité ?

La saisie réelle des rentes sur l'hôtel-de-ville de Paris, des rentes constituées, des offices , exige encore quelques explications.

Les *affiches* & panonceaux pour les rentes sur l'hôtel-de-ville doivent être mises contre les portes de l'église paroissiale dudit hôtel-de-ville & celle dudit hôtel. (*Art. 347 de la Cout. de Paris.*) Les *affiches* & panonceaux pour les rentes constituées par un particulier, doivent être mises tant contre la maison dudit particulier saisi , qu'en la principale porte de l'église & paroisse dudit saisi, créancier de la rente. (*Art. 348 , ibid.*) Quant aux rentes foncieres , les criées doivent être faites en la même forme que

celles des héritages sujets auxdites rentes. (*Art. 349 , ibid.*) Enfin, à l'égard des offices comptables en la chambre des comptes de Paris, les *affiches* & panonceaux doivent être mis tant contre la principale porte de l'église Saint Barthelemy, paroisse de la chambre des comptes, que contre la maison où demeure le débiteur, au cas qu'il soit domicilié à Paris ; quant aux autres offices, l'*affiche* doit être mise à la porte de la paroisse où se fait leur principal exercice. (*Art. 350 & 351 , ibid.*)

C'est à la chancellerie qu'on poursuit la vente par décret des offices qui en dépendent. Un ARRÊT du conseil, du 14 septembre 1644, cassa des procédures faites dans d'autres tribunaux ; ordonna que les offices seroient vendus pardevant M. le chancelier, le sceau tenant ; qu'à cet effet les *affiches* seroient apposées aux lieux ordinaires, & les publications faites par un huissier de la chancellerie ; les encheres & les oppositions reçues pardevant le garde des rôles des offices de France : défenses furent faites à toutes personnes de se pourvoir, dorénavant, ailleurs qu'en la grande chancellerie. (*Histoire de la chancellerie, par* Tesserau, *tom. 1 , pag.* 441.)

Par les *art. 13, 14, 15 & 16* de la déclaration du mois d'août 1669, qui veut que les biens & offices des comptables, redevables envers le roi, saisis réellement, soient décrétés & adjugés aux cours des aides, il est dit que les *affiches* contiendront le nom & l'élection de domicile du poursuivant, la date de l'arrêt qui ordonne la vente, le lieu où sera faite l'adjudication, le titre de l'office saisi, avec les gages & droits y attribués, le nom & la qualité du saisi, & les causes de la saisie. Les *affiches* seront signifiées aux personnes ou domiciles des saisis & des opposans ou de leur procureur, s'ils en ont constitué, & *apposées aux panonceaux des armes du roi*, dans les villes où les cours des aides ont séance, ès jours de marché, à la principale place publique ; & ès jours d'audience, & avant qu'elle foit ouverte, aux portes & principales entrées, chambres d'audience & barres des cours ; & dans les villes où s'exerce l'office faifi, ès jours de marché, à la place publique, & à la principale entrée du lieu où fe fait l'exercice, à la porte du domicile du faifi ; & encore pour les offices comptables, à l'entrée des chambres des comptes, & le dimanche fuivant, ès portes des églifes paroiffiales des lieux, cours & jurifdictions. Les *affiches* feront publiées trois dimanches confécutifs, *(ceci eft abrogé par la déclaration de 1698 ;)* enfin, il fera procédé à l'adjudication, au jour indiqué par les *affiches*, fans aucune remife, finon pour caufe légitime & du confentement du pourfuivant.

On a demandé fi la prefcription de dix ans couroit au profit du tiers-acquéreur, quoiqu'il y ait faifie, fi on ne le dépoffédoit pas ; dans le cas même où il y a arrêt de *réglement d'affiches*, fi cet arrêt ne lui a pas été fignifié.

ARRÊTS du parlement de Bourdeaux, des 23 mai *1678*, & 6 août *1692*, en faveur des tiers-acquéreurs. (Lapeyrere, *lettre* P, *n°. 61, pag. 315 & 316.*)

Autre queftion intéreffante, puifée dans le même auteur. « Lorfque l'inftance de décret a été portée en la cour, par la voie de l'appel d'un jugement ou d'une fentence de décret, rendus devant le premier juge ; y ayant des furencheres en la cour, qui donnent lieu à une nouvelle adjudication, il n'eft plus befoin de nouvelles *affiches*, ni de congé d'adjuger, & l'adjudication s'en fait purement & fimplement, en la cour qui fe trouve faifie de la caufe par appel. » *(Lettre S, n°. 238, pag. 472.)*

Nos lecteurs doivent fentir que ce font ici des obfervations infuffifantes pour fe former une jufte idée de tout ce qui s'appelle *faifie réelle ;* mais nous avons annoncé que l'objet de cette divifion étoit borné à la formalité des *affiches*. Il faut donc, pour avoir un tableau exact de nos loix & de nos ufages, fur cette matiere compliquée, revenir fur le mot *Adjudication,* parcourir les différentes divifions de *cet article,* & voir encore, ci-après, les mots *Aides, (cour des) Appel, Appropriance, Bannie, Brandon, Chancellerie, Comptable, Comptes, (chambre des) Défiftat, Enchere, Garde-rôle, Huiffier, Office, Oppofition, Panonceaux, Pourfuivant, Prefcription, Publication, Rentes (conftituées, foncieres, fur l'hôtel-de-ville,) Saifie (réelle,) Sceau, Signification, Tiers-acquéreur, Vente, &c.*

Subftitution.

20. « Le grévé de fubftitution fera tenu de faire procéder à la vente, par *affiches* & encheres, de tous les meubles & effets compris dans la fubftitution, à l'exception néanmoins de ceux qu'il pourroit être chargé de conferver en nature. » *art. 8 du tit. 2 de l'ordonn. de 1747.*

Furgole, fur ce texte, *(pag. 320 & 321 de fon Comm.)* dit que le légiflateur n'exige point que le grévé obtienne une ordonnance pour procéder aux encheres & *affiches ;* qu'il fuffit que ces *affiches* foient appofées dans le lieu où la vente doit être faite, ou dans les environs, fi ce lieu n'eft pas confidérable : fi c'eft une ville, elles doivent être mifes aux portes des églifes paroiffiales, dans les carrefours & autres endroits fréquentés, afin que le public foit inftruit. Furgole fait encore une réflexion qui paroît importante, & qui peut s'appliquer à tout ce que nous avons déja dit dans cet article. Il dit donc, qu'il fuffit que le grévé rapporte des exploits de l'appofition des *affiches*, afin qu'on ne puiffe pas le rechercher fous prétexte qu'elles n'auront pas été appofées dans certains lieux. Après que ces *affiches* auront été expofées pendant un temps fuffifant, pour inftruire le public, la vente fera faite aux encheres, par un huiffier, qui en dreffera procès-verbal. L'*article 102 de l'ordonnance d'Orléans*, qui prefcrit aux tuteurs de faire procéder à la vente des meubles & effets des pupilles, par autorité de juftice, ne parle point d'*affiches*, à la différence de cette nouvelle loi, qui exige les *affiches*, fans parler de l'autorité de la juftice.

Cette difpofition de l'ordonnance des fubftitutions auroit-elle été tirée de l'*art. 344 de la Cout. de Paris*, ci-deffus cité, *n°. 14* ? qui ne permet, ni à un héritier bénéficiaire, ni à un curateur aux biens vacans, de faire vendre les meubles de la fucceffion ou curatelle, qu'après une *affiche*. Quoi qu'il en foit, ces deux réglemens font peut-être uniques : en effet, les meubles, quelque précieux qu'ils foient, ne fe vendent point avec les formalités prefcrites pour la vente des immeubles.

ARRÊT du parlement de Paris, du 5 mai 1611, qui ordonne qu'un diamant eftimé dix mille écus, donné en nantiffement à un orfevre, par un Portugais, pour sûreté d'un prêt de fix mille livres, feroit vendu à l'enchere, par un Huiffier, & déboute le propriétaire de fa demande à ce qu'il fût vendu comme un immeuble : *Ut cum immobilibus adæquari debeat, publicationes etiam repeti debeant per ftata ex conftitutione tempora, libellique (vulgus vocat AFFICES) ad forum, ad templum, ædefque ipfas debitoris proponi.* (Mornacius, *l. 37, D. de evict. tom. 1, pag. 1242 & fequent.*) Voyez *Bijou, Diamant, Meubles, Pierreries, Subftitution,* &c. &c.

DROIT FÉODAL.

21. La notification de la faifie féodale doit être faite au vaffal, « au principal manoir de fon fief, du moins à celui qui tient ledit fief, ou laboure les terres d'icelui ; ou par publication générale au prône de l'églife paroiffiale du lieu faifi. » *Art. 30 de la Coutume de Paris.*

Quoique l'article ne dife pas qu'il faut laiffer copie de la faifie au vaffal ou à fon fermier, cette formalité effentielle doit être fuppléée ; parce qu'il faut, fuivant les ordonnances générales du royaume, laiffer copie de toutes faifies & exécutions,

Quand il n'y a point de manoir, & qu'il n'y a, par conféquent, ni vaffal, ni fermier à qui la faifie puiffe être notifiée, il faut la faire *afficher* à la porte de l'églife paroiffiale, puifqu'on ne peut plus aujourd'hui la publier au prône. Suivant l'*art. 4 de la Coutume d'Amiens*, le feigneur eft tenu faire fignifier la faifie féodale *au chef du bien faifi, fi aucun en y a, finon au portail de l'églife paroiffiale du lieu, & par AFFICHES.* Le fieur Mailli Lefpine, s'étant contenté de notifier la faifie d'un fief appartenant à l'hôtel-dieu d'Amiens, au fermier du fief, parce qu'il n'y avoit point *de chef-lieu*, cette notification fut jugée infuffifante, par ARRÊT du parlement de Paris, du 9 janvier 1624. *La coutume*, dit Dufrefne, *qui le rapporte, n'ayant parlé de cette forme de fignification, mais défiré précifément celle qui fe fait à la porte de l'églife paroiffiale, & par AFFICHES.* (*Journal des audiences, tom. 1, liv. 1, chap. 13, pag. 10.*)

La Coutume de Normandie, dans l'*art. 112*, oblige le prévôt ou fergent qui procede à une faifie féodale, *à déclarer, par trois dimanches confécutifs, à l'iffue de la meffe paroiffiale, que le feigneur entend mettre en fa main les héritages faifis* ; & elle n'ajoute pas qu'il faudra *afficher* ces proclamations. On a demandé fi cette *affiche* étoit pourtant néceffaire : « Berault dit qu'oui, & qu'il l'a vu juger, & la plupart des fergens le pratiquent ainfi. Coquille, fur l'*art. 8 du tit. 7 des fiefs*, *de la Coutume de Nivernois*, prouve par plufieurs raifons, qu'il faut offrir ou bailler copie à la partie ; ce qui ne fe peut faire que par *affiche*, lorfque la partie y eft inconnue : l'ordonnance femble y être conforme. Cette formalité néanmoins ne me paroît pas néceffaire, & ce feroit aujourd'hui une aggravation de frais pour le vaffal, à caufe du papier de formule & du contrôle. » Ce que décide-là Bafnage, (*tom. 1, pag. 176,*) paroît raifonnable ; mais la crainte des frais doit-elle fuffire pour fe raffurer fur l'oubli de formalités que l'ordonnance *semble* *prescrire* ?

En général, nous pensons qu'en matiere odieuse il faut constituer le débiteur en demeure ; il faut donc que le vassal soit bien & duement averti, & qu'il ne puisse prétexter en aucune maniere qu'il ne l'a pas été suffisamment : les *affiches* & les proclamations préviennent les inconvéniens qui résultent de la négligence ou de la prévarication d'un huissier. *Proscribere palam sic accipimus claris litteris, undè de plano rectè legi possit, antè tabernam scilicet, vel ante eum locum in quo negotiatio exercetur, non in loco remoto, sed in evidenti… ne quis causari possit ignorantiam litterarum. L. 11, § 3, D. de instit. actione.* Mornac, sur cette loi, fait une réflexion essentielle : *Gliscentibus in dies flagitiis nova etiam in contrarium auxilia quærenda sunt. (Tom. 1, pag. 891.)*

Nous examinerons ailleurs l'importante question de savoir si les seigneurs, soit ecclésiastiques, soit laïques ; tant dans les pays de droit écrit, que dans les pays coutumiers, sont obligés de prendre des lettres de terrier pour procéder à la rénovation de leurs terriers ; & nous rendrons compte des formalités nécessaires pour parvenir à l'impétration, à l'enrégistrement & à l'exécution de ces lettres. Il suffit de remarquer ici que l'une de ces formalités consiste dans la publication de ces lettres, & du jugement qui en a prononcé l'enrégistrement à l'issue des messes des paroisses des vassaux, tenanciers, emphytéotes & justiciables nobles ou roturiers : ces publications doivent être faites par un huissier royal, & ensuite *affichées* à la porte des églises, dont & du tout est dressé procès verbal. L'*affiche* doit contenir injonction & commandement aux vassaux, &c. de représenter & communiquer leurs titres de propriété à l'officier commis pour recevoir leurs reconnoissances, aveux, déclarations, &c. pour ensuite payer les droits qu'ils pourront devoir, & passer

lesdites reconnoissances en la forme, & sous les peines indiquées par les lettres de terrier. Un des effets de l'*affiche* & publication avec commandement, est d'interrompre la prescription des arrérages des cens, servis & autres droits seigneuriaux ; en sorte que si la reconnoissance n'est passée que trois, quatre ans après cette affiche & publication, le vassal, emphytéote, &c. devra trois, quatre années d'arrérages au-delà des vingt & neuf qu'il est seulement permis d'exiger.

Que doit faire le vassal qui veut rendre foi & hommage au seigneur qu'il ne trouve pas dans le fief dominant ? La Coutume de Melun, *tit. 4, art. 25,* est fort claire sur cette question. Elle dit que le vassal n'est point tenu de chercher le seigneur hors du fief dominant ; qu'il suffit qu'il fasse la foi & ses offres au procureur, receveur ou officiers du seigneur, s'il y en a. S'il ne s'en trouve point, il doit se transporter au *lieu seigneurial; & à la porte d'icelui*, faire la foi & offres en présence de deux notaires, où d'un notaire & deux témoins ; faire signifier le tout aux fermiers, ou autres gens demeurant chez le seigneur, sinon à deux voisins ; & en attacher & *afficher* copie à la porte du lieu seigneurial *s'il y a manoir*, sinon à la porte de l'église paroissiale du lieu. Voyez *Foi, Hommage, Offre, Seigneur, Vassal, &c.*

L'un des plus grands maux produits par la féodalité, c'est l'établissement des péages qui tendent à entraver le commerce & la navigation intérieure ; c'est aussi celui qu'on a cherché dans tous les temps, à alléger autant qu'il étoit possible, en multipliant les précautions faites pour prévenir les abus & les exactions.

ARRÊT du parlement de Paris, du mois de juin 1549, qui ordonne, entre autres, à tous péageurs, « de faire chacun un tableau au vrai de leurs droits de péage, & y mettront seulement ce qui leur appartient, tant pour le regard des denrées & marchandises sujettes audit péage, que des sommes qui en sont dues ;

& fera ledit *tableau attaché a un poteau;* & feront lefdits péageurs tenus à affermer en la cour de céans, ou pardevant le plus prochain juge royal, leur tableau contenir vérité; & fera l'affirmation faite, fur peine de confifcation, & perdition de leurs droits de péage. »

Vauzelles, qui rapporte ce réglement à la fin de fon *Traité des péages*, dit qu'il n'a pas fait ceffer les abus qu'il décrit fort pathétiquement. L'un des plus grands eft, « que aucuns publicains exigent beaucoup plus gros péages des marchandifes, qu'ils ne fouloient par les vieux & anciens *tableaux:* & pour bailler couleur à ce, journellement y ajoutent par les nouveaux *tableaux,* autres chofes qui n'étoient contenues aux titres & anciens *tableaux,* qui eft chofe bien réprouvée.... Et fur icelles marchandifes y ajoutées ont hauffé le prix de beaucoup.... Et pour couvrir toutes leurs telles iniquités, aucuns d'eux falfifient tant les vieux que les nouveaux *tableaux;* & même que en chacune denrée ou marchandife illec mentionnée, étoit taxée à bas prix pour le péage, ou bien à deux fols pour millier, ou à une livre pour millier fimplement. Mais quelques-uns defdits publicains, au lieu de deux deniers ont mis dix deniers, & au lieu de deux fols ont mis dix fols tournois : & au lieu d'une livre, ont ajouté ce mot, de poivre, canelle, gingembre, qui vaut beaucoup plus qu'une livre tournois. Et en ce faifant, ont commis & commettent fraude *à la groffe foule du pauvre peuple:* & encore lefdits publicains font payer lefdites efpiffes à leur plaifir, qui eft chofe intolérable.... Et tels *tableaux,* qui font lettres privées faites à plaifir, ne font aucune foi, &c. » (*Traité des péages, Lyon, de Tournes, 1550, in-4°. Pag. 59 & 60.)*

Nous reviendrons fur tout ceci au mot *Péage,* à moins que le fouverain n'ait, avant que nous foyions parvenus à cette partie de notre travail, fupprimé tous ces droits onéreux & exorbitans, auxquels on

a dans ces dernieres années porté déja de grands coups. Voyez auffi *Hommage, Lettre (à terrier,) Pancarte, Rénovation, Saifie (féodale,) Seigneur, Terrier, &c.*

Droit fifcal.

22. L'édit du mois de juillet 1693, eft un des plus précieux du regne de Louis XIV : il eft raifonné & marqué au coin de la fageffe & de la juftice : c'eft le plan qu'a fuivi Louis XVI dans fes loix. « Nous avons eu un foin tout particulier d'affurer, par nos ordonnances, le repos de nos fujets, & la poffeffion paifible de leurs biens : de toutes celles que nous avons faites, il n'y en a aucune qui ait pourvu aux moyens de nous faire jouir avec toute fureté des biens que nous pourrions acquérir, & dans la jouiffance defquels nous pourrions être inquiétés, fi le refpect n'empêchoit nos fujets de nous y troubler; ce qui feroit un effet de notre autorité contraire à la juftice que nous leur avons toujours voulu conferver dans les affaires dans lefquelles nous avons intérêt. Et pour leur en donner de nouveaux témoignages, nous avons réfolu d'établir les formalités qui feront obfervées pour les acquifitions que nous avons faites & que nous ferons à l'avenir, lefquelles tiendront lieu à cet égard des formes qui fe font pour parvenir aux adjudications par décret, &c. »

Dans le nombre de ces formalités, celle des *affiches* eft la plus fouvent répétée, parce que c'eft celle qui fert à rendre les acquifitions faites par le fouverain plus notoires. Ainfi après que les contrats d'acquifition ont été acceptés par les commiffaires, l'on en adreffe des expéditions au procureur général du parlement, dans le reffort duquel les biens font fitués, & il doit faire faire des *affiches* contenant les déclarations en détail par ténans & aboutiffans, leur fituation, &c. Il doit enfuite les faire paffer aux curés pour les publier au prône; (abrogé par l'édit de 1695, & déclaration de 1698.) Il doit charger des huiffiers de les *afficher* de nouveau aux principales portes des églises, des paroisses & aux foires & marchés; lesquels huissiers seront tenus de lui renvoyer leur procès-verbal de publication & d'apposition. Pareilles *affiches* seront mises & apposées aux portes des palais & auditoires, dont il sera aussi dressé des procès-verbaux. Il sera rendu ARRÊT, portant « qu'il sera fait une derniere publication par le greffier, l'audience tenant, & des *affiches* mises aux portes du palais, afin que ceux qui pourroient prétendre droit de propriété ou hypotheque sur les biens à nous vendus, puissent s'opposer dans le mois; lesquelles publications & affiches seront aussi certifiées, tant par ledit greffier que par les huissiers qui les auront *affichées*, &c. »

Si le souverain prend tant de précautions pour s'assurer de nouvelles propriétés, sans doute les sujets sont moins fondés à se plaindre de la multiplicité des formalités qu'ils sont obligés de remplir pour jouir incommutablement du fruit de leurs acquisitions. Voyez ci-dessus le mot *Acquisition*, n°. *9*, & ci-après les mots *Domaine*, *Échange* & *Engagement*, où nous rendrons compte des formalités nécessaires pour valider les aliénations du souverain : formalités qui nécessitent plus de détails que celles de leurs acquisitions.

Les Romains faisoient *afficher* l'état de perception des droits du fisc, afin que personne ne pût prétendre ignorer, leur qualité & leur quotité. Une des atrocités de Caligula c'est, d'abord d'avoir supprimé l'usage de cette *affiche*, afin que l'ignorance pût donner lieu à beaucoup de contraventions, & par conséquent d'amendes & de confiscations. Ensuite, lorsque le peuple se plaignit, il fit faire cette *affiche* dans un droit obscur & resserré, & dans une forme de lettres très-menues, de maniere qu'il étoit impossible de la lire. *Vectigalibus indictis neque propositis, cùm per IGNORANTIAM scripturæ multa commissa fierent, tandem flagitante populo proposuit qui-*

dem legem, sed & MINUTISSIMIS LITTERIS ET ANGUSTISSIMO LOCO, UTI NE CUI DESCRIBERE LICERET. (Suetonius *in Caligula, cap. 41, pag. 682, edit. Burmanni.*)

Notre loi fiscale, le titre commun des fermes de l'ordonnance de 1681 avoit cherché à prévenir tous les abus par ces deux dispositions bien intéressantes : « Sera mis à la diligence & aux frais des fermiers ou sous fermiers, un *tableau* dans un lieu éminent de chacun greffe des élections, greniers à sels, traites & autres, dans lequel seront *inscrits en gros caracteres* les noms & surnoms des commis, gardes & autres ayant serment à justice, employés dans l'étendue de chaque jurisdiction. ... Enjoignons aux commis, de mettre au dehors sur la porte du bureau, ou en autre lieu *apparent* le *tableau* ou *inscription*, contenant en général les droits de la ferme, pour la recette ou contrôle desquels le bureau est établi; leur enjoignons pareillement de mettre dans le bureau, en un lieu *apparent*, un autre *tableau*, contenant un tarif exact de tous les droits, à peine d'amende arbitraire, dépens, dommages & intérêts des parties. » *Art. 38 & 39.*

Un ARRÊT de la cour des aides de Paris, du 12 août 1716, enjoint aux juges quand ils reçoivent le serment des commis, d'en garder les actes & minutes en leur greffe, & d'avoir un *tableau* sur lequel seront *inscrits* les noms & surnoms des commis employés dans l'étendue de leur jurisdiction.

Croiroit-on qu'un commentateur ait osé dire que cet arrêt sembloit déroger aux dispositions de l'art. 38 de l'ordonnance; & sur-tout, qu'il ait osé ajouter qu'il n'y a pas plus de *possibilité* aux juges d'avoir le *tableau* du nom & surnom des commis dans leur greffe, qu'à ceux-ci d'en exposer un dans leurs bureaux ! Louis XIV avoit-il prescrit une chose *impossible* ? La raison décisive, la seule qui autorise l'inexécution de l'ordonnance, c'est l'ARRÊT du conseil, du

11 octobre 1729, dans l'*Espece* suivante. Les officiers de l'élection de Pont-l'Évêque ayant, par plusieurs sentences, annullé différentes saisies de tabac faites par les employés de la ferme, & condamné le fermier aux dépens, parce qu'il avoit négligé de se conformer aux dispositions de l'*art. 38* de l'ordonnance de 1681, le conseil cassa & annulla ces sentences, confisqua les tabacs saisis avec amende & depens : fit défenses aux élus de Pont-l'Évêque & à tous autres juges, d'annuller les procès verbaux des commis des fermes & du tabac, sous prétexte que leurs noms n'auroient point été *inscrits* dans des tableaux déposés au greffe des élections, greniers à sel, traites & autres juges, à peine de nullité des sentences, 1000 liv. d'amende, & de tous dépens, dommages & intérêts, &c. LETTRES-PATENTES sur cet arrêt, expédiées le 23 juin 1734.

Le *tableau* contenant le nom & surnom des commis, n'est plus formé, à cause de *l'impossibilité morale d'y satisfaire, attendu les fréquens changemens & les mouvemens continuels qui arrivent dans les emplois, & que le fermier est obligé de faire pour le bien & la sûreté du service;* celui qui devoit renfermer le tarif des droits ne l'est pas d'avantage, parce qu'il est *trop étendu pour pouvoir l'imprimer en placard & l'AFFICHER; les commis en chaque bureau ont le tarif des droits qui s'y perçoivent, & les nouveaux arrêts & ORDRES dont les marchands & voituriers peuvent prendre communication, les commis devant les leur représenter lorsqu'ils le requierent.* C'est sur le fondement de ces réflexions du commentateur de l'ordonnance de 1681, (*pag. 187, 188 & 189, & 271 & 272,*) que le fermier n'a plus ni l'un ni l'autre des tableaux exigés par l'ordonnance.... Attendons tout de Louis XVI, il saura bien concilier les intérêts de la perception avec l'instruction qu'on doit aux redevables. Car qui sait dans cette partie ce qu'il doit faire, ce qu'il doit éviter; & cependant on ne sauroit trop le répéter, *leges sacra-*

tissimæ.... INTELLIGI AB OMNIBUS DEBENT, ut universi præscripto earum MANIFESTIUS cognito, vel INHIBITA DECLINENT, vel PERMISSA SECTENTUR. L. 9, C. de legibus.

Eaux & Forêts.

23. On trouve les formalités des publications & *affiches* nécessaires pour parvenir aux *Assiettes, Martelages, Ventes* & adjudications des *Bois du roi, Chablis,* bois en *Gruerie, Baliveaux, Passages, Glandées, Routes,* &c. Dans les *art. 4, du tit. 7; 17 & 18, du tit. 15; 4, du tit. 17; 2, du tit. 18; 4, du tit. 19; 10, du tit. 23; 17, du tit. 25; 35, 36, & 42, du tit. 27; 3 & 4, du tit. 28; 11 & 30, du tit. 30,* &c. Voyez ci-après *Eaux & Forêts,* & les mots mis en *italique.*

Marine.

24. Les navires sont meubles par leur nature; cependant, à cause de l'importance de leur objet, on emploie, dans leur saisie, comme dans leur vente, certaines formalités, qui quoique plus simples que celles des décrets ordinaires, ont paru nécessaires pour donner une certaine notoriété & procurer des enchérisseurs. Suivant l'*art. 4 du tit. 14 du liv. 1 de l'ordonnance de 1681,* les criées & publications doivent être faites par trois dimanches consécutifs à l'issue de la messe paroissiale du lieu où le vaisseau sera amarré; & les *affiches* seront apposées *le lendemain* de chaque criée au grand mât, sur le quai, à la principale porte de l'église, & de l'auditoire de l'amirauté & autres lieux accoutumés. On voit qu'il y a ici cette différence entre les *affiches* usitées dans les procédures décrétales ordinaires, & les *affiches* exigées dans les décrets des vaisseaux, que celles-ci ne doivent être faites que *le lendemain* des criées, tandis que celles-là le sont le jour même des criées. La véritable raison de cette différence, c'est que le législateur a prévu que le navire saisi pourroit n'être pas à quai

dans le lieu du siege de l'amirauté, & qu'ainsi il ne seroit pas facile de faire toutes les *affiches* prescrites dans ce qui reste du jour du dimanche après la célébration de la messe de paroisse. Du reste, le sergent doit faire son procès-verbal d'*affiches*, comme il fait celui de la publication des criées. L'*art. 5 du même titre* dit, que les *affiches* doivent renfermer le nom du vaisseau saisi & son port, & le lieu où il sera gissant ou flottant, & indiqueront les jours d'audience auxquels les encheres auront été remises : par l'*art. 8*, il est permis au juge d'accorder une ou deux remises extraordinaires, qui seront publiées & *affichées* comme les ordinaires. (Valin, *tom. 1, pag. 346 & suiv.*)

Les greffiers des amirautés sont tenus de mettre dans le lieu le plus *apparent* du greffe, un *tableau* dans lequel sont écrits les droits de chaque expédition. (*Art. 14 du tit. 4 du liv. 1 de l'Ordonn. de 1681.*)

Les droits des actes & expéditions des chancelleries établies dans les différens consulats, doivent être réglés de l'avis des députés de la nation françoise & des plus anciens marchands : le *tableau* doit être mis au lieu le plus *apparent* de la chancellerie ; & l'extrait doit être envoyé par chaque consul au lieutenant de l'amirauté, & aux députés du commerce à Marseille. (*Art. 17 du tit. 9 du liv. 1.*) Il est défendu, à peine de concussion, de lever aucuns droits de *Coutume, Quaiage, Balisage, Lestage, Délestage* & *Ancrage* qu'ils ne soient *inscrits* dans une *Pancarte* approuvée par les officiers de l'amirauté, & *affichée* dans l'endroit le plus *apparent* du port. (*Art. 29 du tit. 2 du liv. 4.*) Voyez ces mots, & *Amiral, Amirauté, Chancelier, Consul, Greffier, Vaisseau*, &c.

Guerre.

25. Louis XIII, par l'*art. 35 de son* ORDONNANCE du 14 août 1623, veut que sur le pied de ses états & réglemens,

il soit, par les commissaires conducteurs, tant d'infanterie que de cavalerie, à l'assiette des logis, des garnisons, & en marchant en campagne, fait & arrêté de concert avec les juges des lieux & officiers municipaux, ou les marguilliers & deux des principaux habitans un taux des vivres, qui à l'*instant sera publié.* Louis XIV veut que ce taux soit réglé par les intendans ayant dans les provinces la direction du paiement & de la police des troupes, conjointement avec les maires-échevins ou principaux habitans ; auquel taux, ainsi réglé & publié, les habitans soient tenus de se conformer & de fournir des vivres aux troupes. (*Ordonnance du 4 novembre 1751.*)

Enfin, Louis XV, dans son ORDONNANCE portant réglement sur les étapes, du 13 juillet 1727, veut, dans l'*art. 61*, « qu'afin que les maires, échevins, consuls, syndics ou marguilliers & étapiers des villes & lieux d'étape, ne puissent ignorer l'intention de sa majesté au sujet de la fourniture des étapes, la présente ordonnance soit registrée ès registres des hôtels de ville ou des communautés des lieux d'étape, & *affichée* dans lesdits hôtels-de-ville & chez les étapiers, que lesdites *affiches* soient renouvellées tous les ans, & que ceux desdits magistrats qui sortiront de charge, la fassent lire en présence de ceux qui leur succéderont, & en tirent d'eux un certificat qu'ils enverront au secrétaire d'état de la guerre, à peine de 100 liv. d'amende, applicable à l'hôpital du lieu, ou au plus prochain. » Pareilles dispositions dans l'ORDONNANCE concernant les étapes du 30 juin 1737, & dans les postérieures. Le service militaire & la nécessité d'un approvisionnement prompt & peu dispendieux dans cette partie, exigent la plus grande notoriété dans les réglemens & taux des rations à fournir, & du prix auquel elles doivent être délivrées. Voyez *Approvisionnement, Armée, Convoi, Étape, Fourrage, Munitionnaire, Ration, Route, Vivres*, &c. &c.

Commerce.

Commerce.

26. L'*art.* 2 *du tit.* 4 *de l'Ordonnance du commerce*, de 1673, preſcrivoit l'enrégiſtrement des ſociétés entre marchands & négocians au greffe de la juriſdiction conſulaire, de l'hôtel-de-ville, ou des juges royaux ou ſeigneuriaux, & exigeoit que l'extrait en fût *inſéré dans un tableau expoſé en lieu public*; le tout à peine de nullité des actes & contrats paſſés, tant entre les aſſociés, qu'avec les créanciers. L'*art.* 3, veut que cet extrait contienne les noms, qualités, demeures des aſſociés, & les clauſes extraordinaires, s'il y en a, *pour la ſignature des actes*, le temps de ſa durée, déterminant qu'elle ne ſera réputée continuée s'il n'y en a un acte par écrit, pareillement enrégiſtré & *affiché*. L'*art.* 4 veut que les changemens, s'il en ſurvient, ſoient pareillement enrégiſtrés, publiés & affichés, & n'aient lieu que du jour de l'accompliſſement de ces formalités. Enfin, l'*art.* 6 veut que les ſociétés n'aient, de même, effet qu'après ces formalités préliminaires.

Cette loi n'a aucune eſpece d'exécution, & il en réſulte tous les jours les plus grands inconvéniens; tous les jours on plaide ſur la validité ou l'invalidité d'engagemens contractés ſous un nom ſocial par des aſſociés qu'on prétend n'avoir pas *la ſignature*. Ces difficultés, qui ralentiſſent les opérations, qui font naître la défiance, ſont très-funeſtes aux progrès du commerce. Il eſt à ſouhaiter que la nouvelle loi, à laquelle on aſſure qu'un magiſtrat éclairé travaille, renouvelle les diſpoſitions de ces articles, ou les remplace de maniere à rétablir la confiance & la ſûreté.

L'*art.* 2 *du tit.* 8 *de la même Ordonnance*, veut que dans les lieux où la communauté conjugale eſt établie par la coutume, ou par l'uſage, les clauſes qui y dérogeront dans les contrats de mariage des marchands & négocians, ſoient enrégiſtrées & *affichées*, & qu'elles n'aient

lieu que du jour qu'on aura rempli ces formalités. L'*art.* 2 preſcrit la même choſe pour la notoriété des ſéparations de biens entre mari & femme.

Il eſt encore eſſentiel de maintenir les diſpoſitions de ces deux articles : celle du dernier étoit, avant 1673, ſuivie dans le reſſort de pluſieurs coutumes, telles que Berry, Dunois locale de Blois, Orléans, Bourbonnois, &c. Celle-ci dit dans l'*art.* 73 : « Séparations de biens d'entre mari & femme, & auſſi les ceſſions de biens ne ſortiront effet, & ne ſeront dites valables, juſqu'à ce qu'elles ſoient inſinuées & *publiées* en jugement, & enrégiſtrées en la juriſdiction du juge où ſont demeurans ceux qui font ladite ſéparation & ceſſion, &c. »

La formalité de l'*affiche* eſt employée, & eſt néceſſaire & équitable tout à la fois, lorſqu'un négociant, qui par des malheurs imprévus, s'eſt vu forcé de ceſſer ſes paiemens, & de demander des remiſes à ſes créanciers, vient à les déſintéreſſer en capital & en intérêts, & demande à être *réhabilité*. Voici, entr'autres, un exemple.

SENTENCE de la conſervation de Lyon, du 10 mai 1776, qui prononce que Claude Tarin, le jeune, marchand forain de Rennes en Bretagne, eſt rétabli & réhabilité dans ſon honneur, renommée & réputation, comme il l'étoit avant le dérangement des affaires de ſon commerce au mois de juillet 1772; permis à lui de négocier dans cette ville comme auparavant, avec défenſes à toutes perſonnes de lui en faire, ni à ſa poſtérité, aucuns reproches, attendu le paiement entier des ſommes qu'il devoit à ſes créanciers : permis audit Claude Tarin d'acquérir & poſſéder toutes charges publiques, de jouir des honneurs & prérogatives qui y ſont attachés : ordonne que le préſent jugement ſera imprimé & *affiché*.

Enfin, « l'uſage des *affiches*, dit Savari, eſt très-commun dans le commerce : on en met pour la vente des marchandiſes, pour celle des vaisseaux, pour donner avis des bâtimens qui se disposent à faire voyage : celles - ci doivent contenir les lieux où ils vont, ceux où ils doivent toucher pendant la route, le nombre des tonneaux qu'ils contiennent, & celui des canons dont ils sont armés. C'est aussi par des *affiches* que les compagnies de commerce apprennent au public la qualité & quantité d'étoffes, des toiles, des métaux, des drogues & épiceries, & autres effets qui leur arrivent par le retour de leurs navires. On y explique ordinairement le lieu de leur arrivée, le jour de leur vente, & souvent sous quelles conditions elles doivent être vendues. Enfin, il y a peu de choses dans le négoce pour lesquelles les marchands ne soient quelquefois obligés de faire apposer des *affiches*, quand ce ne seroit que pour indiquer les nouvelles fabriques dont ils entreprennent l'établissement, ou même seulement le changement du lieu de leur demeure, pour se conserver la pratique de leurs chalans. » (*Dict. de commerce,* au mot *Affiches.*) Voyez *Associé, Avis, Commerce, Communauté, Femme, Réhabilitation, Séparation, Signature, Société, &c.*

Petites affiches de Paris, Affiches des provinces.

27. On donne ce nom à des papiers publics qui circulent dans la capitale & les provinces.

L'idée est mot à mot dans les *Essais de* Montagne, *liv. 1, chap. 34.* Il souhaitoit « qu'il y eût ès villes certain lieu désigné, auquel ceux qui auroient besoin de quelque chose, se pussent rendre & faire enregistrer.... Moyen de s'entre advertir. »

Renaudot, médecin, s'étant mis à la mode par les nouvelles qu'il donnoit à ses malades, spécula sur la curiosité naturelle ; & d'après les feuilles de nouvelles publiques imprimées à Venise, & dont la lecture coûtoit *una GAZETTA;* il obtint un privilège exclusif, dont l'ambiguité embrassoit toute espece de papiers publics, d'autant mieux, que jusques-là, il n'y en avoit pas eu un seul en France.

LETTRES - PATENTES « sur brevet du 14 mars 1612, portant pour Téophraste Renaudot, ses successeurs, & ayans cause don privilege & permission de composer, faire composer en tels lieux & par telles personnes que bon lui semblera, les *GAZETTES, relations & nouvelles,* tant ordinaires qu'extraordinaires, lettres, copies, ou *extraits* d'icelles, & *autres papiers généralement quelconques,* contenant les choses qui se passeroient, tant dehors que dedans le royaume ; le tout vendre, composer & débiter ; avec défenses à tous imprimeurs, libraires & autres personnes de s'immiscer, ni entreprendre aucunes des choses ci-dessus, sans le pouvoir, consentement & aveu dudit Renaudot & des *siens* après lui. »

LETTRES - PATENTES, du 4 juillet 1639, qui attribuent aux requêtes de l'hôtel, la connoissance en dernier ressort de toutes les contestations relatives à ce privilege.

LETTRES - PATENTES sur brevet de mars 1649, septembre 1651, mars 1662, juillet 1672, mars 1679 & mai 1716, qui confirment le privilege aux parens : le dernier, Chapoux de Verneuil, le cede moyennant 97000 liv. à Aunillon, président de l'élection, qui obtint encore des LETTRES - PATENTES, le 24 février 1749.

De ces titres successifs & non contestés, il résulte que le soin de satisfaire la curiosité de vingt millions d'hommes est confié à un seul ; que cet office public est devenu patrimonial, héréditaire & disponible. C'étoit un médecin : c'est un élu ! Ce sera bientôt un financier.

On s'étoit borné à la gazette dite de France, & c'étoit beaucoup, si l'on vouloit embrasser tout ce qui intéresse l'humanité, la religion, la politique, la justice & l'administration, le commerce, les arts ; en un mot, l'intérêt, l'inftruc-tion & le bonheur public.

En 1741, l'imprimeur de ce diction-naire imagina d'établir à Lyon ce qu'avoit indiqué Montagne. ARRÊT du confeil, du 29 août qui l'y autorife; regiftres, feuilles hebdomadaires. La commodité de ces feuilles fe manifefta bientôt ; le fieur Boudet, imprimeur, en établit de même à Paris en 1749, fous le titre d'*affiches de Paris*.

LETTRES-PATENTES, d'avril 1751, portant révocation du privilege accordé à Aunillon, avec charge de lui rembour-fer fes 97000 liv. & conceffion nou-velle du privilege au fieur Lebas de Cour-mont, *payeur des rentes*; on y lit : "*Auquel privilege* nous avons, en tant que de be-foin feroit, réuni & incorporé le droit de faire imprimer par telles perfonnes qu'il jugera à propos, vendre & débiter, tant à Paris que dans toutes les autres villes & lieux de notre royaume, *les AFFICHES de Paris & de toutes les villes & autres lieux de notre obéiffance*; révoquant à cet effet, caffant & annul-lant les permiffions, aveux & traités qui peuvent avoir été faits par ledit fieur Aunillon à Boudet, imprimeur libraire à Paris, & à tous autres pour l'impref-fion, vente & débit defdites *affiches*... Voulons & nous plaît que ledit fieur le Bas de Courmont, fes héritiers ou ayans caufe, aient le pouvoir de compofer, faire *compofer* & imprimer toutes les *gazettes, nouvelles*, tant ordinaires qu'ex-traordinaires, lettres, copies & extraits d'icelles, *affiches de Paris & des autres villes* de notre royaume & autres rela-tions généralement quelconques.... Lui donnons en outre pouvoir de tenir & faire tenir, par qui bon lui femblera, *des bureaux & regiftres d'adreffe & de ren-contre pour la commodité publique*, dans toutes les villes & lieux de notre obéif-fance où il voudra en établir. Faifons défenfes à tous autres de les y troubler, & de faire imprimer les regiftres d'adreffe, fous les mêmes peines. Et voulant encore

plus favorablement traiter ledit fieur de Courmont, nous lui permettons de faire *ceffion & transport* du droit de faire im-primer, vendre & débiter *les affiches de Paris & des autres villes de notre royaume*, a telle perfonne qu'il avifera bon être; pour, par lui, ou fon ceffionnaire en cette partie, en jouir ou fes enfans, héritiers ou ayans caufe, pendant le temps de *trente années confécutives*, à compter du jour de la fignification des préfentes; après lequel délai voulons que le droit & permiffion de faire imprimer lefdites *affiches*, foit & demeure réuni au privi-lege fufdit, comme nous l'y avons réuni & incorporé, pour être alors poffédé par celui qui fe trouvera revêtu dudit privi-lege, fans que celui des *affiches* puiffe en être divifé après l'expiration defdites trente années."

En conféquence, tous ceux qui ont voulu établir des *affiches*, ont été obligés de traiter avec le conceffionnaire général, & nous avons fous la main les affiches fui-vantes. Angers, Auxerre, Auvergne, Befançon, Bourdeaux, Bourges, Breta-gne, Chartres, Dauphiné, Flandres, la Rochelle, Limoges, Lyon, Meaux, Metz, Montpellier, Moulins, Orléannois, Pi-cardie Artois & Soiffonnois, Poitou, Provence, Rouen, Sens, Touraine, Saumurois & Touloufe, en tout 26.

A Paris, 1°. *affiches*, annonces & avis divers, ou journal général de France, qui paroît tous les jours; 2°. *affiches*, annonces & avis divers, feuille hebdo-madaire; 3°. journal de Paris, ou feuille du foir, d'après l'idée angloife, pour lequel un privilege particulier....Voyez *Almanach, Argent, Art, Auteur, Brevet, Commerce, Conceffion, Con-nivence, Domaine, Gazette, Imprimerie, Inftruction, Journal, Jurifprudence, Liberté, Littérature, Marchandife, Office, Papier public, Police, Privilege, Pro-priété, Science & Souveraineté.*

Police, Liberté.

28. Tous ces journaux font affujettis

à la cenfure de la police, fans l'aveu de laquelle on ne peut rien afficher.

Cette prohibition, réfultante implicitement des ordonnances de Moulins, *art. 78*, & Blois, *art. 36*, a donné lieu à une loi précife.

ARRÊT du confeil, du 13 feptembre 1722, *art. 5* : « Défend fa majefté, à tous *afficheurs*, fous les mêmes peines de prifon, de confifcation & de punition corporelle, de pofer aucune affiche où il ne fera pas fait mention du privilege accordé par fa majefté en ce qui regarde les livres, & de la permiffion du lieutenant général de police, en ce qui concerne *les placards de toute efpece*, à l'exception des édits, déclarations & ordonnances ; arrêts & autres mandemens de juftice dont la publication aura été ordonnée, comme auffi des *affiches* de comédie & de l'opéra. Veut auffi, fa majefté, que lefdits *afficheurs* portent à la chambre des libraires & imprimeurs, le mardi & vendredi de chaque femaine, une copie des *affiches* qui leur feront remifes, au bas de laquelle ils écriront leurs noms. »

Ces loix, qui ont paru gênantes, font plus précieufes par rapport aux *affiches*, que par rapport aux livres.

Quant aux livres, on a dit : 1°. Que le cenfeur peut être injufte, ignorant, partial & timide : 2°. Que ce qui eft prohibé cette année, fera toléré bien-tôt : 3°. Qu'on s'eft fouvent égaré dans la cenfure de quelques écrits : 4°. Que ce n'eft que dans le choc des opinions que la vérité peut fe manifefter : 5°. Que le temps & la raifon feule peuvent faire juftice du menfonge & de l'abfurdité : 6°. Que ce qu'on empêche d'imprimer dans un état, y rentre imprimé librement ailleurs ; en forte que fans aucun avantage, on fait perdre à l'état une main-d'œuvre précieufe, & un grand commerce.

Pour les *affiches*, qu'objecter de raifonnable ? deftinées uniquement à publier la vérité, & la loi, elles deviendroient un moyen fûr contre la fûreté particuliere & la tranquillité publique.

Le mépris des bienféances, la jaloufie, la vengeance, la haine, la calomnie cachées dans les ténebres, poignarderoient la femme vertueufe, la fille prête à fe marier, le négociant qui a befoin de fon crédit, l'homme public, qui ne peut rien fans confidération & fans confiance. On ne fe leveroit jamais fans craindre de fe voir *placardé* ; il faudroit fe juftifier : & telle eft la méchanceté fociale ou la foibleffe humaine, que la plus atroce & la plus abfurde calomnie laiffe encore fa cicatrice : motif, qui par-tout a mis les libelles *affichés* au rang des plus puniffables.

La tranquillité publique feroit encore plus compromife. On enrôleroit pour l'étranger, on *afficheroit* de fauffes loix, de faux arrêts, comme ceux que j'ai cités, *tom. 2, pag. 74, col. 2*. On répandroit l'erreur, le foupçon, l'effroi, d'autant plus aifément, que le peuple crédule, accoutumé à fuivre les notions & les ordres qui lui font donnés par cette voie, & obéiffant fans raifonner, auroit fon excufe. La paix publique feroit détruite par un fcélérat ou un fou, comme elle le fut fous le regne entier de Charles VI, par les propos d'un favetier & d'une herbiere, qui, en 1381, exciterent la premiere émeute.

La police doit donc veiller attentivement fur les *affiches* : fes foins fe borneront-ils là ?

RÉFLEXIONS.

29. Par-tout & dans tous les temps, le befoin, l'ordre, l'humanité & la juftice ont imaginé un figne public d'inftruction, ou de volonté ; figne modifié fuivant le progrès des arts, l'état de l'efprit humain, le gouvernement & les mœurs.

Ainfi, fur une côte inconnue, le voyageur écrit ce qu'on peut efpérer ou ce qu'il faut craindre : & l'hiftoire trouve les premiers aphorifmes de la médecine, dans les *affiches* attachées dans le temple d'Esculape. (Hérodote, *liv. 2*; Strabon, *liv. 8 & 16*; Pline, *liv. 29*.)

Ainsi, le sauvage d'Amérique & le negre d'Afrique gravent sur les arbres des hiéroglyphes, qui avertissent ou attestent. Et l'Asie a, dans les places publiques, des colonnes destinées à *afficher* les seuls décrets souverains.

Telles ont été nos mœurs jusqu'à la fin du quinzieme siecle, & nous valions moins encore, puisque nous ne savions ni lire ni écrire. La féodalité, la servitude, les coutumes, le fanatisme, l'oppression & les guerres civiles sont nés au sein de cette profonde ignorance, que redouta Charlemagne, lorsque dans ses capitulaires il inséra comme loi de la France cette maxime précieuse : *DOCENDUS EST POPULUS, NON SEQUENDUS.* En effet, le peuple n'auroit pas perdu sa liberté & sa propriété, le roi n'eut pas été réduit à une foible suzeraineté, l'Europe entiere n'eut pas été bouleversée par le volcan inextinguible de la féodalité, si le peuple eût été éclairé par des journaux, des *affiches*; & depuis ces heureuses inventions, l'on ne doit plus redouter les grandes subversions politiques, à moins qu'elles n'aient évidemment pour but la félicité publique.

Malheureux, si long-temps par le défaut d'instruction, ne tomberions-nous pas dans un autre excès ?

Dans quelques capitales, cette multitude d'*affiches*, qui se renouvellent tous les jours, offre le tableau mouvant des ressorts du gouvernement, de la marche de l'administration, des ressources du fisc, de l'instabilité de la jurisprudence, de la sûreté du commerce, & des agitations de la vie civile. C'est le barometre du temps politique, de la valeur des propriétés, de la fortune publique, des besoins, des plaisirs, des erreurs, des vices, des opinions & des mœurs.

Mais qui peut lire les *affiches*, là, où elles sont placées si haut, & où l'on ne peut s'arrêter sans être écrasé; là, où écrites en petits caracteres, elles sont entre-mêlées, confondues & recouvertes ? Ce n'est plus qu'un simulacre de publication; il faut recourir aux *petites affiches*, aux *affiches portatives*; & le gouvernement lui-même aura soin d'y placer ce qu'il voudra n'être ignoré de personne.

Dans les moindres villes, les *affiches* sont pour le magistrat de police un moyen infaillible & simple d'établir l'ordre, de maintenir la sûreté, & de propager l'instruction publique.

Cette maniere d'ordonner le peuple & de prévenir les accidens, a réussi dans les conjonctures les plus difficiles. Le séjour d'un prince attire quarante mille étrangers. On a affiché d'avance qu'il y aura une plus grande consommation, & l'approvisionnement se fait de lui-même. On affiche tous les matins, les lieux & les heures où le prince passera; & chacun pouvant satisfaire sa curiosité, il n'y a point d'engorgement. Ce moyen simple & si peu coûteux préviendra encore les accidents presqu'inséparables des fêtes publiques, où si souvent les troupes n'ont fait qu'augmenter le trouble.

La sûreté publique n'y trouvera pas moins de ressources. Dans un petit canton de Suisse, sans spectacle, sans dévotion du jour, sans vente mobiliaire & sans jurisdiction active, je vis au poteau de la place publique une *affiche* écrite à la main & en gros caracteres. C'étoit un voyageur qui avoit déclaré avoir été volé & arrêté par un déserteur étranger; l'affiche contenoit le fait & le signalement, avec invitation de courir sus. C'étoit la chasse au loup, & il fut bientôt pris. La Suisse doit sa sûreté si vantée à cet art simple, qui disparoît dans les contrées voisines, même en Valais, ou des têtes exposées sur le grand chemin, disent assez ce qu'il faut penser de la différence des polices.

Le désarmement des habitans dans la plupart des états y rend ce moyen inadmissible. Néanmoins on peut tirer quelque parti de l'idée primitive. Quand le crime eſt grave, on n'interrogera pas vainement le public, ſi l'on a ſa confiance ; l'on prendra, par forme de déclaration, des renſeignemens, qui pourront être rédigés en dépoſition, & ſeront auſſi régulieres que celles faites ſur les monitoires. Nous citerions pluſieurs traits.

Enfin, l'inſtruction publique peut être établie ainſi ſur la plus grande partie du peuple ; & cette partie de la police mérite quelque attention.

Sur vingt quatre millions d'habitans, les trois quarts au moins ont oublié ce catéchiſme, qui ne leur parloit gueres des choſes d'ici bas ; vont peu au ſermon, où ils n'entendent pas grand choſe ; moins encore au palais, où les diſcuſſions réduites au droit privé, ne forment pas le citoyen ; ces trois quarts de la nation n'ayant ni livres, ni de quoi en acheter, ſont réduits à ce qu'ils apprennent par les relations & les *affiches*.

Toutefois, c'eſt du ſein des préjugés, des erreurs, & des agitations de cette maſſe énorme, que naiſſent les inquiétudes de l'adminiſtration, & ces ébranlemens dont les ſuites ſont toujours ſi fâcheuſes. Car après une émeute, le ſupplice de deux ou trois malheureux, n'eſt trop ſouvent qu'un vain épouvantail ou une vengeance cruelle. C'eſt le ferment qu'il faut détruire. On ne le peut que par l'inſtruction ; or, elle n'arrivera que par les affiches.

Mais pour perſuader, il faut motiver, raiſonner, prouver qu'on eſt juſte, qu'on ne peut pas mieux faire, qu'on ne veut que le bien public ; ſur-tout, & parlant peu des riches & des puiſſans, qu'on s'intéreſſe à ce *peuple*, qui pour le nombre, la force & le mal-être, mérite bien en effet qu'on s'occupe de lui. C'eſt l'art des préambules. Si l'on ſe borne à ordonner & à menacer, on peut manquer ſon but, aigrir les eſprits, compromettre l'autorité & vérifier ce qu'a écrit le chancelier d'Agueſſeau.

« Je ſens en moi, dit-il, & tous les hommes

m'aſſurent qu'ils ſentent auſſi en eux, je ne ſais quel eſprit de révolte & d'indépendance, qui cherche toujours la raiſon du commandement ou du précepte, qui veut toujours interroger le légiſlateur & juger la loi même.... Que *la loi ſoit ſourde*, ſi l'on veut, pour ne point entendre des murmures injuſtes & téméraires, mais *elle ne doit pas être muette ſur ſes motifs* ; & ſi elle même ne me prouve ſa juſtice, je ſens que mon eſprit ſe révolte ; je n'y reconnois plus une domination légitime, & peu s'en faut que je ne la prenne pour une tyrannie. » (*Méditations ſur les vraies ou les fauſſes idées de la juſtice, tom. 11, pag. 3.*)

Cette opinion eſt vérifiée par l'exemple de mille loix tombées en déſuétude, ou mal exécutées, & par le parallele de pluſieurs légiſlations avec celle du regne actuel. Graces à la perſuaſion de la bonté & de la juſtice du roi, & attendu qu'il parle à ſes ſujets, *comme un pere parle à ſes enfans*, l'exécution eſt certaine & tranquille. Les ligueurs les plus déterminés, & les fanatiques les plus perſuaſifs n'exciteroient par-tout que le mépris ou la haine ; comme il arriva, lorſque le peuple de Lyon, endoctriné, arrêta Nemours, enferma l'archevêque, ſe rit des foudres du Vatican & livra ſes portes à Henri IV.

On prouveroit encore qu'on ne remplit pas le vœu de la juſtice & le but même qu'on doit avoir, par-tout où les décrets qu'on *affiche* ſont écrits ſans motifs, avec réticence ou ambiguité, dans un jargon inintelligible & avec une tournure extraordinaire.

Enfin, il eſt aiſé d'établir qu'avec les *affiches*, & quelques relations, on enſeigneroit au peuple toutes les vérités utiles à ſon bonheur comme à la ſûreté publique ; & que par là ſeulement, on accompliroit le grand précepte de Charlemagne, qu'*il faut inſtruire le peuple, & ne pas le redouter*.

Ces idées meneroient trop loin. Voyez

*Infiruction publique, Audience, Caté-
chifme, Peuple, Prédication, Spectacle,
Supplice.*

━━━━━━━━━━━━

AFFICHEUR.
(Police.)

C'eft celui qui pofe les placards &
les *affiches*, fous l'infpection des magiftrats
de police.

A Paris, les *afficheurs* font avec les
colporteurs une communauté dépendante
de celle des imprimeurs-libraires, fans
être membres de celle-ci. Leurs devoirs
& leurs fonctions font énoncées par
Saugrain, dans fon *Commentaire fur
l'art. 69, du tit. 10, des colporteurs &
afficheurs*, du réglement du 28 février
1723.

ARRÊT du confeil, du 13 feptembre
1722. Plufieurs *afficheurs* qui ne favoient
pas même lire, s'ingérant d'*afficher* dans
Paris toute forte de *placards*, dont plufieurs fe trouvoient contraires au bon
ordre & à la police établie pour l'impreffion de tout ce qui doit être *affiché*,
il fallut y pourvoir : en conféquence,
défenfes à tout particulier quelconque
de faire le métier de colporteur & *afficheur*, s'il ne fait lire, & qu'après avoir
été préfenté par le fyndic des libraires au
lieutenant de police, qui le reçoit fur les
conclufions du procureur du roi & fans
frais. Cette réception eft enrégiftrée dans
le livre de la communauté des imprimeurs, avec foumiffion d'y venir déclarer
fon changement de domicile : pareille
déclaration eft faite au commiffaire du
quartier où il demeure. Enfin, chaque
afficheur doit avoir à la porte de fon
logis une *affiche* imprimée qui indique
fon nom & fes fonctions; & il doit porter
une plaque de cuivre, fur laquelle eft
infcrit ce mot *Afficheur*, le tout à peine
d'interdiction & de 50 liv. d'amende.

Le nombre des *afficheurs* eft réduit à
quarante, & tant ceux qui font dans
l'ufage d'*afficher*, que ceux qui pourront fe préfenter pour parfaire le nombre
de quarante, feront tenus de fe faire
agréer en la forme ci-deffus prefcrite.

Défenfes font faites à tout *afficheur*,
(ainfi que nous l'avons déja rappellé
ci-deffus au mot *Affiche*, n°. 27,)
de pofer aucune *affiche* où il ne foit pas
fait mention du privilege du roi, en ce
qui concerne les livres, & de la permiffion
du lieutenant de police, pour les *placards*
de toute efpece, à l'exception des édits,
déclarations, ordonnances, arrêts & autres mandemens de juftice, dont l'*affiche*
aura été ordonnée, comme auffi des
affiches des comédies & de l'opéra. Chaque *afficheur* doit porter toutes les femaines à la chambre des libraires &
imprimeurs une copie des *affiches* qui lui
feront remifes, au bas defquelles il mettra
fon nom. Il eft enfin défendu de donner
aide & fecours, foit à des *afficheurs* fans
qualité, foit à des *afficheurs* pris en faute,
contre les officiers de police, à peine de
défobéiffance & de punition, comme
pour trouble fait à la tranquillité publique. (*Code de la librairie*, *par* Saugrain,
pag. 231 & fuiv.)

L'art. 4, du tit. 2, du réglement de
1723, après avoir défendu à toutes perfonnes, autres que les libraires, de vendre
des livres, & de les faire *afficher* pour
les vendre en leurs noms, à peine de
500 liv. d'amende, de confifcation &
de punition exemplaire; défend à tous
afficheurs d'imprimer & de pofer aucunes
affiches, portant indication de la vente
des livres, ailleurs que chez les libraires
& les imprimeurs, & ce, fous les mêmes
peines. (*Code de la librairie, pag. 27.*)...
Ceci eft aujourd'hui fubordonné au droit
qu'a tout auteur, qui a obtenu en fon nom
le privilege de fon ouvrage, de le vendre
chez lui, en vertu des difpofitions de
l'art. 5 de l'ARRÊT du confeil, du 30
août 1777. Voyez *Auteur.*

SENTENCE, du 10 avril 1725, qui
défend de faire *afficher* aucuns imprimés
fans une permiffion expreffe, fous peine
d'amende. (*Ibid. pag. 248.*)

AVERTISSEMENT, du 24 juillet 1728, qui défend d'*afficher* aux portes des églises des pieces de théatre, à peine de deftitution. (*Ibid.*)

ORDONNANCE de police, du 16 avril 1740, qui ordonne une nouvelle lifte des cent vingt colporteurs & quarante *afficheurs*, dans laquelle ne feront compris du nombre des anciens, que ceux qui feront exempts de reproche ; à l'effet de quoi, tous ceux de l'ancienne lifte feront mandés à la chambre syndicale, tenus d'y apporter leurs plaques & acte de réception, pour fur l'information fommaire qui y fera faite de leur vie & mœurs par les officiers de la chambre, être ceux qu'ils auront préfentés, reçus en la maniere accoutumée, & infcrits fur le livre de la communauté : les fyndics & adjoints délivreront à chacun d'eux une nouvelle plaque, qu'ils feront tenus de porter au devant de leur habit, fans pouvoir la céder à d'autres fous aucun prétexte, à peine d'interdiction, de 50 liv. d'amende & de prifon contre les cédans & les ceffionnaires, qui feront trouvés portant des plaques fans avoir été reçus. (*Ibid. pag.* 239 & 240.) Voyez *Alloué, Bouquinifte, Colporteur, Commiffaire, Imprimerie, Infpecteur (de librairie,) Libraire, Police,* &c. &c.

AFFICTEMENT.

(Droit féodal.)

Ce mot formé des latins *afficus, afficamentum*, eft depuis long-temps inufité dans notre langue judiciaire, & les auteurs ne font pas même d'accord fur la fignification qu'il y avoit anciennement. Celui de l'*Encyclopédie de jurifprudence*, dit laconiquement, qu'il eft fynonyme de *bail à cens* : cependant, cette acception ne fauroit être juftifiée ; & il paroît que les feudiftes & les étymologiftes, en fe réuniffant, pour dire, qu'*affictement* ex-

primoit un contrat de louage, n'ont été en différent, que fur le point de favoir fi ce contrat étoit perpétuel, ou fimplement pour un nombre d'années déterminé. Dupont, ce célebre commentateur de la *Coutume de Blois*, l'a employé fous ce dernier point de vue : *Colonus*, dit-il, *quem vulgò dicimus afficatorem feu admodiatorem fundi.* (Pontanus, *in art.* 78, *Conf. Blef. tom.* 1, *pag.* 285.) Carpentier, dans fon *Supplément à Ducange,* (*tom.* 1, *gloffarii,* in verbo AFFITTARE,) a blâmé Dupont de cette application du mot *afficator* ; & il a foutenu, d'après diverfes chartes qu'il rapporte, que les expreffions *afficare, afficus,* défignoient un contrat perpétuel. On voit effectivement dans un de fes textes, tirés du *chap.* 92 des *ftatuts de* Cadore, ville du Frioul, ces mots *ad* AFFICTUM *perpetuale.* Cependant l'idée de Dupont ne cadreroit pas mal avec quelques autres textes de Carpentier, & avec ces expreffions de l'éditeur des *Statuts* de la ville de Boulogne (*edit.* 1737, *in-fol.*) en Italie, dans la table raifonnée de cet ouvrage, aux mots *Locatio* & *Afficus,* il dit : *Locationes domorum & apothecarum fitarum in civitate ac Burgis inchoare debent in feftivitate S. Michaelis die 8 maii, abrogato antiquo ufu dictas locationes incipiendi in fefto S. Michaelis menfis feptembris.* AFFICTUS *dictarum domorum debent folvi pro medietate in feftivitate Affumptionis B. M. V. 15 augufti, & pro aliâ medietate in feftivitate Nativitatis D. N. 25 decembris quolibet anno.* Il paroît par ces explications que le mot *afficus* exprime le prix du bail à louage, & que ce louage ufité dans la ville & le territoire de Boulogne, n'eft qu'un contrat à temps. On trouve bien le mot *afficus* joint à celui de *penfio,* dans une décrétale de Grégoire IX, (*lib.* 1, *tit.* 13, *de reftit. fpoliat. cap. ult.*) mais on n'y voit pas s'il s'y applique à la redevance d'un bail perpétuel ou d'un bail à cens. Peut-être fervoit-il également à défigner l'une & l'autre,

&

& cette conciliation mettroit d'accord Dupont & Carpentier.

Quoiqu'il en soit, si on pense qu'*affidus* n'ait été employé que pour un bail perpétuel, dans ce cas, ce seroit le contrat connu dans le ressort du parlement de Toulouse, sous le nom de bail à *locatairie perpétuelle*, & qui étoit aussi connu à Rome : *Qui in* PERPETUUM *fundum fruendum* CONDUXERUNT, *non efficiuntur domini. L. 1, D. si ager vectigalis petatur.* La locatairie perpétuelle n'est point l'emphytéose, bien moins encore le *bail à cens*, proprement dit. L'emphytéose est une véritable aliénation qui transfere la propriété utile à l'emphytéote ; la locatairie perpétuelle, au contraire, ne transfere aucune dominité au locataire, & est réglée par les mêmes principes que les baux à temps. C'est ce qu'a décidé un ARRÊT du conseil, du 20 juin 1716, revêtu de lettres-patentes, du 4 août suivant, rendu à la requête du syndic de la province de Languedoc, qui porte, que les biens donnés à locatairie perpétuelle dans cette province, doivent continuer d'être dans le compoix, sous le nom de bailleur ou locateur, & qu'il est tenu d'en payer la taille en cas d'insuffisance des fruits. Voyez *Arrentement*, *Bail*, *Cens*, *Compoix*, *Emphytéose*, *Locatairie*, *Taille*, &c.

A F F I D É.

(Dr. féodal. Dr. privé.)

C'étoit le nom qu'on donnoit à celui qui s'étoit mis sous la protection d'un seigneur, d'un homme puissant & accrédité ; qui vivoit sous sa sauve-garde.

Il étoit défendu par les constitutions de Sicile & de Naples, à tout seigneur de recevoir au nombre de ses *affidés* ceux qui habitoient les terres du domaine. Notre protection, dit l'empereur Frédéric, doit être assez éminente pour rassurer contre toute espece d'offenses, ceux qui vivent à l'ombre de notre bouclier ; notre délicatesse & notre dignité seroient donc blessées, si quelqu'un accueilloit ceux qui croiroient avoir besoin d'une autre sauve-garde que la nôtre : *Cùm universis & singulis regni nostri fidelibus credamus in tantùm sufficere præeminentiæ nostræ favorem, ut adversùs quorumlibet impetus valeant clypeo nostræ defensionis defendi ; gravè non immeritò ferimus & molestè, quòd aliqui ad aliorum patrocinia transeuntes, à nobis & officialibus nostris in eorum præsertim judiciis protegi se posse diffidant. Nolentes igitur hæc sub dissimulatione transire, & quæ in nostram perpetrantur injuriam æquanimiter tolerare, præsentis legis edicto firmiter inhibemus, ut in terris domanii nostri nulli omninò liceat affidatos, vel recommendatos habere, vel dudum non sinè offensâ nostræ celsitudinis retinere, &c. (Const. sicular. lib. 3, tit. 7, de hominibus domanii* AFFIDATIS *non tenendis : apud* Lindenbrogium, *pag. 791.)*

Il est question des *affidés* dans les loix angloises. (*Regiam majest. lib. 2, cap. 48, § 10 ; Fleta lib. 2, cap. 1, § 25.*) Il en est aussi question dans quelques-unes de nos coutumes, sous le titre d'*hommes fieffés* ou *fieffés*. (Channi, *art. 77* ; Lille, *tit. 1, art. 62* ; Ponthieu, *art. 103* ; Lorraine, *tit. 1, art. 5, &c.*) Mais ici ce sont de véritables vassaux, peut-être parce que la protection, d'abord gratuitement accordée, ne fut ensuite conservée que sous des conditions onéreuses ; au moyen de divers prétextes trouvés par les seigneurs. Ainsi, par exemple, on inventa le droit de *guet & garde*, parce qu'on supposa que le seigneur étoit obligé à des dépenses, pour retirer ses *affidés* dans ses châteaux & ses places fortes, & pour entretenir des troupes qui défendissent leurs possessions. Ainsi, &c. Voyez *Fieffé*, *Fiefvé*, *Guet & Garde*, &c.

On a aussi prétendu que ceux que nos anciens auteurs appellent les *bourgeois du* roi, les *bourgeois fieffés*, étoient une espece d'*affidés* ; & que la formation de la grande préfecture, ou *land-vogtey* d'Haguenau en Alsace, fournissoit un autre exemple d'*affidation*. Nous examinerons le mérite de ces idées sous les mots *Bourgeois* & *Haguenau*.

Nous ajoutons simplement ici, que l'on a emprunté dans le droit privé le mot *affidé*, usité dans le droit féodal. On a donc dit, une personne *affidée*, pour désigner celle à qui on avoit donné sa confiance : & dans ce sens, Boniface rapporte un ARRÊT du parlement d'Aix, du 2 décembre 1638, qui a décidé qu'un *affidé* ne *peut être juge dans une affaire qui intéresse la personne qui lui a donné sa confiance*. Maynard avoit appellé témoins *affidés*, « ceux qui étoient reçus par les parties respectivement, leur foi & créance étant mutuelles : *Sicut & vassalli AFFIDATI appellantur qui in alicujus fidem & tutelam recepti funt, & recommendati vel suscepti dicuntur.* » Maynard, (liv. 4, chap. 88,) s'est ainsi exprimé sur cette question : *Si un témoin produit par une partie sans le faire entendre, ayant été après produit & oui à la requête de l'autre partie, peut être reproché par celui qui s'en est tenu à la simple production*. Nous reviendrons sur cet objet assez intéressant aux mots *Preuve*, *Témoin* : voyez encore *Ami*, *Juge*, *Récusation*, &c.

AFFILIATION.

(Droit ecclésiastique. Droit privé.)

1. C'est, suivant l'étymologie la plus naturelle, l'acte par lequel on acquiert le droit d'un *fils*, par lequel on est admis au privilege que donne la *filiation*. En effet, le mot françois *affiliation* paroît évidemment composé de ces deux latins *ad filiationem*, & de ce troisieme, qui est sous-entendu *accessio*, ou *admissio*, ou *appropinquatio*, ou *appulsus*, &c.

Comme le nom de *pere*, & conséquemment celui de *fils* sont tout à la fois employés dans la société religieuse & dans la société civile, il y a l'*affiliation* relative au droit ecclésiastique, & l'*affiliation* relative au droit privé. Nous avons déja parlé de celle-ci sous le mot *Adoption*, n°. 9; mais nous serons encore obligés de nous en occuper ici, après que nous aurons fait connoître tout ce qu'il faut savoir de celle-là.

DROIT ECCLÉSIASTIQUE.

2. Quelques canonistes ont employé le mot *affiliation*, pour exprimer le nœud spirituel qui se forme, *inter susceptorem & susceptum*, entre le parrain & le filleul dans l'administration des sacremens : cependant, comme on ne trouve dans cette acception que le mot *affinité*, tant dans le décret de Gratien que dans les Décrétales, les Clémentines & les Extravagantes, ce sera aussi celui dont nous nous servirons pour expliquer tout ce qui est relatif à ce objet. Voyez *Affinité*.

On a appellé *affiliation* ces agrégations, ces sociétés formées dans un grand nombre de paroisses pour les ecclésiastiques qui y ont pris naissance, & qui ont seuls droit d'être admis au service & aux rétributions. Voyez *Communaliste*, *Consorciste*, *Filleul*, *Mépartiste*, *Sociétaire*, &c.

Il faut se borner ici à l'objet important & curieux des *affiliations* qui doivent leur naissance à l'établissement des ordres réguliers. On appelle parmi eux *affiliation* l'association, la liaison, l'union, qui existent, soit entre les différens ordres, les différentes congrégations d'un même ordre, les différentes maisons d'une même congrégation ; soit entre les religieux d'une maison particuliere. On donne aussi le nom d'*affiliation* à ces associations des séculiers aux réguliers, établies sous prétexte de participation de prieres, d'indulgences, &c. De ces associations, les unes sont connues ; & par-là même sans grands inconvéniens; les autres font myſtérieuſes & ſecrettes, telles que l'*affiliation jéſuitique*, & par-là même ſouverainement dangereuſes.

Affiliation entre les réguliers.

3. Le peintre qui repréſentoit St. Benoît entouré de différens chefs d'ordres qui lui coupoient chacun une piece de ſon manteau, tandis que St. Ignace lui en arrachoit la plus grande partie & le laiſſoit quaſi nu, avoit-il donc ſi grand tort? N'eſt-ce pas en effet des regles, des conſtitutions du patriarche d'Occident, que les autres fondateurs ont tiré les leurs; & le premier plan n'eſt-il pas le germe dont tous les autres ne ſont que le développement? Sous ce point de vue qui n'eſt pas inexaɕt, tous les réguliers devroient reconnoître St. Benoît pour leur *pere*, & il n'y auroit entr'eux qu'une *affiliation*. Mais ſi l'on trouvoit difficile de les ranger tous ſous une même loi, de leur faire obſerver le même inſtitut, de les revêtir du même habit, il ne le ſeroit peut-être pas autant de les ramener à trois regles primitives dont il eſt du moins bien certain que toutes les autres dérivent: Nous parlons de celles de St. Auguſtin, de St. Benoît & de St. Ignace. Les chanoines réguliers des différentes congrégations, les Auguſtins de diverſes claſſes, hermites, conventuels &c. les religieux de la charité, &c. les religieuſes de la miſéricorde, celles de Ste. Magdeleine, dites vulgairement les pénitentes, &c. ſuivent la premiere. Tous les moines, cénobites, &c. d'Occident, ont embraſſé la ſeconde. C'eſt évidemment de la troiſieme que les congrégations aſſez modernes des oratoriens, barnabites, ſomaſques, freres des écoles pies, doɕtrinaires, lazariſtes, miſſionnaires de St. Joſeph, ſulpiciens, &c. ont emprunté une grande partie des leurs: en effet, elles en ont copié mot à mot pluſieurs articles, & ſe ſont moulées, pour ainſi dire, ſur la ſociété pour la conduite de leur gouvernement. Tous

les religieux poſſibles, & tous les clercs, moitié réguliers, moitié ſéculiers, pourroient donc être réunis ſous trois bannieres, ſoumis à trois régimes, de nouveau vérifiés & réformés, & qui ne formeroient que trois *affiliations* principales.

En paſſant du droit au fait, voyons quel a été le but des religieux dans l'établiſſement de leurs *affiliations*. Après avoir rapporté, dans ſon hiſtoire d'une abbaye célebre, diverſes chartes d'*affiliation*, le pere Rouviere, jéſuite, en analyſe ainſi le réſultat. 1°. Le réfeɕtoire, le dortoir, le chapitre de deux ordres *affiliés*; de deux congrégations, de deux maiſons aſſociées, étoient communs aux religieux reſpeɕtifs. Mais de ce premier principe de la formation des *affiliations*, on concluroit mal-à-propos qu'un monaſtere n'avoit pas le droit d'agir & de changer quelque choſe à ſes uſages ſans le conſentement de celui qui lui étoit *affilié*; il en réſulte ſeulement que les moines des deux monaſteres ne pouvoient point être réciproquement exclus des chapitres, des aſſemblées, ni privés du droit d'y voter. 2°. Quand les religieux d'un monaſtere y éprouvoient des déſagrémens, ils trouvoient dans l'autre un aſyle aſſuré, & des médiateurs affeɕtueux qui s'entremettoient pour ménager à ces *enfans prodigues* leur rentrée dans la maiſon *paternelle*: *Si quis prædiɕtorum monaſteriorum frater inordinatus in gratiâ abbatis ſui & fratrum offenderit, & ad alterum locum devenerit; & ſi de lapſu quo correptus fuerat emendationem promiſerit & fecerit, per ipſius loci abbatem & ſeniores pro eo intercedentes, loco ſuo & ordini reſtituatur.* On faiſoit pourtant quelquefois certaines réſerves dans l'uſage de ce droit d'aſyle; quelques monaſteres en exceptoient le cas du vol, & quelques autres celui d'une impoſſibilité abſolue dans l'exécution du projet de réunion d'un religieux à ſon ſupérieur: *Interdum excipitur reus furti..... Is qui ſalvâ pace & auɕtoritate abbatis reverti non poſſet.* 3°. L'abbé d'un monaſtere, arrivant dans l'autre, préfidoit au chapitre, & avoit le droit de faire grace aux religieux qui y étoient condamnés à des pénitences, qui y fubiſſoient la *coulpe : Abbas unius monaſterii fi ad alterum venerit, præfit ejus capitulo, veniamque reis impertiat.* 4°. On faiſoit dans le monaſtere qui apprenoit la nouvelle de la mort d'un religieux de l'autre monaſtere, les prieres, les aümônes & les autres œuvres pies qu'on faiſoit dans celui-ci où il étoit décédé. 5°. On célébroit dans les deux égliſes avec une égale ſolemnité la fête des deux patrons, &c. &c. (*Hiſtoria S. Joannis Reomaenſis à patre Roverio ſoc. Jeſu, in illuſtrationibus, pag. 591 & 592.*)

On a égard encore aujourd'hui aux *affiliations* dans la pratique des tribunaux; & elles y ont cet effet, (ainſi que le prouvent les différens ARRÊTS cités ſous le mot *Affectation, pag. 289,*) que les bénéfices deſtinés & affectés à une con-grégation particuliere, à une maiſon déſignée, ne peuvent être requis, ni poſ-ſédés par les religieux d'une autre con-grégation, d'une autre maiſon.

De ces notions ſur les *affiliations* géné-rales des ordres, des congrégations, &c. paſſons à celles qu'il faut avoir des *affi-liations* particulieres des religieux à cer-taines maiſons; & choiſiſſons l'ordre de St. Dominique, ſur lequel on nous a donné des détails.

Le droit d'*affiliation* dans cet ordre, eſt celui qu'a tout religieux d'appartenir à perpétuité à la maiſon dans laquelle il a pris l'habit; mais ce droit eſt mutuel & réciproque. Ainſi, par exemple, celui qui a fait ſon noviciat à Lyon, ne peut faire ſa profeſſion à Paris, à moins que la maiſon de Lyon n'y donne ſon conſen-tement; parce qu'il ſe forme durant l'année d'épreuve un contrat de ſtabilité entre le novice & la maiſon de Lyon, contrat vraiment ſynallagmatique, & qui doit être exécuté de part & d'autre.

Après l'émiſſion des vœux, le religieux *affilié*, ne peut être forcé de quitter la maiſon paternelle; & ſi l'on veut l'en arracher, c'eſt un droit que les ſupérieurs violent, une injuſtice qu'ils commettent à ſon égard; & contre laquelle il peut réclamer & implorer l'autorité des tribu-naux ſéculiers, en s'y pourvoyant par la voie de l'appel comme d'abus contre l'ordre, ou l'obéiſſance qu'il a fallu pro-viſoirement exécuter.

L'*affiliation* n'eſt pourtant pas un obſ-tacle à ce que le profès d'une maiſon puiſſe habiter une autre maiſon de ſon ordre, d'après la demande qu'il peut en faire aux ſupérieurs majeurs, lorſque ceux-ci, d'accord avec les ſupérieurs locaux, veulent l'accueillir : & dans ce cas, il y jouit pendant le temps qu'il l'habite, de tous les droits des *affiliés*.

Cependant l'*affiliation* n'eſt pas telle-ment irrévocable, que le religieux *affilié* à une maiſon ne puiſſe changer d'*affilia-tion*, lorſqu'il en a l'agrément de la majeure partie des *enfans* de la nouvelle maiſon dont il deſire augmenter le nom-bre. Mais cette ſeconde *affiliation* doit auſſi être approuvée par les anciens *coaffiliés* : il n'y a qu'une exception à l'exercice de cette faculté. Ainſi, par exemple, un ſupérieur étranger à la maiſon, à la tête de laquelle il ſe trouve, ne peut s'y faire *affilier* pendant tout le temps de ſa ſupériorité, quand bien même il auroit le conſentement de tous les *enfans* de la maiſon; la raiſon en eſt ſenſible, il faut prévenir l'abus de l'autorité.

Le pécule, ou la cote-morte d'un reli-gieux, appartiennent à la maiſon à laquelle il étoit *affilié*, quoiqu'il en habitât une autre à l'époque de ſon décès : cependant ſi celle-ci lui avoit fourni pendant un temps conſidérable tout ce qui étoit né-ceſſaire à ſa ſubſiſtance, tant en ſanté, qu'en maladie, & ſi les frais de la der-niere maladie avoient été conſidérables, alors la maiſon d'*affiliation* & la maiſon de *derniere aſſignation* partageroient la dépouille.

On peut dire que les *affiliations* ſont

en général également avantageufes & aux maifons où elles fe trouvent établies, & aux religieux qui y vivent. Le temporel de ces maifons eft bien adminiftré, parce que tous ·les *affiliés* fe regardant comme les *enfans* d'une même famille, & les copropriétaires des biens qui fervent à l'entretien commun, choififfent pour la régie, ceux d'entr'eux en qui ils reconnoiffent le plus de talens pour s'en bien acquitter. Le fpirituel, le régime intérieur vont auffi moins mal que par-tout ailleurs : parce qu'il n'y a pas d'un côté la hauteur, l'injuftice d'un defpote; & de l'autre, la baffeffe, la haine & la jaloufie des efclaves. En effet, d'un côté les fupérieurs n'abufent pas de leur autorité, & ne fatiguent pas mal à propos leurs *coaffiliés*, parce qu'ils ont la perfpective de redevenir fimples particuliers; & que dans cet état, ils auroient à fe repentir d'avoir pouffé trop loin les droits & les prérogatives de leurs charges : de l'autre côté, les inférieurs n'ont pas une grande répugnance à fe foumettre aux ordres de leurs fupérieurs, foit parce qu'ils font de leur choix, foit parce que ce choix, fondé fur l'eftime & le refpect, fe trouve ordinairement heureux.

Les mineurs conventuels, réunis aujourd'hui aux mineurs obfervantins par la bulle du pape Ganganelli, revêtue de lettres-patentes du 6 novembre 1771, duement enrégiftrées, jouiffent du droit d'*affiliation*.

Les abbayes de *Clairvaux*, *Pontigny*, *la Ferté* & *Morimont*, connues fous le nom des quatre *filles de Cîteaux*, font foumifes à la fupériorité de l'abbé de cette derniere maifon : & c'eft fur le fondement de leur *filiation* originaire que cette fupériorité a été maintenue en faveur du fucceffeur de l'ancien *pere*. Voyez ces mots.

Affiliation des féculiers aux ordres réguliers.

4. Il n'y a aucun ordre qui n'ait formé des *affiliations* fous prétexte de prières d'indulgences, &c. Celles qui ont été connues fous le nom de *tiers-ordre* des carmes, des auguftins, des dominicains, des francifcains, ont préfenté peu d'inconvéniens; mais celles qui ont été inconnues & myftérieufes, comme l'*affiliation jéfuitique*, en ont fait naître de très-confidérables.

Les premieres; c'eft-à-dire, les confrairies du fcapulaire, de la ceinture de Ste. Monique, du rofaire & du St. cordon, ou de la portioncule, furent formées d'après les avantages qu'on s'apperçut qu'avoient tiré les cifterciens de cette affociation des féculiers aux graces de leur profeffion. En effet, dans le douzieme fiecle, les papes, les rois, les princes avoient pris des lettres d'*affiliation* à l'ordre de Cîteaux, & l'on trouve dans Manriques celles qui furent données à Louis VI, dit le Gros au chapitre général de l'année 1121, au nom de l'abbé Etienne & de tous fes religieux. (*Annales ciftercienfes ad an.* 1121, *tom.* 1, *c.* 6, *edit. Lugduni* 1642 *in-fol.*) On connoît d'ailleurs la fameufe charte de l'abbaye de Signy, qui promet autant de terrain dans les cieux qu'on en recevoit fur la terre.

L'exemple des cifterciens fut donc fuivi par les carmes d'abord, & St. Louis fut un des premiers, felon Cafanate, qui s'affilia à cet ordre en entrant dans la confrairie du fcapulaire : *Inter heliades Ludovicum fanctum regem annumeravimus, tertiariorum habitum & ordinem amplexatus.* (*Paradifus carmelitici decoris ad an.* 1270, *c.* 20, 1632, *in-fol.*) Les mineurs, les prêcheurs & les auguftins, marcherent bientôt fur les traces des carmes; & ils s'en trouverent tous fi bien, *ils fe concilierent tellement l'amour & le refpect des gens de bien, & même des nobles du pays, qui à l'envi leur faifoient tant de belles aumônes, que, fuivant le bon mot de l'avocat Rouillard, la beface des carmes valoit mieux que la croffe du St. pere.* (*Hift. de Melun, pag. 577.*)

On a voulu foutenir que les agrégations aux différentes confrairies ne pouvoient être envifagées comme de véritables *affiliations* aux ordres religieux,
fous la direction defquels ces confrairies
étoient établies; mais c'eft-là une illufion.
En effet, à la preuve que préfente du
contraire le texte de Cafanate, *tertiariorum ordinem & habitum amplexatus*, s'en
joint une autre bien victorieufe, tirée
des écrits d'un autre fameux carme,
qui s'exprime ainfi en parlant de l'agrégation au tiers-ordre : *En vertu de cet
habit, qui adopte tous les confreres en
la famille de l'ordre, tous les mérites
qui fe trouvent en l'ordre font pour les
confreres.* (Succeffion du St. prophete
Elie, &c. par le pere Louis de Ste. The-
refe, *édit. de 1622, c. 234.*) Enfin,
que peut-on répondre à ce qui réfulte
de l'ufage, autrefois fi généralement
reçu, & confervé encore de nos jours
dans quelques royaumes, tels que l'Efpagne, d'enterrer les confreres du fcapulaire, du rofaire, &c. avec l'habit des
carmes, des prêcheurs, &c. On connoît
la fortie d'Erafme à ce fujet, dans fon
colloque, intitulé les *Francifcains*, où il
dit, entr'autres, que Dieu n'aura pas
plus *de peine à reconnoître un méchant
homme fous l'habit d'un francifcain que
fous celui d'un foldat.*

Affiliation jéfuitique.

5. Le fyftême des *affiliations* des religieux dont nous venons de parler, ne
tendoit qu'à leur procurer quelques
fecours, quelques aumônes; & comme
ils en ont befoin dans l'état des chofes,
attendu leur *mendicité*, cela ne préfentoit pas de grands inconvéniens. Il
n'en étoit pas de même du fyftême
de l'*affiliation jéfuitique*, dont on n'a
développé le myftere & découvert la
marche que dans ces dernieres années.
On fait que les jéfuites, par l'inftruction
dans leurs colleges; la prédication dans
leurs maifons profeffes & leurs maifons
de retraite; la direction des ames, &

fur-tout les *congrégations* établies pour
tous les états, s'étoient fait un plan de
monarchie univerfelle. Pour y parvenir,
ils expédioient, à ceux de leurs profélytes
dont ils s'étoient parfaitement affuré
l'affection, une patente d'*affiliation*, qui
dans fa rédaction ne préfentoit que l'idée
d'une coopération à des œuvres totalement fpirituelles. Mais ce qui ramenoit
tout au temporel, c'eft qu'en recevant
cette patente, les *affiliés* faifoient un
ferment folemnel de s'aftreindre inviolablement à l'exécution de certaines promeffes. 1°. De donner connoiffance de leur
affiliation dans tous les lieux où ils réfidé-
roient, au principal fupérieur de l'ordre,
& de lui indiquer leur projet de changer
de domicile, afin qu'il pût en prévenir
fon confrere fupérieur dans le lieu où ils
alloient fe fixer. 2°. De ne rien entreprendre d'important ni pour eux, ni pour leur
famille fans le communiquer au fupérieur.
3°. De favorifer en tout & par-tout la
fociété par leurs difcours; leurs écrits,
leurs talens, leur crédit, leur influence,
leurs confeils, leurs démarches, & de
révéler tout ce qu'ils pourroient apprendre
foit en bien, foit en mal qui la concer-
neroit directement ou indirectement. Au
moyen de ces *jéfuites de robe courte*, la
fociété avoit dans les cours des princes,
dans les affemblées des états, dans les
chapitres, les compagnies de juftice, dans
les armées, & jufques parmi le peuple,
des partifans zélés, des amis chauds qui
les fervoient avec d'autant plus de zele,
que leur *affiliation* à l'ordre leur rendoit
pour ainfi-dire perfonnels les fuccès qui
réfultoient de leurs foins & de leurs
démarches.

Quelques auteurs ont prétendu que
Pafquier avoit vu le premier la marche
des jéfuites dans l'établiffement de leurs
affiliations, lorfqu'il difoit, dans fon
fameux plaidoyer contre eux, & en faveur de l'univerfité : « Toutes fortes de
perfonnes peuvent être de cette religion;
car, comme ainfi foit qu'en cette petite
obfervance l'on ne faffe vœu ni de vir-

ginité, ni de pauvreté ; *auſſi y ſont indifféremment reçus prêtres & gens lais ſoient mariés, ou non mariés :* voire ne ſont tenus de réſider avec les grands obſervantins ; mais leur eſt permis d'habiter avec le reſte du peuple, moyennant qu'à jours certains & préfixes ils ſe rendent à la maiſon commune d'eux tous, pour participer à leurs chimagrées : *tellement que ſuivant cette loi & regle, il n'eſt pas impertinent de voir toute une ville jéſuite !* » (*Recherches de la France,* liv. 3, chap. 37.)

Quelques autres auteurs, & notamment Bayle dans ſon Dictionnaire, au mot *Loyola,* n'ont pas trouvé dans ce paſſage la preuve de l'*affiliation* jéſuitique ; mais nous ne penſons pas comme lui, & nous croyons que Paſquier, qui connoiſſoit parfaitement toutes les conſtitutions, toutes les regles, tous les privileges de la ſociété, y avoit découvert leur plan de domination dans ce peu de mots, adreſſés par Lainès à tous les provinciaux de l'ordre, ſur la conduite qu'on devoit garder à l'égard des étrangers : *Benevolos & devotos conſervet, curetque ut benefactoribus ſe grati noſtri exhibeant ; ſi qui autem adverſantur ſocietati, ſtudeat ut melius informati reconcilientur.* (*Regul. provincialis, cap. 11, n°. 95.*) Paſquier ſaiſiſſant toute l'étendue des vues qui avoient déterminé un tel conſeil, & combinant les démarches, les ſoupleſſes, les reſſorts des jéſuites, découvrit un myſtere qui ne ceſſa pas de l'être encore pendant long-temps, parce qu'on ne ſaiſit pas bien l'importance des idées qu'il avoit communiquées. On y revint cependant en 1662, lorſqu'un heureux hazard fit tomber entre les mains d'un Hollandois une copie des fameux *Avis ſecrets de la ſociété de Jeſus,* qu'il fit imprimer ſous ce titre : *Monita privata ſocietatis Jeſu 1662, in-16.* Mais les jéſuites ſe donnerent encore tant de mouvemens pour retirer & ſupprimer tous les exemplaires de ce petit ouvrage, que ce n'eſt que dans ces derniers temps,

& ſur-tout par les ſoins & les recherches de M. de Monclar, qu'on eſt parvenu à développer tous les ſecrets reſſorts qui faiſoient de l'*affiliation* jéſuitique un moyen aſſuré pour procurer un jour au général de ces religieux une eſpece d'empire deſpotique ſur tout l'univers. Le mal a été détruit juſqu'à la racine ; c'eſt aux magiſtrats à empêcher qu'elle ne repouſſe, & que quelqu'une de ces autres *affiliations,* juſqu'à préſent peu accréditées, ne cherche à faire des progrès & à ſe ſubſtituer à celle qui a été détruite.

Encore ce trait pour prouver la néceſſité de cette vigilance, & faire toujours mieux ſentir le danger des *affiliations* des ſéculiers à des corps dont le régime ſeroit fondé ſur des principes d'ambition. Les malheureux *affiliés* deviennent ſi bien les inſtrumens aveugles dont ces corps ſe ſervent pour parvenir à l'exécution de leurs deſſeins ; & le fanatiſme s'empare tellement de leurs ſens, qu'ils chériſſent le joug humiliant ſous lequel ils ſont ployés. « En 1602, un évêque de Vence témoigna publiquement qu'il ſe glorifioit plus du titre d'*affilié* aux congrégations jéſuitiques que de celui d'évêque, & qu'il eſtimoit plus cet ornement que celui de ſa croſſe & de ſa mitre : » *Sané antiſtes Vencienſis palam aliquando teſtatus eſt plus ſe gloriari titulo* SODALIS *quàm epiſcopi ; idque ornamentum pluris à ſe fieri quàm pedum ſuum, & infulam ſacram.* (Imago primi ſæculi, *lib. 3, cap. 7, pag. 1262, edit. Antuerp. 1641, in-fol.*) *Voyez* Agrégation, Aſſociation, Auguſtin, Carme, Cénobite, Confrairie, Congrégation, Cordelier, Dominicain, Jéſuite, Inférieur, Moine, Perpétuité, Religieux, Supérieur, Triennalité, *&c. &c.*

DROIT PRIVÉ.

6. Nous avons annoncé au commencement de cet article, que nous avions déja parlé des affiliations uſitées dans le reſſort de pluſieurs de nos coutumes ſous le mot *Adoption, n°. 9,* & cela étoit

néceffaire, parce qu'il falloit faire connoître tout ce qui concernoit cet objet intéreffant, & que les affiliations font en effet une efpece d'adoption, *fufceptio alieni filii*. Il faut donc que nos lecteurs fe pénétrent bien de tout ce que nous avons dit, & qu'ils relifent fur-tout les difpofitions des articles que nous avons cités des coutumes de Saintonge, ou de Saint-Jean-d'Angely, de Bourbonnois & de Nivernois. Pour completter les notions qu'on doit fe faire des *affiliations*, nous allons parcourir leurs différentes efpeces, & examiner les queftions principales qu'elles ont fait naître.

Affiliation par échange.

7. C'eft une efpece de fubrogation de perfonnes & de biens qui a lieu lorfqu'un pere & une mere donnent leurs enfans pour entrer en qualité de gendres ou de brus dans une famille étrangere, & reçoivent à leur place pour gendres, ou pour brus, les enfans de cette famille. En vertu de cet échange, de cette fubrogation, chaque affilié devient héritier de la famille qui le reçoit.

L'affiliation par échange eft de toutes les efpeces d'affiliations celle qui imite le mieux la nature; cependant, comme elle n'eft réellement qu'une fiction de la loi & de la coutume, les affiliés ne font que des héritiers conventionnels, *hæredes infitivi*, & *non agnati*; leurs droits fe bornent à fuccéder aux affilians, & ils font exclus de la fucceffion des collatéraux, de ceux dont ils ont pris la place: ils ne fuccedent pas même aux afcendans de ceux-ci, à moins qu'ils n'aient concouru à l'affiliation. C'eft la difpofition textuelle de *la Coutume de Bourbonnois*, & elle eft fuivie dans celle *de Nivernois*, fuivant Coquille, (*tom.* 2, *pag.* 236.)

Les *affiliés* par échange ont cet avantage fur les fimples *affiliés*, que quoique les *affilians* aient le droit de diffoudre la communauté, « en partageant les meubles & acquêts, & fupportant les charges à proportion, néanmoins ils ne peuvent

les priver des deux tiers de leur patrimoine, comme étant une récompenfe des droits auxquels ils ont renoncé, *velut pretium omiffæ hæreditatis*. » C'eft ce qu'affure Maichin, (*pag.* 7,) d'après le préfident Duret, en *fon alliance des Coutumes*.

On demande fi les affilians peuvent difpofer de leurs meubles & acquêts au préjudice des *affiliés*? Cela dépend des claufes de l'*affiliation*. Si elles portent fimplement que l'*affilié* fuccédera à la place du fils dont il prend la place, & comme l'un des enfans de l'affiliant; alors celui-ci ne commet point d'injuftice envers celui-là, en difpofant en faveur d'un autre de fes meubles & acquêts, parce que le droit d'un *affilié* ne peut être plus confidérable que celui qu'auroit eu l'enfant naturel qu'il repréfente, & au préjudice duquel le pere auroit eu la faculté de difpofer : il fuffit donc, pour que l'*affilié* ne puiffe pas fe plaindre, qu'il trouve dans les propres de l'*affiliant* la portion légitime que celui-ci doit à tous fes enfans. Mais fi les claufes de l'*affiliation* portent que l'affilié prendra dans la fucceffion de l'affiliant une moitié, un tiers, un quart, ou telle autre portion déterminée, fuivant le nombre d'enfans, on ne peut point faire de difpofitions à fon préjudice. L'*affiliation* en ce cas, *vicem permutationis obtinet*; & les conditions fous lefquelles cet échange s'eft fait, doivent être inviolablement remplies. (Bechet, *digreffion fur les Affiliations*, pag. 237. Boucheul, *traité des Conventions de fuccéder*, chap. 15, pag. 253, n°. 39 40 & 41.)

Ainfi de même, fi par le contrat de mariage, contenant affiliation, il a été convenu que l'affiliant ne pourroit avantager fes enfans naturels au préjudice de l'affilié, cette ftipulation doit avoir fon effet; parce que la faveur des contrats de mariage, & la loi de l'égalité font deux motifs irréfiftibles. Nous examinerons, fous le mot *Egalité*, cette queftion *en général*; & nous verrons fi dans tous
les

les parlemens on fuit, fans diftinction des nobles ou des roturiers, les difpofitions de *la Nouvelle 19* de l'empereur Léon; ou fi, au contraire, on fuit pour ces derniers les difpofitions de la loi *Pactum quod dotali 15, C. de pactis.*

Quand l'un des affiliés par échange décede fans enfans avant l'affiliant, fa fucceffion doit-elle être recueillie par fes freres adoptifs au préjudice de fes freres naturels? l'*affiliation* fubfiftera-t-elle encore à l'égard du coéchangé furvivant? Ces queftions font décidées par *la Coutume de Nivernois,* qui dit que *fi l'un defdits échangés décede, fa fucceffion appartiendra à fes propres parens, felon la difpofition de la Coutume.* Quel eft l'efprit & l'objet des *affiliations* par échange? C'eft de tranfmettre aux enfans des affiliés les fucceffions des affilians; ce n'eft pas un étranger que l'affiliant a eu en vue, c'eft le petit-fils qui devoit un jour confoler fa vieilleffe & perpétuer fon nom, auquel un roturier peut être attaché quelquefois autant qu'un noble. Mais dès que l'efpérance d'avoir des defcendans étoit le motif déterminant de l'*affiliation,* la perte de cette efpérance fait ceffer l'*affiliation,* qui eft une convention de fuccéder où il faut furvivre. Le coéchangé exiftant rentre alors dans la maifon de fon pere naturel, & y reprend tous les droits qu'il avoit cedés à fon copermutant, en laiffant aux héritiers naturels de celui-ci les biens que la nature leur défere. Par ce moyen, les biens ne fortent pas des familles, tout rentre dans le premier état, & l'*affiliation* refpective eft confidérée comme non avenue; parce que le droit de réciprocité ne peut avoir lieu pour l'un & manquer pour l'autre. (Bechet, *pag. 228;* Boucheul, *n°. 56;* Auroux des Pommiers, *tom. 1, pag. 423, n°. 16;* Maichin, *pag. 8.*)

Mais on fuppofe le cas où avant la mort de l'un des copermutans il y a eu des fucceffions échues; & voici ce que penfe Bechet, *(ibid.)* « J'eftime que fi les fucceffions étoient échues avant ou depuis

la fubrogation, le furvivant pourroit conferver les fiennes, & renvoyer les héritiers légitimes du prédécédé à la fucceffion des droits qui lui auroient été acquis, & qu'il avoit recueillis de fon vivant ; d'autant qu'il y a une grande différence entre l'attente d'une hérédité & l'acquifition d'icelle, l'efpérance & la jouiffance. . . . Mais s'il arrive que lors du décès des copermutans il y ait feulement une fucceffion échue, *quid dicendum?* L'on pourroit dire en ce cas que la permutation feroit nulle, *quafi re non fequutâ;* mais elle fubfifte pour le droit acquis, fi celui qui en a fait l'acquifition par le prédécès de l'un des affilians le defire : parce que les deux fucceffions n'ayant rien de commun, l'une peut fubfifter fans l'autre. »

Les biens de l'affiliant deviennent propres & patrimoniaux aux affiliés, & font déférés *ab inteftat* aux parens de leur eftoc & ligne, comme fubrogés au lieu de leur ancien patrimoine & univerfalité de leurs biens. (Vigier, fur l'art. *86 de la Cout. d'Angoumois, n°. 15.*) C'eft la conféquence de l'ARRÊT dit des *Guillemeteaux,* rendu au parlement de Paris, le 23 décembre 1573, rapporté par le Veft, *(arr. 127, pag. 598 & fuiv.)* & de celui de la même cour, du 4 mars 1596, qui jugea, *confultis claffibus,* que les biens maternels donnés en partage à un des enfans, pour la part qu'il pouvoit avoir aux paternels, feroient cenfés paternels à caufe de la fubrogation. (Louet & Brodeau, *lettre P, fom. 35.*) Voyez ci-deffus *Acquêts, n°. 50,* & ci-après *Propres, Subrogation, &c.*

« Lorfque les adoptés laiffent des enfans, l'adoption fubfifte dans leurs perfonnes, d'autant que par la force du droit ils font fubrogés & fubftitués en la place de leurs peres, & les repréfentent univerfellement & abfolument. » (Maichin, *pag. 8.*) C'eft la conféquence de ce que nous avons déja obfervé, que l'affiliant avoit encore moins en vue l'affilié, en donnant les mains à l'affiliation, que les petits enfans que celui-ci lui donneroit.

Cependant, Davot, dans *ses traités du Droit françois*, (*tom. 5, pag. 14 & 257*,) prétend que l'*affiliation* est purement personnelle; parce que c'est une fiction qui peut imiter la vérité & la nature, mais qui ne la remplace pas à tous égards. Il ajoute que pour communiquer cette fiction aux enfans, il eût fallu la redoubler; ce qui ne s'induit pas par voie d'interprétation, en ce que les fictions sont de droit étroit, & restraintes au cas qu'elles expriment. Un préjugé vient à l'appui de cette opinion de Davot.

ARRÊT du parlement de Dijon, du 15 mai 1628.... *Espece*. Contrat de mariage de Christophe Godin & Jeanne Chambois; les pere & mere de l'épouse *affilient* le futur pour leur succéder, le cas échéant, comme un de leurs enfans, & encore l'associent avec sa femme. Dissolution de société & mort de Godin, qui laisse des enfans mineurs. Chambois pere meurt aussi, & sa femme, qui lui survit, donne par son testament son bien à sa fille & aux enfans d'un second lit, sans parler des enfans qu'elle avoit de Godin. Ceux-ci soutiennent que leur pere étant affilié, ils l'étoient conséquemment; qu'il falloit distinguer l'association de l'affiliation; que la dissolution de celle-là ne rompoit pas celle-ci. On répond que l'*affiliation* est personnelle, & ne s'étend pas de Godin à ses enfans; qu'elle sembloit même être connexe ou accessoire à l'association. La cour confirma la sentence qui validoit le testament.

Maichin nous paroît avoir bien vu: « Il faut remarquer que dans l'*affiliation* coutumiere il y a deux parties intégrantes, l'une par vertu de laquelle l'adopté a part avec l'adoptant dans les profits & acquêts qu'ils font pendant leur condemeurance & société; & l'autre qui le rend capable de succéder par *testées* avec les enfans naturels & légitimes ès meubles

& acquêts, même en certains cas aux propres qui appartiennent à l'adoptant en particulier. De sorte qu'il y a lieu de dire que lorsque notre coutume a conjoint & uni l'association avec l'*affiliation*, elle n'a pas entendu que l'associé, par vertu de la simple association, succede à l'associant, ni que l'adopté partage avec l'adoptant, mais elle a voulu, de ces deux contrats, en faire un qui participât de la nature de l'un & de l'autre, & qui contînt éminemment en soi ce que tous les deux ont de perfection & de force. » (Maichin, *pag. 8*.)

L'affilié, en entrant dans tous les droits du fils, en la place duquel il est échangé, les héritages qui lui arrivent par l'effet de l'échange, sont considérés comme s'ils lui étoient venus par succession. Ainsi, s'ils sont nobles, & venus à la quarte mutation en la personne du pere affiliant, ils se partagent noblement & aux droits d'ainesse comme quart hommagés, aux termes de l'*art. 280 de la Coutume de Poitou*, entre les enfans de l'affilié & dans sa succession. C'est un effet particulier des droits de l'*affiliation*; car autrement, & dans le cas d'un échange ordinaire, si un pere roturier avoit possédé un héritage noble noblement tenu, venu à la tierce ou quarte foi en sa personne, & icelui échangé avec un autre aussi noble & noblement tenu, l'héritage ainsi échangé, ne sera point dit être venu à la tierce ou quarte foi pour être partagé noblement, parce qu'on ne le tient pas à titre de succession. (Boucheul, *n°. 46 & 47*.)

Affiliation gratuite.

8. C'est la convention que fait un pere en mariant son fils ou sa fille, de recevoir son gendre ou sa bru dans sa maison, pour y être associés avec lui, & prendre dans sa succession la portion de biens dont la coutume lui permet de disposer, & aux charges d'icelle; sans que ce gendre ou cette bru soient obligés de renoncer à la succession de leur pere

naturel, ni d'apporter aucuns biens dans la maison du beau-pere.

Dans cette espece d'*affiliation*, l'affilié n'a pas les mêmes avatages que dans l'*affiliation* par subrogation, parce qu'il ne fait pas les mêmes sacrifices. Comme il ne confere rien, la convention par laquelle l'affiliant l'admet à succéder, est une vraie donation ; & par conséquent il n'a droit qu'à la succession des meubles & acquêts dont la coutume permet de disposer, & non à celle des propres, qu'elle réserve aux enfans naturels. C'est le texte de *la Coutume de Saintonge : L'affilié succede ès biens meubles & acquêts, immeubles, faits par l'affiliant, & non ès héritages.*

Affiliation onéreuse.

9. C'est celle par laquelle le pere de famille reçoit son gendre ou sa bru, moyennant la dot de celle-ci, ou les deniers de celui-là ; ou à condition que l'un ou l'autre renonceront aux héritages de leurs pere & mere naturels. Dans cette espece d'*affiliation*, l'affilié succede comme un des enfans naturels, parce qu'elle est prise « pour un achat de droits *certains*, étant presque toujours faite aux biens présens & *futurs*, dont il ne peut plus être disposé au préjudice de l'affilié sans son consentement ; parce qu'il a un droit acquis & formé au lieu de ses biens anciens par *taisible subrogation :* tellement que si l'affilié decede sans enfans avant les affilians, après leur avoir apporté ses biens, l'espérance de leur succéder passe à ses héritiers collatéraux, ... étant fondée en une chose certaine, ... & le droit étant acquis, n'y ayant que l'effet qui soit suspendu. » (Vigier, *sur la Cout. d'Angoumois, pag. 308.*)

Bechet, (*pag.* 227,) soutient que les enfans naturels de l'affiliant peuvent obliger l'affilié à prendre la qualité de créancier pour répéter les deniers qu'il a apportés, ou celle de donataire des meubles & acquêts, & tiers des propres, en payant les dettes & legs suivant la coutume. Mais Boucheul, (*n°. 16*,) pense que l'affiliation onéreuse, formant, comme dit Vigier, un véritable achat de droits successifs, & se trouvant faite en récompense du travail de l'affilié, & des biens qu'il a conférés, il doit prendre la portion pour laquelle il a été affilié dans toute sorte de biens indifféremment, meubles & acquêts, ou propres.

Maichin, (*pag. 5*,) nous paroît encore ici avoir pris le bon parti ; il dit que l'affilié succede avec les enfans naturels légitimes ès héritages comme aux autres biens, mais à condition que les enfans naturels, « ayent les deux tiers du patrimoine, qui leur sont affectés pour leur légitime & portion contingente, francs & quittes de toutes charges & légats ; d'autant que la légitime leur étant non pas donnée par la loi, mais due par les droits du sang & vœu commun de la nature, qui destine les enfans pour successeurs à leurs peres, & les rend en quelque façon propriétaires de leurs biens devant leur décès, ils ne peuvent en être privés en aucune sorte. » La légitime des enfans ne peut être diminuée par aucune espece de convention ; ainsi, un pere ne peut pas plus y porter atteinte par une *affiliation* que par toute autre voie.

L'affilié, qui n'a pas exécuté de son côté la convention, & n'a pas conféré les deniers par lui promis, peut-il prétendre quelque chose dans la succession de l'affiliant ?

Bechet, (*pag.* 228,) distingue. Si l'affilié est solvable, on ne peut lui reprocher aucune fraude, & on doit s'imputer de ne l'avoir pas constitué en demeure, & fait prononcer qu'à défaut d'avoir rempli les conditions de l'*affiliation*, elle seroit déclarée de nul effet : il ne reste donc dans ce cas que la ressource de le sommer, de se mettre en regle & d'exécuter. Si au contraire l'affilié n'étoit pas solvable, il a, par sa promesse illusoire, commis une fraude dont il ne doit pas tirer avantage.

Maichin dit, (*pag. 9,*) que le défaut de caufe ou de condition rend l'acte inutile ; & qu'ainfi l'affilié n'ayant pas exécuté les claufes auxquelles il s'étoit foumis, il n'a rien à prétendre : « Suffira de lui payer un falaire raifonnable comme à un ferviteur, (car telles adoptions fe font ordinairement entre perfonnes ruftiques,) finon qu'il rapportât ou précomptât fur fa part de la communauté, la fomme qu'il avoit promis d'y apporter avec l'intérêt, à raifon de l'ordonnance, depuis qu'il eft entré en compagnie & fociété. »

On peut dire que la diftinction de Bechet eft inadmiffible. L'authentique *Sed quæ nihil, C. de pactis,* dont la décifion s'applique à notre efpece, par la raifon d'une exacte analogie, décide que la femme qui n'a pas apporté à fon mari la dot qu'elle lui avoit promife, ne peut point prétendre à la donation à caufe de noces : *Sed quæ nihil ex dote confcriptâ præftitit, nihil omnino, viro mortuo, percipiet ex donatione.* Pareille décifion fondée fur les mêmes principes : *Dictam legem donationi, fi non impoffibilem contineat caufam, ab eo qui hanc fufcepit non impletam, conditioni facere locum, juris dictat difciplina.* Voyez *Affrérement, Augment, Dot, &c.*

Aineffe.

10. Le fils adoptif ne peut réclamer le droit d'aineffe, au préjudice du fils naturel venu au monde après fon adoption : c'eft la décifion de Dumoulin : *Mafculus naturaliter legitimus, quantumcumque poft adoptionem alterius genitus, obtinebit verum jus primogenituræ.* Mais le fils naturel aura-t-il le même avantage fur l'affilié que fur l'adoptif ?

Il n'y a point de doute à l'égard des affiliés à titre gratuit & à titre onéreux, parce qu'ils ne font confidérés que comme des donataires : à l'égard des affiliés par fubrogation, Bechet, (*pag.* 234,) dit que le droit d'aineffe leur eft acquis, en vertu de la maxime *fubrogatum fapit*

naturam fubrogati. L'échange n'eft fait que fous la condition que chacun des affiliés jouira dans la maifon & famille de l'affiliant des droits qu'il auroit eus dans la maifon & famille de fon pere naturel ; & la coutume de Nivernois y eft expreffe : « Les enfans ainfi mariés ont pareil droit que ceux au lieu defquels ils font baillés ou échangés, en tous les droits qu'ils avoient en l'hôtel dont ils font fortis. » Un ainé remplaçant un ainé, quel préjudice fouffrent les cadets ? De quoi peuvent-ils fe plaindre ? Qu'ont-ils à réclamer ?

Emancipation.

11. Le confentement du pere à l'*affiliation* du fils, fuffit-il pour l'émanciper & le rendre capable de tefter ?

L'adoption des Romains exigeoit l'intervention du juge ; & celle du notaire & des témoins fuffit parmi nous, puifque nos *affiliations* fe font prefque toujours par contrat de mariage : *Adoptio non tabulis licet per tabellionem conficiendis, fed folemni juris ordine apud prætorem copulari folet. L. 4, C. de adoption.* De cette différence, Bechet, (*pag.* 231,) conclut que le confentement prêté à l'*affiliation* ne fuffit pas pour déterminer l'émancipation ; parce que l'émancipation ne peut être faite que par le miniftere des magiftrats. (*L. penult. & ult. C. de emancip. liber.*) La coutume de Bueil exige que les adoptions & émancipations foient faites devant le juge, à peine de nullité. (*Chap. 9.*)

Fidéicommis.

12. Un homme chargé d'un fidéicommis, ne pouvoit pas en éluder l'effet par l'adoption. *L. 76, D. de condit. & demonftrat.* On a demandé fi l'affilié doit, en ce cas, être affimilé à l'adoptif ; & fi dans la fuppofition d'un affiliant inftitué héritier, à la charge de rendre l'hérédité en cas de mort fans enfans, l'*affiliation* faifoit défaillir la condition ? Bechet fait fur cette queftion la même diftinction

que fur le droit d'ainefle. « L'affilié par fubrogation au lieu d'un enfant naturel, doit avoir les mêmes avantages & prérogatives, parce qu'il remplit fa place : au contraire, les *affiliations* gratuites font fujettes aux regles de la jurifprudence romaine ; & quant à celles qui font faites en confidération des deniers portés en la maifon de l'affiliant, il faut reprendre les deniers, ou fouffrir les difpofitions. » (*Pag.* 237 & 238.) Voyez ci-après la division *Retrait*.

Infinuation.

13. La même diftinction des affiliations par fubrogation & des affiliations gratuites & onéreufes, fert à décider la queftion de favoir fi les affiliations font fujettes à l'infinuation. Les premieres n'y font pas fujettes, & les fecondes y font fujettes. (Bechet, *pag.* 235.) Cependant Boucheul, (*n°*. 57,) penfe à l'égard de ces dernieres, malgré l'avis de Lebrun, dans fon *Traité des Succeffions*, (*liv.* 3, *chap.* 3, *n°*. 29,) que « leur qualité de difpofitions à caufe de mort, & qui ne font que des biens qu'a l'affiliant lors de fon décès, fait ceffer le motif des infinuations à leur égard. »

Nous nous expliquerons fur cette importante matiere avec les détails convenables, fous les mots *Donation, Infinuation;* il fuffit d'obferver ici qu'il réfulte évidemment, du rapprochement des *art.* 5, *13 & 16* de l'ordonnance de 1731, que les *affiliations* ne font point fujettes à l'infinuation. Un ARRÊT du parlement de Paris, du 28 avril 1758, a jugé qu'une difpofition faite par deux étrangers en faveur de la future par fon contrat de mariage, eft une inftitution contractuelle & une difpofition à caufe de mort, qui eft bonne & valable en cette qualité, fans qu'elle eût été infinuée comme donation.

Rapport.

14. L'affilié par fubrogation eft fujet à rapporter, & non pas l'affilié à titre onéreux ; par la raifon que le premier a pris la place du fils naturel, & en fuccédant à tous fes droits, eft tenu de toutes fes obligations, & que le fecond eft réputé un étranger. (Bechet, *pag.* 237.)

Reftitution.

15. Quand l'affilié ne trouve pas dans la fucceffion de l'affiliant une portion légitimaire égale à celle qu'il auroit eue dans les biens de fon pere naturel, peut-il être reftitué contre l'acte d'*affiliation?* Boucheul traite très-bien cette queftion, (*n°*. 34 & fuiv.) Il dit que le parlement de Bourdeaux admet l'affilié léfé, à réclamer un fupplément de légitime; c'eft-à-dire, à prendre dans la fucceffion du pere naturel ce qui manque dans celle du pere affiliant pour parfaire cette légitime. Mais il ajoute, que le parlement de Paris favorifant les renonciations à caufe de l'incertitude de l'événement, l'affilié doit fupporter la perte qu'il éprouve dans la fucceffion de l'affiliant, comme il auroit profité du bénéfice, fi elle eût été plus avantageufe que celle du pere naturel. Cela doit s'entendre, pourfuit-il, des *affiliations* & fubrogations faites pour fuccéder à des droits à écheoir & incertains; parce que fi les droits étoient échus, celui qui eft léfé pourroit être reftitué. Aucune matiere ne donne lieu à plus de difficultés dans la pratique des tribunaux, que celle des *Rénonciations*. Voyez *ce mot*, où nous tâcherons de préfenter les vrais principes, & de fixer un réfultat qui puiffe prévenir la ruine d'une infinité de plaideurs.

Retour.

16. Le droit de retour a lieu lorfque l'affilié meurt fans enfans. (Des Vignes, fur l'*art.* 1, *du tit.* 1 *de la Coutume de Saintonge.*) C'eft une conféquence de ce que nous avons déja dit, que lorfque les affiliés meurent fans enfans, l'*affiliation* demeure anéantie & fans effet; de forte que leurs biens doivent être diftribués comme s'il n'y avoit point eu

d'*affiliation*, & les chofes rentrent parfaitement dans leur état naturel.

Retrait.

17. Tous les auteurs conviennent unanimement que les affiliés, à titre gratuit ou onéreux, ne peuvent pas exercer le retrait, parce qu'ils n'ont que la qualité infuffifante de donataires.

A l'égard des affiliés par fubrogation, Bechet, (*pag. 226,*) eft d'avis qu'ils peuvent retraire les biens vendus par l'affiliant ou fes parens; attendu la fubrogation qui les identifie avec leurs coéchangés de la maniere la plus complette.

Boucheul penfe que la décifion de Bechet pourroit fouffrir *difficulté*, parce que les affiliés fubrogés ne font pas lignagers. (*n°. 32.*)

Davot, (*tom. 4, pag. 75,*) dit formellement que l'enfant « qui n'eft qu'affilié par un double mariage, n'eft pas parent *proprio fenfu;* qu'ainfi il ne pourroit aller au retrait de l'*ancien*, vendu par celui qui ne feroit fon pere que par *affiliation*, quoiqu'il lui fuccede comme fubrogé à fon véritable enfant. M. Lantin cite un ARRÊT de 1630, conforme à ce que deffus. » Davot, en conféquence, blâme Chaffeneuz, qui avoit admis au retrait l'enfant adoptif; & il approuve la critique qu'avoit fait Paftor de cette opinion : *Ne adoptionis commento venditiones revocentur.*

Il eft difficile de prendre parti. Nous avons bien dit dans la divifion *aineffe*, que la diftinction de Bechet nous paroiffoit jufte fur cet objet, parce que nous croyons que la fubrogation fait paffer à l'affilié tous les droits du coéchangé dans la fucceffion du pere affiliant ; mais il paroît fingulier d'imaginer que cette fubrogation, que cette fiction de la loi imite fi parfaitement la nature, qu'elle puiffe être oppofée à des tiers, à des héritiers fidéicommiffaires, à des acquéreurs. Ainfi, dans le doute où laiffent les fentimens contradictoires des auteurs, il feroit prudent de faire pencher la balance du côté de l'opinion qui a été confacrée par un ARRÊT.

Secondes noces.

18. L'affilié qui convole, eft-il obligé de réferver aux enfans du premier lit le profit qu'il a fait dans la fucceffion de l'affiliant, où il a trouvé plus d'avantage qu'il n'en auroit eu dans celle de fon pere naturel ?

Maichin, (*pag. 11,*) penfe que cet avantage forme un vrai gain nuptial ; puifqu'il prend fon origine dans les claufes du contrat de mariage, & qu'ainfi il doit être réfervé aux enfans du premier lit. Il ajoute : « fi lorfque la donation eft faite à la femme par le parent de fon mari en ligne directe, elle eft obligée de réferver ce qui lui eft donné, aux enfans du premier lit.... lorfqu'un beaupere fait quelqu'avantage à fa bru, c'eft la même chofe que fi fon mari l'avoit fait, vu qu'elle n'avoit pas mérité cette courtoifie & libéralité. »

Bechet, (*pag. 344,*) & Dupin, (*Traité des fecondes noces, tit. 3, ch. 2, n°. 17 & fuiv.*) prétendent au contraire, que l'affilié par échange n'eft point tenu de réferver aux enfans du premier lit ce qu'il a eu par l'*affiliation;* par la raifon que cet avantage eft moins l'effet d'une donation, que le réfultat d'une heureufe acquifition. L'*affiliation* par fubrogation étant comparée à une vraie vente de droits fucceffifs, l'acquéreur qui auroit été tenu à la perte, fi l'objet en eût préfenté, doit avoir le bénéfice qu'il tient, bien plus du hafard que de la libéralité de l'affiliant. Mais les affiliés qui tiendroient tout de cette libéralité, les affiliés, vrais donataires, feroient tenus à la réferve, en faveur des enfans du premier lit. C'eft notre avis.

L'affilié doit-il être compté au nombre des enfans, lorfqu'il s'agit de retrancher les avantages du fecond conjoint ?

Bechet, (*pag. 344,*) propofe fa diftinction ordinaire. Les affiliés par fubrogation ne viennent pas de leur chef propre, mais du chef de leur coéchangé dont ils tiennent la place; ainsi, comme celui-ci auroit fait nombre pour déterminer la réduction, celui-là doit être compté, parce qu'il a été parfaitement subrogé à tous ses droits. Les affiliés qui ont conféré ne peuvent être compris *in necem alterius*, parce qu'ils formeroient une augmentation réelle au nombre des enfans; ce qui n'a pas lieu dans la subrogation, où les subrogés ne font que remplacer.

En Saintonge, le survivant qui a convolé peut donner à l'un des enfans du premier lit sa part en la premiere communauté, suivant la jurisprudence du parlement de Bourdeaux : ce point présupposé, un pere qui a des enfans de deux mariages, & qui marie la fille du second lit & le fils du premier lit, dont la femme est par conséquent subrogée au lieu de cette fille du second lit, peut-il faire à sa bru une donation de ses meubles & acquêts? La fille qui critique la donation, dit qu'à la vérité, suivant la jurisprudence ci-dessus rappellée, le pere auroit pu donner à sa fille naturelle la moitié des biens acquis pendant le second mariage; mais qu'il n'a pu les donner à l'affilié, parce qu'en matiere de choses exorbitantes du droit commun, il n'y a pas lieu à l'extension d'un cas à un autre. « Or, le pouvoir au survivant de choisir & élire l'un de ses enfans, est une exception de la regle générale contre le droit commun ; d'où vient que l'extension en est odieuse & réprouvée, & ne doit point avoir lieu au respect d'une fille adoptée, & qu'on ne doute point que l'*affiliation* est moins favorable que la naissance : d'ailleurs, ce seroit par une voie indirecte donner les biens de la seconde communauté à un enfant du premier lit; parce que ce qui est donné par les parens du mari à la femme, cede au profit du mari.... De sorte qu'en l'espece proposée, j'estime que la donation faite par le beau-pere à sa belle-fille, est nulle.... Mais si le mari étoit fils du second lit, encore que la donation eût été faite à lui & à sa femme, elle ne laisseroit pas que d'être valable ; parce que *ex Vallæ sententiâ* elle céderoit entiérement au profit de ce fils, lequel en effet seroit élu par le pere *inter liberos secundi matrimonii*. » (Bechet, *pag. 345 & 346.*)

Succession.

19. L'affilié est-il saisi en vertu des dispositions de la coutume générale du royaume, *le mort saisit le vif* ?

« L'affilié à titre gratuit, ou onéreux, *simples donataires* ne sont pas saisis; mais l'affilié par subrogation peut comme l'auroit pu son coéchangé, former complainte & exercer tous les droits de l'héritier du sang. » (Bechet, *pag. 231.*)

Question singuliere dans Auroux des Pommiers, *(tom. 1, pag. 423, n°. 14 & 15.)*

Une affiliée par subrogation peut-elle, après avoir succédé aux pere & mere affilians, recueillir la succession de ses pere & mere naturels?... *Espece.* Luce, fille de Titius & Mœvia, & Sempronie, fille de Caïus & Aurelia, sont échangées. Les pere & mere de Luce meurent, & Sempronie leur succede : Luce meurt ensuite sans enfans, & laisse Sticus pour héritier légitime en collatérale; enfin, Caïus & Aurelia, pere & mere naturels de Sempronie décedent aussi. Sticus réclame les biens qu'ils ont délaissés en sa qualité d'héritier de Luce, subrogée à Sempronie.

Celle-ci s'y oppose, & soutient qu'elle doit succéder à Caïus & Aurelia; parce que la subrogation devenue caduque par le décès de Luce, ne peut profiter à Sticus, qui n'a pu acquérir une succession qui lui est étrangere, par un pacte qui lui est aussi étranger; puisqu'il n'a point été l'un des contractans mariage, & n'est point issu de ces contractans. La caducité de la subrogation ne peut ici être invoquée, & l'équité ne sauroit autoriser la prétention de Luce, qui ayant déja recueilli la fucceffion de fes pere & mere affilians, en vertu de la fubrogation, n'a plus droit de recueillir celle de fes pere & mere naturels au détriment de Sticus. Il ne doit point y avoir d'inégalité entre ceux qui font fondés fur des droits dont l'équité confacre l'égalité. *Stichi defiderium rationi congruere puto nonobftante caducitate ; & certè æquitatis benignitas non patitur ut Sempronia, quæ jam Titii & Mœviæ, patris & matris Luciæ, ejus vices gerens, intercepit hæreditatem, adhuc Caiæ & Aureliæ patris & matris fuæ accipiat hæreditatem, in Stichi Luciæ heredis, ftipendium : non debet effe inæqualitas inter eos quos æqualitatis æquitas contingit.* C'eft ainfi que s'eft décidé le préfident Duret.

Teftament.

20. Les formalités fuffifantes pour valider le teftament d'un pere de famille qui difpofe entre fes enfans naturels, le font-elles lorfqu'il difpofe en faveur des affiliés. Bechet, (*pag. 238,*) penfe que la diftinction des affiliés fimples donataires, & des affiliés par fubrogation, n'eft ici d'aucune confidération, & que les uns & les autres de ces affiliés étant étrangers au teftateur, il faut, pour difpofer valablement en leur faveur, qu'il fuive dans fa difpofition toutes les formalités néceffaires vis-à-vis des étrangers. Bechet eft-il bien conféquent ? Voyez ci-deffus les divifions, *Aineffe, Fidéïcommis, Retrait.* Lebrun, (*liv. 3, chap. 3, n°. 29,*) dit que le teftament de l'affiliant, qui a prétérit le fubrogé, eft nul ; mais que la prétérition de l'affilié fimple ne le rompt pas de même.

Obfervations.

21. La coutume de Bourbonnois n'autorife les *affiliations* que pour les roturiers, *& a lieu ladite Coutume, feulement entre non nobles,* dit l'*art. 245.* Celles de Saintonge & de Nivernois ne s'expliquent pas formellement ; cependant leurs commentateurs Bechet, Maichin &

Coquille, annoncent que dans leur reffort les *affiliations* ne font également ufitées qu'entre les roturiers, & fur-tout les *villageois.*

L'*affiliation* n'a lieu que pour les fucceffions de meubles & héritages cenfifs, féodaux ou allodiaux, & non pour les héritages taillables : La coutume de Bourbonnois y eft expreffe, *fans préjudice du droit des feigneurs pour les taillables, mortaillables & bourdelages.* Celle du Nivernois fuppofe la même chofe, en difant, *fi gens francs marient leurs enfans,* &c.

Ces maximes rigoureufes ne doivent point fortir des bornes de leur territoire : ailleurs il faut faire la diftinction de M. le préfident Bouhier, (*tom. 2, pag. 528.*)

Les affiliés ne font point fucceffibles à l'exclufion des feigneurs par une *affiliation* pure & fimple, parce qu'il feroit trop aifé de les fruftrer de leurs droits d'échûte. Trois ARRÊTS du parlement de Dijon l'ont ainfi décidé, l'un du 7 juillet 1572, l'autre du 12 mars 1576, & le troifieme du 16 janvier 1645.

Mais lorfque l'*affiliation* a lieu par la fubrogation, on ne fait point de différence entre les francs & les gens de condition fervile, *puifque les feigneurs n'ont aucun intérêt, & qu'en perdant un de leurs main-mortables, ils en retrouvent une autre, fur la fucceffion duquel ils acquierent le même droit.* C'eft la décifion de deux ARRÊTS, l'un du mois de novembre 1578, (apparemment celui fans date cité par Bouvot, & rappellé ci-deffus, *pag. 109, colon. 1,*) & l'autre du 10 février 1609.

M. Bouhier profcrit à ce fujet toutes les entraves qu'on voudroit mettre à l'application de ces préjugés, & entr'autres l'idée de Taifand, qui voudroit qu'on n'autorifât les *affiliations* par fubrogation que dans le cas où les perfonnes échangées feroient du même âge, & jouiroient d'une fanté pareille : « Car outre que cela donneroit lieu à de grands procès pour

pour des fucceffions, qui ordinairement font peu confidérables; l'incertitude d'un événement tel que la mort, fait que cela ne doit point entrer en confidération en ce cas. »

Enfin, M. Bouhier obferve qu'il eft douteux fi les enfans affiliés par *fubrogation* empêchent l'échûte des feigneurs en Franche-Comté, (parce que fi Talbert dit oui, Dunod dit non;) mais qu'on n'en doit point faire de doute en Savoie, d'après les difpofitions d'un ARRÊT du fénat de Chambery, du 17 mars 1670, qui autorife une pareille claufe d'*affiliation*. Voyez *Apanage*, *Appareillement*, *Affociation*, *Main-morte*, &c.

AFFINAGE.

(*Monnoies*, *Commerce*.)

1. « C'eft l'action par laquelle on affine, ou purifie certaines chofes, comme les métaux, le fucre. » (*Dictionnaire de l'académie*.)

On dit plus volontiers raffiner le fucre. L'on ne dit plus *affiner* un compte, comme on lit dans nos anciennes loix. (*Ordon. du Louvre, tom. 6, pag. 381.*) On dit vérifier, apurer.

L'*affinage* des métaux eft le procédé par lequel on le dégage des parties hétérogenes.

Dans quelques lieux, entr'autres à la Côte d'or d'Afrique, on trouve fous terre de l'or à 23 karats. Ailleurs les métaux font mélangés, & s'ils ont cette pureté, elle peut être altérée par la fraude.

Les métaux étant le figne des valeurs, on a dû tâcher de les rendre homogenes. L'opinion attachant une valeur quelconque à une once d'or, & une valeur mille fois moindre à une once de cuivre, fi l'on me donne une piece mélangée, il eft évident qu'on me trompe.

Les gouvernemens ont dû veiller partout à la pureté de ces métaux dans le

commerce de la vie, foit comme monnoies, foit comme matieres des manufactures. Ce degré de pureté déterminé par la loi du pays, eft ce qu'on appelle *Titre*. Voyez *ce mot*.

Ils ont dû décider encore, comment on s'affureroit de ce *titre*, & c'eft ce qu'on appelle *Effai*. Voyez *ce mot*.

Enfin, ils ont dû veiller fur la fidélité de l'*affinage*, bafe de ces deux opérations.

Bodin, dans fa *République*, *liv. 6*, *chap. 3*, rappelle le procédé inexact d'Archimede, pour découvrir la fripponnerie d'un orfevre. Long-temps encore quelques arts ont été dans l'enfance, & peut-être la métallurgie & la minéralogie font-elles plus perfectionnées en Allemagne qu'en France, où celui qui gagne des millions, ne connoît pas plus la nature & la formation des métaux, que le parifien qu'on fuppofoit étonné en voyant femer du froment.

Peut-être eft-il vrai encore, que, pour faire de bonnes loix fur toutes ces parties, il faudroit avoir les connoiffances des Agricola, des Becker, des Henkhel, des Linné, des Hellot, des Pott & des Svedenbork; & c'eft à l'ignorance de fon fujet, quelquefois à l'efprit de fifcalité, qu'il faut attribuer les erreurs dans lefquelles fi fouvent on eft tombé, ne voyant que le produit du moment & rarement les conféquences.

La nature de cet ouvrage ne nous permet pas de pénétrer tous ces détails, fur lefquels d'ailleurs on peut confulter 1°. les *Mémoires de l'académie des fciences*; 2°. les *Traités de* Poulain, *de* Leblanc, *de* Conftans; 3°. le *Traité des monnoies de* Bafinghen; 4°. l'*Effai fur les monnoies de* Dupré *de Saint Maur;* 5°. les *Ouvrages de* Dutot, Melon, Cantillon & Forbonnois; 6°. l'*Efprit des loix*, *liv. 22*; & d'Agueffeau, *tom. 10.*

Nous nous bornerons donc à ce qui regarde l'état des affineurs, la jurifdiction de l'*affinage*, fa police & quelques jugemens.

Yy

Etat des affineurs.

2. ÉDIT de mars 1554. (Fontanon, *tom. 1, pag. 788.*) Par les *art. 14, 15, 16 & 17*, on voit que l'*affinage* ne pouvoit s'exercer que dans les villes où il y avoit monnoie, par des maîtres experts & jurés, & qu'ils étoient assujettis à quelque police, développée dans quelques réglemens postérieurs.

DÉCLARATION, du 25 octobre 1689, par l'*art. 1*, le nombre des maîtres affineurs est fixé à deux pour Paris & à quatre pour Lyon.

ÉDITS de décembre 1692, & novembre 1693, portant création de quatre offices d'affineurs & départeurs pour Lyon & deux pour Paris.

ARRÊT du conseil, du 9 décembre 1719, qui supprime les offices d'affineurs, & les réunit à la compagnie des Indes, qui avoit aussi les monnoies.

ÉDIT de décembre 1721, qui, après l'abandon de la compagnie des Indes, récrée en titre d'office formé & héréditaire, six affineurs & départeurs d'or & d'argent; savoir, deux à Paris & quatre à Lyon, pour, dit l'*art. 2*, faire seuls, à l'exclusion de tous autres, dans les lieux dépendans des hôtels des monnoies de Paris & de Lyon à ce destinés, & non ailleurs, toutes les fontes, *affinages* & départs d'or & d'argent qu'il conviendra, tant pour le service des monnoies que pour les orfevres, marchands, tireurs, écacheurs & batteurs d'or & d'argent, ou autres ouvriers qui emploient lesdites matieres. L'*art. 3* fixe la finance à 41666 liv.

ÉDIT de mai 1733, portant suppression des six offices d'affineurs & recréation des six autres. Cette suppression & recréation n'ont d'autre objet que de porter la finance de chaque office à 110000 livres : opération purement de finance rendant 420104.

ÉDIT d'août 1757, portant suppression des six offices d'affineurs & recréation de six autres sous la même finance de 110000 liv. L'objet unique de ce changement est dans l'*art. 6.* « Les affineurs seront tenus de rendre au plus tard, huit jours après, le même fin qui leur aura été livré, moyennant 16 sous par marc d'argent affiné, au lieu de 20 sous; 8 liv. par marc d'or, au lieu de 10 liv. & 2 liv. 16 sous pour le départ de l'or, au lieu de 3 liv. 10 sous, qui leur seront payés en especes & non en matieres. »

LETTRES-PATENTES, de février 1760, par lesquelles le roi approuve & ratifie la donation à lui faite par le maréchal de Belle-Isle, des six offices d'affineurs par lui levés aux parties casuelles moyennant 660,000 liv. & fait don de ces offices à son école militaire, pour en jouir à perpétuité & à titre de propriété, se réservant néanmoins, sa majesté, la faculté de rentrer dans la propriété desdits offices.

ÉDIT de décembre 1760, portant suppression des quatre offices d'affineurs de Lyon & réunion de leurs fonctions à la communauté des tireurs de Lyon, à la charge de payer à l'école militaire une rente de 40000 livres; se réservant toujours sa majesté le droit de rentrer, en fournissant à l'école militaire, à la décharge des tireurs d'or des effets du même produit que la rente.

ÉDIT de septembre 1766, portant établissement d'un *affinage* public à Trevoux, où il existe encore ce 3 avril 1783. C'étoit contrarier le très-ancien régime, qui étoit de n'avoir que deux *affinages*, & de les attacher à l'hôtel de la monnoie, pour être surveillés par les juges. Voici le motif. Tant que la Dombes avoit été une souveraineté particuliere, elle avoit eu un commerce libre pour les matieres des tireurs & des affineurs libres. On a voulu conserver cette industrie, d'ailleurs utile au commerce de Lyon par le bas prix de la main-d'œuvre. Mais un particulier offrant un prix assez avantageux, on a retiré du commerce la liberté d'affiner. On l'a bien soumis ensuite à l'inspection du général-provincial des monnoies de Lyon; mais celui-ci n'étant pas sur les lieux, il a pu arriver des abus, & il y a actuellement des réclamations.

ÉDIT de février 1781, qui supprime les deux offices d'affineurs de Paris, & révoque la réunion faite à la communauté des tireurs d'or de Lyon, des fonctions & droits des quatre offices d'affineurs unis pour Lyon, & depuis supprimés.

LETTRES-PATENTES du 28 mars 1781, qui commettent aux fonctions d'affineurs de Paris & de Lyon.

Jamais peut-être fonctions publiques n'essuyerent autant de révolutions. Dans le moment actuel on cherche à donner une nouvelle confiance, & elle est intéressante pour le commerce comme pour la sûreté des monnoies.

Jurisdiction, Fixation & Police des affinages.

3. De tout temps, pour la sûreté publique, les affinages ont été attachés aux monnoies, placés dans leurs hôtels, inspectés par leurs officiers, & jugés par leurs tribunaux.

LETTRE de Philippe-le-Bel au duc de Bretagne, du mardi après Pâques 1308, « Derechies, nous défendons étroitement, & commandons sur peine de corps & d'avoir, que nul en notre royaume ne *affine*, ne ne rachette argent, ne billon, fors en l'hôtel des monnoies. » *(Ordonn. du Louvre, tom. 1.)*

Cette disposition est répétée dans toutes les loix citées sous le n°. précédent : *Dans les lieux dépendans de nos hôtels des monnoies de Paris & de Lyon à ce destinés,* ET NON AILLEURS.

Toutes ces loix attribuent la connoissance à la cour des monnoies, & en première instance aux officiers des jurisdictions des monnoies, comme elles l'étoient dans l'origine aux généraux des monnoies; & il ne peut y avoir, à cet égard, pas plus de conflit que sur le fait des monnoies, dont l'affinage est déclaré partie intégrante.

DÉCLARATION, du 25 octobre 1689, portant réglement pour l'affinage des matieres d'or & d'argent.

DÉCLARATION du 21 mai 1746, portant nouveau réglement entre les affineurs & la communauté des tireurs d'or de Lyon.

Ces deux loix contiennent les précautions nécessaires pour assurer la bonté de l'affinage, le prix auquel il sera fait, la maniere d'essayer & de payer, l'obligation d'affiner les retailles & parfilures, l'inspection des officiers, les poinçons, pour attester l'exactitude, &c. L'*art.* 5 de la derniere déclaration, donne aux tireurs d'or la faculté d'assister à l'opération, soit comme pour veiller à la chose, soit comme pour surveiller les officiers inspecteurs.

Avec toutes ces précautions, les affineurs peuvent moins tromper, mais ils le peuvent encore, & ils peuvent être trompés; l'erreur est facile, & la fraude est industrieuse.

Procédé & Fraude.

4. L'affinage de l'or se fait ou par l'antimoine, ou par le sublimé, ou par l'eau-forte. Ce dernier procédé s'appelle *Départ d'or.* Voyez *ce mot.*

L'argent s'affine dans une coupelle embrasée, & couverte par un chapiteau de briques, pour que la flamme reverbere sur les matieres. On joint à l'argent du plomb, dans une quantité proportionnée.

Ces opérations sont très-bien développées dans le mémoire & les expériences de M. Hellot, que vous trouverez encore dans Basinghen, *tom.* 1, *pag.* 8, d'après lequel a été rendue la déclaration du 21 mai 1746.

Quelqu'attention qu'apportent les affineurs, ils peuvent être trompés par l'essai, soit que l'essayeur soit de mauvaise foi, soit plutôt qu'il se trompe lui-même. Cette erreur est trop souvent inévitable dans les matieres de billon, où l'argent chasse aux extrémités; & delà il arrive qu'un marc de billon, contenant à l'essai tant de deniers de fin, l'affineur sera obligé de les payer, quoi-qu'il ne les ait pas trouvés, même après avoir affiné & repaffé le billon, le plomb, les bavures & les cendres.

D'autre part, il peut arriver que l'effai donne moins & qu'il y ait plus; alors l'affinage gagnera, puifqu'il n'eft obligé de donner que les deniers de fin proportionnés à l'effai.

L'affineur peut tromper, en ne mettant pas la quantité requife de plomb, en le faifant refervir pour l'argent & fans le purifier; ce plomb qui aura fervi pour du billon & imprégné de cuivre, rendra la matiere moins pure, les traits moins brillans, moins ductiles & caffans.

Ces événemens produits par l'erreur ou la mauvaife foi, & fouvent par toutes les deux enfemble, ont donné lieu à une infinité d'arrêts; nous n'en citerons que deux, parce que tous les autres n'ont porté que fur des circonftances qui ne feront jamais les mêmes.

ARRÊT de la cour des monnoies de France, les femeftres affemblés, du 31 mars 1719, qui « fur les accufations intentées contre les affineurs de Paris & de Lyon, enfemble fur la plainte concernant la fonte des bajoires, & fur les demandes & requêtes des parties, les met hors de cour & de procès, dépens compenfés. ». . . . Efpece. Après la mort de Louis XIV, on avoit préfenté au régent l'établiffement de *la chambre de juftice*, comme un moyen fûr de rétablir l'ordre & les finances. Les affineurs avoient été dénoncés à cette chambre, comme ayant, au préjudice des ordonnances, commis des abus, concuffions & malverfations, dont le relevé, fuivant l'état préfenté, montoit à 3,641,3291. 8 f. 1 d.

ARRÊT du 8 février 1764, qui ordonne que le directeur de la monnoie de Perpignan fera admonété, & le condamne à l'amende de 6000 liv. envers le roi, fans que ladite amende puiffe emporter note d'infamie. . . . Le titre d'accufation étoit: A lui enjoint, entr'autres, « de ne faire aucuns *affinages* de matieres, fans en avoir obtenu la permiffion de fa majefté ou de la cour, de n'en pouvoir faire aucun pour le compte de fa majefté, & de ne faire aucun commerce defdites matieres *affinées*, directement, ni indirectement, &c. »

Obfervations.

5. La légiflation fur toutes les parties des monnoies eft fi confidérable, fi ambiguë à certains égards, fi contradictoire avec l'état des chofes, que fi l'on veut perdre quelqu'un, il eft impoffible de n'en pas trouver le prétexte; du moins, de le compromettre de telle maniere, qu'il s'eftime encore très-heureux d'échapper, après une longue procédure, avec un hors de cour, & en payant les frais.

Il y a une infinité de loix que la politique & le bien du commerce doivent regarder comme tombées en défuétude. Qui fait même, fi en fuivant le meilleur procédé poffible, l'affineur ne pourra pas être accufé? Il faut voir ce que nous avons dit au mot *Adoux*. Les premiers réglemens de la teinture avoient défendu de mettre plus de fix livres d'indigo par balle de paftel. Le célebre Dufay prouva l'erreur & amena le réglement de 1737, qui a réformé celui de 1669.

Dans toutes les parties qui tiennent aux arts, la loi ne doit marcher que d'après le flambeau des favans. Eh ! comment voulez-vous conferver des réglemens commencés dans des fiecles d'ignorance, & entés les uns fur les autres ?

Ne femble-t-il pas qu'il feroit aifé & néceffaire d'abroger tous ceux faits jufqu'à ce jour, avec défenfe d'en citer aucune difpofition; & d'en compofer un feul qui renfermeroit exactement tout ce qui concerne l'affinage, fous tous les points de vue.

Ce travail ne trouvera aucun obftacle dans le moment où les affinages de Paris & de Lyon font en régie pour le compte du roi. Les plaintes du commerce fur quelques parties le rendent indifpenfable, & le produit fera plus grand fi la loi eft claire. Voyez *Alliage*,

Argent, *Billon*, *Départ d'or*, *Essai*, *Métal*, *Monnoie*, *Or*, *Titre*, &c.

AFFINITÉ.

(*Dr. ecclésiast. Dr. public. Dr. privé.*)

1. C'est une espece de liaison qui approche de la parenté, & qui en a presque tous les effets : on en peut distinguer de trois sortes ; la *civile*, la *naturelle*, la *spirituelle*. C'est dans cet ordre que nous allons les parcourir, parce qu'il simplifiera notre marche.

Affinité civile.

2. C'est le rapport qu'il y a entre l'un des conjoints par mariage, & les parens de l'autre conjoint : *ADFINES sunt viri & uxoris cognati, dicti ab eo quòd duæ cognationes, quæ diversæ (inter se) sunt, per nuptias copulantur ; & altera AD alterius cognationis FINEM accedit, namque conjungendæ ADFINITATIS causâ fit ex nuptiis. L. 4, § 3, D. de grad. & adfin.* Cette *affinité* est appellée *civile*, parce qu'elle dérive d'un *contrat civil*, qui est le mariage : *Justas autem nuptias inter se cives romani contrahunt, qui secundùm præcepta legum coeunt. I, in princip. de nuptiis.* L'*affinité* est un lien *civil*, la *parenté* est un lien *naturel*.

Mais ce qu'il y avoit d'admirable dans la législation romaine, c'est que la *parenté* & l'*affinité* dans l'ordre des devoirs du jurisconsulte, ne marchoient qu'après la *tutele*, l'*hospitalité* & la *clientele*. C'est la gradation marquée par le jurisconsulte Massurius Sabinus, dans *son troisieme livre du Droit civil*, dont Aulugelle nous a conservé ce fragment curieux : *In officiis apud majores ita observatum est : primùm TUTELÆ, deinde HOSPITI, deinde CLINTI, tum COGNATO, postea ADFINI.* (*Gellius, lib. 5, cap. 13.*)

Le jurisconsulte devoit donc songer d'abord à son *pupile*, bientôt à son *hôte*, ensuite à son *client*, avant de s'occuper de son *parent*, de son *allié*. Ce texte précieux ne doit pas être séparé de celui de Cicéron, qui l'est également, dans lequel il prouve que la profession du jurisconsulte embrassoit non seulement la discussion des affaires litigieuses, mais encore le développement de tous les devoirs de la société, & qu'on s'adressoit à lui pour tous ces objets, *de omni quoque OFFICIO & NEGOTIO referretur.* (*Lib. 3, de oratore, cap. 33.*)

Reprenons : tous les parens du mari deviennent les alliés de la femme, & tous les parens de la femme deviennent les alliés du mari ; & réciproquement on a pour alliés les maris de ses parentes, & les femmes de ses parens : mais les alliés du mari ne deviennent pas ceux de la femme, ni les alliés de la femme ne deviennent pas ceux du mari. Ces notions, quoique simples, n'ont pas toujours été bien saisies ; & la confusion dans les idées a occasioné des méprises dans l'application des principes : *Cognati quidem uxoris marito sunt affines, & contra cognati mariti affines uxori ; sed ipsi cognati utriusque, non sunt inter se affines : alioqui simulacrum cognationis latiùs pateret quàm ipsa cognatio.* (*Vinnius, § 8, I. de nuptiis.*) Ainsi, les deux freres peuvent épouser les deux sœurs, & le pere & le fils peuvent épouser la mere & la fille : *Mariti tamen filius ex aliâ uxore, & uxoris filia ex alio marito, vel contra, matrimonium rectè contrahunt.* (*I. ibid.*)

Il y a cependant des circonstances où ce rapport, qui existe entre les alliés du mari & ceux de la femme, a mérité l'attention des loix, qui ont supposé qu'il pouvoit produire un certain degré d'affection & d'intérêt. Ainsi, quoique les alliés de la femme soient étrangers au mari, celui-ci ne peut être juge dans leurs affaires lorsqu'elle est vivante, ou qu'il en a des enfans ; & il est dans le cas d'être recusé comme s'il étoit leur parent ou leur allié. C'est la disposition de l'art. 4 du tit. 4 de l'Ordonnance de 1667, qui déroge en ce point à la maxime *AFFINITAS NON PARIT AFFINITATEM.*

On peut faire ici une question intéressante. Le législateur ne s'étant point expliqué sur les témoins comme il l'a fait sur les juges, & n'ayant parlé que des parens & alliés des parties dans l'art. 11 du tit. 22, la liaison dont nous parlons fourniroit-elle un juste moyen de reproche ? En général, il n'est pas permis de suppléer au texte des loix, & un commentateur, estimé, de l'ordonnance, a dit, que « les reproches contre les témoins sont personnels *& stricti juris*, & qu'ils ne passent point de la femme au mari, ni du mari à la femme, si ce n'est pour parenté & alliance dans le dégré. » (Bornier, sur l'*art. 1 du tit. 23.*) Mais nous pensons que ceci mérite un plus sérieux examen. Nous disons donc que quoique l'*affinité* n'admette point de lignes ni de degrés, puisque les alliés ne descendent pas d'une souche commune, on doit cependant faire une distinction de la ligne directe & de la ligne collatérale comme dans la parenté : *Gradus affinitatis propriè nulli sunt, quia affines ab affinibus non generantur ; nihil tamen prohibet quominùs quasi quosdam gradus affinium numeremus :* (Vinnius, § 6, I. de *nuptiis.*) Et d'après cette distinction, nous estimons que la liaison dont il s'agit ici formeroit un juste moyen de reproche, si elle étoit au premier degré. Un homme, par exemple, selon nous, ne pourroit pas être témoin dans une affaire où le beau-frere de sa femme, encore vivante, conséquemment oncle, par alliance, de ses enfans, seroit partie.

L'ordonnance, dans sa prohibition au juge de connoître des affaires des alliés de sa femme vivante, ou dont il a des enfans, paroît supposer que l'*affinité* est parfaitement éteinte, ou après la mort de sa femme, ou du moins après celle des enfans qu'il en a eus : ceci nécessite une explication.

Vinnius, d'après l'exemple de Marcus-Crassus, qui épousa la veuve de son frere, dit, qu'il incline à croire que chez les Romains les droits d'*affinité* cessoient par la mort de l'un des conjoints: *Ego crediderim apud Romanos jura AFFINITATIS morte unius è conjugibus pro extinctis habita fuisse, utique si liberi ex eo matrimonio non superessent : nam apud Plutarchum legimus Marcum illum Crassum, cognomento Divitem, defuncti fratris viduam duxisse. § 6, I. de nupt.*

Reinold a appuyé cette opinion de Vinnius, par la discussion de deux passages d'Apulée, (*in opusculis juridicis rarioribus, pag. 171 & sequent.*) & sur-tout par les termes de l'édit de Constantin, Constance & Julien, qui, en défendant de pareils mariages, & en prononçant que les enfans qui en proviendroient, seroient considérés comme bâtards, conviennent formellement que ces liaisons étoient antérieurement permises & usitées : *Etsi licitum veteres crediderunt nuptiis fratris solutis ducere fratris uxorem ; licitum etiam post mortem mulieris, aut divortium, contrahere cum ejusdem sorore conjugium : abstineant ejusmodi nuptiis universi ; nec æstiment posse legitimos liberos ex hoc consortio procreari : nam spurios esse convenit qui nascentur. L. 2, C. TH. de incestis nupt.*

Pour se décider en grande connoissance de cause sur cette question, il faut se faire des idées justes de l'*affinité civile* ; & c'est à quoi l'on ne peut parvenir avec succès, qu'en cherchant dans l'histoire son origine, y observant ses progrès, & examinant attentivement les raisons sur lesquelles on a fondé les maximes qu'on suit aujourd'hui, pour savoir dans quels cas l'*affinité* forme ou ne forme pas un empêchement de mariage. Cette marche que nous allons suivre, répandra le plus grand jour sur les détails dans lesquels nous sommes déja entrés.

Trois genres d'*affinité* selon les canonistes. Le premier, est l'alliance qui se contracte entre le mari & les parens de fa femme, & entre la femme & les parens du mari ; le fecond, eft celle qui fe contracte entre le mari & les alliés de fa femme, & entre la femme & les alliés de fon mari ; le troifieme, eft celle qui fe contracte entre le mari & les alliés des alliés de fa femme, & entre la femme & les alliés des alliés de fon mari. Ainfi, pour l'*affinité* du premier genre, il faut un mariage & deux perfonnes ; pour l'*affinité* du fecond genre, il faut deux mariages & trois perfonnes ; enfin, pour l'*affinité* du troifieme genre, il faut trois mariages & quatre perfonnes. Pithou, fur le fameux chapitre *Non debet, decretal. lib. 5, tit. 14, cap. 8,* formé d'un canon du concile de Latran, dont nous allons bientôt parler, donne l'exemple de ces trois genres d'affinité : *Frater uxoris mihi primo gradu affinis eft ; uxor ejus fecundo gradu ; foror uxoris primo gradu ; maritus ejus fecundo ; uxor fecunda iftius mariti tertio.*

Tous les auteurs conviennent que chez les Juifs, l'*affinité* au premier degré étoit un obftacle au mariage dans la ligne des afcendans ; mais ils ne font pas d'accord fur le point de favoir fi elle en formoit un dans la ligne collatérale. En un mot, étoit-il défendu d'époufer la veuve de fon frere, comme il l'étoit d'époufer la veuve de fon pere ou celle de fon fils ? Les uns difent qu'il étoit fi peu défendu d'époufer la veuve de fon frere, que cela étoit même prefcrit dans certains cas : *Ingredere ad uxorem fratris tui & fociare illi, ut fufcites femen fratri tuo.* (*Genef. 38, v. 8.*) Les autres répondent que le mariage avec la veuve d'un frere n'étoit ordonné que lorfque celui-ci étoit décédé fans enfans, que c'étoit une exception à la regle générale qui le défend formellement : *Turpitudinem uxoris fratris tui non revelabis.* (*Levitic. 18, v. 17.*) Jofeph n'obferve-t-il pas qu'Archelaüs fut blâmé d'avoir époufé Glaphyra, veuve d'Alexandre, parce qu'elle en avoit des enfans vivans ? (*Antiquit. Jud. lib. 17, cap. 15.*)

On ne trouve pas dans l'ancien droit romain, dans les loix royales, & celles des douze tables que l'*affinité* fût un empêchement pour de pareils mariages : en effet, il en eft parlé pour la premiere fois dans la *loi 15, D. de ritu nuptiarum,* par laquelle Papinien, à l'occafion du mariage de Caracalla, étendit les effets de cette liaifon : *Uxorem quandam privigni, conjungi matrimonio vitrici non oportet, nec in matrimonium convenire novercam ejus qui privignæ maritus fuit.* Ulpien alla plus loin que Papinien, & par des raifons de bienféance, d'honnêteté publique, il défendit au fils d'époufer celle qui avoit été autrefois fiancée à fon pere : *Inter me & fponfam patris mei, nuptiæ contrahi non poffunt, quamvis noverca mea propriè non dicatur. L. 12, § 1, eod.* Enfin, le prétexte de cette honnêteté publique, fit décider en général que quoique certains degrés d'affinité n'euffent pas été l'objet de la prohibition des loix, il étoit convenable de s'abftenir de toute efpece de mariage qui paroîtroit choquer la bienféance : *Semper in conjunctionibus, non folùm quid liceat confiderandum eft, fed & quid honeftum fit. L. 42, eod.* Ainfi, quoiqu'il n'y eût point de loi précife qui défendît à un oncle d'époufer fa niece, & que l'empereur Claude, en fe mariant avec Agrippine, fille de Germanicus fon frere, eût fait décider par un fenatus-confulte, que de tels mariages feroient à l'avenir permis, il n'y eut qu'un affranchi & un centurion qui vouluffent imiter fon exemple : *Illecebris Agrippinæ, Germanici fratris fui filiæ, per jus ofculi & blanditiarum occafiones pellectus in amorem, fubornavit proximo fenatu, qui cenferent cogendum fe ad ducendum eam uxorem, quafi reipublicæ maximè intereffet ; dandamque cæteris veniam talium conjugiorum, quæ ad id tempus incefta* HABEBANTUR : *ac vix uno interpofito die, confecit nuptias, non repertis qui fequerentur exemplum, excepto libertino quodam & altero primipilari.* (*Suetonius in Claudio, cap. 76.*)

La primitive églife, qui n'avoit reconnu que l'*affinité* du premier genre, & feulement dans la ligne directe, voyant que les jurifconfultes étendoient fi fort la prohibition qui réfultoit d'une telle liaifon, crut qu'il convenoit à des chrétiens, qui confiderent le mariage comme un facrement, de ne pas fe laiffer furpaffer dans les idées rigides d'honnêteté publique, par des payens, qui ne confidéroient une pareille union que comme un engagement civil. On alla donc encore plus loin, & on établit, non feulement, que l'*affinité naturelle* dont nous parlerons bien-tôt formeroit un empêchement, mais encore qu'il en réfulteroit un de l'*affinité civile* du troifieme genre. C'eft la décifion de divers canons inférés au décret de Gratien, (*decret. 2, part. cauf. 35, quæft. 1, 2, 3, 4 & 5,*) & notamment de ceux-ci: *De affinitate confanguinitatis per gradus cognationis, placuit ufque ad feptimam generationem obfervare. . . . Reliclam confanguineorum uxoris fuæ, ufque in tertiam progeniem nemo in uxorem fumat.* (*Can. 1 & 12, quæft. 2 & 3.*)

Ces loix canoniques étoient fuivies en France, & l'*affinité* civile y formoit un empêchement dirimant dans les différens degrés qu'elles déterminoient. Ce font les difpofitions du troifieme concile d'Orléans de 533; de celui d'Agde, tenu dans le même fiecle; du cinquieme de Paris, de 615; enfin, de celui de Rheims de 625 : à peu près à cette époque, le pape Vigile ordonna à St. Cefaire de féparer le roi Théodebert d'avec fa belle-fœur, que ce prince avoit époufée après la mort de fon frere.

Il faut ici faire cette remarque effentielle, qu'on ne trouve aucunes ordonnances de nos rois relatives à l'objet des *affinités*, parce qu'ils ont toujours voulu qu'on fe conformât dans cette matiere aux ufages de l'églife. C'eft entr'autres ce qui fut réglé au concile de Châlons, tenu fous Charlemagne & par fes ordres : *Interrogaverunt, nos quidam de AFFINITATE propinquitatum, & in quibus*

matrimonia jungenda funt: quibus nos ad canones currere præcepimus, & quod in eis continetur, hoc ab eis in negotio, ficut & in cæteris obfervari debere. (Bochellus, *in decret. eccl. gallic. lib. 3, tit. 11, cap. 6, pag. 476.*)

Cependant toutes ces *affinités* mettoient tant d'entraves à la liberté naturelle des mariages, qu'un pere de l'églife, qui vivoit dans l'onzieme fiecle, ne craignît pas de dire que ces *inventions* & inftitutions tenoient *de la fubtilité de l'école,* ne devoient point être adoptées, & ne formoient pas dans le for intérieur de véritables empêchemens : *Inveniuntur canones, ex quorum intelligentiâ TRIPLEX AFFINITATIS GENUS, & diverforum graduum diftinctio INDUSTRIA SCHOLARI explicatur : fed juxta CONSCIENTIÆ meæ judicium, NOVA HÆC AD INVENTIO, & traditio magiftralis matrimonio non præjudicat.* (Petrus Blefenfis, *in epift. 105, pag. 176, edit. Guffanvillæi, 1672, in-fol.*)

Le pape Innocent III, touché des inconvéniens qui avoient excité la cenfure de Pierre de Blois, & voyant que cette confufion d'alliances entre tant de familles donnoit lieu à beaucoup de mariages invalides, ôta & leva, dans le quatrieme concile de Latran, la défenfe qu'il y avoit de fe marier dans le fecond & troifieme genres d'*affinité,* & borna au quatrieme degré la prohibition de celle qu'on confervoit dans le premier genre. C'eft du canon de ce concile qu'a été formé, ainfi que nous l'avons obfervé, le fameux chapitre *Non debet.*

L'églife grecque n'a pas adopté cette reftriction de l'églife latine, & les mariages y font encore défendus entre les alliés de trois familles; c'eft ce qui réfulte de trois pieces décifives qu'a recueillies Leunclavius. La premiere eft la forte & véhémente diatribe d'un auteur anonyme par forme de réponfe au préfident de Cariclée; (Leunclavii, *jus græco-romanum, tom. 1, lib. 6, pag. 406, 407 & 408.*) La feconde eft un écrit de Démétrius Chomatianus;

Chomatianus, archevêque de Bulgarie; (*ibid.* 417 & 418.) Enfin, la troisieme forme le chapitre septieme des questions & réponses concernant le mariage, par le moine Matthieu, intitulé, *de Adfinitate*. (*Ibid. lib. 8, pag. 481, 482 & 483.*)

Le parlement de Rouen a long-temps suivi la discipline des Orientaux.

En 1610 il défendit à Porcher, sous peine de la vie, de contracter mariage avec la veuve du fils que sa défunte femme avoit eu d'un premier mariage; quoiqu'il alléguât le décret du concile de Latran, une dispense expresse du pape, & une consultation de la Sorbonne. Voyez les réflexions que nous avons faites sur cet ARRÊT au mot *Abus, tom. 1, pag.* 427 & 428.

En 1670 il vouloit aussi casser le mariage contracté par André Hullin avec Marie d'Argouges, veuve de son beau-pere; mais la cause ayant été évoquée au conseil privé, ARRÊT du 9 mai 1670, qui malgré le défaut de dispenses le confirma. Nous l'avons également cité au mot *Abus, pag.* 432 & 433. Il suffit d'ajouter ici qu'on se pourvut contre cet arrêt, mais qu'il fut confirmé par un second rendu en l'année 1676.

Enfin, en 1672, la même cour refusa d'autoriser le mariage de Pierre Richard avec marie Sanson, bru de sa défunte femme. (Basnage, sur l'*art. 377 de la Coutume de Normandie, tom. 2, pag. 62.*)

On a voulu justifier ces différens préjugés, en disant qu'ils n'étoient pas fondés sur une contravention aux loix canoniques, qu'on reconnoissoit avoir été abrogées par Innocent III; mais sur des motifs de bienséance & d'honnêteté publique.

Ces prétextes n'ont pas fait fortune au conseil du roi en 1670 & 1676, comme en 1610, & nous croyons qu'on a toujours tort quand on veut éluder par de tels motifs la disposition des loix. L'église a cru, pour de bonnes & justes raisons, devoir restreindre les empêche-

mens résultans des *affinités*, & elles sont effectivement expliquées dans le chapitre *Non debet;* on ne doit pas aller plus loin.

Innocent III y dit d'abord, que les établissemens humains doivent nécessairement varier comme les circonstances; & qu'ainsi l'on ne doit pas craindre de les réformer, lorsque la *nécessité* ou une *utilité* évidente l'exige. Dieu lui-même a changé dans la nouvelle loi ce qu'il avoit prescrit dans l'ancienne. Mais rien n'a paru plus essentiel que de restreindre les empêchemens trop multipliés résultans de tant de genres d'*affinités*, puisqu'ils donnoient lieu à des difficultés sans nombre, & causoient la perte d'un grand nombre de fideles : *Non debet reprehensibile judicari si secundùm varietatem temporum, statuta quandoque varientur humana, præsertim cùm urgens necessitas, vel evidens utilitas id exposcit; quoniam ipse Deus quæ in veteri testamento statuerat, nonnulla mutavit in novo. Cùm ergo prohibitiones . . . . difficultatem frequenter inducant; & aliquando periculum pariant animarum, &c.*

On doit donc se conformer aux décisions de l'église, dans un concile tenu sous un grand pape qui prend soin de les justifier. Ç'a toujours été dans cette matiere l'intention de nos rois, ainsi que nous l'avons déja observé; aussi dans les instructions données par Charles IX à ses ambassadeurs au concile de Trente, voit-on qu'il leur est prescrit d'y demander expressément, ou qu'on confirme ce qui avoit été arrêté au concile de Latran, au sujet des degrés de consanguinité & d'*affinité* civile & spirituelle, ou qu'on fasse un nouveau réglement quelconque, mais tellement clair, tellement précis qu'on n'ait plus occasion de l'enfreindre par des dispenses très-souvent obreptices ou subreptices, & toujours dangereuses : *Retineantur antiqui, aut novi constituantur consanguinitatis, AF-FINITATIS, & cognationis spiritualis gradus; inter quos non liceat obtentu*

*cujufvis difpenfationis matrimonium con-
trahere, exceptis folis regibus aut principibus, propter bonum publicum.* Art. 28,
*petitionum Caroli IX nomine factarum
ab oratoribus in concilio tridentino, an.
1563.* (Inftructions, lettres & mémoires
fur le concile de Trente, par M. *Dupuy*,
pag. 371 de l'édit. in-4°.)

On a cherché encore à juftifier les
ARRÊTS du parlement de Rouen, en
difant que cette cour avoit voulu maintenir la févérité des anciennes regles,
parce que les proteftans, qui les ont toujours confervées, étoient très-nombreux
dans la Normandie, & qu'il ne falloit
pas leur fournir des prétextes de critiquer notre communion, en leur donnant
des exemples de relâchement dans la
difcipline.

Il eft effectivement vrai que l'*affinité*
du fecond genre, ainfi que celle du premier, provenant même d'une conjonction illicite, forment au premier degré
un empêchement au mariage chez les
proteftans : c'eft encore aujourd'hui
l'ufage de leurs confiftoires, ainfi que
l'attefte Carpzovius, dans fa *Jurifprudence eccléfiaftique,* (lib. 2, diftinct. 97,)
où il cite entr'autres une fentence du
confiftoire fuprême de Drefde, qui l'a
ainfi décidé. Mais les proteftans reconnoiffant dans leurs princes feuls le droit
de changer à leur gré les loix eccléfiaftiques, (Myler, *Gamologia perfonarum
illuftrium, cap. 8, n°. 9, edit. Stut-
gardiæ 1664;* Arithmæus, *in pericul.
academicis, 2 difput. de grad. prohib.
fol. 35, &c.*) devoit-on craindre qu'ils
trouvaffent mauvais que les catholiques
changeaffent les leurs, fur-tout quand ce
changement étoit déterminé par le décret
d'un concile reçu par tous les fouverains,
& formant par conféquent une loi irréfra-
gable, cimentée par le concours des deux
puiffances ?

On ne trouvera pas extraordinaire que
nous ayons infifté fur les détails qui fervent à prouver que le rapport qui fe
trouve entre le beau-pere & la veuve du

fils de fa femme, &c. ne forment plus &
ne doivent plus former aujourd'hui un
empêchement dirimant, quand on faura
que le miniftere public s'oppofoit encore
l'année derniere à un mariage de cette
efpece.

ARRÊT du parlement de Rennes, du
18 juillet 1782, rendu *fur délibéré….
Efpece.* Paul Vidal veut époufer la veuve
de fon beau-pere ; le curé refufe de bénir
leur mariage, parce que l'évêque a refufé les difpenfes d'*affinité* du fecond
genre. Requête en la cour, répondue d'un,
viennent pour plaider contradictoirement
avec les gens du roi. M. Angebaut établit pour Vidal que l'*affinité* du fecond
genre eft entiérement fupprimée par le
concile de Latran, reçu dans toute l'é-
glife catholique. La diftinction de la ligne
directe d'avec la collatérale eft également
rejetée par les théologiens & les jurifconfultes, & ne fe trouve admife que
dans quelques pays proteftans par une
forte d'oppofition à la difcipline de l'é-
glife. L'honnêteté publique n'eft point
bleffée, parce que les deux puiffances
ne fe feroient par réunies pour permettre
quelque chofe de contraire à la bienféance
& aux bonnes mœurs. M. du Bourg-Blanc,
avocat général, après avoir porté la parole pendant deux audiences, s'en rapporte à la prudence de la cour, en déclarant néanmoins que fon miniftere ne
lui permet pas de confentir au mariage
propofé à caufe de l'honnêteté publique.
La cour ordonne qu'il fera procédé à
la célébration du mariage, & enjoint
au curé d'adminiftrer la bénédiction
nuptiale.

Les degrés d'*affinité* fe comptent comme
ceux de confanguinité ; de maniere que
le mari & la femme ne faifant qu'une
chair, *una caro,* le parent de la femme
eft allié du mari au même degré qu'il
eft parent de la femme. Nous traiterons
fous le mot *Degré,* des différences que
préfentent le droit civil & le droit canon
dans la computation des degrés de confanguinité & d'*affinité.*

Sous le mot *Dispense*, nous ferons voir que quoique dans l'*affinité civile* du premier genre, la ligne directe forme toujours un obstacle comme dans la consanguinité, & que l'empêchement aille jusqu'au quatrieme degré dans l'une comme dans l'autre; on accorde pourtant des dispenses à l'égard des degrés d'*affinité*, qu'on n'accorderoit pas en matiere de consanguinité.

Observons seulement, qu'Innocent III, en défendant aux Livoniens d'épouser à l'avenir les veuves de leurs freres, valida les mariages de cette espece, qu'ils se trouvoient avoir contractés : *Concedimus ut matrimoniis contractis cum relictis fratrum utantur.... Ne tales sibi de cætero... copulent prohibentes. (Decretal. lib. 4, tit. 19, cap. ult.)*

Jules II permit à Catherine d'Arragon, fille de Ferdinand, roi d'Espagne, d'épouser Henri VIII roi d'Angleterre, après la mort du prince de Galles son frere, qu'elle avoit épousé en premieres noces. Innocent X autorisa la princesse Louise de Gonzague, à épouser successivement les deux freres, Venceslas & Casimir, rois de Pologne; enfin, Innocent XII ne refusa pas une dispense à Dorothée-Sophie de Baviere, palatine de Neubourg, pour se marier avec François, duc de Parme, frere d'Edouard Farnese II du nom, dont elle étoit veuve, quoiqu'il y eût de ce mariage une fille vivante, Elisabeth Farnese, depuis reine d'Espagne.

On pourra observer que ces dispenses ont pu être justifiées à cause du bien public, qui résulte souvent des alliances de ce genre que contractent les souverains, & que c'est là le cas de l'exception dont parloit Charles IX à ses ambassadeurs : *Exceptis solis regibus aut principibus, propter bonum publicum.*

Mais il arrive que l'on ne borne pas là la dérogation à des regles sages. On a permis au comte de Flemming, grand trésorier de Lithuanie, d'épouser la seconde fille du prince Czartorinski, dont il avoit épousé l'ainée en premieres noces;

& en France de pareilles dispenses ont été assez communes. Le maréchal de Crequi; de Recourt, simple capitaine de cavalerie; le marquis de Longueval; de St. Maurice, gentilhomme de Bourgogne; de la Chesnaye, gentilhomme du comté d'Armagnac, en ont obtenu : celle de ce dernier lui fut même accordée par le cardinal Chigi, légat *à latere* en France. Nous ne parlons pas de celle de Vaillant, dont le parlement de Paris confirma le mariage avec la sœur de sa premiere femme, par son célebre ARRÊT, du 22 janvier 1685, cité par tous les auteurs; parce que suivant Denis Simon, « il y avoit cette particularité, que Vaillant avoit des lettres du roi qui légitimoient son mariage célébré à Rome, & naturalisoient, en cas qu'il en fût besoin, ses enfans; & ainsi, *la cire, jointe avec le plomb*, fortifioit & corroboroit, ce qui eût eu autrement de la peine à subsister sans le concours des deux puissances. (*Maximes du droit canonique, tom. 2, pag. 464.*)

A notre égard, nous persistons à croire qu'il faudroit une loi telle quelle & ne jamais s'en écarter. Les dispenses excitent des scrupules dans les ames timorées; les dipenses font sortir un argent immense du royaume; les dispenses.... *Retineantur ANTIQUI, AUT NOVI CONSTITUANTUR consanguinitatis, AFFINITATIS, & cognationis spiritualis gradus, inter quos non liceat obtentu CUJUSVIS dispensationis matrimonium contrahere, EXCEPTIS SOLIS REGIBUS AUT PRINCIPIBUS.*

Questions.

3. L'*affinité* se contracte-t-elle lorsque le mariage n'a pas été consommé ?

Les canons, les théologiens & les jurisconsultes ont traité cette question dans des termes, dont la délicatesse avec laquelle nous usons de notre langue, ne nous permet pas la traduction.

Extraordinaria pollutio non nisi in naturalibus admissa, vel sæpiùs reiterata citra maritalem affectum, non videtur matrimonium impedire. (Cauf. 35, quæst. 3, can. 11.)

Requiritur quòd vir feminet intra vas naturale mulieris. Ce n'est pas tout, & quelques docteurs veulent encore, quòd etiam fœmina feminet, eo quòd hoc modo fiat propriè feminum connexio de quâ nafcitur AFFINITAS, uti de quâ fœtus formatur. L'opinion contraire est cependant la plus commune, quia femen mulieris non æstimatur necessarium simpliciter ad generandum. (S. Thomas, in 4, distinct. 42, quæst. 1, art. 1.)

AFFINITAS progreditur si copula fuerit perfecta; scilicet si vir intra naturam uxoris, femen virile immiserit, licèt mulier non emittat : sufficit enim virum femen emittere intra clauftra pudoris. Nec ad caufandum AFFINITATEM requiritur quod mulier emittat; quia secundùm medicos, femen mulieris necessariò non concurrit etiam ad generationem : imo fatis est quòd femen viri intraverit, ut exindè & non antè dicatur MARITUS verus, qui ex eo dicitur quod in eam gessit maris ritus eam carnaliter cognofcendo. (Benedictus, in cap. Raynutius in verbo, cuidam Petro, part. 2, n°. 16, pag. 148, verfo.)

Ainsi, quand un époux après son mariage devient veuf avant de l'avoir consommé, il n'y a point d'affinité entre lui & les parens de fa femme; parce que l'ufage du mariage est la feule & véritable caufe de l'affinité. Il contracte cependant l'empêchement, que nous appellons d'honnêteté publique.

Sur ce fondement, Eugene I ordonna de féparer d'avec fa femme un jeune homme qui l'avoit épousée, après s'être auparavant marié avec fa coufine, âgée feulement de fept ans. Juvenis qui puellam nondum feptennem duxit, quamvis ætas repugnaret, ex humanâ tamen fragilitate forfan tentavit quod complere non potuit. Quia igitur in his quæ dubia funt, quod certiùs existimamus tenere debemus, tum propter HONESTATEM ecclefiæ, quia ipfa conjux, ipfius fuisse dicitur; tum

propter prædictam dubitationem : mandamus quatenùs consobrinam ipfius puellæ, quam postmodum duxit, dividas ab eodem. (Decretal. lib. 4, tit. 1, cap. 3.)

Cependant Pyrrhus Corradus nous apprend que le 17 novembre 1629, Gregoire XV permit à une femme d'époufer le frere de fon défunt mari, avec qui elle n'avoit pas confommé le mariage : il est vrai qu'elle fe trouvoit enceinte, & que fon honneur & fa vie étoient en danger. Ex declaratione facræ congregationis concilii fuit aliàs conceffa difpenfatio pro matrimonio mulieris cum fratre mariti defuncti, ftante matrimonio rato & non confummato, & quòd mulier post mortem viri cognita fuit, & prægnans reddita ab hujufmodi fratre, cum periculo necis & infamiæ. (Pyrrhus Corradus, in prax. difpenf. lib. 8, cap. 7, n°. 21, pag. 303.)

La ducheffe d'Aumale obtint du cardinal de Vendôme fon oncle, légat en France, la difpenfe, confirmée depuis par Clément IX, d'époufer succeffivement les deux freres, rois de Portugal, parce que le mariage n'avoit pas été confommé par le premier, qui fut déclaré impuiffant. « Alphonfe VI, roi de Portugal, indigne également de fa couronne & de fa femme, est obligé de céder l'une & l'autre à Dom Pedre fon frere : cette princeffe, nommée mademoifelle d'Aumale, étoit fille du duc de Nemours, que le duc de Beaufort fon frere avoit tué en combat fingulier en 1652. Sa fœur avoit eu à peu près la même aventure qu'elle; car fon mariage avec le prince de Lorraine fut caffé, & elle époufa le duc de Savoie. » (Abr. du préf. Henaut, an. 1667.) Voyez Difpenfe, Honnêteté (publique,) Sodomie, &c.

L'affinité de quelqu'un des trois genres & dans quelqu'un des degrés, exclut-elle le fifc ou le feigneur haut justicier, lorfque quelqu'un décede fans laiffer des parens pour recueillir fa fucceffion ?

La loi romaine décide en général, que l'affinité ne donne pas le droit de fuccéder : *Adfinitatis jure nulla fucceffio permittitur. L. 7, C. commun. de fucceffionibus.* Perezius, fur ce texte, dit formellement que le fifc exclut les alliés; *Succedit fifcus, affinefque excludit.* (Tom. 1, pag. 582.) C'eſt auffi l'avis de nos auteurs françois. Les parens de la femme défunte ne fuccedent point à ſon mari, qui ne laiſſe point de parens ; & réciproquement les parens du mari défunt ne fuccedent pas à fa femme décédée de même ſans parens : le fifc les exclut les uns & les autres. *Parentes viri præmortui non fuccedunt poſtea ab inteſtato mortuæ uxori fine parentibus, fed illi fuccedit fifcus, &c.* (Benedictus, *in cap. Raynutius*, in verbo *& uxorem*, n°. 217, pag. 129, verſo.) Mornac dit de même : *Affines qui habentur ratione uxoris, viro non fuccedunt,* (tom. 4, pag. 288.) On donne à l'*affinité* tant d'effet pour empêcher des alliés de ſe marier avec leurs alliés, pour les empêcher de juger, pour les empêcher d'être témoins dans les affaires de leurs alliés ; & cependant *ici* ceſſe la maxime d'ailleurs fi ſage, *fifcus poſt omnes !* Nous n'avons pas *ici* abandonné les décifions des loix romaines, que nous avons rejetées dans tant d'autres choſes ; pourquoi ? . . . .

En matiere de retrait, l'*affinité* eſt-elle de quelque confidération, & à défaut de parens d'un vendeur, ſes alliés ſont-ils admis à retirer l'héritage qu'il aliene ?

Sur la demande des états de Provence, *que lous plus prochans en* AFFINITAT *& parentelo pueſcan retenir lous bens vendus,* la reine Jeanne ordonna que les plus proches parens, & en défaut de parens, les alliés ſeroient admis au retrait. On n'a pas, ſuivant Maſſe, ſeulement confidéré la conſervation des biens dans la famille, mais l'affection & la mutuelle bienveillance, qui fait que les vendeurs aiment mieux que les biens par eux vendus paſſent à leus parens ou alliés, qu'à des étrangers qu'ils n'ont peut-être jamais connus, & & de qui ils n'ont reçu ni n'attendent aucun ſervice : *Agnatus, aut agnatis*

non exiſtentibus AFFINES *admittentur ad retrahendum, ut ſtatuentes confiderárint non ſolùm conſervationem bonorum in familiá, fed affectionem aut mutuam benevolentiam, quæ eſt aut eſſe debet inter natos ex communi parente & conjunctos affinitate, quá impulfi malint vendentes bona vendita ad conjunctos & affines quàm ad extraneos anteà fortaſſe incognitos pervenire; de quibus numquam anteà beneficium acceperunt, neque in futurum ſperant accepturos.*

D'après cette explication de Maſſe, les alliés ne devoient être admis qu'après tous les parens, même dans un degré plus éloigné qu'eux : *Cognatis non extantibus* AFFINES ; cependant la jurifprudence avoit varié ſur cette admiſſion ; & tantôt on avoit préféré le parent le plus éloigné à l'allié le plus proche; (Duperier, tom. 2, lettre R, n°. 45;) tantôt on avoit *appellé les parens & les alliés promiſcuement & ſans aucune différence;* enſuite des termes du ſtatut qui n'en fait point. (Debezieux, *liv. 4, chap. 5, § 1, pag. 234.*)

Mais s'il y avoit eu de la contradiction ſur la maniere dont le droit au retrait devoit être exercé entre les parens & les alliés, il n'y en avoit jamais eu ſur le droit en lui-même, qui avoit toujours été conſervé aux uns & aux autres. C'étoit d'après l'avis de tous les auteurs de la province, Maſſe, Blomy, Mourgues, Boniface, Debezieux, Paſtour, que tous les ARRÊTS l'avoient confacré. Deux, entr'autres, du 28 juin 1636, & du 30 juin 1747, portant RÉGLEMENT, & *qui fixoient le temps qui faiſoit préſumer la notice de la vente, & après lequel, le retrait n'étoit plus reçu,* parloient également des parens & des alliés.

Ce n'eſt que depuis la DÉCLARATION dn roi, du 4 avril 1770, demandée par les procureurs du pays, en conféquence de la délibération de l'aſſemblée générale des communautés, que le retrait lignager n'a plus lieu aujourd'hui en faveur des alliés. Le ſouverain n'a pas cependant voulu confondre avec les simples alliés, exclus de la faculté d'user du retrait lignager, « le mari, qui sera reçu à l'intenter sur les biens adventifs de sa femme, & la femme ayant des biens adventifs, qui pourra l'exercer sur les biens aliénés par son mari, avec préférence sur tous les parens indistinctement ; à l'exception des enfans qui useroient du retrait sur les biens vendus par leurs pere & mere, en payant le prix des deniers de leur pécule. » L'ARRÊT d'enrégistrement porte cette clause, que la préférence du mari & de la femme ne pourra avoir lieu, *s'il n'existe point d'enfans de leur mariage.* « De sorte, que s'il n'y a point d'enfans, le mari qui ne succede *ab-intestat* à la femme, & la femme qui ne succede *ab-intestat* à son mari, qu'à défaut de parens, ne seront point préférés aux parens qui voudront retraire ; mais, si nul des parens ne demande le retrait, le mari ou la femme y sont reçus, puisqu'ils se succedent l'un à l'autre, quand il n'y a point de parens, suivant le titre *Unde vir & uxor.* » (Julien, *tom. 2, pag. 272 & suiv.*) Voyez *Retrait.*

Affinité naturelle.

4. L'*affinité* peut se contracter, non seulement par le mariage légitime, mais encore par un commerce illicite. C'est l'expression des loix canoniques. Le canon quarante-quatre du concile de Tribur, près Mayence, de l'année 895, veut que le frere qui aura laissé épouser à son frere la personne avec qui il aura eu un commerce charnel, fasse sept ans de pénitence avant de pouvoir se marier, & que la femme soit toute la vie en pénitence, & ne puisse passer à d'autres noces : *Si homo fornicatus fuerit cum muliere, & frater ejus nesciens eandem duxerit uxorem ; frater, eo quòd fratri crimen celaverit, septem annos pœniteat, & post pœnitentiam nubat : mulier autem usque ad mortem pœniteat, & sine spe conjugii maneat.* (Decreti, part 1, cauf. 35, quæft. 1, can. 5.)

Enfin, Innocent III veut que l'*affinité* résultante d'un commerce illicite, soit un empéchement au mariage qu'on se propose de contracter, & même un moyen d'annuller celui qui peut avoir été contracté : *Affinitas sequens dissolvit sponsalia. . . . Copula carnalis dirimit matrimonium postea contractum cum consanguineâ.* (Summaria, *cap. 4, tit. 2 & cap. 7, tit. 13, lib. 4, decretalium.*)

L'église de France a adopté ces différentes maximes : ce sont les dispositions d'un canon de l'ancien concile tenu à Verberie, près de Soissons, en 576, placé par Gratien immédiatement avant celui de Tribur, que nous venons de citer. Ce sont celles du concile de Bourdeaux, de 1582, & de Rheims, de 1583. (Bochellus, *lib. 3, tit. 5, cap. 112 & 116, pag. 432 & 433.*) C'est enfin la décision de l'*art. 22,* du cayer présenté par le clergé à Charles IX. (*Mém. du clergé, tom. 5, pag. 636 & suiv.*)

Cependant, il faut remarquer que l'*affinité naturelle* n'a pas autant d'extension que l'*affinité civile.* Le concile de Trente a restreint les effets de la première, comme le concile de Latran avoit restreint ceux de la seconde. L'*affinité naturelle* n'empêche donc le mariage que jusqu'au second degré en ligne collatérale inclusivement. Ainsi celui qui a eu un commerce criminel avec une femme, ne peut épouser, ni la mere, ni la fille, ni la sœur de cette femme, non plus que sa tante, sa niece, ou sa cousine-germaine : *Impedimentum quod propter affinitatem ex fornicatione contractum inducitur, & matrimonium postea factum dirimit, ad eos tantùm qui in primo & secundo gradu conjunguntur, restringit : in ulterioribus verò gradibus statuit hujusmodi affinitatem matrimonium postea contractum non dirimere.* (Sess. 24, de reform. matrimonii, cap. 4.)

On suit dans la pratique des tribunaux ce qu'a prescrit le concile & l'église gallicane ; mais la prudence des cours leur a fait prendre des tempéramens, suivant que le commerce illégitime est notoire ou secret.

ARRÊT du parlement de Paris, du 2 janvier 1626. . . . *Espece.* Un particulier, prétendant que l'enfant dont sa femme étoit accouchée à sept mois, provenoit du fait d'un de ses cousins issu de germain, avec qui elle avoit eu un mauvais commerce deux mois avant son mariage, la cite pardevant l'official pour le voir annuller. L'official ayant pris pour assesseurs deux conseillers au parlement de Paris : ils déboutent le mari de sa demande, lui enjoignent de recevoir sa femme, & de la traiter maritalement. Celui-ci peu satisfait, se pourvoit devant le lieutenant criminel, & lui demande permission de faire publier monitoire, qui lui est accordée. Il s'adresse à l'official qui le refuse, sur le fondement qu'il avoit déja absous la femme. Sur ce refus, injonction à l'official de décerner son monitoire, & qu'à ce faire, il sera contraint par saisie de ses biens. Appel de cette ordonnance par la femme & l'official. Celui-ci soutient que le lieutenant criminel n'étant pas son supérieur n'a pu user d'injonction, & ajoute que, si on prétendoit qu'il y eût abus dans son refus de décerner monitoire, on devoit se pourvoir en la cour. La femme disoit que l'affaire consommée par la sentence de l'official, n'avoit pu être intentée de nouveau devant le lieutenant criminel. Au fond, la naissance à sept mois ne prouvoit pas le prétendu inceste ; parce que ces naissances sont possibles, suivant l'avis d'Hippocrate, adopté par la loi *Septimo mense, D. de stat. hominum.* « Duquel arrêt il se peut colliger, que quand on se pourvoit pardevant l'official en dissolution de mariage, fondée sur inceste, rapt ou autre crime, & que l'official déclare le mariage bon & valable, il n'est plus loisible de se pourvoir devant le juge laïc, & obtenir monitoire pour avoir révélation du crime ; mais, qu'en un tel cas, il faut se pour-

voir de plain-sault pardevant le juge laïc, & faire informer du crime contre la femme, & la faire punir. » (*Journal des audiences, tom. 2, liv. 2, chap. 75, pag. 44 & 45.*)

ARRÊT du parlement de Paris, du 20 août 1664, qui juge, qu'une « dispense obtenue en cour de Rome du premier degré d'affinité, *ex illicitâ copulâ*, est valable, & qu'il n'y avoit pas lieu de s'en porter appellant comme d'abus. Hardouin de Barbancois, après avoir eu un commerce illégitime avec Marie Nicolas, épouse sa fille, en conséquence d'une dispense obtenue en cour de Rome, & en a deux enfans : il meurt, & ses héritiers collatéraux interjettent appel comme d'abus de cette dispense. La pénitencerie a bien pu absoudre du crime ; mais l'effet de la dispense ne peut s'étendre au for extérieur, & opérer la légitimation des enfans : quand cette dispense seroit du nombre de celles qui peuvent avoir lieu au for extérieur, elle est abusive ; parce que le pape n'a pu accorder une dispense du premier degré d'*affinité*, qui est de droit divin.

On répondoit que l'empêchement étant occulte, la dispense qui a ratifié le mariage *in radice*, a fait que ce qui étoit empêchement ne l'étoit plus. Le premier degré d'*affinité* n'est point de droit divin, mais de pur droit ecclésiastique. C'est l'avis de tous les théologiens & canonistes, & notamment de Rebuffe : *In primò gradu facilè dispensatur, quia hoc impedimentum solùm est à jure canonico inventum.* On pourroit peut-être former quelque difficulté s'il s'agissoit du premier degré d'affinité *ex licitâ copulâ*, mais cela est ridicule pour le premier degré d'affinité *ex illicitâ copulâ.* Le concile de Trente, ne défendant les mariages entre alliés *ex illicitâ* que jusqu'au second degré, on peut conclure que le premier & second degré *ex illicitâ*, ne sont pas d'une défense plus étroite que le troisieme & le quatrieme *ex licitâ*, défendu par le concile de Latran, mais qu'on n'a jamais prétendu être de droit divin. M. Talon, conclut à mettre les parties hors de cour ; « mais, parce qu'il y avoit quelque marque de clandeftinité dans la célébration du mariage, il conclut encore en la légitimation des enfans, fuivant & aux termes de l'ordonnance de 1639, en les privant des effets civils. » Ces conclufions furent fuivies, & depuis on adjugea à chaque enfant 1200 livres de penfion viagere, auxquelles ils fuccéderoient les uns aux autres. (*Journal des audiences, tom. 2, liv. 3, chap. 46, pag. 319 & 320.*)

ARRÊT du parlement de Touloufe, du 16 juillet 1691, qui admet l'oppofition d'un gendre, des enfans & d'un beau-frere au mariage de leur pere, beau-pere & beau-frere, pour raifon de l'empêchement réfultant de l'*affinité naturelle*. Le fieur Saignes, gentilhomme, veut époufer une payfanne, avec la mere de laquelle il avoit eu commerce. L'affaire portée en la cour par la voie de l'appel comme d'abus, les parties font mifes hors de cour, & cependant défenfes à Saignes d'époufer la fille en queftion.

L'annotateur de Fevret obferve, qu'on diftingue dans l'ufage, fi la fornication eft publique ou fecrete. Au premier cas, il faut s'adreffer au pape pour la difpenfe ; au fecond, il fuffit de recourir à l'évêque. (*Traité de l'abus, liv. 5, chap. 3, n°. 9, tom. 2, pag. 56.*)

Affinité fpirituelle.

5. C'eft celle qui fe contracte par le moyen des facremens de baptême & de confirmation entre celui qui en a été le miniftre, ou la perfonne qui a reçu ces facremens, ou fes pere & mere, ou fes parrains & marraines.

L'*affinité* fpirituelle produit à l'égard du mariage divers empêchemens, comme la *civile* & la *naturelle*; mais fes effets fe bornent là, & elle n'eft point confidérée en fait de récufation de juges, de reproches de témoins, &c. à moins qu'il n'y ait d'autres circonftances, telles qu'une grande intimité : on fuit en cela l'avis de Rebuffe & d'Aufrerius; & l'ARRÊT du parlement de Paris, de l'année 1594, ne fauroit former un préjugé pour la thefe générale. (*Mornacius, ad l. 26, C. de nupt. tom. 4, pag. 23.*)

Il y avoit autrefois un bien plus grand nombre d'efpeces d'*affinité fpirituelle*. Elle fe formoit entre la perfonne baptifée ou confirmée, & les enfans de fes parrains & marraines, qui étoient regardés comme fes freres & fœurs fpirituels. Bien plus, on regardoit comme alliés aux enfans des parrains & marraines, tous les freres & fœurs du filleul, ou de la filleule.

Elle s'étendoit au mari ou à la femme de la perfonne avec qui elle étoit contractée, par la raifon qu'un homme & une femme deviennent par la cohabitation *una caro*, & ne forment en quelque façon qu'une même perfonne.

Il y avoit encore des canoniftes qui prétendoient que le parrain & la marraine contractoient enfemble affinité.

Enfin, le parrain de catéchifme, c'eftà-dire, celui qui avoit préfenté le cathécumene à l'inftruction, devenoit fon allié, quoique celui-ci eût été depuis tenu fur les fonts-baptifmaux par une autre perfonne.

Le concile de Trente, (*feff. 24, cap. 2, de reform. matrim.*) a reftreint l'affinité fpirituelle aux perfonnes ci-deffus énoncées : c'eft-à-dire, entre le miniftre & le baptifé; le miniftre & les pere & mere du baptifé; & entre les parrains & marraines & le baptifé; & les parrains & marraines, & les pere & mere du baptifé. Ce concile a été plus loin, & il a déterminé qu'il n'y auroit à l'avenir qu'un parrain, ou une marraine; ou tout au plus qu'un parrain & une marraine. Ces reftrictions du concile ont eu pour objet de faire ceffer les inconvéniens fans nombre qui réfultoient de la multitude

des

des prohibitions : *Propter multitudinem prohibitionum.... Volens huic incommodo providere, &c.*

A l'exemple de l'adoption romaine, l'église établit l'*affinité* spirituelle ; c'est ce qu'explique le pape Nicolas I, dans sa réponse aux Bulgares : *Si ergo inter eos non contrahitur matrimonium quos adoptio jungit, quantò potiùs à carnali oportet inter se contubernio cessare, quos per cæleste sacramentum regeneratio spiritûs sancti vincit ? Longè igitur congruentiùs filius patris mei, vel frater meus appellatur is, quem gratia divina potiùs, quàm quem humana voluntas, ut filius patris mei, vel frater meus esset, elegit. (Decret. part. 2, cauf. 30, quæst. 3, can. 1.)*

Les Romains, ainsi que nous l'avons vu sous le mot *Adoption*, (n°. 12,) vouloient qu'un jeune homme ne pût adopter un vieillard, par la raison que l'adoption étant une imitation de la nature, on ne devoit pas admettre un pere moins âgé que son fils : l'église, malgré la comparaison qu'elle fait de l'*affinité* & de l'adoption, n'exige pas dans un parrain l'âge nécessaire pour pouvoir être pere.

Du texte que nous venons de citer, il ne faut pas conclure que l'établissement de l'*affinité* spirituelle ne remonte qu'au temps de Nicolas I ; il est en effet beaucoup plus ancien, quoiqu'on n'en connoisse pas l'époque certaine. En effet, les monumens les plus authentiques que nous ayons, font le canon 53 du synode *in trullo* & la loi de Justinien, qui en adopta les dispositions : *Ea videbitur persona omnimodo ad nuptias venire prohibenda, quam aliquis, sive alumna sit, sive non, à sacro suscepit baptismate ; cùm nihil aliud sic inducere potest paternam affectionem, & justam nuptiarum prohibitionem, quàm hujusmodi nexus per quem, Deo mediante, animæ eorum copulatæ sunt. (L. 26, C. de nupt.)*

Il faut remarquer ici, que Justinien ne parle que du sacrement de baptême, & on ne trouve point d'exemple que le

Tome III.

sacrement de confirmation ait produit l'*affinité* avant Charlemagne : *Nullus igitur proprium filium vel filiam de fonte baptismatis suscipiat, nec filiolam nec commatrem ducat uxorem, nec illam cujus filium vel filiam ad confirmationem tenuerit : ubi autem factum fuerit, separentur. (Capitular. lib. 5, cap. 167, pag. 856, tom. 1, Baluzii.)*

D'après ce texte, nous suivons en France les dispositions des loix canoniques sur les effets de l'*affinité* spirituelle. D'ailleurs, ainsi que nous l'avons déja observé, tous nos rois ont prescrit de garder les réglemens de l'église romaine, *pour le fait des mariages, ès degrés de consanguinité & affinité.* Ce sont entr'autres les dispositions des ordonnances de Charles IX de 1561, art. 9, & de Henri III de 1567, art. 10.

Notre ancienne histoire nous fournit plusieurs exemples de l'exactitude avec laquelle on observoit les dispositions des canons, relativement à ce qu'ils prescrivoient sur l'*affinité* spirituelle : celui-ci, quoiqu'il renferme un grand abus, est remarquable.

Chilpéric, lassé de sa femme Audovere, dont il avoit deux fils, & qui étoit enceinte, vint à bout de s'en séparer, par les menées de Frédegonde qu'il aimoit & qu'il vouloit placer sur le trône. Audovere étant accouchée, se laissa persuader par Frédegonde de tenir ellemême sur les sacrés fonts la fille qu'elle venoit de mettre au monde.

Chilpéric, faisant semblant d'être courroucé lorsqu'il apprit cette démarche, dit à Audovere ; « votre imprudence va nous coûter cher à l'un & à l'autre ; vous ne pouvez plus être ma femme, dès que vous êtes ma commere : *Nec potero te habere conjugem, cùm commatris adepta sis nomen.* » (Aimonius, lib. 3, cap. 6.) Chilpéric renvoya Audovere, qui entra dans un monastere au Mans ; & épousa Frédegonde.

Le trinitaire Gaguin rapporte, (lib. 8, cap. 1,) que Charles-le-Bel renvoya sa

Aa2

femme Blanche de Bourgogne, sous prétexte qu'il étoit filleul de sa mere Mathilde ; & qu'il ne se livra à cette démarche qu'après avoir consulté le pape, qui décida que le mariage étoit nul, dès qu'il n'avoit pas été précédé d'une dispense. Le motif réel fut la mauvaise conduite de Blanche, qui fut, dit Hénaut, renfermée avec sa belle-sœur. (*Abr. chr.*)

ARRÊT du parlement de Paris, du 12 septembre 1664, qui confirme le mariage de Charles Barbier, qui avoit épousé sa niece & sa filleule, attendu la dispense obtenue ; & cependant déclare qu'il y a abus dans l'obtention de cette dispense, *en ce qu'elle porte clause de légitimation des enfans nés avant le mariage*, les déclare incapables de toutes successions ; fait défenses à tous banquiers expéditionnaires d'en demander de pareilles à l'avenir. (*Desmaisons, lettre M, chap. 21, pag. 339 & suiv.*)

SENTENCE de l'officialité de Paris, du 25 janvier 1696, qui déclare le mariage d'entre le sieur de Roch... & la dame de Ber... nul & de nul effet, leur permet de se pourvoir par mariage ou autrement, ainsi qu'ils aviseront bon être ; & néanmoins pour l'irrévérence par eux commise envers l'église, les condamne chacun en 50 livres d'aumône, dépens compensés. L'empêchement qui fit annuller ce mariage, étoit fondé sur l'*affinité spirituelle* ; la dame Ber.... ayant tenu sur les fonts baptismaux Bertrand Roch.... fils du demandeur en nullité. L'official prit dans cette affaire fameuse Mrs. Pirot & Blampignon, docteurs de sorbonne, & Mrs. le Barbier & Braquet, anciens avocats, pour les quatre assesseurs. (*Procéd. civiles des officialités, par Decombes, part. 1, chap. 5, pag. 642 & suiv.*)

Nous ne devons pas dissimuler ce que dit M. l'avocat général Portail en 1700, dans l'affaire des Jourdain, Pasquier & la Mare. Outre les questions d'adultere, de bigamie, il y avoit encore la question de savoir s'il n'y avoit pas empêchement au prétendu mariage de la Mare avec la

femme Pasquier, résultant de l'*affinité spirituelle* contractée entr'eux ; la Mare ayant tenu l'enfant, baptisé sous le nom de la Pasquier & Jourdain ses pere & mere : voici comme s'exprimoit sur ce point ce magistrat. « L'*affinité spirituelle* n'auroit pu être un empêchement dirimant, vu qu'on ne le connoissoit point dans la primitive église, où, quand l'on n'y baptisoit que les adultes, le pere étoit souvent parrain de son enfant sans que cela fît conséquence : la cour de Rome a voulu, dans les derniers siecles, admettre cette *affinité* pour avoir occasion d'en accorder des dispenses bursales, mais nous n'avons point reçu parmi nous pour empêchement dirimant, le défaut de telles dispenses. » (*Journal des aud. tom. 4, pag. 669.*)

Ajouterons-nous ce que dit Fra-Paolo : Plusieurs étoient d'avis « qu'on retranchât absolument cet empêchement, non qu'il n'eût été établi pour de fort bonnes raisons, mais parce que les raisons qui l'avoient fait établir, ayant cessé, l'usage en devoit cesser en même temps. En effet, comme ils faisoient observer, lorsque ceux qui tenoient les enfans sur les fonts, & les présentoient au baptême, étoient garants à l'église de leur foi future, & obligés par conséquent de les instruire, il falloit, pour s'en acquitter, lorsque les enfans en devenoient capables, qu'ils conversassent familiérement avec eux, comme aussi avec leurs parens & autres parrains ou marraines ; d'où naissoit entr'eux une certaine relation, qu'on croyoit juste de respecter & de joindre à toutes les autres, dont, par bienséance, on avoit fait autant d'empêchemens de mariage. Mais comme par la suite tout ce qu'il y avoit de réel dans cette relation avoit cessé, & que les parrains ou marraines ne voyoient presque jamais leurs filleuls ou leurs filleules, & ne prenoient pas le moindre soin de leur éducation, la raison de la bienséance ne subsistant plus, il sembloit qu'on dût aussi supprimer l'empêchement qui en réfultoit. » (*Histoire du concile de Trente*, *trad.* de Lecourrayer , *tom.* 2, *liv.* 8, *pag. 621.*)

Malgré ces idées de Fra-Paolo, & les explications de M. Portail, eft-il sûr que l'*affinité* fpirituelle ne foit plus empê-chement dirimant? Mais, l'ancienne doc-trine, le catholicifme, les mœurs même! Encore, faut-il une loi.

L'*affinité* fpirituelle ne fe contracte que lorfque le baptême a été célébré dans toutes les formes; ainfi, elle n'a pas lieu lorfque l'enfant a été ondoyé dans un cas preffant, & qu'enfuite on le porte à l'églife pour fuppléer les cérémonies du baptême; il faut dire la même chofe, lorfque la cérémonie eft différée par quelque motif particulier. Voyez à ce fujet l'ARRÊT du confeil, du 9 mai 1670, rapporté fous le mot *Abus*, *pag. 432 & 433*, & déja rappellé dans la feconde divifion de cet article.

Queftion finguliere. « La communauté a-t-elle effet, entre conjoints qui depuis font féparés pour raifon d'*affinité* fpirituelle, jufques à ladite féparation; & les enfans, réputés légitimes; pourvu que, lors du mariage contracté, ils n'euf-fent connoiffance de ladite *affinité*? » Charondas, (en fes *Réponfes*, *liv. 2*, *rep. 37*, *pag. 42*,) fe décide pour l'af-firmative des deux points de la queftion. Il faut bien penfer de même, à caufe de la bonne foi qui avoit préfidé à l'union. Voyez *Agnation*, *Allaitement*, *Al-liance*, *Baptême*, *Commere*, *Compere*, *Confirmation*, *Difpenfe*, *Empêchement*, *Mariage*, *Parenté*, *Récufation*, *Repro-che*, *Retrait*, *Succeffion*, &c.

Pruffe.

6. En quatre lignes, Frédéric-le-Grand, termine toutes les difficultés qui peuvent fe préfenter relativement aux effets de l'*affinité* civile : il pofe trois cas.

1°. « A l'égard de l'allié, il ne peut époufer celui où celle qui a été marié avec une perfonne qui étoit avec lui *une même chair*. C'eft pourquoi l'on

ne peut fe marier avec fon beau-pere, fa belle-mere, fon gendre où fa bru. »

2°. Comme les fentimens font par-tagés fur la queftion de favoir « fi un allié peut époufer celui où celle qui étoit marié avec une perfonne qui étoit *chair de fa chair*, (telle qu'eft la femme du frere, le mari de la fœur, la femme de l'oncle & le mari de la tante.)... Dans ces cas, aucun confiftoire ne pourra accorder des difpenfes, mais il fera tenu d'en faire rapport à notre confeil d'état privé pour avoir fa décifion. »

3°. « Il peut arriver qu'on veuille époufer la veuve de fon beau-pere ou de fon beau-fils, ou le veuf de fa belle-mere ou de fa belle-fille. Quoiqu'il n'y ait pas d'*affinité* réelle entre ces per-fonnes, & qu'il n'y ait de relation d'af-cendant & de defcendant que dans le nom feulement; nous ne voulons pas néanmoins que ces mariages puiffent s'ac-complir fans difpenfe; mais, à l'exception de ces quatre cas, on n'aura plus d'égard aux relations d'afcendant ou de defcen-dant; & en conféquence, nous *aboliffons* par ces préfentes toute différence entre les *genres d'affinité*. Nous voulons auffi que les Juifs fe conforment à ce qui vient d'être prefcrit. » (Code Frédéric, *part. 1*, *liv. 2*, *tit. 3*, § *14*, *pag. 132 & 133.*)

AFFIRMATION.

(*Dr. public. Dr. privé. Dr. criminel.*)

1. C'eft la déclaration de la vérité d'un fait qu'on attefte avec ferment : *Atteftatio Dei*, *ad fidem*, *alteri faciendam*, *ejus rei de quâ dubitatur*.

Pour traiter cet article d'une maniere complete, il faudroit dire tout ce qui eft relatif au ferment. Il faudroit re-monter à l'origine de cet acte, tantôt religieux, tantôt judiciaire; fuivre, avec l'hiftoire, fa marche & fes progrès, fes avantages, & fes inconvéniens; déve-lopper l'abus étrange qu'on en a fait;

soit en le combinant avec l'usage des duels, des épreuves, &c. soit en multipliant superstitieusement les formalités avec lesquelles on le faisoit ; il faudroit voir, en un mot, comment le serment a été reçu & pratiqué par les peuples anciens & modernes.

Si notre langue judiciaire marchoit comme celle des Romains, nous ne serions pas si souvent embarrassés pour assigner aux matieres la vraie place qu'elles doivent avoir. Ils employoient bien l'un & l'autre mot *Affirmation* & *Serment*, mais ils ne confondoient pas tout comme nous.

Quand les jurisconsultes, Ulpien, Gaius, Paul & Arrius Ménander ont dit, que le préteur ne donnoit pas l'action de dol contre celui qui avoit *affirmé* que quelqu'un étoit solvable ; qu'en venant au secours du mineur lésé, il falloit condamner celui qui avoit *affirmé* qu'on pouvoit contracter avec lui, & conseillé la négociation ; qu'il ne falloit pas exiger avec rigueur qu'un esclave eût toutes les qualités que le vendeur avoit *affirmé* qu'il avoit réellement : &c. &c. ces jurisconsultes n'ont pas fait connoître que ces déclarations, ces *affirmations* eussent été faites avec serment. On induit plutôt le contraire de leurs expressions & de leurs décisions ; & il en résulte assez clairement, que quand on *affirmoit* un fait quelconque, on attestoit simplement sa vérité, mais sans aucune espece de formalité religieuse ou judiciaire. (*L. 7, § 10, & l. 8, D. de dolo ; l. 4, D. de minor. ; l. 31, § 22, D. ad exhibendum ; l. 15, D. de hæred. vel act. vend. l. 18, D. de ædil. edicto ; l. 11, D. de nat. restit. l. 5, § 6, D. de re milit. &c.)*

Le serment dans les livres du droit romain a toujours sa dénomination univoque, malgré sa division, en plusieurs especes, en volontaire, nécessaire, & judiciaire, toutes réunies sous ce titre : *De jurejurando, sive voluntario, sive necessario, sive judiciali. D. lib. 12, tit. 2.* Le serment, dans les textes des

quarante deux loix qui composent ce titre, ainsi que dans les seize qui composent le titre suivant, *de in litem jurando*, est toujours appellé *jusjurandum* ; & faire serment s'y exprime toujours par *Jurare*.

Parmi nous on emploie indifféremment les mots *Affirmation* & *Serment* ; nous croyons cependant pouvoir saisir quelques nuances qui doivent faire distinguer les cas où il convient de préférer l'un à l'autre. Il nous paroît que *serment* a plus trait à l'avenir, & *affirmation* au passé. Cela se rapproche de cette division proposée par quelques auteurs, & notamment St. Thomas, (*Secundâ secundæ, quæst. 89, art. 9,*) qui distinguent le serment par lequel on *promet* de faire une chose, de celui par lequel on *assure* qu'on a fait une chose : *jusjurandum promissorium, jusjurandum assertorium.* Le premier est plus précisément du ressort des canonistes, & le second de celui des jurisconsultes. Nous en dirons ailleurs les raisons ; il suffit ici de donner des exemples de la distinction que nous venons d'admettre. Ainsi l'on fait *serment* de bien administrer la justice ; de remplir tous les devoirs qu'impose le ministere de l'avocat avec intégrité, avec zele, avec désintéressement ; de bien gérer une tutelle ; de manier avec fidélité les deniers publics, &c. &c. On prête son *affirmation* sur l'exactitude de tous les articles d'un compte en recette & en dépense ; sur la sincérité des fournitures d'alimens, médicamens, marchandises, main-d'œuvre ; &c. en un mot, sur la réalité d'une créance, sur l'acquittement d'une dette, &c. &c.

D'après cette différence dans l'application des deux mots *Affirmation* & *Serment*, nous présenterons d'abord quelques maximes générales, puisées, la plupart, dans le droit romain : nous parcourrons ensuite quelques objets particuliers, relatifs à nos usages sur l'emploi de l'*affirmation* : nous terminerons par rendre compte de cet acte si connu des plaideurs, qu'on appelle au palais *affirmation de voyage.*

Nous nous bornons donc ici à l'*affirmation*, telle qu'on la voit au palais, & peut-être quelquefois trop légérement. Nous renvoyons au mot *Serment*, la nature, l'esprit & la forme de cet acte civil & religieux; & sans doute, cet article doit être intéressant.

Principes généraux.

2. Nous avons dit qu'on divisoit le serment en *volontaire*, en *nécessaire*, en *judiciaire.* Le premier est celui par lequel les parties sans le ministere du juge conviennent de terminer leurs difficultés, *ex pactione ipsorum litigatorum . . . quod ex conventione extra judicium defertur. L. 1 & 17, D. de jurejur. item, l. 39, eod. & l. 2, C. de reb. credit. & jurejur.* Le second, est celui que le juge, embarrassé par le défaut de preuves & l'incertitude des présomptions, défere de son propre mouvement à l'une ou l'autre des parties: *Solent enim sæpè judices in dubiis causis, exacto jurejurando, secundùm eum judicare qui juraverit . . . . inopiá probationum, per judicem, jurejurando, causá cognitá, res decidi oportet. L. 31, D. de jurejur. item, l. 3, C. eod.* Le troisieme, est celui que le juge défere à l'une des parties sur la réquisition & la provocation de l'autre; il ne sauroit être rétracté, sous prétexte de parjure: *Causâ, jurejurando ex consensu utriusque partis, vel adversario inferente, delato & præstito vel remisso, decisâ, nec perjurii prætextu retractari potest. L. 2, C. de reb. credit.* Nous ne justifierons pas ici le parti que nous prenons sur la définition de ces deux dernieres especes de serment, que plusieurs auteurs, fondés sur un texte de l'interprète Grec, présentent précisément d'une maniere toute différente, en appellant serment judiciaire celui que nous appellons nécessaire; & nécessaire, celui que nous appellons judiciaire.

Mais une autre division du serment, singuliere & non moins essentielle, c'est celle qui le distingue en serment de *vérité*, de *crédibilité* & d'*affection.* Il ne faut pas, sur ces distinctions, croire qu'il y ait des cas où il soit permis de taire la vérité en faisant serment; elles ont uniquement pour objet, de faire connoître qu'il est différens degrés d'évidence, dans la connoissance qu'on peut avoir d'un fait, qui déterminent par conséquent différens degrés de confiance. Le serment de *vérité*, est celui qui exige une assertion pleine & entiere: on doit dire simplement & clairement, qu'une chose est, où n'est pas; & il ne suffiroit pas de dire qu'on croit, qu'on estime, qu'une chose est, ou n'est pas. (*L. 18, C. de probat.*) Le serment de *crédibilité*, est celui qu'on exige d'un héritier qui succede au fait d'autrui. Il ne peut pas attester souvent la vérité d'un fait d'une maniere précise; il doit donc dire simplement, qu'il n'a pas connoissance qu'une chose soit, qu'une créance subsiste, &c. Enfin, le serment d'*affection*, est celui qu'on défere, au propriétaire dépouillé, sur la valeur de l'objet qu'on lui a enlevé ou qu'on retient mal-à-propos. Dans ce cas, on s'écarte de la regle ordinaire, qui ne permet pas d'évaluer les choses suivant la valeur idéale, la valeur d'opinion, la valeur d'affection; mais suivant la valeur ordinaire, la valeur courante; & cette exception est déterminée par la nécessité de punir *la mauvaise foi*, la résistance du rétentionnaire. (Voyez ci-dessus *Affection*, pag. 295.)

Le serment est un moyen sûr de terminer sur-le-champ des procès qui deviendroient éternels, & sous ce point de vue, il est très-utile: aussi, quand il est déféré par la partie, a-t-il le même effet qu'une transaction. (*L. 1 & 2, D. de jurejur.*) Les créanciers peuvent se pourvoir contre le débiteur de leur débiteur, quoique celui-ci s'en soit rapporté au serment de celui-là. La collusion de deux frippons ne peut nuire à des tiers. (*L. 9, § 5, eod.*) Le serment du mandataire, du procureur fondé, sert à son commettant, (§ 6, *eod.*) Le serment sur le fait qu'on n'a pas commis un vol, éteint non seulement l'action criminelle, mais encore toute réclamation civile en dommages & intérêts. (*L. 13, § 2, eod.*) Le juge se transporte chez les malades pour recevoir le serment; on en agit de même à l'égard des personnes illustres. (*L. 15, eod.*) Le mandataire n'a pas droit de déférer le serment sans un pouvoir spécial. (*L. 19, eod.*) Le serment nuit & sert réciproquement à deux co-obligés. (*L. 28, eod.*) On peut déférer le serment sur toute sorte d'objets, & notamment en matiere de salaire d'ouvriers. (*L. 34, eod.*) Le syndic d'une communauté, le préposé d'une compagnie peut déférer le serment, s'il a un pouvoir spécial de la part de la communauté, de la compagnie. (§ 1, *eod.*) Celui à qui on défere le serment, refusant de le faire, on admet son adversaire à le faire lui-même. (§ *ult. eod.*) Il est indécent de ne vouloir, ni prêter serment, ni s'en rapporter au serment de sa partie. (*L. 38, eod.*) Le serment est usité en matiere de dépôt. (*L. 10, C. de reb. credit.*)

Celui qui, après avoir déféré un serment, se rétracte, ne peut plus le déférer de nouveau. Il est donc loisible de se rétracter, mais il faut que ce soit avant le jugement. Après le jugement, dont il n'y a point d'appel, ou qui sur l'appel a été confirmé, tout est consommé : l'on ne peut plus revenir sur ses pas, & demander à être admis à des preuves. (*L. 11, eod.*)

Ces notions préliminaires seront utiles, soit pour rendre les détails dans lesquels nous allons entrer plus clairs & plus aisés à saisir; soit pour les abréger.

Appel, Parjure.

3. Peut-on appeler d'un jugement qui a admis à une *affirmation*, après qu'elle a été faite ?

S'il y a de la négligence de la part de celui qui a laissé prêter l'affirmation,

il est non-recevable dans son appel; mais il y est recevable, si on ne peut point lui en imputer : ainsi, par exemple, on peut appeler des jugemens qui ont admis à une affirmation prêtée dans l'audience même où ces jugemens ont été prononcés. Il y a encore quelques tribunaux où on la reçoit à l'instant, & leur usage à cet égard est très-condamnable; parce qu'il tend, soit à rendre inutile un acte religieux qui ne doit pas être fait *en vain*; soit à faire commettre des parjures. La jurisprudence autorise cette distinction.

ARRÊT du parlement de Paris, du 10 mai 1758, qui condamne le prieur des mathurins de la Gloire-Dieu, à payer au sieur Prodhon une somme de 18 livres 4 sous, malgré l'*affirmation* qu'il avoit prêtée, en vertu d'une sentence du bailliage de Sens, qu'il n'avoit pas donné ordre à cet officier de payer pour lui cette somme. Cette affirmation avoit eu lieu à l'audience même où la sentence avoit été rendue.

ARRÊT du parlement de Paris, du 29 août 1769, qui a rejeté l'appel d'une sentence contradictoire du Châtelet qui avoit admis le sieur Calemart à une affirmation qui avoit été reçue sans contradiction de la part de la demoiselle Montjoly. Il y avoit cependant preuve de la fausseté de l'*affirmation*; & la demoiselle Montjoly écartoit la fin de non-recevoir, en observant qu'elle n'avoit acquis cette preuve que depuis l'*affirmation*. Un ARRÊT précédent de la même cour, du 2 septembre 1743, avoit infirmé les sentences du bailliage de Chartres qui avoient admis & reçu l'*affirmation*, du sieur le Tellier médecin, qu'il n'avoit pas un journal sur lequel il tînt note exacte des visites dont il avoit formé demande, & dont la condamnation lui avoit été accordée à la charge de cette affirmation : on prouvoit par écrit que le sieur le Tellier avoit un journal. La vérité doit sans doute toujours prévaloir; mais il seroit plus régulier de ne la faire triompher que sur l'appel du ministere public.

Il s'agissoit dans les trois affaires dont nous venons de parler, d'une affirmation prononcée d'office par le juge; mais s'il étoit question d'une affirmation déférée par la partie, *quid juris* ?

ARRÊT du parlement de Paris, du 8 avril 1698, qui juge, « qu'une partie, s'en étant rapportée à l'*affirmation* de l'autre, ne peut demander à faire preuve du contraire. On disoit que ce seroit admettre la preuve du parjure, qui avoit toujours été rejetée aux termes de plusieurs arrêts, rapportés par Brodeau, *lettre S, som.* 4. (*Journal des audiences, tom.* 4, *liv.* 13, *chap.* 3, *pag.* 740 & 741.)

La coutume de Bretagne est conforme à cette décision, « quand, à la requête, & de la volonté de partie, aucun a juré; la partie qui a déféré ledit serment, n'est à lieu de le disputer, ni dire qu'il ait mal juré : & s'il s'efforce de le dire ou de le faire, il est tenu le dédommager à cour & à partie. » *Art.* 163.

M. Poulain, sur ce texte, n'est pas touché de ce que dit d'Argentré, qu'il y a une exception aux dispositions de la coutume, dans le cas où le débiteur peut prouver sur-le-champ le parjure par écrit : il ne l'est pas davantage du préjugé rapporté par Belordeau, & il dit sans balancer, que le serment a toujours son effet, sans que la partie puisse profiter de la punition du parjure.

Nous pensons différemment. Dès qu'on admet la nécessité de punir le parjure, comment maintenir la condamnation dont il a été la base ? Ce seroit une absurde & dangereuse contradiction. La vérité doit triompher toujours, soit qu'il s'agisse d'une affirmation déférée par la partie, soit qu'il s'agisse d'une affirmation ordonnée par le juge; mais ce triomphe ne doit être ménagé que par le ministere public. Nous admettons donc pleinement ce qu'a dit Belordeau, en rapportant

l'ARRÊT du parlement de Rennes, du 14 janvier 1628 : « il est néanmoins loisible, voire mesme du devoir d'*un procureur d'office*, voyant une apparence de parjure, s'en esmouvoir & d'en demander raison en justice : par ce moyen la partie peut aussi intervenir, & demander ce qui lui a été ôté au moyen dudit ferment, comme il a été jugé au parlement de Bretagne, le 14 janvier 1608. » (*Observat. forenses, liv.* 3, *part.* 2, *art.* 7, *pag.* 728.)

Le parlement de Bourdeaux a jugé, d'après la distinction de d'Argentré. Deux ARRÊTS; l'un pour le sieur St. George, l'autre pour Barthelemi Minvielle, ont décidé qu'on revient contre les fermens décisoires, par titres. (Lapeyrere, *lettre* S, *n°.* 18, *pag.* 414.)

Le parlement de Toulouse a puni un parjure, dans un cas où il ne s'agissoit que d'un serment purgatif, & non d'un serment décisoire. Le parjure, après avoir cherché à pallier son crime, insistoit sur la différence de ces deux fermens, & soutenoit qu'il n'y avoit pas lieu à la peine du parjure, puisqu'après le serment purgatif, on peut faire la preuve contre le serment; on répondoit qu'on n'étoit pas reçu à informer du parjure; mais que, lorsqu'il se découvroit, & qu'il avoit été fait *alterius lædendi causâ*, il devoit être puni. La cour par son ARRÊT, du 30 août 1732, condamna le parjure à aumôner 5 livres, applicables aux pauvres de la conciergerie & aux dépens. Il y avoit une circonstance peu favorable à l'accusateur, mais qui ne put servir à atténuer l'horreur qu'on doit avoir pour les parjures. La partie qui avoit laissé faire le serment, avoit en main la preuve de sa fausseté. (*Journ. de M. de Juin, tom.* 5, *pag.* 315 & 316.) Voyez *Fausseté, Justice, Parjure, Serment, Vérité.*

Les juges supérieurs, sur l'appel d'une sentence qui prescrit une *affirmation*, peuvent-ils ordonner que cette affirmation sera faite avec plus d'étendue ?

Arrêt du parlement de Toulouse, du 26 mai 1733.... *Espece.* La demoiselle Burgués, fait au sieur Duber, avec qui elle songeoit à se marier, une promesse ou *billet* de 3000 livres : Duber étant parti pour Paris, répond à la demoiselle Burgués, qui lui avoit témoigné des inquiétudes, qu'elle ne doit point être en peine *du billet en question,* sans s'énoncer plus clairement. Duber étant mort, son héritier disoit que les termes de cette lettre s'appliquoient sans doute à quelque promesse de mariage, & la demoiselle Burgués soutenoit qu'ils avoient pour objet la promesse de 3000 livres, qu'elle avoit souscrite sans en avoir reçu aucune valeur. Indépendamment des faits sur lesquels les premiers juges avoient ordonné l'*affirmation,* la cour chargea l'héritier d'*affirmer* sur ceux-ci : s'il n'avoit point trouvé dans les papiers de son frere, la lettre de la demoiselle Burgués, qui avoit donné lieu à la réponse qu'elle présentoit ; ou s'il n'avoit point cessé de l'avoir par dol & fraude. Elle le chargea encore de procurer l'*affirmation* d'un nommé Michel, dont Duber défunt parloit dans sa lettre, comme lui ayant montré la promesse en question, sur ce fait ; s'il ne savoit point ce que c'étoit que le billet qui lui avoit été montré par Duber. *(Journ. de M. de* Juin, *tom. 5, pag. 355 & 356.)* Voyez *Appel, Arrêt, Cour souveraine, Extension, &c.*

Banqueroute.

4. On crie tous les jours que la plupart des faillites sont de véritables banqueroutes ; qu'un débiteur, pour parvenir à se rendre maître du sort des créanciers qu'il veut voler, en fait paroître dans son bilan de supposés, qui *affirment* hardiment une créance chimérique, & forment ainsi la pluralité.

On a cherché à prévenir ces abus, en exigeant que les *affirmations* des créanciers se fissent devant les juges-consuls. La Déclaration du 13 septembre 1739, dit à ce sujet, que les fraudes introduites dans les bilans des faillis, ayant causé dans le commerce un dérangement notable, il a fallu arrêter le progrès de ce désordre, soit de la part du créancier, soit de la part du débiteur : l'un étant souvent simulé, & l'autre, par des manœuvres aussi odieuses que criminelles, forçant lesdits créanciers à signer & accepter des propositions injustes. Ces abus viennent de ce que les créanciers supposés s'exposent plus volontiers à faire leur *affirmation* devant les juges ordinaires dont ils ne sont point connus ; au lieu que s'ils paroissoient devant les juges-consuls, qui, par leur état sont plus particuliérement instruits des affaires du commerce, *& de la réputation de ceux qui se disent créanciers,* les bilans seroient examinés d'une maniere à être affranchis de toute fraude. En conséquence, le souverain détermine qu'à l'avenir il ne sera reçu l'*affirmation* d'aucun créancier, ni procédé à l'homologation d'aucun contrat, que les parties ne se soient retirées devant les juges-consuls, qui examineront ou feront examiner les bilans, titres & pieces par des commerçans, *du nombre desquels il y en aura toujours un du même commerce que celui qui aura fait faillite,* & devant lesquels les créanciers seront tenus de comparoître & de répondre en personne ; ou, en cas de maladie, absence ou légitime empêchement, par un fondé de procuration spéciale, dont & du tout sera dressé procès-verbal, &c.

Ces dispositions sages sont éludées dans l'usage : les affirmations des créanciers ne sont prêtées, il faut le dire, que pour la forme : elles sont reçues par un greffier ; & le juge, bien loin de commettre un négociant *du même commerce que le failli,* pour l'aider à un examen essentiel des titres, pieces, livres & documens relatifs au commerce du failli, ne les examine pas lui-même.

Il faudroit que la nouvelle loi dont on s'occupe, remît en vigueur tous les
points

points qu'a prescrits la déclaration de 1739; & il faudroit encore y ajouter l'obligation à tous les créanciers de prêter l'affirmation requise, *à l'audience*, en présence de tous les citoyens. Tel négociant peu délicat, qui ne craint pas de se parjurer en secret devant un greffier qui ne prend pas le soin de l'interroger, de développer l'origine de sa créance, de pénétrer dans son intérieur, & de le faire rougir de son audace; n'oseroit pas braver les regards du public, ni s'exposer à être mis hors d'état de répondre pertinemment aux questions d'un juge qui l'interrogeroit avec prudence, mais avec force. Voyez *Attermoyement*, *Audience*, *Banqueroute*, *Bilan*, *Créancier*, *Débiteur*, *Faillite*, *Pluralité*, *Signature*, *Traité*, &c.

Cause publique.

5. Il est de principe qu'on ne doit ni déférer, ni recevoir l'affirmation, dans les affaires qui concernent le droit public; parce que l'événement de pareilles causes ne doit jamais dépendre de l'affirmation d'un particulier. Voyez *Bien public*, *Ministere public*, &c.

Cession de biens.

6. Justinien oblige les débiteurs qui font cession de biens, à affirmer qu'ils ne se sont rien réservés : *Jusjurandum tamen per adoranda præbeat eloquia, quòd nullam rerum causâ occasionem, aut aurum reliquum habeat, undè æris alieni supplementum habeat*, N. 115, *cap.* 2.

Cujas observe, sur ce texte, que l'empereur ne fait que renouveler les dispositions d'une ancienne loi, rapportée par Varron, qui en adoucissant la rigueur de celle des douze tables, permettoit à un débiteur malheureux de se soustraire aux horreurs de la prison & des mauvais traitemens de son créancier, en lui abandonnant tout ce qu'il avoit : *Qui EJURANT bonam copiam, id est, se non esse solvendo, liberantur carcere, cruciatu-*

Tome III.

que omni corporis. (Cujacius, *tom.* 2, *priorum part.* 2, *pag.* 568.)

Parmi nous on exige, pour la validité d'une cession de biens, dans les endroits où elle est admise, (elle ne l'est pas à Lyon, ni pour les Lyonnois, ni pour leurs débiteurs) des lettres de chancellerie. Le débiteur fait assigner tous ses créanciers pour en voir prononcer l'entérinement; & quand cet entérinement a été prononcé, « les impétrans seront tenus de comparoir en personne à l'audience de la jurisdiction consulaire, s'il y en a, sinon en l'assemblée de l'hôtel commun des villes, pour y déclarer leur nom, surnom, qualité & demeure, & qu'ils ont été reçus à faire cession de biens; & sera leur déclaration lue & publiée par le greffier, insérée en un tableau public. » *Art.* 1 *du tit.* 10 *de l'Ordonnance de* 1673.

L'affirmation, prescrite par la loi romaine, & dont l'ordonnance ne parle pas, est cependant usitée; le législateur auroit-il eu l'idée de prévenir beaucoup de parjures! En effet; quel est le débiteur qui ne se réserve rien en abandonnant ses biens à ses créanciers? Voyez *Cession*, *Etranger*, *Lyon*, &c.

Compétence.

7. Les parlemens peuvent-ils connoître en premiere instance d'une cause dans laquelle le demandeur s'en rapporte à l'affirmation du défendeur?

ARRÊTS du parlement de Flandre, des 24 juillet 1694, & 18 mai 1699, qui décident l'affirmative de cette proposition. (Pinault, *tom.* 1, *chap.* 36, *pag.* 96, & tom. 2, chap. 262, pag. 345.)

En these générale, une *affirmation* doit être prêtée pardevant le juge saisi de la contestation dans laquelle on la défere.

ARRÊT du parlement de Flandre, du 23 juin 1706. Buissens ayant été admis à prouver que Wilde ne lui avoit pas fourni la valeur d'une lettre de change qu'il lui avoit endossée, s'en rapporte,

pour toute juftification, à l'*affirmation*
de Wilde. Celui-ci confent à la prêter,
mais requiert des lettres rogatoires, pour
que cela fe faffe pardevant les échevins
de Dunkerque. Buiffens s'y oppofe, &
foutient que l'*affirmation* doit être prêtée
devant les officiers du bailliage, faifis de
la conteftation; ce que ceux-ci ordonnent:
fur l'appel de Wilde, la cour confirme
la fentence. (Pinault, *tom. 3, chap. 85,
pag. 311.*)

Compte.

8. **Charles VII**, par fon ordonnance
du 23 décembre 1454, portant réglement entre les officiers comptables, veut
dans l'*art. 21*, qu'ils fe purgent par ferment, comme ils font entiere recette &
dépenfe, & qu'ils ne baillent aucuns
acquits qui ne foient bons & loyaux, &c.

C'eft à l'exemple de ce qui étoit preferit
pour les financiers, que les tuteurs &
adminiftrateurs du bien d'autrui, font
tenus de préfenter & *affirmer* leur compte
en perfonne, ou par procureur fondé
de procuration fpéciale, & peuvent y
être contraints, même par emprifonnement de leurs perfonnes. Cette *affirmation*
doit être reçue par le juge commis, par
le jugement portant condamnation de
rendre compte. (*Art. 5 & 8 du tit. 29
de l'Ordonnance de 1665.*)

L'ordonnance, dans l'*art. 22*, dit:
« pourront les parties, étant *majeurs*,
compter par-devant des arbitres, ou à
l'amiable, encore que celui qui doit
rendre compte, ait été commis par ordonnance de juftice. » Cette difpofition détermine bien clairement, par la regle
connue *inclufio unius eft exclufio alterius*, que l'on ne peut rendre compte à
un mineur, que d'une maniere légale,
c'eft-à-dire, pardevant des juges ordinaires ou des commiffaires examinateurs. Cependant la jurifprudence a
varié.

ARRÊT du parlement de Paris, du 15
mars 1752, qui déclare valable le compte
rendu, devant un notaire, à un mineur

affifté de fon curateur *ad hoc*; & maintient, les notaires parties dans l'affaire,
dans le droit de faire tous comptes, partages & liquidations volontaires même
entre mineurs, conformément aux édits &
réglemens. Tierce oppofition des commiffaires; ARRÊT du 2 mai 1752, qui les
en déboute. Recours au confeil; ARRÊT
du 24 janvier 1787, qui les en déboute
également. (Denifart, au mot *Compte*,
pag. 448.)

ARRÊT du parlement de Paris, du 26
mars 1756, qui confirme une fentence
du Châtelet, par laquelle un compte de
tutele rendu, devant notaires par un pere,
à fon fils mineur affifté d'un tuteur *ad
hoc*, avoit été déclaré nul. Ce compte à
l'amiable étoit attaqué par un créancier,
& défendu par le fils. Le fils difoit que
le créancier ne pouvoit critiquer ce compte
ni l'abandonnement d'immeubles qu'il
renfermoit, en déduction du reliquat;
parce que fon pere lui devoit des fommes
qui excédoient de beaucoup la valeur des
biens, & que fon hypotheque étoit de
beaucoup antérieure à celle du créancier.
Celui-ci répondoit que fi le compte eût
été rendu en juftice, il y auroit eu une
affirmation que le notaire, fans caractere
public, n'avoit pu recevoir. Il ajoutoit
d'ailleurs qu'il feroit intervenu dans l'inftance en reddition de compte; & auroit
fait voir, qu'il étoit beaucoup moins dû
au mineur par fon pere, qu'il ne l'a-
voit reconnu; & que les biens abandonnés étoient d'une valeur beaucoup plus
confidérable que celle qu'on avoit fixée.
Ces motifs déciderent la cour. (Denifart,
ibid.)

Il eft difficile de concilier cet arrêt
avec les précédens; mais nous fommes
forcés de préférer les difpofitions des préjugés qui font conformes à ce que prefcrit une loi fage, qui, dans la formalité
de l'*affirmation* préfente une reffource
contre la mauvaife foi; d'une loi, en un
mot, faite pour prévenir des inconvéniens fans nombre, la fraude, la collufion, la fuppofition, &c.

ARRÊT du parlement de Paris, du 2 juin 1781, qui juge qu'après dix ans on est non-recevable à revenir contre l'apurement d'un compte de tutele, si l'on n'a pas pris des lettres de rescision; & qu'on ne peut en ce cas demander aux héritiers du tuteur que leur *affirmation* qu'ils ne retiennent aucune des pieces qui ont servi à la reddition de ce compte. Voyez *Apurement*, *Commissaire-examinateur*, *Compte*, *Majeur*, *Mineur*, *Notaire*, *Rescision*, &c.

Condition.

9. Quand on défere une *affirmation*, il faut qu'elle soit pure & simple; & on n'admet point qu'on stipule des conditions qui puissent en empêcher l'effet.

ARRÊT du parlement de Paris, du 2 mars 1610, qui rejette une délation d'*affirmation* sur le fait de la suppression d'un testament. Celui qui imputoit ce délit à son frere, mettoit à son offre cette restriction, que si l'*affirmation* se trouvoit être à sa charge, il lui seroit libre de faire la preuve du contraire. Mornac, qui rapporte ce préjugé, dit: *Quotidiana hæc sunt.* (Tom. 1, pag. 804.) Voyez cependant ce que nous observerons ci-après dans la division *Interrogatoire*.

Contestation en cause.

10. La délation d'*affirmation* a l'effet de perpétuer l'action; & ainsi elle empêche la péremption d'instance. Nous avons adopté cette décision de la loi romaine: *Si is qui temporariâ actione mihi obligatus erat, detulit jusjurandum, ut jurem eum dare oportere, egoque juravero; tempore non liberatur, quia post litem contestatam cum eo, perpetuatur adversùs eum obligatio, l. 9, § si is, D. de jurejur.* Mornac observe sur ce texte: *Notant verò ex hac lege interpretes, jusjurandum habere vim contestationis, ideóque perpetuare actionem.* (Tom. 1, pag. 395.) Voyez *Contestation*, *Péremption*, *Prescription*, *Prorogation*, &c.

Corps & communautés.

11. Quand on a déféré une *affirmation* à une communauté, elle doit donner à un syndic, ou à tel autre mandataire qu'elle veut choisir, un pouvoir spécial de la prêter. Ce pouvoir doit être clair & précis sur tous les objets qui font la matiere de l'*affirmation*; & le notaire qui le reçoit doit même faire *affirmer* les mandans sur la vérité de tous les faits consignés dans l'acte, qui doit être ainsi rédigé: « lesquels ont donné pouvoir de jurer pour eux, & *affirmer* en leur nom, ainsi qu'ils l'ont présentement fait ès mains du notaire soussigné, &c. » Voyez ci-après, la division *Mandataire*.

Dépens.

12. Lorsqu'un juge renvoie des demandes, en, par le défendeur, *affirmant* qu'il a payé; doit-il statuer sur les dépens, ou réserver à y faire droit après l'*affirmation* prêtée?

ARRÊTS du conseil souverain d'Alsace, du 11 juillet 1747, & du 7 septembre 1748, qui faisant droit sur les réquisitions du procureur général, défendent aux prévôt royal & magistrats de la ville d'Ensisheim, & au bailli de Thann de réserver dans les sentences où ils chargeront une des parties de faire une *affirmation*, à ne prononcer sur les dépens qu'après l'*affirmation* faite; leur enjoint d'y statuer par le même jugement. (*Recueil de M. de Boug*, tom. 1, pag. 290.) Voyez *Dépens*, *Préalable*, *Prononciation*, *Sursis*, &c.

Divisibilité & Indivisibilité.

13. Peut-on diviser une *affirmation*? Tous les auteurs répondent: non, en matiere civile; oui, en matiere criminelle.

Nous ne dirons rien ici de ce dernier objet, parce que nous ne cesserons de répéter avec M. de Lamoignon, qu'il est souverainement *injuste* d'exiger des accusés un serment qui les place comme disent les Anglois, entre *le parjure & le suicide*. Voyez les détails dans lesquels nous sommes entrés sous le mot *Accusation*, n°. 99, pag. 430 & suiv.

Nous renverrons également pour tout ce qui a trait à l'*affirmation* & au *serment*, relativement à toutes les procédures, tant du grand que du petit criminel, aux différens mots, tels que *Dommages & intérêts, Félonie, Grossesse, Peine, Vol, Usure*, &c.

En matiere civile, les docteurs proposent deux distinctions principales sur la divisibilité ou indivisibilité de l'*affirmation*.

La premiere, c'est qu'il faut examiner si elle contient des choses connexes, ou des choses séparées. Le président Boyer appelle choses connexes, celles dont l'ensemble n'est point susceptible d'être séparé : *Quæ ex continentiâ factorum separationem non recipiunt*. Il propose cet exemple : si quelqu'un avoue qu'il a reçu de l'argent, en ajoutant qu'il l'a rendu, ce sont-là deux faits si étroitement unis qu'on ne peut les diviser, parce que le payement suppose la dette : *Confiteri debitum & solutionem indè sequutam sunt connexa & conjuncta, quæ ex continentiâ factorum separationem non recipiunt; & unum est principale, & aliud secundarium : & si à primo incipitur, istud est factum separatum; si verò à secundo, tunc illud per se non stat; nam solutio præsupponit per se debitum*. L'auteur cite un ARRÊT du parlement de Bourdeaux, du 13 février 1531, qui déclara dans une pareille espece, une *affirmation* indivisible; & il justifie ce préjugé par un nouveau motif bien sensible. Si un juge vouloit serrer celui qui prête une *affirmation*, & le forcer à dire simplement, s'il a, ou s'il n'a pas emprunté; sans admettre son explication, qu'il a payé s'il a emprunté; il donneroit lieu à des détours, à des restrictions mentales : on répondroit : je jure que vous ne m'avez fait aucun prêt, pour lequel je vous sois redevable. *Si judex ... eum velit ARGUERE ad PURE super mutuo respenden-*

dum; posset respondere : juro quòd non mutuasti mihi aliquid, per quod sim tibi obligatus; & tunc verum dicit AD CAVILLATIONEM ADVERSARII EVITANDAM. (*Boerius, in decis.* 243, n°. 5, & n°. 13, *pag.* 478 & 482.)

La seconde distinction est, qu'il faut faire une différence entre une *affirmation* volontaire appellée par les docteurs *Spontaneam*; & celle qui est déférée, *quæ fit ad delationem alterius* : cette derniere ne peut être divisée; c'est l'avis de l'auteur que nous venons de citer, *actorem juramentum deferentem, debere in totum, & non in parte; id est, tam pro se, quàm contra se faciens, acceptare*. (*Ibid. n°. 5.*) Une raison décisive est que, puisque celui à qui on a déféré une *affirmation* pouvoit tout nier, & cependant ne l'a pas fait, il mérite une entiere confiance sur tout ce qu'il dit : *Juramentum est INDIVISIBILE; & sicut potuisset negare totum, & non negavit, præsumitur in omnibus dixisse veritatem*. (*Ibid.*)

ARRÊT du parlement de Flandre, du 14 avril 1695, qui juge qu'on « ne peut obliger une partie à jurer sur un fait à charge, sans pouvoir alléguer ses exceptions à décharge. » Lacroix, chanoine de Tournai, assigné en paiement d'une promesse de 200 florins par lui souscrite en faveur du procureur des jésuites de la province Valonne, soutient qu'on ne lui a jamais fourni cette somme, & qu'ainsi sa promesse est sans cause; sur quoi il défere l'*affirmation* au créancier; celui-ci dit qu'il n'a pas à la vérité compté les 200 florins au défendeur, mais qu'il les a payés en son acquit, & en celui de sa mere; ce qui a été le fondement de la promesse, & ce qu'il offre d'affirmer. Le chanoine s'oppose à ce que l'*affirmation* soit prêtée sur toutes ces circonstances, soutenant qu'elle ne doit porter que sur le fait pour lequel elle lui a été déférée, savoir, la numération de la somme. Le jésuite réplique, qu'il ne peut jurer sur le fait principal, sans alléguer ses exceptions, qui, par leur con-

nexité, déterminent entièrement la nature & la qualité du fait. (Pinault, *tom. 2*,
chap. 63, pag. 267 & fuiv.)

ARRÊT du parlement de Flandre,
du 19 mars 1697, qui juge, conformément à la décision du précédent, que le
défendeur fera admis en prêtant l'*affirmation* à lui déférée par le demandeur,
à expliquer le fait, tant à charge qu'a
décharge. (*Ibid. chap. 145, pag. 386.*)

Quand on défère à deux personnes
conjointement, une *affirmation*, le juge
doit-il se décider sur celle que prête
l'une ou l'autre ?

ARRÊT du parlement de Paris, du 5
juin 1617, qui décide qu'on ne doit point
avoir égard au serment du mari à qui on
a déféré une *affirmation* conjointement
avec sa femme, si celle-ci ne jure pareillement. *La déclaration du serment
décisoire ne peut se diviser.* (Louet &
Brodeau, *lettre S, som. 4, n°. 10,
pag. 656.*)... Voyez *Aveu, Confession,
Indivisibilité, Paiement, Prêt, &c.*

Domestiques.

14. Quand des domestiques, des manœuvres, des journaliers ne sont pas
d'accord avec leurs maîtres sur la quotité
de la rétribution qui leur est due pour
gages, salaires ; on admet l'*affirmation*
de ces derniers, soit parce qu'ils sont
défendeurs, soit parce qu'ils méritent de
la part de la justice plus de confiance.

ARRÊTS du parlement d'Aix, des 24
janvier & 1 avril 1667, qui jugent que le
maître en est *cru à son affirmation* pour
la validité de la dénonce, & pour le
paiement des gages de son domestique.
(Boniface, *tom. 2, part. 2, liv. 2,
tit. 39, n°. 4 & 5, pag. 206 & 207.*)

ARRÊT du parlement de Dijon, du
2 décembre 1675, qui juge que le maître, pour avances & droits de propriétaire, est *cru à son serment*; quoiqu'il
n'ait point de livre de raison, mais simplement des feuilles volantes. (Perrier &
Raviot, *tom. 2, quest. 235, n°. 36,
pag. 207.*) Voyez ci-après la division

Préférence & les mots *Domestique, Gages,
Location, Main-d'œuvre, Maître, Manœuvre, Ouvrier, Salaire, Serviteur, &c.*

Enquête.

15. « Auparavant publication d'enquête, on peut mettre à serment des faits
contestés entre parties ; pourvu que le
temps préfix pour informer ne soit passé. »
Art. 156 de la Coutume de Bretagne.

ARRÊT du parlement de Rennes, du
4 septembre 1511, qui juge qu'après la
publication d'enquête, la partie, à laquelle
le serment a été déféré, n'est tenue de
l'*accepter ni de le référer.* . . . . Ce préjugé
est conforme à la décision d'Alexandre
III : *Sanè quoniam apud vos consuetum
esse didicimus, ut cùm aliquis intentionem
suam fundaverit instrumentis aut testibus, ei sacramentum nihilominùs deferatur; quod si subire noluerit, fides probationibus non habetur. Nos (cùm tunc
demum ad hujusmodi sit suffragium re-
currendum, cùm aliæ legitimæ probationes
deesse noscuntur) talem consuetudinem
reprobamus. (Decrétal. lib. 2, tit. 17,
cap. 2.*)

On peut opposer à ce texte du droit
canon, qui a déterminé le parlement de
Rennes; ce texte du droit civil ci-dessus
rappellé, (*n°. 2 :*) *Manifestæ turpitudinis
& confessionis est, nolle nec jurare, nec
jusjurandum referre. L. 38, D. de jurejur.*
On peut opposer l'avis de Mornac, sur
cette loi, dans lequel il déclare qu'il n'est
aucun cas, où un homme, qu'on rend
le maître de sa cause, puisse refuser de
prêter le serment, qui doit être le prix de
la victoire; & le sentiment conforme de
beaucoup d'autres auteurs. Cependant on
peut aussi opposer autorités à autorités.
Tous les philosophes ont déclamé contre
l'usage du serment, sur ce motif que ceux,
qui sont d'assez mauvaise foi pour désavouer un fait, ne craindront pas de sceller
ce désaveu d'un serment. Ulpien pense
comme eux; & ainsi il est facile de répondre à la loi *Manifesta* par la décision
de celle-ci : *Cùm enim faciles sint nonnulli*

*hominum ad jurandum contemptu religio-
nis, alii perquàm timidi metu divini numinis ufque ad fuperftitionem.* Des perfonnes timides & délicates méritent bien
autant d'égards de la part des loix, que
des perfonnes hardies dont la confcience
ne dit rien parce qu'ils font blafés.

ARRÊT du parlement de Bourdeaux,
du 17 février 1700, qui juge qu'on peut
ordonner une *affirmation* d'office à celui
qui a la femi-preuve en fa faveur. Ce préjugé eft cité par l'annotateur de Lapeyrere
(*pag.* 415,) à la fuite de cette obfervation de fon auteur : « après l'appointe-
ment de contrariété, foit que les enquêtes foient faites ou non, tant le demandeur que le défendeur fe peuvent
déférer le ferment décifoire fur leurs
faits.... J'ai vu diverfes fois obferver
cette décifion par la raifon de la loi vulgaire, *manifeftæ turpitudinis*, &c. ».....
Dans ce choc de loix, d'opinions, &c.
quel parti prendre ? Voyez ci-après la
divifion *Preuve.*

Faits anciens & multipliés.

16. Le ferment de *crédibilité* eft admis
dans des circonftances où il eft difficile
d'en prêter un précis & *pofitif.*

ARRÊT du parlement de Flandre, du
24 février 1709, qui juge entr'autres
queftions « qu'en fait de ferment fur des
faits vieux & éloignés, il fuffit d'*affirmer*
qu'on *croit*, où qu'on *fe fouvient* que la
chofe eft arrivée d'une telle maniere. »
(Pinault, *tom.* 4, *chap.* 132, *pag.* 143.)

Les juges ne font pas aftreints à fuivre
toutes les idées des plaideurs ; & ils peuvent fimplifier les caufes, lorfque les
circonftances paroiffent l'exiger.

ARRÊT du parlement de Flandre, du
29 juillet 1712, qui décide que, « lorfque
de plufieurs chefs, fur lefquels on a déféré
le ferment à une partie, le juge en choifit
& détermine quelqu'un fur lequel il
ordonne à la partie de jurer ; celui qui
a déféré le ferment ne peut prétendre
que la partie jurera fur tous les chefs. »
(Pinault, *ibid. chap.* 167, *pag.* 340.)

Faits impertinens ou injurieux.

17. ARRÊT du parlement de Grenoble, du 10 juillet 1663, qui juge
qu'on ne peut exiger une *affirmation* fur
des faits qui ne font pas pertinens.
(Baffet, *tom.* 1, *liv.* 2, *tit.* 28, *chap.* 1,
pag. 158.)

ARRÊT du parlement de Touloufe,
du 20 novembre 1602, qui décide qu'on
ne peut forcer un créancier à fe purger
par ferment fur la vérité où la fauffeté
de l'imputation qu'on lui fait, d'avoir
exigé des intérêts ufuraires. (Cambolas,
liv. 3, *chap.* 28.)... *Non admittitur
juramentum in causâ famosâ.* (Molinæus,
tom. 3, *pag.* 633. *column.* 1.) Voyez
ci-après les divifions *Preuve & Interrogatoire*, & les mots *Anatocifme*, *Imper-
tinens* (*faits*), *Injure*, *Ufure*, &c.

Héritier.

18. Nous avons dit (*n°.* 2,) ce que
c'étoit que le ferment de *crédibilité.* Ce
ferment eft *négatif* ; parce qu'un héritier
ne peut s'exprimer d'une maniere *affirmative* fur des faits perfonnels à celui à
qui il fuccede : cet héritier peut feulement dire qu'il n'a pas connoiffance qu'une
fomme ait été acquittée, qu'un effet prêté
ait été rendu, &c. Rendons compte de
la jurifprudence fur cet objet, ainfi que
fur quelques autres points relatifs à la
qualité d'héritier.

ARRÊTS du parlement de Bourdeaux,
du ... 1672, du ... 1673 & du 22 juin
1678. Le premier, juge : « que le ferment
fupplétif n'ayant été prêté pendant la vie
de celui qui devoit le prêter, s'il a été
comminé & mis en demeure, il eft tenu
pour non prêté ; & en conféquence, les
fommes qui lui avoient été adjugées en fe
purgeant, font déclarées ne lui être dues. »
Le fecond, juge : que le ferment eft
tenu pour prêté, s'il n'a pas tenu, à celui
qui devoit le prêter, de fatisfaire à ce qui
lui étoit prefcrit. Celui qui demandoit la
déchéance, avoit empêché la preftation par
des appels, des requêtes civiles & autres

subterfuges. Le troifieme fut rendu dans cette efpece. Drouilhet offre fon *affirmation* fur la valeur & la qualité de certaines pierreries à lui remifes en nantiffement du prêt d'une fomme de 1000 liv. & la cour la lui défere : il meurt fans la prêter. On décide, contre fa veuve & fon fils, que la valeur du gage étoit de 1000 livres, quoique le défunt eût déclaré dans le procès qu'elle n'alloit qu'a 200 liv. L'*affirmation* allant à la décharge du dépofitaire, il ne devoit pas attendre qu'on le mît en demeure de la prêter. (Lapeyrere, *lettre S, pag. 413 & 414.*)

ARRÊT du parlement d'Aix, du 17 juin 1684, qui juge « que le ferment ordonné & non prêté durant la vie de celui qui en eft chargé, lui fait perdre fes adjudications à ferment ; & que l'héritier n'eft pas reçu à le prêter. » (Boniface, *tom. 3, lv. 3, tit. 13, chap. 2, pag. 325.*) On trouve un ARRÊT conforme de la même cour, rendu le 22 décembre 1656, & rapporté par le même auteur, (*tom. 1, part. 1, liv. 1, tit. 39, n°. 3, pag. 106.*)

ARRÊT du parlement de Rennes, du 27 avril 1690. Les héritiers du débiteur d'une promeffe foutiennent que celui-ci a payé pendant plufieurs années à fon créancier les intérêts de la fomme qui en fait l'objet, & demandent l'imputation. Ils prétendent encore que la veuve du créancier prête fon *affirmation* fur ce fait ; fi elle n'a pas connoiffance du paiement de ces intérêts. La cour les déboute de leurs demandes. (Poulain du Parc, *fur l'art. 156 de la Coutume de Bretagne, tom. 1, pag. 467.*)... Ce préjugé paroît bien extraordinaire. Un magiftrat du parlement de Touloufe difoit : « la plus grande préfomption de bonne foi ne difpenfe jamais d'un ferment, qui n'eft jamais à charge à la bonne foi, rendue juge du fait qu'elle allegue. » (Catellan, *liv. 5, chap. 69, tom. 2, pag. 377.*) Si l'imputation des intérêts étoit jufte, pourquoi ne pas s'affurer s'ils avoient été payés ? on laiffoit la

veuve maîtreffe de fon fort. On n'exigeoit pas qu'elle déclarât fi les intérêts avoient été payés, parce que ce fait ne lui étoit pas perfonnel ; on demandoit fimplement qu'elle déclarât fi elle n'avoit pas connoiffance de ce paiement ; & quel tort lui faifoit-on ?

ARRÊT du parlement de Touloufe, du 26 mai 1734, qui décide que « le ferment auquel une partie avoit été condamnée par une fentence, eft tenu pour fait, la partie qui devoit jurer étant morte pendant l'appel relevé par fa partie ; furtout fi ledit ferment avoit été offert entre la fentence & l'appel, comme c'étoit ici le cas. Lapeyrere dit que le ferment eft tenu pour fait, fi la partie vient à mourir n'étant pas en demeure ; mais qu'on fait jurer les héritiers en tant qu'ils peuvent favoir le fait. » (*Journal de M. de Juin, tom. 5, chap. 267, pag. 439.*)

SENTENCE du préfidial de Moulins, du 6 juillet 1782, fur cette queftion intéreffante. « Lorfque le ferment a été déféré à un demandeur, qu'il a prêté fon *affirmation* ; les héritiers du défunt peuvent-ils par un ferment négatif, anéantir fur l'appel cette *affirmation* prêtée en caufe principale ? Emonot fait affigner Beraud devant le juge de la Palice, en paiement d'une fomme qu'il lui devoit. Plufieurs jugemens ordonnent en vain que le débiteur fournira des défenfes : il s'obftine à garder le filence, & le juge fe voit forcé de rendre fentence par défaut, qui condamne Beraud à payer à Emonot la fomme demandée, à la charge par celui-ci d'*affirmer* la fincérité de fa demande. Cette *affirmation* eft prêtée, & le tout eft fignifié à Beraud, qui meurt quelque temps après fans avoir réclamé. Emonot attaque fes héritiers, qui foutiennent que, repréfentant le défendeur à qui les ordonnances de 1667 & 1673 déferent l'*affirmation*, ils ont droit d'être admis à la prêter fur ces faits : 1°. Qu'ils n'ont point connoiffance que la fomme demandée eût été jamais due : 2°. Qu'ils avoient entendu dire à Beraud, depuis la demande, qu'il ne devoit rien à Emonot. Celui-ci convenoit de la maxime générale que le ferment doit être déféré au défendeur ; mais il soutenoit que, dans l'espece particuliere, le silence de Beraud étoit un aveu tacite de la dette ; qu'une *affirmation* négative ne pouvoit détruire un serment positif ; enfin, que Dumoulin, Boucheul, Lacombe, Imbert & Vrevin, décident que l'héritier ne peut être admis à jurer à la place du défunt. La sentence du juge de la Palice fut confirmée. (*Gazette des tribunaux*, tom. 14, n°. 31, pag. 71 & suiv.)

Il est vrai que Dumoulin, dont l'avis est rappellé par Vrevin, (*Coutume de Chauni*, pag. 225 du tom. 2 des *Commentateurs de Vermandois*,) & par Boucheul, (*Coutume de Poitou*, tom. 1, pag. 240, n°. 14,) a dit : *Juramentum à judice delatum defuncto, sed nondum præstitum ab illo, non potest objici per defuncti heredem*, (tom. 3, pag. 637, column. 1.) Mais le principe de ce grand jurisconsulte ne peut être appliqué qu'au cas où le serment n'a pas été fait par la négligence du défunt. C'est l'espece des différens ARRÊTS qui ont déclaré que le serment étoit *tenu pour non prêté*; de celui du parlement de Bourdeaux, de 1672 par exemple ; dans l'espece duquel le défunt avoit été *comminé*. Mais lorsque c'est, par le fait de celui au préjudice de qui l'*affirmation* avoit été ordonnée, que cette *affirmation* n'a pas été prêtée, comme dans l'espece de l'ARRÊT du même parlement, de 1673, où elle avoit été retardée par des *appels*, *des requêtes civiles*, *des subterfuges*; c'est le cas, comme le disent Lapeyrere & M. de Juin, de *faire jurer les héritiers en tant qu'ils peuvent savoir le fait*. Voilà la véritable distinction qui concilie les sentimens des auteurs & les ARRÊTS; & qui doit servir de regle certaine dans la pratique.

« Quand le serment est ordonné à un créancier utilement colloqué dans un décret, en se purgeant les sommes lui être bien & légitimement dues, & *n'en avoir été payé du tout ni en partie*; *si ce créancier vient à mourir sans être purgé, & sans avoir été mis en demeure par aucune commination, les enfans & ses héritiers sont admis à faire la purgation ordonnée sur leur fait & scavance* : c'est un point d'usage. » (Lapeyrere, *lettre S, pag. 413.*)

Interrogatoire.

19. Jusqu'ici nous n'avons parlé, que de l'*affirmation décisoire*; & nous n'aurons encore en vue que celle-là seule dans les divisions suivantes. Cependant, pour prévenir toute confusion dans l'application des principes, il est essentiel d'observer qu'il y a une autre espece d'*affirmation*, qu'on appelle *cathégorique*.

L'ORDONNANCE de 1667 permet aux parties de se faire interroger en tout état de cause sur faits & articles pertinens, sans retardation de l'instruction & jugement ; elle veut que la partie réponde en personne, & qu'en cas de maladie le juge se transporte dans son domicile ; enfin, elle veut qu'avant de faire répondre sur chacun des faits, il prenne le *serment* de la partie qu'il interroge. (*Art. 1, 6 & 7, du tit. 10.*)

Il y a cette différence essentielle, entre l'*affirmation décisoire* & l'*affirmation cathégorique*; que la premiere termine tout, soit qu'elle soit déférée par la partie, soit qu'elle soit déférée par le juge ; & que la seconde n'empêche pas l'effet des preuves contraires. Ainsi, celle-ci est employée comme un moyen subsidiaire pour fortifier les moyens principaux qui peuvent déja avoir éclairci la vérité : celle-là au contraire n'est employée que dans les cas embarrassans où la vérité est enveloppée des nuages les plus épais. Celui qui prête une *affirmation* cathégorique peut être condamné, lors même qu'il ne résulte de ses réponses aucun aveu qu'on puisse lui opposer ; parce que le juge a la liberté de *caractériser* le serment : celui au contraire qui prête

prête une *affirmation* décisoire gagne sa cause, s'il *affirme* en sa faveur d'une maniere claire & précise.

Ces termes des Romains, à qui nous devons l'idée du serment cathégorique, comme celle du serment décisoire, laissent entrevoir combien de choses nous aurons à dire sous les mots. *Cathégorique,* (*réponse*) *Interrogatoire, &c. Voluit prætor adstringere eum qui convenitur ex suâ in judicio responsione, ut vel* CONFITENDO, *vel* MENTIENDO, *sese* ONERET. *L.* 4, *D. de interrogat.*

Bornons-nous à une réflexion importante & très-importante. Le légiflateur, dans ce qu'il a prefcrit sur l'audition cathégorique, veut que le juge, en cas de maladie de celui qui doit répondre, *se transporte dans son domicile :* il ne confie pas cet acte important de procédure à la rédaction d'un greffier ; & cependant l'*affirmation cathégorique* n'est que subsidiaire. Ne devroit-on pas exiger dans tous les cas possibles, que les *affirmations décisoires* fussent reçues par les juges, à peine de nullité ? Voyez ci-dessus les divifions *BANQUEROUTE,* *COMPTE,* & ci-après les divifions *Notaire, Transport de juge.*

Jugement.

20. L'*affirmation* ne peut plus être déférée après la chose jugée.

ARRÊT du parlement de Toulouse, du 20 février 1640, qui déboute, la débitrice condamnée à payer le montant d'une obligation, de sa demande à ce que sa créanciere fût tenue d'*affirmer* que la valeur de l'obligation en question n'avoit jamais été fournie. (*Cambolas, liv. 2, chap. 38.*) C'est à-peu-près la seule exception raisonnable que nous trouvions qu'on doive mettre aux dispositions de la loi *manifestæ, &c.*

Mandataire.

21. Dans le cas où on admet celui qui doit prêter une *affirmation,* à la prêter par l'entremise d'un mandataire,

il faut que celui-ci soit fondé en mandat spécial, & porteur de la procuration la plus ample & la plus détaillée.

Mais il est des circonstances où on exige la préfence de la partie elle-même, en voici un exemple.

Le seigneur de St. Priest, affigné pour déclarer s'il n'avoit pas promis de faire valoir une rente jusqu'à la somme de 580 liv. annuellement, soutint qu'il n'étoit tenu à aucune *affirmation,* parce que le contrat régloit la convention. On ne rédige des actes que pour prévenir des difficultés, & par l'impoffibilité de se rappeller tout ce qui a été dit & propofé dans les démarches préliminaires d'un traité quelconque. Malgré ces raisons, sentence du bailli de Forés, qui ordonne que le seigneur de St. Priest prêtera son serment décisoire. Sur l'appel, la cour, par son ARRÊT du 17 juillet 1640, confirme la fentence. Pour obéir à cet arrêt, le seigneur de St. Priest demande, qu'attendu son indifpofition, on commette un juge pour recevoir son *affirmation ;* sa partie s'y oppofe, & foutient que le serment décisoire ne peut être fait qu'en jugement, parce qu'étant plus important, il doit être plus folemnel ; elle confent, en conféquence, à accorder des délais jufqu'au rétablissement du malade. On ordonne que le seigneur de St. Priest se préfentera en personne, « *nonobstant les procurations rapportées & les affirmations faites par icelles.* Car, encore qu'il s'obferve que les seigneurs de marque font reçus à faire leur *affirmation* par procuration, cela n'a pas lieu pourtant pour chofes qui font de poids & d'importance, & moins pour un serment décisoire. Après beaucoup de délais & de certificats d'exoine, le seigneur de St. Priest appelle de nouveau en la cour ; mais après avoir connu que son appel ne pouvoit être favorable, & qu'il ne pouvoit pas se difpenfer de fubir le serment qu'on lui demandoit, il aima mieux donner les mains, & demeurer d'accord du fait, que de faire un serment douteux. »

(Henrys, *tom. 1*, *liv. 4*, *chap. 6*, *quest. 21*, *pag. 255*.) .... Cette affaire mérite la plus grande attention, & doit décider tous les juges à être très-circonspects lorsqu'il s'agit de recevoir des *affirmations*. Le seigneur de St. Priest, qui auroit *affirmé* dans sa maison, & par le ministere d'un mandataire, n'ose plus soutenir ses désaveux, lorsqu'il s'agit d'*affirmer* personnellement & au grand jour de l'audience.

Arrêt du parlement de Bourdeaux, du 29 août 1714, qui juge qu'on ne peut priver le mari du fruit des biens de sa femme pendant sa vie, quoiqu'après avoir d'abord refusé de l'autoriser, il eût depuis *affirmé* pour elle dans le procès qu'elle perdit. (Lapeyrere, *lettre A*, *n°. 23*, *pag. 12*.) .... Le mari n'avoit agi que comme mandataire, comme auroit pu faire un étranger; cette démarche ne devoit donc lui porter aucun préjudice dans l'exercice des droits résultans de son contrat de mariage, & de sa qualité de maître des biens dotaux, dont les fruits lui appartenoient, pour supporter les charges de leur union.

Arrêt du parlement de Toulouse, du 22 juin 1723, qui juge qu'on peut prêter par procureur une *affirmation* décisoire. (Aguier, *tom. 1*, *arr. 376*, *pag. 293*.) Ce préjugé, séchement rapporté par l'auteur, ne peut pas être d'une grande utilité, il faudroit connoître toutes les circonstances de l'affaire.

Si un procureur *ad lites*, ou un avocat déféroient une *affirmation*, le juge ne pourroit l'admettre qu'autant qu'ils auroient un mandat spécial de leur partie. (Papon, *liv. 6*, *tit. 1*, *n°. 18*.) Scheneidevin va plus loin, & dit que l'*affirmation* n'est pas recevable dans le cas même où le procureur offriroit caution de faire approuver sa démarche par la partie pour laquelle il occupe. (*Comment. ad tit. I, de act. § item si quis postulante, n°. 23*.) Voyez ci-dessus les divisions *Corps & communauté*, *Compte*, & ci-après, la division *Transport de*

juge, & les mots *Autorisation*, *Caution*, *Femme*, *Mandataire*, *Procureur*.

Marchands, Fournisseurs, &c.

22. Quoique l'ordonnance du commerce ait établi, en conformité des dispositions des *art. 126 & 127* de la coutume de Paris, que les marchands & les différens ouvriers, ou fournisseurs, seroient tenus de demander leur paiement dans l'année ou les six mois, des délivrances & fournitures; elle a néanmoins voulu qu'ils pussent déférer le serment à ceux à qui ils auroient fait ces délivrances ou fournitures. Il y a plus, comme la prescription d'un an & de six mois n'est fondée que sur un paiement présumé; les cours supérieures n'y ont point eu égard, quand des circonstances pressantes faisoient cesser cette présomption; & elles ont admis les marchands & fournisseurs à *affirmer* eux-mêmes qu'ils étoient encore créanciers. Nous allons rappeler, sur ces différens objets, quelques principaux Arrêts, & en rapprochant ceci de ce que nous dirons ci-après sous la division *Préférence*, on pourra se former une juste idée de la pratique des tribunaux dans cette matiere intéressante, & d'un usage journalier.

Quand les débiteurs sont décédés, & qu'on forme demande à leurs veuves & héritiers, sur laquelle ils opposent la fin de non-recevoir, on peut exiger leur *affirmation*, s'ils ont connoissance que la chose est due. Voilà encore un exemple de l'usage du serment de *crédibilité*.

La *Coutume de Paris* n'étoit pas la seule, qui en admettant la prescription annale ou de six mois, contre les marchands ou fournisseurs, soumît cependant le défendeur à *affirmer* qu'il avoit payé les objets dont on lui formoit demande; c'étoient encore les dispositions de celle d'Orléans, *art. 265*; de celle du Bourbonnois, *art. 36*; & de celle du Berri, *tit. 2*, *art. 31*. Quelques coutumes abrégeoient même singuliérement les délais dans de pareils cas. Celle de Blois,

art. 244, vouloit que les ouvriers, manœuvres, &c. demandaſſent leurs ſalaires
dans *quarante jours*, après leſquels le
maître étoit admis à *affirmer* qu'il avoit
payé.

Le placard du 4 octobre 1540, établit
dans la Flandre une fin de non-recevoir
contre toutes les demandes d'honoraires,
ſalaires, fournitures & marchandiſes vendues en détail; & ſes diſpoſitions y ſont
encore ſuivies : mais le créancier peut
y exiger l'*affirmation* du débiteur, qu'il
a payé ; parce que, ſelon Maillart,
(*pag. 565,*) il eſt de la derniere injuſtice de vouloir avoir le bien d'autrui,
& de *refuſer d'être juge dans ſa propre
cauſe*. (*C'eſt l'idée de Catellan.*)

Cet auteur ajoute que la délation du
ſerment eſt le plus malheureux recours
qu'une perſonne puiſſe avoir, vu qu'*il eſt
probable que celui qui oſe bien faire un
menſonge, ſera capable de faire un
parjure.*

Le placard de 1540, en cela conforme
à la *Coutume de Paris*, traite les auber-
giſtes & cabaretiers avec plus de rigueur
que les autres fourniſſeurs, & leur refuſe
toute action ; cependant on exige de
même l'*affirmation* de celui qui après
avoir bu & mangé, répond, à la demande
qu'on lui fait de ſes dépenſes de bouche,
qu'il a payé. Ainſi, par ARRÊT du 3
juillet 1694, le parlement de Paris, en
confirmant une ſentence du juge de
Stenai, qui avoit admis la fin de non-
recevoir, ajouta ces mots, *en affirmant*;
c'eſt-à-dire, ſoumit le défendeur pourſuivi
par un cabaretier, à jurer qu'il l'avoit
payé. (Maillart, *ibid.*)

Il paroît ſingulier que ces diſpoſitions
de nos ordonnances & de nos coutumes,
qui ſont toutes favorables au débiteur,
qu'on laiſſe *juge dans ſa propre cauſe*,
aient déplu à pluſieurs de nos auteurs;
& il eſt ſurprenant que Pithou ſoit de
ce nombre, & diſe, ſur l'*art.* 200 de
la coutume de Troies : *Poſt taxatum
tempus elapſum, in his nec jusjurandum
offerre licet.* Dumoulin n'a pas vu comme

lui, & en parlant de la preſcription
d'un an ou de ſix mois, il s'exprime
ainſi : *Sunt enim introductæ in favorem
debitorum, qui ſine apochâ & teſtibus,
ut fit, ſolverunt, & præcipuè hæredum
eorum : undè non impediunt quin debitor
de illis excipiens teneatur ad petitionem
mercatoris agentis, interrogationibus de
calumniâ, bonâ fide, & veritate, etiam
ſpeciatim & cum jurejurando reſpondere.*
(Molinæus, *in tract. de contr. uſurariis,*
n°. 228, tom. 2, pag. 89.)

Il faut obſerver, en paſſant, que la
preſcription dont parlent les ordonnances
& les coutumes, n'a pas lieu de marchand à marchand. C'eſt la juriſprudence
des différentes cours, atteſtée par Baſnage
ſur l'*art.* 534 de la cout. de Normandie;
Ricard, ſur l'*art.* 188 de la cout. de
Senlis ; les auteurs du *Journal du palais,*
tom. 1, pag. 258, &c. Voyez ci-après
les diviſions *Préférence & Preſcription.*

Nantiſſement, Gage, Dépôt.

23. L'*affirmation* eſt déférée en matiere
de dépôt ; ce ſont les diſpoſitions de la
loi romaine : *In actione etiam depoſiti,
quæ ſuper rebus, quaſi ſine ſcriptis datis,
movetur, jusjurandum ad exemplum cæ-
terorum bonæ fidei judiciorum movetur,
l. 10, C. de reb. cred.*

Mais quel eſt celui dont l'affirmation
doit être préférée, du prêteur ſous gage,
ou de l'emprunteur ?

La juriſprudence du Châtelet eſt de
déférer l'affirmation au créancier nanti
du gage ſur la quotité de la ſomme qui
lui eſt due, pourvu que cette quotité
n'excede point la valeur du gage : mais
ſi cette quotité étoit plus forte, alors le
créancier ſeroit regardé comme n'ayant
point de titre pour cet excédent, & le
débiteur, en ſeroit renvoyé, en affirmant
ne pas devoir.

Ceci paroît contraire aux diſpoſitions
de l'*art. 8 du tit. 6 de l'Ordonnance
de 1673,* qui veut qu'il ne ſoit *fait
aucun prêt ſous gage, qu'il n'y en ait
acte pardevant notaire, dont ſera retenu*

minute, &c. à peine de restitution de gages à laquelle le prêteur sera contraint par corps, sans qu'il puisse prétendre de privilege sur le gage, &c.

On a conclu, de ces dernieres expressions, que le législateur n'avoit exigé l'acte de prêt sous gage que lorsqu'il y auroit contestation entre le créancier & des tiers, & non lorsqu'elle n'auroit lieu qu'entre lui & le débiteur. Au premier cas, il a fallu obvier aux inconvéniens qui pourroient résulter de l'intelligence qui regneroit entre un prêteur sous gage supposé, & un débiteur de mauvaise foi, au préjudice d'un créancier légitime : au second cas, la remise du gage est une preuve assez convaincante qu'il y a eu une somme prêtée, dont ce gage forme la sûreté. La jurisprudence moderne autorise cette distinction.

En matiere de dépôt nécessaire, on défere le serment in litem, à celui qui le réclame, & à qui on ne veut, ou on ne peut le rendre. Voyez ci-après la division Serment en plaids, & les mots Aubergiste, Dépôt, Gage, Hôtellerie, Incendie, Nantissement, Naufrage, Prêt, &c.

Notaires.

24. Quelques ARRÊTS du parlement de Paris, & entr'autres, ceux des 14 mars & 11 décembre 1610, & 20 janvier 1612, autorisent les notaires à recevoir les affirmations des parties, lors des inventaires auxquels ils procéderont. Sans approuver la dureté des expressions de Mornac, sur les inconvéniens qui peuvent résulter de l'usage de permettre à différens officiers subalternes de recevoir des affirmations, nous adoptons sans balancer les conséquences qui doivent résulter de ses observations : Majori veneratione, at verò etiam TREPIDATIONE juratur apud judices, quàm apud inquisitores, seu commissarios, ut loquimur, qui probationes conscribunt, notariosve seu tabelliones qui inventaria conficiunt ; imò & viatores interdùm, cùm videlicet elogia,

notoriasque (informationes dicimus) in scriptis redigunt. Viles etenim ejuscemodi personæ, in quibus TOLERATUR id ex moribus gallicis, edictisque ac senatûs-consultis, cùm qui apud eos jurant, QUASI ALIUD AGENTES ID FACIANT, NULLA VENERATIONE IPSIUS QUI defert, nulloque metu divini numinis commoti. (Mornacius, tom. 3, pag. 746.) Il est certain qu'on ne sauroit mettre trop d'appareil à la réception des affirmations : la présence du juge, le concours des citoyens, la dignité & l'éclat d'une audience serviroient à prévenir un grand nombre de parjures. Quand il n'est question que de se présenter à un officier inférieur, d'affirmer en secret & sans témoins, beaucoup de gens ne réfléchissent pas à l'importance de l'acte qu'ils vont faire, & s'aveuglent sur ses conséquences : Aliud agentes faciunt, nullá veneratione ipsius qui defert commoti. Voyez ci-dessus les divisions Banqueroute, Corps & communauté, Compte, Mandataire, &c. & les mots Audience, Commissaire, Juge, Greffier, Notaire, &c.

Préférence.

25. Personne n'a mieux saisi que Dumoulin les nuances des motifs qui doivent déterminer un juge, lorsqu'il s'agit de préférer l'une des parties dans la délation d'une affirmation. Rendons compte d'abord de ses maximes, & nous rendrons compte ensuite de la jurisprudence. En deux mots, méditons les principes, & examinons l'application qu'on en a faite, c'est le seul moyen d'apprécier à leur juste valeur ces adages des praticiens, si souvent fautifs & inexacts dans la pratique, qu'il faut préférer le défendeur au demandeur, &c.

Il est d'abord certain que dans cette matiere tout doit être laissé à l'arbitrage du juge, qui doit peser le mérite des circonstances : quatre motifs doivent le diriger dans sa décision : Hoc totum refertur ad arbitrium judicis, præcedente tamen causæ cognitione. . . . In ejusmodi *cognitione, quatuor ferè, quæ judicem impellunt ut deferat actori vel reo.*

1°. Il faut examiner la dignité & la condition des parties, & le degré de confiance qu'elles méritent : *Personarum dignitatem, conditionem & fidem.* 2°. La nature de l'affaire qui est ou n'est pas susceptible d'être décidée par l'affirmation, par le serment supplétif : *Naturam causæ, scilicet an admittat juramentum suppletorium.* 3°. L'importance de l'objet qui fait la matiere de la contestation : *Quantitatem rerum de quibus certatur.* 4°. Enfin, le juge doit s'assurer quelle est celle des parties qui doit être la plus instruite des faits qu'il s'agit de rendre certains : *Uter ex litigantibus rectè scivit veritatem.*

Sur le premier point, il est certain qu'en général on doit préférer la partie dont la naissance est plus illustre, la famille plus respectable, la fortune plus considérable ; un pauvre a plus de besoins, & par conséquent moins de délicatesse, lorsqu'il s'agit d'y satisfaire : cependant la richesse ne mérite considération qu'autant que son origine n'est pas suspecte. Un usurier, par exemple, qui s'est enrichi par des manœuvres, des rapines, n'est digne d'aucune confiance. Croiroit-on que Dumoulin, sur l'examen des personnes, fait attention à la patrie qui leur a donné naissance ? Il attache donc quelque importance à ces opinions singulieres, mais assez généralement répandues, que les gens de telle & telle province sont plus fins, plus rusés, plus processifs ; comme ceux de telle autre sont plus droits, plus francs, plus loyaux : *Nam regiones nonnunquàm infamant, nonnunquàm prærogativâ quâdam bonitatis jus prosequuntur.*

Sur le second point, on ne doit point admettre des *affirmations* dans des affaires criminelles, infamantes, injurieuses : mais seulement dans des affaires civiles ; encore faut-il qu'elles n'intéressent point l'ordre public, ni les bonnes mœurs !

Sur le troisieme, il faut savoir que les évaluations sont relatives aux per-

sonnes, aux temps, aux lieux : *Apud pauperes, parva res, id est domuncula, est magna, quæ fortassis patrimonii summa est ; apud nobiles vel divites, maxima summa, mille florenorum, est parva…. Item locus facit rem magnam, quæ aliàs habetur pro minimâ.* (Molinæus, tom. 3, pag. 637.)

Sur le quatrieme enfin, on ne doit pas admettre à *affirmer* celui qui évidemment n'a & ne peut point avoir une connoissance exacte du fait en question : ainsi, par exemple, on ne peut charger un héritier de prêter serment sur un fait personnel à celui à qui il succede. Qu'on se rappelle de nos distinctions du serment positif, du serment négatif ; qu'on se rappelle que l'on ne défere ce dernier à l'héritier que dans des circonstances favorables, comme par exemple, lorsqu'il n'a pas tenu au défunt de prêter lui-même l'*affirmation* qui lui avoit été déférée. Voyez la division *Héritier.*

Ceux qui trouveroient les détails, dans lesquels nous venons d'entrer, indifférens, n'auroient pas des notions bien exactes sur l'administration de la justice. Jamais tant de procès, jamais tant de mauvaise foi : jamais tant de ressources pour obscurcir la vérité ; les juges sont tous les jours dans le cas de ne pouvoir la découvrir : il faut donc bien, pour pouvoir prononcer, se décider en faveur de l'une des parties, & lui déférer un serment supplétif qui la rende maîtresse de la cause. Mais rien n'est donc plus important que de savoir choisir entre le demandeur & le défendeur.

Voyons actuellement quelle est la jurisprudence, dans cette matiere si importante & si fort d'usage.

ARRÊT du parlement de Rouen, du 12 juillet 1504, qui juge qu'en concurrence de preuves, & lorsqu'il est question de se décider par l'*affirmation* de l'une des parties, il faut préférer le demandeur. (Terrien, *liv. 9, chap. 27, pag. 379.*)

ARRÊT du parlement de Bourdeaux, du 10 juillet 1533, qui accorde le serment au demandeur : il avoit, pour lui un témoin qui affuroit avoir été préfent lorfque le défendeur avoit promis le retrait, & d'autres témoins qui difoient que le *bruit étoit tel.* (Papon, *liv. 9, tit. 6, n°. 11.*)

ARRÊT du parlement de Paris, du 14 août 1582, qui admet *l'affirmation* d'un voyageur volé dans une auberge: *juranti in litem petitori adversùs cauponem creditur,* (Mornacius, *tom. 1, pag. 383.*)

ARRÊT du parlement de Paris, du 14 mars 1691, qui décide que dans le cas d'une convention verbale entre marchands, le ferment doit être déféré au vendeur. La cour infirma la fentence des juges-confuls de cette capitale, qui avoient déféré le ferment à l'acheteur, & avoient condamné le vendeur à une amende de 6 liv. pour avoir dit qu'il appelleroit, & à une autre amende de la même fomme pour l'avoir répété. La reftitution des amendes fut auffi ordonnée. (*Journ. des audiences, tom. 4, liv. 6, chap. 15, pag. 321.*)

ARRÊT du parlement de Touloufe, du 26 mai 1734, qui juge, que le juge doit *toujours* déférer le ferment au défendeur, & réforme la fentence qui l'avoit déféré au propriétaire qui réclamoit quelques menus arrérages de rente. (*Journal de M. de* Juin, *tom. 5, pag. 440.*) Ces différens préjugés ne font ni clairs, ni précis : les principes de Dumoulin ferviront mieux à diriger un juge, que les exemples que nous trouvons. Voyez ci-deffus la division *Marchands,* & ci-après la division *Prefcription,* & encore les mots *Apoticaire, Aubergifte, Cabaretier, Fourniffeur, Marchand, Ouvrier, Traiteur, Vendeur,* &c.

Préliminaires.

26. ARRÊT du parlement de Touloufe, du 11 mars 1733, qui, entr'autres points, ordonne la preftation de plufieurs fermens que le premier juge avoit refufé d'admettre, au fujet d'un billet de 200 liv.

Ces fermens furent ordonnés par avant dire droit ; au lieu qu'il eft plus ordinaire de prononcer définitivement à la charge de jurer. (*Journ. de M. de Juin, tom. 5, chap. 210, pag. 349 & 350.*)

Voilà une troifieme efpece d'affirmation. Ce n'eft pas *l'affirmation décifoire,* déférée par la partie ou par le juge: ce n'eft pas non plus *l'affirmation cathégorique,* dont nous avons parlé fous la divifion *Interrogatoire ;* puifque celle-ci n'eft jamais requife que par les parties à qui l'ordonnance a permis de fe faire interroger en tout état de caufe fans retardation du jugement.

Prefcription.

27. ARRÊT du parlement de Paris, du 8 avril 1698, qui décide trois points importans : 1°. qu'une partie qui allegue la prefcription de trente ans pour établir fa propriété d'un héritage, ne peut être tenue *d'affirmer* fur des faits contraires. 2°. Que l'on n'eft point tenu d'affirmer contre les prefcriptions majeures de dix, vingt ou trente ans. 3°. Qu'une partie s'en étant rapportée à *l'affirmation* de l'autre, elle ne peut demander à faire preuve contraire. (*Journal des audiences, tom. 4, liv. 13, chap. 3, pag. 74.*)

ARRÊT du parlement de Touloufe, du 11 août 1732, qui juge entr'autres points, qu'on ne peut exiger le ferment du poffeffeur qui s'étaie de la prefcription. (*Journal de M. de Juin, tom. 5, chap. 179, pag. 297.*)....... Nous croyons qu'en thefe générale, il faut diftinguer les prefcriptions majeures, des prefcriptions annales, & autres, telles que celles dont nous avons parlé ci-deffus fous la divifion *Marchands, fourniffeurs,* &c. Les premieres forment un titre fuffifant ; les autres ne fondent qu'une préfomption. Voyez ci-après la divifion *Titres* & les mots *Poffeffion, Prefcription, Préfomption,* &c. &c.

Préfence de la partie.

28. ARRÊT du parlement de Dijon, qui

juge que celui à qui on a déféré une *affirmation*, peut la prêter en l'absence de sa partie. (Bouvot, au mot *Délation*, tom. 2, part. 2, quest. 2, pag. 202.)

ARRÊT de réglement du conseil souverain d'Alsace, du premier juillet 1720, qui fait défenses à tous juges « de recevoir les *affirmations* ordonnées par leurs sentences, sinon en présence des parties, ou icelles duement appellées pour les voir faire ; & après que lesdites sentences auront été signifiées conformément à l'ordonnance. » (*Recueil de M. de Boug*, tom. 2, pag. 552.) . . . Ce réglement est sage, & le préjugé précédent ne doit point être adopté. En effet, on doit toujours appeller la partie qui a déféré le serment, lorsqu'il s'agit de le prêter. Sa présence peut quelquefois arrêter un parjure.

Preuves.

29. ARRÊT du parlement de Toulouse, du 26 novembre 1590, qui juge que la partie qui a déféré le serment décisoire peut le révoquer *re integrâ*, & être admise à la preuve par témoins. (La Roche-Flavin, *lettre* S, *tit.* 3, *arr.* 1, pag. 272.) Un ARRÊT de la même cour, du 5 mai 1586, avoit décidé que lorsqu'une partie a fait son enquête, elle n'est plus recevable à déférer le serment à son adversaire. (*Ibid. art.* 3.)

ARRÊT du parlement de Flandre, du 3 juin 1695. La veuve Cliquet, s'en étant rapportée à l'*affirmation* de Dupret sur la livraison de certaine quantité d'ardoise, & cette *affirmation* ayant été prêtée, elle demande à faire preuve de certains faits, ce qui lui est accordé. Sur l'appel, la cour infirme & juge qu'après une *affirmation* demandée & prêtée, on n'est pas recevable à demander une preuve qui tendroit à anéantir l'*affirmation*. (Pinault., *tom.* 1, *chap.* 70, pag. 190.)

ARRÊT du parlement de Paris, du 8 avril 1698, qui juge qu'une partie qui s'en est rapportée à une *affirmation*, ne

peut demander à faire preuve du contraire. (*Journal des audiences*, tom. 4, liv. 13, chap. 3, pag. 740.)

ARRÊT du parlement de Bourdeaux, du 17 février 1700, qui décide que le juge peut ordonner le serment d'office à celui qui a *la semi-preuve*. (Lapeyrere, *lettre* S, *n°.* 35, pag. 415.) Voyez ci-dessus les divisions *Enquête*, *Jugement*, *Préférence*, & le mot *Preuve*.

Procès-verbaux.

30. Il est d'usage d'affirmer les *procès-verbaux* que rédigent les *huissiers*, les *commis* des *fermes*, des *aides*, des *domaines*, &c. & les *gardes* des *bois* & *chasses* en cas de *rebellion* aux mandemens de justice, & de *contravention* aux droits royaux ou aux loix sur le fait des *eaux* & *forêts*. Mais la discussion des formalités relatives à ces especes d'*affirmations* sera placée plus naturellement sous les mots ici énoncés en *italique*. Voyez encore *Contrebande*, *Délit*, *Employés*. Sous quelques-uns de ces mêmes mots, nous parlerons aussi du serment que doivent faire ces officiers subalternes lors de leur réception & installation, afin que leurs procès-verbaux puissent faire foi en justice.

Procureurs.

31. Le placard de 1540, comprend les procureurs, dans ses dispositions qui n'accordent que deux ans pour réclamer des honoraires, salaires, &c. mais celui du 4 février 1549, veut qu'à leur égard les deux années ne courent que du jour du jugement définitif, rendu sur chaque procès dans lequel ils ont occupé.

ARRÊT du parlement de Flandre, du 7 février 1709, qui juge entr'autres points, que la partie qui se prévaut contre un procureur des dispositions du placard ne doit pas seulement *affirmer* qu'elle allegue ce placard de bonne foi ; mais qu'elle doit *affirmer* encore, qu'elle croit de bonne foi avoir payé réellement & effectivement son procureur. (Pinault, *tom.* 4, *chap. 131, pag. 139.*) Voyez *Dépens*, *Frais*, *Procureur*, *Taxe*, &c.

Question de droit.

32. ARRÊT du parlement de Flandre, du 21 juillet 1694. Les sœurs Bellaire avoient impétré des lettres-royaux, aux fins d'être autorisées à vendre les biens de la succession de leur grand-pere : sur l'opposition de Gonthier & consorts, les parties furent admises à vérifier au principal, par sentence du lieutenant général de la gouvernance de Douay, du 10 décembre 1691. Les Gonthier, pour parvenir à leur preuve, interpellerent les sœurs Bellaire de répondre sur divers articles de leur *intendit*; par serment de calomnie, ou comme l'on dit communément *per verbum credit vel non* : ils demanderent, entr'autres, au premier article, si les biens qu'elles prétendoient être autorisées de vendre, n'étoient pas chargés de fidéicommis? Les sœurs Bellaire répondirent que, plusieurs jurisconsultes *soutenant que la clause dont lesdits biens avoient été liés n'offrant qu'un réglement* AB-INT STAT, elles vouloient bien supposer ledit fidéicommis sans l'avouer, se référant aux lettres-royaux, où leurs intentions étoient plus clairement expliquées. Elles ajouterent qu'elles ne pouvoient, ni ne devoient répondre plus positivement à cet article, *parce qu'il s'agissoit plus de décider un point de droit, que de répondre sur un fait; auquel cas, selon tous les auteurs, elles n'étoient pas même obligées de répondre*. (Damhouderus, *prax. civil. cap.* 153; Mynsinger, *singular. observ. centur.* 5, *observ.* 88.) Le premier juge ayant ordonné aux sœurs Bellaire, *de répondre plus pertinemment sur l'article*; la cour, sur l'appel, infirma, & déclara leurs réponses suffisantes. (Pinault, *tom.* 1, *chap.* 35, *pag.* 94 & 95.) Voyez le mot *Fidéicommis*, où nous traiterons la question importante de savoir dans quels cas on peut forcer un grevé de fidéicommis, de prêter son *affirmation* sur

le fait de savoir si la disposition n'est pas suspecte, & n'a pas pour objet une personne prohibée.

Référer.

33. ARRÊT du parlement de Paris, du 8 juillet 1693, qui décide que lorsque le défendeur ne jure pas, où n'est pas en état de jurer, l'on réfere le serment au demandeur. (Maillart, *pag.* 566, *n°.* 49.) C'est l'exécution des dispositions de la loi *manifeslæ*.

ARRÊT du parlement de Flandre, du 23 novembre 1693, qui juge, « que celui à qui le serment est déféré sur une chose *qui n'est pas de son fait*, n'est pas tenu de référer le serment qu'il ne peut prêter. » (Pinault, *tom.* 1, *chap.* 7, *pag.* 18.). . . . Ces deux préjugés ne sont pas contraires : *Exceptio firmat regulam.*

Réitération.

34. Quand une partie a prêté l'*affirmation* qui lui a été déférée, peut-on exiger qu'elle en prête une nouvelle?

ARRÊT du parlement de Bourdeaux, du 17 mars 1699. Assignation à Ratier, pour déclarer quelles sommes il a entre ses mains appartenantes à un particulier: il affirme qu'il n'en a aucunes. On lui demande ensuite d'*affirmer* s'il n'a pas fait quelque traité avec ce particulier: il répond qu'il a juré une fois; qu'il n'est point tenu de jurer de nouveau. Jugement qui ordonne que Ratier affirmera de nouveau. Il appelle; la cour confirme. (Lapeyrere, *lettre S, n°. 33*, *pag.* 415.)

Retrait.

35. On sait que le droit de retrait lignager est celui qu'a le parent du vendeur d'un héritage, de le retirer des mains de l'acquéreur dans l'an & jour, en le remboursant du prix qu'il en a payé & de ses loyaux coûts.

On sait que le droit de retrait féodal ou censuel est celui qu'a le seigneur de

retenir

retenir le fief vendu par son vassal, ou l'héritage censuel vendu par son emphytéote.

On demande de quel moment court le délai pour le remboursement que doit faire le retrayant?

Il ne court que du moment que l'acquéreur a exhibé & *affirmé* son contrat, c'est-à-dire, de la levée de l'audience, dans laquelle l'acquéreur a eu acte de son exhibition & *affirmation*. (Ferriere, sur l'*art. 136 de la Coutume de Paris*, glos. 3, *n°. 6*; Brodeau, sur le même *art. n°. 25*; Duplessis, *du retrait, chap. 2, sect. 2, tom. 1, pag. 294.*)

Quand le jugement a été rendu, tant en l'absence du retrayant que de son procureur; il faut, pour faire courir le délai, que l'acquéreur le fasse signifier au retrayant. Ce sont les dispositions des coutumes de Lodunois, *chap. 15, art. 40*; d'Anjou, *art. 375*; du Maine, *art. 385, &c.* (Brodeau, *ibid. n°. 25 & 28*; Ferriere, *ibid. n°. 7 & 9*; Duplessis, *ibid.* Auzanet, *sur l'art. 136 de la Cout. de Paris, &c.*)

L'*affirmation* en matiere de retrait lignager ou féodal n'est nécessaire que quand elle est requise par le parent ou le seigneur. Elle peut être faite en personne, ou par un fondé de procuration spéciale : on peut cependant exiger que l'acquéreur *affirme* lui même, lorsqu'il y a quelques circonstances qui indiquent une fraude majeure, & qui fournissent des motifs au retrayant pour le requérir, & au juge pour l'ordonner. Dans ce dernier cas, le remboursement ou la consignation ne doivent pas être retardés, sauf à répéter ; & c'est une nouvelle instance après l'exécution du retrait. (Duplessis, *ibid.*)

Quelques auteurs pensent que le retrayant peut requérir l'*affirmation* du vendeur comme celle de l'acquéreur sur la sincérité du prix. Il y en a aussi, qui pensent que si l'*affirmation* avoit été déférée d'office par le juge, le retrayant pourroit encore être admis à prouver par témoins, l'intelligence frauduleuse qui regne entre le vendeur & l'acquéreur, Voyez *Offre*, *Prélation*, *Preuve*, *Retrait* (*censuel*, *féodal*, *lignager.*) *&c.*

L'acquéreur n'est point obligé de se purger en retrait sur la vileté du prix, lorsqu'il s'agit d'une acquisition par décret. (Papon, *liv. 11, tit. 7, n°. 30.*) L'autorité de la sentence ou arrêt enleve toute espece de doute, & justifie suffisamment que le prix est sincere.

Révocation.

36. Celui qui a déféré une *affirmation*, peut révoquer son consentement tant que sa partie n'a point encore *affirmé* : c'est la disposition de la *loi 6, D. de jurejur.*

ARRÊT du parlement de Toulouse, du 26 novembre 1590, qui juge « que la partie qui a déféré le serment *décisif* peut révoquer la déclaration *re integrâ*, & la prouver par témoins, suivant la loi *si quis jusjurandum*, C. de rebus creditis.* » (La Roche-Flavin, *lettre S, tit. 3, arr. 1, pag. 272.*)

ARRÊT du parlement de Flandre, du 18 mars 1698, qui décide que celui qui a déféré le serment, peut s'en déporter, pourvu qu'il n'ait pas été fait : il y avoit pourtant arrêt qui ordonnoit que celui à qui il étoit déféré, pouvoit le faire à charge & à décharge. (Pinault, *tom. 2, art. 213, pag. 171.*). . . . Ce préjugé a été déterminé par l'avis d'Accurse: *Jusjurandum delatum nondum præstitum, is qui detulit, revocare potest, glossa, in l. 11, C. de rebus creditis.* (Voyez *Rétractation*, *Révocation*, *&c.*)

Saisie-arrêt.

37. Celui qui fait saisir & arrêter entre les mains d'un tiers, au préjudice de son débiteur, peut demander que le saisinaire *affirme* ce qu'il peut devoir, & même qu'il justifie de ses baux, quittances & autres titres. En cas de refus, le saisinaire doit payer les causes de la saisie en principal & accessoires.

Il y a des circonstances où cette *affirmation* n'est pas praticable, & en conséquence n'est pas exigible.

SENTENCE présidiale du Châtelet de Paris, du 12 décembre 1759, qui décharge le caissier de la comédie françoise, d'*affirmer* ce qu'il devoit au comédien Blainville. Il faudroit chaque jour de représentation, une nouvelle *affirmation*; & d'ailleurs, le calcul des profits revenant à chaque part, ne se fait qu'une fois l'année. Voyez *Comédien.*

L'art. 28 de la déclaration du 20 janvier 1736, portant réglement sur la jurisdiction du parlement de Toulouse, & de la cour des comptes, aides & finances de Montpellier, veut que les trésoriers de la province, les receveurs & collecteurs ne soient point distraits de leurs fonctions & exposés à des frais inutiles; en conséquence, défenses sont faites à toutes parties de les appeler, pour *affirmer* sur les saisies faites entre leurs mains, &c.

Tout juge devant lequel une contestation est engagée, étant compétent pour recevoir l'*affirmation* d'un saisinaire, il doit la prêter dans quelque tribunal qu'il soit assigné; mais si l'*affirmation* est contestée, il peut demander son renvoi par-devant son juge naturel, celui de son domicile, ou celui de son privilége.

ARRÊT du parlement de Paris, du 24 octobre 1726.... *Espece singuliere.* Un chirurgien de Paris ayant guéri une femme de chambre d'une maladie considérable, fait saisir entre les mains de son maître, les gages qu'il pouvoit lui devoir, à concurrence de 200 liv. Celui-ci répond qu'il n'a point d'*affirmation* à faire, parce que les gages des domestiques sont insaisissables. Sentence qui condamne le maître à *affirmer* ou à payer les causes de la saisie : en exécution, celui-ci *affirme* qu'il ne doit rien. Le chirurgien se pourvoit, & soutient en la cour que la déclaration du maître a été erronée, parce qu'elle a eu pour fondement la supposition que les gages des domestiques étoient insaisissables; supposition qu'aucune loi n'autorisoit. Le maître est condamné à payer les gages du jour de la saisie-arrêt, à raison de 100 livres par année.

Malgré l'*affirmation* des débiteurs qu'ils ne doivent rien, on les condamne à payer les causes de la saisie, s'il résulte de leur déclaration qu'ils ont payé d'avance. Il n'y a qu'une exception à cette décision; c'est lorsque le paiement par anticipation, a été fait en conformité des clauses d'un acte public & non suspect. Voyez *Anticipation*, *Avance*, *Bail.*

Le jugement qui donne acte d'une *affirmation* sur une saisie-arrêt, est sujet dans une justice royale au droit de petit scel, pour lequel il est dû 25 sous suivant la seconde classe du tarif de 1708 & la DÉCISION du conseil, du 31 décembre 1722. Voyez *Petit scel.* Voyez encore ci-dessus la division *Réitération*, & les mots *Compétence*, *Gages*, *Saisie-arrêt*, &c.

Serment en plaids.

38. C'est celui que nous avons déja appelé *serment d'affection*, & qui, par un mélange bizarre de la langue latine & de la françoise, est connu vulgairement *au palais* sous la dénomination de serment *in litem.* On accorde ce serment au demandeur, toutes les fois que, le fait qui sert de fondement à sa demande étant prouvé, il n'est pas prouvé quel est le préjudice qu'il souffre de ce fait. Ainsi, par exemple, quand il est prouvé que mon cohéritier a spolié la succession commune, mais qu'il n'est pas établi à quelle valeur se portent ses spoliations; on m'accorde l'*affirmation* sur celle à laquelle je crois pouvoir porter le dommage que j'éprouve. Il faut pourtant observer que quelque favorable que soit celui qui a à se plaindre d'un dol, d'une malversation, d'un enlévement, le juge a le droit de réduire, eu égard aux circonstances, les fixations qu'il croit excessives : *Ut possit per contumaciam suam tanti reus condemnari, quanti actor in litem juraverit; sed officio judicis debet...*

taxatione jusjurandum refrænari. L. 48, D. de dolo malo.

Le tuteur, qui, par la disposition des loix de tous les peuples policés, est tenu de faire inventaire des biens des pupilles & mineurs dont il a l'administration, est suspect de fraude, lorsqu'il a omis cette formalité : elle est tellement de rigueur, qu'on n'en dispense ni le pere, ni la mere, ni l'ayeul, ni les tuteurs indiqués dans le testament du pere de famille décédé. On admet contre eux également le serment en plaids : c'est ce que décide notamment d'Argentré : *Si omisisse reperiantur, etiam adversùs eos juramentum in litem recipitur, nonobstante reverentiâ paternâ : & alioqui dolus sufficienter videtur probatus ex tali omissione,* (art. 477, veter. consf. glosf. 2, n°. 7.)

Ce serment est aussi accordé au mineur contre le tuteur qui n'a point tenu un compte régulier de son administration : *Ita præsumitur contra illum qui non fecit librum rationum, sicut contra illum qui non fecit inventarium : qui enim non facit id ad quod scit vel scire debet se teneri, ratione officii sive publici, sive privati ; eo ipso est in dolo, saltem præsumpto.* (Molinæus, *tom. 1, pag. 298. n°. 34.*)

Quand on ne peut se faire représenter des pieces que l'adversaire a, ou doit avoir en son pouvoir ; on peut requérir le serment en plaids : *L. 10, D. de in lit. jurando,* & *l. 4, C. eod.*

On peut voir dans les autres loix de ces deux titres, les différens cas dans lesquels on accordoit à Rome cette espece de serment, que le droit ecclésiastique a adopté. (*Decretal. lib. 1, tit. 40, cap. ult.*) Nous allons rendre compte de notre jurisprudence.

ARRÊTS du parlement de Toulouse, du 21 janvier 1519 & du 11 mai 1536, qui décident qu'en matiere d'enlèvement par voie de fait, il faut recevoir le serment à plaids de la partie dépouillée : *In ablatis violenter, stabitur juramento partis.* (La Roche-Flavin, *lettre* R, *tit. 3, pag. 255.*)

ARRÊT du parlement de Dijon, du 22 décembre 1566, qui décide qu'un mari ne peut être reçu au serment contre sa femme, accusée d'avoir soustrait quelques meubles : *Quia nulla actio famosa competit, constante matrimonio.* (Bouvot, *tom. 1, part. 2, au mot Serment, quest. 2, pag. 204 & 205.*)

ARRÊT du parlement de Grenoble, du 11 janvier 1608, qui juge qu'on doit déférer le serment *in litem* contre celui qui refuse d'exhiber un acte décisif dont il est saisi. (Basset, *tom. 2, liv. 7, tit. 4, chap. 3, pag. 409.*)

ARRÊT du parlement de Grenoble, du 22 novembre 1608, qui juge que le serment *in litem* a lieu contre une veuve : *In judicio rerum amotarum.* (Ibid. ch. 2, pag. 409.)

ARRÊT du parlement de Dijon, du 24 novembre 1618, qui ne défere le serment en plaids, qu'en y joignant la preuve par commune renommée. (Bouvot, *tom. 1, part. 3, quest. 2, pag. 235.*) Ce préjugé est dans les principes qui nous paroissent devoir être suivis.

M. le Prêtre examinant les cas dans lesquels le serment en plaids doit être déféré, dit : « L'on ne croit pas incontinent à celui qui se plaint pour le dommage qu'il a souffert, ou les choses qu'il prétend lui avoir été dérobées ; mais le juge doit s'informer, avec toute la diligence qu'il peut, de la perte qu'il a pu faire ; & mettre en considération la qualité de la personne, & si elle est riche, de l'affaire qu'il traitoit, & du lieu ; quels deniers il y a apparence qu'il tient en ce lieu où le vol a été commis ; pour juger de son intérêt : & alors lui déférer le serment jusqu'à la somme qu'il pense être raisonnable pour récompenser la perte qu'il peut avoir faite : *Intrà quam juret, nec ultrà,* car il peut bien jurer au-dessous, mais non pas par-dessus la somme qui lui a été limitée & taxée, comme il est décidé par la *loi 9, C. unde vi.....* Les canonistes tiennent cette doctrine..... & nous la pratiquons ainsi in France. Le juge ordonne que le demandeur fera cru par ferment de la perte qu'il dit avoir faite, & du dommage qu'il a reçu jufqu'à certaine fomme, qui eft par lui limitée, & au deffous, pardeffus laquelle le demandeur ne peut jurer. Joint la commune renommée, de laquelle il doit être préalablement informé, c'eft-à-dire, avant que le demandeur foit reçu à faire le ferment ; qu'il doit informer & faire ouir témoins fur les facultés, & s'il a pu avoir de l'argent, ou les chofes qu'il prétend lui avoir été dérobées ; & s'il a pu les avoir au lieu, & à l'endroit où il dit qu'elles lui ont été prifes ; & l'enquête rapportée, le juge lui défere le ferment, & fur ce ferment il condamne le défendeur. » (le Prêtre, *centur.* 1, *chap.* 65, *pag.* 202.)... Ce texte eft long, mais il nous a paru précieux pour bien fixer les idées fur des objets qui reviennent tous les jours. M. le Prêtre eft d'ailleurs d'accord avec le préfident Favre, (*L.* 9, *C. undè vi ;*) avec Mornac, (*L.* 1, *D. de in lit. jur.*) avec Danty, (*Traité de la preuve par témoins,* *pag.* 56;) enfin, avec le grand Dumoulin, qui fe fert de ces expreffions remarquables : *Ubicumque de jure, ftatuto, vel confuetudine, ftandum eft juramento alicujus ; intelligitur dummodo vera afferat, feu verifimilia : fecùs, fi præfumptio fit in contrarium. Ut autem hoc juramentum poffit deferri, duo requiruntur ; dolus rei, & difficultas probationis.* (Molinæus, *tom.* 1, *pag.* 297 & 298, *n°.* 29.) CE TEXTE DOIT ÊTRE LA BOUSSOLE DU JUGE, DANS TOUTES LES QUESTIONS OU IL S'AGIT DE SERMENT ET D'AFFIRMATION.

ARRÊT du parlement de Grenoble, du 3 mars 1626, qui décide que le ferment *in litem* eft cenfé avoir été prêté, quand celui qui l'a déféré recourt du jugement qui l'a ordonné ; & que dans l'intervalle de l'appel, celui qui devoit le prêter eft décédé. (Baffet, *tom.* 2, *liv.* 7, *tit.* 4, *chap.* 3, *pag.* 408.) Voyez ci-deffus la divifion *Héritier.* ......

ARRÊT du parlement de Paris, du 8 janvier 1632, qui en jugeant que les enfans ne peuvent demander à leur mere la continuation de la communauté à défaut d'inventaire, ne leur défere le ferment *in litem* jufqu'à la fomme de 5000l. que, *junctâ communi famâ.* (Barder, *tom.* 2, *liv.* 1, *chap.* 1.) Cette décifion confacre les vraies maximes.

ARRÊT du parlement d'Aix, du 14 décembre 1662, qui défere le ferment *in litem,* contre un affocié, qui ne repréfentoit point les livres, de la fociété, dont il étoit chargé. (Boniface, *tom.* 1, *part.* 1, *liv.* 1, *tit.* 39, *n°.* 2, *pag.* 106.)

ARRÊT du parlement de Bourdeaux, du 3 février 1683, qui défere le ferment *in litem,* contre celui qui s'étoit mis, violemment & fur un titre vicieux, en poffeffion d'une maifon, fur la valeur des meubles qui garniffoient cette maifon ; & admet à la preuve de l'enlèvement des gros fruits & des beftiaux. Quelques juges vouloient l'enquête préliminaire fur tous les objets. Avoient-ils tort ? (Lapeyrere, *lettre* V, *n°.* 67, *pag.* 532.)

ARRÊT du parlement de Flandre, qui admet le demandeur au ferment *in litem,* à concurrence de quatre vingts-dix mille florins, *faute par les défendeurs de fatisfaire aux compellations qui font & paroiffent de leur fait.* (Pinault, *tom.* 2, *chap.* 220, *pag.* 286.)

ARRÊT du parlement de Dijon, du 22 décembre 1607, qui admet le ferment *in litem* contre un pere qui n'avoit point fait inventaire. ARRÊTS conformes, de la même cour, du 24 avril 1677, & du 1 août 1687. ARRÊTS de la même cour, contraires aux précédens, du 27 janvier 1661, 21 mars 1674, & 2 janvier 1691. Lors de ce dernier, l'enfant du premier lit offroit la preuve de la commune renommée avec le ferment en plaids.... Sur tout ceci, Davot s'écrie : (*Tom.* 1, *pag.* 408.) *Il faut donc que cela dépende des circonftances des procès!* Eh! fans doute, il le faut bien ! La loi la plus parfaite a fes exceptions.

ARRÊT du parlement de Toulouse, du 5 septembre 1739, qui juge entr'autres points, que « le ferment *in litem* a lieu toutes les fois que le demandeur est privé de la chose sur le dol & le refus injuste du défendeur; & en pareil cas, le demandeur est reçu à mettre un prix à la chose, prix que le juge peut suivant sa prudence modérer, eu égard à la commune renommée. » (*Journal de M. de Juin*, tom. 6, chap. 405, pag. 185 & suiv.) Voyez *Enfant*, *Estimation*, *Femme*, *Héritier*, *Inventaire*, *Mari*, *Mere*, *Mineur*, *Pere*, *Recelé*, *Renommée* (commune), *Restitution*, *Spoliation*, *Tuteur*, *Veuve*, *Vol*, &c.

Serment par les deux parties.

39. On a demandé, « si le juge peut déférer le ferment à l'une des parties; & si l'une ayant juré, l'autre est tenue de jurer. »

ARRÊT du parlement de Dijon, du 25 février 1611, qui décide que, lorsque l'une des parties a prêté l'affirmation décisoire tout est consommé. Exiger le ferment des deux parties, ce seroit évidemment chercher à rendre l'une ou l'autre parjure, « & fut la partie sur un mescompte d'argent prétendu renvoyée, sur le ferment de l'une des parties présente au compte. » (Bouvot, *tom. 2, part. 1*, au mot *Délation de ferment*, quest. 3, pag. 203.)

Taille, Equivalent, &c.

40. La loi romaine dit, que l'*affirmation* décisoire a le même effet qu'une transaction : (*L. 1 & 2, D. de jurejur.*) Les ARRÊTS des cours souveraines, (rapportés ci-dessus sous les n°. 3 & 29,) rejettent la demande que fait celui qui a déféré une *affirmation*, d'être admis à la preuve des faits sur lesquels cette *affirmation* a été prêtée.

Ces principes n'ont plus d'application lorsqu'il est question d'équivalent, tailles, aides & autres droits royaux. Le fermier de ces droits, le collecteur ou receveur

des tailles peuvent, après avoir déféré une *affirmation*, qui a été prêtée, demander à prouver des faits qui détruisent cette *affirmation*; & le débiteur est non seulement condamné au paiement de ces droits, mais encore à l'amende pour son parjure, & aux dépens, dommages & intérêts des fermier, receveur, collecteur, &c. C'est la disposition de l'ordonnance de Charles VII, sur le fait des aides de l'année 1452, art. 12, 13 & 14.

Cependant, ce qui est permis aux fermiers des droits royaux n'est pas réciproquement permis aux redevables.

ARRÊT de la cour des aides de Montpellier, du 19 février 1603. Gaujac défere l'*affirmation* décisoire à Nouguier, collecteur des tailles, au mandement de Saint-André-de-Lancize sur ce fait; s'il n'est pas vrai qu'il lui a payé le montant de sa cottisation au rôle de la taille? Nouguier prête cette *affirmation*, & soutient qu'il n'a rien reçu. Gaujac obtient ensuite du juge de Fontanilles, une ordonnance qui l'admet à prouver qu'il a payé Nouguier : sur l'appel de celui-ci, la cour infirme.

« On se départ de la maxime générale en faveur du roi, de son fermier ou collecteur; parce que tels droits d'aides ou tailles servent au roi pour le maintien de son état, comme dit est : & cette raison ne se rencontrant pas lorsque le cottisé a déféré le ferment décisoire au fermier ou collecteur, il n'est pas juste qu'on s'en départe en faveur dudit cottisé. » (Despeisses, dans son *Traité des tailles*, tit. 4, sect. 3, n°. 70 & 71, tom. 3, pag. 371 & 372 de l'édit. de 1750.)

Ce défaut de réciprocité ne paroîtra pas fondé, si l'on considere que le collecteur & le fermier ne participent point à la dignité du trône. Si l'on ne voit que le doute, jamais il ne faut oublier la sublime leçon que donna Louis XIV, lorsque plaidant en son nom, & instruit qu'il y avoit partage, il prononça lui-même sa condamnation. Ce trait mémorable devroit être peint par-tout, comme il l'est à Lyon dans la chambre criminelle. Tandis que la justice présente à Louis XIV sa balance; la vertu & la vérité lui adressent la parole, foulent à leurs pieds la basse adulation : & au bas du tableau sont gravés ces vers.

Regem inter popullumque, ingens de divite fundo
Lis erat ; eventus urbs malè tuta timet.
Scinduntur varii, studia in contraria, patres.
Rex propriâ, semet judice, lite cadit.
Vinci dum voluit, potuit qui vincere, patrem
Se populi, regem se probat esse sui.

Tiers.

41. En général, les actes n'obligent que ceux qui y sont parties : l'autorité même de la chose jugée, toute respectable qu'elle est, ne peut être opposée à un tiers. Cette regle ne doit-elle pas avoir lieu en matiere d'*affirmation*, surtout d'après la disposition précise de plusieurs loix qui le décident ainsi, & & de celle-ci entr'autres? *Si petitor juravit, possessore deferente, rem suam esse, actori dabitur actio ; sed hoc dumtaxat adversùs eum qui jusjurandum detulit, eosque qui in ejus locum successerunt : CÆTERUM ADVERSUS ALIUM SI VELIT PRÆROGATIVA JURISJURANDI UTI, NIHIL EI PRODERIT.* L. 9, §. 7, D. de jurejurando. ARRÊT du parlement de Paris, du 2 mars 1610, qui juge que le serment déféré par un des héritiers, à un débiteur de la succession commune, ne peut être critiqué par un autre cohéritier.... Dans cette hypothese particuliere, a-t-on pu s'écarter des regles générales? nous ne le croyons pas. Un héritier pourroit s'entendre avec un débiteur & ruiner ses cohéritiers. On se décida peut-être sur cette distinction de la loi 28, §. 1, *D. de jurejur.* Elle dit que le serment du débiteur principal sert à la caution; s'il a eu pour objet, le contrat, la chose qui faisoit la matiere de l'obligation, plutôt que celui qui a affirmé : *Si modo*

ideo interpositum est jusjurandum, ut de ipso contractu & de re, non de personâ jurantis ageretur. Nous croyons ceci trop subtil, & d'une application dangereuse dans l'usage.

Titres.

42. Lorsque quelqu'un est fondé dans les demandes qu'il forme sur un titre authentique; peut-on exiger qu'il prête son *affirmation* sur la sincérité de ce titre? La jurisprudence n'est rien moins qu'uniforme sur cette question, sur laquelle on fait tant de distinctions, qu'en général on peut dire que tout dépend des circonstances. Choisissons dans le nombre des arrêts, quelques-uns des plus anciens, & quelques autres des plus modernes.

ARRÊT du parlement de Rennes, du 17 novembre 1598, qui rejette la demande en *affirmation* contre la réalité du contrat. Les intimés disoient « que le contrat parloit; que les actes y étoient datés, spécifiés; les notaires exprimés, & qu'il faudroit qu'il eût été faux; que le serment étoit demandé per.... » (*Recueil de Chapel, liv. 4, chap. 64, pag. 29.*)

ARRÊT du parlement de Toulouse, du 23 mars 1584. Dardillon, procureur en la cour, soutient que Germinot ne lui a prêté que vingt écus, quoiqu'il ait reconnu lui en devoir vingt-deux par son obligation; & il demande *affirmation* sur ce fait. Sentence qui ordonne qu'elle sera prêtée : la cour infirme, « vu la modicité de la somme & qualité dudit Germinot, docteur & avocat, outre la foi & autorité du contrat. » (La Roche-Flavin, *lettre S, tit 2, arr. 5, pag. 274.*)

ARRÊT du parlement de Toulouse, du 14 janvier 1598, qui juge, « que le serment peut être déféré sur un fait soutenu contre le contrat, & que sous le mot de *Preuve* contenu en l'ordonnance de Moulins, art. 54, le serment n'est point compris. » Cela avoit été ainsi déja jugé par ARRÊT du 15 mai 1582. (Cambolas, *liv. 2, chap. 38.*)

ARRÊT du parlement de Paris, du 14 janvier 1625, qui juge que le créancier d'une rente par contrat en bonne forme, n'est pas tenu d'*affirmer* en quelles especes la rente a été constituée. ARRÊT conforme de la même cour, du 13 mars 1637, qui décide qu'on ne peut exiger l'*affirmation* contre la teneur d'une obligation de 1500 livres, qu'on alléguoit n'avoir eu d'autre valeur que le prêt de quelques pistoles & une boîte à portrait qu'on offroit de rendre.... Il en eût été autrement, dit le compilateur, s'il y eût eu inscription en faux. (*Journ. des aud. tom. 2, liv. 1, chap. 32, pag. 22.*)

ARRÊT du parlement de Bourdeaux, du 30 avril 1671. Lardimarie constitue à sa sœur par son contrat de mariage une somme de 20000 livres, sur laquelle le futur époux déclare en avoir reçu quinze; celui-ci demande ensuite l'*affirmation* de son beau-frere sur ce fait, qu'il ne lui a été compté que 5000 liv. Les parties sont mises hors de cour. Lapeyrere, sur cet arrêt, dit : « les nouveaux arrêts du parlement refusent le serment contre les contrats & actes publics; je crois néanmoins l'ancienne jurisprudence, meilleure & conforme à la loi *Manifestæ turpitudinis.* » Son annotateur, observe que lorsqu'il s'agit de quittance de dot, portant numération d'especes en présence des parens, le serment n'est pas reçu; qu'il n'y a que la voie de l'inscription en faux; & il rapporte plusieurs préjugés qui l'ont ainsi décidé. (*Lettre D, n°. 221, pag. 112 & 113.*)

ARRÊTS du parlement de Toulouse, du 22 juin 1679, 18 juin 1681 & 2 juillet 1695. Le premier infirme une sentence du sénéchal de Léictoure, qui avoit ordonné qu'une belle-mere *affirmeroit* décisoirement, s'il n'étoit pas vrai que, lors du contrat de mariage de sa fille, portant quittance de 2000 liv.

elle avoit retiré & repris incontinent cette somme? Le gendre avoit impétré des lettres de rescision dans les dix années de l'ordonnance. Le second confirme une sentence du sénéchal de Béziers, qui avoit débouté d'une demande en délation d'*affirmation* sur la feintise d'une quittance de dot après les dix années. Le troisieme prononce dans cette espece. Un mari reconnoît dans son contrat de mariage avoir reçu auparavant l'acte 7000 liv. Il réitere cette reconnoissance par un acte subséquent. Plus de dix ans après, il demande à sa femme sa réponse cathégorique sur deux faits; 1°. si l'argent a été compté? 2°. si elle n'a pas promis de ne rien réclamer de cette somme deux fois reconnue? Le fait *non numeratæ pecuniæ* ne fut point trouvé recevable, quoique le contrat ne portât point la numération d'especes, parce que les dix années s'étoient écoulées. Le second fut admis, parce que ce n'étoit point revenir contre l'acte; c'étoit au contraire l'avouer & le reconnoître valable, que de ne lui opposer que la convention faite de ne pas l'exécuter. M. de Catellan observe, avant de rendre compte de ces trois arrêts, que le parlement de Toulouse admet l'exception *non numeratæ pecuniæ*, avec cette différence, que si elle est proposée dans les deux ans, c'est au créancier à prouver que l'argent a été compté; & qu'au contraire, si c'est après les deux ans, c'est au débiteur à prouver qu'il ne l'a pas reçu. (Catellan, *liv. 5, chap. 57, pag. 343 & suiv.*)

ARRÊT du parlement de Toulouse, du 31 mai 1713, qui rejette une délation d'*affirmation* au pere constituant, sur ce fait : s'il n'étoit pas encore débiteur de la dot? (Vedel, *liv. 5, chap. 57, pag. 154.*)

ARRÊT du parlement de Paris, du 3 septembre 1720. Contrat de mariage entre le sieur de la Cour Deschiens & la demoiselle du Breuil : le futur reconnoît avoir reçu de la future, tant en argent monnoyé qu'en bons billets payables au porteur, 75000 liv. Le mariage n'a point lieu, & la demoiselle du Breuil épouse le sieur de St. Victor. Après la mort du sieur de la Cour, les sieur & dame de St. Victor demandent à sa succession la somme de 75000 livres, & elle leur est adjugée par sentence du 16 mai 1716, en *affirmant* par la dame de St. Victor qu'elle l'a fournie. La cour confirme.

ARRÊT du parlement de Paris, du 12 février 1733, qui admet la constitution que la demoiselle de la Chaise *s'étoit faite elle-même* dans son contrat de mariage avec le sieur de S. George, passé en présence du prince de Rohan. Le sieur de St. George pere, sorti du royaume pour de mauvaises affaires, avoit accusé la demoiselle de la Chaise d'avoir séduit son fils; & cette demoiselle, d'une condition sortable, d'une conduite sans reproche, avoit été renvoyée de l'accusation. Ces motifs, dit Denisart, déciderent la cour, qui n'exigea pas même l'*affirmation*, parce que le contrat portoit réelle numération des especes à la vue des notaires.

ARRÊT du parlement de Rouen, du 20 décembre 1750, qui juge qu'une femme est obligée d'affirmer la sincérité de sa quittance de dot, *quand elle n'est pas mariée ni par son pere, ni par ses freres, & que c'est elle-même qui s'est dotée.*

Denisart, qui rapporte ces trois préjugés au mot *Dot*, en rapporte d'autres qui ont rejeté des quittances de dot. Ceci confirme ce que nous avons avancé au commencement de cette division, que dans cette matiere tout dépend des circonstances : mais notre avis est, qu'il faut qu'elles soient bien décisives pour dispenser de l'*affirmation* qui ne fait aucun tort à celui à qui on la demande. Voyez *Contrat, Exception, Dot, Notaire, Obligation, Paiement*, &c.

Transport de juge.

43. « Si la personne à laquelle le serment est déféré a des empêchemens légitimes pour se transporter devant le juge, à l'effet de jurer ; le juge sur la représentation de l'exoine, peut ou se transporter chez la partie, ou ordonner au greffier de se transporter seul, à l'effet de recevoir le serment qu'il s'agit de prendre : l'usage du Châtelet est de faire transporter le greffier seul. » (Denisart, au mot *Serment*, n°. 23.) Ce que nous avons observé dans plusieurs divisions de cet article, (*n°. 4, 8, 19, 21, 22 & 26.*) sur l'importance de donner le plus grand appareil aux *affirmations*; & surtout, ce qui se passa à l'occasion du sieur de St. Priest, ne nous permet pas d'approuver l'usage de faire recevoir par *un greffier* un serment décisoire. (Voyez la *pag. 385, colon. 2.*)

La loi *15, D. de jurejurando*, dit qu'il faut que le juge aille prendre l'*affirmation* des personnes illustres & des malades dans leur hôtel, dans leur maison : *Ad personas egregias, eosque qui valetudine impediuntur, domum mitti oportet ad jusjurandum.* Mornac sur ce texte, appelle cette prérogative du chancelier, du connétable, des maréchaux de France, des présidens à mortier, des chevaliers de l'ordre du roi : &c. *le serment d'honneur. (Tom. 1, pag. 708.)*

« Je plaidois, (dit Brillon au mot *Serment, n°. 37, pag. 270.*) au grand conseil pour un pauvre créancier, contre un cardinal son débiteur ; il fut ordonné que le cardinal *affirmeroit.* Je demandai que l'*affirmation* fût faite en personne, je ne l'obtins pas. Il donna un simple acte, passé pardevant notaires, contenant le serment, qu'il ne devoit rien : ma partie fut ainsi payée *sans recevoir de l'argent, ni être obligée de donner quittance.* La dignité & l'éminence des personnes leur attire la confiance de la justice, qui les dispense quelquefois des regles séveres, toujours dans la présupposition, qu'ils ne sont pas capables de manquer à la vérité & à l'honneur. » Voyez *Illustre, Malade, Transport*, &c.

Usages

Ufages différens.

44. Comment procede-t-on, lorfqu'il s'agit de recevoir l'*affirmation* de plufieurs particuliers préfens à l'audience, fur un même fait?

Dans quelques tribunaux, tels que la grand'chambre du parlement de Paris, on fait à tous & à la fois cette interpellation: *Vous promettez fur la part que vous prétendez en paradis de dire la vérité:* & tous ceux qui font interrogés, répondent à la fois, *oui.* Dans quelques autres, tels que les requétes du palais, on prête l'*affirmation* fucceffivement.

Si l'on a vu fouvent des perfonnes fenfibles à la fage & douce exhortation préliminaire du juge, écouter les remords falutaires que faifoit encore naître en eux la formule effrayante, & n'ofer foutenir ce qu'ils s'étoient propofé d'*affirmer;* il eft fenfible que ces événemens peuvent fe réalifer plus fouvent, lorfqu'on ifole un perfonnage, que lorfqu'on l'accouple, pour ainfi dire, avec des gens qui quelquefois ont plus de front que lui, & qui, lui communiquant leur coupable hardieffe, le fortifient, par leur ton & leur contenance, contre le cri de la confcience & la timidité.

Outre les mots annoncés dans nos différentes divifions, voyez *Affertion, Avocat, Baftille, Cadaftre, Fin (de nonrecevoir), Juge, Juif, Néceffité jurée, Prêtre, Quaker, Témoin, &c.*

AFFIRMATION DE VOYAGE.

45. C'eft l'acte par lequel une partie *affirme* dans un bureau, ou greffe établi à cet effet, qu'elle s'eft tranfportée, ou a féjourné dans un lieu pour y veiller à la pourfuite ou au jugement d'un procès. Ce n'eft que fur l'expédition de cet acte que les frais du voyage ou du féjour peuvent entrer dans la taxe des dépens. "Les voyages & féjours qui doivent entrer en taxe, ne pourront être employés ni taxés, s'ils n'ont été véritablement faits, & dû être faits; & que celui

qui demandera la taxe ne faffe apparoir d'un acte, fait au *greffe* de la jurifdiction en laquelle le procès fera pendant, lequel contiendra fon *affirmation* qu'il a fait exprès le voyage pour le fait du procès; & que l'acte n'ait été fignifié au procureur de la partie, auffi-tôt qu'il aura été paffé: & le féjour ne pourra être compté que du jour de la fignification. » *Art. 14 du tit. 31 de l'ORDONNANCE de 1667.*

Dès l'année 1597, un ÉDIT du mois de mars avoit déterminé que les voyages des parties ne pafferoient en taxe que fur l'expédition des actes de comparution & de départ, faits aux greffes, pour lefquels les greffiers du cours percevroient 5 fous, & les autres greffiers 3 fous. A défaut par les greffiers de payer la finance de ces attributions, l'édit créa dans chacune des jurifdictions royales un greffier des affirmations.

En 1669, on s'occupa du foin de faire exécuter les difpofitions de l'ordonnance de 1667. En conféquence, foit que les greffiers des jurifdictions royales euffent négligé de payer la finance de l'édit de 1597, foit qu'on trouvât des inconvéniens à leur voir allier l'exercice de leurs fonctions ordinaires avec celui de la réception & expédition des actes d'*affirmation;* un ÉDIT du mois d'août de cette année, créa des greffiers précifément pour cet objet, & leur attribua pour chacun defdits actes 20 fous dans les cours fupérieures, & 10 fous dans les autres jurifdictions. Les greffiers de la création de 1597, n'eurent plus que le droit de fe faire rembourfer de la finance qu'ils pourroient avoir payée.

Cette loi générale avoit été précédée de quelques loix particulieres, & entr'autres, d'un ÉDIT du mois de feptembre 1668, enrégiftré au parlement de Touloufe le 20 de ce mois, qui avoit établi des greffiers des *affirmations* dans le reffort de cette cour: il eft dit dans le préambule de cet édit, que les offices créés antérieurement n'avoient été *levés ni expédiés.* Ces derniers termes fouffrent bien quelque exception ; puisque l'ÉDIT général de 1669, laisse aux greffiers établis en 1597 le droit de se faire rembourser.

Il est inutile de suivre le détail chronologique des divers changemens intervenus relativement à l'exercice de ces greffes des *affirmations*, qui ont été successivement tantôt entre les mains des engagistes des greffes, des greffiers en chef, des greffiers particuliers, &c. tantôt entre celles des fermiers du domaine. C'est le dernier état des choses, d'après les dispositions de l'ÉDIT du mois de février 1715.

Mais ce qu'il est essentiel de faire connoître, c'est l'établissement des offices de *contrôleurs des actes d'affirmation de voyage*, fait par ÉDIT du mois de septembre 1704, avec attribution de dix sous pour chaque acte dans les cours supérieures, & 5 sous dans les autres jurisdictions. Après des suppressions, des unions, &c. ces offices sont entre les mains des fermiers du domaine ; c'est encore le dernier état. Ainsi, les droits des *affirmations*, tant pour la réception & expédition, que contrôle d'icelles, sont en tout de 30 sous dans les cours supérieures, & de 15 sous dans les autres sieges.

On a élevé pendant long-temps des doutes sur la question de savoir, si les actes d'affirmation devoient avoir lieu dans les tribunaux de privilege, ou qui ont des attributions particulieres, ainsi que dans les justices des seigneurs ? mais le résultat de beaucoup de difficultés a été, qu'à l'exception de la Provence & de la Franche-Comté, il a fallu se soumettre à les adopter dans tous les sieges du royaume sans exception, & même dans les jurisdictions consulaires. Partout, ces droits se perçoivent au profit du roi ; à moins que les seigneurs ne les eussent acquis, auquel cas le fermier des domaines ne jouiroit que des droits du contrôle.

Les actes d'affirmation sont libres ; mais aucun juge, soit royal, soit sei-

gneurial, ne peut rien allouer pour les frais de voyages & séjours, lors des taxes des dépens, *sans un acte d'affirmation contrôlé :* cet acte ne peut être délivré par le greffier ordinaire, à moins qu'il ne soit commis à cet effet par le fermier à qui il en paie les droits ; & la raison est, que les *actes des affirmations ne sont point des actes du greffe ordinaire.*

ARRÊTS du conseil, du 11 juin 1726, & du 8 juillet 1755, (ce dernier, vise une ordonnance de l'intendant de Bretagne, du 29 mars précédent,) qui consacrent les maximes en cette matiere. (*Dict. des domaines*, au mot *Affirmation de voyage.*)

Voilà ce qui tient à la fiscalité. Ajoutons quelques objets principaux, non tous : car on sent bien que la plupart des tribunaux ayant fait des réglemens particuliers sur les *affirmations de voyage*, nous ne pouvons pas transcrire en entier leurs nombreuses & diverses dispositions. D'ailleurs, ces détails secondaires se trouveront placés plus naturellement sous les mots *Dépens, Liquidation, Messager (vin de), Séjour, Taxe, Voyage, &c.*)

ARRÊT du parlement d'Aix, du 21 janvier 1672. Rostain, marchand de Nîmes, ayant fait assigner le fils & héritier d'Agnel de Forcalquier, en paiement d'une somme de 400 livres pour vente de marchandises, demande incidemment que cet héritier exhibe le livre de raison qu'a dû tenir son pere ; ce que le premier juge lui refuse : appel & sentence du lieutenant qui infirme, & ordonne l'exhibition, mais sans accorder les dépens du voyage du commis de Rostain, qui avoit cependant fait son *affirmation* au greffe. La cour, sur le nouvel appel de Rostain, lui adjuge les dépens du voyage de son commis. (Boniface, *tom. 3, liv. 3, tit. 6, chap. 3, pag. 511*). Un ARRÊT précédent de la même cour, du 28 janvier 1670, avoit « adjugé les dépens & voyages à un héritier demeurant éloigné du lieu du domicile du teftateur, & du lieu où les biens font fitués, comme étranger & non domicilié. » (*Ibid. chap. 1, pag.* 310.)

ARRÊT de réglement du parlement de Rouen, du 2 août 1678, fur la taxe des juges, greffiers, &c. L'art. 65 taxe les voyages des parties. (*Recueil de pieces inférées à la fin du tome 1 des œuvres de* Bafnage, *pag.* 35 & *fuiv.*)

RÉGLEMENT du confeil d'état, du 7 juin 1687. Le *titre* 14 renferme celui des voyages, féjours & retours. Dans les *art.* 139, 140, 141 & 142, il eft dit que celui qui voudra être rembourfé des frais d'un voyage, féjour, ou retour, ou de ceux d'un envoyé, fera tenu de dénoncer fon arrivée à l'avocat par acte figné de lui ou de fon envoyé & de fon avocat, tant fur l'original, que fur chacune des copies de l'acte. Si depuis la dénonciation du féjour, lui, ou fon envoyé, quittent la fuite du confeil, il faut le déclarer par un nouvel acte, à peine de privation du féjour précédent ; & en cas de retour, nouvelle dénonciation fera faite dans la même forme que la précédente. Les procurations pour venir & féjourner, feront paffées par-devant notaire, à peine de nullité ; & copie en fera donnée lors de la dénonciation. Elles contiendront le nom, la qualité & la demeure du procureur ; la caufe & fujet du voyage & féjour, s'il eft à l'occafion d'une ou de plufieurs affaires, leur nombre & leur qualité. Les femmes & les enfans pourront venir pour leurs maris & meres, fans qu'ils aient befoin de procuration. Les *art.* 143 & 144, portent que, lorfqu'on procédera à la taxe, celui qui aura fait le féjour, fera tenu d'*affirmer* en perfonne pardevant le commiffaire les mêmes chofes que celles employées dans les actes de féjour & procuration ; & fi la partie, ou fon envoyé, vouloient s'en retourner avant la taxe des dépens, ils feront tenus de faire leur *affirmation* devant le commiffaire, de laquelle leur fera donné acte au pied d'une fimple dénonciation faite à l'avocat de la partie

adverfe, de fe trouver du jour au lendemain, fans qu'il foit befoin de *committitur* ou ordonnance. S'il fe juftifie par écrit que le contenu en la procuration & acte d'*affirmation* ne foit pas, en tout, ou en partie, véritable ; le demandeur en taxe, ou fon envoyé, feront privés de tout voyage & féjour, &c.

ARRÊT de réglement du parlement de Paris, du 4 décembre 1688, qui confirme le réglement fait par le Châtelet, relativement aux taxes des voyages qui ont pour objet les affaires pendantes en ce tribunal.

ARRÊT de réglement du parlement de Paris, du 10 avril 1691, qui fixe les droits dus pour les voyages & féjours, fuivant la qualité & le fexe des perfonnes, la nature des affaires, les motifs qui déterminent à ces voyages & féjours.

ARRÊT du parlement de Flandre, du 14 décembre 1695, qui juge « que dans la taxe des dépens, l'on ne paffe point des frais des voyages, qu'aux parties, même pour l'inftruction & follicitation de leurs affaires, & non à leurs agens ; à moins que les parties ne foient d'une qualité à avoir befoin d'agent pour la conduite de leurs procès. » Sur le fondement de cette exception, on employa dans la taxe des dépens adjugés à madame de Bernimecour, contre M. de Crapilly, confeiller en la cour, deux voyages de fon chapelain : le fexe & la condition de la dame ne lui permettoient pas de faire fes affaires par elle-même.

ARRÊT du parlement de Paris, du 11 avril 1719, qui décide « qu'une *affirmation* de voyage par une femme féparée de biens, comme étant venue du domicile de fon mari, eft bonne, quoiqu'elle eût pris à loyer une maifon à Paris pour pourfuivre fes procès. » (*Jour. des aud. tom.* 7, *liv.* 2, *chap.* 26, *pag.* 237.)

ARRÊT du parlement de Paris, du 28 août 1727, concernant les voyages & féjours. La cour ordonne l'exécution du réglement par elle fait le 10 avril 1691 ;

« Ce faisant, que dans la taxe des dépens adjugés dans les procès de grands commissaires, il sera taxé un voyage pour faire juger, si le jugement est définitif, avec quatre jours de séjour ; & au pardessus, autant de fois deux jours qu'il y aura eu de vacations, s'il n'est autrement ordonné par un arrêté particulier, par lequel messieurs, en jugeant le procès, pourront régler le nombre de jours qui seront alloués à la partie pour son séjour, outre les quatre jours ordinaires. »

ARRÊT du parlement de Toulouse, du 4 septembre 1722, portant réglement sur ce qui doit être observé dans l'instruction des procès. Il ordonne, entr'autres, » qu'il ne sera eu aucun égard aux *affirmations* de voyage & séjour, faites par les personnes étrangeres sans procuration. »

ARRÊT du parlement de Bourdeaux, du 22 janvier 1734, sur la taxe des frais de voyage & séjour. L'*art.* 37 de ce réglement, distinguoit les gardes du corps, gendarmes, mousquetaires & chevaux-légers, gentilshommes ; de ceux qui ne l'étoient pas ; & accordoit 5 liv. en séjour, 6 liv. en voyage aux premiers ; & seulement 3 livres en séjour, & 4 livres en voyage aux seconds. Un ARRÊT du conseil, du 22 juin 1737, cassa cette partie du réglement ; & ordonna que tous les gardes du corps, &c. sans distinction, seroient taxés sur le pied fixé pour ceux d'entr'eux qui sont gentilshommes.

ARRÊT du parlement d'Aix, du 23 juin 1736, « qui ordonne qu'à l'avenir il sera passé en taxe un voyage de la partie, lorsqu'il y aura *affirmation* ; ou de porteur, lorsqu'il n'y aura point d'*affirmation* ; & lorsque l'affaire sera plaidée par procureur. » (Reguffe, *tom. 1, pag. 369.*)

ARRÊT du parlement de Rouen, du 13 février 1750, qui juge qu'on ne doit taxer que 4 liv. 10 sous par jour à un receveur payeur de gages de la chambre des comptes.

LETTRES-PATENTES, portant réglement sur la procédure qui sera suivie au grand conseil. Le *titre 9* a pour objet les voyages, séjours & retours. Les dispositions en sont calquées sur celles du réglement du conseil d'état, du 7 juin 1687. Deux objets particuliers doivent être rappellés : l'*art.* 4 dispense les députés des communautés ecclésiastiques ou séculieres, de rapporter une procuration, pourvu qu'ils soient suffisamment autorisés par une délibération, qui contienne ce que devroit contenir la procuration. L'*art.* 8 porte que, lorsque l'instance sera jugée, la partie, ou celui qu'elle aura envoyé, qui voudront s'en retourner avant la taxe des dépens, seront tenus de faire avant leur départ, leur *affirmation*, & que s'*ils repartent avant le jugement de l'affaire, ils envoient une procuration passée devant notaires, pour faire ladite affirmation à leur place, avant que les dépens soient taxés.*

ÉDIT portant réglement pour la procédure du mois de février 1771. Le *titre 9* traite des voyages, séjours & retours, & se trouve rédigé d'après le plan des réglemens faits pour le conseil d'état, & le grand conseil. La seule différence consiste en ce que ce n'est pas par actes communiqués ni pardevant les rapporteurs que se font les affirmations comme dans ces deux tribunaux. L'*art.* 6 dit : « Le greffier des *affirmations* continuera de recevoir les déclarations & *affirmations* de voyages, comme par le passé ; & les actes qui seront par lui délivrés, serviront au réglement de la taxe des séjours, à compter du jour de la signification d'iceux. »

Par les ordonnances de Léopold I, duc de Lorraine, il est porté, « qu'il ne sera alloué que deux voyages aux parties pour chacune affaire d'audience, & trois en procès par écrit ; à charge qu'en l'un & en l'autre cas, ils seront justifiés par actes d'*affirmation* de voyages, qui seront signifiés dans les vingt-quatre heures, sauf aux juges de régler le séjour en cas de besoin. » (*Tom. 2, pag. 133 de l'édit. de Nancy, 1701, in-16.*)

Il s'en faut bien que cet article présente tout ce qu'il faut savoir sur cette matiere : car, comment tout dire. Voyez, sur le tarif des droits arrêtés relativement à la qualité des parties, les mots ci-dessus indiqués, *Dépens, &c. Voyage, &c.*

AFFIRMATIVE,
AFFIRMATIF.

(Droit ecclésiastique. Droit public.)

1. « C'est la proposition par laquelle on affirme. *Ils sont toujours d'un avis différend ; jamais l'un ne nie une chose, que l'autre ne soit pour l'affirmative.* » (Dict. de l'acad.)

Ainsi nous a-t-on peint le parlement britannique jusqu'au moment où la *coalition* démembrant l'*opposition*, assure la majorité à l'administration regnante.

Ainsi peindroit-on le tribunal, s'il en étoit un, où l'esprit d'ambition & de discorde fût tel, que l'*affirmative* d'un parti excitât sur le champ, la *négative* du parti contraire.

Cet esprit de controverse semble particulier à la jurisprudence, comme à la théologie ; & il n'y a pas d'*affirmative* si lumineuse, si incontestable, qui n'ait excité la proposition contraire. Cujas le disoit modestement, en assurant qu'il devoit beaucoup aux contradictions de Duaren. L'esprit humain s'est accoutumé à jouer avec l'évidence & le sentiment, comme avec les choses de fantaisie & de goût. Y a-t-il gagné ? Ce n'est pas ainsi que voyoit le législateur romain, quand il disoit : nous sommes les prêtres de la justice ; & rien ne doit nous distraire de son culte : *Cujus, meritò, quis nos sacerdotes appellet ; justitiam namque colimus, boni & æqui notitiam profitemur.* (L. 1, § 1, D. de Just. & jure.)

C'est ainsi que pensa Papinien, lorsque Caracalla voulut le forcer à soutenir la plus odieuse des *affirmatives*, savoir,

qu'il avoit pu & dû tuer son frere. Ce jurisconsulte préférant la mort, lui dit froidement : *Non tam facilè parricidium excusari posse, quàm fieri.* Et, pour la vertu, le nom de ce grand homme est bien autre que celui de Séneque.

Si tous avoient eu ce courage, le droit des gens & le droit public ne seroient pas ce que nous les voyons. Mais la vérité est trop souvent funeste. Ulpien, Cicéron & Démosthene, ont eu le même sort que Papinien.

Dans les cours corrompues, il n'y a d'*affirmative* que le signe du prince, & l'opinion regnante. Ailleurs le courage se tait, & la prudence élude.

Inquisition.

2. Tel est est le sort de l'infortuné qui est accusé devant le St. office.

Par une distinction fameuse dans la pratique criminelle de ce tribunal, on classe les hérétiques en *affirmatifs* & en *négatifs*.

L'*affirmatif* est celui qui avoue hautement l'erreur. *Hæretici AFFIRMATIVI dicti sunt qui habent eorum quæ sunt fidei, errorem in mente : & verbo, vel facto, ostendunt se modis prædictis habere pertinaciam in voluntate.* (Aymerici & Pegnæ *directorium inquisitorum*, part. 2, quest 34, pag. 322, édit. 1607.)

L'hérétique négatif est celui qui, convaincu par des témoignages valables de quelque hérésie ou de quelque erreur, persiste à les nier, soutenant qu'il fait profession sincere de la foi catholique, & croit ce que l'église romaine ordonne de croire : *NEGATIVI verò hæretici dicti sunt, qui coram judice fidei per testes legitimos, de aliquá hæresi vel errore, quos nolunt vel non possunt repellere, ritè sive justè convicti sunt, sed non confessi ; imò in negativá constanter perseverant, verbo catholicam fidem profitentur, & detestantur etiam verbo hæreticam pravitatem.* (Ibid.)

« Il y a peu d'hérétiques *affirmatifs*, mais il y en a beaucoup de *négatifs*, parce que fur cent accufés, il y en a au moins quatre vingts dix-neuf qui font non feulement innocens du crime qu'ils nient, mais qui ont, outre l'innocence, le mérite d'aimer mieux mourir que de mentir en s'avouant coupables d'un crime dont ils font innocens. Car, il n'eft pas poffible qu'un homme, affuré d'avoir la vie s'il confeffe, perfifte à nier, & aime mieux être brûlé, que d'avouer une vérité dont l'aveu lui fauve la vie. » (Dellon, *dans la relation de l'Inquifition de Goa, pag. 29, édit. d'Hortemels de 1688.*)

Limborch blâmoit déja cette jurifprudence dans fon hiftoire de l'Inquifition, (*lib. 3, cap. 4, de hæreticis AFFIRMATIVIS & NEGATIVIS*). Mais rien n'a changé. Alberghini, qualificateur du St. Office, a répété de nos jours les mêmes maximes. *Et hic hæreticus negativus tanquam impænitens & verus hæreticus pertinax, curiæ fæculari tradendus eft, cùm ad mifericordiam non admittatur qui in fuâ negativâ perfiftit.* (Manuale qualificatorum, S. Inquifitionis, impr. Venetiis, an. 1754, in-8°. pag. 6,) Voyez *Inquifition,* & ce que nous avons déja dit, fous les mots *Abfolution,* n°. 26, & *Accufation,* n°. 77.

Ces détails peuvent paroître indifférens à ceux qui ne cherchent que le droit pofitif françois. Mais nous écrivons pour conferver & pour garantir. Voyez *Erreur, Vérité, Controverfe, Difpute, Avocat, Jurifconfulte, Droit des gens, Droit public, &c.*

AFFLICTIVE (peine).

(*Droit criminel*)

Nos criminaliftes définiffent ainfi : « Les peines affliĉives font celles qui affligent le corps ou gênent la liberté. » (Jouffe, tom. 1, p. 1, tit. 3, pag. 27). Cependant le juge peut ordonner l'enfermement à temps par correction, l'abftention d'un lieu par police, ou la prifon

pendant un plus amplement informé : & ce ne feront pas des peines affliĉives.

Nous ne donnerons pas une meilleure définition, parce qu'il faudroit connoître le fens exaĉ que le légiflateur a attaché à ce mot important, d'après ce qu'il en dit dans l'ordonnance de 1670.

Tit. x, *art. 19* : « Ne fera décerné prife de corps contre les domiciliés, fi ce n'eft pour crime qui doive être puni de peine *affliĉive* ou *infamante.* »

ARRÊT du parlement de Paris, du 6 août 1722, qui fait défenfes aux officiers de la Rochelle, de plus à l'avenir prononcer aucunes peines *affliĉives* ou *infamantes,* lorfque les procès n'auront point été inftruits par information interrogatoire & confrontatoire. (Serpillon, *tom. 2, tit. 25, art. 7, pag. 1028.*)

C'eft d'après cette jurifprudence qu'a été rendu l'ARRÊT du 25 juillet 1781, rapporté au mot *Accufation, pag. 274, col. 2,* qui décharge une femme du blâme, parce qu'il n'y avoit point eu de procédure extraordinaire.

Tit. XIV, art. 22 : « Si pardevant les premiers juges, les conclufions de nos procureurs ou ceux des feigneurs; & en nos cours, les fentences dont eft appel, ou les conclufions de nos procureurs généraux, portent condamnation de *peine affliĉive,* les accufés feront interrogés fur la fellette. »

DÉCLARATION du 13 avril 1703: « Ordonnons de ne pas entendre les accufés (derriere le barreau), lorfqu'il n'y a point de condamnation des premiers juges, ou des conclufions à *peines affliĉives.* »

DÉCLARATION du 4 mars 1724, *art. 5* : « Ceux qui feront condamnés aux galeres à temps ou à perpétuité pour quelque crime que ce puiffe être, feront flétris, avant d'y être conduits, des trois lettres *G A L,* pour, en cas de récidive en crime qui mérite peine *affliĉive,* être punis de mort. »

Après ces loix & ces arrêts, nous demandons, 1°. quelles font les peines *afflictives* : 2°. Pour quel crime on peut prononcer une peine afflictive, 3°. Pour quel crime on peut décréter un domicilié.

Ces questions sont importantes pour le citoyen, pour le juge même : bien différent des cours souveraines, il peut être compromis à chaque instant & avec bonne foi. Or, c'est un étrange état de jurisprudence que celui où le juge lui-même, n'ayant point de guide sûr, peut s'égarer sans cesse.

Prendra-t-on pour regle l'*art. 13 du tit. 24 de l'Ordonnance de 1670*? « Après la peine de mort naturelle, la plus rigoureuse est celle de la question avec la réserve des preuves en leur entier, des galeres perpétuelles, du bannissement perpétuel, de la question sans réserve de preuves, des galeres à temps, du fouet, de l'amende honorable, & du bannissement à temps. » Mais, il est clair que le législateur n'a pas prétendu renfermer là les peines afflictives.

Pourquoi les Romains expliquoient-ils tout; & comment nos loix sont-elles muettes sur les points les plus importans? Voyez au mot *Accusation*, n°. 6 & 7, l'histoire de leur jurisprudence criminelle & la nôtre.

Nous avons dû jeter ces idées préliminaires, mais nous renvoyons au grand mot *Peines*, ce qu'il est nécessaire de dire sur leur nature, leur objet, leur proportion, leur gradation; & la nécessité de les déterminer d'une maniere invariable, en sorte que le juge prononce que l'accusé a commis tel délit, & que la loi statue la peine.

AFFLORINEMENT.

(*Droit fiscal.*)

Ce mot est employé pour désigner la valeur numéraire de la taxe qu'on fait par *florins*; comme *allivrement* désigne la valeur numéraire de la taxe qu'on fait par *livre cadastrale*.

Ainsi, lorsque les communautés, dans les pays où la taille est réelle, font la répartition de cette imposition sur l'état général, arrêté par le gouvernement, d'après *le marc la livre*; cette opération s'appelle *allivrement*.

Ainsi, en Provence, lorsque le corps de la noblesse possédant fief, s'impose, & qu'elle taxe chaque fief à tant *par florins*; cette opération s'appelle *afflorinement*.

Sous le gouvernement des anciens souverains de Provence, on comptoit dans ce pays par *florins* en matiere d'impositions; & c'est sans doute de cet ancien usage, que le corps de la noblesse a tiré celui qu'elle conserve encore aujourd'hui de se taxer *par florins*, & de nommer *afflorinement* la répartition proportionnelle de cette taxe.

En 1442, la Provence fit présent à Jean, duc de Calabre, de 25000 livres *florins*, pour le paiement de sa rançon, qu'il devoit encore au duc de Bourgogne qui lui avoit accordé, ainsi qu'à son pere, leur liberté sur leur simple parole. (De Ruffi, *dans ses Dissertations historiques & critiques des comtes de Provence, &c. liv. 3, chap. 8, n°. 6, pag. 369, édit. de 1722, in-4°.*)

Depuis la réunion de la Provence à la couronne de France, on a encore employé les *florins* pour valeur numéraire des impositions. Les états-généraux de ce pays, assemblés dans le mois de janvier 1541, sous le regne de François I, accorderent pour toute sorte de contribution & de don, 15 *florins* par feu. (Bouche, *dans sa Chorographie de Provence, tom. 2, liv. 10, chap. 4, § 10, pag. 596, édition de 1664, in-fol.*)

C'est peut-être, après ces contestations éternelles, entre la noblesse & le tiers-état de Provence sur le fait des tailles; que le premier de ces corps a voulu user de la répartition par *florins*; & du mot *afflorinement*; par opposition à l'usage du second, de répartir par livre cadaftrale, & de fe fervir du mot *alli-vrement*. La nobleffe n'a voulu avoir rien de commun avec le tiers-état fur le fait des impofitions, pas même dans l'emploi des termes.

L'objet de cet article ne peut être clairement fenti qu'en le rapprochant de beaucoup de mots qui développeront la matiere obfcure & importante, des impofitions en général, & de celles du pays de Provence en particulier. Voyez *Affouagement, Allivrement, Aides (cour des), Arpenteur, Affeur, Affiette, Bail, Betail, Brevet, Cabal, Cadaftre, Capitation, Cheptel, Clergé, Co-équateur, Collecteur, Commiffion, Communauté, Compoix (cabalifte, terrien), Compenfation, Conful, Cottifation, Décharge, Dénombrement, Département, Élection, Eftime, Exemption, Expert, Fief, Forain, Impofition, Impôts, Indicateur, Induftrie, Intendant, Mande, Mandement, Manifeft, Nobilité, Noble, Non-valeur, Parcelaire, Paroiffe, Péréquateur, Préambule, Privilege, Prudhomme, Répartition, Rôle, Roture, Roturier, Surcharge, Syndic, Table, Taille, Taxe, &c.* Eft-ce affez?

A F F L U E R.

(Eaux & Forêts.)

Ce mot eft employé pour exprimer, qu'une riviere tombe dans une autre, que des ruiffeaux fe rendent dans une riviere.

L'art. 1 du tit. 1 *de l'Ordonnance de 1672*, pour la ville de Paris, fait défenfes de détourner l'eau des ruiffeaux, & des rivieres navigables & flottables *affluentes* dans la Seine, ou d'en affoiblir ou altérer le cours par des tranchées, foffés, &c. & en cas de contravention, feront les ouvrages détruits, & les chofes réparées aux frais des contrevenans.

On a dit plus anciennement, dans les loix relatives à l'approvifionnement de la ville de Paris ; « les grains, les vins, le bois, le charbon, le fel, le foin, &c.

venans & *AFFLUANS* en la ville de Paris, tant par eau que par terre. » C'eft l'objet de différens chapitres du livre des ordonnances de la prévôté & échevinage de la ville de Paris, (imprimé en 1566, in-4°. chez Merlin). Le préambule de ces ordonnances, pouffe plus loin la métaphore, & le roi y dit, (pag. 1,) qu'il a fallu *pourvoir au bien, utilité de nous, de notre bonne ville, de toute la chofe publique, & des bourgeois, manans & habitans, & autres fréquentans & AFFLUANS en icelle, &c.* Voyez Amont, Approvifionnement, Aval, Berge, Bled, Bois, Bord, Canal, Charbon, Confluent, Curage, Fleuve, Flottage, Marchand, Marche-pied, Moulin, Navigation, Riviere, Seine, &c.

AFFOIBLISSEMENT

DE LA MONNOIE.

(Dr. des gens. Dr. public. Commerce.)

1. « Affoiblir, ou pour parler le langage des monnétaires, empirer la monnoie : c'eft diminuer le fin ou le poids, ou la valeur réelle de la monnoie ; ou, ce qui revient au même, augmenter fa valeur extrinfeque au delà des bornes de fa valeur réelle. » (*Confid. fur les monnoies*, par M. le chancelier d'Aguffeau, tom. 10, pag. 31.)

« Il s'enfuit de la même définition, qu'il y a plufieurs efpeces d'affoibliffemens, qui conviennent tous en ce qu'ils donnent une fauffe valeur à la monnoie, & qui different feulement dans les moyens de parvenir à la même fin. »

« On peut renfermer ces efpeces différentes d'affoibliffemens ou d'empirence dans une feule divifion générale. »

« Trois chofes comprennent tout ce qui regarde la monnoie. »

« La matiere de l'efpece. »

« La quantité de l'efpece. »

« La valeur de l'efpece. »

« Ainfi,

« Ainſi, tous les changemens qui s'y peuvent faire par *affoibliſſement* ou par empirance, doivent tomber ſur l'une de ces trois choſes, ou ſur deux des trois, ou ſur toutes les trois. » (*Ibid.* pag. 32.)

Le profit du faux-monnoyeur eſt l'*affoibliſſement* par la diminution du fin ou du poids. L'officier monnoyeur qui commettroit ce délit, plus coupable que le particulier ſeroit puni plus ſévérement. Voyez MONNOIE, diviſion *Fauſſe-monnoie.*

Ce mot *affoibliſſement* eſt employé pour exprimer l'abus que fait la ſouveraineté, du pouvoir qu'elle a de diriger la compoſition de la monnoie, & d'en fixer arbitrairement la valeur.

C'eſt une ancienne & funeſte erreur, que, la monnoie étant le ſigne convenu de toutes les valeurs, la ſouveraineté en prononçant que un vaudra deux, pourra ainſi doubler, centupler ſa fortune.

DROIT ROMAIN.

2. Rome, durant ſix ſiecles, n'affoiblit point ſes monnoies, par principe de juſtice; & parce que ſes victoires apportoient au capitole tous les tréſors du monde. En 668 ſeulement, après la perte de l'Aſie, & les troubles de Marius & de Sylla, le ſénat imagina, tantôt de doubler à ſon gré la valeur des monnoies, tantôt de diminuer le poids, & par-là rendit les fortunes abſolument incertaines. *Jactabatur enim temporibus illis nummus, ſic ut nemo poſſet ſcire quod haberet.* (Cicero. de officiis, *lib. 3,* n°. 80.)

Les empereurs allerent plus loin, & ſuivirent une autre route; ce fut celle de l'alliage. Les monnoies de Caracalla, avoient plus de la moitié d'alliage; celles de Sévere, les deux tiers; celles de Gallien n'étoient que des feuilles de cuivre argentées.

Le digeſte ne renferme aucun titre ſur la *monnoie.* Sous ce mot, nous rapporterons ceux du code, des novelles,

Tome *III.*

& du code Théodoſien, dans leſquels, tout en fabricant la fauſſe-monnoie, on imaginoit, contre les fauſſaires non privilégiés, les rogneurs, & l'exportation de l'argent, les peines terribles & tout le ſyſtême, qui, ſi long-temps, a été celui de l'Europe.

DROIT FRANÇOIS.

3. On imagine aiſément juſqu'où cette erreur put être pouſſée en France dans les ſiecles de l'ignorance, de la barbarie & de la féodalité. Il n'y eut pas ſi petit ſeigneur, qui, fabricant ſa monnoie, devant, par exemple, 10,000 liv. tournois, & n'en ayant que 5,000, n'imaginât d'ordonner, que la livre peſant vaudroit 2 livres tournois; après quoi, & étant le plus fort, il payoit dix avec cinq.

C'eſt de-là qu'eſt venue la converſion des monnoies réelles en monnoies idéales. C'eſt de-là que, la défiance ſubſiſtant encore, ſi l'on emprunte de l'étranger, il aura ſoin de ſtipuler qu'il fournit tant d'onces d'argent, & qu'on le rembourſera en onces peſant d'argent, même poids & même quantité. Car, le mot de *livre tournois* eſt idéal, comme celui de *livre ſterling.* Il n'y a que le mot d'*once* qui a conſervé ſa réalité.

Voici l'adminiſtration de ces temps-là. Philippe-le-Bel affoiblit les monnoies, & par un *événement monſtrueux,* pour parler comme le P. Hénaut, abolit l'ordre des templiers, afin d'avoir leur fortune; auſſi-tôt après, & en 1315, quand Louis Hutin lui ſuccéda, on fit pendre Enguerrand de Marigny, parce qu'il n'y avoit point d'argent pour le ſacre. L'arrêt le déclare coupable d'avoir *altéré les monnoies.* Ce titre d'accuſation ſe trouve dans les jugemens de preſque tous les miniſtres que nous avons rappellés à la fin du *tom.* 2, même dans celui de Jacques Cœur, reconnu pour un des plus éclairés & fideles monnétaires.

L'ORDONNANCE de 1356, rédigée par le dauphin, depuis Charles V, & par les états-généraux affemblés à Paris, pendant la prifon du roi Jean, prouve que ce défordre étoit l'ouvrage du gouvernement, & non le délit du miniftre. L'art. 16 porte : « Et pour ce que par le fait de la mutation des monnoies, le royaume a été & en eft moult endommagé, & tout le peuple fortement grevé & appauvri, *nous promettons DE BONNE FOI de faire bonne monnoie dorefnavant.* » Le P. Henaut, ann. 1364, dit : « C'étoit le genre d'impôt de ce temps-là, & fans doute le plus fatal au commerce. »

Le défordre s'accrut à un point effrayant fous le malheureux regne de Charles VI, à qui on fit dire dans l'ordonnance du 7 mars 1418, qu'il étoit obligé d'affoiblir les monnoies, *attendu qu'à préfent il n'avoit aucun revenu dont il pût s'aider.* Maître du trône par le traité de Troies, du 21 mai 1420, l'Anglois alla plus loin. Après avoir reçu les efpeces décriées la veille pour le huitieme de leur valeur, on forçoit le peuple de les reprendre pour la valeur décriée, en forte qu'il y perdoit encore les fept huitiemes. Ces vexations forcerent la plupart des propriétaires d'abandonner leurs héritages à la barbare avidité des exacteurs. (*Hiftoire de France*, par Villaret, tom. 7, pag. 288.)

Charles VII pouffa l'affoibliffement des monnoies fi loin, qu'il retint les trois quarts pour droit de feigneuriage. Les Anglois chaffés, on ftatua que le roi n'auroit qu'un modique droit de feigneuriage, deftiné au paiement des officiers des monnoies, & aux frais de la fabrication : en indemnité, on perpétua les aides & la taille.

On commença à raifonner, lorfque dans l'ordonnance de Henri II, du 14 janvier 1549, on écrivit, art. 2 : « Et afin d'*équipoller* l'argent & billon avec l'or, & que les valeurs des monnoies fe *correfpondent*, &c. »

Cependant on n'avoit encore aucune idée de la proportion des métaux, de leurs rapports avec les denrées, & de la richeffe réelle.

« En 1609, fut propofé un nouvel édit des monnoies, lefquelles on vouloit décrier & changer ; c'eft-à-dire, les *affoiblir*, & par même moyen ruiner le peuple. . . . Le roi qui connoiffoit bien l'iniquité de l'édit, fe voyant continuellement occupé de ce ruftre de partifan, lui demanda de quel pays il étoit : je fuis de Périgord, répondit ce vilain. *Ventre faint-gris*, reprit fa majefté, je m'en fuis toujours douté ; car, en ce pays-là font tous faux-monnoyeurs. . . . Le famedi 5 feptembre, la cour affemblée fur l'édit des monnoies, le rejeta tout-à-fait : *Non debemus, non poffumus.* . . . Eft à noter qu'auffi-tôt que Mrs. de la monnoie furent entrés dans la chambre, le premier préfident leur dit : *Séez-vous & vous couvrez, puis vous parlerez.* . . . Le mardi 8, fur le foir, M. de Sully alla voir le premier préfident, pour le prier d'*induire* la cour à paffer les édits, fur quoi il le trouva inflexible : & comme le premier préfident lui en remontroit l'injuftice, M. de Sully lui répondit : *Le roi ne doit eftimer injufte ce qui accommode fes affaires.* » . . . (Mémoires pour l'hift. de France, tom. 2, pag. 275.)

Si le zele de Sully put l'égarer un inftant, on imagine bien ce qui dut arriver fous ce Richelieu, qui, dans fon teftament politique, part. 1, fect. 3, dit, que *la probité d'un miniftre ne fuppofe pas une confcience craintive & fcrupuleufe.* Cornuel, intendant des finances, propofa une autre tournure en 1639, te fut la défenfe de pefer ; d'où il arriva que, donnant un pour deux, & le recevant pour deux, d'abord l'adminiftration ne gagnoit rien, & enfuite elle excitoit les rogneurs & les faux-monnoyeurs. L'édit fut retiré en 1640.

Colbert fut le premier miniftre qui vit la monnoie pour ce qu'elle eft, & s'il fe trompa un inftant, il fe retourna merveilleufement en 1679 : après lui, à partir de la réforme de 1689, qui augmentoit les monnoies d'un dixieme au bénéfice du roi ; l'affoibliffement fut un de ces moyens, dont le contrôleur général Defmarets, dans fon fameux mémoire de 1716, s'excufa fur la *force* & fur la *néceffité*.

Ce fut bien pis fous la régence, durant le fameux fyftême, lorfqu'après avoir fait varier chaque jour les efpeces, & affoibli la monnoie en cent manieres pour donner du crédit aux billets de banque, on finit par la déclaration du 11 mars 1720, qui défendoit, à peine de confifcation & d'amende, de garder aucunes matieres en efpeces d'or & d'argent, au deffus de 500 livres.

ARRÊT du parlement de Paris, du 20 juin 1718, pour empêcher l'*affoibliffement* que préparoit la refonte ordonnée par l'édit du 31 mai. Remontrance de toutes les cours. Lit de juftice, le 28 août. Proteftations. Exil des magiftrats les plus éloquens & les plus fermes.

Nouveaux principes.

4. Ce fut de ces ténebres que fortit enfin la lumiere.

M. d'Agueffeau fut le premier qui approfondit cette grande matiere de jurifprudence politique ; car Colbert, trèshabile fans doute, & trompé une feule fois, n'a rien fait publier, ni même rien laiffé dans fes manufcrits.

M. d'Aguffeau compofa pour lui & les autres magiftrats, ce grand ouvrage fur les monnoies, qui, dans le dixieme tome de fes œuvres, tient 178 pages. On y lit entr'autres, pag. 32 :

« Le caractere effentiel de tout *affoibliffement* eft une fauffe valeur, qu'il produit directement ou indirectement, & à laquelle il fe termine toujours. Ainfi, ce qu'on appelle augmentation dans cette matiere eft une augmentation apparente, & une véritable diminution. En forte que l'*opération d'un miniftre, qui s'imagine qu'il augmente la valeur de la monnoie*, eft *femblable à celle d'un cal-*

culateur mal habile, qui croiroit augmenter une fraction en augmentant le dénominateur ; & qui, parce que huit eft un plus grand nombre que quatre, croiroit avoir plus avec un huitieme qu'avec un quart. C'eft à-peu-près ce qui arrive dans l'augmentation apparente des monnoies. Que l'écu foit *affoibli* réellement d'un quart, & qu'on augmente fa valeur intrinfeque d'un quart ; on croit avoir un quart de plus, & l'on a un quart de moins. Le compte numéraire qui n'eft qu'un compte idéal croît ; mais le compte réel décroît : on a plus en chiffres, pour ainfi dire, mais on a moins en matiere. »

C'eft une chofe très-remarquable que ces principes du chef de la juftice s'accordoient avec ceux de celui de la finance. Dans le mémoire que Law donna au régent, & que l'on trouve en entier dans les recherches & confidérations fur les finances de Forbonnais, *tom. 2,* *pag. 542,* Law dit :

« Je divife ce mémoire en quatre parties. La premiere prouve, que l'empreinte ne donne pas la valeur à la monnoie. La feconde, que la défenfe de tranfporter les efpeces en matieres eft caufe qu'une plus grande quantité eft tranfportée. La troifieme, que *tout affoibliffement de monnoie eft injufte, & porte préjudice à l'état ;* & la quatrieme, que le prix des efpeces de différentes matieres ne doit pas être réglé par le prince. »

Avec ces principes, dont les trois premiers font lumineux, & dont le quatrieme fignifie feulement que le prince ne doit régler le prix des efpeces, que conformément au cours général de l'Europe ; comment l'adminiftration put-elle fe jeter dans l'abyme du fyftême ? C'eft-là un de ces paradoxes politiques, dont le développement exige des détails fecrets, qui ne vont point à la nature de cet ouvrage.

Comment refufa-t-on d'entendre le parlement & toutes les cours ? Ou plutôt, comment le parlement, qui réfifta en

1609, sous Henri IV, n'eut-il plus de force en 1639, sous Richelieu; depuis 1689, sous Louis XIV; & enfin sous la régence ?

Il faut avoir le courage de le dire : la vérité des principes est immuable & éternelle; sur ce point important de jurisprudence politique, comme sur celui du commerce des grains : (voyez au *tom. 1*, le mot *Accaparement*): mais elle est enveloppée par l'habitude, les préjugés, la crainte, & le cortege des erreurs qui assiegent la foible humanité. Or, quand l'administration, composée d'hommes, s'égare; & quand la nation n'est pas plus éclairée; que peuvent des remontrances secretes & sommaires, sur-tout dans les matieres abstraites ? Il falloit imprimer les *Considérations sur les monnoies* de M. d'Aguesseau, avec le *Mémoire* même de M. Law : & certes, le système s'écrouloit. Mais, le régent effrayé de la dette nationale, montant à deux milliarts, soixante-deux millions, cent trente-huit mille livres, adoptoit la libération par l'*affoiblissement* des monnoies, comme celui qui se noie, saisit le fer rouge qu'on lui présente. La nation ignorante & légere, ne voyoit que l'agrément d'avoir sa fortune en porte-feuille. Depuis Henri IV, on n'avoit osé écrire sur aucun objet d'administration. La nation étoit ce qu'elle pouvoit être, & il arriva ce qui devoit arriver.

Cependant les yeux se dessillerent : l'administration donna le fameux ARRÊT du conseil, du 25 juin 1726, qui établit une fixation proportionnelle & raisonnable des anciennes especes & des matieres d'or & d'argent. D'après les principes qui y sont établis, on procéda à une refonte générale qu'aucun autre n'a suivie, & qui a servi de base à toutes les opérations faites jusqu'à ce jour.

Qui porta donc la lumiere? Des particuliers : des écrits imprimés, ou chez l'étranger, ou avec permission tacite : car, comme le dit si bien Montesquieu,

dans un temps d'ignorance, on n'a aucun doute, même lorsqu'on fait les plus grands maux; dans un temps de lumiere, on tremble encore lorsqu'on fait les plus grands biens. M. d'Aguesseau ne permit pas d'imprimer & distribuer publiquement des ouvrages aujourd'hui classiques, bien qu'ils renferment ces principes, qu'il avoit consignés secrétement dans ses *considérations* sur les monnoies.

Ces ouvrages sont, 1°. l'*Essai politique sur le commerce*, par Melon; qui avoit été secretaire du duc de la Force, chef du conseil des finances ; 2°. les *Réflexions politiques sur les finances & le commerce*, par Dutot; ouvrage sur-le-champ traduit en anglois; 3°. *Examen du livre intitulé : Réflexions politiques sur les finances & le commerce*, par Deschamps; 4°. les *Journaux & les papiers publics*. Ce fut un procès d'opinions : l'Europe étoit le tribunal, l'esprit humain étoit l'arbitre : or, quand ce juge suprême a prononcé, il faut bien que l'administration suive. Ses opérations n'auroient point de succès; ses loix même, ou trouveroient des obstacles, ou tomberoient bientôt en désuétude. Jamais le pouvoir & la loi n'ont été plus forts que l'esprit humain, quand il a été parfaitement éclairé ; ou bien leur triomphe n'a pas été de longue durée, & l'histoire du système en est une preuve frappante.

Ces principes sur les dangers de l'*affoiblissement* des monnoies, ont été développés ensuite dans une infinité d'ouvrages. Nous ne citerons que l'*Esprit des loix, liv. 22, chap. 13*, où, après avoir énoncé l'alliage effrayant des empereurs romains, Montesquieu continue ainsi : « On sent que ces opérations violentes ne sauroient avoir lieu dans ce temps-ci : un prince se tromperoit lui-même & ne tromperoit personne. Le change a appris au banquier à comparer toutes les monnoies du monde, & à les mettre à leur juste valeur. Le titre des monnoies ne peut plus être un secret :

fi un prince commence le billon, tout le monde le continue & le fait pour lui. Les efpeces fortes fortent d'abord, & on les lui renvoie foibles. Si, comme les empereurs romains, il *affoibliffoit* l'argent fans *affoiblir* l'or, il verroit tout à coup difparoître l'or, & il feroit réduit à un mauvais argent. Le change a ôté *les grands coups d'autorité*, ou, au moins, le fuccès des grands coups d'autorité. »

Pour avoir une idée jufte de cette partie abftraite de la jurifprudence politique, il faut lire le vingt-deuxieme livre de l'*Efprit des loix*; les *Confidérations fur les monnoies*, de M. d'Aguef-feau; le *Mémoire* même de M. Law; & les *Confidérations fur les finances*, de M. de Forbonnois.

Perféverance dans les principes.

5. J'ai fondu ainfi ces détails précieux, que je n'ai vu nulle part avec cet enfemble. C'eft remplir notre promeffe de traiter tout ce qui ne l'a pas été. L'objet eft important en jurifdiction comme en adminiftration. Un autre motif a exigé cette exactitude.

Vers le milieu de ce fiecle, à l'entrée d'une guerre alarmante, dans une crife violente, près d'un fouverain puiffant, un juif s'eft chargé tout à la fois des monnoies & du paiement des troupes. Le traité figné, il s'eft emparé de l'empreinte d'un prince vaincu & expulfé de fes états. Il a frappé à fon coin & à un milléfime antérieur, une prodigieufe quantité d'efpeces avec trois quarts moins d'argent. Cette opération divulguée & refferrée par un décret de l'empire, a dû, par le difcrédit & la défiance, retomber fur l'adminiftration qui l'avoit foufferte. Mais elle avoit déja fait un mal effroyable au commerce. Dans une affaire à la cour des monnoies de Lyon, en mars 1764, on plaida que l'alliage paroiffoit avoir été porté à trois cents millions. Nous ne rapporterons pas l'arrêt, & par refpect pour l'adminiftration étran-

gere qui avoit toléré l'*affo blillement*, & parce qu'il ne juge que des circonftances particulieres au directeur de la monnoie, aux affineurs & au commerce qui perdirent plus d'un million.

Dans un autre grand état, en 1771, on a propofé l'*affoibliffement* comme reffource, & elle auroit marché de front avec les principes de ce temps-là. Le projet n'a point eu de fuite, tant la nation a paru éclairée. C'eft peut-être la plus forte preuve, je ne dis pas, de l'injuftice de l'*affoibliffement* des monnoies; car, elle eft reconnue par ce mot de l'ordonnance de 1356 : *Nous promettons de* BONNE FOI *de faire bonne monnoie dorefnavant.* Elle eft reconnue par la préférence des impôts déterminés dans les états-généraux affemblés; par la réfiftance continuelle & remarquable du parlement & des autres cours. Mais, c'eft une preuve de la perfuafion où l'on a été, que l'*affoibliffement* des monnoies, reffource douteufe & momentanée, augmenteroit la dette nationale, le difcrédit, le défordre, la défiance, & perdroit tout.

Ces principes fur la ftabilité du titre & fur la vérité des monnoies, paroiffent adoptés par toutes les adminiftrations européennes, & tiennent au droit des gens. Où en feroit-on, par exemple, fi en ftipulant dans un traité, de payer dix millions de livres idéales, on envoyoit des louis d'or, que la veille on auroit ordonné valoir 100 liv. tournois, ou des guinées qu'on auroit portées à 4 liv. fterling? Cette confidération doit déterminer les cabinets à veiller fur toutes les opérations des monnoies, pour leurs créances comme pour le commerce.

Je voulois, en finiffant, examiner, comment les matieres d'or & d'argent ont pu s'élever tout à coup dans toute l'Europe de 49 liv. à 51 liv. 10 fous? ce qui a déterminé, & à fondre les efpeces pour alimenter les manufactures, & l'arrêt de la cour des monnoies, du premier octobre 1782, qui défend cette fonte fous les peines portées par les ordonnances. Mais, après avoir évalué le numéraire de l'Europe, il faudroit confidérer ce qui a manqué d'arriver de l'Amérique méridionale, & ce qui a été porté daxs la feptentrionale, appauvrie, au point que le dollar, valoit vingt fois le papier-monnoie qui le repréfentoit. Il faudroit approfondir d'autres opérations du commerce, de la finance, & de quelques adminiftrations. Or, cette recherche feroit encore déplacée. Voyez *Alliage, Argent, Crédit, Confiance, Dette, Emprunt, Effai, Fin, Monnoie, Prix, Rentes viageres, Seigneuriage, Titre, Valeur, &c.*

AFFOLURE.

(Dr. coutumier. Dr. criminel.)

Ce mot, dans nos anciens auteurs & dans plufieurs de nos coutumes, eft mis pour exprimer ce que nous appellons aujourd'hui *bleffure.*

Par les difpofitions de la coutume très-ancienne de Beauvoifis, celui qui bleffe quelqu'un eft tenu de fes dommages & intérêts ; c'eft-à-dire, qu'il doit être condamné à payer les honoraires de fes chirurgiens (*mires*), & à lui tenir compte du temps qu'il a perdu. Si la bleffure étoit fi confidérable, qu'elle fût fuivie de la perte d'un membre, l'agreffeur doit une indemnité proportionnée, à fa fortune, & à l'état déplorable dans lequel il a réduit celui qu'il a mutilé : c'eft ainfi qu'on a remplacé la peine du *Talion.* Mais les fatisfactions particulieres ne doivent point fouftraire le coupable à la vindicte publique ; & il doit être puni, pour l'exemple, foit par l'amende, foit par la prifon, foit par telle autre peine que les juges croiront néceffaire. Nos anciennes loix ne font pas toujours auffi mauvaifes qu'on l'imagine ; & l'on n'auroit pas tenu quitte, un coupable qui avoit attenté à la fûreté publique, parce qu'il auroit fait taire le miférable qu'il avoit

cruellement mutilé. Le miniftere public ne permettoit pas des compofitions fecretes qui autorifaffent le crime.

« Qui navre autrui, ou affole, il li doit tendre fes damages ; cheft à entendre le couft des mires, & des defpans du bleffié, & reftorer fes journées, felonc le meftier dont il eft : & fe il i a meshaing, len doit regarder le maniere dou meshaing, & l'eftat de la perfonne qui eft meshaignié, & lavoir de chelui qui le meshaigna ; & felonc che que il a vaillant, len doit donner largement dou fien au meshaignié : & felon l'ancien droit, qui meshaignoit autrui, len li faifoit au tel meshaing comme il avoit autrui fet, cheft-à-dire pour poing poing, pié pour pié : mes len ufe mes par noftre couftume en chette maniere ; ainchois fen paffe len par amande, fi comme je ai dit deffus, & par longue prifon, & par fere rendre au meshaignié felonc fon damage, & felonc che qu'il eft, & felonc lavoir que cil a qui le meshaigna. » (Beaumanoir, *chap. 30, pag. 150.*)

Quelques coutumes moins anciennes diftinguent la pleine *affolure,* la demi-*affolure,* le tiers ou quart d'*affolure* ; enfin, les excès qui tiennent plufieurs membres *affolés.* Ainfi, par exemple, « celui qui par débat auroit l'œil crevé & perdu, fera traité comme de *pleine affolure . . . . .* qui auroit fon bras, ou jambe entiérement coupée, fera *approuvandé* de dix muids l'an . . . . . comme excédant pleine *affolure . . . . .* & néanmoins fe pourront toutes les amendes ci-deffus, augmenter ou diminuer felon la qualité des perfonnes, la faculté des biens des *facteurs,* & la gravité des cas, à la difcrétion de juftice. . . . . Si en un débat y avoit plufieurs facteurs, chacun fera pourfuivi pour le tout. . . . L'homme pourra pourfuivre l'*affolure,* injure, ou vilainie faite ou dite à fa femme, ou enfans en fon pain ; & en défaut du pere, la mere ou enfans l'un pour l'autre. . . . Les hoirs d'un *navré* & *affolé* . . . . pourront faire pourfuite fur les coupables pour

raifon defdites navrures ou affolures. »
Art. 3, 4, 5, 6, 7, 10, & 12 du chap. 22 de la Coutume de Hainaut. L'art. 19, interdit de plus ufer de peine de Talion ou de fourjure.

Qu'on juge, d'après ces détails, de la définition de la plupart de nos compilateurs modernes. Ils difent qu'affolure exprime une bleffure légere.

L'humanité a toujours percé à travers la barbarie d'un grand nombre d'inftitutions de notre féodalité ; on a fenti dans tous les temps, qu'il falloit avoir des égards pour les femmes, lors même que leurs crimes méritoient d'être punis. « Doit la femme être emprifonnée ne en fers, ne en bufche, ne de prifon qui fon corps puiffe affoler, ne bleffer, ne mémoire perdre ; car frefles font de nature : mais bien peuvent & doivent être en large prifon, fauve & feure, felon le cas, & avec compagnie qui les garde ; car, par la loi efcritte, femme ne doit avoir prifon que par forme d'eftre bien gardée par juftice. » (Boutellier, dans fa fomme rurale, tit. 40 des amendes, pag. 872.)... C'eft la loi romaine carcer ad cuftodiam non ad pœnam : c'eft plus encore, c'eft celle de Louis XVI, qui ne veut plus de détention dans des lieux ténébreux & mal fains. (Voyez Accufation, pag. 352.)

Plufieurs coutumes n'ont employé l'expreffion affolure que pour les bleffures ou mutilations faites aux animaux, ou par les animaux. Ce font entr'autres, les coutumes de Labour, tit. 4 & tit. 7, art. 11 ; de Sole, tit. 15, art. 10 & 12. En effet, ces mêmes coutumes, c'eft-à-dire, la première, tit. 19, art. 9 ; & la feconde, tit. 35, art. 12 & 16 & fuiv. en parlant des excès commis par un homme envers un autre homme, fe fervent de ces mots Bleffure, Plaie, &c. Nous avouons franchement que nous ne faurions rendre raifon des motifs qui ont déterminé ces nuances.

Charles VI s'eft fervi dans une de fes loix du mot affolement, au lieu de celui d'affolure, mais dans le même fens. C'eft dans la charte des privileges, qu'il accorda le 2 octobre 1406, à des Lombards, à qui il permit de demeurer à Mouzon pendant quinze ans, & d'y faire le commerce. Il veut entr'autres, qu'on ne faffe contr'eux « aucune pourfuite ou perfécucion. . . . Fors feulement les coulpables du fait, & non pas contre les innocens ; & que excepté en cas de mort, d'efforcement de femmes, d'affolemens d'ommes, de traives enfreintes, de murtres, de bourtre feu, & de traïfon contre fon fouverain feigneur, &c. » (Ordon. du Louvre, tom. 9, pag. 146.) Voyez ci-deffus, Acqs, n°. 9, pag. 496 & fuiv. & ci-après, Agreffeur, Approvandement, Bleffure, Compofition, Dommages & intérêts, Mutilation, Prifon, Queftion, Talion, &c.

AFFORAGE.

(Dr. féodal. Dr. coutumier.)

Nous avons dit fous le mot Affeurer, qu'on exprimoit, par le mot Afforage qui en dérive, tantôt le droit qu'ont les officiers municipaux de beaucoup de villes, de taxer les denrées qu'on porte aux marchés, halles ; &c. & tantôt le droit de plufieurs feigneurs, de percevoir une redevance pour la vente de certaines denrées, & notamment du vin, du cidre, &c. dont leurs officiers taxent le prix. Ce dernier droit s'appelle plus communément forage : c'eft ce qu'affure Delauriere, dans fon Gloffaire. (Tom. 2, pag. 489). Par refpect pour ce jurifconfulte, dont l'érudition mérite les plus grands égards, nous admettrons fa diftinction : quoiqu'il foit vrai de dire que plufieurs coutumes confondent affez fouvent ces deux expreffions ; ce qu'a auffi fait Ducange, dans fon Gloffaire, en difant : *Afforagium eft jus pretium imponendi rebus venalibus præfertim vino quod venditur ; item TRIBUTUM*

QUOD DOMINO SOLVITUR PRO HAC ÆSTIMATIONE.

Nous renverrons donc à traiter fous le mot *Forage*, tout ce qui eft relatif au droit feigneurial, (qui appartient aux différens feigneurs , foit hauts , foit moyens, foit bas-jufticiers, fuivant les différens titres ou les différens lieux) qui fe prend fur les fujets vendans vin en brocs ou en détail, pour chaque piece de vin qu'ils débitent.

Difons feulement ce qui eft particulier au mot *Afforage*, confidéré relativement à la premiere des acceptions que nous venons de remarquer.

Perfonne ne peut mettre enfeigne pour indiquer qu'il veut vendre du vin ou d'autres boiffons, fans en avoir demandé la permiffion au feigneur vicomtier, & avant que fes officiers en aient réglé le prix. Ce réglement fait, ceux qui l'enfreignent font condamnés à une amende, pareille à celle que doivent payer ceux qui n'ont pas requis la permiffion, qui eft, dans l'un & l'autre cas, de foixante fols. (*Art. 6 & 7 du tit. 1 de la nouvelle Cout. d'Artois; art. 5 de la Coutume d'Artois*, au bailliage de St. Omer; *art. 6 & 7 des Cout. particulieres & locales* de la prévôté foraine de Beauquefne, du côté d'Artois; *art. 8 des Cout. locales*, du lieu & Bourgaige de Des-Vrene; *art. 23 & 24 des Cout. partitulieres & locales de Montreuil-fur-la-mer; art. 83 de la Cout. de Ponthieu; art. 44 du tit. 10 de la Cout. de Boulenois, &c.*)

Terminons par les difpofitions de l'ordonnance rendue pour la ville de Paris, de 1672, *chap. 8, art. 24*, qui donnera une jufte idée de ce qu'on appelle proprement *afforage :* « Ne pourront les vins étrangers être expofés en vente, que le prix n'en ait été fixé par les prévôt des marchands & échevins, eu égard aux lieux d'où lefdits vins auront été voiturés, du prix de l'achat, dont ils juftifieront (les marchands) à cet effet, & dont mention fera faite par l'acte d'*afforage, &c.* » Voyez *Forage.*

AFFOUAGE.

(Eaux & forêts. Dr. coutumier.)

C'étoit ainfi qu'on exprimoit anciennement, & qu'on exprime encore dans quelques pays, le droit de prendre du bois dans une forêt pour fon *chauffage:* ce dernier mot & celui d'*ufage*, font aujourd'hui plus généralement employés pour défigner ce droit.

On trouve dans la collection de dom Plancher fur l'hiftoire de Bourgogne, un traité de l'année 1290, entre Robert II, duc de Bourgogne, & le chapitre de l'églife de Châlons, où le droit d'*affouage* eft gratuitement ftipulé en faveur des pauvres veuves jufticiables de ce chapitre: *Concedimus quòd mulieres viduæ dictæ ecclefiæ . . . . . non teneantur ad folutionem octo denariorum cuilibet foco impofitorum pro* A F F O A G I O *nemoris de* Braigne, (*tom. 2, pag. 78, column. 2, in probationibus.*)

On s'eft toujours fervi du mot AFFOUAGE en Lorraine. L'art. 17 du tit. 15 des coutumes générales anciennes & nouvelles de ce duché, pour les bailliages de Nancy, Vofges & Allemagne, dit : « ufagiers ayant droit de prendre bois de marronnage pour leurs bâtimens, ou bois pour leurs *affouages* ou *fournages*, doivent ufer de ce droit en bons peres de famille , & le prendre par affignat, felon le réglement qui leur en fera donné par le feigneur haut-jufticier entre fes fujets, ou le feigneur foncier entre ceux qui tiennent bois en ufage de lui par afcenfement, redevance ou reconnoiffance fuffifante, ou qui a droit de prendre ès bois les amendes & confifcations. »

DÉCLARATION du duc Léopold, du 13 juin 1724, qui porte, que le feigneur haut-jufticier doit avoir double part dans les bois deftinés à l'*affouage*, & que fon fermier la reçoit pour lui durant fon abfence :

abfence : les autres membres de la communauté doivent partager entr'eux par égales portions.

ARRÊT du confeil du roi Staniflas, du 18 février 1738, qui défend à toutes les communautés de faire aucune efpece de commerce des bois deftinés à leur *affouage*, à peine de confifcation defdits bois, de 100 liv. d'amende pour la premiere contravention, & de plus grande peine en cas de récidive. Il eft défendu, fous les mêmes peines, de détourner les bois d'*affouage*, & de les employer à d'autres ufages. Les cloutiers & maréchaux peuvent feuls convertir en charbon leur portion ; mais ils font tenus de faire leur déclaration au greffe de la maîtrife, de la quantité de cordes de bois qu'ils veulent employer à cet effet pour leur ufage perfonnel : cette converfion ne leur eft même permife qu'autant qu'ils fe trouvent éloignés des bois du roi ; & il leur eft défendu d'acheter aucune portion d'*affouage* de quelque particulier que ce puiffe être.

ARRÊT du confeil du roi Staniflas, du 21 mars 1757, qui prefcrit aux officiers des maîtrifes, de délivrer annuellement aux communautés, leur *affouage* avant le premier décembre.

Tous ces réglemens fe trouvent dans le grand Recueil des ordonnances de Lorraine, *tom. 6, pag. 99 ; tom. 7, pag. 122 ; tom. 9, pag. 115 ; fuppl. de ce tome, pag. 50 & 79.* Voyez *Chauffage, Charbon, Cloutier, Franc-bâtir, Maréchal, Marronnage, Ufage, &c.*

AFFOUAGEMENT.

(Droit fifcal.)

On appelle ainfi, en Provence, l'état ou la lifte du nombre de feux de chaque paroiffe, qu'on dreffe pour parvenir à la répartition équitable & proportionnelle de la taille.

Les états, ou affemblées générales des

communautés de Provence, ont été conftamment maintenus dans le droit de former les *affouagemens* ; ils les firent en 1390, 1400, 1418, 1442 & 1471, fous les comtes, alors fouverains du pays. Depuis la réunion à la France, des lettres-patentes des 20 mars 1554, 8 juin 1559, 22 octobre 1563 & 26 feptembre 1569, leur ont confervé ce droit, & ont profcrit les entreprifes de la cour des aides, comptes & finances d'Aix, qui avoit voulu prendre connoiffance de l'*affouagement* des lieux qui n'avoient pas été compris dans le dernier *affouagement* général de 1471, & des demandes de diminution de feux, formées par diverfes communautés. Cette prétention, renouvellée en 1662, fut également rejetée par ARRÊT du confeil du 10 juin de cette année. Enfin, un dernier ARRÊT du même tribunal, du mois de mars 1664, revêtu de lettres-patentes, porte : « qu'il ne fera procédé à aucun *affouagement général ni particulier* en ladite province ; que préalablement il n'ait été délibéré dans l'affemblée des états, ou communautés de ce pays, & par les commiffaires qui feront par eux députés, fuivant le pouvoir qu'ils en ont par lettres-patentes qui leur en ont été données, & ufages de la province ; leur en attribuant toute cour, jurifdiction & connoiffance, & des circonftances & dépendances, &c. » En vertu de ces titres, les états procéderent aux *affouagemens* généraux de 1665, 1698 & 1731.

Dans le dernier de ces *affouagemens*, chaque feu a été compofé de biens valant 50000 liv. ainfi, une communauté, dont les biens taillables font évalués à 100000 l. eft cotifée à deux feux ; celle dont les biens valent 150000 liv. eft cotifée à trois feux, &c. &c. Indépendamment de ce que l'on impofe fur chaque feu pour le roi, on impofe encore pour les charges particulieres de la province ; ainfi il y a taille royale & taille négociale.

Le cadaftre eft pour l'impofition particuliere des propriétaires roturiers d'une communauté, ce qu'est l'*affouagement* général pour toutes les communautés du pays: chaque communauté trouve sa cotisation dans l'*affouagement* général; & chaque particulier, habitant d'une communauté, trouve dans le cadastre, la cotisation des biens qu'il y possede.

Cet article est tiré, presque en entier, du commentaire de M. Jullien sur les statuts de Provence, (*tom.* 2, *pag.* 17 & 18). Comme il peut y avoir des variations dans l'administration de cette province, dans un temps, où de toute part, on améliore & on réforme; nous aurons soin de ne pas citer ce commentateur, sans nous assurer des principes actuels. Heureusement nous sommes certains que nous serons aidés par des jurisconsultes célebres, qui veulent bien regarder notre ouvrage comme un dépôt universel; & chaque jour amene de bienfaisans coopérateurs.

AFFRANCHISSEMENT.

(*Dr. naturel. Dr. public. Dr. féodal. Dr. fiscal. Dr. privé.*)

1. C'est l'action par laquelle on rend la liberté aux personnes & aux choses.

Parmi les actes de la société civile, celui qui rétablit l'ordre naturel & primitif, est sans contredit un des plus importans pour l'humanité, la raison, la politique & la justice.

Pour traiter ce sujet avec la clarté, l'énergie & la dignité qui lui conviennent, il faudroit avoir de la liberté naturelle, l'idée simple & sublime qu'ont effacée le temps, l'habitude & la jurisprudence. Il faudroit examiner toutes les servitudes possibles dans leurs rapports avec la nature humaine, l'ordre social & le bonheur public. Il faudroit fixer comment le droit des gens & le droit public doivent amener, favoriser & régler l'*affranchissement* particulier. Il faudroit du moins décider comment

& sur quoi, dans l'état actuel des sociétés politiques, la loi souveraine peut prononcer l'*affranchissement* général.

De toutes les matieres du droit public, il n'en est point de plus compliquée, & peut-être de moins bien traitée; parce qu'on a sans cesse confondu l'intérêt particulier avec l'intérêt général, le moment avec le temps, l'usurpation avec la propriété, & la force avec la justice.

Nous n'avons pas la prétention de dire mieux; mais nous avons l'avantage d'écrire en des jours heureux, où l'esprit humain marche à grands pas vers la lumiere. Des loix récentes nous avertissent du devoir que nous avons à remplir: s'il est permis de s'exprimer ainsi, elles nous affranchissent de la servitude qu'imposoient au publiciste la jurisprudence, le préjugé universel, & la crainte de se compromettre.

AFFRANCHISSEMENT DES PERSONNES.

2. L'homme est né libre comme l'air qu'il respire: & cette grande vérité est bien incontestable; puisqu'elle a été écrite à côté même des loix sur l'esclavage.

La servitude, disoient les Romains, a été établie contre le droit de la nature, & par un droit que les nations ont imaginé: *Servitus est constitutio juris gentium, quâ quis dominio alieno* CONTRA NATURAM *subjicitur.* (Inst. lib. 1, tit. 3, § 2.)

Par cette expression, *juris gentium,* il ne faut pas entendre que la servitude fût en entier de ce *droit des gens,* que d'Aguesseau appelle *jus inter gentes.* La servitude étoit de ce *droit des gens,* en ce que les prisonniers faits à la guerre, & qu'on n'avoit pu tuer, devenoient esclaves du vainqueur, par le droit commun des nations; & sans doute, ce fut-là la premiere & la moins injuste origine. Pour tout le reste, la servitude étoit du droit civil, & chaque nation avoit un droit particulier.

La nature, difoient encore les Romains, a créé les hommes libres : *Jure enim naturali, omnes homines ab initio liberi nafcuntur.* (Inft. lib. 1, tit. 2, §. 3.)

Ils ajoutoient que, dans le droit naturel, tous les hommes font égaux : *Quod ad jus naturale attinet, omnes homines æquales funt.* (L. 32, D. de regul. jur.)

Avec cet efprit, après avoir adopté l'efclavage, à l'exemple de toute l'antiquité, les Romains durent fixer les moyens de le faire finir ; car, & c'eft une remarque importante, nulle part, chez aucune nation, fi abrutie & fi féroce qu'elle puiffe être, l'efclavage n'a été confidéré comme un état naturel & permanent. Toujours l'*affranchiffement* a été le réfultat de l'intérêt, de la reconnoiffance ou de la volonté. Puifque l'efclave étoit une propriété, le maître a dû avoir le droit de l'affranchir comme de le vendre.

DROIT ROMAIN.

3. La légiflation fur l'*affranchiffement* eft une des parties les plus étendues de la compilation juftinienne ; & l'on peut en juger par les textes fuivans.

De manumiffionibus, &c. &c. D. lib. 40, *per totum.* C. lib. 7. à tit. 1. ufq. ad tit. 25. incluf. Paul. 4. fent. tit. 12. Lex 12. tab. t. 4.

De libertinis. I. 1. 5.

De libertis. Ulp. 2.

De libertatibus fervorum. Cai. lib. 1. tit. 1 & 2.

De manumiffionibus in ecclefiâ. C. 1. 13. C. theod. 4. 7.

An fervus pro fuo facto poft manumiffionem teneatur. C. 4. 14.

De operis libertorum. D. 38. 1.... C. 6. 3. Paul. 2. fent. ult.

De bonis libertorum & de jure patronatûs. D. 38. 2...: C. 6. 4.... Paul. 3. fent. 2. Ulp. 29.

De fucceffione libertorum. I. 3. 8.... Ulp. 27.

De bonorum poffeffione, contra tabulas

liberti, quæ patronis, vel liberis eorum datur. D. 37. 4. C. 6. 13.

De his qui à non Domino manumiffi funt. C. 7. 10.... C. th. 4. 10.

De libertis univerfitatum. D. 38. 3.

De adfignandis libertis. D. 38. 4.

De adfignatione libertorum. I. 3. 9.

Si quid in fraudem patroni factum fit. D. 38. 5.... C. 6. 5.

De libertis & eorum liberis. C. 6. 7....: C. th. 4. 11.

De libertinis. C. 10. 56.

Ad legem Vifelliam. C. 9. 21.

De jure aureorum annulorum & de natalibus reftituendis. D. 40. 10 & 11.... C. 6. 8.

Ut liberti de cætero, aureo non indigeant annulo, & ut priftinis reftituantur natalibus. N. 78.

Si fervus extero fe emi mandaverit. C. 4. 36.

De fervis fugitivis & libertis, mancipiifque civitatum artificibus, &c. C. 6. 1.

De nudo jure Quiritum tollendo. C. 7. 25.

De reverentiâ & obfequio patronis à liberto præftandis. N. 78. cap. 2.

Ne præter crimen majeftatis patronum libertus accufet. C. th. 9. 6.

Cette multitude de titres & de loix attefte une grande vérité que vous pouvez obferver à l'égard de toutes les parties du droit : c'eft que plus les inftitutions humaines s'éloignent de la nature, plus elles font compliquées. C'eft un fleuve vivifiant & paifible ; voulez-vous déranger fon cours, il faut multiplier à l'infini les digues.

Après cette nomenclature qui renferme l'état, les obligations, & les rapports divers des *affranchis* de Rome à l'égard de leurs patrons, & de la fociété civile ; il fuffit de donner une idée de la nature & de la forme des *affranchiffemens.* Nous la puiferons dans Gravina. (*De jure naturali gentium & 12 tabularum, cap. 86 de manumiffione.*) Il y avoir, dit-il, deux fortes d'affranchiffemens, le latin & le jufte. La

premier, laiſſoit au maître le droit d'aſ-
ſervir de nouveau l'affranchi orgueilleux,
ou de le libérer irrévocablement. Le
ſecond, s'accordoit par teſtament, ou
par la déclaration que l'eſclave faiſoit
de ſes biens, ou par le coup de baguette
qu'il recevoit du préteur.

Ce dernier *affranchiſſement* étoit figu-
ratif & parloit aux yeux, comme toutes
les formes des Romains. Arrivé devant le
magiſtrat & le peuple, le maître déclaroit le juſte motif qui le déterminoit à
ſe dépouiller d'une propriété; déclaration
néceſſaire. Puis prenant ſon eſclave, le
plus ſouvent par la tête, comme partie
principale, il diſoit : je veux que cet
homme ſoit libre : *Hunc hominem libe-*
rum eſſe volo. Puis il lui donnoit un
ſoufflet, derniere injure qu'il pouvoit lui
faire ; & enfin, il lui faiſoit faire une
pirouette, pour ſignifier qu'il étoit libre
d'aller où il voudroit. De ſuite, le magiſtrat appuyoit, ou faiſoit appuyer ſur la
tête de l'eſclave, une baguette, en prononçant ces mots : je déclare que tu es
libre par le droit des Romains : *Aïo*
te liberum eſſe jure Quiritum.

On trouve encore une notice exacte
de l'*affranchiſſement*, dans le livre intitulé : *La République Romaine*, par M. de
Beaufort, *liv. 6, ch. 3, tom. 2, pag. 144.*
Il expoſe les variations de la juriſprudence
romaine, d'après les hiſtoriens & les
juriſconſultes qu'il cite avec exactitude.

DROIT FRANÇOIS.

4. La ſervitude perſonnelle n'exiſtoit
pas dans les Gaules ; puiſque Céſar,
liv. 6, la préſente ſeulement comme
objet de comparaiſon : *Plebs, pene*
ſervorum loco habetur. Ce qui ſignifie
ſeulement que là, comme ailleurs, &
dans tous les temps, le foible & le
pauvre étoient opprimés par le puiſſant
& le riche.

L'idée de ſervitude abſolue dut plaire
à nos barbares conquérans du Nord :
vous la rencontrez à chaque pas dans
leurs loix, comme dans les capitulaires ;

vous y trouvez de même la liberté
abſolue d'affranchir, quand & comme
on vouloit. Les loix des Lombards,
lib. 2, tit. 35, diſent : *Sit illi licentia,*
QUALITER ei placuerit.

Il y eut à la fin du douzieme ſiecle,
une conjuration de pluſieurs ſouverains
contre l'eſclavage. Le pape Alexandre III
déclara que les chrétiens devoient être
exempts de ſervitude ; & ce décret étoit
le réſultat de la ſublime morale du
chriſtianiſme.

Mais, la féodalité imagina un nouveau
genre de ſervitude, moins politique &
plus cruel ; & l'égliſe, qui eut tant de
fiefs, oublia le décret d'Alexandre.

Cet eſclavage, extrêmement compliqué
par les coutumes & les noms même,
avoit un caractere particulier, tiré de la
nature & de l'eſprit de la féodalité.
Dans l'origine, le ſeigneur put affranchir ſeul, & Littleton dans ſes *Inſtitutes,*
liv. 2, chap. 11, du villenage, ſect. 104,
donne ce texte de l'ancien jargon françois : *MANUMISSION eſt proprement*
quand le ſignior fait un fait à ſon
VILLAIN de lui enfranchiſer. Mais,
Bruſſel prouve qu'il falloit encore le
conſentement du roi, ou du ſeigneur
ſupérieur ; par la raiſon que, ç'auroit été
diminuer ſa mouvance ; faute de quoi, le
ſerf *affranchi*, paſſeroit dans la puiſſance
du roi ou du ſeigneur ſuzerain. Il rapporte même un arrêt des grands jours
de Troye. (*Uſage général des fiefs,*
liv. 3, chap. 15, n°. 17.)

Sur toute cette grande partie de notre
hiſtoire & de notre ancien droit public,
on peut voir, entr'autres, les *Formules*
de Marculphe, avec les ſavantes *Notes*
de Bignon, *liv. 1, chap. 22; & liv. 2,*
chap. 32. ... Les anciennes Coutumes
de Lorris, par la Thaumaſſiere, première
partie, depuis le *chap. 4 juſqu'au 25*
incluſivement. ... La Diſſertation placée
à la fin de l'*Abrégé chronologique* du
préſident Hénaut. ... L'*Eſprit des loix,*
& les *Obſervations ſur l'Hiſtoire*
de France, par M. l'abbé de Mably.

Comment cet ordre de choses, qui étoit devenu celui de l'Europe, fut-il changé ou modifié en France?

« Dans le commencement de la troisieme race, dit Montesquieu, *liv. 28, chap. 45*, presque tout le peuple étoit serf. Plusieurs raisons obligerent le roi & les seigneurs de les affranchir. » Montesquieu explique ensuite comment le seigneur en affranchissant les serfs qui cultivoient son domaine, leur en céda une partie, moyennant différens droits, devoirs & redevances, consignés d'abord dans la tradition orale & l'usage du fief; (car on ne savoit pas écrire;) ensuite dans les chartes, enfin dans les *coutumes*. Et telle est l'origine la moins déraisonnable des droits que nous appellons *seigneuriaux*.

Les *communes* furent une seconde source d'*affranchissement*, soit qu'elles se fussent formées d'elles-mêmes, soit qu'elles fussent sous la protection d'un seigneur puissant ou du roi lui-même.

Ce fut Louis-le-Gros, qui, au commencement du douzieme siecle, pour rétablir la nation & le trône, employa ce double ressort de l'*affranchissement* & des communes. Cette sage politique suivie par ses successeurs, fut développée avec plus d'éclat & d'énergie, par la fameuse loi de Louis-Hutin, que vous trouvez à sa date, dans les *Ordon. du Louvre, tom. 1, pag. 583*, & que le président Hénaut a extraite ainsi, à la fin de son *Abrégé*.

ÉDIT du 3 juillet 1315. Louis, par la grace de Dieu, roi de France & de Navarre, à nos amés & féaux. . . . . Comme selon le *droit de nature*, chacun doit naître *franc*. . . . Nous, considérant que notre royaume est dit & nommé *le royaume des* FRANCS, &, *voulant que la chose en vérité soit accordante au nom*. . . . Par délibération de notre grand conseil, avons ordonné & ordonnons, que, *généralement par-tout notre royaume*. . . . franchise soit donnée, *à bonnes & convenables conditions*. . . . Et pour ce que les autres seigneurs qui ont hommes

de corps, prennent exemple à nous, de eux ramener à franchise, &c. Donné à Paris, le tiers jour de juillet, l'an de grace 1315. »

ÉDIT de Henri II, de 1553, contenant les mêmes dispositions.

De la liberté naturelle, essentielle & particuliere du royaume de France.

5. Ce seroit ici le lieu d'approfondir cette opinion générale, qu'*on devient libre aussitôt qu'on met le pied en France*; tradition ancienne que vous retrouvez dans ces termes de l'édit de 1315, *voulant que la chose* EN VÉRITÉ *soit accordante au nom*.

Que cette idée tienne au mot seulement, comme tant d'autres, ou au caractere particulier de la nation; elle n'en est pas moins précieuse, comme celle-ci, que *la France est l'asyle des rois*, & qui en dérive peut-être: car dans notre foible esprit, toutes les idées s'enchaînent; & souvent on seroit bien étonné, si à travers la nuit des temps, on pouvoit remonter à la source des loix, des préjugés & des usages qui nous gouvernent en despotes.

Combien nous aurions à dire sur cette liberté *constitutionnelle* de la France, dans ses rapports avec le droit naturel, le droit des gens, & le droit public du royaume!

Mais nous serions jetés trop loin par la législation de nos colonies, par l'état précaire de nos esclaves negres lorsqu'ils arrivent en France, par quelques arrêts modernes rendus à leur sujet; & nous renvoyons l'état de notre jurisprudence aux mots. Colonie, Esclave & Negre.

De plus, nous pourrions nous égarer, en appliquant ces mots de l'édit de 1315: *Voulant que la chose soit en* VÉRITÉ *accordante au nom*; & nous nous bornons à suivre l'exposition de notre jurisprudence.

Affranchissement par Louis XVI.

6. A côté des édits cités, l'histoire n'offre que des faits indifférens. La

liberté & la servitude disparoissoient également à travers les guerres civiles. Richelieu, qui voulut soumettre les grands, n'imagina pas de donner plus d'étendue & de facilité à l'*affranchissement*. On ne s'en occupa pas davantage sous Louis XIV; & le premier président Lamoignon dans ses fameux arrêtés, *tit. 1 de l'état des personnes*, proposoit en vain l'*affranchissement* général, & la récompense du seigneur par un lods à chaque mutation.

Il étoit réservé au temps où nous avons le bonheur de vivre, de rappeler les maximes précieuses de notre gouvernement & de l'humanité. Car dans notre foible & malheureuse constitution sociale, pour prononcer en faveur de la liberté, il faut le concours rare de plusieurs choses; un vif amour de la liberté, & dans l'esprit humain, une certaine vigueur qui résulte de l'instruction générale. Il faut encore une administration éclairée, & un bon roi.

ÉDIT d'août 1779 : « Louis, &c... constamment occupé de tout ce qui peut intéresser le bonheur de nos peuples, & mettant notre *principale gloire à commander à une NATION LIBRE ET GÉNÉREUSE*, nous n'avons pu voir sans peine les restes de *servitude* qui subsistent dans plusieurs de nos provinces. Nous avons été affectés, en considérant qu'un grand nombre de nos sujets, servilement encore attachés à la glebe, sont regardés comme en faisant partie, & confondus, pour ainsi dire, avec elle ; que, privés de *la liberté de leurs personnes, & des prérogatives de la propriété*, ils sont mis eux-mêmes au nombre des possessions féodales ; qu'ils n'ont pas la consolation de disposer de leurs biens après eux ; & qu'excepté dans certains cas rigidement circonscrits, ils ne peuvent pas même transmettre à leurs propres enfans le fruit de leurs travaux ; que des dispositions pareilles ne sont propres qu'à rendre l'industrie languissante, & à priver la société des effets de cette énergie dans le travail, que le sentiment de la propriété la plus libre est seul capable d'inspirer.

Justement touché de ces considérations, nous aurions voulu abolir, sans distinction, ces vestiges d'une féodalité rigoureuse; mais nos finances ne nous permettent pas de racheter ce droit des mains des seigneurs, & retenus par les égards que nous aurons dans tous les temps pour les loix de la propriété, que nous considérons comme le plus sûr fondement de l'ordre & de la justice; nous avons vu avec satisfaction, qu'en respectant ces principes, nous pouvions cependant effectuer une partie du bien que nous avions en vue, en abolissant le droit de servitude, non seulement dans tous les domaines en nos mains, mais encore dans tous ceux engagés par nous & les rois nos prédécesseurs, autorisant à cet effet, les engagistes qui se croiroient lésés par cette disposition, à nous remettre les domaines dont ils jouissent, & à réclamer de nous les finances fournies par eux ou par leurs auteurs.

Nous voulons de plus, qu'en cas d'acquisitions ou de réunions à notre couronne, l'instant de notre entrée en possession dans une nouvelle terre ou seigneurie, soit l'époque de la liberté de tous les serfs ou main-mortables qui en relevent; &, pour encourager, en ce qui dépend de nous, les seigneurs de fiefs & les communautés à suivre notre exemple, & considérant bien moins ces *affranchissemens* comme une aliénation, que comme un retour au droit naturel, nous avons exempté ces sortes d'actes, des formalités & des taxes auxquelles l'antique sévérité des maximes féodales les avoit assujettis.

Enfin, si les principes que nous avons développés, nous empêchent d'abolir, sans distinction, le droit de servitude, nous avons cru cependant qu'il étoit un excès dans l'exercice de ce droit, que nous ne pouvions différer d'arrêter & de prévenir; nous voulons parler du droit de suite sur les serfs & main-mortables; droit, en vertu duquel des seigneurs de fiefs ont quelquefois poursuivi, dans les terres franches de notre royaume, &

juſques dans notre capitale, les biens &
acquêts de citoyens éloignés, depuis un
grand nombre d'années, du lieu de leur
glebe & de leur ſervitude; droit exceſſif,
que les tribunaux ont héſité d'accueillir,
& que les principes de juſtice ſociale ne
nous permettent plus de laiſſer ſubſiſter.
Enfin, nous verrons avec ſatisfaction que
notre exemple, & cet amour de l'humanité, ſi particulier à la nation françoiſe,
amenent, ſous notre regne, l'abolition
générale des droits de main-morte & de
ſervitude; & que nous ſerons ainſi témoins
de l'entier *affranchiſſement* de nos ſujets
qui, dans quelque état que la providence
les ait fait naître, occupent notre ſolli-
tude, & ont des droits égaux à notre
protection & à notre bienſéance. A CES
CAUSES, &c.

Art. I. Nous éteignons & aboliſſons,
dans toutes les terres & ſeigneuries de
notre domaine, la main-morte & condition ſervile, enſemble tous les droits
qui en ſont des ſuites & des dépendances : voulons qu'à compter du jour de
la publication des préſentes, ceux qui,
dans l'étendue deſdites terres & ſeigneuries, ſont aſſujettis à cette condition,
ſous le nom d'*Hommes de corps*, de
ſerfs, de main-mortables, de mortaillables & de taillables, ou ſous telle autre
dénomination que ce puiſſe être, en ſoient
pleinement & irrévocablement affranchis;
& qu'à l'égard de la liberté de leurs perſonnes, de la faculté de ſe marier & de
changer de domicile, de la propriété de
leurs biens, du pouvoir de les aliéner
ou hypothéquer, & d'en diſpoſer entre
vifs ou par teſtament, de la tranſmiſſion
deſdits biens à leurs enfans ou autres
héritiers, ſoit qu'ils vivent en commun
avec eux, ou qu'ils en ſoient ſéparés,
& généralement en toutes choſes, ſans
aucune exception ni réſerve, ils jouiſſent
des mêmes droits, facultés & prérogatives qui, ſuivant les loix & coutumes,
appartiennent aux perſonnes franches;
notre intention étant que, dans toutes
leſdites terres & ſeigneuries, il n'y ait

plus déſormais que des perſonnes & des
biens de condition franche, & qu'il n'y
ſubſiſte aucun veſtige de la condition
ſervile ou main-mortable.

Art. II. La diſpoſition de l'article
précédent ſera exécutée dans nos domaines
engagés : & ſi quelques-uns des enga-
giſtes ſe croient léſés, il leur ſera libre
de nous remettre les domaines par eux
tenus à titre d'engagement; auquel cas
ils ſeront rembourſés des finances qu'ils
juſtifieront avoir été payées par eux ou
par leurs auteurs.

Art. III. Lorſque par la ſuite il ſera
acquis à notre domaine, à quelque titre
que ce ſoit, de nouvelles terres & ſeigneuries, dans leſquelles le droit de ſervitude ou main-morte aura lieu, ledit
droit ſera éteint & ſupprimé, & les habitans & tenanciers de ces terres en ſeront
affranchis, dès l'inſtant que nous ou les
rois nos ſucceſſeurs, ſerons devenus propriétaires deſdites terres & ſeigneuries.

Art. IV. Les héritages main-mortables, ſitués dans nos terres & ſeigneuries,
ou dans nos domaines engagés & poſſédés
par des perſonnes franches, ou main-
mortables, (leſquels héritages deviendront
libres en vertu de la diſpoſition des articles premier, ſecond & troiſieme ci-
deſſus), ſeront, à compter de la même
époque, chargés envers nous & notre
domaine, d'un ſou de cens par arpent
ſeulement; ledit cens emportant lods &
ventes, conformément à la coutume de
leur ſituation.

Art. V. Les ſeigneurs, même les
eccléſiaſtiques & les corps & communautés, qui, à notre exemple, ſe porteroient à *affranchir* de ladite condition
ſervile & main-mortable, telles perſonnes
& tels biens de leurs terres & ſeigneuries
qu'ils jugeront à propos, ſeront diſpenſés
d'obtenir de nous aucune autoriſation
particuliere, & de faire homologuer les
actes d'*affranchiſſement* en nos chambres
des comptes ou ailleurs, ou de nous
payer aucune taxe ni indemnité à cauſe
de l'abrégement ou diminution que leſdits

affranchiſſemens paroîtroient opérer dans les fiefs tenus de nous, deſquelles taxe ou indemnité nous faiſons pleine & entiere remiſe.

Art. VI. Nous ordonnons que le droit de ſuite ſur les main-mortables demeurera éteint & ſupprimé dans tout notre royaume, dès que le ſerf ou mainmortable aura acquis un véritable domicile dans un lieu franc; voulons qu'alors il devienne franc au regard de ſa perſonne, de ſes meubles, & même de ſes immeubles, qui ne ſeroient pas mainmortables par leur ſituation ou par des titres particuliers. SI DONNONS, &c. »

Du droit des ſouverains d'affranchir leurs ſujets.

7. Cette loi paternelle eſt moins remarquable par ſes effets actuels, que par le deſir du roi de voir *ſous ſon regne l'abolition générale des droits de mainmorte & de ſervitude, & l'ENTIER AFFRANCHISSEMENT de ſes ſujets.* Quand un monarque puiſſant s'eſt ainſi exprimé, ſi on ne l'entend pas, il faudra bien qu'il acheve.

Mais le ſouverain peut-il prononcer l'*affranchiſſement* de ſes ſujets contre la volonté des ſeigneurs?

Cette grande queſtion eſt décidée par le droit naturel, le droit public, le droit féodal & la juriſprudence.

LE DROIT NATUREL eſt le fondement de tous les autres; & par-tout où ils s'en écartent, en faveur de l'intérêt particulier contre le bien public, c'eſt à la légiſlation à rappeller l'ordre eſſentiel & primitif. Les rois n'ont été établis ſur les nations que pour garantir & protéger la multitude opprimée. *Cùm PREMERETUR in initio MULTITUDO ab iis, qui MAJORES opes habebant, ad unum aliquem confugiebant virtute præſtantem; qui, cùm prohiberet INJURIAM tenuioris, ÆQUITATE conſtituendâ, ſummos cum infimis pari jure retinebat. Eademque conſtituendarum legum fuit cauſa quæ regum.* (Cicero de officiis, lib. 2, nº. 41.)

Or, de toutes les oppreſſions, certes, la ſervitude eſt la plus injurieuſe, la plus inſupportable, la plus contraire au but de la ſociété civile, la plus ennemie de tout bien public.

C'eſt donc un devoir pour la ſouveraineté de prononcer l'*affranchiſſement.* Ce n'eſt qu'à cette condition qu'elle a été établie, & rien au monde ne peut diſpenſer de la remplir.

LE DROIT PUBLIC d'une nation quelconque ſeroit-il un obſtacle? Je vois bien par-tout que, dans les formules de ſermens, les hommes puiſſans ont compris le maintien des privileges; mais je ne vois nulle part que les ſouverains promettent de conſerver la ſervitude. L'Afrique même n'eſt pas encore arrivée à ce degré de barbarie! D'ailleurs, à tant d'égards, ſur-tout à celui-ci, qu'eſt-ce que ce droit public? Une tradition obſcure, un ramaſſis de faits incohérens, un recueil de chartes fauſſes ou ſuſpectes, forgées dans le fond des châteaux & des cloîtres par des *clercs* avides & féroces. Tout ce qui fut ainſi fabriqué, contre le droit naturel & la puiſſance ſouveraine de faire le bonheur public, n'eſt une barriere que pour les peuples abrutis & les princes foibles : elle s'abaiſſe devant les rois bienfaiſans & juſtes. C'eſt ainſi que, conſidérant le *droit de ſuite, que les tribunaux avoient héſité d'accueillir,* comme un *droit exceſſif,* Louis XVI déclare, que *les PRINCIPES DE LA JUSTICE SOCIALE NE LUI PERMETTENT PLUS de le laiſſer ſubſiſter.* Expreſſions énergiques & remarquables! Elles rappellent, elles confirment le devoir impoſé aux rois de détruire toute oppreſſion publique. Elles nous diſent qu'il y a *des principes de juſtice ſociale au deſſus des loix écrites,* des coutumes, de la juriſprudence : & c'eſt une des plus grandes idées, des plus précieuſes vérités qui jamais aient été écrites.

LE DROIT FÉODAL oſeroit-il ſe montrer enſuite? Qu'eſt-ce donc que ces petits Ariſtocrates, qui, s'affiliant par de ridicules

ridicules fables aux anciens dévastateurs de l'Europe, n'ont de titre réel que l'insolente barbarie; qui, rampant autour du trône qu'ils voulurent détruire, s'avisent de conserver des simulacres de souveraineté, & veulent y avoir des esclaves; tandis que le souverain met *sa principale gloire à commander une nation LIBRE & généreuse.* La féodalité fut l'ouvrage de l'usurpation. C'est une source infecte que le temps ne peut jamais purifier. *Perpetuò clamat :* & cette maxime du droit ecclésiastique n'est point étrangere au droit public : si l'*abus* ne se couvre jamais, c'est sans doute, quand il s'agit des droits sacrés de l'humanité, du trône & de la *justice sociale.*

La jurisprudence enfin, confirme ces principes de toutes les nations civilisées; & il y a un arrêt célebre, que le président Henaut a eu soin de recueillir d'après Bouchel, dans la bibliotheque du droit françois, *let.* A, au mot *Affranchissement.*

« Il y avoit quelques habitans du pays de Charolois ou autre pays de Bourgogne qui étoient sujets d'une dame, & lui étoient serfs & main-morte. Ces habitans prennent du roi lettres d'*affranchissement*, moyennant finance qu'ils paient. La dame *quæ patrona erat,* s'oppose & dit, que *invitâ personâ, manumissio concedi non potest à principe.* »

« ARRÊT du parlement de Paris, *prononcé en robes rouges*, par M. le président Seguier, le vendredi premier juin 1571, par lequel fut dit, que l'*affranchissement tiendroit & sortiroit effet*, en payant par lesdits sujets l'indemnité à la dame. »

Après tant d'égards pour l'*abus* couvert du voile de la propriété; après tant d'efforts pour rendre à une *nation libre & généreuse* les droits sacrés de l'humanité; si le seigneur ne se hâte pas de composer avec son serf, conformément à l'édit de 1315, ou plutôt de suivre l'*exemple de l'édit de 1779*; qui pourra donc amener l'entier & général *affranchissement* que Louis XVI desire avoir lieu sous son

Tome III.

regne? Ce sera le rétablissement absolu des *principes de la justice sociale*, principes éternels & imprescriptibles. Ce sera, ou un réglement qui fixe d'une maniere douce & uniforme la composition due pour le rachat; ou un édit portant abolition absolue des *droits de main-morte & de servitude* & un *affranchissement général.* Statuer ainsi, c'est être roi, c'est être pere. Eh! qui oseroit réclamer? Sa voix se perdroit à travers les bénédictions du peuple, & son nom seroit voué à l'exécration publique. Il rougiroit, s'il étoit homme & citoyen; & son intérêt lui ouvriroit les yeux, s'il comparoit la Hollande, l'Angleterre & la Suisse avec les pays d'esclavage, & les montagnes libres du haut Dauphiné avec les plaines main-mortables de quelques provinces de France.

DROIT ÉTRANGER.

8. Ce sont ces grands *principes de justice sociale* qui ont inspiré à JOSEPH II les mémorables loix, par lesquelles il vient d'affranchir les serfs de ses états héréditaires : sous ses mains puissantes renaissent à la fois l'agriculture, le commerce, la justice, toutes les sources de la gloire des rois, & du bonheur des peuples.

C'est ainsi qu'a pensé la *mere de la patrie*, lorsque dans son instruction pour le code Russe, *n°. 282*, elle a écrit : *L'agriculture ne fleurira jamais là où le laboureur ne possede rien en propre.* C'est pour cela qu'elle a créé ce *tiers-état*, pépiniere d'une race libre, & garant d'une plus grande opération dans un temps opportun. Et c'est dans l'entousiasme de la reconnoissance publique, qu'un philosophe Russe a écrit : « Quelle sublime leçon le pouvoir suprême donne au monde ! Il plaide la cause de l'humanité & de la tolérance. Il assure la liberté & la propriété; & ses sujets heureux ne connoissent *plus de joug que celui de la loi.* » *(Plans & statuts des établissemens ordonnés par sa majesté impériale Catherine II, par M. le général Betzkoy, 1774.)*

Hhh

A côté de ces états fortunés comment en exista-t-il, où le paysan esclave ne put travailler qu'un jour de la semaine pour lui & sa famille; où l'homme fut vendu au marché comme le bétail; & où il put être impunément égorgé, moyennant 15 liv. payées à l'église, pour le faire enterrer ?

Comment, touché de ces abominations, un seigneur n'a-t-il pas osé dire à ses camarades ? « *Affranchissons* les misérables victimes de notre orgueil; rendons la liberté que l'homme ne doit jamais ravir à l'homme. Puissent, à notre exemple, toutes les sociétés chrétiennes, réparer une injustice cimentée par des siecles de crimes & de brigandages ! »

Ainsi a parlé un Quaker aux Amériquains ses freres : & cette vaste contrée ne se peuple si rapidement, que parce que le bonheur & la paix y naissent de la liberté & de la justice.

L'habitude insensible & l'orgueil féroce s'inquietent peu de ces grands événemens. Ce sont pourtant de grandes leçons : & c'est dans la sueur & le sang de l'esclavage qu'a été trempée la plume qui a signé le fameux acte de *partage*.

Depuis que l'esprit humain a secoué les chaînes de l'ignorance & de la barbarie, il marche droit au bonheur & à la liberté. Cette grande révolution, lente & cachée durant deux siecles, est aujourd'hui sensible & toute publique. Malheur aux grands qui la retardent ! leur pouvoir s'écroulera sur lui même. Malheur au souverain qui ne pourroit pas suivre les grands exemples qui l'instruisent ! Malheur aux pays serfs : ce seront bientôt des déserts.

Pologne.

9. Je finissois cet article; lorsqu'après avoir lu ce que jai dit sur la Pologne, *tom. 2, pag. 406.* On m'a écrit:

« Vous avez peint, avec énergie, les suites funestes de la servitude; mais ce que vous avez allégué sur l'esclavage des serfs ne m'a pas paru rigoureusement vrai, du moins sous le regne de notre bon roi Stanislas-Auguste. 1°. Le noble n'a plus droit de vie & de mort sur son sujet. Une loi récente, mais bien observée, punit le meurtre d'un paysan comme celui d'un gentilhomme. 2°. Les paysans, trop vexés par leur seigneur, peuvent réclamer leurs droits, qui sont établis de maniere, qu'à tout prendre, ils ne sont pas plus malheureux que beaucoup de paysans françois. »

« Il est vrai, comme vous l'avez dit, que les paysans polonois sont attachés à la glebe comme ils le furent en France sous le gouvernement féodal; mais leurs devoirs sont déterminés par les constitutions. Chaque pere de famille doit à son seigneur quelques jours de travail; mais aussi le seigneur le garantit de toutes les calamités. S'il perd ses bestiaux, le seigneur lui en fournit d'autres : si une année stérile le réduit à la famine, son maître lui fournit des grains pour nourrir sa famille. De-là, il est très-possible de prouver que les serfs en Pologne sont moins à plaindre que les paysans de plusieurs villages de France. »

« Mais ce n'est pas sous ce point de vue que vous considérez l'esclavage : il ne s'agit pas, en effet, de balancer les souffrances des serfs & des paysans libres, il faut saisir l'influence de l'esclavage sur la puissance de l'état & la fortune publique. Sous cet aspect, il est sûr que le serf, dénué d'émulation, sachant très-bien que son travail n'est pas pour lui, ne fait que le moins qu'il peut. Cela est si vrai, que je me suis assuré, en général, que la journée de quatre paysans polonois équivaut à peine à celle d'un bon journalier françois. Aussi, les magnats Polonois, qui, à la sollicitation du roi, ont affranchi leurs sujets, ont bien compris, que leurs terres travaillées par des mains libres, produiroient bien davantage, & qu'ils auroient la douce satisfaction de voir ranimer parmi leurs sujets l'industrie dans tous les genres. Un des premiers qui a suivi ce plan, est M. le comte de Chreptovitz, chancelier de Lithuanie. Il a *affranchi* ; & fes terres lui rendent le double. Je l'ai vu goûter un plaifir plus cher à fon cœur bienfaifant, celui de voir que tous fes fujets le béniffent comme un pere. »

« Cet exemple a été donné par notre grand & bon roi. Tout ce qu'il a pu *affranchir*, il l'a fait ; & il a encouragé au point, que déja l'on peut compter cent mille payfans libres en Pologne. Mais il n'eft qu'ufufruitier ; & il eft gêné par la conftitution & par les dietes. Ah ! monfieur, que ne puis-je vous écrire tout le bien qu'a déja fait STA-NISLAS-AUGUSTE, & celui qu'il fera encore, fi la Pologne a le bonheur de le conferver. » (*Lettre* de M. Gilibert, profeffeur de l'hiftoire naturelle dans l'univerfité de Wilna, médecin ordinaire, & confeiller aulique de S. M. P. *à M. de Royer.*)

J'ai extrait cette lettre, fur laquelle je reviendrai aux mots *Agriculture, Laboureur, Efclave* & *Serf*, pour rendre hommage à la vérité, pous prouver en même temps que la lumiere *fe fait* par-tout, & que les hommes deviennent heureux & meilleurs.

J'ajouterai que M. Gilibert, (né à Lyon) ayant échappé au poifon, le roi de Pologne a fait frapper une médaille avec cette légende : *Ob civem fervatum Onuffrio Orlowski ftudii botanici in academiâ vilnenfi repetitori diligentiffimo, quodque nefandas detexit & impedivit infidias, in VITAM GENTI REGIQUE UTILEM ET CURAM magiftri fui Joan. GILIBERT, hift. nat. profef. M. D. CCLXXXII.*

Staniflas a fait plus : il a voulu être parrain du fils né en Pologne, & a placé, dans une de fes galeries, le bufte du pere, auteur du *Flora Lithuanica* : (*Primo vero indagatori naturæ in hoc regno.*) Voilà comment les grands princes attirent, honorent, & encouragent la vertu, le génie & la fcience.

AFFRANCHISSEMENT DES CHOSES.

10. Dans les opérations de la nature,

les êtres ne font affujettis qu'aux loix générales de l'attraction & de la gravitation, du mouvement, de la reproduction & de l'ordre. Les exceptions font rares.

Dans le droit naturel, l'homme ifolé jouit fans partage de la hutte qu'il a bâtie, du vêtement qu'il a tiffu, de la terre qu'il a clofe, & de la récolte qu'il a femée. L'Ecoffois Selkirk, trouvé en 1707 dans l'ifle Fernandez, y auroit paffé fa vie fans autre charge que la confervation de fon individu.

L'homme focial a d'autres befoins, des goûts, des erreurs ; & s'eft donné d'autres loix, qui ne font, pour la plupart, que des exceptions au droit naturel.

D'abord, il s'eft engagé à concourir de fa perfonne & de fes biens à la défenfe de l'état, à l'ordre, & au bien public ; d'où font venus le droit public, la police, le droit martial, la milice, les impofitions générales ou particulieres, & toutes les charges publiques.

Enfuite on a imaginé d'affujettir les poffeffions naturellement libres, à des rentes, à des hypotheques, à ces droits, inconnus à l'antiquité, & que nous appellons *feigneuriaux*.

Enfin, pour fon avantage perfonnel & momentané, on a foumis les poffeffions à des obftructions, des embarras & des gênes, en faveur des poffeffions voifines.

Ces trois grandes dérogations à la liberté naturelle, peuvent être comprifes fous trois genres. 1°. Impofitions & charges publiques. 2°. Droits féodaux & rentes foncieres. 3°. Servitudes réelles.

L'homme peut s'*affranchir* de toutes ces charges, par l'abdication de la patrie & le déguerpiffement des fonds : mais s'il veut refter & jouir, quels moyens peut-il employer ?

Sous ces objets divers du droit civil, général ou particulier, l'*affranchiffement* ne peut être traité qu'après avoir expofé la loi, la coutume & la jurifprudence ; & ces détails nous menent à toutes les branches du droit public, du droit municipal, du droit fiscal, du droit féodal, & du droit privé?

Nous nous bornerons ici à une réflexion générale sur la faveur de l'*affranchissement*.

Ouvrez les loix romaines; vous lirez par-tout que dans le doute, & si l'asservissement n'est pas clair & incontestable, on doit se décider pour l'*affranchissement*. C'étoit une maxime romaine, consignée en lettres italiques, dans la *loi 10, D. de rebus dubiis, § 2. In ambiguis rebus humaniorem sententiam sequi oportet*. Elle est encore plus clairement exprimée dans cette regle de droit: *Quoties dubia interpretatio libertatis est, secundùm libertatem respondendum erit. L. 20, D. de reg. juris. Libertas omnibus rebus favorabilior est. L. 122, eod.*

Ces regles générales du droit de toutes les nations, s'appliquent à la liberté des choses comme à celle des personnes. Les interpretes & les commentateurs, si souvent subtils ou contradictoires, sont parfaitement d'accord sur ce point intéressant; & il l'est d'autant plus, que le désordre social, & la multitude interminable des affaires ne viennent que de cette quantité prodigieuse d'exceptions à la liberté naturelle des choses, qui s'accumulant, s'enchevêtrant chaque jour, forment un cahos que la foiblesse humaine ne peut plus débrouiller.

Mais, autant ces charges réelles sont défavorables quand elles n'ont pour principe que la féodalité ou l'intérêt particulier, autant elles sont précieuses quand elles tiennent à la chose publique.

Sous ce point de vue, je n'entends point ce que c'est qu'*affranchissement*. Je comprends bien comment l'âge, le sexe & les services rendus, peuvent *affranchir* de quelques charges publiques. Mais comment une famille est-elle *franche*, parce qu'un de ses ancêtres obtint autrefois un parchemin? Comment, de deux fonds limitrophes, l'un est-il asservi à la taille, quoique possédé par un prince; tandis que l'autre en

est affranchi, parce qu'il fut possédé par un noble lors de la confection du cadastre? Comment la noblesse, d'abord personnelle, & ensuite héréditaire, a-t-elle fini par devenir ainsi réelle?

En voyant ces paradoxes judiciaires, je serois tenté de dire, comme je l'ai fait sous le mot *Affection*, que trop souvent on s'est plus occupé des choses que des personnes. Il vaut mieux écrire, avec Montesquieu, que *c'est-là un mystere de notre ancienne jurisprudence françoise*.... Italiam, Italiam! (*Esprit des loix, liv. 31, chap. 34.*)

AFFREREMENT.

(Droit privé.)

C'est le nom qu'on donne dans quelques parties du Languedoc & de la Guienne, aux sociétés qui se contractent, soit entre des parens, soit entre des étrangers; mais sur-tout entre deux personnes qui se marient: sous ce dernier point de vue, l'*affrerement* à beaucoup de rapport avec la communauté conjugale des pays coutumiers. Cette qualification des sociétés fait honneur à ceux qui l'ont établie, c'est l'idée vraiment intéressante des Romains, rendue par le jurisconsulte Ulpien & par l'orateur Quintilien. On vouloit faire sentir aux associés quelle étoit l'étendue des sentimens qu'ils devoient se vouer mutuellement, puisqu'ils devenoient en quelque maniere freres. *Societas jus quodammodo FRATERNITATIS in se habet.* (*L. 63, in princip. D. pro socio*). *Sacra res est & quædam FRATERNITAS propositorum animorum,* (*declamat. 120.*)

« La société & communauté de tous les biens, stipulée entre les deux futurs conjoints dans leur contrat de mariage, s'appelle *affrerement* dans ce pays; & elle a cet effet, que tous les biens des deux époux, acquis même avant leur union, entrent dans leur communauté: » *Et talis ſocietas omnium bonorum, quoties fit inter eos (maritum & mulierem), vocatur in hâc patriâ AFFRAYRAMENTUM; cujus virtute omnia bona, etiam ante contractum matrimonium acquiſita, eſſent inter eos communia, ut expreſsè ſocietas, ſeu AFFRAYRAMENTUM aliquid contra conſuetudinem operetur, &c.* (Benedictus, in cap. Raynutius, in verbo & uxorem, n°. 227, pag. 230, verſo.)... Guillaume Benedicti où Benoît vivoit dans le quinzieme fiecle, & étoit conſeiller au parlement de Touloufe : il parle donc du Languedoc, en diſant *in hac patriâ.*

On a demandé « ſi l'*affrerement,* autrement dit ſociété, contracté entre mari & femme, ſous une charge à laquelle le mari n'avoit point ſatisfait, peut profiter aux créanciers du mari qui avoit mal fait ſes affaires, offrant par eux d'y ſatisfaire? » (Maynard, *liv. 2, chap. 72, tom. 1, pag. 272.*)

ARRÊT du parlement de Touloufe, du mois de juillet 1585.... *Eſpece.* Une jeune femme aſſez riche, dans le contrat de mariage, s'aſſocie avec ſon mari en tous & chacun ſes biens, à la charge par celui-ci d'apporter une ſomme de 1000 livres pour la liquidation de ſes biens. Le mari, au lieu de ſatisfaire à la condition de l'*affrerement,* s'endette; & ſes créanciers font ſaiſir, non ſeulement ſes biens perſonnels, mais encore ceux qui appartenoient à ſa femme, qu'ils prétendoient avoir été acquis au mari, à cauſe dudit *affrerement* & ſociété.

La femme forme oppoſition à la partie de la ſaiſie qui la concernoit; & ſoutient que, ſon mari n'ayant pas ſatisfait aux conditions impoſées par le contrat, l'*affrerement* n'a pas eu lieu. *Les créanciers* eſſaient de lui fermer ce paſſage, offrent la ſomme de 1000 livres, ſoutenant avoir droit d'accomplir la condition, *le jour n'en ayant été préfix, mais du tout incertain.*

La femme replique, & dit que, ſi ſon mari eût « apporté ces 1000 liv. auparavant & comme il devoit, ſes biens en

fuſſent de beaucoup augmentés, &, par ce moyen, tant ſa condition que celle de ſon mari devenue meilleure, & peut-être telle qu'il ne ſe fût ſi avant engagé & totalement ruiné; & ainſi que ſes créanciers n'avoient raiſon de vouloir empiéter les biens à elle appartenans de ſon chef, & qu'il ne falloit avoir égard à l'*affrerement* qui étoit demeuré ſans effet par le défaut de ſon mari. » La cour faiſant droit ſur l'oppoſition, caſſa la ſaiſie dont la femme ſe plaignoit, avec dépens. Un ARRÊT du parlement de Bourdeaux, rapporté par M. Ferron, avoit jugé la même queſtion en propres termes, (Maynard, *ibid.*)

Autre queſtion : « ſi les mineurs peuvent dans leur contrat de mariage faire des ſociétés ou *affreremens* ? » (Maynard, *liv. 7, ch. 39, tom. 1, pag. 877.*)

ARRÊT du parlement de Touloufe, du 10 janvier 1570.... *Eſpece.* « Deux freres, dont l'aîné étoit héritier univerſel, épouſent deux ſœurs, dont l'aînée étoit auſſi héritiere univerſelle. La cadette, mariée avec le puîné, eut des enfans, ſurvécut à ſon mari, & prétendit venir au partage de la ſociété, dont elle demanda le quart, avec les acquêts qui en étoient provenus pendant la vie du mari. L'aînée & ſon mari oppoſent que la ſociété eſt nulle : ſoit à cauſe de la minorité de l'aînée; ſoit à cauſe de l'inégalité des biens, la cadette & ſon mari n'étant que ſimples légataires de leur famille, & par conſéquent pauvres : elle allegue de plus la crainte maritale, & impetre des lettres de reſciſion de la ſociété contenue au contrat de mariage, depuis lequel il s'étoit paſſé quatorze ans; elle avoue cependant, que le mari de cette cadette étoit un homme induſtrieux, qui gagnoit raiſonnablement. La cadette ſe défend par fins de non-recevoir, fondées ſur le contrat de mariage contenant ſociété, & ſoutient que l'inégalité des fonds n'annulle pas la ſociété contractée, tout dol & fraude ceſſant; (*L. 5, D. pro ſocio;*) que d'ailleurs, l'induſtrie ſupplée au fonds, ainfi qu'on dit : *Hoftimentum opera pro pecuniâ, &c.* » La cour adjugea à la cadette la quatrieme partie de tous les biens communs, & des acquêts faits durant la communauté. (*ibid.*). Il y avoit dans cette affaire quelques queftions relatives aux peines des fecondes noces, parce que la fœur cadette s'étoit remariée ; mais elles font étrangeres à cet article : nous y reviendrons au mot *Secondes noces.*

Les anciens ftatuts de Marfeille parlent de l'*affrerement* ou fociété entre marchands ; & ils défendent l'efpece d'*affrerement*, par lequel des marchands conviendroient de fe fournir exclufivement tout ce qui ferviroit à la cargaifon de leurs navires : *Eodem etiam facramento concludent (cargatores navium) quòd non fe* AFFREYRIGENT *aliquo pacto ad emenda victualia à certis perfonis, imò per civitatem ea communiter ement.* (*Statut. Maffil. lib.* 4, *cap.* 27). Voyez ci-deffus, *Affiliation*, n°. 7 , pag. 344 & 345; & ci-après, *Approvifionnement, Affociation, Cargaifon, Communauté, Femme, Mari, Monopole, Refcifion, Société, &c.*

AFFRÉTEMENT, ## AFFRÉTEUR.

(Marine.)

Affrétement exprime la convention par laquelle le propriétaire d'un vaiffeau le loue à un marchand pour un temps fixe, moyennant un certain prix. Cette expreffion *affrétement* eft tirée des latines *affretamentum* ou *Affreygtamentum* : Rymer rapporte deux titres où elles font employées : *Citra naulum five* AFFREYGTAMENTUM : (*tom.* 11, *pag.* 157, *column.* A.) *recipiendo pro rata nauli, feu* AFFRECTAMENTI *hujufmodi mercium inimicorum, &c.* (*ibid. pag.* 442, *column.* B.)

L'*affréteur* eft celui auquel le vaiffeau eft loué à tant par mois, par tonneau, (*poids de* 2000 *liv.*) ou par voyage. On nomme *fréteur*, le propriétaire de ce vaiffeau ; *fret*, ou *nolis*, le prix du louage ; & *charte-partie*, l'écrit qui renferme la convention. (*Saverien, Dict. de marine*, aux mots *Affrétement, Fret, Fréteur*, tom. 1, pag. 8, 9, 431 & 432, édit. de 1758; & au mot *Tonneau*, tom. 2, pag. 333. *Nouveau Comment. fur l'ordon. de la marine*, du mois d'août 1681, tit. 1, art. 3, tom. 1, pag. 406 & 407, édit. de 1780.) ... Sur les côtes de l'Océan, *affrétement* & *frétement* ont la même fignification que *noliffement* fur la Méditerranée.

L'*affrétement* ou *noliffement* doit être rédigé par écrit, conformément à l'ordonnance de 1681, art. 1, tit. 1, *des Chartes-parties, &c.* mais comme cette loi ne met point de reftriction, il eft indifférent que la convention foit faite, fous feing privé, ou pardevant notaire. Dans l'un & l'autre cas elle eft valable, avec cette feule différence, que, lorfqu'elle n'eft que fous fignature privée, la preuve teftimoniale ne peut avoir lieu que jufqu'à concurrence de la fomme de 100 liv. aux termes de l'ordonnance de Moulins & de celle de 1667; & fi la fomme excede 100 liv. le ferment eft déféré à la partie qui nie la convention. Voyez *Charte-partie*, & fur-tout *Fret, Frétement, Noliffement*, où nous traiterons tout ce qui a rapport au contrat maritime qui fe paffe entre l'*affréteur* & le *fréteur.*

AFFRONT.

(Dr. naturel. Dr. des gens. Dr. public. Dr. criminel. Police.)

1. « AFFRONT. f. m. Injure, outrage, foit de parole, foit de fait. » (*Dict. de l'académie françoife.*)

L'*Affront* est un trait de reproche ou de mépris lancé devant témoins. Il pique & mortifie ceux qui sont sensibles à l'honneur. » (*Synon. françois de* l'abbé Girard.)

Vous ouvrirez presque tous nos criminalistes sans trouver ce mot, comme si l'action qu'il exprime étoit étrangere à l'ordre public ; les autres, comme si elle ne pouvoit pas être légitime, l'ont confondue avec *injure*, rassemblant sous ce dernier mot, une infinité de délits qui n'ont entr'eux aucun rapport.

Les publicistes, entr'autres Grotius, *liv. 1, chap. 2, n°. 8, note 5,* reconnoissent la différence entre *affront* & *injure*, & citent ces deux passages de Séneque. *Dividamus.... INJURIAM à CONTUMELIA. Prior illa naturâ gravior est. Hæc levior & tantùm delicatis gravis, quâ non læduntur sed offenduntur.... Est minor injuria (contumeliâ) quam queri magis quàm exsequi possumus : quam leges quoque nullâ dignam vindictâ putaverunt.* (Senec. de constantiâ sapientis, cap. IV & X.)

C'étoit la doctrine des Stoïciens : celle des Chrétiens devroit aller plus loin, d'après le précepte de l'évangile. *Si quis te percusserit in dexteram maxillam, præbe illi & alteram.* (Matth. V, 39.)

Mais la nature, les mœurs, les préjugés, la sûreté, la justice, ont d'autres loix.

DROIT NATUREL.

2. L'AFFRONT est un témoignage public, qui avilit & dégrade par l'opinion qu'il donne de la foiblesse ou des torts de celui qui le reçoit.

Sous ces aspects divers, il attaque l'honneur, l'orgueil, la vanité, la réputation, l'existence même ; & il intéresse les empires comme les moindres individus.

Quelques animaux mieux organisés sont sensibles aux *affronts*, au point de les distinguer & de chercher à s'en venger. Il faut voir ce que M. de Buffon a écrit de l'éléphant, *qui n'attaque jamais que ceux qui l'ont offensé* ; & du chien, *plus sensible au souvenir des bienfaits qu'à celui des outrages.*

L'enfant, dès qu'il commence à distinguer, est sensible à un *affront*. S'il a quelque tort, la correction la plus douce & la plus sûre, quand elle est ménagée, est de le lui reprocher devant d'autres personnes. Si c'est une *injure*, il cherchera à se justifier devant ses parens ou ses maîtres, & à se venger si elle vi__ d'ailleurs.

Ce sentiment de vengeance est __ de tous les sauvages, qui ne sont, comme tant d'hommes civilisés, que de vieux enfans mal-élevés. Lisez leur histoire : elle est remplie de guerres continuelles, de vengeances lentes, sourdes & affreuses. Pour eux, & dans le langage énergique des Hurons, l'*affront* est une plaie que le temps ne ferme jamais.

Les femmes sont plus sensibles aux *affronts*, parce que la pudeur est leur premier attribut ; &, parce qu'elles sont foibles, elles prisent le courage qui les défend ou les venge.

DROIT DES GENS.

3. La civilisation a pu perfectionner & adoucir les moyens de la vengeance ; mais elle n'en a détruit ni le principe ni le desir. Que deviendroit une nation qui supporteroit les *affronts* dans la violation de son territoire, l'interruption de son commerce, le respect dû à ses ambassadeurs, & les égards que se doivent tous les peuples policés ?

Aussi, quand on a voulu encourager le peuple ou l'armée à combattre, leur a-t-on peint avec force les *affronts* que l'ennemi leur avoit faits. Ce fut le grand art de Démosthene. Il ne disoit point aux Athéniens : vous perdez votre commerce : il ne le disoit point ; parce que la fortune peut se réparer & ne se met point en balance avec les hasards de la guerre. Mais il disoit : Philippe vous a insultés, vous a outragés, à la face de la Grece : si vous ne vengez pas cet *affront*, vous perdrez votre considération, votre influence, & Athenes n'est plus.

Par une suite de cette idée, quand un état a fait un *affront* à un autre, & quand il veut conserver la paix ; il négocie pour le réparer : sans quoi ce seroit un motif de guerre, adopté par l'usage & tous les publicistes. C'est donc un point sur lequel on ne sauroit trop tôt se faire justice. En lisant l'histoire, vous reconnoîtrez que les guerres qui ont eu ce motif ont été plus cruelles, plus longues & plus funestes, que celles qui naissoient de l'ambition du souverain ou de l'intérêt des peuples. Celles-ci sont une affaire de calcul : les autres sont affaire d'amour-propre, & il est terrible.

DROIT PUBLIC.

4. Dans l'ordre public, l'*affront* conserve le même caractere : & c'est dans ce sens que Cicéron le regarde comme ineffaçable. *Vitabis insanabiles CONTUMELIAS.* (Orator. 89.)

Ailleurs il le compare à un trait empoisonné que doit repousser l'homme de bien, prudent & sensible. *Habet enim quemdam aculeum CONTUMELIA, quem pati prudentes ac viri boni difficillimè possunt.* (In Verrem. III, 95.)

Plus loin, il dit à Catilina : « vous arrivez au Sénat ; &, dans une si nombreuse assemblée, où vous avez tant d'amis, de parens, personne ne vous a salué : c'est un AFFRONT, qui, avant vous ne se fit jamais à personne. » *Venisti paulò antè in Senatum. Quis te ex tantâ frequentiâ, ex tot tuis amicis ac necessariis salutavit ? Si hoc post hominum memoriam contigit nemini, vocis expectas CONTUMELIAM, cùm sis gravissimo judicio taciturnitatis oppressus ?* (In Catil. I, 252.)

Par-tout l'*affront* a des caracteres divers qui tiennent à la constitution politique, aux mœurs, aux usages, aux expressions, aux gestes même & aux circonstances :

ces nuances sont difficiles à saisir & l'on sent mieux qu'on n'exprime.

Plus le lieu, d'où part le trait, est élevé ; plus l'horizon est grand ; & plus l'*affront* est sensible. L'histoire va chercher l'origine de l'introduction des Maures en Espagne, dans l'*affront* fait au comte Julien ; les malheurs de Henri III, dans je ne sais quel *affront* fait à la duchesse de Montpensier ; & les défaites de Louis XIV, dans le refus fait par Louvois d'un régiment, au prince Eugene qui prit si bien ce refus pour un *affront*, qu'il dit : *Je rentrerai en France en dépit de Louvois.* Ainsi, encore, la reine Anne prit pour un *affront*, l'achat fait par la duchesse de Malborough d'un éventail qu'avoit refusé la reine ; & l'on sait les résultats. Les grands événemens ont de petites causes : &, si l'*affront* peut être considéré ainsi, ses effets sont terribles, quand celui qui l'a reçu dit avec Cicéron : *Insanabiles CONTUMELIAS.*

C'est pour les princes un *affront* ou un avertissement, lorsqu'au lieu des acclamations qu'ils attendent, ils ne trouvent que le silence ou le murmure. Voyez *Acclamation*, tom. 1.

Quelquefois les peuples, les provinces, les états, les villes & les corps, sur-tout le clergé, la noblesse ou la magistrature ont pris une loi pour un *affront* ; moins par le dispositif que par le préambule. Cette opinion irritant l'amour propre, a occasioné des orages qu'on auroit évités en motivant avec égard. C'est un excellent principe de ne voir que l'avenir & d'oublier le passé. Trop souvent la question de savoir si l'on avoit mal fait, a détourné de bien faire.

Lorsqu'une administration, après avoir reçu ses serviteurs des mains de la vénalité, les avance par rang d'ancienneté ; elle décourage le talent, le savoir, la bravoure & toutes les vertus. Si quelquefois elle les apperçoit, les distingue & les éleve ; cet avancement juste & nécessaire, est appellé *passe-droit* ; ceux qui n'ont n'ont rien mérité, le regardent comme un *affront*, bien différens de ce vertueux maréchal de Vauban, qui, offrant d'aller servir sous le jeune la Feuillade, dit à Louis XIV, qui lui objectoit les préjugés : *Ma dignité est de servir l'état.*

C'est, pour la justice, un *affront* qui mérite toute l'attention du souverain législateur, lorsqu'elle est administrée de maniere, que, si l'on ose parler, on dira avec le chancelier d'Aguesseau : « Qu'il nous soit permis de gémir au moins une fois pendant le cours de l'année, sur *les désordres qui font rougir le front de la justice.* » (*tom. 1, pag. 61.*)

Ce fut, certes, un *affront* que la maniere dont le chancelier de l'Hospital traita deux officiers; mais ce n'étoit ni *injure*, ni *offense*, ni *outrage*, puisqu'ils l'avoient mérité. Brantome, après avoir peint l'Hospital, continue ainsi : « Il nous fit dîner *très-bien;* (du *bouilli seulement*, c'étoit son usage;) & n'étions pas quatre à table. Devant le dîner, ce n'étoit que beaux discours & belles sentences, & quelquefois aussi de *gentils mots pour rire.* — Après le dîner on lui dit qu'il y a avoit là un président & un conseiller nouveaux, qui vouloient être reçus aux états qu'ils avoient obtenus. Soudain il les fit venir devant lui, qui ne bougea ferme de sa chaise. Les autres trembloient comme les feuilles au vent. Il fit apporter un livre du code sur la table; & l'ouvrit lui-même, en leur faisant des questions. Ils lui répondirent si impertinemment, qu'ils ne savoient que vaciller; si bien qu'il fut contraint de leur dire, que *ce n'étoit que des ANES; & qu'encore qu'ils eussent près de cinquante ans, ils allassent étudier.* » (*Traduct. des épîtres de l'Hospital, tom. 1, Éclaircissemens, pag. 75.*).... C'étoit en 1566.

Un magistrat fut questionné s'il n'étoit pas intéressé dans une entreprise, honnête en elle-même, mais que sa délicatesse lui faisoit regarder comme incompatible avec ses fonctions. Si l'homme en

place qui lui parloit, eût été seul, ce n'étoit qu'une *injure :* mais il y avoit des témoins; ce fut un *affront* que le magistrat dut repousser avec la fierté dédaigneuse qui convient à la vertu, même pauvre.

Quelquefois le loyal gentilhomme, le franc militaire, & l'homme de bien qui ne sait pas mentir, ont pris pour un *affront* le doute, le soupçon; à plus forte raison, l'obligation d'affirmer, comme si leur parole ne devoit pas suffire. Et l'on aime à voir cette pudeur fiere, qui est à la probité ce qu'est la rougeur de la femme chaste. Mais la jurisprudence a ses maximes aveugles. Cependant, voyez ci-dessus *Affirmation.*

Tout le monde appelle *affront*, la justice ou la mortification qu'il reçoit; le magistrat qu'on méprise, l'avocat dont on se défie, le médecin qu'on renvoie, le marchand dont on refuse le papier. Le manque d'égards même est pris pour un *affront*, quand il est public; parce que la politesse est l'imitation de l'estime.

Toutes ces nuances méritent la plus grande attention de la part de l'administrateur, de la législation, de la jurisdiction & de l'éloquence : mais il n'y a qu'un bon esprit qui voie bien; surtout si l'honneur est tel que le peint Montesquieu, *liv. 3, chap. 5; & liv. 4, chap. 2.*

L'abbé Girard dit encore : « ce n'est pas réparer son honneur que de plaider pour un *affront* reçu. » Maxime sage! on commence à l'entendre. Mais, si l'on plaide, quelles seront les loix?

DROIT ROMAIN.

5. Il ne faut chercher l'esprit de Rome, ni dans les loix rigoureuses de Sylla, ni dans celles sur le crime de lese-majesté : suivant ces loix atroces, c'étoit un *affront* digne de mort que de passer devant la statue de Tibere sans la saluer, & d'applaudir les histrions, rivaux de Néron. Les vrais principes sont rassemblés dans le *liv. 47 du digeste, tit. 10,*

Tome III.   Iii

de injuriis & famosis libellis, qu'il faut lire en entier pour bien saisir la différence de l'*affront* avec l'*injure*.

Cette différence est exprimée dans la loi premiere. Elle appelle *injure*, ce qui se fait contre le droit. *Injuria ex eo dicta est, quod non jure fiat : omne enim quod non jure fit, injuriâ fieri dicitur. Hoc generaliter. Specialiter autem injuria dicitur* CONTUMELIA.

Dans la loi *15, § 48*, le législateur, dans l'injure, distingue encore si elle a été commise dans l'intention de faire un *affront*. *Item si liberum hominem, qui mihi bonâ fide serviebat, quis ceciderit; distinguendum est, ut, si in* CONTUME-LIAM *meam pulsatus sit, competat mihi injuriarum actio.*

Dans le § 2 de la même loi, le préteur défend de faire un reproche mal fondé & contre les bonnes mœurs. *QUI ADVERSUS BONOS MORES convicium CUI FECISSE, CUJUSVE OPERA FACTUM ESSE DICETUR, QUO ADVERSUS BONOS MORES CONVICIUM FIERET, IN EUM JUDICIUM DABO.*

De ces reproches publics, un des plus condamnables, des plus contraires aux bonnes mœurs, & des plus dangereux dans une république, qui se regardoit comme une famille, étoit celui qui outrageoit la maxime sacrée chez tous les peuples raisonnables, que les fautes sont personnelles.

En revanche, Rome pensoit qu'il ne falloit pas punir celui qui diffamoit publiquement l'homme coupable ; parce qu'il intéressoit au salut public que la conduite des scélérats fût divulguée. *Eum qui nocentem infamavit, non esse bonum æquum ob eam rem condemnari ; peccata enim nocentium nota esse, & oportere & expedire.* L. 18.

Sur cette loi, Godefroi cite ce passage de la troisieme Philippique, où Cicéron, usant de cette liberté, & se rendant compte de la maxime romaine, répond : « ce n'est plus un *affront* quand on l'a mérité. »

Cur ita ? Nulla est CONTUMELIA *quam patitur dignus.* Il faut voir, dans le plaidoyer pour Publius Sextius, quel usage il en fit dans cette partie, conservée sous le nom d'*interrogation*. C'est un reproche continuel de la maniere dont Vatinius avoit administré, & l'*affront* le plus sanglant qu'on pût faire à un magistrat.

La *loi 32* appelle injure, l'*affront*, que le magistrat même feroit avec injustice, ou qui seroit inspiré par des personnalités ; & permet d'attaquer celui qui a ainsi compromis la sainteté de son caractere. *Nec magistratibus licet aliquid injuriosè facere. Si quid igitur per injuriam fecerit magistratus, vel quasi privatus, vel fiduciâ magistratûs : injuriarum potest conveniri.*

Mais si l'ordre public exige qu'on fasse un reproche public à celui qui l'a troublé ou compromis ; la loi autorise l'*affront* qu'il reçoit. *Quod reipublicæ venerandæ causâ secundùm bonos mores fit, etiam si ad* CONTUMELIAM *alicujus pertinet; quia tamen non eâ mente magistratus facit, ut injuriam faciat; sed ad vindictam majestatis publicæ respiciat ; actione injuriarum non tenetur.* L. 33.

La loi *13, § 6*, développe encore ce pouvoir du magistrat. *Quæ jure potestatis à magistratu fiunt, ad injuriarum actionem non pertinent;* & le § *38* de la *loi 15* donne plus expressément le droit de faire un *affront* à quelqu'un par forme de correction. *Si quis* CORRIGENDI *animo aut si quis emendandi, non tenetur.*

C'étoit en effet un usage salutaire des Romains & une suite de la douceur de leur jurisprudence criminelle, que cette maniere de corriger que nous avons développée sous le mot *Admonition*. C'étoit encore une partie essentielle de leur justice préventive. Celui à qui le préteur avoit reproché ses premieres fautes, devoit être porté à s'amender ; &, s'il ne changeoit pas, l'*affront*, qu'il avoit reçu, fixant sur lui les regards publics, le rendoit au moins plus circonspect.

DROIT FRANÇOIS.

6. « Nos peres, dit Montesquieu, étoient extrêmement sensibles aux *affronts* : mais les *affronts* d'une espece particuliere, de recevoir des coups d'un certain instrument, sur une certaine partie du corps, & donnés d'une certaine maniere, ne leur étoient pas connus. Tout cela étoit compris dans l'*affront* d'être battu ; & dans ce cas, la grandeur des excès faisoit la grandeur des outrages. » (*Esp. des loix*, liv. 28, chap. 20.)

Notre honneur, après avoir été celui des Gaulois, des Romains & des Francs, a donc reçu d'autres nuances de la féodalité, de la chevalerie, du siecle d'ignorance, des guerres civiles. Son caractere est si foible & si bizarre, que nos criminalistes n'ont pas osé le prononcer.

Quels seront les guides ?... la jurisprudence ? les arrêts ? les auteurs ? Il y a des opinions, des especes ; mais pas un principe. Les coutumes ? celle de Bretagne, contredisant le droit romain, dit *(art. 672,)* que « l'injuriant n'est reçu, pour atténuer la réparation de l'injure, à vérifier le fait par lequel il a injurié » : les autres ne disent rien. Les ordonnances ne parlent que des libelles diffamatoires ; & les commentateurs vous renvoient tous au droit romain, que la jurisprudence interprete à son gré.

Il y a donc double raison pour dire avec l'abbé Girard, qu'il ne faut pas plaider pour un *affront* reçu : &, renvoyant aux mots *Calomnie, Diffamation, Honneur, Libelle, &c.* ce qui resteroit à dire sur la nature de l'*affront*, & la maniere de le punir, nous nous bornons à deux réflexions.

Affront des torts étrangers.

7. Nos idées sur l'honneur & la réputation, ont été si embrouillées, qu'on se permet encore, sur-tout au palais, de reprocher, comme un *affront*, le lieu de la naissance ; & l'on se rappelle le mot de Dumoulin : *Nam regiones nonnunquam infamant.*

On se permettra encore de reprocher au citoyen honnête l'état légal qu'il exerce ; comme si, en supposant qu'il y eût des professions essentiellement vicieuses, ce ne seroit pas la faute du législateur.

Enfin, la punition des parens est devenue un *affront* pour la famille : Bouvot, *tom. 2, quest. 2*, au mot *Injure, pag. 469 & 470,* rapporte un ARRÊT du 8 octobre 1610, qui, sur l'*affront* fait à quelqu'un, à qui on reprochoit que son pere avoit été pendu, mit *hors de cour*.

Aux mots *Crime, Famille, Faute, Honneur, Parent, Préjugé, Supplice,* nous reviendrons sur cette jurisprudence, foible & pernicieuse en ce qu'elle confond toutes les idées du juste & de l'injuste, mal le plus grand que l'on puisse faire, sur-tout dans une constitution où il n'y a, ni tribunal domestique, ni esprit de famille.

Mais, tandis que la jurisdiction hésite, la nation, en s'éclairant, ramene la vérité & la justice. On se rappellera encore à Toulouse, du témoignage honorable, donné en 1743, par le ministere & les régimens, à un ancien officier, pere de six officiers, dont un seul étoit coupable. Le crime fut personnel. Un des premiers régimens vient de se conduire de même à l'égard d'un bon officier qu'il a voulu conserver. Le crime de son parent n'est point un *affront* pour lui. Il faut laisser ce préjugé à la barbarie aveugle, ou au despotisme, dont la terreur indestructible poursuit le sang, le nom & l'ombre même.

Affront par correction.

8. Notre seconde observation a pour objet la maniere dont le préteur romain se contentoit de reprocher au coupable sa conduite ou sa premiere faute.

Il y avoit un reste de cette jurisprudence en Roussillon ; lorsque les bailles & consuls, corrigeant sans rendre de jugement en forme, faifoient attacher le coupable, pris en flagrant délit, fur la place publique: avec le meuble qu'il avoit dérobé: ce n'étoit qu'un *affront*. M. de S. Sauveur, intendant, à qui nous devons des connoiffances précieufes fur cette province, qu'il éclaire & vivifie, nous a affuré qu'on regrettoit l'abolition faite par le confeil fouverain de cet ufage, qui n'avoit rien d'infamant, qui reffembloit à ce que font tous les jours les peres & meres à l'égard de leurs enfans.

On n'a confervé cet efprit que dans la maniere dont on punit certains délits, même avant la condamnation.

On applaudit, dans le *rafphuis* d'Amfterdam, le travail auquel l'on force les fainéans. Mais qu'eft-ce que la maniere dont on traite les femmes dans· le *fpinhuis* de Batavia? on les expofe derriere une grille, comme des animaux étrangers, à la curiofité & aux avanies du peuple. Après cet *affront*, & lorfqu'elles font déshonorées, comment veut-on qu'elles deviennent honnêtes? Voyez *Courtifanne*, *Fille publique*.

Comment veut-on auffi que, deftiné à un *affront* perpétuel par la maniere dont il a été traité, le jeune homme refte bon, s'il étoit innocent; ou fe corrige, lorfque, condamné comme coupable, il a fubi l'*affront* de la *prifon*, du *cachot*, du *banniffement*, du *pilori*, du *fouet*, de la *marque*, & des *galeres*? Voyez ces mots.

Après cela, on préfume bien que nous ne propofons pas d'autorifer à faire, légérement, ou mal à propos, un *affront* public. Ce feroit une injure.

Mais nous penfons, avec les romains, que, dans les premiers torts, le reproche du magiftrat, mêlé de douceur, d'indulgence, de raifonnement & d'inftruction, rameneroit beaucoup de jeunes gens, qui ne fe perdent que faute de moyens pour les éclairer & les convertir.

Nous penfons, d'après une certaine expérience, qu'il y a beaucoup de faits fur

lefquels on eft embarraffé de prononcer. Or, au lieu de fonger à punir, contentezvous de faire, au citoyen mandé, non pas même une mercuriale qu'il prendroit pour un *affront*, mais cette invitation fimple: *Si vous croyez avoir bien fait, demandez l'opinion de ceux qui vous entourent.* Ce n'eft pas là une admonition, c'eft une queftion. Le filence des uns, le gefte des autres, feront un reproche muet. Ce procédé, plein de douceur, fera pour lui une indulgence; & pour le peuple, une inftruction falutaire. Voyez *Abandon*, *Accufation*, *Admonition*, *Adolefcence*, *Catéchifme*, *Éducation*, *Inftruction*, &c.

AFFRONTAILLES,
AFFRONTATION.
(Droit féodal.)

1. Ces mots ont été employés par quelques anciens rédacteurs de terriers, pour défigner les bornes & les limites des fonds, héritages, bâtimens & territoires. Vous les trouvez encore dans plufieurs chartes. Catel, dans fon *Hift. des comtes de Touloufe*, en rapporte une, pag. 93: *Infuper dono illud caftrum cum fuo termino, & allodibus omnibus cunctifque AFFRONTATIONIBUS & fuis continentiis.*

Nous avons vu ce dernier mot dans une infinité de terriers de nos provinces, même de la Bourgogne; & nous fommes perfuadés qu'il fe trouve dans plufieurs chartes des archives précieufes de l'abbaye de Clugny. Voyez *Aboutiffans & Tenans*, *Borne*, *Confin*, *Limite*, &c.

DROIT CRIMINEL.

2. *AFFRONTATION*, dans plufieurs provinces. eft abfolument fynonyme de *confrontation* d'accufés, & d'*accarement* ou *accariation.* Voyez *ce dernier mot*, tom. 1. Nous avons tâché de confignel

le droit pofitif, & de dire des vérités utiles: avons-nous réuffi?...Voyez enfuite ce que nous avons écrit fous le mot *Accufation*, tom. 2.

AFFRONTEUR.

(*Droit criminel. Police.*)

1. C'eft, difent tous les dictionnaires, *celui qui trompe.*

Cette définition ne préfente qu'un fens étroit & vague. Il nous femble que l'*affronterie* eft un dol public, combiné, fuivi, & puniffable.

Quoiqu'on ne trouve pas ce mot dans Ferriere, Brillon, Jouffe & Serpillon; il faut le conferver, parce qu'il eft dans le dictionnaire de l'académie, ainfi que dans les arrêts, & qu'aucun autre ne le remplace.

Impofteur, défigne celui qui fe fait paffer pour ce qu'il n'eft pas; *fourbe*, fe dit plutôt en matiere de religion; *trompeur*, ne préfente l'idée que d'un fait; *efcroc*, n'a de rapport qu'au jeu; *filou*, eft celui qui dérobe avec adreffe; *affronteur*, participe à toutes ces idées, & peut les renfermer toutes.

C'eft un trompeur public, qui, pour fe faire une fortune, ou un nom, quelquefois tous les deux, abufe de la confiance; il vole, en ne paroiffant que recevoir; & dupe, en ne femblant être que ce qu'on le fait. Il a des fecrets, des fables, un artifice, un langage, toujours les mêmes, toujours abfurdes, & toujours féduifans, fur-tout auprès du peuple crédule & avide. Ses moyens font, le menfonge, l'adreffe, les préjugés, les promeffes, l'ignorance, & fur-tout la fuperftition.

C'eft un délit, fans doute, des plus communs & des plus dangereux; puifqu'il tend à ruiner complétement fes victimes. Cependant il n'eft exprimé par aucune des ordonnances du royaume, qui, s'occupant fi longuement & fi fouvent d'une

infinité d'autres délits plus rares & moins graves, tels que ceux fur la chaffe & la pêche, ont confondu celui-ci dans le nombre de ceux qu'elles nomment *Divination, Magie, Vol, &c.*

En puniffant ce crime, la jurifprudence l'a fpécifié autant qu'il eft poffible de le faire. Les peines abfolument arbitraires, fe reglent fuivant la nature, l'étendue de l'*affronterie*, fuivant la qualité des perfonnes, l'éclat, & les conféquences.

Jurifprudence.

2. Bruneau, dans fes Maximes criminelles, *tit.* 3 1, d'après *Pollion* (*in Gallienis,*) dit « qu'un homme ayant vendu à l'impératrice de fauffes pierreries, l'empereur fit punir cet *affronteur* de même monnoie, en le faifant jeter dans la foffe aux lions pour y être dévoré. Mais au lieu de faire entrer un lion par la petite porte de la loge, on y jeta un chapon: ainfi, cet impofteur n'eut que la peur; & au même inftant, l'empereur fit crier tout haut: *Impofturam hic fecit & paffus eft.* »

Ce jugement reffemble beaucoup à celui de l'empereur Alexandre Sévere, contre le courtifan qui, puni par la fumée, pour avoir vendu fon crédit, fut auffi confidéré comme un *affronteur* public.

Notre jurifprudence, moins allégorique, fi l'on peut s'exprimer ainfi, n'a prononcé jufqu'à préfent que les peines ufitées contre le vol.

ARRÊT du parlement de Paris, du 29 janvier 1767, qui condamne Dumont de Montjolly, écuyer, au carcan pendant trois jours, au fouet & à la marque, & aux galeres pendant neuf ans, pour avoir *affronté* & ruiné plufieurs particuliers par fes efcroqueries.....

Montjolly fe donnoit des parens, fuppofoit des rapports, intriguoit, faifoit des affaires, & trompoit de toutes les manieres. Les grandes villes font pleines de gens de cette efpece; & ils feroient plus rares , si on les surveilloit avec plus de sévérité.

ARRÊT du parlement de Paris, du 17 mai 1776. Il y avoit une sentence du 12 septembre 1775 , qui déclaroit Guillery, Macret & Cribier, atteints & convaincus d'avoir abusé de la simplicité de Moreau, pour lui escroquer 18 liv. sous prétexte de lui faire épouser une fille qu'il recherchoit; Gaut, Macret, Cribier & Guillery, d'avoir escroqué 762 liv. à Fortier, sous prétexte de lui vendre une *poule noire* qui devoit lui pondre de l'argent; Chambault & Bertin, d'avoir, sous le même prétexte, volé à Jarnicot 720 liv. & de l'avoir réduit à la derniere misere: pour réparation de quoi, Cribier, Macret, Chambault & Bertin, condamnés à être fouettés par l'exécuteur de la haute-justice, dans les carrefours de Pithiviers, mis au carcan pendant deux heures, marqués sur l'épaule, de la lettre V, & bannis du bailliage d'Orléans pendant cinq ans; Gaut, seulement condamné au blâme, & en 3 l. d'amende.... Les accusés s'étoient évadés. Chambault repris, l'arrêt le condamna seulement à être attaché au carcan sur la place publique de Pithiviers pendant trois jours, avec écriteau portant ces mots : *escroc par FAUSSE magie.* .... M. Desessart, en rapportant cet arrêt dans ses *Causes célebres*, demande pourquoi Chambault n'a pas été condamné à restituer ? & répond que c'est, 1°. parce que Jarnicot avoit donné volontairement : 2°. parce qu'il avoit déja été attrapé par Cribier : 3°. parce qu'il avoit été averti vainement par les siens : 4°. parce que son motif étoit condamnable. On cite la *loi 3 , D. de conditione ob turpem vel injustam causam.*

Sur cet arrêt, comme sur tant d'autres, sur-tout en matiere criminelle, où tout est secret, il faudroit avoir tout vu : néanmoins nous osons penser, 1°. que le vrai moyen de détruire les délits de ce genre, c'est, indépendamment de la punition pour l'exemple, d'ordonner la restitution, &, jusqu'à ce, prison. 2°. Qu'il n'y a pas besoin de la requête du citoyen trompé, parce que le magistrat est établi pour faire justice à tous ; & que, sans ces restitutions, la justice criminelle est d'autant plus imparfaite, qu'on a moins de dénonciations quand on n'a pas soin de faire rendre. 3°. Que dans l'esprit de la loi romaine, il faut distinguer, celui qui a mis, comme complice, en masse, pour tromper; d'avec celui qui par imbécillité s'est laissé *attraper.*

ARRÊT du parlement de Paris, du 8 octobre 1776, qui déclare François Dutheil, dit Minette, atteint & convaincu d'avoir été constamment depuis plusieurs années *affronteur public;* d'avoir couru le pays, s'annonçant faussement, pour *chirurgien*, pour avoir des secrets capables de guérir toutes les maladies, pour être *sorcier*, prédire l'avenir, & faire trouver les trésors cachés; d'avoir été porteur de livres de prétendue *magie;* notamment, d'avoir employé toute sorte de ruses & de moyens illicites, même superstitieux & attentatoires à la religion, pour abuser de la crédulité du nommé Dumont; lui avoir escroqué des sommes considérables, & lui avoir fait vendre presque tout son bien, sous la fausse promesse de lui faire trouver des trésors... D'avoir escroqué 16 louis au sieur des Noyels, chirurgien, le flattant de lui faire avoir une charge auprès du roi, dont il se disoit *médecin, &c.* .... Pour réparation de quoi, flétri & condamné aux galeres perpétuelles.

ARRÊT du parlement de Paris, du 19 février 1779, qui condamne *Herfilz* au carcan pendant trois jours, avec écriteau portant ces mots, *escroc public,* flétri & aux galeres pour neuf ans; Deschamps, à assister à l'exécution, & au bannissement pour neuf ans; avec défenses à ses valets-de-chambre de récidiver, sous peine de punition corporelle... *Espece.* Herfilz, déja flétri chez l'étranger, arrive à Paris comme baron, loue un appartement superbe, un carrosse, des gens, achete & revend des meubles, des bijoux, & eſt reconnu par la police active. Paris eſt plein de ces *affronteurs*, admis quelquefois dans les premieres maiſons, ſur-tout s'ils jouent gros jeu.

ARRÊT du parlement de Paris, du 12 ſeptembre 1780, qui condamne Guyot à être mis au carcan à Yenville un jour de marché, avec écriteau portant : *eſcroc public*..... C'étoit un journalier qui prétendoit avoir le ſecret d'exempter du ſort ceux qui devoient tirer à la milice, au moyen d'un *taliſman*, qu'il faiſoit payer, & qu'il falloit porter en allant au tirage. .... S'il y avoit trente tireurs pour un billet noir, il y avoit vingt-neuf contre un pour la valeur du prétendu *taliſman*; & il y a beaucoup de haſards, ſuivis avec acharnement, qui n'ont pas une chance auſſi avantageuſe. L'affronterie auroit pu durer un ſiecle; & il y a beaucoup de prétendus devins qui n'ont pas d'autre art.

ARRÊT du parlement de Rouen, du 14 octobre 1782, qui condamne quatre *affronteurs* aux galeres pour neuf ans, & à faire amende honorable, avec écriteaux portant ces mots : *prétendus ſorciers, eſcrocs, & fabricateurs d'actes pour duper le public ſous prétexte de faire trouver des tréſors*. Ce qui caractériſoit particuliérement cette *affronterie*, c'étoit une prétendue bulle du pape, du 25 mai 1780, écrite en *lettres rouges*, & portant que chez le nommé Peccate, au village de la Hurliere, paroiſſe de Barroche, il exiſtoit un poinçon d'or, & une grande quantité d'eſpeces.

Quelques traits.

3. Peut-être le peuple crédule ſe garantiroit-il des *affronteurs*, ſi on lui expoſoit le tableau de leurs moyens & de leurs ruſes : mais qui oſeroit l'eſquiſſer ?

Ici, c'eſt un avanturier qui, laiſſant dans ſa chambre une correſpondance ſuppoſée avec les premieres maiſons de commerce, ſe ménage un crédit & diſparoît.

A côté, c'eſt un jeune homme qui porte la croix de Malthe ſur l'uniforme de l'artillerie, & perſuade à des gens de qualité qu'il eſt leur parent.

Là, c'eſt un abbé qui, d'une limonnadiere, ſa maîtreſſe, fait une comteſſe de l'empire, la parente d'un ſouverain; & à la faveur de quelques enveloppes de lettres miniſtérielles, emporte de Lyon plus de 30000 liv.

Dans le même temps, paroît un ancien officier, d'une belle figure, & plein d'eſprit, qui ſe dit chargé de l'équipement de douze mille hommes pour la Lithuanie; prépare un achat conſidérable, & diſparoît avec 2000 liv. d'échantillons.

Plus loin, c'eſt un jeune homme bien né, ancien officier, ſoldat, déſerteur, condamné au boulet, échappé, richement vêtu, & d'une figure aimable, qui, à Montpellier & à Lyon, s'introduit dans pluſieurs maiſons ſous des noms divers, & emprunte ce qu'il ne rendra jamais.

Plus loin encore, ce ſont des adeptes, des alchymiſtes qui ont la pierre philoſophale, & le ſecret de découvrir les tréſors cachés. Leur art, eſt une des choſes ſur leſquelles le peuple a le plus beſoin d'inſtruction.

Après la phyſique dont les myſteres ont fait tour à tour des incrédules & des dupes, la religion eſt le maſque le plus ſûr. La plupart des ſectaires n'ont été que des enthouſiaſtes, des imbécilles, ou des *affronteurs*. Chaque pays a ſes bonzes, ſes talapoins & ſes jongleurs, plus ou moins heureux ou malheureux.

C'en étoit un bien impudent & bien étrange que ce *Roſenfelt*, jugé l'année derniere à Berlin. Las d'être garde-chaſſe, fatigué du joug conjugal, il laiſſe croître ſa barbe, déclame contre les prêtres & les magiſtrats, prêche la réforme, annonce le *regne des bons*, ſe dit nouveau *Meſſie*, & ſuppoſe qu'il a le livre de vie; mais que pour briſer les ſept ſceaux, il lui faut une vierge; il ſe la fait amener par ſes pere & mere hébétés, & la viole devant eux. Bien-tôt il se fait un serrail des filles de ses sectaires. Le juge des lieux le condamne au fouet & à une captivité perpétuelle dans la forteresse de Spandau. Le tribunal suprême de Berlin prononce l'enfermement dans une maison de correction, avec la discipline en entrant. Mais par un ordre du cabinet, en date du 12 janvier 1782, le roi de Prusse a confirmé la sentence du premier juge, & elle a été exécutée avec un éclat, humiliant pour le fourbe, & instructif pour le peuple.

Vers ce temps, nous avions à Lyon une *affronteuse* de la même espece. Après avoir circulé dans les ténebres, elle avoit imaginé de faire fortune, en persuadant, qu'elle vivoit sans manger, & que sa conservation étoit un miracle continuel, d'autant plus évident, qu'avec une phy-sionomie saine, elle avoit un ventre artificiel, pesant trente-cinq livres, & de six pieds de circonférence. Si elle refusoit le Viatique, c'est qu'elle ne pou-voit pas même avaler. Retirée dans une chambre, d'où elle ne sortoit que la nuit, elle recevoit pour 3 ou 4000 liv. de présens ou d'aumônes, qu'une servante sa complice employoit à la bien nourrir secretement. La crédulité étoit au point, qu'on alloit prier auprès de son lit, à sa porte même. C'est à sa mort seulement le 8 octobre 1782, qu'on a été dissuadé ; lorsqu'elle s'est mocquée du pasteur qui lui offroit les secours spirituels. L'ouver-ture du cadavre, par ordonnance de justice, a complété la preuve.

Quelque temps auparavant, il y avoit eu à St. Galmier-en-Forez, une *affron-teuse*, prétendant aux miracles. Le pro-cureur du roi, ayant donné sa plainte, le curé fauteur a disparu, & l'*affronteuse* a été renfermée.

Parcourez d'autres provinces ; vous trouverez les mêmes délits renouvellés de temps en temps, & variés suivant les préjugés locaux ou le génie des *affron-teurs*. Soit indifférence de l'administra-tion, soit défaut d'instruction ; ils se reproduisent de toutes parts, & réussissent plus ou moins : tant l'esprit humain est foible !

Quels lieux & quels temps n'ont pas vu des *affronteurs* ? La justice a eu les siens, d'autant plus funestes, qu'il est plus aisé de tromper le législateur & le peuple dans ce *labyrinthe tortueux & obscur*, où, comme disoit François I, *les plus éclairés s'égarent*. Et, tandis que le bonheur public, & la gloire des rois, exigeroient que leur trône fût envi-ronné par la seule vérité, leur cour seroit une *affronterie* perpétuelle ; si l'on en croit au portrait qu'en fait Montesquieu dans le *chap. 5 du liv. 3 de l'Esprit des loix*.

Compétence.

4. C'est à la police à prévenir ; & elle manque souvent d'activité & de moyens. Quelquefois elle hésite, comme si elle doutoit. Quelquefois elle craint de se compromettre : quelquefois elle l'a été par les tribunaux suprêmes ; & l'on en trouve un exemple dans les Œuvres du chancelier d'Aguesseau, *tom. 9, lettre 65, pag. 117*.

Il s'agissoit d'une avanturiere que le lieutenant de police de Grenoble avoit décrétée de prise de corps, & qui avoit obtenu au parlement un sursis : le chan-celier écrit au procureur général : « Ce *jugement, en arrêtant le cours de la jus-tice, donne lieu, à une AFFRONTEUSE, reconnue pour telle dans tous les lieux où elle a passé, de se soustraire, par la fuite, aux recherches que l'on fait contre elle, & de se procurer l'impunité.* Vous prendrez, s'il vous plaît, la peine de m'expliquer les motifs de la conduite du parlement ; & s'il n'y en *a point de bons, comme il y a lieu de le présumer par toutes les circonstances de cette affaire, vous en parlerez de ma part à* celui qui préside la chambre où le pre-mier jugement a été rendu, afin qu'il fasse prendre une nouvelle délibération, *pour remettre l'affaire en regle, & la* renvoyer

renvoyer purement & simplement au lieu-tenant général de police. . . . Le parlement, qui a suivi vos conclusions est dans la même irrégularité. Si je savois le nom de celui qui a présidé la délibération, je lui écrirois comme je le dois. Mais ne le sachant point, je ne puis que vous charger de lui montrer ma lettre, qui lui sera commune avec vous, afin qu'il fasse cesser au plutôt tous les obstacles qu'on a mis à la continuation d'une procédure si simple en elle-même, & si nécessaire, pour empêcher qu'un avanturiere n'aille de ville en ville abuser, comme elle l'a fait à Paris & ailleurs, de la crédulité de ceux qui se laissent surprendre à ses artifices. »

D'après cette décision, & le bien public, il est certain que la police est compétente pour connoître des *affronteries;* & qu'elle doit juger, quand les accusés sont errans, vagabonds, sans domiciles, comme il arrive presque toujours. Si ce sont des domiciliés; après avoir informé, elle doit renvoyer au lieutenant criminel; sans quoi, sous ce titre, elle jugeroit la plupart des délits.

Instruction, Jugement & Peines.

5. Nous avons constaté la jurisprudence par les arrêts les plus modernes. Le fouet, la marque, le pilori, l'enfermement, les galeres; voilà les peines; & elles sont assez rigoureuses.

Mais ces *affronteurs*, n'ayant d'autre moyen pour subsister, doivent-ils être bannis, ou condamnés aux galeres à temps? Les bannir, n'est-ce pas leur dire d'aller porter ailleurs leur fatale industrie? &, avant de prononcer ainsi, ne devoit-on pas s'assurer de leurs ressources? Après avoir passé le temps fixé aux galeres, s'ils sont assez mal adroits pour ne pas s'évader, ne reparoîtront-ils pas ailleurs? Herfilz, flétri chez l'étranger, puis baron à Paris, est condamné, en 1779, aux galeres pour neuf ans; que deviendra-t-il en 1788? Voyez *Bannissement, Galere, Peine, &c.*

Tome III.

Dans l'instruction des procès d'affronterie, vous rencontrez souvent des gens crédules, & quelquefois avides, qui rougiroient d'être assignés comme témoins; d'autant plus, que la jurisprudence ne paroît pas portée à les indemniser; & le juge complaisant, les écarte, à cause de leur nom & de leur rang.

Au mot *Accusation,* tom. 2, pag. 210, 219 & 442, nous avons développé les avantages de la publicité de la procédure criminelle, pour le salut de l'innocence, la découverte du coupable, & l'instruction du peuple : & nous avons prouvé qu'elle a existé en France jusqu'en 1629.

Si quelques délits peuvent encore paroître exiger un certain secret, certainement ce n'est pas l'*affronterie.* La punition, qui ne fait que retrancher de la société, est peu pour l'exemple: y auroit-il quelque inconvéniens à instruire publiquement? En voyant ainsi les ruses & les pieges, le public apprendroit à les éviter. Le désagrément, de celui qui, dupé par foiblesse ou avidité, paroîtroit comme témoin, seroit un avis pour les autres. Ces devins, sorciers, magiciens, adeptes, prophetes, & gens à secret, paroîtroient pour ce qu'ils sont; leur grossiéreté, leur ineptie, leur humiliation, diroient plus qu'un supplice momentané, & secret, qui n'a pas un rapport direct avec la nature du délit. Après cela, peut-être la meilleure des peines seroit-elle d'exposer tous ces *affronteurs* à la risée du peuple, & de lui présenter ces objets de sa vénération, de son enthousiasme, & de sa crédulité, entourés des instrumens de leur crime.

Nous insistons sur ces idées, d'après quelques législateurs, tels qu'Alexandre Sévere, & notre Capitulaire de Charlemagne : *Docendus est populus.* IL FAUT INSTRUIRE LE PEUPLE. Grande & salutaire maxime! devoir de la justice! & que nous ne cesserons de répéter. Voyez *Adepte, Adresse, Alchimiste, Apoticaire, Artifice, Astuce, Avanturier, Cabaret, Chambre garnie, Charlatan, Chirurgien, Commerce, Dol, Domicile,*

Kkk

Electricité, Empyrique, Errant, Escroc, Filou, Floueur, Fripponnerie, Jeu, Instruction, Méchanique, Médecine, Physique, Piege, Ruse, Sûreté, Vagabond, Vol, &c.

AFFUT.

(*Eaux & Forêts. Traites. Guerre.*)

1. Ce mot a deux acceptions totalement différentes dans notre langue judiciaire : l'une est connue dans la jurisdiction des eaux & forêts ; l'autre est connue dans la jurisdiction des traites & douanes, & dans les écoles d'artillerie.

Eaux & Forêts.

2. AFFUT, en terme de chasse, est le lieu où, un braconnier, armé d'un fusil, muni de filets & d'autres engins prohibés, se rend ordinairement sur le déclin du jour ou dans la nuit, pour épier le gibier, & le tuer ou le surprendre.

L'*art. 4 du tit. 30* de l'ordonnance de 1669, défend à toutes personnes de chasser à feu, & d'entrer ou demeurer *de nuit* dans les forêts du roi, bois & buissons en dépendans ; ni même dans les bois des particuliers avec armes à feu, à peine de 100 liv. d'amende, & de punition corporelle s'il y échet.

ARRÊT des juges en dernier ressort, au siege de la table de marbre à Paris, du 27 juillet 1768, qui condamne, Dangereux & Galland, du hameau de Villemeneux, à être attachés au carcan un jour de marché en place publique de la ville de Brie-Comte-Robert, avec écriteaux devant & derriere, portant ces mots : *Braconnier NUITAMMENT, avec fusil chargé à balles, & filets à prendre gibier,* & aux galeres pour trois ans : condamne Marie Anne Froissard, femme Dangereux, & Anne Collier, femme Galland, à assister à l'exécution de leurs maris ; & à être enfermées pour trois ans à la salpêtriere ; pour avoir

accompagné leurs maris dans leur braconnage. (*Dictionnaire des eaux & forêts, par M. Chailland, tom. 2, pag. 522 & suiv.*)

La coutume de Sole permet la chasse à tous les gens *francs* qui habitent le pays ; c'est la disposition des *art. 1 & 2 du tit. 13* : mais cependant, lors de la rédaction de ces articles *accordés par tous les assistans, réservé le procureur du roi,* celui-ci s'opposa, *quant à la chasse des lievres & perdrix, aux cordes de NUIT, &c. qui dit a esté prohibé & défendu ; & sur ce, a été remis à la cour.* L'ARRÊT de publication veut que lesdites coutumes soient dorénavant gardées & observées comme loi & édit perpétuel & irrévocable ; *publiées & arrêtées, & OU N'Y A OPPOSITION.* Voyez *Armes, Braconnier, Chasse, Filet, Forêt,* &c.

Traites & Guerre.

3. AFFUT, *en terme d'artillerie,* est un assemblage de charpente sur lequel on monte le canon, & qu'on fait mouvoir par le moyen de deux roues. Il sert à tenir le canon dans une situation convenable, pour faire aisément son service. (*Dictionnaire Encyclopédique.*)

L'*art. 3 du tit. 8* de l'ordonnance de 1687, déclare, l'or & l'argent monnoyés & non monnoyés, les pierreries, *les munitions de guerre,* les salpêtres, & les chevaux, marchandises de contrebande à la sortie du royaume. L'*art. 1* du même titre, avoit ordonné que toutes marchandises de contrebande, avec l'équipage qui aura servi à les conduire, même les marchandises qui seroient ensemble, seroient confisquées ; & que les marchands & voituriers seroient condamnés à 500 liv. d'amende, sans préjudice des peines afflictives portées par les ordonnances, suivant la qualité de la contravention.

Dans l'état des armes, munitions & instrumens & autres assortimens de guerre que le souverain a eu pour objet de prohiber, le tarif des droits de sortie de 1664 met au second article les *affuts.*

Voyez *Armes*, *Canon*, *Contrebande*, *Exportation*, *Munitions*, *Traites*, &c.

Un officier d'artillerie doit connoître toutes les pieces qui entrent dans la construction d'un *affut*, comme celles qui entrent dans la composition d'un canon : cela est prescrit dans les INSTRUCTIONS du 5 février & du 23 juin 1720, pour toutes les écoles d'artillerie.

L'ORDONNANCE du 10 juillet 1722, *tit. 4*, veut qu'afin qu'on ne puisse à l'avenir manquer d'*affuts* & de *rouages* pour l'artillerie sur les frontieres de Flandre, tous les propriétaires fassent planter, sur la crête des fossés & lisieres de leurs terres aboutissantes aux chemins (assez larges, pour qu'une charrette puisse y passer,) des ormes, à égale distance les uns des autres, de huit en huit toises au plus, & les fassent armer d'épines par le pied, afin que les bestiaux ni les passans ne puissent les endommager, &c. (*Code militaire de Briquet*, tom. 1, pag. 52, 74 & 83.) Voyez *Arbre*, *Artillerie*, *Chemin*, *Fossé*, *Orme*, *Pépiniere*, *Plantation*, &c.

A F R I Q U E.

(*Dr. naturel. Dr. des gens. Dr. public. Commerce.*)

C'est la troisieme partie du monde connu & habité.

Il y a dans le corps du droit romain un titre curieux sur l'administration religieuse, civile & militaire de l'*Afrique*, devenue province romaine depuis la défaite de Jugurtha, & ayant Carthage pour capitale : *De officio præfecti prætorio* AFRICÆ, *& de omni ejusdem diœceseos statu.* C. lib. 2, tit. 27.

C'étoit après la défaite & l'expulsion de ces Vandales, sortis du nord de l'Europe, qui, selon Justinien, avoient, durant quatre-vingt-quinze années, possédé toute la partie septentionale sur la méditerranée, & suivant quelques histo-

riens du temps, y avoient égorgé cinq millions d'habitans.

Deux siecles après, l'*Afrique*, conquise par les Sarrasins, a été livrée à l'abrutissement & à la férocité du mahométisme.

Les Portugais ayant découvert le passage sur l'océan, à la fin du quinzieme siecle ; chaque nation a côtoyé l'*Afrique*, & a cherché à y avoir un commerce, suivant les lumieres & les principes du siecle. Ceux de M. Colbert furent bientôt abandonnés, pour faire place à une instabilité destructive.

ARRÊT de 1716, qui établit la liberté du commerce d'*Afrique*, & promet protection aux négocians qui l'entreprendront.

ARRÊT du 21 novembre 1730, qui accorde au sieur Auriol, le commerce exclusif de la côte de Barbarie.

ARRÊT du 31 juillet 1767, qui déclare libre le commerce des Noirs sur la côte d'*Afrique*, moyennant 10 livres par tête. Voyez *Negre*, *Noir*.

Aujourd'hui en 1783, il n'y a plus de privilege exclusif pour le commerce d'*Afrique*. Les principes de l'administration, permettent d'autant moins de craindre un retour aux anciens systêmes, qu'on doit être dégoûté du monopole, & de la langueur de ces sociétés éphémeres. Voyez *Commerce*, *Compagnie*, *Liberté*, *Monopole*.

Excepté les établissemens européens sur les côtes, & nos isles de Gorée, France & Bourbon ; excepté l'Abyssinie, où l'on trouve de mauvais chrétiens, & le Monomotapa où personne ne pénetre : on peut dire que l'*Afrique* est devenue le tombeau de l'humanité, de la liberté, de la justice. Aucun droit naturel ; aucun droit des gens ; aucun droit public. La patrie d'Annibal, de Tertullien, de St. Augustin, & de Térence, n'offre plus que des êtres ignorans, superstitieux, & féroces, que l'on peut priser par cet ambassadeur de Maroc, actuellement à Vienne en Autriche. Ce vaste & fertile pays n'offre plus que des despotes, des esclaves, des déserts, des monstres, & de l'or. Car, toutes ces choses s'allient ordinairement. C'est pis encore, si vous quittez les côtes : ce sont des peuples noirs, errans, sans religion, sans administration, sans mœurs, sans arts, dignes compagnons des crocodiles & des tigres. Quelques-uns, les Jaggas, les Munbos & les Dahomais, ont des boucheries de chair humaine.

L'*Afrique* est la seule partie du monde de laquelle il ne faut rien espérer ; & son territoire, sur la méditerranée, n'offre plus qu'un repaire de pirates, qui se soutiennent par la rivalité européenne.

Colbert voulut former, à Gigery sur la côte de Barbarie, un établissement de commerce & de guerre, qui devoit en imposer à Salé, Tunis, Alger & Tripoli.

Henri IV avoit été plus loin dans son projet de diete européenne, développé dans le livre 30 des mémoires de Sully. Il vouloit détruire la honteuse piraterie barbaresque, en l'assujettissant, de maniere ou d'autre, à la république d'Europe.

Ce projet reparoît dans les papiers publics, suivi de deux obstacles ; l'ambition personnelle, & la composition du code du droit des gens.

La premiere difficulté est grande. Que deviendroient tous ceux qui n'ont d'existence & d'espoir que dans la guerre ? Cependant on vient de faire un grand pas ; c'est la neutralité armée. Dans la marche naturelle de l'esprit humain, l'on doit avancer vers le bonheur public ; & le caractere des princes regnans, ne permet pas qu'on s'arrête.

La seconde difficulté, n'existe qu'autant qu'on manque de courage ou de volonté.

Le droit des gens se réduit aux titres suivans : 1°. la fixation des choses libres & communes, comme l'air, la mer, le commerce, le passage ; or, la neutralité armée est une base : 2°. le rang, les titres, les prérogatives des souverains entr'eux ; & tout est à peu près réglé par les traités : 3°. le caractere, les devoirs, les privileges des ambassadeurs & ministres respectifs ; 4°. le maintien des traités, la conduite des puissances garantes, le réglement des limites, les droits successifs ; sources éternelles de guerre, diminuées par l'adoucissement des mœurs, la pacification de l'esprit général, le recours à la médiation & à l'arbitrage : 5°. les devoirs respectifs des peuples dans la paix ; devoirs aisés à tracer, quand on se renfermera dans la justice primitive : 6°. ce qu'on se doit pendant la guerre ; détail immense, si l'on suit les anciens publicistes ; mais simple, si l'on se renferme dans ce que disent l'humanité & la religion, si l'on suit la pente actuelle de l'esprit humain.

Ce code est-il donc si difficile ?... Voyez *Droit naturel, Droit des gens, Guerre, Paix.*

AGAIT, AGHAIS,
AGUET.
(Droit coutumier. Droit criminel.)

Le *premier* de ces mots est très-ancien ; & le *troisieme* n'est plus guere usité que dans le jargon trivial & populaire ; c'est l'action de la personne qui en épie une autre : quand on observe la marche de quelqu'un pour le surprendre ; quand on recherche une occasion dont on puisse tirer avantage pour lui nuire ; on est *agait* ou aux *aguets*.

Dans une ordonnance, faite en conséquence de l'assemblée des trois états du royaume de France, de la *langue doil,* concernant plusieurs réglemens sur différentes matieres, on lit ces mots : « dores en avant, nous ne ferons pardons ne remissions de meurdres ou de mutilations de membres faiz & perpétrés de mauvais *agait,* par mauvaise volonté, & par délibération ; ne de ravissement ou efforcement de femmes, mêmement de religions, mariées ou pucelles; de feux boufter en églifes, ou autres lieux par mauvais *agait*, de trieves, affeurement, ou paix jurées, &c. » (*Ordonnances du Louvre*, tom. 3, pag. 129, art. 6.)

Dans la langue des Bafques, on dit *argoeyta* pour *aguetter*: & la Coutume de Béarn veut que celui qui en épie un autre pour lui faire du mal, foit puni à l'arbitrage du juge: *Qui argoeyta autruy per lo mal far, fera punit à l'arbitre deu judge*. (Fors & Coftumas de Bearn, *Rubrica de penas & emendas* 43, art. 18.)

La Coutume de Namur, au titre des crimes & délits, art. 89, dit que « quand un manant du pays & comté de Namur battera & bleffera quelqu'un, foit à fang ou non, ne payera pour amende que 16 pattars, fi ce n'eft que ce foit fait d'*aghuet appenfé*, meflée fur haynne, ou regreffement; aufquels cas il payera une groffe amende, &c. » C'eft de-là que dérive évidemment notre expreffion *guet-à-pens*, qui eft la feule dont on fe ferve aujourd'hui. On la trouve dans l'*art. 1 du chap. 39 de la Cout. d'Auvergne*. « Si quelqu'un, de propos délibéré, & de *guet-à-pens*, a fait fon effort de commettre homicide, ou autre crime énorme, tellement qu'il n'a tenu qu'à lui que fa délibération n'ait forti effet, il doit être puni dudit cas comme s'il l'eût commis. » Voyez ci-deffus le mot *Action*, n°. 8, & ci-après les mots *Affaffin, Efpion, Guet-à-pens, Homicide, Meurtre, &c.*

Il nous refte à rendre compte du fecond des mots mis à la tête de cet article; c'eft-à-dire, d'*aghais*. Il eft employé dans le *chap. 10, art. 8 de la coutume de Lille*.

« Par l'ufage, qui veut profiter d'aucun *marché à aghais*, eft requis affçavoir de par le vendeur, configner foubz la main de juftice la denfrée & marchandife par lui vendue, & par l'acheteur les deniers du marché, avant le temps defdits *aghais* expiré; & ce faire fignifier par juftice à fa partie, afin qu'elle livre, ou reçoive

la chofe vendue, ou les deniers confignés; & en cas d'oppofition, eft requis par le confignant, au jour affigné par le fergent, en ramenant à faict, conclure au pertinent; & fi lors le temps defdits *aghais* eft expiré, ledit confignant peut contendre à intéreft feulement, en délaiffant la livraifon, ou la réception de la marchandife. Néanmoins, fi durant le temps defdits *aghais*, ledit vendeur avoit commencé à livrer, ou l'acheteur à payer, n'eft requis, pour le furplus, faire les confignation & fignification fufdittes. »

On entend par *marché à aghais*. « Une vente faite à terme de paiement & de livraifon, de laquelle celui qui defire profiter, doit *aghaifter*; c'eft-à-dire, *guetter, guefter, aguefter*, OBSERVER le jour du terme, & ne le laiffer écouler, fans avoir, préalablement livré ou payé, &, au refus de fa partie, configné en juftice, & fait fignifier: je l'ai ainfi appris des plus expérimentés du pays, lorfque j'y ai été porté pour les affaires du roi. » (*Traité du Franc-aleu*, par Galland, pag. 80.)

La Coutume a deux difpofitions fages. La premiere, c'eft de laiffer, à celui qui s'eft mis en devoir d'exécuter le marché, le droit d'y renoncer lorfque le terme de la livraifon ou du paiement eft expiré, & de fe borner à réclamer des dommages & intérêts. La feconde, c'eft de mettre à la néceffité d'interpeller, & de configner, de la part du vendeur la marchandife, & de la part de l'acheteur le prix, une exception bien raifonnable; *lorfqu'il y a eu entre les parties un commencement d'exécution du marché*. Voyez ci-deffus *Achat*; & ci-après *Dommages & Intérêts, Inexécution, Vente, &c.*

A G A P E S.

(*Droit eccléfiaftique.*)

Ce mot, tiré du grec ἀγάπη, qui fignifie *amour*, étoit employé dans la primitive église, pour défigner ces repas de *charité* que faifoient les premiers chrétiens dans les temples, les oratoires, & les cimetieres, pour entretenir l'*union* & la *concorde*, qui devoient regner parmi eux.

L'apôtre des nations, en approuvant en quelque maniere les motifs qui avoient fervi à établir l'ufage des *agapes*, blâme celui où l'on étoit de faire ces banquets dans les temples : *Numquid domos non habetis ad manducandum & bibendum, aut ecclefiam Dei contemnitis?* (*I. ad Corinthios II. 22.*)

Les peres & les conciles furent forcés de s'élever avec force contre les *agapes*, enfuite de l'abus & de la licence qui s'y introduifirent, & de faire à cet égard des défenfes expreffes. St. Auguftin difoit qu'on ne doit fe fervir des oratoires que pour y vacquer à la priere, & chanter les louanges de Dieu : *In oratorio, præter orandi & pfallendi cultum, nihil penitùs agatur.* Le canon 27 du concile de Laodicée, condamne l'avidité des clercs qui enlevoient une partie de ce qu'on fervoit dans les agapes : *Non oportet miniftros altaris, vel quoflibet clericos ad* AGAPEM *vocatos, partes tollere, propter injuriam.* Le canon 28, du même concile, défend de faire les repas dans les bafiliques, & dans les églifes : *Non oportet in bafilicis feu in ecclefiis* AGAPEM *facere, & intùs manducare vel accubitus fternere.* Ces différens textes fe trouvent dans la collection de Gratien, (*part. 1, diftinct. 42, can. 3, 4 & 7.*)

De l'ufage des *agapes* dériva celui que prirent les artifans d'un même métier, de faire des feftins à l'iffue des meffes & autres offices qu'ils faifoient célébrer dans des chapelles particulieres, où ils s'affembloient en confrairie. Les ordonnances du royaume ont d'abord févérement défendu les feftins de ces confrairies ; & depuis, les abus ne pouvant être réprimés, elles ont fupprimé les confrairies elles-mêmes. Voyez *Arts & métiers*, *Affemblée*, *Banquet*, *Confrairie*, *Feftin*, &c.

Quelques auteurs ont trouvé des traces des *agapes*, dans ces efpeces de repas qui ont encore lieu de nos jours dans quelques églifes cathédrales, où, après le lavement des pieds des pauvres le jour du jeudi-faint, on fait collation, foit dans le chapitre, foit dans le veftiaire, foit même dans la facriftie.

Un d'entr'eux va plus loin, & il voit dans les *agapes* l'origine de nos hôpitaux, & de cette charité qu'exerçoit journellement le pape Clément IX, en admettant à fa table douze pauvres qu'il y fervoit lui-même. (*Pacichellus, de jure hofpitalitatis, pag. 115.*)

C'eft ainfi que les perfonnes fenfées ont fu ramener à un but utile, des ufages dont la licence avoit perverti la fainte inftitution. Cette licence avoit été pouffée à un tel point par le peuple, toujours prêt à paffer rapidement de la religion à la fuperftition, & de la fuperftition à l'excès de la débauche, que nos rois de la feconde race, furent obligés de profcrire, fous les peines les plus féveres, l'ufage où l'on étoit de manger & de boire fcandaleufement, jufques fur le tombeau des défunts pour qui on venoit d'offrir des prieres : *Et fuper eorum tumulos nec manducare, nec bibere præfumant; quod fi fecerint, canonicam fententiam accipiant.* (*Capitul. lib. 6, cap. 197, tom. 1, collect. Baluzii, pag. 957.*) Voyez *Baladoires* (*fêtes*), *Deuil*, *Funérailles*, *Hôpitaux*, *Hofpitalité*, *Pain bénit*, *Pauvres*, &c.

L'églife jacobite-copte d'Égypte, conferve « encore la coutume des *agapes* ou repas de charité, après les baptêmes & les enterremens, pour tous ceux qui veulent s'y trouver ; donnant à chacun un plat de bouillie avec un morceau de viande dedans, & du pain autant qu'il en peut manger : & ces repas fe font, ou dans l'églife même, ou fur le toît de l'églife, qui eft, felon la coutume des Levantins, toujours plat, & capable de contenir un grand nombre d'hommes. » (*Vansleb, pag. 112 & 113.*)

AGAPETES.

(Droit eccléfiaftique.)

On donnoit ce nom dans la primitive église à des vierges qui vivoient en communauté avec des eccléfiaftiques à qui elles s'affocioient par des principes de piété & de charité. Dans la ferveur des commencemens du chriftianifme, il n'y avoit rien de fufpect dans ces fociétés, fondées fur une fainte participation à des œuvres de miféricorde entreprifes en commun ; mais, comme le mal infecte fouvent le bien, ces fociétés dégénererent en un libertinage vraiment fcandaleux. Ainfi, l'églife fe vit forcée de défendre ces *agapetes*, autrement dites *fœurs adoptives*, foit parce qu'elles étoient pour les eccléfiaftiques une occafion prochaine de péché, foit parce qu'elles fournifloient des fujets de médifance ou de calomnie aux payens, aux juifs & aux hérétiques.

Perfonne n'a peint avec plus d'énergie le danger de ces fociétés entre les perfonnes de différens fexes, fous prétexte de religion & de charité, que l'hiftorien de la vie de St. Jean Chryfoftome, en rendant compte de l'horreur avec laquelle ce pere de l'églife grecque les avoit toujours envifagées. Il dit que les eccléfiaftiques qui vivoient avec ces prétendues *fœurs*, étoient plus coupables que ces infâmes, qui font de la proftitution des femmes un véritable commerce : *Intendit fermonem adverfùs SORORIAM, ut vocant, vitæ SOCIETATEM, reverà autem adverfùs inverecundam & improbam vitam, cum mulieribus illis quæ dicuntur SUB-IN-TRODUCTÆ : oftendens, fi malorum detur optio, meliores iftis lenones effe. Illi enim longè à medicorum officinâ habitantes, apud fe morbum habent fed volentibus : hi autem in falutis officinâ habitantes, etiam fanos impellunt ad morbum. Indè pars cleri minimè religiofa, quæque morbo illo tenebatur,* commota eft. (Palladius, *edit.* Emerici Bigotii, *pag.* 45.)

Le concile de Mayence de l'année 812, défend aux prêtres de garder chez eux aucune femme qui prête matiere à des foupçons : il veut qu'ils chaffent les perfonnes du fexe qu'ils pourroient avoir prifes fous prétexte du fervice de leurs meres, fœurs ou tantes, que les canons leur permettent de garder. Innocent III a renouvellé les mêmes défenfes : *Cum clericis quoque non permittas mulierculas habitare ; nifi fortè de illis perfonis exiftant, in quibus naturale fœdus nihil permittit fævi criminis fufpicari. (Decret. lib.* 3, *tit.* 2, *de cohabitatione clericorum, cap.* 1 & 9.)

Les prélats de l'églife gallicane, & les cours fouveraines du royaume, fe font prêté un mutuel fecours, pour faire exécuter les canons & les décrets des papes.

ARRÊT du parlement de Paris, du 22 mars 1547, qui ordonne « que toutes les concubines & *femmes fufpectes* étant ès maifons des prêtres d'Orlac (Aurillac,) fi aucunes en y a, vuideront d'icelles réaument & de fait ; & enjoint au baillif des montagnes d'Auvergne, ou fon lieutenant général à Orlac, & aux officiers dudit Orlac, les conftraindre à vuider, nonobftant oppofitions quelconques : & fi lefdites femmes font rebelles & ne veulent obéir, qu'ils procedent contr'elles à les punir extraordinairement. Outre, ladite cour, comme confervatrice des décrets, lefquels ont introduit & déclaré la chafteté & la bonté que doivent avoir les prêtres, a défendu & défend auxdits prêtres, fur peine d'amende arbitraire, & d'être punis par leurs juges de telle punition qu'il appartiendra, de tenir en leurs maifons aucunes femmes fufpectes, &c. » (*Réglemens divers recueillis,* par Chenu, *tit.* 1, *chap.* 15.)

ARRÊT du parlement de Paris, du 2 décembre 1743, qui déclare qu'il n'y a abus, ni dans une ordonnance fynodale du diocefe de Noyon, rendue en

1690, qui défend à tous eccléfiaftiques, fous peine de fufpenfe encourue *ipfo facto*, d'avoir chez eux des fervantes qui n'aient atteint l'âge de cinquante ans; ni dans les procédures faites contre le curé de Pimpré, relativement à fa contravention à cette ordonnance. Ce curé, après plufieurs avis de fon évêque, fut affigné à l'officialité, à la requête du promoteur, pour voir dire qu'il avoit encouru la peine de fufpenfe : il répondit qu'il n'avoit point de fervante. Interpellé de s'expliquer s'il n'en avoit point lors de la premiere monition, il refufa de fatisfaire à cette interpellation : fur ce refus, fentence de l'official, fuivie de l'appel comme d'abus, qui fut profcrit. (*Rapport de l'agence du clergé de 1745, pag. 65 & fuiv. & pag. 110 & fuiv. du Recueil des pieces.*)

ORDONNANCE de M. Suarés d'Aulan, évêque d'Acqs, du 30 juin 1748. Ce prélat, après avoir rendu compte des difpofitions des conciles & des fentimens des peres de l'églife, fur les défenfes faites aux eccléfiaftiques, de n'avoir chez eux de femme que leurs plus proches parentes dit, « que le grand objet de l'églife, en faifant ces réglemens, n'eft autre que de conferver l'honneur & la gloire du facerdoce, la bienféance d'un état fi faint & fi relevé; de protéger l'innocence des eccléfiaftiques, l'intégrité de leur réputation; de les défendre contre les foupçons, ou même les calomnies & les murmures, que des efprits malins peuvent former & répandre fur le plus léger prétexte; & enfin, l'édification des peuples. » D'après de tels motifs, il défend à tous eccléfiaftiques d'avoir pour domeftique, ou même de tenir chez eux, fous quelque prétexte que ce foit, *même de charité*, aucune fille, ou femme veuve ou mariée, qui ne foit âgée de cinquante ans accomplis & d'une bonne conduite reconnue, à peine de fufpenfe, *ipfo facto*. Les meres, tantes, fœurs & nieces, font feules exceptées des défenfes, pourvu qu'elles foient d'une conduite fans reproche & édifiante.

Une ordonnance auffi fage excita cependant les plus grandes plaintes. Les curés prirent une délibération, par laquelle ils nommerent l'un d'entr'eux, pour faire des remontrances à Mgr. l'évêque d'Acqs, au fujet de fon ordonnance, ou, pour en appeler comme d'abus, en cas que ce prélat n'eût aucun égard à ces remontrances. Le chapitre de l'églife cathédrale fe joignit aux curés, & par fa délibération nomma le même fyndic, à l'effet de faire auffi, de refpeétueufes remontrances à M. l'évêque d'Acqs, & enfuite telles démarches qui feroient néceffaires contre fon ordonnance.

En conféquence de ces pouvoirs, le prétendu fyndic obtint des lettres de relief d'appel comme d'abus en la chancellerie près le parlement de Bourdeaux, & les fit fignifier à l'évêque : mais le fouverain, inftruit de ces démarches, qui ne pouvoient caufer que de la divifion & du fcandale, jugea à propos d'en arrêter les fuites.

ARRÊT du confeil d'état du roi, du 24 mars 1749, qui déclare nulles & de nul effet les délibérations prifes, tant par le chapitre d'Acqs, que par quelques curés de ce diocefe, contre l'ordonnance du 30 juin 1748 : fait défenfes auxdits curés & à tous autres eccléfiaftiques du diocefe d'Acqs de s'affembler d'eux mêmes, & de faire aucune affociation entr'eux, comme auffi à tous notaires de recevoir aucuns aétes & délibérations prifes dans de femblables affemblées, fous telles peines qu'il appartiendra : ordonne l'exécution de ladite ordonnance, & enjoint, au chapitre, aux curés & autres eccléfiaftiques du diocefe, de s'y conformer. (*Rapport de l'agence du clergé de 1750, pag. 72, & du Recueil de pieces, pag. 114 & fuiv.*)

Prateolus donne le nom d'*agapetes* à une branche de la feéte des Gnoftiques, compofée principalement de femmes qui féduifoient les jeunes gens, fous prétexte que, dès que l'ame n'avoit que des penfées pures, les aétions corporelles ne fauroient rien avoir d'impur. L'une

L'une des maximes essentielles des *Agapetes* étoit de se parjurer plutôt que de révéler les mysteres de leur système religieux. C'est à une femme Espagnole nommée *Agape* & à Elpidius son mari, qui vivoient vers l'année 395, qu'on attribue l'origine de la secte des *Agapetes* (Prateolus, *in Elencho hæreticorum, pag.* 11, & 12, Stockman, *in Lexico, &c.*) Voyez *Assemblée, Association, Célibat, Clergé, Concubine, Ecclésiastique, Prêtre, Servante, &c.*

AGARÉNIENS.

(Droit ecclésiastique.)

On appella *Agaréniens* vers le milieu du septieme siecle, des sectaires qui quitterent le christianisme pour embrasser une partie des erreurs de Mahomet & des Arabes descendans d'Ismaël, fils d'*Agar.* Ces fanatiques nioient la Trinité : ils soutenoient que Dieu n'avoit pu avoir un fils, puisqu'il n'avoit point de femme : ils admettoient cependant en quelque maniere la filiation du Christ ; puisqu'en soutenant qu'il n'avoit pas été crucifié, ils disoient que les juifs avoient fait mourir quelqu'un qui lui ressembloit très-parfaitement : *Sed alium quemdam illi simillimum.* Enfin, ils avoient allié, à quelques dogmes de l'ancien testament, de l'évangile & de l'alcoran, une foule d'erreurs bizarres, encore plus dangereuses dans la pratique, que singulieres dans la théorie. (Prateolus, *pag.* 12 & 13. Stockman, *in Lexico.*)

Cuspinien, Richer, Cotovic, & Gabriel Sionita, donnent cette idée des erreurs des *Agaréniens :* ils nient avec les *Ariens,* les *Sabelliens* & les *Noétiens* la Trinité ; avec les *Ébionites* & les *Nestoriens* la divinité de Jesus-Christ ; avec les *Macédoniens* la procession du St. Esprit ; avec les *Manichéens* la passion & la mort du Rédempteur. Ils soutiennent, sur ce dernier point, qu'il faut être imprudent & stupide,

pour croire que le fils de Dieu ait voulu souffrir l'ignominie de la croix, & se livrer à une mort cruelle & honteuse : *Cum Sabellio & Ario trinitatem abnegant ; cum Ebione & Nestorio Christi divinitatem abjiciunt ; cum Macedonio Spiritum Sanctum Deum esse nolunt ; cum Manichæo mortem Christi negant.... Imprudentiæ & stupiditatis arguunt Christianos, qui Christum probra crucis, mortem acerbam & ignominiosam perpessum sibi persuadeant, credantque.* Enfin, ils nient qu'il puisse y avoir de génération sans la coopération des deux sexes, & prétendent que Dieu n'a pu avoir de fils, puisqu'il n'a point eu de femme. *Nullam aliam generationem esse norunt quàm carnalem per commixtionem maris & fœminæ ; Deum non posse habere filium, cùm uxorem non habeat, putant.* (Cuspinianus, *in vitâ Mahometis, pag.* 32 & 33 : Richerius, *de moribus ac institutis arabum, pag.* 101 : Cotovicus, *in itinerario Hierosolymitano, pag.* 111, 112 & 113 : Gabriel Sionita, *in libello de urbibus & moribus orientalibus, pag.* 66.) Voyez les mots italiques, & encore *Alcoran, Arabe, Mahométan, Sarrasin, &c.*

AGARIC.

(Commerce. Traites.)

C'est une plante de la nature des champignons, & qui n'en differe, que parce qu'elle s'attache au tronc des arbres, & principalement des méleses & des chênes.

On distingue l'*agaric* en quatorze ou quinze especes, qu'on réduit ordinairement à trois.

L'*agaric* mâle sert pour les teintures : l'*agaric* femelle sert dans la médecine : l'*agaric* faux est celui qui se recueille sur les chênes, & est peu estimé, parce qu'il ne sert presqu'à rien. Le meilleur *agaric* vient du levant : celui qui vient de l'Italie, de la Savoie & du Dauphiné, est encore assez bon ; mais le plus mauvais est celui qu'on reçoit des Hollandois, qui le tirent de la Russie.

Il y a encore une espece d'*agaric* minéral qu'on trouve dans les fentes des rochers, en quelques endroits d'Allemagne.

L'*agaric* végétal payoit, à l'entrée du royaume, de droit principal 7 liv. 10 s. le cent pesant du fin, & 3 liv. le cent pesant du gros : c'étoit le prix fixé par le tarif de 1664. Mais, par ARRÊT du conseil du 15 août 1685, on a mis cette drogue au nombre des marchandises, venant du Levant, Barbarie, Turquie, Perse, & Italie, sur lesquelles on doit lever un droit de vingt pour cent de leur valeur. Savari, que nous suivons, dans cet article, observe que ce dernier droit ne se paie pas à Marseille, qui est un port franc, excepté lorsque les marchandises ont passé en Italie. (*Dictionnaire de commerce, tom. 1, pag. 39.*)

L'*agaric* entre dans la classe des poisons, comme les autres especes de champignons ; ainsi, il faut que les marchands droguistes & les apothicaires prennent des précautions dans la vente qu'ils peuvent en faire, soit en prévenant les acheteurs de ses mauvais effets, soit en calculant les doses, & combinant les cas, lorsqu'ils l'administrent comme remede : *In fungorum venenatorum veniunt agaricus piperatus vel agaricus albus acris, agaricus fimetarius, &c.* (Baumer, *in medicinâ forensi, pag.* 201.) Voyez *Apothicaire, Champignon, Drogue, Marseille, Poison, &c.*

A G A T E.

(Commerce. Traites.)

Les naturalistes classent cette pierre dans la classe des fines demi-transparentes. Ils en distinguent un grand nombre d'especes, dont la description est étrangere à notre ouvrage. Deux objets seulement entrent dans notre plan.

La pierre d'*agate* n'étant pas tariffée,

paie cinq pour cent de sa valeur, à l'entrée & à la sortie du royaume. Quand elle est travaillée, elle paie, à la douane de Lyon, dix sous par livre.

Les merciers & orfevres sont les seuls qui puissent faire le commerce de la pierre d'*agate*, comme des autres pierres fines : cependant les fourbisseurs & les couteliers peuvent en débiter, lorsqu'elles sont montées en couteaux de chasse, couteaux ordinaires, fourchettes, &c. Voyez *Coutelier, Fourbisseur, Mercier, Orfevre, Pierreries, &c.*

A G A T I S.

(Droit coutumier.)

Ce mot ancien, tiré d'*agaster* & de *gastadour*, dont nous avons fait, gâter, causer du *dégât*, est employé, dans la coutume d'Angoumois, pour exprimer le dommage que font les bestiaux dans les héritages.

« En matiere d'*agatis*, s'il y a eu plainte, & par témoins est prouvé que les bêtes du défendeur aient été trouvées en dommage, il y a amende pour le seigneur. Mais où ledit dommage ne sera suffisamment prouvé, il n'y a amende sur le défendeur, quelque assertion que puisse faire le demandeur : mais en ce cas, & si le demandeur ne prouve son fait, l'amende chet sur le demandeur. » (*Art. 34.*)

Il n'y a point de matiere dans le droit coutumier qui comporte autant de distinctions, autant de variations, que ce tort, ou ce délit ; il n'y en a point surtout qui ait déterminé autant de réglemens : & la raison en est simple. L'esprit de féodalité, qui a présidé à la rédaction de nos coutumes, a cherché à étendre par toutes sortes de voies les droits des seigneurs, qui presque par-tout ont su se faire attribuer des amendes pour punir les dommages causés par les animaux dans les prés, vignes, bois, &c.

La coutume d'Angoumois respecte ici les formes judiciaires, & veut que le demandeur, établisse sa demande, prouve le dommage par un procès verbal, & justifie, quel est celui qui doit le réparer, par la voie de l'enquête, par *témoins*. Un grand nombre d'autres coutumes admettoient l'action du demandeur sans l'assujettir à d'autre preuve que celle qui résultoit de son affirmation. Celles, d'Auxerre, *tit. 15, art. 271 & 272*; de Montargis, *chap. 4, art. 10*; d'Anjou, *tit. 9, art. 183*; de St. Agnan, Selles, Chabris, Romorentin, Dunois; Berri, *tit. 10, art. 11*; Chartres, *chap. 2, art. 115*; Tours, *tit. 18, art. 203, &c.* déterminent que le propriétaire *bien famé & renommé sera cru, par serment*, du dommage qu'il a souffert; il est vrai que ce n'est qu'à concurrence, de trois, quatre à cinq sous; & que l'amende, due au seigneur par les dispositions de la coutume d'Angoumois, (*art. 9,*) est fixée à 60 s. Ici sans doute, comme on a été libéral envers le seigneur, on a voulu être plus difficile sur les effets de cette libéralité.

Une autre attention des rédacteurs de la coutume d'Angoumois, pour prévenir de mauvaises contestations, a été de soumettre, le demandeur qui se trouveroit mal fondé dans la plainte, à payer une amende *in pœnam calumniæ*: cependant, cet esprit de justice n'est pas bien dirigé; puisque l'amende est adjugée au seigneur, & qu'elle devroit l'être sans doute au défendeur, qui seul éprouve l'inconvénient des tracasseries mal fondées qu'on lui suscite.

Les commentateurs de la coutume d'Angoumois, Gandillaud, Vigier & M. Souchet, prétendent que, quoiqu'elle n'ait pas déterminé le temps pendant lequel les terres sont défensables; la regle de Loisel, (*qui ferme ou bouche; empêche, garde & défend*) ne doit s'entendre que du moment, où la récolte est levée, où tout est présumé enlevé, où les prairies sont ouvertes; alors seulement, chacun est libre de laisser vaguer son bétail sans le faire garder: alors seulement, celui qui perd des fruits qu'il vouloit conserver, doit s'imputer de n'avoir pas fait clorre ses propriétés.

Ces observations suffisent pour éclaircir les dispositions de la coutume d'Angoumois, relativement à l'*agatis*, & à l'action qui en résulte. Nous traiterons ce qui a rapport aux autres coutumes, & au droit commun, sous les mots insérés à la fin de l'article *Advoateur, pag. 227*, & sous *Carnalage, &c.*

Observons cependant, que l'Angoumois n'est pas le seul pays où le dommage causé par les animaux, ait le nom d'*Agatis*; cette dénomination est encore usitée dans le pays d'Aunis.

La coutume de la Rochelle, *art. 11*, avoit dit: « Un sergent bien famé ou autre personne digne de foi, qui a trouvé bestes en dommage, doit être crue par serment de son exploit ou rapport pour l'amende de la cour, jusqu'à 7 s. 6 den. tournois & au dessous; & en plus grande amende, si le cas le requiert, & y a preuve suffisante. »

Le présidial de la Rochelle donna un réglement, le 15 décembre 1605, pour servir de supplément aux dispositions de l'*art. 11 de la Coutume*, & il se trouve, entr'autres, dans un recueil imprimé sous ce titre: « Le coutumier général du pays, ville & gouvernement de la Rochelle; ensemble le réglement des *agatis*; & la déclaration du roi sur la réduction de ladite ville: revu & corrigé de nouveau, *1662, in-12, à la Rochelle, chez Barthelemi Blanchet.* »

Malgré ce réglement du présidial, la connoissance des actions en *agatis* doit être portée, en première instance, devant les juges des seigneurs, qui ont concouru par leur consentement à ce qu'il fût porté, & qui n'auroient pas donné ce consentement, si le réglement eût pu préjudicier à leurs droits & à ceux de leurs officiers.

Aussi, l'intendant de Bretagne ayant

rendu une ordonnance le 20 juin 1716, contre madame de Dirac ; le conseil d'état, par son ARRÊT du 13 novembre 1717, fans s'arrêter à cette ordonnance, renvoya les parties devant le juge ordinaire, pour y procéder en exécution du réglement.

Ce réglement a augmenté l'amende portée par le texte de l'art. 11 de la *Coutume* ; &, de 7 f. 6 den. tournois, il l'a portée, à 60 f. 1 den. tournois, pour la première contravention ; au double pour la feconde ; laiffant à l'arbitrage du juge de fixer la peine de la troifieme. Un tiers de ces amendes doit appartenir au feigneur, un tiers au dénonciateur, & un tiers à la partie qui a fouffert le dommage. Toujours *le feigneur!* mais du moins ici il n'a pas tout, comme en Angoumois.

Comme les coutumes donnent plus ou moins de temps, pour intenter l'action, en dommages & intérêts, réfultante des *dégâts* faits par les animaux ; & que les unes, comme celle de Normandie, *art.* 531, la prorogent à une année ; tandis que d'autres, comme celle de Saintes, c'eft-à-dire l'ufance, *art.* 29, n'accordent que trois jours de délai pour vérifier le dommage : M. Valin, dans fon *Commentaire* fur la coutume de la Rochelle, s'explique ainfi.

Les coutumes qui accordent un long temps pour intenter l'action en *agatis*, fuppofent fans doute que le dommage a été vu & vifité ; autrement la preuve du dommage feroit couverte : malgré cela néanmoins elles n'en font pas plus raifonnables. *Le bon fens veut, que toute action en dommage foit rejetée, lorfque le dommage ne peut plus être vérifié & eftimé : à cela nous n'avons point d'ufage fixe pour fe pourvoir ; mais je ne voudrois point reconnoître de délai plus long que celui de quinzaine.*

Il eft fingulier que M. Valin adopte un délai qui n'eft celui d'aucune coutume. Celle de Bretagne, *art.* 292, & celle de Metz, *art.* 13 du tit. 12, fixent l'an & jour. Celle d'Eftampes, *art.* 179,

fixe huit jours : celle de Blois, *art.* 217, trente jours : celle d'Anjou, *art.* 183, trois mois : celle d'Orléans, *art.* 151, un mois : celle d'Auteroche, *art.* 3, quarante jours : celle d'Acqs, *tit.* 2, *art.* 35, veut, que le dommage foit eftimé dans quatre jours, & l'action intentée dans l'année : celle de la Marche, *art.* 352, dit, *que fi le dommage n'eft eftimé dedans quatre jours, on ne pourra demander que la meffaite coutumiere, &c.*

Voici comme on procede, en cas de contestation, par les difpofitions du réglement du préfidial de la Rochelle.

Si, fur l'affignation donnée, par le propriétaire de la terre endommagée, au propriétaire de la bête qui a caufé le dommage, celui-ci nie le dommage, & celui-là prétend des dommages & intérêts qui excedent le taux fixé par le réglement ; on ordonne qu'il fera procédé par experts, à la vérification des lieux, & à l'eftimation des dommages. Le demandeur nomme fon expert ; le défendeur le fien, & à défaut par celui-ci de faire cette nomination, le juge en nomme un d'office pour lui. Les experts prêtent ferment, procedent au rapport en préfence des parties, fi elles veulent y affifter, ou en l'abfence de celle qui ne veut pas y affifter, après en avoir été duement interpellée. Le réfultat de ce rapport s'explique verbalement au juge, fi l'objet eft de peu de conféquence ; & celui-ci le fait rédiger par écrit, & en donne acte par fon procès verbal, ainfi que de l'affirmation des experts. Si l'affaire eft plus importante, les experts font rédiger leur procès-verbal par un greffier qui le remet au juge, qui en dreffe un, de fon côté, auquel celui des experts eft annexé.

Si le défendeur fait défaut fur l'affignation du demandeur, on permet le rapport à celui-ci ; on lui donne acte de la nomination de fon expert ; on enjoint au défendeur de nommer le fien dans le jour, à défaut de quoi il en fera nommé un d'office, ce qui eft fait, s'il n'obéit pas au commandement.

Quand le défendeur nie le dommage, le juge permet l'enquête fommaire aux deux parties, fi l'objet eft minutieux ; &, s'il eft confidérable, il regle les parties en preuve par enquête ordinaire. Mais il faut obferver que l'enquête du défendeur n'eft importante, que lorfque celle du demandeur n'eft pas concluante ; en effet, la preuve d'un fait pofitif doit faire plus d'impreffion & avoir plus d'efficacité, que celle d'un fait négatif.

Pour que l'action en *agatis* foit fondée, il fuffit que le demandeur prouve que, dans le nombre des bêtes qui ont caufé le dommage, il y en avoit qui appartenoient au défendeur, quand même il y en auroit eu à d'autres particuliers. En effet, dans cette matiere la réparation du dommage eft folidaire : & c'eft ce que prononcent textuellement quelques coutumes ; telles que celles de Lorraine, *tit. 15, art. 14*; & les locales de St. Sever, *tit. 2, art. 2*. Celles-ci difent : « la befte atteinte en l'héritage d'autruy, doit payer le dommage qui aura été fait audit héritage, par elle, *ou par autres qui y auront été & que le feigneur ignore*; & eft, audit attaint, action réfervée contre les autres. »

Juftifierons-nous, en finiffant, l'étymologie que nous avons donnée du mot *Agatis* ? oui, fans doute : puifque notre plan eft, d'ouvrir les routes peu connues, d'applanir les fentiers tortueux, & de répandre quelque lumiere.

L'ancienne coutume de Beauvoifis dit, que l'on ne peut établir un furcens fans le confentement de celui à qui le cens eft dû ; & la raifon qui a déterminé cette décifion eft jufte : les propriétaires peu délicats empruntoient de tous côtés, & ne laiffoient que des héritages *gâtés* & des maifons *en ruine*, dont perfonne ne vouloit fe charger à caufe du poids effrayant des cens & furcens : « quant elles chaoient len ne les vouloit refere, & li autres hirétages en demeuroient aucune fois enfriés, parce que il ne trouvoient qui hoir fen fift pour le

charge dou feurcens, & par che font maintes mefons decheves, & maints hirétages *agafti*; & pour che eft la défenfe moult bonne. » (Beaumanoir, *chap. 24, pag. 127*.)

« *Gaft* & garnifon C. gens commis par la juftice pour faire du *dégaft* & de la dépenfe. D'où vient *gaftadours*, gens qui font le *dégaft* des bleds & vignes en temps de guerre. *Gafte*, Perceval : terre *gafte* & défertée. *Gaftier* C. garde de vignes & fruits. » (Borel, *Antiquités gauloifes*, au mot *Gaft, pag. 222*.)

A G D E.

1. C'eft une ville ancienne de France dans le bas Languedoc, appellée en latin *Agatha*, de l'un de ces deux mots grecs αγαθῆς τύχης. Elle dut, fans doute, ce nom à quelque heureux événement, *bonæ fortunæ*. Strabon , (*lib. 4*); Pline, (*lib. 3, cap. 4*); Pomponius Mela, (*lib. 2, cap. 1*); Ptolomée, (*lib. 2, cap. 1*), croient qu'*Agde* a été fondée par ces Grecs, qui étoient venus s'établir d'abord à Marfeille.

Ancien état de la ville d'Agde.

2. Il paroît, par les notices les plus récentes de l'état des Gaules fous l'empire romain, que la ville d'*Agde*, étoit claffée dans le nombre des principales qui compofoient la Gaule narbonnoife ; & elle y eft placée, tantôt au quatrieme, tantôt au cinquieme rang. Elle paffa fucceffivement fous la domination des Vandales, des Vifigoths, des Sarrafins, & des Goths, avant fa prémiere réunion à la couronne de France, fous le roi Pepin, en 752. Elle eut enfuite des comtes & des vicomtes, jufqu'à fa feconde réunion fous le regne de St. Louis, qui l'acquit définitivement, en 1229, par fon traité avec Raymond, comte de Touloufe.

Elle a été grandement en proie aux malheurs qui défolerent la France pendant le regne des trois derniers princes de la race des Valois ; & elle fut, pendant ces temps de troubles, plusieurs fois successivement prise & reprise par les catholiques & les calvinistes.

État actuel ecclésiastique.

3. *Agde* est le siege d'un évêché des moins considérables du royaume, puisqu'il ne comprend que vingt-cinq paroisses. Son évêque, qui est le second suffragant de la métropole de Narbonne, a séance aux états de Languedoc. On lui donne 40000 liv. de revenu ; & il paie, pour l'obtention de ses bulles, 1500 florins. Il a le titre de comte, ensuite d'un accord que fit Hugues de Montruc avec son chapitre en 1374, après avoir déja prêté en cette qualité, cette même année, serment de fidélité au roi. Innocent III accorda aux évêques d'*Agde* le privilege singulier de ne pouvoir être excommuniés que par le St. siege.

Le chapitre cathédral est composé de douze chanoines, dont l'archidiacre est dignitaire ; & le sacristain, le précenteur & le camérier sont personnats. On compte dans le clergé inférieur douze hebdomadiers, & trente-deux habitués, chapelains & autres bénéficiers. L'évêque, est collateur des hauts canonicats ; & le chapitre, de tous les autres bénéfices. L'église est aujourd'hui dédiée à St Etienne, premier martyr ; après avoir été long-temps consacrée à St. André, apôtre, dont elle conserve des reliques.

Il y a dans ce diocese deux abbayes d'hommes ; St. Thibery, de l'ordre de St. Benoît ; & Valmagne, de l'ordre de Cîteaux ; & un chapitre collégial assez considérable à Pézenas.

Alaric permit la convocation d'un concile dans la ville d'*Agde* en l'année 506 ; il fut composé de trente-cinq évêques qui en firent l'ouverture, selon quelques auteurs, le 3 des ides de septembre ; & selon quelques autres, le 5 des calendes du même mois : on s'y occupa sur-tout du rétablissement de la discipline ecclésiastique ; & on y fit d'abord quarante-huit canons, auxquels on en joignit ensuite vingt-cinq autres. L'un des plus remarquables, est celui qui ordonne à l'archidiacre de couper les cheveux, aux clercs qui en prendront soin avec trop d'affectation ; & qui veut aussi que les clercs ne soient pas trop recherchés dans leurs vêtemens, ni dans leur chaussure ; il se trouve dans Gratien : *Clerici qui* COMAM NUTRIUNT, *ab archidiacono, etiamsi noluerint,* INVITI DETONDEANTUR. *Vestimenta etiam vel calceamenta eis, nisi quæ religionem deceant, uti aut habere non liceat.* (*Decreti, part. 1, distinct. 23 & 24, can. 22.*)

On attribue à ce concile, dans un capitulaire de nos rois de la seconde race, le canon qui dit, que c'est un vol d'enlever quelque chose à son ami, & un sacrilege d'enlever quelque chose à l'église, ou de la priver de ses justes droits : *Amico quippiam rapere furtum est ; ecclesiæ verò fraudari, vel abstrahi subripique, sacrilegium.* C'est là une erreur qu'on trouve encore dans les collections d'Isaac, de Burchard, & d'Yves de Chartres ; mais qui a été reconnue & relevée par Baluze, dans ses notes sur les Capitulaires, où il remarque que ce canon est l'un de ceux du premier concile de Vaison, tenu en 422. (*Baluzius, tom. 1, pag. 997 ; & tom. 2, pag. 1232.*)

État actuel civil.

4. On trouve une ordonnance de Charles V, de l'année 1376, portant diminution de plusieurs feux pour différentes villes du royaume, & notamment pour celle d'*Agde.* (*Ordonn. du Louvre, tom. 6, pag. 249.*)

Aujourd'hui il y en a mille & soixante-cinq ; &, dans la taxe générale des impositions, cette ville est réglée à 8621 liv. 5 s. quand toute la province doit contribuer pour 300000 liv.

Agde est dans le ressort du parlement de Toulouse, & elle est régie par le droit écrit : on n'y connoît même aucuns usages locaux, qui y dérogent, comme dans quelques autres villes & pays du Languedoc.

Il n'y a dans cette ville d'autres sieges royaux qu'une amirauté créée par ÉDIT de 1630, vérifié au parlement de Toulouse le 20 octobre 1632.

Le gouvernement particulier est entre les mains d'un gouverneur & d'un lieutenant de roi.

Il y a un bureau des cinq grosses fermes, dépendant de la direction de Montpellier ; & un bureau de la poste.

Le commerce de cette ville a été long-temps gêné par l'étendue des privileges d'Aigues-mortes, ville voisine. Des LETTRES-PATENTES de Charles V, du 2 novembre 1364, portoient que tous les vaisseaux, qui en naviguant pourroient voir la lanterne de la grande tour d'Aigues-mortes, seroient obligés d'aborder au port de cette ville, & d'y payer certains droits. Cette loi fut rendue sur les plaintes du procureur du roi, en la sénéchaussée de Beaucaire, *ex gravi querimoniâ procuratoris nostri Bellicadri*, qui remontroit que les marchands d'*Agde*, pour se soustraire au paiement de ces droits, alloient faire le tour de l'étang de Montpellier & de Lates, & évitoient par-là d'aborder à Aigues-mortes : *Nihilominùs nonnulli mercatores de AGATHA aliundè à dictâ civitate AGATHENSI, per quoddam stagnum sive lacum apud Montempessulanum & apud Latas, è converso nituntur res suas & merces ducere, & ad dictum portum applicare, absque datione, præstatione vel solutione alicujus pedagii, vel tributi nobis debiti, quod est in defraudationem, &c.* (Ordonn. du Louvre, tom. 4, pag. 502 & 503.)

Dans le siecle dernier, le cardinal de Richelieu s'occupa d'améliorer le sort de la ville d'*Agde* qu'il affectionnoit. En conséquence, il lui fit accorder, par les états de Languedoc, tenus à Nîmes en 1635, 24000 liv. pour la construction de son port & de celui de Brescou : en 1640, nouvelle destination de 40000 l.

enfin, en 1642, autres 20000 l. A cette derniere époque, les états réitérerent la demande, qu'ils avoient déja faite plusieurs fois, d'être déchargés à cet égard de toute contribution ; & prierent de nouveau le roi de prendre sur lui les charges d'une aussi forte dépense.

Quelques travaux qu'on ait pu faire, les bâtimens ne peuvent remonter qu'à une certaine distance de la ville, située dans une presqu'isle formée par l'Hérault & la riviere du Lez. Cependant, la facilité que donne une branche du canal de Languedoc, la fertilité naturelle du sol, & l'industrie des habitans d'*Agde*, font de ce petit diocese, un pays très-riche & très commerçant. On y fait sur-tout un grand trafic en bled, en vin, en huile, en soie, (& en salicot) cette herbe, dont les cendres servent à la composition du verre, & du savon, procure une grande consommation, & fait entrer dans ce petit pays beaucoup d'argent.

Il est surprenant que, ni Brillon, ni Chasles, n'aient dit absolument rien sur la ville d'*Agde* dans leurs dictionnaires ; & qu'on ne trouve que peu de chose, soit dans les historiens, soit dans les collecteurs de chartes, titres, monumens, &c. On peut cependant consulter les ouvrages suivans. (Sammarthanorum *gallia christiana*, tom. 6, pag. 665 & sequent. & in probationibus, pag. 311. Histoire générale du Languedoc, par dom de Vic & dom Vaissette ; *dans chacun des cinq volumes.* Galland, *du Franc-aleu, pag. 138 & 139.* Singularités historiques de dom Liron, tom. 2, pag. 1 & suiv.)

A G E.

(*Dr. naturel. Dr. des gens. Dr. public. Dr. criminel. Dr. privé. Dr. martial. Dr. ecclésiastique.*)

1. Le Dictionnaire de l'académie françoise définit l'âge, *la durée ordinaire de la vie.....*

Le jurifconfulte Balde dit : *ætas eft temporis menfura quædam, à nativitate ufque ad obitum decurrens.*

La poéfie a divifé la durée du monde en quatre *âges*, auxquels elle a donné des attributs emblématiques, l'or, l'argent, l'airain & le fer ; les deux premiers auroient paffé comme un fonge ; le troifieme n'auroit pas été long ; & *l'âge de fer*, durant depuis plus de trois mille ans, ne finiroit qu'avec le temps ! C'eft la fable ingénieufe qui renvoie Aftrée au ciel, & fait difparoître le bonheur avec l'innocence & la juftice.

On compare auffi la durée des empires à celle de la vie humaine ; &, à partir de la civilifation, l'hiftoire peut marquer l'âge de tous les peuples. Les quatre premiers fiecles de la France furent fon enfance. Le regne de Charlemagne fut fon adolefcence. La vieilleffe & la mort fuivirent auffi-tôt, portées par l'ignorance & la féodalité. Ce fut une longue & affreufe léthargie. Au feizieme fiecle, l'Europe entiere reçut, une nouvelle vie, des progrès & de la liberté de l'efprit humain. Il a eu jufqu'au milieu de celui-ci la fougue & les erreurs de la jeuneffe. C'eft aujourd'hui la virilité ; c'eft la raifon qui montre au fouverain la vraie gloire dans l'adminiftration paternelle, & à tous les hommes le bonheur dans l'union, la paix, l'inftruction, & la juftice.

On dit l'*âge* des bois. Voyez *Bois* ; & il femble qu'on peut parler de l'*âge* de l'écriture. *Chirographi ætatem difcuti oportet. L. 1. C. T. Si certum petatur.* Voyez *Charte*, *Diplomatique*, *Écriture*.

Les romains difoient, l'*âge* du vin ; comme nos payfans difent, du vin de tant de feuilles : *Num, fi quis potare velit, de dolio hauriendum putet? minimé : fed quandam fequatur ætatem.* (Cicer. in Bruto.) On cherchoit l'*âge* des bâtimens, pour calculer leur valeur & leur durée : *Ædificiorum ætatibus examinatis, domus reftituendæ. L. 58, D. de legatis 1°.* Dans le même fens, plufieurs loix parlent de l'animal & de l'efclave.

Bornons nous à l'*âge* de l'homme, dans fes rapports avec l'ordre public. La jurifprudence le confidere comme *une époque déterminée, à partir de la naiffance, durant laquelle la loi défend, permet, ordonne, certains actes ; & déclare capable ou incapable des fonctions civiles.*

Sous cet afpect, l'*âge* eft un des objets les plus intéreffans de la jurifprudence ; & vous le trouvez par-tout comme moyen ou obftacle, comme doute ou confidération.

Nous avons jeté quelques idées fous le mot *Adolefcence* : l'horizon s'agrandit ; & nous allons dire comme nous voyons.

Après avoir confidéré l'*âge* en luimême, & dans fes rapports avec les droits divers, nous fuivrons ceux qu'il a avec le citoyen & l'homme public.

DROIT NATUREL.

2. La nature indique à l'homme, ce qu'il doit & ce qu'il peut dans les différentes époques de la vie. Mais, c'eft un autre langage. La foibleffe, le befoin, le fentiment, & le plaifir, font fes loix. Elle n'en connoît point d'autres.

Elle garantit l'enfance, du danger, par la timidité ; de la cruauté, par les larmes ; du mal-être, par les cris ; & du befoin, par la tendreffe maternelle.

Elle appelle l'adolefcence, à la reproduction, par le fentiment & le plaifir ; & elle met, aux defirs de l'imagination, des bornes, fixées par la force de chaque individu.

Dans l'âge viril, elle tempere la fougue des paffions ; pour faire place à la raifon, qui doit veiller à la confervation de la famille.

Enfin, par la ceffation des facultés phyfiques, elle avertit l'homme, qu'il ne doit plus créer ; que, réduit au fouvenir, à l'expérience, & aux confeils, il doit s'occuper de fa fin, la rendre douce, heureufe ; & efpérer, avec Cicéron, une meilleure vie : *Spem melioris vitæ.*

Tels font encore la plupart des fauvages. L'enfance végete, court, & folâtre.

La

La jeuneſſe peuple, chaſſe, & combat. La virilité diſpoſe, agit, & ordonne. La vieilleſſe dit ce qu'elle a vu, & attend froidement la mort. Là, comme dans les premieres ſociétés politiques de l'ancien monde, on a été long-temps ſans imaginer qu'il fallût fixer les époques de la vie, & à chacune y attacher une capacité & une incapacité légales.

DROIT DES GENS.

3. Le droit des gens, qui n'a pour baſe que le droit naturel, n'a pas dû aller plus loin; & l'on ne trouve rien à cet égard dans l'hiſtoire & les publiciſtes.

Qu'auroit-on ſtatué? Que les états ne peuvent s'attaquer ou ſe défendre qu'avec des hommes d'un certain âge? Dans la guerre, on n'a pas même ſongé à garantir de la mort la vieilleſſe immobile, ni de l'eſclavage l'enfance libre & innocente.

Qu'auroit-on dit encore? Que les princes ne pourront s'envoyer que des miniſtres d'un certain âge? Mais ce choix dépend abſolument de la volonté ſouveraine. Sixte-Quint, s'étonnant de la jeuneſſe d'un ambaſſadeur, celui-ci lui dit que, ſi ſon maître eût imaginé que les barbes fuſſent un mérite, il lui auroit envoyé un bouc.

DROIT CIVIL.

4. La fixation de l'âge auquel on peut agir, contracter, diſpoſer, accuſer, être puni, adminiſtrer, juger & défendre, appartient au droit civil de chaque nation, & en forme une partie eſſentielle.

Motifs de fixer l'âge.

5. Que ſeroit devenu l'état où tous les âges auroient été confondus; où, avec tant de différence dans les moyens, on auroit eu la même exiſtence & les mêmes devoirs?

Il falloit garantir l'enfance de ſa foibleſſe, la jeuneſſe de ſes paſſions, & ſoumettre tout à la raiſon dans l'âge où elle doit ſe faire entendre.

En s'étendant & ſe perfectionnant, la ſociété civile augmentoit ſes embarras, ſes ſoins, ſes devoirs; & il falloit plus de temps pour s'inſtruire.

Diverſité dans la fixation des âges.

6. C'eſt par-tout aſſez tard, & du ſein du déſordre, que ſont nées les loix qui ont déterminé l'âge; & l'uniformité étoit impoſſible.

Le phyſique pouvoit indiquer le moral; mais le climat, le ſexe, l'organiſation, l'éducation, les paſſions, les accidens, & la conſtitution politique ellemême, devoient produire des variétés infinies. La loi civile, ne pouvant pénétrer tous ces myſteres, ne devoit voir que le plus grand nombre, & donner à tous la même regle.

Elle devoit ſe garantir des exceptions, ſur-tout par rapport aux fonctions & aux actes publics. Là, l'exception eſt toujours funeſte. Elle marche eſcortée par la faveur, la naiſſance, la vénalité, le crédit & le pouvoir. La barriere une fois levée, la foule pénetre, & le déſordre eſt extrême. Il vaut mieux, qu'il n'y ait point de loix, que lorſqu'on ne s'en ſouvient que pour les inſulter, en y dérogeant pour de l'argent, & ſous le moindre prétexte.

Platon voyoit tout à la fois, le danger des exceptions, & l'impoſſibilité de prévoir toutes les différences: *Nulla ſanè lex quæ quod præſtantiſſimum, quodque exquiſitiſſimum, exquiſitè ſimul omnibus ſiſtat, atque optimo modo præcipere poſſit: DISSIMILITUDINES ENIM HOMINUM ET ACTIONUM, & illud quod numquam quidquam in cauſis perorandis, & in rebus humanis perpetuum ſit, non permittunt ſimplex quidpiam in ullâ re circa omnia & omni tempore comparere.* (Plato in Politicis.)

Quelquefois la médecine a cru devoir diriger la légiſlation, & Zachias a dit: *De ætatibus differere ac decernere, earumque terminos præſcribere.... ſolius medici munus eſt.* (Lib. I, tit. I, quæſt. I;

n°. 1.) Mais les médecins n'ont pas été d'accord : & voyez feulement ce que nous avons dit au mot *Adolefcence*.

Les légiflateurs n'ont pas été plus uniformes. Bornons-nous au droit romain & au droit françois.

DROIT ROMAIN.

7. Les grands principes du droit romain fur l'*âge* font répandus dans les titres du droit fur les puberes & les impuberes, la majorité & la minorité, l'adoption & la puiffance paternelle, la fervitude & l'affranchiffement, le mariage & la milice, les dignités & les charges publiques.

Les inftitutes difent à quel *âge* on peut tefter : *Teftamentum facere non poffunt impuberes, quia nullum eorum animi judicium eft.* Lib. 2, tit. 12, § 1.

A quel *âge* peut-on vendre & s'engager ? A la majorité : *lib. 2, tit. 8,* § 2. Quelle eft la majorité ? Vingt-cinq ans accomplis. C'eft ce que les romains appelloient l'*âge* légitime, *ætas legitima,* c'eft-à-dire, celui auquel en général les hommes font préfumés avoir la raifon fuffifante pour tous les actes de pere de famille.

On y trouve encore à quel *âge* on pouvoit fe marier : à la puberté complette, quatorze ans pour les hommes, & douze ans pour les filles : *Mafculi quidem, puberes; fœminæ autem, viri potentes* : lib. 1, tit. 10. On ne trouve plus à quel *âge* il étoit interdit de fe marier : mais Gravina dit, que c'étoit à cinquante ans pour les femmes, & à foixante pour les hommes; & après avoir cité des exceptions, il ajoute que la loi a égard, non à ce qu'il y a, de rare dans la nature, mais d'ordinaire : *Lex, non ad rariora, fed ad frequentiora naturæ, convertitur.* (Gravina, *de leg. & fenat. tit. 3, cap. 37.*)

On trouve enfin à quel *âge* on pouvoit s'affranchir des charges publiques, à commencer par la tutele : *Major feptuaginta annis,* lib. 1, tit. 25, § 13.... D. l. 2, lib. 27, tit. 1. Mais on ne trouve rien, fur l'*âge* auquel on pouvoit afpirer

à la magiftrature; Tribonien, écrivant fous un prince abfolu, a fupprimé les loix anciennes, &, entr'autres, celle donnée l'an 573 de Rome, fur la demande du tribun L. Villius Tapulus.

Jufques-là, dit Tacite, les dignités étoient la récompenfe de la vertu. Quiconque fe fentoit des talens, pouvoit poftuler. On ne confidéroit point l'*âge* des candidats; & la jeuneffe n'étoit un obftacle, ni pour le confulat, ni pour la dictature : *Apud majores, virtutis id præmium fuerat; cunctifque civium, fi bonis artibus fiderent, licitum petere magiftratus; ac ne ætas quidem diftinguebatur, quin, primâ Juventâ, confulatum ac dictaturas inirent.* (Tacit. ann. XI. 22.)

Tite-Live, *lib. 40, C. 44,* & Cicéron, *dans fa cinquieme Philippique, C. 17,* atteftent la même vérité, & citent des élections célebres dans la jeuneffe, celles, entr'autres, de Valerius Corvus, & de Scipion l'Africain.

Ce fut l'agrandiffement de l'empire, & la corruption des mœurs, qui amenerent la fixation de l'*âge* pour chaque magiftrature. Vous en trouvez les preuves dans Polybe, *tit. 6, cap. 17;* Jufte-Lipfe, *de magift. rom. C. 5;* Cicéron, *ad famil. lib. 10, ep. 25, &c.* C'étoit vingt-fix ans pour la moindre magiftrature, trente-un pour la quefture, trente-fept pour l'édilité, quarante pour la préture, & quarante-trois pour le confulat.

Mais à quoi fervirent ces réglemens, lorfque la faveur, l'intrigue & la corruption imaginerent les difpenfes d'*âge*? Ce fut d'abord le peuple qui s'en arrogea le droit dans les comices. Le fénat l'ufurpa par les fénatus-confultes; & en jouit prefque fans obftacle dans le feptieme fiecle, à travers les guerres civiles. Au huitieme, lorfque les Céfars eurent tout envahi, les lettres de difpenfe ne furent, qu'une dérifion de la loi, un acte d'autorité, un revenu pour le fifc. Quand on voit les horreurs de ces derniers temps, où tout néanmoins marchoit à l'ombre de la loi ; on préfere les premiers fiecles, où, fans loi, ou du moins avec fi peu de loi, mais avec des mœurs, la vertu faifoit des miracles.

DROIT FRANÇOIS.

8. Nous eûmes d'abord les loix de Rome ; comme je l'ai prouvé, dans l'hiftoire du droit françois, au commencement de ce volume. Les loix barbares qui fuccéderent, parloient peu de l'*âge* ; beaucoup, de crimes, de compofitions, de magie, de combats, & d'épreuves. Au milieu d'une dégoûtante férie de mutilations rachetées à prix d'argent, la *loi des Ripuaires, art. 81*, ne permet d'efter en jugement qu'à quinze ans. Dans les loix des Lombards, continuation de Luitprand, le *titre 15* défend d'aliéner avant dix-huit ans, & jufques là ne permet de tefter que pour caufe pie : *Causâ pietatis.*

Charlemagne voulut rétablir le droit romain ; mais les loix barbares avoient amené les coutumes fans nombre, bientôt légitimées par l'édit de Piftes : faites fous le gouvernement féodal, & pour lui feulement, ces coutumes ne virent effentiellement l'*âge*, que relativement aux fiefs.

On marcha ainfi jufqu'au feizieme fiecle, où le chancelier de l'Hofpital crut devoir fixer l'*âge* néceffaire pour les offices publics ; mais fes ordonnances, celle de Blois, & toutes celles qui ont fuivi, ne difent rien fur l'*âge* néceffaire pour les différens actes de la fociété civile, laiffant à recourir au droit romain, aux coutumes, à l'ufage, à la jurifprudence.

Ce filence paroît étrange, fur-tout fi l'on remarque qu'au palais, en matiere importante, on s'enquiert fans ceffe de l'*âge* : queftion fatigante pour les graces fugitives & la vieilleffe recrépie. Dépofe-t-on fur le moindre fait ; l'*art. 14 du tit. 22* de l'ordonnance de *1667*, & l'*art. 5 du tit. 5* de celle de *1670*, prefcrivent à peine de nullité de s'enquérir de l'*âge* du témoin, d'en faire mention. Eft-on interrogé, récolé, confronté, le fût-on mille fois ;

le juge ne manque pas, à chaque féance, de redemander l'*âge*, comme s'il avoit pu changer, ou au moins d'en faire mention à peine de nullité. Cette queftion n'eft épargnée, ni fur la fellette, ni même à l'hôtel-de-ville, à l'inftant, où, prêt à payer de fa vie pour la fûreté fociale, le jeune homme eft plus vieux que le centenaire.

Les ordonnances font également muettes fur trois points importans & qui reviennent fans ceffe.

De l'âge accompli.

9. Quand on prononce une année en fixant l'*âge*, doit-on entendre l'année commencée ou l'année finie ?

Nous avons préfenté l'état de la jurifprudence à cet égard, les diftinctions fur lefquelles elle marche & varie, la fage loi du roi de Pruffe. Voyez *Accompliffement, n°. 2, tom. 2, pag. 38.*

Du commencement de l'âge.

10. On pouvoit être auffi bien fondé à élever des doutes fur l'inftant où commence l'*âge*. Eft-ce la conception ? Eft-ce la naiffance ?

Dans les chofes favorables, on cite cet adage : *Annus inceptus pro completo habetur.* On dit qu'un homme a quatorze ans dès le jour, l'heure, la minute, la feconde où il finit d'avoir treize années & commence la quatorzieme ; quoiqu'il foit évident que l'on n'a quatorze ans que quand ils font révolus & complets.

Dans le même efprit, & à plus forte raifon, ne peut-on pas compter l'*âge* du jour de la conception ? N'y eft-on pas mieux fondé ? puifque, dans le fein maternel, l'homme a, tout à la fois, une exiftence animale & fpirituelle, une exiftence civile & légale.

Il a une exiftence fpirituelle : nous fupplions de voir, fous le mot *Accouchement, n°. 10 & 11, tom. 2, pag. 59 & 62*, comment les théologiens ont agité, s'il ne valoit pas mieux conferver l'enfant que la mere, & comment on peut *lui conférer le baptême par le moyen d'un petit fiphon?* L'enfant, avant d'être né, a donc une exiftence fpirituelle.

Il a encore, une exiftence civile, légale même. Car, s'il n'étoit rien, pourquoi affujettir le pere à l'inftituer héritier, à peine de nullité du teftament? Pourquoi affujettir à nommer héritier, comme vivant, un être dont l'état eft incertain, qui peut ne jamais voir le jour, & n'être qu'une mole ou un monftre? S'il n'eft rien encore, à la mort du pere; s'il n'eft pas citoyen, pourquoi veiller à fes intérêts, comme s'il l'étoit, & nommer un *curateur au ventre* qui le renferme?

Dans cet état myftérieux, l'homme avant fa naiffance, qu'eft-il? que n'eft-il pas? Sans doute on peut douter; lorfque fa naiffance, fa vie, fa mort & fa deftination, furent fi fouvent un problème!

Cette queftion fut long-temps agitée; & donna lieu, en matiere bénéficiale, à la regle établie fous Innocent XII, par la congrégation des conciles: *A puncto nativitatis, & non à puncto conceptionis.*

A l'égard du droit civil, il faut recourir au droit romain. Voici des loix, & leurs motifs.

Avant l'accouchement, l'enfant n'eft autre chofe qu'une portion de fa mere, une partie de fes entrailles. *Partus enim, antequam edatur, mulieris portio eft, vel vifcerum.* (*L. 1, § 1, D. de infpiciendo ventre, cuftodiendoque partu.*)

C'eft d'après cette regle primitive, que la *loi 19, § 7, D. locati conducti,* décidoit que, fi une femme s'embarquoit & promettoit une fomme pour fon paffage, elle ne devoit rien de plus pour l'enfant dont elle accoucheroit dans la traverfée.

Ce principe eft développé dans une infinité d'autres loix. La *9, § 1, D. ad legem falcidiam,* dit: l'homme n'eft pas cenfé exifter avant la naiffance. *Partus nondùm editus, homo, non rectè, fuiffe dicitur.*

On ne peut pas dire non plus, que l'enfant, avant d'être né, foit fous aucune puiffance; parce que cette puiffance ne lui eft pas néceffaire & peut lui être nuifible. *Nam, antequam nafcatur, non poteft dici in poteftate morientis fuiffe.* (*L. ult. D. de collat. bon.*)

Pourquoi donc, pour parler le langage de la loi même, confidere-t-elle, en une infinité de cas, l'enfant qui n'eft pas né comme celui qui a vu le jour? *Qui autem in ventre eft, etfi in multis partibus legum, comparatur jam natis, &c.* (*L. 2, § 6, D. de excufat. tutor.*)

Toutes les fois qu'il s'agit du bien d'un enfant qui peut naître, la loi doit veiller à fes intérêts comme s'il étoit déja citoyen. *Qui in utero eft, perindè ac fi in rebus humanis effet, cuftoditur, quoties de commodis ipfius partûs quæritur: quanquam alii, antequam nafcatur, nequaquam profit.* (*L. 7, D. de ftatu hominum.*)

Le mariage n'étant établi que pour créer des enfans, *liberorum procreandorum causâ;* le pere de famille doit toujours avoir devant les yeux ce grand objet. S'il l'a oublié un inftant; la loi préfume qu'il s'eft égaré, qu'il n'étoit pas *fanæ mentis,* ou du moins qu'il auroit dû difpofer autrement, & tel eft le fondement de la nullité du teftament par la prétérition du pofthume.

L'enfant n'eft pas encore né; mais l'efpérance qu'on a de le voir naître, exige, de la fageffe des loix, qu'elles ne négligent rien des chofes, auxquelles fon état éventuel peut lui donner droit. Dans cet efprit, le préteur envoie en poffeffion, non l'enfant, parce qu'on ne peut pas le nommer tel, mais le fein qui le renferme. *Sicuti liberorum, eorum qui jam in rebus humanis funt, curam prætor habuit; ita etiam qui nondum nati funt, propter fpem nafcendi non neglexit: nam & hâc parte edicti eos tuitus eft, dum ventrem mittit in poffeffionem.* (*L. 1, D. de ventre in poffeffionem mittendo.*)

De-là, on ne nomme pas un tuteur à l'enfant qui n'eft pas né, parce qu'il n'a pas l'*âge* d'en avoir un. *Ut pro tutore quis gerat, eam esse personam oportet cujus ÆTAS recipiat tutorem. (L. 1, § 6, D. de eo qui pro tutore.).*... Expression qui supposeroit que l'âge a commencé avant la naissance, si d'ailleurs la loi ne prononçoit pas aussi précisément.

On nomme donc, non un tuteur à la personne de l'enfant, mais un curateur au ventre. *Bonorum, ventris nomine, curatorem dari oportet. (L. 8, D. de curat. fur.)*

Toutes les loix romaines se réduisent donc à cet esprit, que, l'enfant qui n'est pas né, n'a ni *âge*, ni état civil : & l'on conçoit qu'il ne seroit pas possible de décider le jour, de la conception, encore moins de l'animation ; tandis qu'il peut naître, à sept, à huit, à neuf, & à dix mois.

Mais c'est un état éventuel, pour lequel le légiflateur a cru que, la justice, & l'ordre public, exigeoient que l'on prît des précautions, que vous trouvez rappellées dans plusieurs autres loix : *L. 10, D. de tut. & curat. dat.* . . . *L. 8, D. de curat. fur.* . . . *L. 1, § 19, & L. 5, § 1, D. de ventre in possess. mitt.* . . . *L. 67, § 4, D. de nupt. &c.*

Qu'on nous pardonne ce développement de l'esprit des loix romaines ! Dans tous nos codes Européens qui sont si longs & si obscurs sur la féodalité & la fiscalité, sur la noblesse & la *vilaineté*, il n'y a pas un mot sur l'état essentiel & primitif des hommes : *De statu hominum.* Voyez *Animation, Curateur, Enfant, Posthume, Testament, Viable.*

Preuves de l'âge.

11. Il s'élève moins de questions sur la preuve de l'*âge*, depuis la disposition de l'*art. 13 du tit.* 20 de l'ordonnance de 1667, qui assujettit à tenir des registres de baptême, sur-tout depuis la déclaration d'avril 1736, qui établit deux registres, dont l'un doit être déposé au greffe pour y avoir recours. L'*art.* 4 porte, qu'*il y sera fait mention du jour de la naissance.*

Ces actes de baptême sont une preuve légale de l'état du citoyen ; & à plus forte raison de son *âge*, qui n'est que l'accessoire.

L'*art. 14 du tit.* 20 de l'ordonnance de 1667 ajoute : « Si les registres sont perdus ou s'il n'y en a jamais eu, la preuve en sera reçue, tant par titres que par témoins ; & en l'un & l'autre cas, les baptêmes, mariages & sépultures pourront être justifiés, tant par les registres ou papiers domestiques des pere & mere décédés, que par témoins, sauf la preuve contraire. »

Cette législation est conforme à la jurisprudence romaine. *L. 7, C. de in integrum restitutionibus minorum 25 annis. L. 9, 10 & 14, C. de probationibus.*

La preuve de l'*âge* ainsi faite, ou suppléée tant par titres que par témoins, sa suffisance est affaire d'opinion & de circonstances, comme celle de l'état.

Mais, dans le nombre des témoins, admet-on les parens ?

ARRÊT du parlement de Toulouse, du 18 mars 1667, qui a admis comme reproche, la parenté des témoins, produits par le mineur qui vouloit être restitué. ARRÊT du 8 août 1667 du même parlement & dans la même chambre, « qui a jugé qu'en fait d'enquête pour les preuves de l'*âge*, les parens ne pouvoient être reprochés. »

Catellan, qui rapporte ces deux arrêts, *liv.* 9, *chap.* 7, & après lui Vedel, préférent le premier. Ils se fondent, sur le danger que des parens ne se favorisent, & sur l'*art. 11 du tit.* 22 de l'ordonnance de 1667, qui dit, que « les parens & alliés des parties, jusqu'aux enfans des cousins issus de germains inclusivement, *ne pourront* être témoins en matiere civile pour déposer en leur faveur ou contre eux, & feront leurs dépositions rejetées. »

Catellan ajoute : « il est vrai que les ordonnances permettent de prouver l'*âge* par la déposition des parens ; mais ces ordonnances doivent être entendues, lorsqu'il n'est pas question de l'intérêt d'un tiers, mais seulement de prouver l'*âge* pour tenir un office, ou être admis aux ordres sacrés. »

Ainsi, dans une affaire où il ne s'agira que d'un intérêt passager, on rejettera les parens, parce qu'un particulier *tiers* y a intérêt; & on les recevra, lorsqu'il s'agit de l'admission, à un office public, à une magistrature, de laquelle dépendent la fortune, l'honneur, & la vie des citoyens. Ainsi on s'accoutume à ne plus assujettir à la regle, que les objets du droit privé; & à livrer à l'arbitraire, tout ce qui tient au droit public.

Nous contredirons Catellan & Vedel: par respect pour le parlement de Toulouse, nous pensons qu'ayant rejeté, les parens témoins de l'*âge*, dans l'arrêt du 18 mars 1667, antérieur à l'ordonnance d'avril 1667, le même parlement, la même chambre, ne les a admis, dans l'arrêt du 8 août, postérieur à cette ordonnance, que sur des motifs puissans. Mais, quels peuvent être ces motifs ?

Quoique, pour parler comme Vedel, l'*art. 11 du tit. 22* soit conçu en termes prohibitifs, *ne pourront*: cette disposition, renfermée dans les maximes civiles ordinaires, est soumise à la maniere générale, qui dans une infinité de cas admet les témoins nécessaires. Voyez *Témoin*.

Vedel & Catellan nous en donnent eux-mêmes la preuve, par l'admission des parens lorsqu'il s'agit d'un office public. Et l'on a fait bien pis, lorsqu'on a reçu pour *adminicule* les registres & notes que le seigneur s'est faits seul à lui-même. Voyez *Adminicule*, n°. *3*, tom. *2*, pag. *805*.

Du rapprochement de ces deux maximes : qu'il faut admettre les témoins nécessaires ; & que les parens sont reprochables ; que faut il conclure ? 1°. Que, s'il n'y a que des parens pour témoins, & qu'il puisse y en avoir d'autres, on doit se défier des parens, & les rejeter. 2°. Que, s'il y a des témoins étrangers contre, & des témoins parens pour; on peut préférer les premiers, en pesant néanmoins toutes les circonstances. Car il y a une

infinité de choses familieres & secretes, sur lesquelles la famille peut savoir, ce que le public ignore & doit ignorer. C'est à la sagacité des juges à pénétrer la vérité à travers les ténebres du temps & de l'ambiguité. Et c'est ainsi que, des arrêts présentés comme contradictoires, ne le sont point, quand on veut approfondir & rapprocher les grandes regles, pénétrer & comparer les especes.

Ces trois questions préliminaires ainsi discutées; il reste à considérer l'*âge*, dans les rapports, qu'il a légalement, avec les positions & les états divers de la société civile.

DEUX ÉTATS
Dans la société civile.

12. La loi considere, l'individu social comme citoyen, & comme personne publique. C'est la disposition suivie sans cesse par M. d'Aguesseau.

Comme citoyen, l'homme a, des droits, & des devoirs. Comme personne publique, il a d'autres devoirs, d'autres droits; & son existence fait partie de celle de la société. Sous le premier aspect, il est comme isolé; ou, il n'intéresse que par la crainte de la propagation du mal qu'il éprouve. Sous le second aspect il fixe plus particuliérement les regards de la loi. Elle doit prononcer avec plus d'énergie, l'*âge*, auquel elle suppose qu'il sera assez raisonnable ou assez fort pour remplir les charges & les fonctions publiques.

N'est-ce pas cette distinction qui détermina le chancelier de l'Hospital ? Nous allons tâcher de la suivre.

Pour marcher plus rapidement, nous saisirons les objets en masse, & nous renverrons les détails à tous les actes & états de la vie civile auxquels l'*âge* peut avoir rapport. Cet ordre nous paroît à la fois, plus clair, plus sûr, & plus commode. C'est celui des idées.

LE CITOYEN.

13. La justice doit veiller sur la subsistance, l'éducation, le travail, le

mariage, les contrats, & la difpofition des biens. On demande, on accufe, on fe défend. Tous ces actes divers de la fociété civile, font des droits appartenans effentiellement à l'individu; &, pour en jouir, il fuffit, d'être citoyen, quelquefois d'être homme.

Mais la foibleffe de l'*âge*, a fait préfumer dans l'homme, une incapacité, qu'il a réellement, ou que la loi fuppofe.

Enfance & Puberté.

14. Avant que les facultés phyfiques & morales foient développées, l'homme eft confidéré comme un enfant, incapable, de tous les actes civils, même de fe nourrir.

L'enfance finit à la puberté. D'après les loix romaines, généralement fuivies dans toute l'Europe, cette puberté eft pour les hommes à quatorze ans accomplis, & pour les femmes à douze accomplis. Cette différence entre les deux fexes ne dit pas que l'*âge* de la raifon foit plus précoce dans les femmes; puifqu'on leur fuppofe une foibleffe perpétuelle, fous prétexte de laquelle on les a éloignées de toutes les fonctions civiles, comme nous l'avons dit au mot *Adminiftration*, n°. 24, tom. 2, pag. 868.

Mais, là, comme ailleurs, l'apparence du phyfique a décidé celle du moral. Les facultés animales font devenues l'enfeigne des facultés intellectuelles; & le moment, où l'on peut créer fon femblable, a paru celui de la raifon.

Cette fuppofition, de force & de raifon néceffaires à l'homme pour marcher à travers les ronces & les abymes de la fociété civile, exigeoit d'autres diftinctions. Les a-t-on faites?

Alimens, Subfiftance.

15. Chaque individu doit fe nourrir, plus encore dans l'état focial, que dans la vie fauvage. Dans celle-ci, on eft toujours enfemble, au milieu des déferts. Dans l'autre, on eft refté ifolé & pauvre,

au centre de la foule, entre le luxe & l'abondance.

Cependant, l'enfance & la vieilleffe peuvent d'autant moins, par le travail gagner leur fubfiftance, que l'état focial augmente la rareté, la lenteur & la difficulté des moyens. L'enfant des bois, vit des fruits qu'il cueille & des animaux qu'il chaffe. L'enfant des villes ne trouve pas même à brouter l'herbe dans les rues & périroit à côté du vieillard, abandonnée comme lui à fa propre mifere. Voyez *Abandon*, tom. 1, pag. 3.

Si l'un & l'autre n'ont point de parens; c'eft à l'état, qui eft la grande famille, à pourvoir aux befoins de ceux que la foibleffe de l'*âge* empêche de travailler pour vivre; &, quand l'humanité feroit muette, la politique ne permettroit pas d'héfiter. On varie encore, fur l'*âge* auquel les enfans, adoptés par l'état, doivent être livrés à eux-mêmes; & fur l'*âge* auquel les vieillards font admis aux hôpitaux. Voyez *Enfant-trouvé*, *Hôpital*, *Pauvre*, *Vieillard*.

Si l'on a une famille; c'eft à elle d'inftruire, de vêtir, & d'alimenter. Ces devoirs dictés, par la nature, mais défigurés par la corruption fociale & par l'inftabilité de la jurifprudence, entraînent des queftions fans nombre. Voyez *Alimens*.

Education, Apprentiffage, Etude.

16. Quand l'homme croit avoir acquis l'intelligence & la force néceffaires pour apprendre à fubfifter par fon travail, il cherche naturellement à n'être plus à charge, & à ne dépendre que de lui-même.

Anciennement l'éducation commençoit à fept ans. « C'eft alors, dit M. de Ste. Palaye, dans fon premier *Mémoire* fur l'ancienne chevalerie, c'eft alors que, celui qu'on deftinoit à devenir chevalier, étoit retiré des mains des femmes, & confié aux hommes. Une éducation mâle & robufte le préparoit de bonne heure aux travaux de la guerre. » C'eft dans cet efprit que l'ancienne coutume de Beauvoifis, *art. 57*, en cas de féparation des époux, ne laiffoit les enfans fous la garde de la mere que jufqu'à fept ans.

Depuis, comme fi la raifon & la force étoient dévenues plus tardives, on a reculé l'*âge* de l'inftruction. C'étoit douze ans pour la cléricature, quatorze ans pour les arts & métiers, & feize ans pour les univerfités, fans diftinction pour la force, le talent, l'efprit, & la bonne volonté; en forte que le tiers de la vie fe paffoit dans une nullité abfolue, fi l'on ne compte pas pour beaucoup le temps qu'on peut employer dans les écoles publiques, où il eft permis à tout *âge* d'apprendre la lecture, l'écriture & le latin.

La DÉCLARATION du 30 août 1782 eft remarquable, en ce que, dans le réglement qui y eft attaché, elle fixe l'*âge* de la maîtrife à vingt ans, & fe tait fur celui de l'apprentiffage; ce qui fuppofe qu'on peut le commencer auffi-tôt que, le maître d'une part, & la famille de l'autre, penfent que l'enfant peut travailler & s'inftruire. Difpofition fage, digne des lumieres de l'adminiftration actuelle !

Il n'y a rien de femblable pour les autres études, d'où l'on repouffe le jeune homme précoce, tandis qu'on s'empreffe d'admettre le vieillard ignorant & incapable. Voyez *Académie, Apprentiffage, Bachelier, College, École, Étude, Grade, Licencié, Univerfité, &c.*

Arts & Métiers, Commerce.

17. Nous venons de dire que l'on peut être reçu maître, à vingt ans, dans les jurandes recréées par l'édit de janvier 1777, en juftifiant, de quatre ans d'apprentiffage. La déclaration du 30 août 1782 admet encore les enfans des maîtres & *maîtreffes*, à l'*âge* de dix-huit ans; parce qu'elle fuppofe que, nourris dans le métier de leurs parens, ils y auront plus d'aptitude.

À l'égard du commerce libre, la minorité n'exclut pas du droit de l'exercer; par conféquent de s'engager; mais feulement d'aliéner fes immeubles, & de contracter hors du commerce. De-là il réfulte que, celui qui ne peut pas aliéner pour 20000 livres d'immeubles qui l'embarraffent, peut contracter pour un million de dettes dans fon commerce; que, ne payant pas, il eft condamné, arrêté, emprifonné; & que fes immeubles ne pourront être vendus que de l'autorité de la juftice, & après une difcuffion ruineufe. (*Ordonn. de 1673, tit. 1, art. 6.*)

Cette contradiction vient de ce que, la liberté de s'engager, imaginée pour la faveur du commerce, eft une exception à la loi univerfelle qui frappe le mineur d'incapacité: fous ce point de vue, la jurifprudence a cru devoir reftreindre cette faculté, comme tous les privileges.

On conferve encore les immeubles au mineur marchand, comme une table dans le naufrage; & cette confidération feroit précieufe, fi l'on n'avoit pas droit de l'emprifonner, de les faifir & de les abforber par les frais; en forte que ce n'eft plus qu'un prétexte pour achever fa ruine.

Cette jurifprudence mérite fans doute de fixer les regards de la légiflation. Voyez *Arts & métiers, Contrainte par corps, Décret, Difcuffion, Fils de famille, Jurande, Marchand, Mineur, Saifie réelle.*

Agriculture.

18. Virgile a pu chanter l'art de labourer la terre, & de marier la vigne avec l'ormeau, la confervation & la multiplication des troupeaux, l'induftrieufe économie des abeilles, tous les travaux de la campagne & les moyens de la rendre fertile.

Ce premier des arts, exige fans doute plus de connoiffances, que ceux enfermés dans nos villes. Cependant, nulle part, on s'eft avifé de régler, à quel *âge* on pourra être reçu apprentif, compagnon &

& maître agricole. Tout s'arrange de lui-même, & tout n'en va que mieux.

Si vous voulez perdre la culture, donnez lui des réglemens. C'est déja trop qu'elle soit entravée, asservie & ruinée par la féodalité, les corvées, la chicane & cet essain de maux échappés des villes, qui la couvrent, comme en Asie ces nuées de sauterelles, qui dévorent les récoltes.

Mariage & Fiançailles.

19. Ce n'est pas dans les campagnes qu'on a imaginé de fixer le moment auquel on doit créer son semblable. Quand il est arrivé, le desir parle & rapproche.

C'est une idée sortie du sein des désordres qu'entraînent l'entassement des individus, & la corruption sociale.

En Asie & en Afrique, où les femmes sont une propriété, & où l'on est nubile de si bonne-heure, le Coran, les Vedams, les loix de Confucius, de Fo & des Lamas n'ont rien statué.

En Europe, où le climat varie tant depuis Cadix jusqu'à Archangel, on a les loix romaines & une jurisprudence.

Celle de France n'est pas infiniment claire, comme dans toutes les parties où les ordonnances ne prononcent rien. Car, l'ÉDIT de mars 1697, toutes nos loix, dans les formalités prescrites pour la validité des mariages, n'ont pour objet que la publicité, le consentement des parens, & ne parlent pas de l'*âge*. La jurisprudence est un mélange du droit canonique, du droit romain, des coutumes, & du vieux préjugé, qu'il faut devancer tout ce qui est favorable. Témoin l'usage aboli par l'ordonnance de 1317, de donner le voile à des filles à huit ans.

On imagina, à plus forte raison, pouvoir fiancer à sept ans. Cette idée venoit du clerc à qui la cérémonie profitoit, d'une loi romaine (*14. D. de sponsalibus & arrhis,*) & des juifs, qui se permettant de donner à deux ans l'anneau nuptial, regardent cet engagement comme sacré.

Sur cet usage des fiançailles à sept ans, il y a une très-grande quantité de statuts, de rituels, de dissertations savantes & d'arrêts. Qu'est-ce que tout cela signifie dans nos mœurs & notre religion ? De ce qu'on se sera amusé à fiancer des enfans de sept ans, certes, il n'en résultera aucun engagement, jusqu'au moment, où capables de se marier, & prêts à recevoir la bénédiction nuptiale, chacun pourra se rétracter.

Ce seroit donc seulement sur les épousailles que la loi fixeroit ses regards : c'est-là qu'il s'agit de savoir si les époux ont l'âge où doivent être développées les facultés physiques & morales.

La jurisprudence seroit simple, si l'on s'en tenoit à la loi de puberté complette. Mais, comme si c'étoit à l'église de régler le lit nuptial, on cite le treizieme canon du concile de Nîmes, le second de celui de Bourges, les rituels, & une assez grande quantité d'arrêts, parmi lesquels nous en choisissons trois relatifs seulement à l'*âge*.

ARRÊT du parlement de Rennes, du 15 mai 1618, qui défend de célébrer le mariage de la fille Godiveau, âgée de dix ans, & à tous juges de décréter aucuns mariages de mineurs avant l'*âge* de puberté & de discrétion. (Frain, *pag. 232.*)

ARRÊTS du parlement de Paris, des 7 février 1620, & Noël 1621, rapportés par Montholon, *arr. 138, pag. 304...Espece.* Mariage entre la Cassiere & une demoiselle Daubigny qui n'avoit pas douze ans. Le mari meurt, la femme répete son douaire & ses conventions matrimoniales. Les ARRÊTS en déchargent les héritiers la Cassiere. Après la prononciation, le premier président dit : « que cet arrêt apprendroit que *le mariage contracté avant la pleine puberté n'étoit pas valable,* si les conjoints n'avoient persévéré au mariage & *habité ensemble* jusqu'à la pleine puberté, qui étoit, pour les filles, de douze ans accomplis, la treizieme commencée. »

ARRÊT du parlement de Paris, en la premiere des enquêtes, du 14 janvier 1623, qui ordonne, au contraire, que la demoiselle Gautier seroit payée de son douaire & de ses conventions matrimoniales. . . . . *Espece.* Elle avoit, avant la puberté, épousé Leconte, qui paroissoit l'avoir confiée à sa famille, & s'étoit noyé, la laissant veuve à l'âge de douze ans & demi. Les parens soutinrent la nullité d'après les précédens arrêts. La veuve disoit, que suivant le droit canon, elle avoit pu épouser dans l'*âge approchant* de la puberté, & offroit de prouver qu'elle avoit consommé. Bouguier, qui rapporte l'arrêt, *lettre M, n°. 2*, donne pour motif unique de l'arrêt, la consommation apperçue par les lettres du mari.

D'après cette jurisprudence, il sembleroit que le mariage, retournant à la définition du droit naturel, *Maris & fœminæ conjunctio,* perdroit quelque chose de son double caractere de sacrement & de contrat civil. On s'en seroit rapporté aux deux familles sur la connoissance secrete du personnel des deux époux. Le mariage ne seroit pas nul pour avoir été fait avant la puberté; mais pourroit être annullé, s'il n'avoit pas été consommé; & pour acquérir cette preuve, il faudroit pénétrer des mysteres plus délicats encore que ceux du congrès.

Il ne nous appartient pas de caractériser cette jurisprudence, il suffit d'avoir montré les ténebres qui l'environnent & leur cause.

Enfin, les ordonnances défendent le mariage sans le consentement des peres & meres, & cette prohibition cesse pour les filles à vingt-cinq ans, & pour les hommes à trente complets, en requérant néanmoins par écrit ce consentement. Ces loix sont encore soumises à une certaine jurisprudence. Voyez *Sommations respectueuses, Mariage, Fiançailles, &c.*

Administration de la personne & des biens pendant la minorité.

20. On peut se marier à quatorze ans, peut-être plutôt; mais l'*âge* de créer son semblable n'est pas celui d'administrer sa personne & ses biens. La complication de l'ordre social exige bien un autre savoir.

Aux mots *Majorité, Minorité,* nous exposerons l'incapacité qui entrave le citoyen jusqu'à la majorité; tellement que soumis à la tutele, il ne peut agir & dépenser que ce que le pere de famille a prescrit dans son testament, ou ce qui a été *avisé* dans l'assemblée des parens, & plutôt encore ce qui, pardessus tout, a été ordonné par le juge. Car, bien différente de celle de Rome, notre jurisprudence est devenue si impérieuse, que la volonté du défunt, fût-il roi, est soumise à l'aveu de la jurisdiction, témoin le testament de Louis XIV.

Nous dirons pareillement les différences sans nombre entre les coutumes sur la fixation de l'*âge* de majorité & des facultés du citoyen pendant la minorité; ici ces détails meneroient trop loin. Voyez *Alimens, Education, Immeubles, Incapacité, Majorité, Minorité, Tutele.*

Bénéfice d'âge.

21. Après avoir frappé le citoyen d'une espece d'incapacité jusqu'à la majorité, la loi suppose que sa prudence peut être précoce, & qu'il peut en avoir donné des preuves par sa conduite. Elle lui permet de solliciter auprès du prince des lettres de bénéfice d'*âge,* qui sont adressées au juge du lieu, & entérinées après l'avis des parens & amis assemblés. Cette formalité remplie, le mineur a la jouissance & l'administration pléniere de ses biens, à moins que sur l'avis des parens assemblés, le juge n'ait ajouté quelque réserve.

Cette jurisprudence nous vient du droit romain, *l. 1, 2 & 3, D. de minoribus viginti quinque annis; l. 2 & ult. C. de his qui veniam ætatis impetr.*

Pour les pays du droit écrit, ces lettres s'accordent ordinairement aux hommes à vingt ans, aux femmes à dix-huit, quelquefois plutôt. Pour les pays de coutume, il y a une prodigieuse variété, résultante de la maniere dont elles considerent l'incapacité du mineur & le commencement de la majorité.

Il y a encore une autre diversité. Tenant cette jurisprudence du droit romain, la plupart des tribunaux ont adopté la nécessité de prendre en chancellerie, des lettres de bénéfice d'*âge*; & il semble en effet que le souverain législateur peut seul déroger à la loi. Néanmoins, en plusieurs provinces, on prononce sur l'avis des parens & amis assemblés; les lettres de chancellerie ont paru une forme inutile & coûteuse; & ainsi, l'usage a prévalu d'autant plus, qu'il n'y a aucune ordonnance qui statue précisément & à peine de nullité.

Nous renvoyons encore ces détails trop considérables, sur-tout par rapport aux formes & à la fiscalité, non comme quelques auteurs au mot *Émancipation*, qui nous paroît tenir plutôt à la puissance paternelle & à la servitude, mais au mot *Mineur*. Après avoir considéré la minorité dans son essence, & les dangers qui l'environnent; après avoir exposé les loix qui la sauvent; nous apprécierons mieux cette dérogation que la loi s'est faite à elle-même.

Engagement, Contrat.

22. La capacité qui résulte des lettres de bénéfice d'*âge* n'est pas absolue. Le mineur n'est pas libre d'aliéner, de s'engager, ni de faire aucun de ces contrats dont l'importance appartient à l'*âge* de la majorité: de plus, pour la jouissance, l'administration de ses biens, il se fera restituer, comme mineur, s'il a été lésé.

L'*âge* de la minorité est un état d'incapacité absolue. La loi y déroge. Mais c'est une exception qui a ses bornes. Hors de-là, le mineur reste incapable des contrats, autres que ceux qui lui seront

avantageux, ou des engagemens de commerce, comme nous l'avons dit *n°.* 17.

La capacité de faire des engagemens & des contrats, appartient à la seule majorité: & à l'exemple du droit romain, la plupart des coutumes, l'appellent l'*âge légitime*. Voyez *Affaires*, *n°. 16*, *p.* 244; *Aliénation*, *Alimens*, *Cession*, *Condition*, *Emploi*, *Emprunt*, *Fourniture*, *Habillement*, *Logement*, *Macédonien*, *Mineur*, *Vente*, *Usure*, &c.

Donation.

23. Pour donner, il faut le même *âge* que pour vendre & céder, sans quoi l'on éluderoit la loi. *Cujus est donandi, eidem & vendendi & concedendi jus est.* L. 163, D. de regul. jur.

Dans les pays de droit écrit, on ne peut donc faire de donation entre vifs qu'à l'*âge* de vingt-cinq ans accomplis; les lettres de bénéfice d'*âge* ne donnent point cette capacité. Il n'y a d'exception que pour les avantages que se font les époux dans le contrat de mariage, pour lequel le mineur est réputé majeur, & pour les donations qu'ils peuvent se faire durant le mariage, parce que n'ayant de force qu'autant qu'elles sont confirmées par la mort, elles ont plutôt le caractere du testament.

Dans la coutume de Paris, l'*art.* 272 statue d'abord qu'il est « loisible à toute personne *âgée* de vingt-cinq ans accomplis, de donner & disposer par donation, & disposition entre-vifs, de tous ses meubles & héritages propres, acquêts & conquêts. » Mais elle ajoute, « & néanmoins, *qui se marie* ou qui a obtenu bénéfice d'*âge*, entériné en justice, peut, ayant l'*âge* de vingt ans accomplis, disposer de ses meubles. »

Dans les autres pays, la jurisprudence varie à l'infini, soit que la coutume ait statué, soit qu'elle se taise.

Au dernier cas, c'est la fameuse question que nous exposerons au mot *Coutume*. « Dans le silence de la coutume, faut-il recourir au droit romain comme droit général & primitif de la France ; ou aux coutumes voisines, comme devant naturellement s'aider ; ou à la coutume de Paris, qui seroit capitale de la législation coutumiere, comme la ville de Paris est capitale du royaume ? »

Le premier président de Lamoignon, dans ses fameux arrêtés, *tit. 38, art. 1,* vouloit rappeller au droit romain. *Les mineurs de vingt-cinq ans ne peuvent donner entre-vifs.* Cette loi si simple pouvoit entrer dans l'ordonnance de 1731 ; mais on sait que le chancelier d'Aguesseau a voulu tout conserver, & cet esprit paroit dès l'*art. 2 du tit. 1. Suivant les DIFFÉRENTES loix, coutumes & USAGES des pays soumis à notre domination.* Voyez *Captation, Contrat de mariage, Dol, Donation, Don mutuel, Fraude, Institution contractuelle, Mariage, Mineur, Rescision, Restitution, Violence.*

Testament.

24. Mais si le citoyen ne peut pas se dépouiller tant que la loi le suppose foible ; est-ce une raison pour qu'il ne puisse pas disposer de son bien après lui ? S'il peut se marier à quatorze ans, n'est-ce pas une conséquence nécessaire qu'il peut régler le sort de sa famille ? Et s'il a la raison suffisante pour ordonner ainsi, ne l'a-t-il pas de même pour disposer en faveur de ses collatéraux ou de tout autre ?

Sur ce point, les loix romaines sont claires & conséquentes. *A quâ ÆTATE testamentum vel masculi, vel fœminæ facere possunt, videamus ? Verius est in masculis quidem quartum-decimum annum spectandum, in fœminis verò duodecimum completum. L. 5, D. qui test. fac. poss.*

Dans la même loi, le législateur se demande s'il faut excéder la quatorzieme année, ou s'il suffit de l'avoir complettée. « Supposons, dit-il, que quelqu'un né aux calendes de janvier fait son testament au mois de janvier, le jour même où il est né & où il accomplit sa qua-torzieme année : le testament est-il bon ? Je réponds, que oui ; je le pense même, s'il a fait son testament la veille à six heures de nuit, parce qu'alors l'année est aussi complette. » Cette petite exception si bien motivée, ne semble placée là que pour confirmer la regle générale.

D'après cette loi, M. de Serres, dans ses *Institutions au droit françois, liv. 2, tit. 2, pag. 239,* dit : « Une personne qui seroit née le 25 janvier d'une année bissextile, peut, ayant atteint le 24 janvier de l'année de sa puberté, tester valablement ce jour-là, parce que ces deux jours ne sont comptés que pour un, & qu'il est vrai de dire qu'elle a testé le dernier jour de sa quatorzieme ou de sa douzieme année. »

Dans les pays de droit écrit, l'*âge* de la puberté complette est l'*âge* de tester. Ce droit si précieux dans l'esprit de Rome & si naturel à la foiblesse humaine, qui veut en quelque sorte prolonger son existence, n'éprouve que les obstacles marqués par d'autres loix. Voyez *Folie, Furieux, Imbécille, Interdit* & *Puissance paternelle.*

Dans les pays coutumiers ce n'est pas la même simplicité.

La diversité des statuts sur ce point si simple est remarquable : tant il est vrai que les coutumes furent l'ouvrage de l'ignorance & de la féodalité, dans un temps où l'état n'étoit plus une seule famille. Alors chaque seigneur, avec son praticien, donna des loix à son fief comme Justinien avec son Tribonien en avoit fait pour l'univers. Mais quelles loix & quelle différence !

Voici une foible esquisse de cette diversité : Bayonne à quatorze ans, Normandie à seize, Angoumois à dix-sept, Berry & Châlons à dix-huit, Amiens, Anjou, Auxerre & Paris à vingt, Étampes & Melun à 25, &c. Au mot *Testament,* nous essayerons de donner par ordre alphabétique un tableau exact de l'*âge* requis dans chaque coutume, s'il est possible à qui que ce soit de s'assurer qu'il a toutes ces coutumes, à prendre depuis Bayonne jusqu'aux lisieres de la Flandre, où elles sont, pour ainsi dire, aussi multipliées que les villages.

M. de Lamoignon, dans ses *Arrêtés*, *tit.* 47, *art.* 2, disoit : *Sont incapables de faire testament..... Mineurs de vingt ans.*

Un second embarras naît du silence de quelques coutumes ; ce qui rejette dans la grande question, s'il faut recourir au droit romain, à la coutume de Paris ou aux coutumes voisines, & à l'examen des arrêts contradictoires.

Un troisieme embarras naît de la nature des biens disponibles, sur quoi les coutumes varient encore à l'infini ; prohibitives sur un genre, libres sur d'autres ; prescrivant un *âge* pour une nature de biens, & un autre *âge* pour les autres biens. On peut en juger par les *art.* 292, 293 & 294 de la seule coutume de Paris.

Un plus grand embarras encore naît de la diversité & de l'instabilité de la jurisprudence, lorsque prononçant sur la validité des testamens, comme si ce n'étoit pas à la loi habituelle à régler la volonté du citoyen, on considere 1°. le lieu où il est né, 2°. le lieu qu'il habite, 3°. le lieu où il teste, 4°. le lieu où les biens dont il dispose sont situés ; en sorte que, comme nous l'avons dit, nos coutumes toujours féodales, sont faites pour les choses & non pour les personnes.

Toutes ces questions appartiennent au mot *Testament*. D'ailleurs, elles seront plus aisées à entendre, quand nous aurons traité la partie essentielle & compliquée des statuts personnels, réels & mixtes. Voyez *Capacité & incapacité, Coutume & loi, Meuble & immeuble, Personne & chose, Testament & Statut.*

Héritier, Donataire, Légataire.

25. Dans les pays de coutume comme dans le droit écrit, on est héritier, donataire, légataire à tout *âge*. Seulement pour accepter, régir & recevoir, il y a

une incapacité résultante de l'*âge* ; & les loix ont pris des précautions pour la conservation des biens du mineur.

Mais, je suis chargé de payer, quand le légataire sera parvenu à un certain *âge*, & je meurs auparavant. Le légataire doit-il être payé à ma mort, ou, faudra-t-il attendre que lui-même ait atteint l'*âge* prononcé ? C'est l'espece de la loi *18*, § 2, D. *de alimentis & cibariis legatis. Te autem, Sei, peto, ut cùm ad annum vicesimum-quintum perveneris, militiam ei compares ; si tamen te antè non reliquerit.* La loi décide que le legs ne doit être délivré que quand le légataire aura vingt-cinq ans. *Non antè deberi quàm id tempus cessisset.*

Mais s'il s'agit de l'*âge* de l'héritier & s'il meurt auparavant ? Rousseau de Lacombe, dans son *Recueil de jurisprudence*, prononce d'après la loi précédente, & cite Despeisses, n°. 32, 8, 4. Nous croyons au contraire, que la décision dépend entiérement de l'expression du testateur, de son intention reconnue ou présumée, de la nature du legs, de la qualité des personnes & des circonstances. Nous pensons ainsi, d'après la jurisprudence & des arrêts que nous rapporterons au mot *Legs*.

Témoignage.

26. Distinguons les actes civils & juridiques dans lesquels le citoyen peut être témoin.

Dans les testamens, & autres actes de derniere volonté, l'ordonnance de 1735, *art.* 39, dit : « Dans tous les actes à cause de mort, où la présence desdits témoins est nécessaire, l'*âge* desdits témoins demeurera fixé à vingt ans accomplis, à l'exception des pays de droit écrit, où il suffira que lesdits témoins aient l'*âge* où il est permis de tester dans lesdits pays. »

Cette loi a renversé deux ARRÊTS de réglement du parlement de Paris, des 2 juillet 1708 & 25 avril 1709, qui permettoient d'employer des témoins qui euffent atteint l'*âge* auquel on peut tefter : fi M. d'Aguefleau a cru pouvoir fixer dans tous les pays de coutume fans exception, l'*âge* uniforme de vingt ans pour être témoin, étoit-il difficile, & feroit-ce un mal de le fixer de même pour la capacité de tefter ?

Dans les enquêtes & exploits, l'*âge* du témoin eft la puberté. L'*art. 12 du tit. 22* de l'ordonnance de 1667, affujettit à faire mention de l'*âge* du témoin. Au mot *Exploit recordé,* nous rapporterons les réglemens qui fixent l'*âge* des témoins affiftans l'huiffier.

Dans les matieres criminelles, les romains excluoient du témoignage les perfonnes qui n'avoient pas l'*âge* de vingt ans, parce qu'ils penfoient, que plus la vérité eft importante, plus il faut de raifon dans celui qui la dépofe. *Sed nec pupillis teftimonium denunciari poteft. L. 19, § 1, D. de teftibus. In teftimonium accufator citare non debet eum... qui minor viginti annis erit. L. 20. eod.*

Mais l'*art. 2 du tit. 6* de notre ordonnance de 1670, dit : « Les enfans de l'un & de l'autre fexe, quoiqu'*au deffous de l'âge de puberté,* pourront être reçus à dépofer, fauf, en jugeant, d'avoir par les juges *tel égard que de raifon,* à la néceffité & folidité de leur témoignage. »

Après avoir lu tout ce que Julius-Clarus, Farinacius, Carpzovius, Serpillon, Jouffe, Bruneau, Lacombe & M. de Vouglans ont écrit fur la néceffité, les avantages & les dangers de cette loi, on conclut qu'elle n'aura aucun inconvénient, fi l'unanimité dans les opinions eft néceffaire comme dans la grande Bretagne ; ou fi l'inftructeur, homme de génie & de bonne volonté, fait deviner, évaluer & configner pour ce qu'elle eft, la dépofition d'un ou plufieurs enfans.

Mais fi l'inftructeur eft un ignorant, un imbécille, un fcélérat, ou même un homme léger, crédule & pareffeux ; ce qui eft très-poffible, parmi ces juges de

village, fi bien peints par Loyfeau ; & fi le tribunal fouverain ne voit que la froide & fufpecte procédure, il pourra encore arriver, ou que l'innocence fera condamnée, ou que les juges fupérieurs feront fort embarraffés. Je n'ai à me reprocher d'avoir admis, ni fourni aucun témoin enfant, je les ai fouvent entendus dans les éclairciffemens préliminaires, & je les ai prefque toujours vus mentir, balbutier & varier par timidité, légéreté, fouvent même par corruption. Voyez *Accarement, Accufation, Enfant, Preuve, Témoin.*

Procès civils.

27. Dans les affaires civiles, l'*âge* n'eft pas un obftacle pour plaider, en demandant ou en défendant ; & l'on peut agir même pour & contre le pofthume, ou plutôt pour & contre la fucceffion qui lui eft réfervée, défendue par le *curateur ou autre.* Par-tout, & dans toutes les affaires, excepté celles de commerce, & lorfque le mineur eft marchand, il ne peut efter en jugement qu'affifté d'un curateur. Le pupille peut encore moins fans fon tuteur. En prefcrivant ces formes, à peine de nullité, on a diminué les dangers de la foibleffe de l'*âge.*

Accommodement, Accord, Arbitrage, Tranfaction.

28. Si l'on peut plaider à tout *âge,* ne peut-on pas à plus forte raifon s'accorder, tranfiger, & s'en rapporter à des arbitres ?

Nous avons raffemblé les loix & les principes fous le mot *Accommodement, tom. 2 ;* & nous dirons plus fous les mots *Arbitrateur, Arbitre, Arrangement & Médiation.*

L'accommodement eft de droit naturel ; & toutes les ordonnances du royaume le prefcrivent ou y invitent. Mais quand on n'a pas l'*âge légitime,* la majorité légale, rien n'eft régulier qu'autant que la juftice, après avoir examiné, approuve

& confirme. Dans les transactions, il faut une homologation au parlement, ce qui encore n'empêchera pas le mineur de revenir par requête civile, s'il eſt léſé. Dans l'arbitrage, il faut encore une homologation, pour laquelle le miniſtere public demande ſouvent à être éclairé ; & ſi devenu majeur, on interjette appel de la ſentence arbitrale & de l'homologation, c'eſt comme ſi l'on n'avoit rien fait. Voyez *Accommodement, Arbitrage* & *Tranſaction.*

Grande majorité.

29. Que ſignifie ce mot, *Grande majorité*? C'eſt l'*âge* de trente-cinq ans, accomplis : ſi on l'atteint, ſans s'être pourvu contre les actes faits pendant la minorité, on n'y eſt plus reçu. C'eſt bien aſſez de dix ans échus depuis la majorité. Il y a des coutumes, comme celle de Normandie, qui étendent juſques-là, le droit de ſe pourvoir, quoique la minorité finiſſe à vingt ans. Voyez *Reſtitution.*

Procès criminel.

30. Tandis que la foibleſſe de l'*âge* dicte tant de formes pour la conſervation de la fortune, comment diſparoiſſent-elles, quand il s'agit de l'honneur & de la vie ?

Nous avons traité ces queſtions au mot *Accuſation, tom. 2.* Nous avons expoſé, ſous le *n°. 45, pag. 313,* comment l'impubere & le mineur peuvent accuſer ; & ſous le *n°. 66, pag. 364,* comment ils ſont accuſés & jugés. Ils n'accuſent qu'aſſiſtés d'un tuteur ou d'un curateur, & ils n'en ont plus quand ils ſont accuſés ! Ils en ont au petit criminel, & ils n'en ont plus au grand criminel ! Sous prétexte du maintien de la ſûreté publique, & de la néceſſité de punir, on les prive d'abord du droit d'être défendus, qu'ont eu tous les François juſqu'en 1629 ! Ce n'eſt rien ; mais la même juriſprudence qui les aſſujettit à leurs tuteurs ou curateurs pour le moindre intérêt pécuniaire, écarte ceux-ci,

quand il s'agit de l'honneur ou de la vie ! Ce ſont-là des contradictions qu'il ne faut pas ſe laſſer de redire. Et ce n'eſt pas ce que preſcrivoient les Romains, quand ils diſoient que dans les affaires criminelles, il faut venir au ſecours de l'*âge,* & avoir égard à l'imprudence : *Ferè in omnibus pœnalibus judiciis & ÆTATI & imprudentiæ ſuccurritur.* L. 108, D. de reg. jur.

Peines & Supplices.

31. Avons-nous du moins conſervé cet eſprit dans la punition des coupables ? Nous avons expoſé la juriſprudence au mot *Accuſation, n°. 66, tom. 2, pag. 362.* Voici un nouveau jugement.

ARRÊT du parlement de Paris, du 2 juillet 1782..... *Eſpece.* Deux enfans d'un boucher de Melun prennent diſpute. La fille, plus jeune, menace de ſe plaindre. Le garçon, âgé de onze ans, replique qu'il l'en empêchera bien ; prend un couteau & coupe le cou à ſa ſœur. L'ARRÊT *le condamne à une priſon perpétuelle.*

Ce jugement eſt-il fondé ſur une juriſprudence qui ne permette pas de condamner l'impubere à la mort ? ou bien, l'a-t-on excuſé, parce que c'étoit ſon premier crime ; parce qu'on n'a pas dû préſumer qu'il voulût tuer ſa ſœur ; parce qu'enfin, accoutumé à voir égorger, nourri dans le ſang, & rapproché de la cruauté par l'éducation & l'habitude, il a pu être conſidéré comme moins coupable ?

Quelle affreuſe lumiere cette action & la clémence même qui la termine, répandent ſur l'humanité & la juriſprudence ! Nous n'oſons pas écrire les idées diverſes qui nous agitent.

Mais puiſque ce malheureux enfant a fait rapidement une action ſanglante, dont, élevé différemment, il n'auroit pas eu l'idée ; que dirons-nous de ceux que nous avons peints au mot *Adoleſcence,* & au mot *Accuſation, tom. 2, pag. 202?*

Ont-ils plus de raifon ? ont-ils été mieux élevés ? Nourris dans le crime, prefque tous euffent été bons, s'ils avoient eu d'autres principes dans l'*âge* ou l'ame, fufceptible de toutes impreffions, reçoit les germes qu'elle développe enfuite. *L'éducation fait tout.*

Qu'eft-ce donc que la nature ? Qu'eft-ce que la raifon ? Qu'eft-ce que nos loix entendent diftinctement par la foibleffe de l'*âge* ? Qu'eft-ce que l'*âge* ?

Vieilleffe, Caducité, Septuagénaire.

32. Nous avons vu l'enfance éloignée de tous les actes de la fociété civile jufqu'à la puberté. La vie entiere n'eft trop fouvent qu'une enfance continuelle, plus marquée quand les excès ou la caducité affoibliffent les organes. La mémoire a fui ; les idées fe confondent ; toutes les facultés s'éteignent ; & comme fi la feve de l'ame difparoiffoit fous l'écorce qui l'enveloppe, l'homme n'eft plus : ou s'il eft, ce n'eft qu'une machine détraquée, fans engrenage & fans moteur. La raifon n'habite pas plus le lit de mort du vieillard, que le berceau de l'enfant qui vient de naître.

Cependant, je n'ai vu nulle part qu'aucun peuple ait imaginé de frapper de la moindre incapacité la vieilleffe la plus caduque. Dans le Languedoc même, où la puiffance paternelle fubfifte dans toute fa force comme chez les romains ; on fe rappelle l'anecdote du fils de famille octogénaire, & courbé au coin du feu, qui, prié de traiter une affaire, renvoyoit au pere de famille centenaire, qui étoit allé parcourir fes fonds.

Cette diverfité dans l'organifation & les tempéramens a retenu la loi. S'il arrive que l'extrême caducité entraîne des abus funeftes pour l'individu, fon repos, fa fortune ou fa famille ; il faut recourir à l'interdiction toujours pénible pour une famille honnête & fenfible. Voyez *Contrainte par corps, Curateur, Famille, Imbécillité, Interdiction, Séduction, Septuagénaire, Vieilleffe.*

33. Dans les pofitions que nous venons de parcourir, les loix & les coutumes ont-elles vu, comme elles devoient, la nature, l'homme & la fociété ? Comment fe le perfuader, après leur étonnante variété fur l'*âge* auquel elles fuppofent la force & la raifon néceffaires pour les actes divers de la vie civile ?

L'efprit de la déclaration du 30 août 1782, n'eft-il pas que fous prétexte de police, de fûreté & de perfection dans les arts, on avoit mal-à-propos retardé l'*âge* de l'éducation & de l'établiffement ; étouffé le talent & le génie ; affoibli la population & la concurrence ; diminué les moyens de l'induftrie, de la fubfiftance & de la fortune publique ?

Ces doutes ne fauroient exifter par rapport à l'homme public. Son état eft fi fort au deffus de la foibleffe humaine ; le dépôt qui lui eft confié eft fi précieux : pour le conferver, il a tout à apprendre, à favoir & à faire. Entre fes mains, que deviendroient la fûreté, l'ordre & le bonheur public, fans cette raifon, cette force, cette expérience & cette fageffe qu'on n'a pas à tout *âge* ?

Les fouverains.

34. Ces confidérations avoient retardé l'*âge* de regner ; & la plupart des fouverainetés électives ont confervé le régime primitif, où les princes ne pouvoient adminiftrer l'état qu'à l'*âge* où les fujets pouvoient régir leur fortune.

Dans les fouverainetés héréditaires, l'on s'eft déterminé d'abord par les notions répandues avec art par quelques jurifconfultes.

Ainfi, l'anglois Bracton a dit, « que le roi eft miniftre & vicaire de Dieu fur la terre, que tous les hommes lui font foumis, & qu'il ne l'eft qu'à Dieu. » *Rex eft vicarius & minifter Dei in terrâ ; omnis quidem fub eo eft, & ipfe fub nullo nifi tantùm fub Deo.* (Lib. I, cap. 8.)

~ Ainfi ;

Ainfi, de nos jours, le célebre Blackſtone à écrit que « la loi angloiſe accorde au roi certains attributs marqués, & qu'il eſt du bien général que les peuples ne l'enviſagent que comme un ÊTRE SUPÉRIEUR, ayant des attributs extraordinaires & une NATURE TRANS-CENDANTE : *Certain attributes of à great and TRANSCENDENT NATURE; by wich the people are led to conſider him in the light of a SUPERIOR BEING.* (Book I, ch. 7.)

Enſuite, on a conſidéré la ſouverai-neté comme une propriété que peut adminiſtrer l'héritier avec d'autant moins d'inconvéniens, qu'elle eſt plus inalié-nable que la propriété du mineur, en ce qu'elle eſt grevée d'une ſubſtitution perpétuelle.

À cette idée, s'eſt unie celle de con-ſidérer l'état comme une grande famille. L'*âge* de regner devoit donc être celui où l'on peut être pere.

Enfin, on a été malheureux par la foibleſſe, l'inquiétude, les troubles des régences & des minorités.

Or, dans le droit public, tout ſe réduit à calculer les réſultats ; & les meilleures loix ne ſont pas celles ſur la valeur deſquelles notre foible raiſon s'égare ſi aiſément, mais celles que l'expérience prouve avoir le moins d'in-convéniens.

En France l'*âge* de regner a long-temps varié, & fut réglé d'abord par la loi des fiefs à vingt-un ans accomplis, témoin S. Louis, qui, né le 25 avril 1215, ne fut déclaré majeur que le 25 avril 1236. Ce fut Charles V, dit le Sage, qui par l'ÉDIT d'août 1374, enregiſtré par-tout, porta l'*âge* de regner pleinement, libre-ment & ſans régence, en un mot, la majorité des rois, à quatorze ans com-mencés ; & depuis, cette loi n'a ſouffert ni altération, ni contradiction. *Voyez Adminiſtration, Avoyer, Autocrate, Doge, Electeur, Empereur, Gonfalonier, Gouvernement, Prince, Roi, Souverain, Souveraineté, Stadhouder, Syndic, &c.*

Princes, Pairs & Nobles.

35. Après avoir fixé la majorité de nos rois à quatorze ans commencés, on a imaginé d'avancer en faveur des princes de leur ſang, l'âge de ſiéger & opiner au parlement. *L'art. 2* de l'édit de mars 1711 dit : *Les princes du ſang royal . . . . . . auront droit d'entrée, ſéance & voix délibérative en nos cours de parlement, à l'AGE de quinze ans, tant aux audiences qu'au conſeil, ſans aucune formalité, encore qu'ils ne poſſedent aucune pairie.*

Cet édit, enregiſtré, eſt pleinement exécuté dans cette partie, & n'a reçu aucune atteinte de la loi poſtérieure, concernant la *ſucceſſion au trône* & les princes *légitimes. Voyez ces deux mots.*

Enſorte qu'à quinze ans, un prince du ſang opine ſur les plus grandes affaires. Eſt-il majeur pour les ſiennes propres, & ne pourroit-il pas prendre des lettres de reſciſion, fondées ſur ſa minorité ? *Voyez Princes du ſang.*

Cet avancement de l'*âge* de ſiéger & d'opiner n'a point été communiqué aux pairs & à la nobleſſe. Ils ont d'ailleurs d'aſſez grands privileges, à raiſon de leur dignité & de leurs fiefs. Mais dans les actes de la vie civile, ils ſont, pour tout ce qui concerne l'*âge*, au niveau des autres hommes. *Voyez Pair & No-bleſſe.*

Age féodal, Foi & hommage.

36. C'étoit une bien grande uſurpation de la féodalité, mais c'étoit une conſé-quence de ſes principes qu'on réglât l'*âge* d'adminiſtrer le fief, & qu'on aſſujettît à cet *âge* tous les autres.

Vous retrouvez cette juriſprudence dans toutes les coutumes, & notamment dans celle de Paris, qui ſtatue, *art. 32,* que « tout homme tenant fief, eſt tenu & réputé *âgé* à vingt ans, & la fille à quinze ans accomplis, quant à la foi & hommage, & charge de fief. »

Voyez l'embarras de cet *âge* féodal avec l'*âge* légal ordinaire. La coutume de Paris ne déclare majeur pour les propres qu'à l'*âge* de vingt-cinq ans accomplis. Or, s'il arrive que le possédant fief ait prêté foi & hommage en vertu de la majorité féodale, mais avant la majorité ordinaire, il demande à être restitué ; & sans doute, il doit l'être, s'il a été lésé ; car les loix féodales doivent toujours disparoître devant les autres ? Voyez *Fief, Foi & hommage, Léfion, Mineur, Reftitution.*

Cette contradiction feroit une tache légere dans les coutumes & la féodalité. Mais combien encore elles ont répandu de ténebres dans la jurisprudence ! Voyez feulement les inftitutes coutumieres de Loifel, *liv. 1, tit. 1, regle 34.*

Il donne pour maxime, qu'*on réputoit majeurs ceux qui avoient l'AGE fuffifant pour s'acquitter de leur profeffion :* En forte que la majorité n'étoit point l'*âge* où l'on fuppofoit en général que l'homme avoit acquis la prudence & la raifon néceffaires pour fe conduire & gouverner les autres ; mais, l'*âge* auquel il devoit avoir, ou la force néceffaire pour exercer telle profeffion, ou la difcrétion fuffifante pour exercer telle autre ; en forte que majeur dans l'une, il pouvoit redevenir mineur dans l'autre.

Encore, fi l'on avoit mis une certaine proportion ! mais, voyez comme on raifonnoit.

« Comme les enfans mâles peuvent porter les armes à vingt-un ans, de-là vient que les nobles, obligés de deffervir les fiefs, étoient majeurs à cet *âge.* Fleta, *lib. 1, cap. 9, § 4. Ante ætatem porrò viginti & unius annorum ROBUSTI vel HABILES AD ARMA fufcipienda pro patriæ defenfione non reputantur; & ideò UNDRES dicuntur, & fub tutelâ dominorum interìm remanebunt.*

Robufte & habile deviennent fynonymes ? c'étoient bien les loix de l'ignorance & de la férocité.

« Et comme les enfans des bourgeois étoient réputés capables à quatorze ans d'exercer la marchandife, de-là vient que

leur majorité étoit fixée à cet *âge.* Fleta, *lib. 1, cap. 11, § 7 : Et hæres Burgenfis, quàm citiùs difcretionem habeat, denarios numerandi, pannos ulnandi, & hujufmodi plenam ætatem dicitur obtinere & tunc primò finitur tutela.* »

Ainfi, pourvu qu'on fût compter de l'argent, & auner des draps, & tout cela fe pouvoit très-bien à quatorze ans, on étoit majeur, & l'on pouvoit s'engager pour des millions ! Eft-ce cette loi qui a amené l'*art. 6 du tit. 1 de l'ordonnance de 1673 ? Tous négocians & marchands en gros & en détail, comme auffi les bourgeois, feront réputés majeurs pour le fait de leur commerce & banque, fans qu'ils puiffent être reftitués fous prétexte de minorité.*

« Mais, continue Loifel, quand le roturier poffédoit un héritage noble, il étoit majeur quant à fon héritage à vingt-un ans. Et le noble, quant aux chofes *roturieres*, ou tenues en *villenage*, étoit majeur à quatorze ans. »

Ainfi, l'*âge* de raifon ne réfultoit pas des qualités réelles ou préfumées de l'homme, mais du genre de biens qu'il poffédoit. Il n'étoit plus grand & honorable par fon perfonnel, comme fous Charlemagne, mais en raifon de fes poffeffions. Vous retrouvez le même efprit dans l'origine de la nobleffe, l'état des fiefs, plufieurs privileges, & l'état même des pairies, dont la définition embarraffe fi fort M. d'Agueffeau, quand il dit : « la pairie renferme un véritable office, perfonnel & réel en même temps. . . . *La terre eft la matiere premiere* » (Tom. 6, pag. 112.)

« *Item,* ajoute Loifel : *Enfans de pofte font âgiés à quatorze ans, puifqu'ils font mâles, & les pucelles font âgiées à douze ans. Mais ceux qui font nobles font âgiez à vingt-un ans, quant ez chofes nobles & féodataires, & quant à celles qui font tenues en villenage, à quatorze ans.* G. coutumier, *liv. 2, chap. 42.* »

D'où vient cette différence ? De l'opinion générale de ces fiecles barbares.

Les gens de *poste*, les *villains*, les *serfs*, n'avoient pas même befoin du fens commun pour obéir. La raifon humaine étoit réfervée aux nobles ou hommes libres, & c'étoit à vingt-un ans feulement qu'elle étoit préfumée. Voyez, *pag.* 157, *col.* 2 *de ce volume*, l'affranchiffement dans lequel un feigneur rend avec la liberté, L'USAGE DE LA RAISON, *& ad fanum intellectum reduco.*

Loifel convient que cette jurifprudence a été abolie dans plufieurs coutumes. Mais, ajoute-t-il : « il nous refte de cet ancien droit, qu'en plufieurs de nos coutumes, la garde noble dure aux mâles jufqu'à vingt-ans ; & aux femelles, jufqu'à quinze ans accomplis ; & la garde bourgeoife aux mâles, jufqu'à quatorze ; & aux femelles, jufqu'à douze ans finis. » C'eft en effet, entr'autres, le texte de l'*art.* 268 *de la Coutume de Paris.*

Ces rapprochemens font précieux pour le jurifconfulte qui cherche l'origine & l'efprit de nos loix, les compare, les évalue, & effaie de débrouiller le chaos de la jurifprudence, dans l'efpoir que fur une infinité de points, il paroîtra aifé de la fimplifier, comme l'a fait l'*art.* 39 de l'ordonnance de 1735, en fixant l'*âge* des témoins pour les pays coutumiers à *vingt ans accomplis*, & aboliffant à cet égard toutes les coutumes diverfes.

Cet efprit bizarre & monftrueux des coutumes & de la féodalité, après avoir confondu toutes les idées fur l'*âge* de la raifon, par rapport aux citoyens, n'a-t-il point pénétré jufqu'aux pieds des autels ?

État eccléfiaftique, Bénéfices.

37. Sous le mot *Admiffion*, n°. 2, *pag.* 79, nous avons renvoyé ici la queftion de favoir fi les ving-cinq ans accomplis, requis pour poffeder les bénéfices à charge d'ames, devoient s'entendre du moment de l'admiffion en cour de Rome, ou feulement de celui de la prife de poffeffion ? Cette queftion, approfondie par Rebuffe, Dumoulin, Louet, Tonduti, & Perard Caftel, exige des éclairciffemens qui retarderoient notre marche ; & nous la renvoyons au mot *Bénéfice eccléfiaftique à charge d'ames.*

Ici, nous voyons l'*âge* dans fes rapports généraux avec les eccléfiaftiques de tous les ordres, & les bénéfices de toutes les efpeces.

Lorfqu'on envifage le miniftere des autels dans toute fon importance & fa dignité, l'on eft tenté de penfer que pour y être admis, l'âge de raifon n'eft pas fuffifant. Il faut l'abfence des paffions; la fageffe de l'expérience; cette profondeur de favoir, qui ne s'acquiert que par une longue étude ; & ce zele pour le falut des ames, qui pouvant animer à tout âge, peut auffi compromettre. Il femble qu'il faudroit créer des êtres d'une effence fupérieure, tels que l'Anglois Blackftone fuppofe fon roi, *a fuperior being.*

Mais fi j'approche des autels, j'y vois dans la premiere loi, des enfans dont l'innocence étoit agréable à l'Éternel ; & dans la loi nouvelle, le difciple le plus jeune eft le plus chéri. Ils furent donc admis à tout *âge.*

Mais le fervice des autels étoit diftribué dans la premiere loi. Il le fut encore dans la primitive églife ; l'eft-il aujourd'hui de la même maniere ? En avons-nous une jufte idée ? ne femble-t-il pas qu'après avoir dégradé la fouveraineté, la liberté, la magiftrature & la propriété; après avoir tout bouleverfé, la féodalité s'eft emparée du faint miniftere, du moins en ce qu'on appelle *Bénéfice*; mot appartenant d'abord aux fiefs, & qui a paffé exclufivement à l'églife.

Dans l'état des chofes, fi l'on veut chercher l'importance de l'*âge* par rapport aux dignités, fonctions & bénéfices eccléfiaftiques, il faut d'abord les divifer en deux claffes.

La premiere renferme les dignités & fonctions néceffaires & utiles, comme

Pape, *Patriarche*, *Archevêque*, *Évêque*, *Métropolitain*, *Vicaire-général*, *Archiprêtre*, *Curé*, *Vicaire*, *Prêtre*, *Diacre*, *Sous-diacre*, *Acolyte*, *Clerc*, *Aumônier* & *Prédicateur.*

Pour avoir une idée juste du sens de tous ces mots, il faut encore en parcourir, & en étudier d'autres : *Religion*, *Culte*, *Christianisme*, *Église universelle*, *Église gallicane*, *Puissance ecclésiastique*, *Discipline ecclésiastique*, *Clergé*, *Province ecclésiastique*, *Diocese*, *Archiprêtré*, *Paroisse*, *Sacrement*, *Messe*, *Office divin*, *Cérémonie religieuse*, *Instruction*, *Dogme*, *Morale*, *Université*, *Séminaire*, *Bénéfice*, *Prébende*, *Chapelle*, *Commission de Messes*, *Dignité ecclésiastique*, *Ordres*, *Tonsure*, ... *Élection*, *Concordat*, *Annate*, *Patronage*, *Collation*, *Présentation*, *Admission*, *Résignation*, *Regrès*, *Cour de Rome*, *S. Siege*, *Banquier en cour de Rome*, *Date*, *Gradué*, *Joyeux avénement*, *Indult*, *Patronage* & *Abus.*

L'autre classe présente les mots suivans : *Cardinal*, *Chapitre*, *Cathédrale*, *Collégiale*, *Abbé*, *Abbesse*, *Prieur*, *Doyen*, *Archidiacre*, *Chanoine*, *Perpétuel*, *Habitué*, *Secrétaire*, *Pénitencier*, *Théologal*, &c.

D'après cette nomenclature, & dans l'état des choses ; d'après, sur-tout, ce que nous dirons à la fin de cet article sur les dispenses d'*âge* ; comment exposer des principes généraux ? Il vaut mieux renvoyer à chaque mot. Et nous dirons seulement ici qu'on peut être :

Prêtre à vingt-cinq ans ; c'est-à-dire, à vingt-quatre ans complets, ou à vingt-cinq commencés, suivant la maxime, *Annus inceptus pro completo habetur.*

Curé, au même âge ; ci-devant ; aujourd'hui à vingt-cinq ans accomplis, depuis la déclaration du 13 janvier 1742, qui défend de pourvoir de bénéfices à charge d'ames aucun ecclésiastique, soit sur présentation de patrons, en vertu de grades, soit à tout autre titre, s'il n'est actuellement prêtre, & âgé de *ving-cinq ans accomplis.*

Évêque & archevêque, à vingt-sept ans,

suivant l'ordonnance de Blois, *art.* 2 ; dans celle d'Orléans, *art.* 1, l'austere chancelier l'Hospital avoit fait statuer à trente ans.

Religieux, Vœux.

38. Si vous envisagez les religieux comme cénobites, moines & reclus, il n'y a pas pour les admettre à un certain *âge*, les mêmes motifs que pour l'état ecclésiastique ; mais il faut les considérer comme participants au culte, à l'administration des sacremens & à la prédication ; comme possédants des bénéfices à charges d'ames, curés dans les colonies, & aumôniers dans les régimens ; comme desservants nos paroisses & suppléans les pasteurs. Sous ce point de vue, l'*âge* ne sauroit être indifférent.

L'intérêt augmente, quand vous voyez qu'ils font des vœux, & ce que c'est que cette institution humaine, qui enchaîne l'homme pour le reste de ses jours. Certes, pour abdiquer sa liberté, sa fortune & tous les droits de l'humanité, il faut supposer l'expérience, la réflexion & la prudence : sans quoi, se repentant bientôt, on pourra être malheureux ou méchant. Pour faire vœu de chasteté, pauvreté & obéissance, il faut un certain *âge.*

Sur ce point si important pour la religion, pour l'état & pour les individus, on a varié, comme sur tant d'autres.

Il y eut moins d'embarras dans les cinq premiers siecles de l'église, quand on pouvoit rentrer librement dans le monde, rappellé par l'ennui, l'inquiétude, le désespoir où la voix de l'humanité.

En admettant l'irrévocabilité des *vœux*, St. Léon le grand ne les permit qu'à quarante ans, *âge* auquel s'amortissent les passions, qui dans les cloîtres existent comme ailleurs, & souvent avec plus de force, semblables aux torrens que l'on veut retenir. Le décret qu'il adressa à l'empereur Majorien, & qu'on trouve à la fin du cinquieme volume du code Théodosien, dit : *Ut monacha non acciperet velaminis capitis benedictionem, ni probata fuerit in virginitate ANNIS QUADRAGINTA.*

Cette adresse du pape à l'empereur étoit un hommage aux droits de la souveraineté sur la discipline ecclésiastique ; droits incontestables, sur-tout en ce point, parce qu'en effet, c'est au souverain à veiller sur un acte extraordinaire qui enleve un citoyen à l'état.

Les conciles de Sarragosse de 380 & d'Agde de 506 avoient adopté cet *âge.* On s'étoit relâché sous Charlemagne, & il crut devoir détruire l'abus. *Ut non ante 25 annos consecrentur.... Antequàm illæ eligere sciant. (Capit. lib. 1, cap. 101 & 109, pag. 723 & 725, tom. 1, edit. Baluz.)*

Le chancelier l'Hospital, dans l'ordonnance d'Orléans, *art. 19,* régla encore l'*âge* des vœux pour les hommes à vingt-cinq ans & pour les filles à vingt. Mais le concile de Trente, qui maintint le célibat des prêtres, ayant fixé l'*âge* des vœux pour les hommes comme pour les femmes à seize ans, cette disposition a été suivie par l'ordonnance de Blois, *art. 19.*

Durant près de deux siecles, on a fait profession à seize ans : & combien de réclamations ! On disoit en vain que c'étoit une absurde contradiction de pouvoir aliéner irrévocablement tout ce qu'on avoit de plus cher, & son existence même, dans un *âge* où la loi civile se défiant de la raison humaine, interdisoit toute espece de vente & de contrat même, hors celui de mariage qui est dans la nature. Il a fallu près de deux siecles pour faire entendre cette grande vérité, & encore le retour n'a-t-il pas été parfait. On n'a vu ni comme St. Léon, ni comme le chancelier de l'Hospital. On a pris un moyen terme.

ÉDIT de mars 1768. L'*art. 1,* à compter du premier avril 1769, fixe l'*âge* des vœux pour les *hommes à vingt-un ans accomplis, & à l'égard des filles à dix-huit ans pareillement ACCOMPLIS, nous réservant, après le terme de DIX ANNÉES,*

d'expliquer de nouveau nos intentions à ce sujet.... Nous écrivons en 1783, & il n'y a point encore de loi postérieure.

Ces expressions *accomplis* sont si rigoureuses, qu'un jour, une heure, suffisent pour annuller les vœux.

La France n'a pas seule reculé l'*âge* des vœux, & un électeur ecclésiastique s'est montré le premier.

ORDONNANCE de l'électeur de Mayence, du 19 août 1771. L'*art. 1* défend *de laisser prononcer les vœux avant vingt-quatre ans accomplis.*

ORDONNANCE de l'impératrice, reine de Hongrie & de Boheme, du 5 octobre 1776, portant défenses d'admettre aux vœux de religion avant l'*âge* de vingt-quatre ans *accomplis.*

ORDONNANCE de Léopold, grand duc de Toscane, du 4 mars 1775. « Il a paru contradictoire à S. A. R. qu'un jeune homme, qui dans ses états, ne peut pas dans un *âge* tendre disposer de ses biens, dispose avant l'*âge* de vingt-quatre ans de ses biens & de sa liberté en se faisant religieux dans un couvent..... Si pour éluder la loi, quelqu'un de nos sujets prend l'habit religieux avant vingt-quatre ans dans un pays étranger, il sera réputé étranger dans tous les cas qui surviendront, & comme tel, pour toujours exclus des emplois de son ordre dans les états de Toscane. »

ORDONNANCE de Léopold, grand duc de Toscane, du 4 mai 1778. « S. A. R. se croit obligée de faire ressentir sa protection aux jeunes personnes du sexe, qui, *faute de conseils* ou *par séduction,* embrassent *inconsidérément* l'état monastique, *privent la société pour laquelle elles étoient nées,* de plusieurs bonnes meres de famille, jettent *le trouble* dans les couvens, au détriment de celles, qui appellées par une vraie vocation, y avoient cherché la paix & la tranquillité, & y trouvent leur propre malheur, puisqu'elles passent leurs jours dans *le repentir & le DÉSESPOIR.* Par ces considérations, il eſt défendu de mettre les filles en penſion dans des couvens, avant l'*âge* de dix ans complets, de leur donner l'habit religieux avant vingt ans révolus, & qu'après avoir reſté pendant ſix mois hors de tout couvent. Enfin, S. A. R. nomme trois perſonnes chargées d'examiner la vocation des demoiſelles. »

Après ces bonnes loix, je relis le décret du grand St. Léon; ſi ce pape a cru- qu'il ne devoit y avoir de vœux qu'à quarante ans, je puis me demander pourquoi nous n'oſerions pas penſer de même; quel inconvénient il y auroit à prononcer ainſi; ſi la religion & l'état n'y gagneroient pas; où ſi au contraire nos mœurs ſont telles, qu'il ſoit bien de faire plutôt ce grand & perpétuel ſacrifice? Voyez *Abus, Année biſſextile, Cloître, Couvent, Noviciat, Profeſſion, Réclamation, Religieux, Vœux, &c.*

Guerre & marine.

39. L'*âge* d'être religieux avoit-il été fixé d'après l'*âge* d'être ſoldat? Depuis long-temps celui-ci eſt de ſeize ans, & n'a pas varié.

ORDONNANCE, du 25 mars 1776, *art. 13.* « Il ne ſera admis dans les recrues que des hommes...... *de l'âge de ſeize ans accomplis juſqu'à quarante,* & pendant la guerre, *de dix-huit juſqu'à quarante-cinq.* »

C'eſt la loi des milices, en ſorte qu'on ne peut forcer au tirage celui qui n'a pas ſeize ans. Et ſi jadis on ſe permit beaucoup, on eſt aujourd'hui obſervateur d'une regle d'autant plus précieuſe, que de trop jeunes gens embarraſſent & périſſent.

Vous en voyez toutes fois dans certains corps, comme dans les gardes françoiſes, mais ils ne ſont point engagés avant ſeize ans, & c'eſt une excellente école, ſur-tout ſi l'on en fait des ſoldats travailleurs. Au mot *Enfant,* après la diviſion *Orphelin, Enfant abandonné* & *Enfant trouvé,* je tâcherai d'extraire un mémoire donné en 1774, ſur l'emploi de tous ces *enfans de l'état.*

Ce que la loi a prononcé ſur l'*âge* du ſoldat, eſt commun à l'officier pour qui l'on a auſſi établi des écoles militaires; nous rapporterons les réglemens divers ſous chaque *mot.*

Cette juriſprudence eſt commune à la marine royale. A l'égard de la marchande, le réglement de 1723 & l'ordonnance de 1740 exigent vingt-cinq ans pour le pilote & le capitaine de navire. Le matelot de la marine royale doit avoir ſeize ans, & le mouſſe eſt reçu à douze.... Je n'écris pas ce mot ſans me rappeller l'étonnement d'un de mes amis françois à l'arrivée d'un vaiſſeau en Angleterre. Un mouſſe ſaute au cou de l'amiral Anſon! c'étoit ſon fils. Ce ſeroit donc à l'*âge* de douze ans qu'il faudroit entrer dans la marine, & il faudroit débuter par être mouſſe!

Toutes les ordonnances de la marine & de la guerre paroiſſent donc diſtinguer eſſentiellement trois *âges :* 1°. Celui de l'éducation qui eſt indéterminé ou qui varie, parce qu'il n'engage pas. 2°. Celui de l'engagement, qui eſt ſeize ans accomplis. 3°. Celui de l'avancement à des grades ſupérieurs, qui varie à l'infini ſuivant les qualités ſuppoſées, le talent réel, le ſavoir requis, le beſoin & la volonté du prince, qui à ſon gré diſpenſe de l'*âge* requis.

Depuis le dernier ſiecle, tout appartenoit à l'*âge* ou à l'ancienneté; ce qui eſt à peu près ſynonyme, lorſque tous ſont entrés à ſeize ans. C'étoit la mort du ſavoir, du génie & du courage même. Depuis vingt ans l'on a, ſi j'oſe parler ainſi, changé cette juriſprudence militaire dans la nomination des lieutenans colonels & majors; c'eſt quelque choſe. Ce plan n'eſt pas encore celui de la marine. Voyez *Ancienneté, Avancement, Grade militaire, Guerre & marine, &c.*

Médecins, Chirurgiens, Apothicaires.

40. Si l'art deſtructeur d'attaquer & de défendre a exigé une expérience & une force qu'on n'a pas à tout *âge,* ſans

contredit il en doit être de même de l'art de conserver & de guérir.

Il y a donc un *âge* déterminé pour les trois états de médecin, chirurgien, apothicaire, entre les mains de qui sont nos vies.

On a dit : *VIEUX médecin, JEUNE chirurgien & RICHE apothicaire.* Est-ce assez ?

Avant de permettre l'exercice au médecin qui sort de Montpellier, ne faudroit-il pas le forcer à travailler encore quelques années sous de grands maîtres, dans des écoles de médecine-pratique, qu'il est aisé d'établir en France, comme l'a fait en Autriche le célebre Vans-Wieten ?

N'en faut-il pas dire autant du chirurgien qui a fini son cours ? Avant vingt cinq-ans, ne devroit-il pas se borner à être second ; & cet intervalle qu'il donne à une pratique si souvent meurtriere, ne devroit-il pas le passer dans les hôpitaux ?

Je voudrois en dire autant des apothicaires, & il me semble que le temps seul peut donner l'expérience nécessaire au pharmacien. Mais je vois tolérer les herboristes, les épiciers-droguistes, des empiriques même. Voyez *Alchimiste, Apoticaire, Charlatan, Chirurgien, Droguiste, Empirique, Épicier, Herboriste, Médecin, &c.*

Académie, Avocat, Grades, Univerfité.

41. Cet abus naît de l'institution publique. Suivant nos ordonnances de 1679, 1682 & 1690, on entre à seize ans accomplis dans les universités, & après trois ans d'études, telles quelles, on est avocat ou médecin.

Tandis que la plupart des académies n'admettent qu'à vingt-cinq ans ; tandis qu'avant la majorité l'on est incapable de contracter ; tandis qu'enfin, dans le métier le plus indifférent, on n'est maître qu'à vingt ans, on peut à dix-neuf exercer les deux professions les plus importantes, & sans doute les plus difficiles !

Qu'arrive-t-il ordinairement ? On ne dit point avec Dumoulin : « Je croyois tout savoir en étudiant le droit, & je sentis bientôt que j'avois tout à apprendre : *Provectus sensi nihil scire.* » On n'étudie plus, & l'on ne marche pas avec moins d'audace. On prend les graces pour la force, la subtilité pour le raisonnement, le parlage pour l'éloquence. On raille l'érudition. L'on dédaigne le savoir. On soumet tout au funeste arbitraire ; on épaissit les ténebres ; & la jurisprudence est plus que jamais le labyrinte obscur & tortueux dont se plaignoit François I.

Il est vrai que ces deux professions ne sont pas des offices, & que le public est maître de choisir. Mais voyez les inconvéniens de cette liberté anticipée, dans deux états dont les fonctions tiennent à la conservation, à l'honneur & à la vie de tous, au repos & au bonheur public ?

Finances.

42. N'est-ce pas encore un état important que celui de tous ceux, qui, sous des noms & des rapports différens, sont attachés au fisc ?

Plus les droits sont considérables en eux-mêmes, obscurs dans la législation, équivoques dans l'établissement, multipliés & divers ; plus on gagne par le produit réel, les excédants, les remises, les gratifications, les confiscations, les amendes. Et telle est l'inévitable constitution de toutes les fiscalités, que la derniere classe des commis, si souvent suspecte, est précisément celle qui garde, veille, saisit & dénonce.

Qu'ils soient humains, éclairés, sensibles & justes ; l'impôt sera plus léger, & la fraude plus rare.

Supposez-leur au contraire l'avidité du gain, le desir de l'avancement, l'ardeur & l'inexpérience de la jeunesse ; ils compromettront à la fois les droits du fisc, la justice, la sûreté & la tranquillité publique.

L'*âge* général de la finance est de vingt ans. C'est la disposition précise des ordonnances des aides & des gabelles : un ARRÊT de la cour des aides de Paris, du 4 juillet 1742, défend encore d'avoir des employés ou commis au deſſous de cet *âge*, à peine de nullité de leurs aſtes & procès verbaux.

Age des rentes viageres.

43. A la ſuite des finances ſe place-roit naturellement l'*âge* des rentes via-geres, à raiſon des plans adoptés par pluſieurs adminiſtrations de l'Europe, pour ſubſtituer à l'impôt ce genre d'em-prunt, dont le capital s'éteint par la mort des prêteurs.

Combien de choſes à dire ſur les pro-babilités de la vie humaine ; ſur la diffé-rence des climats, des ſites & des mœurs ; ſur la combinaiſon des *âges*, telle que l'enfant au berceau eſt plus vieux que le ſeptuagénaire ! Dans les rapports avec la juſtice & l'ordre public ; combien de de choſes encore ſur les avantages ou les déſavantages réels de l'emprunteur & du prêteur ; ſur la conſervation du pa-trimoine des familles, l'agriculture, le commerce, l'induſtrie, l'eſprit public & les mœurs !

Ces conſidérations nous meneroient trop loin. Voyez *Rente-viagere.*

Charges publiques.

44. J'entends par charges publiques, non les offices, l'adminiſtration & la ju-riſdiction, dont je parlerai tout à l'heure, mais les devoirs & les fonctions que le ſujet & le citoyen ſont obligés de rem-plir envers le ſouverain, l'état & la communauté.

De ces charges publiques, les unes ſont partie du revenu public, ſont rela-tives à la fortune ou à l'induſtrie, & il en réſulte néceſſairement des diſtinctions. Voyez *Capitation, Corvée, Induſtrie, Octroi, Taille, Vingtieme,* & géné-ralement toutes les impoſitions générales ou locales.

Les autres charges publiques exigent un ſervice perſonnel, & par conſéquent exigent de la force & un certain *âge.* Voyez *Corvée, Garde bourgeoiſe,* & *Milice.*

Les autres enfin, exigent une certaine confiance, comme la *Collecte des tailles,* les places de *Syndics* & de *Conſuls* de ſa paroiſſe & de ſon corps. Voyez *ces mots.*

Pour ceux-ci, la juriſprudence générale eſt de ne pouvoir pas être nommés avant l'*âge* de raiſon, la majorité. En effet, il ſeroit abſurde & contradictoire de confier le maniement des deniers & des affaires publiques au mineur à qui l'on ne confie pas la régie de ſes propres affaires.

Il s'agiſſoit encore de ſavoir ſi l'on prendroit pour majorité celle des cou-tumes ; ce qui auroit jeté dans des diver-ſités, des embarras & des doutes éternels. On a préféré la majorité romaine de vingt-cinq ans accomplis, & la déciſion claire & préciſe de la loi romaine.

« Avant vingt-cinq ans, les mineurs ne peuvent être admis, ni à l'adminiſtra-tion publique, ni aux honneurs, ni aux charges publiques, excepté celles qui ſont attachées à leur propriété. » *Ad rempublicam adminiſtrandam, ante viceſimum-quintum annum, vel ad* MUNERA *quæ non patrimonii ſunt, vel honores, admitti minores non oportere. L. 8, D. de muneribus & honoribus.*

Offices.

45. Avant 1521, nos offices & fonc-tions publiques n'avoient d'autre conſiſ-tance que celles des romains. Tout a changé par la *Vénalité.* Voyez *ce mot.*

Néanmoins, excepté quelques offices de finances pour leſquels l'*âge* avoit été réglé à vingt-deux ans, celui de tous les autres eſt de vingt-cinq accomplis.

La chancellerie ne doit pas expédier les proviſions, ſi l'extrait de baptême n'eſt pas joint à la procuration *ad reſi-gnandum :* que ſi l'on étoit trompé, ou ſi l'on s'égaroit, le tribunal chargé de la réception de l'officier, pourroit rejeter les proviſions, & refuſer de recevoir, à

moins

moins qu'il n'y eût des lettres de difpenfe d'*âge*.

Quand nous aurions les regiftres des parties cafuelles, nous ferions fort embarraffés de donner une nomenclature exacte de tous les offices créés depuis François I, fur-tout fous Henri III, Louis XIV, Louis XV, & de diftinguer ceux qui fubfiftent, d'avec ceux qui fupprimés peuvent être rétablis. Voyez *Office*, & toutes les différentes efpeces, comme *Avocat*, *Chancelier*, *Confeiller*, *Élus*, *Garde des fceaux*, *Greffier*, *Huiffier*, *Juge*, *Notaire*, *Parties cafuelles & vénalité*, *Préfident*, *Procureur*, *Procureur général*, *Receveur*, *Tréforier*, &c.

Adminiftration, États, Hôpitaux, Municipalité.

46. Je fupplie qu'on fe rappelle ce que j'ai dit dans le *Traité de l'adminif-tration publique*, tom. 2, & les différens genres qu'il faut bien diftinguer.

Dans la premiere, les fouverains appellent à leur confeil celui qu'ils veulent & à tout *âge*. C'eft affaire de confiance : pourroit-on la gêner? Mrs. de Maurepas & de St. Florentin entrerent au confeil avant vingt ans ; & cette année encore, l'Angleterre a vu au confeil privé l'honorable William Pitt, fecond fils du grand Chatam.

Mais fi l'on remplit un office, comme Mrs. de Maurepas & de St. Florentin celui de fecretaire d'état, il faut des lettres de difpenfe d'*âge* ; & fans doute ils en eurent.

Voilà pour la grande adminiftration ; dans laquelle le prince prend feulement des confeils, & entraîne tout par fa volonté.

A l'égard des adminiftrations fecondaires ou particulieres, l'on ne peut y être admis qu'à vingt-cinq ans ; il feroit évidemment abfurde & contradictoire de nommer pour tuteurs, curateurs & agens de la chofe publique, des hommes qui ne peuvent pas être tuteurs du moindre

citoyen, & qui ont un curateur pour leurs propres affaires. On ne peut pas même être admis dans les affemblées pour opiner.

DÉCLARATION du 16 juin 1736, portant qu'on ne pourra avoir entrée aux états de Bretagne qu'à vingt-cinq ans accomplis.

Le réglement de l'adminiftration provinciale du Berry, chap. 1, fect. 1, art. 6, dit : *Nul ne pourra être reçu à l'affemblée provinciale, s'il n'eft âgé de vingt-cinq ans accomplis*. C'eft auffi le réglement de la haute Guienne. C'eft une loi générale à laquelle on ne peut pas déroger fans compromettre l'intérêt public & la validité des actes de toute efpece d'adminiftration, même de celle des hôpitaux : car le jeune homme peut avoir du zele pour fervir, mais il n'a ni l'expérience, ni la raifon néceffaire pour adminiftrer.

Cours, Tribunaux & Jurifdictions.

47. Si l'adminiftration eft importante par fes rapports avec l'économie & la félicité publique ; la jurifdiction ne l'eft pas moins, puifqu'elle prononce fur la fortune, l'honneur & la vie. Outre la grandeur de ces objets, il falloit, comme dit l'art. 105 de l'ordonnance de Blois, *que la juftice fût adminiftrée avec la dignité qui lui appartient*.

D'ailleurs : « Rien n'eft plus capable d'imprimer le refpect & la foumiffion pour les ordres de la juftice, que lorfqu'on la voit adminiftrée par des magiftrats dont l'*âge*, l'expérience & la capacité répondent dans le public, au poids & à la grandeur de leurs dignités, qui les rendent dépofitaires des loix & les arbitres de la vie & des biens des peuples. (*Déclaration de novembre 1683*, Néron, tom. 2, pag. 186.)

C'eft peu même que la majorité complette, pour être, comme dit l'art. 9 de l'ordonnance de Moulins, *verfé en la jurifprudence & expérience des jugemens.* Eh ! comment allier la fombre étude des loix avec les graces, les plaifirs & les paffions de l'adolefcence?

L'*âge* légitime pour toute jurifdiction eft donc d'abord celui de vingt-cinq ans accomplis; & la féodalité n'a pas confervé le pouvoir d'affranchir de cette regle générale, les juges qu'elle a par fon ufurpation primitive, établis & maintenus dans les juftices feigneuriales.

ARRÊT du parlement de Paris, du 9 juillet 1658, qui, fur l'oppofition formée à l'inftallation de Joly à la judicature de St. Prieux, met hors de cour, condamne le feigneur aux dépens, & ordonne que Joly ne pourra exercer avant vingt-cinq ans.

Si de cette derniere jurifdiction vous remontez jufqu'aux premieres, vous appercevrez facilement pourquoi il a paru effentiel d'exiger un *âge* plus avancé pour certaines magiftratures.

Dans LES COURS SOUVERAINES, les *préfidens* doivent avoir quarante ans, fuivant l'*art. 106* de l'ordonnance de Blois.... Les *avocats & procureurs généraux*, trente ans, fuivant les édits de décembre 1663, & août 1669.... Les *confeillers*, vingt-cinq, fuivant l'*art. 9* de l'ordonnance de Moulins, vingt-fix, fuivant l'*art. 105* de celle de Blois, ving-fept, fuivant les édits de décembre 1665, août 1669, & février 1672.... Les *maîtres des requêtes*, trente-un, outre le fervice de fix ans dans une cour fupérieure, fuivant l'édit de novembre 1683.... Les *greffiers*, vingt-cinq, comme pour tous les offices.

Dans les TRIBUNAUX ORDINAIRES, comme préfidiaux, bailliages, fénéchauffées, amirautés, élections & autres femblables, on diftingue pareillement. Les chefs, comme baillis, fénéchaux, préfidens, lieutenans civils, criminels & particuliers doivent avoir trente ans, fuivant l'ordonnance de Blois, *art. 107*, & les édits de décembre 1665, août 1669, & février 1672.... Les confeillers, avocats, procureurs du roi, greffiers, procureurs, notaires & huiffiers, vingt-cinq ans

accomplis, fuivant la déclaration du 30 décembre 1679.

Ce n'eft point une contradiction d'avoir par l'ARRÊT du confeil, du 9 feptembre 1673, ordonné que, « l'*âge* réglé par l'édit de février 1671, pour les officiers des cours fupérieures fera obfervé à l'égard des juges-confuls, que le premier aura quarante ans & les autres vingt-fept, à peine de nullité des élections. » Les juges-confuls jugent en dernier reffort jufqu'à 500 liv. De plus, n'ayant que l'honnêteté perfonnelle & l'habitude du commerce, la loi devoit exiger une plus grande expérience.

Mais, c'eft une contradiction avec l'*âge* des lieutenans généraux civils, criminels & particuliers; c'eft une faute commife pour le befoin d'argent, d'avoir par la déclaration du 22 décembre 1699, ftatué que les lieutenans généraux de police créés par l'édit de la même année peuvent être reçus & exercer leurs fonctions à vingt-cinq ans. Fontenelle a écrit de cette magiftrature, que *qui voudroit la connoître & l'approfondir, en feroit effrayé.* Cependant M. DE SARTINE a prouvé que la jeuneffe n'étoit pas un obftacle au génie & à la bienfaifance. S'il falloit choifir entre le vieillard & le jeune homme, fans doute on préféreroit celui-ci plus actif, plus fort, plus fenfible, plus doux & plus aimable; qualités néceffaires dans une magiftrature où l'on a peu à juger, tout à prévenir, & beaucoup à concilier; où les livres & les loix difent peu; où il faut une ame & un certain génie; où enfin l'on ne peut rien que par l'opinion & par une grande confiance que n'obtiennent jamais l'auftérité, la froideur & la caducité de la vieilleffe.

Dans les loix que nous avons citées, & notamment dans l'édit de février 1672, la fixation de ces *âges* divers, à raifon, de la maniere dont on a vu chaque magiftrature, eft prononcée, « à peine de nullité des provifions obtenues, réceptions faites en conféquence d'icelles, privation des offices, qui demeureront acquis au profit du roi de plein droit, pour en difpofer ainfi qu'il plaira à fa majefté, & fans qu'on puiffe être pourvu d'aucun autre office de judicature, qu'après avoir obtenu de lettres fignées en commandement, portant permiffion & difpenfe expreffe, & fans que ladite difpenfe puiffe être inférée dans les provifions qui feront accordées ; voulant qu'il en foit expédié des lettres féparées ; & ne pourront lefdites peines, être cenfées ni réputées communicatoires, fe réfervant, fa majefté à fa perfonne, la connoiffance & jugement des contraventions, &c. » Depuis le chancelier de l'Hofpital, voilà certes, une longue fuite de loix, qui, excepté quelques variétés légeres, prouvent de quel œil on a envifagé l'*âge* néceffaire au magiftrat.

Efprit des loix françoifes fur l'âge.

48. Quand on voit notre légiflation s'occuper fi fouvent de l'*âge* néceffaire pour remplir les offices publics, on eft perfuadé qu'elle a été convaincue des dangers d'admettre la jeuneffe, fur-tout dans les tribunaux. Si l'on pouvoit en douter, il fuffiroit de lire le chancelier d'Agueffeau, & fur-tout le trait fuivant de fon difcours fur l'efprit & la fcience, *tom. 1, pag. 114 & 115.*

« Qu'a fait, difoit-il, ce *jeune fénateur*, pour parvenir à cette fermeté intrépide de décifion, avec laquelle il tranche les queftions qu'il ne peut réfoudre, & coupe le nœud qu'il ne fauroit délier ? *Il ne lui en a coûté que de fouffrir qu'on le fît magiftrat.* Jufqu'au jour qu'il eft entré dans le fanctuaire de la juftice, l'oifiveté & les plaifirs partageoient toute fa vie. Cependant on le revêtit de la pourpre la plus augufte ; & celui qui la veille de ce jour fi faint, fi redoutable pour lui, ignoroit peut-être jufqu'à la langue de la juftice, s'affied, *fans rougir*, fur le tribunal, content de lui-même, & fier d'un mérite foudain qu'il croit avoir acheté avec le titre de fa dignité..... *Faudra-t-il s'étonner fi*

la *LÉGÈRETÉ* préfide fi fouvent à fes jugemens, fi le *HAZARD* les dicte quelquefois, & prefque toujours le *TEMPÉRAMENT* ? Puiffances aveugles & véritablement dignes de conduire un efprit qui a fecoué le joug pénible, mais glorieux & néceffaire de la fcience. »

Si l'on pouvoit douter de l'efprit de nos loix, il fuffiroit de lire les préambules des édits d'août 1667, février 1672, & novembre 1683.

Dans le premier.... « Nous avons eftimé que la réformation principale de la juftice confiftoit en celle des juges, & qu'il importoit principalement de n'en commettre la dignité qu'à perfonnes choifies, qui fuffent d'une intégrité & capacité éprouvées, & d'un *âge affez mûr* pour répondre au public de l'*expérience néceffaire* pour en bien foutenir l'autorité.»

Dans celui de 1672, on lit : « Comme la réformation principale de la juftice dépend particuliérement de celle des juges qui la diftribuent à nos fujets ; auffi, nous n'avons rien omis pour les régler, & *empêcher* qu'aucun ne fût reçu dans les offices de judicature qu'il n'eût l'*âge*, l'*expérience* & la *capacité* requifes pour foutenir avec créance & dignité dans le public le poids & la grandeur d'un fi faint miniftere. Mais comme *les abus prévalent aifément aux meilleures loix*; auffi, quelques précautions qui aient été apportées par les anciennes ordonnances, confirmées par nos édits des mois de décembre 1667, juillet 1669, pour régler avec certitude l'*âge*, le temps du fervice, & les autres qualités néceffaires aux principaux magiftrats, l'on *n'a pas laiffé d'en ÉLUDER l'exécution.* »

Louis XIV penfa donc comme l'Hofpital, que la juftice trifte & laborieufe marche difficilement avec l'adolefcence; il vit même le danger des exceptions, & il voulut le prévenir; mais prit-il la bonne route, & n'auroit-il pas au contraire facilité les moyens d'*éluder*, par la forme des *difpenfes d'âge* ? C'eft un point digne de la plus férieufe méditation.

DISPENSE D'AGE.

49. Toute difpenfe eft une dérogation au droit. Elle ne doit être accordée que par une autorité légitime, fur des motifs puiffans, & par une efpece de néceffité : fans quoi, la loi, faite pour l'ordre & le bonheur public, fera le jouet de la fortune, du pouvoir, du crédit & de la faveur.

Au mot *Difpenfe*, nous développerons tout ce qui concerne le droit eccléfiaftique, & ce qui émane de la cour de Rome. Ici, nous nous bornons au droit civil, & aux offices.

« Difpenfe d'*âge*, font des lettres de FAVEUR, qui ne s'expédient qu'au grand fceau, pour ceux qui defirent d'être pourvus d'offices avant l'*âge* requis pour les pofféder. — Sa majefté accorde auffi quelquefois des difpenfes pour étudier en droit avant l'*âge* requis par les ordonnances. » (*Dictionnaire de droit*, au mot *Difpenfe*.)

En forte qu'avec la FAVEUR, on pourroit non-feulement être reçu juge avant vingt-cinq ans, mais être difpenfé du temps & de l'*âge* pour les études préliminaires : c'eft-à-dire, qu'avec la FAVEUR, on pourroit, à tout *âge*, être bachelier & licencié le premier jour, avocat le fecond, & juge le troifieme, comme on l'a vu en 1771 !

Louis XIV avoit prévu cet excès, lorfque dans l'édit de 1672, il imagina de nouvelles précautions pour fe garantir de la *fraude*. L'intention étoit pure. C'étoit auffi l'efprit des parlemens qui avoient voulu fe réferver l'entérinement des lettres de difpenfe d'*âge*.

ARRÊT du parlement de Paris, du 3 décembre 1649, qui juge que les préfidiaux auxquels des lettres de provifions d'offices de confeiller font adreffées, ne font compétens d'entériner les difpenfes & paffer outre, & que cela n'appartient qu'à la cour. (*Journ. des aud. tom. 1, liv. 5, chap. 49, pag. 447.*)

Après cela, il femble que les lettres

de difpenfe d'*âge* devoient être plus difficiles & à obtenir & à faire entériner ; qu'elles ne devoient plus être accordées que par une efpece de néceffité, & fur des motifs puiffans, comme talens rares, génie précoce, favoir reconnu, expérience acquife, confidération publique, fervices rendus, & rareté de fujets.

Si jamais il a pu y avoir quelque relâchement, quelle en auroit été la caufe ? Ne feroit-ce pas précifément le moyen pris dans l'édit de 1672, pour éviter l'abus ? Louis XIV y dit : « avant l'*âge* requis, ... on ne pourra être pourvu d'aucun office de judicature, qu'après avoir obtenu NOS lettres fignées en COMMANDEMENT, portant permiffion & *difpenfe expreffe*, & fans que ladite difpenfe puiffe être inférée dans les provifions qui pourront être accordées, voulant qu'il en foit expédié des lettres féparées. »

Or, dans un royaume vafte ; chez une nation douce, légere, facile & complaifante ; dans un gouvernement où tout étoit *faveur* ou grace ; dans le tourbillon immenfe & rapide des affaires d'une cour agitée, il devoit être plus aifé d'obtenir ces lettres en *commandement* ; & par leur nature, elles enchaînoient les tribunaux chargés de les entériner. De plus, la multiplication des offices, faite à la fin de ce regne, par le contrôleur général Defmarets, dut amener celle des difpenfes d'*âge*. Le défordre fut tel, que le tableau peint, avec tant d'énergie, par M. d'Agueffeau, n'étoit qu'une foible efquiffe.

Conféquences.

50. Pour développer, avec vérité, le réfultat inévitable de cet abus, il faudroit avoir le caractere & l'autorité du chancelier de l'Hofpital, quand au confeil d'état, le 27 mars 1568, il difoit : *Je fais que ceci fera trouvé APRE, & que je pourrois parler plus doucement ; mais la néceffité arrache, malgré moi, ces paroles de mon cœur, & me fait préférer la*

RUDE VÉRITÉ à la DOUCE FLAT-
TERIE.

On peut feulement porter fes regards
fur l'antiquité.

On peut rappeller l'opinion univerfelle,
& cette loi de Solon, qui défendoit de
confier aucune magiftrature à l'adolefcence, quelque inftruite & prudente
qu'elle parût. Voyez *Adolefcence.*

On peut voir, dans la Bible, le dé-
faftre de Roboam, vaincu pour avoir préféré l'avis fougueux de fes favoris à celui
des vieillards, confeillers de Salomon
fon pere; & à côté de ce trait fi connu,
placer Sully, difant à Louis XIII, avec
une franchife digne de Henri IV :
« Quand le roi, votre augufte pere, de
glorieufe mémoire, me faifoit l'honneur
de m'appeller, il faifoit préalablement
fortir les baladins & les hiftrions. »

On peut encore confidérer Rome fous
trois époques; celle de la vertu, qui,
fans loix, maintint, dans la vieilleffe,
le confeil; dans la virilité, la direction
& l'ordonnance; dans la jeuneffe, l'étude,
la foumiffion & le refpect : l'époque de
la corruption naiffante, où Rome vit la
néceffité d'avoir des réglemens fur l'*âge*
de chaque magiftrature; l'époque enfin de
la corruption profonde, où les difpenfes
d'*âge*, paffant du peuple au fénat, & du
fénat aux Céfars, la magiftrature devint
le hochet de l'enfance, le mafque de
l'adolefcence, le tombeau de la virilité,
& la honte de la vieilleffe; l'objet de
l'ambition, le tréfor de la prodigalité,
le voile de l'infamie, & l'afyle de tous
les crimes.

L'hiftoire a confervé quelques traits.
Là, c'eft le fils brute & féroce de
Marius, nommé conful à vingt ans, &
défait par Sylla, qui voyant fa tête, dit:
qu'il auroit dû manier la rame avant de
tenir le gouvernail : *Remigem effe priùs*
oportere, quàm ad gubernacula dimovere
manus.

Ici, fous Tibere, la baffeffe & la crainte
dérogent même à cette loi *Julia &*
Papia, que vous trouvez en lettres italiques dans la *loi 2, D. de minoribus,*
en ces termes : *Ut finguli anni, per fin-*
gulos liberos demittantur. Augufte, pour
encourager le mariage & la population,
avoit fait grace aux candidats, d'une
année pour chaque enfant qu'ils auroient.
Mais, qu'eft-ce que la loi contre la faveur?
Contrà plerique nitebantur ut numerus
liberorum in candidatis præpolleret, quod
lex jubebat: lætabatur Tiberius cùm inter
filios ejus & leges fenatus difceptaret.
VICTA EST SINE DUBIO LEX.
(Tacit. *ann.* II. 51.)

Quand les chofes font arrivées à ce
point, la juftice n'a plus fa *dignité;*
l'équité, eft un mot; l'évidence, un problême; & la loi, un fantôme. Ce labyrinthe obfcur & tortueux, où font en-
chaînés la fortune, l'honneur & la vie;
où regnent le *hafard,* le *tempérament* &
la *légéreté,* n'offre plus même le moindre
fil à la vertu, au courage, au favoir,
& à l'innocence.

Or, s'il y avoit quelque lieu où jamais
l'on pût voir renaître ce défordre, ne
pourroit-on pas du moins tempérer le
mal par le mélange des *âges,* & la
maniere de prendre les opinions?

Honneur, Préféance.

51. Cet honneur, que Montefquieu,
liv. 4, chap. 2, peint, comme un dangereux *fophifte,* dans les diftinctions qu'il
accorde, a confervé les prérogatives de
l'*âge.*

On ne peut être chevalier des ordres
du roi qu'à trente-cinq ans. Les princes
du fang, décorés des marques à quatorze
ans, ne font reçus qu'à vingt-cinq; &
fi les fils de France ont le cordon bleu
au berceau, c'eft une exception en faveur des feuls enfans des Rois.

Les chevaliers de St. Michel ne font
reçus qu'à trente ans; & à l'égard des
croix de St. Louis & du mérite, on y
lit le motif de ne pas compter l'*âge:*
Præmium bellicæ virtutis. On peut être
héros à tout âge; & cette diftinction
chérie dit plus fur la jeuneffe, dont elle

attefte la valeur, que fur le vieillard, dont elle peut n'exprimer que l'heureufe ancienneté.

L'*âge* offre encore une regle certaine à la jurifdifdiction & à la jurifprudence, fi fouvent embarraffées dans leurs décifions. « Toutes chofes égales, le pas dans les cérémonies, la préféance dans les compagnies, la priorité dans les nominations, appartiennent au plus *âgé* des concurrens. » C'eft une regle générale dans tous les droits, même le féodal, & nous pourrions entaffer vainement une foule de préjugés & d'autorités. Voyez *Cérémonie, Concurrence, Nomination, Préféance, Préfentation & Seigneur.*

Opinions, Rapporteur.

52. D'après cette loi générale, le réglement de l'administration provinciale du Berry, *chap. 1, feâ. 3, art. 7,* dit : « L'ordre des féances des gentils-hommes, & leur rang d'opiner, feront déterminés par l'*âge*; de forte que le *plus âgé* fiege & opine le premier, fans préjudice de tous droits, titres & prétentions. ». . . . *L'art. 7 de la feâion 2 du chap. 2,* ajoute : « Les opinions feront prifes par tête & en croifant les ordres, de maniere qu'un député du clergé, un député de la nobleffe, & deux membres du tiers état, opinent toujours à la fuite les uns des autres. »

Cette combinaifon nous paroît admirable : 1°. en ce qu'elle brife les prétentions & les préjugés; 2°. En ce que les plus âgés, opinant les premiers, c'eft la fageffe & l'expérience qui ouvrent la route, & c'eft beaucoup.

C'eft tout quelquefois. La jeuneffe, vive & légere, peut n'apporter que l'entêtement & l'inexpérience. Si on la retient, l'avertit & l'éclaire, fa bonne volonté fe plie à l'impreffion donnée.

De plus, femblables à celle du parlement Britannique, les délibérations de tous les corps préfentent fouvent deux partis oppofés; & entr'eux, une quantité plus ou moins grande d'opinions indécifes & neutres. Or, faites parler la jeuneffe la premiere, elle entraînera ceux-ci, & aura la majorité. Que ce foit la vieilleffe, elle aura le même avantage. Tel fut le fénat de Rome, & l'on put annoncer fa ruine, dès que les Sylla, les Marius, les Clodius & les Catilina, eurent la prépondérance.

Ces obfervations femblent étrangeres aux tribunaux, où la loi doit éclairer également tous les *âges*. Mais fa lueur eft pâle & vacillante; & il faut que les yeux s'y accoutument. Il faut avoir marché long-temps dans le dédale de la jurifprudence, l'avoir étudié, y avoir affuré fes pas. Or, l'*âge* feul donne cette expérience fupérieure à l'efprit, fur-tout dans les affaires du droit pofitif.

C'eft dans cette perfuafion, que l'ordonnance de 1446, *art. 20,* « veut qu'*on accouple, & accompagne un des jeunes (juges) avec un des anciens,* afin que le plus ancien retienne & guide le plus jeune. » — C'eft encore la conviction de ces vérités, qui fait imaginer divers moyens pour retenir les anciens dans les tribunaux.

Dans quelques-uns, le chef prend les opinions à fon gré : en d'autres, il débute par la jeuneffe, afin de la former : dans le plus grand nombre, c'eft le rang ou l'ancienneté qui décident.

Je dis le rang; parce que les préfidens, quelques jeunes qu'ils foient, opinent les premiers; en forte que, pouvant s'égarer, parce qu'ils font hommes, ils entraînent un grand nombre, & le doyen ramenera difficilement, fur-tout, fi c'eft l'avis du rapporteur, & fi ce rapporteur eft un jeune homme.

C'eft feulement par la déclaration du 20 mai 1715, que les juges âgés de moins de vingt-cinq ans, peuvent être *nommés rapporteurs, & avoir voix délibérative dans les affaires qu'ils rapportent.* Les motifs de cette loi font, 1°. le nombre des juges exiftants avec difpenfe d'*âge.* 2°. L'intention de les encourager & de les inftruire.

Motifs fans doute respectables, quoique l'*Hospital* n'en eût pas été touché.

Et voyez la marche de l'esprit humain. Il n'admet d'abord que des juges d'un certain *âge* : ensuite, il déroge à sa loi. Puis les *faveurs* se multiplient. Enfin, il confie à l'adolescence un travail difficile, important, décisif. Le desir de former la jeunesse, lui fait oublier les qualités qu'il avoit jugées nécessaires au magistrat ; le savoir, l'expérience & l'âge.

Au milieu de ces variétés, & de l'état qui en résulte, seroit-ce une mauvaise loi, que celle qui, à l'exemple du réglement de l'administration du Berry, statueroit, que le *rang d'opiner sera déterminé par l'âge ; de sorte que le plus âgé opine le premier, sans préjudice de tous droits, titres & prétentions ?*

Mélange des âges, & leur rapport avec les fonctions publiques.

53. En général, le corps politique doit être composé des élémens divers, comme le corps physique ; & sa santé, dépend autant de l'équilibre des humeurs, de l'abondance, ou de la rareté du fluide, que de sa bonne constitution.

S'agit-il d'affaires publiques ? la jeunesse imagine, parle, émeut, échauffe ; la vieillesse tempere, cite, compare, & conseille ; l'*âge* mûr, raisonne, discute & prononce.

Cet *âge* mûr commence à trente ans. Alors, on ne sait pas tout ; mais celui qui manque de raison, d'élévation, & d'énergie, traînera une vie obscure, languissante, & ne sera bon que pour faire nombre.

Dans les affaires civiles, il faut des hommes consommés ; ils expédient, & jugent aujourd'hui, comme ils ont jugé hier ; ce qui est beaucoup, suivant Montesquieu, sur-tout, quand la jurisprudence tient lieu de loix, ou les subjugue.

Dans les affaires criminelles, l'habitude endurcit ; l'établissement des tournelles est donc une sage invention. Mais, comment un homme passe-t-il sa vie à instruire des procès criminels ? il devient insensible, & prend du genre humain une opinion terrible, qui influe sur ses jugemens, sa procédure, & ses manieres.

Au barreau, la jeunesse étudie, ou bégaie ; l'*âge* mûr, parle, prouve, concilie & entraîne ; la vieillesse, sait, consulte, & arbitre : chacun a son lot.

Dans les hôpitaux, la jeunesse vive & compatissante, a plus de soins & d'activité. Mais c'est à la vieillesse à régler la dépense, & à retenir le zele.

Car le zele le plus pur peut s'égarer, quand il traite de grands objets, sur-tout en matiere de religion ; & le concile de Trente en vit plus d'un exemple.

Quand l'administration des finances ne demande que l'ordre, l'économie, la sagesse & la sûreté dans les principes ; l'*âge* avancé peut suffire ; mais le besoin de ressources, appelle l'imagination, le courage & l'activité qui n'appartiennent qu'à la jeunesse.

Un jeune roi est bienfaisant, parce qu'il est plus sensible. Si le ciel lui a départi un grand amour de la justice & de la vérité, & s'il a un ministre vertueux, il sera le pere de son peuple, l'arbitre des nations, & l'on dira de lui, comme l'Angleterre de LOUIS XVI : *Un jeune prince, successeur & émule du grand Henri, parle à ses sujets comme un pere à ses enfans, & les fait jouir par anticipation, des fruits de sa sagesse.* (Discours du général Conway au parlement Britannique, le 28 avril 1780.)

AGEN.

1. C'est une ville assez considérable de la basse Guienne, capitale de l'Agenois, appellée en latin, tantôt *Aginnum*, tantôt *Agennum*. Le premier de ces noms se trouve dans Ausone & Ptolémée, & le second dans St. Jérôme & Grégoire de Tours. C'est ce qu'observe le célebre Joseph Scaliger, qui avoit pris naissance

dans cette ville, & il ajoute, qu'un grand nombre d'auteurs ont déliré à son occasion. « *Nitiobriges*, le pays & sénéchauffée d'Agenois. *Eorum civitas AGINNUM Ausonio, Ptolemæo; AGENNUM Hyeronimo, Gregorio Turonensi, aliis. Si vis ridere, lege quæ hactenùs omnes de his delirârunt; quorum alii Montpellier esse dicunt, qui locus sex dierum itinere distat à Nitiobrigibus: alii Engoulesme, somniant: alii jubent pro Aginno legendum esse Agesinates. Et quò non processit audax inscitia? »* Scaligeri *opuscula varia 1610, in-4°. pag. 107 & 108.*)

État ancien.

2. *Agen* sous la domination des Romains, étoit dans la dépendance du préfet de la province Espagnole, & c'est pour cette raison que Phæbade, l'un de ses évêques, le plus ancien prélat de cette province, présida au concile tenu à Valence en l'année 374. Les Goths enleverent aux Romains la ville d'*Agen*, & la bouleverferent pour y introduire l'héréfie Arienne. Depuis elle changea souvent de souverain, appartint très-long-temps aux Anglois, qui la céderent à Raimond, comte de Toulouse, avec tout son territoire, lorsqu'il épousa Jeanne, fille du roi Richard. Réunie à la couronne de France en 1372, elle se révolta à l'époque funeste des guerres civiles, & entra dans le parti de la ligue; mais elle fut soumise à Henri IV, & prise en 1591 par le comte de Roche, fils du maréchal de Matignon.

État actuel ecclésiastique.

3. Le diocese d'*Agen* est composé de trois cents quatre-vingt-huit paroisses; son évêque est le premier suffragant de la métropole de Bourdeaux, & paie pour l'expédition de ses bulles à la chancellerie Romaine mille florins, parce qu'il jouit d'un revenu qu'on évalue à trente mille livres. Il a le titre de comte, par la conceffion qu'en fit en 1182, Richard, roi d'Angleterre & duc d'Aquitaine, à

Bertrand de Veceras, qui d'un canonicat de Bourdeaux, venoit de passer à l'évêché d'*Agen*.

Le chapitre cathédral, dont l'église est dédiée à St. Etienne, premier martyr, est composé de douze chanoines: le grand archidiacre & le chantre ou précenteur sont dignitaires: deux autres archidiacres, le sacristain & le portier n'ont point de préséance, à raison de leurs offices, mais prennent rang avec les autres chanoines, suivant le degré d'ancienneté.

La chapitre collégial de St. Caprais est presque aussi ancien que le cathédral; il est composé de dix chanoines, présidés par un prieur, premier dignitaire, de dix prébendiers & dix hebdomadiers. Il y a encore un troisieme chapitre, dit *de Pugeol*, moins célèbre que les deux précédens, qui n'est composé que de six chanoines.

Il y a dans le diocese d'*Agen* quatre abbayes d'hommes; Essey & St. Maurin, de l'ordre de St. Benoit; Gondon & Perignac, de celui de Cîteaux.

Anciennement il y en avoit une cinquieme, St. Pierre de Clairac; mais elle fut unie en 1604 au chapitre de St. Jean de Latran, sur la demande qu'en fit faire Henri IV par le cardinal de Joyeuse, protecteur des affaires de France à Rome, & Philippe de Béthune son ambassadeur auprès du St. siege. On trouve toutes les pieces relatives à cette importante union, dans le *Traité des régales* de Pinson. (*tom. 2, pag. 1283 & suiv.*) Nous y reviendrons, lorsque nous parlerons de la jolie petite ville de *Clairac*.

État actuel & civil.

4. Strabon, (*lib. 4,*) en parlant des Nitiobriges, des habitans du Quercy, du Rouergue, du Périgord, du Gévaudan, &c. (*Nitiobriges, Cadurci, Rutheni, Petrocorii, Gabales, &c.*) dit qu'ils jouissent, ainsi que les autres peuples de l'Aquitaine, DU DROIT ITALIQUE. *Eis verò, & plerisque Aquitanorum*

Aquitanorum romani JUS LATII tribue-runt, ficut & Aufciis & Convenis.

Depuis cette époque, la ville d'*Agen* n'a cessé de suivre le droit romain; aussi, quoiqu'elle ait quelques coutumes parti-culieres rédigées en vingt-deux articles, on la met dans le nombre de celles qui sont régies par le droit écrit.

En 1354, le roi Jean fit expédier aux habitans d'*Agen*, des lettres par les-quelles il déclara que leur ville ne seroit jamais séparée de la couronne de France : *villam Agennensem . . . . . ad domanium regium, & coronam Franciæ retinemus, aggregamus & ponimus. . . Absque eo quod per nos seu successores nostros . . . . à dictis domanio & coroná possint aut debeant futuris temporibus separari.*

La même année, le même roi confirma les privilèges de la ville d'*Agen*, & au-torisa ses *coutumes écrites & non-écrites,* en récompense de la fidélité de ses habi-tans, & en indemnité des pertes qu'ils avoient faites pour la garde & la défense de leur territoire : « *Nos præmissis, ac, fidelitate & assiduá constancie dilectione, ipsorum consulum & habitatorum ac singularium ipsius civitatis & villæ, quas erga nos ac regnum nostrum hactenùs habuerunt & habere tenebuntur in futurum, consideratis & attentis ; & etiam dampnis eisdem per inimicos nostros factis & illatis. . . . . Tanquam benemeritis, privi-legia, libertates, CONSUETUDINES ET IMMUNITATES SCRIPTAS ET NON SCRIPTAS, quibus ipsi & eorum præ-decessores hactenùs usi sunt & fuerunt ab antiquo. . . . Laudamus, ratificamus, approbamus per præsentes, & confir-mamus de gratiá speciali.* » (Ordon-nances du Louvre, tom. 4, pag. 314 & 315.)

Ces coutumes particulieres de la ville d'*Agen* ont été imprimées en 1666, in-4°. avec le *Commentaire* de Jacques du Cros, avocat au parlement.

La ville d'*Agen* a une sénéchaussée & un siege présidial du ressort du parle-ment de Bourdeaux : c'est aussi le chef-

lieu d'une élection de la généralité de la même ville.

L'idée que les habitans d'*Agen* se sont toujours formée de leur ancien *droit ita-lique*, de leurs *privileges & immunités* a souvent donné lieu à des difficultés, re-lativement au paiement des droits royaux & seigneuriaux.

En 1413, il y eut dans cette ville une émeute considérable, au sujet d'un octroi établi pour servir à la reconstruc-tion ou réparation d'un pont sur la Ga-ronne, & d'autres impôts onéreux, qu'elle soutenoit heurter de front ses privileges & ses immunités : *Propter subsidium super rebus venundandis imponendum, ad refectionem sive reparationem pontis supra fluvium Garonem existentis convertendum, ac proptereà alia grandia, quæ sibi com-munitas dicebat NON JURE fuisse, sed contra ipsius civitatis privilegia, consuetu-dines, statuta, imposita.* Les choses furent poussées très-loin, & on envoya des commissaires pour punir les séditieux, & des troupes pour faire exécuter leurs jugemens. (Boerius, *in tract. de seditiosis inserto, tom. 2, collect. prax. & tract. criminalium, pag. 113 & 114.*)

Il y a eu très-récemment des contesta-tions moins sérieuses au sujet du *franc-aleu*, prétendu par les habitans d'*Agen* & du comté d'*Agenois* : nous en parlerons sous *ce mot.*

La fertilité du territoire & l'heureuse position de la ville d'*Agen*, la rendroient propre au commerce, mais l'*indolence* de ses habitans a fait qu'ils l'ont entié-rement abandonné à leurs voisins. Ce re-proche qui leur est fait par l'auteur mo-derne du *Dictionnaire géographique* por-tatif de la France, (imprimé en 1765,) leur avoit été fait bien plus anciennement par Scaliger, le pere, fixé à *Agen : Ager ubertate soli incertum est profit-ne magis incolis, an officiat : ita annonæ spe suspensi, omnia munia non civilia solùm, sed rustica quoque negligunt.* Scaliger va plus loin, & soutient que l'indifférence pour la fortune est accompagnée de l'infouciance pour les talens de l'efprit : *Propterea animi cultui minùs ſtudent.* (Scaliger, *in præf. orat. 2, adversùs Erafmum, edit. Toloſæ 1620, in-4°.*)

Il faut efpérer que M. Dupré de St. Maur, intendant de Bourdeaux qui vient de s'occuper dans un mémoire in-téreſſant, de rendre *à la ville de Bayonne & au pays de Labour le commerce, la po-pulation & le bonheur qu'ils ont perdus,* jettera fucceſſivement les yeux fur les autres villes & pays de fa généralité. *Agen* paroît digne des foins de cet ad-miniftrateur éclairé, & il fera fûr d'être écouté *avec attendriſſement par ceux à qui il parlera du bonheur de leur patrie, de leur famille, du fort de leurs peres, de leurs enfans & de leurs freres.* (Mercure de France, *février 1783, n°. 6, pag. 56.*)

AGENCEMENT.

(Droit privé.)

1. Ce mot vient du latin *agenciamen-tum,* & étoit anciennement ufité dans le Languedoc comme dans la Guienne, pour exprimer un gain de noces que le furvivant des conjoints prend fur les biens du prédécédé : *Noverint, &c. quòd confue-tudo eſt Toloſæ ; feu ufus, quòd mulieres tranſductæ per maritos fuos, ipſis viris præmortuis lucrantur & debent recuperare de bonis ipforum maritorum dotes, & donationes propter nuptias, feu AGEN-CIAMENTUM ubi conſtat de AGEN-CIAMENTO & de donatione propter nuptias, &c.* (Confuet. Toloſæ, part. 3, tit. 1, de dotibus, art. 1.)

Aujourd'hui on ne fe fert du mot *Agencement* que dans le reſſort des par-lemens de Pau & de Bourdeaux. A Tou-louſe, comme dans prefque tous les autres pays du droit écrit, on emploie celui d'augment. Mais à Toulouſe *l'augment* eſt réciproque, comme *l'agencement* à Bourdeaux, puifque le mari furvivant

y gagne la dot entiere, comme la femme furvivante gagne la moitié de la dot : au lieu que dans la plupart des autres pays on ne fe fert du mot *augment* que pour défigner le gain de furvie de la femme, celui de *contr'augment* y étant employé pour défigner le gain de furvie du mari.

Agencement préfix & conventionnel.

2. A Bourdeaux & dans le Bourdelois, *l'agencement* eſt préfix & légal, ou con-ventionnel ; de maniere que lorfqu'on n'en a point ſtipulé par contrat de ma-riage, la coutume en donne un qui conſiſte pour le mari furvivant, dans le gain *de la dot des meubles :* la femme qui furvit, gagne *le double de fa dot,* fi c'eſt fon premier mariage. Si elle avoit déja été mariée, elle ne gagne que le tiers, & fon fecond mari gagne cependant toute la dot, à moins qu'elle n'eût laiſſé des enfans de ce fecond mariage, auquel cas il gagneroit feulement *la dot & les uften-files de la maiſon. Les autres meubles, comme argent monnoyé ou à monnoyer, cabal, dettes, bétail & autres marchan-difes, feront réſervés & appartiendront aux enfans dudit mariage, defquels joui-ront après le décès du pere, s'il n'y a pacte au contraire.* (Art. 47 & 49 de la Coutume de Bourdeaux.)

Automne, dans fon *Commentaire* fur ces articles, (*édit. de Dupin, pag. 207,*) dit, que leurs difpofitions font *hors d'ufage ;* parce que l'on obferve toujours dans les contrats de mariage de ſtipuler un gain, qui fait ceſſer celui de la coutume. *Plufieurs,* ajoute-t-il, *foutiennent même que ledit article eſt entiérement aboli.* Ce qu'il y a de certain, c'eſt que le mot *Agencement,* formé d'agencer, qui fignifie *difpofer, ajufter, arranger,* indique aſſez clairement par fon étymologie, qu'il ne doit être employé que pour exprimer un gain de furvie qui foit le réſultat de la convention des parties ; & qu'il convien-droit peu pour exprimer celui qui déri-veroit des difpofitions impérieufes d'une loi, d'une coutume : ce dernier devroit être annoncé par le mot générique, *donation à cause de noces en faveur du survivant.*

Ces observations nous ont paru essentielles, pour accoutumer les jeunes jurisconsultes à se faire des notions exactes sur toutes les questions qu'ils étudieront : la logique est la premiere des sciences & facilite la connoissance de toutes les autres.

Agencement conventionnel, indépendant de la dot.

3. On n'observe pas à Bourdeaux les dispositions de l'authentique *sed quæ nihil, C. de pactis conventis*, qui décide que la femme n'a droit à la donation à cause de noces, qu'autant qu'elle a payé la dot qu'elle avoit promis d'apporter à son mari : *Sed quæ nihil ex dote conscriptâ præstitit, nihil omninò viro mortuo percipiet ex donatione : item quæ, minùs quàm professa est, dedit, pro quantitate præscriptâ, & lucrum sentiat.* Ainsi, que la dot ait été ou n'ait pas été payée en totalité ou en partie, cela est indifférent, & l'*agencement* n'en est pas moins acquis à la femme survivante. (Lapeyrere, *lettre* D, *n°. 116, pag. 111, édit. de 1749.*)

ARRÊT du parlement de Bourdeaux, du 3 avril 1578, qui adjuge à une femme cinq cents écus d'*agencement* stipulé dans son contrat de mariage, contre les héritiers du mari, qui prétendoient qu'elle n'avoit pas payé sa dot. (Automne, sur l'*art. 68 de la Coutume de Bourdeaux, n°. 37, pag. 349.*).... Dans cette espece, la femme soutenoit aux héritiers que son mari avoit eu tort de ne pas poursuivre le paiement de la dot; mais c'étoit son pere qui en étoit débiteur ! Voyez ci-dessus *Affiliation, n°. 9*, & ci-après *Augment, Dot, &c.*

Biens sujets à l'agencement.

4. La jurisprudence n'est pas uniforme sur la question de savoir si l'*agencement* doit être pris sur les *acquêts du mariage* ou sur les *propres* du conjoint prédécédé.

ARRÊT du parlement de Bourdeaux, du 8 février 1614, qui adjuge au mari l'*agencement* de 600 liv. à prendre sur les acquêts du mariage ; & en cas d'insuffisance, sur tous les autres biens de sa femme. (Automne, sur l'*art. 62, n°. 29, pag. 314.*)

ARRÊT du parlement de Bourdeaux, du 28 août 1676, qui juge que l'*agencement* est un titre lucratif dont les deux tiers des propres sont exempts. (*Ibid. n°. 37, pag. 315.*)

ARRÊT du parlement de Bourdeaux, du 13 juillet 1705, qui juge que l'*agencement* doit être pris sur les *propres* du défunt. (Annotateur de Lapeyrere, *lettre* D, *n°. 232, pag. 116.*)

L'annotateur ajoute, que la même chose fut décidée par M. Faulte, tiers-arbitre entre Mrs. Poitevin & Charond, par cette raison, que le survivant ne gagneroit que la moitié de l'*agencement*, s'il étoit obligé de le prendre sur les conquêts.... Ce motif nous paroît devoir l'emporter, & fixer pour toujours là jurisprudence sur ce point; parce qu'il est injuste que le donataire d'une totalité, ne profite que d'une partie de la donation. D'ailleurs, l'*agencement* n'est pas un *titre lucratif*, puisqu'il est réciproque, & qu'il dépend d'un événement incertain.

Commorientes.

5. Lorsque le mari & la femme sont morts par les suites d'un *même accident*, c'est aux héritiers qui demandent l'*agencement*, à prouver que le conjoint auquel ils succedent, a survécu à l'autre.

ARRÊT du parlement de Bourdeaux, du 17 juin 1675, qui l'a jugé ainsi.... *Espece.* La foudre étant tombée sur l'église de Marmande, renversa entr'autres une tour, qui écrasa sous ses ruines un homme & sa femme. Les héritiers du mari veulent avoir l'*agencement*, disant qu'il a survécu à sa femme. Sentence du juge ordinaire de Marmande qui le leur adjuge. Appel au sénéchal d'Agen, qui, sur la plaidoirie des parties, les appointe à mettre. Appel au parlement de Bordeaux, qui met les appellations au néant; & fur les conclufions prifes par les héritiers du mari, met les parties hors de cour & de procès. . . . La cour jugea, « que quoique le mari & la femme fuffent décédés par un même accident, ils pouvoient être tués, l'un par la foudre & l'autre par quelque pierre ou autrement : de forte que la dette venant d'une ftipulation conditionnelle, il faut que celui qui dit que la condition eft arrivée, le prouve. » (Annotateur de Lapeyrere, *lettre* A, *n°. 22, .pag. 11.*) Voyez le mot *Commorientes*, où nous rendrons un compte exact de toutes les queftions curieufes & importantes qui fe font élevées à ce fujet.

Difpofition.

6. Quoique le conjoint furvivant ne fe remarie pas, il ne peut difpofer de l'*agencement* par une inftitution générale, il faut que la difpofition foit EXPRESSE & DÉSIGNATIVE : *Nifi EXPRESSIM TRANSPONAT in alios TALIA LUCRA.* (Authent. *nunc autem, cod. de fecund. nupt.*) Autrement elle ne comprend que la *virile*, & le refte fe partage également entre les enfans. (Lapeyrere, *lettre* V, *n°. 67, pag. 533.*)

ARRÊT du parlement de Bordeaux, du 13 août 1669, qui l'a jugé ainfi contre des créanciers qui foutenoient que leur débiteur ayant été inftitué héritier par fa mere reftée veuve, l'*agencement* devoit être compris dans cette inftitution générale. La cour décida que l'*agencement* ne hui étoit point acquis, parce que la difpofition n'étoit pas *expreffe*, & qu'elle ne comprenoit que la *virile* de la mere, comme la feule portion dont elle eût eu la propriété. (*Annotateur* de Lapeyrere, *lettre* A, *n°. 22, pag. 10.*)

Donation.

7. La mere qui fait *à un enfant* donation d'une partie de fes biens, eft cenfée lui avoir donné la *virile* de fon *agencement*, quand même, par une donation poftérieure, elle auroit difpofé expreffément de fa totalité : la raifon eft, que la propriété de la *virile*, étant acquife au furvivant qui n'a pas convolé, il peut en gratifier tel de fes enfans que bon lui femble ; ce qu'il eft cenfé avoir fait par une premiere donation, quand même il ne l'auroit pas expliqué.

ARRÊT du parlement de Bordeaux, du 17 mars 1667, qui adjuge la *virile* de l'*agencement* au nommé Santaders, donataire du quart des biens de fa mere, quoique celle-ci eût fait enfuite donation à fa fille des 2000 liv. d'*agencement* qu'elle avoit gagné par le prédécès de fon mari. (Lapeyrere, *lettre* A, *n°. 22, aux not. pag. 10.*)

Comme l'*art.* 77 de la coutume de Bourdeaux, en permettant à une mere d'avantager du tiers de fes propres, un ou plufieurs de fes enfans, lui défend de laiffer ce tiers à un étranger, quand elle aura des enfans ; on a douté fi cette prohibition devoit s'étendre au mari. Un ARRÊT du parlement de Bourdeaux, du 11 février 1579, rapporté par Automne fur cet article, *n°. 12, pag. 391*, a jugé que le mari peut être donataire du tiers des propres de fa femme. C'eft d'après cette décifion, fans doute, que Lapeyrere, (*lettre* N, *n°. 36, pag. 267,*) a conclu que dans cette coutume, la femme qui a des enfans d'un premier lit, peut donner le tiers de fes propres en *agencement* à fon fecond mari ; mais Automne, fur l'*art.* 64, *n°. 36 & 37, pag. 326*, cite un ARRÊT du 13 août 1619, qui juge que cette donation eft réductible felon le nombre des enfans exiftans lors du décès de leur mere, & non felon le nombre *de ceux qui étoient au temps du contrat de mariage.* Voyez ci-après la divifion *Secondes noces*.

Hypotheque.

8. L'*hypotheque*, pour *l'agencement*, eft acquife au furvivant du jour du con-

trat de mariage, & non du jour de la mort du prédécédé. (Lapeyrere, *lettre A, n°. 22, aux not. pag. 12.*)

En vertu de cette *hypotheque*, lorsque les biens du mari sont *saisis pour dettes*, la femme peut se les faire adjuger pour sa dot, & *agencement* futur, au cas qu'elle survive, en donnant bonne & suffisante caution de faire rendre *les sommes & l'agencement* au créancier saisissant, si le mari lui survit.

ARRÊT du parlement de Bourdeaux, du 27 novembre 1559, qui l'a jugé ainsi. (Automne, *sur l'art. 46 de la cout. de Bourdeaux, n°. 1, pag. 204.*)

Indignité.

9. Lorsqu'un mari tue sa femme surprise en adultere, il se rend indigne de *l'agencement* qu'il gagnoit sur elle. La femme qui commet un adultere, encourt la même indignité, quoiqu'elle survive à son mari.

ARRÊT du parlement de Bourdeaux, du 17 août 1683, qui adjuge aux créanciers du mari *l'agencement gagné par la femme adultere qui avoit survécu à son mari, à l'exclusion des enfans, qui furent déclarés non-recevables dans leur demande.* (Lapeyrere & son annotateur, *n°. 21, pag. 9.*)

La femme qui malverse pendant l'année du deuil, est aussi privée de *l'agencement.*

ARRÊT du parlement de Bourdeaux, du 26 mars 1612, sur un appel du sénéchal de Périgueux, qui décide qu'une femme, dans ce cas, perd tous les avantages qui lui ont été faits par son mari, *ou par la coutume.* (Automne, *art. 47, n°. 65, pag. 212 & 213.*)

ARRÊT du parlement de Bourdeaux, du 30 janvier 1646, qui admet les héritiers du mari à vérifier que sa veuve avoit malversé dans l'année du deuil, *pour l'exclure de la demande qu'elle avoit intentée de son agencement.* (Dupin, *Traité des secondes noces, tit. 2, ch. 1, n° 13, pag. 22 & 23.*)

ARRÊT du parlement de Bourdeaux,

du 24 janvier 1699, « qui a jugé qu'une femme *qui s'étoit débauchée pendant l'année du deuil,* avoit perdu tous les avantages qu'elle avoit reçus de son mari, lesquels avoient été reconnus par une transaction passée avec l'héritier du mari, contre laquelle cet héritier avoit obtenu des lettres en restitution qui furent entérinées, & la transaction fut cassée. » (Dupin, *ibid. pag. 23.*)

Insinuation.

10. La déclaration du 20 mars 1708, avoit ordonné, *art. 3,* que *l'agencement* seroit insinué sous la peine de *nullité,* portée par *l'art. 3* de l'édit de décembre 1703; mais la déclaration du 25 juin 1729, considérant *l'agencement,* ainsi que les dons mobiles, les augmens, contr'augmens, engagemens, droits de rétention, gains de noces & de survie comme *de simples conventions matrimoniales, stipulées par les parties contractantes, soit pour aider à soutenir les charges du mariage, soit pour balancer les avantages qu'il fait réciproquement à sa femme, & pour établir par-là une espece de compensation aussi juste que favorable,* détermine : que tous ces avantages ne seront pas censés compris dans la disposition des loix qui portent la peine de nullité, encore qu'ils n'aient pas été insinués dans les formes & délais prescrits par ces loix *matrimoniales : déclarant qu'audit cas, ceux qui auront négligé de satisfaire à cette formalité, n'ont dû & ne doivent être regardés que comme sujets aux autres peines prononcées par lesdits édits & déclarations;* (c'est-à-dire, du triple droit.)

L'article 21 de l'ordonnance des donations, du mois de février 1731, prescrit l'exécution de celle du 25 juin 1729, *à quelque somme ou valeur que puisse monter l'AGENCEMENT.* Voyez *Insinuation, Mariage, &c.*

Intérêts.

11. Les *intérêts* de l'agencement sont dus au survivant *ex naturâ rei,* du jour

A G E

du décès de l'autre conjoint, fans qu'il foit befoin de fommation ni de commandement ; mais ils ne courent pour les enfans, que lorfqu'ils font des commandemens réguliérement fuivis de trois en trois ans.

ARRÊT du parlement de Bourdeaux, du 23 juillet 1701, qui adjuge à une veuve les *intérêts* de l'*agencement* au denier vingt, depuis le jour de la mort de fon mari, fauf déduction fur iceux de la nourriture & entretien qui lui avoient été fournis pendant l'année du deuil. (Lapeyrere, *lettre* A, *n°. 22, pag. 12 ; & lettre I, n°. 46, pag. 183.*)

ARRÊT du parlement de Bourdeaux de 1698, qui juge que les *intérêts* de l'*agencement* ne font pas dus aux enfans fans commandemens. (*Ibid.*)

Pour que l'*agencement* produife des *intérêts* aux créanciers du mari, il doit être mis en main tierce ; & fi le mari furvit, main-levée eft faite aux créanciers ; mais s'il prédécéde, leur prétention fur l'*agencement* ceffe, parce qu'il eft acquis à la femme. (Lapeyrere, *lettre* D, *n°. 124, pag. 114 ; & lettre* R, *n°. 35, pag. 365.*)

Légitime.

12. Les enfans ne peuvent prendre leur *légitime* fur la totalité de l'*agencement*, lorfqu'il a été *donné* ou *légué expreffément* à l'un d'entr'eux ; mais fimplement fur la *virile*, qui a été acquife au furvivant qui n'a pas convolé, parce que cette portion fait partie des biens de fa fucceffion. (Lapeyrere, *lettre* V, *n°. 67, pag. 533.*)…. L'*agencement* n'eft pas non plus fujet à la *légitime coutumiere*, quand même le défunt n'auroit pas laiffé d'autres biens. (*Ibid. lettre* L, *n°. 87, pag. 122.*)

Les enfans du premier lit ne peuvent pas demander leur *légitime* fur l'*agencement* ftipulé entre le furvivant & fon fecond mari ou fa feconde femme, parce qu'il doit être réfervé aux enfans du fecond lit. (Lapeyrere, *lettre* L, n°. 77,

pag. 220 ; & Dupin, *traité des fecondes noces, tit. 6, chap. 2, n°. 16, pag. 450.*)

Mort civile.

13. La *mort civile* du mari ne donne pas ouverture à l'*agencement* ; & fi la femme meurt pendant les cinq ans de la condamnation du mari par contumace, & que celui-ci laiffe écouler les cinq années fans fe repréfenter, il perd l'*agencement.*

ARRÊT du parlement de Bourdeaux, du 8 février 1638, qui a jugé conformément à ces principes. (Lapeyrere, *lettre* M, *n°. 53, pag. 247.*) Voyez *Mort civile.*

Renonciation.

14. Il en eft des *renonciations* comme des donations & des inftitutions ; il faut qu'elles foient *expreffes*, pour qu'elles comprennent l'*agencement.* L'enfant qui n'y *renonce* pas *formellement* a toujours la faculté d'en prendre fa portion, excepté de la *virile*, qui fait partie de la fucceffion du furvivant, à laquelle il a *renoncé.*

ARRÊT du parlement de Bourdeaux, du 14 mai 1638, qui adjuge une portion d'*agencement* à une fille qui avoit *renoncé* aux *acquêts* faits pendant la fociété de fes pere & mere. (Lapeyrere, *lettre* R, *n°. 42, pag. 366.*)

Répudiation.

15. Lorfque par un même acte, l'un des enfans du teftateur eft inftitué héritier par une claufe, & par une autre donataire de l'*agencement*, l'héritier peut *répudier* la fucceffion & prendre l'*agencement* qui lui a été donné, diftraction faite de la *virile*, qui fait partie de la fucceffion du teftateur, mort fans avoir été remarié.

ARRÊT du parlement de Bourdeaux, du 27 février 1679, qui l'a jugé ainfi. (Lapeyrere, *lettre* A, *n°. 22, pag. 11 & 12.*)…. L'annotateur dit qu'il paffa de huit à fix voix que, la *virile* faifant partie de la succession, le *répudiant* ne devoit pas en profiter.

Secondes noces.

16. Le conjoint survivant qui *se remarie* perd la *virile* de l'*agencement*, conformément à l'édit des secondes noces ; & l'*agencement* qu'il stipule en faveur d'un second mari, ou d'une seconde femme, est sujet à la peine de cet édit.

ARRÊT du parlement de Bourdeaux, du 12 mai 1646, qui a jugé que l'*agencement*, à l'exemple des autres donations à cause de noces, est réductible à la portion de celui des enfans du premier lit qui prend le moins, *cui minùs de facto*. (Lapeyrere, *lettre* N, n°. 15, *pag. 258 & 259*.) L'annotateur observe que la même chose a été jugée par deux autres ARRÊTS, dont il ne donne pas la date.

Dupin est d'avis que l'on peut empêcher cette *réduction*, en cumulant la moitié des acquêts du convolant, faits pendant le second mariage, avec les propres qu'il avoit, & leur faisant supporter l'*agencement* au sou la livre ; en sorte que, si par cette opération les enfans du premier lit ne supportent de cet *agencement* qu'une portion égale à celle qu'ils ont, le retranchement cesse ; mais si l'*agencement* excede l'une de leurs portions, il y a lieu au retranchement. La raison qu'il en donne est, que, quoique la moitié des acquêts de la seconde société fût réservée aux enfans du second lit, elle appartenoit au convolant lors de sa mort, & qu'il faut regarder tous les biens qu'il avoit à cette époque, selon la *nov. 22, chap. 28.* . . . . . . Lorsqu'il n'y a point d'acquêts du second mariage, le retranchement se fait en proportion de la valeur des propres qui appartenoient au convolant quand il s'est remarié. (*Traité des secondes noces*, *tit. 4*, *ch. 4, n°. 62 & 63, pag. 324 & suiv.*)

Lapeyrere, (*lettre* N, *n°. 15, pag. 259*,) dit qu'il est d'usage & de *jurisprudence constante* au parlement de Bourdeaux, que,

lorsqu'un mari qui a *convolé*, meurt chargé de dettes, ses enfans du premier lit prennent part à l'*agencement* stipulé en faveur de la seconde femme, qui n'y a qu'une portion égale à celui du moins-prenant ; & si l'*agencement* est le seul bien qui reste à l'abri des créances, & que les enfans n'aient pas été apportionnés, ils prennent chacun une *virile* de l'*agencement*, sans que la femme puisse dire qu'excluant les créanciers qui excluroient les enfans du premier lit, elle doit par conséquent exclure les enfans, selon la regle *si vinco vincentem te, à fortiori vinco te*. La raison est, qu'on regarde *quelles sont les facultés du pere remarié, au temps de son décès*. Voyez *Retranchement*.

Vœu.

17. L'*agencement* est acquis au mari ; lorsque sa femme se consacre à la vie religieuse avant la consommation du mariage ; parce qu'alors elle est censée morte, & qu'il n'a tenu qu'à elle que le mariage se consommât. Ce que l'on dit de la femme s'applique à l'homme. (Lapeyrere, *lett.* N, *n°. 7, pag. 255*.) Voyez *Profession, Vœu, &c.*

Usufruit.

18. Le survivant des conjoints qui a des enfans, n'a que l'usufruit de l'*agencement*, & une portion *virile* en propriété, tant qu'il demeure en viduité. Cette propriété est perdue par le convol : mais l'usufruit ne cesse pas : L. *fœminæ*, C. *de sec. nuptiis*.

La veuve peut répéter sa dot & son *agencement*, lorsque son mari ne lui a laissé que l'usufruit d'une partie de ses biens, de quelque corps d'héritage : il en est autrement, si le legs en usufruit comprend la totalité des biens du mari : (*l. unic. § primùm itaque, C. de rei uxoriæ act.*) Ferriere sur Guy-Pape, (*quæst. 542,*) prétend cependant que ce texte a été abrogé par le privilége de la dot des femmes, & que cela a été ainsi jugé, suivant le président Favre. (*Cod. lib. 3, definit. 1.*) Voyez *Usufruit*; voyez encore ci-dessus *Accroissement, n°. 23, pag. 125,* & les différens mots qui forment les renvois de cette division, & enfin *Ousclage.*

AGENDA.

(*Dr. ecclésiast. Administr. Commerce.*)

C'est le mémorial des choses qu'on a à faire.

Ce mot, dans les canons de quelques anciens conciles, & dans les capitulaires de nos rois de la seconde race, est employé pour exprimer la célébration des saints mysteres & des cérémonies que la liturgie a établies. Ainsi, le neuvieme canon du second concile de Carthage ayant défendu à tout prêtre quelconque de célébrer les divins offices par-tout ailleurs que dans l'endroit où sa mission le fixe, sans le consentement de son évêque; cette défense a été renouvellée par plusieurs dispositions des capitulaires. *Statutum est ut si quis præsbyter in domiciliis* AGENDA *celebraverit sine licentiâ & consilio sui episcopi, honore sacerdotali privetur.* (*Capitular. lib. 5, cap. 55,*) Mêmes défenses dans un grand nombre d'autres textes. (*Capitular. lib. 6, cap. 36; lib. 7, cap. 165 & 414, &c. pag. 836, 975, 1060 & 1114, tom. 1, edit.* Baluzii.)

Pithou, dans son *Glossaire* sur le mot *Agenda,* rappelle le concile de Carthage & les capitulaires; & il dit encore d'après St. Jérôme, AGENDA *mortuorum;* d'après la regle de St. Benoît, AGENDA *vespertina vel matutina;* enfin, d'après le vénérable Bede, dans sa vie de St. Augustin, *per omne sabbatum à præsbytero loci illius* AGENDÆ *eorum solemniter celebrantur.*

Agenda, d'après ces différentes citations & son étymologie (*ce qui doit se faire,*) sert donc à exprimer l'ordre

des offices divins, des cérémonies de l'église. Dans le fameux bréviaire de Clugny, on prescrit par la premiere des regles relatives à l'ordre de l'office divin, que depuis Pâque jusqu'aux Calendes de novembre, on réglera de telle maniere l'heure *des veilles* par l'*agenda,* qu'en laissant un court intervalle aux freres pour pourvoir à leurs besoins les plus pressans, on puisse cependant commencer à la pointe du jour, l'office du matin : *A Paschâ autem ad Calendas novembris, sic temperetur hora vigiliarum agendâ, ut parvissimo intervallo, quo fratres ad necessaria naturæ exeant, custodito, mox matutini qui incipiente luce agendi sunt, subsequantur.* (Breviarium, Cluniacense redactum à FF. de Vert & Rabusson, *pag. 1, ordinis præliminaris.*)

Dans toutes les administrations, surtout dans les tournantes, il doit y avoir un *agenda* des choses à faire. Chaque bureau, chaque séance doit commencer par examiner cet *agenda* & son exécution, sans quoi tout se propose, rien ne se fait, & le désordre augmente.

Les négocians appellent aussi *agenda,* un petit livre où ils écrivent tout ce qu'ils doivent faire pendant le jour, soit lorsqu'ils restent dans leurs comptoirs & magasins, soit lorsqu'ils vont en commission par la ville. L'*agenda* est nécessaire non seulement, à ceux qui ont peu de mémoire, mais encore à tous ceux qui ont une grande quantité d'affaires : il sert à leur rappeller des occasions importantes pour l'achat, la vente, la négociation des lettres de change, &c.

On appelle enfin *Agenda,* un petit *almanach* portatif que la plupart des gens d'affaires ont coutume de porter sur eux pour s'assurer des dates, jours de rendez-vous, &c. Voyez *Almanach, Calendrier, Carnet, Commerce, Liturgie, Livre, Mémorial, Répertoire, &c.*

Au palais on appelle *rôle,* la feuille manuscrite, & affichée à la salle de l'audience; où sont inscrites les causes suivant l'ordre dans lequel elles doivent être

être plaidées : c'est l'*agenda* de l'audience. Il en faudroit un encore pour les juges, & souvent ils seroient effrayés. Voyez *Audience, Chambre criminelle, Férie, Président, Rôle, Vacation, &c.*

AGENOIS.

C'est une contrée de la Guienne qui a pris son nom d'*Agen*, sa capitale : elle est bornée par le Quercy, la Gascogne, le Bourdelois & le Périgord. Elle eut d'abord le titre de comté, ensuite celui de duché en 1259. Les Anglois l'ont possédée jusqu'au regne de Charles V : Henri V, roi d'Angleterre la reconquit, mais elle fut reprise & réunie pour toujours à la couronne par Charles VII, en 1450. En effet, nous ne regarderons jamais les désordres passagers de la ligue, comme ayant séparé du domaine de la couronne, les pays qui furent en proie à ses horreurs. L'*Agenois* les partagea comme tant d'autres provinces, mais il fut enfin réduit par Henri IV.

ÉDIT, portant réglement pour la réduction de la ville d'*Agen*, de celles de Marmande, Villeneuve & autres villes du pays d'*Agenois* à l'obéissance du roi, contenant seize articles, donné à Paris au mois de mai 1594, enregistré au parlement de Bourdeaux le 16 juin suivant. (Fontanon, *tom. 4, pag. 785.*)

Louis XIII concéda l'*Agenois* en 1642 au cardinal de Richelieu & à ses héritiers : il érigea aussi en 1638 la terre d'Aiguillon, située dans ce pays, en duché-pairie. Dans le préambule des lettres d'érection, le roi annonce les services importans du cardinal qui le déterminent, non seulement à donner à ce ministre *toute sorte de témoignages de satisfaction,* mais même *à les étendre aux personnes qui lui appartiennent, entre lesquelles la* dame de Combalet *est une des plus proches comme sa niece.* A l'éloge du ministre succede celui de la niece, de ses

grandes & rares vertus ; & la clause d'érection en faveur de la dame de Combalet, porte : « *Pour en jouir par ladite* dame, *ses héritiers & successeurs, tant mâles que femelles, tels qu'elle voudra choisir, perpétuellement & à toujours sous le nom & appellation d'Aiguillon.* »

La dame de Combalet donna son duché d'Aiguillon à Magdelaine de Vignerod sa niece, pour en jouir, conformément à la faculté à elle accordée par les lettres d'érection. A cette institution particuliere au duché d'Aiguillon, succede une autre institution particuliere aux comtés d'*Agenois* & de Condomois, à la charge de les rendre au marquis de Richelieu lorsqu'il se mariera.

Lorsque le marquis de Richelieu, premier appellé à la substitution des duché-pairie d'Aiguillon & comtés d'*Agenois* & Condomois, voulut en 1704, après la mort de Magdelaine de Vignerod, poursuivre sa réception en la cour des pairs ; il y eut plusieurs oppositions sur lesquelles ce seigneur garda le silence. Mais le comte d'*Agenois* son fils n'eut pas la même indifférence ; & malgré la réclamation de vingt-deux pairs, & les écrits de M. Aubri leur avocat, il fut déclaré pair de France par un fameux ARRÊT, du parlement de Paris, de 1731. Voyez *Aiguillon.*

L'élection d'*Agenois* comprend cinq cents quarante-six paroisses & quarante-cinq mille neuf cents quarante-trois feux. La taille y est réelle & s'y paie au marc la livre par les cent trente-neuf jurisdictions dont elle est composée. Mais comme les cadastres ont été formés sur la fin du dernier siecle, environ l'année 1680 ; ils se trouvent aujourd'hui dans un tel état d'imperfection, que la répartition à laquelle ils servent de base excite depuis long-temps des réclamations. Il faut espérer qu'on se décidera à un nouvel arpentement qui rectifiera les erreurs & qui ramenera une juste proportion entre le produit réel des terres & les quotes d'imposition. La réformation des cadastres eſt le premier objet dont l'adminiſtration de la haute Guienne s'eſt occupée, & le gouvernement y pourvoira dans le reſte des pays où la taille eſt réelle : peut-être même adoptera-t-il enfin le projet d'un cadaſtre général.

Les habitans de l'*Agenois* prétendoient au franc-aleu, mais le conſeil en a décidé autrement.

ARRÊT du 12 ſeptembre 1746, qui ayant aucunement égard aux demandes de M. de Richelieu, duc d'Aiguillon, engagiſte des comtés d'*Agenois* & Condomois, & de l'inſpecteur général du domaine, juge que la directe univerſelle emportant cenſives, lods & rentes, appartient au roi dans l'étendue des ville, juriſdictions & territoire d'*Agen*, Condom, Marmande, Mezin & Montréal, ſans préjudice néanmoins des directes particulieres, & des privileges dont ceux qui les prétendront, ſeront tenus de juſtifier par titres bons & valables; ordonné en conſéquence, que dans tous les lieux où la perception du cens peut avoir été interrompue, il en ſera impoſé un de nouveau, à raiſon de ce qui ſe paie dans les ſeigneuries circonvoiſines, pour jouir par le ſieur duc d'Aiguillon, deſdits droits de directe & de cens, conformément au contrat d'engagement, du 11 mars 1642, & à l'ARRÊT interprétatif d'icelui, du 11 janvier 1689 : ce faiſant, les tenanciers des juriſdictions deſdites villes & territoires, condamnés à payer audit ſieur duc d'Aiguillon, les arrérages dudit cens, & les autres droits & devoirs échus pendant les vingt-neuf années antérieures à ſa demande, enſemble ceux qui ſont échus depuis. Et néanmoins, à l'égard des héritages pour leſquels il n'auroit été payé aucun cens, ni autres droits & devoirs ſeigneuriaux, les arrérages deſdits cens & devoirs ne ſeront payés, qu'à compter du jour de la demande dudit ſieur duc d'Aiguillon.

ACTE de notoriété du parquet des tréſoriers de France de la généralité de Guienne, du 4 juin 1683, portant que

pour les ſénéchauſſées d'*Agenois* & Condomois, attendu qu'il n'y avoit aucun uſage établi pour les lods & ventes des biens nobles qui ſont demeurés exempts du paiement des lods, juſqu'à l'ARRÊT du conſeil, du 23 décembre 1625 ; on a pris depuis le prix fixé par la coutume de Bourdeaux, qui eſt le huitieme denier, comme étant le pied du fief dominant qu'on doit ſuivre, lorſqu'il n'y a pas de pied réglé dans le fief ſervant. (*Diction. des domaines*, au mot *Agen*.)

L'*Agenois* eſt fertile en bled, en noix, & ſur-tout en vins excellens, deſquels on fait un commerce conſidérable dans les colonies : voici le moment où l'indépendance des treize états unis va augmenter le débouché de ces vins, qui ſupportent le trajet de mer, & deviennent meilleurs. Voyez *Agen*, *Fief*, *Francaleu*, &c.

A G E N T.

(*Droit public. Droit privé.*)

Ce nom générique ſe donne à celui qui a ſoin des affaires d'un prince, d'un corps, d'un particulier.

Les empereurs romains avoient des officiers appellés *agens*; il en eſt queſtion, entr'autres, dans deux titres conſécutifs, du code *de agentibus in rebus... De principibus agentium in rebus*, lib. 12, tit. 20 & 21. Il ſeroit plus curieux qu'utile, de faire des recherches ſur la nature & l'étendue des fonctions de ces *agens* : on peut conſulter Cujas, & les autres commentateurs du code.

Nos rois de la ſeconde race avoient auſſi des *agens*, on en trouve la preuve dans pluſieurs capitulaires. Nous n'entrerons pas non plus à ce ſujet dans des détails, & nous renverrons aux notions qu'en donne M. Bignon, dans ſes *Notes ſur les formules de Marculphe*, (tom. 2, collect. Baluzii, pag. 892.)

Aujourd'hui, le nom d'agent n'eſt

connu dans notre droit public, qu'en matiere de négociations & d'ambassades: nous dirons ce qu'il faut savoir à ce sujet, sous le mot *Ambassadeur*.

On se sert plus communément des noms de *Directeur, Préposé, Syndic,* (voyez *ces mots*), pour désigner ceux qui font les affaires d'un *corps*, d'une *compagnie*, que de celui d'*agent* : Ce dernier paroit, pour ainsi dire, privativement consacré aux deux ecclésiastiques qui sont à la tête des affaires du clergé de France. Nous nous expliquerons sur tout ce qui a trait à leur établissement, à leurs droits & à leurs fonctions, sous le mot *Clergé*, dans la division *Agent du clergé*.

Sous les mots *Intendant, Mandataire, Procureur, &c.* Nous rendrons compte des devoirs de l'*agent* d'un particulier, de celui qui se charge de veiller aux affaires d'autrui. Voyez encore ci-dessus au mot *Affaires*, la division *Homme d'affaires*, n°. 13; & l'ARRÊT du parlement de Flandre, du 14 décembre 1695, cité à la *pag.* 403 de ce volume.

Les *courtiers* connus dans le commerce, sous la dénomination d'*agens de change*, vont nous occuper dans l'article suivant.

AGENT DE CHANGE.

(Commerce.)

1. Les *agens de change* sont des officiers publics, qui s'entremettent pour faciliter le commerce de l'argent, la négociation des billets & lettres de change, l'achat & la vente des marchandises ou autres effets.

Avant le dix-septieme siecle, ils portoient tous le nom de *courtiers*, qu'ils conservent encore dans la plus grande partie du royaume; mais à Paris & à Lyon, on les appelle aujourd'hui *agens de change*, & en Provence, *censaux*. Voyez *Censal* & *Courtier*.

Charles IX, erigea le premier les *courtiers* en titre d'office, par ÉDIT du mois de juin 1572, enregistré au parlement de Paris en septembre suivant, à la charge par eux de s'y faire recevoir par les juges royaux du lieu de leur résidence.

Henri IV, sachant que malgré cet édit, chacun se mêloit des négociations, fit rendre par son conseil en 1595 ARRÊT, portant défenses à toutes personnes d'exercer les fonctions de *courtier*, sans lettres de provision, à peine de *cinq cents écus* d'amende, & de punition corporelle, comme pour crime de faux. Le même arrêt fixa le nombre des offices de *courtier* : huit pour Paris; douze pour Lyon; quatre pour Rouen & Marseille; un pour chacune des villes d'Amiens, Dieppe & Calais; trois pour Tours, la Rochelle & Bourdeaux. On se réserva de déterminer le nombre qui conviendroit pour les autres villes; & cependant on laissa par-tout la liberté de se servir, ou de ne pas se servir de leur ministere dans les négociations & ventes.

Paris.

2. Louis XIII, augmenta plusieurs fois le nombre des *courtiers* de Paris : en 1620, 1629, 1633 & 1634, ils étoient au nombre de vingt, qui fut porté à trente en 1638; mais comme l'ÉDIT de cette derniere création leur étoit onéreux, par rapport aux droits de bourse commune qu'il établissoit, ils en obtinrent, en avril 1639, un qui abolit le précédent, confirma l'hérédité de leurs charges, les fixa pour toujours à trente, & changea leur qualité de *courtiers* en celle d'*agens de change*. Louis XIV, par ÉDIT de février 1645, créa six nouveaux offices d'*agens de change* pour Paris, qu'il supprima par un autre ÉDIT de décembre 1705, ainsi que tous ceux des autres villes, excepté ceux de Marseille & de Bourdeaux : dans celui-ci on créa cent seize offices, ainsi distribués dans les principales villes; vingt à Paris & à Lyon; six à la Rochelle & à Montpellier;

cinq à Aix, Strasbourg & Metz; dix à Rouen; quatre à Tours, Saint-Malo, Dijon & Bayonne; deux à Toulouse, Dieppe, Dunkerque, Rochefort, Rennes & Brest; & un au Havre, Calais & Port-Louis. Les gages des titulaires furent fixés au denier-vingt, sur le pied de la finance de leurs offices; & leurs droits réglés à cinquante sous par mille, pour toutes négociations, payables moitié par chaque partie; & pour les ventes, à un & demi pour cent de la valeur des marchandises. On détermina que ces offices d'*agens de change*, ne dérogeroient point à la *noblesse*; qu'ils donneroient l'exemption *de tailles, ustensiles, curatelle, &c.* & on accorda en outre, à ceux de Paris, *deux minots de franc-salé*, & *un minot* à ceux des autres villes.

Ce nouvel ordre de choses ne dura que trois ans, & par ÉDIT du mois d'août 1708, on supprima les vingt offices d'*agens de change* de Paris : on en créa quarante autres, aux gages de 40000 liv. à répartir entr'eux : on leur accorda le droit de *committimus* à la *petite chancellerie*; & on réduisit leur *franc-salé* à *un minot*. Ces privilèges leur furent confirmés par ARRÊTS du conseil, des 3 septembre & 7 décembre 1709.

En 1714 nouvel ÉDIT, qui créa vingt nouveaux offices, bientôt supprimés, ainsi que les quarante anciens, par ARRÊT du conseil du 30 août 1720. Ce même arrêt en créa soixante autres, pour exercer par commission les mêmes fonctions, & jouir des mêmes droits, privilèges & exemptions dont avoient joui leurs prédécesseurs, en vertu des ÉDITS de 1708 & 1714, à l'*exception du franc-salé seulement*; mais ils furent encore supprimés par ARRÊT du conseil, du 17 mai 1721, qui en créa un pareil nombre, supprimé à son tour par ÉDIT du mois de janvier 1723. Enfin, soixante nouveaux offices furent créés par ARRÊT du conseil, du 14 octobre 1734. Depuis cette dernière époque, les créations,

suppressions & recréations ont cessé, & cet ancien état subsiste encore aujourd'hui.

Lyon, Marseille & Bourdeaux.

3. L'ARRÊT du conseil de 1595, qui créoit douze offices de *courtiers* pour Lyon, n'eut aucune exécution dans cette ville; & les prévôt des marchands & échevins, s'y maintinrent constamment dans le droit de faire exercer les offices de *courtier* sur leurs commissions : c'est ce qui résulte clairement des dispositions de l'acte ou réglement consulaire, du 31 décembre 1668, qui réduit à quarante, le nombre des *agens de change* de cette ville; de celui du 14 décembre 1674, portant nomination à ces places; de celui du 19 février 1675, qui détermine leurs fonctions; enfin, de celles de l'ARRÊT du parlement de Paris, du 23 août 1685, qui homologue ce dernier réglement, & assujettit tous les nouveaux pourvus, à requérir l'*admittatur* des syndics en exercice. Ce ne fut qu'au mois d'août 1692, que les quarante commissions d'*agens de change* de Lyon, furent érigées en titre d'offices formés & héréditaires, par ÉDIT, enregistré au parlement le 20 du même mois : il y est fait défenses, à toutes personnes de s'immiscer dans les fonctions attribuées à ces offices, & à tous marchands, négocians & autres, de se servir d'autres *agens de change*, que de ceux créés par le présent édit, sous peine de 1500 liv. d'amende, payables, moitié aux *agens de change*, & moitié au dénonciateur.

Il n'y eut que douze de ces nouveaux offices qui furent demandés; & en conséquence, les prévôt des marchands & échevins, obtinrent, le 28 septembre 1698 des lettres-patentes, qui les autorisèrent à payer la finance des vingt-huit, restans à lever, avec faculté de les réunir au corps consulaire, & de commettre à leur exercice.

ARRÊT du conseil, du premier juillet 1727, qui renouvelle la défense portée par l'édit de 1692, sous la même peine,

& ordonne l'exécution du réglement consulaire, du 19 février 1675, homologué au parlement le 23 août 1685, & de l'édit du mois d'août 1692.

ÉDIT du mois d'avril 1753, regiftré au parlement le 29 janvier 1755, qui réduit les *agens de change* de Lyon au nombre de trente-deux, affujettit les douze pourvus, à payer 750 livres aux revenus cafuels ; & les vingt autres, 3750 livres ; & tous enfemble, à payer le prêt & annuel ; maintenant au furplus lefdits officiers dans tous les droits, privileges & exemptions, portés par l'édit de 1692.

ÉDIT du mois d'août 1758, regiftré au parlement le 29 du même mois, qui crée un million effectif de gages, fur les officiers y défignés ; & taxe les *agens de change* de Lyon à 3250 livres, pour leur tenir lieu d'augmentation de finance de leurs offices ; & attribue en indemnité à chaque titulaire, 162 livres 10 fous, exemptes du dixieme, vingtieme, deux fous pour livre du dixieme, & autres impofitions.

DÉCLARATION du roi, du 22 mars 1760, regiftrée le 9 mai fuivant, qui rétablit les huit offices d'*agens de change* de Lyon, fupprimés en 1753 ; en fixe la finance à 20000 livres ; & accorde aux nouveaux pourvus la jouiffance de pareils gages de 162 liv. 10 f. & des mêmes fonctions, droits, privileges & exemptions que les trente-deux anciens, fans qu'ils foient tenus de payer autre chofe que les mêmes droits de prêt, annuel, mutation, fceau, marc d'or & autres ; ordonnant qu'il foit procédé à leur réception, de la même maniere, pardevant les prévôt des marchands & échevins de Lyon.

ÉDIT du mois de février 1771, regiftré à la commiffion de Lyon, le 13 juillet fuivant, portant fuppreffion des quarante offices d'*agens de change* de Lyon, & création de quarante autres, fous la finance de 30000 livres, & l'attribution de 162 liv. 10 f. de gages,

avec confirmation de leurs droits & privileges.

ARRÊT du confeil, du 8 juillet 1771, par lequel S. M. commet Pierre Baroilhet, à la vente des quarante offices d'*agens de change* de Lyon, fupprimés par l'édit de février précédent, & ordonne qu'en attendant, il foit & demeure autorifé à y commettre, & que ceux qu'il nommera, en exerceront les fonctions, & jouiront des droits & émolumens y attribués, fur fes fimples commiffions, fur lefquelles ils feront reçus fans difficulté.

ARRÊT du confeil, du 27 feptembre 1771, par lequel le roi interdit de leurs fonctions les quarante *agens de change* de Lyon, fupprimés par l'édit de février ; leur défend de continuer de s'y immifcer directement ni indirectement, à peine de 1500 liv. d'amende, voulant qu'ils ne puiffent être crus, ni avoir foi en juftice, en ce qui concerne lefdites fonctions ; défend pareillement à tous autres, qu'aux pourvus des nouveaux offices créés par ledit édit, ou à ceux qui feront commis par Baroilhet, conformément à l'arrêt du confeil, du 8 juillet précédent, de s'immifcer dans lefdites fonctions ; & à tous marchands, négocians & autres, de fe fervir d'autres *agens de change*, à peine de 1000 liv. d'amende, payables, moitié au dénonciateur, moitié auxdits pourvus ou commis, conformément à l'édit du mois d'août 1692.

ARRÊT du confeil, du 6 novembre 1771, qui caffe une délibération du confulat de Lyon, du 23 octobre 1771, qui autorifoit les *agens de change* fupprimés, à continuer leurs fonctions ; lui fait défenfes d'en prendre de pareilles à l'avenir, à peine de défobéiffance, & aux *agens de change* fupprimés, de continuer à s'immifcer dans les fonctions de leurs offices, fous prétexte de l'autorifation portée par ladite délibération, aux peines portées par l'arrêt du confeil, du 27 feptembre précédent.

ARRÊT du confeil, du 6 février 1772, qui condamne vingt *agens de change* de

Lyon, à 1500 liv. d'amende, au profit de Pierre Baroilhet, payables par corps & sans déport.

Dans l'espèce de cet ARRÊT, Baroilhet, adjudicataire des quarante offices d'*agens de change* de Lyon, supprimés par l'édit de février 1771, avoit fait dresser vingt procès-verbaux, par lesquels il paroissoit que vingt des anciens titulaires, malgré l'édit de suppression de leurs offices, continuoient d'aller dans les cafés, où s'assemblent ordinairement les banquiers & négocians; qu'ils leur parloient, leur présentoient des notes sur des cartes qu'ils tiroient de leurs poches, & qu'ils y replaçoient; que de-là, passant dans différentes rues, ils entroient dans des magasins; qu'enfin, ils se rendoient à la loge des changes. — Ensuite de la signification de ces procès-verbaux, aux sieurs Miege l'aîné, Pain, Barraut, Masson; &c. Baroilhet les fit assigner devant l'intendant de Lyon, pour voir ordonner, qu'en exécution de l'édit de février 1771, ainsi que des arrêts des 27 septembre & 6 novembre, & pour les contraventions par eux commises, ils seroient condamnés chacun en l'amende de 1500 liv. payables par corps & sans déport. D'autre part, & la veille de cette assignation, quatorze des prétendus contrevenans s'étoient pourvus au consulat de Lyon, & avoient demandé que les procès-verbaux, fussent déclarés nuls & injurieux; qu'ils fussent renvoyés de la prétendue contravention, Baroilhet condamné par corps à 1500 livres de dommages & intérêts envers chacun d'eux. Sur cette demande, sentence du 15 janvier, qui renvoie les parties à se pourvoir au conseil d'état : & sur l'appel de cette sentence, arrêt de la commission, qui ordonne que ce dont est appel, sortira son effet. Pendant que les *agens de change* faisoient ainsi diversion, l'intendant prononçoit de son côté, & faisant droit sur les procès-verbaux, condamna les sieurs Miege l'aîné, Pain, Barraut, Masson, &c. & chacun d'eux, en

l'amende de 1500 liv. portée par l'arrêt du conseil, du 27 septembre 1771. — Ceux-ci en appellent comme de juge incompétent : Baroilhet, appelle aussi de cette ordonnance, parce qu'elle ne prononçoit pas la contrainte par corps. Cependant cette affaire excitoit une grande sensation à Lyon; & tous les esprits y étoient violemment agités. On voit dans un mémoire à consulter, du 16 janvier 1772, pour les *agens de change*, que les procès-verbaux étoient nuls, parce qu'ils n'avoient pas été déposés dans les vingt-quatre heures de leur date, au secretariat de l'hôtel-de-ville; & que d'ailleurs, (eussent-ils été valables,) Baroilhet étoit sans qualité, puisqu'il n'avoit pas le droit de veiller aux contraventions; droit réservé aux seuls titulaires des offices d'*agens de change*, conformément à l'*art. 2 de l'arrêt du conseil*, du 27 septembre 1771 ; mais Baroilhet obtint ARRÊT sur requête ci-dessus cité, qui condamna les vingt *agens de change*, chacun en l'amende de 1500 liv. payables par corps à son profit.

Voici comment tous les troubles cessèrent. L'ÉDIT du mois de février 1771, avoit accordé aux *agens de change* supprimés, la faculté d'acquérir les nouveaux offices, & d'en exercer les fonctions sur les quittances de finance qui leur seroient expédiées, sans être tenus de prendre d'autres provisions; ils remontrerent qu'ils étoient hors d'état de payer aucune nouvelle finance, attendu qu'ils étoient encore la plupart débiteurs de leurs offices. Pour les faciliter, & maintenir le crédit de la place de Lyon, qui souffroit un préjudice considérable, par la cessation totale des fonctions des *agens de change*; intervint DÉCLARATION le 2 mars 1772, qui autorisa les prévôt des marchands & échevins de cette ville, à prêter 13000 liv. à chacun des pourvus des trente-deux offices, dont l'ancienne finance n'étoit que de 7000 liv. Depuis cette époque, la finance des quarante offices a demeuré fixée à 20000 l...

Il ne s'agiſſoit plus que de la condamnation à 1500 liv. d'amende, prononcée contre quelques *agens de change*, par l'ARRÊT du conſeil, du 6 février 1772: on ſtatua par autre ARRÊT du 13 avril 1772, qui ordonna que les ſommes payées en exécution de celui du 6 février, ſeroient remiſes au tréſorier des revenus caſuels de ſa majeſté, en déduction de la nouvelle finance, fixée par la déclaration du 29 mars; que les proviſions qui pourroient avoir été expédiées pour aucuns des offices, créés par l'édit du mois de février 1771, ſeroient rapportées, & que les deniers que les acquéreurs auroient payés, leur ſeroient reſtitués; en conſéquence, fit défenſes à ces derniers & à tous autres, de s'immiſcer directement ni indirectement dans les fonctions d'*agens de change*, dans la ville de Lyon, à peine de 1500 liv. d'amende pour chaque contravention.

Les *courtiers* de Bourdeaux, & les *cenſaux* de Marſeille, n'ont pas éprouvé autant de révolutions que ceux de Lyon. On n'exécuta pas plus dans celles-là que dans celle-ci, l'ARRÊT du conſeil de 1595: & les *courtiers* & *cenſaux*, continuerent d'être choiſis à Bourdeaux & à Marſeille, par les officiers municipaux, juſqu'en 1682, qu'on érigea leurs commiſſions en titre d'offices. Nous avons déja vu que ces offices furent exceptés de la ſuppreſſion totale, portée par l'ÉDIT de décembre 1705.

Droits des agens de change, Exemptions, Fonctions, Privileges, Réception.

4. Les places d'*agens de change* étant importantes pour le crédit du commerce; il eſt à propos de faire connoître les devoirs, les droits & les privileges qui y ſont attachés. On en trouve ſur-tout le tableau dans l'ARRÊT du conſeil, du 24 ſeptembre 1724, portant établiſſement d'une bourſe dans la ville de Paris, pour les négociations des lettres de change, &c. & dans le RÉGLEMENT du conſulat de Lyon, du 19 février

1675, homologué au parlement, le 23 août 1685.

Les *agens de change* de Paris ne reçoivent leurs proviſions que lorſqu'ils ont repréſenté leur billet d'*admittatur*, ſigné de dix notables bourgeois & négocians; à Lyon il doit être ſigné des ſyndics des *agens de change*. (*Art. 20 de l'arrêt du conſeil, art. 12 du Réglement conſulaire de Lyon.*)

A Paris, on n'admet à ces places que les François, ou regnicoles naturaliſés, qui profeſſent la religion catholique, apoſtolique & romaine, qui ont une réputation ſans tache, & vingt-cinq ans accomplis.

A Lyon, les fils d'*agens de change* peuvent être reçus à vingt-un an. Ceux qui ont obtenu des lettres de répit, fait faillite ou contrat d'atermoiement, ſont exclus de ces charges, ainſi que ceux qui tiennent les livres ou qui ſont caiſſiers de négocians ou autres. (*Art. 3 du tit. 2 de l'édit du mois de mars 1673, c'eſt-à-dire, de l'ordonnance dite du commerce; art. 21 de l'arrêt de 1724; art. 2, 3 & 7 du réglement de Lyon.*)

A Paris, le lieutenant civil reçoit le ſerment des *agens de change*, après avoir fait information de leur vie & mœurs, (*art. 22 de l'arrêt de 1724.*)

A Lyon, ils prêtent ſerment entre les mains du prévôt des marchands & échevins, qui ne les admettent que ſur le certificat de quatre négocians connus qui atteſtent leur probité.

Les *agens de change* de Paris ſont obligés d'avoir un regiſtre journal, coté & paraphé par les juge & conſuls. Il doit contenir une note exacte des lettres de change, billets & autres papiers commerçables, & des marchandiſes & effets qu'ils négocient, ſans y enrégiſtrer aucuns noms, mais en diſtinguant chaque partie par une ſuite de numéros: ils ſont auſſi obligés de délivrer à ceux qui les emploient, un certificat de chaque négociation qu'ils font; ce certificat doit porter le même numéro, & être timbré du folio où la partie est inscrite sur le registre. (*Art. 4 du tit. 3 de l'édit de 1673, art. 26 de l'arrêt de 1724.*)

L'*art. 5* du réglement consulaire de Lyon enjoint aussi aux *agens* de cette ville de tenir des livres où ils enrégistreront leurs négociations, qui seront paraphés par un des juges conservateurs, commis à cet effet.... Les *agens de change* ont foi & serment devant tous juges, pour les négociations qu'ils ont faites, (*art. 27 de l'arrêt de 1724.*) Ils ne peuvent se servir que de registres en papier timbré, délivrés dans les bureaux des fermiers de la formule, conformément à la déclaration du 16 avril 1737. Voyez *Livre*, *Contrôle*, *Formule*, *Papier*, *Registre*, *Timbre*, &c.

Par l'*art. 18 de l'arrêt de 1724*, toutes négociations de papiers commerçables, faites *sans le ministere d'un agent de change*, sont déclarées nulles en cas de contestation ; & il est défendu à tous huissiers & sergens de donner aucune assignation sur icelles, à peine d'interdiction & de 300 liv. d'amende, & à tous juges de prononcer aucun jugement, à peine de nullité des jugemens.... L'*art. 17* permet à tous marchands, négocians, banquiers & autres qui sont admis à la bourse, de négocier entr'eux les lettres de change, billets au porteur ou à ordre, ainsi que les marchandises, sans l'*entremise des agens de change* : & à l'égard de tous les autres effets & papiers commerçables, pour en détruire les ventes simulées, sa majesté défend qu'ils soient négociés autrement que par l'*entremise des agens de change*, à peine de prison contre ceux qui en feront le commerce, & de 6000 liv. d'amende, dont moitié pour le dénonciateur, & l'autre moitié pour l'hôpital général, sans qu'elle puisse être remise ni modérée.... L'édit du mois d'août 1692, portant création des quarante offices d'*agens de change* de Lyon, & l'arrêt du conseil du 1 juillet 1727, défendent aussi à toutes personnes non pourvues d'offices, de s'immiscer dans

les fonctions d'*agens de change*, à peine de nullité des négociations & de 1500 liv. d'amende.

ORDONNANCES du lieutenant général de police de Paris, des 21 octobre 1729, 1 juin 1735, & 17 juin 1736, qui interdisent pour toujours l'entrée de la bourse à plusieurs particuliers, & les condamnent à l'amende pour s'être immiscés dans les fonctions des *agens de change*.

Lorsque les négociations des lettres de change, billets au porteur ou à ordre, & des marchandises, sont faites à la bourse par le ministere des *agens de change*, le même *agent* peut servir au tireur & au porteur des lettres ou billets, & au vendeur & à l'acheteur des marchandises.. Quant aux négociations de papiers commerçables, & autres effets, elles doivent toujours être faites par le ministere de deux *agens de change* ; c'est pourquoi ceux qui en veulent acheter ou vendre, doivent remettre l'argent ou les effets aux *agens de change*, avant l'heure de la bourse, sur leurs reconnoissances, portant promesse de leur en rendre compte dans le jour ; mais ceux-ci ne peuvent porter ni recevoir aucuns effets ou argent à la bourse, ni faire leurs négociations autrement qu'en la forme suivante ; à peine de destitution, & de 3000 livres d'amende, payables par corps.

Lorsque deux *agens de change* sont d'accord à la bourse d'une négociation, ils doivent se donner réciproquement leurs billets, portant promesse de se fournir dans le jour ; savoir, par l'un les effets négociés, & par l'autre, le prix de ces effets : chaque billet doit être timbré du même numéro sous lequel la négociation est inscrite sur le registre de l'*agent de change* qui fait le billet ; & il doit rappeller le numéro du billet fourni par l'autre *agent de change*, afin que l'un serve de renseignement & de contrôle à l'autre. Ces billets doivent être réguliérement acquittés de part & d'autre d'autre dans le jour, à peine de contrainte par corps, même de pourſuite extraordinaire en cas de divertiſſement de deniers ou effets. Enfin, les *agens de change* de Paris ſont tenus, en conſommant leurs négociations avec ceux qui les ont employés, de leur repréſenter le billet, au dos duquel doit être l'acquit de l'*agent de change* avec qui la négociation a été faite, & de rappeller dans le certificat qu'ils en délivrent, le nom de cet *agent* & les deux numéros du billet, la nature & la quantité des effets vendus ou achetés, avec leur prix. (*Art. 28, 29, 30 & 31 de l'arrêt de 1724.*)

L'*art. 32* défend aux *agens de change* de faire aucune ſociété entr'eux, ſous aucun prétexte, ni avec aucun négociant ou marchand, ſoit en commandite ou autrement, même de faire aucune commiſſion pour le compte des forains ou des étrangers, à moins qu'ils ne ſoient à Paris lors de la négociation, à peine de deſtitution & de 3000 livres d'amende, applicable comme ci-deſſus.... L'*art. 9* du réglement de Lyon fait la même défenſe aux *agens de change* de cette ville, à peine de deſtitution & de 500 livres d'amende; à moins que chacun des aſſociés ne ſoit pourvu de lettres, & que leur ſociété ſoit déclarée au ſecretaire de la ville, & enrégiſtrée au greffe de la juriſdiction de la conſervation, où les aſſociés doivent en prendre acte.

L'*art. 33 de l'arrêt de 1724,* défend aux *agens de change* de Paris, ſous peine d'être privés de leurs offices, & de 3000 livres d'amende, de ſe ſervir, ſous quelque prétexte que ce ſoit, d'aucun commis, facteur, ou entremetteur, même de leurs enfans, pour aucunes négociations de quelque nature qu'elles puiſſent être, ſi ce n'eſt en cas de maladie, & ſeulement pour achever les négociations qu'ils auront commencées, ſans qu'ils puiſſent en faire de nouvelles.... L'*art. 8* du réglement de Lyon, contient une ſemblable diſpoſition, ſous peine de deſtitution des *agens de change,* & de 500 liv.

d'amende; à moins que la perſonne interpoſée ne ſoit pourvue de lettres, & n'ait prêté le ſerment en juſtice.... Il eſt défendu aux *agens de change* ſous les mêmes peines, de faire aucun commerce directement ni indirectement, de lettres, billets, marchandiſes, papiers commerçables & autres effets pour leur compte. (*Art. 34 de l'arrêt de 1724, & 5 du réglement de Lyon.*)

Les *agens de change* ſont obligés de garder le ſecret ſur les perſonnes qui les chargent de négociations, ils doivent les ſervir avec fidélité dans toutes les circonſtances de ces négociations, ſoit pour la nature & la qualité des effets, ſoit pour leur prix; & ceux qui ſont convaincus de prévarication, doivent être condamnés aux dommages & intérêts des parties, à la perte de leurs offices, & à 3000 livres d'amende. (*Art. 36 de l'arrêt de 1724.*) L'*art. 37* leur défend de négocier aucunes lettres de change, billets, marchandiſes, papiers & autres effets, appartenans à des gens dont la faillite ſera connue, ſous les mêmes peines.... L'*art 38* leur défend d'endoſſer aucunes lettres de change, billets au porteur ou à ordre, ni d'en donner leur aval; leur permettant ſeulement, quand ils en ſeront requis, de certifier les ſignatures des tireurs, accepteurs, ou endoſſeurs des lettres, & de ceux qui auront fait les billets; ſous les peines portées ci-deſſus.

L'*art. 5* du réglement de Lyon, renferme la même diſpoſition, & défend aux *agens de change* de cette ville, de recevoir aucuns droits de proviſions, mais ſeulement ceux de courtage, à peine de perdre leurs charges, & de 500 livres d'amende.... L'*art. 39 de l'arrêt de 1724* défend aux *agens de change* de Paris, ſous les mêmes peines, de faire ailleurs qu'à la bourſe, aucune négociation de lettres, billets, marchandiſes, papiers & autres effets. L'*art. 6* du réglement de Lyon défend à ceux de cette ville de s'entremettre d'aucune ufure, ni faire acheter à perte de finance, la marchandife vendue à plus haut prix par leur entremife ; le tout fous les mêmes peines.

Lorfque quelque *agent de change* a été deftitué de fa charge pour contravention ; fon nom doit être infcrit à la bourfe dans un tableau, afin que le public foit informé de ne plus fe fervir de fon miniftere, conformément à l'*art. 41 de l'arrêt de 1724.*

Les *agens de change* ne peuvent faire aucun contrat d'atermoiement, obtenir lettres de répit, ni être admis au bénéfice de ceffion, pour raifon des effets qui leur ont été confiés ; & en cas de rétention defdits effets ou de faillite, leur procès leur doit être fait comme pour banqueroute frauduleufe. (*Art. 6* de l'ARRÊT du confeil du 30 août 1720.)

ARRÊT du parlement de Paris, du 10 février 1756, confirmatif d'une fentence de la confervation de Lyon, du 19 novembre 1755, qui condamne Falque, *agent de change* à Lyon, à l'amende honorable, & à être pendu, pour avoir médité & exécuté une banqueroute frauduleufe, en emportant avec lui de la ville de Lyon, tant les papiers, bijoux & effets qui lui appartenoient, que ceux qui lui avoient été confiés pour être négociés ; pour avoir *prévariqué dans les fonctions d'agent de change*, en détournant à fon profit les fommes à lui confiées, & en fuppofant de faux placemens ; pour n'avoir tenu aucun livre, ni carnet en regle des opérations qu'il faifoit en fa qualité d'*agent de change*, & pour fes affaires particulieres ; enfin, pour avoir fabriqué de fauffes lettres de change, ainfi que de fauffes acceptations & de faux endoffemens.

Toutes les contraventions & conteftations des *agens de change* fe jugent à Paris, par le lieutenant général de police ; & à Lyon, par les prévôt des marchands & échevins, juges du confulat, conformément à l'ARRÊT du confeil du premier juillet 1727.

L'*art. 40* de l'arrêt du confeil de 1724, fixe les droits des *agens de change* de Paris, pour les négociations en deniers comptans, lettres de change, billets au porteur ou à ordre, & autres papiers commerçables, à cinquante fols par mille livres, dont vingt-cinq fous, payables par l'acheteur, & vingt-cinq fols par le vendeur ; & à l'égard des négociations pour fait de marchandifes, à un demi pour cent de leur valeur, dont un quart pour cent payable par l'acheteur, & un quart pour cent par le vendeur, fans que, fous aucun prétexte, ils puiffent exiger aucun autre ni plus grand droit, à peine de concuffion.... Les droits des *agens de change* de Lyon, à l'égard des négociations pour fait de marchandifes, font les mêmes qui furent fixés par le réglement du confulat, du 31 décembre 1668 ; ceux qu'ils peuvent prétendre pour argent de dépôt, changement d'efpeces contre d'autres, traites ou remifes, pour les places étrangeres ou du royaume, ont été augmentés par l'édit du mois d'août 1692, & fixés à un demi pour mille, au lieu d'un tiers attribué par le tarif de 1668.

L'*art. 23* de l'arrêt du confeil, du 24 feptembre 1724, déclare que les offices d'*agens de change* ne dérogent point à la nobleffe ; le roi permet aux titulaires d'exercer en même temps les offices & charges de fecrétaire du roi, tant en la grande chancellerie, que dans les autres chancelleries du royaume, fans qu'ils aient befoin d'arrêt, ni de lettres de compatibilité, dont fa majefté les difpenfe. A l'égard de ceux de Lyon & des autres villes ; il paroît qu'ils doivent jouir de la faculté que leur accorda l'édit de 1705, d'exercer leurs fonctions fans déroger à la nobleffe.

Auffi, depuis cet édit, les *agens de change* de Paris & des autres villes font *exempts de taille, uftenfile, tutele, curatelle, &c.* Le roi avoit accordé en même temps à ceux de Paris, *deux minots de franc-falé* ; mais l'édit de 1708, en leur attribuant le droit de *Committimus* à la petite chancellerie, réduifit leur franc-falé à *un minot*, qui fut enfuite fupprimé par arrêt du confeil de 1720.... Les *agens de change* de Lyon, en vertu de l'édit de 1692, jouiffent de l'exemption de *tutele*, *curatelle*, *nomination*, *guet & garde*, *logement de gens de guerre*, *& autres charges publiques*, &c. Quant à leur franc-falé, qui avoit été fixé à *un minot* par l'édit de 1705, ainfi que pour les *agens de change* des autres villes, il femble qu'ils ne doivent pas en jouir ; puifque les derniers édits de création fe contentent de les maintenir dans la jouiffance des droits, exemptions & privileges accordés par celui de 1692, qui ne parle pas du *franc-falé*.

ARRÊT du confeil, du 6 juillet 1772, qui affujettit tous les pourvus d'offices de juftice, police, finance, &c. & par conféquent les *agens de change*, à payer dorénavant le centieme denier au lieu du prêt & annuel.

ARRÊT du confeil, du mois de mai 1774, par lequel fa majefté ordonne, 1°. qu'il fera inceffamment conftruit une féparation de trois pieds de hauteur dans la falle de la bourfe de Paris, à l'endroit & à la diftance qui feront jugés les plus convenables par le lieutenant général de police, au-delà de laquelle il n'y aura que les *agens de change* & les officiers chargés par ce magiftrat, qui pourront être admis, & dont la porte d'entrée fera gardée par un des gardes de fervice à la bourfe ; 2°. que les négociations des effets royaux, ou de ceux réputés tels, continueront de fe faire à la bourfe par le miniftere des *agens de change*; & qu'à mefure qu'il y aura une variation dans le prix, elle fera annoncée par l'acheteur en nommant fon vendeur, ou par le vendeur en nommant fon acheteur.

ARRÊT du confeil, du 26 novembre 1781, portant réglement pour la compagnie des *agens de change*, pour le cautionnement qui fera exigé à l'avenir, & pour le nombre & la police des afpirans.

Queftions importantes.

5. 1°. Un *agent de change* peut-il fe faire des titres de créance, des effets commerçables qui lui ont été confiés, & à compte du produit defquels il n'a payé qu'une partie à celui qui les lui avoit remis ? *Efpece*... Le fieur Bernard confie au fieur Prévoft, *agent de change*, fur fes reconnoiffances, plufieurs effets confidérables qu'il le charge de négocier fur la place. Celui-ci fait dix-fept paiemens à Bernard, dont il prend les récépiffés, qui portent tous que Bernard tiendra compte à Prévoft de ce qu'il paie, & la plupart rappellent fes reconnoiffances de plus fortes fommes. Prévoft paie encore à Bernard plufieurs lettres de change de la valeur de 29000 livres, qui, jointes à 1282012 livres, énoncées dans les récépiffés, forment un total de 1311012. Prévoft meurt. Sa veuve fait donner copie des récépiffés à Bernard, avec fommation de rapporter des pieces capables de les compenfer, finon elle protefte de fe pourvoir ; mais elle n'alla pas plus loin.... Le 18 janvier 1738, les héritiers de Prévoft font affigner Bernard devant les juges confuls, en condamnation de la fomme de 1311012 liv. contenue dans les dix-fept récépiffés & quelques lettres de change échues en 1706.... Sentence, le 24 mars fuivant, qui porte que d'après l'examen des pieces des héritiers Prévoft, des pieces dépofées au greffe par Me. Guérin, notaire, en exécution d'un jugement, du 31 janvier précédent, attendu la qualité des parties, & n'y ayant aucune de ces pieces obligatoire, les lettres de change étant prefcrites, & le furplus formant de fimples décharges ; les héritiers Prévoft font déclarés non-recevables en toutes leurs demandes, avec dépens, en affirmant par Bernard qu'il ne doit rien.... L'affaire portée au parlement de Paris, le célebre Cochin chargé de la défenfe de Bernard, oppofe contre les

lettres de change, la preſcription prononcée par la ſentence, & prétend que
quand même elles ne ſeroient pas preſ-
crites, Prévoſt & ſes héritiers ſeroient
non-recevables à en demander le paiement, parce qu'il n'eſt fait aucune mention
d'eux dans ces lettres, & qu'il ne ſuffit
pas d'être porteur d'une lettre de change,
pour en être créancier, qu'il faut encore
qu'elle ſoit tirée au profit de celui qui
la demande, ou que l'ordre lui en ait
été paſſé. ... A l'égard des récépiſſés,
Cochin ſoutient qu'ils ne ſont point obligatoires, mais ſeulement de ſimples décharges pour Prévoſt; puiſqu'il n'y en a
pas un qui ne porte en termes exprès,
qu'il ſera tenu compte à Prévoſt de ce
qu'il paie; & que la plupart rappellent
les reconnoiſſances de plus fortes ſommes : ce qui prouve que chacun de ces
paiemens, n'étoit qu'à compte du produit
de ce qu'on lui avoit donné à négocier
précédemment, & qu'en payant ces
ſommes, il ne faiſoit que s'acquitter en
partie. D'ailleurs, s'il avoit fait des
avances à Bernard des fonds de quelque
commerce perſonnel, (ce qui n'eſt pas
préſumable, puiſqu'il eſt expreſſément
défendu aux *agens de change de faire des
négociations pour leur compte*), les récépiſſés n'auroient pas porté ſimplement
qu'il ſeroit tenu compte à Prévoſt de
leur montant.... Les parties tranſige-
rent ſans doute, car on n'énonca aucun
ARRÊT. (*Œuvres de* Cochin, *cauſ.* 119,
tom. 5, *pag.* 52 & *ſuiv.*)

2°. « Quel temps eſt preſcrit aux courtiers ou *cenſaux royaux* pour demander
leurs ſalaires? »

ARRÊT du parlement d'Aix, du 27
mai 1698, qui juge que les *agens de
change* ne peuvent exiger leurs droits
de négociations que des ſix dernieres
années. ... *Eſpece.* Les ſieurs Guibert
& Pleyen, *cenſaux royaux,* (*agens de
change*) de Marſeille, font aſſigner le ſieur
Giraudon devant les juges-conſuls, pour
leur payer les droits des négociations
qu'ils avoient faites, pendant dix-neuf

ans, pour ſon oncle, dont il étoit héritier. Giraudon oppoſe la preſcription,
mais il eſt condamné à payer les dix-neuf
années. Appel au parlement : il dit, que
la cauſe des *cenſaux* ne doit pas être plus
favorable que celle des marchands &
artiſans, qui, aux termes des *art.* 7 & 8
de l'ordonnance de 1673, n'ont que ſix
mois ou un an, pour demander le paiement de leurs marchandiſes ou ouvrages.
Les *cenſaux* répondent que leur action
dure trente ans, parce que le marchand
ou le négociant qui les emploie, dans
les achats & les ventes ou autre affaire
de négoce, contracte pour le droit qui
leur eſt attribué, une obligation perſonnelle qui ne s'éteint que par le laps de
trente années; que tel eſt l'uſage de la
place de Marſeille, & que la bonne foi
qui doit regner parmi les marchands &
les négocians, doit le faire maintenir;
ils offrent ſurabondamment d'affirmer que
tout ce qu'ils demandent, leur eſt légitimement dû. — Malgré ces raiſons, la
cour réforma la ſentence, n'adjugea aux
cenſaux que les ſix dernieres années, &
ordonna que l'ARRÊT ſeroit publié &
affiché *à la loge, ou à la place de
Marſeille.* (*Recueil d'*ARRÊTS *notables,
du parlement de Provence, par* Bonnet,
lettre C, *art.* 8, *part.* 1, *pag.* 55 & *ſuiv.*)

Mont de piété.

6. ARRÊT du parlement de Paris, du
20 août 1779, qui fait défenſes à toutes
perſonnes de quelque état & condition
qu'elles puiſſent être, de faire la commiſſion ou *courtage* au mont de piété
ſans y être autoriſés par le bureau d'adminiſtration du *mont de piété.* ... Sous
ce mot nous traiterons tout ce qui aura
rapport à cet établiſſement important
formé par LETTRES-PATENTES, du 9
décembre 1777, regiſtrées le 11 du
même mois. Voyez auſſi *Commiſſion,
Commiſſionnaire.*

Agens de change de Livourne.

7. ÉDIT de l'archiduc Léopold, du

24 janvier 1769, qui supprime une partie des privileges ci-devant accordés par autre ÉDIT, du 21 novembre 1758, aux courtiers *agens de change* de Livourne, reconnüe comme pernicieuse au commerce; & prescrit de nouveaux réglemens relatifs à l'exercice de leurs fonctions, voulant que le choix & nomination de ces officiers se fasse tous les ans, par onze des principaux négocians de la ville de Livourne, à la pluralité des voix, & en la présence du gouverneur de la ville. (*Indication des réglemens & loix de l'archiduc Léopold, par ordre chronologique, depuis 1765, jusqu'à la fin de l'année 1778, pag. 53.*) Voyez *Agio*, *Atermoiement*, *Banqueroute*, *Bourse*, *Cession* (*de biens,*) *Change*, *Consuls*, (*juges*) *Effets royaux*, *Lettres de répit*, *Négociation*, *Usure*, &c.

AGGRAVATION,
AGGRAVE.

(*Droit ecclésiastique.*)

On appelle *aggravation*, l'action qui rend une faute plus criminelle, & digne d'un plus grand châtiment. Ainsi, on désigne par circonstances *aggravantes*, celles, qui en morale & en jurisprudence, augmentent le degré du péché, la qualité du crime & du délit; en un mot, qui les rendent plus *graves*.

On appelle encore *aggravation & réaggravation*, mais plus ordinairement *aggrave & réaggrave*, les menaces réitérées contre ceux qui refusent de venir à révélation sur la publication des monitoires; parce que ces différentes menaces les rendent d'autant plus coupables, que leur résistance & leur contumace sont plus considérables.

Grande contestation entre les canonistes, sur la question de savoir si les *aggraves & réaggraves* sont de nouvelles excommunications ajoutées à la premiere; ou si au contraire, ce ne sont que de nouvelles déclarations de la premiere excommunication?

Les partisans de la premiere opinion s'étaient de l'autorité de la glose sur le chapitre *Ita quorundam 6, lib. 5, decret. tit. 6.* Alexandre III, y défendant de fournir des armes aux Sarrasins & aux autres ennemis du nom chrétien, veut entr'autres, qu'on prononce une excommunication réitérée & solemnelle dans les villes maritimes, contre ceux qui mépriseront ces défenses : *Præcipimus etiam ut per ecclesias maritimarum urbium, CREBRA & solemnis in eos excommunicatio proferatur.*

Sur ces mots, la glose dit : *Excommunicatus potest iterùm excommunicari,* & elle passe ensuite aux raisons de douter & de décider. Les premieres sont fondées sur ce canon : *Qui est extra ecclesiam, non potest esse magis extra ecclesiam, 11, 9, 3 :* Les secondes sont déterminées par cette distinction, qu'il y a deux différentes sortes d'excommunication; qu'il est possible de commettre plusieurs péchés, & conséquemment, de mériter un plus grand châtiment, une double excommunication; que l'absolution obtenue pour l'une ne peut servir pour l'autre, &c. *Et sunt duo effectus excommunicationis, ut dicunt quidam; primus effectus est ejiciendi extra ecclesiam, secundus est detinendi extrà; sicut qui est ligatus uno vinculo, potest iterùm ligari. Non est dubium, quin excommunicatus possit adhuc excommunicari; sicut qui est in uno peccato, potest aliud committere, & sic plus punitur, & sic potest pluries excommunicari, & magis ex hoc punietur : & secunda excommunicatio tunc primò incipit habere suum effectum cùm absolvitur à primâ; & tamen prima absolutio non habuit suum effectum propter secundam excommunicationem; & ita finaliter non prodest prima absolutio nisi cùm fuerit absolutus à secundâ.*

Les partisans de la seconde opinion

foutiennent que celui qui eft une fois hors de l'églife, ne peut plus en être chaffé; que celui qui eft mort, ne peut plus mourir; qu'Alexandre III, en fe fervant au fingulier de ces mots : *Crebra excommunicatio* n'a eu évidemment en vue que la réitération d'une feule & même excommunication, fans quoi il auroit employé au *pluriel* ces mots : *Crebræ excommunicationes*; qu'enfin, c'eft dans ce fens qu'il faut entendre tous les textes du droit canon, qui femblent ajouter excommunication fur excommunication. Durand de St. Porcien, évêque de Meaux, a embraffé ce dernier parti, en difant fur le même chapitre : *Ita quorumdam. EXCOMMUNICATUS AMPLIUS NON POTEST EXCOMMUNICARI, & fic intelligenda omnia jura, ubi fæpiùs videtur aliquis excommunicari.*

À notre égard, nous penfons comme Éveillon : « Il eft bien vrai que fi l'on confidere l'excommunication en fon efpece & principal effet, qui eft de retrancher les pécheurs de la communion intérieure & fpirituelle du corps myftique de Jefus-Chrift, & les forclore de la participation des facremens, des facrifices, des prieres & des fuffrages; elle confifte, (comme difent les philofophes,) *in indivifibili, neque recipit majùs, neque minùs;* elle s'encourt tout en un moment, *elle ne fe partage point.* .... Mais quant *aux effets extérieurs,* elle fe peut divifer, & infliger par degrés, tantôt pour le regard d'une peine, tantôt pour le regard de l'autre, felon les occafions & progrès de la contumace : c'eft ainfi qu'il faut entendre le canon douzieme, (felon les autres, le treizieme) des Apôtres, auquel il eft ordonné : que fi un clerc ou laïque excommunié, ou autrement non-recevable, va en quelque ville, & s'y fait recevoir comme étant en la communion de l'églife, fans faire apparoir de lettres commendatrices qui atteftent de fa réconciliation & réhabilitation; tant lui, que celui qui l'aura reçu, foit excommunié : que fi déja auparavant il étoit excom-

munié pour autre caufe, en ce cas : *Intendatur feu AGGRAVETUR ipfi excommunicatio, quippe qui mentitus fuerit, & ecclefiam Dei fefellerit.* » (Traité des excommunications, par Éveillon, pag. 341, édit. de 1672, in-4°.)

Cette diftinction d'Éveillon eft également autorifée par le concile de Tours de 1239, qui, comme le canon des Apôtres, marque différens degrés dans l'excommunication, l'aggrave & réaggrave & l'anathême, qui font caractérifés par diverfes folemnités, & déterminent fucceffivement diverfes efpeces de privations. *Prohibemus ne prælati ecclefiarum excommunicationis fententias præcipitare præfumant, fed cum maturitate & legitimis monitionibus, & competenti intervallo, nifi negotium celeritatem defideret, & nifi periculum fit in morâ. Et tunc hoc ordine procedatur : ut primò delinquentes excommunicentur, pofteà crefcente contumaciâ, cum pulfatione campanarum & aliis folemnitatibus, fententia AGGRAVETUR. Et nifi excommunicati ad gremium ecclefiæ, euntes ad mercata, coquentes ad furna, molentes ad molendina excommunicentur, participantes in cibo & potu ANATHEMATIS fententiæ fupponantur.* (Bochellus, lib. 2, tit. 14, cap. 81, pag. 292.) Le même auteur cite un texte du fynode de Langres de 1459, qui fixe à quinze jours l'intervalle qu'il faut mettre entre l'excommunication, & les *aggraves* & les *réaggraves,* lors même que toutes les lettres qui les décernent, font à différentes dates : *Etiamfi hujufmodi litteræ AGGRAVATORIÆ, REAGGRAVATORIÆ, monitoriæque fint diverfarum datarum.* (Bochellus, lib. 8, tit. 21, cap. 13, pag. 1232.)

SENTENCE de l'official de Paris, du..., qui condamne un curé en quinze jours de féminaire, & vingt fols d'aumône applicables aux pauvres de fa paroiffe, pour avoir procédé avec affectation & emportement à la publication de l'excommunication, enfuite de celle du monitoire, fans attendre les fentences d'*aggrave* & de *réaggrave* : défenses de récidiver fous les plus grandes peines. (*Procédures criminelles des officialités*, par Decombes, *pag.* 241 & *suiv.*)

Des difpofitions du concile de Tours, qui déterminent que les *aggraves* & *réaggraves* fe publieront avec plus de folemnité que l'excommunication ; il ne faudroit pas conclure que nous avons adopté en France les cérémonies extraordinaires & les claufes imprécatives dont on ufe à Rome, en Efpagne, &c. Voyez ci-deffus les difpofitions de l'*art.* 35 des *Libertés de l'églife Gallicane*, l'ARRÊT du parlement de Paris, du 24 juillet 1601, & nos réflexions fur cet arrêt, au mot *Abus*, *pag.* 444 & 445, ainfi que le mot *Abfolution*, *pag.* 252 ; & ci-après *Anathême*, *Cenfure*, *Curé*, *Excommunication*, *Fulmination*, *Interdit*, *Malédiction*, *Monitoire*, *Official*, *Réaggrave*, *Sufpenfe*, &c.

Les curieux pourront voir la forme tant ancienne que moderne, des *aggraves* & *réaggraves* des différens diocefes de France, dans les *Mémoires du clergé*, (*tom.* 7, *pag.* 1096 à 1104.)

Eft-il permis a un curé de publier les *aggraves* & *réaggraves* fans la permiffion du juge qui a donné celle du monitoire ?

Nous avons rapporté ci-deffus au mot *Abus*, *pag.* 447 & 448, un ARRÊT du parlement de Dijon, du 3 janvier 1629, qui déclara abufive l'*ordonnance de l'official d'Avalon*, *faite au curé de paffer le monitoire qu'il publioit par* AGGRAVATION, *fans qu'il eût permiffion de ce faire par le juge laïque.* Fevret, qui nous l'avoit indiqué, en cite au même endroit un autre conforme de la même cour, du 15 mai 1611. Cependant, au même mot *Abus*, *pag.* 450, nous rapportons un ARRÊT de la cour des aides de Paris, du 4 juin 1698, qui déclara qu'il n'y avoit point abus dans la conceffion d'un monitoire, quoiqu'on n'eût point pris pour la publication de l'*aggrave* & *réaggrave* la permiffion de la cour. Et cet

arrêt paroît d'autant plus important, que M. l'avocat général qui porta la parole dans cette affaire, obferva que la permiffion du juge pour l'*aggrave* & *réaggrave* étoit quelquefois néceffaire, mais qu'on s'en paffoit auffi fort-fouvent.... Mais quels font donc les cas où cette permiffion eft néceffaire ; quels font ceux où on peut s'en paffer ? C'eft ce qui n'eft pas affez clair, pour que nous ne donnions pas aux curés le confeil de ne jamais s'expofer à publier des *aggraves* & *réaggraves*, fans la permiffion des juges qui ont donné celle qui étoit néceffaire pour l'obtention & la publication des monitoires.

Mais, s'il faut que le curé prenne une nouvelle permiffion du juge laïque, avant que de procéder à la publication de l'*aggrave* & *réaggrave*, faut-il de même une nouvelle ordonnance de l'official ? « Il y a des diocefes où l'on ne donne point de *réaggraves*; il y en a d'autres, comme à *Paris*, où on rapporte le certificat à l'official, qui décerne la fulmination ou *réaggrave*. » (Decombes, *ibid.* p. 241.)... L'ufage doit fans doute être fuivi, mais où il n'en exifte pas, il faut s'adreffer de nouveau à l'official : c'eft le parti le plus fage.

A G I O.

(Droit public. Droit privé. Commerce. Finance.)

C'eft « un terme de change & de banque, qui fe dit de l'excédent qu'on prend fur une certaine fomme, pour fe dédommager de la perte qu'il pourroit y avoir à faire. » (*Dictionnaire de l'académie françoife.*)

« Dans les villes de commerce où il y a des banques publiques établies, le mot *Agio* exprime le change ou la différence qui fe rencontre entre l'argent ou monnoie de banque, & l'argent courant ou monnoie courante & de caiffe. » (*Dictionnaire de Savary.*)

« L'*agio* s'appelle auffi *change*, quoique ce terme n'y ait pas autrement de rapport. » (*Ibid.*)

« On fe fert auffi de ce mot pour faire entendre que ce n'eft point un intérêt, mais un profit fait pour avance dans le commerce. » (*Manuel des négocians*, par M. Paganucci.)

Lifez la plupart des dictionnaires & livres claffiques ; ils vous difent que ce mot vient de l'Italien, où il fignifie *aide* ; qu'il ne fut connu en France qu'en 1706, lors du difcrédit des billets de la caiffe d'emprunt ; qu'il fe déploya fans mefure en 1720, quand le fyftême dénatura toutes les valeurs ; qu'à Lyon dans les livres de commerce, *agio* fignifie *intérêt* de l'argent. Ils s'arrêtent là. Allons plus loin.

Il n'y a que le mot de nouveau, & encore eft-il plus ancien, du moins à Lyon, où, dès le quinzieme fiecle, le commerce étoit fait en grande partie par les Italiens, les Strozzi, les Laurentini, les Spinaffi, les Guadagni, les Médicis & tant d'autres dont les tombes, les maifons & les armes atteftent l'exiftence.

Le mot eft nouveau : la chofe eft ancienne. Par-tout, lorfqu'il y a eu un grand commerce, un grand luxe & une certaine corruption ; l'on a voulu gagner le plus qu'on a pu, & les moyens n'ont pas été réglés d'une maniere claire & précife par les loix. Cicéron le prouve dans fes *Offices*, liv. 3, fur-tout depuis le n°. 50. Par-tout l'avidité du gain fe mafque fous des formes diverfes, & le mot feul lui fuffit pour colorer un profit qu'elle n'auroit pas fait fous un autre. Voyez dans ce volume *Adreffe*, n°. 10, pag. 137, & *Affaire, Faifeur d'affaires*, n°. 16, pag. 244.

D'après les définitions que nous avons affecté de copier, le mot ambigu, *Agio* eft fynonyme d'*intérêt d'argent*, d'*efcompte*, d'*indemnité*, de *profit* & d'*ufure*.

L'*agio* eft légitime comme *intérêt*, comme *efcompte*, comme *indemnité*, quand on fuit le *cours* : car dans toutes les villes de commerce, il y a un cours pour l'intérêt de l'argent & pour le prix de la plupart des marchandifes, & le carnet des agens de change en contient la preuve.

L'*agio* peut être encore légitime comme profit, parce qu'enfin, l'on ne commerce que pour gagner. Mais ce profit peut être *ufure*.

Dans le commerce & la finance, il y a cent manieres de mafquer les profits exceffifs, fur-tout ceux qui réfultent de l'ignorance ou du befoin de l'un, de l'adreffe & de l'afcendant de l'autre ; & quelquefois le mot *Agio* couvre tout.

Je joins la finance au commerce ; parce que fouvent l'*avance* de l'argent à l'état, met le financier & le banquier en état de faire des profits énormes, qu'accorde l'adminiftrateur, qui ne calcule pas, fur-tout quand les befoins & le rifque font tels qu'on accorde un énorme *agio* ; & c'eft ainfi que fe font faites à Londres les opérations préliminaires du Budget actuel, qui ont excité tant de motions.

Sous ce double point de vue, l'*agio* doit fixer les regards de l'adminiftration & des tribunaux.

En effet, combien d'états languiffans ou ruinés par la progreffion & l'excès des *agios* ! Combien de maifons de commerce & de finance, qui, après avoir lutté contre le difcrédit, & obligées de manquer, n'ont de vuide que celui occafioné par les *agios* & les opérations forcées !

Mais, comment empêcher ce défordre? &, en fuppofant cet événement dans une faillite dont les livres & papiers font fous les yeux des créanciers & du juge de commerce, que prononcera-t-on?

Je fais qu'à cet égard toute recherche eft délicate ; parce que le commerce, dont on n'affure pas les rifques, & à qui l'on ne rembourfe pas les pertes, ne met point de bornes à fes profits.

Mais dans la faillite fuppofée, interrogez d'abord les créanciers intéreffés ; pénétrez avec eux les livres de commerce,

qui

qui ne font un dédale, que pour ceux qui n'en ont pas le fil; examinez les *agios*; comparez-les avec le cours; faites en faire un relevé. Enfuite demandez l'opinion du commerce, & prenez l'avis en regle des fyndics & de la chambre. Ils ne compromettront pas la fureté & la liberté du commerce : mais ils feront jaloux d'y maintenir la bonne foi; ils fentiront le danger de tolérer les opérations forcées, qui, fous le nom d'*agio*, ou tout autre, précedent & favorifent les faillites & les banqueroutes. Ils vous mettront à portée de faire un réglement ou un exemple falutaire ; mais prenez leur avis : car, ils veulent que leurs loix foient leur ouvrage.

Je ne puis que jeter ces idées vagues, mais elles feront bien entendues par les négocians; & à l'égard des juges, il leur suffira de confulter le commerce lui-même. Voyez *Achat*, *Adreffe*, *Affaire*, *Avance*, *Banque*, *Banqueroute*, *Change*, *Commerce*, *Efcompte*, *Faillite*, *Finance*, *Gain*, *Intérêt*, *Prêt*, *Profit*, *Syftême*, *Vente*, *&c.*

AGIONITES.

(Droit eccléfiaftique.)

C'eft le nom qu'on donna à des fectaires, qui, aux erreurs des Manichéens, & à celles d'Euftathe, évêque de Sébafte en Arménie, fur le mariage, condamnées par le concile de Langres, en joignirent d'oppofées fur la continence. Ils blâmoient tout à la fois, & l'état de virginité, & celui d'une conjonction légitime, & fe livroient à toute forte de débauches. Ils défolerent l'empire fous le regne de Juftinien II, & le pontificat de Sergius I. (Beveregii, *Pandectæ canonum apoftolorum*, tom. 1, pag. 415, & tom. 2, pag. 183. Valefius, *in notis ad Socratem*, pag. 37. Decretum Gratiani, part. 1, diftinct. 30. Stockman, *in Lexico.*)

Tome III.

AGIOTAGE,

AGIOTEUR.

(*Droit public. Droit criminel. Police. Commerce. Finance.*)

1. L'académie Françoife définit l'*agiotage*, " un profit ufuraire & exclufif qu'on prend, pour convertir en argent comptant quelque promeffe, quelque billet, quelque refcription. "

Savary, dans fon Dictionnaire de commerce, dit : " les *agioteurs* font des peftes publiques, des ufuriers. "

Le mot eft nouveau, mais la chofe eft ancienne : vous la trouvez dans une infinité de titres du droit romain : *De ufuris & fructibus & caufis*, D. 22. 1.... *De nautico fœnore*, D. 22. 2.... *De conditione indebiti*, D. 12. 6.... *De conditione ob turpem vel injuftam caufam*, D. 12. 5. C. 4. 7.... *De conditione ex lege & fine causâ vel injuftâ causâ*, D. 13. 2. C. 4. 9..... *De dolo malo*, D. 4. 3. C. 2. 21.... *De doli mali & metûs exceptione*, D. 44. 4. Le feul jurifconfulte François qui ait traité l'*agiotage* fous fon nom & dans fa pratique actuelle, c'eft le chancelier d'Aguelfeau : le dixieme volume de fes Œuvres contient un mémoire de cent feize pages fur le commerce des actions & l'*agiotage*.

Agiotage des papiers publics.

2. " *Agiotage* pouvoit bien n'être autre chofe, dans fa fignification originaire, que la maniere de gagner par l'*agio*. Mais dans le fens qu'on y attache aujourd'hui, il fignifie cette efpece de commerce de papiers, qui ne confifte que dans l'*induftrie* & le favoir faire de celui qui l'exerce, par le moyen duquel il trouve le *fecret* de faire tellement baiffer ou hauffer le prix du papier, foit en vendant ou en achetant lui-même, qu'il puiffe acheter à bon

marché & revendre cher. » (d'Aguef-feau , *pag. 176.*)

Qu'eft-ce que cet *agiotage* fi peu connu dans les provinces ?

Dans tous les états de l'Europe, ce qu'on appelle *papier public, effet public,* n'a pas une valeur réelle, comme la monnoie, les denrées & les immeubles. Ce n'eft qu'un figne de la monnoie, qui (elle-même) n'eft qu'un figne de toutes les valeurs.

Le gouvernement emprunte, fous des formes diverfes, comme le particulier. Mais la valeur du papier qu'il fournit eft fujette à de plus grandes révolutions que les engagemens des particuliers. Elles ont pour caufe, 1°. l'impoffibilité de difcuter & de contraindre le débiteur. 2°. Les événemens politiques, qui augmentent ou diminuent la fortune de l'état. 3°. L'efpoir des profits annoncés, pour attirer l'argent, & la crainte des retards & des pertes. 4°. Les principes & le perfonnel des adminiftrateurs.

Si le gouvernement débiteur paie exactement, fon papier conferve fa valeur primitive. Quelquefois même il gagne, & c'eft une preuve de la confiance publique dans la bonne foi du fouverain, & dans le caractere de fon miniftre. Ainfi, le 11 mai 1774, les papiers publics de France ont hauffé, & le papier d'emprunt, créé le 5 avril 1783, a gagné fur le champ.

Quand, au contraire, un gouvernement ne paie pas, ou paie tard, ou paie moins, ou enfin donne des alarmes; le papier diminue fuivant la perte actuelle, le rifque préfumé, & l'opinion du moment.

C'eft un papier monnoie. Mais cette monnoie n'a pas pour valeur réelle, celle de la dénomination, celle de l'empreinte; elle a plutôt celle de la quantité de fin qu'elle renferme, ou qu'on y préfume.

Quand ce papier conferve, dans le commerce, fa valeur primitive, c'eft le *pair* : quand il augmente, ou diminue de prix, c'eft la *hauffe* ou la *baiffe*. Sa valeur du moment s'appelle *cours.*

Les chofes étant ainfi, l'*agiotage* eft légitime, parce qu'on peut gagner & perdre. C'eft le coup de filet de la loi romaine : *Jactus retis.*

On ne fauroit même condamner celui qui, préfumant bien de l'adminiftration, achete fur le champ le papier qui vient d'être créé, pour gagner plus ou moins en le remettant dans le commerce: il paie comptant, il décide la confiance, & il peut arriver qu'il perde. Les plaintes, faites au parlement, contre les preneurs favorifés des papiers du dernier budget de milord Nort, n'étoient pas fondées.

Cependant, fi ces premiers preneurs gagnent beaucoup, c'eft une preuve que l'avantage accordé par l'opération eft trop grand; & il faut fe corriger à la prochaine opération. C'eft ce qui a décidé la différence entre deux créations fucceffives de rentes viageres, en France.

On a écrit que les billets de la loterie de Hollande, de 75 florins, enlevés toujours par les *agioteurs*, ne font livrés au commerce que pour 85. C'eft une perte réelle pour l'état & le public; & s'il n'y a point de raifon cachée & légitime, on doit éloigner les *agioteurs* intermédiaires.

D'après ces notions, que nous croyons exactes, comment M. d'Aguefleau s'élevoit-il avec force contre toute efpece d'*agiotage* ? il faut le lire en entier. Il blâmoit moins la chofe en elle-même que l'*INDUSTRIE, le SAVOIR-FAIRE, par le moyen duquel on trouve le SECRET d'acheter à bon marché, & de revendre cher.*

Cette INDUSTRIE, ce SAVOIR-FAIRE, ce SECRET, rentrent dans les notions que nous avons données fous le mot *Adreffe*, & fe couvrent de fon manteau. Quelle eft cette adreffe?

C'eft d'avoir le *fecret* de l'adminiftration fur les papiers qu'elle paiera les premiers, & fur ceux qu'elle décrie par le fait. Avec ce *fecret* qu'on dérobe, ou qu'on paie, on revend les derniers, & l'on accapare les premiers.

Tercier, premier commis, ne se conduisit pas ainsi, quand son pere vint le consulter sur le placement projeté de 100000 livres, en un papier excellent ce jour-là, & qui alloit baisser par une opération dont ce fils avoit seul le secret. Il faut consigner ces actes rares d'une probité rigoureuse.

Le *secret* est d'accaparer une certaine quantité de papiers décriés, & de les faire recevoir pour comptant. Il y a un état à qui ce *gaspillage* a coûté un milliard. Ce n'est pas que la dette ne fût réelle; mais la confiance a diminué, & les opérations subséquentes ont été plus coûteuses.

Le *secret* est sur-tout de déterminer une opération, qui donne au papier accaparé, une valeur plus grande.

Tout gouvernement qui souffre ces manœuvres, perd son crédit, & ressemble au dissipateur qui vit du jour à la journée, & fait de la terre le fossé. Tout administrateur qui a part à ce *gaspillage* par lui, les siens, ou ses sous-ordres, est coupable; & ce fut le titre d'accusation de quelques-uns dénoncés aux dernieres chambres de justice. Mais on se contenta de faire regorger, & il falloit flétrir : il falloit instruire le public, & juger d'après les loix. Voyez *Chambre de justice*.

Agiotage privé.

3. Il y a encore un *agiotage* particulier, bien différent, & qui tient plus à la jurisprudence; c'est celui par lequel on achete, ou l'on fait acheter à un très-bas prix les effets d'un particulier, pour les revendre avec un bénéfice considérable.

Dans cette acception, l'*agiotage* dérive du mot *Agio*, que nous avons prononcé avant celui-ci; & l'*agioteur* ressemble beaucoup au *Faiseur d'affaires*, que nous avons peint dans ce volume, au mot *Affaire*, n°. 16, 17, 18 & 19, pag. 244.

On a beau faire pour colorer ce genre d'affaires. « La misere, & la nécessité de l'un des contractans, n'est point une cause de gain & de profit pour l'autre. » Cette maxime de M. d'Aguesseau, p. 177, est la traduction de la loi romaine : *Nam hoc naturâ æquum est, neminem cum alterius detrimento fieri locupletiorem;* (L. 14, D. de conditione indebiti.)

C'est d'après ce principe du droit naturel, que les ordonnances, & les arrêts que nous avons cités, pag. 245 de ce volume, punissent toutes ces manœuvres ruineuses, comme usure déguisée.

Jurisprudence salutaire & sage ! sans elle, que deviendroient la jeunesse, le besoin & l'infortune ?

Encore quelques exemples. Cet infame *agiotage* ne disparoîtra pas entiérement : car, le mal politique est inhérent aux sociétés riches & corrompues, comme la contagion à l'entassement des hommes : mais il s'embarrassera dans ses moyens, & ils seront plus rares; il se cachera avec honte, ou avec crainte; il marchera avec moins d'audace : c'est beaucoup pour la sûreté, la justice & les mœurs.

Autre agiotage.

4. Il y a une autre espece d'*agiotage*, qu'on est embarrassé de définir : c'est celui par lequel on trafique de la protection, du crédit, de l'intrigue, des mœurs, des dignités, des places, des emplois, des graces & de la justice même.

J'ouvre la Bruyere & Duclos aux endroits que j'ai extraits sous le mot *Adresse*, pag. 137, 138 & 139. Je vois que de leur temps, tout étoit devenu l'objet d'un trafic honteux; que le rang & la naissance n'étoient pas un frein; que si l'on pouvoit avoir quelques scrupules, on les étouffoit avec beaucoup d'or. Vaudrions-nous moins, ou davantage ?

On suppose que cet esprit d'*agiotage* s'est accru, & a été, pour ainsi-dire, légitimé par la multitude, à une époque fameuse, celle du systême; dans ce délire national, où l'or fut tout & ne fut rien :

abyme profond, où se perdirent à la fois, la fortune, la loyauté & les mœurs.

Ceux qui disent que la justice ne peut rien contre ce désordre, ne connoissent ni son devoir, ni ses forces. Tout ce qui ramene l'ordre, la sûreté & le bonheur, la justice le peut sans doute ; mais il faut qu'elle ait son grand caractere : *Constans & perpetua voluntas jus suum unicuique tribuendi.*

A G I R.

(Droit privé. Droit public. Droit criminel. Police.)

1. Les jurisconsultes définissent ainsi : « C'est poursuivre une *demande*, intenter une *action.* » Voyez ces deux mots & *Affaire.*

Ce mot se dit aussi de la défense & de l'exception. Eussiez-vous raison, il faut *agir*, se défendre, sur-tout quand la jurisprudence est arbitraire. *AGERE etiam is videtur qui exceptione utitur. Nam reus in exceptione actor est. L. 1, D. de exceptione.*

Dans ce sens, la loi ne voit que l'action judiciaire : portons plus loin nos regards.

Hors de la triste enceinte du palais & dans le cours ordinaire de la vie civile, est-on obligé d'*agir* ? L'inaction est-elle légitime ? peut-elle être une faute ou un crime ? Question abstraite, mais importante : il faut l'étudier sous plusieurs points de vue.

DROIT PRIVÉ.

2. La justice primitive dit : « Faites pour autrui, ce que vous voudriez qu'il fît pour vous-même ! » *Quod tibi fieri vis, alteri feceris.*

La loi sociale, qui a dégradé la loi naturelle, tandis qu'elle devoit la perfectionner, dit au contraire : chacun ayant son existence à part, & étant très-occupé de sa conservation au milieu

des embûches & des abymes de la société civile, personne n'est tenu d'*agir* pour un autre, à moins qu'il n'ait accepté la commission qui lui est donnée, ou qu'il n'y soit engagé par son état. *Mandatum non suscipere cuilibet liberum est. Susceptum autem consummandum est. Inst. lib. 3, tit. 27, § 11.*

Cependant, il peut arriver qu'il y ait une grande facilité à *agir*, qu'il résulte un grand mal de l'inaction, & qu'elle soit produite par le dol & la méchanceté. Vous m'adressez une lettre de change pour la recevoir ou la faire protester ; des marchandises pour les faire passer & pour acquitter les droits ; une procuration pour recevoir en dépôt une chose qui pourra se perdre, &c. Je suis libre en général de refuser. Mais je ne dois pas retarder de vous avertir, afin que vous en chargiez un autre, si vous en avez le temps : si vous ne l'avez pas, si la chose dépérit, tandis que j'aurois pu la conserver ; alors, je crois être obligé de vous indemniser, je dois y être condamné. Voyez *Commerce, Commission, Dol, Dommage, Lettre de change, Mandat, Négligence, Procuration.*

DROIT PUBLIC.

3. En s'élevant au droit public, la grandeur de l'intérêt impose de plus grandes obligations.

Le citoyen se doit tout entier à la patrie, & son devoir est écrit dans son cœur. Qui le dispenseroit d'*agir* ?

S'il peut sauver un vaisseau en se mettant en travers ; dira-t-il, qu'on ne lui a pas fait le signal ?

En se montrant, s'il peut arrêter l'ennemi ; s'excusera-t-il sur le défaut d'ordre du général, qui ne peut pas tout prévoir ?

S'il peut arrêter un complot, rompre une négociation, prévenir une alliance funeste à sa patrie & à son prince ; se dispensera-t-il d'*agir*, parce qu'il n'a point de mission ?

Toutes ces questions sont d'autant plus

délicates, que les services sont souvent mal récompensés ; & qu'on dédaigne les donneurs d'avis, quelquefois instruits, & qu'il ne faut jamais négliger.

Il ne s'agit pas de récompense, mais de devoir. Or nous croyons que toutes les hypotheses possibles doivent être soumises à ce principe général & inviolable : « Tout sujet se doit à son prince. Tout citoyen se doit à l'état. » *Salus populi suprema lex esto.*

En sorte que celui, qui pouvant sauver l'état & le prince, n'*agit* pas, est coupable.

Et remarquez bien que c'est à cette maxime sacrée qu'est attachée l'idée du crime de lese-majesté passif, pour lequel de Thou fut condamné. Il savoit & devoit *agir* de maniere ou d'autre. S'il fut puni comme complice, le dispositif du jugement fut inexact ; & ces sortes de qualifications sont funestes, puisqu'elles embrouillent les idées. Il falloit dire : pour, ayant su, n'avoir pas empêché, ou n'avoir pas averti, n'avoir pas *agi.*

DROIT CRIMINEL.

4. Est-on donc coupable pour n'avoir pas empêché le crime? & n'est-ce pas assez de punir celui qui le commet?

Nous reviendrons sur cette question, aux mots *Crime & Complice.* Ici nous dirons, que le témoin passif du crime ne doit pas être puni, comme l'*agent,* mais qu'il ne doit pas être absous. Hélas ! dans combien de cas il n'auroit fallu qu'un mot, un mouvement, ou un signe pour arrêter les plus exécrables forfaits.

En Chine on punit la famille, parce qu'elle a manqué d'instruire & de retenir le criminel. Celui qui voit & n'empêche pas, est cent fois plus coupable. Mais, comme je l'ai dit tant de fois, nos loix criminelles ne sont pas préventives.

Police.

5. Ce malheureux préjugé social, que personne n'est tenu d'*agir* que pour soi,

est un des plus grands obstacles à cette bonne police qui ne s'observe que dans les petits cantons de la Suisse. Ailleurs, y a-t-il un incendie, ou tout autre événement désastreux ; on fuit, on se renferme ; la richesse sur-tout, qui a tant à perdre : il n'y a que la misere compatissante qui accourt, *agit* & s'expose.

Alors l'inaction n'est-elle pas punissable? Si l'on peut forcer à donner du secours, c'est donc un devoir. Si c'est un devoir, il est toujours commandé. S'il est toujours commandé, celui qui ne le remplit pas, doit être ou puni, ou blâmé, admonesté, censuré, suivant les circonstances. Voyez. *Affront , n°. 8, pag. 435.*

Cette jurisprudence, qui a été pratiquée avec succès, mérite d'être méditée.

A G I T A T E U R.

(Droit public.)

Ce mot nouveau dans notre langue, peint celui qui, par ambition ou par inquiétude, *agite* un corps, une ville, une province, un état entier, & en prépare toujours le malheur.

Quel peuple fut sans *agitateur*? Quelle compagnie a été assez heureuse pour n'en jamais avoir, assez vertueuse pour les démasquer, & assez puissante pour les punir ! Ce seroit une histoire piquante, que celle des maux qu'ils ont faits à la justice.

On appella ainsi les moteurs du fameux acte appellé le *convenant,* qui prépara la sanglante catastrophe d'un roi condamné, par ses sujets, à mourir sur un échafaud. Cromwel se ligua d'abord avec les *agitateurs* qui, ne paroissant être que les agens ou les solliciteurs de l'armée des rebelles, avoient cependant plus d'autorité que le conseil de guerre même : mais, bientôt, ce monstre politique, qui s'étoit servi d'eux, pour arriver à ses fins, chercha à s'en débarrasser, & trouva aifément le moyen de les caffer, & de refter feul maître.

La fignification dans laquelle le mot *agitateur* eſt employé dans nos anciens capitulaires, fe rapproche encore un peu de celle que nous lui donnons.

Charlemagne, dans une loi faite à Wormes, dans l'affemblée générale du peuple, & à fa requifition, en l'année 803, difpenfe les évêques & les prêtres de tout fervice militaire, & veut que leur miniftere foit borné à prier pour le fuccès des armes du prince : *Hi verò nec arma ferant, nec ad pugnam pergant, nec effuſores ſanguinum vel AGITATORES fiant, ſed tantùm ſanctorum pignora, & ſacra miniſteria ferant, & orationibus pro viribus inſiſtant, ut populus qui pugnare debet, auxiliante domino, victor exiſtat : & non ſit ſacerdos ſicut populus.* (Baluzius, *tom. 1, pag. 409.*)

Dans plufieurs textes des jurifconfultes Romains, le mot *agitateur* défignoit toute autre chofe ; & ils préfentent, même entr'eux, une parfaite contradiction. Ulpien avoit dit, que les *agitateurs*, non plus que les autres efpeces d'athletes qui combattoient dans les jeux publics, ou s'y rendoient utiles, n'étoient pas cenfés exercer une profeffion infame : *Neque thymelici, neque exyſtici, neque AGITATORES, nec qui aquam equis ſpargunt ; cæteraque eorum miniſteria qui certaminibus ſacris deſerviunt, ignominioſi habeantur, l. 4, D. de his qui notantur infamiâ.* Les empereurs Théodofe, Arcadius & Honorius, paroiffent au contraire confidérer les *agitateurs* comme occupés d'un métier vil & déshonorant, puifqu'ils défendent de donner des fpectacles, & d'expofer au public, dans les endroits où l'image du prince eſt confacrée, foit les jeux d'un baladin pantomime, foit les rides défagréables d'un *agitateur*, foit enfin la perfonne vile d'un hiftrion : *Si qua in publicis porticibus, vel in his civitatum locis in quibus noſtræ ſolent imagines conſecrari, pictura pantomimum veſte humili, & rugoſis ſinibus AGITA-*

TOREM, aut vilem offerat hiſtrionem. L. 4, C. de ſpectaculis.

Les auteurs ont paru fort embarraffés, pour concilier la contradiction entre la loi du digeſte, & celle du code ; & fur-tout, pour déterminer en quoi confiſtoient les fonctions des *agitateurs* dans les jeux du cirque.

Sur ce dernier objet, les uns ont penfé que les *agitateurs* avoient le foin de jeter l'eau néceffaire pour laver les pieds des chevaux, & réparer ainfi leurs forces : *Equis curſum caleſcentibus frigidam ſuffundebant, ut paulùm refocillati alacriùs curſum repeterent.* C'eſt ce que dit Salmuth fur Pancirole, (*tit. 19 Rerum memorabilium deperditarum, pag. 55, edit. Francofurtenſis 1646, in-4°.*) & c'eſt auffi le fentiment de nombre d'autres célebres auteurs. (Alexander ab Alexandro, *lib. 3, dierum genial. cap. 9.* Erafmus, *in adagiis chil. 1, centur. 10, numer. 5, pag. 335, edit. Baſileenſis 1559, in-fol.* Alciatus, *parerg. lib. 6, cap. 3.* Corafius, *in miſcellaneis, lib. 4, cap. 24.*) Les autres ont cru que l'on ne jetoit de l'eau fur les chevaux que dans le deffein de les purifier, & par un principe religieux : c'eſt ce qu'affure, d'après Rubenius, (*lib. 2, electorum, cap. 13,*) l'illuſtre Noodt, dans fon excellent Commentaire, fur les vingt-quatre premiers livres du Digeſte : *Cùm circenſes eſſent ludi ſacri in honorem deorum dicati, moris fuiſſe ut equi certaturi priùs luſtrarentur, & aqua è certo loco petita ſpargeretur,* (*tom. 2 ; operum Noodt,* pag. 60, edit. 1767, in-fol.)

Sur le premier objet, nous nous bornerons à la conciliation que préfente Heineccius, & qui nous paroît jufte. Il dit donc, que les jeux du cirque, étant confacrés aux Dieux, il n'eſt pas furprenant que les anciens jurifconfultes, tels qu'Ulpien, euffent décidé que les *agitateurs*, & tous ceux qui y participoient, n'encouroient aucune note d'infamie : mais il ajoute que fous les empereurs chrétiens, on penfa différemment fur toutes les inftitutions qui tenoient aux principes du paganifme; & qu'ainfi, on flétrit les *agitateurs* comme tous les autres hiftrions qui paroiffoient en public fur la fcene: *Cùm ergo his certaminibus & ingenui cives intereffent, iifque pantomimi & alii famofi ludiones prohiberentur; nec denique eâ homines mercede conducti, fed coronâ contenti, & virtutis caufâ & in honorem deorum fubirent: factum eft ut eos qui certaminibus his interfuiffent, ab infamiæ notâ immunes effe ftatuerent jureconfulti: quamvis pofteà, cùm ob chriftianam religionem eviluiffet illa ludorum ac certaminum religio, etiam thymelici & AGITATORES infamiâ notari cæperunt.* (Heineccius, *in commentar. ad L. pappiam poppæam, lib. 2, cap. 1, tom. 3, operum, pag. 120.*) Voyez *Agonothete*, &c.

AGNAT, AGNATION,

AGNATIQUE.

(Droit public. Droit privé. Droit féodal. Droit étranger.)

1. On appelle *agnats*, les defcendans par mâles d'un même pere; *agnation*, le lien qui exifte entre ces defcendans; fucceffion *agnatique*, celle à laquelle ils font feuls admis.

Peuples anciens.

2. La prédilection pour les mâles a dû exifter dès l'enfance des nations, parce que la force y regna avant la juftice. Les Hébreux, entr'autres, n'appellerent les filles à la fucceffion des peres, qu'au défaut des fils; c'eft ce qui paroît par la requête que préfenterent à Moyfe & Eléazar les filles de Salphaad : *Pater nofter mortuus eft.... Hic non habuit MARES filios. Cur tollitur nomen illius de famil:â fuâ quia non habuit filium ? Date nobis poffeffionem inter cognatos patris noftri.* Moyfe ayant confulté le

Seigneur, décida que les filles de Salphaad avoient raifon, & il annonça au peuple fa décifion : *Homo cùm mortuus fuerit abfquè filio, ad filiam ejus tranfibit hereditas, &c. (num. cap. 27.)*

Les rabbins ont tiré de ce texte leurs ufages fur l'ordre de fuccéder. *Filius anteponendus filiæ, & univerfa proles è femore ejus egreffa anteponenda filiæ.*

DROIT ROMAIN.

3. Après les héritiers que la loi des douze tables nommoit *héritiers fiens*, elle appelloit à la fucceffion d'un défunt, tous fes parens fuivant la proximité du degré, fans aucune diftinction de fexe.

Cet ordre de fuccéder ne fubfifta pas, & on exclut les femmes de toutes les fucceffions, foit teftamentaires, foit *ab inteftat.* Paul & Ulpien attribuent ce changement à la loi *VOCONIA.* (Paulus, *recept. fentent. IIII, 8, 22.* Ulpiani, *fragm. XXV, 6.*) Mais Juftinien l'attribue à la *jurifprudence* qu'il appelle *moyenne.* (1, § 3, *de legit. agnatorum fucceff.*)

Pour concilier ces deux opinions, Cujas, Hotman, Pacius, &c. ont penfé que l'empereur avoit eu pour objet la loi *VOCONIA*, en parlant de *fa jurifprudence moyenne*; mais Vinnius fait voir clairement qu'ils fe trompent dans leurs idées de conciliation : *Nullo modo referri AD LEGEM VOCONIAM poteft, quod hic adfcribitur MEDIÆ JURISPRUDENTIÆ, (in Commentar. I. eod.)* Nous renverrons nos lecteurs qui voudroient des détails curieux, à l'excellente differtation de Perizonius. (*De lege VOCONIA, pag. 106, & fequent.*)

Ce qu'il faut favoir, c'eft que le préteur vint d'abord au fecours des femmes par fon édit, *undè cognati, (I. eod.)* & que Juftinien abolit enfuite toute diftinction de fexe, & ordonna que les femmes fuccéderoient comme les mâles : ainfi, il ne fubfifta plus de différence entre le droit d'AGNATION & celui de

COGNATION : *Omnis differentia sexûs cessat.* (Authent. cessante, C. de legit. hered.)

DROIT FRANÇOIS.

4. La loi Salique, en cela conforme à celle des Ripuaires, (*tit. 56, § 3,*) & des Saxons, (*tit. 7, § 1,*) a établi *LA SUCCESSION AGNATIQUE. De terrâ verô salicâ in mulierem nulla portio hereditatis transit, sed hoc virilis sexus acquirit ; hoc est, filii in ipsâ hereditate succedunt. Sed ubi inter nepotes, aut pronepotes, post longum tempus de alode terræ contentio suscitatur, non per stirpes sed per capita dividantur.* (Tit. 62, legis Salicæ, § 6.)

Tel est le fameux texte dont les dispositions régleront à jamais la succession au trône François : elles ont prévalu dans un grand nombre d'occasions aux efforts de plusieurs usurpateurs : c'est ce qu'observe entr'autres l'archevêque de Turin, Seyssel, dans son curieux *Traité de la loi salique,* en rendant compte des réponses de Philippe de Valois aux prétentions d'Édouard, roi d'Angleterre.

« Car soient crues toutes les chroniques de France, depuis le temps de Pharamon, qui fut premier roi de France, & n'étoit pas chrétien, jusques au temps de Philippe-le-Bel : quelque défaut de ligne masculine qui ait été, soit dès le temps de Clodio-le-Chevelu, qui mourut sans hoir masle ; & vint à ceste cause la succession à Mérovée, pere de Chilpéric, & grand pere du roi Clovis, premier roi chrétien, comme plus prochain hoir masle dudit Clodio-le-Grand. Aussi la loi salique, soit de tous les descendans de Charlemagne & de Hue-Capet, il ne sera pas trouvé que oncques fille, succédât à la couronne de France, *ne autre masle au moïen de fille.* Et bien fut pratiqué cest article après la mort de Loys Hutin, car Jehan son fils lui succéda, qui mourut sans hoir masle en allant à son sacre, où étoit sa fœur, fille de Loys la plus prochaine héritiere, & toutesfois la couronne re-

monta à Philippe-le-Long, son oncle, & de Philippe-le-Long, qui avoit fille, vint à Charles-le-Bel, son frere : parquoy estoit bien grand demonstrance que elle debvoit venir au plus prochain hoir masle, non pas aux femelles ne aux descendans d'elles : car s'elle eust pu venir, le roi de Navarre, fils de la fille de Loys Hutin, & le conte de Flandre, fils de la fille de Philippe-le-Long y *fussent plutost venus que le roi Édouart :* lesquels toutesfois n'y demanderent oncques rien, &c. » (*pag. 107.*)

Plusieurs de nos coutumes ont conservé avec plus ou moins d'étendue les dispositions de la loi salique ; celle de Normandie, entr'autres, dit : « En succession de propres, tant qu'il y a mâles ou descendans des mâles, les femelles ou descendans des femelles ne peuvent succéder, soit en ligne directe ou collatérale, » *art. 248.* La coutume de Paris au contraire ne donne aucun privilege à l'*agnation* ; & entre les parens qui descendent de celui qui a mis un immeuble dans la famille, on n'attribue aucune préférence à ceux qui en descendent par mâles : ce qui les regle entr'eux, c'est le degré ; la coutume de Paris, disons nous, ne faisant point de différence entre l'*agnation* & la *cognation.*

Sous le mot *Fief,* nous rendrons compte de celles de nos coutumes qui admettent l'*agnation* dans la succession de cette nature de biens ; & nous traiterons les questions ardues, sur-tout celles qui ont pour objet le double droit que les *agnats* ont à exercer pour la revendication des fiefs aliénés.

La différence, entre l'*agnation* & la *cognation,* abolie par l'empereur Justinien, fut en partie renouvellée par le trop fameux édit, vulgairement appellé l'*édit des meres,* donné à St. Maur au mois de mai 1567. Par cette loi, les meres furent, dans le pays de droit écrit, privées du droit de succéder aux biens paternels de leurs enfans, & réduites à la moitié de leur usufruit. Mais la réclamation constante conftante des pays de droit écrit, & notamment des habitans de la Provence, déterminerent le feu roi à révoquer l'édit de St. Maur par celui du mois d'août 1729 : l'*art. 1* porte expreffément que « les fucceffions des meres à leurs enfans ou des autres defcendans & parens les plus proches defdits enfans du côté *maternel*.... feront déférées, partagées & réglées fuivant la difpofition des loix romaines, ainfi qu'elles l'étoient avant l'édit de St. Maur. » Voyez *Enfant*, *Mere*, &c.

DROIT ÉTRANGER.

5. Les privileges de l'*agnation* & de la mafculinité ont lieu en Angleterre : *Generaliter verum eft, quòd mulier numquàm cum mafculo partem capit in hereditate aliquâ : & ità filius, five primâ, five mediâ, five ultimâ uxore natus, fuccedit patri in totum, præ omnibus fororibus.* (Skenæus, *lib. 2, cap. 30, legis Scotorum.*)

Il fuffit d'avoir une idée des majorats d'Efpagne pour être convaincu de la faveur que méritent les *mâles* dans ce royaume : auffi les jurifconfultes de ce pays répetent-ils fouvent ce vers d'Euripide : *Filii mafculi columnæ funt familiarum.* (Molina, *de Hifpanorum primogenitorum origine, lib. 3, cap. 5, n°. 2, pag. 332, edit. Lugd. 1672, in-folio.*)

En Italie, les loix de la plupart des états ont eu pour l'*agnation* une finguliere vénération : nous ne citerons que ces mots du ftatut de Boulogne. *AGNATI mafculi tranfverfales præferuntur omnibus tranfverfalibus cognatis, & etiam tranflatis in jus AGNATIONIS.* (Statutorum civit. Bononiæ rubr. 109, part. 8, pag. 261, tom. 1, edit. comitis Sacci.)

Le roi de Pruffe, après avoir défini l'*agnation* & la *cognation*, dit qu'il y a des droits qui n'appartiennent qu'aux *agnats*, d'autres qui ne concernent que les *cognats*, d'autres qui les regardent également les uns & les autres.

Parmi les droits particuliers aux *agnats*, il place la faculté de porter le nom & les armes de la famille ; & de jouir de toutes les prérogatives & honneurs qui y font attachés ; & de fuccéder feuls aux fidéicommis de la famille & à fes fiefs. (Code Fréderic, *part. 1, tit. 9, art. 6, pag. 85, & fuiv. du tom. 1.*)

Bâtards.

6. Les droits d'*agnation* ne s'acquierent que par un mariage légitime.

Belordeau dit : « Il y a grande différence à faire entre *agnation* & *cognation*, & eft néceffaire de la reconnoître pour favoir à qui appartiennent les droits d'une fucceffion collatérale.... Si deux freres baftards ont des enfans légitimes nais en loyal mariage, & que ceux d'un defdits freres décedent fans hoirs de leur corps ; favoir, fi les enfans légitimes de l'autre doivent fuccéder, ou le feigneur de fief ? JUGÉ au parlement de Bretagne, au mois de janvier 1611, que la fucceffion appartenoit au feigneur, &c. » (Obferv. forenfes, *liv. 1, part. 1, art. 38, pag. 52.*)

En Dauphiné, les bâtards font traités plus favorablement que dans toutes les provinces du royaume : « Néanmoins les parens paternels du bâtard ne lui fuccedent point, parce qu'à fon égard, l'*agnation* n'a pas lieu, ni aucun de fes droits : il a été ainfi jugé par ARRÊT du mois d'avril 1640. Le droit civil fait ainfi violence au droit naturel. » (Chorier, fur Guy-Pape, *liv. 3, fiû. 5, art. 3, pag. 198, aux notes.*)

De même, Fréderic-le-grand a déterminé que « l'*agnation* n'a lieu que par un mariage légitime : c'eft pourquoi les enfans nés de la main gauche, ou d'une conjonûion illicite, ne font pas cenfés des *agnats*, & ne jouiffent pas non plus des droits d'*agnation* : mais la *cognation* fe contraûe, même par une conjonûion illicite. » (Ibid.) Voyez *Bâtard, Cognat, Fidéicommis, Majorat, Mâle, Mafculinité, Subftitution, Succeffion, &c.*

AGNEAU, AGNEL,

AGNELIN.

(*Dr. public. Dr. eccléfiaft. Dr. privé. Dr. fifcal. Monnoies. Commerce.*)

1. Le petit de la brebis & du belier porte le nom *d'agneau*. Une monnoie d'or qui a eu cours en France pendant plus de deux fiecles, portoit le nom *d'agnel* à caufe de la représentation de cet animal, type du Sauveur du monde. Les laines & peaux des *agneaux*, portent le nom de laines *d'agnelins*, fourrures *d'agnelins*. Tout ceci tient à notre ouvrage, & entre néceffairement dans le vafte plan qui a eu tant d'approbateurs.

D R O I T P U B L I C.

2. Deux objets : les précautions à prendre, relativement aux *agneaux*, dans le temps des maladies épifootiques; les précautions pour empêcher le dépériffement de l'efpece à la fuite de ces maladies.

ARRÊT du parlement de Paris, du 23 décembre 1778, qui ordonne que les moutons, brebis & *agneaux* qui feront attaqués de maladies, feront féparés de ceux qui font fains : fait défenfes à toutes perfonnes de les expofer en vente dans les foires & marchés, & aux bouchers, de les tuer & d'en débiter la viande... En pareille matiere, une citation tient lieu de mille, parce qu'une feule indique fuffifamment ce qu'il faut faire, ce qu'il faut éviter.

ARRÊT du confeil, du 29 octobre 1701. Le roi, voulant empêcher la cherté des laines, provenant de la difette caufée par la deftruction des troupeaux, juge à propos de renouveller la difpofition des anciennes ordonnances : en conféquence, il rappelle celles de Charles IX de 1563, dont l'une défendoit de tuer ni manger des *agneaux*; &

l'autre, interprétative de cette premiere, expliquoit que la défenfe ne devoit pas avoir lieu depuis la St. Martin d'hiver jufqu'à la mi-mai feulement. Il rappelle encore trois ARRÊTS du confeil : le premier, du 2 décembre 1666, rendu fur l'avis du lieutenant civil, permit la vente des *agneaux*, depuis Pâque jufqu'à la Pentecôte feulement ; & la défendit pour tout le refte de l'année, à peine de 500 liv. d'amende. Le fecond, du 11 février 1668, comprit dans fa difpofition, *même les pourvoyeurs des maifons royales:* enfin, le troifieme, du 25 juillet 1676, excepta des défenfes générales, les fermiers des terres, laboureurs & autres qui élevoient & nourriffoient des troupeaux ; & leur permit de fe vendre les uns aux autres les *agneaux* dont ils fe trouveroient furchargés. Sur le vu de ces réglemens, le roi défend pour toutes les provinces du royaume, de tuer des *agneaux*, dans aucun temps de l'année, à peine de 300 liv. d'amende : permet feulement aux laboureurs & autres qui élevent des troupeaux, de fe vendre refpectivement les *agneaux en vie, dont leurs bergeries fe trouveroient furchargées*, & encore, de vendre à dix lieues aux environs de Paris, des *agneaux de lait*, pour être tués & mangés depuis Noël jufqu'à la Pentecôte.

ARRÊTS du confeil, du 4 avril 1720, qui défend de tuer des *agneaux* jufqu'à la Pentecôte de l'année 1721. — Du 15 janvier 1726, qui fait les mêmes défenfes pour deux années, à commencer du premier jour du carême prochain. Du 4 mai 1726, qui permet de tuer des *agneaux* achetés dans les marchés publics de Paris, & aux fermiers & autres d'y en apporter..... Ceci fuffit pour faire voir que, fuivant les circonftances, on peut permettre ou défendre la vente des *agneaux* deftinés à l'approvifionnement des villes.

ORDONNANCES de police de la ville de Lyon, des 28 mars 1770, 23 janvier 1770, 30 mars 1774, 18 février 1777,

10 avril 1781, & 15 avril 1783, qui font inhibition & défense de faire entrer, dans la ville de Lyon, pendant un temps limité, des *agneaux* vifs ou morts, sous quelque prétexte que ce soit, à peine de 200 liv. d'amende & de confiscation, & même de prison en cas de récidive, &c.

Observons que l'idée de tous ces réglemens, est celle qu'avoient eue les Athéniens qui avoient senti les premiers, la nécessité de conserver les *agneaux*, afin de prévenir le dépérissement des troupeaux, ce premier fondement de l'agriculture & des manufactures. *Agnum anniculum ne mactato* : « Ne tue aucun *agneau* dans l'année où il a été mis au jour. » (*Legum atticarum*, lib. 5, tit. 2, § 7, edit. Sam. Petiti, 1635, pag. 32.)

DROIT ECCLÉSIASTIQUE.

3. En général, la dîme des *agneaux* est insolite ; cependant elle peut être exigée en vertu d'un usage immémorial.

ARRÊT du parlement de Paris, du 15 juin 1671, qui maintient le seigneur de la Roche-Breuil & de la Chapelle-au-Lyz, en la possession des menues & vertes dîmes de Gorron, laine & *agneaux* de cette paroisse, & fait défenses au curé de l'y troubler, avec dépens. (*Bibl. can.* de Bouchel & Blondeau, tom. 1, pag. 483.)

ARRÊT du parlement de Paris, du 27 août 1689, qui maintient le duc d'Étrées dans le droit de percevoir les menues dîmes des *agneaux*, cochons & animaux qui croissent dans la paroisse d'Ognes. ARRÊT conforme de la même cour, du 8 août 1705, pour la paroisse de Chaumes en Brie.

La jurisprudence des différentes cours n'a pas été uniforme, sur la fixation de l'époque à laquelle la dîme des *agneaux* doit être perçue.

ARRÊT du parlement de Paris, du 27 mai 1559, rendu en forme de réglement pour la dîme des *agneaux*. Les dîmeurs doivent marquer, compter & lever *le jeudi ou autre jour de la semaine sainte*, la dîme des *agneaux* ; & à défaut par eux de se conformer à ce réglement, les propriétaires ou leurs commis pourront le faire, pour, en cas de mort, en représenter les peaux, sur quoi ils seront crus à leur serment. Les dîmeurs payeront la garde des *agneaux après ladite semaine sainte*. (Filleau, tom. 2, part. 4, quest. 154, pag. 314 ; Bouchel & Blondeau, ibid. pag. 456.)

ARRÊT du parlement de Paris, du 16 mars 1619, qui condamne M. de Gondi, évêque de Paris, prenant le fait & cause de son fermier, à payer au curé de Mercy, la dîme de laine & *agneaux* ; savoir, le *treizieme agneau au premier juin*, en l'annonçant par le curé le dimanche précédent, au prône de la messe de paroisse, quoi faisant, l'*agneau* acquittera la brebis de toison, &c. (Henrys, tom. 1, liv. 1, chap. 3, quest. 32, pag. 104. édit. de 1738, Bouchel & Blondeau, ibid. pag. 506.)

ARRÊT du parlement de Rouen, du 27 mai 1639, qui juge que le curé doit prendre les *agneaux à la St. Jean*.... ARRÊT de la même cour, du 13 juin 1684, qui fixe la perception au mois de juin. (Basnage, tom. 1, pag. 27 & 28.)

ARRÊT du parlement de Paris, du 2 mars 1670, qui ordonne que la dîme des *agneaux* sera levée depuis le dimanche des rameaux, jusqu'à celui de *quasimodo*. (*Journ. des audiences*, tom. 4, liv. 9, chap. 3, pag. 746.)

Graverol, sur la Roche-Flavin, dit que, « lorsque par la coutume la dîme des cochons est due, on ne les prend pas, si l'on veut, que lorsqu'ils peuvent se passer du lait de leur mere : il en est de même des *agneaux* & des autres jeunes animaux sujets à dîme : la raison en est, qu'autrement ils pourroient mourir entre les mains du curé, qui par-là perdroit son droit. » ... Il y a, comme on voit, bien de la différence entre l'époque de la semaine sainte & celle de la St. Jean : cependant, comme la derniere jurisprudence doit être préférée, il semble que le curé doit lever la dîme, au plus tard, dans le courant du mois de mai ; à moins d'une coutume particuliere, qui en pareille matiere, sert toujours de regle.

Rien de constant encore sur la quotité & qualité.

ARRÊT du parlement de Paris, du 15 septembre 1627, qui déboute le curé de Saïsy de sa prétention sur *neuf agneaux.* « Les curés ont prétendu, dit Henrys, (*ibid.*) qu'encore que le nombre ne soit pas de onze, pour en prétendre un, le droit ne laisse pas d'en être dû ; & que si le propriétaire ne veut payer, à raison de ce qu'il en a, par exemple, une moitié, il faut joindre les années. Les laboureurs au contraire ont soutenu que quand il n'y en a pas onze, ils ne doivent rien ; & qu'à toute rigueur, ils ne seroient tenus que de payer quelque légere redevance pour chaque tête, suivant l'usage observé en quelques lieux, notamment pour les veaux, desquels autrement la dîme ne se payeroit jamais, ou fort rarement, parce que les maîtres n'ont pas à la fois, ni même dans le cours de toute une année, le nombre de veaux nécessaire. »

ARRÊT du parlement de Paris, du 31 juillet 1655, qui décide que la dîme n'est due qu'à raison du treizieme *agneau.* (Bouchel & Blondeau , *ibid.* pag. 497.)

ARRÊT du parlement de Paris, du 2 mars 1670, ci-dessus cité, qui, en adjugeant la dîme des agneaux, déboute de celle de la laine, parce qu'il n'étoit pas d'usage de la payer.

ARRÊT du parlement de Rouen, du 6 juillet 1684 : « Un particulier de la paroisse soutint que l'usage de la paroisse étoit, que lorsque le curé avoit perçu la dîme des *agneaux,* la dîme de leur laine n'étoit point due pour l'année suivante : par sentence le curé fut débouté de sa demande , à faute par lui de vouloir faire

la preuve de l'usage. » La cour confirme. (Basnage, *ibid. pag.* 28.)

De ces divers ARRÊTS, on peut conclure qu'en général la dîme des *agneaux* n'est due que du *treizieme,* & seulement dans le cas où le propriétaire en a une quantité suffisante pour asseoir la perception. On peut conclure aussi, qu'on ne peut prendre sur la même brebis, & la dîme de l'*agneau* & celle de la laine. Ce dernier point a encore été décidé par trois ARRÊTS du parlement de Dijon, des 9 août & 13 février 1565, & 2 juillet 1588, qui ont prononcé que les curés étoient *non-recevables à prendre ainsi double tribut d'un même animal.* (Fevret, *Traité de l'abus, liv.* 4, *ch.* 8, n°. 3, *pag.* 401, *édit. de 1778.*)

La dîme est-elle due en espece ?

ARRÊT du parlement de Paris, du 26 avril 1668, qui juge « que la dîme des *agneaux* se payeroit en espece ; nonobstant que l'on alléguât que la coutume des lieux circonvoisins fût de payer seulement quinze deniers pour chaque bête à laine, & non à raison du treizieme *agneau.* » (*Journ. des audiences, tom.* 3, *liv.* 7, *chap.* 10, *pag.* 640.)

ARRÊT du parlement de Toulouse, du 5 juin 1676, qui maintient les habitans de Langlade dans l'usage de payer les droits de dîme du bétail à laine, à raison d'un sol par tête, conformément à une transaction passée ensuite d'une instance dans laquelle la preuve de l'usage avoit été admise, & ensuite de l'enquête qui le constatoit. (Graverol, sur la Roche-Flavin, *liv.* 2, *arr.* 3, *pag.* 116.)

ARRÊT du parlement de Rouen, du 13 juin 1684, qui porte que le curé pourra prendre la dîme *en essence* à l'avenir. (Basnage, *ibid, pag.* 28.) Son annotateur fait une distinction que nous admettons volontiers. « Quand une dîme a été originairement payée *en essence,* le décimateur peut toujours la demander *en essence,* quoiqu'elle ait été payée pendant fort long-temps en argent ; mais si la dîme a toujours été payée en argent, le décimateur n'eft pas recevable à la demander *en effence*, & il doit fe contenter du prix qu'elle a toujours été payée. » Le préjugé fuivant favorife ce fyftême.

ARRÊT du grand confeil, du 24 avril 1702, qui admet le prieur de Morey à prouver que la dîme d'*agneaux* fe payoit en efpece vingt-quatre ans avant fa demande, & les habitans à prouver au contraire que de temps immémorial, elle avoit été payée en deniers. (Brunet, *dans fon Traité des dimes inféré à la fin de celui de* Drapier)

A quel curé doit-on la dîme des *agneaux* ?

ARRÊT du parlement de Touloufe, du 10 décembre 1665, qui juge qu'elle doit être payée à raifon du temps que le bétail a accoutumé de dépaître dans chaque paroiffe, foit par les habitans, foit par les étrangers. Il y avoit eu un pareil ARRÊT en 1635. (Graverol, fur la Roche - Flavin, *liv. 6, tit. 38, pag. 417.*)

ARRÊTS du parlement de Rouen, du 8 mai 1653, & du 17 mai 1661, qui adjugent la dîme des *agneaux* au curé dans la paroiffe duquel la bergerie étoit située. (Bafnage, *ibid.*) Le fecond de ces arrêts fut rendu fur une requête civile qui avoit ordonné un partage entre le curé, fur la paroiffe duquel la maifon du maître & la plupart des terres étoient fituées, & celui fur la paroiffe duquel la bergerie étoit bâtie. Le premier de ces curés foutenoit que le maître du troupeau avoit placé fa bergerie dans une autre paroiffe *par un motif de haine*. Ce motif peut fouvent exifter ; en forte qu'il femble que la requête civile ne devoit pas être accueillie.

ARRÊT du parlement de Touloufe, du 3 feptembre 1715, qui juge « que les beftiaux doivent payer la dîme, ainfi qu'elle fe paie aux lieux où ils dépaiffent, & non comme au lieu de la demeure du propriétaire des troupeaux, & où les troupeaux fe retirent. Il s'agiffoit dans ce procès de la dîme d'*agneaux*. Le motif eft fondé fur ce que cette dîme fe payoit à raifon de la dépaiffance des troupeaux, ce qui fuit le fonds, & nullement le domicile du maître de ces troupeaux. » (Vedel, *liv. 1, chap. 14 & 15, pag. 27 & 28.*)

La fraude n'eft jamais permife. Bouchel & Blondeau ont propofé à ce fujet cette queftion : « Si le maître du troupeau le vendoit peu de temps avant la faifon de tondre, ou la *naiffance des agneaux*, cela feroit-il préfumé avoir été commis pour fruftrer le curé de fon droit ? Il y a plufieurs circonftances, qui concurrentes, feroient juger la fraude. A favoir fi les brebis, prêtes de produire leurs fruits étoient feulement vendues, non les autres ni les moutons ; fi clandeftinement ou en lieu privé non gueres efloigné de la paroiffe ; fi à perfonnes conjointes d'alliance ou de confanguinité prochaine ; fi par modicité de prix, & autres pareilles circonftances remifes à la difcrétion du juge. Mais fi la vendition avoit été faite de l'univerfel troupeau en plein marché, & à fomme de deniers compétente ; la préfomption de fraude cefferoit, pour la liberté que chacun a de difpofer de fon bien. » (*Bibl. canonique, tom. 1, pag. 456, colonne 2.*)

La dîme des *agneaux* tombe-t-elle en arrérages ?

ARRÊT du parlement d'Aix, du 21 janvier 1642, qui juge que la dîme des *agneaux* ne fe prefcrit point dans l'année, quoiqu'en général la dîme des fruits foit prefcriptible dans cet intervalle. (Boniface, *tom. 1, liv. 2, tit. 22, chap. 3, n°. 2, pag. 137.*)

ARRÊT du parlement de Touloufe, du 13 juin 1661, qui prononce que les arrérages de la dîme des *agneaux* ne peuvent être demandés que de cinq années. (Albert, au mot *Arrérage, chap. 28, pag. 36.*)

ARRÊT du parlement de Dijon, du 5 juillet 1666, qui juge qu'un curé ne peut demander la dîme des moutons pour plusieurs années échues. (Perier & Raviot , *tom. 1 , quest. 32 , pag. 64.*) Ce dernier préjugé nous paroît devoir être suivi dans la pratique : si la dîme ordinaire n'arrérage point, pourquoi celle des *agneaux*, qui est à peu près insolite, auroit-elle une préférence ? *Si le curé ne l'a point demandée*, dit Raviot, *il n'en a point eu besoin pour sa subsistance : il seroit trop onéreux au paroissien de payer double ou triple dîme, si on la laisse arrérager.*

DROIT PRIVÉ.

4. Le legs d'un *troupeau de brebis* comprend-il les *agneaux* ? Oui, & personne n'en doute, répond Modestin. *OVIUM GREGE legato & arietes & AGNOS deberi nemo dubitat. L. 81, § 5, D. de legat. 3°.*

Le legs de *brebis* comprend-il aussi les *agneaux* ? Non, répond le même Modestin. *OVIBUS legatis, neque AGNOS, neque arietes contineri quidam rectè existimant. § 4, eod.*

Mais à quelle époque peut-on considérer comme *brebis* les *agneaux* femelles ? Marcian l'explique : car on trouve toutes les questions du droit privé dans la loi romaine. Il faut à cet égard, dit-il, consulter l'usage de chaque pays ; il en est plusieurs, où, après la tonte, il n'est plus d'agneau. *Ovibus legatis, AGNI non continentur; quamdiù autem AGNORUM loco sunt, ex usu cujusque loci sumendum est; nam in quibusdam locis ovium numero esse videntur cùm ad tonsuram venerint.* (*L. 65, § 7, eod.*) Alfenus croit qu'un *agneau* doit être réputé *agneau* pendant l'année, quoique d'autres ne fixassent que six mois. *Cùm quæreretur AGNI legati quatenùs viderentur, quidam diebant AGNUM duntaxat sex mensium; sed verius est eos legatos esse qui minores ANNICULI essent.* (*L. 60, in princip. eod.*) Les deux explications vont à peu près au même but ; on ne tond pas un agneau avant l'année.

DROIT FISCAL.

5. Suivant le tarif des droits d'entrée & de sortie, les *agneaux* à l'entrée doivent *la piece trois sols*, & à la sortie, *la piece deux sols.* Le commentateur dit, (*pag. 154.*) « Les *agneaux*, brebis & moutons étant du nombre des bestiaux qui ont donné lieu en général, à une infinité de réglemens, sont, venant des pays étrangers, exempts des droits d'entrée qui se perçoivent aux entrées des provinces frontieres ; & les *agneaux*, brebis, moutons & bœufs du royaume sont aussi déchargés des droits d'entrée dépendans de la ferme générale par les ARRÊTS des 16 janvier, & 18 décembre 1753, & 15 mars 1757, jusqu'au 15 mars 1763 ; mais les droits de sous-fermes sont dus, suivant l'ARRÊT du 30 juin 1733. »

Depuis : ARRÊT du conseil, du 17 avril 1763. Les *agneaux* doivent payer trois deniers par tête à l'entrée & autant à la sortie de France : ils sont en même temps déclarés exempts de tous droits à leur passage & circulation dans les différentes provinces, même dans celles réputées étrangeres.

Les laines d'*agnelins* en suint venant de Moscovie & d'ailleurs, paient, suivant le tarif de 1664, trente sous le cent pesant ; & suivant celui de la douane de Lyon, douze sous 6 deniers par balle d'ancienne taxation, & six sous par quintal de la nouvelle. A la sortie, le tarif de 1664 taxe les laines d'*agnelins* en suint le cent pesant, douze livres ; savoir, pour l'ancien droit, vingt sous, & pour la traite domaniale, onze livres.

Anciennement : « Peaux lanues de moutons & de brebis, trois deniers ; & la *pel de l'agnel* lanu, trois oboles. » (*Ancienne instruction & usage de l'office des ports & passages du royaume de France de 1353, insérés au tom. premier des Ordonnances du Louvre, pag. 203.*)

Dans les privileges accordés par Charles V, en 1366, aux marchands Italiens commerçans dans la ville de Nîmes à la charge des mêmes droits qu'ils paient à Montpellier, ils font taxés entr'autres, à l'art. 4. *De quâlibet centenâ pellium agniculorum, unum denarium.* (*Ordonn. du Louvre, tom. 1, pag. 670.*)

A Bourges on payoit anciennement un droit, appellé *la coutume des agneaux.*

Confirmation par Louis VII, en 1224, des lettres du roi Louis-le-Jeune de l'an 1145, par lefquelles il abolit plufieurs mauvaifes coutumes de cette ville : L'art. 9 dit : « *La coutume des agneaux* fera levée pour le roi, depuis le jour des Rameaux, jufqu'à la quinzaine de Pâque; & fi les officiers du roi ne s'en font payer dans ce temps, celui qui devra la coutume, en fera déchargé pour cette fois. (*Ordonnances du Louvre, tom. 1, pag. 48.*) ..... Ceci confirme notre opinion fur les arrérages de la dime des *agneaux.* (*Ci-deffus, fin de la divifion 3.*)

Aujourd'hui. Suivant le tarif de 1664, les peaux d'*agneaux* avec la laine, devoient deux fous la douzaine pour droits d'entrée; & pour droits de fortie, trois fous la douzaine. Mais fuivant un ARRÊT du confeil, du 2 juin 1744, les peaux de moutons & d'*agneaux* en laine fortant à la deftination de l'étranger, doivent 25 liv. le cent pefant.

Monnoies.

5. On appelloit *agnel,* une ancienne monnoie fabriquée fous Louis VII, St. Louis, Philippe-le-Bel, Louis Hutin, Philippe-le-Long, Charles-le-Bel, Charles VI & Charles VII, parce que fous le premier de ces rois, elle repréfentoit un *agneau* que dans ce temps on nommoit *agnel.* Cet *agneau* portoit une longue croix ornée d'une banniere, avec cette légende : *Agnus Dei qui tollit peccata mundi,* & fur le revers une grande croix fleurdélifée & fleuronnée : la légende fut la même fous St. Louis, mais on mit fur le revers, *Chriftus regnat, vincit, imperat.* On verra dans

les *Traités* de le Blanc, (*pag. 186 & fuiv.*) de Boizard, (*pag. 4,*) de Bafinghen, (*pag. 41,*) de Salzade, &c. la variation de cette monnoie, qui, fuivant le premier de ces auteurs, eut *grand cours dans toute l'Europe, pendant fort longtemps à caufe de fa bonté,* de maniere que plufieurs princes, à l'imitation de nos rois, firent faire des moutons d'or.

Ducange a dit : « *MULTONES, MUTONES, dicuntur monetæ aureæ regum franciæ in quibus efficfus, AGNUS DEI, ut vulgò dicimus, feu agnus lanatus cum cruciculâ, quas inde DENARIOS, vel FLORENOS AD AGNUM appellabant noftri, DENIERS FLORINS A L'AIGNEL, vel MOUTONS.* (Cangius, *in verbo, Multo.*)

Commerce.

6. En général, les laines d'*agneau* font de mauvaife qualité, & c'eft pour cette raifon qu'il eft défendu par plufieurs réglemens de les employer dans beaucoup de genres de manufactures; un RÉGLEMENT du 30 mars 1700, art. 2, en défend, entr'autres, l'ufage pour les bas au métier. On appelle *étain à l'agneau,* celui que les potiers marquent à un *agneau* pafchal, après en avoir fait l'effai; c'eft le plus fin & le plus doux. Voyez *Approvifionnement, Arrérages, Belier, Bergerie, Bétail, Bœuf, Brebis, Carnelage, Charnage, Curé, Dime, Épizootie, Étain, Fraude, Laine, Legs, Marché, Mégiffier, Moulin, Paroiffe, Pelletier, Police, Potier, Prefcription, Tonte, Troupeau, &c.*

A G N O Ë T E S.

(*Droit eccléfiaftique.*)

Ce nom dérive du mot grec, άγνοητης, qui fignifie ignorant : il a été donné à divers fectaires, qui foutenoient que Jefus-Chrift ignoroit certaines chofes, & entr'autres, aux partifans de Thémiftius, diacre d'Alexandrie, qui, en ajoutant aux erreurs des Théodofiens, prétendoit que le Fils de Dieu ignoroit le jour du jugement dernier. Cette erreur fut fondée fur une fauffe interprétation de ce texte de St. Marc : *De Die autem illo, vel horâ, nemo fcit, neque angeli in cœlo, nec Filius, nifi Pater.* (XIII. 32.)

On répondit que ce paffage s'appliquoit ✠ Jefus-Chrift, comme homme ; mais on fit voir qu'il favoit tout, comme Dieu, puifqu'il avoit prédit l'heure & le lieu, les caufes & les fignes du jugement. (*Matthæi, XXI. 28. Lucæ, XVII. 31 ; & XXI. 25.*)

Il eft queftion du fyftême des *Agnoëtes* dans le décret de Gratien, & ce qu'il en dit eft tiré d'Ifidore, qui réfute encore ce fyftême par un texte d'Ifaïe : *AGNOÏTÆ ab ignorantiâ dicti, quia ad perverfitatem à quâ exorti funt, id adjiciunt, quòd Chrifti divinitas ignoret futura, quæ funt fcripta de Die & horâ noviffimâ : non recordantes Chrifti perfonam in Efaïâ loquentis : DIES JUDICII IN CORDE MEO.* (Cauf. 25, quæft. 1, cap. 39, § 67.)

On trouvera de plus amples notions dans Bellarmin, (*de Chrifto, lib. 4, cap. 1.*) Baronius, (*Annal. ad ann. Chrifti, 535 & 563.*) Le P. Alexandre, (*Hift. ecclef. fæcul. 6, differt. 7.*) Enfin, le théologien Witaffe, (*Tract. de Trinit. part. 1, quæft. 4, art. 2, fect. 3, pag. 408 & fequent.*) Voyez *Ariens*, *Euthichiens*, *Théodofiens*, *Trithéites*, &c.

AGNUS-CASTUS.

(Commerce. Traites.)

C'eft une plante ou arbriffeau, qui quelquefois s'éleve à la hauteur ❀n arbre ; dont la femence, eft d'un certain ufage dans la médecine. Nous laiffons aux botaniftes fa defcription, & l'examen de fes propriétés, réelles ou imaginaires, pour difpofer le corps à la chafteté.

Il nous fuffit de remarquer : 1°. que

les pharmaciens doivent veiller aux compofitions dans lefquelles entre l'*agnuscaftus*, & ne pas fe prêter aux idées ridicules de quelques idiots, plus fuperftitieux que réguliers ; non plus qu'au charlatanifme des empiriques & diftributeurs des recettes fecretes ; 2°. que l'*agnuscaftus*, paie 2 liv. 10 fous par quintal de droit principal à l'entrée du royaume, à la forme du tarif de 1664. Voyez *Apothicaire*, *Charlatan*, *Drogue*, *Empirique*, *Zele (faux)*, &c.

A G N U S - D E I.

(Droit eccléfiaftique.)

C'eft ainfi qu'on appelle ces petits pains de cire, empreints d'un agneau, portant l'étendart de la croix, que le pape bénit folemnellement le dimanche *in albis*, qui fuit fon inftallation, & enfuite de fept ans en fept ans, & qu'il fait diftribuer aux fouverains, aux prélats & au peuple.

L'origine de cette cérémonie, vient de l'ufage qu'on avoit anciennement dans l'églife romaine, de diftribuer à pareil jour aux fideles les reftes du cierge Pafchal, béni le famedi-faint : chacun étoit foigneux d'en avoir, & de les conferver comme un préfervatif contre les attaques des démons, les tempêtes, les orages & tous les fléaux.

La fuperftition qui abufe de tout, & le charlatanifme qui tire parti de tout, ont excité l'attention des conciles. Celui de Lima, capitale du Pérou, tenu en 1582, porte dans un de fes canons : *Devotio tamen laudabilis adversùs AGNOS-DEI à fummo pontifice benedictos fecum geftandos, omnibus modis probatur, dummodò PURI ac non fucati coloris fint.* (Saens de Aguirre *cardinalis, in Collect. concil. Hifpaniæ, tom. 4, pag. 253, edit. Romæ, 1693, in-fol.*) Voyez *Bénédiction*, *Charlatan*, *Relique*, *Superftition*, &c.

AGONICELITES.

AGONICELITES.

(*Droit eccléſiaſtique.*)

On a donné ce nom à des enthouſiaſtes, qui prétendoient qu'on devoit
prier debout, & que c'étoit une ſuperſ-
tition de prier à genoux.

On peut conſulter un traité curieux,
aſſez rare, mis au jour par Jean le
Lorrain, ſous ce titre : *De l'ancienne
coutume de prier debout, & d'adorer, les
jours de dimanche & de fête, & durant
les temps de Pâque;* ou *Abrégé des cérémonies anciennes & modernes :* Delfit,
(Rouen,) 1700, 2 vol. in-12. Voyez
*Acemetes, Adoration, Génuflexion,
Liturgie, Priere, Religion, Rit, &c.*

AGONISANT.

(*Dr. eccléſiaſt. Dr. public. Dr. privé.*)

1. C'eſt celui qui ſe trouve au dernier
période du combat de la nature contre
la mort : *Agoniſantes porro illi propriè
dicuntur qui, exuperante jam morbo, &
naturâ proſtratâ, animam efflaturi de
proximo ſunt; hi apud jureconſultos
variis nominibus appellantur : dicuntur
enim quandoque conſtituti in extremo vitæ
momento, aliàs poſiti IN EXTREMIS,
aliquando LABORANTES IN EXTRE-
MIS, &c.* (Zacchias, lib. 2, tit. 1,
quæſt. 19, n°. 6, pag. 49, édit. Blaeu,
1651, in-folio.)

DROIT ECCLÉSIASTIQUE.

2. Les médecins, & à leur défaut les
apothicaires & chirurgiens doivent donner
avis aux curés des perſonnes *dangereuſe-
ment malades,* de leur triſte état : c'eſt
la diſpoſition de l'*art. 12* de la déclaration
du 13 décembre 1698.

Suivant un canon du concile de Bourdeaux de 1582, les curés ne doivent pas
s'en tenir à l'adminiſtration des ſacremens,

ils doivent encore aider les *agoniſans* à
faire une bonne mort : *Ne putent paro-
chi ſe omninò officio ſuo ſatisfeciſſe, ſi
ægrotis euchariſtiæ & extremæ-unctionis
ſacramenta ſolùm impenderint; ſed eos
prætereà adeſſe oportet MORIENTIBUS,
eoſque ſanctis admonitionibus & piis precibus omni ratione juvare; ut quod eis
SUPEREST VITÆ, in verâ & catholicâ
fide poſſint explere; ne propter peccato-
rum ſuorum multitudinem atque gravita-
tem ullo modo de divinâ miſericordiâ
deſperent.* (Bochellus, lib. 3, tit. 17,
cap. 37, pag. 495.) Le concile de
Rheims de 1583 va plus loin, & exhorte
les évêques eux-mêmes, à ſe tranſporter
ſouvent chez un *mourant* qui aura mérité ces ſoins charitables par une conduite
réguliere, & à leur donner leur bénédiction : *Epiſcopos etiam obſecramus in
domino, ut chriſtianæ charitatis, humanæ-
que conditionis memores, ſi quos reſcie-
rint GRAVITER LABORARE, eoſque
maximè qui vitæ ſpiritualis ſtudio, &
pietatis nomine laudeque ſunt inſignes,
INVISANT SEDULO, ſuam illis benedictionem impertituri.* (*Ibid. cap. 39.*)

Quand des malades placés dans un état
déſeſpéré auront dévotion à quelques reliques qui ſe trouveront dépoſées dans les
égliſes des réguliers, ces reliques pourront leur être portées, mais ſans aucune
cérémonie extérieure. Dans la chambre
de ces *agoniſans* les prêtres pourront ſe
vêtir de l'étole & faire les prieres accoutumées; mais, ſi par haſard le curé ſur-
venoit, ils ſeront obligés de lui faire
civilité, de lui déclarer qu'ils n'ont garde
de prétendre au droit de porter l'étole,
qu'ils n'ont priſe que par reſpect pour
les reliques & les indulgences; c'eſt ce
que porte l'un des articles du réglement
fait entre les curés & les réguliers du
dioceſe d'Embrun, par M. de Harlay,
archevêque de Paris, & le P. la Chaiſe,
confeſſeur de Louis XIV. Voyez *Apothicaire, Chirurgien, Curé, Étole,
Évêque, Extrême-onction, Indulgence,
Médecin, Relique, Sacrement, &c.*

AGO

Mariage.

3. Avant la déclaration du 26 novembre 1639, la jurisprudence prononçoit la validité des mariages contractés entre deux personnes dont l'une étoit à l'*extrémité* de la vie, même quant aux effets civils : c'est ce que décidèrent deux ARRÊTS du parlement de Paris, du 30 décembre 1632, & du 4 mars 1636 : ce dernier fut rendu contre les conclusions de M. l'avocat général Bignon, qui avoit distingué le lien religieux & l'engagement civil, & conclut à ce que le mariage fût déclaré valable comme sacrement, mais incapable de produire les effets civils. (*Journal des audiences,* tom. 1, liv. 2, chap. 122, pag. 150 & 151.).... ARRÊTS conformes du parlement de Dijon, du 21 juillet 1636, & du parlement de Toulouse, du dernier juin 1638. (D'Olive, *liv. 3, chap. 1, pag. 403.*)

Mais, la loi importante de 1639 a introduit des maximes différentes. Elle déclare dans l'*art. 6*, incapables de toutes successions, les enfans nés de femmes que les peres auront entretenues, & qu'ils auront épousées à l'*extrémité* de la vie. L'édit du mois de mars 1667, confirme cette disposition, tant à l'égard des femmes qu'à l'égard des hommes.

ARRÊT du parlement de Paris, du 14 juin 1738. Rousseau des Bordes, pulmonique condamné, épouse la Lebrun dont il avoit eu un enfant, cinquante-deux jours avant sa mort. Procès : le mariage doit-il être considéré comme contracté *In extremis* ? Admission à la preuve des faits de pulmonie : preuve faite. La cour déclare la Lebrun *incapable de tous les effets civils qu'elle auroit pu prétendre sur les biens de la succession de Rousseau, tant en vertu du contrat de mariage passé entr'eux, que comme héritiere mobiliaire de défunte Marie-Julie Rousseau, leur fille.* Le châtelet avoit accordé les droits viduels.

Cet arrêt, que nous avons choisi dans le nombre est bien important : survie de cinquante deux jours après le mariage; & cependant la veuve, concubine antérieure, est privée des effets civils ! L'*extrémité* de la vie est l'état où le malade ne peut point espérer de surmonter la maladie, quoique cet état puisse durer encore un certain temps. *AGONISANTES illi dicuntur.... LABORANTES IN EXTREMIS.* Voyez *Concubine, Effets civils, Mariage, &c.*

Contrats, Déclaration, Donation, Testament.

4. Plusieurs coutumes très-sages dans cette partie ont exigé, pendant un intervalle plus ou moins long, la survie d'un testateur à sa disposition, & une égalité de santé dans ceux qui se feroient des donations mutuelles : ce sont, entr'autres, celles de Normandie, de Bourbonnois, de Sens, d'Auxerre, de Bourgogne, &c. Guillaume, commentateur de cette derniere, dit que l'un des motifs des rédacteurs a eu pour fondement, d'un côté, le danger des captations & suggestions si faciles à pratiquer vis-à-vis d'un mourant; & de l'autre, la nécessité d'exiger qu'un testateur, qui remplit les fonctions d'un véritable législateur, prononce en grande connoissance de cause. *Cùm maximè mentis sanitas in testamentis condendis exigatur, FATUM AGENTIBUS EAM ABESSE, CONSTERNATO VI MORBI ANIMO ET INSTANTIS LETHI SOLLICITUDINE, certissimum est.* (*pag. 186, édit. 1717.*) Paroles précieuses ! Il est *très-certain qu'un moribond, qui lutte contre la mort, dont tous les sens sont abattus, ne peut pas avoir la force d'esprit nécessaire pour un acte aussi important qu'un testament.*

Les médecins ont-ils tort d'être surpris de ce que les jurisconsultes en général portent si peu d'attention aux actes qui *paroissent* constater la volonté des *mourans* ? Un malade, dit Zacchias, placé dans cet instant critique, où ses forces sont affaissées, peut-il conserver l'intégrité des facultés intellectuelles ? Il faudroit perdre de vue l'influence essentielle du physique sur le moral, pour imaginer qu'un moribond, qui à peine peut parler, puisse cependant disposer valablement de ses biens, parce qu'un notaire qui peut être quelquefois, ou peu éclairé, ou trop intéressé, aura cru ou aura dit, que quoique *malade de corps*, il est cependant *sain de parole, mémoire & entendement*. Mais, des témoins ont attesté par leur signature la déclaration de l'homme public! Pour bien apprécier le degré de confiance que mérite très-souvent une pareille attestation, il faudroit bien envisager de quelle maniere on choisit les témoins pour l'acte le plus important de la vie. On prend les premieres personnes qu'on trouve, des personnes inconnues au testateur, qui pleines de leurs affaires, & pressées d'y aller vaquer, attendent impatiemment & sans réflexion, le moment où l'officier public aura rédigé sa formule ordinaire, la signent & partent.

Nous sommes consultés aujourd'hui sur cette question. Un pulmonique qui avoit depuis bien des années institué son frere pour son héritier universel, se fait transporter dans un des faux-bourgs de Lyon, & au bout de huit jours, paie le tribut à la nature. Cependant, un nouvel acte paroit : c'est une donation *entre-vifs* faite *deux jours avant le décès de l'agonisant*, par laquelle le frere est dépouillé, & l'aubergiste qui avoit loué une chambre au défunt, est déclaré donataire universel.

Cet acte sera-t-il consacré par la justice, malgré les soupçons que présente sa rédaction insidieuse, qui évidemment a été déterminée par ce motif, qu'il ne faut que deux témoins pour une donation, tandis qu'il en faut cinq pour un testament ? Nous reviendrons sur tout ceci. Écoutons Zacchias, dont le texte ne sauroit paroître long à ceux qui connoissent les abus de tous ces actes, qu'on intitule du nom des *agonisans*, quoiqu'ils ne soient pas même revêtus de leur signa-

ture, qu'ils n'ont pu donner, *attendu la foiblesse de leur main*, ainsi qu'ils l'ont déclaré.

« *In quo statu* (AGONIÆ) *positus homo, NON MODO RATIOCINANDI, SED ETIAM QUAMCUMQUE VEL IMAGINANDI OBLITERATAM FACULTATEM HABET, emortuo jam naturali calore, & evanescentibus spiritibus quorum auxilio omnes in corpore facultates anima exercet. Ex quibus CLARÈ PATET quàm validi sint actus, ab AGONISANTIBUS & extremum spiritum ducentibus, aliquandò facti : VIDI ENIM TALES contractui consentire, codicillos condere, & alia gerere quæ me IN ADMIRATIONEM traxerunt : & suspicabar ex notariorum & familiarium MALITIA hæc procedere, credens eos in suis instrumentis FINGERE quòd tales actus, non AB AGONISANTE, sed ab homine, LICET INFIRMO, INTEGRIS TAMEN SENSIBUS, gesti fuerunt ; cùm non sine summâ admiratione offendi apud JURECONSULTOS, quòd in articulo mortis positus (HIC AUTEM IDEM PENÈ EST CUM AGONISANTE,) etiam deficientibus sensibus, DUMMODO EJUS VERBA INTELLIGANTUR A TESTIBUS, possit testamentum condere.* (Zacchias, *ibid.* n°. 7 & 8.)

Chaque pere de famille rédigeroit son testament en pleine santé & avec cette prudence, cette plénitude de conseil que mérite un tel acte ; s'il y avoit une loi générale qui exigeât *une survie de trois mois dans tout malade* qui auroit disposé de ses biens. Ne pourroit-on pas même déterminer qu'un malade ne pourroit faire *aucune espece d'acte* sans y être autorisé par le juge, qui nommeroit un médecin pour assister à la rédaction *actuelle*, & attesteroit la capacité du contractant par sa signature ? Mais les circonstances sont quelquefois urgentes ! .... Mais on voit si souvent tant de manœuvres ! Tout ce qui se fait d'ailleurs avec précipitation est toujours mal fait, &

dans le chapitre des inconvéniens toujours confidérables, il faut prendre le parti qui en préfente le moins. Voyez *Acte, Capacité, Codicille, Donation, Égalité de fanté, Maladie, Notaire, Signature, Témoin, Teftament, &c.*

Comment concilier tout ce que nous venons de dire avec ce préjugé.

ARRÊT du parlement de Paris, du 15 juin 1617, qui juge « fuffifante en faveur de la fille la révocation d'un teftament olographe fait *ab iratâ matre* par une fimple déclaration de la mere *agonifante* au curé qui l'interrogeoit, quoique non fignée de la teftatrice. » M. Talon, alors fimple avocat, foutenoit « que l'interrogation du curé étoit une manifefte fuggeftion fort facile à une *moribonde*; que fi cela avoit lieu, & fi la cour donnoit cette autorité à un prêtre, il n'y auroit teftament qui ne fût révoqué. » (Bardet, *liv. 1, ch. 3, pag. 6.*)... Le parlement auroit-il admis la déclaration du curé, fi elle avoit eu pour objet la révocation d'un teftament fait en faveur d'une fille? *Diftinguendi cafus :* & y en eut-il jamais de plus favorable que celui qui fournit l'occafion de réparer un outrage fait à la nature?

Que dire de cet autre préjugé?

ARRÊT du parlement de Paris, du 29 mars 1618, qui déclare « des obligations paffées, par un fils de famille mineur à l'*agonie*, de l'avis de fon confeffeur, auquel elles furent dépofées, au profit de deux marchands dont il avoit été facteur, valables contre le pere, fa caution pour l'apprentiffage feulement. » M. l'avocat général Lebret cita dans cette affaire, ce texte de St. Auguftin : *Credatur patri meo, quia moriens mentiri non potuit :* la novelle 48, *de juramento à moriente præftito :* enfin, un ARRÊT qui avoit condamné la dame d'Apchon revenue en fanté, à payer 3000 livres qu'elle avoit déclaré, par fon teftament fait à l'*agonie*, devoir à un particulier. Elle refufoit ce paiement, fous prétexte que c'étoit un legs qu'elle avoit voulu

faire, & que la déclaration de devoir avoit eu pour objet de prévenir toute conteftation de la part de fes héritiers. (Bardet, *ibid. pag. 16 & 17.*)…. Nous refpectons les décifions des cours fouveraines, qui, dans des circonftances particulieres, prononcent, conformément à l'équité, en vertu de la plénitude de puiffance dont le fouverain les a revêtues; mais nous n'en *perfiftons* pas moins à fouhaiter une regle générale qui rejetteroit tout *acte quelconque* fait par *un malade agonifant & moribond,* fi cet acte n'étoit pas autorifé par le juge, & paffé en préfence d'un médecin choifi pour conftater la capacité du contractant. Voyez *Aveu, Confeffion, Déclaration, Reconnoiffance.*

AGONOTHETE.
(Droit public.)

C'étoit ainfi qu'on appelloit l'officier qui préfidoit aux jeux publics, aux combats du cirque. Il en eft queftion dans plufieurs loix du digefte & des codes Théodofien & Juftinien.

En fondant un combat annuel, Septicia réferve à fon futur époux & aux enfans qu'elle en aura, le droit d'*agonothete: AGONOTHETA & præfide futuro viro meo, & deinceps liberis ex me nafcituris. L. 10, D. de pollicitat.* Les *agonothetes* fe faifoient accompagner par des maftigophores : *Maftigophori quoque qui AGONOTHETAS in certaminibus comitantur, & fcribæ magiftratûs perfonali muneri ferviunt. L. 18, § 17, D. de muneribus & honoribus.* C'étoient, felon Budé, des licteurs armés de verges pour écarter la foule & appaifer le tumulte : *Lictores flagriferi ad fummovendam turbam & cohibendas feditiones.* Enfin, il eft parlé, des fonds *agonothétiques,* c'eft-à-dire, de ceux qui étoient deftinés à faire face à la dépenfe des jeux, & autres objets relatifs à cette dépenfe, dans ces textes, *L. 5, C. de di-*

*verfis præd. urb. L. 14, C. de fund. patrim.
L. ult. C. Th. de expenf. ludorum, &c.*

Nous devons *applanir* l'étude du droit, & *faciliter* l'intelligence des loix par des *notions* fur les points hiftoriques qui pourroient embarraffer; mais nous ne finirions pas, fi nous voulions tout *approfondir.* Renvoyons donc nos lecteurs à ce célebre maître des requêtes, & préfident du parlement de Touloufe, du Faur de St. Jore : il traite de tout ce qui regarde les *agono-thetes* dans les *chap. 18 & 19* de fon curieux ouvrage, (*Agonifticon, five, de re Athleticâ, Ludifque veterum gymnicis, &c. Lugduni 1595, in-4°.*) Voyez *Amphi-théatre, Athlete, Cirque, Comédie, Divertiffement, Fête, Foule, Jeu, Police, Réjouiffance, Repréfentation, Spectacle, &c.*

AGORANOME.
(Droit public.)

Ce mot vient du grec, *ἀγορανόμος*, qui défignoit le magiftrat chargé de la police des vivres. C'étoit lui qui avoit foin de vérifier tout ce qui fe vendoit au marché, & d'y mettre le prix. Il faifoit jeter les mauvaifes denrées, brifer les faux poids & les fauffes mefures; puniffoit les contraventions, foit en forçant le vendeur à reprendre les animaux & les efclaves qui avoient certains défauts qu'il avoit cachés, & à rendre l'argent qu'il avoit reçu; foit en mettant à l'amende les marchands qui trompoient ainfi le public.

Ce fut-là depuis la fonction des édiles curules à Rome, & c'eft celle des lieutenans de police parmi nous. Il eft queftion des *agoranomes* dans Denis d'Halicarnaffe, & dans Plaute qui les compare effectivement aux édiles, ainfi que l'a remarqué un de nos anciens jurifconfultes : *Eademque curabant apud græcos AGORANOMI quæ apud latinos ÆDILES, & pretia uterque imponebat vena-*

libus : utrumque innuit Plautus, &c. (*Petr. Gregorius, in fyntagmate juris, lib. 36, cap. 30, n°. 9, tom. 1, pag. 422.*)

Loyfeau partage ainfi les fonctions des magiftrats, qui parmi nous veillent à la vente des marchandifes & des comeftibles. Il appelle la jurifdiction des premiers *agoranomie*, & celle des feconds *aftynomie*.

« Ce docte chancelier de l'Hofpital recueillit & fit renouveller de fon temps en France deux fortes de juftices, qui font encore exercées ès villes par les habitans d'icelles élus par le peuple. L'une pour l'*agoranomie*, qui eft la juftice des juges-confuls des marchands, qui premiérement fut inftituée à Paris, en l'an 1563, puis en d'autres villes par conceffion particuliere. Et finalement par édit général de l'an 1566, cette juftice fut établie en toutes les bonnes villes de ce royaume, où il y a marchands, pour vuider les procès de marchand à marchand & pour fait de marchandife; ce que Bodin nous apprend être pratiqué de long-temps en la plupart des villes d'Italie. L'autre pour l'*aftynomie* & même police des villes, inftituée tant par l'ordonnance de Moulins 72, que par l'édit de 1572, &c. » (Loyfeau, dans fon *Traité des feigneuries, chap. 16, des juftices appartenantes aux villes, n°. 65 & fuiv. pag. 101 de l'édit. de 1701.*) Voyez *Approvifionnement, Bourfe, Conful, Édile, Marchand, Police, Vivres, &c.*

AGRAIRE. (loi)
(Droit romain. Droit public.)

La loi 3, au digefte *de termino moto*, prouve que les Romains appelloient *agraires*, toutes les loix qui ftatuoient fur la police des campagnes & le partage des terres. Elle rappelle, fous le titre d'*AGRAIRE lex agraria*, deux loix de Céfar & de Néron pour la confervation des bornes.

Quoiqu'on ait découvert plufieurs fragmens des loix pour la police des campagnes ; comme Tribonien les a oubliées, & que, dans la compilation Juftinienne, il n'en a recueilli qu'un petit nombre, le nom d'*agraires* eft refté plus particuliérement attaché aux loix fur le partage des terres ; & il n'eft pas permis à un jurifconfulte d'ignorer leur hiftoire, puifqu'elles ont eu tant d'influence fur le fort de Rome.

« Les fondateurs des anciennes républiques avoient également partagé les terres : cela feul faifoit un peuple puiffant, c'eft-à-dire une fociété bien réglée ; cela faifoit auffi une bonne armée, chacun ayant un intérêt égal & très - grand à défendre fa patrie. » (*Grand. & décad. des Romains, chap.* 3.)

« Servius Tullius : trouvant les loix de Romulus, fur le partage des terres, abolies, il les rétablit, & en fit de nouvelles, pour donner aux anciennes un nouveau poids. » (*Efp. des loix, liv.* 27, *chap.* 1.)

M. Terraffon, dans fon hiftoire de la jurifprudence romaine, *part.* 2, § 17, *pag.* 214, obferve très-bien que cette égalité, qui pouvoit feule maintenir l'efprit républicain & la grandeur de Rome, fut rompue par la fameufe loi des douze Tables, en ce qu'elle autorifa le créancier à s'emparer des biens de fon débiteur, à l'emprifonner & à l'affervir.

Que falloit-il pour tout bouleverfer ? Ce que nous voyons tous les jours dans la révolution des fortunes : d'un côté, l'avarice, la dureté, l'exaction, le bonheur ; de l'autre, le malheur, l'intempérie des faifons, les accidens, le grand nombre d'enfans, la fenfibilité, la générofité & la bienfaifance.

L'égalité détruite, le peuple fut encore accablé par l'ufure & par le refus, que les patriciens firent, de procéder au partage des terres conquifes, réunies au domaine de l'état, mais ufurpées depuis long-temps, & fucceffivement par les familles patriciennes.

Le tribun du peuple, *C. LiciniusStolon,* l'an de Rome 377, propofa une loi, paffée enfin au bout de neuf ans, qui ftatuoit que nul n'auroit plus de cinq cents arpens, que le furplus feroit diftribué gratuitement, ou affermé à bas prix au pauvre peuple ; en forte que chaque citoyen eût au moins fept arpens. La loi refta fans exécution ; parce que fon auteur, en la propofant, l'avoit éludée, en donnant fon excédent à fon fils, après l'avoir émancipé.

Les deux Gracchus la firent revivre : mais ils furent maffacrés par le fénat ; Tiberius, en 619, & Caïus, en 631 ; abandonnés par ce peuple, fur lequel il ne faut jamais compter ; & victimes de ce zele pour la juftice, qui a fait rarement le bonheur de ceux qui en ont été animés.

C'eft alors que s'établirent, fur la poffeffion & la prefcription, ces loix fi favorables aux anciennes ufurpations, & qu'on n'a pas manqué de faire revivre parmi nous, pour favorifer la féodalité, qui avoit la même fource.

Vous trouvez tous ces argumens dans les trois oraifons de Cicéron, *de lege agrariâ* 15, 16 & 17, prononcées, la premiere devant le fénat ; & les deux autres, devant le peuple. Un malheureux Rullus, tribun du peuple, avoit fait revivre cette ancienne chimere. Cicéron prouva qu'elle ruineroit les fortunes particulieres, détruiroit l'émulation & le commerce, & affoibliroit les reffources de l'état. Montefquieu, *liv.* 26, *ch.* 15, dit : « Cicéron foutenoit que les loix *agraires* étoient funeftes, parce que la cité n'étoit établie que pour que chacun confervât fes biens. » Et il tâche d'expliquer comment on peut concilier le bien public avec l'intérêt particulier, & le foulagement du pauvre avec la propriété du riche.

Quand Rome fut foumife à un feul, on voit bien comment le peuple n'eut plus de propriété commune ; & par conféquent, comment il ne fut plus queftion de partage. Les légions eurent d'autres reffources, le pillage, & le droit d'égorger l'empereur pour en nommer un autre.

Ces loix *agraires* ont quelque rapport avec ce que nous appellons *communes*, & ç'a été, naguere, une grande queftion d'économie politique ; fi au lieu de ces pâturages communs, il ne convient pas mieux à tous en général, & fur-tout aux progrès de l'agriculture & au bien de l'état, de procéder à leur partage ? Voyez *Commune*.

Il y a encore un rapport avec le domaine de la couronne, qui eft en France ce qu'étoit à Rome le domaine de la république. Il s'agiffoit de favoir fi l'on avoit pu le prefcrire ? fi, étendu & difperfé, il ne convenoit pas mieux de l'aliéner ? & la queftion eft la même dans tous les états de l'Europe. Voyez *Domaine*.

AGRANDISSEMENT.

(*Dr. naturel. Dr. des gens. Dr. polit.*
Dr. public. Dr. privé. Police.)

L'académie françoife définit ainfi :
« AGRANDISSEMENT, f. m. Accroiffement, Augmentation. »

L'abbé Girard dit : « on fe fert d'*agrandir*, lorfqu'il eft queftion d'étendue ; & lorfqu'il s'agit d'élévation ou d'abondance, on fe fert d'augmenter. »

L'*agrandiffement* feroit donc le fait par lequel l'étendue deviendroit plus grande.

De cette idée fimple, combien de rapports avec l'adminiftration & la juftice.

Dans le DROIT NATUREL, l'*agrandiffement* fe fait fur les *terrains vagues* par le feul *défrichement*, comme en Amérique. En Europe, ce droit du premier *occupant*, a été anéanti par la *féodalité* & la *feigneurie*. Voyez ces mots.

Dans le DROIT DES GENS, l'*agrandiffement* des états s'opere par l'*acquifition*, la *fucceffion*, la *conquête* & les

traités : & l'*équilibre* des puiffances, a dit quelquefois d'*agrandir* un état aux dépens des autres.

Dans le DROIT POLITIQUE, il eft contre la nature des chofes humaines qu'un état acquiere trop d'étendue : fa force extérieure s'affoiblit par la grandeur des frontieres. La force intérieure fe corrompt par la confufion des rapports, & la multiplicité des loix ; fur-tout fi après avoir acquis, on conferve à chacun fes ufages, oubliant que l'état ne doit être qu'une feule famille. Le bien public ne permet pas non plus l'énorme *agrandiffement* des corps intermédiaires, des pouvoirs fecondaires & des familles nobles. Ce fut ce qui perdit Rome & la France. Voyez *Adminiftration*, l'hiftoire du droit françois au commencement de ce volume, *Agraire, Domaine, Féodalité, Guerre civile* & *Subftitution*.

Dans le DROIT PUBLIC, il eft contre le bien général, la circulation politique, & l'inftabilité fondamentale des chofes humaines, que les corps puiffent s'agrandir fans pouvoir vendre ; & c'eft ce qui a diʃté l'édit de 1749. Voyez *Main-morte*. Le bien exige quelquefois que la chofe publique foit *agrandie* de celle du particulier. Voyez *Alignement, Bien public, Chemin, Indemnité, Place, Rue* & *Voirie*.

Dans le DROIT PRIVÉ, chacun veut *agrandir* fon patrimoine. Ici le payfan, ufurpe peu à peu les fonds voifins : voyez *Borne*. Quelquefois le fonds s'agrandit lentement par les parties qu'y ajoute chaque jour l'eau de la riviere. Voyez *Alluvion*. L'art. 4 du tit. 1 de l'ordonnance de 1669, attribue la connoiffance de ces *agrandiffemens* au tribunal des Eaux & Forêts. Mais voyez ce mot.

Tout eft *agrandiffement* ou diminution ; &, tandis que l'homme paffe l'inftant de fa vie à étendre fes furfaces, la nature creufe les fix pieds de terrain néceffaires pour l'inhumer & le pourrir.

C'eft dans le corps du droit romain

un titre bien intéreſſant que le deuxieme du premier livre du Digeſte *de origine juris.* A ſa naiſſance, Rome ſubſiſta ſans DROIT & ſans loix : la ville s'AGRANDIT, & les loix ſe multiplierent avec les habitans, les affaires, les droits, les prétentions, les doutes & les juriſconſultes. *INITIO civitatis noſtræ populus ſine lege certâ, ſine jure certo primùm agere inſtituit, omniaque MANU à regibus gubernabantur. Poſteà AUCTA ad aliquem modum civitate, ipſum Romulum traditur populum in triginta partes DIVISISSE, &c.*

Ce dernier mot préſente la premiere idée de l'ordre, qui eſt la *diviſion,* ſans laquelle point de police. Rien de ſi difficile que de la proportionner toujours à l'*agrandiſſement* & à la population.

Les villes peuvent s'agrandir ou inſenſiblement, & d'elles-mêmes, ou tout à coup, & par la volonté du prince, comme on a eſſayé par les LETTRES-PATENTES du 24 décembre 1771, pour l'*agrandiſſement* au midi de la ville de Lyon.

Dans ce dernier cas, il faut veiller à la *ſûreté,* à la *propriété,* à l'*approviſionnement,* au *nivellement,* à l'*alignement,* à la *ſalubrité :* car il peut arriver ou que vous obſtruiez un quartier, ou que vous briſiez le courant ſalutaire de l'*air,* ou que vous le corrompiez par des *eaux ſtagnantes.* Il y a une infinité d'autres précautions, dictées par la *localité,* le *commerce,* l'*eſprit,* le *nombre* des habitans, & ſur leſquelles l'autorité ſupérieure n'eſt éclairée ni par les projets, ni par les enquêtes *de commodo & incommodo, qui* ne ſont preſque toujours que de vaines formalités, parce qu'on y fait entendre qui l'on veut.

L'*agrandiſſement* des villes ſe fait naturellement, ou pour le bien-être qu'on y a & par le reflux des campagnes riches, ou par la concurrence & la coalition néceſſitées par la conſtitution politique ; en ſorte qu'il faut, ou bâtir dans les nues, comme à Lyon, ou unir les fauxbourgs à la ville, comme à Vienne, à Paris & à Londres.

Quand l'*agrandiſſement* d'une ville provient de l'accroiſſement de la population générale, & du bien-être particulier, on peut le laiſſer aller de lui-même : il s'arrêtera avec la cherté des locations & des denrées : il ſuffit de veiller à l'approviſionnement, à l'ordre, à la ſûreté, & d'en multiplier les moyens par de nouvelles diviſions & de nouveaux agens, comme on a fait pluſieurs fois à Paris depuis Philippe-Auguſte.

Quand l'*agrandiſſement* réſulte de la ſeule conſtitution politique ; quand on entaſſe la cour, les grands, le miniſtere, toute l'adminiſtration, tous les grands tribunaux ; les affaires, les graces, la juſtice, la finance, & toutes les fortunes ; alors l'état eſt dans la capitale, & c'eſt un très-grand mal. C'eſt le ſang qui reflue au cœur avec trop d'abondance. Et c'eſt ce qui avoit fait imaginer d'empêcher l'*agrandiſſement* de Paris.

LETTRES-PATENTES du 26 avril 1672, qui ordonne de planter de nouvelles bornes aux extrémités des fauxbourgs de Paris pour en marquer l'enceinte, avec « *très-expreſſes défenſes* de les paſſer à l'avenir pour aucun bâtiment, . . . *étant à craindre que la ville de Paris, étant parvenue à cette exceſſive grandeur, n'ait le même ſort des plus puiſſantes villes de l'antiquité, qui auroient trouvé en elles-mêmes le principe de leur ruine : étant très-difficile que l'ordre & la police ſe diſtribuent commodément dans toutes les parties d'un ſi grand corps.* » (Traité de la police de Lamarre, tom. 2, liv. 1, tit. 7, chap. 8, pag. 204.)

De ſuite, vous liſez la dérogation à la loi ſous divers prétextes. Depuis, qu'eſt devenue cette loi, & où ſont les limites !

Voulez-vous empêcher les capitales de devenir des gouffres ? fixez les chefs dans leurs provinces, & allez-y chercher le talent oublié ? Faites qu'on ſoit bien par-tout, & que les affaires commencent

&

& finiffent fur le lieu qui en eft l'objet. Coupez la racine, & les branches tomberont d'elles-mêmes.

NOUS parlerions encore de l'*agrandiffement* de l'horizon des fciences ; & il faut rendre hommage à notre fiecle ; mais que dire de celle qui par fa nature & fes rapports, tient à toutes, la jurifprudence. *Rerum divinarum atque humanarum notitia : jufti atque injufti fcientia.*

La fcience du jufte & de l'injufte a-t-elle franchi l'enceinte du droit privé où elle dépériffoit ? a-t-elle repris le domaine qu'elle eut au feizieme fiecle ? a-t-elle *agrandi* fa fphere, & comme fes fœurs, s'eft-elle occupée de tout ce qui tient à l'ordre, au bonheur & à la juftice ?

Nous n'ofons pas approfondir ces queftions. Nous nous bornons à ramaffer des matériaux, &, comme les infortunés corvéables, nous les répandons fur la route. Heureux, fi nous la rendons plus facile, plus fûre, & fi l'on nous fait gré de nos travaux pénibles !

AGRÉAGE.
(Commerce.)

« On nomme ainfi à *Bourdeaux*, ce qu'ailleurs on appelle communément *courtage*. La *pipe d'eau-de-vie* de cinquante *veltes*, paie à Bourdeaux cinq f. pour droit d'*agréage*. » (*Dictionn. de commerce*, par Savary.)

La pipe eft une des neuf efpeces de *futailles* ou vaiffeaux réguliers, propre à mettre du *vin* & autres *liqueurs*. (Ibid.)

La velte eft une *mefure* des liquides, & particuliérement des vins & des eaux-de-vie ; elle a autant de noms, & fert dans les mêmes lieux que la velte à jauger. La velte contient trois pots, le *pot* deux pintes ; & la *pinte* pefe à-peu-près deux livres & demie, poids de marc. Ceux qui font la velte de quatre pots, fe trompent. (Ibid.) Voyez les mots

italiques & *Agent de change*, *Aide*, *Aréometre*, *Cenfal*, *Commerce*, *Contenance*, *Détail*, *Gros*, *Jauge*, *Proxénete*, &c.

AGRÉDI, AGRESSEUR.
(Droit criminel.)

1. Nous appellons *agreffeur*, celui qui provoque quelqu'un, non feulement par des coups, mais encore par des injures, des menaces & des geftes, tels que celui de lever la canne, &c.

Nous employons une périphrafe pour exprimer celui qui eft l'objet des emportemens ou des mauvais traitemens de l'*agreffeur*. Effayons de naturalifer le terme *agrédi*, que nous trouvons dans les loix du pays de Vaud, (& notamment dans la loi 18 du tit. 24, du châtiment des homicides, fol. 203.)

Loi grecque.

2. On décidoit à Athenes que celui qui en tuoit un autre à fon corps défendant, ne méritoit aucune peine : *Si quis alium injuftè vim inferentem, in continenti necaffit, jure cæfus efto.* (*Lib. 7, tit. 1, l. 14, in Collect. Petiti, pag. 46.*)

DROIT ROMAIN.

3. Les Romains, virent de même : *Is qui AGRESSOREM, vel quemcumque alium, in dubio vitæ difcrimine conftitutus, occiderit, nullam ob id factum calumniam metuere debet. . . . Si quis percufforem ad fe venientem gladio repulerit, non ut homicida tenetur, quia defenfor propriæ falutis in nullo peccaffe videtur. L. 2, & 3, C. ad l. Cornel. de ficariis. . . . Si fervum tuum latronem infidiantem mihi, occidero, fecurus ero : nam adversùs periculum NATURALIS RATIO permittit fe defendere. L. 4, D. ad l. Aquil.* Pareilles décifions dans nombre d'autres loix. *L. 5, D. ad l. Aquil. l. 9, D. ad l. Cornel. de ficar.* &c.

C'eſt donc avec un juſte fondement, que Cicéron, dans ſa *Défenſe* pour Milon s'écrioit, que la raiſon, la néceſſité, la coutume & la nature dictent tout à la fois & aux peuples policés & barbares, & à l'être raiſonnable & à la brute de ſe ſouſtraire à la violence par tous les moyens poſſibles. C'eſt donc avec raiſon qu'il diſoit aux juges : vous ne pouvez vous écarter des maximes que j'invoque, que vous ne prononciez qu'il faut abſolument qu'un *agrédi* périſſe, où ſous les coups de l'*agreſſeur*, où ſous celui de vos jugemens. *Et ratio doctis, & neceſſitas barbaris, & mos gentibus, & feris natura ipſa præſcripſit, ut omnem ſemper vim, quâcumque ope poſſent, à corpore, à capite, à vitâ ſuâ propulſarent. NON POTESTIS hoc facinus improbum judicare, quin ſimul judicetis, omnibus qui in latrones inciderint, aut ILLORUM TELIS, aut VESTRIS SENTENTIIS, eſſe pereundum.* (Cicero, *pro Milone*, n°. 13, edit. R. Steph.)

Mais qu'on ne perde pas de vue les circonſtances que les loix exigent pour légitimer de la part de l'*agrédi* l'homicide de l'*agreſſeur*. Il faut qu'il ait été placé dans l'alternative critique de donner ou de recevoir la mort, *in dubio vitæ diſcrimine conſtitutus.* Il faut qu'il n'ait pu trouver, ni dans la *fuite*, ni dans un genre quelconque de défenſe, le moyen de ſe dérober aux fureurs de ſon adverſaire. Il faut ſur-tout que l'homicide ait été commis dans le moment de la défenſe, & non pour ſe venger des coups reçus après l'inſtant où on n'avoit pas à en recevoir d'autres : *Si tuendi duntaxat, non etiam ulciſcendi cauſâ factum ſit. L.* 45, § 4, *D. ad l. Aquil.*

Combien les criminaliſtes ont développé & délayé les hypotheſes de la loi romaine. *Voyez* Farinacius, Menochius, Maſcardus, Damhouderus, & entr'autres, Carpzovius, dans ſes deux *Queſtions* : *De moderamine inculpatæ tutelæ* . . . . *De pœnâ commiſſi exceſſûs notione cauſæ,*

tam in defenſione ipſâ quàm moderamine inculpatæ tutelæ. (*Part.* 2 , *quæſt.* 28 & 29, *pag.* 229, *& ſequent. edit.* 1751, *in-folio.*)

Il nous ſuffit ſur le dernier objet, traité par Carpzovius, de citer la loi qui dit: *Leniendam pœnam ejus, qui in rixâ, cauſâ magis quàm voluntate, homicidium admiſit. L.* 1, § 3, *D. ad l. Cornel. de falſis.*

Tenons donc pour principe, que lors même que l'*agrédi* a excédé les bornes d'une juſte défenſe, il ne doit pas être puni avec la même rigueur qu'un homicide ordinaire, parce que l'*agreſſeur* avoit eu le premier tort.

DROIT FRANÇOIS.

4. Ce n'eſt pas dans les anciennes loix des Viſigoths, Lombards, Bourguignons, Ripuaires, &c. qui ont ſervi de baſe aux diſpoſitions de la plupart de nos coutumes, qu'il faut chercher quels doivent être les principes de notre droit criminel. On voit bien que des réglemens abſurdes qui tariffoient les différens membres, invitoient plutôt l'homme riche à attaquer le villain ou le ſerf, qu'elles ne le détournoient des voies de fait : on ſent aſſez que des coutumes qui diſtinguoient la *pleine affolure*, le *tiers*, le *quart d'affolure*; qui *augmentoient l'amende en faveur du ſeigneur*, lorſque l'*agreſſeur* n'étoit pas *puni de peine corporelle*, n'avoient pas pour objet de maintenir le bon ordre & de garantir les foibles de l'oppreſſion des forts. (*Voyez* Acqs, *tom.* 2, *pag.* 497, *& Affolure*, *tom.* 3, *pag.* 414.)

L'art. 4 du réglement des maréchaux de France, du 22 août 1653, dit, « que lorſqu'il y aura eu quelque démêlé entre les gentilshommes, dont les uns auront promis & ſigné de ne ſe point battre, & les autres non; ces derniers ſeront toujours réputés *agreſſeurs*, ſi ce n'eſt que le contraire paroiſſe par preuves bien claires. » L'art. 15 déclare, que lorſqu'il paroît qu'une injure a été faite de gaieté de cœur & *avec avantage*; l'offensé peut, *selon les loix de l'honneur*, pourfuivre l'*agreſſeur* & fes complices, comme s'il avoit été affaſſiné. Enfin, l'*art. 19* & dernier difpofe que, lorfque les offenfes ont été repouſſées par quelques reparties plus atroces; ou que, par des paroles outrageufes, l'offenfant s'eſt attiré un démenti ou quelque coup de main, les juges du point d'honneur pourront ordonner telles punitions qu'ils aviferont, les exhortant toujours de faire une confidération particuliere fur celui qui aura été l'*agreſſeur* & la premiere caufe de l'offenfe.

L'ÉDIT de décembre 1704, veut que, l'homme de robe qui aura proféré des *injures* contre un autre fans qu'elles aient été *repouſſées* par d'autres femblables, tienne prifon deux mois: que celui qui aura donné un démenti, *menacé* de coups de main & de bâton, tienne prifon durant quatre: que celui qui aura *frappé* d'un coup de main, tienne prifon deux ans, fi le coup n'a point été *précédé* d'un démenti; & qu'*en ce cas*, il demeure en prifon *feulement* un an. Enfin, que celui qui aura *frappé* de coups de bâton, *après avoir reçu un foufflet*, tienne prifon deux ans; & quatre, s'il n'a point été frappé auparavant.

L'*art. 2* de l'ordonnance du 5 janvier 1677, veut que, lorfque deux officiers s'étant battus, l'*agreſſeur* ne pourra être connu, ils foient tous deux caſſés fans efpérance de rétabliſſement; & qu'en outre, les uns & les autres foient criminellement pourfuivis, comme infracteurs des loix touchant les duels.

M. Robinet dit très-bien: « N'eſt-ce pas un excès de rigueur? Il eſt poſſible que l'un des deux ne fe foit battu qu'à fon corps défendant. Dans ce cas, la loi décerne la même peine contre l'innocent & le coupable. Auſſi, cette ordonnance n'eſt guere fuivie dans le fait. Pourquoi porter des loix, trop rigoureufes pour être obfervées? »

L'ÉDIT contre les duels, du mois de février 1723, dit dans l'*art. 4*, que, s'il y a preuve d'*agreſſion* de part ou d'autre, & qu'il foit clairement juſtifié que la rencontre n'a point été préméditée, l'*agreſſeur* fera feul puni de mort, pourvu que *celui qui aura été attaqué* (*l'*AGRÉDI,) foit demeuré dans les termes d'une défenfe légitime.

Le fouverain reconnoît donc qu'il y a des circonſtances où une rencontre n'eſt point méditée, où un feul des combattans a tort, & il punit celui-là feul, lorfqu'il y a preuve d'*agreſſion*. Mais ne peut-il pas arriver que l'*agreſſeur* prenne fi bien fon temps, que l'*agrédi* n'ait aucune reſſource pour juſtifier *clairement* que la rencontre n'a point été préméditée? Le rapprochement des deux loix juſtifie l'obfervation de M. Robinet.

Enfin, la déclaration du 12 avril 1723, prefcrit que les démentis, menaces de coups de main & de bâton *par paroles & par geſtes*, feront punis par deux ans de prifon, & que l'*agreſſeur*, avant d'y entrer, demandera pardon à l'offenfé. Si les démentis ou menaces de coups ont été repouſſés par coups de main ou de bâton, celui qui aura donné le démenti ou fait les menaces, fera condamné comme *agreſſeur*; & celui qui aura frappé fera dégradé de nobleſſe & puni par quinze ans de prifon. Cette derniere difpofition eſt celle de l'édit de la même année, qui prononce ces peines contre ceux qui en auront frappé d'autres, *dans quelques cas ou circonſtances que ce foit....* Qu'on ne frappe pas celui qui nous menace, cela eſt poſſible; mais n'eſt-il aucun *cas*, aucune *circonſtance* où la défenfe perfonnelle puiſſe forcer l'*agrédi* à frapper pour prévenir les coups de l'*agreſſeur*?

Quelle fauſſe lueur, Rouſſeau-Lacombe préfente au magiſtrat errant dans la nuit des préfomptions & des conjectures! « Quand, *dit-il*, l'un & l'autre fe trouveroient grièvement bleſſés, & que l'un & l'autre dénie d'avoir été l'*agreſſeur*, & aſſure que ce qu'il a fait n'a été que dans la nécessité d'une légitime défense de la vie; dans ce doute de savoir qui des deux a été l'*agresseur*, le juge doit considérer que *le plus griévement blessé* est présumé avoir commencé la querelle, & l'autre ne l'avoir offensé qu'en défendant, *argumento, l. Scientiam, 45, § qui cùm aliter, D. ad l. Aquil. Albericus, in l. Ut vim de just. & jure.* »

Et voilà comment l'erreur s'établit dans les matieres les plus graves. Rousseau cite *Alberic*, & les deux loix romaines que nous avons transcrites, & avec ce flambeau le lecteur marche. Mais ces loix ne disent pas que *le juge doit considérer que le plus griévement blessé est présumé avoir commencé la querelle, & l'autre ne l'avoir offensé qu'en défendant.* La loi *scientiam* dit uniquement, ainsi que nous l'avons observé, que celui qui a blessé, ne doit pas être puni, s'il l'a fait par la nécessité d'une juste défense, & non par vengeance : *Si tuendi duntaxat, non etiam ulciscendi causâ factum sit :* La loi 3, *D. de just. & jure* s'exprime ainsi : *Jure hoc evenit, ut quod quisque ob tutelam corporis sui fecerit, jure fecisse existimetur.* Certainement, ni Alberic, ni Rousseau-Lacombe n'ont pu, ni dû trouver dans aucun de ces textes, que le plus *griévement blessé* doit être présumé l'*agresseur :* c'est faire venir *alfana* d'*equus*.

Sur le point important de distinguer l'*agresseur* & l'*agrédi*, nous supplions de lire avec attention tout ce que nous avons dit au mot *Accusation, n°. 18, 19, & sur-tout 25.* Voyez encore ci-après *Blessure, Chirurgien, Conjecture, Duel, Honneur, Injure, Médecin, Plainte, Menace, Préjugé, Présomption, Rapport, Rencontre, Soufflet, Violence, Voie de fait,* &c.

DROIT ÉTRANGER.

5. En Suisse, l'*agrédi* en défendant sa personne, peut tuer l'*agresseur*, & il en est cru à son serment *lorsqu'il* est *blessé*, s'il est homme de bonne réputation. C'est la décision de la loi citée au commencement de cet article, & que nous croyons devoir transcrire en entier.

« Si quelqu'un recherchoit & attaquoit audacieusement une personne en sa propre maison, soit de jour ou de nuit, ou bien jetoit des pierres contre la porte ou fenêtres, ou entreprenoit autrement de le forcer; si celui qui auroit été ainsi *agrédi* en sadite maison, blessoit, voire même tuoit l'*agresseur*, il n'en devra aucunement être recherché, ni en sa personne, ni en ses biens; & en cas que celui qui auroit été ainsi *agrédi* ne voulût se revancher d'un tel tort & injure, mais en fit son plaintif, s'il n'est blessé en son corps, telle *agression* se vérifiera par témoins contre l'*agresseur* à forme de droit : mais étant navré ou blessé, il sera ajouté foi à son plaintif & accusation par son serment à défaut de témoins, s'il est homme de bonne réputation. Et l'*agresseur* se trouvant coupable, l'*agression* étant faite de jour, il devra être mis en prison, & payer cent florins de ban, & émender la perte & dommage qu'il aura faits à l'*agrédi;* & l'*agression* étant faite de nuit, il sera de même saisi & procédé contre lui criminellement à forme de droit. Que si l'*agresseur*, outre ce que dessus, commettoit ou faisoit quelqu'autre tort ou injure, soit de *paroles* ou *œuvres* de fait à l'*agrédi;* apparoissant comme dessus, il devra, (outre l'amende déja dite,) être châtié selon la coutume des loix sur ce établies. »

La Caroline, *art. 153*, dit que la question de savoir à la suite d'une querelle, quel a été l'*agresseur*, quel a été l'*agrédi*, dépend presque toujours de l'examen de tant de circonstances si variées, qu'il est impossible d'établir aucune regle uniforme sur la maniere de combiner les conjectures & les présomptions; en sorte que tout doit être en pareil cas laissé à la discrétion & à la prudence du juge. L'*art*. 43 avoit cependant recommandé ces confidérations importantes: De quelle efpece d'armes s'eft-on fervi ? Quel eft celui qui a reçu un plus grand nombre de bleffures, ou de plus dangereufes ? Comment *l'agreffeur* & *l'agrédi* s'étoient-ils comportés avant l'époque de *l'agreffion* ? Quel eft celui d'entr'eux qui jouiffoit d'une meilleure réputation parmi fes concitoyens ? Quel a été le fujet de la querelle ? Quelles ont pu être les raifons fur lefquelles *l'agreffeur* a pu fonder l'efpérance de fouftraire la connoiffance de fes voies de fait à la juftice & au public ? &c. Voyez *Réputation*.

AGRÉGATION,

AGRÉGÉ.

(Droit public.)

1. En général, *agrégation* fe dit de *l'affemblage* & *union* de plufieurs perfonnes, ou même de plufieurs chofes qui compofent un feul tout. En jurifprudence, ce mot eft fynonyme *d'affociation* & *d'affiliation*. Ainfi, on connoît, furtout en *Italie*, *l'affociation* ou *agrégation* de plufieurs *familles* qui portent le même *nom* & les mêmes *armes*. Ainfi, on appelle *affiliation* ou *agrégation*, ces liaifons entre les différens corps réguliers, & entre quelques-uns de ces corps & divers féculiers; comme encore cette union de plufieurs *prêtres*, prefque toujours enfans d'une *paroiffe*, qui aident au *curé* à la deffervir, & participent à la *rétribution* des *fondations* & *obits* : ils font connus fous diverfes dénominations, ainfi que nous l'avons déja obfervé, entr'autres, fous celles de *Communiftes*, *Conforciftes*, *Filleuls*, *Fraternifans*, *Méparftitus*, *&c.* Enfin, on appelle furtout, *agrégation*, foit la participation de quelques *colleges* & *féminaires* à une partie des droits & des privileges d'une *univerfité*, foit de quelques *docteurs* de

certaines *facultés* d'une *univerfité*, à une partie des droits & privileges des *docteurs-régens* & *profeffeurs*.

Les fonctions effentielles de ces docteurs, appellés fimplement *agrégés*, & plus connus dans les facultés de *droit* que dans les autres, font de remplacer & fubftituer les profeffeurs malades ou abfens, & de difpofer par des leçons privées, les jeunes candidats aux *examens* qu'ils doivent fubir, & aux *thefes* publiques qu'ils doivent foutenir, pour parvenir fucceffivement aux degrés de *bachelier*, *licencié*, & *docteur*. Il y a pourtant des *agrégés* qui donnent des leçons publiques comme les profeffeurs; ainfi à Touloufe, indépendamment des deux profeffeurs féculiers de la faculté des *arts* qui donnent des *leçons* publiques de *philofophie* au college royal, & qui y font remplacés par deux *agrégés* auffi féculiers; il y a autres deux *agrégés* qui donnent des leçons publiques au college de l'Efquile, dirigé par les *doctrinaires*. Voyez tous ces mots *italiques*, & encore *Bedeau*, *Certificat*, *Chaire*, *Concours*, *Difpute*, *Infcription*, *Préleçon*, *Préfidence*, *Scrutin*, *Voix*; enfin, les articles de toutes les villes de France où il y a *univerfité*, &c. Ici nous nous bornons à quelques obfervations fur *l'agrégation* des colleges & féminaires aux univerfités, & fur les droits, les privileges & les fonctions des *agrégés* aux facultés de droit.

Colleges, Séminaires, agrégés aux univerfités.

2. Les *agrégations* des colleges & des féminaires aux univerfités fe font en vertu de lettres-patentes données par le fouverain fur l'avis des cours fouveraines & des prélats; & fur les mémoires refpectifs des colleges ou féminaires, & des univerfités; enfin, fur leurs traités & arrangemens particuliers. Le féminaire de St. Irenée de Lyon, & ceux du Puy & de Viviers, font *agrégés* à l'univerfité de Valence; le college de la

Fleche eſt *agrégé* à l'univerſité d'Angers ; le college & ſéminaire de Belley eſt *agrégé* à l'univerſité de Beſançon, &c. En parlant de ce qui eſt relatif à cette derniere *agrégation*, nous donnerons une idée ſuffiſante de ce qu'il faut ſavoir en général ſur cet objet. Si notre ouvrage renfermoit tous les traités, concordats, & titres de tous les objets particuliers, il deviendroit immenſe, & peut-être inſipide pour la plupart de nos lecteurs.

LETTRES-PATENTES, confirmatives de l'*agrégation* des college & ſéminaire de Belley à l'univerſité de Beſançon, du 10 janvier 1760, regiſtrées le 2 mars ſuivant. Le roi, en autoriſant le traité fait en préſence de l'archevêque de Beſançon, entre l'univerſité de cette ville & le college & ſéminaire de Belley, ordonne : 1°. Que les chanoines réguliers deſtinés pour enſeigner la philoſophie & la théologie au college & ſéminaire de Belley, prendront ; ſavoir, les premiers, le degré de maître ès arts, & les ſeconds, le degré de docteur en l'univerſité de Beſançon, après un examen, les diſpenſant de toutes autres épreuves : 2°. Que leſdits chanoines profeſſeurs ne pourront aſpirer à aucunes charges de l'univerſité : 3°. Qu'ils ne pourront non plus prendre part aux gages & émolumens des profeſſeurs & *agrégés* en ladite univerſité, ni aſſiſter à ſon conſeil ; mais ſimplement avoir rang & ſéance ſuivant l'ordre de leur réception : 4°. Que ſi les recteurs & les diſtributeurs ou profeſſeurs de l'univerſité veulent aſſiſter à quelque acte public du college de Belley, ils occuperont des places de diſtinction dans le lieu de l'aſſemblée : 5°. Que les certificats de temps d'étude donnés au college, ſeront viſés ſans frais par le recteur de l'univerſité ; & que les étudians ne pourront prendre ailleurs des degrés, & ſeront tenus de payer les droits ordinaires, ſans que les profeſſeurs du college & ſéminaire puiſſent entreprendre de donner aucuns degrés, à peine de nullité, & même de déchéance de l'*agré-*

gation : 6°. Que les étudians au college & ſéminaire ſeront obligés de s'immatriculer au commencement de leurs études, dans les regiſtres de l'univerſité, ſans qu'il puiſſe être tenu dans leſdits college & ſéminaire aucun regiſtre public d'inſcription & immatriculation : 7°. Que les étudians du college jouiront des mêmes droits & privilèges que ceux de l'univerſité, &c.

Nous avons dit que les *agrégations* des colleges & ſéminaires aux univerſités, exiſtoient enſuite des traités faits entre ces différens corps ; cependant ceci néceſſite une explication. Ces traités ne doivent être conclus qu'après avoir demandé au ſouverain ſon agrément ; c'eſt ce que diſoit M. le chancelier d'Agueſſeau à un grand prélat. « Dans toutes les *agrégations* qui ont été faites juſqu'à préſent ; on a toujours *commencé* par demander au roi ſi ſa majeſté *agréeroit* que l'on fît des démarches pour y parvenir, & c'eſt ce qui n'a pas été obſervé par votre ſéminaire ; en ſorte que ſon *agrégation* à l'univerſité de Valence ſe trouve avoir été faite ſans que le roi en ait entendu parler. Enfin, il y a actuellement des circonſtances dans leſquelles il ne conviendroit peut-être pas que ſa majeſté expliquât ſes intentions ſur ce ſujet ; & c'eſt une nouvelle raiſon pour me faire deſirer qu'on eût pris d'abord la précaution de s'adreſſer au roi, avant que d'engager une affaire de cette nature, &c. » (*Lettre 139, tom. 10, pag. 254 & 255.*)

Agrégés aux facultés de droit.

3. ARRÊT du conſeil d'état, en forme de réglement, du 16 novembre 1680, portant établiſſement de douze docteurs *agrégés* en la faculté des droits canonique & civil de l'univerſité de Paris.

DÉCLARATION du roi, du 6 août 1682, concernant les univerſités. *Art. 2*, les docteurs *agrégés* ſeront du corps des facultés, y auront ſéance & voix délibérative dans toutes les aſſemblées, après les professeurs ; & néanmoins les voix des *agrégés* ne pourront prévaloir par le nombre, à celles des professeurs ; & en cas de partage, le préfident aura voix conclufive, à moins que les fuffrages ne foient donnés par bulletins. *Art. 3*, fur les requêtes des récipiendaires on tirera au fort, deux professeurs & deux *agrégés*, pour procéder à leur examen. *Art. 4*, les *agrégés* préfideront alternativement, & chacun à leur tour, avec les professeurs, aux thefes de baccalauréat ; & , à l'égard de celles de licence & doctorat, ils pourront y préfider au lieu du professeur qui fera de tour, fur fa requifition, fans qu'il foit néceffaire d'obferver le tour des *agrégés*. *Art. 5*, les *agrégés* feront les leçons publiques, dans le cas d'abfence ou autre empêchement légitime des professeurs. *Art. 6*, les *agrégés* affifteront affidument à tous les actes, pendant quatre argumens au moins, pour juger de la capacité du répondant & donner leur fuffrage : enfuite ils affifteront, avec les professeurs, à l'ouverture de la boîte, & figneront les délibérations pour l'admiffion ou le refus. *Art. 7*, fi un *agrégé* néglige les fonctions de la faculté, au point de paffer fix mois confécutifs fans y affifter, il en fera élu un autre à fa place. *Art. 8*, les *agrégés* qui auront fait des leçons particulieres aux écoliers, ne pourront les examiner, ni donner leur voix lors des réceptions. *Art. 9*, en cas de vacance d'une place d'*agrégé*, on choifira un docteur, âgé de trente ans accomplis, parmi ceux qui font profeffion d'enfeigner le droit, parmi les avocats fréquentant le barreau, ou même parmi les magiftrats & juges honoraires des fieges des lieux ; mais il faudra que le fujet élu ait réuni en fa faveur, les fuffrages des deux tiers des électeurs. *Art. 10*, les émolumens des *agrégés* feront payés entre les mains des bedeaux, fuivant le tableau qui en fera fait, fans aucune diminution des droits appartenans aux professeurs. *Art. 18*, les docteurs *agrégés*, ni tous autres, ne pourront

enfeigner publiquement, ni affembler des écoliers chez eux, fauf à aller dans les maifons de ceux qui voudront faire des répétitions particulieres.

LETTRES-PATENTES, du 16 décembre 1683, qui approuvent un réglement fait par la faculté de droit de l'univerfité de Touloufe. *Art. 2*, les quatre plus anciens *agrégés* affifteront, tant aux élections des professeurs en droit, qu'à celles des professeurs des autres facultés, au lieu de deux bacheliers & de deux collégiats qui avoient coutume d'y affifter. *Art. 3*, la nomination d'un *agrégé*, pour faire les leçons, à la place d'un professeur décédé, fera faite par le fcrutin ; & le nommé jouira, pendant la vacance de la chaire, des gages, penfions & autres droits d'attestations feulement, fans qu'il puiffe participer aux autres droits & émolumens des professeurs. *Art. 4*, les quatre plus anciens *agrégés*, fuivant l'ordre du tableau, pourront affifter aux affemblées de difcipline de l'univerfité. *Art. 5*, les *agrégés* ne pourront porter autre habit que celui de docteur, à la réferve des actes auxquels ils préfideront, dans lequel ils auront celui du professeur qu'ils repréfentent. *Art. 6*, les professeurs feront tenus d'appeller les *agrégés*, lorfqu'ils conféreront les degrés, même en cas de difpenfe, accordée par fa majefté. Les mêmes lettres-patentes ordonnent en outre, que, dans les affemblées de la faculté, où les voix fe donneront par bulletins fecrets, il ne pourra y avoir qu'un nombre égal d'*agrégés* & de professeurs, & que les autres *agrégés* feront obligés de fe retirer ; & qu'en cas de partage, il fera vuidé par le recteur.

DÉCLARATION, du 20 janvier 1700, qui veut que les étudians fubiffent un examen public, d'une heure, fur la jurifprudence françoife, devant deux docteurs régens & deux *agrégés* qui feront tirés au fort, outre le professeur en droit françois, qui préfidera, ou, à fa place, celui des docteurs *agrégés* qu'il voudra choifir. Les docteurs honoraires, dans les facultés où il y en a, pourront affifter à toutes les affemblées, même aux élections des docteurs régens, honoraires & *agrégés*, auffi bien que les docteurs régens ; & les *agrégés* n'y affifteront qu'en nombre égal à celui des profeffeurs actuellement régentans. Les fuffrages des docteurs qui fe trouveront peres, beaux-peres, enfans, gendres, freres, beaux-freres, oncles & neveux, même par alliance, ne feront comptés que pour un feul. En cas de vacance d'une chaire, la faculté commettra un *agrégé*, qui aura la moitié des droits qui appartiennent au docteur régent. Ceux qui prétendront à être *agrégés*, feront tenus d'affifter, pendant un an, avec affiduité, en l'habit ordinaire de docteur, aux actes, & d'y difputer, dans l'ordre prefcrit par les préfidens. Les places d'*agrégés* feront dorénavant mifes à la difpute, & les contendans donneront deux leçons de droit civil & canonique, & foutiendront une thefe fur chacun de ces droits, & la place fera adjugée au plus capable. On tirera au fort, les noms d'autant d'*agrégés*, qu'il y aura de docteurs régens, & ils donneront leur fuffrage, après avoir entendu au moins quatre argumens. Les *agrégés* feront tenus de fe récufer aux actes de ceux qu'ils auront inftruits par des répétitions. Enfin, les émolumens des *agrégés* feront augmentés du tiers, dont la moitié fera payée, par forme de diftribution manuelle, à chaque thefe ou examen où ils affifteront ; & l'autre moitié, mife entre les mains de celui qu'ils voudront prépofer, fans que le profeffeur, qui reçoit les infcriptions, puiffe admettre les étudians à s'infcrire, qu'autant qu'ils rapporteront la quittance defdits émolumens.

Arrêt du parlement de Paris, du 9 août 1700, qui ordonne que les droits attribués aux *agrégés*, feront payés fuivant le tableau qui fera expofé, à cet effet, dans les écoles, fans que l'on puiffe exiger ni recevoir plus grands droits, ni en partager, d'une autre maniere, la diftribution : favoir, pour chaque infcription, 2 liv. pour le baccalauréat, 3 liv. pour l'examen de licence, 3 liv. pour l'acte du baccalauréat, 8. liv. pour l'acte de licence, 8 liv. & pour l'examen du droit françois, 2 liv. Les déclarations de 1682 & 1700 feront exécutées, & les droits attribués aux *agrégés*, dépofés, (à l'exception de ceux payés, par avance, à chaque infcription,) entre les mains du bedeau, pour être délivrés par lui, à chaque examen, aux *agrégés* examinateurs, & après chaque thefe, à ceux qui y auront affifté pendant quatre argumens au moins, fans que les abfens puiffent participer auxdits droits, à peine, contre le bedeau, d'interdiction & de 20 liv. d'amende ; & contre les *agrégés*, de privation de leurs droits pendant fix mois, qui feront employés au paiement des dettes & dépenfes de la faculté. La cour ordonnne encore que, fuivant la déclaration de 1700, les *agrégés* ne pourront, en aucun cas, affifter aux affemblées de la faculté, de quelque nature qu'elles puiffent être, qu'en nombre égal à celui des profeffeurs ; fans qu'il puiffent prétendre s'y trouver au nombre de fept, lorfque le profeffeur en droit françois fera préfent auxdites affemblées ; & feront tenus les fix anciens *agrégés* d'y affifter exactement, fans qu'en cas d'abfence, maladie ou autre empêchement, leur place puiffe être remplie par ceux qui les fuivent immédiatement, dans l'ordre defdits *agrégés*.

Déclaration, du 7 janvier 1703, qui prefcrit que les places d'*agrégés*, mifes à la difpute, feront adjugées au plus capable fans qu'il foit néceffaire qu'il ait les deux tiers des voix en fa faveur, ni qu'il ait atteint l'age de trente ans, pourvu qu'il ait au moins celui de vingt-cinq ans accomplis.

Arrêt du parlement de Paris, du 6 juillet 1703, qui, à l'occafion de la vacance de la chaire de M. Gilles Bonamour, par fon décès, confirme de nouveau fon réglement de 1700, & décide
« qu'il

« qu'il n'y a que les six anciens *agrégés* de la faculté de droit de l'université de Paris, qui puissent assister aux assemblées & délibérations, sans pouvoir être suppléés par aucun des six *agrégés* suivans: quand aucun des six premiers a quelque empêchement passager qui ne lui permet pas d'y assister; & il n'importe, en ce cas que le nombre des professeurs & des *agrégés* ne soit pas égal. » Le même arrêt décide « qu'un candidat qui prétend proposer quelques moyens d'exclusion contre aucun des électeurs, doit le faire avant l'élection; autrement, fin de non-recevoir. » (*Journ. des audiences, tom. 5, liv. 3, chap. 17, pag. 387.*)

DÉCLARATION du 20 septembre 1707, sur deux difficultés élevées à l'occasion de la vacance d'une place d'*agrégé* : la premiere, sur le point de savoir quelle seroit la qualité de la voix du docteur président, si elle seroit conclusive ou non? la seconde, sur le rang où il devoit donner sa voix. La loi nouvelle décide : que dans toute délibération des facultés de droit, soit en matiere d'élection de docteurs régens ou *agrégés*, soit en quelqu'autre matiere que ce puisse être, la voix du doyen, ou, en son absence, celle de celui qui présidera à la délibération, sera conclusive; & qu'à cet effet, le doyen, ou autre président, donneront leur suffrage les derniers, ce qui aura lieu, tant en l'absence qu'en la présence des commissaires du parlement.

DÉCLARATION du 2 août 1712, qui ordonne que les parens dans les degrés de pere, fils, oncle & neveu, & les alliés dans ceux de beau-pere, gendre & beau-frere, ne pourront être admis ensemble dans la même faculté de droit du royaume, soit aux chaires de docteurs régens, soit aux places d'*agrégés* : défend aux professeurs & *agrégés*, nommés, pour examinateurs & présidens, ou pour donner leurs suffrages aux actes, de substituer aucuns autres professeurs ou *agrégés*; leur enjoint de vaquer, en personne, auxdites fonctions, si ce n'est en cas de

maladie ou autre légitime empêchement, auquel cas, il sera de nouveau tiré au sort un autre professeur ou *agrégé*, pour substituer à celui qui ne sera pas en état d'assister.

DÉCLARATION du 5 mars 1720, qui ordonne qu'à l'avenir les étudians en droit de l'université de Rheims, qui voudront se faire répéter, choisiront tels docteurs qu'ils jugeront à propos, dans le nombre des docteurs *agrégés*; avec défenses aux docteurs régens de faire, à l'avenir, aucune répétition auxdits étudians, ni dans leurs maisons particulieres, ni dans celles desdits étudians. Deux motifs : les professeurs étoient détournés des soins qu'ils doivent au Public; les *agrégés* étoient privés des justes rétributions qu'on retire des étudians, & sans lesquelles ils ne peuvent subsister honnêtement, attendu la modicité des honoraires attachés à leurs fonctions.

Sous les mots, *Chaire, Concours, Dispute, &c.* nous rendrons compte de deux ARRÊTS importans : le premier, du parlement de Paris, du 4 septembre 1728 ; le second, du parlement de Rennes, du 15 décembre 1753, qui jugent que, lorsque, dans les disputes ouvertes sur les vacances des places d'*agrégés*, les contendans ne paroissent pas avoir suffisamment rempli les épreuves, les facultés de droit peuvent renvoyer à un nouveau concours. Nous concilierons ces préjugés avec un ARRÊT plus ancien, du parlement de Paris, du 5 septembre 1673, rapporté au *Journal du palais.* (*Tom. 1, pag. 439 & suiv.*)

Quand un professeur n'est pas en état d'exercer ses fonctions, ni même de choisir un *agrégé* qui puisse les remplir à sa décharge; c'est à la faculté de droit, suivant les regles ordinaires, à commettre un de ses Docteurs *agrégés*, pour y suppléer. (*Lettre 195* de M. d'Aguesseau, *tom. 10, pag. 124.*)

Pour mettre une différence entre les places d'*agrégés* & celles de professeurs, & exiger une épreuve suffisante lors de leur vacance, les aspirans aux chaires de professeur, seront tenus de faire deux leçons publiques sur le droit civil ; & deux, sur le droit canon ; & de soutenir deux theses publiques, à des jours différens ; l'une, sur la premiere des deux jurisprudences ; & l'autre, sur la seconde. Les aspirans aux places d'*agrégé* ne feront, (par provision,) qu'une seule leçon sur le droit civil ; & une seule, sur le droit canonique ; en y joignant aussi une these soutenue, le matin, sur la premiere espece de droit ; & l'après-midi, sur la seconde. (*Ibid. Lettres 119 & 120.*) Il s'agissoit de l'université de Pau.

Ce Magistrat, en rendant compte des motifs qui ont déterminé sa majesté, sur la préférence de l'un des trois sujets présentés pour une chaire de la même université, dit : « Il est docteur *agrégé*, au lieu que les autres ne sont que de simples docteurs ; il en exerce les fonctions depuis l'établissement de l'université ; il a rempli, pendant trois ans, les fonctions de la chaire même qui est vacante ; il a d'ailleurs plus d'âge, de maturité, d'expérience que ses compétiteurs, qui n'ont été admis que par grace, à la dispute ; & il auroit été assez extraordinaire de préférer, ceux qui auroient besoin de dispense pour obtenir la place dont il s'agit, à un sujet à qui il ne manque aucune des qualités requises pour en être pourvu : telles sont les raisons qui ont déterminé le choix du roi. » (*Ibid.* Lettre 134.)

« On a bien fait d'admettre, au concours, à la place d'*agrégé*, qui est vacante dans la faculté de droit, à Pau, ceux même des trois aspirans, à qui il manque encore quelque chose pour être vraiment éligibles, en prenant la précaution d'arrêter, en même temps, que la délibération prise, à ce sujet, par l'université, n'auroit lieu qu'en cas qu'elle fût approuvée par le roi avant l'élection. On a évité, par-là, l'inconvénient de retarder la dispute. Il n'y a donc qu'à la continuer ; & si l'un des deux

sujets, à qui l'on reproche le plus léger de tous les défauts en pareille matiere, étoit jugé le plus digne, il n'y aura, en ce cas, qu'à m'en informer ; & je suis persuadé que sa majesté se portera volontiers à lui accorder la dispense dont il aura besoin. » (*Ibid.* Lettre 153.)

Autres agrégations.

4. Le college de médecine de Lyon est le plus ancien du royaume ; & les membres qui le composent, prenent la qualité de docteurs-médecins-conseillers du roi, & professeurs *agrégés* au college de médecine.

Dans les statuts & réglemens pour les chirurgiens des provinces, établis ou non-établis en corps de communauté, du 24 février 1730, le *Tit. 8, art. 68, 69 & 70,* traite des *agrégations* des maîtres d'une communauté à une autre communauté. Il y a aussi un titre particulier des *agrégations* dans les lettres-patentes du 6 Juillet 1775, portant érection de la communauté des chirurgiens de Lyon en college royal.

Enfin, dans la nouvelle formation des communautés des arts & métiers, il y a des maîtres *agrégés ;* & plusieurs réglemens déterminent, soit leurs droits, soit les privileges de leurs veuves. Nous nous occuperons de tous ces différents objets sous les mots, *Arts & métiers, Chirurgie, Jurande, Médecine, Réception, &c.*

A G R É M E N T.
(*Dr. public. Dr. ecclésiast. Dr. privé.*)

1. Ce mot, qui sert en général à désigner tout ce qui est fait pour plaire, a plusieurs acceptions dans le droit. On y appelle *agrément,* le consentement que donne le roi à l'envoi que le pape voudroit faire d'un légat en France ; celui que donne un patron laïque à l'établissement d'une pension sur le bénéfice dépendant de son patronage. Mais c'est

fur-tout au confentement que donne le roi à la difpofition que voudroit faire un officier militaire ou un magiftrat de fa charge, de fon office en faveur d'un parent, d'un ami, ou même de tout acquéreur, qu'on donne fpécialement le nom d'*agrément*. C'eft fous ce dernier point de vue que nous traiterons de cette acception particuliere. Voyez d'ailleurs *Légat*, *Pape*, *Patron*, *Penfion*, &c.

On fe fert encore en jurifprudence du mot *Agrément*, pour défigner ces fortes d'*impenfes* ou de réparations qu'on fait à des immeubles pour la feule fatisfaction. Ce font celles que les Romains appelloient *voluptariæ* dans leur triple diftinction à ce fujet, (que nous avons admife) des impenfes *néceffaires*, *utiles* & *AGRÉABLES* : *Impenfarum quædam funt neceffariæ, quædam utiles, quædam verò VOLUPTARIÆ. L. 1, D. de impenfis in res dotales factis.*

Agrément du roi pour les charges, &c.

2. Ce n'eft que d'une maniere très-imparfaite que les charges & les offices font dans le commerce; ainfi, il faut que celui qui en eft pourvu, préfente au roi un fujet *agréable* pour pouvoir en difpofer : en un mot, toute difpofition en pareille matiere eft fubordonnée à l'*agrément* du roi.

Qui pourroit mieux développer ce qui concerne cette partie délicate de notre droit public que le chef de la juftice à qui le département du fceau des provifions des offices a été fi long-temps confié ?

« Il y a long-temps que M. de..... vous a fait favoir par mon ordre, auffi bien qu'à la famille du fieur..... lieutenant général en la fénéchauffée de Guéret, que le roi avoit accordé l'*agrément* de cette charge au fieur..... à condition d'en payer le prix aux deux filles mineures que le fieur.... a laiffées, dont vous êtes tuteur, fur le pied qui feroit réglé par M. de.... de la maniere qui conviendroit le mieux aux intérêts juftes & légitimes de ces deux filles, *à qui l'intention de fa majefté étoit qu'il ne fût fait aucun préjudice*, fous prétexte de l'*agrément* donné au fieur de.... Vous deviez... &c. mais j'apprends que rien de tout cela n'a été fait, & que la famille du fieur.... eft affez mal confeillée pour fe laiffer conduire par les avis d'un homme auffi décrié que le fieur de..... qui efpere toujours parvenir à la charge de lieutenant général à Guéret, quoiqu'il ne puiffe ignorer que j'ai écrit plufieurs fois que le roi ne lui en donneroit point l'*agrément* : en forte que par fes artifices, il fait perdre réellement aux mineures le bénéfice qu'elles trouveroient dans la vente d'une charge dont la propriété ne peut que leur être onéreufe par le peu de profit qu'elles en retirent. Et comme il n'eft pas poffible d'en ufer auffi mal que vous l'avez fait avec un intendant chargé de l'exécution des ordres du roi dans votre province, &c. je ne faurois différer de vous faire favoir que vous ayiez à vous rendre à Moulins inceffamment, & dans huit jours au plus tard, après que vous aurez reçu cette lettre, afin que M.... puiffe vous expliquer lui même les intentions du roi, dont il n'a été que le canal en cette occafion, & que vous lui remettiez tous les mémoires dont il pourra avoir befoin, pour régler *raifonnablement & équitablement* le prix de la charge de lieutenant général à Guéret, dont fa majefté a donné l'*agrément* au fieur de.... Ne manquez pas de m'accufer la réception de cette lettre auffi-tôt qu'elle vous aura été rendue; & ne vous laiffez pas affez aveugler par les mauvais confeils du fieur de.... pour continuer d'agir *contre le véritable intérêt de vos mineures*, en vous expofant vous-même à recevoir des ordres plus rigoureux, & que ce particulier doit craindre encore plus pour lui, s'il continuoit à obféder, comme il fait, la famille du fieur de.... » (*Lettre 100* de M. le chancelier d'Agueffeau, *tom. 10, pag. 112 & fuiv.*)

Il faut que *l'agrément du roi* pour une charge, précede toute efpece de traité.....« Je profite de cette occafion pour vous prier de dire à votre compagnie que l'intention du roi n'eft pas que ceux qui afpirent aux charges de préfidens des enquêtes, *ou autres charges* qui demandent un *agrément* fpécial du roi, commencent par traiter de ces charges avant que d'avoir obtenu cet *agrément* qui doit *précéder ce traité, & non pas le fuivre*, afin que fa majefté foit entiérement le maître d'admettre ou de refufer celui qui fe préfentera. Je fais bien que fa majefté l'eft toujours ; mais comme il eft plus dur de refufer à un fujet qui a déja traité de la charge, & que cette raifon porte quelquefois à avoir plus de facilité qu'on en auroit dans d'autres circonftances ; il eft du bon ordre que les chofes foient entieres lorfqu'on s'adreffe au roi, & que ceux qui, dans la fuite pourront penfer à de pareilles places, fachent par avance que les traités qu'ils auront faits fans *l'agrément* du roi leur nuiront, bien loin de leur fervir, lorfqu'ils demanderont cet *agrément.* » (*Id. Lettre 408, tom. 8, pag. 572.*)

Impenfes & réparations d'agrément.

3. Ce fera fous les mots *Amélioration, Dommages & intérêts, Dot, Éviction, Foi (bonne & mauvaife), Fruit, Impenfes, Réparation, Reftitution,* que nous traiterons tout ce qui a trait à cette divifion : contentons nous d'une citation préliminaire qui nous a paru importante en matiere de réparation de bénéfices.

« L'on décharge, non feulement les héritiers, mais les fucceffeurs, des réparations d'édifices qu'un titulaire a fait faire uniquement pour fon plaifir, pour fatisfaire fes caprices ou fa vanité, tels font les jets d'eau, les terraffes, les peintures & autres ornemens de cette nature ; les augmentations même de bâtimens dont le bénéfice ne peut retirer aucun profit. Obliger les fucceffeurs d'entretenir ces décorations & ces augmentations de bâtimens, ce feroit ruiner les bénéfices, & en convertir les revenus à des ufages bien différens de ceux auxquels ils ont été deftinés par les fondateurs. En effet, ce n'eft pas pour entretenir le luxe & la molleffe de quelques eccléfiaftiques que ces biens ont été aumônés à l'églife ; mais uniquement pour l'entretien du fervice divin, pour la fubfiftance des miniftres, & pour le foulagement des pauvres. » (M. Piales, *Traité des réparations & reconftructions des églifes & autres bâtimens dépendans des bénéfices,* part. 1, chap. 28, tom. 1, pag. 310.)

A G R E R.

(*Droit privé. Droit féodal.*)

« C'eft la rente que le créditeur doit payer chacun an à fon débiteur, pendant la jouiffance qu'il fait de l'héritage à lui engagé. » (Bouchel, dans fa *Bibliotheque, édit. de* Bechefer, tom. 1, *pag. 99, colon. 1.*)

Ce que Bouchel dit ici, de *l'agrer,* eft tiré des difpofitions des art. *4 & 5 du tit. 31 des Coutumes du pays & vicomté de Sole.*

Il en réfulte que cette redevance, qui a quelque conformité dans la forme de fa perception, avec celle qu'on appelle *agrier, champart* ou *terrage,* dans différentes contrées, foit des pays de droit écrit, foit des pays coutumiers, en differe cependant beaucoup dans fon origine & fes motifs. Il en réfulte que la plupart des auteurs qui ont parfaitement confondu ces deux redevances, n'avoient pas pris des notions bien exactes de leurs réfultats : les voici.

La perception de *l'agrier* & de *l'agrer,* a bien lieu également fur les fruits des héritages cédés au preneur par le bailleur de fonds ; mais, dans le cas de *l'agrier,* le bailleur de fonds le cede *volontairement* au preneur, fous la redevance convenue : dans le cas de l'*agrer*, au contraire, le bailleur eſt le débiteur du preneur ; il cede ſon fonds par *néceſſité* & par forme d'engagement, afin de ſe ſouſtraire à l'action de ce créancier.

L'établiſſement de l'*agrer* paroit aſſez mal combiné, & peut ſouvent ſervir à favoriſer l'avidité du créancier ; & par conſéquent, à aggraver la mauvaiſe ſituation du débiteur. En effet, ſi le contrat d'engagement eſt pur & ſimple, le créancier doit compte des fruits à ſon débiteur, de maniere qu'après la déduction des frais de culture, tout ce qui excede les intérêts légitimes, doit être imputé ſur le capital. Au contraire, lorſque l'engagement porte, que le créancier donnera au débiteur une partie des fruits qu'on appelle *ychyde* ou *agrer* : celui-ci ne peut demander aucun compte à celui-là ; quelque diſproportion qu'il puiſſe y avoir d'un côté, entre les intérêts de la ſomme principale & la redevance ou *agrer*, & de l'autre, dans le produit réel du fonds donné en engagement. Il eſt eſſentiel, pour juſtifier l'exiſtence de cet uſage du pays de Sole, dont on pourroit doûter, attendu ſa bizarrerie & les inconvéniens qu'il peut produire, de préſenter dans leur *jargon* le texte des deux articles ci-deſſus énoncés.

« Si per lo contracte de l'engadgment a eſtat accordat, que lo *creditor* deye donar ou pagar, à daquet de qui es la terre durant l'engadgment, certaine rente raiſonable par an, vulgariment appellat *yſchide* ou *agrer*, lo *creditor* pot prendre los fructs qui ſortiran de quere terre engadgeade, ſens que no es tengut deduire aucune cauſe de la ſome principale, en pagant aquere rente.... Si per lodeit contracte lo *creditor* no es tengue pagar annualiment, ladeite rente raiſonable ou *agrer*; en aquer cas deu deduire & rebatre tot ſo, qui a pres deuſdeits fructs, ſus la ſome principale, en precomptant au *creditor* los coſtadges frayatz. ».... Voyez *Agrier*, *Antichreſe*, *Champart*, *Ceſſion*, *Datio-* *in-ſolutum*, *Engagement*, *Fruit*, *Imputation*, *Intérêt*, *Paiement*, *Pignoratif*, (*contrat*) *Ychyde*, &c.

A G R E S S A G E.
(Droit féodal.)

Ce mot qui dérive des Latins, *agreſſagium* & *agreſtagium*, employé dans quelques anciens titres, exprime le droit qu'avoit un ſeigneur, de prendre dans les vignes de ſes vaſſaux une certaine quantité de raiſins verds pour en faire du verjus : *AGRESSAGIUM pro agreſtagium ab agreſtá : jus capiendi certam uvarum immaturarum portionem in vineis ſubditorum ad conficiendum omphagium.*

Une charte de Simon de Beaugency, de 1242, annonce que ce ſeigneur reconnoiſſant que le droit d'*agreſſage* cauſoit beaucoup de préjudice à ſes vaſſaux, ſans lui apporter un grand profit, leur en fit remiſe par l'avis de gens ſages & humains ; *de conſilio bonorum virorum* ; & fit défenſe à ſes héritiers de l'exiger à l'avenir.

L'établiſſement des droits ſeigneuriaux de la nature de l'*agreſſage*, fait connoître que dans l'anarchie de la féodalité, on ſe dirigeoit par les principes de Veſpaſien, qui avoit établi un impôt ſur les excrémens, *urinæ vectigal*. (Suetonius, *in Veſpaſiano, cap. 23.*)

Ne quittons pas *Ducange*, ſans dire tout ce qui ſe préſente ſur le *verjus*, dont nous ne ferons pas, ſans doute, un article particulier.

Il rapporte, d'après le P. Martenne, (*Anecdot. tom. 4, column. 1683*) une diſpoſition des actes d'un chapitre général de l'ordre des FF. prêcheurs, qui défend aux religieux l'uſage des liqueurs, & veut qu'on arrache des monaſteres les treilles deſtinées à fournir du verjus : *Volumus & mandamus ut vinaria artificioſa à domibus noſtris removeantur, & vineæ pariter ad comeſtionem & AGRESTAM faciendam extirpentur.* (Cangius, *in glossario*, edit. *novissimæ, 1733.*) Voyez *Abstinence, Aiguisage, Cullage, Dominicain, Droits seigneuriaux, &c.*

AGRÊTS.

(Marine.)

C'est le nom qu'on donne aux cordages & cables, toiles, poulies, vergues & ancres ; en un mot, à tout l'appareil nécessaire pour équiper un vaisseau, & le mettre en état de faire manœuvre.

C'est un des devoirs du capitaine de voir « avant que de faire voile, si le vaisseau est bien lesté & chargé, fourni d'ancres, *agrêts* & apparaux, & de toutes choses nécessaires pour le voyage. » *Art. 8, du tit. 1 du liv. 2 de l'Ordonn. de 1681.* Ce sont encore les dispositions du *tit. 3, art. 4 & 9; & du tit. 7, art. 10 & 12 de l'Ordonn. de 1689.* C'étoient aussi celles de l'ordonnance de Wisbuy, *art. 22;* de l'ordonnance de Philippe II, roi d'Espagne, de *1563, art. 7;* enfin, de l'*art. 10 des jugemens d'Oléron.* Ce dernier texte dit. « *Item.* un maître de navire qui frete, doit montrer aux marchands les cordages avec lesquels il guindera, &c. »

Le fret avec le corps & quille du navire, ses *agrêts* apparaux & ustensiles, sont le seul gage des loyers de l'équipage ; ainsi, le sort du maître & de ses gens dépend de la conservation du vaisseau. Cet établissement, confirmé par l'*art. 8, du tit. 4, du liv. 3 de l'Ordon. de 1681,* est excellent; & la politique, ainsi que l'intérêt de la navigation & du commerce, exigent que la loi soit maintenue dans toute sa vigueur.

L'*art. 2, du tit. 5, du liv. 3* de la même ordonnance, permettoit les prêts à la grosse sur le corps & quille du vaisseau, ses *agrêts* & apparaux, l'armement & les vituailles conjointement ou séparément. Cela donnoit lieu à des inconvéniens & des difficultés ; parce qu'en cas de naufrage, chaque prêteur n'exerçoit son privilege, que sur les objets qui y étoient affectés : aussi, l'usage a établi, que, lorsqu'on passe un contrat à la grosse, on y affecte généralement & la quille & le corps du vaisseau, & ses *agrêts* & apparaux, & son armement & ses vituailles.

« Le navire, ses *agrêts* & apparaux, armement & vituailles, même le fret, seront affectés par privilege au principal, & intérêt de l'argent donné sur le corps & quille du vaisseau, pour les nécessités du voyage ; & le chargement, au paiement des deniers pris pour le faire. » *Art. 7 du même titre.*

Le premier de ces privileges est subordonné, suivant l'*art. 16, du tit. 14, du liv. 1,* aux loyers dus aux matelots, & à l'emprunt à la grosse, qu'il aura été nécessaire de faire pendant le cours du voyage, pour les nécessités du navire: le second, au contraire, n'a de concurrence que celle des vendeurs des marchandises qui ont fourni le chargement.

La perte des *agrêts*, & le dommage arrivé aux marchandises, sont des avaries simples qui tombent sur le maître, le navire & fret. *Art. 4, du tit. 7, du liv. 3.*

M. Valin, que nous suivons dans cet article, observe d'après Loccenius, Kuricke & Casa-Regis, que « tout dommage arrivé au navire par tempête ou autre fortune de mer, est bien à la charge des assureurs ; mais, *que ce n'en est pas moins une avarie particuliere,* qui, par conséquent, ne regarde que les propriétaires du navire, s'ils n'ont pas fait assurer, ou les seuls assureurs sur le navire. » (*Tom. 2, pag. 161.*) Voyez *Ancre, Apparaux, Armateur, Assurance, Avarie, Avitaillement, Capitaine, Cargaison, Commerce, Contre-maître, Équipage, Fret, Grosse, Lest, Marchandise, Marine, Matelot, Navigation, Navire, Privilege, Vaisseau,* &c.

AGRICULTURE.

(Tous les droits.)

1. « C'eſt l'art de cultiver la terre. »
(Diction. de l'acad. franç.)

Dans ce Dictionnaire, celui qui cultive la terre eſt exprimé par deux mots différens ; *cultivateur*, qui eſt vague ; & *colon*, qui ſignifie encore habitant d'une colonie. Depuis quelque temps on dit AGRICOLE, & nous emploierons d'autant plus volontiers ce mot, que d'une part, il dérive du latin *Agricola*, adopté par les loix romaines, & que d'autre part il renferme parfaitement ces trois idées intégrantes, l'homme, ſon action & le champ cultivé : *Homo colens agrum.*

On ne trouvera ici ni l'extrait de ces écrits éphémeres, publiés depuis trente ans, ni cet eſprit de ſyſtême, dont l'amour-propre humain a infecté l'agriculture moderne, comme jadis la juriſprudence : *Diſputationem fori.... ut naturaliter evenire ſolet.* (L. 2, § 5, D. de orig. jur.)

Nous croyons toutefois ne pas devoir préſenter cet article important, avec la ſéchereſſe affectée par quelques juriſconſultes. Nous dirons davantage en faveur de cette jeuneſſe, l'eſpoir de la nation comme de la raiſon, & pour qui nous écrivons ſur-tout : *Eruditionis prima fundamenta atque elementa ponere : quibus juvenes ſuffulti poſſent graviora & perfectiora legum ſcita ſuſtentare.* (D. præfat. 2, § 11.)

DROIT DIVIN.

2. *Maledicta terra in opere tuo : in laboribus tuis comedes ex eâ cunctis diebus vitæ tuæ. — Spinas & tribulos germinabit tibi & comedes herbam terræ. — In ſudore vultûs tui veſcéris pane.* (Geneſ. III, 17, 18, 19.)

Eſt-ce-là l'origine & l'image de l'agriculture ? La fertilité prodigieuſe de quelques pays contraſte avec cette ſentence. Mais, comme s'il falloit qu'elle s'accomplît, ou qu'il y eût compenſation ; la Sicile & la Calabre ſont abymées par des tremblemens de terre ; l'Indouſtan a des famines périodiques ; &, tandis que l'agricole de la Bourgogne languit ſous la main-morte, & dans le fonds qui ne lui appartient pas ; l'habitant du Haut-Dauphiné vit heureux & libre ſur les rochers, où il eſt obligé d'apporter la terre qu'il cultive.

DROIT NATUREL & DROIT CIVIL.

3. Le premier agricole fut le premier propriétaire ; & perſonne ne s'aviſa d'abord de diſputer la récolte à celui qui avoit défriché, labouré & ſemé. C'étoit l'âge d'or, & il finit comme un ſonge. Opprimé, aſſujetti, dépouillé, devenu ſerf, main-mortable, adſcriptice, villain, &, tout au plus, partiaire, l'agricole périt ſur le fonds qu'il avoit poſſédé, & près de la récolte que ſes bras avoient produite. L'agriculture ceſſa d'être en honneur, & l'état ſocial en ſouffrit.

Peuples anciens.

4. Ce préjugé funeſte fut celui des premiers peuples, qu'il ne faut pas toujours admirer. Ces Lacédémoniens ſi vantés, laiſſerent l'agriculture aux Ilotes leurs eſclaves, pour s'occuper de la gymnaſtique, de quelques bons mots, & de l'honneur d'égorger leurs ſemblables : les champs de la Theſſalie étoient labourés par les Péneſtes : ceux de la Crete, par les Mnoïtes : & Ariſtote dans ſa *Politique*, liv. 7, chap. 10, renvoie à des mains ſerviles le ſoin de cultiver la terre.

DROIT des GENS & de la GUERRE.

5. Le droit traditionnel entre les nations, ayant pour baſe les premieres mœurs des Grecs, on ne doit pas

s'attendre à y trouver des ménagemens pour l'*agriculture*.

Ainsi, le droit de la guerre étant, dit-on, de faire à son ennemi le plus de mal que l'on peut ; on commence par ravager ses champs & à brûler ses moissons pour l'affamer, sauf à lui de rendre la pareille, s'il peut. C'est un horrible spectacle que celui des lieux où passe une armée : le volcan ou la foudre ne sont pas plus destructeurs : la famine suit ; &, si le glaive ennemi égorge cent mille ames, il en périt un million, de maladie & de misere. L'humanité veut qu'on écrive ces horreurs, que nos publicistes appellent une nécessité.

DROIT PUBLIC.

6. Tandis, que l'usage modifié par les mœurs actuelles, autorise le guerrier à ravager les fruits de la terre, le paisible habitant s'occupe à la cultiver ; sa personne, ses travaux, sa propriété, ses droits sont sous la sauve-garde des loix, sous l'œil de l'administration, & doivent fixer spécialement l'attention du prince, s'il veut être le vrai pere de famille.

« Les fruits de la terre sont les richesses les plus réelles des nations. Tout ce que l'art fait ajouter à la nature, ne produit que des richesses de convention, sujettes à la vicissitude des temps & aux caprices des usages. L'*agriculture* seule ne peut éprouver ces révolutions. C'est toujours de la culture des terres, c'est de cette source féconde, que coulent tous les biens dont nous jouissons ; & elle ne peut s'altérer, sans causer des dérangemens dans toutes les parties du gouvernement. » (*Essai sur la police des grains*, par M. Hebert, 1757.)

DROIT ROMAIN.

7. Rome fut persuadée de cette vérité tant qu'elle eut des vertus & des mœurs. Ce qui reste de ses loix sur l'agriculture, mérite d'autant plus l'attention des jurisconsultes, qu'elles sont les racines des législations européennes ; altérées cependant à beaucoup d'égards par la féodalité, la fiscalité & le système militaire. Elles présentent trois âges qu'il faut bien distinguer.

Dans le premier, les loix sont simples & peu nombreuses. Ce sont, dans les douze Tables, les 17, 46, 47, 48, 49, 50, 51, 52, 66, 67, 68, 69, 70, 71, 72, 73 & 104. Quels en sont les objets ? les chemins, les eaux, les bornes, l'invetison, les fruits tombant d'un fonds dans un autre, les troupeaux, les esclaves, les dommages : & sur toutes ces difficultés les parties doivent prendre des arbitres. C'est encore l'enchantement des moissons. *QUI FRUGES EXCANTASSIT, SUSPENSUS CERERI NECATOR*, L. 50. Ce monument de l'ignorance primitive des Romains, semblable à celle des peuples modernes, prouve le respect religieux de Rome pour l'agriculture dont le prophanateur étoit immolé à Cérès.

Les loix du Digeste, qui forment le second âge, ne sont qu'un développement & une application de celles des douze Tables. *Communia prædiorum 8. 4.... Quemadmodum servitutes amittuntur 8. 6.... Si quadrupes pauperiem fecisse dicatur 9. 1.... Ad legem Aquiliam 9. 2...... Finium regundorum 10. 1..... De aquâ & aquæ pluviæ arcendæ 39. 3.... De viâ publicâ & itinere publico reficiendo 43. 11.... De fluminibus, &c. 43. 12.... De aquâ quotidianâ & æstivâ 43. 20.... De fonte 43. 22.... De arboribus cædendis 43. 27.... De glande legendâ 43. 28.... De termino moto 47. 21..... Arborum furtim cæsarum 47. 7...... Ad municipalem & de incolis 50. 1..... De nundinis 50. 11.*

Le troisieme âge est celui du Code & des Novelles, & remarquez, par les titres seuls, comme tout a changé.

Dans le Code : *De officio præfecti annonæ 1. 44.... De annonis & capitatione 1. 52.... De alluvionibus & paludibus 7. 41.... De Nili aggeribus non rumpendis 9. 38.... De annonis & tributis*

tributis 20. 26. . . . C'eſt dans le livre 11 qu'on a raſſemblé le plus grand nombre de loix ſur l'agriculture, & ſuivez les titres : *De annonis civilibus* 24. . . . *De agricolis & cenſitis & colonis* 47. . . . *De colonis Palæſtinis* 50. . . . . *De colonis Thracenſibus* 51. . . . . *De colonis Illiricanis* 52. . . . *Ne ruſticani ad ullum obſequium devocentur* 54. . . . *De omni agro deſerto* 58. . . . . . *De fundis limitrophis* 59. . . . . *De paſcuis publicis & privatis* 60. . . . *De mancipiis & colonis* 62. . . . *De agricolis & mancipiis dominicis* 67. . . . *De prædiis tamiacis* 68. . . . *De locatione prædiorum civilium* 70. . . . . *De grege dominico* 75.

Les Novelles ont la même couleur : *De his qui mutuum dant agricolis,* N. 33. . . . *Ne quis mutuum dans agricolæ terram ejus teneat,* N. 32. . . . *Ne quis, quòd agricolæ mutuam pecuniam dedit, illius terram detineat; & quem uſurarum modum creditores accipere debent ab agricolis.* N. 34. . . . *De adjectionibus, id eſt, de prædiorum ſterilium ad fertiles impoſitionibus.* N. 166.

Comparons ; & ceci mérite quelque attention. Dans les loix des douze Tables & du Digeſte, *l'agriculture* n'a que des réglemens de police néceſſaires pour maintenir la propriété du ſol, la conſervation des bornes ſacrées, la sûreté des beſtiaux & des fruits, la circulation des denrées par les chemins, la diſtribution des eaux & le bon voiſinage.

C'eſt alors que le dictateur Cincinnatus quittoit la pourpre pour reprendre la charrue ; & Cicéron ne prenoit pas encore à injure le titre de payſan d'Arpinum, que lui donnoit la corruption inſolente & féroce, compagne de Sylla, de Céſar & d'Octave.

Dans le Code & les Novelles, que voyez-vous ? des déſerts, & quelques moyens foibles pour rappeller *l'agriculture !* La crainte perpétuelle de la diſette, établiſſant par-tout l'annone, ſource de nos greniers publics, de nos approviſionnemens municipaux, & de nos mono-

poles titrés ! Les terres ſoumiſes à des impôts & des gênes de toutes les eſpeces ! Les agricoles réduits à l'emprunt, à l'uſure, aux ſaiſies, aux procès, à la miſere, & à une ſervitude combinée, germe de celle imaginée en Europe au dixieme ſiecle par la féodalité.

Je ne ſais ſi ce tableau eſt neuf ; mais il préſente des faits ; & la comparaiſon de ces trois âges de Rome eſt un vaſte ſujet de méditations pour une adminiſtration éclairée & paternelle, comme pour la juriſprudence ; quand ceux qui étudient celle-ci, n'y voient pas ſeulement le droit privé ; & cet intérêt paſſager, qui conſiſte à décider : ſi un tel ſera un inſtant un peu plus riche que ſon voiſin.

DROIT FRANÇOIS.

8. Le tableau de notre juriſprudence agricole n'eſt pas ſi facile.

Les loix barbares ſemblent faites uniquement pour des brigands, & ne préſentent que des délits rachetés à prix d'argent, comme les quaſi-délits. Jugez-en par la ſalique, qui a ſoixante dix-neuf titres. Le 2e. a dix-neuf paragraphes ſur le vol des cochons. Le 3e. quatorze ſur le vol de toute eſpece d'animaux. Le 4e. cinq ſur celui des brebis. Le 5e. deux ſur celui des chevres. Le 6e. cinq ſur celui des chiens. Le 7e. huit ſur celui des oiſeaux. Le 8e. quatre ſur celui des arbres. Le 9e. ſept ſur celui des abeilles. Le 10e. traite du dommage fait à la moiſſon & aux clôtures. Le 11e. le 12e. & 13e. du vol des eſclaves & de l'effraction. Le 19e. de l'incendie des maiſons, des récoltes, & des troupeaux. Le 22e. des maléfices. Le 25e. du vol dans les greniers. Le 26e. du cheval excédé. Le 27e. en trente-un paragraphes, traite de différens vols dans les campagnes. Le 36e. de la chaſſe. Le 72e. des aleus : & c'eſt-là, § 6, que ſe trouve la fameuſe loi que nous appellons ſalique par excellence. *De terrâ verò ſalicâ, in mulierem nulla portio hereditatis transit, sed hoc virilis sexus acquirit; hoc est, filii in ipsâ hereditate succedunt. Sed, ubi inter nepotes aut pronepotes, post longum tempus, de alode terræ contentio suscitatur, non per stirpes, sed per capita dividantur.* (Herold. pag. 33)

Les capitulaires offrent quelques traits précieux : 1°. les digues, les chauffées & les ponts recommandés aux intendans ; 2°. quelques précautions foibles contre les vols, les accidens, les intempéries & les famines ; 3°. l'instruction des campagnes, ordonnée, aux commissaires départis, aux comtes ; ensuite aux évêques, & aux prêtres, les seuls qui sussent parler, lire & écrire ; 4°. enfin, le titre que Charlemagne prend, de pasteur de tout son peuple. *Unus grex & unus pastor.* (Cap. lib. 7, cap. 56, tom. 1, pag. 1039, edit. Baluzii.)

Ce titre fut bientôt anéanti par la féodalité dont les caracteres essentiels furent : 1°. d'établir, sous divers prétextes & sous divers noms, la servitude des *agricoles* ; 2°. de les dépouiller de leurs propriétés, & ensuite, de ne la leur laisser que sous des droits personnels & réels que nous appellons aujourd'hui seigneuriaux ; 3°. de multiplier à l'infini, ces droits, par la diversité dès coutumes ou des usages, l'arbitraire des possessions ou des titres, à un point accablant, par les droits en eux-mêmes, leur nature, leur quotité, leur perception & leur interprétation. 4°. de produire éternellement des procès, inintelligibles pour les juges, profitables aux gens d'affaires, & ruineux pour l'*agriculture*.

Dans ses établissemens, St. Louis voulut corriger cet abus ; mais il lui falloit un autre siecle, & d'autres forces. Ses successeurs ne songerent qu'à réunir à la couronne les soixante-dix-huit grands fiefs, faisant tout le royaume, & qui en avoient été démembrés ; ils maintinrent la hiérarchie féodale, & laisserent, comme relevant directement de la couronne,

tous les arriere-fiefs, oppresseurs de l'agriculture.

A la suite de ces maux viennent les guerres civiles ; & vous pouvez juger de l'état de l'*agricole*, par les ordonnances de 1356, durant la prison du roi Jean.

C'est au seizieme siecle seulement qu'on s'occupe de la sûreté, de la liberté, & de la police des campagnes ; & c'est encore le chancelier l'Hospital. Il peut s'égarer dans l'édit, des saisies d'héritages pour censives & rentes, de novembre 1563 ; dans ses loix somptuaires, qu'il porte dans les campagnes ; dans l'*art.* 2 de l'ordonnance d'Orléans, où il défend l'exportation de l'argent. Mais, par l'*art.* 103, il supprime le droit de guet & garde ; par l'*art.* 106, il met les *agricoles* sous la jurisdiction des baillis & sénéchaux ; par l'*art.* 107, il oblige les péagistes à l'entretien des routes ; par l'*art.* 108, il défend la chasse en certains temps ; il établit les maréchaussées, les juges consuls, la sûreté, l'ordre : or c'est beaucoup pour ce temps-là.

L'ordonnance de Blois renouvelle ces dispositions : l'*art.* 282 abolit les péages & travers non fondés : l'*art* 283 arrête les exacteurs de droits non dus, & les *menaceurs de pauvres gens* : l'*art.* 285 défend de chasser dans les champs, en certains temps : les *art.* 295, 296, 297 & 298 donnent une discipline aux troupes, & une indemnité aux campagnes où elles passent : l'*art.* 355 a pour objet les ponts & chaussées.

Nos loix agraires commencent véritablement sous ce bon roi, qui vouloit que le paysan pût avoir *la poule au pot* ; il avoit d'ailleurs pour ministre Sully, qui se trompa néanmoins en ne voyant que l'*agriculture*. — On a reproché à Colbert de n'avoir vu au contraire que les manufactures.

La jurisprudence *agricole* n'a commencé à se former véritablement que sous la fin de l'administration du chancelier d'Aguesseau ; après que, dans ses mémoires, fur les monnoies, les compagnies des Indes, & les papiers publics, placés à la fin du tome 10, il eut apprécié toutes ces valeurs fictives ou éphémeres; lorsqu'inftruit par quelques difettes, & fur-tout celle de 1747, il vit que l'*agriculture* étoit la fource de toutes les richeffes, & de l'abondance fans laquelle l'or n'eft rien; lorsqu'il fut convaincu que les principes de cette *agriculture* font la liberté & la propriété, comme on le voit dans fa Lettre au parlement de Bourdeaux, que nous avons extraite au mot *Accaparement*, tom. 1, pag. 621.

C'eft de ce foyer que fortirent de nouvelles vues, des écrits fans nombre, des loix diverfes, des académies, des écoles & des fyftêmes. On avoit été marchand fous Colbert, on fut financier fous Law, & l'on effaie de devenir *agricole*.

Rapports entre l'agriculture & la jurifprudence.

9. Ce Dictionnaire n'eft point un ouvrage d'économie politique. Mais puifque l'adminiftration de la juftice embraffe tout, comme nous l'avons prouvé dans la préface, *pag. 106*, & dans ce volume, *pag. 2*, fans doute fes rapports avec l'*agriculture* font auffi précieux, que tant d'autres fur lefquels on a tant écrit. Et il ne fuffit pas d'entaffer des loix incohérentes, il faut les pénétrer, les motiver, les rapprocher & voir l'enfemble. Il faut écrire pour l'adminiftrateur *agricole* & pour le jurifconfulte citoyen. A celui-ci il faut indiquer ce que la loi ftatue; avec l'autre, il faut chercher fi elle ne peut rien encore.

Dans nos livres, la jurifprudence étant éparfe fous une infinité de mots, les recherches font accablantes & inexactes. Il eft donc intéreffant de rapprocher fous le mot générique *Agriculture*, toutes fes parties. Il eft impoffible de tout détailler, mais on voit les racines, & l'on indique les branches.

Pour mettre quelque ordre dans les idées, nous tâcherons de les fondre fous trois grandes divifions, la PROPRIÉTÉ, la POLICE & l'ADMINISTRATION.

Ceux qui nous ont précédé, ont à peu près fuivi le plan du droit romain; & nous le reprendrons dans la divifion *Police*, où nous fuivrons, les hommes, les animaux, les pâturages & les récoltes. Chacun peut voir à fa maniere, & notre plan eft tracé d'après l'état actuel de l'efprit humain. Nous demandons attention, & indulgence: nous marcherons rapidement.

PROPRIÉTÉ.

10. Quelques fpéculateurs ont fait de la propriété, la bafe de l'*agriculture*: & en effet, la terre n'eft jamais cultivée par des mains efclaves ou mercenaires, comme par des mains libres & propriétaires: « *La journée de quatre payfans Polonois équivaut à peine à celle d'un bon journalier François.* » (Lettre de M. *Gilibert*, pag. 426 de ce vol.)

Mais la propriété n'eft point ifolée & indépendante. Elle eft environnée, partagée, affujettie, enclavée, démembrée, dénaturée, dégradée, conteftée; & fous ces afpects divers, elle fixe les regards de la loi. Voyez *Abénévis*, *Aqueduc*, *Arbres*, *Borne*, *Buiffon*, *Clôture*, *Dégât*, *Dommage*, *Eaux*, *Foffé*, *Inveftifon*, *Paffage*, *Poffeffion*, *Servitude*, *Titre*, *Vol*.

Cette propriété a encore des fruits qu'il faut conferver: car à quoi ferviroit d'avoir un fonds, de faire les avances, de cultiver & d'améliorer; fi l'ufurpation, la force, & une mauvaife conftitution diminuoient la récolte, au point de ne laiffer prefque rien à l'*agricole*?

A quoi fert d'avoir cultivé un champ; fi, comme dans le royaume de Siam, où les terres rapportent deux cents pour un, les foldats ne manquent pas de venir annuellement arrêter pour le roi ou pour quelque miniftre tous les beaux fruits? « On conçoit facilement que fous un tel gouvernement, l'*agriculture* ne fauroit profpérer. » (Voyage d'un philofophe, par M. *Poivre*.)

A quoi fert de défricher, de cultiver, d'avancer, d'améliorer ; lorfque plus malheureux que le bétail, qui eſt au moins nourri, ſoigné & conſervé, il ne reſte à l'*agricole* que la moindre partie de ce qu'il a recueilli ? *Sic vos non vobis fertis aratra boves.* Or, en quelques lieux de l'Europe, quel énorme aſſemblage de droits incohérens peſe ſur *l'agriculture !* Voyez *Agrier, Capitation, Charroi, Corvée, Dîme.... Droits ſeigneuriaux* de toutes les eſpeces, *Impôt, Induſtrie, Lods, Logement* & conduite des *troupes....* *Mi-lods, Servis, Vingtieme, &c.* Après cela que reſte-t-il ?

Après la juſtice, une obligation non moins importante de l'état, c'eſt la ſûreté, qui ſe diviſe en extérieure & en intérieure.

La ſûreté extérieure conſiſte à empêcher l'invaſion ennemie, & à protéger le commerce extérieur.

La ſûreté intérieure ſuppoſe une certaine police, une main-forte au beſoin, & la punition des coupables. Voyez *Juſtice ſeigneuriale, Maréchauſſée, Meſſier, Police & Vol.*

Mais l'état ne peut pas remplir ces obligations, s'il n'eſt pas aidé par *l'agriculture* elle-même : or il y a deux contributions, l'une réelle & l'autre perſonnelle.

La contribution réelle, eſt ce que nous appellons *Impôt.* C'eſt une portion de ſon revenu que chacun paie, pour jouir ſûrement & agréablement de l'autre.

La contribution perſonnelle eſt la milice. Par la conſtitution primitive de tous les peuples, chacun devoit ſervir de ſa perſonne. Quelques états ont conſervé ce régime. D'autres ont remplacé la milice nationale par des troupes ſtipendiées : mais cette combinaiſon, plus ou moins utile, n'anéantit pas le droit primitif. Voyez *Milice.*

P O L I C E.

11. Que la ſociété ſoit un état de guerre, comme Monteſquieu l'a dit, *liv. 1, chap. 3,* d'après Hobbes ; ou

plutôt, que, rapprochés par le ſentiment, le beſoin & la crainte, les hommes ſoient diſpoſés à s'aider & à ſe chérir ; ils ont beſoin d'*un ordre convenu,* de loix poſitives qui les empêchent de s'égarer, & les rappellent à ce qu'ils ſe doivent. C'eſt ce qu'on appelle *Police.* Mais elle ne doit être ni gênante, ni obſcure, ni ruïneuſe.

Réglement de police.

12. Au mot *Age* nous avons dit qu'heureuſement *l'agriculture* n'avoit pas reçu les vaines entraves données en tant de lieux à l'éducation & aux arts ; que le moyen de la perdre, ſeroit de la régler ainſi. Cependant, il lui faut quelques loix de police ; & leur premier caractere eſt la ſimplicité, comme dans les loix romaines des douze tables.

Nous avons donné une idée de nos loix barbares ; & leur eſprit n'eſt pas entiérement perdu.

Dans les anciennes loix françoiſes recueillies par M. Houard, *tom. 2, pag. 47 & ſuiv.* vous appercevez quelques efforts obſcurs, ſur la maniere de fumer, la garde des beſtiaux, la diſtinction des ſaiſons, le ſalaire des journaliers, la conſervation des récoltes, les dommages, les vols, la néceſſité de prévenir, & cette maxime précieuſe, que, ce qui peut ſe rétablir bientôt à peu de frais, devient enſuite irréparable. *Quod enim hodiè poſſet de uno denario corrigi, in fine fortè duodecim denariis non poteſt emendari.* Pag. 56.

Mais c'eſt toujours le ſeigneur & le maître dont l'intérêt fixe la loi, *Dominus;* les *agricoles* ne ſont que des ſerfs, des valets, tout au plus des grangers, *grangiarii;* & ces réglemens bizarres ſont adreſſés à l'intendant du fief, *præpoſito,* qui doit au beſoin recourir au bailli & au ſénéchal.

Vous pouvez parcourir encore les *Aſſiſes de Jéruſalem,* la très-ancienne *Coutume de Beauvoiſis,* & celle de *Lorris* par la Thaumaſſiere. Ce ſont les détails dégoûtans des loix barbares coufues avec la féodalité & quelquefois la chevalerie.

Cet efprit fe perpétue dans les coutumes poftérieures. Les Romains avoient vu *l'agriculture*. Les feigneurs eccléfiaftiques ou laïques, & les praticiens, rédacteurs foudoyés des coutumes, n'ont vu que le profit du fief, l'amende, la confifcation & les frais *fredum*. Ils s'inquietent peu de prévenir les délits & les fautes. Que deviendroit le fief & fa juftice, s'il n'y avoit ni contravention, ni jugement, ni peine ?

Ce défaut radical de nos coutumes paroît, fur-tout dans le *Commentaire de la Coutume d'Anjou*, par Choppin. A la fuite, eft fon *Traité des privileges des ruftiques*, ouvrage aimable, malgré le ftyle du feizieme fiecle; c'eft dans la loi romaine qu'il puife les réglemens effentiels & généraux. Si vous rencontrez des difpofitions coutumieres, comme le retrait lignager, les faifines, les droits feigneuriaux; ce font des déferts ou des forêts qui obftruent la route.

Il y a donc des réglemens effentiels & généraux tranfmis par les Romains. Il en eft d'autres dans les ordonnances de nos rois & dans les arrêts des cours: d'autres enfin, fur la convenance, la rédaction & l'exécution defquels on s'en rapporte aux officiers de la province & du village même; heureux! quand par leur favoir & leur zele, ils répondent à ce qu'on attend d'eux.

ARRÊT du parlement de Paris, du 16 juillet 1779, qui « autorife les officiers, tant des bailliages & fénéchauffées, que des fieges ordinaires, même *ceux des SIEURS haut-jufticiers* dans les lieux où il y auroit quelques bleds ou grains couchés, qui pourroient être endommagés par les pigeons, d'y pourvoir par *tels réglemens* qu'ils jugeront le plus convenable, chacun dans l'étendue de fon reffort; à rendre telles ordonnances qu'il conviendra, pour que ceux qui ont des pigeons, foit dans des colombiers, foit dans des volets, foient tenus de les enfermer, fans pouvoir les laiffer fortir pendant le temps qui fera fixé par lefdits juges, fous peine de telle *amende* qu'il appartiendra contre les contrevenans; enjoint aux officiers des lieux, de rendre compte au procureur général du roi de l'exécution du préfent arrêt. »

Juges de Police.

13. Pour que ces vues falutaires foient remplies, il faut fuppofer dans les officiers une furveillance continuelle, de l'intelligence, de la pureté, de la confidération, & des moyens. Mais s'ils font tels que les peint Loyfeau, dans fon *Traité des juftices de village;* fi ce font des praticiens ignorans & avides; réduits à flatter le feigneur qui peut les deftituer, & à ménager l'habitant riche; n'ayant pour adminiftrer qu'une autorité précaire, & pour fonds, que les amendes, dont le feigneur s'empare fouvent, même dans les terres du domaine du Roi; alors, comment la police des campagnes ferat-elle ordonnée & adminiftrée?

On vous parlera du juge principal, qui eft ordinairement un avocat du bailliage voifin; & l'on peut ajouter que quelques parlemens, comme celui de Grenoble, font exercer dans chaque ville de bailliage, toutes les juftices feigneuriales du reffort. Mais cet ordre de chofes, qui prouve une certaine défiance des praticiens du lieu, n'eft bon que pour la jurifdiction, & ne fait rien à l'adminiftration. C'eft toujours le procureur fifcal qui eft l'œil; c'eft toujours le châtelain qui inftrumente: quand ils auront combiné un procès-verbal, & une faifie, le mal fera irréparable.

Et c'eft ainfi que nous rencontrons toujours la féodalité, attaquant la juftice, l'ordre, la paix, & la fource même de la fubfiftance.

Municipalité, Syndics.

14. L'ordre public étant ainfi dégradé dans les campagnes, on a effayé d'y fuppléer par une adminiftration.

ARRÊT du conseil, du 13 septembre 1763, qui ordonne « que dans chacune des villes, bourgs & *paroisses* de la généralité de Lyon, où il n'y a ni hôtel-de-ville, ni corps municipal, il sera établi des syndics particuliers qui seront chargés de l'administration des affaires des communautés. »

C'est l'esprit qui a établi les *communes* sous Louis-le-Gros; comme nous l'avons expliqué dans l'*Histoire du droit françois*, *n*°. 20, au commencement de ce vol. *pag. 16*. Tandis que la féodalité vouloit empêcher les habitans de s'assembler, comme nous l'avons dit au mot *Affaire*, *n*°. 20, *pag. 249 de ce vol.* la souveraineté a brisé ces chaînes, & a rendu aux hommes en société, le droit de s'unir pour l'intérêt commun.

Elle est salutaire en quelques lieux, cette administration *agricole*. Au mot *Abdication*, *n*°. 13, tom. 1, *pag. 118*, j'ai parlé des hautes montagnes du Dauphiné, où des communautés ont acquis la seigneurie, & ne relevent que du roi Dauphin. En 1751, un voyageur mis à contribution par un aubergiste nouveau venu, demandoit justice, & on lui indiqua le consul, seigneur, commandant, maire, & lieutenant de police. Celui-ci sort avec ses sabots & son gros bonnet, appelle en passant des habitans, regle le compte, & envoie l'aubergiste en prison avec ce prononcé : « vous n'êtes pas un bon chrétien, car vous ne voudriez pas qu'on vous fît ce que vous avez fait-là : vous n'êtes pas non plus un bon habitant, car vous éloignez ceux qui viennent commercer avec nous. Si vous y retournez, nous vous chasserons. » Puis se retournant vers le voyageur : « Êtes-vous content, monsieur? Êtes-vous content? — Nous n'avons pas étudié vos belles loix des villes, qui nous font bien du mal. Nous ne savons pas faire autrement, & si vous êtes satisfait, revenez nous voir. »

Voilà la police des campagnes, sans appareil, sans écrit & sans frais. Tout peut s'y régler ainsi : & quand ce sont les anciens du village qui prononcent leur jugement en vaut bien d'autres; car ils voient tout, entendent tout, & jugent pour les autres, comme ils veulent qu'on juge pour eux.

Mais quand vous arrivez dans les villages *mortaillables* & sans propriétaires, opprimés par les villes, & rongés par des praticiens; toute l'administration se réduit souvent à la collecte de l'imposition, au luminaire & à la fabrique de l'église. Dans la plupart on n'a pas été plus loin.

Propriétaires, Fermiers, Partiaires, Journaliers & Domestiques.

15. Si ce Dictionnaire étoit économi-politique, nous examinerions la différence des progrès de l'*agriculture* dans les lieux où l'habitant travaille son champ, & dans ceux où il cultive pour autrui : l'aspect seul suffiroit pour décider en faveur des propriétaires.

Après le propriétaire, vient le fermier, qui, ayant une propriété momentanée & conditionelle, doit avoir plus d'intérêt à bien cultiver.

Après le fermier, vient le partiaire, appellé en d'autres lieux *granger*, lequel, pour prix de sa main-d'œuvre, partage la récolte avec le propriétaire, qui fournit le fonds : espèce de commandite, comme dans le commerce, où le capitaliste fait le fonds, & le marchand fournit son industrie.

Ces deux modifications de la propriété *agricole* ont un inconvénient : le fermier & le partiaire ne cultivent qu'en raison de leur jouissance, refusent les avances nécessaires, négligent d'améliorer comme de réparer, & chargent les vignes : or cet abus donne lieu à des visites, & à des procès ruineux.

Mais ces inconvéniens sont foibles, en comparaison de ceux où le cultivateur, sous le titre de *valet*, reçoit un salaire annuel en denrées & en argent; en sorte que la récolte lui est étrangere.

Ce régime fuivi en quelques provinces, eft déteftable.

Ce n'eft pas qu'on puiffe fe paffer de valets, domeftiques & journaliers. Cet état même, vu fa néceffité, a confervé fon ancienne confidération; & , comme Jacob alla fervir Laban pour époufer fa fille; *Servivit ergo Jacob pro Rachel*; (Genef. XXIX. 20.) de même, le fils d'un bon habitant va fervir chez un autre, fans s'avilir. D'ailleurs, dans le temps des récoltes on a befoin d'aides.

Il y a plufieurs arrêts des parlemens qui défendent les attroupemens des journaliers domeftiques & gens de campagne, avec deffein de faire compofer les cultivateurs; & nous en rapporterons aux mots *Affemblée illicite, Attroupement, Domeftique, Journalier.*

Ces réglemens peuvent être bons pour la tranquillité : mais, pour le bas prix de la main-d'œuvre, ils nous femblent indifférens au fond, ou inutiles dans le fait.

Le falaire du domeftique ou du journalier ne fauroit avoir un prix, ni perpétuel, ni uniforme; & tout ce que j'ai vu propofer à cet égard, pour des réglemens de manufactures, eft abfurde. Il faut confidérer : 1°. La cherté locale & actuelle des vivres : 2°. La nature du travail : 3°. Le perfonnel du falarié : 4°. La concurrence enfin; car, par-tout, s'il y a plus de travail que d'ouvriers, le prix de la main-d'œuvre hauffera ; & au contraire il baiffera, s'il y a plus d'ouvriers que de travail.

D'après ces principes inconteftables, tout réglement général ou particulier eft injufte, manque fon but, & refte fans exécution.

Tous ces détails de police journalière dépendent des conventions & des circonftances. L'art. 3 du tit. 17 de l'Ordonnance de 1667, les met au rang des matieres fommaires, qui doivent être jugées plus promptement : *Fermages & réparations, impenfes utiles & néceffaires, améliorations, détériorations, labours &*

femences; prifes de chevaux ou beftiaux en délit, les faifies qui en feront faites, leur nourriture, dépenfe, ou louage; les gages des ferviteurs, peines d'ouvriers, journées de gens de travail. Mais, eft-ce affez de pouvoir juger plus vîte? & tout ne devroit-il pas finir fur les lieux pour le bien de l'agriculture? Voyez *Domeftique, Fermier, Journalier, Partiaire, Propriétaire, Salaire, Travail, Valet, &c.*

Inftruction des agricoles.

16. Le moyen de rendre ces hommes, bons & juftes, eft de leur apprendre ce qu'ils doivent à Dieu, aux autres & à eux-mêmes.

Ce fut l'efprit de Charlemagne, qui mit en loi cette grande maxime : *Docendus eft populus, non fequendus.* Dans fes capitulaires, il prefcrivoit fans ceffe aux magiftrats & aux évêques d'interroger & d'inftruire : *Ut de his inftruant.*

Mais bientôt la féodalité, confondant l'homme avec la brute, les fuppofa également dénués de raifon. Je lui rends le fens commun, difoit un feigneur, en affranchiffant fon ferf. *Ad fanum intellectum reduco*, (pag. 157 de ce volume.) C'étoit l'efprit, le ftyle de ce temps-là.

Il refte encore bien des traces de cette opinion barbare, qu'on n'a pas attaquée jufques dans la racine. Henri IV s'en occupoit; & il y a des détails charmans dans les économies royales de Sully. Mais Richelieu détruifit tout. Colbert vit les manufactures : & depuis, qu'avons-nous fait encore?

Il y a plufieurs fources d'inftruction publique : la loi, la prédication, la jurifdiction, les écoles, & les écrits.

La *loi.* Il ne faut pas s'imaginer que le payfan ne l'entende pas, & ne raifonne pas mieux que tant de nos citadins. Je ne parle pas du ferf, vraiment encore abruti par fon état contre nature. Je parle du propriétaire libre. C'eft l'homme de la nature & de la loi. Il a plus d'économie, d'ordre, d'induftrie & de bon, efprit que le boutiquier, & tant de nos ouvriers des villes fi bien peints par Cicéron, dans le *Livre premier de fes offices*, n°. 150.

Les fouverains veulent-ils que leurs loix, dans la campagne, foient exécutées toujours & promptement ? Qu'elles foient bonnes & fimples; qu'ils les motivent, & à l'exemple de Henri IV & de Louis XVI, qu'ils parlent à leurs peuples *comme un pere à fes enfans*. On ne fait pas affez à Paris l'effet de celles du regne actuel. Les *agricoles* aiment leur roi. Quand il veut bien defcendre jufqu'à eux, *leur parler*, les inftruire; la confiance eft abfolue; la foumiffion eft profonde; l'impôt eft plus léger; la milice fe tire gaiement; &, mieux cultivée, la campagne paroît plus belle.

Au mot *Adolefcence, pag. 92* de ce volume, j'ai dit que dans les paroiffes, après le prône, on lit feulement la terrible ordonnance de Henri II, concernant les déclarations des filles enceintes. Le même efprit ne peut-il pas déterminer à lire de même une inftruction fimple fur les devoirs effentiels des *agricoles*? Seroit-elle donc difficile ? Elle feroit certainement utile. C'eft par ce procédé fimple qu'on a jeté les fondemens de la révolution de l'Amérique, préparée par l'affaire Zenger, que j'ai rapportée, *tom. 2, pag. 419*. Quand en février 1777, je difois au chef : vous ne pouvez pas compter fur vos côtes : argent, & point de liberté; commerce, & peu de patriotifme; &c. Il répondit : nous avons inftruit nos campagnes; & depuis longtemps, avec un catéchifme fimple, nos payfans de Penfylvanie, des deux Jerfeys, & du Connecticut, valent quelques-uns de vos Européens employés & titrés. Ahecdote précieufe !

Ce catéchifme nous rapproche des nôtres, de la prédication & des pafteurs. Combien de chofes à dire fur cette partie de la police publique ! Moins de controverfe : plus de morale, d'onction, & de fimplicité ! Et combien l'inf-truction de l'homme acquiert de lumiere & de force, quand elle eft donnée au nom de l'Éternel ! Voyez *Catéchifme, Curé, Exemple, Pafteur, Prédication, Prêtre, Prône, Séminaire, Sermon, Théologie, Vicaire, &c.*

Les curés font les premiers magiftrats des campagnes : elles en ont d'autres. Ce ne font pas les feigneurs : defcendans des ufurpateurs féodaux, depuis Richelieu, ils n'habitent plus les campagnes qu'ils avoient défolées, & ils ne les connoiffent guere que pour le produit de la ferme. Difons cependant à l'honneur du fiecle, que quelques-uns font devenus les peres de leurs vaffaux, & qu'ils y font beaucoup de bien. Voyez *Accommodement, n°. 24, tom. 2, pag. 28. col. 2.*

Les magiftrats des campagnes font encore les officiers de la juftice : quand ils ne font pas tels que Loyfeau les a peints. Lorfqu'ils veulent inftruire les *agricoles*, & les rendre meilleurs, chaque pas leur en offre l'occafion : ordonnances motivées, audience, procédure, tout fe prête au développement de la vérité, de la bienfaifance, de la juftice & de l'ordre.

Les écoles & les écrits feroient la premiere fource de l'inftruction. Mais les payfans achetant peu de livres, il faudroit recourir aux affiches & aux relations, comme je l'ai obfervé dans ce volume, au mot *Affiche, n°. 29, pag. 332*. A l'égard des écoles, ne peut-on pas y enfeigner, non comme les Crétois, qui avoient mis les loix en vers pour les faire chanter dans les campagnes; mais comme l'ordonne l'impératrice de Ruffie, fur le livre de la religion & des loix? « Plus il y aura de perfonnes qui liront & entendront ces loix, & moins il y en aura qui les violeront. C'eft pourquoi, *il faut ordonner dans toutes les écoles d'employer, pour apprendre à lire aux enfans, tantôt des livres de religion, & tantôt ceux qui traitent des loix.* (Inftruction de Catherine II, n°. 148.)

Ceux qui pourroient critiquer ces idées, feroient, fans y fonger, la fatyre la plus

plus forte de notre législation & de notre jurisprudence.

Santé, Vêtement & Nourriture.

17. La grande police n'entre pas dans certains détails sur lesquels elle s'en rapporte à la vigilance des individus ; ainsi elle ne s'enquerra point de la différence des vivres & des habillemens, qui résulte d'une infinité de circonstances.

Mais elle fera en sorte que l'*agricole* puisse se vêtir lui-même avec le chanvre qu'il a semé, le cuir de ses bestiaux & la laine de ses brebis ; non seulement elle lui donnera ces manufactures de première nécessité, avec celle de ses outils, mais elle y joindra quelques fabriques, qui occuperont l'agricole pendant l'hiver, & porteront dans tous les canaux de l'amélioration & de l'impôt, ces ressources que donnent l'horlogerie dans les campagnes de Geneve & de la Suisse, le velours aux environs de Gênes, les rubans & les toiles dans le Lyonnois, le Forez & le Beaujolois.

La police veillera encore à la santé des *agricoles*, dans tout ce qui tient à la salubrité de l'air & des alimens ; car le sauvage ressemble à l'animal qui distingue parfaitement les plantes ; & l'homme social s'empoisonne par ignorance ou par misere. En 1772, il fut vendu en Lyonnois & en Dauphiné du bled corrompu, qui y a fait beaucoup de mal, & qui venoit de ce qui est expliqué au mot *Accaparement*, nº. 5, tom. 1, pag. 607. Voyez *Air, Alignement, Aliment, Contagion, Épidémie, Peste & Salubrité.*

Animaux.

18. Après l'homme, ce qui fixe le plus l'attention de la loi, c'est cette multitude d'animaux qui couvrent les campagnes : les uns sont utiles, & elle doit les protéger ; les autres sont nuisibles, & il faut tâcher ou de les détruire, ou de les diminuer, ou de s'en garantir. On est d'accord sur quelques points ; on ne l'est pas sur d'autres.

Bestiaux.

19. On est d'accord sur la protection due aux animaux compris assez généralement sous le nom de bestiaux, destinés à aider, nourrir & vêtir l'homme.

Leurs propriétés varient suivant l'habitude, le climat, la nature du terrain. Cette diversité, jointe à celle des coutumes, a rendu la jurisprudence incertaine & obscure.

Il n'y a pas, jusqu'à l'abeille, qui ne donne une récolte précieuse dans les lieux où on la protege, & elle fut l'objet de plusieurs loix romaines. Voyez *Abeille*, tom. 1, pag. 119.

Tous ces animaux peuvent être volés, causer du dommage, sont un objet de commerce, & pourroient être saisis.

Ils peuvent être volés, & ce délit a reçu des Romains un nom particulier, *abigéat*. Voyez *ce mot* & la jurisprudence actuelle, tom. 1, pag. 125 ; notamment la Lettre de M. d'Aguesseau au parlement de Bretagne, sur les dispositions coutumieres.

Ces animaux peuvent causer du dommage, & en général le maître en répond. On peut aussi leur nuire par accident ou par méchanceté. Voyez le mot *Accident*, tom. 1 ; notamment les titres du droit romain, pag. 707 ; quelques exemples, pag. 709 ; & les accidens arrivés par des animaux, pag. 710.

Les bestiaux peuvent avoir une maladie contagieuse. Aidé de la médecine, on doit, 1º. connoître le genre de la maladie, si elle vient des pâturages, des eaux, de l'intempérie de l'air ? découvrir, fixer & publier le régime. 2º. Arrêter la communication, & s'il le faut, faire tuer les premiers malades. 3º. Faire enterrer les morts à une certaine profondeur ; & empêcher qu'en vendant la viande, l'avarice ne porte le germe de la mort dans le sein de l'ignorance & de la misere.

Ces détails précieux exigent de la part du gouvernement, surveillance, secours,

Bbbb

soulagement ; & de la part des officiers des lieux, activité, prudence, fermeté & zele.

Quand il n'y a point d'épizootie, les bestiaux font un sujet immense & continuel de commerce.

Quelquefois on a défendu de les exporter & de les laisser circuler ; & j'ai sous les yeux plusieurs arrêts du conseil rendus jusqu'au milieu de ce siecle. Quelquefois encore on a cru devoir, à l'entrée dans le royaume, mettre ou lever, augmenter ou diminuer des droits, à raison de l'abondance ou de la rareté.

Cette jurisprudence politique, est infiniment délicate. Si l'on consulte l'intérêt du fisc, le besoin l'établit par-tout. Mais l'*agriculture* ne demande-t-elle pas pour le bétail une liberté, & une franchise absolue, comme pour les grains ? Voyez *Abeille, Abigéat, Abondance, Abstinence, Accaparement, Accessoire, Accident, Accise, Accroissement, Achat, Admininistration, Air, Approvisionnement, Commerce, Dommage, Douane, Épizootie, Liberté, Santé & Traites.*

Animaux nuisibles.

20. Le bien de l'*agriculture* demande encore la chasse de tous les animaux qui dévorent les bêtes utiles, dégradent les pâturages, & mangent les fruits que l'homme cultive pour sa subsistance.

C'est un point très-obscur de la jurisprudence, & toutefois très-important. Tandis que l'agricole avide, ou pauvre, plaide & se ruine pour un sillon ou une lande, une haie ou un fossé ; tandis que la loi punit si cruellement le malheureux qui vole une mesure de bled, nous oublions souvent que les élémens se réunissent pour produire des légions plus ou moins nombreuses d'animaux, qui attaquent de toutes parts l'agriculture.

On peut les classer à-peu-près ainsi : 1°. Les quadrupedes sauvages ; 2°. les oiseaux ; 3°. les insectes ; 4°. quelques animaux domestiques.

Quadrupedes sauvages.

21. De toutes les bêtes fauves, la plus funeste, la seule qui ne serve à rien, c'est le loup ; & sa destruction absolue, fut un grand événement en Angleterre ; non seulement pour la conservation des bestiaux, mais pour la qualité des laines améliorées par la possibilité de laisser toute la nuit les troupeaux dans les champs. Polidore Virgile, historien Anglois, *liv. 1*, atteste que c'étoit le pays où ils étoient le plus nombreux, & qu'ils dévorerent le roi Memprisius. Edgar, l'un de ses successeurs, mort en 955, après des chasses générales & continuelles, voyant qu'ils se réfugioient dans les forêts de la principauté de Galles, changea la redevance pécuniaire des seigneurs, en un tribut annuel de trois cents têtes de loups ; & bientôt il n'en resta pas un seul dans toute l'Angleterre. (Will. Malm. *lib. 2, cap. 6.* Brompton, *pag. 838.* Hume, *Hist. des plantagenets, chap. 2.*)

Qu'avons-nous fait en France ? Charlemagne établit dans chaque province, des louvetiers, que détruisit bientôt la féodalité. Charles VII s'en occupa dans son édit de 1436. François I créa, en 1520, des offices de louvetiers & à leur tête un grand louvetier de France. Henri III, dans son ordonnance de 1583, *art. 6*, ordonna des chasses. Enfin, le pere des *agricoles*, Henri IV, donna une loi, presque oubliée, & dont les expressions méritent d'être méditées.

ORDONNANCE de juin 1601, *art. 6*: « Et d'autant que depuis les dernieres guerres, le nombre des *loups* s'est tellement accrû dans ce royaume, qu'*ils apportent beaucoup de perte & de dommage à tous nos PAUVRES sujets* : Nous admonestons tous seigneurs hauts-justiciers, & seigneurs de fiefs, de faire assembler de trois en trois mois, ou plus souvent encore, *selon le besoin qu'il en sera*, aux temps & jours plus propres & commodes, leurs paysans & rentiers & de *chasser*

au dedans de leurs terres, bois & buiſ-
ſons, avec *chiens, arquebuſes & autres
armes* aux *loups, renards, blèraux, lou-
tres & AUTRES BÊTES NUISIBLES;*
& de prendre acte & atteſtation pardevant leurs officiers ou autres perſonnes
publiques, & iceux envoyer incontinent
après aux greffes·des maîtriſes particulieres des eaux & forêts du reſſort où ils
feront demeurans. »

ORDONDANCE de 1669, *tit. 30,
art. 28 :* « Faiſons *défenſes* aux marchands, artiſans, bourgeois & habitans
des villes, bourgs, paroiſſes, villages &
hameaux, payſans & *roturiers,* de quelque
état & qualité qu'ils ſoient, non poſſé-
dans fiefs, ſeigneuries & haute-juſtice,
de *chaſſer* en quelque lieu, *ſorte & maniere, & ſur quelque gibier de poil ou de
plume que ce puiſſe être,* à peine de cent
livres d'amende pour la premiere fois,
du double pour la ſeconde; & pour la
troiſieme, *d'être attaché trois heures au
carcan* du lieu de leur réſidence, à jour
de marché, & *bannis* durant trois années
du reſſort de la maîtriſe, *ſans que, pour
quelque cauſe que ce ſoit, les juges puiſſent remettre ou ôter la peine, à peine
d'interdiction* ».

Que reſte-t-il des vues de Henri IV ?
des louvetiers avec leurs privileges ? Quelques battues rares & momentanées, preſ-
crites par la terreur; le droit de tuer
un loup comme on peut; & une récompenſe donnée par les intendans.

L'agricole déſarmé en pluſieurs endroits, ne doit pas tuer le ſanglier &
l'ours, qui dévaſtent ſes pâturages, ou
mangent ſa récolte. Le ſeigneur s'inquiete
peu des ravages qui ne l'atteignent pas
au ſein du luxe & des grandes villes;
ne connoît la chaſſe que par le plaiſir
ou le profit, & ne lit pas l'ordonnance qui l'admoneſte de faire détruire
les loups & TOUTES LES AUTRES
BÊTES NUISIBLES.

De plus, on n'eſt point d'accord ſur le
degré de *nuiſance* néceſſaire pour proſ-
crire légalement une eſpece, parce qu'on

balance le droit féodal de la chaſſe avec
le droit ſacré de l'*agriculture.*

ARRÊT du conſeil, du 21 janvier 1776.
Préambule : « Les *lapins* occaſionent des
dommages *immenſes* dans les terres dont
les propriétaires ſont dans l'alternative, ou
de laiſſer ces *terres entiérement incultes,*
ou de voir leurs *moiſſons dévaſtées,* & de
perdre les fruits de leur travail & de leurs
dépenſes ».... Ce FLÉAU de l'*agriculture,* n'eſt pas borné ſeulement aux liſie-
res des forêts appartenantes à S. M. ...
Diſpoſitif. ART. I. L'art. 11 du tit. 30
de l'ordonnance d'août 1669, qui preſcrit
la fouille & le renverſement des terriers
& la deſtruction des lapins, ſera exécuté.
ART. IV. Le ſyndic pourra requérir, au
nom de ſa communauté, l'exécution de
l'art. I du préſent arrêt. »

ARRÊTS de réglement du parlement de
Paris, des 21 juillet 1778 & 15 mai 1779,
concernant les formalités à remplir par
les propriétaires fermiers ou cultivateurs
qui voudront ſe pourvoir contre le ſeigneur dans le fief duquel ſeront ſitués
leurs terres & fonds, pour raiſon des
dommages cauſés auxdits fonds, ſoit par
les *lapins & bêtes fauves de chaſſe non
royale,* ſoit par les perdrix, lievres.....

Il faut lire en entier ces arrêts, dont
voici l'extrait...... 1°. Les ſeigneurs
ſeront aſſignés à la juriſdiction des eaux
& forêts...... 2°. Pour conſtater le
dommage, trois procès-verbaux par experts & TROIS VISITES; la premiere,
dans trois mois, à compter du jour de
la ſentence; la ſeconde, dans le courant
d'avril & de mai; la troiſieme, avant la
récolte. A l'égard des terres en menus
grains, deux viſites ſeulement; la premiere, avant la St. Jean; & la ſeconde,
avant la récolte.... 3°. Les experts,
choiſis à trois lieues de diſtance, ſachant
lire & écrire, rédigeant, écrivant & dé-
poſant leur rapport dans vingt-quatre
heures au greffe de la maîtriſe......
4°. Point de procureur; ou, ſi l'on en
veut un, il ne ſera pas payé.....
5°. Les experts viſiteront non ſeulement

les terres prétendues endommagées, mais même toutes celles de même nature, à l'effet de vérifier *si elles ont été bien labourées, ensemencées & cultivées en temps & saisons convenables, & si les grains y sont bien pris & bien levans; & dans le cas où lesdites terres auroient été bien labourées, ensemencées & cultivées, & que les grains ne fussent pas bien pris ni bien levans,* les experts seront tenus de déclarer *si cela ne provient pas de l'intempérie des saisons, des gelées, séjour des eaux, ou autres causes semblables.* . . . 6°. Les propriétaires & fermiers qui ne se conformeront pas à ce qui est prescrit par le présent arrêt, seront *déchus de toute indemnité & déclarés non-recevables dans leurs actions...* 7°. Ils ne pourront former aucune *demande ni indemnité pour dommage causé par les lapins & bêtes fauves de chasse non royale, DE QUELQUE NATURE qu'ils soient, s'il ne se trouve un DOMMAGE NOTABLE,* eu égard à la totalité des terres ensemencées en la même nature de grains que ceux sur lesquels ledit dommage sera arrivé; eu égard à la quantité générale des terres situées dans la mouvance des seigneurs contre lesquels l'action sera dirigée. . . . 8°. A l'égard des dommages causés par les perdrix & lievres, il est permis aux seigneurs de faire-faire une *visite par experts, à CE CONNOISSANS, pour constater si, RELATIVEMENT à la quantité de terrain qu'ils possédent, il y a de cette espece de gibier PLUS que le terrain ne peut en contenir....* 9°. Dans le cas où les états signifiés par les propriétaires ou fermiers ne seroient pas exacts & sinceres, quant au *nombre*, à la *mesure, quantité & nature du sol*, & où les plaintes ne seroient pas fondées, *amende* de 300 liv. dommages & intérêts envers le seigneur, & tous les frais. . . . . 10°. Les propriétaires & laboureurs *tenus de diriger chacun leur action DISTINCTEMENT ET SÉPARÉMENT, sans pouvoir la former en nom collectif; défenses de faire aucunes associations pour faire constater & poursuivre, à frais communs, les dommages par eux prétendus soufferts, sous peine de 300 liv. d'amende & d'être déclarés non-recevables dans leurs demandes.* . . . . 11°. *DÉFENSES de solliciter & provoquer les propriétaires & laboureurs, pour les engager à demander des indemnités, à peine de 500 livres d'amende, même d'être poursuivis extraordinairement, suivant l'exigence des cas.*

En lisant ces deux réglemens, on voit d'un côté, 1°. *l'agriculture*, la propriété, l'abondance, qui réclament l'exécution de l'édit de Henri IV, pour la destruction des BÊTES NUISIBLES, & la réparation des *pertes & dommages causés aux pauvres sujets du roi.* 2°. L'intention du parlement, qui désigne le seigneur, comme réparateur forcé; parce qu'en effet, propriétaire du gibier, il est tenu du dommage, comme si c'étoit son bétail.

On voit d'un autre côté, 1°. la féodalité & le plaisir de la chasse. 2°. La difficulté de constater le dommage. 3°. La difficulté de fixer la quantité proportionnée de chaque espece de gibier, *relativement à la quantité du terrain.* 4°. La difficulté, la longueur & les frais des formes à remplir à peine de nullité & d'amende. 5°. La difficulté de savoir ce qu'on entend par DOMMAGE NOTABLE; attendu que ce qui est modique pour le riche, est considérable pour le pauvre; & que la réunion de plusieurs petits dommages dispersés en tous lieux, en produit un considérable pour l'*agriculture* & l'approvisionnement. . . . Arrêtons-nous-là.

Voyez dans ce volume l'*Histoire du droit françois*, n°. 18, pag. 14. . . . . *Adscriptices*, pag. 155. . . . *Affaire*, n°. 21, pag. 250. . . . *Affranchissement*, n°. 7, 8 & 9, pag. 424. Voyez encore *Bien public, Chasse, Féodalité, Fief, Gibier, Grain, Moisson, Propriété, Récolte, &c.*

Oiseaux.

22. Dans les arrêts que nous venons d'extraire, les perdrix sont énoncées

comme nuifibles à l'*agriculture*. Sont-elles feules ? L'oifeau le plus funefte, le plus nombreux, c'eft le moineau. On évalue à cinquante livres pefant la quantité de bled qu'il mange dans l'année : à dix liv. le quintal, ce feroit cent fous. Suppofons qu'il n'en mange que trente livres, c'eft 3 liv. pour chaque moineau. Suppofons autant de moineaux que d'habitans, (il y en a plus,) ce fera vingt-quatre millions de moineaux, qui, à 3 liv. par tête, confommeront pour foixante-douze millions. Ce calcul eft bas, fi l'on confidere que les marchands de bled évaluent à deux pour cent le déchet caufé par les feuls moineaux qui entrent dans les greniers.

A-t-on pris quelque précaution ? Il y a un moyen, pratiqué avec fuccès par un payfan près de Bourg-en-Breffe. C'eft une efpece de pipée avec un appeau, contre-faifant parfaitement les moineaux. Des chartreux le manderent une fois, & en huit jours il en prit quarante mille. Des feigneurs bienfaifans, (& il en eft aujourd'hui,) peuvent établir & encourager ces pipées utiles ; les officiers des lieux ne peuvent-ils pas les ordonner ?

L'Anglois paie pour chaque tête de moineau. Les Péruviens nourriffant les vieillards, les pauvres, les enfans & les aveugles, leur faifoient gagner leur vie en leur affignant des champs de maïs, dans lefquels ils étoient tenus de fe promener tout le jour pour écarter les oifeaux. (Voyez Garcillafo de la Vega, *Las-Cafas*, & les *Lettres* du comte Algaroti.)

Infectes.

23. La police ne s'eft pas plus occupée de la deftruction de quelques autres animaux malfaifans & voraces.

Cette inaction eft un refte de fuperftition. J'ai cité l'embarras de l'official d'Autun, quand les payfans lui préfenterent requête pour excommunier les mulots ; & le confeil que Chaffeneux lui donna, d'accorder, pour fe défendre, les délais de l'ordonnance ; en forte que les *accufés*

périrent fans excommunication, par la gelée & les pluies. Beaucoup de villages croient encore à ces conjurations.

Il n'y a de réglemens généraux que contre les chenilles.

ARRÊTS du parlement de Paris, des 4 février 1732 & 29 janvier 1777, qui ordonnent que dans la huitaine, tous propriétaires, fermiers, locataires, ou autres faifant valoir leur propres héritages, ou exploitant ceux d'autrui, feront tenus, chacun en droit foi, d'écheniller, ou faire écheniller, les arbres étant fur lefdits héritages, à peine de 30 liv. d'amende, ou autre plus grande peine, s'il y échet, & d'être refponfables des dommages & intérêts des parties ; & que les bourfes & toiles qui feront tirées des arbres, haies ou buiffons, feront fur-le-champ brûlées dans un lieu de la campagne, où il n'y aura aucun danger de communication de feu.

N'y a-t-il pas d'autres animaux nuifibles ? Par exemple, les *fauterelles*, qui dévaftent l'Afrique & l'Afie ? Elles ont pénétré en Hongrie en 1782 ; & qui fait fi elles n'avanceront pas à l'oueft, & au nord même ? Les *taupes* bouleverfent les jardins & les prés. Les *courterolles* fcient les herbes & les plantes. Une foule d'autres petits infectes fuivent les grains & les fruits jufques dans les greniers.

La police fe repofe fur l'intérêt perfonnel, & il fuffit dans quelques pays. En d'autres, l'agricole eft défarmé, divifé, ignorant, fuperftitieux, indolent & foible. Des êtres ainfi difperfés & abandonnés, ont befoin d'inftruction, d'encouragement, d'ordre & d'enfemble. Quiconque, par adminiftration ou par réglement, les ameneroit à fuivre ces détails précieux, rendroit un grand fervice, & exécuteroit l'ordonnance de 1601, qui *admonefte de chaffer les bêtes nuifibles*.

Animaux domeftiques nuifibles.

24. Gênés, par les loix en faveur de la chaffe privilégiée, les tribunaux ne l'ont

pas été par rapport à quelques animaux domeſtiques, vraiment utiles, mais qui nuiſent par eſſence ou par accident ; & la juriſprudence n'eſt pas uniforme.

La *chevre* eſt généralement proſcrite ou renfermée ; parce que ſa ſalive venimeuſe tue les plantes & les arbres qu'elle broute. Dans les coutumes, voyez, entr'autres, celle de Normandie, *art. 84*; Orléans, *art. 152*; & Poitou, *art. 196*. Parmi les ARRÊTS, voyez celui du parlement de Grenoble, du 26 mars 1723, qui défend même les chevres attachées, à peine du fouet & du banniſſement ; & celui du conſeil, du 29 mai 1725, qui les défend en Languedoc à peine de 100 l. d'amende.

La *chevre* a un lait reſtaurateur ; fait, en quelques lieux, le ſoutien des familles pauvres ; & dans les montagnes, produit d'excellens fromages. Il ſemble que toute la police doit ſe réduire à conſerver l'avantage, & à ſe garantir du danger.

Le *mouton* eſt exclus, par quelques coutumes, des pâturages ; parce que ſon haleine brûlante, deſſéche l'herbe, & laiſſe une odeur qui éloigne les bœufs & les vaches, à tous égards, plus utiles. Voyez ci-deſſus *Agneau*.

L'*oie*, en d'autres coutumes, eſt prohibée ; parce que ſa fiente brûle l'herbe.

Le *cochon* eſt par-tout rélégué dans les forêts ou les chaumes ; parce qu'il laboure les prés & déracine les herbes.

Le *pigeon*, qui fournit à la fois une nourriture ſaine & un engrais précieux, eſt ſujet à des diſtinctions & des réglemens nés de la féodalité. Il s'agit de ſavoir ſi le ſeigneur n'a pas ſeul le droit d'avoir des colombiers en pied ; ſi le curé peut en avoir autant qu'il veut ; ſi, en accordant cette faculté à l'habitant, le nombre ne doit pas être proportionné à la propriété de terrain ? & ſur ces points, les coutumes varient à l'infini. Quelquefois encore on ordonne la deſtruction des pigeons biſets ; & telle a été l'injonction faite par ARRÊT du conſeil, du 12 décembre 1737. Quelquefois on autoriſe

les officiers des lieux à faire tel réglement qu'ils voudront pour la deſtruction, la réduction ou l'enfermement, lorſque ces animaux ſe multiplient trop & mangent la récolte. Il y a, entr'autres, deux ARRÊTS du parlement de Paris, du 26 juillet 1758 & 7 juin 1761 ; en ſorte que le juge des lieux a un pouvoir continuel qu'il doit exercer avec prudence.

On va juſqu'à gêner cet animal précieux, ami de l'homme, & gardien de ſa maiſon, ennemi des voleurs & de tous les animaux de proie, ordonnateur & protecteur des troupeaux. Virgile le recommandoit en vain aux agricoles : *Nec tibi cura canum fuerit poſtrema*. (Georg. III.) D'abord les ordonnances de 1396 & 1669 défendent le *chien couchant*, comme ſi pluſieurs eſpeces, celle même de *chien de berger*, n'étoient pas propres à la chaſſe. Enſuite les ordonnances permettent le *chien de garde*. Mais s'il eſt furieux, on doit le tenir à l'attache ; & quel qu'il ſoit, on doit, dans le temps des récoltes, lui mettre encore un billot ou grand bâton qui l'empêche de dévaſter les vignes.

Enfin les animaux les plus doux & les plus ſains, peuvent être contagieux par quelque maladie ; ce qui exige les connoiſſances de la médecine, une ſurveillance active, & quelquefois l'ordre de tuer & d'enterrer. Voyez *Agneau*, n°. 2, *Chevre*, *Chien*, *Cochon*, *Colombier*, *Épizootie*, *Mouton*, *Pigeon* & *Rage*.

Quantité proportionnée des beſtiaux.

25. Après avoir preſcrit la chaſſe des animaux nuiſibles, & garanti du danger accidentel des animaux domeſtiques ; la juriſprudence a eſſayé de déterminer quelque proportion entre les beſtiaux que chaque particulier pourroit envoyer aux pâturages communs.

Et il faut bien que cette proportion ſoit juſte ; puiſque les ſeigneurs ne ſont pas venus à bout de ſe faire accorder, à cet égard, le moindre privilege. Mais le droit n'eſt point uniforme.

Les coutumes d'Auvergne, de la Marche & de Sole, déterminent le nombre des beftiaux, par celui qu'on peut nourrir durant l'hiver du foin & de la paille de fon crû. Celles de Melun, de Montargis & d'Orléans, par celui des beftiaux qu'on élève chez foi pour fon ufage & fa nourriture. Toutes ces difpofitions font obfcures.

ARRÊT du parlement de Paris, du 7 août 1638, qui condamne quelques habitans de Saint-Ouen à réduire leurs troupeaux de bêtes à laine à proportion des terres qu'ils exploiteront audit territoire, *à raifon d'UNE BÊTE POUR CHAQUE ARPENT, & ainfi à proportion du plus au plus, du moins au moins defdites terres qui feront entretenues, labourées, cultivées & enfemencées par foles & faifons ordinaires;* favoir, un tiers en bled, un tiers en orge ou avoine, & l'autre tiers délaiffé en jacheres; pour fervir ledit tiers délaiffé en jacheres à la nourriture & pacage defdites bêtes à laine, qui y feront menées & conduites en plein jour feulement, fans qu'elles y puiffent demeurer nuitamment, pour éviter les dégâts qu'elles pourroient faire; défenfes à ceux qui ne cultiveront & exploiteront leurs terres par foles & faifons ordinaires, & ne laifferont par chacun an, le tiers en jacheres ou pâtis, de tenir aucunes bêtes à laine & de mener ou faire pâturer en icelles dans les prés & ufages communs de ladite paroiffe, mais feulement fur lefdites jacheres, à peine d'amende & de confifcation.... ARRÊTS conformes pour Argenteuil, du 25 mai 1647, & pour Cormeille, du 13 août 1661, (de Lamarre, *tom. 2, liv. 5, tit. 17.*)

Pâturages.

26. Après avoir ordonné, comme elle a pu, les hommes & les animaux; la jurifprudence paffe aux pâturages.

Les plus anciens & les plus naturels, font les *bois.* L'ordonnance de 1669 en a confié la police à la jurifdiction des eaux & forêts. L'art. 7 du tit. 1, dans la compétence de ce tribunal comprend même *les prifes de bêtes dans les forêts.* L'*art. 23 du tit. 19,* dit: « *Défendons* aux habitans des paroiffes ufageres & à toutes perfonnes ayant droit de panage dans nos forêts & bois, ou en ceux des eccléfiaftiques, communautés & particuliers, d'y mener ou envoyer *bêtes à laine, chevres, brebis & moutons,* ni même ès landes & bruyeres, places vaines & vagues, aux rives des bois & forêts, à peine de confifcation des beftiaux & de 3 livres d'amende. »

« Les prés font défenfables depuis la mi-mars jufqu'à ce qu'ils aient été fauchés ... même jufqu'à la feconde herbe, s'ils donnent du regain .... & en tout temps on ne peut y mener des porcs ». (Loifel, *Inft. Coutum. liv. 2, tit. 2, n°. 18.*)

Il y a des pâturages particuliers, des mixtes & des communs; & de ces natures diverfes naiffent des conteftations. Car, fur quoi les hommes s'entendent-ils?

Prés & Bois particuliers.

27. Les prés & les bois font une propriété que chacun peut clorre & garder pour foi feul; à moins qu'il n'y ait une convention générale ou particuliere, une coutume autorifée & conftante. L'ufage, & la négligence du propriétaire, donnent lieu à des difficultés fans nombre. Voyez *Bois, Forêts, Pâturages & Prés.*

Communaux.

28. Outre ces pâturages particuliers, les paroiffes en ont toujours de communs, appellés *communaux* ou *communes,* & qui font encore fous la protection des loix.

ORDONNANCE de 1567, qui défend à toutes perfonnes de s'emparer des communes.

ORDONNANCE de Blois, *art. 284:* « Enjoignons à nos procureurs de pourfuivre ceux qui, fous prétexte d'accord, auront pris les titres des communes, & de faire rompre les accords. »

ÉDIT de mars 1600. L'*art.* 7 déclare nulles, les aliénations des communes pendant les troubles.

ÉDIT d'avril 1667, qui veut que « dans un mois les habitans des paroiſſes & communautés rentrent, *ſans aucune formalité de juſtice*, dans les fonds, prés, pâturages, bois, terres, uſages, communes, communaux, droits & autres biens communs par eux vendus, ou baillés à baux, à cens, ou emphytéotiques, depuis 1620. »

On a demandé s'il ne conviendroit pas de partager les communes? On ſe fondoit ſur ce que chaque portion ſeroit mieux gardée & entretenue; & les principes ſembloient appuyer cette idée, puiſque ce ſont des copropriétaires qui liciteroient. Voyez *Licitation.*

Cette opinion, née en Suiſſe, n'a point changé la jurisprudence françoiſe. On oppoſe d'ailleurs que dans un état où les grandes fortunes envahiſſent tout, il eſt intéreſſant de conſerver ce patrimoine commun; que les générations futures n'auroient rien; que c'eſt une pépiniere d'*agricoles*, & qu'il faut avoir ſoin des pauvres. Voyez *Commune.*

Chaume ou Eſteulles.

29. Ce dernier motif a établi une juriſprudence qu'il ne faut pas ignorer.

ARRÊT de réglement du parlement de Paris, du 13 juillet 1750, qui ordonne de couper les bleds avec la faucille, & défend de les faucher.

ARRÊT du parlement de Paris, du 15 janvier 1780, confirmatif d'une ſentence de Saint-Quentin, qui condamne des fermiers à l'amende, pour avoir fait faucher une partie de leurs bleds; défend aux habitans d'enlever aucuns *chaumes* ſur les bleds ſciés; leur enjoint de les *laiſſer aux pauvres de la paroiſſe*; les condamne à leur reſtituer la valeur des chaumes excédens le tiers au delà duquel ils ont continué à faire faucher les bleds »...

Les fermiers diſoient, 1°. que cette maniere de recueillir, eſt une ſuite du droit de propriété; 2°. que l'uſage de la faux

eſt plus avantageux pour la dépouille... M. l'avocat-général dit: « Que de tous temps le chaume avoit été réſervé pour les pauvres; que la PROPRIÉTÉ PARTICULIERE PEUT ÊTRE RESTREINTE POUR UN MOTIF D'UTILITÉ PUBLIQUE; que les propriétaires ſeuls ſeroient recevables à ſe plaindre de cette reſtriction; que des fermiers n'y ſont pas fondés, ayant affermé d'après l'uſage & l'arrêt de 1750.

ARRÊT du parlement de Paris, du 4 juillet 1781, qui ordonne que les deux tiers des chaumes ſeront deſtinés & appartiendront, ſuivant l'uſage, aux pauvres des paroiſſes ſituées dans l'étendue du bailliage d'Amiens, leſquels auront la faculté de les arracher & de les faucher après le premier octobre.

ARRÊT du parlement de Paris, du premier juillet 1782, qui ordonne que dans les paroiſſes ſituées dans l'étendue du bailliage d'Amiens, où les propriétaires & cultivateurs ſont dans l'uſage & poſſeſſion de diſpoſer, en tout ou en partie, des chaumes étant ſur leurs héritages, il ſera continué d'en être uſé par leſdits propriétaires & cultivateurs comme avant l'arrêt du 4 juillet 1781.

Dans ces arrêts, on voit triompher tour-à-tour la propriété & l'uſage d'un côté; de l'autre, la pauvreté & le bien public. Seroit-il indifférent, d'avoir une juriſprudence générale? Voyez *Chaume.*

Parcours & Entre-cours.

30. Tandis que la juriſprudence héſite & ſe modifie ſur l'intérêt de la même paroiſſe; elle prend un parti décidé, pour la propriété de chaque habitant & de chaque village, pour le droit qu'on s'attribuoit d'envoyer paître ſes beſtiaux d'une paroiſſe à l'autre.

ÉDITS de mars & août 1769, « portant abolition du droit de parcours & d'entre-cours de village à village, d'une paroiſſe à l'autre, dans la Champagne & le Barrois; & permet à tous propriétaires de clorre leurs terres, prés, champs & héritages. »

héritages. » Le premier de ces édits rappelle des loix pareilles pour le Béarn, la Franche-Comté, la Lorraine & les Trois-Évêchés.

Ces loix doivent être regardées comme générales, d'autant plus qu'elles ne font que rétablir la propriété dans fon droit naturel & primitif. En effet, cet ufage de parcours & entrecours, n'eft qu'un abus ou une tolérance. Dès que le particulier veut clorre fa propriété, les autres habitans ne peuvent pas le troubler. Et il convient mieux de renfermer les habitans de chaque paroiffe dans leur territoire, que de les laiffer vaguer indifféremment par-tout; ce qui entraîne des querelles, des excès continuels & funeftes. Il faudroit quelques loix de ce genre, & les rendre générales pour le bien de l'agriculture & la paix des campagnes.

Eaux.

31. Il falloit encore affurer à chacun la jouiffance des eaux que lui donnoient, la nature, le voifinage, l'incommodité même, & le droit romain. Mais la féodalité a tout bouleverfé. Sous le mot *Abénévis, tom. 1, pag. 122,* voyez l'obfcurité de la jurifprudence. Voyez encore *Aqueduc, Arrofement, Eau, Fleuve, Riviere & Ruiffeau.*

RÉCOLTE.

32. C'eft peu de régler les hommes, les animaux & le pâturage, fi l'on ne garantit pas la propriété pleine & entiere; fi par des obftructions, des dommages, des faifies & des gênes, l'agriculture eft arrêtée dans fes avenues, fes moyens & fon commerce. Auffi a-t-elle été favorifée par toutes les nations policées, au point de déroger fouvent au droit commun: elles n'ont varié que dans les détails.

Suivons, fans nous rebuter, ces détails faftidieux, mais néceffaires, & qui reviennent fans ceffe: & voyons d'abord les embarras ou les *nuifances* qui proviennent du voifinage.

Tome III.

Arbres, Accidens, Dommages.

33. Pour couper la racine des difficultés produites par le voifinage, les Romains, dans la foixante-neuvieme loi des douze Tables, avoient déterminé un efpace de cinq pieds entre les fonds. C'étoit facrifier à la paix, & peut-être n'étoit-ce pas tant mal vu en *agriculture.*

Ils avoient encore fixé la diftance des arbres, à neuf pieds pour les oliviers & les figuiers, & à cinq pieds pour tous les autres. (*L. ult. D. finium regundorum.*) Si, fans un titre précis, un arbre placé fur les limites, nuifoit au fonds voifin par fa courbure ou fon ombrage, on pouvoit forcer à l'élaguer & à le couper même. (*De arboribus cædendis, D. lib. 43, tit. 27.*) Si le fruit d'un arbre tomboit dans le fonds voifin, le propriétaire de l'arbre pouvoit le recueillir. (*L. 9, §. 1, D. ad exhibendum.*)

D'autres titres ftatuoient fur toute efpece de nuifances & de dommages volontaires ou involontaires, & l'on peut voir l'exemple cité au mot *Accident, n°. 4, tom. 1, pag. 708, col. 2.*

Les ordonnances du royaume font muettes fur tous ces objets. Les coutumes prononcent chacune à fa maniere, & ne font pas même d'accord fur la diftance des arbres, appellée en quelques lieux, *invétifon.* Ce filence & ces contradictions, ont dû rendre la jurifprudence incertaine & arbitraire. Voyez *Arbre, Confin, Diftance, Dommage, Invétifon, Limite & Voifinage.*

Clôture, Mur, Haie, Buiffon, Foffés.

34. Les loix romaines font encore admirables dans ce qui concerne les limites & la clôture des fonds; fur-tout en ce que, conformément à la loi foixante-dixieme des douze Tables, le préteur renvoyoit les parties devant trois arbitres, qui fur-le-champ, fans frais & fans appel, examinoient & prononçoient.

Avec le même efprit, nous avons tout changé dans la forme; nous admettons même la procédure criminelle, quelque minutieux que foit l'objet ; & nos fonds n'en font pas mieux gardés.

Le mur n'eft-il pas mitoyen ? A qui appartient la haie? Le foffé ne nuit-il point? Jufqu'où s'étend la propriété du terrain en pente, appellé vulgairement *balme*, qui foutient le fonds fupérieur? Quels font fes fignes de propriété, les titres & leur langage, les bornes & leurs garans ? Que dit la coutume, ou quel eft l'ufage? S'ils font muets, faut-il confulter la coutume de Paris, ou les coutumes voifines ; & laquelle ? Le juge fera-t-il une defcente de lieux ? Nommera-t-il deux experts? Ceux-ci ne doivent-ils pas opérer avec le greffier de l'écritoire ? Ne faut-il pas même fe fervir de ces experts & arpenteurs-jurés, qui fouvent n'y connoiffant rien ont acheté des offices ? S'ils ne font pas d'accord, prendra-t-on un troifieme ? Pourra-t-on requérir un fecond rapport, en offrant d'avancer les frais ? &c. Voilà une partie des incidens, fources de ruine, qu'ont entraînés, l'admiffion des coutumes, la fifcalité établie fur le palais, l'abandon des ordonnances fur l'arbitrage, & le défaut effentiel de l'ordonnance de 1667, dans laquelle on a confondu tant d'objets, & dont le titre des matieres fommaires ne fignifie plus rien. Voyez *Arbitre, Balme, Borne, Buiffon, Confin, Coutume, Defcente de lieux, Écritoire, Expert, Foffé, Greffier, Haie, Limite, Mur mitoyen, Rapport, Titre, Voifinage, &c.*

Chemin, Paffage, Sentier.

35. Après la fixation de la contenue, vient la liberté de la defferte du fonds & de fes avenues : car, qu'en ferez-vous, s'il eft enclavé; fi l'on peut vous refufer le paffage; fi les chemins qui y conduifent font trop étroits à raifon de la culture, ou impraticables par le défaut d'entretien & de réparations ?

De plus, combien y a-t-il exactement de fortes de chemins, à prendre depuis le fentier, jufqu'au grand chemin royal ?

Quelle doit être la largeur de chacun? Qui doit les ouvrir & les entretenir ? Quels font les juges?

Tous ces objets fimples dans le droit romain, ont été furieufement embrouillés dans le droit françois, par la diverfité & l'ambiguité des coutumes, & par l'inftabilité de la légiflation fur la compétence. Vous verrez quelquefois un conflit entre le juge du lieu, le juge royal, le bureau des finances, & la jurifdiction des eaux & forêts, conflit dont l'effet le plus fûr eft de retarder la réparation du chemin. Voyez *Alignement, Avenue, Chemin, Defferte, Eaux & forêts, Juftice feigneuriale, Pàrlement, Paffage, Sentier, Tréforier de France & Voirie.*

Confervation des fruits, fonds défenfables.

36. On eft plus uniforme fur la défenfe générale de paffer dans les fonds, d'y chaffer, d'y envoyer paître, & par-là d'endommager les fruits : non, parce que c'eft une loi de tous les temps & de toutes les nations, mais parce qu'il y a des ordonnances précifes. Or cela feul prouve combien feroient utiles quelques loix générales, que le fouverain a droit de faire fur un objet comme fur tous les autres.

ORDONNANCE d'Orléans, art. 108: « Défendons aux gentilshommes & à tous autres de chaffer, foit à pied ou à cheval, avec chiens & oifeaux fur les terres enfemencées, depuis que le bled eft en tuyau; aux vignes, depuis le premier jour de mars, jufqu'après la dépouille ; à peine de dommages & intérêts, &c. ».... C'étoit notre chancelier l'Hofpital.

Mêmes difpofitions dans les ordonnances de Blois, art. 285.... de 1601, art. 4; & de 1669, tit. 30, art. 28. Mais celle-ci ne commence la défenfe de chaffer dans les vignes qu'au premier mai : & quelle eft la caufe de ce changement ?

Ces ordonnances doivent être gardées avec la plus grande exactitude. Il y a même des pays, comme la Bourgogne, où l'on commet toutes les années des habitans, appellés *Messiers*, chargés de la garde des récoltes, ayant droit de saisir, sans doute aussi dignes de foi, & plus utiles que les gardes-chasse.

Enfin, la police de la capitale donne l'exemple par une ordonnance annuelle qui défend d'endommager la récolte, & d'entrer dans les fonds pour cueillir des fleurs & des barbeaux. C'est un hommage rendu à l'*agriculture*, par une ville où la misère & le luxe sont insensibles, tant que la tranquillité publique n'est pas troublée; or, elle ne l'est jamais véritablement, que quand il s'agit de l'approvisionnement; il est assuré, quand les grains sont à bas prix; & le moyen le plus sûr d'amener l'abondance & le bon marché, c'est de respecter l'*agriculture*. Voyez *Abondance*, *Approvisionnement*, *Bled*, *Capitainerie*, *Chasse*, *Grain*, *Moisson*, *Plaisirs du roi*, *Prés*, *Récolte*, *Vendange*, *Vigne*.

Saisie des bestiaux & outils.

37. Ces précautions seront vaines, si le malheureux *agricole*, trop souvent endetté, est livré à un créancier avide & inexorable, ou à un praticien ardent qui convoite la vigne de Naboth, & peut l'envahir avec du papier timbré.

Or, par la nature des choses, on peut supposer toujours qu'un huitième des *agricoles* doit, sans pouvoir payer à l'échéance : & en permettant de saisir, on détruiroit au moins un huitieme de la récolte & de l'approvisionnement public: perte irréparable pour l'état, d'autant plus que la dégradation seroit progressive, comme on l'observe dans tous les biens de campagne mis en décret.

Ces considérations ont déterminé toutes les nations policées à garantir l'*agriculture* de ce fléau destructeur. Voyez entr'autres la loi 7, C. *quæ res pignori obligari possunt vel non*. Elle ne se bornoit pas à une défense simple, elle punissoit le créancier, le juge & tous les officiers qui auroient requis, ordonné ou souffert cette saisie : *Si quis igitur intercessor aut creditor, vel præfectus pagi vel vici, vel decurio in hâc re fuerit detectus, æstimando à judice SUPPLICIO subjugetur.*

ÉDITS d'octobre 1571, ... 3 novembre 1591, .. 16 mars 1595, .. 17 décembre 1643, & avril 1667.

ORDONNANCE d'avril 1667, *tit. 33, art. 16*. « Les chevaux, bœufs & autres BÊTES DE LABOURAGE, charrues, charrettes & ustensiles servant à labourer & cultiver les terres, vignes & prés, ne pourront être saisies, même pour nos propres deniers, à peine de nullité, de tous dépens, dommages & intérêts, & de cinquante livres d'amende contre le créancier & le sergent solidairement. N'entendons toutefois comprendre les sommes dues, ou au vendeur, ou à celui qui a prêté l'argent pour l'achat des mêmes bestiaux & ustensiles, ni ce qui sera dû pour les fermages & moissons des terres où seront les bestiaux & ustensiles. »

DÉCLARATION du 29 octobre 1701: « Défenses aux créanciers des communautés & particuliers, de saisir les BESTIAUX DE TOUTES QUALITÉS, ensemble à tous huissiers & sergens, de faire aucune exécution & vente sur lesdits bestiaux, & ce, *pendant le temps de six autres années*, qui commenceront le premier janvier 1702, soit pour dettes de communauté ou autrement, à peine de la perte de leur dû, & de tous dépens, dommages & intérêts, & aux huissiers & sergens, d'interdiction de leurs charges, & de 3000 liv. d'amende. »

En rapprochant ainsi l'ordonnance de 1667, de la déclaration de 1701, il semble au premier coup-d'œil qu'il y a un embarras, une superfluité & une contradiction, même avec les loix antérieures, & entr'autres, qu'il étoit inutile de rendre presqu'à la fois, l'édit & l'ordonnance d'avril 1667. Mais tous s'éclaircit & se concilie ainsi. L'ordonnance de 1667 ne comprend que les outils & *bêtes de labourage*, & est perpétuelle ; toutes les autres comprennent *les bestiaux de toutes qualités*, & n'ont subsisté qu'un temps limité : distinction, ce semble, qui n'a pas été remarquée.

Ces loix, dont l'intention est si pure, sont-elles suffisantes ? L'usurier ne sait-il pas stipuler que son prêt est pour achat d'ustensiles & de bestiaux ? Pour une dette modique, le fermier & le moissonneur ne peuvent-ils pas occasioner un dégât irréparable ? N'y auroit-il pas enfin un régime plus doux & plus salutaire, même pour le créancier ? C'est au juge à y pourvoir suivant les circonstances : & nous ne croyons pas qu'il puisse être réformé, quand par des délais & des actes purement conservatoires, il tempérera la fougue du créancier inexorable. Voyez *A-compte, Bestiaux, Défenses, Délai, Saisie,* &c.

Récolte.

38. La récolte arrive enfin, & la loi doit en assurer la police. C'étoit à Rome une grande cérémonie confiée aux premiers magistrats.

Parmi nous, excepté quelques réglemens généraux, émanés du conseil ou des parlemens, pour permettre d'anticiper, sans égard aux coutumes non plus qu'aux droits des seigneurs & des décimateurs ; tout est dans la main du juge des lieux. Son personnel peut être foible & suspect, si l'on en croit Loyseau : ses fonctions n'en sont pas moins importantes.

Il faut qu'il détermine le moment de la récolte, après avoir examiné & consulté : il faut qu'il l'annonce, afin que chacun se prépare, & le décimateur sur-tout.

Il faut conserver l'ordre & la paix parmi les moissonneurs, les faucheurs & les vendangeurs arrivés de toutes parts pour aider. Il faut régler leurs *affanures* suivant la jurisprudence ou l'usage, les salaires suivant la convention ou le prix commun.

Il faut empêcher que ces aides, forains, sans domicile, & quelquefois inconnus, ne volent, ne vexent, ne s'attroupent & ne commettent des excès. Il faut surveillance & douceur : car la terreur éloigne, nuit à l'union, à la paix & à la récolte.

Il faut encore conserver le droit du pauvre *glaneur;* or, ces détails sont d'autant plus délicats, que tout varie dans la jurisprudence suivant les circonstances. Voyez *Affanure, Ban, Foin, Glaneur, Moisson, Police, Vendange.*

Cultures prohibées.

39. Nous avons parlé vaguement des cultures & des denrées, comme s'il n'y en avoit point de prohibées : il en est pourtant ; & d'autres peuvent l'être encore d'après leurs inconvéniens & pour le bien public.

La culture du tabac permise en quelques provinces, est défendue dans toutes les autres. C'est affaire du droit fiscal.

Le réglement général de police, du 4 février 1567, *chap. 4, art. 4;* & ensuite celui du 21 novembre 1577, disoient : « Il sera pourvu par les officiers, qu'en leurs territoires, le labour & semence des terres ne soit délaissé pour faire *plan excessif de VIGNES;* ains soient toujours les deux tiers des terres, pour le moins, tenus en blairie, & que ce qui est propre & commode pour prairie, ne soit appliqué à vignoble. » Depuis encore, un ARRÊT du conseil, du 5 juin 1731, avoit défendu de planter de nouvelles vignes. Mais toutes ces loix sont tombées en *désuétude :* c'est-à-dire que, non abrogées, elles ne sont pas exécutées. C'est une grande question de jurisprudence politique, s'il convient au législateur de gêner l'industrie *agricole,* & s'il ne doit pas la laisser s'éclairer elle-même par le succès ou par la perte ?

Nous avons dit que d'autres cultures peuvent être prohibées à raison de leurs inconvéniens, & de leur danger pour la santé.

Tel fera le riz, qui, ne croiffant que dans une plaine humide & dans une eau ftagnante, rend l'air infalubre, multiplie les fievres de toute efpece, établit un état continuel de maladie, & abrege la vie. Nous ne penfons pas qu'un particulier puiffe établir une *riziere* fans le confentement du pays & l'autorifation fouveraine.

Tels feroient encore les étangs. Car dans les pays où ils exiftent, en Breffe, par exemple, l'on eft vieux à cinquante ans, comme dans nos montagnes à quatre-vingts.

A quoi fe réduifent donc la juftice & une adminiftration paternelle ?

Quand il exifte des étangs & des rizieres, la jurifdiction s'en occupe ; la jurifprudence fur les étangs eft très-compliquée. Mais c'eft à l'adminiftration à voir s'il ne conviendroit pas mieux au bien général & à la confervation des individus, de facrifier un produit, ou de le remplacer, par une amélioration quelconque.

Quand il s'agit d'établir une nouvelle culture, le juge doit s'y oppofer, fi elle peut, de quelque maniere que ce foit, nuire à la falubrité de l'air & à la fanté des habitans. Car la propriété & la liberté font des mots, dont on abufe fouvent : ce font du moins des droits *que l'on peut reftreindre par un motif d'utilité générale*, ainfi que le difoit le miniftere public, lors de l'arrêt du 15 janvier 1780, rendu pour le chaume en Picardie, & que nous avons rapporté, n° 29 : *Salus populi fuprema lex efto.* Voyez *Air, Bien public, Commerce, Contagion, Épidémie, Étang, Fievre, Liberté, Monopole, Police, Riz, Salubrité, Santé, Tabac* & *Vigne.*

Commerce.

40. Nous avons parcouru une grande partie des dangers, des embarras & des

gênes qui inveftiffent le malheureux *agricole* : il leur a échappé, & fa récolte eft affurée. Mais que lui fervira ce premier de tous les biens, s'il ne peut pas en difpofer à fon gré ; fi on le gêne fur le lieu de la vente ; fi on fixe le prix ; fi l'on met des barrieres entre lui & le vendeur, par la défenfe, l'impôt ou toute efpece d'entrave ?

Je fupplie qu'on life avec attention la jurifprudence univerfelle, ancienne & moderne, que nous avons recueillie avec foin, au mot *Accaparement, tom. 1, pag. 604,* fur-tout l'arrêt du 13 feptembre 1774, revêtu de lettres-patentes enrégiftrées par-tout avec acclamation, n°. 22, *pag. 628 ;* & l'édit d'avril 1776, pour le commerce des vins, n°. 24, *pag. 635.*

Les principes raffemblés dans ces deux loix font confacrés par la raifon & l'expérience. Sans leur maintien point de commerce de denrées. Sans la liberté de ce commerce, point d'*agriculture.* Sans l'*agriculture*, point d'abondance, point de richeffe réelle, point de population faine & vigoureufe, point de force & de profpérité publiques. Car le bien-être général & la puiffance d'une nation ne font pas dans le luxe dévorant, dans la grandeur accablante & difproportionnée des fortunes, dans les guerres ruineufes, les victoires fanglantes, & les conquêtes fi fouvent funeftes. C'eft à l'*agriculture* à régénérer, à repeupler, à nourrir & à défendre ces entaffemens d'hommes que nous appellons villes ; où vont s'abymer la fanté, les mœurs, la raifon, l'or & tous les biens de la terre. Voyez *Abondance, Accaparement, Circulation, Commerce, Émigration, Exportation, Foire, Gêne, Impôt, Importation, Leyde, Luxe, Manufactures, Marché, Péage, Police, Prohibition, Propriété, Réglement, Vente.*

ADMINISTRATION.

41. Toute cette jurifprudence fuppofe une *agriculture* active & perfectionnée,

Ques'il y a des déserts & des landes ; si la navigation & la circulation font obftruées ; fi, à quelques égards ou en quelques lieux, on eft foible, ignorant & barbare : alors il faut des recherches, des encouragemens, des avances, des facrifices même : il faut créer. Or, ces moyens extraordinaires appartiennent à l'adminiftration.

Mais pour faire le bien général, elle dérange l'état actuel ; elle attaque des poffeffions & des privileges ; elle trouve des oppofitions. Lors même que le falut public ordonne, il faut des formes qui affurent la ftabilité, & à chacun ce qui lui eft dû. L'adminiftration recourt à la légiflation & à la jurifdiction ; à la légiflation pour ordonner ; à la jurifdiction pour vérifier, enrégiftrer, publier & faire exécuter. C'eft ainfi que tout aboutit à la juftice ; & que, tout pouvant devenir contentieux, le magiftrat & le jurifconfulte ne doivent rien ignorer.

Efquiffons donc ce qui, depuis le milieu du fiecle, a été exécuté ou projeté en faveur de l'agriculture.

Commerce des denrées.

42. Le premier bienfait du gouvernement, le plus grand fruit des lumieres du fiecle a été la liberté du commerce des denrées, jufques-là refferré par des loix qui décourageoient l'agriculture. L'expérience confirme ce qui avoit été dit au parlement de Rennes, pour l'enrégiftrement de l'édit de 1764 : *Nous ne craindrons plus les difettes, ni ce qui étoit prefqu'auffi redoutable, la trop grande abondance de récolte.* .... Voyez *Accaparement & Exportation.*

Défrichement & Deffechement.

43. Le fecond bienfait a été d'encourager les défrichemens & les deffechemens. Les Romains en avoient donné l'exemple par plufieurs loix, qui attribuoient à chacun le droit de cultiver le fonds en friche. On a été plus loin : depuis 1761, des loix ont réputé incultes tous terrains non cultivés depuis vingt ans,

& ont affranchi le cultivateur pendant quinze ans, de la dîme, de la taille, des vingtiemes & autres droits : légiflation falutaire ! nous la développerons, ainfi que fes effets, fous les mots *Défrichement & Deffechement.*

Milices & Gardes-côte.

44. La milice accabloit l'*agriculture*, moins par les bras qu'elle enlevoit, que par la rigueur & l'épouvante. Rien ne la remplaçoit ; mais, en la maintenant à caufe des conféquences, on l'a adoucie : 1°. L'on a exempté pour un fecond tirage, le frere de celui à qui le fort eft échu ; fyftême bien différent de celui de quelques états où l'*agricole* reçoit le *col rouge*, & eft enrégimenté prefqu'en naiffant : 2°. On a exempté autant de fils que le pere de famille nourrit & éleve d'enfans trouvés, ce qui repeuple les campagnes : 3°. Le roi s'eft *réfervé d'accorder des exemptions à l'agriculture.* Ces difpofitions font énoncées dans l'ordonnance du premier décembre 1774, *tit. 5, n°. 33, 38 & 39.* Voyez *Milice & Garde-côte.*

Grands chemins, Ponts & Chauffées.

45. L'*agriculture* & le commerce, qui ne font rien l'un fans l'autre, ont un befoin égal de chemins, de ponts & de chauffées. Mais la feule *agriculture* fupportoit cette charge, accablante par les corvées auxquelles elle étoit affervie.

Il n'y avoit que trois moyens connus pour remplir cet objet important de l'adminiftration publique : 1°. Celui des corvées fubfiftant ; 2°. celui établi avec fuccès en Angleterre, confiftant en une police & une perception fur le roulage, avec des *commis* & des *barrieres* ; 3°. Celui de l'adjudication à la charge de l'état ou des provinces, & il étoit dans l'efprit du célebre édit des corvées.

On eft revenu fur fes pas, on a varié. Enfin, quelques intendans fe font réunis à un moyen terme : qui confifte à fixer les tâches de tous les villages, & à leur offrir l'option, d'exécuter ou de faire exécuter par adjudication ; & le dernier parti a été préféré. Ainsi les idées se développent, & après des convulsions, on revoit la lumiere : bientôt elle sera pure, si l'on suit le projet qu'annonce la loi suivante.

ARRÊT du conseil, du 20 avril 1783, qui, pour la conservation des routes, défend d'attacher plus de trois chevaux ou mulets aux voitures à deux roues, & plus de six aux voitures à quatre roues ; permet d'attacher quatre chevaux aux charrettes à deux roues, dont les jantes auront six pouces de largeur ; proscrit les bandes avec des clous taillés en pointe ; & établit des COMMIS & des BARRIERES. Voyez *Chaussée, Chemin, Commerce, Corvée, Pont, Roulage, Route, Turcie.*

Navigation & Canaux.

46. La Chine & la Hollande doivent beaucoup à leurs canaux. Charlemagne en projeta deux, l'un du Danube au Rhin, & l'autre du Rhin à la Saône. Sully, *liv. 9,* dit, comment Henri IV vouloit unir la Saône à la Seine, & comment il ébaucha le canal de Briare, achevé par Louis XIV. Celui de Languedoc a enrichi cette province. La Picardie avance le sien. La Bourgogne reprend l'idée de Henri IV. Avant la fin de ce bon regne, nous aurons trois canaux de plus.

L'administration trouve des obstacles dans les usurpations féodales couvertes du droit de la propriété. Nous tâcherons de rassembler quelques principes sous les mots *Bien public, Canal, Commerce, Commune, Féodalité, Navigation, Péage, Possession, Propriété & Travers.*

Médecine & art Vétérinaire.

47. Au milieu de ces travaux, l'administration n'a pas oublié la santé des *agricoles* & la conservation des bestiaux. Des boîtes de remedes simples sont distribuées gratuitement. Mais comme on pouvoit en abuser : d'un côté, la société royale de médecine observe les maladies de la

campagne, & l'on imprime au Louvre une *Instruction* pour les prévenir & les traiter. D'autre part, on a établi deux écoles vétérinaires, à Lyon & à Paris.

Peut-être a-t-on resserré mal-à-propos les éleves de ces écoles dans la ferrure & le traitement des bestiaux ; il est permis de penser que M. Gilibert, l'un de nos coopérateurs, a bien fait en Pologne, d'unir la médecine des hommes à celle des animaux, comme il est libre de croire que Van-Swieten a rendu un grand service à l'Autriche, en y établissant ces écoles de médecine-pratique, qui manquent absolument en France.

Disons ainsi ce qu'on pourra faire, mais soyons reconnoissans de ce qui a été fait. Voyez *Apothicaire, Chirurgien, Épidémie, Épizootie, Médecine, Vétérinaire.*

Administrations provinciales, États.

48. Un des plus grands services rendus à l'*agriculture,* est sans contredit l'établissement de ces corps politiques, destinés à administrer un pays : car leurs premiers regards se fixent sur l'*agriculture,* source de la prospérité publique. Je supplie qu'on lise avec attention, la notice que nous avons donnée des *administrations provinciales* dans ce volume, & notamment l'indication de leurs vues pour l'*agriculture,* pag. 77, col. 2. Voyez encore le mot *Âge,* nº. 52, pag. 486, & le mot *États.*

Sociétés d'agriculture.

49. Enfin, l'on a formé des établissemens qui ont le double avantage, d'éclairer, & de porter au sein des villes l'esprit de l'*agriculture.*

Ce furent les états de Bretagne, qui, dans l'assemblée du 11 décembre 1756, formerent la premiere de ces sociétés établies bientôt dans chaque généralité, pour *faire leur unique occupation de l'agriculture & de tout ce qui s'y rapporte.* Nous en avons donné la notice au mot *Académie,* nº. 26, tom. 1, pag. 591.

Cette idée appartient à Raoul Spifame, avocat du seizieme siecle, que nous avons cité, *pag. 91 de la préface*, sous le titre de *Dicæarchiæ Henrici Regis christianissimi progymnasmata*; il rédigea en forme d'arrêta cette multitude de projets, dont plusieurs ont déjà été exécutés.

Dans le cent quatre-vingt-cinquieme, après avoir peint le roi comme image de Dieu, mais ayant besoin *d'instrumens & causes médiantes*, voulant *employer tous bons esprits & gens de toutes sortes; récompenser inventions, dispositions de tous états d'ouvrages, avoir une multitude d'officiers, dont la masse & augmentation ne se puisse épuiser, qui soient nécessaires & utiles à la république, pour secourir le peuple & les particuliers suppôts d'icelui, en leurs adversités & nécessités:* après avoir supposé *telle maniere de gens qui ne demandent que la* DÉPOUILLE, SAC ET RUINE DES HÉRITAGES; après avoir comparé tant de *mangeurs* inutiles, avec ce *pauvre peuple*, le seul qui veille bien sur *son petit revenu*; Spifame établit des CHAMBRES RURALES, AGRAIRES & *arpentaires, pour gouverner & régenter la culture & fécondité des terres... Composées les DEUX TIERS de marchands & riches laboureurs, & l'autre tiers de gens de lettres ayant pratique en cour souveraine, JUGEANT SANS PROFIT, en dernier ressort, ès cas, & tout ainsi que les juges présidiaux, & le surplus des appellations à la* CHAMBRE SOUVERAINE DE LA POLICE RURALE.

Ce plan differe des sociétés *d'agriculture*, en ce qu'il réunit le pouvoir aux connoissances, & la jurisdiction à l'administration.

Obstacles.

50. Cet ouvrage écrit avec la précieuse liberté du seizieme siecle, prouve que *l'agriculture* étoit perdue par l'ignorance, l'avilissement, & cette oppression, qui, dans l'ordonnance du 3 novembre 1590, fit dire à Henri IV qu'il mettoit *sous sa protection & sauve-garde, les paysans & laboureurs.*

Depuis trente ans, nous étudions & honorons *l'agriculture*. Ne reste-t-il plus rien à faire?

Le peuple le plus pauvre & le plus libre de l'Europe, le Lapon errant dans ses neiges éternelles, paie à la fois à la Suede, au Danemarck & à la Russie. L'impôt est juste, nécessaire; & *l'agricole*, paisible durant la guerre, bénit le ciel d'être garanti de ses ravages. Mais la justice distributive ne prescrit-elle pas en quelques lieux une répartition plus exacte? Ne peut-on pas en administration, examiner pourquoi au Sud d'un ruisseau, le Béarnois ne paie que douze livres, tandis qu'au nord, le Gascon en paie trente? Et quelquefois la jurisprudence n'a-t-elle pas accordé trop de faveur à certaines dîmes, sur-tout entre les mains de certaines gens?

La *féodalité* ne pese-t-elle pas encore trop fortement sur *l'agriculture*, & ne la dégrade-t-elle pas par ses frottemens continuels; par *l'absence* & la *nonchalance* des seigneurs, dont se plaignoit déja Spifame; par leur confiance aveugle en des agens adroits & avides; par cette immensité de droits divers, qui arrêtent le commerce, les améliorations, les avances, & enlevent la substance la plus pure? De ces droits innombrables, n'en est-il pas quelques-uns d'exorbitans, qui pourroient être rachetés ou modifiés, d'autant plus équitablement, que, couverts du voile de la propriété, ils ont toujours une tache ineffaçable, celle de l'usurpation violente? Si les usurpateurs premiers furent des officiers qui abuserent de la justice pour dégrader le trône & asservir le peuple; n'est-ce pas un devoir pour la justice de relâcher les chaînes qu'ont forgées ses premiers ministres, & ne peut-on pas à quelques égards, appliquer à cet abus civil la maxime du droit ecclésiastique: *Perpetuò clamat?*

Si dans son *Traité de l'abus des justices de village*, Loyseau n'exagere pas; & si l'on n'a pas réformé cet abus; ces justices ne sont-elles pas un fléau pour les campagnes? Les Romains eurent-ils eurent-ils tort de foumettre à des arbi-tres des conteftations fimples fur les lieux, mais toujours embrouillées, & ruineufes pour le vainqueur comme pour le vaincu, quand on les traîne de tribunaux en tri-bunaux ? Que fi l'on n'adopte ni cette idée, ni celle de Spifame, n'y auroit-il aucun moyen d'abréger les formes, & de faire en forte que l'*agricole* pût favoir au moins à peu près comment il exifte à travers la contradiction des coutumes & l'inftabilité de la jurifprudence ?

Malgré nos fages loix fur le défriche-ment, n'eft-il pas encore une grande étendue de terres abandonnées ou mal cultivées ; les unes, parce qu'elles font du domaine du roi ou en décret, ce qui au premier coup-d'œil eft fynonyme ; les autres, parce que trop chargées, elles ne peuvent pas fupporter les avances ; & n'y auroit-il point de remede ?

Telles font les queftions renouvellées par des écrits modernes & difcutées vai-nement dans quelques fociétés d'*agricul-ture*. Nous avons dû les énoncer : nous nous gardons bien de les réfoudre.

CONCLUSION.

51. Toutefois, nous n'avons pas imité les jurifconfultes, qui, traitant de l'*agri-culture* dans fes rapports avec la juftice, le bien public, & la police, ont écrit *ce qui eft*, fans s'inquiéter de *ce qui pourroit être* ; & fi nous n'avons pas ofé tout prononcer, nous avons dit affez, pour qu'on puiffe connoître & juger l'état des chofes.

Comme Choppin, dans fon *Traité des privileges des ruftiques*, nous avons raffemblé dans un même cadre, les *per-fonnes*, les *affaires*, les *actions* ; & nous avons entremêlé l'adminiftration & la jurifprudence, qui, fi l'on y fait atten-tion, ne peuvent rien l'une fans l'autre.

Choppin écrivoit : *Mon ouvrage, qui, par aventure étoit méprifé par les nôtres, a été accueilli en Allemagne.* Dirons-nous encore avec lui ? *Benin lecteur, vous recevrez plus favorablement*

cet ouvrage *ruftique en quelque forte ; c'eft-à-dire, dreffé en un ftyle agrefte, pour ce qu'il n'a été véritablement fait que pour des gens de la campagne.*

Si, comme lui, nous n'avons pas la douceur d'écrire *au milieu des champs ; fi nous avons le malheur d'être embar-raffés ès foins & tracas des villes & des procès,* du moins nous rendons hom-mage à notre mere nourriciere, & nous difons avec Cicéron : « De tous les moyens d'acquérir, il n'en eft point de meilleur, de plus fécond, de plus doux, de plus digne de l'homme & de fa liberté, que l'AGRICULTURE : » *Om-nium autem rerum, ex quibus aliquid acquiritur, nihil eft agriculturâ melius, nihil uberius, nihil dulcius, nihil ho-mine, nihil libero dignius.* (Offic. lib. 1, n°. 151.)

AGRIER.
(Droit féodal.)

1. Ces mots *agrier, agriere,* font des fynonymes dont on fe fert dans prefque toutes les provinces de droit écrit, & dans quelques coutumes, pour défigner un droit en vertu duquel on peut exiger une portion de la récolte d'un champ ou d'un autre héritage.

Ce droit eft auffi appellé dans les mêmes provinces de droit écrit & dans d'autres coutumes, *champart, terrage, tafque* ou *tafche.* Enfin dans un petit nombre de coutumes on l'appelle *parciere, ychyde.*

Tous ces termes font génériques, & fignifient le droit de participer aux pro-ductions d'une terre quelconque : mais dans quelques pays on ufe d'autres ter-mes pour défigner ce droit d'une maniere plus fpéciale, & qui déterminent fa quotité. Ainfi on l'appelle *vintain* dans quelques parties du Dauphiné, parce qu'il eft de la vingtieme gerbe (Salvaing, de l'*Ufage des fiefs, page 218, édit. de 1731.*) Dans le Lyonnois & Forez, on dit *droit de quart*

ou de *cinquain*, selon qu'il eft à la quatrieme ou à la cinquieme partie des fruits.
Dans quelques coutumes on l'appelle *droit
de neume*, quand il eft à la neuvieme
gerbe.

Dans pluſieurs lieux, les termes *agrier*,
champart, *terrage*, &c. font limités aux
feules terres labourables, & aux grains
ou autres fruits de la même eſpece qui
en proviennent. Dans ces lieux-là, on
emploie d'autres termes pour déſigner le
droit impoſé ſur les terres d'une autre
nature : comme le *complant* en Poitou,
le *terceau* à Chartres, le *quarpot* ou
carpot en Bourbonnois, le *vinage* à
Clermont & Montargis, pour déſigner
le droit ſur les vignes, &c. &c.

Les termes *agrier*, *agriere* viennent du
mot latin *ager*, qui veut dire *champ*.

Le mot *champart* porte avec lui ſon
étymologie, *campipars*, *campipartus*,
ce qui s'entend, non du fonds, mais des
fruits dont le ſeigneur s'eſt réſervé une
portion; *quaſi pars fruĉtuum fundi, quam
ſibi dominus loci reſervavit*.

Celui de *taſque* ou *taſche*, eſt dérivé
de ce que « le ſeigneur, dans le premier
établiſſement de ſes droits ſeigneuriaux,
a *taxé* ſes tenanciers à certaine quantité
des fruits provenans aux héritages de ſon
finage, qui eſt différente ſelon qu'elle a
été reconnue, ou que le ſeigneur eſt en
poſſeſſion de la recevoir. » (Salvaing,
ibid.

D'Olive *(chap. 25, liv. 2, édit. de
1682, pag. 362 & ſuivantes)* fait venir
ce mot du latin *texa* ou *teſqua*, qui
ſignifie *champs déſerts & incultes*, & dont
parle Horace dans l'épître à ſon fermier.
Nam quæ deſerta & inhoſpita TESQUA
*credis, amœna vocat, mecum qui ſen-
tit, &c*. (Lib. 1, epiſt. 14, verſ. 19
& 20.)

La coutume étoit, dit notre arrêtiſte,
de bailler en emphytéoſe des terres hermes
& incultes, pour les réduire en labourage :
on ſtipuloit dans le contrat certaine portion des fruits, & ce droit fut appellé
TESQUE, & par corruption TASQUE;

*ſpeĉtatâ agrorum naturâ, qui, cùm deſerti
& inculti eſſent*, TESQUA *vocabantur*.

Ceux qui voudront connoître plus en
détail & les différentes dénominations
qu'on donne au droit *d'agrier*, & leur
étymologie peuvent conſulter *Ragueau,
du Cange & Carpentier*, & le *Traité du
droit de Champart*, par Brunet, inſéré
à la fin du ſecond volume du *Recueil des
Déciſions ſur les Dîmes*, par Drapier.

Origine du droit d'agrier.

2. Quelques auteurs donnent au droit
d'agrier, une origine auſſi ancienne que
reſpeĉtable : ils le trouvent établi, 1°. chez
les Égyptiens, par le Patriarche Joſeph,
devenu le miniſtre & le favori du roi
Pharaon; 2°. chez les Juifs, par Dieu
même; 3°. à Rome, dans les beaux jours
de la république.

Peuples anciens.

3. Nous voyons dans la Bible *(Geneſ.
cap. 47, v. 20, 21 & ſequent.)* qu'au
moyen de l'*accaparement* que fit Joſeph
de tous les bleds de l'Égypte pendant les
ſept années d'abondance qu'il avoit pré-
dites au roi, les Égyptiens preſſés par la
famine pendant les ſept années de ſtéri-
lité qui ſuccéderent, furent obligés de
recourir à leur ſouverain pour en avoir
du bled. Celui-ci les renvoya à ſon miniſtre. Joſeph tira parti des circonſtances,
il vendit du bled pour de l'argent. Quand
l'argent fut épuiſé, il prit en paiement
les animaux; & ſucceſſivement les Égyptiens lui donnerent en échange, & leurs
terres & leurs perſonnes. Le prince ré-
duiſit ainſi tout ſon peuple dans l'eſclavage, & devint le ſeul maître, le ſeul
propriétaire de tout le territoire de
l'Égypte.

Les prêtres ſeuls furent exceptés de cet
onéreux contrat; leurs terres ne furent
point aliénées. On pourvut à leur entretien aux frais de l'état; & les miniſtres
des dieux furent dans l'abondance au milieu de la déſolation publique.

Cependant lorſque ce cruel fléau eut

ceffé, le roi rendit les terres à fes fujets, en fe réfervant annuellement le cinquieme du produit. Ce réglement que le miniftre avoit propofé, devint loi du royaume : il y étoit obfervé du temps de Moyfe ; & l'hiftorien Jofephe le rappelle, comme exiftant encore à l'époque où il écrivoit.

Ce jéfuite fameux qui nous a donné l'Hiftoire du Peuple de Dieu, fous la forme & dans le ftyle du plus beau roman, n'a pu s'empêcher de trouver de la dureté à mettre ainfi à profit la mifere des peuples, à abufer de leurs befoins, pour les dépouiller de leurs poffeffions, & à leur vendre la vie au prix de leur liberté. « Mais, ajoute-t-il, il eft des occafions où la vue du plus grand bien, & le bonheur même des peuples, exigent des miniftres des rois, qu'ils fe laiffent condamner pour un temps, & qu'ils attendent fans inquiétude leur juftification de l'événement ». (Berruyer, *Hiftoire du Peuple de Dieu*, tom. 1. pag. 414, édit. in-12.)

Cette réflexion peut être quelquefois vraie ; mais s'il étoit permis de juger de la conduite d'un miniftre tel que Jofeph, comme de celle de tout autre, nous croyons qu'on pourroit douter que l'événement l'ait jamais bien juftifiée. Qu'en réfulta-t-il en effet ? un defpote, & des fujets efclaves. La propriété de leurs terres ne leur fut point rendue, ils y furent attachés comme des ferfs pour les cultiver au profit de leur maître ; & fi on leur abandonna une portion des fruits, c'eft qu'ils étoient chargés de fournir la femence, c'eft qu'il falloit bien qu'ils puffent fe nourrir eux & leurs enfans. *Quintam partem regi dabitis, quatuor reliquas permitto vobis in fementem, & in cibum familiis & liberis veftris.* (Genef. ibid. verf. 24.)

De tels effets peuvent-ils jamais rendre leurs caufes fufceptibles de juftification ? Voyez *Accaparement*, entr'autres, n°. 4, 5 & 13, tom. 1, pag. 606, 607 & 616.

Quoi qu'il en foit, il paroît par le paffage de la Genefe que nous venons de citer ; que Jofeph affocia feulement les Égyptiens au roi dans la participation des fruits.

Cette affociation étoit également établie chez les Juifs entre Dieu & fon peuple, relativement à la dîme. En effet, Dieu dit d'abord aux Ifraélites : *Terra quoque non vendetur in perpetuum, quia mea eft & vos advenæ & coloni mei eftis.* Enfuite il ajoute : *Omnes decimæ terræ, five de frugibus, five de pomis arborum Domini funt, & illi fanctificantur.* (Levitic. cap. 25, verf. 23 ; & cap. 27, verf. 30.)

La dîme des fruits de la terre parmi les Juifs, étoit donc une efpece de droit d'*agrier* dont Dieu attribuoit le produit aux miniftres de fon fanctuaire. Or, Dieu dit bien pofitivement qu'il eft propriétaire de la terre, & que les Ifraélites à qui il en donne la poffeffion, n'en font que les colons, *coloni mei eftis.*

DROIT ROMAIN.

4. Dans les beaux jours de la république Romaine, & même fous les empereurs, on voit que les terres conquifes étoient le plus fouvent laiffées au peuple vaincu, à la charge de délivrer annuellement à l'état le dixieme des fruits : c'eft ce qu'on appelloit *vectigal, decumæ, canon.* Les grains ainfi recueillis, étoient dépofés dans les greniers publics, d'où ils étoient enfuite diftribués aux foldats & au peuple. (Heineccius, *Antiquit. Roman. Syntagm. append. lib. 1*, n°. 115, tom. 4, operum, pag. 262.)

Il y a fur ceci un paffage remarquable. Une féchereffe inopinée réduifit l'Egypte à une ftérilité totale ; elle adreffa fes vœux au prince, & elle ne reffentit cette calamité que le temps qu'il falloit pour l'en inftruire.

« On avoit cru autrefois, *dit l'éloquent panégyrifte de TRAJAN*, que Rome ne pouvoit fubfifter, & qu'on ne pouvoit y vivre fans le fecours de l'Egypte. Cette nation vaine & légere, fe vantoit de nourrir fes vainqueurs, & de tenir en fes mains & dans le fein de fon fleuve notre fort, l'abondance ou la famine. Nous avons rendu à l'Égypte ses richesses : elle a repris ses bleds ; elle a remporté les moissons que nous en avions tirées. Qu'elle apprenne donc, & qu'elle reconnoisse sur la foi de son expérience, *que ce sont des tributs qu'elle nous paie*, & non des alimens qu'elle nous donne. *Discat igitur Ægyptus, credatque experimento, non alimenta se nobis, sed tributa præstare.* » (Plin. *panegyr. 30.*)

Les Romains distribuoient aussi des terres conquises à deux sortes de colons ; les uns l'étoient à prix d'argent, *qui ad pecuniam numeratam conduxit* ; les autres l'étoient à portion des fruits, *partiarii coloni.* Il en est parlé dans la *loi 25 D. locati*, & dans la *loi 5 C. de agricol.*

Observations.

5. Malgré les rapports que ces redevances anciennes paroissent avoir avec notre droit d'*agrier*, nous y appercevons cependant des différences assez remarquables pour contester l'identité de leur origine.

1°. L'obligation imposée aux Égyptiens de donner au roi la cinquieme partie des fruits, étoit une véritable charge publique, un impôt établi par le souverain sur les terres dont il avoit acquis la propriété de ses sujets, en les forçant de les aliéner pour ne pas mourir de faim : propriété même dont il ne se dépouilla pas, se contentant de les faire participer à une portion des fruits pour les dédommager des frais de semence, & servir à leur entretien. Les *dîmes* chez les Juifs, les *décumes* chez les Romains, étoient aussi des charges publiques, & ceux qui les payoient n'étoient pas véritablement propriétaires de l'héritage sujet au droit. Les colons, soit les partiaires, soit ceux à prix d'argent, étoient proprement des fermiers.

L'*agrier* est au contraire parmi nous, une redevance purement privée, un droit réel imposé sur un héritage, & qui est une des conditions de son aliénation ; en

forte que celui qui en est débiteur, a seul véritablement la propriété de l'héritage sujet à ce droit.

2°. Ces redevances anciennes étoient fixes, déterminées, n'étoient sujettes à aucune variation, à aucune interprétation arbitraire ; on les payoit toujours & par-tout de la même maniere. Les contestations qu'elles pouvoient faire naître intéressoient la cause publique ; on les jugeoit par des principes communs aux autres impositions ou charges de l'état.

Notre droit d'*agrier* n'a rien de fixe, rien de certain, ni dans sa nature, ni dans son objet, ni dans sa quotité. Autant de coutumes, autant de manieres différentes de le percevoir ; on ne sait même souvent ni sur quoi, ni comment, ni en quelle quantité le percevoir : les titres, les usages particuliers des lieux, lui donnent, pour ainsi dire, une *physionomie* différente : les contestations qui en naissent, sont des contestations privées ; & la jurisprudence qui les décide, n'est ni certaine ni uniforme.

DROIT FRANÇOIS.

6. A ces traits, pourroit-on méconnoître la véritable origine de l'établissement du droit d'*agrier* parmi nous ? Ne seroit-ce pas dans le sein de l'anarchie féodale qu'il faudroit la chercher ? Dans ces temps malheureux, où, pour nous servir des expressions d'un historien célebre, « les seigneurs levant des droits à cause de leurs fiefs, ou par usurpation, en prenoient sur les pauvres vassaux, sur toutes choses. » (Mézerai, *Mémoires historiques & critiques*, au mot *Droit*, *tom. 1, pag. 116.*)

La Lande, sur la Coutume d'Orléans, dit que le champart n'a d'autre origine que les réserves faites par les seigneurs, lors de la manumission des personnes de leurs serfs pour raison des héritages, au labourage desquels ils étoient asservis & occupés : *quorum glebæ addicti erant tanquam servi.*

Cette opinion feroit donc considérer

le droit d'*agrier* comme un reste de l'ancienne servitude de nos peres. Il faut pourtant convenir que d'autres auteurs le présentent sous un point de vue plus favorable.

Ils disent que lorsque les fiefs, d'amovibles qu'ils étoient dans le principe, devinrent héréditaires, les seigneurs concéderent à des particuliers des héritages qu'ils ne pouvoient cultiver eux-mêmes ; que quantité de droits seigneuriaux doivent leur existence à ces concessions. Ces droits, ajoutent-ils, sont très-favorables ; ils sont le prix de la chose que le seigneur a donnée, qu'il a pu donner à telle condition qu'il a jugé à propos ; & qu'il étoit libre au particulier qui a contracté, d'accepter ou de refuser. Tels sont, les censives, les lods & ventes, le parisis, le retrait censuel ou le droit de retenue, le *champart*, le *terrage*. (Renauldon, *Traité historique des droits seigneuriaux*, pag. 7 & 252.)

Ces opinions, quoique contraires, peuvent aisément se concilier : n'est-il pas possible, en effet, que le droit d'*agrier* ou *champart* ait été dans le principe, à l'égard de certains héritages, le prix de l'affranchissement des serfs attachés à leur culture ? & à l'égard de certains autres, le prix d'une concession faite à un homme libre ? Ce droit n'est pas d'ailleurs de sa nature, comme nous le dirons bientôt, un droit seigneurial ; il peut être l'effet d'une convention ordinaire entre deux simples particuliers, dont l'un cede à l'autre une terre quelconque pour en jouir en toute propriété, à la charge, par le preneur, de donner au bailleur une portion des fruits qui en proviendront. Or, une pareille convention est de tous les temps & de tous les lieux ; elle est très-naturelle, très-juste, très-réguliere ; elle ne cesse d'être ce que nous la disons, que lorsqu'elle devient trop onéreuse pour le redevable ; lorsque celui-ci ne l'a faite que par contrainte & nécessité ; lorsqu'en ne la faisant pas, il n'avoit que la perspective affreuse de la servitude & de la mi-

sere. Telle étoit la position des Égyptiens envers leur roi, lorsque celui-ci ne leur céda des terres qu'à la charge de lui donner le cinquieme du produit ; telle étoit celle des peuples vaincus & dépouillés de leurs héritages, à l'égard des Romains leurs vainqueurs & leurs spoliateurs, lorsque ceux-ci les assujettirent à payer les *décumes ;* telle étoit enfin celle de nos ancêtres assujettis à la *glebe*, lorsque les seigneurs ne les en affranchirent qu'en les soumettant au champart, & à une foule d'autres droits également onéreux.

Quoi qu'il en soit, il est certain que le droit d'*agrier* étoit en usage en France dans des temps très-reculés : il en est fait mention sous le nom d'*agrarium*, dans le Recueil de Lindenbrog. *De colonis vel servis ecclesiæ qualiter serviant, vel qualia tributa reddant, hoc est AGRARIUM secundùm æstimationem judicis : provideat hoc judex, secundùm quod habet, donet : de triginta modiis, tres donet, &c.* (*L. Baiwariorum, tit. 1, cap. 14, pag. 404, Collect.* Lindenbrogii.) Il en est également question dans les *Formules* de Marculphe, (*lib. 2, cap. 26, tom. 2,* Baluzii, *pag. 425.*)

Des lettres de Louis-le-Gros, de l'an 1119, accordées aux habitans du lieu nommé *Angere Regis*, que M. Secousse croit être *Angerville* dans l'Orléanois, portent que les habitans de ce lieu paieront au roi un cens annuel en argent pour les terres qu'ils posséderont ; que s'ils y sement du grain, ils en paieront la dîme ou le *champart*. Ces lettres furent confirmées par Charles VI, le 4 novembre 1391.

Les *chap. 99 & 163* des établissemens de St. Louis, un mandement de Philippe de Valois, du 10 juin 1331, adressé au sénéchal de Beaucaire, & des lettres du roi Jean, du mois d'octobre 1361, portant confirmation de la charte de bourgeoisie accordée aux habitans de Busency, contiennent des dispositions relatives au droit de *champart*.

Un des articles des privileges accordés

aux habitans de Mouchauvette en Beauce, par Amaury comte de Montfort, & Simon comte d'Evreux, son fils, confirmés par plusieurs de nos rois, & notamment par Charles VI, au mois de mars 1393, porte que si ceux qui sont sujets au droit de *champart* ne veulent pas le payer, *on le levera malgré eux.*

Enfin, une déclaration de Charles IX, du 15 janvier 1573, ordonne que les dîmes, *champarts*, & autres droits, & devoirs seront payés aux ecclésiastiques, sans exiger d'eux *banquets ou autres dépenses de bouche.*

Mais c'en est assez sur cet objet. Il est temps de faire connoître les différentes questions qui sont relatives au droit d'*agrier*; questions pour la décision desquelles on chercheroit vainement & dans les coutumes, & dans les auteurs, & dans les tribunaux cette uniformité précieuse, qui fait le principal caractere d'une bonne législation.

Questions sur le droit d'agrier.

7. 1°. L'*agrier* est-il de sa nature un droit seigneurial? 2°. Est-il de sa nature imprescriptible? 3°. Par quels titres l'établit-on? 4°. Sur quels fruits se prend-il? 5°. Quelle est sa quotité? 6°. Est-il de sa nature quérable ou rendable? 7°. Quelles sont les formalités à suivre avant d'enlever les fruits? 8°. Se prend-t-il avant ou après la dîme? 9°. Comment se prend-t-il? 10°. Le tenancier est-il obligé de cultiver la terre sujette à l'*agrier*? 11°. Peut-il changer la face du fonds? 12°. Peut-il en diminuer le produit par des complantemens? 13°. Le droit est-il dû sur le fonds accrû par alluvion? 14°. Quand il est abonné, doit-on le payer, si on n'a rien recueilli? 15°. S'arrérage-t-il? 16°. Quelles actions peut exercer celui à qui il est dû? 17°. Avilit-il le fonds?

Qualité.

8. L'*agrier* est-il de sa nature un droit seigneurial? Il faut entendre ici par *droit seigneurial*, un droit ayant tous les pri-

vileges du *cens*, & conséquemment récognitif de la directe seigneurie, emportant lods & ventes, saisie & amende, &c. Mais sous ce point de vue, la question, quoique proposée par de très-graves auteurs, est une question ridicule: l'*agrier* ou *champart* est en effet considéré partout comme étant de sa nature une redevance privée, une servitude particuliere qui peut être stipulée par toutes sortes de personnes, sans qu'il soit besoin pour cela d'être seigneur de l'héritage sur lequel on veut l'imposer. Or, un droit semblable ne peut jamais être de sa nature un droit seigneurial, un droit récognitif de directe, un droit emportant lods & ventes, &c.

Écoutons le célebre du Moulin: *Quamvis sæpè in consuetudinibus Galliæ fiat mentio de CAMPIPARTE. . . . . . . Tamen non est jus dominicale, nisi ubi consuetudo hoc expresse dicit. . . . . . Aliàs inter jura privata, & servitutes particulares computatur.* Voici la raison que donne ce grand jurisconsulte de son avis: *In toto regno . . . . . nulla sunt alia jura dominicalia, quàm feudalia, vel censualia.* (Molinæus, *in Consf. Parisf. tit. 2 du Cens, n°. 2 & 3, tom. 1, operum, pag. 668.*) Tel est aussi le sentiment de Choppin, dans son Commentaire sur la Coutume de Paris, (*liv. 1, tit. 3, n°. 20.*)

Cependant quoique le droit d'*agrier* ou *champart* ne soit point de sa nature un droit seigneurial, il peut quelquefois être considéré comme tel & produire les mêmes effets; mais alors il ne doit cet avantage qu'à des circonstances particulieres, comme à la qualité de celui qui l'a stipulé, aux dispositions des coutumes, aux arrêts, aux usages, aux titres.

Nous avons cru cet éclaircissement nécessaire, pour que tout ce que nous avons à dire sur cette premiere question ne puisse paroître ni obscur ni ambigu, & qu'on ne retrouve point en nous lisant, la confusion qui regne à cet égard dans la plupart des ouvrages que nous avons consultés. Il s'agit donc de savoir dans quel cas le champart ou *agrier* est réputé droit seigneurial, ayant tous les privileges du *cens* ? Mais là-dessus, les pays coutumiers & ceux de droit écrit, sont diamétralement opposés.

Dans les coutumes, lorsque l'héritage n'est chargé d'aucun cens, mais simplement du champart, ce droit est censé avoir été retenu sur l'héritage, non seulement comme un droit utile, mais encore comme un droit récognitif de seigneurie ; & conséquemment le champart est, en ce cas, un droit seigneurial.

Si l'héritage sujet au champart se trouve au contraire chargé tout-à-la-fois d'un droit de cens & d'un champart, soit envers le même seigneur à qui le champart est dû, soit envers un autre seigneur ; en ce cas, le cens est considéré comme la premiere redevance, la redevance seigneuriale ; & le champart n'est pas seigneurial, mais une simple redevance fonciere.

Cette distinction du champart seigneurial ou non seigneurial, suivant qu'il est, ou non, la premiere redevance dont l'héritage est chargé, est très-ancienne. Elle se trouve dans l'auteur du Grand Coutumier, & forme le droit commun. (Pothier, *Traité des Fiefs*, tom. 2, pag. 432. Guyot, *Traité des Fiefs*, tom. 4, pag. 445.)

Il est cependant quelques coutumes qui ne parlent point de cette distinction ; mais les arrêts suppléent à leur silence.

ARRÊT du parlement de Paris, à la prononciation de Noël 1689, qui juge en interprétation de l'art. 113 de la coutume de Chartres, que le champart accompagné d'un cens, n'emporte point directe seigneuriale.

ARRÊTS antérieurs de la même cour, tous deux au profit du chapitre de Chartres ; le premier, du 13 février 1577 ; le second, rendu en forme de réglement à la prononciation de Noël 1613. (Guyot, *ibid.* pag. 446 ; Montolon, *art.* 62, *pag.* 129 ; Merville, sur l'*art.* 113 de la

Coutume de Chartres, *pag.* 400 ; Auroux des Pommiers, sur l'*art.* 352 de la *Coutume de Bourbonnois*, *tom.* 1, *pag.* 144.)

ARRÊTS conformes de la même cour, rendus ensuite de la plus ample discussion, le 4 juin 1737, & le 13 juillet de la même année. Le premier, en faveur du chapitre de Sainte-Croix d'Orléans ; & le second, en faveur du chapitre de Saint-Aignan de la même ville. (Guyot, *ibid. Pag.* 452 & *suiv.*)

Si ces cinq ARRÊTS ont jugé que le champart *seul* & sans aucun *cens*, étoit droit seigneurial, & emportoit lods & ventes : deux autres ARRÊTS, ont jugé que, quand il étoit dû avec un *cens*, il n'étoit point seigneurial.

L'un, rapporté (par la Thaumassiere, sur les *anciennes coutumes de Lorris Montargis*, *chap.* 3, *art.* 4, *pag.* 546, *édit.* 1679,) fut rendu en cette coutume, au profit du sieur de Blancaford, pour le *terrage* des bois des champs, parce que le *cens* étoit dû au commandeur de l'Hôpital.

L'autre, rapporté (par l'Hoste, sur l'*art.* 4, *du tit.* 3 *des mêmes coutumes*, *pag.* 234,) fut rendu le 14 décembre 1614, au profit de M. Pierre Petit, procureur au parlement, seigneur de Treilles, contre les abbé & religieux de Ferrieres, & jugea *que ladite terre & seigneurie de Treilles n'étoit sujette au champart, mais seulement étoit redevable du droit de cens.* (Guyot, *ibid. Pag.* 447.)

Il faut donc admettre pour principe, en pays coutumier : 1°. que le champart, *quand il est seul, & qu'il est dû au seigneur direct du territoire*, est réputé seigneurial, & doit produire lods & ventes ; parce qu'alors, disent les auteurs, il est censé avoir été retenu sur l'héritage, non seulement comme un droit utile ; mais encore comme un droit récognitif de seigneurie, que s'est réservé celui qui a donné l'héritage à ce titre. Il est à la place du *cens*, il en tient lieu. (Guyot, *ibid. Pag.* 464.)

2°. que le champart, *joint à un cens*, n'eſt plus un droit ſeigneurial ; mais une ſimple redevance fonciere, ſoit que cette jonction ait lieu au profit du même ſeigneur, ſoit qu'elle ait pour objet deux ſeigneurs différens. En effet, au premier cas, le champart forme *une ſurcharge, un ſurcens*, qui ne doit pas jouir du privilege du cens : au ſecond cas, le champart ne doit pas être ſeigneurial, parce qu'un même héritage ne peut être tenu de deux redevances ſeigneuriales, ni relever de plus d'une ſeigneurie. (Guyot, *ibid.* Pothier, *ibid. Pag.* 432.)

Nous avons remarqué que le champart réputé ſeigneurial, emporte communément, lods & ventes : ajoutons, qu'il ne ſe purge point par décret, &c. le champart non ſeigneurial, au contraire, ne doit point lods & ventes, & ſe purge par décret. Cependant, par une diſpoſition ſinguliere & bizarre des *art.* 143 & 480 *de la Cout. d'Orléans*, les terres qui y ſont tenues à droit de champart, ne ſont ſujettes, dans le cas où il eſt ſeigneurial, à aucun profit lors des mutations, & elles y ſont ſujettes, dans le cas où elles ſont chargées d'un cens & d'un champart, cas où le champart conſéquemment n'eſt point ſeigneurial. De même, quoique le champart non ſeigneurial ſe purge par le décret, comme les autres redevances fonciéres ; la coutume s'écarte de ce principe, & décide dans l'*art.* 480, qu'il n'eſt pas néceſſaire de s'oppoſer au décret pour le champart, quoiqu'il ne ſoit pas ſeigneurial. (Pothier, *ibid. Pag.* 433 & 434; Guyot, *ibid. Pag.* 459 & *ſuiv.* d'Héricourt, *Traité de la vente des immeubles par décret, édit. de* 1739, *pag.* 150 & 151.)

Ces auteurs tâchent de rendre raiſon de la bizarrerie de la coutume, & de concilier la contradiction qui ſe trouve entre les diſpoſitions des deux articles cités, & celles du droit commun coutumier. Leurs efforts ſont louables aſſurément ; mais nous n'avons garde d'y

joindre les nôtres. *Voyez* cependant les mots *Lods & Ventes, Décret.*

Dans les pays de droit écrit, c'eſt une maxime certaine, que l'*AGRIER ſeul* n'eſt jamais ſeigneurial, quel que ſoit celui qui l'a ſtipulé ; mais qu'il l'eſt, quand *il eſt joint au cens*. (Bretonnier, ſur Henrys, *tom.* 1, *liv.* 1, *queſt.* 34, *pag.* 208 & *ſuiv. édit. de* 1738.)

La juriſprudence du parlement de Toulouſe, à cet égard, eſt atteſtée (par d'Olive, *liv.* 2, *chap.* 24; Deſpeiſſes, *droit ſeign. ſect.* 4, *n°.* 2, *tom.* 3, *pag.* 62; Graverol, ſur la Roche, *droit ſeign. chap.* 5, *art.* 1, *pag.* 546; & M. de Juin, *Journal du palais de Toulouſe, tom.* 5, *art.* 243, *pag.* 406.)

C'eſt auſſi la juriſprudence de la cour des comptes, aides & finances du Languedoc, dans un préjugé remarquable, recueilli par un de ſes plus fameux magiſtrats, rapporteur dans l'affaire, dont les mémoires manuſcrits ſont précieux.

ARRÊT, du 17 octobre 1708, entre *Caunac*, emphytéote, & *Seville, Malecare*, & *Galtier*, ſeigneurs directs ; au rapport de M. *Adam de Monclar....* *Eſpece.* Il s'agiſſoit de ſavoir ſi la métairie de Caunac étoit ſujette à la *taſque*, ou non. Entr'autres moyens employés par les ſeigneurs pour la défenſe de leur droit, ils diſoient : « Que le *champart* eſt toujours un droit ſeigneurial, lorſque c'eſt la ſeule redevance qu'une terre fait au ſeigneur : qu'il eſt alors à la place de la cenſive, & qu'il eſt conſéquemment ſeigneurial. Or, la métairie de *Caunac*, ajoutoient-ils, n'a payé d'autre droit que la *taſque*, & jamais la cenſive, parce que ce droit en tient lieu, & que c'eſt la ſeule redevance qu'elle paie : donc, &c. » L'emphytéote répliquoit, que la *taſque* n'eſt point un droit ſeigneurial, que c'eſt une redevance privée, qui, par elle-même, ne peut prendre le caractere de la cenſive, ni être conſidérée comme miſe à la place du *cens* : la cour déchargea l'emphytéote de *la taſque.* Dans le nombre de motifs qui déterminerent les juges,

juges ; *il fut reconnu*, dit M. de Monclar, *que la tafque n'eft pas préfumée droit feigneurial.* Nous aurons occafion de revenir fur cet arrêt.

La jurifprudence du parlement de Grenoble, eft encore la même. (Baffet, *tom. 2, liv. 6, tit. 8, chap. 2, pag. 369.*)

De lui-même , *dit cet auteur*, le champart ou tafque n'eft pas feigneurial, quand il eft créé par un contrat à part : mais quand *il eft joint avec le cens*, qui eft fort modique, en ce cas, il va de pair avec le cens. Il rapporte enfuite un ARRÊT du 6 feptembre 1663, qui déclare le droit de tafque, feigneurial, parce que dans les reconnoiffances que le feigneur rapportoit , *ce droit étoit reconnu avec le cens.*

Au parlement de Bourdeaux, on ne confidere l'*agrier* comme *non feigneurial*, que lorfqu'il eft *feul*, & dû à tout autre qu'au feigneur direct ; mais il eft feigneurial, lorfqu'il eft dû au feigneur direct, & il l'eft auffi, quand *il eft joint au cens*. Ainfi ce parlement fe rapproche des principes reçus en pays de coutume, dans le premier cas , & adopte dans le fecond, ceux des autres parlemens du droit écrit. (Lapeyrere, *lettre* S , *n°. 5 , pag. 407.*)

Guyot, (*pag. 463, ibid.*) prétend que la jurifprudence coutumiere fur la queftion qui nous occupe, eft la plus conforme à l'efprit général du droit françois, qu'elle eft fondée fur les grands, les vrais principes, &c. Sudre, *annotateur* de Boutaric, (*pag. 236,*) adopte ce fentiment , & ajoute , que , lorfque les auteurs des pays de droit écrit difent que l'ufage de leur province eft différent, ils ne rapportent ni des ARRÊTS *de réglement*, ni des ARRÊTS particuliers, rien, en un mot, qui conftate la vérité de cet ufage ; qu'*ils ne parlent que de leur chef & par goût.*

Ces reproches paroiffent fort hafardés. 1°. Dans l'efprit général du droit françois, le champart, n'eft point un droit feigneurial de fa nature ; *inter jura privata & fervitutes particulares computatur.* Molinæus,

Tome III.

tom. 2, pag. 668. C'eft donc contre cet efprit général du droit françois, que, dans les pays de coutume on juge le champart, feigneurial *per fe* , quand il eft dû au feigneur direct, & que c'eft la feule redevance dont l'héritage eft chargé. Mais, dit Guyot, le feigneur concede *ad modum quem vult*, & pour ce qu'il veut, cela eft de droit général : or, il peut ftipuler pour premier devoir un cens, un champart ; & ce premier devoir, quel qu'il foit, eft alors le vrai, l'unique devoir feigneurial *per fe* ; il eft la marque de la directe qu'il a retenue par devers lui : ainfi, fi le *champart* eft ce premier devoir ; c'eft donc le droit feigneurial *per fe*, le droit récognitif de la feigneurie directe, &c.

Nous fommes peu touchés de ce raifonnement. On peut dire , en effet, que le feigneur direct a des titres qui établiffent fa directité, & que cette directité eft indépendante de la nature des devoirs qu'il impofe fur les fonds qui en relevent. Il en peut impofer, qui de leur nature, font récognitifs de feigneurie, comme le *cens* ; il en peut impofer, qui de leur nature, ne font que de droits utiles comme le champart, les rentes foncieres, &c. C'eft précifément à raifon de la liberté qu'il a de concéder *ad modum quem vult*, & pour ce qu'il veut, que, lorfque le devoir qu'il ftipule, eft un devoir fimplement utile, comme le champart, il faut décider que ce devoir n'eft point un droit feigneurial, c'eft-à-dire, un droit récognitif de directe , emportant lods & ventes, ne pouvant fe purger par décret, fujet à faifie ; &c. car, la qualité du devoir paroiffant par le titre même, il ne peut pas dépendre du feigneur de lui donner une autre qualité.

Ainfi donc, l'ufage des pays de droit écrit , qui ne reconnoiffent le droit d'*agrier* que pour ce qu'il eft, c'eft-à-dire, une fimple redevance fonciere, quand il eft feul, (quoiqu'il foit dû à un feigneur direct,) nous paroit plus conforme aux bons principes, ou du moins plus conféquent. Dans ces pays d'ailleurs, où l'on joint des privilèges du franc-aleu; il est d'autant plus naturel de ne point considérer le champart comme seigneurial, quoiqu'il soit *seul*, & l'unique redevance dont le fonds soit chargé; qu'il est de principe qu'un fonds peut être sujet à l'*agrier*, & néanmoins tenu allodialement.

2°. Dans l'esprit général du droit françois, le champart, ou tout autre devoir utile, peut être joint au *cens*: c'est alors une seconde charge, imposée sur l'héritage, & qui est une augmentation de la première. Mais les deux charges ne doivent en ce cas composer qu'un seul & même cens, une seule & même redevance; elles prennent le même caractere; elles sont de même nature, & sont également seigneuriales. Nous rappellerons ici, ce qu'a dit Guyot, pour justifier son opinion, dans le cas précédent. « Le seigneur concede *ad modum quem vult*, & pour ce qu'il veut.... il peut se contenter d'un cens modique, il peut exiger un devoir plus fort. *Nous ajouterons* : il peut imposer sur l'héritage une seconde charge, qui soit une augmentation de la première: & nous dirons toujours avec Guyot : «C'est au tenancier qui reçoit l'héritage, à ne pas accepter la condition du devoir s'il le trouve trop dur ; mais quand il l'accepte, il le prend sous la condition sans laquelle il ne l'auroit pas eu. » (Guyot, *ibid.*)

Il ne faut donc pas dans ce cas scinder la volonté du seigneur, il ne faut pas séparer les deux redevances qu'il a voulu réunir : il ne faut pas regarder le champart, parce qu'il est joint au *cens*, comme une surcharge, un surcens; mais plutôt comme une augmentation du cens, qui ne fait qu'une seule & même redevance seigneuriale, & doit produire les mêmes effets.

C'est d'après ces principes, que l'usage des pays de droit écrit, donne au champart le caractere de droit seigneurial, qu'il emprunte de la réunion avec le cens. Or, les coutumes qui trouvent au contraire dans cette réunion, un motif

pour dépouiller le champart du caractere de droit seigneurial qu'elles lui accordent quand il est seul, ne me paroissent ni conséquentes, ni conformes à l'esprit général du droit françois.

3°. Ce n'est point comme *parlant de leur chef & par goût*, que les auteurs des pays de droit écrit disent que l'*usage* de leurs provinces, est différent de celui des coutumes, & il est faux qu'ils n'en constatent la vérité par aucun ARRÊT : nous en avons rapporté de la cour des aides du Languedoc, & du parlement de Grenoble. Cet usage, d'ailleurs, est appuyé sur les décisions de Dumoulin, sur les maximes reçues en pays de franc-aleu, sur la nature des choses ; sur des principes, en un mot, reconnus dans les tribunaux, & qui ont toujours influé dans les jugemens qui en sont émanés.

Prescription.

9. *Dans le pays coutumier*, le champart seigneurial est soumis aux regles observées pour le *cens*, & on le regarde conséquemment comme imprescriptible : quand il n'est pas seigneurial, il se prescrit. C'est-là, dit Guyot, le droit commun coutumier, & c'est le principe certain que l'on doit tenir. (*Ibid.* pag. 493.)

Ce principe n'est cependant pas reconnu dans tous les pays de coutume. Il ne l'est point dans celle d'Orléans, où, suivant l'*art. 480*, ceux qui ont droit de champart, quoique *non seigneurial*, n'ont pas besoin de s'opposer au décret.

Il ne l'est point dans celle d'Étampes. ARRÊT du parlement de Paris, du 22 juillet 1768, qui juge que dans la coutume d'Étampes, *le droit de champart uni au cens*, est imprescriptible. Dans cette coutume comme dans les autres, *le champart uni au cens*, n'est point réputé seigneurial. (Denisart, au mot *Champart*, n°. 28.)

ARRÊT du parlement de Paris, du 27 avril 1714, qui juge contre un seigneur d'Artois, que quand le champart n'est pas seigneurial, il est sujet à la prescription. (Denisart, *ibid. n°. 24.*)

Il est sensible que cette différence entre les deux arrêts a été déterminée par les dispositions particulieres & différentes des deux coutumes, dans lesquelles ils ont été rendus.

Dans les pays de droit écrit, la maxime la plus généralement suivie, est que l'*agrier* est de sa nature, imprescriptible, qu'il soit seigneurial ou non.

ARRÊT du parlement de Toulouse, du 8 mai 1638, qui juge « qu'estant dû au seigneur par ses titres la *censive* & le *champart,* l'un & l'autre sont imprescriptibles, & que l'emphytéore n'est pas reçu à soutenir, qu'il a prescrit le champart, sous prétexte que de temps immémorial, il ne l'a point payé. » La raison est, dit d'Olive, (*chap. 25,*) que ces deux droits ainsi réunis dans le titre primordial, ne composent qu'un même cens, qu'ils ont la même cause, qu'ils sont de même nature, & qu'ils doivent avoir le même privilege.

ARRÊT du parlement de Toulouse, du 10 janvier 1691, qui juge que le droit d'*agrier* ne se peut prescrire, *soit qu'il y ait une autre censive, conjointement, ou non, à moins qu'il n'ait été acquis à prix d'argent.* Il y avoit eu *PARTAGE successivement à DEUX chambres des enquétes vuidé TOUT D'UNE VOIX* à la grand'chambre en faveur du seigneur. (*Journ. de M. de Juin, tom. 1, arr. 44, pag. 41.*)

ARRÊT du parlement de Toulouse, du 7 mai 1693.... *Espece.* Le sieur Albis, seigneur de Grisat & d'Irassous, avoit droit de champart dans ce dernier lieu ; mais les habitans prétendoient qu'en vertu d'un usage immémorial, ils avoient prescrit la forme du paiement. Sentence qui maintient l'usage allégué. Appel : la cour, au rapport de M. de Moussan, infirma & condamna les habitans à payer suivant le contrat d'emphytéose. Ce préjugé détermine bien clairement

que le droit de champart est de sa nature imprescriptible. (*Mémoires particuliers.*)

La jurisprudence du parlement de Bourdeaux est conforme à celle du parlement de Toulouse, quant au paiement de l'*agrier* ; & l'annotateur de Lapeyrere atteste que « l'espece est imprescriptible quand le titre paroît. » (*Lettre P, n°. 101, pag. 331.*)

Au parlement d'Aix, on juge aussi que la tasque est imprescriptible de sa nature. Boniface rapporte deux ARRÊTS des 24. mai 1583, & 17 février 1687, qui décident que le droit de tasque ne prescrit pas, & qu'on en doit les arrérages de vingt-neuf ans aux seigneurs temporels, & de trente-neuf aux seigneurs ecclésiastiques, (*tom. 4, liv. 3, tit. 6, pag. 173; & liv. 9, tit. 1, chap. 6, pag. 609.*) Dupérier en cite *un troisieme,* du 19 juin 1635, (*tom. 2, pag. 480.*) Enfin, on en trouve *un quatrieme,* du 14 février 1643, (dans l'ouvrage moderne de la Touloubre,) rendu contre la communauté de Rustrel, en faveur de celle d'Apt. (*Jurisprud. observée en Prov. sur les mat. féodales,* part. 2, tit. 11, n°. 10, pag. 308, édit. de 1773.)

La jurisprudence du parlement de Grenoble tient à d'autres principes. La maxime générale & constante, que l'emphytéote prescrit contre le seigneur direct par l'espace de cent ans, attestée par Salvaing, (*tom. 1, chap. 14,*) s'applique au droit de tasque & de vintain. Aussi l'ARRÊT déja cité, du 6 septembre 1663, (rapporté par Basset, tom. 2, liv. 6, tit. 8, chap. 2, pag. 369 & suiv.) en jugeant que le champart est *réputé seigneurial,* quand il est joint au *cens* dans l'acte de concession, jugea en même temps qu'il se *prescrivoit par cent ans.* Aussi l'arrêtiste observe que ce droit, de sa nature, est prescriptible par trente ou quarante ans, quand il est établi par un titre particulier.

Il y a donc peu d'uniformité dans la jurisprudence des différens tribunaux du royaume, sur la question qui nous occupe. Les uns font l'*agrier* imprescriptible quand il est seigneurial, & prescriptible quand il ne l'est point; les autres font prescrire le seigneurial par cent ans, & le non seigneurial par trente ou quarante ans; d'autres, enfin, le déclarent également imprescriptible, qu'il soit seigneurial, ou non. Cette derniere jurisprudence nous paroîtroit devoir être généralement adoptée.

Il est bien vrai, d'un côté, qu'en considérant l'*agrier*, comme étant en lui-même un droit très-onéreux qui écrase le cultivateur, nuit aux progrès de l'agriculture; & dont la suppression intéresse conséquemment le bien public; & qu'en considérant encore que l'origine de ce droit peut n'être pas aussi pure, aussi irréprochable qu'on le croit communément: il seroit alors à desirer qu'il pût au moins s'anéantir par la prescription, voie la plus simple, la plus naturelle, la plus favorable à la liberté: *Quotiens dubia interpretatio libertatis est, SECUNDUM LIBERTATEM RESPONDENDUM ERIT*: (*L*. 20, *D. de reg. juris.*)

Mais de l'autre côté, si l'on considere que le droit d'*agrier* ou champart, est un droit, imposé par la tradition même du fonds, *In traditione fundi*, & tenant lieu d'une rente fonciere prise dans l'acception la plus étendue; qu'un des privileges essentiels de ces sortes de rentes, est de ne point reconnoître l'empire du temps, parce qu'on n'auroit pas donné le fonds, sans être assuré de la prestation de la rente, qui a fait seule le prix de l'aliénation; qu'enfin, tant que le fonds subsiste, les obligations imposées par la tradition même de ce fonds, doivent subsister: il est vrai de dire que l'*agrier* est de sa nature, imprescriptible; & que les tribunaux qui le décident constamment tel, sont fondés sur des principes conformes à la nature des choses, & aux loix de l'équité.

Nous savons être justes quand il le faut, en matiere de droits seigneuriaux. Nous disons donc, que l'*agrier* doit être de sa nature, imprescriptible, & cela indépendamment de sa qualité de droit seigneurial, ou de simple redevance fonciere; car son imprescriptibilité ne dérive point de la qualité des personnes, qui l'ont stipulé, ou du caractere particulier dont on l'a revêtu; elle dérive de l'essence, de la nature du droit en lui-même. Les motifs qu'on voudroit faire valoir pour le faire *prescriptible*, comme ceux qu'on emploie, pour décider qu'il doit être *imprescriptible*, militent également, pour l'*agrier* seigneurial, & pour l'*agrier* non seigneurial: ainsi toute distinction à cet égard est ridicule, & on ne peut l'adopter sans s'écarter des bons principes.

Titres.

10. Un droit tel que l'*agrier* ne devroit être établi que par des titres bien précis, bien authentiques. Cependant, dans les coutumes on est à cet égard bien plus relâché, que dans les pays de droit écrit.

Dans les coutumes, selon Pothier, (*Traité des fiefs*, tom. 2, pag. 436,) le champart peut s'acquérir par la possession de trente ans; cette longue possession donne le même droit, qu'un titre de bail à champart, & fait présumer qu'il y en a un, quoiqu'il ne soit pas rapporté.

Cet auteur va plus loin, & il ajoute, que, lorsqu'un seigneur est en possession d'un champart seigneurial sur un terrain circonscrit, il a droit de le percevoir dans toutes les terres qui y sont enclavées, quand même il y en auroit quelques-unes dans lesquelles il n'auroit pas été perçu de mémoire d'homme. Pothier ne met à son assertion d'autre exception que celle-ci: si le possesseur justifioit que ses terres relevent d'un autre seigneur, ou qu'elles sont en fief. C'est-là une suite de la fameuse maxime, *nulle terre sans seigneur*, qui a ainsi fait déclarer le champart seigneurial imprescriptible.

Denifart modifie beaucoup ces opinions de *Pothier*, & paroît même les contredire. « Il y a cette différence, *dit-il*, entre le champart feigneurial & le cens, que dans les coutumes où la maxime, *nulle terre fans feigneur*, eft admife, le feigneur n'a pas befoin de titre pour réclamer un cens fur les héritages fixés dans fa directe & dans fa cenfive, en conformité de ce qui eft fixé pour les héritages voifins : le moindre adminicule fuffit pour cela. Il fuffit même que la directe ne foit pas réclamée par un autre feigneur; parce que le cens, étant ordinairement médiocre, eft regardé comme un honneur & un caractere de la feigneurie, attachés au fonds concédé; au lieu que, le champart étant une *charge onéreufe* & différente du fimple cens, il faut, quand le feigneur le demande avec le cens, ou comme feigneurial tenant lieu de cens, qu'il foit établi *par des titres*, ou au moins par *des actes*, *de poffeffion fuivie*, qui fuppofent les titres & y fuppléent : parce que l'on n'admet point de droits feigneuriaux onéreux & extraordinaires, s'ils ne font établis par titres. » (Denifart, au mot *Champart*, n°. 7.)

Le même auteur dit dans un autre endroit, qu'il femble qu'*une poffeffion immémoriale*, *foutenue par des titres anciens*, *fimplement énonciatifs*, doit fuppléer les titres primitifs; & il cite deux ARRÊTS de 1734 & 1759 qui l'ont ainfi décidé. (Denifart, au mot *Droits feigneuriaux*, n°. *18 & 19*, & au mot *Fouage*, n° 4.)

Dans les pays de droit écrit, il faut des titres bien précis pour établir le droit d'*agrier*; & ces titres doivent être, l'acte primordial de conceffion, ou des reconnoiffances fuivies : une poffeffion, *même immémoriale*, feroit infuffifante, & une preuve par témoins ne feroit pas admife.

L'ARRÊT de la cour des aides de Montpellier, du 17 octobre 1708, déja cité ci-deffus, (*n°. 8, pag. 584,*) confirme ces principes d'une maniere trop remarquable, pour ne pas nous engager à en faire connoître l'*efpece* d'une maniere plus particuliere.

L'emphytéote foutenoit contre le feigneur, que la métairie de Caunac n'étoit point fujette à la tafque. Le feigneur, pour prouver fon droit, ne rapportoit ni l'acte de conceffion, ni des reconnoiffances, mais il prétendoit fuppléer au défaut de ces titres : 1°. par plufieurs hommages & dénombremens dans l'un defquels il étoit dit précifément, que les feigneurs de cette métairie y prenoient la tafque au douzieme des fruits; 2°. par un contrat d'échange de 1449, dans lequel le comte de Caftres lui cédoit fur le fief en queftion, la tafque avec plufieurs autres droits feigneuriaux; 3°. par des contrats de ferme par lefquels fes auteurs affermoient nommément la tafque de la métairie en queftion; 4°. par une enquête faite, pour prouver que fes titres avoient été brûlés, & dans laquelle quelques témoins difoient qu'ils favoient que la métairie étoit fujette à la tafque, pour l'avoir fouvent vue lever au feigneur; 5°. par la poffeffion immémoriale; 6°. le feigneur difoit encore, que le droit qu'on lui conteftoit, étoit un droit feigneurial récognitif de fa directe, parce que la métairie n'en avoit jamais payé d'autre; que c'étoit là feule redevance à laquelle elle fût affujettie, & que cette redevance étoit à la place du cens : 7°. il demandoit enfin d'être admis à prouver que, de temps immémorial, il n'avoit pris d'autre droit fur cette métairie que la tafque, & jamais la cenfive.

L'emphytéote repliquoit : 1°. qu'il faut prouver que le droit de tafque eft dû, par le titre primordial, ou bien par des reconnoiffances; que tous les autres titres font infuffifans; 2°. que ceux que rapportoit le feigneur étoient inutiles contre un tiers qui n'y étoit point intervenu; 3°. que, pour que, l'enquête relative à l'incendie qui lui avoit fait perdre fes titres pût faire foi, il falloit le concours de plufieurs formalités; entr'autres, que les témoins dépofaffent avoir vu brûler les titres, & qu'ils favoient ce qu'ils contenoient, &c. 4°. que la poffeffion, quelque longue qu'elle foit, ne peut fuppléer aux titres pour fonder l'exiftence d'un droit comme la tafque; 5°, que la tafque n'eft point, de fa nature, un droit feigneurial; 6°. que la preuve par témoins étoit inadmiffible. L'emphytéote, qui ne conteftoit pas d'ailleurs la directe, & offroit de payer la cenfive fur le pied des anciennes reconnoiffances, demandoit enfin, la reftitution de la tafque prife induement, depuis vingt-neuf ans avant l'inftance.

« *Après plufieurs féances, & une longue difcuffion*, dit M. Adam de Monclar, *il fut rendu* ARRÊT, *par lequel l'emphytéote fut déchargé de la tafque, & le feigneur condamné à la reftitution depuis cinq ans avant l'introduction de l'inftance, les titres ayant été trouvés infuffifans, & la longue poffeffion ayant été regardée comme inutile pour l'établiffement des droits feigneuriaux, & fur-tout de la tafque qui n'eft pas préfumée droit feigneurial, & on ordonna que l'emphytéote feroit tenu de reconnoître le feigneur pour la cenfive, de proche en proche.* » (*Mémoires particuliers.*)

N'avons-nous pas eu raifon de dire que ce préjugé étoit bien remarquable? Il prouve, en effet évidemment que, dans le Languedoc, on confidere le droit de tafque ou d'*agrier*, comme un droit infolite, onéreux, extraordinaire, dont l'exiftence ne peut être établie que par un titre précis, tel que l'acte de conceffion, ou des reconnoiffances géminées; qu'il ne peut l'être en un mot, ni par tout autre titre, ni par les préfomptions les plus fortes, ni par la plus longue poffeffion, ni par la qualité même de feigneur direct qu'a celui qui le réclame : & cela, dans le cas même où il établit clairement, que l'héritage foumis à fa directe n'a jamais payé de cenfive, & que l'*agrier* lui a toujours été payé au lieu du cens.

Nous penfons cependant, qu'il eft un cas où la poffeffion immémoriale fuffiroit pour établir le droit d'*agrier* : c'eft celui où cette poffeffion feroit foutenue de l'énonciation du droit dans les cadaftres de la communauté. En effet, l'ufage des cadaftres a été introduit en partie pour difpenfer les feigneurs de conferver des titres particuliers. Ils font d'ailleurs les titres les plus authentiques contre la communauté, parce que ce font fes propres titres, & qu'elle les confulte tous les jours : *Cenfus & monumenta publica potiora teftibus fenatus cenfuit.* (L. 10, D. de probat.)

Plufieurs préjugés du parlement de Touloufe viennent à l'appui de notre opinion.

ARRÊT du parlement de Touloufe, du 13 feptembre 1673, par lequel les habitans de Sauve-terre furent condamnés à payer à la dame d'Amboife, le droit d'agrier des terres *défignées agrieres par les apoftilles du cadaftre du lieu, du 24 mars 1658....* ARRÊTS conformes de la même cour, du 16 mars 1685, entre le feigneur & les habitans de Brignamont, — des 24 mars 1698, 16 mars 1701, & 7 juillet 1721, entre les feigneurs & les habitans d'Ardifas, — du mois de feptembre 1725, entre l'abbé & la communauté de Gimond, — enfin, du premier août 1752, en faveur du fieur de Pins de Caucalieres, feigneur direct de Panazac, contre le fyndic des habitans du même lieu, & contre le fieur Peyruffe, lieutenant Forain. (*Mémoires particuliers.*)

On juge dans la même cour, que la réduction de la cenfive en *agrier*, ou de l'*agrier* en cenfive, doit fe prouver par actes, & non par témoins.

ARRÊT du parlement de Touloufe, du 30 août 1628, qui juge que *la preuve de la réduction de la cenfive en agrier n'eft pas recevable par témoins.* (D'Olive, *liv.* 2, *chap.* 24.) Le feigneur, devant prouver fon droit par actes, il eft naturel que l'emphytéote en juftifie la réduction par la même voie.

ARRÊT du parlement de Touloufe, du 20 août 1733, qui juge : « 1°. que le droit d'*agrier* eft fouvent réputé vraie cenfe ; 2°. Que le feigneur fuzerain ne prefcrit pas contre fon vaffal ; 3°. Que juftice ne s'établit pas par la preuve vocale. » (*Journal de* M. *de Juin, tom.* 5, *pag.* 406.)

En nous réfumant fur l'objet de cette divifion intéreffante, nous penfons qu'il faudroit adopter par-tout la jurifprudence la plus rigide. Tous les parlemens devroient fe réunir en faveur des principes qui contribuent le plus à la décharge des tenanciers, & rejeter toute poffeffion, quelque longue qu'elle foit, comme incapable de faire acquérir un droit auffi onéreux que l'*agrier*. L'impoffibilité de produire l'acte de conceffion ou des reconnoiffances, qui, par l'aveu même du redevable, indiquent l'exiftence du droit, ne doit-elle pas faire préfumer l'ufurpation ? Et l'ufurpation, peut-elle jamais par fa durée, fe dépouiller de ce qu'elle a d'odieux ? Peut-elle jamais devenir un titre ? *Abufus perpetuò clamat.*

Fruits.

11. Le principe général eft, qu'il n'y a aucune efpece de fruits ou de productions de la terre, qui ne foit fufceptible du droit de champart ou *agrier* : Entrons dans les détails particuliers fur fon application.

Dans les coutumes, le droit d'*agrier* ne fe leve ordinairement que fur les grains, comme froment, feigle, &c. & non fur le vin, foin, bois, &c. à moins qu'il n'y ait une convention précife dans le bail à champart, ou des difpofitions expreffes dans les textes de la coutume.

Ainfi, par exemple, dans les lieux ou les termes *Agrier, Champart, Partiaire, Tafque, Terrage, Ychyde*, font pris dans l'acception la plus étendue, pour défigner le droit de prendre une portion de toute forte de fruits ; alors l'énonciation d'un de ces termes, indique la généralité du droit.

Dans ceux au contraire où ces termes font limités aux feules terres labourables, & où l'on en emploie d'autres pour défigner le partage des fruits des héritages d'une autre qualité, comme le *complant*, ou le *vinage* pour les vignes, &c. le droit ne fe leve que fur les fruits défignés par l'énonciation qu'on en a faite, relativement à l'ufage de ces lieux.

Dans les pays de droit écrit, l'*agrier* fe leve fur toutes fortes de fruits, grain, vin, bois, foin, même fur les poiffons qui croiffent dans les viviers, &c. fuivant les titres, la poffeffion, ou l'ufage local.

Il faut obferver néanmoins, que, quoique l'*agrier* ne fe paie qu'en *efpece*, foit des grains, foit des autres fruits que produifent la terre, on l'objet, fujets au droit ; le feigneur ne pourroit cependant pas l'exiger en *efpece*, fi les redevables étoient en poffeffion, appuyée de bons titres, de le payer en argent. Cette regle fouffre une exception à l'égard du feigneur eccléfiaftique, ou plutôt de fes fucceffeurs, à qui on ne pourroit oppofer une telle poffeffion, parce que ceux-ci ne peuvent être tenus de la négligence d'un prédéceffeur, qui fimple ufufruitier du bénéfice, n'a pu en diminuer les droits.

ARRÊT du parlement de Rouen, du 11 août 1547, en faveur des religieux de l'abbaye de St. Wadrille, contre Nicolas le Fevre & fa femme, qui pretendoient être quittes du champart, en payant pour chaque année deux deniers feulement. (Forget, *Traité des chofes décimales, chap.* 8 ; Tournet, *lettre* C, n°. 5 ; Ferriere, *Dictionnaire de droit*, au mot *Champart.*)

Il faut obferver encore, que dans les pays même où le champart eft univerfel, les jardins & potagers n'y font point fujets, non plus que le terrain utile qui eft deftiné, par le propriétaire, à en former. (Brunet, *Traité du Champart, pag.* 490.)

Quotité.

12. Rien n'eſt auſſi ſuſceptible de variations que la quotité de l'*agrier*. — *Dans les pays de Coutume*, celles de Montargis, *art.* 5, *tit.* 3; de Berry, *tit.* 10, *art.* 25; la locale de Vaſtan Buxeuil, &c. *art.* 3, fixent la *douzieme* gerbe. La locale de Bovines, *art.* 6, fixe la *dixieme*. Il y en a dont la diſpoſition eſt encore bien autrement onéreuſe à l'emphytéote : en effet, Bechet, ſur l'*art.* 12 de l'uſance de Saintonge, dit que « les terres de la paroiſſe des Mates ſont tenues au *ſixieme* des fruits du ſeigneur d'Arvert. » (Bechet, *pag.* 32.)

Dans les pays de droit écrit, quand le droit d'*agrier* n'eſt pas déterminé par les titres à une quotité certaine, il emporte ordinairement le quart des fruits.

« La maniere d'exiger le champart eſt de deux ſortes : car, ou l'on prend chaque année la *quatrieme* partie des fruits; ou de quatre années le ſeigneur en prend une, & les autres trois ſont pour ceux qui doivent ce droit. Cela ſe pratique ainſi en pluſieurs endroits des Cevenes. » (Graverol, ſur la Roche, *des droits ſeign.* *chap.* 5, *art.* 1; Boutaric, & ſon annotateur, *dans leur Traité des droits ſeign.* *chap.* 5, *n°* 15.) Dans le Lyonnois, le droit d'*agrier* eſt, tantôt le cinquieme, & tantôt le quart des fruits : dans le Dauphiné, c'eſt la *vingtieme* gerbe, comme au lieu de *Canet* en Provence. Il y a auſſi des terres qui ne paient que la *vingtieme* partie des fruits, & que par cette raiſon on appelle *vingtenaires*. (Graverol, *ibid.*)

Les regles générales pour déterminer la quotité de l'*agrier* ſont ſimples : 1°. il faut conſulter le titre, & ſuivre ce qu'il preſcrit : *Contractus legem ex conventione accipiunt*. (*L.* 1, § *ſi convenit*, *D. depoſiti*;) 2°. au défaut du titre, il faut s'en tenir à l'ancien uſage : *Præſertim nihil contra conſuetudinem regionis fiat*. (*L.* 71, *D. de contrah. emptione*;) 3°. ſi l'on ne connoît point préciſément l'uſage du pays, il faut s'en rapporter à celui des territoires voiſins : *Secundùm leges moreſque locorum*. (*L.* 2, *C. quemadmodum teſtamenta aperiantur*.)

Enfin, dans le doute, il faut prendre ce qui greve le moins les tenanciers. La loi 34, *de regulis juris*, nous enſeigne toutes ces gradations. *Semper in ſtipulationibus & in cæteris contractibus id ſequimur, quod actum eſt; aut, ſi non appareat, quid actum eſt, erit conſequens, ut id ſequamur, quod in regione, in quâ actum eſt, frequentatur. Quid ergo, ſi neque regionis mos appareat, quia varius fuit? Ad id quod minimum eſt, redigenda ſumma eſt.*

Du reſte, il n'en eſt pas de la quotité du droit, comme du droit en lui même; celui-ci eſt impreſcriptible, mais la quotité eſt ſans difficulté ſujette à preſcription.

Portabilité.

13. L'*agrier* eſt de ſa nature quérable; & il n'eſt rendable ou portable, que dans les cas où cette condition eſt impoſée par le titre.

Dans les pays de droit écrit, on ne ſuit pas par-tout la même regle. Le parlement de Toulouſe déclare conſtamment quérable l'*agrier* ſeigneurial & l'*agrier* non ſeigneurial. (D'Olive, *liv.* 2, *chap.* 24; Deſpeiſſes, *des droits ſeign.* *ſect.* 4, *n°.* 2; Boutaric, *des droits ſeign. chap.* 5, *n°.* 29.).... C'eſt auſſi le droit commun en Provence. (La Touloubre, *tit.* 16, *n°.* 2, *pag.* 305.)

Le parlement de Bourdeaux diſtingue, ſi l'*agrier* eſt ſeigneurial, ou s'il ne l'eſt pas : au premier cas, il eſt déclaré portable, à moins que par le titre il ne ſoit ſtipulé quérable; & dans le ſecond, il eſt quérable, à moins de ſtipulation contraire

Cette diſtinction, faite par M. Guyot, (*tom.* 4, *pag.* 502,) lui a été communiquée, ſans doute par les juriſconſultes du parlement de Bourdeaux, qu'il annonce avoir conſultés par le canal de M. de Caſtelnau, fils du premier préſident de ce tribunal; car l'annotateur de **Lapeyrere**

Lapeyrere ne la fait pas, & dit formellement : *dans le reſſort de ce parlement, le droit d'AGRIER eſt ſeigneurial, il produit lods & ventes, il eſt portable, &c.* (Lettre *S*, n°. 5, pag. 407.)

Dans les pays de Coutume, le champart, ſoit ſeigneurial, ſoit non ſeigneurial, eſt querable de ſa nature, ſi la coutume du lieu n'en diſpoſe autrement. (Guyot, *pag.* 463.) Cependant, l'auteur de l'article *agrier*, dans l'Encyclopédie méthodique, (*Juriſprud. tom. 1,*) dit que de droit commun, l'*agrier* ſeigneurial eſt portable, ſi le titre ne le déclare querable.

A notre égard, nous penſons qu'en général, c'eſt le titre qui doit déterminer, l'obligation où eſt le ſeigneur de venir chercher ſon droit ſur l'héritage, ou celle de l'emphytéote de le lui faire rendre : mais quand le titre ne s'explique pas, il faut décider que le droit eſt querable, car il ne faut pas aggraver la condition du tenancier.

Lorſque l'*agrier* eſt querable, c'eſt au ſeigneur à le faire retirer & transporter chez lui comme il aviſera ; mais lorſqu'il eſt portable, les obligations du tenancier à cet égard, donnent lieu à pluſieurs déciſions que nous allons faire connoître.

D'abord, c'eſt une maxime générale que le tenancier n'eſt jamais tenu de porter le champart, hors l'étendue de la ſeigneurie, dont eſt tenu l'héritage ſujet à ce droit. (Guyot, *pag.* 467 & 468.) Il n'eſt pas même obligé d'aller à la grange que le ſeigneur poſſede dans l'étendue de la ſeigneurie, ſi elle eſt trop éloignée de ſes poſſeſſions. Paſſons à quelques regles particulieres.

1°. La coutume du Poitou diſpenſe de porter le droit en l'hôtel ou grange du ſeigneur, ſi la diſtance eſt *de plus de deux lieues.* (art. 100.) D'autres coutumes, & c'eſt le plus grand nombre, fixent la diſtance *à demi-lieue.* Dumoulin détermine deux mille pas : *Adhuc ultra duo milliaria, non poteſt transferri.*

(Art. 85, veter. conſ. Paris, n°. 4, tom. 1, operum, pag. 815.)

C'eſt au juge à régler la choſe dans les provinces où il n'y a point de coutume particuliere. (L'*annotateur de* Boutaric, *pag.* 243.)

2°. Le ſeigneur n'eſt pas préciſément obligé de recevoir le champart dans l'étendue de ſon fief ; il lui eſt permis d'établir ſa grange dans tel lieu de la ſeigneurie qu'il juge à propos, quoique ce ſoit ſur des fiefs qui ne relevent pas de lui. C'eſt ce que les coutumes entendent, quand elles diſent qu'*il ne faut pas que la grange du ſeigneur ſoit hors de la châtellenie.* (Poitou, *art.* 64 ; Amiens, *art.* 193.)

3°. Le ſeigneur eſt le maître de changer, & *remuer* ſa grange, comme il le juge à propos, tant qu'il ne ſort pas de la ſeigneurie dans laquelle ſont enclavés les héritages ſujets à champart. (Étampes, *art.* 59 ; Montargis, *art.* 2.)

4°. Quand l'*agrier* eſt dû à pluſieurs ſeigneurs, il ſuffit de le porter en la grange *du principal ſeigneur.* (Amiens, *art.* 194.) Suivant l'opinion de Brunet, (*pag.* 470,) le principal ſeigneur dont parle la coutume, doit être, *cæteris paribus,* celui dont la grange eſt généralement la plus commode aux tenanciers.

5°. La poſſeſſion où auroit été l'emphytéote, d'attendre que le ſeigneur envoyât chercher le champart, ne le diſpenſe point de le porter, ſi pendant le temps qu'a duré cette poſſeſſion, le ſeigneur n'a point eu d'hôtel ou de grange dans le territoire.

ARRÊT du parlement de Paris, du 24 mai 1586, qui l'a ainſi décidé dans l'eſpece, où le ſeigneur nouvel acquéreur avoit un hôtel dans la châtellenie, tandis que ſon prédéceſſeur n'en avoit point. (Guyot, *ibid.* pag. 469.)

6°. L'uſage où auroient été les emphytéotes, de porter le champart hors du territoire, ne les oblige pas d'en uſer de même à l'avenir, s'il ne paroît pas que telle ait été la condition originaire de l'inféodation.

ARRÊT du parlement de Paris, du 23 juillet 1742. L'espece servira à éclaircir un peu le principe : voici comme Guyot le rapporte, (pag. 470.)

« Le seigneur de Breval a un champart portable : ce champart fut autrefois divisé ; on ne sait si ce fut par partage, ou par aliénation : les trois quarts resterent au seigneur de Breval, l'autre quart au seigneur de Gilles, *vassal de Breval, châtellenie.* » Il étoit justifié que ce quart avoit été porté continuellement en la grange de la seigneurie de Gilles. *Bidaut* demeurant dans la seigneurie de Breval, & détenteur des terres sujettes au champart dans ladite seigneurie, sur lesquelles le seigneur de Gilles prenoit son quart, voulut s'affranchir de l'obligation de le porter en la grange de ladite seigneurie de Gilles. Sur son refus, procès : Bidaut soutenoit que le champart étoit querable vis-à-vis le seigneur de Gilles, & parce qu'on vouloit qu'il le portât *hors du territoire,* où les terres étoient situées. Le seigneur de Gilles demandoit à prouver la possession immémoriale où il étoit, de faire porter le droit à son château de Gilles. L'arrêt *décharge Bidaut du port du champart.*

Guyot pense que l'arrêt, pour être dans les vrais principes, auroit dû ordonner, conformément à l'art. 294 d'Amiens, *sauf à Bidaut à le porter à la grange champarteresse de Breval, & au seigneur de Gilles, à l'y aller prendre, si mieux n'aimoit avoir une grange dans la paroisse de Nausflette, où les terres étoient situées, ou autre part dans la seigneurie de Breval.*

La réflexion de Guyot est judicieuse. Il s'agissoit d'un champart *portable* ; il n'y avoit contestation que sur le lieu où il devoit être porté : c'étoit dans la seigneurie de Breval qu'il devoit l'être : le seigneur de Gilles vouloit qu'on le portât dans la sienne ; il falloit condamner sa prétention, mais en lui donnant l'option de le voir déclarer querable à son égard, ou d'établir une grange dans la seigneurie de Breval.

Nous trouvons dans Denisart un autre ARRÊT du parlement de Paris, du 26 mai 1759, « par lequel, nonobstant une transaction de l'année 1636, passée entre le seigneur & les habitans de Col en Champagne, aux termes de laquelle un droit de *champart* ou terrage devoit se percevoir dans les granges des habitans, avant que les grains fussent déchargés des voitures ; & nonobstant la possession de percevoir ainsi le droit, la cour a jugé que le sieur Baudouin, seigneur actuel, pouvoit forcer les habitans à payer le droit sur le champ même. L'obligation dans laquelle les habitans étoient de voiturer la totalité des grains, pour mettre le seigneur en état de percevoir son droit sur leurs voitures, a été regardée comme une servitude dont le seigneur pouvoit à cause de la fraude qu'elle facilitoit, les décharger malgré eux. Cet arrêt a été rendu sur les conclusions de M. l'avocat général Séguier. » (Denisart, au mot *Champart*, n°. 27.)

Avertissement, Formalités.

14. Que l'*agrier* soit seigneurial ou non seigneurial, qu'il soit querable ou portable, le tenancier est toujours obligé d'avertir le seigneur ou ses préposés, avant que d'enlever les fruits de l'héritage sujet au droit.

ARRÊT du parlement de Paris, de 1552, qui le décida ainsi. (Chopin, *de privileg. rust. lib. 1, cap. 7, in margine.*)

Guyot rapporte deux autres ARRÊTS plus récens, dont nous avons déja parlé (n°. 8.) Le premier, du 4 juin 1737, rendu au profit du chapitre de Sainte-Croix d'Orléans, contre les habitans de Sougis & de Terminier, entr'autres dispositions, « fait défenses auxdits habitans d'enlever les gerbes sans avoir préalablement averti lesdits du chapitre ou leurs commis, pour venir compter lesdites gerbes, & fixer le nombre de celles qui feront dues pour ledit droit de champart. » Le fecond, du 19 juillet 1737, pour le chapitre de Saint-Agnan, contient les mêmes difpofitions. (Guyot, *ibid. Pag.* 454, 457 & 491.)

Dans le cas où le tenancier néglige de donner au feigneur l'avertiffement qu'il lui doit; plufieurs coutumes lui infligent une amende. (*Orléans*, art. 141; &c. Brunet, *pag.* 470.)

Cependant cette regle qui n'eft faite que pour prévenir la fraude, ou des difcuffions odieufes, & qui, conféquemment, devroit être par-tout adoptée, ne l'eft point dans la coutume de Soëmes, locale de Blois. L'*art. 1 du ch. 1*, permet au tenancier d'enlever les fruits fans appeller le feigneur du terrage, en laiffant debout & fur pied la portion du feigneur; mais réciproquement, le feigneur peut enlever fa portion fans appeller le tenancier. *Voila*, s'écrie Brunet, *un prodigieux écart de la regle générale!* Il faut croire que les rédacteurs de cette coutume, comptoient beaucoup fur la bonne foi réciproque.

L'avertiffement préalable eft conftamment néceffaire dans les pays de droit écrit: la poffeffion même immémoriale, n'y fuffit pas pour affranchir le tenancier de cette obligation.

ARRÊT du parlement de Touloufe, du 30 mars 1610, au profit du fieur de *Nouaillan*, qui fait *inhibitions & défenfes aux propriétaires de lever les gerbes, que le feigneur n'en ait été averti.* (Laroche-Flavin, *Dr. feign. chap. 6*, art. 15, *pag.* 551.)

ARRÊT du parlement d'Aix, de 1744: « les redevables, vouloient fe prévaloir de la poffeffion dans laquelle ils s'étoient toujours maintenus, de n'avertir le feigneur ou les fermiers, qu'après avoir enfermé leur récolte dans leurs greniers: » la cour profcrivit cet ufage. (La Touloubre, *tom.* 2, *tit.* 11, *n°.* 4, *pag.* 306.)

A Bourdeaux, l'ufage eft, en avertiffant le feigneur, de lui demander un garde qui fe tranfporte fur le fonds fujet à l'*agrier*, afin de compter les gerbes de bled, ou les hottées de vendanges qui feront perçues dans le fonds. Le tenancier eft obligé de nourrir le garde, & même de lui payer fa journée; mais cependant tout cela eft fubordonné à l'ufage des lieux & à ce que prefcrit le titre. (Guyot, *pag.* 504.) C'eft ainfi qu'il paraphrafe ce qu'avoit dit l'annotateur de Lapeyrere, *que le droit de champart eft fujet à garde.* (Lettre S, *n°. 5, pag.* 407.) On fe rappelle que Guyot a travaillé fur de bons mémoires; mais l'ufage de faire *nourrir* le garde du feigneur, & de lui faire payer fa journée par le tenancier, dont il vient prendre une partie des fruits, n'en paroît pas moins bizarre, & moins extraordinaire.

Autres queftions intéreffantes fur les formalités de l'avertiffement. Comment doit-il être donné? Combien de temps faut-il attendre le feigneur, après l'avoir donné? Il feroit effentiel que ces deux queftions fuffent décidées par la jurifprudence, d'une maniere précife, pour prévenir les abus, les querelles, & les procès; & cependant, on n'apperçoit rien de clair, rien de fatisfaifant, foit dans les difpofitions des coutumes, qui, à cet égard varient à l'infini, foit dans les regles des pays de droit écrit, où l'on n'en fuit guere d'autres que l'ufage des lieux.

Quelques coutumes, pour énoncer la forme de l'avertiffement, emploient les termes de *fommer*; (Boulonnois, *tit. 8*, art. 37;) & de *faire fignifier*; (Berry, *tit. 10*, art. 26.) Mais Brunet, (*pag.* 463,) dit que dans l'ufage univerfel, cette *fommation*, cette *fignification*, n'ont rien de judiciaire, & ne fe font point par le miniftere d'un huiffier.

La coutume de Berry, (*ibid.*) veut que celui qui fait l'avertiffement, appelle « un feul tefmoin fur le lieu, afin que, s'il en eftoit queftion, la chofe foit décidée par le ferment dudit témoin, &

de la partie qui en aura fait ladite dénonciation, sans ce qu'il soit requis avoir une plus grande preuve. »

La coutume de Blois, (art. 133,) parle de *témoins*, au pluriel.

L'avertissement verbalement, fait en présence d'un ou deux témoins, paroît donc suffisant, & cela devroit être partout : tous les auteurs sont en cela de notre avis. Voyez (*Code rural*, ch. 28, n°. 4; la Touloubre, n°. 4; l'annotateur de Boutaric, *pag.* 245; Guyot, *pag.* 491.)

Ce seroit, sans doute, aggraver la condition de l'emphytéote, que de l'obliger d'aller hors du territoire, ou de la paroisse, porter l'avertissement au seigneur, à son fermier, ou à ses préposés. Aussi n'en est-il pas tenu. S'il n'y a personne dans le territoire, il faut aller à l'hôtel, ou à la grange du seigneur; s'il n'y a ni grange, ni préposés, le seigneur ne pourra se plaindre du défaut d'avertissement; s'il y a plusieurs seigneurs, il suffit d'avertir l'un pour tous; mais, si les seigneurs ont choisi une grange, c'est-là que l'avis doit être porté.

Dans la coutume du Bourbonnois, (art. 352,) les tenanciers doivent avertir le seigneur, ou son fermier, si l'un ou l'autre demeurent dans la paroisse où est l'héritage; & s'ils n'y demeurent pas, ils doivent faire annoncer au prône de la messe paroissiale, le jour qu'ils entendent vendanger, ou cueillir les fruits; *autrement, peuvent les laboureurs après les tines & gerbes comptées en présence de deux témoins, amener leur part franche.*

La publication au prône ne peut plus avoir lieu, au moyen des défenses portées par l'édit de 1695, art. 32, & la déclaration du 16 décembre 1698. La publication à l'issue des messes paroissiales remplaceroit au besoin. (Voyez *Affiches*, n°. 4, *pag.* 307 & 308.)

L'avertissement ne se réitere pas. (Orléans, *art.* 141; Dunois, *art.* 50; Menetou, *chap.* 1, *art.* 4; Bourbonnois,

art. 352; Artois, *art.* 63; Brunet, *pag.* 464 & *suiv.* Pothier, *Traité des fiefs*, tom. 2, *pag.* 438; la Touloubre, n°. 5; Boutaric, *pag.* 245.)

L'obligation d'avertir le seigneur, entraîne celle de l'attendre pendant un temps convenable. Mais, quel est ce temps? Les coutumes sont encore à cet égard peu uniformes.

Celle de Mantes, art. 55, dit que le seigneur *appellé pour voir champarter.... y doit comparoir du soir au matin, & du matin à l'après-dîné.* Celle de Montargis, *chap.* 3, *art.* 3, dit, *après que le laboureur, ou détenteur des terres tenues à champart, aura attendu* (le seigneur) *compétemment.* Sur ce dernier mot, l'Hoste, (*pag.* 232) observe qu'on doit avoir égard « à l'état pressant des moissons; qu'un orage survenant ne gâte les bleds; à la qualité de celui qui doit lever le terrage, qui, ordinairement est un serviteur, ou fermier villageois; & à la distance de la grange champarteresse, qui doit être dans la paroisse ou à demi-lieue du champ terragé : & sous ces considérations, j'estime qu'il suffit que le *terrageur* ait été attendu autant de temps qu'il en faudroit à un homme de pied, pour, après avoir donné ordre à ses affaires commencées, venir au champ, & faire demi-lieue, ou environ. »

Les coutumes de Berry, *tit.* 10, *art.* 27; de Poitou, *art.* 64; de Bourbonnois, *art.* 352, donnent vingt-quatre heures : c'est la fixation la plus raisonnable, la moins arbitraire, & celle qu'on suit par-tout le plus communément. (*Code rural*, *chap.* 28, n°. 4.)

Lorsque le seigneur ou ses préposés, ayant été avertis & attendus un temps *compétent*, ne sont pas venus compter les gerbes; ou, lorsque le redevable n'a pu les avertir, parce qu'ils n'étoient pas sur les lieux; ou, lorsque la crainte d'un orage presse de faire la récolte, & ne permet pas pour renfermer, d'attendre l'arrivée du seigneur; dans tous ces cas, le redevable doit appeller des témoins, en préfence defquels il compte les gerbes du champ fujet au champart; enfuite., il doit conduire la portion du feigneur en la grange champartereffe, fi le droit eft rendable, ou la laiffer fur le champ, s'il ne l'eft pas. (Bourbonnois, *art. 352;* Poitou, *art. 64;* Berry, *tit. 10, art. 27;* Pothier, *Traité des fiefs, tom. 2, pag. 439.*)

La précaution d'appeller des témoins au compte des gerbes, eft d'autant plus effentielle, que fans cela, le feigneur ne feroit pas tenu de s'en rapporter au compte que le redevable en auroit fait feul; pourroit faire ordonner une eftimation de ce que le champ a pu produire de gerbes, pour régler le champart fur cette eftimation, & faire condamner le redevable aux frais qu'elle auroit occafionés. (Pothier, *ibid.*)

Ce qui eft dit ici des gerbes du champ fujet à *l'agrier,* doit également s'appliquer à tous les autres fruits des héritages fujets à ce droit; car, *ubi eft eadem ratio, idem jus effe debet.*

Dîme.

15. La dîme fe paie-t-elle avant l'*agrier?* En fuppofant que cela foit, la dîme inféodée jouit-elle du même privilege que la dîme eccléfiaftique? Enfin, dans la même fuppofition, l'*agrier* ne fe prend-t-il que fur ce qui refte après la dîme payée?

Ces trois queftions ont été enfin décidées pour l'affirmative, dans tous les tribunaux du royaume : cependant, comme elles ont excité des débats entre les auteurs, il faut entrer dans quelques détails.

Et, d'abord la jurifprudence qui eft aujourd'hui fuivie, a été fans doute déterminée, foit par la faveur que méritent les dîmes, foit même par les difpofitions de deux de nos coutumes: celle de Berry, qui dit expreffément, dans l'*art. 25 du tit. 10* : « fera payé le droit de terrage, après le droit de dîme. »

Celle de Mantes, *tit. 2, art. 55,* qui dit : « doit être la dîme premiérement payée au curé, que ledit champart au feigneur. »

ARRÊTS du parlement de Paris.... Le premier, du 23 février 1608, pour frere Euftache Viole, aumônier du roi, religieux de l'abbaye de St. Denis, prieur de Thoifeley; contre George de Sorbieres, chevalier, feigneur de Pruneaux..... Le fecond, du 9 avril 1615, pour les religieux de St. Sulpice de Bourges, curés primitifs de Civrai; contre la dame de Couldrai. Ces deux préjugés, cités par tous les auteurs, (& notamment l'Hofte, *pag.* 235; Lalande fur Orléans, *pag. 175, édit. de 1673;* Chenu, &c.) ont eu pour objet la dîme reftée entre les mains du clergé. Le fuivant a accordé le même privilege à la dîme inféodée.

ARRÊT du parlement de Paris, du 13 mars 1625, qui juge, « que la *dîme inféodée* fe doit payer avant le champart, nonobftant poffeffion immémoriale du contraire. » Le même arrêt décide, que le champart ne doit fe payer « qu'à raifon des gerbes reftans fur le champ, non compris celles levées fur le droit de dîme. » M. l'avocat général Talon, obferve dans cette affaire, que *la dîme, quoiqu'inféodée, tenoit toujours les mêmes privileges & prérogatives que les dîmes eccléfiaftiques, à caufe de l'efpérance de la reverfion à l'églife.* (Journal des aud. tom. 1, liv. 1, chap. 43, pag. 27.)

ARRÊT du parlement de Paris, du 12 mars 1643, entre les chanoines & chapitre de St. Mellon de Ponthoife, & le curé de Delincourt, qui juge, entr'autres points, que la dîme doit être payée avant le champart. « En effet, il eft raifonnable que, comme le cens dû à Dieu, eft plus noble que le cens dû au feigneur, fon droit marche auffi premier que le feigneur : autrement il s'enfuivroit qu'on payeroit le cens de la dîme, puifque le feigneur en prendroit le quart ou le cinquain. » (Henrys, *tom. 1, pag. 108, édit. de 1738.*)

ARRÊTS conformes du parlement de Paris, du 27 mai 1667. (Louet & Brodeau, *lettre* C, *fomm. 19, n°. 4, pag. 224, édit. de 1742;*) du 10 mars 1719, entre le curé de Courcelles-fur-Yonne, & les fieurs de St. Marc, co-feigneurs de ce lieu. (Brillon, au mot *Champart, n°. 3, pag. 84.*)

La jurifprudence du grand confeil, eft la même fuivant un ARRÊT de ce tribunal, du 12 mars 1714, en faveur du commandeur de St. Amand, ordre de Malthe, & des religieux du Moutier en Argonne; contre le feigneur d'Épenet.

Brunet voudroit faire entendre que tous ces arrêts n'ont été rendus que pour les coutumes où le champart n'eft point feigneurial; & il en cite un, donné à la Touffaint 1269, par lequel *il fe connoît, dit-il, que le terrage eft plutôt payable que la dîme.* Il s'étaie encore de l'autorité de Brodeau fur Louet, (*Lettre* C, *fomm. 19, n°. 3,*) qui dit, « que la dîme fe leve avant le champart, *finon aux coutumes où le champart eft droit feigneurial.* »

Cette diftinction de Brunet, du champart feigneurial, & non feigneurial, relativement à la dîme, eft fondée fur ce que ce droit au premier cas, eft plus ancien que la dîme; & qu'au fecond, il peut & doit être réputé l'effet d'une convention particuliere, poftérieure à l'exercice du droit de dîme. Ainfi, fuivant cet auteur, la préférence de la dîme au champart, ou du champart à la dîme, eft relative à l'antériorité d'exercice, que peut avoir un de ces droits fur l'autre; d'où il conclut que, lorfque le champart eft antérieur, il doit fe percevoir fur la totalité des fruits, & la dîme fur le reftant; & que, réciproquement, fi la dîme eft antérieure, elle doit fe percevoir fur la totalité des fruits, & le champart fur le furplus.

Du refte, Brunet n'eft pas touché de cette réflexion de Bouteiller en fa fomme rurale, que *premier & avant nul autre doit être Dieu payé;* un tel motif, dit-il,

« a fait impreffion aux uns; mais les autres n'ont pas regardé comme une chofe due à Dieu, ce qu'ils voyoient plus ordinairement être ôté aux miniftres, à qui de précepte divin les fideles doivent l'aliment, *pour ne fervir que d'une richeffe fouvent fuperflue à d'autres églifes.*» Enfin, il prétend que, comme il ne s'agit proprement ici que d'une moindre ou plus grande quotité, il faut fe déterminer à cet égard *par la poffeffion & les ufages.* (Brunet, *pag. 474, & fuiv.*)

Brillon penfe de même, « je ne négligerai pas, *dit-il,* (au mot *Champart, n°. 3,*) l'ufage & la poffeffion : car en ne donnant le champart que fur les gerbes reftantes, c'eft diminuer confidérablement le droit. »

Denifart obferve que « le long raifonnement de Brunet pour *affoiblir l'autorité des arrêts,* ne doit pas *prévaloir fur une jurifprudence affermie par l'opinion de Boutaric, & par celle du judicieux auteur du code rural.* » On voit d'ailleurs, *dit-il,* » que Brunet a plutôt travaillé pour faire un *factum* en faveur des champarteurs, que pour faire un traité fur le champart. » (Denifart, *n°. 14.*)

Cette fortie du procureur au châtelet, contre un jurifconfulte, dont Guyot attefte le mérite & l'érudition, (*pag. 482,*) n'eft ni jufte, ni conféquente.

1°. Ce n'eft point l'opinion de Boutaric, ni celle de l'auteur du code rural, qui affermiffent la jurifprudence dont il s'agit. Elle eft affermie par l'autorité des tribunaux qui l'ont adoptée, & parce qu'elle eft d'ailleurs conforme aux bons principes. 2°. En fuivant l'opinion de Brunet, il n'en réfulteroit pas plus d'avantage pour les feigneurs, qu'il n'en revient aux décimateurs par la jurifprudence contraire. En effet il eft certain que le décimateur eft en droit de prendre la dîme fur tous les fruits généralement quelconques; d'où il fuit qu'il eft en droit de la prendre fur cette partie de fruits qui appartient au feigneur pour le champart. C'eft la difpofition du chapitre, (*Cùm non sit, 4, de decimis*) *Statuimus, ut, in prærogativam dominii generalis, exactionem tributorum & censuum præcedat solutio decimarum. Vel saltem hi, ad quos census, vel tributa indecimata pervenerint, quoniam res cum onere suo transit, ea per censuram ecclesiasticam decimare cogantur ecclesiis, quibus de jure debentur.* (*Decretal. libr. 3.*)

Un concile de Rouen, de l'année 1223, qu'on trouve inféré dans les anecdotes du pere Martenne, (*tom. 4. pag. 174.*) contient une difposition précife à cet égard; *folutionem campartorum præcedat folutio decimarum; vel saltem qui camparta percipiunt, ea decimare cogantur.* (*Can. 17.*)

Mais puifque le champart eft lui-même fujet au droit de dîme; c'eft la même chofe que la dîme fe leve avant le champart, ou que, le champart étant levé avant la dîme, le décimateur prenne enfuite féparément la dîme fur ce qui revient au feigneur. Ainfi, lorfque les Arrêts accordent à cet égard la primauté au décimateur, c'eft une déférence, un privilege accordé à la nature & à la qualité de fon droit; mais qui ne préjudicie en rien à celui du feigneur.

Nous avons dit que, la dîme une fois payée, l'*agrier* ne doit fe prendre que fur le refte des fruits. S'il en étoit autrement, il arriveroit que, l'*agrier* étant lui-même fujet au droit de dîme, l'emphythéote payeroit la dîme à la décharge du feigneur, & fupporteroit ce que le feigneur a dû fupporter: de-là cet ancien proverbe, *la dîme compte le terrage; & le terrage ne compte pas la dîme.* Cette maxime fouffre une exception.

ARRÊT du parlement de Paris, du 27 juin 1721, qui juge que la dîme & le champart peuvent l'un & l'autre fe percevoir, à raifon de la totalité de la récolte, lorfque les deux droits appartiennent à la même perfonne; la cour condamna les habitans des paroiffes de Velennes & d'Orouer *à payer & continuer* au chapitre de Beauvais, « les droits

de champart & de dîme, pour les terres tenues à droit de champart, à raifon de dix-huit gerbes du cent, qui eft neuf gerbes pour le champart, & pareille quantité pour la dîme, *conjointement, confufément, & fans diftinction du droit de dîme à celui de champart, ni l'un devant l'autre.* » (Journal des audiences, tom. 7, pag. 573.)

ARRÊT du grand confeil, du 11 février 1761, rendu d'après les mêmes principes, en faveur de l'abbé de Corbie; contre les fieur & dame Fontaine, prenant le fait & caufe de leur fermier de terres fituées en Ponthieu. Le motif de ces arrêts, fuivant Denifart, eft qu'il faut préfumer que telle a été la condition de la première inveftiture, & qu'*on ne doit pas féparer ce que le feigneur conjoint, lors de la conceffion primordiale.*

Ce motif nous paroît bien extraordinaire. Quoi! fuivant la jurifprudence du parlement de Paris, lorfque le champart & le cens réunis font dus au même feigneur, le champart n'eft plus réputé feigneurial; on le confidere comme une furcharge ou fur-cens; *on ne craint point de féparer ce que le feigneur à conjoint, lors de la conceffion primordiale du fonds,* afin de contribuer à la décharge du tenancier: & cette confidération ceffe-roit, lorfqu'il s'agit d'un champart & d'une dîme, dus à la même perfonne! Cependant dans ce dernier cas, le tenancier fupporte une charge bien plus pefante; & puifqu'on a cru, dans le premier, pouvoir fcinder la volonté du feigneur; pourquoi ne le fait-on pas également dans le fecond?

Dans les pays de droit écrit, on a toujours jugé que la dîme devoit être payée avant l'*agrier,* & qu'enfuite l'*agrier* devoit être pris fur le reftant des fruits, nonobftant toute poffeffion immémoriale du contraire.

ARRÊT du parlement de Touloufe, du 30 mars 1610, qui juge: " qu'au préalable la dîme payée, fur le furplus des gerbes le feigneur prendra ce qui lui appartient & lui eſt dû pour le droit d'*agrier*, ſuivant & conformément à ſes titres ; avec défenſes de lever les gerbes que le ſeigneur n'en ait été averti. » (Laroche-Flavin, *ibid. chap. 6. art. 15. pag. 552.*)

ARRÊT du parlement de Toulouſe, du 28 juin 1689.... *Eſpece*. L'abbé Mauſſac, archidiacre de Beziers & prieur de St. Laurent, demande, au ſieur de Ferroul ſeigneur de ce lieu, le paiement de la dîme des gerbes qu'il prenoit par droit de champart ſur les habitans. Le ſeigneur ſe défend en diſant, que de temps immémorial il avoit pris ſon champart avant que le prieur dîmât. La cour accueille la demande du prieur & condamne le ſeigneur « à payer la dîme du champart, ſuivant le chapitre, *Cùm non fit, extrà de decimis* ; & à la quote II, ſuivant la coutume de la paroiſſe, jugeant par-là que lui ſeul n'avoit pu preſcrire une quote différente. »

Le ſieur de Ferroul prétendit dans ce même procès que, « ſes habitans lui devoient garantie de la même dîme que le prieur lui demandoit ſur ſon champart, diſant que le devant prendre à Louzain ſur tous les fruits excroiſſans, il falloit que les gerbes priſes par le décimateur fuſſent comptées, & fiſſent nombre pour prendre le droit de champart. Néanmoins n'ayant pas de titre qui obligeât les habitans à lui tenir ſon champart quitte de dîmes, ils furent relaxés par le même ARRÊT, ſuivant un ARRÊT de préjugé, rendu au rapport de M. Catelan en la grand'chambre, en l'année 1679, » (*Journal* Aguier, *tom. 1. art. 8 & 9, pag. 11.* Boutaric, *pag. 246.*) Aguier cite lui même un ARRÊT, rendu en l'année 1677, qui avoit jugé comme en 1610, que le ſeigneur devoit la dîme des fruits qu'il prend par droit d'*agrier* : ainſi trois préjugés conformes conſacrent la déciſion.

C'eſt auſſi la juriſprudence du parlement d'Aix, atteſtée par *du Perier* qui rapporte un ARRÊT de cette cour, du

4 mars 1636, rendu au profit du célebre Gaſſendi, prévôt de la cathédrale de Digne, contre la communauté de Bédejun. (Du Perier, *tom. 2, pag. 45.*) C'eſt enfin celle du parlement de Bourdeaux, ſuivant *Lapeyrere* qui dit : « la dîme inféodée ſe prend avant l'*agriere*, & l'*agriere* ſe prend ſur le ſurplus. » (*Lettre* D, *n°. 45, pag. 95.*) Nous avons eu donc raiſon en commençant cette diviſion, d'annoncer que la juriſprudence n'avoit jamais varié, & ſe trouvoit uniforme tant dans les pays coutumiers que dans ceux de droit écrit.

Perception.

16. L'*agrier*, ainſi que nous venons de le voir, ſe prend après le paiement de la dîme, ſur le reſtant des fruits : mais il faut obſerver qu'il ſe prend ſans aucune diſtraction de frais de ſemence, culture & moiſſon, & indifféremment ſur le bon & ſur le mauvais, comme il ſe pratique pour la dîme ; à moins que les titres ou l'*uſage* ne preſcrivent le contraire.

Ainſi, par exemple, la coutume de Clermont en Beauvoiſis, *art. 119*, étend le privilege du ſeigneur juſqu'à lui laiſſer choiſir dans chaque dizeau.

Ainſi dans le reſſort du parlement de Bourdeaux, il y a des endroits où le tenancier eſt obligé de préſenter au garde toutes les gerbes ou hottées, afin qu'*il en choiſiſſe* une de cinq ou de ſept, ou d'*autre nombre fixé* par le titre primordial, ou l'uſage des lieux. (Guyot, *pag. 504.*)

Mais comme ces diſpoſitions ſont exorbitantes du droit commun, il faut les renfermer dans les limites des coutumes qui les contiennent.

Culture.

17. L'*agrier* produit plus ou moins au ſeigneur, ſuivant que la récolte eſt plus ou moins abondante : il ne produit rien, ſi la terre qui en eſt chargée n'a rien produit, ou ſi les fruits ont été ravagés ; le ſeigneur n'a même en ce cas

cas aucune indemnité à prétendre. Mais il ne dépend pas du tenancier de fruſtrer le ſeigneur *par défaut de culture*; il ne peut pas rendre illuſoire, par ſa négligence, le traité qu'il a fait avec lui.

L'obligation de cultiver s'étend auſſi, & par la même raiſon, à celle de bien cultiver, c'eſt-à-dire, de donner aux terres les façons ordinaires, & dans les ſaiſons convenables. *Ante omnia, colonus curare debet ut opera ruſtica ſuo tempore faciat, ne intempeſtiva cultura deteriorem fundum reddat.* (L. 25, § 3, D. locati.)

Dans les pays de coutume, ſelon Brunet *(pag. 458 & 461,)* il n'y a pas de regle uniforme. S'il en eſt quelques-unes qui ne permettent pas de laiſſer ſans culture les héritages ſujets au champart; il en eſt d'autres où le ſeigneur peut auſſi peu, contraindre le tenancier à labourer, afin de recueillir le champart, que le pourroit le curé, afin de recueillir la dîme.

Dans ces dernieres coutumes, l'obligation de payer le champart eſt en quelque ſorte conditionnelle, & dépend de l'événement; c'eſt-à-dire, que le droit n'eſt dû qu'autant que la terre produit des fruits, ſans que, pour cela, le tenancier ſoit tenu de la cultiver pour lui en faire produire. Cet arrangement ſingulier a, en effet, lieu dans la coutume de Nivernois. (Brunet, *pag. 375.*)

Dans celles où le tenancier eſt tenu de cultiver les terres, il y a des différences remarquables, tant ſur le *droit* du ſeigneur, à cauſe de la négligence du propriétaire à cet égard, que ſur le temps qu'il faut que la terre ait reſté ſans culture, pour que le ſeigneur puiſſe uſer de ce *droit.*

Et d'abord, quant au temps : quelques coutumes, comme, Amiens, *art. 195;* Clermont, en Beauvoiſis, *art. 120,* requierent « trois ans conſécutifs » : quelques autres, comme Berry, *art. 23, tit. 10;* Vaſtan, *art. 4,* « trois ans & un mois de mai; » la Marche, *art. 329,* « trois cueillettes, telles que les ſemblables terres ont accoutumé de porter; »

Valencai, *art. 2,* « ſept ans; » Blois, *art. 134;* & Romorentin, *art. 6,* « neuf ans, » &c.

Quant au *droit* du ſeigneur : les coutumes de *Blois* & *Romorentin,* permettent aux ſeigneurs de *s'appliquer* les terres ſans aucune formalité. Celle de *Clermont* exige que le tenancier ſoit *ſuffiſamment ſommé de mettre les terres en labour.* Celle de la *Marche* preſcrit *une déclaration ſur ce fait par juge compétent.* Celle de *Poitou,* (*art. 6*) n'attribue au ſeigneur le droit de prendre de ſon autorité, les fruits des vignes tenues *à complants,* que lorſqu'elles ſont *demeurées à tailler & de ſerpe juſques aux fruits.* Enfin les coutumes d'*Amiens,* d'*Artois,* & de *Valencai,* ne donnent d'autre droit au ſeigneur que de *faire mettre le fer dans ladite terre, & la labourer à ſon profit, juſques à ce que le propriétaire s'offre à la labourer, &c.*

Cochin, (*Conſultation 76, tom. 4, pag. 731*) eſtime « que, ſi le propriétaire néglige de cultiver les terres chargées de terrage, le ſeigneur peut en demander la réunion à ſon domaine; mais il ne croit pas qu'il puiſſe, de plein droit, s'en mettre en poſſeſſion; parce qu'on ne peut pas ſe faire juſtice à ſoi-même, s'il n'y a une diſpoſition expreſſe dans la loi qui le permette; & que d'ailleurs le propriétaire pourroit avoir des excuſes à propoſer, qu'il eſt juſte qu'il puiſſe déduire devant les juges. » Il ſera tout à la fois utile & agréable, d'y voir en entier cette conſultation d'un avocat vraiment célebre, où les diſpoſitions des coutumes, pleines d'incertitude, de bizarrerie, & de deſpotiſme, ſur la queſtion que nous traitons, ſe trouvent ſavamment ramenées à des principes certains, lumineux & équitables.

La juriſprudence du parlement de Toulouſe, peut auſſi ſervir de modele.

ARRÊT de cette cour, du mois de mars 1567, qui condamna l'emphytéote « à cultiver & ſemer les terres ſujettes à l'agrier, & à payer au ſeigneur le quart des bleds excroiffant ès dites terres ès années qu'elles pourront être cultivées & femées, à l'avis & jugement d'experts ; defquels les parties conviendront. » (La Roche-Flavin, *des droits feigneuriaux*, *chap. 5, art. 1, pag. 546.*) Cet auteur cite un autre ARRÊT du 8 mars 1587, qui condamna l'emphytéote fujet au droit d'*agrier*, *qui n'avoit femé les terres, à payer ce à quoi le droit pouvoit monter, ARBITRIO BONI VIRI*. Il ajoute : « à fuite defquels nous avons auffi condamné certains emphytéotes de la vicomté de Moncla, *à défricher & mettre en culture certaines terres AGRIE-RES, en bons peres de famille*, & à faute de ce, condamnés à payer l'*agrier*, & pour icelui, la quotité de gerbes qui, fi elles euffent été cultivées, s'y fuffent recueillies, à l'eftimation d'experts. Ce qui eft entendu de ceux qui pour fruf-trer le feigneur de fes *agriers*, cultivent leurs autres terres non fujettes audit *agrier*, & laiffant en friche les autres, s'en fer-vent feulement de pâturage par longues années, ce qui n'eft pas raifonnable. »

ARRÊT du parlement de Touloufe, du mois d'août 1748, entre les emphy-téotes habitans du mas de St. Chely ; contre le fieur de Malbofc, camérier de Ste. Ennemie, feigneur direct de ce lieu, qui juge « que l'emphytéote n'eft pas obligé d'offrir réellement, & de con-figner le droit de champart, fi le fonds n'eft pas en état d'être cultivé, & de produire des fruits ; & qu'il fuffit alors de l'offrir, s'il eft trouvé par experts en état d'être cultivé & de rapporter des fruits ; *en conféquence*, ordonne qu'avant dire droit à la demande du fieur de Malbofc, qui avoit conclu à la condam-nation du droit de champart, des fonds non cultivés par les emphytéotes, il feroit procédé par experts à la vérification des terres en queftion, pour favoir fi elles étoient capables de rapporter des fruits, & pouvoient être cultivées. » (*Journal*, Aguier, *tom. 2, arr. 192, pag. 198.*) Il réfulte de ces arrêts : 1°. Que,

fuivant l'ufage du parlement de Touloufe, l'emphytéote, qui n'a pas cultivé les terres fujettes au droit d'*agrier*, eft or-dinairement condamné à le payer au feigneur, à dire d'experts, relativement à la quantité de fruits que ces experts décident qu'elles auroient pu produire fi elles euffent été cultivées.

2°. Que, s'il prétend que les terres qui font en culture font ingrates & ftériles, en forte qu'il y ait plus à perdre qu'à gagner en les travaillant, c'eft à lui de prouver la ftérilité ; parce qu'en ce cas, la préfomption eft contre lui.

3°. Qu'il peut être contraint d'ouvrir celles qui font en friche ; mais qu'alors c'eft au feigneur à prouver qu'elles font fufceptibles de culture ; parce qu'en ce dernier cas, la préfomption eft en faveur de l'emphytéote.

Au refte, foit que le feigneur fe plai-gne du défaut de culture, foit qu'il fe plaigne du peu d'exactitude dans la ma-niere de cultiver les terres ; fon action ne tend pas feulement à obtenir des dom-mages & intérêts pour le paffé, mais encore à faire ordonner qu'à l'avenir l'emphytéote fera obligé de mieux faire. Le feigneur peut même, fuivant l'avis de *Defpeiffes* & de *Geraud*, demander que les emphytéotes cultivent les terres *agrieres*, ou les déguerpiffent ; *& qu'au-trement & à faute de ce faire, il lui foit permis d'en faire titre à tel autre que bon lui femblera.* (Defpeiffes, *des droits feign. tit. 47, art. 3, fect. 4, n°. 5 ;* Geraud, *des droits feign. liv. 2, ch. 9 ;* & l'annotateur de Boutaric, *pag. 238.*)

Remarquons fur tout ceci, que les juges doivent en général examiner s'il y a de la fraude ou non de la part du tenancier ; mais que la fraude ne fe pré-fumant point, ils doivent être en garde contre l'avidité des feigneurs. (Guyot, *pag. 477, 478.*)

Interverfion.

18. Les propriétaires des terres fujettes à l'*agrier*, peuvent-ils en changer la face,

c'eft-à-dire, convertir les champs en vignes, les vignes en champs; en un mot, les intervertir de toute autre maniere?

Il faut d'abord diftinguer : ou l'*agrier* eft indifféremment établi fur toutes les efpeces de fruits indiftin&ctement, ou il ne l'eft que fur une efpece particuliere. Au premier cas, l'interverfion de culture peut être permife, parce qu'il n'y a rien à perdre pour le feigneur qui prendra fon droit fur les nouveaux fruits que l'emphytéote fera produire à fes terres. Au fecond cas, le propriétaire ne peut, fans le confentement du feigneur, changer la face de l'héritage pour lui faire produire d'autres fruits que ceux fur lefquels le droit a été ftipulé d'une maniere fixe & déterminée : c'eft là l'opinion de Dumoulin, de Chopin & de Grivel.

Le premier s'exprime ainfi. *Si cenfuarius non folùm in cenfum fed etiam in* CAMPI-PARTEM *teneat.... non poteft formam foli mutare in læfionem partis reditum campi* CONSUETÆ & *debitæ.* (Molinæus, *tom. 1, pag. 714, n°. 3.*) Le fecond dit : *Nulli* CAMPI-PARTUS *debitori fas eft, novatá agri formá, deteriorem illius caufam facere, & mutato arvorum ufu cultuque, frumentum vectigal eludere vel effugere.* (Choppinus, *in confuetud. Parif. lib. 1, tit. 3, § 20, fub finem.*) Le troifieme enfin, dit que l'emphytéote fujet à l'*agrier,* " *quod nos vocamus,* à partage de fruits, ne peut intervertir les fonds affervis, parce que cela iroit au détriment du feigneur : » *Hoc enim redundaret in læfionem & diminutionem partis fructuum agri confuetæ & debitæ, & effet iniquum.* (Grivellus, *decif. 15, pag. 40.*)

Quant aux pays de Coutume: celle de Blois, *art. 131,* dit : « & ne pourra le détenteur, muer ne changer la nature de la terre fujette à terrage, au préjudice du terrage. » Celle d'Amiens, *art. 197,* ne veut pas que celui qui tient à champart une terre labourable, puiffe l'enclore de haies & de foffés, *pour la mettre à pré, pâture, ni édifice, fans le con-* fentement *du feigneur,* & exige qu'il la laiffe *en labeur.* En cas de contravention, elle condamne à foixante fous parifis, & permet au feigneur *d'abattre & démolir lefdites haies,* & remplir les foffés, remettant ladite terre *en ufage de labeur.*

Montargis, *chap. 3, art. 1,* permet le changement, en indemnifant le feigneur. « Je penfe, dit Pothier, que c'eft à cette coutume qu'on doit s'en tenir, comme plus conforme à la liberté naturelle que doivent avoir des propriétaires, de difpofer de ce qui leur appartient ; & au bien public, qui eft intéreffé à ce que les particuliers aient la liberté de faire produire à leurs terres, ce à quoi ils remarquent qu'elles peuvent-être plus propres. » (*Traité des fiefs, tom. 2, pag. 442.*)

Le même auteur dit, que cela s'obferve ainfi dans la coutume d'Orléans, quoiqu'elle ne s'en explique pas. Enfin, il ajoute, « que cette indemnité doit être réglée par des experts nommés par le feigneur & par le tenancier, aux frais de ce dernier. Elle fe regle, ou en une certaine redevance annuelle en argent, dont ces terres doivent être chargées à la place du champart, ou en une certaine quantité des fruits que la terre convertie en fa nouvelle forme produira, & qui réponde à la valeur de ce que pouvoit produire le champart, fi la terre eût été laiffée en fon ancienne forme. » (*Ibid, pag. 443.*)

Cochin établit pour regle générale, que « le feigneur peut fe plaindre de la converfion de l'héritage, s'il en fouffre quelque préjudice, parce que le fait du poffeffeur ne peut jamais lui préjudicier. Mais fi cette converfion eft ancienne, & que le feigneur ne s'en foit pas plaint, & à plus forte raifon, s'il a pris le droit de terrage *fur le nouveau produit ;* il eft évident qu'il a approuvé par-là le changement de la fuperficie, & par conféquent, qu'il ne feroit plus recevable à s'en plaindre. » (*Confult. 76, tom. 4, pag. 732.*)

Renauldon va beaucoup plus loin : il veut que le droit de terrage fur les terres, qui, par une longue fuite d'années feront reftées fans culture, & auront changé de nature, foit perdu pour le feigneur.

Il fuppofe que le cas arrive dans des lieux, où l'on a ftipulé purement & fimplement le *droit de terrage*, & où ce droit, fuivant l'ufage, ne s'étend qu'aux feules terres labourables. En ce cas, fi la terre a refté long-temps fans culture, & a été mife par la fuite en vigne, bois ou pré, fans réclamation de la part du feigneur; celui-ci n'aura rien à prétendre, car « alors il eft cenfé avoir abandonné fon droit, avoir permis que la terre changeât de nature, ou avoir fait avec les anciens poffeffeurs, des conventions qui ont éteint fon droit. Il favoit ou devoit favoir que les bois, les prés, les vignes, ne font point fujets au terrage; c'étoit donc à lui à veiller, à empêcher la converfion du terrain en une nature qui ne doit point, fuivant l'ufage des lieux, lui produire des fruits fujets au terrage. » (*Droit feign. pag. 179 & 280.*)

Ce fentiment ifolé, n'eft ni jufte, ni conforme aux principes, ni analogue à l'opinion du même auteur, fur l'origine du droit d'*agrier*. Si l'on fuppofe, en effet, comme le foutient Renauldon, (*pag. 152,*) que ce droit eft très-favorable, parce qu'il eft le prix de la chofe que le feigneur a donnée; ne feroit-ce pas une injuftice envers le feigneur, que celui à qui il a donné la terre, fous la condition de payer le droit, pût le dépouiller de ce droit, par fon propre fait, en intervertiffant la culture de cette terre? Le droit en lui-même eft imprefcriptible, puifqu'il n'eft dû au feigneur qu'en compenfation de la terre qu'il a cédée; or, tant que le poffeffeur jouit de la terre, s'en fert, & en tire profit, fon obligation dure, & le filence du feigneur, quelque long qu'il foit, ne l'anéantit pas. Tout ce qu'on peut dire dans le cas préfent, c'eft que le feigneur, en ne réclamant pas, a paru

confentir à la converfion du fonds; & qu'il ne feroit pas recevable à demander qu'il fût remis dans l'état primitif; mais il auroit toujours action pour réclamer une indemnité, foit en argent, foit en prenant fon droit fur les nouveaux fruits.

Dans les pays de droit écrit, & notamment au parlement de Touloufe, on juge, fuivant la rigueur des principes, que l'emphytéote ne peut changer la face de la terre fujette à l'*agrier*, au préjudice du feigneur.

ARRÊT de cette cour, de l'an 1515, qui défend à un emphytéote des dames religieufes de Boulanc, de convertir un champ *agrier* en *édifices, cours, jardins & clos de vignes.* (La Roche-Flavin, *ibid. ch. 12, art. 5.*)

On s'écarte cependant de cette rigueur, quand il y a utilité ou néceffité évidente dans le changement de furface; comme, fi la terre eft plus propre à mettre en vigne qu'à produire des grains; & fi l'emphytéote a befoin de conftruire des granges, des étables, qu'il ne pourroit placer ailleurs auffi commodément; mais alors on pourvoit à la redevance par un équivalent, *arbitrio boni viri;* ou l'on permet au feigneur de prendre fon droit fur les nouveaux fruits. (La Roche, *ibid.* l'annotateur de Boutaric, *pag. 241.*)

ARRÊT du parlement de Touloufe, du 10 juin 1691, qui condamne l'emphytéote à remettre des prés en terres labourables, fi mieux il n'aime payer le droit de champart du foin. (*Journal de M. de Juin, tom. 1, arr. 44, pag. 41.*)

Suivant la jurifprudence du parlement de Bourdeaux, le détenteur d'un héritage fujet à l'*agrier* n'eft point gêné dans l'exploitation & culture de fon héritage, lorfque l'efpece des fruits n'eft pas déterminée; pourvu que le feigneur n'en fouffre pas, & à charge de la fubrogation des fruits. Il en eft autrement, lorfque la *baillette* ou acte de conceffion ftipule fpécialement certaine efpece de fruits. On préfume alors que le feigneur a impofé au tenancier la condition de faire produire à fon héritage tel fruit, & que le tenancier l'ayant acceptée, il ne lui eft plus poffible d'y contrevenir. *Quia*, (dit d'Argentré, fur l'*art. 329* de l'ancienne coutume de Brétagne) *femel perfectus, nequit facto quidem unius ex contrahentibus ullam diminutionem, augmentum aut alterationem recipere.* (Lapeyrere, *lettre R, nº. 84, pag. 374.* Guyot, *pag. 503 & 507.*)

La jurifprudence du parlement d'Aix ne permet pas au tenancier de priver le feigneur du droit de *tafque*, en convertiffant le fonds, fujet au paiement de ce droit, en une autre nature de fonds, qui produife des fruits non tafquables.

ARRÊTS de cette cour, du 18 février 1643, pour les confuls d'Apt ; contre les confuls de Ruftrel. (Du Périer, *tom. 2, pag. 567,*) du.... 1646, en faveur de l'églife métropolitaine d'Arles. (La Touloubre, *tom. 2, tit. 16, nº. 11.*)

SENTENCE arbitrale, rendue par Mrs. De Cormis, & *Saurin* fils, qui ordonne « que les habitans de Corbieres payeroient pour les terres de labour tafquables, & converties en vergers d'oliviers, une certaine redevance en argent, à proportion de ce qu'elles auroient produit au feigneur, en confervant la nature de terre de labour. (La Touloubre, *ibid.* De Cormis, *tom. 1, pag. 1108 & fuiv.*)

Diminution.

19. Si le tenancier, fans changer entièrement la forme des terres fujettes à l'*agrier*, y avoit fait des plantations confidérables d'arbres fruitiers qui *diminuaffent* beaucoup par leurs racines, & par leur ombre, la quantité de grains que ces terres avoient coutume de produire ; le feigneur devroit être indemnifé de la *diminution* qu'éprouve fon droit, en lui accordant une portion du revenu de ces arbres fruitiers.

ARRÊT du parlement de Rouen, du 2 août 1658.... *Efpece.* Le tenancier d'une terre, qui, aux termes des anciens aveux & dénombremens, ne devoit que le champart en grains, y plante des pommiers & poiriers. Le feigneur en prétend le champart, parce que cela diminuoit fon droit, & qu'au moyen de ces pommiers & poiriers, on ne femoit plus dans la terre, & l'on ne recueilloit plus une auffi grande quantité de grains.

Le tenancier répond, qu'il n'avoit pas changé la furface de la terre ; qu'*une ceinture d'arbres ne diminuoit point la récolte, non pas même pour ce qui naiffoit fous les arbres.* Le feigneur répliquant que le champart, fuivant fa définition, *campi-pars*, étoit dû de tous les fruits qui faifoient *partie du champ*; la cour confirma la fentence qui avoit accueilli fa prétention. (Bafnage, *tom. 1, pag. 24.*)... Le préjugé, fuivant nous, paroît plus régulier.

ARRÊT du parlement de Bourdeaux, du 6 avril 1699.... *Efpece.* « Le marquis de Montendre fit action à Marie Amilton, veuve de Sidrac Chaprifet, pour qu'elle eût à lui payer le huitain des fruits croiffans dans les arbres d'un fonds fujet à l'*agriere* dudit feigneur, ou de les arracher, attendu que le champ étoit fi couvert d'arbres, que la terre étoit moins propre à produire des grains qui étoient étouffés par leur ombrage. » Sur l'appel, la cour confirma la SENTENCE du fénéchal de Saintes, qui ordonnoit la defcente d'un commiffaire, pour, fur fon procès-verbal être fait droit. Bechet, qui cite cet arrêt, dit, « d'où l'on confirme & voit que la cour a préjugé qu'en cas que le fait expofé par le fieur de Montendre fe trouvât vrai, l'*agriere* des fruits des arbres, ou l'arrachement deviendroit néceffaire. » (*Commentaire fur l'art. 11 de l'ufance de Saintonge, pag. 30.*)

Guyot, (*pag. 442,*) a paru douter qu'au parlement de Paris la décifion de ces arrêts, de celui du parlement de Bourdeaux, fur-tout, fût fuivie ; & il a fondé ce doute fur ce motif, qu'une *légere diminution* ne doit pas entrer en confidération. Cela peut être vrai ; mais, lorfque la *diminution eft confidérable*, ou que le feigneur le foutient, l'équité ne dicte-t-elle pas qu'une vérification préliminaire fur ce fait effentiel doit être ordonnée? Le parlement de Bourdeaux ne prit-il donc pas le bon parti ?

Mais la queftion a été jugée au parlement de Paris, & fa décifion paroît détruire les doutes qu'avoit élevés Guyot.

ARRÊT du parlement de Paris, du 25 avril 1759.... *Efpece*. « Le comte de Lanty, feigneur de Fleury, (coutume d'Amiens,) *a prétendu* que le propriétaire d'une piece de terre fujette à fon droit de champart, n'avoit pas pu planter fon terrain en pommiers, au préjudice du droit de champart, dont le produit fe trouvoit diminué par cette plantation : il demandoit que les arbres fuffent arrachés, quoique plantés depuis près de trente ans. La cour, *en très-grande connoiffance de caufe, après un délibéré ordonné fur-le-champ*, en infirmant la fentence par défaut, rendue au bailliage d'Amiens, par laquelle le comte de Lanty étoit autorifé à faire arracher les arbres, l'a débouté de fa demande, *fauf à lui à fe pourvoir, pour fon droit de champart, fur les fruits des arbres*; les défenfes du propriétaire réfervées au contraire. » (Denifart, au mot *Champart*, nº. 26.)

La jurifprudence des trois parlemens à peu près uniforme, s'éloigne un peu du fentiment des principaux auteurs, tels que Guyot, & l'annotateur de Boutaric ; mais nous croyons qu'on doit tout concilier de cette maniere.

Si le propriétaire des fonds fujets à l'*agrier* s'eft borné à planter quelques arbres de pur agrément, il ne doit point être recherché par le feigneur ; parce qu'il paroît évidemment qu'il n'a point eu en vue de le fruftrer d'une partie de fon droit.

Mais, fi les plantations font confidérables & capables de caufer un préjudice

notable au feigneur, celui-ci doit être admis *à fe pourvoir fur les fruits des arbres pour le droit de champart.*

En deux mots, & voici ce qu'on peut dire en général de plus certain fur la pratique des tribunaux, relativement à l'objet *de cette divifion & des deux précédentes.* S'il ne faut point permettre au feigneur de fatiguer l'emphytéote par de mauvaifes tracafferies fur des objets minutieux ; il ne faut pas non plus tolérer que cet emphytéote fe livre à des procédés injuftes, qui tendroient à priver le feigneur de fes droits légitimes, ou de la plus confidérable partie de ces droits. Voici un préjugé qui confirme notre principe.

ARRÊT du parlement de Paris, du 23 avril 1776.... *Efpece.* Deux particuliers poffédant des terres fujettes au droit de terrage, en faveur de la commanderie de Billy au bas Poitou, avoient négligé de les cultiver pendant plufieurs années, & en avoient même converti une grande partie en pâturages. La cour confirma la fentence de la fénéchauffée de Poitiers, qui avoit condamné ces particuliers : 1º. A payer au feigneur commandeur la *non culture* de ces terres, à raifon du fixieme de ce qu'elles auroient pu produire, fuivant l'eftimation qui en feroit faite par experts : 2º. Aux intérêts & aux dépens.... Dans cette efpece, la ceffation de culture, & l'interverfion des fonds fujets au terrage, caufoient un préjudice total au feigneur ; puifqu'il ne lui étoit pas poffible de fe dédommager des fruits qu'il perdoit, par le produit des pâturages, qui n'en formoient un réel que pour les emphytéotes. — Il étoit donc, tout à la fois, jufte & équitable d'accorder à ce feigneur une indemnité proportionnée.

Alluvion.

20. On demande fi les accroiffemens que reçoit le fonds, par *alluvion & atterriffement*, font fujets au droit d'*agrier*?

ARRÊT du parlement de Touloufe,

prononcé en robes rouges, le 14 août 1597, qui condamne l'emphytéote à payer le champart de la *faufaye accrue par alluvion*. Ce préjugé important eft rapporté par M. le préfident de l'Eftang, avec une ample difcuffion des moyens des parties, à la fin du *Recueil des œuvres de* Maynard, *(liv. 10, arr. 3, pag. 538, à 555, édit. de 1751.)*

Cette jurifprudence a été généralement adoptée. (Lapeyrere, *lettre A, n°. 57, pag. 18;* la Touloubre, *tom. 1, tit. 7, n°. 19, pag. 115;* du Périer, *tom. 1, pag. 141, 144;* Guyot, *pag. 495 & fuiv.*)

Ce dernier auteur trouve la queftion *très-ardue*, la difcute avec grand appareil, entaffe les citations, analyfe Dumoulin, ne trouve par-tout que des entraves, *undique ambages*, & conclut que *les décifions* des auteurs du pays de droit écrit ne font pas fi bien fondées qu'elles le paroiffent. Cependant, comme il faut prendre un parti, ce jurifconfulte fcrupuleux adopte ces mêmes décifions, & précifément, d'après les mêmes motifs qui ont déterminé ces auteurs. Voici ces motifs.

1°. Qu'il eft de principe que le fonds accru par alluvion, & celui auquel il s'eft incorporé, ne font qu'un feul & même fonds, & deviennent conféquemment foumis aux conditions du bail originaire; *Incrementum latens alluvionis, nobis acquiritur eo jure, quo ager augmentatus primùm ad nos pertinebat; NEC ISTUD INCREMENTUM, NOVUS AGER; SED PARS PRIMI.... & fic EODEM JURE, EADEM CAUSA ET QUALITATE acquiritur & poffidetur, ficut ager cui adjectum eft.* (Molinæus, *tom. 1, pag. 90 & 91, n°. 115.*)

2°. L'agrier eft un droit, qui, fe prenant fur les fruits du fonds, croît & diminue *invito domino cenfuario;* en forte que fi la riviere emportoit une portion de l'héritage, le feigneur ne pourroit exiger qu'on lui fournît par eftimation une portion de fruits égale à celle qu'il auroit eue fans cet événement. Ainfi, puifqu'il eft expofé à perdre par la diminution du terrain, il eft jufte qu'il puiffe gagner par les accroiffements : *fecundùm naturam eft, commoda cujufque rei eum fequi, quem fequuntur incommoda.* (*L. 10, D. de reg. juris.*)... Cependant il n'en feroit pas ainfi d'un *cens* fixe & déterminé : ce droit refte toujours le même, quelque diminution ou augmentation qu'éprouve le fonds; parce que le feigneur, n'ayant rien à perdre quand le terrain diminue, il ne doit rien gagner quand il s'accroît.

Ces principes font fimples, fondés fur la raifon & l'équité naturelle. Quand on a le bonheur d'en trouver de femblables pour parvenir à décider une queftion, cette queftion ne doit point paroître *très-ardue*, ni les auteurs qui la décident fur ces principes, paroître *mal fondés*.

Abonnement.

21. Queftion neuve. On demandoit fi l'*agrier* étant réglé & déterminé par un abonnement à un certain droit fixe, ce droit abonné étoit dû, même pour les années ou le tenancier n'avoit rien recueilli? Il fut jugé pour l'affirmative, au bureau du domaine.

ARRÊT de la cour des aides de Montpellier, du 8 octobre 1710. *Efpece.* Le marquis de Montpezat poffédoit une piece de terre fujette par le titre d'inféodation, à un droit d'*agrier*, qui étoit le quart des fruits. Les parties convenoient que ce droit avoit été abonné à une demifaumée de bled pour chaque faumée de terre; & cependant l'acte d'abonnement n'étoit pas rapporté, parce qu'il s'étoit égaré, à ce que difoit le fermier. L'hiver rigoureux de 1709 ayant détruit toutes les femences, & le marquis de Montpezat prétendant n'avoir rien recueilli, s'oppofa à la prétention du fermier du domaine, qui réclamoit l'abonnement.

Ce fermier difoit que, le droit d'*agrier* ayant été abonné à une demi-faumée de bled, qui ne devoit même être exigée que de deux ans en deux ans, à cause de l'usage de laisser reposer les terres une année, & par-là ce droit étant devenu fixe & certain, au lieu qu'auparavant il étoit casuel, il devoit être payé sans difficulté, soit qu'il y eût eu de récolte ou non ; parce que, quand il y avoit une récolte considérable, il n'étoit jamais dû qu'une demi-saumée, au lieu du quart auquel le fonds étoit sujet par le titre ; & que, puis que le tenancier trouvoit un gain dans ce cas là, il falloit qu'il supportât la perte dans le cas contraire ; qu'autrement il n'y auroit plus de réciprocité, & que l'effet de l'abonnement seroit illusoire.

Le marquis de Montpezat convenoit de bonne foi de l'abonnement, mais il nioit que cet abonnement eût changé la nature du droit d'*agrier*. Il prétendoit que ce droit établi dans le titre d'inféodation, veilloit toujours pour le vassal & le seigneur ; que par cet abonnement on avoit seulement fixé la quote de l'*agrier* ; c'est-à-dire que, comme il pouvoit y avoir plus ou moins suivant l'incertitude des récoltes, on avoit déterminé de payer une demi-saumée de bled par saumée de terre, au lieu du quart des fruits ; mais que ce traité n'avoit eu pour objet que l'avantage d'éviter au fermier la peine de veiller sur la perception de ces fruits. Il ajoutoit, que ce droit abonné n'étoit dû que dans le cas où le droit d'*agrier* auroit pu être exigé, & non pas, lorsque, sans qu'il y eût de la faute de la part de l'emphytéote, la terre qui a été semée ne produit rien. Enfin, il soutenoit que le droit d'*agrier* n'étant qu'une portion des fruits provenus, il ne pouvoit pas être dû, lorsqu'il n'y avoit point de fruits.... La cour condamna le marquis de Montpezat au paiement de la demi-saumée portée par l'abonnement.

Plusieurs juges vouloient ordonner qu'avant faire droit, le fermier rapporteroit l'acte d'abonnement en question ;

& à défaut par lui de le rapporter, décharger le sieur de Montpezat de la demi-saumée portée par l'abonnement, & ordonner qu'à l'avenir il payeroit le droit d'*agrier* au quart des fruits, suivant l'acte d'inféodation. Mais cet avis-là même préjugeoit toujours en faveur du fermier ; il étoit d'ailleurs inutile d'ordonner le rapport de l'acte d'abonnement, dès que le tenancier ne le contestoit pas. (*Mémoires de M.* Adam de Monclar, *conseiller en la cour.*)

Cette question n'étoit cependant pas sans difficulté : on peut dire, en effet, que l'événement de la perte ou du gain étoit relatif à la nature de la récolte. Soit qu'elle fût bonne, soit qu'elle fût mauvaise, l'abonnement rendoit la chose indifférente, tant au fermier du domaine qu'au tenancier ; puisque, ce que l'un ou l'autre perdoient d'un côté, ils le gagnoient de l'autre : c'est à cet égard, que le droit étoit devenu fixe & certain. Mais cet accord supposoit toujours l'existence d'une récolte qui seule donne lieu à l'exercice du droit d'*agrier* ; or, ici, il n'y en avoit point eu, & cela, sans la faute du tenancier. Il n'existoit donc rien sur quoi le droit pût s'exercer ; ce qu'on accordoit donc au fermier du domaine, étoit tout profit, & cela ne paroît pas juste. En effet, dans ces sortes d'abonnemens, on considere que l'intention des parties a été de les rendre indépendans, même des cas fortuits.

Arrérages.

22. La question des arrérages du droit d'*agrier* est une des plus controversées. *Guyot*, (*pag. 466*) donne, comme une maxime reçue en pays coutumier, « que le champart, soit seigneurial, soit non seigneurial, ne tombe point en arrérages, parce qu'il se leve sur les fruits & non sur le fonds, & que les fruits croissent & périssent chaque année. » La Thaumassiere sur Berry (*liv. 3, chap. 40*) est du même avis, *que le terrage ne tombe point en arrérages.* Denisart, après avoir assuré que le

champarteur

champarteur ne peut demander qu'une année, & qu'il eſt toujours préſumé payé, quand il n'a pas mis le débiteur en demeure, ajoute que ce débiteur n'eſt point obligé de repréſenter ſa quittance, & qu'il peut même être admis à la preuve teſtimoniale du paiement, lorſque la demande eſt formée dans l'année. Boucheul (ſur Poitou, art. 64, tom. 1, pag. 220) diſtingue les coutumes où le champart eſt querable, & celles où il eſt portable. Dans les premieres, il ne s'arrérage pas ; mais dans les ſecondes, c'eſt au ſujet à juſtifier qu'il l'a conduit. Cependant cet auteur penſe que, même dans ce dernier cas, le champart ne s'arrérage point, en affirmant par le tenancier qu'il l'a payé & mené. Suivant Guyot, (pag. 467) le défaut d'avertiſſement ne fait pas non plus que le droit s'arrérage : la coutume ſe contente de punir cette négligence en condamnant en l'amende de 60 ſous, voilà tout ; & le ſeigneur en demandant l'amende, demande l'année. C'eſt à lui tous les ans à veiller de même à la perception de ſon droit. Enfin Guyot décide que dans le cas même du refus, le champart ne s'arrérage que depuis la demande ; « & c'eſt moins des arrérages en ce cas que l'on adjuge, que des dommages-intérêts, à cauſe de la contumace du tenancier. » Il invoque le ſuffrage de Coüart ſur Chartres, de la Thaumaſſiere, de Graverol, &c.

Cependant ce principe, donné comme ſi certain, eſt contredit par pluſieurs auteurs, & notamment par Ferriere dans ſon dictionnaire de Droit. Il y diſtingue le terrage foncier, du terrage ſeigneurial ; & dit qu'on peut demander vingt-neuf années d'arrérages de celui-ci, & cinq années ſeulement de celui-là. Cette déciſion paroît même autoriſée par un ARRÊT rendu en la cinquieme chambre des enquêtes du parlement de Paris, le 27 mars 1738, qui condamne une dame de Maziere à payer vingt-neuf années d'arrérages du droit de huitain des fruits perçus & recueillis ſur une piece de terre. Cochin, qui cite ce préjugé, (tom. 4, pag. 728) conſulté ſur la queſtion des arrérages, ne décide pas conformément à la regle que les auteurs diſent être générale en pays coutumier, que le champart n'arrérage point ; il penſe au contraire en général qu'il s'arrérage, lorſque les terres ont été cultivées, & que le propriétaire a réellement recueilli la portion des fruits qui appartenoit au ſeigneur : cependant il veut qu'on conſulte l'uſage particulier de chaque ſeigneurie, & il décide que ſi l'uſage eſt de prendre des quittances du droit, alors il s'arrérage ; que ſi l'uſage eſt au contraire que le ſeigneur leve le champart ſur le champ, ou qu'il ſe contente de le recevoir quand on l'apporte, ſans en donner de reçu ; alors le droit ne s'arrérage point.

Enfin le ſeigneur ne peut, ſelon lui, demander les arrérages, lorſque les terres ſont demeurées incultes pendant un grand nombre d'années, ſans qu'il s'en ſoit plaint : car alors c'eſt en quelque maniere par le fait du ſeigneur que les arrérages ſont perdus, & il ne peut demander qu'on lui reſtitue une portion de fruits que le propriétaire n'a pas recueillis. Obſervons que Cochin dans tout ceci n'a en vue que le champart ſeigneurial, qui, dans les cas même où il s'arrérage, ne peut être réclamé que de vingt-neuf années avant l'inſtance.

Dans les pays de droit écrit l'agrier s'arrérage. Tous les parlemens & tous les auteurs s'accordent ſur ce principe général ; ils ne different que ſur ſon application relativement au nombre d'années qu'il convient d'accorder. La juriſprudence ancienne du parlement de Touloſe accordoit cinq ans utiles ou continus avant l'inſtance, tant de l'agrier ſeigneurial que de l'agrier non ſeigneurial : c'eſt entr'autres la déciſion d'un ARRÊT du 23 mai 1629. (D'Olive, liv. 2, chap. 25, pag. 362, & ſuiv.)

Cette juriſprudence changea, & un ARRÊT du 23 juin 1670, n'adjugea les arrérages *que depuis l'inſtance.* (Graverol ſur la Roche-Flavin, *ibid. chap. 5, art. 1.* Geraud, *des droits ſeign. liv. 2, chap. 9, n°. 2.*) « Toutefois, *dit le premier de ces auteurs*, quoique ſuivant ledit ARRÊT on eût préjugé que le champart n'arrérageoit pas, le parlement a repris aujourd'hui l'opinion de M. d'Olive : car elle a prévalu depuis quelques mois, par l'ARRÊT donné *après partage*, au rapport de M. Caſaubon : les arrérages de *l'agrier* ayant été adjugés par ce dernier ARRÊT au ſeigneur depuis cinq années utiles. »

Malgré l'avis de Graverol qui blâme ce retour à l'ancienne juriſprudence, il faut convenir que cela n'a ſouffert, depuis, aucune variation : auſſi Guyot, *(pag. 461)*, aſſure avec raiſon qu'il lui eſt *venu pluſieurs conſultations des meilleurs avocats de Toulouſe, en 1741 & 1742*, qui le décident ainſi : nous en avons une, nous-mêmes, de Mrs. Furgole, & Lavayſſe, donnée en 1755.

Quoi qu'il en ſoit, la juſte réputation de Graverol, dont l'avis a entraîné Guyot & quelques autres auteurs, mérite bien que nous examinions les motifs qui lui faiſoient préférer la juriſprudence intermédiaire du parlement de Toulouſe. Il prétend que l'ancienne & la moderne choquent « la diſpoſition du droit qui donne plus de privilege à la dîme : en effet elle eſt payable avant *l'agrier*, & néanmoins il n'y a d'arrérages de la dîme que depuis l'inſtance introduite. *Mais à quoi bon raiſonner quand les ſouverains ont parlé, ſur-tout ſi l'on conſidere que les juges ont des lumieres que les autres hommes n'ont pas ?* » . . . .

Ces motifs ne nous paroiſſent pas bien puiſſans. 1°. Quoique la dîme ſoit communément payée avant *l'agrier*, c'eſt moins à raiſon de la faveur qu'elle mérite, que par rapport à l'uſage, à l'antériorité ſuppoſée de l'établiſſement de ce droit ; & parce que d'ailleurs la dîme devant ſe prendre ſur *l'agrier*, il eſt indifférent que ce ſoit avant ou après.

2°. Il n'eſt pas toujours vrai que la dîme n'arrérage point ; il eſt des cas où le parlement de Toulouſe en adjuge les arrérages de cinq années avant l'inſtance. (Voyez les ARRÊTS cités par d'Olive, aux *additions du chap. 25, liv. 2.*)

3°. Il n'y a pas de parité entre la dîme & *l'agrier*. La dîme, abſtraction faite de l'origine divine qu'on veut lui donner, n'eſt pas auſſi favorable que *l'agrier*, relativement aux arrérages. Tout eſt profit pour le décimateur, il reçoit & n'a rien donné ; auſſi ne peut-il pas obliger le propriétaire à cultiver les terres : & *l'agrier*, au contraire, eſt le prix de la choſe donnée, & qu'on n'auroit pas donnée, ſi l'on n'eût compté ſur la perception du droit ſtipulé dans l'acte de conceſſion. Or, il doit être de la nature d'un pareil droit de s'arrérager, lorſque le propriétaire a recueilli les fruits ; parce qu'alors il retient la portion qui appartient au bailleur de l'héritage, & qu'il n'eſt pas juſte que ſa *moroſité* lui profite.

Nous penſons donc qu'en n'accordant les arrérages que de cinq années, on maintient une ſorte d'équilibre entre les droits de la propriété, & ceux de la liberté. *L'agrier* emportant en effet une bonne partie des fruits, ce ſeroit accabler celui qui le doit, s'il en falloit liquider les arrérages depuis 29 ans : il faut ſuppoſer, d'ailleurs, que celui à qui le droit eſt dû, ayant action pour ſe faire payer toutes les années, a quelque reproche à ſe faire de ne s'en être pas ſervi ; & il doit être, dans ce cas, puni de ſa négligence : or il l'eſt en lui accordant que cinq années d'arrérages, quoiqu'il n'ait pas été payé de ſon droit depuis un plus grand nombre d'années. Enfin, & ſi l'on obſerve, avec Deſpeiſſes, que les arrérages de *l'agrier* ne ſont accordés qu'*en faiſant foi du refus & de la demande qui en a été faite*, la juriſprudence du parlement de Toulouſe en paroîtra bien plus équitable, & bien plus digne d'être généralement adoptée.

On adjuge au parlement de Bourdeaux 29 années d'arrérages du droit d'*agrier*, lorfqu'il eft feigneurial, ou portable ; & quand il n'eft ni feigneurial, ni portable, on n'adjuge que cinq années d'arrérages. (Lapeyrere, *lettre 5, n°. 5, pag. 407, aux notes;* Guyot, *pag. 503 & 507.*)

La jurifprudence du parlement d'Aix eft bien plus défavorable aux tenanciers : elle adjuge 29 années aux feigneurs laïcs, & 39 aux feigneurs eccléfiaftiques. Ce font les difpofitions d'un ARRÊT du 24 mai 1683. (Boniface, *tom. 4, liv. 3, tit. 6, chap. 1, pag. 173.*)…. Nous penfons qu'il feroit difficile de juftifier une pareille jurifprudence.

Réfumons nous. On ne trouve ni dans les pays coutumiers, ni dans ceux de droit écrit, ni principes certains, ni uniformité dans la maniere de décider fi le droit de champart s'arrérage, & de combien d'années il peut s'arrérager. La jurifprudence fur les droits feigneuriaux préfente prefqu'en tout la même incertitude, la même variation ; & on auroit peut-être plutôt fait d'anéantir ces droits, s'il y avoit moyen de concilier cet anéantiffement avec les droits facrés de la propriété, que d'entreprendre de réformer la législation qui les concerne.

Action.

23. Si nous en croyons Pothier, (*Traité des fiefs, tom. 2, pag. 444*) le feigneur n'a que la voie d'*action* pour fe faire payer, tant du champart, que de l'amende que le redevable a encourue.

Il obferve que les coutumes ont accordé aux feigneurs de cenfive, pour le paiement de leur cens, la voie de la faifie cenfuelle ; mais qu'elles ne l'ont pas accordée pour le paiement du champart. La raifon de cette différence vient de ce qu'on ne faifit que pour des fommes ou quantités déterminées ; & que le créancier du champart ne l'eft point d'une fomme ou quantité déterminée, puifqu'il peut y avoir conteftation entre lui & le redevable fur la quantité des gerbes que la terre fujette à champart a produites. Cette décifion pourroit fouffrir quelque difficulté, à l'égard du champart *feigneurial :* on a vu, en effet, que par *champart feigneurial*, les auteurs, & entr'autres Guyot, (*pag. 445*) entendoient un droit tenant lieu de *cens*, jouiffant de tous les privileges du cens, emportant lods & ventes, faifies, amende, &c. Ces auteurs entendent donc que le feigneur a la voie de la *faifie* pour le paiement du champart feigneurial ; cependant nous penferions volontiers comme Pothier, à cet égard, tant pour les pays de coutume, que pour les pays de droit écrit, & auffi bien pour le champart *feigneurial*, que pour celui *qui ne l'eft pas*.

Mais quiconque jouit du droit de champart, s'il y eft troublé, peut intenter *complainte*, n'articuler & ne prouver que fa poffeffion annale, c'eft-à-dire, de l'année précédant le trouble ; comme il intenteroit complainte, s'il étoit troublé dans la jouiffance d'un immeuble ; & s'il prouve fa poffeffion, il doit y être maintenu, fauf après à procéder au pétitoire, & à juftifier de fon droit par titres.

ARRÊTS conformes du parlement de Paris, du 20 avril 1712, du 5 mars 1718, & du 27 janvier 1737….. *Efpece* du fecond. Les ducs de Guife jouiffoient depuis long-temps d'un droit de terrage fur les terrains de la Neuville & d'Étreux membres de leur duché, lorfque les habitans de ces deux paroiffes s'affemblerent au mois de juillet 1717, & convinrent de refufer le droit jufqu'à ce qu'on leur eût produit ou le titre primordial, ou des déclarations & reconnoiffances de leurs prédéceffeurs. Les deux actes d'affemblée, & le refus de payer, furent pris pour trouble ; & madame la princeffe, & la ducheffe de Brunfwich, formerent leur demande en *complainte*, contre les deux communautés en nom collectif. Les habitans foutinrent que la complainte poſſeſſoire n'étant autre choſe qu'un combat de poſſeſ-ſion entre deux perſonnes qui prétendent le même droit, cette ſorte d'*action* ne pouvoit avoir lieu contre le débiteur qui conteſte le droit, mais ſeulement de ſeigneur à ſeigneur. Ils diſoient, par le miniſtere de M. Gin, que dès le moment que le droit étoit conteſté au fond, il n'y avoit plus rien de réel ni d'exiſtant qui pût donner ouverture à la maintenue. M. *Huart*, avocat des ſeigneurs, répon-doit que la complainte n'eſt pas ſeulement un combat de poſſeſſion entre deux per-ſonnes qui prétendent ou le même héri-tage ou le même droit : c'eſt, *diſoit-il*, une *action* que les loix, les coutumes & les ordonnances accordent à toute per-ſonne qui eſt troublée dans la poſſeſſion d'un héritage ou d'un droit réel ; or, le trouble ſe fait par la dénégation ou ceſſation de paiement, de même qu'il eſt excité par la prétention d'un tiers. C'eſt en confirmant ces derniers principes, & d'après les conclufions de M. l'avocat-général Chauvelin, que la cour maintint les ſeigneurs dans leur poſſeſſion & jouiſ-ſance des droits de *champart*, & con-damna les habitans à payer les arrérages en argent, ſuivant l'eſtimation, avec dé-fenſe de troubler à l'avenir les prin-ceſſes dans leur poſſeſſion & jouiſſance deſdits droits, ſauf auxdits habitans de ſe pourvoir au pétitoire, ſi bon leur ſembloit ; les défenſes deſdites dames réſervées au contraire. Les habitans furent auſſi condamnés aux dépens. (Guyot, *pag.* 474, & *ſuiv.* Deniſart, au mot *Complainte*, n°. 22; & au mot *Champart*, n°. 18, 19. Renauldon, *pag.* 177.) Cette juriſprudence eſt parfaitement conforme aux diſpofitions des ordonnances (*tit.* 18, *art.* 1; *de celle de* 1667), & doit être la même par-tout. Cependant il faut obſerver dans ces cas que le ſeigneur doit juſtifier ſa poſſeſſion par ſes lieves & ſes terriers ; & que ces lieves & terriers doivent faire mention expreſſe des terres qui ſont ſujettes au terrage, & ne pas

les confondre avec celles qui ſont fran-ches, ou qui ne doivent qu'un modique cens. (Renauldon, *pag.* 177. Deniſart, au mot *Champart*, n°. 20 & 21.)

Nobilité, Roture.

24. Suivant Deſpeiſſes, « bien que la terre ait été baillée au vaſſal ſous un droit de champart, ſoit du quart, du quint ou autre portion des fruits, *cela ne la rend pas roturiere*; mais ſi elle eſt *noble en ſon origine*, elle demeure telle, & ainſi je l'ai décidé en conſultation. » (Deſpeiſſes, *tit.* 2, *des tailles, art.* 15, *ſect.* 2, n°. 36, *tom.* 3, *pag.* 315, *édit. de* 1750.) Deſpeiſſes avoit fort mal décidé, & il opineroit autrement aujour-d'hui, ſur-tout enſuite de la DÉCLARA-TION de 1684, portant réglement ſur la *nobilité* des fonds & héritages en la pro-vince de Languedoc. L'*art.* 4, dit : « les fonds & héritages baillés à cens, rentes foncieres, *champart*, ou *agrier*, ſeront *roturiers*, & ſujets au paiement de la taille, nonobſtant qu'ils fuſſent *nobles* avant la tradition deſdits fonds, ou qu'ils ſoient revenus au ſeigneur par droit de confiſcation, déſhérence, prélation ou autrement. » Il faut donc décider, d'après les diſpofitions de ce texte, que le droit d'*agrier* avilit le fonds, & que l'héritage cédé ſous ce droit, quoique *noble* auparavant, ſera *roturier* & ſujet au paiement de la taille, à moins qu'il ne ſoit réuni au fief par déguerpiſſement : cette exception eſt portée par l'*art.* 15 de la même DÉCLARATION. Voyez *Adſcriptices, Agrer, Alluvion, Arrérage, Avertiſſement, Baillette, Cadaſtre, Car-pot, Cens, Champart, Cinquain, Com-plainte, Complant, Culture, Déguerpiſſe-ment, Dénonciation, Dîme, Dizeau, Droits ſeigneuriaux, Emphytéote, Fief, Fruits, Gerbes, Granges, Herbaux, Interverſion, Moiſſon, Neufme, Nobi-lité, Parciere, Plantation, Portable, Preſcription, Quart, Querable, Recon-noiſſance, Roture, Seigneur, Tâche, Taſque, Tenancier, Terrage, Terreau,*

Terrier, *Vigne*, *Vinage*, *Vintain*, *Ychyde*, *&c.* (Article de M. ESPAGNE, avocat à la cour des comptes, aides & finances de Montpellier.)

AGRIMENSEUR.

(Droit public.)

C'eft le nom qu'ont donné les rédacteurs de la coutume d'Agen, (art. 8) à celui qui s'occupe de la mefure des terres, & qu'on appelle par-tout ailleurs *arpenteur*. Voyez ce mot, & *Borne*, *Expert*, *Géométrie*, *Limite*, *Mefure*, *Plan*, *Rapport*, *&c.*

Les Latins difoient *agrimenfor* dans la même acception. L'empereur Conftantin dit, qu'après le jugement du poffeffoire, l'*agrimenfeur* fe rendra fur les lieux pour vérifier le pétitoire : *Priùs poffeffionis quæftio finiatur, & tunc AGRIMENSOR ire præcipiatur ad loca, ut patefaâá veritate litigium terminetur.* (*L. 3, C. finium regundorum.*) Les empereurs Théodofe & Valentinien, reglent les falaires des *agrimenfeurs*, dans une loi citée par Frontin. (*De limitibus agrorum, pag. 48, edit. Rigaltii, 1614, in-4°.*)

AGUESSEAU. (D')

Henri-François d'*Agueffeau*, né en 1668, fut avocat du roi au châtelet en 1689, avocat-général au parlement en 1691, procureur-général en 1700, chancelier garde des fceaux en 1717; exilé en 1718, & rappellé en 1720; exilé en 1722, & rappellé en 1727; donna fa démiffion le 27 novembre 1750; mourut accablé de gloire & de fouffrances, le 9 février 1751, & voulut être enterré avec les pauvres, à côté d'Anne Lefevre d'*Ormeffon*, fon époufe chérie.

Ce fut un des grands hommes que

l'académie françoife s'empreffa de célébrer; & fon éloge, digne de lui, renferme ces grandes & utiles vérités que taifent ailleurs l'intérêt & la timidité. M. Thomas y peint « l'*abus* indigne qui fait que *la juftice*, deftinée à foulager le pauvre & le foible, n'eft plus que pour le riche & le puiffant; qui écrafe le bon droit par les formalités, & l'anéantit par les lenteurs; qui *égorge le malheureux avec le glaive des loix;* nourrit la barbare avarice de quelques hommes de la fubftance de mille citoyens, & *change en brigandage l'art de rendre la juftice....* Quel fpeêtacle, ajoute-t-il, nous préfentent les loix de la France! Nées pour la plupart dans la confufion de l'*anarchie féodale*, ce n'eft qu'un édifice *monftrueux*, que l'on prendroit pour un amas de ruines entaffées au hafard. *La loi, qui par-tout devroit être la même, puifqu'elle eft l'image de l'ordre éternel, par-tout oppofée à elle-même, divife les citoyens au lieu de les unir, & forme dans un état cent états différens.* »

M. Thomas rappelle les deux exils de d'*Aguesseau*, & le moment *où il lui fut permis d'être jufte impunément.* Puis, le comparant à Cicéron, à l'Hofpital & à Bacon, il gémit fur la perféeution qu'ont éprouvée prefque tous les grands hommes & les écrivains célebres. Affreufe vérité! L'Europe, en s'éclairant, leur promet un meilleur fort. En tout cas, quand on fait mourir, on eft heureux par fa confcience, par le bien qu'on fait, & par les ouvrages qu'on laiffe après foi.

Nous avons dans ce volume, *pag.* 49, énoncé une partie de ceux de M. d'Agueffeau; ce font fes loix : & nous avons dit les obftacles qui arrêterent fon génie & fa bienfaifance. Il nous refte à donner une idée rapide de fes œuvres recueillies en onze volumes, mine abondante & pure : nous y puifons fouvent, trop foibles pour marcher feuls à travers les écueils qui nous environnent.

La partie la plus connue eft celle des

plaidoyers; des difcours & des mercuriales. C'eft, dans les plaidoyers, l'harmonie & le nombre de Cicéron; dans les
mercuriales, la cenfure de Démofthene;
dans les difcours, la pompe de Fléchier,
& l'ame de Fénelon. Cochin, formé par
d'Aguefleau, n'a pas fu comme lui parler
au cœur, & n'eft fublime que quand il
écrit pour la famille de Luxembourg,
& les princes de Montbelliard.

Dans ce recueil précieux, vous trouverez des mémoires fimples & lumineux
fur la jurifdiction royale, le joyeux avénement, la pairie, le clergé, le domaine
du roi, l'état des perfonnes, l'erreur de
droit, l'affife, la compétence en matiere
criminelle, les monnoies & les actions
de la compagnie des Indes. Ces deux
derniers ouvrages méritent d'être mé-
dités par quiconque veut avoir des notions exactes fur cette partie intéreffante
de notre droit public.

Une partie plus précieufe encore, c'eft
la correfpondance. Indépendamment de
la diverfité & de l'incertitude de la juf-
rifprudence, combien d'hypothefes bizarres & de queftions embarraffantes dans
notre droit public, fur lefquelles nos
loix font muettes!

Deux ouvrages fur-tout, doivent être
lus avec le plus grand intérêt, & font
bons pour tous les temps comme pour
tous les lieux:

Le premier, eft l'*inftruction fur les
études propres à former le magiftrat, &
l'inftitution au droit public.* C'eft-là
qu'on reconnoît l'ami de Boileau & de
Racine; de Domat, de Bretonnier, de
Furgole & de Pothier, qu'il interrogea
& fut encourager. C'eft après cette lecture que nous oferons vous demander,
fi vous croyez qu'on puiffe être magiftrat & jurifconfulte, fans avoir étudié le
droit naturel, le droit des gens, & le
droit public? C'eft ce grand exemple qu'il
faut oppofer à ceux qui dégradent &
corrompent la jurifprudence, en la ref-
ferrant dans le labyrinthe obfcur & tortueux du droit privé.

L'ouvrage le moins connu, le plus
digne de l'être, ce font les *méditations
métaphyfiques fur les vraies & les fauffes
idées de la juftice.* L'homme libre &
le jurifconfulte philofophe aiment à entendre parler ainfi le chef de la juftice:
(*Tom. 11, pag. 3*)

« Je vis au hafard, dans un féjour
obfcur & dangereux, fans favoir ce que
je dois à mes femblables, ni ce qu'ils
me doivent. Tout ce qui m'environne
m'infpire la crainte ou la défiance, &
j'en rends autant que j'en reçois. Plus
malheureux même, en un fens, que fi
je n'avois aucune lumiere, je vois affez
pour douter, & trop peu pour décider.
Je n'ai qu'une *lueur fombre & maligne*,
qui ne fuffit pas pour me bien conduire,
& qui fuffit pour m'égarer. On m'offre,
à la vérité, une reffource dans l'autorité
de la loi, qui me tiendra lieu d'une
juftice, que je ne fuis pas capable de
connoître par moi-même. Mais cette loi
pourroit bien être comme celle dont on
a dit, qu'elle ne fait par elle-même que
des prévaricateurs. *Je fens en moi*, &
tous les hommes m'affurent qu'ils fentent *auffi en eux, je ne fais quel efprit
de révolte & d'indépendance, qui cherche
toujours la raifon du commandement
ou du précepte, qui veut interroger le
légiflateur & juger la loi même.* Je lui
dirois volontiers, comme Galba à Pifon:
vous devez commander, il eft vrai, mais
à des hommes raifonnables, qui abufe-
roient d'une entiere liberté, mais qui
peuvent encore moins fupporter une entiere fervitude. — Que *la loi* foit fourde,
fi l'on veut, pour ne point entendre les
murmures injuftes & téméraires: mais
elle *ne doit pas être muette fur fes
motifs*, &, *fi elle-même ne me prouve
pas fa juftice, je fens que mon efprit
fe révolte. Je n'y reconnois plus une domination légitime, & peu s'en faut que
je ne la prenne pour une tyrannie.* »

Après cela, on détefte cette penfée de
Seneque, citée fi fouvent par le defpotifme; *Legem enim brevem effe oportet*;

quò faciliùs ab imperitis teneatur, velut emissa divinitùs vox sit. Jubeat, non disputet. Nihil videtur mihi frigidius, nihil ineptius quàm lex cum prologo. Mone, dic quid me velis fecisse: non disco, sed pareo. (Epist. 94.) Maxime tyrannique, par laquelle le précepteur enseignant à son éleve de tout ordonner à son gré, prononçoit sa mort, sans le savoir, & fit de Néron l'exécration de Rome, la honte de l'humanité, & le surnom des mauvais rois.

Peuples! si votre législation s'adoucit & s'éclaire, si vos souverains imitent Marc-Aurele & HENRI IV, vous le devez beaucoup à d'*Aguesseau*; c'est lui qui, repoussant la tyrannie, jeta les fondemens de cette philosophie, qui embellit les trônes, & ne s'occupe que de la félicité publique.

En le voyant magistrat à vingt-deux ans, on oublie les dangers de la jeunesse & de la vénalité. On les oublie en voyant son petit-fils avocat-général, & commandeur des ordres. On les oublie en voyant ce nom, mêlé avec ceux d'*Ormesson* & de *Lamoignon*: comme si, ces races n'étant connues que par des vertus & des services, on ne pouvoit jamais assez ni trop tôt les employer pour l'administration & le bien de la justice.

LOUIS XVI a érigé une statue à d'*Aguesseau*, à côté de celle de l'Hôpital. En les exposant ainsi à la vénération publique, il a voulu encourager le magistrat à les imiter, & le jurisconsulte à n'écrire, comme eux, que pour la vérité, l'humanité, le bien public & la justice.

A-GUY-L'AN-NEUF.

(Droit ecclésiastique.)

C'étoit chez les anciens Gaulois le cri fameux des druides, lorsqu'après avoir cueilli avec leurs cérémonies mystérieuses le *guy* des chênes, ils le portoient en grande pompe dans les villes & les campagnes. *Ad viscum, druydæ, druydæ* (*clamare solebant. Ovide.*) Ce *guy* étoit distribué aux grands & au peuple par forme d'étrennes, & gardé religieusement comme le plus souverain préservatif; aussi les druides recevoient-ils, en échange du remede précieux, des libéralités considérables que leur prodiguoit la superstition & l'imbécillité. (Plinius, *in histor. natur. lib. 16, cap. ult.*)

De cet usage antique, dériva sans doute celui qui s'introduisit dans quelques dioceses, après l'établissement de la foi dans les Gaules, & qui y a subsisté jusques sur la fin du dernier siecle, malgré son ridicule & son scandale. Plusieurs paroisses du diocese d'Angers voyoient au commencement de chaque année des assemblées se former parmi les jeunes gens de l'un & de l'autre sexe, qui, sous prétexte de faire la quête pour la fourniture de la cire & l'entretien du luminaire, se livroient à toute sorte d'excès. Voici comme ils sont décrits dans l'ordonnance synodale rendue, en 1565, pour les proscrire.

« Comme ainsi il soit.... les jeunes gens *de l'un & de l'autre sexe* vont par les églises & maisons faire certaine quête qu'ils appellent *aquillanneuf*, les deniers de laquelle ils promettent employer en un cierge, en l'honneur de Notre-Dame, ou du patron de leur paroisse : toutefois nous sommes avertis que, sous ombre d'un peu de bien, il s'y commet beaucoup de scandales. Car, outre que lesdits deniers & autres choses provenant de ladite quête, ils n'emploient pas la dixieme partie en l'honneur de l'église ; ains consument quasi tout en banquets, ivrogneries & autres débauches; l'un d'entr'eux, qu'ils appellent leur *follet*, sous ce nom prend la liberté, & ceux qui l'accompagnent aussi, de faire & dire en l'église & autres lieux, des choses qui ne peuvent honnêtement être proférées, écrites ni écoutées; même jusqu'à s'adresser souvent avec une insolence grande au prêtre qui est à l'autel, & contrefaire par diverses singeries les saintes cérémonies de la messe. Et, sous couleur dudit *aquillanneuf*, prennent & dérobent ès maisons où ils entrent tout ce que bon leur semble, dont on n'ose se plaindre ; & ne peut-on les empêcher, pour ce qu'ils portent bâtons & autres armes offensives ; & outre ce que dessus, font une infinité d'autres scandales, &c. »

En conséquence le synode défend, *sur peine d'excommunication*, de faire dorénavant la quête de l'*aquillanneuf* dans l'église, ni de s'assembler au nombre de plus de trois personnes, accompagnées de l'un des procureurs de fabrique, *ou de quelqu'autre personne d'âge ;* voulant que tout ce qui proviendra de la quête, *soit employé en cire pour le service de l'église, sans en retenir ni dépenser un seul denier à autre usage.* (Thiers, *Traité des jeux, pag. 452 & suiv.*)

Cette ordonnance eut son exécution dans les églises, & on n'y vit plus ni fête de l'*aquillanneuf*, ou plutôt d'*a-guy-l'an-neuf*, ni de *follet :* cependant, comme elle se continuoit hors des églises avec le même scandale, le synode d'Angers de 1668 s'occupa de le réprimer. En conséquence, après avoir observé qu'en certains temps de l'année « il se fait des assemblées de personnes qui vont quêter par les paroisses pour l'entretenement du luminaire, ce que l'on appelle vulgairement *gui lan leu,* ou *gui-l'an-neuf,* ou *bachelettes :* & que durant cette fête, il se fait des réjouissances, ou plutôt des débauches avec des danses, des chansons dissolues, & des licences qui sont d'autant plus criminelles, qu'il semble aux simples que l'intérêt de l'église les ait autorisées comme une louable coutume, &c. » Le synode défend de faire à l'avenir de pareilles assemblées de *gui lan leu,* & aux curés de les souffrir, voulant qu'ils nomment eux-mêmes des personnes de probité reconnue qui rendent ce service

à l'église par charité, sans salaire, ni abus, à peine de · suppression de toutes quêtes, si le désordre ne cesse ; & à condition que les personnes préposées pour les faire, les feront avec modestie, & emploieront les deniers aux nécessités de l'église.

Les cours souveraines ont concouru avec les pasteurs du premier & du second ordre, pour extirper toutes ces prétendues fêtes, restes honteux du paganisme, & connues sous divers noms de fêtes de l'*Ane,* des *Calendes,* des *Conards,* des *Foux,* des *Innocens,* du *Roi-boit,* &c.

Ce sont, entr'autres, les dispositions du concile de Bâle, par un décret célebre qui fait partie de la pragmatique-sanction, & qui est de l'année 1445. (*tit. de lud. prohib.*) Ce sont celles du concile provincial de Rouen, de 1445, (*cap. 2 ;*) de ceux de Sens de 1460 & 1485, (*art. 1, cap. 3 ;*) de ceux d'Orléans, de 1525 & de 1587, (*tit. de ecclef. & cœmeter.*) des constitutions synodales de Chartres, de 1550, (*tit. 16 ;*) du concile provincial de Narbonne, de 1551, (*can. 46 ;*) des statuts synodaux de l'église de Lyon, en 1566 & 1577, (*tit. de ecclef. cap. 15.*) &c.

Voyez les trois ARRÊTS, du parlement de Paris, du 7 juin 1613, & du 14 juillet 1600, & de celui de Dijon, du 9 août 1649, cités sous le mot *Abus,* pag. 318, 420 & 421 ; & ceux que nous citerons sous les mots *Ane, Bacchanales, Bachelette, Baladoires (fêtes), Banquet, Conard, Confrairie, Étrennes, Festin, Fête, Folle (mere), Innocens, Mystere, Procession, Quête, Roi-boit,* &c.

___

A G Y N N I E N S,
(Droit ecclésiastique.)

C'est le nom qu'on donna à des sectaires, qui, sous le regne de l'empereur Justinien II, & sous le pontificat du pape Sergius I, c'est-à-dire, environ
l'année

l'année 694, foutinrent, entr'autres erreurs qui leur étoient communes avec les *Encratites*, les *Hiérarchites*, les *Manichéens*, les *Prifcillianiftes*, &c. que l'ufage des viandes étoit prohibé; & en s'élevant contre l'ouvrage des fix jours, ils prétendoient que pareilles chofes n'avoient pu être créées par Dieu. Ils s'élevoient auffi contre le mariage, qu'ils regardoient comme un établiffement impur. Ils vomiffoient en conféquence contre ce facrement, des imprécations pareilles à celles des *Adamiens*, des *Gnoftiques*, des *Marcionites*, des *Sévériens*, &c. Ils fe livroient enfin à tant d'horreurs, qu'il feroit malhonnête de les raconter. *Efcas abominabantur ut immundas : ad deftruenda, contemnendaque Dei opera, hunc talium creatorem effe denegantes... Execrabiles & fpurcas nuptias appellabant... & à nuptiis, ut à malo auctore inftitutis, abftinebant, abhorrebantque.... Suam illi fuffulcientes hærefim tam turpibus adeòque fpurcis, & in Deum blafphemis rationibus, ut grave etiam nobis foret in recenfendis, caftas lectorum aures polluere.* (Prateolus, *in verbo* Agynnenfes, § *18, pag. 13 & 14.*) Voyez les mots *italiques*.

AHANABLE.

(*Droit coutumier.*)

« Terres *ahanables* ou gaignables, dans la Somme rurale, font appellées celles qui font de grand rapport, & fe labourent avec grand'peine. Cela vient du mot d'*Ahan*, qui eft une voix qui fort fans art du profond de l'eftomac des bûcherons ou autres manœuvres, quand à toute force de bras ou de corps, ils emploient leurs cognées à couper quelques pieces de bois; monftrant par cette voix qu'ils pouffent de tout leur refte : dont vient le mot *Ahaner* pour *travailler*. » (Bouchel & Bechefer, tom. *1*, *pag. 99, colon. 1.*)

Cette expreffion, *terres ahanables*, eft employée par les rédacteurs de la coutume de Boulenois, au *tit. 3, art. 169.* « Si aucuns veulent planter jardins, haies ou enclos contre terres *ahanables*, ils doivent laiffer à tous les rejects par dedans leurs bornes deux pieds & demi ; & fi ne doit nul faire plants entre parties, s'il n'appert par vraies bornes. » Le roi de Lozembrune dit fur ce texte : « terres *ahanables* font terres champêtres labourables. » (*tom. 2, pag. 159, dans le fecond volume des commentateurs de Picardie.*) Voyez Borne, Foffé, Haie, Labour, Manœuvre, Terre, Travail, &c.

AJACCIO.

1. C'eft la ville capitale de la province du même nom dans l'ifle de Corfe.

État eccléfiaftique.

2. *Ajaccio* eft le fiege d'un évêché fuffragant de la métropole de Pife, dont on fait remonter l'établiffement au fixieme fiecle. Son évêque jouit de 12000 liv. de revenu, & paie à la chancellerie romaine 500 florins pour l'expédition de fes bulles. Le diocefe d'*Ajaccio* eft compofé de foixante-trois paroiffes réparties dans fept pieves, qu'on peut comparer à nos doyennés ruraux. Le chapitre cathédral n'étoit anciennement formé que par trois chanoines & deux dignitaires, l'archiprêtre & l'archidiacre : mais le pape Sixte Quint trouvant ce clergé infuffifant, foit pour la majefté du fervice divin, foit pour la dignité de l'évêque, dont le chapitre eft le fénat, fonda cinq nouveaux canonicats, qu'il dota d'un démembrement de la menfe épifcopale.

État civil.

3. Après plufieurs unions & défunions de différentes pieves par ARRÊTS du confeil, du 22 juin 1771, & du 21 novembre 1772; la province d'*Ajaccio* eft

aujourd'hui compofée de celles de la Mezzana, Celavo, Ornano, Talavo, Cinarca, Cauro, & *Ajaccio*.

L'*art.* 4 de l'ÉDIT du mois de juin 1768, avoit établi dans cette derniere ville un fiege de maréchauffée; mais l'ÉDIT du mois de feptembre 1769, abrogea cette difpofition du premier, & y créa en même temps une jurifdiction royale qui a rang après celle de Corté & de Baftia. Il y a encore à *Ajaccio* un fiege d'amirauté, duquel dépendent les ports de Portovecchio, Bonifaccio, Valinco & Sagone : cet établiffement eft fait en vertu des LETTRES-PATENTES du 4 octobre 1768, & de l'*art.* 1 du RÉGLEMENT, du 21 août précédent. (Code corfe, *imprimé en françois & en italien, à l'imprimerie royale, en 1778, tom. 1, pag. 4, 150 & fuiv. 197 & fuiv. tom. 2, pag. 399; & tom. 3, pag. 161 & 243.*) Voyez *Air, Alternative, Corfe, &c.*

Affemblée des états.

4. Les états de Corfe font formés par vingt-trois députés de chacun des ordres du clergé, de la nobleffe, & du tiers-état. Ceux de la province d'*Ajaccio* y tiennent le fecond rang, & font au nombre de dix, favoir; l'évêque d'*Ajaccio* & trois piévans, pour l'ordre du clergé, & trois autres députés pour chacun des ordres de la nobleffe, & du tiers-état. Ce font les difpofitions des *art.* 4, 5, 8 & 9 de l'ARRÊT du confeil d'état, concernant les affemblées générales & particulieres de la nation corfe, du 2 novembre 1772. (Code corfe, *tom. 3, pag. 247 & fuiv.*) Voyez *États, Piévan, &c.*

A I D E.

(*Dr. naturel. Dr. des gens. Dr. eccléfiaft. Dr. féodal.*)

1. L'académie françoife définit ainfi : « *Aide,* f. f. fecours, affiftance qu'une perfonne donne à une autre. »

L'abbé Girard ajoute. « On dit, *fecourir* dans le danger; *aider* dans la peine; *affifter* dans le befoin. — Le premier part d'un mouvement de *générofité*; le fecond d'un fentiment d'*HUMANITÉ*; & le troifieme d'un mouvement de *compaffion.* — On va au *fecours* dans le combat. On *aide* à porter un fardeau. On *affifte* les pauvres. » Sous les mots *Affamer, Affection* & *Agir,* nous avons ébauché ce que les hommes fe doivent par juftice & par humanité : faut-il en parler encore? La jurifprudence entraîne, & l'on peut traiter rapidement ces queftions depuis quelque temps abandonnées.

DROIT NATUREL & DROIT CIVIL.

2. Eft-ce un devoir d'*aider,* en forte que l'on puiffe être jugé, comme n'ayant pas rempli les devoirs de l'humanité & de la fociété?

Je n'ai point de loi, répond le Huron, mais je fuis homme : je fens la peine de mon femblable, & cela me fuffit pour l'*aider* de toutes mes forces.

Voilà l'humanité : elle eft encore dans nos villes corrompues. Un fardeau accable celui qui le porte; s'il y a un embarras, un accident, un danger, un incendie; on accourt, on s'empreffe, on s'expofe, & l'on jouit du bonheur d'avoir *aidé,* fecouru, fauvé fes femblables. Mais quels font ceux qu'anime ainfi la fainte humanité? des malheureux, des pauvres, ces hommes obfcurs ou modeftes qui compofent ce qu'on appelle péuple. Le riche voluptueux échappe, fuit, s'aviliroit d'*aider,* s'inquiete peu du danger qu'il ne partage pas, n'eft point touché de la peine qu'il ne fent pas, refufe une *aide* qui auroit empêché le mal, fait que la loi ne prononce rien, s'inquiete peu de l'opinion du moment, & fe joue du remords avec l'exemple, l'ufage & l'infenfibilité.

Eft-il donc vrai qu'il n'y a point de loi? Et s'il n'en exiftoit point, fa compofition n'honoreroit-elle pas la légiflation? ne feroit-elle pas utile au bonheur focial?

Cicéron, dans son *Traité des Offices*, *liv. 1*, nᵒ. 23, dit : « Il y a deux sortes d'injustices : celle qu'on fait ; & celle qu'on laisse faire, lorsqu'on pouvoit l'empêcher. » *Injustitiæ genera duo sunt : unum eorum, qui inferunt ; alterum eorum, qui ab iis, quibus infertur, si possint, non propulsant injuriam.* » Celui qui n'aide pas, & ne défend pas, quoiqu'il le puisse, est aussi coupable que s'il abandonnoit ses parens, ses amis, sa patrie. » *Qui autem non defendit, nec obstitit, si potest, injuriæ, tam est in vitio, quàm si parentes, aut amicos, aut patriam deserat.*

Cicéron rappelle ce que disoit si bien Platon, « que l'homme n'est pas né pour lui seul, & que tous ont été créés pour être utiles à tous ; *homines autem hominum causâ esse generatos, ut ipsi inter se, aliis alii prodesse possint.* Prenons, ajoutoit-il, la nature pour guide. Faisons un échange continuel de services & de bienfaits, & rendons la société ce qu'elle doit être. *In hoc naturam debemus ducem sequi ; omnes utilitates in medium afferre, mutatione officiorum, dando, accipiendo, tum artibus, tum operâ, tum facultatibus devincire hominum inter homines societatem.* (Ibid. nᵒ. 22.)

Cette morale fut mise en loi par les Égyptiens. Celui qui, pouvant sauver un homme, ne le faisoit pas, étoit puni de mort, comme l'assassin lui-même. Que si on ne pouvoit pas secourir, il falloit du moins dénoncer le coupable, sans quoi l'on étoit condamné à diverses peines. Diodore de Sicile, (*liv. 1, ch. 47*) dit que c'étoit un jeûne absolu pendant trois jours ; des coups, & par conséquent l'infamie. *Ainsi*, conclut notre sage Rollin, *les citoyens étoient à la garde les uns des autres, & tout le corps de l'état étoit uni contre les méchans.* (Hist. anc. tom. 1, liv. 1, pag. 47.)

Ces loix sublimes s'affoiblirent chez les Grecs ; & à l'égard des Romains, que reste-il ?

Dans la loi 3, *D. de just. & jur.* vous lisez que la nature a fait de tous les hommes une seule famille : *Inter nos COGNATIONEM quamdam natura constituit.* C'est la maxime sur laquelle Cicéron appuie la condamnation de celui qui n'*aide* pas, aussi coupable que s'il avoit abandonné son pere ou sa patrie ; *tam est in vitio quàm si parentes, aut amicos, aut patriam deserat.*

Une loi dit encore, que « celui qui a pu empêcher le mal & ne l'a pas fait, est puni ou tenu d'indemniser, parce que l'inaction, l'abandon, le refus d'*aide* sont une espece de complicité. » *Scientiam hîc pro patientiâ accipimus, ut, QUI PROHIBERE POTUERIT, TENEATUR, SI NON FECERIT.* (L. 45, D. ad leg. Aquil.)

De cette maxime naissent une infinité de décisions répandues dans les titres, *de noxalibus actionibus.... de damno infecto.... Si quadrupes pauperiem fecisse dicatur.... De injuriis, &c.*

Mais après la loi 1, *D. de injuriis*, qui définit l'injure, « ce qui se fait contre le droit, » *quod non jure fiat*, le § 1 m'embarrasse, en bornant l'injure au fait & aux paroles, *aut re aut verbis. Re quoties manus inferuntur, verbis autem quoties non manus inferuntur.*

Justinien, arrive, & dans ses *Institutes*, (*liv. 4, tit. 3, § 16*) décide que l'action n'a lieu que contre celui qui, par son CORPS, a causé le dommage : *Si quis præcipuè CORPORE suo damnum dederit.*

En sorte que si vous périssez, non par l'action de mon CORPS, mais au contraire, parce que je n'aurai pas fait servir mon CORPS à vous *aider*, je serai innocent ; c'est-à-dire, en un seul mot, qu'il n'y auroit que des délits actifs, & qu'il n'y en auroit point de passifs !

Je ne saisis pas l'esprit de cette législation, sur-tout quand je la compare à une infinité d'autres cas, dans lesquels la loi condamne celui qui, passivement, indirectement, ou médiatement, a occasioné un délit ou un dommage ; car enfin, celui dont le domeftique, l'animal, l'effet même, ont occafioné l'accident ou le crime, eft bien plus excufable que celui qui, voyant fon femblable dans le danger ou dans·la peine, le délaiffe & fuit par une orgueilleufe & barbare apathie, lorfqu'il pouvoit le fauver fans fe compromettre.

Les loix modernes, ou ne difent rien, ou ne font pas plus claires, & toutefois on fent au fond de fon cœur qu'il feroit aifé de ftatuer. Que fi nous pouvions en douter, l'opinion publique nous l'apprendroit à chaque pas : lorfqu'on reconnoît ainfi des hommes cruels & infenfibles, on les blâme hautement, on defireroit qu'ils puffent être flétris : mais le vœu paffe & le mal refte.

Duclos, (chap. 3) dit : « Les loix fe font prêtées à la *foibleffe* & aux paffions, en ne réprimant que ce qui attaque *ouvertement* la fociété. Si elles étoient entrées dans le détail de tout ce qui peut la bleffer *indirectement*, elles n'auroient pas été univerfellement comprifes, ni par conféquent fuivies. *Il y auroit eu trop de criminels.* »... Qu'eft-ce donc que nos loix civiles ?

DROIT DES GENS.

3. Qu'eft-ce encore que notre droit des gens, quand on l'interroge fur l'*aide* & le *fecours* que fe doivent des princes alliés ou des peuples voifins ?

Il faut voir, entr'autres, la maniere dont Grotius traite cette grande queftion, (*liv.* 2, *chap.* 25, *n°.* 7.) Il improuve Platon & Cicéron, & foutient que l'obligation naturelle de défendre QUAND ON LE PEUT, *doit être expliquée ainfi : lorfqu'on trouve l'occafion de défendre quelqu'un* COMMODÉMENT.

Après cela, l'obligation naturelle n'eft pas plus déterminante que la convention écrite. Tout dépend des traités qui s'interpretent *commodément*, des convenances du moment, & de l'intérêt qui décide tout. Voyez *Alliance, Secours, Traité.*

Queftion.

4. Si les individus & les états ne font forcés, de s'*aider* & de fe fecourir, que par ce fentiment naturel, qui ne dit rien aux uns, & quelquefois peu aux autres ; pourquoi le mot *Aide* fe trouve-t-il donc répété à chaque pas dans les livres de la juftice ?

DROIT ECCLÉSIASTIQUE.

5. Anciennement les évêques & les prélats inférieurs levoient une *aide* lors de leur avénement, quand ils recevoient les fouverains, quand ils alloient au concile ou à la cour du pape, & quand ils ils étoient nommés cardinaux.

L'évêque, fon vicaire général, l'archidiacre, demandent une *aide*, quand ils vont vifiter le diocefe ; c'eft-à-dire, une rétribution pour fupporter cette dépenfe, qu'ils appellent extraordinaire. Le concile de Trente, (*feffion* 24, *ch.* 3) modere ce fecours, ce qui fuppofe le droit de l'exiger.

Cette *aide* eft-elle due ? doit-elle être fournie par le clergé feul, & les laïques n'y font-ils pas fujets ? On trouve cette queftion dans les *Mémoires du Clergé*, (*tom.* 7 de l'édit. in-4°. pag. 193.) Voyez *Archidiacre, Évêque, Procuration* & *Vifite.*

Une queftion plus importante, eft de favoir à qui les curés peuvent demander une *aide* pour fubfifter. On l'agite actuellement dans la chambre haute du parlement Britannique : c'eft l'évêque de LANDAFF qui a fait la motion ; & ce qui la rend plus intéreffante encore, c'eft que ce digne prélat propofe un bill, non pour demander en faveur des pauvres pafteurs une contribution fur les paroiffes ou l'état, mais une répartition plus jufte des revenus de l'églife anglicane. Aux mots *Clergé* & *Curé*, nous rendrons compte de cette précieufe difcuffion, & nous extrairons l'acte du parlement, fi la motion n'eft pas rejetée.

On donne auffi le nom d'*Aide* à des

chapelles ou églises établies pour la commodité des paroissiens ; mais on les appelle plutôt *Succursale.* Voyez *ce mot.*

DROIT FÉODAL.

6. Banni du droit civil, à peu près vain dans celui des gens, & contesté dans le droit ecclésiastique ; le mot *Aide* s'est réfugié dans le droit féodal, & il y tient une grande place. Comment cela est-il arrivé ?

Après avoir asservi les hommes & les propriétés, les seigneurs imaginerent encore d'exiger une *aide*, dans quelques cas appellés extraordinaires, & de faire des hommes *taillables à miséricorde.*

La dénomination, l'espece & le nombre de ces cas varient à l'infini, suivant le génie, le caprice & l'avidité des inventeurs.

C'est en général ce qu'on entend par *taille* aux deux, aux trois & aux quatre cas : 1°. le mariage de la premiere fille ; 2°. la chevalerie du pere ou de son fils aîné ; 3°. le voyage d'outre-mer ; 4°. la rançon.

C'est-à-dire, qu'outre les droits sur les personnes & les propriétés, tels que le cens, le lods, le mi-lods, les corvées, le champart ou l'agrier, & tant d'autres pour lesquels seuls il faudroit un dictionnaire ; on établit encore une imposition seche que les seigneurs prétendoient pouvoir revenir deux fois dans une année.

La coutume de Bretagne va plus loin. (*Art.* 86, elle assigne une *aide* au seigneur, pour acheter ou retraire ; *art.* 87, une *aide* pour fortifier ses places ; *art.* 88, une *aide* pour rebâtir ses maisons, si elles sont brûlées ou si elles tombent.)

La coutume de Normandie, (*art.* 164, 165 & 167, admet encore une *aide de relief* ; & vous la retrouvez dans la coutume d'Eu, *art.* 29, 30 & 31.)

En Dauphiné, cette *aide* s'appelle *cas impérial.* Salvaing de Boissieux, (*tom.* 1, *ch.* 49) le fait dériver de Rome, où, suivant Denis d'Halicarnasse, (*liv.* 2)

« les patrons recevoient *aides* de leurs cliens pour le mariage de leurs filles, s'ils n'avoient pas suffisamment de quoi les doter, & pour leurs rançons, quand eux ou leurs enfans étoient prisonniers de guerre. »

La comparaison est fausse ; & vous ne trouvez rien de relatif dans la loi royale, le code Papyrien, la loi des douze tables, les codes Théodosien & Justinien. Les cliens, il est vrai, faisoient des présens à leurs patrons, qui, à leur tour, les défendoient gratuitement, les écoutoient, les protégeoient sans cesse ; & telle fut l'origine de la grande fortune de Cicéron. Mais tout étoit volontaire.

Tout le fut bien aussi originairement dans notre droit féodal. Boutellier, dans sa *Somme rurale,* (*tit.* 86, *pag.* 495) dit que de son temps, sous Charles VI, les aides ne dépendoient que de l'honnêteté & de la courtoisie des vassaux ; que les seigneurs n'en pouvoient faire demande, ni par contrainte, ni par loi. Aussi les anciennes chartes l'appellent *charitativum subsidium.*

Mais bientôt ce secours de *charité* fut érigé en redevance, par la force, le crédit, & la jurisprudence qui s'est pliée si souvent au desir des seigneurs, quand les emphytéotes n'ont pas trouvé des jurisconsultes zélés, tels que Dupont & Dumoulin. Voyez *A-cher-prix,* (*tom.* 2, *pag.* 479.)

En effet, sur la fin du seizieme siecle, Bodin, en sa *République, liv.* 1, parla de l'établissement de l'*aide* ou *taille* seigneuriale, comme d'un *abus,* que n'avoit point arrêté l'*art.* 23 de l'ordonnance de Moulins, portant défenses de lever aucun argent ni taille sans la permission expresse du roi.

Après ces recherches, Salvaing reconnoît la légitimité non primitive, mais actuelle de l'*aide* en Dauphiné, quand elle est fondée sur des titres ; & il en cite un de la baronnie de Sassenage, qui porte *les cas* jusqu'à sept.

Au mot *Accouchement*, (*n°. 15*, *tom. 2, pag. 72*) nous avons rappellé ce droit, parce qu'en certains fiefs, on est obligé de fournir *aide* pour les *couches* de la dame; & nous avons rapporté un arrêt du parlement de Touloufe, du 22 mai 1631, qui confirme l'*aide* actuelle aux fept cas.

Quel eft le droit actuel? Jugez-en par les mots fous lefquels il faut le chercher, *Avenage*, *Chambellage*, *Chevage*, *Cheval de fervice* ou *Rouffin*, *Chevalerie*, *Chevel*, *Corvée*, *Doublage*, *Guet & Garde*, *Hébergement*, *Loyaux-aides*, *Mariage*, *Outremer*, *Parageaux*, *Quête*, *Rachat*, *Rançon*, *Relief*, *Retrait*, *Subfide*, *Subvention* & *Taille*. C'eft fous ce dernier *mot*, que nous tâcherons d'expofer la jurifprudence.

Conclufion.

7. Ainfi, tandis que chez un feul peuple, qui n'eft plus, l'HUMANITÉ a érigé en loi l'obligation naturelle de *s'aider* & de *fe fecourir* dans le danger & la peine, la féodalité plus puiffante a fait convertir en droit éternel & exigible, ce qui, de l'aveu des jurifconfultes contemporains, n'étoit que préfent volontaire, courtoifie & chàrité. La coutume, ou le titre, ouvrages du feigneur ou du praticien foudoyé, ont tout légitimé; le temps, & ce qu'on appelle propriété, ont tout confacré. La jurifprudence auroit-elle tout maîntenu? . . . *Voyez Taille.*

A I D E S.
(*Finances.*)

1. Ce font des fubfides établis d'abord fur les boiffons pour *aider* à foutenir les dépenfes de l'état, & étendus enfuite à d'autres objets.

Le droit fifcal n'a point de partie plus vafte, ni plus compliquée. Indépendamment des ordonnances, nous avons fous

les yeux quarante volumes d'ARRÊTS ou de décifions, dédale obfcur & plein d'abymes: il n'eft pas aifé d'en trouver le fil.

Quelques auteurs l'ont effayé: mais les uns, tels que Labelande, ont été accufés de *fifcalité*; d'autres, & la plupart des jurifconfultes, ont été regardés comme *anti-financiers*. Serons-nous plus heureux?

Cet article eft d'autant plus important, que fes formes & fa jurifprudence ont influé fur toutes les autres parties de la fifcalité, & nous y renverrons fouvent.

Toutefois nous ne prétendons pas faire un traité général des *aides*. La nature de notre ouvrage exige le renvoi d'une infinité de grands articles acceffoires, qui font parfaitement prononcés. Nous nous attacherons feulement à raffembler & à lier les grandes maffes; en forte qu'en lifant ceci on ait une idée fuffifante des droits d'*aides*, & qu'on puiffe recourir à d'autres mots.

Voici donc notre plan: 1°. l'hiftoire & l'origine des droits d'*aides*; 2°. leur état actuel, leur grande divifion, & les pays d'*aides*; 3°. la confervation & le recouvrement des droits; les perfonnes qui en font chargées, leurs qualités, leurs devoirs & leurs privileges; 4°. les formes & la procédure; 5°. les cours des *aides*.

Avant que d'aller plus loin, nous fupplions de lire les obfervations que nous avons faites au mot *Accife*, (*n°. 5 & 6*, *tom. 1, pag. 737.*) On verra que la marche de l'efprit humain a été la même en Angleterre & en France; on verra combien par-tout on eft naturellement difpofé à critiquer, mais combien les changemens & les remplacemens font difficiles.

Origine des aides.

2. Jufqu'au feizieme fiecle l'hiftoire des finances n'offre que des lueurs & quelques faits ifolés.

La Gaule, fous les Romains paie les tributs ordinaires de l'empire. Les Francs apportent leurs loix, leurs mœurs, & l'on entrevoit quelquefois deux dîmes, l'une pour l'état, l'autre pour l'églife. Entr'autres fubfides, Chilperic imagine en 584 un *huitieme* fur le vin, un *huitieme de muid* pour chaque arpent de vigne. C'eft fous ce regne que paroît le premier financier par état, MARC, tué par les Limoufins, fuivant Mézeray, (*tom. 1, pag. 67.*)

Charlemagne maître des richeffes des Lombards, & des tréfors des Huns qui avoient dépouillé l'univers, eut d'autant moins befoin de fubfides, qu'il avoit cette économie, *qui lui faifoit vendre les œufs des baffes-cours de fes domaines, & les herbes inutiles de fes jardins.* (Efp. des loix, liv. 31, chap. 18.)

Bientôt après, la féodalité bouleverfa tout, établiffant dans le royaume 78 états à-peu-près indépendans fous le titre de grands fiefs. Le roi fut réduit à fon domaine, à la modique redevance des grands vaffaux, & au droit d'exiger d'eux en certains cas le fervice militaire. Que pouvoit-il ajouter à fa fortune ? le pillage, la confifcation & l'affoibliffement des monnoies, affreufe & vile reffource ! Voyez *Affoibliffement* dans ce volume, (*n°. 3, pag. 409.*)

Tandis que le trône étoit ainfi dépouillé, que faifoient ces vaffaux que le préfident Hénault, dans fes remarques fur la feconde race, peint comme « rendant héréditaires dans leurs maifons des titres que jufques-là ils n'avoient poffédé qu'à vie, & ayant ufurpé également & les terres & la *juftice ;* s'érigeant en feigneurs propriétaires des lieux dont ils n'étoient que les magiftrats ? » Ils afferviffoient les perfonnes & les biens, imaginoient mille droits divers auxquels ils ajoutoient l'*aide,* dont nous avons parlé dans l'article précédent.

Cependant le roi, l'état entier, pouvoient avoir befoin de fecours extraordinaires auxquels ne fuffifoit pas le fervice militaire. Jean fut prifonnier des Anglois. Les états-généraux s'attroupant à Paris, le dauphin régent depuis Charles V, demande une *aide* pour délivrer fon pere

& continuer la guerre ; elle fut accordée. C'eft dans cette ORDONNANCE de 1356, qu'il faut voir, 1°. l'intention de faire ceffer *toutes oppreffions, extorfions & indues exactions dont l'on avoit ufé au temps paffé par moults divers voyes & manieres, comme par le fait de la mutation des monnoies & autrement ;* 2°. le projet d'y fuppléer par *chofes faintes, juftes & raifonnables, & de faire moult grande AYDE ;* 3°. la nomination de députés *généraux des aydes,* chargés de l'affiette, de la perception & du jugement.

Les aides deviennent perpétuelles.

3. Les befoins de l'état & la fageffe de Charles V firent continuer les fubfides fous le nom d'*aides,* & l'on ne peut en douter d'après les loix fuivantes.

DÉCLARATION, du 2 feptembre 1370, portant réglement pour la décharge des élus fur le fait des *aides,* à caufe des fermes qu'ils ont adjugées & adjugeront. (*Mémoires de la chambre des comptes, coté* D, *fol. 104.*)

ÉDIT de novembre 1372, portant réglement fur le fait des *aides,* le devoir des généraux, des tréfories, des élus, &c. (*Invent. du tréfor des chartes, vol. 6, fol. 216.*)

DÉCLARATION, du 6 décembre 1373, portant réglement fur le fait des *aides.*

ÉDIT, du 13 janvier 1374, regiftré le 20 mars 1375, portant réglement pour les *aides,* gabelles, & l'impofition foraine.

LETTRES-PATENTES, du 14 feptembre 1376, portant réglement pour la levée d'une *aide* fur toutes les denrées qui fe confomment dans le royaume, excepté fur *les bleds, les vins, les laines & le fel,* quatre chofes néceffaires à la vie ; en forte que l'impôt étoit rejeté fur le luxe & le fuperflu.

ÉDIT, du 26 novembre 1379, portant réglement fur les *aides,* gabelles & fouages. *Fontanon.*

ÉDIT, du 26 janvier 1382, portant établiffement des commiffaires généraux fur le fait des *aides* pour la guerre, &

réglement pour leur jurifdiction, pouvoir & autorité. (*Mémoires de la chambre des comptes, coté E, fol. 34.*)

DÉCLARATION, du 24 novembre 1383, portant réglement pour la levée d'un droit d'*aide* fur toutes perfonnes nobles ou non nobles.

Premiers droits d'aides.

4. Les titres des loix précédentes fuffifent pour prouver que l'on varia dans les objets & la quotité des *aides*.

D'après le réglement de 1360, il paroît que l'*aide* confiftoit en un treizieme de la valeur du vin qui entroit dans les villes pour y être confommé, ou vendu en gros ou en détail, & le droit étoit dû pour la vente & revente en gros dans l'intérieur des villes.

En 1382, fous Charles VI, l'*aide* étoit de douze deniers pour livre de toutes les boiffons ou marchandifes vendues en gros dans le royaume, & au *huitieme* du prix de la vente du vin en détail.

Ce *huitieme* fut porté, on ne fait à quelle date, au quatrieme ; & enfuite par lettres-patentes de Louis XI, du 3 août 1465, réduit encore au huitieme pour la ville de Paris. On préfume que cette faveur fut étendue à quelques provinces ; c'eft du moins la feule raifon apparente de la différence entre les provinces fujettes aux *aides*, parmi lefquelles les unes paient encore le quatrieme, tandis que les autres ne paient que le huitieme.

Les droits fur les boiffons, à la vente en gros & en détail, ont été conftamment les plus anciens : d'autres ont été ajoutés fucceffivement, & nous allons les préfenter par ordre de date.

Seconds droits d'aides.

5. ÉDIT du 22 feptembre 1561, portant impofition de cinq fous par muid de vin entrant dans les villes & bourgs... Lettres-patentes du 18 juillet & 28 décembre 1581, ajoutant encore cinq fous.... Quelques provinces fe rachetent des nouveaux cinq fous, d'autres des anciens &

des nouveaux. C'eft ce qu'on appelle ANCIENS ET NOUVEAUX CINQ SOUS.

ÉDIT de mars 1577, qui défend de tenir cabaret fans permiffion du roi ; cette permiffion eft érigée en office héréditaire par ÉDIT de 1627. Autre ÉDIT de décembre 1632, fupprimant ces offices, & y fuppléant par un droit à payer annuellement par tous ceux qui, en gros ou en détail, feront le commerce de vin ou autres boiffons. C'eft l'ANNUEL.

ÉDIT de 1596, d'après le vœu des notables affemblés à Rouen, portant établiffement du fou pour livre fur toutes les marchandifes & denrées à leur entrée dans les villes & bourgs. Il faut voir dans Sully, (*liv. 8*) fon opinion fur ce droit, fur ces affemblées nationales, & fur le confeil de ce temps-là.

En Picardie, dès 1598, ce droit fut converti en un autre de trois livres fix fous par muid de vin entrant dans les villes, pour tenir lieu de ce qui étoit à percevoir fur les denrées & marchandifes ; & à l'égard des boiffons, refta à raifon de trois livres par muid de vin, & pour les autres liqueurs à proportion, à raifon du vingtieme de la valeur arbitrée. Ce dernier droit fut encore commué par lettres-patentes du 20 novembre 1599, en un droit de fou par pot perceptible au détail.... Ces droits font connus aujourd'hui fous les noms de DROIT DE NEUF LIVRES DIX-HUIT SOUS PAR TONNEAU de trois muids, & DROIT DE SOU POUR POT DE PICARDIE.

ÉDIT de novembre 1622, portant fuppreffion du droit de fou pour livre dans tout le royaume. Il continue à fe percevoir dans les généralités d'Amiens & de Rouen, par des raifons locales, & il eft connu fous le nom de DROIT DE NEUF LIVRES PAR TONNEAU de trois muids.

ÉDIT de décembre 1625, portant création d'offices de CONTRÔLEURS DES BIERES dans les villes & bourgs, avec attribution de fix fous par muid de biere. . . .

biere... DÉCLARATION du 16 février 1635, portant suppression de ces offices... Autre, du 15 décembre 1638, portant que les droits à eux attribués seront perçus au profit de sa majesté.... Par l'ordonnance de 1680, ces droits ont été irrévocablement imposés dans tout le royaume, sous le nom de *droit de contrôle sur les bieres*.

DÉCLARATION de janvier 1633, portant suppression des péages sur la Seine, & indemnité à sa majesté pour les remboursemens à faire aux seigneurs : elle établit un droit de quarante-cinq sous par muid de vin voituré d'une ville, ou d'un port dans un autre sur la Seine, & rivieres affluentes jusqu'à Rouen. Ce droit subsistant s'appelle, *droit de quarante-cinq sous de riviere*.

ÉDIT de novembre 1640, portant création à titre de subvention d'un sou pour livre sur toutes les marchandises.

DÉCLARATIONS de janvier 1641, & 25 janvier 1643, qui convertissent l'impôt en une taxe seche de 1,500,000 liv. une fois payée, à répartir sur les villes & bourgs. Mais les boissons n'étant pas comprises dans la commutation, elles resterent assujetties à ce DROIT DE SUBVENTION fixé par le tarif de janvier 1641.

Par LETTRES-PATENTES du 19 décembre 1643, ce droit, d'abord perceptible au lieu du crû, fut établi à l'entrée des villes & bourgs.

DÉCLARATION du 20 juillet 1656, qui, sur la représentation de quelques provinces, convertit ce droit de subvention en un droit perceptible à la vente au détail.

DÉCLARATION du 8 août 1658, registrée à la cour des *aides* de Rouen, portant, que la subvention dans l'étendue de son ressort, ne se percevroit plus qu'à l'entrée des lieux où il y a jurisdiction royale, foire, ou marché ; & que pour tenir lieu de la perception, elle se feroit, dans toute l'étendue de son ressort, à la vente des boissons en détail, même dans les lieux sujets aux droits de subvention à l'entrée.

Les élections d'Auxerre, Mâcon, Bar-sur-Seine, Joigny, Tonnerre & Vezelay, furent exemptées du droit de subvention, au moyen du paiement de ce droit établi par doublement sur tous les vins enlevés de ces élections, qui passeroient dessus ou dessous le pont de Joigny. Ce droit subsistant est connu sous le nom de DROIT DU PONT DE JOIGNY.

Tous les droits que nous venons d'énoncer furent grevés, à diverses époques, de sous & deniers pour livre, savoir, en 1633, par création d'offices de conservateurs des fermes, de six deniers pour livre, au profit des titulaires des offices.... En 1639, de six deniers par création d'offices de lieutenans-conservateurs.... Et ces offices ayant été supprimés par ARRÊT du 25 février 1643, ces douze deniers furent maintenus au profit du roi, avec augmentation de douze deniers sur tous les droits des fermes.... DÉCLARATION de septembre 1645, portant encore vingt-quatre deniers.... ÉDIT de mars 1654, créant un nouveau sou pour livre.... Tous ces sous & deniers, allant ensemble à cinq sous, forment ce qu'on appelle aujourd'hui LE PARISIS.

ÉDIT de février 1657, portant recréation des conservateurs des fermes & de leurs lieutenans, avec attribution de douze deniers pour livre à prendre, non seulement sur les droits des fermes, mais sur le parisis. Autre création de trésoriers-généraux des fermes, avec attribution de six deniers. Ces offices n'étant point levés, la perception des deniers fut attribuée à sa majesté, par arrêt du 10 avril 1658. Ce parisis, ce sou & ces six deniers pour livre, composent le droit connu aujourd'hui sous le nom d'AUGMENTATION. Il se perçoit conjointement avec les droits antérieurs à sa création qui y sont sujets, quoique l'établissement de la subvention soit d'une date postérieure à une partie du droit d'augmentation,

Nouveaux droits.

6. Tous ces droits, & même celui de subvention par *doublement*, formoient l'ensemble de ce qu'on nommoit *aides*, lors de la rédaction des ordonnances. Il en a été créé d'autres depuis, & l'exactitude demande de les énoncer toujours par ordre de date.

DÉCLARATION du 10 octobre 1689, qui rétablit au profit du roi, sous le nom de JAUGE ET COURTAGE, les droits attribués aux courtiers-jaugeurs, créés par ÉDIT d'octobre 1550, & juin 1552, supprimés & recréés plusieurs fois; ordonne que ce droit sera perçu, 1°. conjointement avec les droits de *gros* & *augmentation* dans les pays sujets auxdits droits; 2°. avec le droit de *détail* dans les pays où les droits de *gros* & d'*augmentation* n'ont pas lieu, 3°. avec la subvention à l'entrée en Normandie, & avec le quatrieme dans les villages de cette province, où la subvention à l'entrée n'a pas lieu; 4°. à la sortie & à l'entrée des pays d'*aides* non sujets au *gros*.

ÉDITS de juin 1691, & avril 1696, portant création de COURTIERS ET JAUGEURS, & assujettissant les provinces non sujettes aux *aides*, à acheter ces offices; suppression, recréation, enfin maintien de leurs droits, par diverses déclarations.

ÉDIT de janvier 1704, portant création d'INSPECTEURS AUX BOUCHERIES avec droits supprimés & rétablis définitivement au profit du roi.

ÉDIT d'octobre 1705, portant création d'INSPECTEURS AUX BOISSONS, offices supprimés, recréés, & enfin leurs droits maintenus au profit de sa majesté.

Ces droits de courtiers-jaugeurs, inspecteurs aux boucheries & inspecteurs aux boissons, sont mieux connus sous le nom de DROITS RÉTABLIS.

ÉDIT d'août 1758, portant un droit de subvention, pour le remboursement duquel les villes furent autorisées à percevoir différens droits, pendant six ans, à l'expiration desquels ces impositions ont été déclarées revenus du roi, qui se les est *réservés*, d'où elles ont pris le nom de DROITS RÉSERVÉS.

ÉTAT ACTUEL.

7. Tous les droits dont nous venons d'énoncer les titres d'établissement, composent l'ensemble connu de nos jours sous le nom générique d'*aides*.

Nous n'avons pas entendu en donner une notice détaillée & suffisante; mais nous avons dû rassembler les loix constitutives; & ce n'est pas notre faute, si cet ensemble ne laisse pas dans l'esprit un tableau lumineux des objets qu'il renferme. Dans une compilation de jurisprudence, le rédacteur est à l'abri des reproches quand il suit l'ordre chronologique.

Cette exposition simple, a d'ailleurs un avantage; on voit l'origine & les progrès, la marche de l'esprit humain; & quelles ressources diverses le génie fiscal emploie dans le besoin.

Grande division.

8. Cette accumulation de droits si différens à tous égards, a dû embrouiller l'esprit des percepteurs les plus exercés, & ils ont cherché à classer. Ils ont donc divisé tous les droits de la maniere suivante, en prenant pour base, non l'origine & le nom, mais l'assiette.

On a réduit tous ces droits à quatre dénominations générales, résultantes de leur maniere d'être assises; savoir, 1°. à la vente en gros; 2°. à la vente en détail; 3°. à l'entrée dans les villes & bourgs; 4°. au passage ou à la sortie.

Les droits de gros, d'augmentation, de jauge & de courtage, de courtiers-jaugeurs & d'annuel, se perçoivent à la vente en gros.

Les droits de huitieme, subvention, jauge & courtage, quatrieme, augmentation, sou pour pot & annuel, se perçoivent à la vente en détail.

Les droits d'anciens & nouveaux cinq fous ; de neuf livres par tonneau, de contrôle fur les bieres, de fubvention, de jauge & courtage, d'infpecteurs aux boucheries, d'infpecteurs aux boiffons, & les droits réfervés, fe perçoivent à l'entrée.

Les droits d'anciens & nouveaux cinq fous, les quarante-cinq fous des rivieres, le droit du pont de Joigny, la jauge & le courtage, fe perçoivent au paffage & à la fortie.

Nous avons dû énoncer cette claffification, affez ufitée parmi les régiffeurs & leurs commis. C'eft une lueur au milieu des ténebres qui enveloppent la multitude de ces droits divers.

Droits locaux.

9. Dans cette longue & aride nomenclature, nous n'avons pas compris des droits confondus tous les jours avec ceux d'*aides*, parce qu'ils font perçus fur les mêmes objets & par les mêmes commis.

Tels font, entr'autres, les octrois des villes dont le roi poffede la moitié, en vertu de l'édit de décembre 1663, à moins qu'il n'y ait eu quelque traité particulier.

Tels font encore les octrois accordés à quelques hôpitaux, ceux de Lyon par exemple.

Tels font enfin : 1°. les droits fur les entrées de Paris, de Rouen, de Dieppe, du Havre ; 2°. les droits de tarif d'Alençon ; 3°. les droits de cloifon à Angers ; 4°. les droits de trois livres par année fur le vin étranger entrant dans le gouvernement de Lyon ; 5°. le droit & pied-fourché du Cottentin ; 6°. les *aides* de Verfailles ; 7°. le droit de fou pour livre à Orléans ; 8°. le droit de fou pour livre, attribué aux vendeurs de poiffon fur les côtes de Normandie & de Picardie ; 9°. le vingt-quatrieme d'Angoulême ; 10°. les impôts, billots & devoirs de Bretagne ; 11°. l'équivalent de Languedoc ; 12°. les *aides* du Mâconnois ; 13°. les cent fous par muid

d'eau-de-vie, fixés à fix liv. quinze fous par muid, fur la Seine & autres rivieres y affluentes ; 14°. les droits du pont de Meulan ; 15°. l'ancien octroi & droit de paffe-debout à Orléans, &c.

Ces droits, fuivant leur nature, fe perçoivent, foit à l'entrée ou au paffage, à la vente en gros ou en détail. Leur perception eft foumife à la forme & aux loix des *aides*, & exige quelquefois de plus grandes précautions contre la fraude, comme les entrées de Paris & des grandes villes.

Pays d'aides.

10. Après les loix que nous avons indiquées, il ne faut pas demander pourquoi des pays font affranchis des droits d'*aides*, & pourquoi d'autres y font fujets. Il faut fe borner à écrire les généralités qui y font foumifes, en diftinguant encore dans chacune les pays ou élections qui s'en font affranchis.

Alençon,

Amiens,

Bourges,

Bourgogne, font fujettes, les élections d'Auxerre, Bar-fur-Seine & Mâcon.

Caen,

Châlons-fur-Marne,

La Rochelle, à l'exception de l'élection de Marenne.

Limoges, pour les élections d'Angoulême & Bourga-Neuf feulement.

Lyon,

Moulins, excepté les élections de Gueret & Évaux, ci-devant Combrailles.

Orléans,

Paris,

Poitiers,

Rouen,

Soiffons,

Tours,

Et il ne faut pas s'imaginer que la perception des droits d'*aides* foit uniforme dans toutes ces généralités. En fuivant les loix conftitutives, on a dû s'appercevoir que telle perception affife de cette manière, avoit été commuée dans certaines provinces ; que d'autres s'en étoient rachetées en tout ou en partie. Or, de ces rachats & de ces commutations ou d'autres causes pareilles, dont les anciens réglémens ne laissent presque jamais aucune trace ; il est résulté dans la perception une diversité que savent difficilement les contribuables, les percepteurs & les juges.

Veut-on un exemple frappant de la diversité des droits, & de l'embarras de tout compilateur exact ? Nous avons cité Mâcon, comme sujet aux droits d'*aides*. Il ne l'est pas & il l'est. *Il ne l'est pas,* parce qu'il a traité, & il y a eu à cet égard un événement qu'il est inutile de rappeller. *Il l'est,* parce que les états du pays, en traitant avec le roi, se sont fait céder les droits qu'ils perçoivent à leur maniere. Au mot *Mâcon,* nous donnerons une notice exacte & sommaire que nous promet M. de la Brélie, avocat éclairé, & syndic des états ; notice d'autant plus précieuse, que ce petit pays a des états particuliers simplement & fort bien administrés.

Faut-il ajouter enfin, qu'il y a une quantité prodigieuse de fixations de faveur pour quelques élections, ce qui acheve d'embrouiller la perception des droits ?

Nous n'essaierons point de donner un apperçu de ces différences & de ces fixations, déplacées dans un dictionnaire, d'ailleurs étrangères à la législation par leur instabilité. On peut consulter à cet égard l'ordonnance de 1680, les édits de création cités, les commentaires de Jacquin & de La Belande.

Exemptions.

11. Indépendamment des franchises locales que nous venons d'indiquer, il y a des exemptions personnelles, que vous trouvez dans l'ordonnance de 1680, *art. 6 du tit. 9,* des exemptions du gros, & *art. 1 du tit. 9,* des exemptions du détail. Il en est de particulieres,

fondées sur des lettres-patentes, & sur le maintien desquelles on peut s'en rapporter à l'intérêt des privilégiés.

Clergé, magistrature, noblesse, quelques bourgeoisies, secretaires du roi, tous ont des privileges qu'ils tiennent du temps, de la dignité, du besoin, des services, ou de la valeur qu'on a voulu donner à des offices. Le clergé est attaché à ses privileges. La magistrature garde les siens. La noblesse n'en manque pas. Ils donnent un prix aux charges de secretaire du roi ; & le bourgeois de Lyon, gardant la ville, ne paie ni le droit de gros, ni le droit de détail.

Ces exemptions ou privileges ne sont que pour le vin du crû ; il n'y en a point pour l'eau-de-vie & la biere, ouvrages de pure fabrication.

Pour jouir de l'exemption, il faut justifier de ses titres, faire au bureau du fermier ou régisseur une déclaration, contenant par tenans & aboutissans, les vignes qu'on possede & les vins qu'on recueille, la renouveller à chaque bail. Il faut de plus, faire vérifier au siege de l'élection, les titres sur lesquels l'exemption est fondée, & obtenir jugement.

Cette vérification ne regarde pas un corps permanent, par exemple, les Minimes de Chaillot, les religieuses de Ste. Marie, & le curé de la paroisse, exempts pour le vin de leur crû, suivant l'*art. 3 du tit. 3* de l'ordonnance de 1680.

Mais les autres privilégiés peuvent changer pour le personnel & les possessions. Aussi, l'*art. 6 du tit. 9,* dit : « Seront tenus les ecclésiastiques, nobles, officiers de nos cours & autres privilégiés, de bailler avant la vente au fermier, auquel les droits seroient dus, cessant le privilege, une déclaration par tenans & aboutissans signée d'eux, contenant, à l'égard des ecclésiastiques, la quantité de vignes qui sont du temporel de leur bénéfice ; & à l'égard des autres privilégiés, la quantité de celles qui sont de leur patrimoine, enfemble la quantité de vin qu'ils y ont recueilli par chaque année ; le tout à peine de déchéance de leurs privileges, pour le temps qu'ils n'y auront pas fatisfait, laquelle déchéance aura lieu pareillement, en cas qu'ils faffent façonner leurs vignes par leurs fermiers ou les domeftiques de leurs fermiers. »

Indépendamment de cette déclaration primitive des propriétés & annuelle des récoltes, il faut juftifier du privilege qu'on acquiert, le faire vérifier & reconnoître au fiege de l'élection, dans le reffort duquel on l'exerce.

Cette obligation effentielle à toute efpece de privilege, foit pour en examiner la réalité, foit pour en empêcher l'abus, a été confirmée par les édits de mai 1702, & janvier 1703, qui portent, « que tous ceux qui jouiffent de quelques privileges ou exemptions, à quelque titre que ce foit, autre que celui de *la nobleffe*, foient tenus d'y repréfenter les titres, en vertu defquels ils ont droit de jouir defdits privileges ou exemptions, pour être lefdits titres, enrégiftrés par extrait par les greffiers defdits fieges, en vertu des ordonnances qui feront par eux rendues fur les conclufions des procureurs auxdits fieges. »

A l'égard des nobles, nous croyons encore qu'il faut diftinguer. Le font-ils réellement & notoirement ? Ce feroit une querelle déplacée & odieufe. Mais il y a tant d'ufurpateurs de nobleffe & de titres. Il arrive dans une généralité un homme qui fe dit gentilhomme, acquiert & veut jouir des exemptions accordées à la nobleffe : nous croyons que le régiffeur des *aides* & le procureur du roi de l'élection peuvent l'obliger à juftifier fa nobleffe. Voyez *Nobleffe*.

De même, un particulier acquiert un office ou une bourgeoifie qui lui donne un privilege, il doit le faire vérifier & enrégiftrer ; & cette forme fatigante & coûteufe eft avantageufe au public, en ce qu'elle contient dans de juftes bornes

la trop grande quantité des exempts, & prévient l'abus des privileges.

Cette queftion a été jugée contradictoirement avec les bourgeois de Lyon, qui croyoient qu'il leur fuffifoit d'avoir la *nommée* des prévôt des marchands & échevins, c'eft-à-dire, la délibération par laquelle le corps municipal déclare qu'un tel eft reçu au nombre des bourgeois. Ils difoient : c'eft aux repréfentans de la cité à recevoir bourgeois. C'eft une efpece d'adoption dont le droit & les motifs font réfervés à la famille. Quand elle a admis dans fon fein & déclaré l'adoption, l'acte qu'elle donne doit fuffire.

ARRÊT de la cour des aides de Paris, du 31 mai 1780, qui ordonne que les bourgeois de Lyon, nés ou infcrits, qui voudront jouir de leurs privileges, tant fur la taille que pour la vente en gros & en détail du vin de leur crû, feront préalablement tenus de repréfenter au fiege de l'élection de Lyon, tous leurs titres, pour iceux vérifiés, reconnus, le fubftitut du procureur-général oui, être leurs privileges jugés & autorifés ; fait défenfes, tant aux fyndics & collecteurs des paroiffes taillables, qu'aux receveurs des déclarations aux bureaux des *aides* & octrois de Lyon, d'admettre aucun defdits bourgeois à la franchife & à l'exercice des privileges, que fur la repréfentation de la fentence qui aura jugé la qualité.

ARRÊT de la même cour, du 9 juin 1780, qui ordonne que les officiers de l'élection de Lyon continueront de fe taxer la fomme de foixante-douze livres pour les fentences de qualité qui feront obtenues par les habitans originaires de la ville de Lyon, & celle de cent livres pour les infcrits ou adoptifs, fans que lefdites épices puiffent, en aucun temps, & fous quelque prétexte que ce foit, être augmentées, fi ce n'eft de l'autorité de la cour, & à la charge, fuivant les offres des officiers de l'élection, qu'il ne pourra être perçu aucunes épices pour les sentences de rejet de la demande à fin d'être jugé bourgeois de la ville de Lyon, ainsi qu'il s'est pratiqué jusqu'à présent. Voyez *Bourgeois*, *Clergé*, *Lyon*, *Magistrat*, *Noblesse*, *Secretaire du roi*, &c.

Abonnement.

12. Dans le tome premier, *pag. 160*, nous avons défini l'*abonnement* en général, *une convention par laquelle on stipule un prix fixe pour une chose dont le prix est casuel*, & nous avons renvoyé aux objets sans nombre auxquels il se rapporte.

En matiere d'*aides*, l'*abonnement* est un traité particulier fait entre le régisseur ou fermier & le redevable.

Il est fort usité à cause des distances qui, obligeant le percepteur à envoyer vérifier, contrôler & recevoir, multiplieroient à l'infini le nombre des commis déja si considérable. Il est fort usité dans les cas où il est aisé, soit de frauder, soit d'éluder les droits. Par exemple, lorsque le droit de *réve* subsistoit à Lyon, il avoit été si mal assis, qu'il se percevoit à une porte & non à une autre. Or, un commissionnaire qui avoit une immense quantité de marchandises à faire sortir par la porte de la Croix-Rousse où il auroit payé 20000 liv. de droit, pouvant les faire sortir par la porte de Vaise où il ne devoit rien, s'abonnoit pour 1200 liv. & gagnoit le surplus : c'est-à-dire, qu'il payoit pour abréger sa route, & cela étoit légitime. L'*abonnement* est encore avec quelques provinces, qui paient annuellement une somme, ainsi que les états du Mâconnois.

L'*abonnement* est l'objet du titre 7, de l'ordonnance de 1680.

L'*art. 1* autorise à composer ; déclare les compositions respectivement *obligatoires & irrévocables*.

L'*art. 2* assujettit les vendans vin, qui auront composé, à souffrir les visites, inventaires & marques des commis.

Les *art. 3 & 4* font cesser les *abonnemens* avec le bail ou la régie ; soit que le temps soit expiré, soit que le fermier ou régisseur ait été dépossédé, à moins que celui-ci n'existe par cession ou sous-ferme.

L'*art. 5* décharge de l'*abonnement* convenu, le vendant vin *évincé sans fraude* de son domicile, *en payant seulement le quartier commencé*, & même jusqu'au jour de la sortie dans les cas d'accidens, de feu, d'hostilité, de perte ou autres pareils ; l'*abonnement reprend sa forme, si l'on rentre dans les six mois de la sortie*.

L'*art. 6*, en cas du décès du mari ou de la femme, éteint les compositions à l'égard du survivant, du jour de la signification faite au fermier ; pourra le survivant continuer les compositions, si bon lui semble, & elles seront aussi continuées, si dans le mois du jour du décès la signification n'en est faite au fermier.

Cet article est coutumier, c'est l'esprit de la communauté ; mais dans les pays de droit écrit, où elle n'a pas lieu, nous ne croyons pas que la femme qui perd son mari & ne continue pas son commerce, soit tenue ni de l'*abonnement* ni de la signification.

L'*art. 7* veut que l'*abonnement* se paie pour l'année entiere, lorsque d'une part on *a composé à une certaine somme pour chacune* année, & que de l'autre on a cessé *volontairement* son commerce. L'*abonnement* est considéré par la loi comme le louage : vous étiez le maitre d'occuper.

L'*art. 8* décide que, ceux qui ont composé à raison d'une certaine somme pour chaque muid, seront déchargés de la composition, par la cessation de leur commerce, en la faisant signifier au fermier trois mois d'avance.

Enfin les directeurs, quoique fondés des pouvoirs ordinaires du fermier ou régisseur, ne peuvent passer d'*abonnement* ou traité quelconque sans une procuration *ad hoc*, à peine de répondre en leur propre & privé nom des dommages & intérets des parties. Ainſi jugé par ARRÊTS de la cour des *aides* de Rouen des 20 mars 1733, & 26 avril 1742. La Belande qui cite ces ARRÊTS, *liv. 3, chap. 6, n°. 1269, tom. 2, pag. 48*, ajoute qu'il eſt enjoint de faire regiſtrer au greffe des élections les procurations données à cet effet par les commettans.

Dans le fait, il y a une infinité de petits abonnemens faits par des contrôleurs, & qui ſubſiſtent de bonne foi ſans ces formes. Dans le droit, ne ſeroit-il pas deſirable que les fermiers ou régiſſeurs fuſſent tenus d'autoriſer les directeurs à faire ces abonnemens? car, s'ils n'ont pas à ce point la confiance des commettans, il ne falloit pas leur confier la direction.

L'abonnement eſt de droit naturel, & il ſeroit à deſirer qu'il pût être univerſel. Mais comment le déterminer ſous tous ſes points de vue?

Indépendamment des abonnemens limités & perſonnels qui ſont l'objet de l'ordonnance, il en eſt de généraux & perpétuels, comme ceux qu'on trouvera ci-après, ſous le *n°. 13*, dans les lettres-patentes du 5 juillet 1780. Ceux-ci ne peuvent point être faits par les fermiers ou régiſſeurs; ils n'appartiennent qu'au roi, & ne peuvent avoir lieu que par arrêt du conſeil. On peut les faire revêtir de lettres-patentes & les faire enrégiſtrer. Mais cette convention n'engage point le ſucceſſeur, parce que nos rois ne ſont qu'uſufruitiers; & à l'égard du roi regnant même il y auroit cent moyens de faire tomber un abonnement ruineux; mais s'il eſt convenable, la bonne foi le ſoutient.

Ces lettres-patentes, du premier octobre 1780, contiennent encore ſur les abonnemens une diſpoſition générale qui doit trouver ici ſa place. *Art. 15*: « Permettons audit Clavel de régir, abonner ou affermer ceux des droits compris dans ces préſentes qu'il jugera à propos, comme auſſi d'entretenir ou réſilier les baux, *abonnemens*, compoſitions, traités & marchés, qui pourront exiſter au premier octobre prochain, ſoit pour en faire de nouveaux, ſoit pour percevoir par exercice les droits & objets abonnés ou affermés; voulons que leſdits abonnataires ou fermiers actuels ſoient tenus d'exécuter vis-à-vis dudit Clavel, les baux & abonnemens qu'il n'aura pas jugé avantageux de réſilier, comme auſſi qu'en cas de réſiliation ſeulement, ledit Clavel ou ſes cautions ſoient tenus de la faire ſignifier aux fermiers ou *abonnataires* actuels dans le délai de trois mois, à compter dudit jour premier octobre prochain, & que leſdits fermiers ou abonnataires, ſoient tenus de payer audit Clavel le prix de leurs fermes ou abonnemens, au prorata du temps qui ſe ſera écoulé depuis ledit jour premier octobre prochain, juſqu'au jour où la réſiliation aura ſon effet. N'entendons néanmoins comprendre dans ladite faculté les abonnemens faits par arrêt de notre conſeil à différentes villes & provinces pour quelques-uns deſdits droits, leſquels nous nous réſervons de renouveller ou de réſilier, ainſi que nous aviſerons bon être. »

Nous avons inféré toutes ces loix d'autant plus volontiers, qu'elles s'appliquent à toute eſpece d'abonnemens en matiere de finance.

RECOUVREMENT.

13. Les droits établis, le roi ne peut les percevoir que de trois manieres: 1°. par des abonnemens, & nous avons dit combien ils ſont deſirables, mais difficiles à établir généralement; 2°. le roi peut affermer, & il y avoit *ferme* lors de l'ordonnance de 1680. La ferme, quand on n'admet pas à compter de *clerc-à-maître*, donne un revenu fixe, qu'on peut balancer avec la dépenſe, ſi cela eſt poſſible dans un grand état, ſujet à de grands événemens; 3°. on peut établir une régie intéreſſée: elle eſt très-avantageuſe, elle

eft même néceffaire pour les objets dont le produit ne peut pas encore s'évaluer.

En général, la régie eft un bon régime, en ce que, affurant un traitement fixe au régiffeur, d'une part, il l'encourage à bien faire par la répartition fur l'excédent du produit déterminé; d'autre part, en ce que n'étant pas abfolument maitre de la chofe comme le fermier, il y a plus de douceur, d'équité même; & la grande adminiftration pour laquelle on régit, fe compromet moins quand elle décide en faveur du contribuable.

Les régiffeurs confervent la forme du *prête-nom*, comme la ferme, mais les principes ne changent pas plus que les droits, & le roi peut donner à la régie des *aides*, d'abord les anciens droits, & enfuite ceux qu'exige l'organifation générale.

Régie actuelle des aides.

14. LETTRES-PATENTES du 5 juillet 1780, qui chargent Henri Clavel, de faire *pour le compte du roi, & au profit de fa majefté*, pendant fix années & trois mois, finiffant au dernier décembre 1786 inclufivement, la régie & recette des droits fuivans :

1°. Droits d'*aides* & autres y joints, compris dans les ordonnances de juin 1680, & juillet 1681, édits, déclarations & réglemens poftérieurs.

2°. Droits de même nature, établis dans la principauté d'Enrichemont & de Bois-Belle.

3°. Droits d'infpecteurs aux boucheries, & du prix des *abonnemens* qui pourront être accordés par la repréfentation de la perception defdits droits dans différentes provinces, enfemble du prix de l'abonnement dû par M. le duc d'Orléans, pour la jouiffance defdits droits dans l'étendue de fon apanage.

4°. Droits établis pour le paiement des dons gratuits, en vertu de l'édit du mois d'août 1758, des déclarations du 3 janvier, & 22 avril 1759, lefquels fe perçoivent au profit de fa majefté, fous

la dénomination de droits réfervés; enfemble des *abonnemens* qui pourront être accordés par repréfentation defdits droits, à aucuns états, villes, provinces, & lieux y fujets.

5°. Droits & octrois qui fe perçoivent fous la dénomination d'octrois municipaux, prorogés pour dix années, à compter du premier janvier 1778.

6°. Droit unique fur les peaux & cuirs, établi par édit d'août 1779, enfemble des droits d'importation & d'exportation, établis par ledit édit, & par lettres-patentes du 24 feptembre 1759, & du prix des abonnemens faits avec la Navarre & le pays de Labour.

7°. Droit de marque & de contrôle fur tous les ouvrages d'or & d'argent, fabriqués dans le royaume ou venant de l'étranger.

8°. Droit à la fabrication des huiles dans les provinces & lieux où il eft perceptible par exercice chez les huiliers ou fabricans, enfemble le prix des abonnemens repréfentatifs de l'exercice dans aucunes provinces.

9°. Droit de marque fur les fers, fontes & aciers, perceptible par exercice dans les forges & fourneaux.

10°. Tous les droits qui fe percevoient antérieurement au 17 mai 1767, par les titulaires des offices ci-après défignés, ou par les corps, communautés ou feigneurs particuliers, en vertu des acquifitions, réunions ou rachats des offices d'auneurs, contrôleurs, vifiteurs, & marqueurs de draps; de jurés-vendeurs de poiffons, de mer, frais, fecs & falés; de mefureurs de grains; de jurés-mouleurs, vifiteurs, compteurs, mefureurs & pefeurs de bois à brûler, & charbon; & de vifiteurs, contrôleurs de poids & mefures : tous lefquels offices ont été fupprimés dans tout le royaume, excepté à Paris, par édit d'avril 1768, & déclaration du 5 décembre 1770, avec réferve au profit du roi, des droits qui y étoient attribués.

11°. La formule & droit de timbre, fur le pied fixé par l'ordonnance des
aides

aides de 1680 & réglemens poſtérieurs, de toutes les expéditions & quittances, à la charge des redevables, qui ſeront délivrées par les commis & prépoſés dudit Clavel, pour la régie & recette des droits compris dans ces préſentes, ou qui pourroient *être ajoutés par la ſuite*, enſemble des regiſtres, expéditions & quittances timbrées, dont ſont tenus de ſe ſervir tous les régiſſeurs ou fermiers des droits d'octrois & tarifs des villes, & autres droits que ceux qui appartiennent au roi.

12°. Les ſous pour livre, tant anciens que nouveaux, auxquels tous les droits ci-deſſus détaillés ont été aſſujettis, & dont la levée ou perception eſt ordonnée par les déclarations & édits de 1705, 1715, 1760, 1763, 1771, & par édit de février 1780.

L'*art*. 2 excepte de la régie des *aides*, les droits ſuivans, compris dans le bail général des fermes, ſavoir :

1°. Les droits d'*aides* dans la ville, fauxbourgs, banlieue, & élection de Paris.

2°. Les droits des anciens & nouveaux 5 ſous, & de 9 liv. 18 ſ. par tonneau, pour les vins de Bourdeaux, & autres entrées par mer, à Calais, Boulogne & Étaples.

3°. Les droits de 45 ſous des rivieres, ſur les vins deſtinés pour la ville, & élection de Paris.

4°. Les droits de jauge & courtage, ſur les vins & autres boiſſons, à l'arrivée de l'étranger, ou des provinces exemptes d'*aides* & réputées étrangeres, dans les pays ſujets aux *aides*, ainſi que des mêmes droits dus à la ſortie des pays d'*aides*, non ſujets au gros ; ſur les vins & autres boiſſons deſtinées pour l'étranger, ou pour les provinces exemptes des *aides*, même ceux deſdits droits dus pour un emprunt de paſſage, au deſſus de trois lieues ; ſur un pays d'*aides* pour les vins, & autres boiſſons enlevées d'une province *rédimée*, pour paſſer dans un autre de pareille qualité ; ou ſur une province rédimée, pour paſſer

d'un pays d'*aides* dans un autre pays d'*aides* : enfin, les mêmes droits de jauge & courtage dus, ſoit avec le gros d'arrivée dans l'élection de Paris, ſoit ſur les boiſſons deſtinées pour Paris.

5°. Les droits d'inſpecteurs aux boucheries, perceptibles dans la ville, fauxbourgs, banlieue, & élection de Paris.

6°. Les droits réſervés ci-devant, établis pour le paiement des dons gratuits, dans la ville, fauxbourgs, banlieue, & élection de Paris ; & ceux qui ſe levent, tant à Marennes, concurremment avec les 25 ſous de barrage, qu'au grenier de Richelieu, pour tenir lieu de partie deſdits droits réſervés.

7°. Les droits d'octrois appartenans au roi, ci-devant perçus, ſous la dénomination d'octrois municipaux, dans les villes & lieux de l'élection de Paris qui y ont été aſſujettis.

Nous demandons pardon de cette ſérie confuſe de droits, & nous deſirons qu'elle produiſe ſur nos lecteurs l'effet que nous avons reſſenti en la tranſcrivant par exactitude, ainſi que les loix dont ils émanent.

Pour jeter quelque jour, on vient de faire imprimer *chez Prault*, imprimeur du roi à Paris, un *Recueil des réglemens dépendans des droits confiés à l'adminiſtration de la régie générale*. Ces droits y ſont ainſi ſpécifiés & claſſés. *Droit unique ſur les cuirs & les peaux*.... *Droits réſervés*....: *Octrois municipaux*.... *Huiles & ſavons*... *Amidons*... *Offices ſupprimés*.... *Papiers & cartons*.... *Marque d'or & d'argent*.... *Marque des fers*.... *Cartes*... *Inſpecteurs aux boiſſons*.... *Inſpecteurs aux boucheries*.... *Sou pour livre*.... *Doubles & triples droits ſur l'eau-de-vie*.

Comme l'obſerve très-bien M. Cadet de Senneville, avocat & cenſeur, dans ſon approbation, ce recueil ne peut qu'être *très-utile aux employés de la régie & aux redevables*. Il le ſeroit bien davantage, ſi ſur chaque partie il n'y avoit plus de changemens. Mais, ſi l'on en fait encore, le fil ſe perd, & le redevable qui n'a pas foin d'ajouter, comparer & concilier, eft expofé à s'égarer.

Employés & Commis.

15. Régie ou ferme, il faut des agens fubordonnés, confervans, recevans & rendant compte.

Ils font, directeurs, infpecteurs, contrôleurs, receveurs, & commis à l'exercice.

Ils font à l'adminiftration placée dans la capitale, ce qu'eft le commis au négociant, le mandataire au mandant.

Ils font plus. Placés entre le contribuable & la régie, nommés par elle & deftituables à volonté, ils ont confervé le caractere de leur origine, lorfque les *aides* étoient établies, perçues & jugées par le même corps, à-peu-près comme les impofitions le font encore dans la plupart des pays d'états.

On a féparé la jurifdiction ; mais comme les commis font témoins néceffaires, il a fallu leur conferver ce caractere, fi fouvent décifif.

Sous ces afpects divers, la loi doit veiller, même fur les moindres employés; parce que dans leurs fonctions journalieres, ils peuvent à chaque inftant compromettre l'intérêt du roi, la tranquillité publique & la fûreté particuliere. Or, a-t-on fait affez ?

L'ordonnance de 1680, *des droits de détail, tit. 5, des exercices des commis, art. 1,* dit : « Les commis aux exercices des *aides* feront *âgés au moins de vingt ans, non parens ni alliés du fermier, ni intéreffés dans la ferme,* & feront reçus au ferment par nos officiers de l'élection, dans le détroit de laquelle ils feront employés, *fans information de vie & mœurs,* & fans conclufions ni commiffions des fubftituts de notre procureur-général fur les lieux, fur *la nomination du fermier de nos droits,* qui demeurera *civilement refponfable* de leur adminiftration; fi mieux n'aiment fe faire recevoir en notre cour des *aides,* auquel cas les commis y feront reçus en la même maniere, &

pourront exercer dans toutes les élections de fon reffort, fans nouveau ferment, & fera feulement celui qu'ils auront prêté en notre cour des *aides*, enrégiftré fans frais en l'élection de leur exercice »

Cet article a reçu plufieurs modifications fur l'âge, la parenté, & la réception ou le ferment.

La réception. Suivant les lettres-patentes de 1720, il fuffit qu'ils aient été reçus une fois & prêté ferment devant quelque juge que ce foit, ayant connoiffance des droits des fermes; ce qui s'appelle avoir ferment en juftice.

La parenté. Un ARRÊT du confeil, du 18 novembre 1727, ftatue que l'alliance ou parenté des commis avec les cautions de l'adjudicataire des fermes, n'eft pas un moyen de nullité, & qu'il fuffit qu'ils ne foient parens ni alliés de l'adjudicataire, actuellement de Henri Clavel.

L'âge. Sous ce mot, (*n°. 42, pag. 479*) nous avons cité un arrêt de la cour des aides de Paris, du 4 juillet 1742; on peut en ajouter un de celle de Rouen, du 11 juillet 1749. Toutefois, fi on lit la difpofition de l'article de l'ordonnance, tel que nous l'avons tranfcrit, on conviendra qu'il eft facile d'éluder, & cela n'eft point extraordinaire.

Tous ces commis ou employés ont des privileges que nous renverrons au mot générique *Employé,* dans lequel nous tâcherons de raffembler la jurifprudence fur les devoirs, les qualités, & les privileges, de tous les employés dans la régie & le recouvrement des droits du roi, & de tous ceux qui leur font affimilés fous le nom de *financiers.*

Mais ce que nous devons expofer ici, c'eft d'abord le traitement accordé aux commis des *aides.* Il n'y en a point qui n'ait au moins fept à huit cents livres; favoir, cinq cents de fixe, & le furplus en répartitions & gratifications, plus fortes dans les pays où tout eft cher : en forte qu'ayant tous de quoi fubfifter dès le commencement, avec la certitude d'être mieux en avançant, ils font incapables des manœuvres, reprochées si souvent à ceux qui n'ont que vingt sous par jour, sans espoir d'avancement.

C'est ensuite la hiérarchie établie dans les emplois des *aides*. Il faut commencer par le plus petit exercice, par l'emploi des derniers commis, & parcourir ainsi successivement tous les grades. Le talent, le savoir & le zele peuvent hâter l'avancement, mais non faire sauter pardessus un grade; encore moins faire du premier venu un directeur, un inspecteur, un contrôleur, un receveur même, comme en d'autres administrations.

Cet ordre est précieux à tous égards.

D'une part, les commis savent qu'ils ne peuvent pas essuyer l'injustice, lorsque leur rang d'ancienneté arrivera; mais que si dans la même classe, un sujet a développé plus de qualités, d'exactitude & de zele, la préférence lui est due. Il y a donc émulation, & certainement il n'y a pas de service mieux fait.

D'autre part, ils se garderoient bien de compromettre leurs commettans par des exactions ou des excès punissables, & qui donneroient lieu à des plaintes : les produits minutieux n'étant pas assez intéressans en détail, comme ceux de la contrebande pour le tabac, les gabelles & les traites, il faudroit plusieurs concussions successives pour leur faire une fortune, pour flatter même le régisseur ou le fermier, s'il pouvoit être à la fois avide & injuste. On peut donc bien leur supposer un zele excessif, qui, dans le doute, les fait pencher en faveur de leur commettant, d'autant plus que leur sort est entre ses mains; d'autant plus encore qu'il y a une obscurité presque impénétrable : on peut les taxer d'erreur, sur-tout quand ils sont jeunes; & en vérité, elle est excusable, quand on voit l'immensité & la variété des droits d'un lieu à l'autre : mais on ne peut guere les supposer capables de faux. Le produit seroit mince; & le commis qui prétendroit réussir par ce moyen, se perdroit vis-à-vis d'une administration, qui doit préférer une régie

douce & paisible, à des procès ruineux & infiniment désagréables quand ils sont criminels.

Ainsi, par ce régime sage, l'administration a couvert ce que présentoient de suspect à la justice, des hommes nommés par le fermier ou le régisseur, sans information de vie & de mœurs, stipendiés par lui, destituables à sa volonté, cependant, témoins entre lui & le contribuable, & décidant tout par leur seul procès-verbal. C'est une considération qui échappe quelquefois, même quand on défend un fraudeur, le plus vil cabaretier, depuis long-temps déchiré par Horace. *Perfidus caupo.*

Exercice, Inventaire, Visite.

16. En admettant les employés comme témoins nécessaires, l'ordonnance a ajouté une précaution, c'est de les assujettir à être deux, ou à faire remplacer le manquant par un officier public, dans tous les actes de l'exercice. Elle appelle ainsi les opérations qu'elle a déterminées pour assurer la conservation des droits.

Le détail de ces opérations seroit d'autant plus déplacé ici, que, depuis l'ordonnance de 1680, il y a eu une prodigieuse quantité d'édits, déclarations, arrêts & décisions qu'on trouve aisément dans La Belande, qui a une table commode & bien faite; & depuis cet ouvrage, imprimé en 1760, combien d'autres loix ou de décisions !

Les deux opérations de l'exercice les plus importantes & les plus naturelles, sont l'inventaire & la visite.

L'inventaire & le récolement doivent être faits chez tous les contribuables, pour assurer l'entrée & la sortie, par conséquent les droits dus sur la vente. C'est le procédé du négociant qui se rend compte de ce qu'il achete & de ce qu'il vend, de ce qui entre dans son avoir & de ce qui en sort, afin de faire la balance de ce qui détermine le profit ou la perte.

Il y a néanmoins deux différences; la

premiere, eft que, l'objet de l'inventaire & du récolement dans la régie & la perception des *aides*, eft uniquement de reconnoître la confommation, & d'affurer les droits dus à la vente.

La vifite n'eft pas moins importante, & elle a pour objet de vérifier fi l'on ne cache point quelque partie fujette aux droits.

Elle fe fait d'abord inconteftablement chez tous les contribuables, vendans ou fabricans en gros & en détail, comme marchands de vin en gros, cabaretiers, traiteurs, limonnadiers, maîtres de penfion, logeurs en chambre garnie, diftillateurs, fabricans d'eau-de-vie, &c.

Elle fe fait encore, chez le noble, bourgeois, fecrétaire du roi, & autre femblable qui vend le vin de fon crû en exemption de droits, pour vérifier s'il n'abufe point de fon privilege.

Elle peut fe faire enfin chez tout citoyen, même chez les religieux, en fuppofant que leur habitation fert d'entrepôt à la fraude, ou lorfqu'on eft accufé de vendre du vin à *muche pot*. Mais le régiffeur doit préfenter requête au juge, & obtenir une permiffion qui eft toujours limitée pour le temps & les perfonnes. A l'égard des communautés religieufes de filles, on ne peut y pénétrer qu'avec la permiffion de l'évêque & du juge, & affifté de celui-ci. ARRÊTS du confeil & lettres - patentes, des 14 décembre 1728, & 19 octobre 1734, enrégiftrés.

Ces principes généraux, tirés de l'ordonnance, ont été modifiés à l'infini.

D'abord, La Belande, (*n°. 880*) foutient que *dans les cas urgens, & où la preuve de la fraude pourroit échapper*, on peut entrer dans les communautés religieufes de filles, fans la permiffion de l'évêque, affifté d'un juge & en préfence du prêtre de la maifon ; il ne rapporte aucun arrêt, d'où il réfulte que fi la fraude eft prouvée, l'on aura bien fait, & au contraire, qu'on fera compromis, fi l'on ne trouve rien, d'autant plus

fortement que cette recherche paroît une atteinte, à la religion, aux mœurs, & aux droits des évêques.

La Belande, (*n°. 1234*) dit encore, qu'il y a des cas d'une fraude extraordinaire & indeftructible, où le fermier a été autorifé à faire faire des vifites chez les habitans d'une *ville entiere*, fans permiffion ni affiftance de juges, en y appellant toutefois deux des plus proches voifins. « Il cite des arrêts du confeil, du 11 juillet 1719, 15 juillet 1721, 15 feptembre 1722, 28 avril 1725, & 16 juin 1733, rendus contre les habitans de Nevers. »

Il donne encore, (*n°. 1236*) aux contrôleurs ambulans, le droit de faire des vifites, accompagnés de deux commis chez les perfonnes foupçonnées de fraude, même nobles & eccléfiaftiques : & il cite des arrêts du confeil, du 26 avril 1723, & 10 octobre 1741, rendus pour les élections de Guife, Rheims & Rhetel.

ARRÊT du confeil, du 6 octobre 1768, qui ordonne que tous les particuliers GENS DU COMMUN, demeurans dans les villes & lieux où les *aides* ont cours, feront fujets aux droits de détail, comme les cabaretiers fur les vins, & autres boiffons qu'ils confommeront, au delà de ce qui eft néceffaire pour leur provifion, eu égard à leur état, condition, famille, & impofitions à la taille & à la capitation ; & qui attribue aux intendans la connoiffance des conteftations qui pourroient naître à ce fujet. Cet arrêt, qui en rappelle un femblable du 13 février 1731, eft motivé par cette difpofition : « Que ceux qui auront déclaré vouloir vendre en gros ou en détail, feront tenus de fouffrir les vifites, exercice & marque des commis, & d'en payer les droits, conformément aux ordonnances & réglemens ; & que ceux (*les gens du commun*) qui auront déclaré lefdites boiffons, excédant les quantités qu'ils en peuvent *raifonnablement confommer*, être pour leur provifion &

consommation, seront tenus de souffrir les visites & marques desdits commis, pour, *en cas d'abus*, être contraints au paiement des droits de détail de l'excédant de leur consommation raisonnable, de même, & ainsi que lesdits droits sont payés par les cabaretiers. »

Mais, comment fixer cette *consommation raisonnable*, par rapport à certains métiers où il y a beaucoup d'ouvriers qui consomment beaucoup, comme les teinturiers, les chapeliers, les forgerons, tous ceux en général qui travaillent aux étuves & aux fourneaux? Comment déterminer l'*abus*? Cette décision ne retombe-t-elle pas dans l'arbitraire?

Si nous suivions ce labyrinthe, nous trouverions à chaque pas des dérogations, des modifications, des changemens absolus, qui rendent la jurisprudence d'autant plus obscure & incertaine, que, toutes ces parties d'ordre étant liées, si l'on supprime ou ajoute un anneau, vous n'avez plus la chaîne.

PROCÉDURE.

17. Dans tout ce que nous venons d'indiquer rapidement, nous avons supposé l'ordre établi & les droits acquittés.

Chacun de ces droits à l'entrée au détail, à la vente en gros, & au passage, est garanti de la fraude par les dispositions générales de visite & d'inventaires, & par des dispositions particulieres pour chaque espece.

De plus, par les *art. 21 & 22 du titre commun pour toutes les fermes, l'ordonnance de 1681*, statue que tous redevables qui falsifieront les marques, congés, expéditions & autres actes des commis & autres ayant serment à justice, « seront condamnés pour la premiere fois au fouet & au *bannissement* de cinq ans de l'élection, avec amende, qui ne pourra être moindre que *le quart de leurs biens*; & en cas de récidive, aux *galeres* pour neuf ans, avec amende, qui sera de la moitié de leurs biens. »

Il faut supposer que les droits sont à acquitter, ou qu'il y a fraude, ce qui donne lieu à la contrainte & au procès-verbal, qui sont les premieres pieces de toutes procédures civiles ou criminelles en matiere d'*aide*.

Contrainte.

18. Les droits d'*aides* considérés, quant à leur recouvrement, peuvent être divisés en trois classes bien distinctes. Ces droits s'acquittent en effet par le redevable, soit dans le moment de sa déclaration, & d'après la quantité qu'il déclare, soit sur le pied des inventaires faits chaque année par les commis, soit sur le pied des états dressés, tous les mois ou tous les deux mois, d'après les registres portatifs tenus par les commis.

Premiere classe. Elle renferme : 1°. les droits dus aux entrées journalieres, savoir, les inspecteurs aux boissons, les anciens & nouveaux cinq sous, les droits réservés, & les droits d'inspecteurs aux boucheries ; 2°. les droits dus à la vente & revente, tels que les courtiers-jaugeurs, & les droits au passage & à la sortie.

L'action du fermier ou régisseur pour le recouvrement de ces droits, ne peut durer plus que le moment de la déclaration du redevable, à moins qu'il ne soit nanti de promesses, soumissions ou obligations libellées pour droits d'*aides*, conformément à la déclaration faite. (*Art. 7 du tit. commun pour toutes les fermes de l'ordonnance de 1681.*)

L'*art. 9 du tit. 8 de l'ordonnance de 1680*, concernant la déclaration & le paiement des droits dus à l'entrée de Paris, contient une disposition dérogatoire à celle que nous venons de citer, en faveur du fermier ou régisseur de ces droits. Il leur est permis de décerner dans le mois pour tout délai, leurs contraintes contre les redevables qui n'ont pas acquitté les entrées : & il est défendu à tous juges de recevoir les marchands & autres à la preuve par témoins de la perte de leur quittance, & de s'en rapporter à leur affirmation.

Seconde claſſe. Droits d'inſpecteurs aux boiſſons, anciens & nouveaux ſous, & droits réſervés.

L'action du régiſſeur ou fermier pour le recouvrement de ces droits, dépend abſolument de l'exécution des formalités particulieres auxquelles ſont aſſujettis les inventaires & les contraintes, qu'il eſt en droit de décerner contre les redevables. Ces contraintes ſont exécutoires, non par corps, mais ſeulement par toutes voies de droit, conformément à l'*art.* 22 *du tit.* 8 *du droit de gros.*

Troiſieme claſſe. Droits à la vente & au détail. L'action du régiſſeur ou fermier emporte la contrainte par corps, ſuivant l'*art.* 3 *du tit.* 6 *de la vente du vin en détail;* & les redevables ne peuvent être admis au bénéfice de ceſſion, ce qui, dans les faillites & banqueroutes des cabaretiers & autres ſemblables, donne au régiſſeur & au fermier un privilege écraſant.

LA CONTRAINTE, eſt un état exact de ce qui eſt dû par le redevable. Elle reſſemble en cela à la demande ordinaire dans toutes les matieres civiles; mais pour l'exécution, la loi lui a donné d'autres effets.

Pour colorer ces effets prompts & abſolus, la loi a ſtatué que les contraintes des *aides* ſeroient viſées par un des officiers de l'élection, paraphées à chaque page & ſcellées; ſur le refus, & après ſommation, la contrainte doit être préalablement ſignifiée au greffe, & enſuite exécutée. Elle doit de plus être exécutée par proviſion, nonobſtant oppoſition, & ſans préjudicier aux cautions portées par le bail. (*Tit.* 8, *des contraintes pour le gros, art.* 2, 3, 4, 5 & 6.)

Les articles ſuivans contiennent: 1°. des diſpoſitions coercitives pour accélérer le jugement ſur les oppoſitions, à peine par les élus d'en répondre; 2°. des défenſes aux cours des *aides* de recevoir l'appel des contraintes, ſauf aux redevables à ſe pourvoir par oppoſition devant les élus; 3°. prohibition de donner des *arrêts de*

défenſes que le ſouverain leve par l'ordonnance même; 4°. permiſſion au fermier ou régiſſeur, en vertu des contraintes, de faire ſaiſir les meubles appartenans aux redevables, & de faire procéder à la vente dans le délai porté dans les ordonnances, de ſaiſir entre mains, &c.

Certes, on ne pouvoit pas prendre plus de précautions pour aſſurer les droits; & ſi la contrainte eſt injuſte, le fermier peut ruiner par cette ſuite d'exécutions. Il eſt bon pour répondre des dommages & intérêts. Mais les dommages & intérêts dont les tribunaux ſont toujours économes, ne réparent jamais entiérement le mal, ni pour le particulier qui le ſouffre directement, ni pour l'état, qui en ſouffre par contre-coup. Car une famille ruinée eſt une perte plus conſidérable qu'on ne penſe quelquefois en juriſprudence. Voyez *Bien public, Dommages & intérêts, Indemnité, Juſtice, Ruine.*

Ces conſidérations n'ont pas manqué d'être faites lors de la rédaction de ces ordonnances, pour laquelle il n'y a point eu de procès-verbal; du moins il n'en eſt point venu juſqu'à-nous, comme pour les ordonnances de 1667 & 1670.

C'eſt le même eſprit dans l'*art.* 11 *du tit.* 5 *de l'exercice des commis*, qui ſtatue contre la loi commune : que « les commis aux exercices contre leſquels il y aura eu *décret d'ajournement perſonnel*, prêteront l'interrogatoire en la maniere accoutumée, après lequel, *ſans qu'il ſoit beſoin d'aucun autre jugement*, ils continueront leurs fonctions, excepté dans les caves, & celliers des vendans vin, où l'action qui aura donné lieu au décret ſera arrivée. »

Qui a pu déterminer ces exemptions & cette rigueur extrême? La conſervation des droits, à laquelle on a ſacrifié les principes ordinaires. C'eſt la marche du droit fiſcal, en Angleterre comme en France & par-tout.

Le droit fiſcal eſt l'intérêt public : on lui ſacrifie donc l'intérêt particulier; quelquefois peut-être ſans appercevoir cette grande conféquence, que l'intérêt public n'eft que le réfultat des intérêts particuliers, & qu'en perdant ceux-ci, on altere l'enfemble.

Procès-verbaux, Preuve, Monitoire.

19. La Belande, (*n°. 1685*) définit le procès-verbal en matiere d'*aides*, une *dépofition fuivie d'une faifie.*

Les formes de cet acte, font prononcées à peine de nullité par l'*art. 7 du titre de l'exercice des commis, de l'ordonnance de 1680* : mais elles ont reçu quelques modifications, & fe réduifent à cinq.

1°. Que deux commis fignent le procès-verbal, & foient préfens. La fignature de l'abfent feroit un *faux*, fi l'*alibi* étoit prouvé; & le procès-verbal dreffé par un feul eft inutile.

2°. Que les parties intéreffées fignent, ou qu'on les interpelle, & qu'on faffe mention du refus.

3°. Que les procès - verbaux foient fignifiés. Il s'étoit élevé des doutes fur le moment. Il femble que les commis ne devoient pas fe retirer fans dreffer procès-verbal, & fans en laiffer copie. Mais la jurifprudence eft fixée par la DÉCLARATION du 6 novembre 1777. Dans le préambule, on voit que l'ordonnance de 1680, étoit interprétée différemment. « Les uns, ont cru qu'il fuffifoit que les procès-verbaux fuffent fignifiés dans les vingt-quatre heures; les autres, fe tenant plus à la lettre, ont jugé qu'il étoit néceffaire pour la validité des procès-verbaux, que la fignification en fût faite avant minuit, à moins qu'il n'y eût eu *rebellion*, qui eût empêché de les dreffer fur-le-champ, & d'en donner copie le même jour. » La déclaration veut, « que les procès-verbaux de fraude qui feront faits par les commis avant midi, foient fignifiés dans le même jour, à peine de nullité, conformément à l'*art. 7 du titre de l'exercice des commis, de l'ordonnance de 1680*; & que, lorfque les procès-verbaux feront faits après midi, la figni-

fication en foit valable, pourvu qu'elle foit faite dans le lendemain midi. Voulons à cet effet, que les commis foient tenus de faire mention à la fin des procès-verbaux, fi c'eft avant ou après midi, dérogeant, en tant que de befoin, à toutes les loix contraires. »

De cette loi, & de la facilité d'alléguer la *rebellion*, d'ailleurs affez fréquente, il en réfulte, que fouvent les procès-verbaux fe font à part, fans nullité, & que ce n'en eft pas une, fi la fignification a été faite conformément à la déclaration de 1717.

4°. Que les commis affirment leur procès-verbal, par un acte mis au bas. L'ordonnance de 1680, vouloit que ce fût devant un élu; dans la quinzaine, pour les élections, ayant plus de cent paroiffes; & dans la huitaine, pour les autres. La Belande, (*n°. 1688*) rapporte de nouvelles loix, qui autorifent à faire cette affirmation pardevant quelque juge que ce foit. Jurifprudence aujourd'hui conftante.

5°. Enfin, les contrevenans doivent être affignés dans la huitaine du jour de l'affirmation.

La Belande, (*n°. 1698*) donne en 17 articles, la maniere dont les commis doivent rédiger tout procès-verbal. Mais, il ne faut pas s'y tromper, l'omiffion des précautions qu'il indique ne rendroit pas le procès-verbal, nul; parce qu'il n'y a de nullités que celles prononcées par les ordonnances. L'objet de ces précautions, eft de rendre l'acte clair & décifif; car, s'il y avoit de l'obfcurité fur les perfonnes, ou fur les faits, on ne feroit pas admis à y fuppléer par la preuve teftimoniale.

Le régiffeur a déja une affez grande facilité d'établir la contravention par le témoignage de fes deux commis; &, fi dans ce point on a dérogé au droit commun, on doit refferrer le régiffeur dans les bornes étroites de fon procès-verbal.

La Belande, (*n°. 785 & 1144*) cite

quelques points, fur lefquels la preuve eft admiffible d'après l'ordonnance même. En effet, l'*art. 2*, *du tit. 4 du droit de gros*, dit : « Enjoignons aux vendeurs de vin en gros, de déclarer le véritable prix du vin, à peine de confifcation & de 100 liv. d'amende; & fera, la *preuve de la fauffeté* & de la déclaration, reçue par témoins, du nombre defquels pourra être l'acheteur, à quelque fomme que puiffe monter le prix du vin. »

Le régiffeur peut encore être admis à la preuve de la fraude des droits de courtiers-jaugeurs, fuivant un arrêt de la cour des aides de 1704, & la déclaration de 1708.

La preuve eft auffi refpectivement admife, lorfqu'il s'agit de la fixation du prix des boiffons; & l'ordonnance eft précife.

Mais, quand les commis ont pu faire un procès-verbal pour conftater la fraude; & quand, l'ayant fait, ils y ont oublié quelque point décifif, ils ne peuvent pas y fuppléer par la preuve teftimoniale. C'eft à eux de s'armer de toutes pieces. Leur procès-verbal doit contenir toutes les preuves, & le refte de la procédure doit être employé à la défenfe du citoyen inculpé de contravention.

Jadis, la jurifprudence parut douteufe, & le fermier eut recours même au monitoire pour acquérir des preuves. Au mot *Abus*, (*n°. 39, tom. 1, pag. 445, col. 2*) nous avons rapporté un arrêt du parlement de Paris, du 28 novembre 1607, qui décide que, les élus de Tours avoient mal jugé, en ce qu'ils avoient permis d'obtenir un monitoire pour fait d'*aides*. M. le procureur-général dit, que *fa majefté n'entendoit pas qu'on preffât les confciences de fes fujets, par cenfures eccléfiaftiques, pour fait d'AIDES.*

Infcription de faux.

20. Quand l'impôt eft établi, quand le procès-verbal contient preuve de fraude, & ne renferme aucune nullité, la reffource trop ordinaire eft l'infcription de faux. Le confeil qui la propofe ne rifque rien. Le fraudeur rifque peu quelquefois, & prefque toujours obéit aveuglément. A l'égard du régiffeur, c'eft une étreinte terrible, qu'une procédure auffi compliquée pour un droit minutieux. Or, à moins qu'il n'y ait aucun embarras, il y a à parier qu'une infcription de faux le feroit reculer, s'il n'étoit retenu par les conféquences.

Néanmoins, on ne pouvoit pas ravir ce moyen de droit au redevable : deux commis mauvais fujets, ayant caractere pour rédiger des procès-verbaux, ruineroient impunément une contrée. D'autre part, le fraudeur ne manqueroit guere de témoins, auxquels à leur tour il rendroit le même fervice. Ainfi, embarraffé entre le droit commun & la confervation des droits du roi, on a imaginé un moyen terme.

DÉCLARATION du 25 mars 1732, touchant les infcriptions de faux, contre les procès-verbaux des commis & employés dans les affaires du roi.

Les *art. 8, 10 & 12*, défendent d'admettre aucune preuve teftimoniale, ni de recevoir aucune requête en plainte contre les commis & employés, tendantes à détruire leurs procès-verbaux; fauf aux parties affignées de s'infcrire en faux contre lefdits procès-verbaux; enjoint aux juges & aux parties, de fe conformer aux formes prefcrites par cette loi extraordinaire. Quelles font ces formes ?

L'*art. 1*, veut « que le redevable, qui veut s'infcrire en faux contre un procès-verbal, le déclare *au plus tard dans le jour de l'échéance des affignations*, à l'audience de la jurifdiction ou par écrit, & faffe fignifier copie de la quittance de confignation d'amende, fixée par l'art. 2 à 60 livres pour les jurifdictions inférieures, & 100 livres dans les cours des aides.

Mais les commis peuvent donner affignation par le contexte même du procès-verbal, & pourroient ne pas délivrer copie;

copie; même risque si l'on emploie certains huissiers pour donner l'assignation.

De plus, le dépôt du procès-verbal n'est pas de rigueur: le manquement de ce dépôt n'est pas une nullité, suivant plusieurs arrêts rapportés par La Belande, (n°. 1689;) d'ailleurs, on ne va guere au greffe vérifier s'il y a un procès-verbal. Il peut donc arriver que ce procès-verbal soit faux: &, c'est précisément, parce qu'il sera faux, que le redevable ne pourra pas se servir des moyens de droit commun, parce que n'ayant point reçu de copie, il ne pourra plus s'inscrire en faux dans le délai de rigueur. Les juges mêmes appercevroient le faux comme hommes, & ne pourroient pas le punir comme juges, puisque le délai fatal seroit expiré; le procureur du roi le pourroit-il lui-même, & l'oseroit-il? Voilà le droit positif, *ce qui est.*

Les *art.* 3, 4 & 5 pressent encore le redevable. L'*art.* 3, en l'obligeant, le même jour de l'inscription de faux au greffe, de déclarer par le même acte les noms, surnoms, qualités & demeures des témoins dont il entend se servir, faute de quoi il demeurera déchu, sans pouvoir par la suite faire entendre d'autres témoins. Les *art.* 4 & 5 ordonnent la signification au fermier dans le jour, comme aussi la mise au greffe dans les vingt-quatre heures, des moyens de faux, sinon ils seront rejetés.

L'*art.* 11 défend, à peine de nullité, d'entendre les témoins avant le jour qui suivra la signification au fermier de la sentence qui admet les moyens de faux. Il n'y a point d'inconvénient; &, si la procédure étoit publique, là, comme dans toutes les autres affaires criminelles, il faudroit bien que les parties fussent en présence: mais voyez l'esprit de cette loi!

D'une part, l'*art.* 6 « dispense le fermier, de faire comparoître ses commis pour faire soutenir ses procès-verbaux véritables; d'en représenter les *originaux*; ni de déclarer s'ils veulent s'en servir;

pourvu qu'ils aient été duement affirmés, & que le *double* desdits originaux ait été remis au greffe. » ... Cet article contient trois dérogations au droit commun!

D'autre part, l'*art.* 8 « défend de passer outre à l'instruction du procès, lorsqu'il y aura appel de la sentence qui aura jugé, les moyens de faux, pertinens & admissibles, jusqu'à ce que ledit appel ait été jugé, à peine de nullité des procédures, d'interdiction des juges, & des dommages & intérêts des appellans. » Cette disposition est une dérogation à l'*art.* 5 *du tit.* 26 de l'ordonnance de 1670, qui statue « qu'aucune appellation ne pourra empêcher ou retarder l'exécution des décrets, l'*instruction*, & *le jugement.* » Et, si les témoins meurent! si la preuve périt! ...

Nous ne doutons pas que cette loi n'ait éprouvé plusieurs contradictions dans sa rédaction & son enrégistrement. Mais il n'y a point eu de procès-verbaux, comme pour les ordonnances de 1667 & 1673. M. d'Aguesseau, chancelier en 1732, fut-il de cet avis? Nous nous rappellons que dans l'affaire de la Pivardiere, après avoir extraordinairement loué l'instruction criminelle des Romains, & par conséquent blâmé tacitement la nôtre, il évita l'écueil contre lequel la force de la vérité l'entraînoit, par ce trait toujours remarquable: *la loi a parlé; il ne nous reste que la gloire d'obéir.*

Fraude.

21. Cet enchaînement de dérogations au droit commun remplit-il le grand objet qu'on se propose?

Quelqu'impôt que vous établissiez, tenez pour certain qu'il ne sera payé qu'avec peine; sur-tout s'il est considérable, & s'il inquiete par la maniere de le percevoir. Or, celui des *aides* a ce caractere, par le droit de visite, par ces inventaires, ces récolemens, ces opérations minutieuses, cette surveillance fatigante, & cette défiance qu'on est tenté de regarder comme une injure.

Craignez tout de la misere aveuglée par la nécessité, & de l'avidité qui adopte sans choix tous les moyens de faire fortune. Craignez tout de ce préjugé bizarre établi chez tant de peuples par l'ignorance de l'exacte probité, & par une certaine défiance de l'administration ou des sous-ordres. On ne voudroit pas faire le moindre tort à autrui, & l'on rougit du soupçon même. Mais, s'agit-il d'impôt, de cette portion de son revenu que chacun doit à l'état pour la conservation du reste, ce sont d'autres principes; on se permet avec l'état entier, ce qu'on se reprocheroit avec le moindre particulier. On ment, on trompe, on élude sans remords; & l'opinion n'attache point de déshonneur à la fraude.

Dans quelques états de l'Asie & de l'Afrique, le despotisme prononce la mort comme pour le vol, & raisonne ainsi : « Lorsque l'impôt a été arrêté au Divan, & lorsque le firman a été affiché, le produit de l'impôt est la propriété du souverain : la fraude est donc un vol, & doit être punie comme lui. » Hyder-Ali fait piler par ses éléphans le raja qui trompe dans le tribut, ou abuse de son pouvoir. C'est le même esprit qui fait pendre aux crochets de son étau le boucher de Constantinople, dont le poids n'est pas trouvé juste.

Saisie, Confiscation, Amende, & autres peines.

22. Vous rencontrez aussi quelques loix séveres dans notre code fiscal, pour la partie des *aides*, quoiqu'elle ne semble pas sujette aux excès qui suivent la fraude du tabac, des gabelles, & des traites.

Les déclarations des 30 janvier 1717, & 12 juillet 1733, prononcent la peine des galeres, & la mort même pour les *aides*, comme pour les autres parties du fisc. Mais, ce n'est ni pour la contravention, ni pour la fraude simple. On y suppose des soldats armés, des vagabonds, un attroupement, une rebellion. La fraude

est le but & l'objet principal; mais l'accessoire, le moyen d'exécuter, renferme des délits, qui, par leur nature, sont sujets à des peines afflictives. Voyez *Attroupement, Rebellion, & Vagabond.*

Hormis ces cas extraordinaires, les peines de la fraude sont plus douces & varient à l'infini.

C'est d'abord la saisie avec confiscation. Elle a lieu pour les *aides*; mais elle est sujette à des distinctions sur lesquelles notre droit fiscal a une certaine obscurité : il laisse tout à l'arbitrage du juge, ou plutôt à la composition avec la régie. Celle-ci doit être modérée & circonspecte. La rigueur aveugle, irrite & encourage la fraude.

C'est ensuite la déchéance du privilege. Elle est juste, quand la contravention a été dictée par l'esprit de fraude : quelles que soient les personnes, elles doivent perdre leur privilege, par l'abus qu'elles en ont fait. C'est une grace du prince; & il la retire, parce qu'on s'en est rendu indigne : de quoi se plaindroit-on ?

La déchéance du droit de vendre & de commercer n'est pas aisée à prononcer; parce que ces deux actes de la vie civile sont du droit commun. Quelquefois on a eu recours à la rélégation ou à l'enfermement; & ce moyen, que la langue judiciaire nomme illégal, n'a excité aucune réclamation, quand l'autorité n'a frappé que de vils & obscurs fraudeurs de profession.

Le moyen légal est l'amende, plus ou moins forte, suivant la nature du droit & la facilité de la fraude.

La nomenclature des amendes, en matiere d'*aides* & droits unis à la régie, appartient à chaque espece de droits, & varie comme toutes les dispositions fiscales. — Mais ce qu'il faut remarquer, c'est la défense faite au juge, de modérer dans une infinité de cas, par exemple, pour le droit de *courtier-jaugeur*. Par-là on croit réussir à empêcher la fraude. Qu'arrive-t-il trop souvent ? On ruine pour une premiere faute le malheureux entraîné par le befoin, la foibleffe & l'ignorance : on ne laffe point le frau-deur par métier : il balance fa perte, avec le produit annuel de la fraude; paie l'amende fans fe plaindre; & con-tinue, fauf à être pris encore & à payer de même.

L'abus peut être plus grand fur un autre point, où l'on s'eft encore écarté du droit commun.

Emprifonnement.

23. Des LETTRES-PATENTES, du 4 mai 1723, autorifent les commis à em-prifonner les fraudeurs dans l'inftant de la rebellion, & fans permiffion de juftice.

Ce pouvoir a été étendu contre les fraudeurs nocturnes, ou errans dans les campagnes, même contre le fraudeur fouillé & pris fur le fait à l'entrée. Homme ou femme, il eft conduit au bureau pour compofer. S'il ne traite pas, il eft traîné en prifon; & l'on fe conduit de même pour la confervation des octrois & droits municipaux réglés par les principes des aides.

Cet acte d'autorité, exercé par des hommes obfcurs, fimples commis d'un fermier, ou régiffeur, eft rigoureux; il a fouvent excité des émeutes, & il femble-roit devoir être fubordonné à quelques diftinctions.

La premiere eft celle du fraudeur d'habitude, & du fraudeur accidentel. Et qu'on ne dife pas qu'elle eft vaine ou difficile a établir.

Le fraudeur de profeffion fait entrer pour fon compte pardeffus les murs, ou pardeffous les bateaux, par des chemins détournés, ou à travers d'autres effets. Plus fouvent encore il fe charge, moyennant une fomme convenue, de vous rendre vos boiffons en franchife de tous droits. Bientôt connu, fi les commis ont de l'in-telligence, s'ils paient bien les dénoncia-teurs & les efpions, il eft enrégiftré, fur-veillé, & faifi. Il ne mérite ni égards, ni grace. Il faut l'emprifonner fur-le-champ, & le juger avec rigueur.

Le fraudeur accidentel doit-il être traité de même? C'eft un malheureux excité par le befoin & tenté par un petit profit. Que fera-t-il pour gagner? Une fauffe déclaration. Il aura une cave d'em-prunt, d'où pendant la nuit il tirera du vin; ce que, les commis à l'exercice foupçonneront par les inventaires, les récolemens, & viendront à bout d'éta-blir. Que fait-il encore? Il vend fans permiffion : il paffe, dans fa voiture ou dans fes poches, du vin, de la viande. Ce font là autant de fraudes qu'il faut réprimer.

Quand on voit faifir à l'entrée une feule bouteille, le premier mouvement eft de s'étonner, vu la modicité de l'objet. On ne fonge pas que, fans cette furveil-lance continuelle, le droit feroit anéanti; & l'impôt ne rendant plus ce qu'on en avoit attendu, il faudroit recourir à un autre plus accablant encore.

Il faut donc percevoir le droit, épier, & punir le fraudeur.

Mais fi c'eft une premiere faute, la juftice ne prefcrit-t-elle pas la modéra-tion? N'eft-ce pas déja beaucoup que le défagrément & la honte? Si peu qu'on y ajoute en argent, pour punir la fraude & encourager les commis, n'eft-ce pas affez? J'ai vu ces principes admis par de bons directeurs, & tout alloit bien.

De plus, & c'eft la feconde diftinction, fi ces fraudeurs accidentels font des in-connus, des vagabonds, dont perfonne ne réponde, fans doute on peut les em-prifonner fans conféquence. Mais s'ils font domiciliés, ouvriers, domeftiques même, ne feroit-il pas mieux, à tous égards, de les conduire devant le juge?

Enfin, & c'eft la troifieme diftinction : pour une légere fraude, qui fe réduit à une petite amende, comment ne craint-on pas d'emprifonner les femmes? C'eft une mere qui a eu la foibleffe d'entrer du vin ou de la viande pour gagner la plus petite fomme. C'eft une fille qui n'a pas refufé ce fervice à l'amitié, ou qui a obéi aux fiens. Je la vois feule jufqu'au foir dans le bureau, entourée de jeunes commis, qui ne respectent pas toujours la pudeur ! Elle craint de se nommer, on la conduit en prison; où elle passera la nuit, comment? avec qui ? Ce n'est que le lendemain qu'elle sera réclamée, & qu'une composition avec les commis la rendra à sa famille désolée !

Qu'on nous pardonne ces détails : ils se perdent dans le tourbillon des grandes villes : ils méritent cependant d'être pris en considération ; si l'on veut être juste, respecter les mœurs, & maintenir la tranquillité publique.

Rebellion, Homicide.

24. Cette tranquillité publique est un point que ne perdent jamais de vue le régisseur sage & le commis intelligent. Elle peut être troublée, par les emprisonnemens dont nous venons de parler. Elle peut l'être encore, parce que, la haine irritée & l'aveugle avidité étant confondues dans la tête du peuple, il s'imagine qu'il abolira l'impôt en se défaisant du percepteur ; il croit du moins effrayer les successeurs, les rendre plus modérés, & les déterminer à l'abonnement.

Ce que les ordonnances appellent rebellion en matiere d'aides, peut venir de l'excès de l'impôt ou de la maniere de le percevoir. Quelle que soit sa cause, la tranquillité publique & l'intérêt de l'administration dépendent de la prudence des commis. Leur zele excessif occasioneroit de grands maux : & nous ne doutons pas que la régie ne récompense celui qui, après avoir d'abord cherché à calmer les esprits, & à raisonner les hommes, dont on fait si souvent ce qu'on veut quand on leur parle avec douceur, se retire quand il voit que c'est un complot, ou que les têtes sont perdues ; fait son procès-verbal à part, & le dépose au greffe de la jurisdiction.

Alors on poursuit extraordinairement les rebelles, & ils sont condamnés aux galeres, au bannissement, ou à de fortes amendes, suivant les circonstances & le degré de coupabilité. Le régisseur peut être partie ; pourquoi ne seroit-il pas simple dénonciateur ? Pourquoi la poursuite ne se feroit-elle pas par le seul ministere public ? Dans ses mains l'accusation n'auroit pas moins d'effet, & en imposeroit d'avantage. Voyez *Accusation*, (*n°* 23, *tom.* 2, *pag.* 229.)

A ce moyen général, la loi fiscale en a ajouté deux, qu'il ne faut pas ignorer.

Le premier est, non seulement de soustraire les commis aux justices seigneuriales, suivant l'*art.* 35 *du tit. commun des fermes* ; mais de les rendre justiciables des seuls juges royaux; & de ne permettre pas à ceux-ci de décréter les commis pour le fait de leurs emplois ; c'est d'attribuer aux seules élections la connoissance de tout ce qui concerne les *aides*. Ainsi l'ordonne l'*art.* 36 *du titre commun* ; en sorte que s'il y a eu un mouvement, des excès, & des délits, à l'occasion de la perception des *aides*, le bailliage qui peut en avoir connu dans le principe, est tenu de renvoyer à l'élection la procédure & les accusés. Les arrêts rendus sur ce point sont innombrables, & la jurisprudence est certaine.

Le second moyen, a été d'interdire toute poursuite contre les commis qui, *en se défendant*, auroient tué quelques fraudeurs ou leurs complices ; sa majesté *imposant à cet égard silence à ses procureurs*. C'est la disposition de l'*art* 4 de la déclaration du 4 janvier 1714.

Toutefois, comme la jurisprudence maintient la nécessité des lettres de grace dans tous les cas de meurtres, ainsi que nous l'avons dit au mot *Abannation* ; comme ensuite il faut une procédure pour vérifier si c'est *en se défendant* que le commis a tué ; il arrive toujours que les parens du mort donnent plainte, qu'on informe, & que, sur le vu de la procédure, on accorde aisément des lettres de grace. Ajoutons que la régie ne manque guere d'éloigner le commis, dont la vie ne seroit pas en sûreté, & d'accorder une indemnité à la famille ; deux chofes, qui ne font pas prefcrites par la loi, mais qui font dans l'efprit d'une adminiftration humaine & fage.

Privilege dans les faillites.

25. Nous ne finirions pas fi nous voulions énoncer toutes les précautions prifes pour affurer la tranquillité de la perception, & le recouvrement des droits. Rappellons-en une encore; c'eft le privilege accordé au roi, fur les effets du redevable, au préjudice des autres créanciers. Il eft déterminé de la maniere fuivante, par l'*Ordonnance des aides, tit. 8, des contraintes pour le gros.*

L'*art. 24*, donne « la *préférence à tous créanciers*, même au propriétaire de la maifon, excepté pour deux *quartiers* de loyer, y compris le courant, pour lefquels le propriétaire fera préféré, en affirmant qu'ils lui font dus, & fans qu'il puiffe prétendre aucune préférence pour les réparations. »

L'*art. 25*, donne la préférence « même au vendeur & au revendeur, fur le prix du vin, faifi & vendu en vertu des contraintes; après, toutefois, que le propriétaire de la maifon, en cas que les meubles ne foient pas fuffifans, aura été payé des deux quartiers, les droits de la vente du faifi préalablement pris par le fermier. »

L'*art. 26*, admet « le juré-vendeur, ou marchand, à réclamer le vin avant la vente, & à le reprendre en paiement du prix, qu'il affirmera lui être dû; pourvu, & non autrement, que le vin réclamé ait été vendu fur les *places publiques*, qu'il foit revendiqué *dans le mois*, & qu'il ait été *reconnu*, le fermier préfent, ou duement appellé. »

L'*art. 27*, pour le privilege des femmes, diftingue ainfi: « Les meubles étant dans la maifon *des marchands de vin & vignerons*, ne pourront être réclamés par leurs femmes, fous prétexte de féparation de biens, & de la vente ou délaiffement qui leur en auroit été fait en conféquence: voulons néanmoins, à

l'égard des *bourgeois* non marchands & trafiquant de vin, que les féparations de biens *jugées & exécutées*, fortent leur plein & entier effet, en la maniere accoutumée. »

L'*art. 28*, affranchit les veuves des droits dus par leurs maris, en renonçant à la communauté; d'où il réfulte, qu'elles ne font point redevables dans les pays de droit écrit.

L'*art. 29*, ne permet pas de faifir réellement les immeubles du redevable, en vertu de la feule contrainte, mais en vertu de fentence ou d'arrêt; & donne l'hypotheque, du jour de la condamnation.

Nous tranfcrivons ainfi ces difpofitions: parce que leur application eft journaliere; parce que, la maniere confufe, dans laquelle eft rédigée l'ordonnance des *aides*, ne la mettant pas à la portée de tout le monde, nous avons vu errer des gens d'affaires, d'ailleurs très-éclairés.

Obfervations importantes.

26. En parcourant cette foible efquiffe, on eft effrayé de la multitude, & de la diverfité des droits compris fous le mot générique *Aides*: l'embarras, la dépenfe, les moyens extraordinaires pour le recouvrement & la confervation, étonnent. On defire la réforme & une amélioration quelconque.

Ce fut le vœu des grands & bons miniftres. Mais voyez combien on eft embarraffé dans le choix & l'établiffement des impôts!

Parlez-vous de *capitation*? elle eft jufte, en ce qu'elle fait contribuer le rentier & l'égoïfte qui ont leur *avoir* en porte-feuille: cependant on la redoute, à caufe de l'arbitraire, & d'une fauffe idée de fervitude.

Voulez-vous impofer les immeubles? le produit en eft infuffifant. De plus, le privilege en affranchit la moitié; &, à l'égard de l'autre, il arrive quelquefois que le fifc retire plus que le propriétaire.

Chargez-vous les marchandifes ? on crie que vous arrêtez l'induftrie, & que vous entravez le commerce.

On veut être tranquille par la puif-fance-fouveraine ; & chacun cherche à diminuer le poids des charges publiques, ou à le rejeter fur les autres !

Vous préférez l'impôt fur les confom-mations, parce qu'on ne paie que pro-portionnellement & à mefure ; il a d'ailleurs l'avantage ineftimable de faire contribuer directement ou indirectement, cette efpece d'êtres à charge à la fociété, qui en ont encore les plus grands biens, & fe prétendent exempts d'en fupporter les charges. Mais le produit confidérable de ce genre d'impôt ne réfulte que de la réunion d'une infinité de petits droits & de perceptions minutieufes. Pour veiller & faire le recouvrement, il faut des armées de commis, & c'eft une guerre continuelle.

On propofe de fimplifier ; mais pour y parvenir confidérez l'origine des droits, leur état actuel, & les difficultés qui arrêtent l'uniformité fi defirable.

Cette partie de l'adminiftration publi-que a été formée comme toutes les au-tres, entaffées fucceffivement, fans plan, fans liaifon & fans enfemble.

C'eft une capitale, commencée par une cabane, autour de laquelle des maifons ont été bâties, fans alignement & fans ordre ; mais comment renverfer toute la ville pour en rebâtir une autre ? Il n'y a que Néron à qui l'idée foit venue de brûler Rome, pour rendre les rues plus droites & plus larges.

C'eft encore la légiflation de tous les peuples dans le droit privé, comme dans le droit public, comme dans le droit des gens. La néceffité a dicté les premieres loix : le befoin ou le pouvoir en a ajouté d'autres, & avec le temps cet amas monftrueux a formé les codes européens.

On s'en inquiete peu, en général, parce que le rapport qu'on a avec les loix eft accidentel : & l'on crie contre la fifcalité, parce que le rapport en eft jour-nalier ; vous la trouvez à chaque pas, vous arrêtant, pefant fur vous, & exi-geant une partie de votre propriété. On demande donc une réforme ; fans doute, elle eft defirable, & les projets ne manquent pas : dans le contrôle gé-néral, le dépôt des mémoires fur la feule partie des *aides* eft immenfe.

Que difoit, à cet égard, M. Necker dans fon célebre *Compte rendu* ? « J'ai examiné différens projets, mais jufqu'à préfent je n'en ai vu aucun qui me fatisfît parfaitement ; cependant je propo-ferai inceffamment à VOTRE MAJESTÉ quelques *adouciffemens* en faveur des contribuables, qui ont le plus befoin de fecours ; mais comme ces difpofitions entraîneront un petit facrifice de la part du tréfor royal, j'avouerai naturellement que j'ai différé d'y engager VOTRE MAJESTÉ, jufqu'à ce que la fituation de fes finances fût affez connue, pour qu'on ne pût envifager ce léger facrifice comme une forte de fafte de bienfai-fance, qui ne s'accorderoit pas avec cet efprit de mefure, qui doit régler fans ceffe une prudente adminiftration. — D'ici à l'époque de la paix, l'on difcu-tera de nouveau toutes les idées qui peuvent être relatives à la nature des droits d'*aides*, en général : &, comme ce font des droits purement locaux, & dont la modification ne dépend pas, comme les gabelles, d'une légiflation générale, on pourra faire quelques effais partiels ; & les adminiftrations provinciales feront en état de feconder à cet égard, les vues bienfaifantes de VOTRE MAJESTÉ. *En général, les grandes difficultés tiennent toujours au remplacement. Nouveaux regrets !* mais qui ne doivent pas ôter le courage. »

Le remplacement, eft donc le grand premier obftacle ; c'eft-à-dire, qu'il difficile de trouver un droit uniforme & plus doux, dont le produit égale celui des *aides*.

Il y a un autre obftacle, peut-être

encore plus grand ; ce font les abonnemens, les pays d'états, & les pays rédi-
més. Comment propofer à une province
qui a racheté un droit, ou qui n'y a
jamais été foumife, ou enfin qui s'eft
abonnée, de changer l'état des chofes,
& de payer davantage, pour établir
l'égalité & l'uniformité, fans lefquelles,
ce fera toujours un dédale ?

Pour arriver à ce but, il faudroit un
accord parfait, & des facrifices refpectifs : on en feroit bientôt dédommagé,
par la fuppreffion de ces bureaux innombrables, la diminution de la dépenfe du
recouvrement, la liberté de la circulation, & l'avantage du commerce qui
porteroit jufqu'en Amérique nos vins,
nos eaux-de-vie, & tous les fruits de
notre induftrie. Mais qui fe flatteroit
de ramener à ce point de vue, l'Auvergne
& la Bretagne, par exemple ? ou, qui,
propofant un projet admiffible, répondroit au gouvernement de l'établiffement
& du fuccès ?

Jufqu'à ce qu'un génie vertueux &
puiffant opere ce miracle, il faut s'occuper des *adouciffemens*. Ils font dans la
main de la régie. De la maniere dont
elle eft compofée, & avec l'efprit qui
l'anime, on doit tout attendre d'elle :
& peut-être eft-il vrai qu'elle peut feule
donner de bons projets ; parce qu'elle
feule connoît le produit, les fources,
& peut feule, en conféquence, calculer
& juger fainement les moyens de remplacement.

L'*adouciffement* eft encore dans la
main des juges. Mais il y a plufieurs
genres de tribunaux ; & il refte à les
faire connoître.

Élections.

27. La fuite naturelle des idées meneroit à parler d'abord des premiers juges,
devant lefquels s'introduifent les inftan-
ces en matieres d'*aides* : ce font les
élections. Mais l'ordre du Dictionnaire
leur affigne un autre rang, & ici elles
tiendroient trop de place. D'ailleurs,

ce que nous allons dire des tribunaux
fupérieurs, fuffira, pour donner une idée
fuffifante de la jurifdiction des *aides*, &
pour compléter cet article.

Falloit-il des cours des aides ?

28. Entraîné par fa haine contre la
vénalité, féduit par ces idées d'*unité* &
de *fimplicité*, qu'il répétoit dans toutes
fes loix, le chancelier de l'Hofpital effaya
de diminuer le nombre des magiftrats,
& des tribunaux même ; comme on
peut le vérifier dans les ordonnances
d'Orléans & de Moulins.

Ce qui eft remarquable, c'eft qu'il
n'ofe pas y prononcer textuellement &
précifément l'abolition de la cour des
aides, ainfi que celle des offices créés
depuis Louis XII ; comme s'il avoit
craint l'opinion publique. Il conferve
nominativement les parlemens & chambres des comptes, & vaguement les
autres cours. Enfuite par un de ces
détours, que font quelquefois obligés
de prendre les ames les plus fortes dans
l'adminiftration publique, il ftatue ainfi :
« Ne pourront les fermiers des aides,
fubfides & impofitions, faire appeller
nos fujets, pour le prétendu dû, à caufe
de leurs fermes, ailleurs que pardevant
nos *juges ordinaires* des lieux ; auxquels
enjoignons vuider fommairement & fur-
le-champ, le différent qui s'offrira, &
s'il y a *appel*, reffortir pardevant les
juges préfidiaux, ez cas de l'édit. »
(*Ord. d'Orléans, art. 136.*)

C'étoit une abolition indirecte. Si elle
eut quelque effet, il ne fut pas long.
La nation réclama fes juges ; & ils furent
bientôt rétablis. Les fameux états-généraux de Blois les conferverent ; & depuis
l'on n'a pas varié, excepté lors de la
révolution de 1771, qui a tout bouleverfé ; affectant de fuivre les traces
du chancelier de l'Hofpital, mais pour
arriver à un autre but.

L'Hofpital n'avoit pas pris cette opinion
dans le droit romain, dont il commença
en 1547 la traduction, qu'il chargea, fes

petits-fils, Hurault de l'Hofpital, de *para-cheyer*, dans fon teftament du 12 avril 1573.

Les Romains avoient des magiftratures diverſes, & des tribunaux nombreux pour tous les genres d'affaires. Sans entaſſer d'inutiles recherches, on peut conſulter le célebre Noodt. *De jurifdiĉione, lib. 2.*

Qu'un peuple agricole & paſteur, tel, que ceux que j'ai vus en de petits cantons Suiſſes, qui n'a qu'un petit terrritoire, & des propriétés ſimples, des mœurs pures, & une grande probité, aucun fiſc, point de gens d'affaires, & preſque point de loix; qu'un tel peuple n'ait qu'un tribunal, aſſemblé rarement; cela eſt poſſible, cela doit être, & une conſtitution différente ſeroit évidemment deſtruĉive.

Mais dans un grand royaume, où les loix, les coutumes, la jurifprudence, varient à l'infini; où les premiers tribunaux ont de vaſtes reſſorts, & ne peuvent pas terminer les affaires; où, à force d'entaſſer des loix, la jurifprudence eſt un *labyrinthe obſcur & tortueux, dans lequel,* comme diſoit François I, *les plus éclairés s'égarent;* comment les juges marcheroient-ils, déja accablés par l'immenſité des loix & des coutumes diverſes? Comment débrouilleroient-ils encore les branches innombrables du droit fiſcal, qui ſe multiplient & s'entrelaſſent chaque jour?

C'eſt donc une abſolue néceſſité d'avoir des juges particuliers, qui faſſent une étude ſuivie de ce genre d'affaires, & rendent la juſtice, ſans détruire le fiſc, & ſans opprimer le contribuable.

COURS

DES AIDES.

29. Telles que la ſouveraineté dont elles émanent, les jurifdiĉions ont été ſujettes aux viciſſitudes des choſes humaines: elles ont marché avec le temps à travers les ténebres de l'ignorance, les ravages des guerres civiles, les préjugés du ſiecle, l'opinion de la pluralité

& du moment, les erreurs, les paſſions, les beſoins, la fiſcalité, la vénalité, les réformes, l'abolition, & la reſtauration; heureuſes enfin! quand elles peuvent remplir ce qu'elles doivent au roi, à la patrie, à la vérité, & à la juſtice.

C'eſt dans ce ſens qu'après avoir énoncé les états-généraux de 1355 & 1356, accordant une *aide* pour la délivrance du Roi Jean, & nommant des officiers qui devoient faire la levée des deniers, le Préſident Hénault écrit en deux mots l'hiſtoire des cours des aides. « C'eſt, dit-il à ces officiers, qui ne devoient ſubſiſter qu'autant que l'*aide* devoit avoir cours, que l'on peut rapporter l'origine des cours des aides. Celle de Paris fut érigée en *titre de cour* en 1390, abolie par les ordonnances d'Orléans en 1560 & de Moulins en 1566, & rétablie enfin par Charles IX en 1569. »

Si nous nous bornions à compiler, nous ne manquerions pas de matériaux: car en jurifprudence il n'y a point de partie plus controverſée que l'état & la compétence des tribunaux, ſe diſputant trop ſouvent la redoutable fonĉion de juger leurs ſemblables. *Ut curiæ de jurifdiĉione digladientur & conflictentur, humanum quiddam eſt; eòque magis, quòd per ineptam quamdam ſententiam (quòd boni & ſtrenui ſit judicis ampliare juriſdiĉionem curiæ) alatur planè iſta intemperies; & calcar addatur, ubi freno opus eſt.* (Bacon, *Serm. fid. de cert. leg. aph. 96.*)

Nous ſupplions de lire avec quelque attention ce que nous avons écrit au commencement de ce volume, ſur l'adminiſtration de la juſtice, & ſur-tout les nº. 2, 3, 4, 5, 6 & 33 qui renferment ſon origine, ſes objets, l'établiſſement & l'état des tribunaux; car il eſt impoſſible de ſe répéter ſans ceſſe; & nous avons placé ainſi l'hiſtoire du droit françois, comme une baſe ſur laquelle nous appuierons continuellement de grandes vérités.

Par

Par rapport aux cours des aides en particulier, ont peut confulter encore les ouvrages fuivans.

Les *Hiftoriens de France*, & leur *Bibliotheque*, par le P. le Long, & M. Fevret de Fontette; les *Recherches de la France*, de Pafquier, *liv.* 2, *chap.* 7; les *Mémoires* de Pierre de Miraumont; les *Antiquités de Paris*, par Bonfons; & le *Recueil* très-rare *des états-généraux tenus en France*.

Les ordonnances du royaume & leurs commentaires, dans le *Recueil* du Louvre, dans Fontanon, Guenois, & Néron.

Parmi les jurifconfultes & les arrê-tiftes, Papon, *liv.* 4, *tit.* 17; la Roche-Flavin, *liv.* 13, *ch.* 35: leurs opinions, & les jugemens qu'ils rapportent font fans conféquence, vu le fiecle où ils vivoient: temps où la confiftance des tribunaux étoit obfcure & incertaine.

Dans le nombre des auteurs qui ont effayé de traiter particuliérement de ces jurifdictions, vous pouvez lire Corbin; enfuite Filleau, qui, dans la 3ᵉ *partie*, *tom.* 2, a fait un *traité de la Jurifdic-tion des élus*; & enfin Bouchel, dans fa *Bibliotheque du droit françois*, au mot *Tréfor*, *tom.* 3, *pag.* 732. C'eft en-tr'autres, un difcours adreffé au roi, par Guillaume Aubert, avocat général de la cour des aides, avec ce titre: *Tréfor royal*, *ou fommaire de l'art des aides*. Celui qui, après l'avoir bien lu, voudroit, fuivant fa maniere & fes prin-cipes, adminiftrer & juger aujourd'hui les finances, reffembleroit à l'homme qui, fuppofé revenir au monde après trois fiecles, ne retrouve ni les mêmes mœurs, ni les mêmes loix, & rien abfolument de ce qu'il avoit laiffé.

Après cette fatigante lecture, il faut lire la légiflation du dernier regne & du regne actuel, que nous avons extraite dans l'*Hiftoire du droit françois*, (*n*°. 37, 38, 39 & 40;) il faut lire les annales du fiecle, & fur-tout un ouvrage qui a pour titre: *Mémoires pour fervir à l'hiftoire du droit public de la France*,

Tome III.

en matiere d'impôts, ou *Recueil de ce qui s'eft paffé de plus intéreffant à la cour des aides, depuis 1756, jufqu'au mois de juin 1775, à Bruxelles 1779.* C'eft le *Recueil des arrêtés*, de la con-duite, de l'état & des révolutions de la cour des aides de Paris: c'eft le tableau de la magiftrature de M. Lamoignon de Malesherbes, alors premier préfident. C'eft l'ame douce & vertueufe de ce magiftrat, citoyen & philofophe. En lifant fes difcours, on retrouve ce premier préfident Lamoignon, que nous avons cité fans ceffe au mot *Accufation*.

Après avoir parcouru tant de livres, vous réduirez peut-être, tout ce qu'il faut favoir fur les cours des aides, aux loix & aux queftions fuivantes.

Loix conftitutives.

30. Nous ne finirions pas, fi nous raffemblions tous les titres des cours des aides: Il faut choifir.

ORDONNANCE aux états-généraux de mars 1356, pour l'établiffement des aides, des élus & officiers, pour affeoir & juger. (Néron, *tom.* 1, *pag.* 2.)

ÉDIT du 26 juin 1382 portant éta-bliffement des commiffaires - généraux fur le fait des aides, & réglement fur leur jurifdiction. (*Mém. de la C. des comp.* coté E, *fol.* 39.)

DÉCLARATION du 5 novembre 1397, pour le pouvoir & la fonction des géné-raux des aides. (*Ibid.* coté F, *fol.* 42.)

ÉDIT du premier juillet 1500: dans le préambule, après avoir prouvé, 1°. l'an-cienneté, l'avantage réciproque & la né-ceffité, auffi-tôt qu'il y a eu des impôts, de l'établiffement de *généraux & confeil-lers, faifant corps & cour fouveraine fur ledit fait (des aides.)* 2°. Que plufieurs, & auffi les cours de parlement fe font par ci-devant ingérées & efforcées d'en-treprendre connoiffance & jurifdiction du fait des aides, fufdites circonftances & dépendances: Louis XII, *derechef & d'abondant* maintient ladite cour fouve-raine des *aides*, dans fa pleine & entiere jurifdiction, &c. (Fontanon , tom. 2, liv. 3, tit. 1 , pag. 1335.)

ÉDIT de mars 1551, portant érection d'une feconde chambre en la cour des généraux des aides , & de quelles caufes ils peuvent connoître. (Ibid. pag. 1338.)

ÉDIT du 22 octobre 1552, portant attribution de jurifdiction à la cour des aides. (Ibid. pag. 1342.)

DÉCLARATION du 20 mai 1553, attribuant à la cour des aides la connoif-fance pour raifon des taxes & cotifation de fiefs & arriere-fiefs, fujets au ban & arriere-ban. (Ibid. pag. 1343.)

DÉCLARATION du premier août 1553, portant défenfe aux généraux de la juf-tice des aides, de s'attribuer le titre & qualité de cour & juges des *finances*. Ce titre de cour des finances étoit difputé par la chambre des comptes , quoiqu'elle ne prenne pas le titre de cour des comptes & *finances*.

Cette déclaration, eft d'autant plus inutile aujourd'hui, que les parlemens qui ont réuni la jurifdiction des aides, comme nous le verrons bientôt, prennent le titre de *parlement, cour des aides & finances*, fans que ce titre leur foit dif-puté par les chambres des comptes, qui, lorfqu'elles réuniffent aux comptes la jurifdiction des aides, prennent le titre de cours des comptes, aides & finances. Au furplus, il s'agit des chofes & non des mots.

ORDONNANCE d'Orléans de 1560, & de Moulins de 1566 : on en a vu le fommaire.

ÉDIT & DÉCLARATION d'octobre 1569, portant que la connoiffance en dernier reffort, de toutes aides, fubfides, *emprunts*, étapes & autres deniers levés ou cotifations, n'appartiendront à autres juges qu'aux élus en premiere inftance, & par appel aux *cours des aides*; laquelle connoiffance eft interdite aux juges ordi-naires, aux préfidiaux, & aux parlemens, nonobftant les ordonnances d'Orléans & Moulins; regiftrés au parlement le 20 octobre, au grand confeil & à la cour

des aides, le 20 décembre 1569. (Ibid. pag. 1347.)

ÉDIT de juillet 1636, portant créa-tion d'une troifieme chambre dans la *cour des aides* de Paris.

ORDONNANCES des gabelles, de mai 1680... des aides, de juin 1680... des fermes, de juillet 1681, adreffées aux cours des aides, &c.

ÉDIT de 1771, portant fuppreffion des cours des aides. Voyez dans ce volume l'*Hiftoire du droit françois, & de l'adminiftration de la juftice*, (n°. 39, pag. 53 & fuiv.)

ÉDIT de novembre 1774, portant rétabliffement de la cour des aides, regiftré dans le lit de juftice du 12 novembre 1774, pour la reftauration des tribunaux fupprimés en 1771.

DISCOURS, dans ce lit de juftice, par M. de Miroménil, garde des fceaux. « Les cours des aides ont été établies pour juger les conteftations concernant la perception des droits du roi ; pour prévenir les abus qui pourroient nuire à la confervation des finances de fa majefté, & pour réprimer les excès & les vexations des prépofés à la percep-tion de fes revenus. »

DISCOURS de M. Seguier, avocat-général, dans ce lit de juftice. « La nature des loix qui reglent & affurent la perception des impôts, qui prefcri-vent les formes effentielles pour carac-térifer la fraude, en pourfuivre la répa-ration, qui décident *toutes* les contef-tations qui s'élevent entre les fujets de votre majefté & les fermiers, chargés de la perception des *revenus de l'état*; en un mot, les édits & ordonnances con-cernant la matiere des aides forment, en quelque forte, un *code diftinct & féparé des autres loix du royaume*. Cette portion de l'adminiftration publique, demande un *tribunal particulier* qui ne foit occupé que de l'application des loix, que la fageffe de nos rois a publiées ; qu'ils ont *détruites & renouvellées tour-à-tour*, & qui fe font multipliées à l'infini, suivant la *nécessité* des circonstances. *La cour des aides*, depuis son institution, avoit rempli, avec exactitude & fidélité, l'intention des souverains en cette partie. Tous vos sujets verront *avec plaisir* renaître ce tribunal, dont la suppression pourroit apporter quelque préjudice à vos finances ; & où les peuples étoient assurés de trouver la justice que depuis plusieurs siecles cette cour étoit en possession de rendre *en votre nom, à votre décharge & par votre autorité*, en se renfermant dans l'esprit des ordonnances dont l'exécution lui est confiée. »

Nous avons rapporté ces discours pour donner une idée exacte de l'opinion du roi, des grands, du parlement, & de la nation entiere, sur les cours des aides ; leur esprit, leurs services, l'utilité de leur établissement & la nécessité de leur conservation.

Compétence, Conflit.

31. C'est dans ces discours, c'est dans les loix & arrêts modernes qu'il faut chercher les grands principes de la compétence des *cours des aides*. Les anciens ne peuvent qu'égarer.

Tout a concouru long-temps à maintenir l'erreur & le doute : 1°. les ordonnances d'Orléans & de Moulins, dans lesquelles, faute de suivre le procédé des Romains, que nous avons* expliqué au mot *Abrogation*, celui qui trouve un article en vigueur n'imagine pas que le suivant est abrogé ; 2°. la défense de prendre le titre de cour des finances, d'où quelques personnes ont conclu mal-à-propos que la compétence étoit réduite aux *aides* ; 3°. l'opinion que nous avons rappellée au mot *Abus*, (*n°. 33*) que ces cours ne pouvoient pas connoître incidemment de l'appel comme d'abus ; 4°. on ne vouloit pas considérer que les tribunaux ordinaires n'avoient jamais connu des impositions & subsides : que dès leur origine & leur établissement sous le nom d'*aides*, le roi source de toute justice,

& la nation représentée par les états-généraux, avoient établi des juges particuliers ; en sorte que ce n'étoit point un démembrement des jurisdictions ordinaires, comme les justices seigneuriales, usurpées sur la justice royale.

Si vous voulez avoir une énumération exacte des objets de cette compétence, vous pouvez parcourir toutes les loix en matiere de finance, depuis l'édit de 1500 jusqu'à nos jours ; & si vous voulez classer & resserrer ces idées éparses, vous pouvez le faire ainsi :

La *cour des aides* connoît exclusivement de tous les impôts & subsides, quelles que soient leur origine, leur assiette & leur perception.

En conséquence, elle juge souverainement, soit en premiere instance, soit par appel des juges inférieurs, tous procès civils & criminels, relatifs aux impôts & subsides, entre toutes personnes de quelque état, rang & qualité qu'elles soient, & quels que soient leurs privileges.

En conséquence, elle connoît de la noblesse, soit sur les contestations élevées entre les parties intéressées, soit sur les recherches des faux nobles, soit sur les poursuites du ministere public ; cela est fondé sur ce que la noblesse ayant des privileges, il faut empêcher une usurpation nuisible aux non privilégiés & aux revenus de l'état. De là, nécessité de vérifier & enrégistrer les lettres d'annoblissement & de réhabilitation ; de là, les nobles ecclésiastiques, bourgeois privilégiés & autres semblables, troublés dans leurs exemptions, peuvent se pourvoir directement à la *cour des aides*.

En conséquence, elle connoît de toutes les impositions municipales & locales, établies sous tant de noms, & dont le jugement qui lui appartenoit par leur nature lui a encore été assuré par tous les édits constitutifs.

Le parlement & la chambre des comptes n'ont rien perdu de leurs droits ; mais il faut distinguer.

A la chambre des comptes appartient

nent, la comptabilité, les réglemens & les formes qui en dépendent.

Au parlement appartiennent, la vérification, l'enregistrement & la publication des loix constitutives d'impositions ; ce qui n'empêche pas la *cour des aides* d'enregistrer, de publier & de faire des remontrances, si elle croit le devoir, d'après les connoissances particulieres qu'elle a de la situation du peuple, des effets de l'impôt, & des localités.

Mais elle connoît seule de l'assiette de l'impôt, de sa perception, de sa répartition, & de tout ce qui y est relatif, directement ou indirectement ; même des délits, quels qu'ils soient, comme concussion, péculat, excès & meurtre.

L'autorité qui créa les *cours des aides*, attribue quelquefois aux commissaires départis, la connoissance de certaines impositions. Ainsi deux ARRÊTS du conseil, des 18 avril 1773 & 25 mai 1775, ayant renvoyé aux intendans la connoissance des droits réservés, & la cour des comptes, *aides* & finances de Normandie n'y ayant pas obtempéré, ses ARRÊTS des 10 août 1775 & 13 janvier 1777 ont été cassés, par ARRÊT du conseil, du 6 mars 1777. Sur ce point, l'administration & la jurisdiction voient différemment, & le silence est notre partage.

A l'égard des autres cours, les conflits ont disparu par un moyen simple.

Dans l'ÉDIT du 29 décembre 1559, François II, voulant prévenir les différens entre le parlement & la *cour des aides* leur parle ainsi : « Voulons qu'ils soient *amiablement & fraternellement*, entre vous traités & composés ; & qu'à cette fin, nos avocats & procureur-général en notre dite *cour des aides*, aient incontinent à *communiquer & conférer* desdits différents avec nos avocats & procureur-général en notre dite cour de parlement. — Et où ils n'en pourroient tomber d'accord, voulons que vous, gens de notre dite *cour des aides*, ayiez à députer & commettre aucuns des présidens & conseillers d'icelle, selon que le cas le

requerra, pour, avec vous, gens de notre dite cour de parlement, en la grand'chambre d'icelle, conférer & communiquer desdits différents, & iceux accorder, vuider, & terminer ; & où ne pourriez vous en acquitter, voulons nous en être par vous respectivement référé, pour en être par nous ordonné, sans qu'autrement il soit loisible procéder entre vous, soit par appel, ou inhibitions & défenses. »

La premiere partie de cette loi s'exécute avec le plus grand succès. La seconde a été abrogée par l'*art. 12, du tit. 2* des réglemens de juges en matiere civile, de l'ordonnance de 1669. Est-ce un bien ?...

C'en seroit un évidemment, que les gens du roi des tribunaux de finance, ceux des élections, par exemple, allassent ainsi *amiablement & fraternellement, communiquer & conférer* avec les gens du roi des bailliages ; & l'on ne voit pas comment ce qui se pratique honorablement & avec succès entre les supérieurs, seroit déplacé ou inutile entre les inférieurs. On ne voit pas non plus pourquoi ce moyen de conciliation ne seroit pas étendu légalement à tous les tribunaux, & pour toutes sortes d'affaires. On préviendroit ainsi des conflits qui nuisent également à l'intérêt particulier, & à l'expédition des affaires ; à la considération & à la consistance des tribunaux ; au bien de l'état, aux devoirs & à l'honneur de la justice. Voyez *Compétence.*

Consistance, Dignité, Distinctions, Police, Prérogatives & Privileges.

32. Après avoir assuré l'état & la jurisdiction de la *cour des aides,* la législation a voulu, imprimer au corps une dignité convenable, & encourager les membres par des privileges.

Les principaux sont : 1°. par ÉDITS de 1691 & 1704, la *noblesse* accordée aux présidens, conseillers, gens du roi & leurs substituts, greffiers en chef & secretaires du roi près la cour, même premier huissier : privilege subsistant ; 2°. par l'édit de 1691, l'exemption des droits feigneuriaux dans la mouvance du roi, en achetant & en vendant : privilege fubfiftant ; 3°. le franc-falé, comme commenfaux de la maifon du roi : privilege fufceptible de modifications : voyez *Franc-falé* ; 4°. tous les droits & privileges accordés en général aux magiftrats des cours.

Une prérogative commune à toutes les cours, c'eft la police intérieure, les réglemens, & le droit de juger fes membres. L'*art. 6* de l'édit de 1551 dit : « Connoîtra & décidera, outre ce que deffus, privativement à tous autres juges, quels qu'ils foient, des *réglemens*, *punition & correction* des préfidens-généraux & confeillers, avocats & procureurs-généraux, greffiers, huiffiers, receveurs & autres miniftres d'icelle cour, élus, grenetiers, ou receveurs des magafins, contrôleurs, receveurs de nos *aides* & tailles, juges des traites, maîtres des ports, leurs lieutenans & *autres*, nos juges & officiers, reffortiffans en notre dite cour, étant queftion des fautes, abus, ou malverfations, commis en leurs états, charges & adminiftrations, injures & excès faits à leurs perfonnes, au *contempt* des autorités, prérogatives & prééminences de leursdits offices & états. »

La lecture réfléchie de cet article fuffit pour connoître l'étendue des pouvoirs des *cours des aides* fur leurs membres, les juges inférieurs, les employés & les contribuables, dans tout ce qui a rapport à l'impôt, à fa perception, & au jugement. Police, réglement, & jurifdiction, tout leur appartient, au civil & au criminel, dans la partie des impofitions ; comme aux parlemens, dans les autres parties de l'ordre public.

Telle fut l'opinion qu'on eut de ce tribunal dès fon origine, qu'il fut au commencement du quinzieme fiecle, préfidé fucceffivement par Charles d'Albret, connétable de France, coufin germain du roi ; Louis, duc d'Orléans, frere du roi ; Philippe, duc de Bourgogne, &

Jean, duc de Berry, oncles du roi. Cette cour étant une émanation des états généraux, les princes fe faifoient honneur d'y entrer comme au parlement.

Le recueil de la *cour des aides* de Paris, que nous avons indiqué, énonce, *pag. 707*, ce droit dans un temps remarquable, après la reftauration des tribunaux. Six pairs de France, revêtus des marques de leur dignité, ont pris féance, en cette qualité, à la cour des aides de Paris, comme au parlement, & opiné à leur tour. L'ARRÊT du 8 juillet 1775, porte : *La cour, les pairs de France y féans.*

En lifant ces actes de l'adminiftration de la juftice, on regrette de ne pas y retrouver plus fouvent, les grands qui ont droit d'y participer par leur naiffance, ou leurs dignités. La nobleffe, le citoyen, la jurifdiction, l'état, le bien public, & les mœurs y gagneroient infiniment.

PLUSIEURS COURS DES AIDES.

33. Il n'y avoit dans l'origine qu'un parlement & une cour des aides. L'éloignement des provinces, la multitude & la diverfité des loix & des affaires déterminerent à établir plufieurs parlemens. Le même motif décida à former plufieurs cours des aides, & à leur affigner à chacune un reffort.

Ainfi, pour les affaires du fifc, la France eft divifée en cours des aides ; comme elle l'eft, pour les affaires ordinaires, en parlemens ou confeils fouverains. Quelques-unes font réunies aux parlemens ou aux chambres des comptes. Nous allons les énoncer par ordre alphabétique, ainfi que leurs titres conftitutifs.

Aix.

34. ÉDIT d'août 1555, regiftré au grand confeil le 12, portant établiffement de la chambre des comptes, & attribution de jurifdiction pour les *aides* & finances.

ARRÊT du conseil du 16 mai 1640, portant réglement général pour la cour des comptes, aides & finances du roi, en Provence, & le bureau des finances d'Aix. (Boniface, *tom. 3, liv. 1, tit. 6, chap. 1.*)

ARRÊT du conseil du 11 mars 1684, qui ordonne que les causes des tailles, *aides*, gabelles, lates & encans, seront jugées par le lieutenant d'Arles, en dernier ressort, jusqu'à 5 liv. de principal; & celles qui excéderont, par les juges aussi en premiere instance, & par appel en la cour des comptes, aides & finances.... ARRÊT du 26 avril 1687, qui ordonne l'exécution du précédent. (*Ibid. tom. 5, liv. 6, tit. 1, chap. 1.*)

ÉDIT d'avril 1691, portant création d'offices & réglement pour les fonctions.

Nous avons un recueil d'arrêts de cette cour, avec ce titre: *Centuriæ caussarum in summâ rationum, vectigalium, & sacri ærarii provinciæ curiâ decisarum, quibus universa ferè, quæ ad causam fisci & privatarum, publicarumque functionum pertinent, explicantur... auctore Francisco DE CLAPERIIS, D. de Vauvenargues, J. C. & in eâdem curiâ regis consiliario... Lugduni, 1616, in-4°.*

Depuis, tout a changé; cependant cet ouvrage, écrit en latin, & chargé de citations, est encore lu avec intérêt: on y trouve d'excellens principes sur la fiscalité, & l'ancienne forme des impositions de la Provence. Ces ouvrages du seizieme siecle, sont au vrai jurisconsulte, ce que sont au publiciste, Gregoire de Tours, Marculphe, Froissard, Baluze & Ducange.

Bourdeaux.

35. On a long-temps varié sur le ressort & le lieu de cette cour des aides. Ce fut d'abord Périgueux en 1550, avec jurisdiction sur la Guienne, l'Auvergne & le Poitou, Paris réclama l'Auvergne & le Poitou, & ils lui furent rendus en 1557.

ÉDIT d'août 1637 portant établisse-ment de la cour des aides à Bourdeaux: elle fut transférée à Saintes en 1647, & renvoyée à Bourdeaux en 1659; transférée de nouveau à Libourne en 1675, & rétablie définitivement à Bourdeaux, par ÉDIT de septembre 1690.

DÉCLARATION du 30 décembre 1703, portant réglement pour les assemblées entre les commissaires du parlement & de la *cour des aides*, sur les conflits.

Clermont-Ferrand.

36. L'Auvergne n'est pas un des pays d'*aides*, que nous avons énoncés n°. 10, *pag. 627*. Mais la *cour des aides* y juge les autres objets d'impositions. Elle fut établie à Montferrand, par ÉDIT d'août 1557; confirmée dans ses privileges, par ÉDIT de février 1572; transférée à Clermont, par ÉDIT d'avril 1630. La révolution générale de 1771, l'avoit transformée en un conseil supérieur: rétablie par l'édit de restauration, elle a essuyé un autre orage.

LETTRES-PATENTES du 19 février 1782, portant suspension des officiers de la *cour des aides* de Clermont-Ferrand.... DÉCLARATION du 5 mars 1782, portant attribution, à la *cour des aides* de Paris, jusqu'à nouvel ordre, de la connoissance des matieres, de la compétence de celle de Clermont-Ferrand.... DÉCLARATION du 3 août 1782, portant rétablissement des choses dans leur ancien état.

Dijon.

37. ÉDIT de juillet 1626, attribuant, à la chambres des comptes de Bourgogne, la jurisdiction souveraine des aides.

ÉDIT d'avril 1630, portant révocation du précédent & union au parlement de Bourgogne de la jurisdiction des aides & finances dans la province.

Consulté comme parlement & *cour des aides*, ce corps fit un bel usage de son amour pour le roi, la patrie, le bien public, & la vérité; quand, ensuite de la déclaration du 28 mars 1764, qui défendoit d'écrire & imprimer fur l'administration des finances, il adreffa ces belles remontrances, où il dit que *de quelque part que viennent les vues utiles*, il fe fera gloire de les adopter, & de les préfenter *comme fiennes.* Voyez *Adminiftration. n°. 36, tom. 2, pag. 900.*

Franche - Comté.

38. Il y avoit à Dole une chambre & cour des comptes, aides, domaines, & finances. Enveloppée dans la révolution de 1771, elle eft reftée fupprimée, comme le parlement de Dombes, & la cour des monnoies de Lyon. En voici la caufe.

ÉDIT d'octobre 1771, portant abolition de la chambre des comptes, *cour des aides* de Dole; renvoi, attribution, à la chambre des comptes de Paris, de la comptabilité; & création à Befançon d'un bureau des finances, préfidé par l'intendant, connoiffant avec lui, fauf l'appel au confeil des matieres ordinaires des finances, traites, gabelles & tabac, & autres, excepté celles attribuées à l'intendant feul.

DÉCLARATION du 21 janvier 1774, attribuant au parlement de Befançon la comptabilité, domaine, fief, état des perfonnes, furtaux, &c.

Depuis, & en conféquence, plufieurs loix enregiftrées & réglemens; vous les trouvez dans le *quatieme volume du Recueil des édits & arrêts pour la Franche-Comté, à Befançon, chez Daclin, imprimeur du roi. Le cinquieme*, fervant de fupplément *pag. 738*, indique des remontrances, & des *variations.* Cet ordre extraordinaire eft-il ftable? . . . .

Grenoble.

39. ÉDIT de janvier 1638, portant établiffement d'une *cour des aides* à Vienne en Dauphiné.

ÉDIT d'octobre 1658, portant fuppreffion de cette cour, & union de fa jurifdiction au parlement de Dauphiné.

Metz.

40. Au parlement ont été réunies de tout temps la chambre des comptes, la *cour des aides*, & la fouveraineté des monnoies.

Vous pouvez voir dans le *Recueil* de Corberon, avocat-général, le *cinquante-huitieme Plaidoyer*, où, d'une maniere, certes, anti-financiere, il conclut à ce que le fermier des droits du roi ne foit pas admis à exiger le ferment du contribuable fur le fait: s'il a, ou non, acquitté les droits. L'arrêt du 4 octobre 1640 eft conforme aux conclufions.

Montauban

41. ÉDIT de juillet 1642, portant création d'une *cour des aides* à Cahors.

ÉDIT d'octobre 1658, portant tranflation de cette cour à Montauban, avec union au bureau des finances.

ÉDIT de juin 1659, portant révocation du précédent, & rétabliffement à Cahors.

ÉDIT d'octobre 1661, portant nouvelle tranflation à Montauban, où enfin l'établiffement paroît ftable.

Montpellier.

42. C'eft, après Paris, la plus ancienne *cour des aides*, créée, par ÉDIT du 20 avril 1437, fur la difficulté d'aller au loin obtenir *remede & juftice fouveraine*, avec faculté de tenir fiege *par-tout* où bon fembleroit. La féance fut fixée à Montpellier, par ÉDIT de décembre 1467. Un autre ÉDIT, de juillet 1629, lui a réuni la chambre des comptes, créée en 1522.

Philipi, préfident de cette cour, a donné en 1629 un ouvrage contenant: 1°. les loix conftitutives des *cours des aides* en général. 2°. Les *arrêts de conféquence* de cette cour. 3°. Un traité des gabelles de Languedoc, avec le réglement des péages.

Il feroit à fouhaiter que chaque cour eût un pareil recueil; ce feroit un fil dans le dédale de la fiscalité ; on jugeroit au moins aujourd'hui comme on jugeoit hier ; & l'on pourroit dire qu'il y a une jurisprudence. . . . .

Nancy.

43. Sous les ducs de Lorraine, il y avoit une cour souveraine, connoissant les matieres ordinaires comme nos parlemens ; & une cour des comptes, aides & finances. Cette cour souveraine a été érigée en parlement ; mais on a laissé, la cour des comptes & aides, connoitre, comme par le passé, de tout ce qui a rapport aux finances.

Dans le *Dictionnaire historique des ordonnances des tribunaux de la Lorraine & du Barrois, deux volumes in-4°. à Nancy, chez Leclerc & Gervois, 1777;* vous trouvez l'ancienne maniere des impositions, & les *aides,* accordées par les états, aux ducs de Lorraine, au commencement du dix-huitieme siecle.

Pau.

44. ÉDIT de mai 1632 , portant établissement d'une *cour des aides* en Navarre, révoqué par un autre du 27 octobre , portant confirmation des privileges de la province, & suppression de la *cour des aides.* Le parlement est chambre des comptes, *cour des aides* & finances unies.

Rennes.

45. Le parlement de Bretagne paroît avoir été toujours juge souverain des matieres fiscales, hormis la comptabilité réservée à la chambre des comptes de Nantes ; & vous trouvez dans Dufailh & Sauvageau, d'anciens arrêts très-féveres & très-justes contre le fermier, accusant faussement de contravention & de fraude.

C'est un autre régime. Ce sont d'autres droits & d'autres dénominations : *Billot, Devoirs, &c.* Voyez *ces mots.* La Belande les expose aussi clairement qu'il se peut. (*Part. 2, liv. 3, chap. 18, n°. 1385 & suiv.*)

Rouen.

46. C'est pis en Normandie, puisqu'après l'ordonnance de 1680 , pour Paris & les autres provinces sujettes aux aides, de suite on en a fait une pour la Normandie, enrégistrée le 26 février 1681 ; La Belande expose les détails, les diversités & le régime qui l'ont nécessitée. (*Part. 1, liv. 1, sect. 2, n°. 316 & suiv.*)

Charles VII, avoit établi à Rouen une premiere *cour des aides,* pour toute la Normandie. En 1637 Louis XIII en créa à Caen, pour la basse Normandie ; une seconde, qui, par ÉDIT de janvier 1641 , fut réunie à celle de Rouen ; & celle-ci, à son tour, par édits d'octobre 1705 & janvier 1706 , a été réunie à la chambre des comptes de Rouen.

Cours des aides supprimées.

47. Indépendamment des *cours des aides* supprimées ou réunies, dont nous avons fait mention, comme Caen, Cahors, Dole, Libourne, Montferrand, Périgueux, Saintes, & Vienne, on trouve les traces de trois autres.

Agen. Filleau, (*tom. 1, pag. 106*) rapporte en entier un édit de décembre 1629 , portant création d'une *cour des aides* dans cette ville, située entre Bordeaux & Montpellier.

Bourg-en-Bresse. Brillon cite une loi du 17 février 1659, publiée au sceau le 20 du même mois, portant qu'il sera expédié des lettres de provision des offices, créés dans la cour souveraine de Bourg-en-Bresse, établie par l'ÉDIT du présent mois de février, en faveur des officiers de la *cour des aides* de Vienne, supprimés par celui du mois d'octobre 1658. Le ressort de la Bresse au parlement de Dijon, pour les affaires ordinaires, a aisément entraîné celui des affaires fiscales. De plus, on a réuni, aux états de Bourgogne, la Bresse qui venoit d'être annexée au royaume par Henri IV. Voyez *Bresse.*

Lyon ,

Lyon, vers le même temps, fut deftiné à avoir une *cour des aides*. L'ÉDIT cité par Blanchard, Brillon, & tant d'autres, eft de juin 1636 ; mais il fut prefqu'auffi-tôt révoqué, par édit de juillet fuivant, portant création d'une troifieme chambre en la *cour des aides* de Paris.

Les motifs de cet établiffement étoient nombreux & graves.

1°. *Le bien des campagnes*, qui demandoient auffi à n'aller pas au loin chercher *remede & juftice fouveraine*.

2°. *L'intérêt du fifc*. Il eft fans ceffe expofé, dans un pays où le voifinage de la Savoie, de Geneve, & de la Suiffe, où de grandes rivieres, & des montagnes impénétrables, favorifent la contrebande, armée, & toujours renaiffante.

3°. *L'avantage du commerce*. Il a de grands & continuels rapports avec la jurifdiction des finances, par le paffage & l'entrepôt des marchandifes, les douanes, les traites, & par fes foires, fes privileges, & fes manufactures.

4°. *L'adminiftration de la juftice, & l'ordre public*.

On penfa que, dans une ville fi grande & fi peuplée, il convenoit d'avoir une magiftrature prépondérante, qui confervât des fortunes & des capitaux ; une magiftrature qui jouît, au confeil, au parlement & par-tout, d'une certaine confidération, qu'obtiennent fi difficilement le zele & les qualités perfonnelles des tribunaux inférieurs, ignorés & méconnus dans l'éloignement, pour ne rien dire de plus.

On penfa, enfin, que cet établiffement étoit précieux pour la tranquillité publique, dans une ville prefque toute remplie d'ouvriers : & les feuls événemens du fiecle prouveroient que cette idée n'étoit pas fans fondement.

Enfuite on a cru qu'une cour fouveraine altéreroit l'efprit du commerce, dégoûteroit les enfans de fuccéder à leurs peres : & la cour des monnbies, créée en 1704, a fuccombé fous la révolution de 1771. Toutefois, l'expérience prouve

Tome III.

que les enfans vont porter ailleurs une fortune qui auroit foutenu le commerce.

Ce n'eft point à nous de prendre un parti entre ces deux opinions ; & nous fommes fans intérêt, comme fans préjugé. Mais nous trouvons l'occafion de les rapprocher, & nous les livrons à la méditation. . . . .

Conclufion.

48. La nature de cet ouvrage nous forçant de réduire à quelques pages les fujets les plus vaftes & les plus compliqués, nous avons tâché de nous garantir du défaut de ceux qui, raffemblant quelques définitions abftraites & incohérentes, n'offrent que des lueurs trompeufes. Nous avons effayé de former du moins un enfemble, en liant les idées ; d'être plus à la portée de tout le monde, & d'ouvrir une route plus facile & plus fûre. Avonsnous réuffi ? . . . .

Ceux qui voudront approfondir, pourront pénétrer le labyrinthe des loix, des arrêts, des commentaires & des auteurs que nous avons indiqués ; ils pourront y ajouter la plupart des livres de jurifprudence, à commencer par Domat, qui, dans fon *Droit public*, (*tit. 5, fect. 6, n°. 18*) ne manque pas d'affurer que dans le doute il faut prononcer contre le fifc. Ils trouveront beaucoup dans les *Œuvres* du chancelier d'Agueffeau, dont nous avons donné la notice à fon article, *pag. 614 de ce volume*. Dans le *tom. 9, lettre 33, pag. 70*, ce grand homme donne comme *principe certain* fur la compétence des *cours des aides*, qu'il appelle *juges de privileges*, une affertion, qui fembleroit contraire à l'hiftoire, à l'efprit & au texte de la légiflation.

Que fi, regardant toutes les impofitions renfermées fous le mot générique d'*Aides*, comme des entraves au commerce & à l'agriculture, on veut chercher le moyen de les diminuer ou de les détruire, on peut, entr'autres ouvrages politiques, voir ce que, dans fes *Recherches & confidérations fur le commerce*

& *les finances*, (tom. 1, pag. 499 & *suiv*.). M. de Forbonnois, conseiller au parlement de Metz, a écrit sur les défauts de l'ordonnance des *aides*, & sur le moyen de les corriger. Mais en le lisant, il faut se rappeller les observations que nous avons faites, (*n°. 26*, pag. 645.)

La Belande, qui avoit tant de secours, s'est trompée, entr'autres, sur l'*annuel*. Après cela, nous ne nous vanterons pas de n'avoir fait aucune erreur, quelque soin que nous ayons pris de les éviter ; & nous nous garderons bien de noter celles qu'on nous a fait remarquer dans un grand dictionnaire, nous montrant des plus communes. Encor nous a-t-il fait, sans nous nommer, l'honneur d'extraire & de copier exactement notre premier volume. Nous ne garantissons que la pureté de nos vues, & elles n'échapperont pas à ceux qui nous liront sans intérêt & sans préjugé.

Donner, s'il est possible, au *redevable* l'opinion qu'il doit avoir sur l'obligation qu'il a contractée en naissant dans la société, de contribuer aux charges publiques, & sur la vraie probité, qui ne met point de différence entre le vol & la fraude.

Inspirer au *percepteur* la modération, la décence & la pitié, qu'il ne doit jamais abandonner, parce qu'il ne doit jamais cesser d'être homme & citoyen.

Encourager dans le *régisseur* le desir de simplifier une machine, où souvent sa vue se trouble & son esprit s'égare, sur-tout quand il veut concilier l'impôt avec les facultés, le produit du moment avec le produit de l'avenir.

Montrer au *jurisconsulte* que le défaut est dans la chose, non dans la manière ; dans la loi, non dans l'exécution ; & que lui-même, chargé de percevoir ou de régir, se compromettroit en suivant ses principes.

Offrir au *juge* une esquisse où il voie plus clairement ses obligations, son autorité, & le pouvoir qu'il a d'*adoucir*

sans détruire le fisc, & sans enfreindre la loi qu'il a juré d'observer.

Présenter enfin à l'*administrateur*, si jamais il nous lit, un tableau d'après lequel, ne se décourageant point par les difficultés du remplacement, & réduisant à leur valeur intrinseque les abonnemens, les rachats & les privileges, il se rapproche le plus qu'il pourra de la simplicité & de l'uniformité.

Telles ont été nos vues. Ce sont les premiers pas : & nous desirons bien sincèrement que d'autres aillent plus loin. Nous n'avons fait qu'une chaloupe ; on construira un vaisseau à trois ponts, & un commandant habile le menera à sa destination à travers les écueils & les orages qui environnent la *fiscalité*.

AIDE-DE-CAMP.

(*Droit martial*.)

C'est un officier chargé de porter les ordres du commandant, de reconnoître, d'observer, & s'il en est capable, de donner son avis.

Cette définition est tirée des faits, entr'autres, du récit exact que Voltaire, dans son *Précis du siecle de Louis XV*, *chap. 15*, a laissé de la bataille de *Fontenoi*. Nous prenons ce récit au moment où la fameuse colonne Angloise ne trouvoit plus de résistance.

« Le duc de RICHELIEU, lieutenant-général, & qui servoit en qualité d'AIDE-DE-CAMP du roi, arriva en ce moment. Il venoit de reconnoître la colonne près de Fontenoi. Ayant ainsi couru de tous côtés sans être blessé, il se présente hors d'haleine, l'épée à la main, & couvert de poussiere. Quelle *nouvelle* apportez-vous, lui dit le maréchal ? Quel est votre *avis* ? Ma *nouvelle*, dit le duc de Richelieu, est que la bataille est gagnée, si l'on veut, & mon *avis* est qu'on fasse avancer dans l'instant quatre canons contre le front de la colonne : pendant que cette artillerie l'ébranlera, la maison du roi & les autres troupes l'environneront, *Il faut tomber sur elle comme des fourrageurs.* Le roi se rendit le premier à cette idée. »

Le maréchal l'adopte : le roi ordonne : on exécute.

Dans ce moment important, le comte d'*Eu* & le duc de BIRON à la droite, voyoient avec douleur les troupes d'*Anrin* quitter leur poste, selon *l'ordre positif* du maréchal de Saxe. *Je prends sur moi la désobéissance,* leur dit le duc de BIRON. *Je suis sûr que le roi l'approuvera, dans un instant où tout va changer de face ; je réponds que M. le maréchal de Saxe le trouvera bon,* . . . .

« La colonne étoit attaquée à la fois de front & par les deux flancs. En sept ou huit minutes tout ce corps formidable est ouvert de tous côtés. ». . . La victoire fut décidée.

« Le maréchal de Saxe. . . . dit au roi ces propres paroles : *J'ai assez vécu : je ne souhaitois de vivre aujourd'hui que pour voir votre majesté victorieuse.* VOUS VOYEZ, ajouta-t-il ensuite, A QUOI TIENNENT LES BATAILLES. » . . . Quatre pieces de canon ; une idée simple ; un bon *aide-de-camp.*

Nul fait ne prouve mieux de quelle importance sont les fonctions, l'habileté, le courage, le sang-froid, le coup-d'œil, le génie, & l'avis d'un *aide-de-camp.*

Les ordres qu'il porte sont sur terre, ce que sont à la mer les signaux de l'amiral. Mais ceux-ci se voient, & s'écrivent aussi-tôt qu'ils sont apperçus ; en sorte que, si un amiral accusé, se défend sur les signaux qu'il a donnés, il est impossible qu'il ne les justifie pas, par les registres & les dépositions. Ainsi l'a-t-on vu dans les conseils de guerre, qui ont jugé les amiraux Keppel & Pallisser. Il n'en est pas de même des ordres donnés à un *aide-de-camp,* & rendus par celui-ci. Souvent ils ne sont entendus que par celui qui donne, & par celui qui reçoit.

La bonne foi, l'exactitude, & le coup-d'œil, décident tout.

L'*aide-de-camp* peut être mis au conseil de guerre, accusé de *désobéissance, d'inexactitude, de lâcheté, de trahison,* & de toute espèce de *délit militaire :* Car, quoiqu'il n'ait pas un état fixe, comme le moindre lieutenant d'infanterie ; quoiqu'il puisse être remercié par le général qui se l'est attaché ; tant qu'il est en activité, son service le rend justiciable du *conseil de guerre.* Voyez ces mots.

Ses fonctions peuvent donner lieu à des questions délicates, sur lesquelles il n'est pas indifférent de fixer les principes de la jurisprudence martiale.

I. Question, Doit-on donner les ordres par écrit ? Peut-on en demander ? &, à défaut d'en exhiber, peut-on refuser d'obéir ?

Notre code martial ne prononce rien à cet égard, & l'on sent bien qu'à cheval, dans la mêlée, au fort de l'action, il est impossible d'écrire. Mais quand on le peut, on le doit ; & dans la dernière guerre, on se rappelle que, deux généraux ne se trouvant pas d'accord sur les dispositions convenues, sur le jour arrêté ; l'un ayant attaqué seul, & l'autre n'ayant pas donné, ce fut un grand procès, qui resta indécis. Plus on admettra la difficulté d'écrire, plus il faudra convenir qu'il est important d'avoir des *aides-de-camp* sûrs & habiles. Ce sont les yeux & les bouches de l'armée : le général est la tête : & ce sont ces trois parties qui prononcent les mouvemens décisifs.

II. Question : Comment l'*aide-de-camp* compromis, blâmé, accusé, constatera-t-il qu'il a reçu & donné tel ordre ?

III. Question : Doit-il être un automate, un perroquet. Témoin des motifs qui ont déterminé le général à lui donner un ordre à porter, s'il reconnoît ensuite un changement de position, pourra-t-il en conséquence changer l'ordre ? ou, après l'avoir conté historiquement, ajouter, comme M. le maréchal de Biron , à Fontenoi : *Je prends sur moi la désobéissance. Je réponds que le général le trouvera bon ?*

Nous proposons ces questions avec d'autant plus de confiance , que celles que nous avions posées de même sous le mot *Abordage* , ont été copiées mot à mot dans le premier volume de l'encyclopédie méthodique, partie de la jurisprudence , (*tom. 1, pag. 31.*) On sent la nécessité de fixer des principes pour le salut de l'état, comme pour la défense de l'officier accusé. Et nous supplions de lire avec quelque attention ce que nous avons écrit dans cet article, *Abordage , Marine militaire , tom. 1 , pag. 162.*

Est-il impossible de fixer des principes ? non. Mais , combien les loix du code Martial sont difficiles à prononcer ! Dans les articles, *Conseil de guerre, Délit militaire, Désobéissance, Lâcheté , Négligence , Trahison* , nous hasarderons nos idées , d'après l'encouragement & les lumieres qu'ont bien voulu nous donner quelques officiers-généraux, qui ont jugé dans de fameux conseils de guerre , & qui nous ont prouvé qu'il y avoit tout à faire sur les loix & la forme : vérité reconnue par M. le Comte de Saint-Germain, qui, dans son ordonnance sur l'administration militaire , en annonçoit une sur les délits militaires.

Ici nous nous bornerons à deux traits , tirés d'ouvrages qui sont dans la main de tout le monde.

« Autrefois , dit M. de Feuquieres , les *aides-de-camp* avoient des fonctions & même des commandemens. C'étoient des officiers d'expérience , & des porteurs d'ordre , en qui les officiers-généraux , sous lesquels ils servoient , avoient la plus grande confiance. Ils avoient des brevets du prince : à présent ils n'en ont point , & *cela n'en est pas mieux.* Ce ne sont que des *jeunes gens* , sans expérience , souvent incapables de rendre un ordre comme il leur a été ordonné ; de rendre un bon compte à leur général

de ce qu'il les aura chargés de voir. » (*Mém. sur la guerre , pag. 9.*)

« Il faut , ajoute le Maréchal de Vauban, qu'un bon *aide-de-camp* soit posé, qu'il ait de l'esprit, de la valeur, & du sang-froid ; qu'il écoute avec attention ce qu'on lui ordonne, qu'il l'exécute exactement ; & qu'il se fasse bien expliquer toutes choses , afin de les rendre clairement & intelligiblement. Il doit se donner tous les mouvemens possibles , pour avertir réguliérement le général , auprès duquel il est, *de toutes choses* , & pour cet effet ne jamais épargner ses peines. Il faut, pour exercer cet emploi, être JEUNE DE CORPS ET VIEUX D'ESPRIT. » (*Traité de l'attaque des places, tom. 2, pag. 186 & 287 , édit. de 1743 , in-8°.*)

AIDE DES CÉRÉMONIES.

(Droit public.)

C'est un officier qui aide, & qui remplace le grand-maître, ou le maître des cérémonies, dans leurs fonctions. Il porte comme eux le bâton de commandement, à bout & pomme d'ivoire, couvert de velours noir, & il a part aux rétributions par proportion, pour toutes les choses qui servent aux cérémonies. Tous ces trois officiers dans les occasions de cérémonies, sont aidés des gardes & autres forces de la maison du roi, pour y maintenir le bon ordre.

Par un RÉGLEMENT de sa majesté, du 2 septembre 1723 : il est ordonné, « qu'en toutes cérémonies ecclésiastiques, ordonnées par sa majesté, le grand-maître des cérémonies, étant dans le chœur, pour avoir l'œil à l'ordre qui doit s'y observer, le maître ira avertir le prélat officiant à la sacristie, & le conduira à l'autel dans le temps de commencer la cérémonie ; & au cas d'absence du grand-maître, le maître des cérémonies restant dans l'église, l'officiant fera averti , & conduit de la même maniere par l'*aide des cérémonies*. »

L'exécution de ce réglement ne peut avoir lieu , fi des trois officiers des cérémonies , il y en a deux qui manquent à la féance , & c'eft ce qui prouve la néceffité de l'établiffement de l'*aide des cérémonies*. M. l'évêque de Bethléem , ayant été choifi pour *officier* à l'anniverfaire de Louis XIV, célébré à St. Denis, le 15 feptembre 1746, ne fut ni averti, ni conduit par aucun officier ; parce que M. Defgranges , maître des cérémonies, s'y trouvant feul, prétendit qu'aux termes du réglement, il ne pouvoit quitter le chœur en l'abfence du grand-maître ; c'eft ce qu'il obferva à Mrs. les agens-généraux du clergé, en rendant compte de la difficulté qui étoit furvenue à cette occafion. Il ajoutoit, que ce réglement avoit été annullé & déchiré par M. le duc d'Orléans, régent dans le mois de feptembre 1719.

Les agens du clergé, foutinrent que le réglement fubfiftoit dans toute fa force, & n'avoit jamais été annullé ; puifque des monumens authentiques , exiftans dans les archives du clergé prouvoient fon exécution : en conféquence, ils prierent M. Defgranges de donner fon attention à l'avenir, qu'il y eût un officier des cérémonies, qui pût *fuppléer à fon défaut*, en forte que les honneurs dus au clergé lui fuffent rendus. « Notre lettre, *eft-il dit dans le rapport de l'agence de 1745 à 1750*, a eu fon effet ; le ré-glement a eu fon exécution dans les occafions qui fe font préfentées. » (*pag. 81 & 247 des pieces juftificatives.*) Voyez *Cérémonie*, &c.

A I D E—M A J O R.

(Guerre.)

C'eft dans le *fervice militaire* l'*officier* qui feconde le *major* dans fes fonctions, lorfqu'il eft préfent ; & qui le fubftitue, lorfqu'il eft abfent.

Les *aides-majors* ont été fupprimés dans l'*infanterie*, la *cavalerie*, les *dragons* & les *huffards*, pas les ordonnances concernant ces quatre corps, & rendues le même jour, 25 mars 1776. Cette fuppreffion a eu pour motif la création de quelques nouveaux officiers, fur-tout des *adjudants* ; & elle eft portée par les *art. 10 & 15* de l'ordonnance concernant l'infanterie ; les *art. 7 & 20*, de celle concernant la cavalerie ; les *art. 8 & 11*, de celle concernant les dragons ; enfin, les *art. 8 & 11*, de celle concernant les huffards.

Il faut cependant obferver, que fa majefté, dans l'*art.* 4 de la premiere de ces ordonnances, s'eft réfervé d'*expliquer fes intentions par une ordonnance particuliere pour fon régiment d'infanterie* : elle a été effectivement rendue le premier avril 1776. Les *art. 10, 11 & 12* confirment l'établiffement du *premier aide-major*, fait par ordonnance du 15 novembre 1767, & déterminent fes fonctions, ainfi que celles des quatre *aides-major ordinaires*.

Il y a des *aides-major* dans le régiment des *gardes françoifes*. L'*art.* 15 de l'ordonnance de 1764 en fixe le nombre à fept ; & l'*art.* 16 veut que le premier d'entr'eux, & fucceffivement les autres, remplacent le major dans toutes fes fonctions ; foient chargés, fubordonnément à cet officier, ainfi qu'au *lieutenant-colonel*, & au *colonel*, du détail de tout l'entretien & de toute la *police* du *régiment*, & leur rendent compte tous les jours de ce détail.

L'ordonnance du 18 février 1772, portant création du corps royal de la *marine* établit, dans chacun des huit régimens qui le compofent, quatre *aides-major*, par l'*art.* 4 & 5 ; elle regle leurs fonctions par l'*art.* 27, voulant qu'ils foient *employés aux détails attribués aux majors de marine & d'infanterie, fuivant la deftination qui leur fera donnée par le colonel*.

Il y a un *aide-major* dans chaque

bataillon des *régimens provinciaux*, à la forme de l'*art. 19 du tit. 2* de l'ordonnance du 19 octobre 1773, concernant des régimens.

Les ordonnances du 1 décembre 1775, pour la nouvelle composition des *gardes du corps* de sa majesté, *art. 4 & 5*, du même jour, & du 19 janvier 1776, pour la réduction des deux compagnies des *gendarmes* & des *chevaux-legers* de la garde, *art. 1* de la première, & *art. 4* de la seconde, déterminent le nombre, les fonctions & le traitement des *aides-major* de ces différens corps.

Il n'y a qu'un *aide-major* dans le régiment des *carabiniers* de MONSIEUR, & son traitement annuel est de 3000 liv. Ce font les dispositions des *art. 4 & 7* de l'ordonnance concernant ce corps, du 13 février 1776.

Les *articles 7, 8, 9 & 14* de l'ordonnance du 24 février 1776, concernant la *gendarmerie*, fixent le nombre, le rang & le traitement des *aides-majors* de ce corps.

On trouvera le détail des *villes, places & château* dans lesquels il y a des *aides-major*, & celui de leurs fonctions & de leurs traitemens, dans l'ordonnance du 18 mars 1776, portant réglement sur les *gouvernemens généraux*, des *provinces*, *gouvernemens particuliers*, *lieutenances de roi ou commandemens*, *majorités*, *aides & sous-aides-majorités* des *villes*, *places & château*. Cette loi sage, en déterminant différentes classes, assure, particulièrement chacune d'elles aux différens grades militaires.

L'*art. 2 du tit. 3* de l'ordonnance concernant la constitution & administration de l'hôtel royal des *invalides*, du 17 juin 1776, ne met que quatre *aides-major* dans la composition du grand état major : il y en a aujourd'hui six. Suivant les dispositions de l'*art. 7 du tit. 2*, ils ne peuvent se dispenser sous aucun prétexte d'habiter journellement à l'hôtel & d'y occuper les logemens qui leur feront destinés.

L'*art. 4* de l'ordonnance du 2 juillet 1776, concernant la compagnie des *cent-suisses* de la garde de sa majesté, détermine le rang des *aides-major* de cette compagnie.

Dans les corps royaux de l'artillerie & des mineurs, formés par ordonnance du 3 novembre 1776, il y a un *aide-major* dans chacun des huit régimens d'artillerie, & un dans le corps des mineurs. Il n'y en a point dans le corps du génie : il y a un *aide-major* dans l'école royale établie à Mezieres ; mais il n'y en a point dans les vingt-une brigades.

Enfin, la compagnie des cadets gentils-hommes de l'école royale militaire a un *aide-major*.

Il y a dans quelques corps militaires des *aides-fourriers*, des *aides-magasiniers*, des *aides-canonniers*, des *aides-médecins*, &c. Mais si nous voulions analyser leurs droits, leurs devoirs & leurs traitemens différens, nous ne finirions jamais ; d'ailleurs, *de minimis non curat prætor....* Par ce dernier motif, nous ne parlerons pas des *aides à mouleurs de bois*, des *aides des maîtres des ponts*, des *aides-bout-avant* employés dans les *greniers à sel*, des *aides à maçons & couvreurs*, &c. Voyez sur ces objets particuliers, & tous ceux de cet article en général, les mots *italiqués & Conseil de guerre*, *Major*, *Sous-aide-major*, &c.

AJENÇAGE.

(Droit ecclésiastique.)

On a distingué, à l'occasion des divers droits prétendus par les décimateurs, les vins de mere-goutte, de cuvage, de pressurage, & d'*ajençage*. Tantôt on a ordonné que la dîme se prendroit en vin de pressurage : c'est l'*espece* de l'ARRÊT du parlement de Paris, du 2 juin 1683. Tantôt au contraire, on a ordonné qu'elle se paieroit de toutes sortes de vins, tant de la mere-goutte que cuvage, pressurage, & *ajençage*, à raison de quinze muids l'un, où de quinze pintes l'une ; & ce, dans les caves & celliers, après les vins faits & entonnés : c'est l'*espece* de l'ARRÊT de la même cour, du 27 mars 1667, rendu au profit du curé & autres décimateurs de la paroisse de Maranville, contre les habitans ; il est rapporté par tous les auteurs, entr'autres, par le rédacteur du *Journal des audiences*, (tom. 2, liv. 6, chap. 21, pag. 545.)

Les habitans de Maranville étoient appellans de la sentence du bailli de Chaumont, & soutenoient que les décimateurs devoient percevoir & lever les dîmes des vins ou raisins au pied des vignes, à raison de quinze hottées de raisin l'une ; de la même maniere qu'ils le faisoient des grains & autres fruits décimables. Ceux-ci invoquoient l'*usance* des lieux voisins, comme Renepont annexe dudit Maranville ; & l'ARRÊT confirma la décision du bailli.

Comment concilier ce préjugé avec celui que rapporte du Perray, dans son *Traité des dîmes*, (tom. 2, liv. 3, chap. 8, pag. 185,) qui rejeta l'usage fondé sur une transaction, par lequel les habitans de la paroisse de Mongreles étoient affranchis de la dîme à la gerbe, en payant pour chaque chef de famille, un pain de vingt-cinq livres, & deux sous six deniers pour chaque paire de bœufs, arans & labourans.

Nous conviendrons bien que le curé avoit raison *ici*, de soutenir que l'usage allégué étoit abusif, & que la transaction qui le confirmoit étoit vraiment nulle & incapable d'obliger les successeurs de celui qui avoit eu la simplicité de le passer. Nous conviendrons bien encore, que le curé avoit raison de soutenir qu'il falloit payer la dîme, « de la même nature qu'elle croissoit dans les champs ; qu'il feroit du pain à sa commodité, & qu'il étoit ridicule de le réduire dans cette dure nécessité, de manger du pain à contretemps ; ce qui n'étoit ni convenable au pasteur de recevoir, ni aux

paroissiens de l'offrir ; qu'ils pouvoient en faire un usage abusif de plusieurs manieres. »

Mais, comment admettre *là*, que le curé a pu, sur le fondement de l'*usance*, forcer les redevables de la dîme, à la payer en vins faits & entonnés, tandis qu'ils ne la devoient, raisonnablement parlant, que de la même nature qu'elle croissoit dans les vignes ? A Maranville, le curé veut du *vin*, & non des *raisins*, parce que c'est l'*usage* allégué ; & il a raison ! A Mongreles, le curé veut du *bled*, & non du *pain*, quoique ce soit l'*usage constant*, & il a raison ! *Pondus & pondus*. Nous reviendrons sur ces réflexions, lorsque nous traiterons l'article important *Dîme*, l'un des plus singuliers, & des plus compliqués, de la tâche que nous avons à remplir.

AIGAGE.

(Droit privé.)

C'est ainsi qu'on appelle en Provence le droit de conduire une eau par le fonds d'autrui, & d'apposer au ruisseau un tuyau pour dériver l'eau avec plus de latitude, & faire un tuyau tel qu'on juge à propos, pourvu que cette dérivation ne fasse plus grand préjudice au maître du fonds. (Boniface, tom. 4, liv. 9, tit. 2, chap. 6, pag. 636.)

Ce droit d'*aigage*, qui comprend non seulement un droit d'arrosage, mais encore quelque chose de plus dans la signification du langage vulgaire de Provence, dérive évidemment du mot latin *aquagium*, employé dans la loi quinze, (D. de servit. præd. rustic.) qui dit, *licere fistulam suam, vel fictilem, vel cujuslibet generis, in rivo ponere, quæ aquam dantius exprimeret ; & quod vellet in rivo facere, licere ; dum ne domino prædii aquagium deterius faceret*. Une autre loi décide la même chose, &, pour ainsi dire, dans les mêmes termes ; aussi, est-

elle, comme la précédente, du jurif-
consulte Pomponius : *Is qui aquæ quo-
tidianæ jus habet, vel fistulam in rivo
ponere, vel aliud quodlibet facere potest,
dummodò ne fundum domino, aut
AQUAGIUM rivalibus deterius faciat.*

Mornac, sur la premiere de ces loix
dit, d'après Festus, que le mot *aqua-
gium* dérive de ceux-ci, *aquæ agium*,
& équivaut à ces autres, *aquæ-ductum*...
*Nota autem AQUAGIUM esse, quasi
AQUÆ AGIUM; dicimus receptiore vo-
cabulo AQUÆ DUCTUM : hoc* Festus.
(*Tom. 1, pag. 582.*) Voyez *Abénévis,
Aqueduc, Arrosement, Canal, Eau,
Écluse, Égage, Empellage, Moulin,
Pré, Servitude, Source, &c.*

AIGLE-BLANC,

AIGLE-NOIR.

(Droit public.)

1. Ce sont des ordres de chevalerie,
restes brillans de cette institution féodale,
qui, dans les siecles d'ignorance & de
barbarie, contribua si fort à changer
les mœurs & les loix de l'Europe,
comme le prouve le petit code de 1090,
appellé *assises de Jérusalem*, rédigé par
des chevaliers françois.

L'*AIGLE-BLANC* de *Pologne*, peut-
être fondé par Uladislas en 1325, fut
certainement rétabli ou créé par Auguste
en 1705. Les marques sont une croix
d'argent à huit pointes, émaillées de
gueules, avec quatre flammes de même
aux quatre angles. Au centre est un
aigle, appuyé sur un cercle d'argent;
& portant d'un côté, une croix environnée des armes & des trophées de saxe;
de l'autre, le nom du roi fondateur,
désigné par ces initiales A. R. avec cette
devise : *PRO FIDE, LEGE ET REGE.*
Le collier est une chaîne ornée d'*aigles*
couronnés, le tout d'argent; & la croix
y est attachée par un chaînon qui joint

une petite couronne enrichie de diamans.
Les chevaliers portent un ruban bleu
en baudrier de gauche à droite. (*Joan.
Frid. comitis à Sapieha annotationes
historicæ de ordine equitum aquilæ albæ.
Coloniæ, 1730, in-4°.*)

L'*AIGLE-NOIR* de *Prusse* fut institué
en 1701, par Fréderic, premier roi,
à l'occasion de son couronnement. La
marque est une croix à huit pointes,
émaillées d'azur, ayant quatre *aigles* de
sable dans les angles, & au centre le
nom du fondateur, désigné par ces
initiales F. R. Le collier est une chaîne
d'or, soutenant des cercles de même,
chacun écartelé avec une F & une R;
en chaque écartelure, des couronnes
électorales placées sur les cercles exté-
rieurement, & entre ces cercles des
aigles de sable; le tout enrichi de diamans. Les chevaliers portent en baudrier un ruban orangé, de gauche à
droite; & sur l'habit, à gauche, une
grande croix brodée d'argent, sur laquelle & sur un fond orangé, est un
aigle-noir, qui tient dans ses serres d'un
côté, une couronne de lauriers; & de
l'autre, la foudre : sur le tout, une couronne, avec ces mots au dessus, brodés
en argent: *SUUM CUIQUE.* Les statuts
de cet ordre, enrichis d'estampes, ont été
imprimés en allemand.

Voilà pour l'exactitude, ou la vanité.
Voici pour la réflexion.

Questions.

2. Ces ordres tiennent à la justice, &
à l'ordre public, par leurs constitutions,
leurs réglemens, & leur objet; par leurs
droits, leurs privileges, & leurs engagemens; par leur essence même : dans
l'état actuel de l'esprit humain, & dans
les préjugés de l'Europe, ils sont plus
importans à décrire que tant de sectes,
d'hérésies, de corps civils ou religieux, dont la triste nomenclature est
exigée par la curiosité, & remplie par
l'exactitude.

Au mot *Chevalerie*, nous tâcherons
de

de donner une idée exacte de ces institutions politiques, inconnues aux anciens. Ici nous jetons, comme elles viennent, les réflexions que nous présentent les devises de ces deux ordres.

Celle de l'*aigle - noir* est, *SUUM CUIQUE*. C'est le type de la justice distributive. Mais en Europe la Magistrature n'a point d'ordre : & ceux qui portent sur le cœur cette devise, ne connoissent de loi, que le commandement du chef; & de droit, que la force des armes.

La devise de l'*aigle-blanc* est, *PRO FIDE, LEGE ET REGE*. Mais si la religion fut intolérante, si la loi est injuste & destructive, si Stanislas Auguste, par de sages réformes, veut faire le bonheur public; ses chevaliers lui seront-ils dévoués à la vie & à la mort ? Lorsque Henri III, fondateur de l'ordre du St. Esprit, & de tant de confréries, imagina de s'attacher par-là les grands & le peuple, ne se trompa-t-il pas cruellement ? . . . .

Si ces distinctions se multiplioient jamais au point de ne plus marquer, & de servir quelquefois de passe-port à gens de toute espece; cet abus ne devroit-il pas fixer les regards des souverains, pour l'honneur des ordres & la sûreté publique ?

Si ces décorations sont la récompense de la vertu, du courage & des services, le nombre de croix annoncera celui des gens de bien : mais si on les donnoit à la naissance ou à la faveur, que signifieroient-elles pour la considération & la félicité publique ?

S'il est vrai, comme l'a dit un Anglois, que ces institutions politiques sont à la liberté civile de la Grande-Bretagne, ce que fut à Rome le laurier, qui, après avoir couvert la tête chauve de César, devint la couronne de ses successeurs; l'Amérique unie admettra-t-elle ces décorations, qui quelquefois ont formé dans l'égalité précieuse une distinction dangereuse; dans la nation, un état à

part; dans la patrie, un funeste esprit-de-corps ?

Du moins, les privileges de ces ordres ne devroient-ils pas être circonscrits & fixés, de maniere que les chevaliers, ne pussent pas élever des prétentions déplacées, & donnassent l'exemple de la soumission aux loix & à l'ordre du pays qu'ils habitent ?

ARRÊT du parlement d'Aix, du 16 juin 1783, qui déclare *y avoir abus dans la délibération du chapitre de St. G.... Espece.* Un jeune chevalier trouble le spectacle de Marseille en 1778, & sur l'invitation à être plus circonspect, se répand en menaces & en propos indécens & publics contre l'officier porteur d'ordre & le magistrat exerçant la police. Envoyé aux arrêts par le commandant de la province, il refuse de faire des excuses, & reparoit au spectacle avec affectation. Information, décret, réponses. Protestations de l'*indépendance la plus absolue, annexée à la qualité de chevalier, & de la nullité de tout ce qui seroit fait par les échevins de Marseille, & par tous autres juges.* L'affaire paroissoit oubliée. En 1779, le chapitre assemblé, après avoir déclaré que " l'ordre ne sauroit plus *espérer la satisfaction qui lui est justement due dans cette désagréable affaire,* délibere *que provisoirement & sous le bon plaisir des supérieurs, il ne sera donné commissaires à preuves pour aucuns des descendans du maire ou autres ses alliés, de sa souche & portant son nom, jusqu'à ce qu'il ait été pourvu à l'ordre d'une satisfaction suffisante; & que le présent arrêté sera communiqué par le secrétaire aux vénérables chapitres des grands-prieurés de la nation françoise.* " . . . . C'est cette délibération que le parlement a cassée, comme abusive. Quels seront les résultats ? Ils sont intéressans pour l'ordre public, encore plus que pour les parties.

Dans une consultation faite par M. Portalis, qui a défendu le maire avec son savoir & son éloquence ordinaires, nous lisons, entr'autres, *pag. 23 : Le chevalier.. contracte de nouveaux liens, mais il ne détruit pas ceux par lesquels il tient à sa patrie.* Nous finissons par cette grande & sainte maxime.

AIGREFIN.

(Droit criminel. Police.)

« C'est un homme qui vit d'industrie. *Gardez vous de cet aigrefin.* Il est du style familier. » (*Dict. de l'Acad.*)

Après ce que nous avons dit sous les mots *Adresse*, *Affaires*, *Faiseurs d'affaires*, *Affronteur & Agiotage*, que dire encore? ... Que bien des gens seroient embarrassés; si, comme chez quelques peuples anciens, le magistrat pouvoit leur demander de quoi ils subsistent; &, à défaut de satisfaire, les condamner à l'exil, ou aux travaux publics.

« Nos loix, dit Duclos, (*chap. 3*) se sont prêtées à la foiblesse & aux passions, en ne réprimant que ce qui attaque *ouvertement* la société... Si elles étoient entrées dans le détail de tout ce qui la blesse *indirectement*... Il y auroit eu trop de criminels. »

Il y a des *aigrefins* distingués, par la naissance ou par le rang. Ils n'ont rien à perdre en honneur, en probité, & en fortune; & ils subsistent *d'intrigues*, & de *crédit*, faisant des *affaires* de tout; trompant, tour-à-tour, le pouvoir qu'ils approchent, & le malheureux qu'ils étaient. Avec eux le magistrat est bien embarrassé : car d'une part, la loi ou la preuve n'est pas claire; d'autre part, comment poursuivre celui que des rapports, une naissance & le préjugé mettent au dessus de l'accusation? Le magistrat de police ne peut donc prévenir le mal que par des ménagemens auprès de l'autorité & de la famille. C'est à celle-ci à s'informer & à s'assurer de celui qui la compromet : c'est à l'autorité à conserver l'honneur de la famille, & la sûreté publique.

Il y a dans le peuple une énorme quantité d'*aigrefins* : quelques - uns ne laissent pas d'embarrasser par une apparence de travail, de naissance; ce n'est que par les menaces, l'autorité, & une extrême vigilance, qu'on vient à bout de leur imposer.

Il en est un plus grand nombre qui, sans travail, sans état, sans famille, & presque toujours sans domicile, vivent aux dépens du peuple crédule. Oh ! pour ceux - là, le magistrat de police à la grande main, sur-tout s'il peut les traiter comme vagabonds, conformément aux ordonnances. Il peut s'assurer d'eux, les faire enfermer, & en débarrasser la société : c'est un devoir.

AIGUES-PERSE.

Petite ville, coutume & généralité d'Auvergne; ressort du parlement de Paris; élection de Ganat; cour des aides, & diocese de Clermont. Peu de commerce & de population. Un bailli, un grenier à sel, un bureau de poste, & une source d'eau chaude; *une* abbaye d'urbanistes, & *un* couvent de claristes, *une* paroisse, *une* rue, & DEUX collégiales.

C'est la patrie des Marillacs & de l'Hospital; & nous parlerons d'eux, en passant, à la maniere de Bayle.

Charles de Marillac, avocat éloquent, arraché au barreau par François I, fut ambassadeur, archevêque, chef du conseil; & mourut, en 1560, de douleur de n'avoir pu dans l'assemblée des notables détourner les maux qui menaçoient la France.

Michel son neveu, garde des sceaux, arrêté en 1630, après la *journée des dupes*, au moment où Louis XIII venoit de le caresser, fut enfermé à Château-Dun, & y mourut en 1632, après avoir vu périr le maréchal son frere, & ridiculiser, par le sobriquet de *Code Michau*, sa belle ordonnance de 1629.

L'Hospital fut plus grand : fut-il plus heureux ? Je le vois emprisonné injustement à Toulouse où il faisoit son *droit*, errant en Italie, avocat à Paris, conseiller, ambassadeur, président des comptes ; & si vertueux, qu'il ne rougit pas de la misere qui le force à demander une dot pour marier sa fille unique. La fortune le porte sur le trône de la justice, où il donne de belles loix, & un grand exemple. Trop foible contre l'orage, il fuit à Vignay ; où il ne vit que cinq ans, oublié, délaissé ; heureux quelquefois, par sa femme, ses petits-enfans, le souvenir du bien qu'il fit, la chimere de celui qu'il préparoit, ses pensées, ses écrits, ses vers, sa bonne conscience, & l'espoir d'une autre vie.

Laguette, sorti des mêmes montagnes, & qui avoit fait l'ordonnance de 1321, eut le fort affreux que nous avons dit, (*tom. 1, pag. 566.*)

Est-ce affaire de climat ? Est-ce fatalité ? Ou bien, seroit-il vrai que l'ingratitude est le salaire des talens, & des services ? Ou bien encore, le génie, le travail, & les grandes entreprises au dessus de la foiblesse humaine, ne peuvent-ils que faire le malheur de celui qui s'y livre ?

Un jeune homme faisoit ces questions en 1751, à Fontenelle, qui l'accueilloit avec bonté : nous n'osons pas écrire la réponse. Il vaut mieux dire avec Pope :

WHATEVER IS, IS RIGHT. This world, 'tis true,
Was made for Cæsar. But for Titus too :
And wich more bles?
          Essay on man. Epist. 4.

━━━━━━━━━━━━━━━━━━

AIGUES–MORTES.

C'est une petite ville de France dans le Bas-Languedoc, dans le diocese de Nîmes, & au sud-ouest de cette ville. Son nom vient de la grande quantité de marais qui l'environnent ; en effet, dans le jargon Languedocien ou *moundi* ; les

deux mots *Aigues-mortes*, signifient *eaux mortes*, ou *stagnantes*.

Ce fut à *Aigues-mortes* que St. Louis s'embarqua en 1248 avec soixante mille hommes pour sa premiere expédition de la Terre-Sainte. Aujourd'hui la mer s'est éloignée d'*Aigues-mortes* de plus de deux mille toises.

En 1246, St. Louis donna à la ville d'*Aigues-mortes* des loix qu'on trouve dans le *Traité du Franc-aleu* de Galland, (*pag. 364 & suiv.*)

On y voit, entr'autres, que le baile & le juge de cette ville ne devoient exercer leurs charges que pendant une année, & que ce dernier devoit être choisi parmi les étrangers : *Pro nobis Bajulus dictæ villæ, & judex, sint annales tantùm : & judex non de loco sed aliundè sumatur.* C'est l'idée du statut de Gênes, rappellé sous le mot *Accusation*, (*pag. 391 & 392.*)

Les adulteres pris en flagrant délit, devoient, s'arranger avec la justice du roi, ou courir nus : *In ipsâ turpitudine deprehensi, CONCORDENT cum curiâ nostrâ prædictâ, vel sine fustigatione PUBLICÈ CURRANT NUDI.* Voyez *Adultere*, (*pag. 213.*)

Il étoit défendu d'appliquer un accusé à la question sur la déposition d'un seul témoin, s'il ne jouissoit d'une réputation parfaitement exempte de soupçon, & s'il n'étoit aussi digne, & même plus digne de confiance que l'accusé ; ce que le juge devoit examiner d'après la qualité des personnes & la nature du crime : *Propter dictum unius testis non procedatur ad quæstionem personæ, nisi testis ille omni suspicione careat, & sit paris vel majoris honestatis quàm ille contra quem deponit ; & judex ad hoc faciendum, ex qualitate personarum & negotii moveretur.* Comment concilier l'atroce décision de cette loi, avec la sagesse des deux suivantes : l'une, permet aux accusés d'avoir un conseil courageux dans tous les actes de la procédure : *Reis validum habere consilium suum . . . . .*

non negetur, sed eis sinè difficultate concedatur. L'autre, détermine qu'en premiere instance, toute affaire criminelle doit finir dans l'année; & en cause d'appel, dans six mois : *Omnis, &c. (pag. 371.)*

Les habitans d'*Aigues-mortes* jouissent encore de l'ancien privilege de n'être point assujettis à la gabelle : (*Neque gabellæ salis.... possint fieri contra homines villæ,*) « Les habitans d'*Aigues-mortes*, jouissent du privilege de porter leur sel en Languedoc, en franchise de tous droits. » (*Code des gabelles, tom. 1, pag. 507.*)

Il y a à *Aigues-mortes* trois jurisdictions royales : la viguerie, qui est le tribunal où se portent les affaires ordinaires ; un siege d'amirauté pour les affaires maritimes ; & une jurisdiction des gabelles qui connoît du faux-saunage & des contraventions à la police, aux ordonnances & aux réglemens sur le fait des gabelles : il y a encore à *Aigues-mortes* un bureau des fermes.

Les appels du viguier d'*Aigues-mortes*, se portent d'abord à la sénéchaussée de Montpellier, & ensuite au parlement de Toulouse. On y suit le droit écrit ; à l'exception de quelques points, où l'on se conforme encore aux dispositions des statuts qui n'ont point été abrogées par les loix ou par l'usage. On sent bien, par exemple, qu'on n'y observe pas ce qu'ils prescrivoient touchant la punition des adulteres, & la condamnation à la question.

AIGUILLE, AIGUILLIER.

(Commerce. Police. Traites.)

1. On appelle *aiguille*, un petit instrument d'acier, trempé, poli, & délié; pointu par un bout, & percé à l'autre ; qui sert à coudre, à broder, à faire de la tapisserie, du point, &c.

On appelle *aiguillier* l'artisan qui fabrique les *aiguilles*.

Police.

2. Les *aiguilliers* formoient anciennement une communauté particuliere, ainsi qu'il résulte d'un édit du mois de mars 1556, enrégistré le 6 avril suivant, portant réglement pour l'établissement du métier de faiseur d'alênes, poinçons, aiguilles, burins, & autres petits outils servant aux orfevres, cordonniers, bourreliers, imprimeurs, &c. (*vol. 6, des ordonn. de Henri II, coté V, fol. 56.*) Mais cette communauté, se trouvant réduite à un très-petit nombre de maîtres, fut réunie à celle des épingliers, par lettres-patentes du mois d'octobre 1694. Aujourd'hui elle fait partie de celle des ferrailleurs, cloutiers, épingliers, qui est la vingtieme de celles créées par l'édit du mois d'août 1776.

Commerce.

3. Les *aiguilles* tiennent un rang assez considérable dans le commerce de la mercerie, & il s'en fait une grande consommation à Paris & à Lyon. Les villes du royaume où l'on en fabrique le plus, sont : Paris, Rouen & Évreux. On en tire cependant une grande quantité d'Allemagne, & particuliérement d'Aix-la-Chapelle : il en vient aussi d'Angleterre.

Traites.

4. Un ARRÊT du conseil du 5 juillet 1740, a fixé à 4 liv. du cent pesant, les droits d'entrée sur les *aiguilles* venant des pays étrangers, soit qu'elles soient destinées pour la consommation du royaume, soit qu'elles doivent passer à l'étranger. Mais dans ce dernier cas de déclaration pour l'étranger, il faut que les caisses, boîtes & paquets soient plombés & expédiés par acquit de paiement, & à caution, portant soumission de les faire sortir dans un délai déterminé par le bureau désigné, où ces caisses, boîtes & paquets seront représentés & vérifiés ;

à peine du quadruple du droit de 10 liv. fixé antérieurement par les ARRÊTS des 3 juillet 1692, 21 novembre 1730, 20 décembre 1732 & 15 janvier 1735.

A l'égard des *aiguilles* venant d'Angleterre, & des pays en dépendans, elles font comprifes dans la prohibition de l'ARRÊT du 6 feptembre 1701, fous le titre de *mercerie*; & conféquemment il n'eft pas permis d'en vendre ni débiter à peine de 3000 liv. d'amende pour la premiere fois, & d'interdiction du commerce pour toujours, en cas de récidive. C'eft auffi le réfultat des DÉCISIONS du confeil des 26 août 1714, & 21 feptembre 1742.

Les *aiguilles* fabriquées en France; & celles de l'étranger, déclarées entrer pour la confommation du royaume, mais qui repaffent enfuite dans l'étranger, paient pour droit de fortie, comme mercerie, 2 liv. le cent pefant, par ARRÊT du 3 juillet 1692. Voyez *Épinglier, Mercerie, &c.*

AIGUILLETTE.

(Dr. eccléf. Police. Commerce.)

1. Ce mot a, au *propre* & au *figuré*, deux acceptions différentes, qui tiennent à la jurifprudence comme à l'hiftoire de l'efprit humain.

Commerce.

2. Au *propre* : on appelle aujourd'hui *aiguillette*, & on appelloit anciennement *efguillette*, un morceau de treffe, tiffu ou cordon, quelquefois de cuir, mais plus fouvent de foie, laine, fil ou coton; tantôt plat, tantôt rond, mais toujours ferré par les deux bouts, d'un petit morceau de fer blanc ou de laiton, arrondi & pointu; qui fert à attacher quelque chofe, & fur-tout les ajuftemens des femmes.

La communauté des *aiguilletiers*, ou faifeurs d'*aiguillettes*, fubfiftoit bien anciennement à Paris; puifqu'il y eut une décifion folemnelle au commencement du feizieme fiecle, fur les difficultés qui s'étoient élevées entr'elle & celle des merciers; elle eft rapportée en latin par Leveft, (*arr. 7 , pag. 39 & fuiv.*)

ARRÊT du parlement de Paris, du 9 avril, 1532. Les jurés-gardes de la communauté des *aiguilletiers*, (*Cuftodes dicti minifterii ligarii , gallicè d'ESGUILLETIERS*) prétendoient qu'à la forme de leurs ftatuts, & fuivant l'*ufage général du commerce*, les *aiguillettes* & autres marchandifes de cuir, & des différentes matieres, dont la fabrication appartenoit à leur profeffion, qui fe trouvoient *défectueufes*, devoient être *brûlées*, enfuite des faifies qu'en pouvoient faire les jurés : *Ordinationes articulum fequentem continebánt, videlicet quòd omnes mercantiæ & douariatæ tam ex corio quàm aliàs , prout LIGÆ quæ MALÆ ET FALSÆ reperirentur, & aliæ, quò ut tales per dictos juratos dicti minifterii reportarentur , prout de omnibus aliis fimilibus mercantiis confuetum erat, COMBURERENTUR.* En conféquence ils demandoient que fix douzaines d'*aiguillettes* de laine, mal ferrées & limées, faifies par les jurés, chez Davoyneau, marchand mercier, fuffent brûlées, & Davoyneau condamné à l'amende : *Sex duodenas LIGARUM lanæ, malè ferratas & limatas repererant.* Les jurés merciers intervenus dans la conteftation, foutenoient qu'ils avoient feuls droit de vifite chez les marchands de leur communauté. La cour admit ces motifs, caffa les faifies, comme injuftes & tortionnaires, & infirma la fentence du lieutenant du prévôt de Paris, qui avoit ordonné que les fix douzaines d'*aiguillettes* feroient brûlées. Leveft a ainfi intitulé cet ARRÊT : *Réglement entre les merciers & les AIGUILLETIERS, & que la marchandife, NON LOYALE, ne doit point être BRULÉE*..... Nous examinerons ailleurs cette queftion, vraiment intéreffante pour le commerce.

La réputation de nos manufactures ne peut-elle pas souffrir des atteintes, si on livre à la circulation des marchandises qui soient défectueuses & falsifiées ? *malæ & falsæ.* Voyez *Arts & métiers, Brûlement, Commerce, Concurrence, Fabrique, Falsification, Jurande, Manufacture, &c.*

Les offices de jurés de la communauté des *aiguilletiers,* créés par ÉDIT du mois de mars 1691, furent unis au corps des marchands *aiguilletiers* de la ville de Paris, par une déclaration du 2 novembre 1693, enrégistrée le 24 du même mois. (*Ordonn. de Louis XIV, vol. 34, coté quatre T, fol. 221.*)

Des LETTRES-PATENTES enrégistrées au parlement de Paris le 21 août 1764, réunirent la communauté des *aiguilletiers,* ferreurs *d'aiguillettes,* & chaînetiers de Paris, à celle des *épingliers, aiguilliers, aléniers,* pour ne former à l'avenir qu'un seul & même corps de métier.

Les *aiguillettes* doivent payer, comme la mercerie ordinaire, 4 liv. de droit principal d'entrée, le cent pesant ; & 3 liv. de droit principal de sortie, à la forme des tarifs de 1664 : mais l'ARRÊT du conseil, du 3 juillet 1692, a modéré les droits de sortie des cinq grosses fermes pour l'étranger, & les a fixés à 2 liv. Voyez *Aiguille, Aiguillier, Bouton, Cordon, Epaulette, Epinglier, Lacet, Mercerie, Passementier, Ruban, &c.*

Police.

3. Au *figuré* : on a dit *courir l'aiguillette.* Ce proverbe tient à la jurisprudence ; & voici ce qu'explique Pasquier : (*Recherches, liv. 7, chap. 33*)

Saint Louis voulut détruire tous les mauvais lieux de son royaume : mais ses successeurs « encore qu'ils ne permissent par leurs loix & édits, les bordeaux ; si les souffrirent-ils, par forme de connivence, estimans que de deux maux il falloit eslire le moindre, & qu'il étoit plus expédient de tolérer les femmes publiques, qu'en ce défaut donner occasion aux méchans de solliciter les femmes mariées, qui doivent faire profession expresse de chasteté. Vrai qu'ils voulurent que telles femmes, qui, en lieux publics, s'abandonnent au premier venant, fussent non seulement réputées infâmes de droict, mais aussi distinctes & séparées d'habillemens d'avec les sages matrones. Qui est la cause pour laquelle, ainsi que j'ai déduict en quelque endroit de ce présent livre, on leur défendit anciennement, en la France, de porter *ceintures dorées* ; &, pour cette même occasion, l'on voulut, anciennement, que telles bonnes dames eussent quelque signal sur elles, pour les distinguer & recognoistre d'avec le reste des prudes femmes : qui fut de porter *une esguillette sur l'espaule* : coutume que j'ai vu encore se pratiquer dedans Tholose, par celles qui avoient confiné leurs vies au Castel-verd, qui est le bordeau de la ville. Qui me fait penser qu'anciennement en la France, lorsque les choses furent mieux reiglées, cette même ordonnance s'observa ; dont depuis est dérivé entre nous ce proverbe, par lequel nous disons qu'une femme *court l'esguillette* lorsqu'elle prostitue son corps à l'abandon de chacun. Pour cette même considération, le roi, au mois d'octobre 1363, ordonna que les juifs porteroient une rouelle ou platine d'estain sur l'espaule, de la largeur de son grand scel, afin qu'ils pussent être discernés des chrestiens. »

Ajoutons ce trait de l'annotateur de Rabelais : (*liv. 3, chap. 32, not. 4, pag. 470, tom. 1, de l'édition de 1741, in-4°.*) il dit que « ceux de Beaucaire en Languedoc, instituèrent une course, où les prostituées du lieu, & celles qui y viendroient, à la foire de la Magdeleine, courroient *nues en public* la veille de cette foire ; &, où celle de ces filles qui auroit le mieux couru, auroit pour récompense quelques paquets *d'esguillettes.* » Il ajoute que Jean Michel, dans son *embarras de la foire de Beaucaire,* dit que cet usage avoit lieu de son temps, (c'est-à-dire, environ l'année 1676) & qu'on y couroit encore les *aiguillettes*, avec cette feule différence qu'on ne faifoit plus ôter *jufqu'à la chemife aux vilaines qui devoient courir.*

Que deviendroient les Laïs & les Phryné modernes, fi, en vertu de cette jurifprudence, qui n'a été abrogée par aucune loi, on effayoit de les diftinguer par des fignes caractériftiques? On ne réuffiroit pas mieux, que Henri IV par la fameufe DÉCLARATION du 10 mai 1594. On ne réuffiroit pas, là où elles donnent le *goût*; en forte que la femme la plus honnête, qui veut être à la *mode*, fans s'en douter, prend celle qu'a créé la maîtreffe de fon mari. On ne réuffiroit pas, là où la débauche la plus funefte fe cache en de *petites maifons*, comme Tibere à Caprée, & au dehors prend comme lui le mafque de la décence & de la féverité. On réuffiroit encore moins, là où ces *filles*, aimables par intérêt & par métier, ayant des parafites, des amis, & des protecteurs dans tous les ordres, feroient taire les loix, ou apprendroient à les éluder. On échoueroit par-tout où l'on retrouveroit la molleffe de Sybaris, le goût d'Athenes, & la corruption de Rome.

De toutes les parties de la légiflation, celle-là eft fans contredit la plus difficile ou la plus vaine; parce que le luxe, à qui l'on défend l'or & la foie, fait fe ruiner avec la toile & la laine; parce que le myftere & la gêne augmentent la volupté; parce que l'homme aveugle méconnoît prefque toujours la loi, quand il s'agit du plaifir & de la liberté. Voyez *Bonheur, Courtifanne, Fille publique, Habit, Juif, Liberté, Loi, Luxe, Plaifir, Police* & *Sûreté.*

DROIT ECCLÉSIASTIQUE.

4. Au *figuré* : on a dit *nouer l'éguillette à quelqu'un*, pour exprimer un prétendu maléfice, par lequel, au moyen de certains nœuds & de certaines paroles myftérieufes, on croyoit pouvoir empêcher la confommation du mariage.

Les auteurs des traités de démonomanie, preftiges magiques, charmes, enchantemens, forcelleries, amulettes, talifmans, &c. tels que Bodin, Sprenger, Crefpet, Peuccer, Delrio, Gaffarel, Arpe, &c. énoncent divers moyens employés pour *nouer l'aiguillette* par les prétendus forciers & magiciens. Tantôt ils tournoient leurs mains en dehors & entrelaçoient leurs doigts les uns dans les autres, en commençant par le petit doigt de la main gauche, & en continuant ainfi jufqu'à ce qu'un pouce touchât l'autre; & cela, lorfque l'époux préfentoit l'anneau à fon époufe dans l'églife. Tantôt ils faifoient un nœud à une *aiguillette* ou à une *corde*, en difant : *Ribald*, & en faifant une premiere croix; puis *Nolbat*, en faifant une feconde croix & un fecond nœud; & enfin *Vanarbi*, en faifant un troifieme nœud & une troifieme croix; & cela lorfque le prêtre prend les mains des deux époux & prononce *vos conjungo*.

Montagne a dit « je fuis encore en ce doute que ces plaifantes liaifons (*de l'efguillette nouée*) de quoi notre monde fe voit fi entravé qu'il ne fe parle d'autre chofe, ne font volontiers des impreffions de l'appréhenfion & de la crainte. Car, je fais par expérience, que tel de qui je puis répondre, comme de moi-même, en qui il ne pouvoit cheoir aucun foupçon de foibleffe, *& auffi peu d'enchantement*, ayant ouï faire le conte avec un fien compagnon, d'une défaillance extraordinaire, en quoy il eftoit tombé fur le point qu'il en avoit le moins de befoin; fe trouvant en pareille occafion, l'horreur de ce conte lui vint à coup fi rudement frapper l'imagination qu'il encourut une fortune pareille. Et de-là en hors fut fujet à y rencheoir; ce vilain fouvenir de fon inconvénient le gourmandant & tyrannifant.... Quand il a eu loy à fon choix, (fa penfée desbrouillée & desbandée, fon corps fe trouvant en fon deu,) de le faire lors, premiérement,

tenter, faifir, & furprendre à la cognoif-
fance d'autruy, il s'eft guéri tout net. »
(*Effais, liv. 1, chap. 20, pag. 59,
édit. de 1617, in-4°.*)

Fevret, (*traité de l'abus, liv. 5,
chap. 4, n°. 5, tom. 2, pag. 98*)
traitant de l'*impuiffance des mariés, qui
procede de maléfice,* blâme l'avis de
Montagne, & croit que *les charmes
peuvent donner de l'amour & l'ôter,* « &
qu'il eft auffi aifé, par art magique,
de rendre un homme impuiffant à l'acte
de mariage, comme il eft facile, par
fortilege, de nouer · la langue & ôter
l'ufage de la parole, arrêter, en un
inftant, la courfe des vîtes chevaux,
fixer & encheviller les rouages d'un
moulin tournant, charmer le canon de
l'arquebufe d'un chaffeur, lâcher ou
arrêter le vent & autres chofes femblables,
que les forciers font à l'aide du démon. »

Vous retrouvez des jurifconfultes auffi
crédules, bien avant dans ce fiecle; &
cette foibleffe de leur part diminue l'opinion, qu'on a dailleurs de leur favoir,
de leur raifon, & de leur génie. Faut-il
s'en défier ? Pafchal voyoit à fes côtés
un abyme. Gotfched croyoit avoir des
jambes de verre, &c. Quel homme n'a
pas fon tic, fa manie, fes erreurs, & une
efpece de folie plus ou moins forte &
fenfible ? ... Et tant de fyftêmes de phyfique, de politique, de finance, que
font-ils ? ....

On a fait le même reproche au droit
eccléfiaftique, fur fes décrets concernant
les *noueurs d'aiguillette.* En les parcourant, il nous femble qu'ils ont eu plutôt
pour objet, de prévenir les facrileges,
les profanations, & les pieges tendus à la
crédulité.

C'eft ainfi qu'il faut entendre les
ftatuts & ordonnances de l'églife de
Lyon de 1557, (*tit. de matrimonio*)
qui s'expriment ainfi : « Défendons tous
fortileges, comme *noueurs d'aiguillette,*
charmes, breuvages, prolation de paroles
illicites, & non ufitées, & tours *fuperftitieux,* d'art & invention diabolique dans

le mariage, fur peine d'anathême &
d'excommunication. »

Le mot *fuperftitieux* n'eft pas équivoque.
Les expreffions du concile de Bourges
de 1584, font encore plus énergiques :
Et quia chriftiano nomine indignus ERROR
noftro fæculo inolevit, ut LIGATIONIBUS,
*confignationibus, vinculis, & nexibus
matrimonia impediantur; hæc fynodus
communione ecclefiæ interdicit omnes eos
qui hujufmodi* SUPERSTITIONIBUS
utuntur; monetque fideles, ne hujufmodi
COMMENTIS *fidem habeant, fed in Deo
fiduciam certam conftituant; nec idcirco
matrimonia noctu fiant, fed in luce &
frequentiâ hominum.* (Bochellus, *lib. 1,
tit. 14, cap. 7, pag. 118.*).... Ce
texte eft fans doute décifif : les peres
du concile de Bourges, regardent le
préjugé du *nouement d'aiguillette* comme
une *erreur fuperftitieufe,* & cherchent à
défabufer le peuple de l'idée d'ajouter
foi à de pareilles fables, *ne hujufmodi
commentis fidem habeant.* Fevret &
fes partifans n'avoient pas médité cette
décifion.

On avoit demandé s'il étoit permis d'ufer
de pratiques fuperftitieufes pour prévenir
le prétendu maléfice du *nouement d'aiguillette,* ou pour le faire ceffer ?

Les ftatuts fynodaux de Bourges de
1608, (*art. 24.*) difent : « nous excom-
munions tous ceux & celles qui, pour
troubler & empêcher l'effet des mariages,
uferont de maléfices, comme auffi ceux
qui, par autres maléfices, voudroient
diffoudre & lever tel maléfice. » Pareilles
difpofitions dans ceux de Saint - Malo
de 1620, (*art. 21, pag. 480 & 481;*)
dans les rituels, de Paris de 1615,
(*pag. 59;*) d'Albi de 1647, (*pag. 389;*)
d'Alet de 1667, (*pag. 437;*) de Rheims
de 1677, (*pag. 236.*) &c. &c.

Ce dernier, (*pag. 242*) enjoint
aux curés « de s'oppofer fortement à un
abus infupportable qu'une ignorance craffe
a introduit en quelques endroits, où on
dit que les parties, qui *croyent* être
empêchées de confommer leur mariage,
renoncent

renoncent à leur premier confentement, & contractent de nouveau un fecond mariage. » Les ftatuts de Saint - Malo de 1620, (*art. 21 , pag. 481*) avoient dit auparavant : « Si quelque prêtre attente de conjoindre itérativement en mariage, aucuns maléficiés, qui auroient déja été bien & légitimement conjoins & mariés en face d'églife , il encourra excommunication *ipfo facto*, & fera trois ans fufpens *à divinis*.» Voyez *Adjuration, Affronteur, Agnus - caftus, Amour, Charme, Conjuration, Enchantement, Excommunication, Exorcifme, Imprécation, Interdit, Magie, Maléfice, Mariage, Philtre, Sorcier, Sort, Sufpenfe, &c.*

AIGUILLON.

C'eft une petite ville du gouvernement général de Guyenne & de Gafcogne, fituée dans l'Agenois, à l'endroit où le Lot fe jette dans la Garonne.

La baronnie d'*Aiguillon* fut d'abord érigée en duché-pairie, par lettres-patentes du mois d'août 1599, en faveur de Henri de Lorraine, & de fes fuccefſeurs & ayant caufe. En 1634, nouvelle érection en faveur d'Antoine de Laage, fous le nom de duché de Puy-Laurent. Enfin, troifieme érection en 1638, de la duché-pairie d'*Aiguillon*, en faveur de madame de Combalet, niece du cardinal de Richelieu.

Dans l'article *Agenois*, nous avons rendu compte de la claufe des lettres-patentes obtenues par madame de Combalet, de la fubftitution qu'elle fit de ce duché, en faveur du marquis de Richelieu, du filence de celui-ci, & de la réclamation du comte d'Agenois, couronnée du fuccès.

Comme duché, *Aiguillon* a les droits ordinaires des *pairies* : comme ville, ce font les loix, les ufages, la jurifdiction, & le reffort de la province de *Guienne.* Voyez ces mots

Tome III.

AIGUISAGE.

(*Droit féodal.*)

C'eft ainfi qu'on doit appeller en françois ce droit exorbitant, connu dans le jargon Provençal, fous le nom d'*aguzadura*, & dans le Languedocien, fous le nom d'*aguzadge* ; ces trois mots expriment le droit de quelques anciens feigneurs des comtés de Touloufe & de Provence, de défendre aux payfans de leurs terres de faire aiguifer leurs outils à d'autres, qu'à ceux qu'ils commettoient pour cet objet moyennant une rétribution confidérable. On trouve dans les regiftres dépofés à la chambre des comptes à Paris, une charte de Louis, duc d'Anjou, de 1370, qui accorde aux confuls de Lauzerte (en Quercy,) la faculté de faire aiguifer leurs rafoirs & leurs piques où ils voudront, en payant le *feure.* Voyez *Agreffage, Féodalité, Reillage, Seigneur, Ufurpation, &c. &c.*

AIL.

(*Dr. eccléf. Dr. médico-légal. Traites.*)

1. C'eft une herbe potagere de la famille des liliacées, d'un goût âcre & d'une odeur forte, qu'on emploie dans quelques pays, & qu'on craint dans beaucoup d'autres.

DROIT ECCLÉSIASTIQUE.

2. La dîme des *aulx* eft-elle due?

ARRÊT du parlement de Touloufe, du 7 août 1603, qui condamne plufieurs particuliers à payer au fyndic du chapitre de St. Sernin à Touloufe, « de treize tables une, tant des *aulx*, oignons, que choux, cabus, blancs & rouges, porreaux & épinars, pour le droit de dîmes defdits fruits excroifſans dans les jardins & terroir dit de *Sardaigne*, en la paroiffe de St. Sernin ; & hors dudit terroir en ladite paroisse, de quinze tables une d'iceux fruits, & chacune les fois que lesdits terroirs porteront lesdits fruits ; & encore la quinzieme partie de la graine d'iceux, & aussi des chanvres, sans toutefois comprendre à ce, les jardins clos & fermés, servans pour le plaisir & usage des propriétaires, &c. » (Bouchel & Blondeau, (tom. 1, pag. 468, colon. 2.)

Ce préjugé se trouve encore dans la Roche-Flavin, (au mot *Dime*, arr. 4, pag. 116;) & Graverol son annotateur, cite un ARRÊT conforme du parlement de Toulouse, du 6 mars 1640, qui condamna les jardiniers de la ville de Nîmes à payer la dime « des hermes & autres choses qui se recueilleront dans les jardins, *autres toutefois que les clos, & servans à la ménagerie des propriétaires*, à raison de douze monceaux ou gerbes une, ou de douze planches ou tables une, ou de douze livres une ; savoir, de la marjolaine, de la guinée, du corail, chardon bénit, fenouil doux & amer, de l'*ail*, oignons, artichaux, poix & feves, & autres légumes, &c. »

Enfin, Albert, (au mot *Dime*, chap. 14, pag. 124) s'exprime ainsi : « Ce n'est pas la coutume que l'on paie dime de l'*ail*; néanmoins, comme à Gaillac on en fait *un grand commerce*, cela a fait que les habitans ont été obligés depuis long-temps à en payer, à cause qu'au lieu que l'on n'en plante aux autres lieux que dans les jardins, l'on en plante *les champs entiers* dans le terroir de cette ville-là : c'est pourquoi cette dime y a été établie. » Voyez *Dime*, *Jardin*, &c.

On peut dire en général, que la dime des *aulx* & des autres herbes potageres est *insolite* ; mais que le paiement en est cependant dû, lorsque les redevables en font un objet considérable de *culture & de commerce*, & qu'ils y destinent des terres sujettes à la dime, & qui serviroient à produire de gros grains & autres fruits

décimables. L'équité ne permet pas de grever le décimateur pour enrichir le propriétaire.

DROIT MÉDICO-LÉGAL.

3. Il y a des médecins qui prescrivent l'usage de l'*ail* dans presque toutes les maladies épidémiques ; & ce régime paroît raisonnable. La Mare, au chapitre des préservatifs contre la peste. (*Traité de la Police*, tom. 1, liv. 4, tit. 13, chap. 11, pag. 666) conseille, entr'autres choses, de ne point manger *de fruits cruds, & peu d'oignons*, &c. Cet avis consigné dans un ouvrage important fait sous les yeux des premiers magistrats du royaume, ne contraste-t-il pas avec l'assertion des maîtres de l'art ? Voyez *Contagion*, *Médecin*, *Peste*, *Santé*, &c.

Tandis que la médecine regarde l'*ail* comme un remede, la fourberie s'en sert pour feindre une maladie. Paul Zacchias rend compte des expédiens qu'on emploie pour se procurer un état de fievre éphémere, & des moyens propres à déconcerter ceux qui les ont employés. *ALLIUM si quis sibi in anum indiderit, febrem sibi excitat... Quæ autem ab ALLII suppositione excitata fuerit ; deprehendetur : tum inquisitione, si aliqua suspicio adsit ; tum odore, quem exspirare simulantem quoquo pacto est verisimile.* (Zacchias, lib. 3, quæst. medico-legalium, tit. 2, de morborum simulatione, quæst. 3, n°. 1 & 3, pag. 255.)

D'après cette notice, qu'il étoit de notre devoir de donner, c'est à l'administrateur qui fait tirer la milice, & au juge dont le prisonnier contrefait ainsi le malade, à appeller un médecin ou un chirurgien ; & à ceux-ci, de donner leur avis.

Traites.

4. Nous avons vu que le commerce des *aulx* est considérable, & notamment dans quelques contrées du Languedoc, telles qu'est l'Albigeois ; c'est sans doute ce qui a donné lieu à tarifer cette marchan-

dife dans la compilation de 1664. Les aux doivent donc, pour droits d'entrée & de fortie, cinq fous par fomme ou charge, de droit principal.

AINÉ, AINESSE.

(*Droit public. Droit ecclés. Droit privé. Droit coutumier. Droit étranger.*)

1. Le mot *Ainé*, vient de ceux-ci, *ains né*. Borel dit, « *ains* & *ainçois*, C. pluftoft que : d'où vient *aifné* ou *ains né*, C. avant né. » (*Antiq. Gauloifes*, *pag. 10.*)

On appelle donc *ainé*, le plus âgé des enfans mâles habiles à fuccéder ; & qui a ce titre, prend dans la fucceffion de fes pere & mere, une portion plus confidérable que celle de chacun de fes freres ou fœurs en particulier.

Cette définition, la plus claire qu'aient donné les meilleurs auteurs, n'eft pourtant pas rigoureufement exacte. En effet, le droit d'*aineffe*, c'eft-à-dire, celui de prendre la portion confidérable qui appartient à l'*ainé*, n'appartient pas effentiellement & exclufivement au *plus âgé des enfans mâles habiles à fuccéder*. Il n'appartient pas toujours à l'*ainé des enfans*, puifque quelques coutumes du royaume ont admis le droit d'*aineffe* en ligne collatérale. Il n'appartient pas de même toujours à l'*ainé des enfans mâles*, puifque quelques coutumes ont admis le droit d'*aineffe* en faveur de la plus *âgée des filles*, à défaut de mâles.

Il n'eft pas inutile de favoir, pour l'intelligence de ces coutumes & des anciennes chartes, que ce, que nous appellons aujourd'hui dans tout le royaume *AINESSE*, a été appellé dans le vieux jargon François, tantôt *AISNÉAGE*, (*art. 55 de la cout. de la Rochelle, &c.*) tantôt *AISNAGE*, (*charte de 1248, au tom. 1 des preuves de l'hift. de Bretagne*, *colonn. 935*,) & tantôt enfin *AINESTÉ*, (*Somme rurale*, *pag. 455.*) A l'égard

du vieux jargon Latin, & indifféremment, tant dans les chartes que dans les anciens auteurs, *AINESCIA, ÆNESCIA, ENECEA, EYNEIA, ENITIA pars*, &c.

Obfervons encore qu'en Normandie, dans les ordonnances de l'échiquier de 1462, ainfi que dans l'ancien *ftil du pays*, on voit que ces expreffions *aifné* & *aifnéeffe* avoient paffé des perfonnes aux chofes. Ainfi on y difoit : droit *aifné* ou *puifné* ; charge *aifnée* ou *puifnée* ; rente *aifnée* ; dette *aifnée*.

Ainfi on difoit, *aifnéeffe*, (*art. 175 de la coutume*,) & on y dit encore *aineffe*, pour exprimer un tenement donné originairement par un feul & même contrat, à la charge de devoirs ou rentes, par un feigneur féodal à un de fes vaffaux ; tenement divifé depuis entre plufieurs freres ou autres cohéritiers. Comme cette divifion n'a pu fe faire au préjudice du feigneur, il doit toujours avoir un vaffal principal, qui eft l'*ainé*, réfident fur le tenement ou *aineffe*, à qui il peut s'adreffer comme repréfentant tous fes puînés. S'il n'y avoit point d'*ainé*, le feigneur peut obliger les puînés d'établir l'un d'entr'eux pour en faire la charge, & lui porter la portion des autres ; de maniere que l'action folidaire eft toujours confervée au feigneur, pour fe faire payer par chacun d'eux en particulier, de toutes les rentes & redevances dues fur l'*aifnéeffe*.

L'*aineffe* peut être divifée en noble & roturiere. Ainfi, par exemple, le fief noble tenu en parage eft une *aineffe* noble ; & le fief villain divifé entre cohéritiers, eft une *aineffe* roturiere. (*Terrien*, *pag. 172; Bafnage, tom. 1, pag. 284.*)

Peuples anciens.

2. Le droit d'*aineffe* remonte à la plus haute antiquité. Tout le monde connoît l'événement qui transféra à Jacob la bénédiction paternelle ; & avec elle la prérogative de l'*ainé*, qui confiftoit : 1°. à avoir fur fes freres la plus grande autorité, comme on le voit par le difcours d'Ifaac à Efaü : *Dominum tuum illum*

conftitui, & omnes fratres ejus fervituti illius fubjugavi. (Genef. XXVII, 37 ;) 2°. à recueillir tous les biens du pere commun, de façon qu'il ne reftoit aux cadets que leur induftrie. C'eft ce que l'on conclut naturellement de la fuite du difcours d'Ifaac au même Efaü : *Frumento & vino ftabilivi eum; & tibi, fili mi, ultrà quid faciam. . . . VIVES IN GLADIO, & fratri tuo fervies.* (Ibid. 27 & 40.)

Lorfque les Ifraélites eurent formé un peuple fous un gouvernement fixe, le droit des *ainés* fut confidérablement reftreint ; & il paroît qu'il ne confifta plus qu'en une double portion dans les biens du pere : *Dabitque ei* (primogenito) *de his quæ habuerit cuncta DUPLICIA.* (Deutéron. XXI, 17.)

C'eft fans doute aux Juifs que les Égyptiens durent leur droit d'*aifneffe*, comme plufieurs autres de leurs ufages ; toujours eft-il vrai qu'il a exifté longtemps parmi eux. Déja établi fous Pharaon (*Exod. XI, 5,*) il fubfiftoit fous le premier des Ptolémées, & dura long-temps après. Juftin nous dit, (*lib. 16*) que l'Égypte, l'Afrique, & une partie de l'Arabie, ayant paffé à Ptolémée après la mort d'Alexandre, il laiffa fes états au plus jeune de fes enfans, au mépris du droit généralement obfervé : *contra jus gentium.* Paufanias, (*lib. 1*) dit que Cléopatre, ayant, par une prédilection odieufe, mis fur le trône Alexandre fon fils puiné, celui-ci en fut chaffé après la mort de fa mere par les Égyptiens. Enfin, Florus dit, que Ptolémée, dépouillé du trône par le plus jeune de fes freres, fut rétabli par les Romains, fur les plaintes qu'il avoit fait porter au fénat par fes ambaffadeurs. *Ptolemeus, Ægyptiorum rex, cùm, à minore fratre, regno pulfus fuiffet, miffis ad fenatum legatis, reftitutus eft.* (lib. 46.)

Sans nous arrêter aux Moabites, qui reconnoiffoient le droit d'*aineffe*, fuivant les livres facrés (*Reg. IV, 3, 27,*) non plus qu'aux Perfes, Parthes, Macédo-

niens, &c. qui l'avoient auffi adopté ; difons un mot des Grecs.

Homere dit qu'il y a *des furies vengereffes des torts qu'on fait aux AINÉS.* (Iliad, lib. 5, v. 204.)

Hérodote rapporte (*in Terpficor.*) que la loi qui donne la couronne aux *ainés* eft fi certainement établie, que Cléomene, quoique foible d'efprit, fuccéda à fon pere Anaxandride, préférablement à Doricus fon puiné. Plutarque, dans la vie d'Agéfilas, dit qu'il fut élevé d'une maniere dure ; parce qu'il n'étoit pas deftiné à monter fur le trône, dévolu de droit à Agis fon frere *ainé.* « Et pour ce que *la fucceffion au royaume appartenoit au fils ainé Agis*, le puifné Agéfilaüs, ayant à demourer homme privé, fut nourri en la difcipline Laconique ; laquelle étoit bien dure & pénible ; mais auffi enfeignoit-elle aux enfans à obéir, &c. » (Amyot, édit. de Vafcofan, *in-fol. pag. 418, verf.*)

DROIT ROMAIN.

3. Les Romains ne paroiffent point avoir reconnu le droit d'*aineffe* pour les fucceffions ordinaires ; quoiqu'il ait été établi pour celles de leurs fouverains, ainfi que nous l'apprend Denys d'Halicarnaffe, (*lib. 5,*) pour les temps antérieurs à la fondation de cette capitale du monde. Il y obferve que, le royaume d'Albe, dû à Numitor *ainé*, ayant été envahi par Amulius fon puiné, le premier déclara la guerre au fecond pour rentrer dans fes juftes droits. Sous les empereurs on voit, entr'autres, que Titus, fils *ainé* de Vefpafien, lui fuccéda avant fon puiné Domitien.

Sans doute le droit d'*aineffe* fut rejeté à Rome, parce qu'il auroit ôté aux peres, cette libre & pléniere difpofition de leurs biens, cet empire defpotique fur tous les enfans dont ils paroiffent avoir toujours été fi jaloux : *Pater familias uti legaffit fuper pecuniæ, tutelæve fuæ rei, ita jus efto.* (L. 32, XII. Tabul.)

On a fuivi en France les difpofitions de cette loi fondamentale dans tous les pays régis par le droit romain ; & nos inftitutions coutumieres n'y ont eu d'autre influence que d'y faire adopter ce principe, ainfi annoncé par François de l'Alouette : « les *ainés*, qui doivent reluire pardeffus les autres, comme les premieres & plus excellentes branches de leurs maifons, ont toujours eu ce titre d'honneur. .... de porter l'efcu de leurs armes plein, entier & ouvert, comme étant l'enfeigne & marque de leur race & nobleffe, que les *puifnés* n'ont eu permiffion de porter que fous certaines promeffes & cautions d'y faire, & adjouter l'une de ces différences : à favoir un lambeau, bâton fimple, & chargé, pour différence des autres armes, comme d'une bordure ou meellée, ou engrelée, dentelée, bandée, componée, quantonée, gironnée, ou d'autre brifure & remarque au chef de l'efcu, ou ailleurs ; ou bien d'un filet ou chapelet autour de l'efcuffon par defdans, ou autres femblables remarques & fignes des puifnés, &c. » (*Traité des nobles & des vertus, pag. 41, verf.*)

ARRÊT du parlement de Touloufe, du 14 août 1509, qui juge qu'il doit y avoir différence entre les armoiries des *ainés* & des puinés : en conféquence, fait défenfe à Galaubic d'Efpagne, dit de Panaffac, defcendant du puîné de la maifon de Montefpan, *de prendre ni apporter les armes pleines fans différence de ladite maifon de Montefpan.* (La Roche-Flavin, *Traité des droits Seign. chap. 30, art. 3, pag. 635.*)

On a pouffé fi loin l'attachement au droit romain, dans celles de nos provinces qui en fuivent les difpofitions, & on y reconnoît fi peu les prérogatives du droit d'*aineffe*, qu'on n'y admet point l'*ainé* à réclamer l'effet d'un fidéicommis, dès que l'héritier grevé avec droit d'élection, n'a pas fait cette élection en fa faveur.

ARRÊT du parlement de Touloufe, du mois de feptembre 1746, qui juge : 1°. que « l'héritier grevé a droit d'élire parmi les fubftitués *nomine collectivo*,

fans diftinction des defcendans & des collatéraux, ou étrangers ; 2°. que la claufe de prohibition de quarte, afin que les biens reftent unis, ne fixe pas l'élection à l'*ainé*. » (*Journal*, Aguier, *tom.* 2, *arr. 180, pag. 284.*) Voyez ci-après la divifion *Droits honorifiques*, & les mots *Élection, Fidéicommis, Majorat, Subftitution, &c.*

DROIT ECCLÉSIASTIQUE.

4. La prédilection que les livres faints ont témoigné pour le droit d'*aineffe*, & celui de *primogéniture*, ont déterminé fans doute la faveur que les papes leur ont également accordé ; ainfi que le choix qu'ils ont fait du nom d'*ainé*, pour qualifier le roi de France de FILS AÎNÉ DE L'ÉGLISE.

Nous venons de parler du droit d'*aineffe*, & de celui de *primogéniture*, ce qui annonce une diftinction entre l'un & l'autre ; & cette diftinction exifte en effet réellement.

L'ancienne loi entendoit par droit de *primogéniture*, qui emportoit privilege & fanctification, celui en vertu duquel le premier enfant qui, avant tous autres, fortoit vif du fein de fa mere, étoit offert à Dieu, & lui étoit irrévocablement confacré : *Sanctifica mihi omne primogenitum quod aperit vulvam in filiis Ifrael.* (*Exod. XIII, 2.*)

Le droit d'*aineffe* appartient, comme nous l'avons dit, au plus âgé des enfans mâles exiftans lors du décès du pere ; foit qu'il y ait des filles vivantes, nées avant lui, foit encore, qu'il y ait eu d'autres mâles, nés avant lui, mais décédés avant le pere.

Innocent III, reconnoît le droit d'*aineffe* ; puifqu'en exhortant le fils *ainé* du roi de Hongrie à accomplir le vœu, fait par fon pere, de fe croifer pour le voyage de la Terre-Sainte, & dont celui-ci lui avoit ordonné l'exécution, il le menace de faire paffer la couronne à fon frere puîné, s'il ne fatisfaifoit pas à fon obligation. *Et jure, quod tibi in regno Hungariæ competebat* ORDINE GENITURÆ, *privandum ; & regnum ipsum* AD MINOREM FRATREM TUUM, app. *poſtpoſitâ, devolvendum,* (*cap. Licet, tit. 34, lib. 3, Decretal.*)

L'égliſe accorde, en matiere de patronage & de droits honorifiques dans le lieu ſaint, beaucoup de prérogatives à l'aîné ſur ſes puînés.

Charondas, (ſur l'*art. 18,* de la coutume de Paris, *pag. 19*) ſoutient que le droit de patronage « ſuit le préciput attribué à l'aîné, comme étant un privilege de la famille de laquelle il eſt le chef : auſſi que ce n'eſt tant un fruit de fief, qu'une dignité & prérogative, de laquelle, ſi pluſieurs en étoient également participans, en adviendroit grande confuſion : car chacun voudroit préſenter qui bon lui ſembleroit. Mais les canoniſtes même tiennent que, tout ce qui eſt de dignité, prérogative, autorité & prééminence, doit être baillé à l'AISNÉ, (*in cap. Licet, de voto & voti redemptione.*) »

Quoique cet avis de Charondas ait ſouffert quelques contradictions ; nous penſons qu'il eſt raiſonnable, & qu'on doit le ſuivre dans la pratique : en effet, ſuivant le même auteur, (dans ſes *Pandectes,*) il eſt fortifié par un préjugé conſidérable, un ARRÊT de 1548, pour un ſeigneur de Normandie, de la maiſon de Melun. Charondas donne d'ailleurs un moyen de faire ceſſer toute plainte, de la part des puînés, en diſant que l'aîné doit exercer le patronage, ſauf à leur en faire récompenſe. (*Liv. 2, part. 2, chap. 9, pag. 221.*)

Ceci eſt encore étayé du texte des coutumes d'Amiens, *art. 73,* & de Touraine, *art. 295.* La premiere dit : « Auſſi demeure & appartient entiérement à l'aîné la proviſion & inſtitution des officiers, fruits & émolumens de la juſtice, & préſentation aux bénéfices : » l. ſeconde attribue entr'autres à l'aîné « droit de patronage, d'aumônerie & de maladerie. »

A l'égard des droits de l'aîné aux honneurs que l'égliſe a bien voulu accorder à ſes bienfaiteurs, la juriſprudence les a ainſi déterminés :

ARRÊT de réglement, du parlement de Paris, du 22 juin 1641, qui juge que « l'eau bénite, l'encens & le pain béni ſe déferent à l'aîné, ſa femme & famille : le puîné ſuit immédiatement l'aîné, tant à l'offrande qu'à la proceſſion, & après eux leurs femmes & enfans ; de ſorte que la femme de l'aîné précede celle du puîné, & les enfans de l'aîné, tant mâles que femelles, ceux du puîné : deſquels honneurs, préſéances & prééminences, déférés à l'aîné, lui venant à décéder avant le puîné, ſa veuve doit jouir tant & ſi longuement qu'elle demeure en viduité. Les litres & ceintures funebres, dedans & dehors de l'égliſe, doivent être placées en ſorte que celles de l'aîné ſoient au deſſus ; & le puîné, y en faiſant mettre le premier, doit laiſſer au deſſus une place convenable pour celles de l'aîné, quand il y en voudra faire mettre. » (Louet & Brodeau, *lettre* F, *ſom. 31,* n°. 2, *pag. 772.*)

Diſons un mot du titre de *fils aîné de l'égliſe,* qui a été donné aux rois de France, dès les premiers ſiecles de la monarchie.

On trouve la preuve de cette vérité dans l'adreſſe, des évêques qui tinrent le célebre concile d'Orléans, au roi Clovis, *Domino ſuo, eccleſiæ cathaolicæ filio, Clodovæo, glorioſiſſimo regi.*

Du Peyrat rapporte que le Cardinal Du Perron, ſervant Henri IV, à Fontainebleau, en qualité de grand aumônier, *donnant la bénédiction aux viandes de ſa majeſté, & rendant graces à Dieu à la fin de ſon repas,* ce prince lui demanda ſi le pape ne trouveroit point mauvais qu'un cardinal fît devant lui cette fonction ? Du Perron répondit, « que ce ne ſeroit jamais déſhonneur à un cardinal de ſervir *le fils aîné de l'égliſe,* & le roi qui, entre tous les rois de la terre, porte le titre de *très-chrétien*, par droit de préciput. » (*Antiquités & recherches de la chapelle du roi de France, liv. 1, chap. 64, pag. 380.*) Voyez *Aspersion, Cardinal, Eau bénite, France, Honneur, Pape, Patron, Roi, Vœu, &c.*

DROIT FRANÇOIS.

5. Tacite dit que les Germains admettoient le droit d'*ainesse*; mais que les chevaux n'appartenoient point à l'*ainé* à ce titre, s'il n'y joignoit encore le courage & un mérite supérieur à celui de ses freres : *Maximus natu liberorum, omnia jura successionum solus excipiebat, præter equos, quos quidem excipiebat filius, non ut cætera maximus natu, sed prout ferox erat & melior.* (Tiraquellus *in præf. de jure primigeniorum, n°. 33, pag. 416.*)

Nos peres, en passant le Rhin, n'apporterent point cet usage dans les Gaules; ils y reçurent celui qu'ils y trouverent établi, d'après les principes de la loi romaine qui ne reconnoissoit pas le droit d'*ainesse*. Le président Hénault, (*Observ. prélimin. sur la seconde race*) dit « qu'à l'avénement de Pepin on vit pour la premiere fois la couronne passer dans une maison étrangere. Pendant toute la premiere race, elle n'avoit été portée que par les descendans de Clovis, à la vérité *sans droit d'ainesse*, ni distinction entre les bâtards & les légitimes, & *avec partage.* Elle fut possédée de même sous la deuxieme race par les enfans de Pepin; mais, ainsi qu'il avoit dépouillé l'héritier légitime, ses descendans furent dépossédés à leur tour. Enfin, sous la troisieme race, le droit successif héréditaire s'est si bien établi, que les rois ne sont plus les maîtres de déranger l'ordre de la succession, & que la couronne appartient à leur *ainé* par une coutume établie, *laquelle,* dit Jérôme Bignon, *est plus forte que la loi même, cette loi ayant été gravée, non dans du marbre, ou en du cuivre, mais dans le cœur des François.»* Ajoutons, que les malheurs,

qui étoient la suite inévitable du partage de la monarchie divisée en plusieurs royaumes, d'Austrasie, de Bourgogne, d'Orléans, de Paris, de Soissons; &c. que les désordres, qu'enfantoient les guerres cruelles qui déchiroient ces portions d'un même état, nécessiterent l'exécution parfaite de la *loi salique.* Un ancien jurisconsulte s'écrie à ce sujet : *Et hæc lex, & consuetudo, in contradicto judicio firmata est, & FERRO & RATIONIBUS approbata.* (Gregorius Tholosanus, *in syntagmate, lib. 45, cap. 4, n°. 8, pag. 617.*) Voyez *Agnat, n°. 4.*

L'introduction du droit d'*ainesse* pour la succession au trône, vraiment avantageuse en ce cas, pouvoit encore l'être pour les grands fiefs de la couronne; parce que leurs possesseurs, obligés de servir le roi & de conduire leurs vassaux à la guerre à leurs frais, avoient besoin d'une grande puissance qui ne fût point affoiblie par la division. Il fallut donc une regle générale qui transmît toute entiere à un des enfans la succession du pere commun; & cette regle devoit être fondée, non sur les distinctions toujours douteuses du mérite personnel, mais sur une différence si claire & si évidente, qu'elle ne donnât lieu à aucune dispute. Cette différence, la seule incontestable, dut être celle du sexe & de l'âge. En effet, le *sexe masculin* l'emporte assez généralement sur le *sexe féminin,* quant à la force & à la vigueur; &, toutes choses d'ailleurs égales, l'*ainé* l'emporte aussi sur le *puîné.* C'est-là l'origine & le motif de l'établissement du droit d'*ainesse,* & de celui de l'indivisibilité des duchés, comtés, marquisats, baronnies, & autres grands fiefs du royaume.

Mais, quel put être le motif raisonnable pour autoriser nos *savans & politiques* législateurs coutumiers, à communiquer le *droit d'ainesse* à tous les ordres de citoyens? Pourquoi la plupart des coutumes ont-elles cherché à donner, à l'*ainé* du roturier, du *villain* le moins riche, presque toute une succession; sans

laiſſer à ſes *puînés*, qui n'ont pas, à beaucoup près, les reſſources que préſentent
les familles nobles, les moyens de premiere ſubſiſtance? Pourquoi quelques
autres de ces coutumes ont-elles ſur-tout
accordé, à *l'ainée des filles*, ce qui, dans
toutes les ſuppoſitions quelconques, n'étoit
dû qu'à *l'ainé des mâles*? Pourquoi ce
double droit *d'aineſſe* dans la ſucceſſion
d'un pere & d'une mere, qui ne laiſſe
aux *puînés* aucune eſpece de dédomma-
gement, aucune eſpece de reſſource?
Pourquoi ce droit *d'aineſſe*, dans autant
de fiefs qu'il y a de bailliages dans une
même coutume, ou de coutumes différentes où ſe trouvent aſſis les biens du
pere commun? Pourquoi ce droit *d'aineſſe*
dans les ſucceſſions collatérales comme
dans les directes? Pourquoi, enfin, cette
réduction en *viager* de ce *quint hérédital*,
de cette modique & très-modique portion
qu'on avoit cru devoir laiſſer aux puînés?
Pourquoi....? Mais n'eſt-ce pas être peu
ſage, que d'exiger de la ſageſſe dans les
diſpoſitions de coutumes bizarres, la plupart rédigées par des praticiens idiots,
intéreſſés, &c. à qui les commiſſaires ne
pouvoient ni ne devoient rien repréſenter?

Soyons juſtes, cependant, en appréciant
les avantages & les inconvéniens du droit
d'aineſſe. En évitant les écueils dans
leſquels a jeté la profuſion indiſcrette &
peu réfléchie des légiſlateurs coutumiers,
gardons nous de tomber dans ceux que
peut préſenter l'idée de conſerver à un
pere ce pouvoir illimité & deſpotique
dans la diſpoſition de ſes biens, que lui
attribuerent les décemvirs, d'après la
légiſlation grecque. Voici quelques idées
qui pourroient peut-être concilier, les
prétentions raiſonnables d'un *ainé*, avec
les droits ſacrés des *puînés*.

Il eſt bien vrai au premier coup-d'œil,
que le droit *d'aineſſe* paroît contraire à
celui de la nature. Les enfans d'un même
pere étant égaux, ayant les mêmes droits
à ſa tendreſſe, il ſemble qu'ils doivent
recevoir de lui le même traitement; & c'eſt
d'après ces réflexions, ſans doute, que les

Romains eux-mêmes ont réglé les ſucceſſions *ab inteſtat*. Leurs loix à cet égard
établiſſent en effet un partage égal pour
tous ceux, à qui le défunt tenoit par les
mêmes liens du ſang, & pour qui il
devoit avoir une égale affection.

Cependant, n'y a-t-il pas des conſidérations qui légitiment en quelque maniere la prérogative de *l'ainé*? Il eſt cenſé
avoir plus d'expérience, plus de connoiſſance des hommes & des affaires que
ſes freres; on peut le regarder comme
devant être leur conſeil & leur appui;
c'eſt lui qui, après la mort du pere, doit
être le chef de la famille : il convient
donc qu'il ait une part de chef, & qu'il
ſoit diſtingué dans la ſucceſſion.

Auſſi voyons-nous que, dans les pays
même qui ſont régis par les loix romaines, les parens ont un penchant preſque
irréſiſtible à faire aux *ainés* des avantages
conſidérables. Un pere de famille prodigue à ſes filles, & ſur-tout au dernier
venu de ſes enfans, les marques de la
plus tendre affection; & finit par corriger
l'inſtinct de la nature, & la loi de ſon
pays, en choiſiſſant *l'ainé* de ſes fils pour
ſon repréſentant & ſon héritier.

Si cette premiere conſidération pouvoit
avoir moins de rapport à la juſtice qu'à
la vanité des parens, toujours jaloux de
donner à leur nom un certain éclat, nous
en ajouterions une autre entiérement
fondée ſur l'équité.

Il n'eſt pas rare de voir des familles,
où, de frere à frere il y a une grande
différence d'âge; les *ainés* jouiſſent donc
plus tard que les cadets, ou, ce qui revient au même, ils ſont plus âgés quand
ils entrent en jouiſſance. N'eſt-il pas juſte
qu'ils en ſoient dédommagés; & que leur
portion dans l'hérédité ſoit plus forte,
puiſqu'elle doit reſter moins long-temps
entre leurs mains?

Ne pourroit-on pas dire encore, pour
les pays où la puiſſance paternelle a lieu,
que les *ainés*, parvenant plus tard à l'indépendance, ont par conſéquent moins
de temps pour acquérir à leur profit? Si
l'on

l'on nous objectoit que cette différence d'âge, sur laquelle nous nous fondons, est quelquefois très-légere, & mérite peu de considération; nous en conviendrons sans peine : mais aussi cette différence est quelquefois considérable; elle peut n'être que d'une année, comme elle peut l'être de douze, & même davantage : c'est le cas de prendre un terme moyen, & la justice exige qu'on y ait égard dans le partage de la succession.

Mais s'il est juste d'accorder quelque avantage à l'*ainé*, il ne l'est pas de dépouiller les cadets : leur condition est égale à celle de l'*ainé*; l'éducation semblable qu'ils ont reçue leur a donné les mêmes goûts, les mêmes besoins, soit réels, soit d'opinion; il seroit cruel qu'ils ne trouvassent pas dans la fortune de leur pere des ressources & des moyens pour continuer de vivre selon l'état dans lequel ils sont nés, & dans lequel on les a élevés : autrement cette fortune leur seroit à charge; & si la nature aussi avare envers eux que la loi, leur a refusé des talens & de l'industrie, ils seroient mille fois plus heureux d'être nés dans le sein de la pauvreté.

Ainsi le droit d'*ainesse* légitime en lui-même, & quand il est renfermé dans de justes bornes, cesse de l'être quand il a des effets plus étendus : tel est cependant le vice d'une grande partie des coutumes du royaume, selon lesquelles l'*ainé*, après avoir prélevé la majeure partie de la succession de ses parens, conserve encore des droits sur le peu qui reste. Encore y a-t-il des pays, tels que le Ponthieu, où la modique portion des cadets n'est que viagere. Ils subissent vraiment la loi qu'Isaac imposa à Ésaü : *Omnes fratres ejus servituti illius subjugavi.* La plupart sont réduits, sur-tout dans le tiers-état, à être les domestiques de leur *ainé*.

La loi du Deutéronome est bien plus juste : *Dabit ei* (primogenito) *de his quæ habuerit cuncta duplicia.* D'après cette loi, on diviseroit la succession en

autant de portions *plus une* qu'il y auroit d'enfans; & le lot de l'*ainé* seroit composé de deux de ces portions.

En parlant ainsi, nous ne nous érigeons pas en réformateurs. Mais, après avoir dit *ce qui est*, il est permis quelquefois d'ajouter *ce qui pourroit être*, sur-tout quand on a pour soi la nature, la raison, & les loix de Rome.

Enfans jumeaux.

6. Plusieurs médecins ont soutenu que le droit d'*ainesse* devoit appartenir à celui de deux enfans jumeaux qui naissoit le dernier, par la raison qu'on pouvoit, en quelque sorte, assurer qu'il avoit été conçu le premier. Ce systême a été adopté par quelques jurisconsultes : ils se sont fondés sur cette maxime, que, lorsqu'il est question de l'avantage d'un individu, il faut le supposer né à l'instant où il a été conçu : *Tempus enim conceptionis spectandum plerisque placuit. L. 7, § 1, D. de senator.*

La jurisprudence universelle a adopté ce que les livres saints disoient avoir été décidé pour les enfans jumeaux de Rebecca & de Thamar. Ésaü fut déclaré l'*ainé*, parce qu'il vint au monde avant Jacob, *qui prior egressus est.* (Genes. XXV. 25 & 31.) Pharès fut de même déclaré l'*ainé*, quoique Zara eût paru le premier, & que la sage-femme, qui lui avoit attaché un cordon de soie au bras pour le reconnoître, eût annoncé qu'il naîtroit le premier, parce que ce pronostic ne fut pas vérifié. *In ipsâ effusione infantium, unus protulit manum, in quâ obstetrix ligavit coccinum dicens; iste egridetur prior ; illo vero retrahente manum egressus est alter... Posteà egressus est frater ejus in cujus manu erat coccinum.* (Genes. XXXVIII. 27 & sequent.)

Mais on suppose que, par une méprise du chirurgien, de la sage-femme, ou des parentes qui ont assisté la femme accouchée de deux jumeaux; en un mot, que, par quelque circonstance semblable à celles dont nous avons rendu compte fous le mot *Accouchement*, (*pag.* 77ξ.) on ne puiſſe plus s'aſſurer quel eſt celui qui eſt venu au monde le premier : que prononcer ?

C'eſt ici que les juriſconſultes ont donné carriere à leur imagination, & qu'à force de conjectures, de préſomptions, de diſtinctions, de ſuppoſitions, ils n'ont trop ſouvent préſenté qu'un labyrinthe. Tiraqueau, lui ſeul, a propoſé dix - ſept manieres de voir, toutes appuyées de raiſons de douter & de décider, développées dans un diſcours qui renferme quarante-huit pages de ſon traité du droit d'*aineſſe* : (De jure Primigeniorum, *impr. cum tract. de nobilitate, Lugduni, apud Rovillium 1617, in-fol. pag. 497 ad pag. 545.*)

Cependant, ce ſécond auteur a ſu ſe réduire, & voici ſon réſultat :

D'abord ſon opinion, parce qu'elle lui paroît la plus conforme au droit naturel, à l'équité & à la raiſon, eſt d'admettre les deux jumeaux au partage, ſoit d'un trône, ſoit d'une ſucceſſion ordinaire. *Placet primo loco ea opinio quæ dicit utrumque admitti, five in dignitatibus REGALIBUS, five in cæteris rebus hereditariis : ea enim COMMUNIOR, BENIGNIOR, JURIQUE AC RATIONI CONGRUENTIOR EST.* (*pag.* 545.)

Cependant, ſi l'un étoit en poſſeſſion du droit d'*aineſſe*, il devroit y être conſervé, à moins que l'autre ne prouvât évidemment l'uſurpation. *Et hoc, niſi alter, prior poſſeſſionem rerum adeptus fuerit : is enim interim præferretur, niſi alter majorem natu ſe eſſe probaret.* Le premier poſſeſſeur n'auroit point de préférence, ſi le ſecond poſſeſſeur avoit joui plus long-temps, & conſervoit encore ſa poſſeſſion à l'inſtant où la difficulté s'éleveroit : il faudroit en ce cas l'y maintenir, à moins que le dépoſſédé n'établît clairement ſon droit. *Aut niſi hic qui poſſeſſionem prior accepit eandem amiſerit ; & alter eandem acquiſiverit, & diutiùs poſſederit, in eâque eſſet cum lis de hoc jure intentaretur : ſanè enim*

is qui in poſſeſſione eſt præferretur, niſi etiam alter majorem natu ſe eſſe oſtenderit.

Si l'on penchoit pour le parti qui tend à permettre de gratifier l'un des jumeaux, Tiraqueau, en ce cas, donne le choix au pere, à l'égard des ſucceſſions ordinaires ; au ſeigneur, au ſouverain, à l'égard des grands fiefs, des terres de dignité ; enfin, aux grands & au peuple aſſemblés, à l'égard d'une couronne. *Quod ſi magis placent opiniones quæ in hac re locum faciunt gratificationi ; primum locum, in rebus privatis, cæteris que, præter regnum, aliaſque magnas hujuſcemodi dignitates, patri tribuo ; ſecundum ſuperiori : in regnis verò & id-genus magnis dignitatibus quæ ſuperiorem non agnoſcunt, magnatibus & populo.* Toutefois dans ces circonſtances il ſeroit inutile de permettre un choix, ſi l'un des deux concurrens méritoit évidemment la préférence à raiſon de ſes mœurs & de ſon mérite : *Sed ita tamen gratificabuntur, ſi neuter vincit alterum moribus & meritis ; dignior enim ſemper præferendus eſt.*

Enfin, Tiraqueau penſe qu'on pourroit vuider le différent par la voie du ſort, ſi les deux jumeaux conſentoient à s'en ſervir ; mais il ſoutient qu'on ne devroit les contraindre à s'y ſoumettre, qu'autant que l'on ne pourroit point abſolument parvenir à aucune eſpece de tranſaction, & qu'il y auroit du danger à laiſſer plus long-temps l'objet indécis. *Poſſunt autem ipſi fratres, ſi velint, rem ſorti bonâ fide committere : nollem autem alterum invitum cogere ; ni forté res aliter tranſigi non poſſet, immineretque quodpiam periculum.*

L'importance & la *difficulté* de la queſtion, excuſeront la longueur de cet extrait.

Dumoulin paroît pencher pour la voie du ſort ; mais, lorſqu'il s'agit d'un royaume, il veut que ce parti ſoit ſubordonné au conſentement des grands & des états. *Dico quod ſorte dirimendum eſt.* . . .

Càm enìm magis verfetur intereffe fubditorum ac regni & reipublicæ; rationabile eft non fore locum forti, nifi faltem de confilio & affenfu procerûm & ftatuum regni. (Molinæus, *in conf. parif. tit. 1, de fiefs.* § 1 3, glof. 1, *in verbo,* le fils ainé, *n°. 3 ad 24, impr. 7 & 24, pag. 229 ad 234.*)

Après cela, s'il faut avoir un avis, on dira : Pour un trône, la nation devroit choifir fon maître; pour un grand fief, une terre de dignité, objets indivifibles, le fouverain devroit choifir fon vaffal: pour une fucceffion ordinaire, le pere devroit choifir fon repréfentant; s'il n'exiftoit plus, les deux jumeaux partageroient, fauf à réunir à la portion du furvivant celle de celui qui viendroit à décéder fans enfans. Le préfident Favre, dans fon ouvrage fur les conjectures, (*lib. 20, cap. 4*) favorife cette opinion : *Itaque verius eft, inter eos omnes qui concurrunt, dividi legatum oportere.*

Dans cet avis on fuppofe que ni l'un ni l'autre des jumeaux n'a la poffeffion en fa faveur; & que la famille a conftamment gardé entr'eux une parfaite neutralité, fi on peut ainfi parler; en effet, fi l'un d'eux avoit porté le nom d'ainé, il devroit jouir, fans difficulté, du droit que confere ce titre : *Melior eft caufa poffidentis.* Voyez *Accroiffement,* (*pag. 96, colon. 1.*) *Aléatoire, Choix, Dignité, Élection, Enfant, États, Famille, Jumeau, Mérite, Nation, Peuple, Poffeffion, Préférence, Sort.*

Enfans de plufieurs mariages.

7. C'eft une regle certaine qu'il ne peut y avoir qu'un feul ainé, & un feul droit d'aineffe, dans une feule & même fucceffion; quoiqu'il s'y rencontre, des biens différens qui paroiffent conftituer deux patrimoines féparés, & des enfans de plufieurs mariages. La plupart des coutumes, en parlant du droit d'aineffe, le déferent AU FILS AINÉ; celle de Clermont-en-Argonne, *art. 84,*

explique qu'*entre enfans n'y a qu'un droit d'aineffe :* il eft d'ailleurs incompatible, qu'un même pere laiffe deux ainés dans fa fucceffion. La naiffance du premier enfant mâle lui donne fi précifément le titre d'*ainé,* & la prérogative du droit d'*aineffe;* & ce titre, & cette prérogative, lui font tellement propres & particuliers, qu'ils font incommunicables à aucun des enfans du fecond ou du troifieme & autres mariages. Les enfans appartiennent toujours également au même pere, quoiqu'il les ait eus de diverfes meres; ainfi ils n'ont tous qu'un *ainé,* relativement à ce pere : *Quantumcumque fint diverfarum matrum, tamen omnes funt æqualiter filii ejufdem patris; & fic refpectu patris non habent nifi UNUM PRIMOGENITUM. Incompatibile eft dicere quod idem parens habeat DUOS PRIMOGENITOS, quia dato primo, neceffe eft omnes fequentes carere hâc qualitate, & confequenter prærogativâ : nemini enim fequentium poteft competere appellatio filii primogeniti.* (Molinæus, *ibid.* § 1 6, glof. *in verbo,* tenus en fiefs, *n°. 28, pag. 273.*)

Ici arrive naturellement une queftion finguliere.

Il y a des coutumes qui déterminent que l'*ainé* du *premier mariage* fuccédera feul à la baronnie.

Un baron qui a eu plufieurs femmes n'a point eu d'enfans de la premiere; celui que la feconde lui a donné le premier, aura-t-il la baronnie? La raifon de douter eft que la coutume, parlant textuellement du *fils ainé* du *premier mariage,* femble reftreindre, à celui-ci, le privilege qu'elle donne; la caufe n'exiftant pas, l'effet ne peut pas exifter : ainfi tous les enfans du fecond mariage ont un droit égal à la baronnie. La raifon de décider, eft que, n'y ayant point d'enfans du premier mariage, l'*ainé* du fecond, eft véritablement le fils *ainé* de fon pere, le premier né entre tous fes freres, foit d'un fecond, foit d'un troifieme mariage. Le fecond mariage eft en effet cenfé le premier, relativement au troisieme & aux autres successivement : *Primogenitum ex illo secundo matrimonio censeri, cæteris primi matrimonii filiis deficientibus, esse PRIMOGENITUM MATRIMONII RESPECTU ALIORUM FILIORUM HUJUSCE MATRIMONII, & tertii matrimonii. Nam secundum id matrimonium dicitur primum respectu tertii, & sic deinceps.* (Tiraquellus , *loc. citat. quæst. 83* , *pag. 679.*) Voyez *Mariage* , *Noces* (*secondes*), &c.

Enfans légitimés.

8. Le droit d'*ainesse* appartient-il au fils légitimé ?

Cette question , traitée anciennement par plusieurs auteurs, & renouvellée de nos jours dans la coutume du Maine, a donné lieu à de vifs débats, sur deux des distinctions qu'elle entraîne. Pour la décider clairement, nous présenterons cinq cas, où elle peut se rencontrer.

1°. L'enfant légitimé par lettres du prince ne peut acquérir le droit d'*ainesse*, au préjudice des enfans légitimes ; puisqu'il n'est pas même capable de succession. Autrefois la légitimation par lettres du prince étoit fort usitée en France, & elle avoit les mêmes effets que celle qui a lieu par le mariage subséquent. L'histoire en fournit un grand nombre d'exemples ; & quelques coutumes contiennent même, à cet égard, des dispositions précises : ce sont, entr'autres, celles, d'Auxerre, *art. 34* ; de Sens, *art. 31*. Elle n'est plus admise, quant à la faculté de succéder avec les fils légitimes ; lors même que les lettres renferment cette clause, qui est rejetée comme contraire aux bonnes mœurs & à l'honnêteté publique, & tendant à retenir les hommes & les femmes dans la débauche. C'est la décision de plusieurs ARRÊTS rapportés par Louet & Brodeau. (*Lettre* L, *som. 7* , *pag. 42 & suiv.*) Il y en a même un du 7 juillet 1616, (*rapporté dans les notes manuscrites de* Pithou , *sur la Coutume de Troies,*) qui a jugé

qu'un fils légitime, ayant consenti à la légitimation que son pere avoit obtenue par lettres du prince d'un fils naturel, étoit restituable après la mort de son pere ; & qui, sans s'arrêter à ce consentement, l'a déclaré seul héritier. Aujourd'hui il est de jurisprudence certaine, que les lettres du prince suffisent bien au légitimé pour recueillir les successions de ses pere & mere, qui ont consenti à la légitimation, si les lettres le portent expressément ; mais qu'elles ne lui donnent pas le droit de succéder aux autres parens qui n'ont point consenti à cette légitimation. Ces principes sont le résultat de l'ARRÊT célebre rendu au parlement de Paris, le 6 août 1760, en faveur de François le Maire. Voyez *Agnat* , *Bâtard* , *Légitimation* , &c.

2°. L'enfant légitimé par le mariage subséquent de son pere & de sa mere, qui n'ont point d'enfans légitimes d'un autre mariage, jouit du droit d'*ainesse*, non seulement sur les puînés, légitimés comme lui, mais encore sur ceux qui sont nés pendant le mariage, par lequel sa légitimation s'est opérée.

La loi 10, au code *de natural. liberis*, présente une idée, aussi *belle* que *juste*, qui trouve ici son application : *Cùm enim adfectio prioris sobolis, & ad dotalia instrumenta efficienda, & ad posteriorem filiorum edendam progeniem, præstiterit occasionem ; quomodò non est iniquissimum, ipsam stirpem secundæ posteritatis (priorem) quasi injustam excludere, cùm, gratias agere fratribus suis posteriores, debeant, quorum beneficio ipsi sunt, justi filii, & nomen & ordinem consecuti ?*

3°. « Celui qui ayant eu de son amie un fils, se marie ; & de sa femme a un autre fils légitime, & après la mort d'elle, espouse sa premiere femme, & par ce mariage fait légitimer son premier fils : à savoir lequel sera tenu pour *ainé*, ou le second, qui est premier né en loyal mariage, ou le premier, qui depuis a été légitimé. Outre les opinions alléguées par Tiraqueau & Dumoulin, j'en ai lu une autre, en la *Somme rurale de* Bou-teiller, qui récite que, cette caufe ayant été renvoyée AU CONSEIL, fut rapporté qu'un des freres avoit autant au fief que l'autre, & qu'entr'eux il fe devoit également partir : ce qui me femble abfurde ; & partant j'eftime que le premier né en mariage eft le fils *ainé*, *& ne fuffit d'être fils, ains convient auffi d'eftre légitime pour avoir le droit & prérogative d'aineffe.* Les juftes nopces demonftrent l'enfant de famille & légi-time, duquel nom & titre les loix n'ont voulu décorer celui qui eft né hors mariage. *L. filium, D. de his qui fui vel alien.* Il n'eft donc réputé légitime, finon que lorfqu'il eft légitimé, & partant après celui qui a été né légitime devant lui, AU PRÉJUDICE DUQUEL SA LÉGITI-MATION NE SE PEUT RETOURNER ET ESTENDRE, N'OSTER LE DROIT DU PREMIER LÉGITIME : *Arg. l. in-terdùm, l. nec filio, l. patrono, D. de natal. reft. l. divus, l. qui jus, l. liber. D. de jure aur. annul. § liceat igitur authent. quibus modis natur. effic. fui, & § illud tamen eod. tit.* » C'eft ainfi que Bouchel a préfenté & décidé le cas qui a tant fait de bruit dans ces derniers temps. (*Bibl. civile, tom. 1, pag. 104, colon. 1.*)

A l'autorité de Dumoulin, & de Tira-queau qu'il cite, on peut joindre en fa-veur du même fyftême celles, de Graffus, Peregrinus, Charondas, Bacquet, Ricard, Brodeau, Auzanet, Lemaître, Lapeyrere, Maichin, Ferriere, Bourjon; enfin, celle de deux auteurs récens & très-eftimés, Argou, (*liv. 1, chap. 10,*) & Pothier, (*Traité du contrat de mariage, n°. 425.*)

Le fyftême contraire n'avoit d'abord eu pour partifan que Lebrun, fon auteur, qui avoit dit que « le droit d'*aineffe* n'eft guere plus acquis, pendant la vie du pere, que le droit de fuccéder ; *que le droit anticipé du fils, & pour le droit d'*aineffe*, & pour le refte des biens, eft à-peu-près égal; qu'il eft certain que l'*ainé *ne pour-roit pas plus difpofer, du vivant de fes

pere & mere, de fon droit d'*aineffe*, qu'un autre fils de fa part afférente en la fuc-ceffion ; qu'*ainfi*, le fils légitime né d'un premier mariage, n'a pas plus prévenu pour le droit d'*aineffe*, que pour le refte de la fucceffion : rien ne doit *donc* empêcher que le mariage fubféquent n'ait fon effet rétroactif pour l'un & pour l'autre.* » (*Traité des fucceffions, liv. 2, chap. 2, fect. 2, n°. 23 & fuiv.*)

Mais les auteurs du *Répertoire de jurifprudence* ont cru devoir fe ranger à l'avis de Lebrun. Selon eux, « c'eft une contradiction manifefte, d'accorder au mariage fubféquent l'effet rétroactif de légitimer la naiffance, & de lui re-fufer l'effet d'attribuer des droits, qui, par leur nature *paroiffent*, & font infé-parables de cette même naiffance. *Ils ajoutent*, que le droit d'*aineffe* ne peut être exercé qu'à l'ouverture de la fuc-ceffion; qu'à cette époque les enfans des deux mariages ont un caractere de légi-timité, qu'ils font tous freres, & que le plus âgé d'entr'eux eft inconteftablement l'*ainé*. Pourquoi donc les droits attachés à cette qualité, ne lui appartiendroient-ils pas ? »

Un avocat de Rouen fuit cet avis de Lebrun & des auteurs du *Répertoire*, & reproche à la foule des jurifconfultes qui leur font oppofés, d'avois *mis peu de critique dans la difcuffion des points de droit qu'ils ont traités.* Il dit qu'il *a fuffi, pour ainfi dire, qu'une opinion ait été embraffée avant eux, par un cer-tain nombre de juriftes, pour qu'ils fe foient fait une loi de l'adopter;* il ajoute, que *les auteurs du répertoire paroiffent avoir pris une marche différente, que leur procédé eft de tout examiner, de tout approfondir.*

Enfuite de ce ce début, l'écrivain rai-fonne ainfi : « Si le mariage fubféquent n'avoit la faveur de légitimer qu'au mo-ment où l'union devient légale & cano-nique, peut-être feroit-on fondé à fou-tenir que, l'enfant du premier lit fe trouvant légitime avant celui du fecond, ce dernier n'auroit point de droit de primogéniture à prétendre : mais, qu'on le remarque bien, le second mariage a un effet rétroactif au moment de la naissance même ; il en efface tous les vices : or, certainement tous les vices n'en seroient pas effacés, si l'on pouvoit encore en objecter à l'occasion du droit d'ainesse. Ainsi, dès qu'à l'ouverture d'une succession, les deux mariages ont un même caractere de légitimité, & qu'il n'y a plus de vices de naissance à leur opposer ; le plus âgé, comme il est dit dans le *Répertoire*, est incontestablement l'*ainé*. »

Un jurisconsulte du ressort du parlement de Toulouse, défend ainsi le système attaqué par celui de Rouen.

« C'est un principe reconnu, que le mariage subséquent légitime le bâtard, qu'il a un effet rétroactif au temps de la naissance, & que le bâtard, ainsi légitimé, est, par une fiction de droit, censé légitimé du moment qu'il a vu le jour.

De-là naissent deux sortes de légitimité, qui se réunissent sur la tête du légitimé, & qu'il faut distinguer avec soin.

L'une est celle dont le légitimé jouit depuis la célébration du mariage subséquent ; légitimité véritable, parfaite, qui ne differe en rien de celle dont jouissent les enfans nés durant le mariage : nous l'appellerons *légitimité réelle*.

L'autre est celle qui résulte de l'effet rétroactif, & dont le légitimé est réputé jouir depuis l'instant de sa naissance, jusqu'à celui de la célébration du mariage de ses pere & mere. Comme cette légitimité n'est que l'effet d'une fiction de droit, nous l'appellerons *légitimité feinte* ; car dans le fond elle n'a rien de réel que fictivement, & il n'en demeure pas moins vrai que le légitimé est né illégitime, & est resté tel jusqu'au mariage subséquent.

Cette distinction n'est pas prise chez les jurisconsultes, ni étayée d'autorités ; mais elle dérive de la nature même des

choses, & est fondée sur la raison ; au moyen de quoi elle ne peut être rejetée.

Cela posé, que répondra notre adversaire, qui ne peut disconvenir que, pour le droit d'*ainesse*, il faut le concours de deux choses, l'ancienneté de la naissance & celle de la légitimité ? Que répondra-t-il, quand on lui dira que, pour se fixer sur le droit d'*ainesse*, il faut compter les jours de la *légitimité réelle*, & non ceux de la *feinte* qui doit céder à la premiere ?

Que répondront encore les auteurs du *Répertoire universel*, qui prétendent que c'est une contradiction, d'accorder au mariage subséquent l'effet rétroactif de légitimer la naissance, & de lui refuser l'effet d'attribuer les droits qui, par leur nature, sont inséparables de cette même naissance ? Que répondront-ils, disons-nous, quand on leur dira que l'effet rétroactif du mariage subséquent, se borne nécessairement à feindre que le légitimé étoit légitime lors de sa naissance ; qu'il ne procure donc au légitimé qu'une *légitimité feinte*, relativement au temps qui a précédé le mariage, & qu'il n'y a aucune contradiction d'accorder au mariage subséquent l'effet rétroactif de légitimer fictivement l'instant même de la naissance, & de refuser à cette *légitimité feinte* l'avantage de prévaloir sur une *légitimité réelle*, parce que les fictions doivent céder à la vérité ?

Objecteront-ils l'autorité de Lebrun ? qui tient *que le droit d'ainesse n'est guere plus acquis durant la vie du pere, que le droit de succéder, &c.*

On répondra qu'il y a une différence extrême entre le droit d'*ainesse* & celui de succession ; que le premier est exclusif, & que le second ne l'est pas ; que d'ailleurs le droit de succession se regle par le temps de la mort du pere, temps auquel les deux fils sont également légitimes ; au lieu que le droit d'*ainesse* se regle par le temps de la naissance, temps où le légitimé n'étoit pas légitime ; que, même après le mariage subféquent, le fils légitimé n'eft que réputé avoir été légitimé au moment de fa naiffance, tandis que l'autre l'a été véritablement ; d'où il réfulte que Lebrun a eu tort d'affimiler le droit *d'aineffe* à celui de fucceffion, & de conclure de l'un à l'autre.

Si la légitimité, dont, en vertu du mariage subféquent, le légitimé eft réputé jouir depuis l'inftant de fa naiffance, & celle dont jouit, dans notre hypothefe, le fils du premier lit, étoient de même nature, les auteurs du *Répertoire universel* feroient fondés dans leur opinion, & le droit *d'aineffe* devroit demeurer au légitimé ; mais, dans le concours de deux légitimités, l'une *fictive*, l'autre *réelle*, la préférence eft évidemment due à la derniere.

Du refte, le droit *d'aineffe*, une fois acquis, eft irrévocable, & doit l'être, par les mêmes raifons qui ne permettent pas d'apporter le moindre changement aux claufes d'un contrat de mariage.

Lorfqu'il s'agit de faire une alliance, il n'eft pas douteux que la femme qui veut la contracter, & fa famille, font entrer dans leurs combinaifons les avantages que doit recueillir le premier mâle qui naîtra, foit en vertu de la coutume locale, foit en vertu de fubftitutions, &c. ... &c. ... Il n'eft donc pas jufte de laiffer au pere la liberté de révoquer, par un mariage subféquent, des avantages fur lefquels fa premiere femme & fa famille ont compté, &. ont été en droit de compter, pour le premier mâle à naître. Sans qu'il y ait eu des conventions expreffes, relatives à l'*aineffe* qui va de droit, les deux familles, lors du premier mariage, ont tacitement entendu fixer le droit *d'aineffe* : *fibi legem dixerunt*. Cette fixation ne doit plus être fujette à des variations, ni devenir révocable au gré de l'une des parties. On n'a introduit l'irrévocabilité des conventions portées par les contrats de mariage, que pour affurer le repos des familles, & prévenir

les défordres qu'y jetteroit la violation de ces mêmes conventions. La révocabilité du droit *d'aineffe* n'altéreroit pas moins la paix des familles, n'entraîneroit pas moins de défordres ; or, *ubi eadem ratio, idem jus, &c.* » ...

Nous avons extrait les opinions & leurs motifs, afin que chacun puiffe juger en grande connoiffance de caufe. A notre égard, nous nous bornons à dire avec Dumoulin, que le mariage subféquent ne fauroit enleve: à un tiers UN DROIT ACQUIS : *In eo primum RADICATUM eft jus primogenituræ, quod SEMEL QUÆSITUM NON AUFERTUR.* (Molinæus, *tit. 1*, de fiefs, § *13*, glof. *1*, n°. *35*, tom. *1*, pag. *237*, fub fin.)

4°. La coutume du Maine porte que l'*ainé* des héritiers roturiers & non nobles, ou ceux qui le repréfentent, ont un droit *d'aineffe*, qui confifte à prendre les deux tiers des fiefs, ou héritages, tombés en tierce foi, tant en ligne directe que collatérale ; & *s'il n'y a que filles, l'ainée* jouit du droit *d'aineffe*. (art. 238, 243, 273, 280, 283, 296.)

On demande fi le fils légitimé exclut la fille *ainée* d'un mariage contracté par fon pere entre fa naiffance & celui qui a opéré fa légitimation. C'eft à l'occafion de cette derniere queftion que s'éleva la difficulté dont nous venons de parler ; mais les jurifconfultes furent tous d'accord que le fils légitimé excluoit la fille *ainée* d'un mariage intermédiaire. Celle-ci n'avoit qu'une efpérance momentanée tant qu'elle n'auroit que des fœurs ; cette efpérance, qui fe feroit évanouie par la naiffance d'un mâle, a dû ceffer de même par la légitimation, qui eft une fiction de droit, qui affimilé l'exiftence du légitimé à celle des enfans légitimes. *Si, ftante mafculo legitimo, antiquior naturalis legitimetur, non habet jus primogenituræ ; quia erat præoccupatum per legitimè natum, & ei acquifitum. SI AUTEM ERANT TANTUM FILIÆ, SINE DUBIO ACQUIRERET JUS PRIMO-GENITURÆ, CUM NULLI ADHUC*

SIT QUÆSITUM. (Molinæus, *ibid.* n°. 36, tom. 1, pag. 238.)

5°. Dans le cas de la légitimation par l'effet de la bonne foi des époux, le droit d'*ainesse* a-t-il lieu ? Suppofons qu'un homme qui avoit déja une femme, en époufe une feconde qui ignore le premier mariage : fans doute, les enfans du fecond mariage font légitimes, parce que l'opinion d'un mariage folemnel & public, faifant croire à celui des conjoints qui eft dans la bonne foi, qu'il lui eft permis d'avoir des enfans, il feroit fouverainement injufte de punir l'ufage légitime du mariage, des mêmes peines que mérite une conjonction illicite & délibérée. Mais, fi la bonne foi fouftrait à la peine, peut-elle de même donner droit à la faveur ? L'*ainé* mâle du fecond mariage privera-t-il, l'*ainée* des filles du premier, des droits qu'elle auroit eu dans une coutume, où le droit d'*ainesse* eft attribué au fexe féminin, à défaut du mafculin ?

Balde décide que l'enfant légitimé par la bonne foi de l'un des conjoints, doit avoir, tous les avantages de l'enfant légitime, & par conféquent le droit d'*ainesse*, à l'égard des fiefs. (Baldus, *in cap. 1,* § *natur. Si de feud. fuer. contr. inter domin. & adgn. vaffal.*) Dumoulin paroît adopter cet avis dans fa cinquieme *Note fur le feptieme volume des confeils d'Alexandre Tartagny*, en difant que cette claufe *en faveur des defcendans par légitime mariage*, ne doit pas être interprétée rigoureufement, *mordicùs, judaïco more*; qu'ainfi elle ne peut exclure les enfans légitimés par le mariage fubféquent; fans quoi elle frapperoit auffi contre les enfans nés fous le voile du mariage, & légitimés par la bonne foi de l'un des conjoints; *alioquin fequeretur quòd hæc additio,* & *de legitimo matrimonio, excluderet natos in figurâ matrimonii, licèt fint legitimè nati propter bonam fidem alterius parentis.* (Molinæus, tom. 3, pag. 995.) Voyez *Foi (bonne), Mariage, &c.*

Faux ainé.

9. Michel Fery, officier du régiment d'Harcourt, abufant de la reffemblance qu'on lui trouvoit avec Claude de Verré, *ainé*, abfent depuis longues années, ofe prendre ce nom, & furprend la mere & le frere *puiné* de celui dont il va jouer le rôle. Il amene ce puiné dans fon régiment, en quartier dans la Normandie, & lui fait figner, comme fon frere, le contrat de mariage qu'il contracte avec la demoifelle Beauplé, fille d'un gentilhomme de cette province. Obligé de partir pour l'armée, il profite de cette circonftance pour tirer adroitement, de fon prétendu beau-frere, tous les renfeignemens capables d'augmenter de plus en plus l'illufion qu'il avoit faite à la dame de Verré, qu'il va bientôt rejoindre. Celle-ci, toujours plus féduite, cherche à le fixer auprès d'elle; & lui propofe un fecond mariage, qu'il confent à faire. Cependant le jeune Verré, qui avoit affifté au premier, en inftruit fa mere, qui fait des reproches à fon *ainé* fuppofé, à qui rien ne coute pour parvenir à fes fins. Il convient du premier lien; mais affure qu'il n'exifte plus, parce que la demoifelle Beauplé eft décédée : pour mieux couvrir fon impofture il en prend le deuil.

Le fecond mariage avec Anne Allard eft donc célébré : & il en naît deux enfans qui jouiffent affez long-temps de leur état; jufqu'à ce qu'enfin Fery, tourmenté par les remords d'une confcience alarmée du fouvenir de tant de crimes, difparoît; & cela, au moment, pour ainfi dire, que Claude de Verré revient fur la fcene & eft bientôt reconnu par toute fa famille.

Celui-ci, inftruit de tout ce qui s'eft paffé, rend plainte contre l'impofteur; &, après beaucoup de procédures, obtient fentence du lieutenant criminel de Poitiers, qui déclare Fery atteint & convaincu d'impoftures & de fuppofition; pour réparation de quoi, il eft condamné

à

à être pendu. Anne Allard en appelle, & l'inftance eft liée, tant entr'elle & fes enfans, que les deux fils de Verré & leur mere, & la demoifelle Beauplé, première époufe de Fery.

Chacune des deux époufes, en cherchant à fe faire donner la préférence, concouroit à foutenir la qualité qu'avoit leur époux, de fils *ainé* de la dame de Verré. Les enfans d'Anne Allard réclamoient fur-tout la légitimité de leur état, & difoient : « Une aïeule a marié notre pere pour fon fils *ainé*, & fon principal héritier, cependant elle ne le reconnoît plus : un impofteur fe publie fon fils, elle le croit dès-lors qu'il paroît. »

La mere & le fils *puiné* de Verré cherchent à fe fouftraire aux dommages & intérêts, qu'on réclame fubfidiairement contr'eux, pour avoir, par leur témoignage, donné lieu au mariage d'Anne Allard fur-tout. Celui-ci fe défend, & dit que c'étoit un malheur commun, qu'il n'étoit pas vraifemblable qu'il eût voulu fe donner un *ainé*, & fe réduire ainfi à la modique portion d'un cadet, s'il n'avoit pas été réellement perfuadé que cet impofteur étoit fon frere : celle-là foutient qu'elle eft affez infortunée d'avoir été la dupe d'une auffi étrange aventure. Elle expofe que « defireufe de trouver fon fils qu'elle chériffoit tendrement, fi elle avoit reconnu un impofteur, c'eft que, le defir qu'elle avoit de retrouver ce qu'elle avoit perdu, & fon amour maternel, lui avoient bandé les yeux. »

La cour, fur les conclufions de M. l'avocat-général Talon, mit les parties hors de cour, fur la plupart de leurs demandes ; adjugea, aux enfans de Magdeleine Allard, les biens acquis par Fery pendant fon fecond mariage, & condamna la dame de Verré, pour avoir figné au contrat de mariage de cet impofteur, au paiement de la fomme de 2000 liv. pour tous dommages & intérêts. (Defmaifons, *lett. I, arr.* 2, *pag.* 228, & *fuiv.*) Voyez *Adreffe*,

Aigrefin, *État*, *Impofteur*, *Mariage*, *Suppofition*, &c.

Enfans nés avant l'élévation du pere.

10. Le fouverain donne, à un feigneur de fon royaume, l'inveftiture d'un comté ou d'une baronnie, pour lui & fes enfans légitimes, avec prérogative d'*aineffe* : on demande fi cette inveftiture peut concerner le fils *ainé*, exiftant avant la grace accordée ? Suivant Dumoulin, il faut avec Zazius fe décider pour l'affirmative, & rejeter les diftinctions imaginées par Barthole, Balde, Dece, &c. (Molinæus, *ibid. Glof.* 2, *n°. 56, pag.* 243.)

Bodin propofe ainfi ces diftinctions : « Il y en a d'aucuns qui ont voulu adjuger les royaumes aux *puifnés*, fi les *aifnés* n'eftoient enfans de rois, comme il fut jugé pour Xerxès, qui fut déclaré roi contre Artabazan fon frere *ainé*, fils de Darius, auparavant que le royaume de Perfe lui efchût : en quoy il y avoit grande apparence, attendu que le royaume eftoit nouvellement tombé par fort à Darius ; mais fi le royaume eft vefnu par fucceffion des anceftres, il faut toujours que l'*ainé*, ou le plus proche de l'eftoc paternel fuccede. Et cette diftinction vuide la queftion faite au temps de Barthole, comme il dit en la loi *imperialis*, C. *de nuptiis*, lorfqu'on demandoit fi le fils de Philippe de Valois, né auparavant qu'il fuft roi de France feroit roi, ou bien le puifné qu'il avoit eu eftant roi ; combien que je trouve en nos hiftoires qu'il ne laiffa que Jean fon fils unique : mais cela eft advenu depuis fous Charles VII & François I, & n'a point efté révoqué en doute, attendu qu'il eftoit queftion d'un ancien royaume dévolu au plus profche du nom ; autrement le puifné, fils du roi, conquérant d'un nouveau royaume, feroit préféré. » (Bodin, en fa *République*, *liv.* 6, *pag. 992 de l'édit. de 1593, in-8°.*)

Nous n'avons pas befoin de remarquer que l'avis de Dumoulin & de Zazius, eft le feul raifonnable, & que la diftinction de Barthole & Bodin choque toutes les idées reçues.

Enfans inhabiles.

11. Le droit d'aineffe n'eft déféré à l'ainé qu'autant qu'il eft habile & capable de cet avantage. Dumoulin le décide ainfi ; & foutient que, non feulement le furieux, mais encore celui qui a toute autre incapacité, ne peuvent emporter le droit d'aineffe, qui paffe, en ce cas, au premier des puînés. *Si non fit furiofus, fed taliter inhabilis quòd non poteft venire ad fucceffionem ; procul dubio, fecundò genitus, five immediatè fequens filius, obtinet folidum & verum jus primogenituræ ; quia confuetudo loquens de primogenito, intelligitur de habili ad fuccedendum : & fic inhabilis non facit numerum, fed habetur pro mortuo vel nullo.* (Ibid. Glof. 1, n°. 17, pag. 234 & 235.)

C'eft d'après ce principe, que Charles III, actuellement roi d'Efpagne, lorfqu'il a quitté le trône de Naples, l'a laiffé à Ferdinand IV, fon troifieme fils ; emmenant avec lui, fon ainé, comme prince des Afturies ; & excluant du trône de Naples fon fecond fils, à caufe de fon incapacité, notoire, & qu'il a d'ailleurs fait conftater légalement par les grands & les tribunaux.

Cette incapacité doit donc être abfolue ; & on ne doit point regarder comme inhabiles à recueillir le droit d'aineffe, les enfans difformes & contrefaits. Ladiflas, roi de Hongrie, adopta Alme, fils puîné de Geyze ; & donna, à Coloman, fon frere ainé, un évêché, afin de lui ôter toute efpérance de parvenir au trône, auquel il ne lui paroiffoit pas deftiné par la nature, qui l'avoit fait petit, boiteux & begue. Ces précautions furent inutiles ; & après fa mort les Hongrois reconnurent Coloman pour leur roi, malgré tous les vices de fa conformation. *Colomanus ergo, ftaturâ brevis, linguâ blefus, & altero pede claudus, ab Hungaris in regium faftigium evectus eft.* (Ritius,

de regibus Hungariæ, lib. 2, pag. 73, édit. Frobenii 1517, in-4°.

Ceci conduit à examiner fi les prêtres peuvent fuccéder aux fiefs, comme aines.

En Allemagne, la bulle d'or exige que les fils aines des électeurs féculiers foient laïques, s'ils veulent fuccéder à l'électorat ; & cela, afin de ne pas augmenter le nombre des trois électeurs eccléfiaftiques. *Laïci effe debent, fæcularium electorum filii primogeniti ; fi electoralis fucceffionis capaces effe velint : ne fcilicet ecclefiafticorum numerus, qui ternario concludi debet, multiplicetur.* (Rumellinus, differt. 6, ad auream bullam, art. 11, pag. 137.)

En Italie, les conftitutions des fiefs des Lombards renferment l'exclufion des prêtres du droit d'aineffe. C'eft la difpofition de textes précis. (*Lib. 1, feud. tit. 6, § 3, lib. 2, tit. 26, § 4, verf. qui Clericus, & t.t. 36.*)

En France, on penfe que les prêtres font capables de fuccéder aux fiefs & autres biens, foit *ab inteftat*, foit par teftament : *Clerici poffunt uti jure primogenituræ ex ftatuto.* (Tiraquellus, ibid. quæft. 43, pag. 629.)

ARRÊT du parlement de Touloufe, du 15 février 1567, qui défere la fucceffion à un prêtre, dans le cas d'un contrat de mariage, par lequel l'*enfant moins habile à fuccéder* étoit appellé. (Maynard, liv. 9, chap. 54, tom. 2, pag. 399.)

ARRÊT du parlement de Paris, du 12 avril 1616, « par lequel un *aifné* ayant partagé également, ne penfant au droit d'*aifneffe* qui lui appartenoit, a été relevé du partage qu'il avoit fait efgalement avec fes freres, des biens de la fucceffion de fon pere, & a été reçu à prendre fur lefdits biens fon droit d'*aifneffe, fuivant les coutumes, encore qu'il fuft prêtre.* » (Montholon, arr. 125, pag. 274.)

Que dirons-nous d'une incapacité imaginaire & idéale ? Alphonfe X, roi de Caftille, voulut préférer fon fils

puiné, à fon fils *ainé*; parce que l'infpection des aftres lui avoit annoncé que
celui-ci feroit moins capable que celui-là,
de bien gouverner fon royaume. L'*ainé*,
dit Bodin, *tua le puiné, & fit mourir
le pere en prifon*. (*Ibid. pag.* 990.)
Voyez *Capacité, Démence, Difformité,
Prêtre, Succeffion, &c.*

Enfans défobéiffans & ingrats.

12. Dumoulin, après avoir décidé que
l'enfant défobéiffant, foit pendant la vie
de fon pere, foit même après fa mort
par exemple, pour n'avoir pas exécuté
fon teftament, rempli fes intentions, &c.
ne peut être privé du droit d'*aineffe*,
(*Tit. de fiefs. § 13, glof. 3, n°. 10,
tom. 1, pag.* 247) dit, que cette privation
auroit lieu contre l'enfant ingrat, c'eft-
à-dire, pour toute action qui donneroit lieu
à l'exhérédation & pourroit être envi-
fagée comme un crime. *Quamvis propter
fimplicem inobedientiam filius non priva-
retur. . . . Tamen propter hujufmodi
ingratitudinem, quæ cadit in delictum,
bené poterit privari.*

Cette décifion n'auroit point fon application; s'il s'agiffoit d'un trône, ou de
ces dignités qui ne font point déférées,
par droit de fucceffion, mais par celui
du fang ou de l'inveftiture; à moins qu'il
ne fût queftion d'un de ces crimes capitaux, (tels que le crime de lefe-majefté)
qui rendent le coupable infame, & vraiment incapable.

ARRÊT du parlement de Paris, rendu
en préfence de Charles VII & des pairs
du royaume, le 10 octobre 1458, qui
déclare, Jean II, duc d'Alençon, criminel
de lefe-majefté; &, comme tel, le prive
de l'honneur & dignité de pairie de
France; & le déclare, lui & fa poftérité,
déchu de toute prétention & de tout
droit à la couronne & royaume de France:
*Cum fuá pofteritate privatum omni fpe,
& jure futuro in fucceffione regni Franciæ.*
(*Ibid. n°. 12, pag.* 248.)......
Il faut obferver que Louis XI accorda
au duc d'Alençon des lettres de reftitu-

tion, le 11 octobre 1461, vérifiées par
ARRÊT du 27 mars fuivant. Ces lettres
ne furent cependant accordées que fous
certaines conditions, qui fervirent de
fondement à plufieurs procès intentés
depuis par le procureur-général de fa
majefté, tant contre ce duc que fa poftérité. (*fupplément à l'hiftoire d'Alençon,
par Gilles Bry, pag.* 1 & *fuiv.*) Voyez
Indigne, Lefe-majefté, Rébellion, &c.

Droit d'aineffe des filles.

13. Dans nos loix, les filles font confidérées comme *familiæ fuæ caput & finis*: elles
ne peuvent conferver l'éclat des familles;
elles perdent jufqu'à leur nom, pour prendre celui des familles dans lefquelles elles
entrent. Les motifs, qui ont déterminé
l'établiffement du droit d'*aineffe* dans nos
pays de coutume, devoient donc ceffer à
l'égard des filles. C'eft donc une inconféquence dans les difpofitions des coutumes; qui, non contentes de ce droit
d'*aineffe* modéré qui pourroit être toléré
par les raifons, que nous avons données
(*n°.* 5,) & qui font communes aux
deux fexes, ont attribué aux filles,
à défaut des mâles, les mêmes droits
qu'aux *ainés* de ceux-ci, ou du moins
une grande partie de ces droits.

On ne peut, à cet égard, fe difpenfer
de convenir que les établiffemens de
Saint-Louis, (*liv.* 1, *chap.* 9,) ont
ouvert la porte aux abus, ou les ont
entretenus. « Gentishons, fe il n'i que
filles, tout autretent prendra l'une comme
l'autre; més l'*aifnée* aura *les héritages en
avantage, & un coq, fe i li eft*, & fe
il n'i eft V f. de rente, & guerra aux
autres parage. »

La coutume de Paris doit être mife à
la tête, de celles qui rejettent le droit
d'*aineffe* à l'égard des filles. L'*art.* 19
veut qu'elles partagent entr'elles également les fiefs & terres nobles, comme
les immeubles roturiers: cependant la
difpofition de cet article ceffe; lorfque
les filles viennent, à la fucceffion de leur
aïeul, par repréfentation de leur pere

qui étoit l'*ainé* : alors, aux termes de l'*art.* 324, elles prennent le droit d'*ainesse*, comme leur pere l'auroit pris ; mais fans droit d'*ainesse* entr'elles. Celle de Melun est conforme à celle de Paris, dans la disposition principale, suivant l'*art.* 97, ainsi que dans l'exception à la forme de l'*art.* 94 ; avec cette différence cependant, que la fille de l'*ainé* prédécédé ne représente point son pere, au droit d'*ainesse*, si elle a des oncles *puinés* de son pere.

On ne doit pas s'attendre que nous allions pénétrer & disséquer les dispositions des coutumes, qui ont rejeté le droit d'*ainesse* pour les filles, telles que Paris & Melun ; & celles qui le leur ont accordé. Si on vouloit, à cet égard, faire connoître leurs nuances & leurs distinctions, cet article exigeroit un volume entier. Nous allons donc nous borner à une nomenclature, qui ne sera pas même générale ; mais qui renfermera les coutumes principales, qui, en général, ont rejeté ou accordé un droit d'*ainesse*.

Dans le nombre de celles-ci on trouve : Auvergne, *tit.* 12, *art.* 52 ; Auxerre, *art.* 58 ; Bar, *art.* 116 ; Blois, *art.* 14 ; Bourbonnois, *art.* 304 ; Calais, *art.* 19 ; Chablis, *chap.* 17, *art.* 4 ; Châlons, *art.* 156 ; Chartres, *art.* 6 ; Châteauneuf, *art.* 6 ; Chaumont, *art.* 8 ; Coucy, *art.* 7 ; Dourdan, *art.* 8 ; Dreux, *art.* 4 ; Étampes, *art.* 10 ; Laon, *art.* 153 ; Mantes, *art.* 45 ; la Marche, *art.* 213 ; Meaux, *art.* 163 ; Montargis, *tit.* 1, *art.* 25 ; Montfort, *art.* 104 ; le Perche *art.* 150 ; Rhêims, *art.* 42 ; St. Agnan, *art.* 17 ; Sedan, *art.* 165 ; Senlis, *art.* 132 ; Sens, *art.* 103 ; St. Mihiel, *tit.* 5, *art.* 8 ; Troyes, *art.* 14 ; Valois, *art.* 59 ; Vermandois, *art.* 153 ; Vitry, *art.* 58.

Ces deux dernieres coutumes, ainsi que toutes les autres de la province de Champagne, paroissent contredire, dans leurs dispositions, le droit d'une célebre charte, donnée, du consentement des barons & grands vassaux, par la reine Blanche, en 1212, & rapportée par Pithou, sur la fin de l'*art.* 14, de la coutume de Troyes : cette charte introduisoit le droit d'*ainesse* entre filles. Mais, comme le remarquent, Buridan, sur Vermandois, *(pag.* 372 *du tom.* 1, *du recueil des comment. de cette coutum.)* & le Grand, *(tom.* 1, *pag.* 51,) Thibaut, Comte de Champagne, dans sa charte de 1220, (postérieure par conséquent à celle de la reine Blanche,) ne parle que des fils & non des filles. Ainsi on peut dire que cette derniere loi, qui a sans doute déterminé les rédacteurs des coutumes de la province, doit y assurer irrévocablement l'exclusion des filles, du droit d'*ainesse*.

Dans le nombre des coutumes qui ont admis le droit d'*ainesse*, à l'égard des filles, on peut compter : Amiens, *art.* 72 ; Angoumois, *art.* 87 ; Anjou, *art.* 227 ; Artois, *art.* 97 ; Boulenois, *art.* 66 ; Bourdeaux, *art.* 76 ; Chauni, *art.* 52 ; Loudunois, *tit.* 27, *art.* 16 ; le Maine, *art.* 243 ; Poitou, *art.* 295 ; Ribemont, *art.* 59 ; la Rochelle, *art.* 54 ; Saint-Quentin, *art.* 33 ; Touraine, *art.* 273 ; Xaintonge, au ressort de Saint-Jean-d'Angely, *art.* 94, & dans l'usance, *art.* 57 ; enfin Clermont en Beauvoisis, *art.* 83. Dans cette derniere, où les fils *ainés* ont un chef-lieu, & les deux parts des fiefs ; la fille *ainée* emporte seulement, hors part, un chef-lieu.

En deux mots, le principe général est que, les filles n'ont le droit d'*ainesse* qu'autant qu'il leur est textuellement accordé par la coutume. Il n'est point favorable en leur personne, parce qu'elles portent les biens dans des familles étrangeres.

ARRÊT du parlement de Paris, du mois de juin 1563, qui déboute une fille de sa prétention au droit d'*ainesse* ; malgré la déclaration, insérée, par le pere qui vouloit la marier dans une maison distinguée, dans son contrat de mariage, qu'il vouloit que sa fille lui succédât, avec la prérogative d'*ainesse*, comme si c'étoit un fils. La cour, après partage, se décida sur ce motif : *Ce seroit intro-duire une fiction directement contraire à la coutume.* (Bouchel & Bechefer, *tom. 1, pag. 108, colon. 1.*)

Fille qui cesse d'être ainée.

14. Charondas, (*Réponf. 55, liv. 10, pag. 504,*) dit qu'il a été consulté sur un fait qu'il appelle *estrange, fantastique, & comme miraculeux :* il est du moins très-singulier. Dans le ressort d'une coutume, qui attribue les fiefs & les terres de dignité à l'*ainé*, & à son défaut, à l'*ainée*, un frere laisse deux sœurs, & une succession immense que l'*ainée* recueille, pour ainsi dire, en entier. « Advient que ladite sœur puînée, qui avoit tou-jours été réputée fille, ayant atteint l'âge de quatorze à quinze ans, que les fluurs & menstrues commencent aux femmes, sent sortir avec force & violence un membre viril, qui la change de femelle en mâle. » Après plusieurs rapports des matrônes & médecins, le nouveau mâle prend le nom de *Charles*, au lieu de celui de *Charlotte;* & son tuteur réclame pour lui les fiefs & terres de dignité dont sa sœur s'étoit emparée.

Celle-ci défend sa possession; & sou-tient qu'un événement, postérieur à l'ou-verture de la succession, ne peut rien déranger dans l'ordre qui se trouve établi, & ne sauroit lui enlever un droit acquis : *Jus heredis, eo maximè tempore, inspi-ciendum est, quo acquirit hereditatem.* § 4, *I. de hered. qual. & dif.* — *id quod nostrum est, sine facto nostro ad alium transferri non potest. L. 11, D. de reg. juris.*

Charondas répond pour Charles, que sa sœur invoque des regles qui ne reçoi-vent point leur application à l'espece. La capacité supposée de la sœur, à l'époque de l'ouverture de la succession, a toujours été subordonnée à cette condition tacite, qu'elle ne succédoit, que parce qu'il n'y avoit point de mâle : or, puisqu'il y avoit un mâle, à qui la coutume déféroit le droit d'*ainesse*, (quoique sa virilité ne

fût point encore manifestée,) la condi-tion n'étoit pas remplie; elle ne pouvoit donc succéder. *Non enim patet locus fœminæ in feudi successione, donec mas-culus superest.... Feud. lib. 2, tit. 17, de eo qui sibi vel hered. suis masc. & fem. &c. Cap. unic.* — *Cùm maritus posthumum heredem scribit, non utique is solus scriptus videtur, qui ex eâ quam habet uxorem ei natus est, vel is qui tunc in utero est; verùm is quoque, qui ex quâ-cumque uxore nascatur; l. 4, D. de liber. & posth....* Nos lecteurs seront comme nous, sans doute, de l'avis de Charondas. Voyez *Hermaphrodite, &c.*

Ascendans.

15. Brodeau, sur l'*art. 13*, de la coutume de Paris, (*tom. 1, pag. 115, n°. 1,*) dit, d'après Dumoulin, que « le droit d'*ainesse*, entre mâles, n'a lieu qu'en la succession directe des *ascen-dans*, qui sont les pere, mere, aïeul & aïeule; & non entre les mêmes pere, mere, aïeul & aïeule, qui succedent à leurs enfans ou petits - enfans décédés sans enfans. » Voyez *Accroissement, pag. 170, colon. 2; Acquêt, pag. 574, colon. 2, & 595, colon. 2; & encore Ascendant, Aïeul, &c.*

Droits honorifiques.

16. Après avoir fait connoître l'ori-gine & les progrès du droit d'*ainesse*, & parlé de ceux qui peuvent le réclamer; il faut montrer quels sont les objets sur lesquels il peut s'appliquer : ils sont honorifiques, ou utiles.

Et d'abord, en ce qui concerne les *droits honorifiques* de l'*ainé*, nous avons déja dit quelque chose des armoiries, (*n°. 3;*) & du patronage, litres, &c. (*n°. 4.*) Ajoutons qu'il doit avoir le titre de seigneur. Ce sont les disposi-tions de l'*art. 14*, de la coutume de Troyes : *Et aussi lui appartient le nom de seigneur, le cri & les armes.* Ce sont celles des *art. 201 & 203* de la cout. de Sens; de l'*art. 8* de celle de Chaumont en Baffigny : ce font celles de l'ARRÊT de réglement du parlement de Paris, du 22 juin 1641, déja cité (n°. 4.) Il ftatue que, quand une terre a été divifée, l'*ainé* retient la qualité entiere & abfolue de feigneur, fauf aux puinés à prendre celle de feigneur en partie ; ce qui a auffi lieu à l'égard de leurs acquéreurs refpectifs : ce font enfin celles d'un ARRÊT de la même cour, du 26 février 1661, inféré au journal des audiences, (*tom. 2, liv. 1, chap. 9, pag. 22.*)

Le *cri* que nous venons de voir, attribué à l'*ainé* par les coutumes de Troyes, de Sens & de Chaumont, n'eft autre chofe que la devife ; comme *Mont-joie, Saint-Denis*, pour la France ; *Royaux*, pour l'Angleterre ; *paffe-avant lon meillor*, pour la Champagne : on diftinguoit le cri militaire ; & celui de juftice, des foires & marchés. Gouffet, fur l'*art.* cité de Chaumont, dit que c'eft le premier, qui eft attribué exclufivement à l'*ainé*. Voyez, fur le *cri* ou *devife*, ces mots ; & les differtations 11 & 12 de Ducange fur Joinville.

Le dépôt des titres de la famille doit être fait chez l'*ainé* ; & le Grand, fur Troyes, (*tom. 1, pag. 51*,) dit de même que « la fille de l'*ainé* doit avoir la garde des papiers, titres & enfeignemens de la maifon, fous une clef, qui fera faite double, tout ainfi que fon pere eût été préféré pour les chofes fufdites & femblables. » Les *art. 351 & 352*, de la coutume de Normandie, donnent à l'*ainé* la *faifine des lettres, meubles, écritures, avant qu'en faire partage aux autres puinés* ; mais il doit en faire inventaire en leur préfence, & les remettre au plus jeune d'entr'eux *pour en faire lots & partages*.

La prérogative, que la coutume donne ici à l'*ainé*, concerne, un *ainé* capable & prudent, & non un prodigue & un débauché, dit Bafnage, (*tom. 1, pag. 580.*) Ainfi un ARRÊT du parlement de Rouen, du 2 août 1659, ordonna, dans le cas

d'un *ainé*, féparé de biens, décreté & emprifonné pour dettes, qu'il feroit fait une affemblée de créanciers pour convenir d'un dépofitaire folvable. Un autre ARRÊT de la même cour, du 19 janvier 1652, fur la plainte, du puiné, des violences de fon *ainé*, & du peu de fûreté qu'il y auroit pour lui d'aller dans fa maifon, ordonna le dépôt au greffe. Troifieme ARRÊT conforme du 24 février 1652.

Ces difpofitions coutumieres fur la préférence due à l'*ainé*, pour la garde des papiers communs ; & les préjugés qui y ont dérogé dans les circonftances qui paroiffoient l'exiger, font conformes aux loix romaines : *Si de tabulis teftamenti deponendis agatur, & dubitetur cui eas deponi oportet : femper SENIOREM JUNIORE, & amplioris honoris inferiore, & marem fœminæ.... præferemus. L. ult. D. de fide inftrum.... De inftrumentis quæ communia fratrem veftrum tenere proponitis, rector provinciæ aditus, apud quem hæc collocari debeant, exiftimabit. L. 5, C. commun. utr. jud.*

L'*ainé* doit avoir encore les portraits de famille, & les manufcrits d'un pere favant. La coutume de Bretagne, (*art. 586*) dit encore, qu'en ce cas il doit avoir *les livres principaux de la profeffion du décédé*. M. Perchambault, fur cet article, donnoit à l'avocat les livres de droit, en général & fans limitation ; il n'exceptoit que les livres d'hiftoire. Mais, fuivant M. Poulain, (*tom. 3, pag. 629, note B,*) « ce fentiment n'eft point fuivi, comme étant contraire aux mots de la coutume, *les livres principaux de la profeffion* : ce qui fuppofe uniquement les livres néceffaires, comme d'Argentré l'infinue, par les exemples qu'il donne. Outre que tout préciput doit être étroitement limité aux bornes que lui donne la loi ; les mots de l'article prouvent que les autres livres de la profeffion ne tombent point dans le préciput ». .... Comment fe décider entre M. Perchambault & M. Poulain ? *Quels font les principaux livres de la profeffion* d'avocat ? L'hiftoire eft-elle étrangere à la jurisprudence ? *Voyez Avocat, Bibliotheque, Histoire, Jurisprudence, Magistrat.*

Une des prérogatives les plus remarquables de l'aîné, est celle-ci, dans l'ancienne coutume de Normandie, (*chap. 35, des aides, Chevel.*) « L'aînsné a telle dignité sur ses *puisnés*, qu'ils lui doibvent porter *honneur & révérence*, & ne lui doibvent dire ne faire injure ou villenie, ne à son aînsné fils, ne à sa femme. ».... Fort bien : mais ce qui suit ! « Et se il les accuse de ce, ils sont tenus à respondre en sa cour. ».... Voilà que la féodalité éleve pour l'*aîné* un tribunal, comme celui du pere de famille à Rome ! Cela est-il juste ! *Voyez Famille.*

Aîné lotit, puîné choisit.

17. L'esprit de cette loi coutumiere est dans la Genese : Abraham forcé de se séparer de Lot, lui laisse le choix, après avoir fait le partage : *Si ad sinistram ieris, ego dexteram tenebo : si tu dextram elegeris, ego ad sinistram pergam.* (*XII. 9.*) Même décision dans le concile d'Afrique en 1402, qui prescrivit ainsi le partage entre deux évêques : *Ille dividat, qui ampliùs temporis in episcopatu habet ; & minor eligat.* (*Cap. 1, tit. 29, lib. 3, decretal.*)

Même idée dans Seneque : *Major frater patrimonium dividat, minor eligat ; lex jubet majorem dividere, minorem eligere.* (*Controvers. lib. 6, cap. 3.*)

Cependant, quelque sensée que paroisse l'introduction de la regle coutumiere, elle n'a pas été suivie dans toutes les coutumes du royaume. Si on la trouve dans les dispositions de l'*art. 223* de celle de la Marche, & de l'*art. 271* de celle de Touraine ; celles de Normandie & du grand Perche, en ont de parfaitement différentes.

En effet, 1°. celle de Normandie détermine, dans les art. *353 & 354*, que le puîné doit y faire les lots, & que chacun des freres en son rang est reçu à les blamer avant qu'être contraint de choisir.

2°. Les dispositions de la coutume du grand Perche, sont plus compliquées : *art. 162*, « entre nobles en succession directe, tous les puinés ensemble font deux lots, & l'aîné choisit. » *Art. 163*, « en toutes autres successions & partages, le plus jeune fait les lots, & l'*aîné* choisit, & après l'*aîné* les puinés, selon leur âge & antiquité ; & précédent les mâles, la femelle à choisir, encore que ladite femelle fût aînée, laquelle pour faire ledit partage, est toujours estimée puînée ; de sorte qu'encore qu'elle soit la plus âgée, est tenue & chargée de faire les lots & partages : & s'il y a plusieurs filles, la plus jeune d'icelles doit faire lesdits lots & partages. »

En Anjou, l'*art. 277* de la coutume, veut qu'*en succession noble, l'aîné qui a les deux tiers, compose le tiers dû à ses cadets.* Si les puinés ne veulent pas s'en tenir à la fixation de l'aîné, & refusent d'accepter le tiers qu'il a réglé, ils ont droit de diviser en deux portions égales les deux tiers que l'*aîné* s'étoit réservés, & alors celui-ci choisira un de ces deux tiers. Entre roturiers, l'*art. 279* porte, que le plus âgé des enfans doit faire les lots, & que le plus jeune de tous choisit, & après lui celui qui le précede, & ainsi en remontant à l'aîné, qui a fait les lots, & qui, par conséquent, n'a point de choix. Les art. *293 & 295*, de la coutume du Maine, sont conformes, d'après la marche ordinaire des rédacteurs des deux coutumes.

C'en est assez sur ces dispositions coutumieres, si contradictoires, si différentes ; rendons compte de la jurisprudence.

ARRÊT du parlement de Toulouse du 15 février 1582. Accord des parties de diviser par experts : ceux-ci ayant divisé, la plus jeune prétend choisir la premiere, & invoque le texte du droit canon, ci-dessus cité ; le premier juge & le sénéchal de Touloufe ordonnent qu'on procédera par la voie du fort. Sur l'appel, la cour confirme. (La Roche – Flavin, *liv. 6, tit. 37, art. 3, pag. 416 & 417.*)

ARRÊT du parlement de Touloufe, de l'année 1607. « Quand tous les enfans, freres ou héritiers, font pupilles, ou moindres de vingt-cinq ans ; ou quand le plus vieux n'eft verfé & expérimenté aux affaires du monde ; l'on n'obferve point la *pratique*, que le vieux faffe la divifion & le moindre choififfe, ains fut dit qu'il feroit procédé à la divifion des biens contentieux, par experts. » (*Ibid. art. 3.*)

ARRÊT du parlement de Rouen, du 22 février 1611, qui juge que l'*ainé*, avant que de faire fon choix, doit avoir un délai pour examiner l'*eftime & enfeignemens.* Le premier juge avoit ordonné « qu'il procéderoit dans le jour à la choifie de l'un des lots, à lui préfentés en jugement, fans lui être fait communication des lots & efcritures. » (Berault, fur l'*art. 354 de la cout. de Normandie, pag. 368.*)

ARRÊT du parlement de Rouen, du 5 mai 1651. . . . *Efpece.* Il s'agit de procéder au partage des biens du fieur Boutin, entre fes deux filles. Le fieur d'Aigneaux, mari de la puînée, met le fief de Victot dans un lot, & les rotures, dans l'autre de bien moindre valeur. Il eft dirigé, dans cette inégalité, parce qu'il fent que le fieur de Villerville, mari en fecondes noces de la demoifelle Boutin, *ainée*, ne choifira point le noble qui appartiendroit aux enfans du premier lit de fa femme, & qu'ainfi il lui demeurera. Le fieur de Villerville s'appercevant de la rufe, & auffi fin, ceda fes droits au fieur de Loncaunay, qui déclara prendre le fief. Dans cet état le fieur d'Aigneaux voulant augmenter le fecond lot, le fieur de Villerville, & le fieur de Loncaunay s'y oppofent. L'affaire portée en la cour ; ceux-ci foutiennent, que les chofes ne font plus entieres ; que, l'option étant confommée,

celui-là n'a plus la liberté de rien changer aux lots : ils obfervent, d'ailleurs, qu'ayant eu l'intention de tromper, il eft non recevable à l'entérinement des lettres de refcifion qu'il a obtenues, parce que la juftice doit venir au fecours de ceux qui font trompés, & non de ceux qui veulent tromper : *Deceptis non decipientibus jura fubveniunt.* Le fieur d'Aigneaux invoque l'ufage de la province, attefté par tous les auteurs, qui décident qu'*un cohéritier, après que fes autres cohéritiers ont approuvé les lots qu'il leur a préfentés, peut les augmenter ou diminuer.* Il ajoute que, la reftitution ayant lieu par la léfion du quart, un puîné, tombé dans une erreur totale, devoit être admis à réformer les lots. Cette erreur étoit telle, & emportoit une fi grande léfion, qu'il offroit quarante mille livres de retour fur le lot des rotures, fi on vouloit lui céder celui du fief. La cour ordonna que le fieur de Villerville chargeroit fon lot, du fief de Victot de quarante mille livres, envers l'autre lot, fi mieux il n'aimoit quitter fon lot au fieur d'Aigneaux, conformément à fes offres ; laquelle option feroit faite dans la quinzaine, ou qu'à fon refus il feroit procédé à nouveaux partages. (Bafnage, *tom. 1, pag. 581 & 582.*)... Le fieur d'Aigneaux, n'auroit-il pas mérité que la cour lui fit quelque correction ? ne devoit-il pas être au moins noté ? &c. Voyez *Adreffe, pag. 141, fin de la premiere colon.* & *Aléatoire, Arbitre, Cohéritier, Dol, Experts, Fineffe, Léfion, Licitation, Lot, Partage, Refcifion, Rufe, Sort, &c.*

Droits utiles.

18. L'*ainé*, dans la plupart des coutumes, a un préciput, c'eft-à-dire, le droit de prélever, fur certaines efpeces de biens, ou le principal manoir, ou le vol de chapon, ou tel autre objet déterminé. Il partage enfuite le refte des mêmes biens, foit également, foit en y prenant une portion avantageufe. Diftinguons donc

donc exactement ce que plusieurs auteurs ont confondu d'après l'obscurité des textes des coutumes, & disons que le préciput n'est pas la portion avantageuse. Le préciput, suivant son étymologie latine *præ-captum*, c'est-à-dire, *pris avant*, appartient à l'*aîné* qui le distrait de la masse des biens, & le *prend avant* tout partage. La portion avantageuse, est celle que les coutumes attribuent à l'*aîné* dans le partage, & après le prélevement du préciput ; portion, qui est du tiers, de la moitié, des deux tiers, &c. suivant les différentes dispositions de ces coutumes.

Ces droits à un préciput, à une portion avantageuse plus ou moins considérables, pourroient n'être pas d'une certaine *utilité*, si on pouvoit les diminuer au gré du caprice, ou du besoin, soit par des dispositions gratuites, soit par des aliénations frauduleuses ; il a donc fallu établir des regles pour empêcher de porter atteinte à ces droits. Il a fallu de même, en établir pour prévenir les effets des cessions, renonciations, & consentemens, préjudiciables, qu'on pourroit surprendre à un *aîné* sans expérience.

Par ce simple apperçu, des *droits utiles* afférens à un *aîné*, l'on sent combien les détails seroient immenses, si on vouloit traiter tout ce qui y est relatif dans près de quatre cents coutumes. On s'exposeroit d'ailleurs à des répétitions, soit sur ce qui a été déja dit sous les mots *Accins & Préclôtures, Accroissement*, n°. 5 ; *Acquêt*, n°. 6 ; soit sur ce qu'il faut dire en suivant la marche naturelle des articles, sous les mots *Arpent, Capdeulh, Chemier, Chezé, Communauté, Contribution, Démembrement, Depié, Dettes, Dévolution, Donation, Douaire, Empirer, Fief, Frarescheux, Frérage, Gardenoble, Gariment, Héritier, Juveigneur, Hommage, Légitime, Manoir, Mariage, Noble, Parage, Partage, Partmettant, Part-prenant, Préciput, Préclôture, Primogéniture, Propres, Puîné,*

Tome III.

Quart-hommage, Quint (Datif, Naturel, Viager,) Rachat, Récompense, Réméré, Renonciation, Représentation, Réserves coutumieres, Retrait lignager, Roture, Succession, Tenure, Testament, Tierce-foi, Vol du chapon, &c.

Voici notre tâche : parcourir suivant l'ordre alphabétique les principales coutumes qui contiennent des objets saillans, & en expliquer les dispositions, tant par quelques réflexions tirées des principes généraux sur la matiere, que par l'analyse de la jurisprudence : terminer par quelques considérations qui formeront un rapprochement de ce qu'il faut savoir de plus essentiel, relativement au droit d'*ainesse*.

Acqs, Saint-Sever, Sole, Labour.

19. A Acqs : *Ès maisons nobles, vulgairement dits héritages* GENTIOUX, le fils *aîné* succede universellement à ses pere & mere décédés *ab intestat*, tant dans les biens *avitins*, qu'*acquêts*, sous la simple condition d'*apportionner* ses freres & sœurs. S'ils sont trois, l'*aîné* doit leur donner la *tierce partie* des héritages nobles, ou leur en payer la valeur, à son choix ; & il ne leur en doit que la moitié, s'ils ne sont que deux : l'*apportionnement* doit être délivré après la déduction des dettes & frais funéraires ; & s'il consiste en héritages, l'*aîné* à la faculté perpétuelle de rachat : il le reprend, même après le décès de ses freres ou sœurs sans enfans, s'il n'a point été aliéné *à titre non lucratif*. A défaut de mâles, l'*ainée* des filles a ces mêmes droits. S'il y a des enfans de plusieurs mariages, on divise en autant de portions qu'il y a de mariages, & l'*aîné* ou *ainée* de chaçun de ces mariages, succedent universellement dans cette portion *contingente*, sous la réserve néanmoins d'un préciput pour l'*aîné* du premier mariage : ce préciput s'appelle *Capdeulh.* (*Art. 1, 2, 3, 4, 6, 7 & 8, du tit. 2.*)

La coutume de Saint-Sever divise de la même maniere les biens de celui qui a eu des enfans de deux mariages, *mais sans diſtinction de nobles ou de roturiers, quant à la perſonne & quant aux biens;* & elle réſerve auſſi le *capdeulh* à l'aîné du premier mariage. (*Art. 26, du tit. 12.*)

Les coutumes de Sole, *tit. 27, art. 2*, & de Labour, *tit. 12, art. 2*, attribuent la totalité des biens nobles, & même des propres roturiers à l'aîné, en partageant également les acquêts roturiers : « mais s'il y a enfans de divers mariages, & du premier n'y a que filles; la fille *aiſnée* du premier mariage ſuccede, & exclut tous les enfans des autres mariages, poſé qu'il y en ait de maſles. »... Voilà certainement une diſpoſition bien bizarre, & parfaitement oppoſée aux motifs qui ont déterminé l'introduction du droit d'*aineſſe*.

Dans quelques lieux du reſſort de la coutume d'Acqs, tels que Marenſin, Capbreton, &c. les biens ruraux ſont partagés également entre tous les enfans, ſans diſtinction de ſexe. Dans ce cas d'égalité de partage, l'*aîné* majeur eſt *ſeigneur & maître* des puînés, pendant qu'ils ſont ſous ſa charge; & ce qu'il adminiſtre & vend comme un bon pere de famille, *vaut & tient au profit & dommage de tous*, juſqu'à ce qu'il ſoit requis de procéder au partage. Quand l'*aîné* n'eſt *ſeigneur & maître*, & que les puînés ont un domicile & une *bourſe à part*, l'*aîné* ne peut rien vendre; mais il ne rapporte point les fruits qu'il a pu percevoir juſqu'à la requiſition du partage. *(Art. 13 du tit. 2; & 6 & 9 du tit. 3, de la coutume d'Acqs.)*... Nous trouvons dans ces dernieres diſpoſitions une certaine ſageſſe. L'*aîné*, chargé de l'éducation de ſes freres, a les embarras & les ſoins d'un pere; il doit avoir une indemnité pendant leur durée.

Amiens, Péronne-Roye & Mont-Didier, Boulonnois, Chauni.

20. L'*art. 71 de la Coutume d'Amiens* attribue à l'*aîné* les héritages féodaux que poſſédoit le défunt au jour de ſon trépas, à la charge d'un quint naturel, diviſible entre les autres enfans.

ARRÊT du parlement de Paris, du 2 janvier 1623, qui juge qu'il n'eſt pas permis à un pere d'ordonner par ſon teſtament un partage égal entre tous ſes enfans, de ſes meubles, acquêts & conquêts immeubles, au préjudice du droit d'*aineſſe* dans les acquêts en fiefs. Les puînés invoquerent l'*art. 57*, qui permet à toutes perſonnes de diſpoſer par teſtament de tous leurs *meubles, acquêts & conquêts immeubles*, & défend la diſpoſition des *propres féodaux ou cottiers* au-delà du quint. Ils diſoient que d'un côté, l'expreſſion générale & indéfinie *acquêts & conquêts immeubles*, dans la clauſe de *liberté*; & de l'autre, la limitation des *propres féodaux ou cottiers*, dans la clauſe de prohibition, annonçoient clairement l'intention du rédacteur, de laiſſer la libre diſpoſition des *fiefs acquêts*, & de ne prohiber que celle des *fiefs propres*. La cour, en infirmant la ſentence du bailli d'Amiens, ſe détermina ſur ce motif : « la loi du droit d'*aineſſe*, qui affecte par préciput & avantage ſingulier tous les fiefs aux *aînés*, ne peut être reſtreinte par extenſion d'un article de coutume qui n'en parle nullement, & lequel, par conſéquent, doit être eſtimé avoir plutôt laiſſé un droit favorable en ſon entier, & dans ſes regles générales, que l'avoir reſtreint. » (*Journ. des Audiences, tom. 1, liv. 1, chap. 1, pag. 1.*)

Nous avons expliqué l'*art. 81 de la Coutume d'Amiens*, qui diſpoſe que la part des puînés qui s'abſtiennent d'appréhender le quint, ou qui l'ayant appréhendé décedent ſans enfans & ſans en avoir diſpoſé, accroît aux autres puînés, & non à l'*aîné*. Nous avons fait voir que la juriſprudence avoit déterminé la même regle, tant pour les autres coutumes de Picardie, qui ont parlé de l'accroiſſement excluſif du quint, telles que Péronne-Roye & Mont-Didier, que pour celles de Chauni & Boulonnois, qui n'en ont rien dit. Voyez *Accroiſſement*, pag. *92, 93 & 94.*

Nous traiterons les autres queſtions relatives au *quint* ſous *ce mot* : obſervons ſeulement que, des ſeize coutumes qui renferment des diſpoſitions à cet égard, onze prononcent que le quint naturel eſt *héréditaire*, & par conſéquent le déferent aux puînés en toute propriété; tandis que les cinq autres le déclarent ſimplement *viager*, & le bornent par conſéquent à un ſimple droit d'uſufruit. Les premieres ſont celles, d'Artois, de la Châtellenie de Lille, de la gouvernance de Douay, de la Châtellenie de Bailleul, de Caſſel, de Tournai, d'Amiens, de Péronne-Roye & Mont-Didier, de Montreuil, de Chauni & Boulonnois; les ſecondes ſont celles, de Ribemont, de Coucy, de Noyon, de St. Quentin, & de Ponthieu.

ARRÊT du parlement de Paris, du 3 juin 1688, qui juge que l'*ainé* noble, dans la coutume de Péronne, &c. emportant les quatre quints des fiefs par préciput, doit contribuer aux dettes de l'hérédité, à proportion de l'émolument qu'il en reçoit : l'*ainé* ſoutenoit que le droit d'*aineſſe* lui appartenoit à titre de prélegs ; on lui répondoit que, ne pouvant l'avoir qu'en acceptant la ſucceſſion, il en réſultoit que c'étoit une portion héréditaire, & non un prélegs. On ajoutoit, « le droit d'*aineſſe* n'eſt qu'une maniere de partager inégale & avantageuſe pour les *ainés*; mais ce n'eſt toujours qu'un véritable partage ſujet aux loix & aux conditions de tous les autres partages. Toute la différence qu'il y a entre le partage des fiefs & celui des autres biens, c'eſt que l'*ainé* y a pluſieurs parts, & qu'il y entre, ſi l'on peut ainſi dire, pour pluſieurs têtes; donc, puiſqu'il eſt de la nature du partage, que chacun des co-partageans contribue aux dettes, à proportion de l'émolument; quelle raiſon y auroit-il, pour tirer de la regle commune ces partages qui ſe font

entre un *ainé* & ſes cadets, & pour exempter de la contribution aux dettes, une partie des biens qu'il prend à titre d'héritier? » Tiraqueau de même a dit : *Primogenitum teneri ad ſolvenda debita patris pro portione quam conſequitur jure primogeniturœ, nempè qui eam conſequatur tanquàm heres.* (Queſt. 35, n°. 27, pag. 588.)... Il y a des coutumes barbares, où la contribution aux dettes ſe fait par viriles ; de maniere que des puînés, que l'on traite déja ſi durement dans la diſtribution des biens, peuvent voir abſorber par leur très-forte portion de dettes, leur très-modique portion de biens. Voyez la diviſion *Poitou.*

Angoumois.

21. L'*ainé* noble, outre le préciput d'un manoir à ſon choix, & le quint du revenu de la ſucceſſion, a, au réſidu de cette ſucceſſion, tant directe que collatérale, ſa portion contingente & légitime: à moins que, dans le cas de la ſucceſſion collatérale, la directe, dont elle eſt deſcendue, n'eût été quintée, & partagée avec droit d'*aineſſe*; car alors il n'y a aucun quintement ni droit d'*aineſſe*, mais les lignagers ſuccedent également *in ſtirpes.* La fille ainée a le même avantage ſur ſes ſœurs. (*art. 90 & 91.*)

ARRÊT du parlement de Paris, du mois d'avril 1703, qui juge que « l'*ainé*, qui a renoncé aux ſucceſſions de ſes pere & mere, en conſéquence des avantages qu'ils lui ont fait, peut prendre l'*aineſſe* d'aucune ſucceſſion collatérale, qui deſcend de celles des pere & mere. »

On diſoit pour les neveux de M. de Brillac, conſeiller de grand'-chambre, *ainé*, que les donations des pere & mere, ſont cenſées faites en avancement d'hoirie, & que celles faires à M. de Brillac, avoient été ſi conſidérables qu'on pouvoit aſſurer qu'elles ſurpaſſoient de beaucoup les droits d'*aineſſe* qu'il auroit pu prétendre ; en ſorte qu'on ne pouvoit pas dire que la ſucceſſion directe n'eût pas été quintée. La coutume conſidere moins, la qualité du titre qui établit le patrimoine des enfans, que la quantité des biens qui le composent, pour s'éloigner, le moins qu'il est possible, de l'égalité. M. de Brillac répondoit, que les avantages à lui faits, ne pouvoient être considérés comme un partage de succession; puisqu'ils lui avoient été faits à titre particulier, ainsi qu'on auroit pu les faire à un étranger. Il avoit renoncé à la succession directe : l'on ne pouvoit donc prouver, que cette succession, d'où provenoit la collatérale, eût été quintée: il devoit donc prendre, dans cette derniere, les avantages que la coutume lui donnoit comme *ainé*. . . . Il y avoit eu d'abord partage d'opinions; ce que nous ne concevons pas, d'après les dispositions des articles de la coutume que nous avons énoncés; aussi la question fut-elle jugée ensuite tout d'une voix conformément à l'avis du rapporteur. (*Augeard, tom. 1, arr. 222, pag. 722.*)

Anjou & Maine.

22. Nous avons expliqué sous le mot *Accroissement*, (*pag. 90 & 91,*) qu'aux termes des *art. 266* de la coutume du Maine, & *248* de celle d'Anjou, l'*ainé* noble, prenoit seul la portion que ses freres, entrés en religion, auroient pris dans la succession paternelle ; & que ce privilege n'appartenoit pas à l'*ainée* des filles, parce que les coutumes ne le donnent qu'au FILS AINÉ, *in termino appellativo & masculino*, FILS. Nous avons expliqué encore que la propriété de la portion, de celui, des puînés, qui *décede dans le bienfait* tenu *indivisément & sans partage*, appartenoit aux autres puînés, à l'exclusion de l'*ainé*: parcourons sommairement quelques autres objets relatifs aux dispositions de ces coutumes.

Le fils *ainé*, ou ses représentans, & la fille *ainée*, ou ses représentans, s'il n'y a que des filles, ont la prérogative d'*ainesse*, en ligne directe, comme en ligne collatérale. Cette prérogative consiste à prendre tous les meubles, sous la

charge de payer les dettes personnelles & mobilieres; à opter le principal manoir, chatel, ou hébergement, avec tout le jardin clos ; enfin, à obtenir les deux tiers de tous les immeubles restans. Il faut cependant observer qu'en ligne collatérale, dans le Maine, suivant l'art. 245, les puînés ont la propriété du tiers-héréditaire, ou *bienfait* ; tandis qu'ils n'en ont que l'usufruit en ligne directe.

La renonciation du fils *ainé* à son droit d'*ainesse*, a un résultat différent; suivant qu'elle est faite avant, ou après la mort des pere & mere. Au premier cas, il faut qu'elle soit faite du consentement de ceux-ci, & encore est-elle susceptible de restitution, soit qu'elle ait été faite en majorité, soit, sur-tout, qu'elle ait été faite en minorité. Au second cas, la renonciation de l'*ainé*, après la mort des pere & mere, est gratuite, ou à titre onéreux. Quand elle est gratuite, le puîné succede aux droits utiles d'*ainesse*, mais non aux honorifiques, qui, étant personnels, ne sont pas transmissibles. Quand elle est faite à titre onéreux, & ensuite des avantages considérables faits à l'*ainé*, & qu'il préfere au droit d'*ainesse* ; ce droit est incommunicable au puîné, parce que ce seroit grever une même succession de deux droits d'*ainesse*. Voyez ce que nous avons dit sur cet objet, dans l'interprétation que nous avons donnée de l'*art. 310* de la coutume de Paris, sous le mot *Accroissement, pag. 94 & suiv.* ce que nous remarquerons sous le mot *Renonciation* ; & encore, l'excellente dissertation de Poquet de Livoniere, sur l'*art. 229* de la coutume d'Anjou, *pag. 595 & suiv.*

Les dettes se paient, au prorata de l'émolument respectif, *pro modo emolumenti*, entre l'*ainé* noble & les puînés ; parce que celui-là prend les deux tiers des terres hommagées, par droit de succession, *per viam successionis*.

Il faut cependant observer que, dans cette contribution par proportion de l'émolument, on ne compte pas *le préciput entre les biens sur lesquels se regle cette proportion* ; parce que le préciput ne tombe point en partage, se leve par forme de prélegs, & n'est point sujet aux dettes. (Poquet de Livoniere, *Traité des Fiefs*, *liv. 6, chap. 22, sect. 5, pag. 648.*)

Malicottes, sur l'*art. 238* de la coutume du Maine, rapporte une sentence du siege d'Angers, du 4 février 1647, confirmée par ARRÊT du 30 juillet 1651, qui ordonne que les héritages retenus par l'*ainé*, pour son préciput, lui demeureront exempts de toutes dettes.

Sous le mot *Communauté*, nous examinerons cette question importante : Si, des enfans nobles, dans la coutume d'Anjou, ayant, après la mort de leur mere, continué, la communauté avec leur pere, par le défaut de confection d'inventaire, les effets provenant de cette continuation de communauté, doivent être partagés également, sans aucun avantage pour le frere *ainé* ? ou, s'il y a même avantage pour lui, que dans les effets acquis du vivant de la mere, dans lesquels, suivant la coutume d'*Anjou*, il a tous les meubles par préciput, & les deux tiers des immeubles ? Cette question opéra un partage au parlement de Paris, & les parties transigerent. (*Journ. du palais*, *tom. 2, pag. 988.*) Voyez *Accroissement*, *n°. 12, pag. 102, &c.* . . . Observons en passant, dans la these générale, & avec Pothier, « que le fils *ainé*, quoiqu'il ait dans les fiefs de la succession du prédécédé, une plus grande portion que ses puînés, n'a, dans la subdivision de la portion qui revient aux enfans, dans les biens de la continuation de communauté, qu'une part égale à celle que chacun des puînés y a. » (*Traité de la Communauté*, *pag. 509, n°. 879.*)

Malicottes, sur l'*art. 506* de la coutume du Maine, a dit : « L'*ainesse* se prend sur les biens du défunt pere & mere, & lesdits acquêts (de continuation de communauté) ne sont de cette qualité, pour n'avoir jamais été au défunt.

ARRÊT du parlement de Paris, du 17 août 1667, qui juge « qu'un pere, en la coutume d'Anjou, ne peut substituer le préciput de l'*ainé* ; parce que, lui étant déféré par la loi, le pere ne peut le charger de substitution, d'autant que pour substituer, il faut donner : le pere dans le préciput ne donne rien, c'est la loi qui donne. » (*Dictionnaire de* Laville, au mot *Ainé*, *n°. 368, pag. 42.*)

Artois.

23. Nous venons de remarquer, (*n°. 20 & 22,*) que, le droit d'*ainesse* ne dérivant point des dispositions du pere, mais de celles de la loi, il n'étoit pas permis au pere de déroger à la loi.

En conséquence de ce principe général, & de ce que prescrit en particulier l'*art. 94* de la coutume d'Artois, qu'*en succession de pere & mere en héritaiges féodaulx, soient patrimoniaulx ou d'acquest, au fils* AINÉ *appartiennent tous iceulx fiefs, à la charge du quint tant seulement, &c.* Trois ARRÊTS, des 30 juin 1702, 30 juillet 1735 & 4 août 1747, avoient conservé les droits des *ainés*.

Cependant par ARRÊT du 18 mars 1749, rendu au rapport de M. l'Épine de Grainville, on a jugé, « sur le fondement de l'*art. 133* de la coutume d'Artois, portant que : *chacun peut vendre, engager, ou aliéner ses biens, terres, & généralement disposer par succession testamentaire, ou autres, de tous acquêts & conquêts* : on a jugé que les sieurs & dame Coffin, domiciliés, & décédés à Hesdin, avoient pu valablement stipuler dans les contrats d'acquisition successifs de plusieurs fiefs, qu'ils seroient partagés également entre leurs enfans, & faire, en conséquence, le partage de ces fiefs, par leur testament, au préjudice du droit d'*ainesse* de leur fils. L'arrêt a seulement réservé au fils *ainé* à se pourvoir pour demander sa légitime, s'il prétendoit qu'elle fût entamée par les dispositions de ses pere & mere. » (Denisart, au mot *Ainé*, *n°. 90.*)

La coutume d'Artois, ainſi que nous l'avons obſervé (n°. 20) eſt une des ſeize, qui réſerve le quint aux puînés ; mais cette diſpoſition ceſſe à l'égard des ſucceſſions des aſcendans du ſecond , & des degrés antérieurs, en ligne directe, & dans toute la ligne collatérale. *Fiefs ne ſe quintient, ſinon en ſucceſſion de pere & de mere, & non en ſucceſſion de grand - pere, ou de grand' - mere, ni autrement :* ce ſont les termes de l'*art. 95.*

Le droit d'*aineſſe* n'a lieu en Artois que pour les ſucceſſions nobles, ainſi qu'il réſulte des diſpoſitions de l'*art. 44*, qui porte que tous arrentemens ſont partables par égale portion entre les héritiers des preneurs, ou leurs ayans cauſe, &c. C'eſt ſur ce fondement qu'il a été décidé par un ARRÊT du parlement de Paris, du 2 décembre 1699, confirmatif d'une ſentence du conſeil provincial, du 21 juillet 1688, que : " lorſque de deux mâles ou de deux femelles, auſſi proches du défunt l'un que l'autre, il eſt incertain qui eſt l'*ainé* ou le plus âgé, pour lors on partage la ſucceſſion féodale comme la roturiere, par égales portions. " (Maillart, ſur l'*art. 99, n°. 11, pag. 697.)*

Ce partage par égalité, dans le doute, nous paroît plus naturel que le parti qu'on avoit pris long - temps auparavant, en adjugeant, par ARRÊT du mois d'août 1597, une ſucceſſion collatérale, *in quarto gradu*, aux deſcendans d'Alix au préjudice de ceux de Michelle ſur *quelques PRÉSOMPTIONS LÉGERES qu'Alix avoit été mariée la premiere, & preuve qu'elle étoit morte la premiere.* Ce ſont les expreſſions de M. le Prêtre, *(Arrêtés de la cinquieme, pag. XXXVI)* qui ajoute : *Meſſieurs étoient en diverſité d'avis, les uns étoient d'avis de partager la ſucceſſion ſans aucun DROIT D'AINESSE, attendu qu'il n'y avoit aucune preuve certaine , les autres d'adjuger ce droit d'aineſſe qui fut adjugé. . . . Des préſomptions légeres , devoient-elles déterminer à partager une ſucceſſion in quarto*

gradu , avec droit d'*aineſſe ?* L'équité naturelle, qui appelle concurremment les parens au même degré, ne devoit-elle pas l'emporter ſur des allégations dont *il n'y avoit aucune preuve certaine ?* Voyez *Ambiguité.*

Auvergne.

24. " En ſucceſſion de nobles, le fils *aiſné* emporte le nom & les armes du défunt , & la principale place , ou manoir , avec le vol d'un chapon, qui comprend motte, foſſés, ou douve, ſi aucuns en y a ; ſinon une ſextérée de terre à l'entour de la maiſon, en récompenſant, les puiſnés & cohéritiers, de la valeur de leur part & portion de ladite place ou manoir, & vol de chapon, & non autrement ; poſé ores qu'il n'y eût qu'une place en ladite ſucceſſion . . . & n'a lieu ledit droit d'*aineſſe*, entre filles, ni auſſi en ſucceſſion collatérale. " *Art. 51 & 52, du chap. 12, des ſucceſſions, &c.*

Voilà certes la coutume dont les diſpoſitions ſont les plus raiſonnables : elles s'écartent de la plupart des autres, qui aſſignent à l'*ainé* le préciput, hors part, & ſans l'aſſujettir ni à une récompenſe, ni même à la contribution aux dettes à proportion de ſa valeur.

Béarn.

25. " En gentileſſa *le prumé filh maſcle* deudiit maridage, o *la prumera femela*, ſi maſcle no y a dequet, excludex los autres ſous frays o ſors, ſian dequet, o de autres ſubſquentz maridages, & ſuccedex univerſalment : car en Bearn gentileſſa ne ſe dividex enter frays & ſors, reſervadas empero las parcelas aus autres. Lo ſemblable ſera ſervat & guoardat en los boés rurals généralement per tout Bearn. " *(Fors & coſtumas de Bearn rubrica de teſtaments & ſucceſſions 42, art. 3.)*

ARRÊT du conſeil d'état, du 23 ſeptembre 1778, qui ordonne que les puînés auxquèls, *ſuivant les fors & coutumes de Bearn*, il ſera délivré des immeubles,

(*parcelas*) pour les remplir de leurs légitimes, demeureront, relativement aux objets de ce genre, affranchis de tout centieme denier ; & que la même exemption aura lieu en faveur des *ainés*, qui, en payant la légitime des puînés en argent, conferveront, par ce moyen, la propriété de tous les immeubles, provenant des fuccessions de leur pere & mere. Voyez *Accommodement*, n°. *16*, *Centieme-denier*, *Légitime*, &c.

Beauvoisis, Berry.

26. Les baillies & gardes ne font pas datives, comme les tutelles ; mais, comme elles font prefque toujours lucratives, elles fe déferent le plus fouvent fuivant les fuccessions, & en quelque maniere, avec la prérogative d'*ainesse*. « Si Baux échiet, il ne fe départ pas, ainchois l'emporte li plus prochains tout : & fe il ont freres & fereurs, li AINÉS mâles l'emporte fans partie des autres ; & fe il n'a fors que fereurs, l'AINÉ l'emporte, ne les mainées n'y ont rien. » Ce font les expressions de Beaumanoir, *dans fes anciennes Cout. de Beauvoifis*, pag. 90.

La coutume de Berry a des difpofitions à-peu-près corformes, *tit. 1*, *art. 35* : elle dit : « & s'ils font plufieurs parens en même degré, au plus *ancien* le bail appartient, pourvu que ledit lignager foit noble & en âge parfait de vingt-cinq ans, & non autrement. » Voyez *Baillie*, *Garde*, &c.

Bourbonnois.

27. L'*art. 304* dit qu'il n'y a point droit d'*ainesse* entre filles. Il n'y en a point non plus entre les mâles qui viennent, à la fuccession de leur ayeul, par la représentation des filles ; parce qu'ils ne peuvent avoir plus de droit que leur mere.

Il en feroit autrement dans les cas où les enfans d'une fille unique viendroient, à la fuccession de leur aïeul, enfuite de la renonciation de leur mere. En ce cas ils viennent *jure fuo* ; & d'ailleurs on doit confidérer que, fi la fille avoit fuccédé à fon pere, & laiffé le manoir dans la fuccession, il y auroit eu droit d'*ainesse* au profit de fon fils *ainé*. (Auroux des Pommiers, *tom. 2*, *pag. 41.*)

Bourdeaux.

28. Dans le cas où le pere de famille decede *ab-inteftat*, l'*ainé* fuccede ès comtés & autres dignités & maifons nobles, & en tous autres biens, en donnant aux enfans mâles la moitié de la légitime en terre, & l'autre en argent, & aux filles en argent feulement : les noms & titres des dignités & édifices des biens nobles, n'entrent point en eftimation pour la légitime. S'il n'y a que des filles, l'*ainée*, ou fa représentation, fuccede comme le fils *ainé*, & en ce cas les filles ont leur légitime, moitié en terre, moitié en argent. *art. 76.*

L'*ainé* fou ou hébété, ne perd pas fon droit d'*ainesse* ; parce qu'il peut engendrer des enfans habiles, fages & prudens, ainfi que cela s'eft vu en plufieurs grandes & nobles familles de Guienne. On n'obferve pas ce qu'a dit Ferron, que, dans le cas d'inhabilité de l'*ainé*, tous les freres fuccedent également. (Automne & Dupin, n°. *47*, *pag. 387*.) Voyez la division *Enfans inhabiles*.

L'*ainé* ou l'*ainée* ont le droit de faire paffer les reconnoissances aux tenanciers du fief commun, dont le partage n'eft pas encore fait : ils reçoivent auffi les redevances ; mais ils doivent donner caution aux tenanciers de les relever envers les puînés. *Art. 94.*

Bretagne.

29. Nous avons parlé de l'*accroiffement légal* qui a lieu en Bretagne en faveur de l'*ainé*, (tom. 2, pag. 87 & fuiv.) & nous traiterons toutes les queftions relatives au *préciput* dans cette province, tant fous *ce mot*, que fous cet autre, *Pillage*. Nous nous bornons ici à quelques remarques fur les objets les plus faillans, ainfi que nous l'avons annoncé.

On diftingue en Bretagne les fucceffions nobles ; & les roturieres ou *partables*, c'eft-à-dire, qui fe partagent également. Les nobles font encore de deux fortes, car il y a celles des nobles ordinaires, & celles des anciens comtes & barons.

Dans les fucceffions nobles ordinaires, l'ainé, après avoir prélevé fon préciput & pris les deux tiers, *baille* l'autre tiers aux puînés : dans les fucceffions des anciens comtes & barons, les puînés n'ont qu'un *bienfait advenant*.

Il y a encore beaucoup de difficultés fur les fucceffions nobles ordinaires, fuivant les cas où une femme noble fe marie en premieres ou en fecondes noces, avec un noble ou un roturier ; & réciproquement, fuivant que le noble époufe en premieres ou fecondes noces une femme, ou noble, ou roturiere. Les dérogeances augmentent encore la confufion. Auffi la forme des partages entre tous ces enfans de différens mariages, pendant lefquels on a, ou on n'a pas dérogé, entraîne une complication de cas & de décifions qui nous meneroient trop loin. Nous nous bornons à une remarque effentielle.

On n'admet le droit d'*aineffe* en Bretagne dans la fucceffion de l'anobli, que dans le cas où il n'y a que des enfans nés depuis l'obtention des lettres. *Art. 570.* Ce font également les difpofitions des coutumes de Loudunois, *chap. 29, art. 20*, & de Touraine, *art. 315.*

Ceci eft conforme à l'avis des anciens auteurs ; mais contraire au droit commun, fondé, fur l'étendue qu'il faut donner au bénéfice du prince dans la claufe *nés & à naître*, & fur la jurifprudence de la cour des aides, qui juge que les enfans de l'anobli nés avant fon anobliffement, jouiffent des exemptions de la nobleffe. Ainfi, Lebrun, (*liv. 2, chap. 2, fect. 1, n°. 95*) a raifon de dire que ces enfans doivent avoir les privileges de la nobleffe en matiere de fucceffion. D'ailleurs, les coutumes ne font pas toutes auffi rigoureufes que les

trois que nous venons de citer. *Celle de Hainaut, chap. 11, art. 4, porte :* « que les enfans nés avant que leur pere fût devenu chevalier, jouiffent des privileges des chevaliers, comme s'ils fuffent nés depuis. » Voyez *Anobliffement, Affife, Baron, Bourfe-commune, Comte, Dérogeance, Exemption, Noble, Partage, Roture, &c.*

Un des grands privileges de l'*ainé* en Bretagne, c'eft celui de faifine : « l'ainé du noble doit avoir la faifine de toute la defcente & fucceffion de quelque chofe que ce foit, tant noble que roturiere ; & doivent les héritages enfuivre la perfonne, quant à la faifine, & ne doit l'hoir reprendre du faifi. » *Art. 563.*

Les effets de cette faifine, font de défigner le partage aux puînés ; d'avoir la garde des contrats, titres & papiers de la fucceffion ; de la régir entiérement ; de paffer les baux avec les formalités ordinaires des proclamations ; d'inftituer les officiers de juftice ; de recevoir les rembourfemens des contrats de conftitution ; de conduire toutes les affaires litigieufes, foit en défendant, foit en demandant, au point que les puînés ne peuvent pas même être reçus oppofans aux arrêts rendus contre leur *ainé*, à moins qu'ils n'établiffent fa collufion avec ceux qui les ont fait rendre ; enfin, de fe faire pourvoir de la charge qui pourroit fe trouver dans la fucceffion, fauf à faire raifon aux puînés de la portion du prix à laquelle ils peuvent prétendre, & ce, fur l'eftimation qui en fera faite dans la fuite, ou à l'amiable, ou d'office. (*Argentræus, in art. 512, veter. conf. pag. 1922, & fequent. Recueil d'actes de notoriété, par Devolant, act. 30, 59, 120, 132, 143, 148, 153, 180, &c.*)

Dans les partages par fouches, l'*ainé* de la branche puînée a la faifine de la part qui eft défignée à cette branche par l'*ainé* ; &, fi la branche fe fubdivife encore en d'autres branches, la même faifine a lieu au profit de l'*ainé* de chacune de

ces

ces branches, pour la part qui leur eſt déſignée. (Devolant, *ibid. act. 59.*)

Cependant, la ſaiſine ne met pas l'*ainé* en droit d'empêcher l'appoſition des ſcellés & l'inventaire, non ſeulement quand les puinés ſont mineurs, mais encore lorſqu'ils ſont majeurs; parce qu'on ne peut pas les priver du droit de prendre la ſucceſſion ſous bénéfice d'inventaire. (Sauvageau, *liv. 1*, *pag. 274*; & Poulain, *tom. 3, pag. 560.*)

L'*ainé* peut exciper de la ſaiſine contre les étrangers, ainſi que contre les puinés; mais elle ne peut pas empêcher les créanciers du puiné de ſaiſir & de procéder à la vente de la portion indiviſe du puiné. (Hevin, *conſult. 119.*)

On a varié ſur la queſtion ſuivante : ſi, les enfans du fils *ainé* ou de la fille *ainée* ayant pris par repréſentation de leur pere le préciput & le titre dans la ſucceſſion de leur aïeul, leur *ainé* n'aura pas le ſou pour livre dans la ſubdiviſion ? Chappel, (*pag. 51 & 52*) cite des ARRÊTS du parlement de Rennes, directement contradictoires. L'un, du 11 mars 1631, proſcrivit le double préciput : l'autre, du 10 mars 1613, dont l'exécution fut confirmée le 3 juillet 1631, ordonna que le préciput, levé en la ſucceſſion de l'aïeul, ſeroit partagé en la ſucceſſion du fils prédécédé, entre ſes enfans, avec les acquêts du même fils, ſauf le préciput à l'*ainé*.... Sauvageau, Perchambault & Poulain ſe réuniſſent pour donner la préférence à l'arrêt du 11 mars 1631, comme conforme à l'eſprit de l'*art. 589* de la coutume, qui, en donnant le préciput aux enfans de l'*ainé*, n'ajoute point qu'il y aura un autre préciput pour leur *ainé*. Si on ne peut ſuppléer un préciput lorſqu'il n'eſt pas donné par la loi, on peut bien moins en ſuppléer un ſecond dans une ſeule & même ſucceſſion; puiſque les enfans viennent par repréſentation de leur pere. (Poulain, *tom. 3, pag. 642.*) Voyez *Saiſine, Repréſentation, Subdiviſion, &c.*

Tome III.

Cambrai, Hainaut, Lille, Tournai, Namur.

30. L'*ainé* des mâles, & à défaut de mâles, l'*ainée* des filles, prennent par préciput & ſans récompenſe le fief unique; & dans le cas où il y en a pluſieurs, choiſiſſent le meilleur. Chacun choiſit enſuite ſelon l'ordre de primogéniture, de façon que s'il y a moins de fiefs que d'enfans, les derniers n'ont rien à prétendre dans cette ſorte de biens, à moins qu'il ne ſe trouvât pas dans ceux d'une autre nature, de quoi parfournir leur légitime. Quand au contraire il y a plus de fiefs que d'enfans, l'*ainé* ou l'*ainée* recommencent à choiſir; en ſorte que s'il y a trois enfans & quatre fiefs, ils ont deux avantages; le premier, celui de choiſir le meilleur fief; le ſecond, celui d'avoir deux fiefs, tandis que les autres enfans n'en ont qu'un. Ce ſont les diſpoſitions des *art. 10 & 11 du tit. 1*, de la Coutume de Cambray; de l'*art. 7 du ch. 90*, de celle de Hainaut; de l'*art. 19 du chap. 2, des ſucceſſions de fiefs*, de celle de la châtellenie de Lille; de l'*art. 3 du tit. 2*, de celle de Tournay; enfin, de l'*art. 109* de celle de Namur.

Cette eſpece de choix, qui a auſſi lieu avec quelques modifications dans la coutume de Normandie, ſuivant les *art. 337, 338 & 339*, n'eſt pas, à proprement parler, un préciput; puiſqu'il comprend toute la portion héréditaire de celui qui fait ce choix.

Du reſte, on peut conſulter ſur les prérogatives générales & particulieres du droit *d'aineſſe*, dans la Flandre Autrichienne ſur-tout, Stockmans, (*deciſ. 124 :*) & Chriſtinæus, dans ſon curieux ouvrage ſur la nobleſſe : (*Juriſprudentia heroïca, ſive de jure Belgarum circa nobilitatem & inſignia*, pag. 183, & ſequent.) Voici le texte de l'*art. 5* de l'édit des archiducs, Albert & Iſabelle, du 14 décembre 1616, qu'il y commente.

« Pour remédier aux débats qui pourroient, (comme l'on a veu ſouvent advenir du paſſé,) touchant l'*aineſſe* & port des armes pleines ; voulons & or-donnons que les fils *maiſnés* de toutes maiſons, (mêmes les fils *aiſnés* du vivant de leurs peres,) ſoient tenus de mettre en leurs armoiries quelque briſure en la forme accoutumée, à la diſtinction des *aiſnés*, & de continuer telle briſure, auſſi long-temps que les branches des *aiſnés* durent, afin de pouvoir diſcerner & reconnoître les deſcendans de l'une & de l'autre branche, à peine de 50 florins ; ſauf & exceptés les gentilshommes de nos pays de Luxembourg & Gueldres, eſquels pays telle briſure d'armes n'eſt connue, qui ſe pourront régler comme du paſſé. » (*Voyez* ci-deſſus les diviſions *3* & *26*, & les mots *Armoiries, Blaſon, &c.*)

Caſſel.

31. « En cas que celui qui eſt enſai-ſiné ou inveſti, & plus apparent héritier, ne ſouhaite avoir ledit fief, ou le retenir pour tel prix auquel il monteroit avec les frais ; on ne diviſera point ledit fief, mais on diminuera le prix, pour que quelqu'un ſoit content de l'accepter pour le prix qu'il ſera dit ; les plus âgés & les plus proches *ſucceſſivè* eſtans toujours préférés. » (*Art. 60.*)

ARRÊT du parlement de Flandre, du 18 mai 1613, qui décide, « 1°. qu'à Caſſel l'*ainé* des enfans peut prendre les fiefs acquis par pere & mere, en rap-portant à la maſſe héréditaire le prix de l'acquiſition, & les léaux coûts ; & qu'à ſon refus la licitation s'en doit faire entre les enfans ſeulement, à moins qu'ils ne ſe trouvent pas en état de porter le fief à ſa valeur ; auquel cas ils peuvent ſubroger autant d'eſtrangers pour liciter qu'il y a d'héritiers ; l'*ainé* devant tou-jours être préféré pour la derniere en-chere, s'il le déclare ſur-le-champ. 2°. Que, lorſqu'avant le partage fait le fils *ainé* meurt, ſon cadet n'hérite rien du fief de ſon frere décédé, plus que les autres enfans dans un fief acqueſté, ſauf le droit de prendre ledit fief, en rappor-

tant tout le prix. » (Pinault, *tom. 4 ; arr. 288, pag. 436 & ſuiv.*)

Chartres, Dreux.

32. L'art. *3* de la Coutume de Dreux, dit qu'il n'y a qu'*un droit d'AINESSE, quant au principal manoir.* On a demandé ſi dans la Coutume de Chartres, *contiguë* à celle de Dreux, il faudroit en ſuivre les diſpoſitions, ou ſe conformer à celle de Paris, *art. 15*, qui accorde à l'*ainé* « par préciput en chacune des ſucceſſions de pere & de mere, un hôtel tenu en fief, tel qu'il veut choiſir pour manoir principal ? » Coüart, ſur l'*art. 4 de la Coutume de Chartres*, dit qu'il faut ſuivre celle de Paris, plutôt que celle de Dreux : il penſe même que, s'il y avoit deux prin-cipaux manoirs dans deux différentes coutumes, leſquels dépendiſſent du fief que l'*ainé* prendroit pour ſon droit d'*ai-neſſe*, cet *ainé* pourroit prendre les deux manoirs. . . . Eh ! pauvres puînés ! comme on ſe joue impunément des droits de la nature ! On interprete dans tous les points les coutumes de Dreux & de Chartres, l'une par l'autre ; parce qu'elles ſont dé-terminées ſur des principes aſſez confor-mes, quoiqu'elles aient quelquefois un réſultat différent : *In multis differunt. . . . quamvis eodem contextu adſcriptæ ſint.* (Molinæus, *tom. 3, pag. 734.*) N'impor-te, lorſqu'il eſt queſtion d'enrichir un *ainé* au préjudice de tous ſes freres, on ira de Chartres à Paris pour ce ſeul cas.

Dourdan.

33. « Le fils de l'*aiſné* repréſente ſon pere en la ſucceſſion de l'aïeul ou aïeule, & autres aſcendans, avec préciput & prérogative d'*aiſneſſe* ; mais la fille de l'*aiſné* ne repréſente ſondit pere audit droit d'*aiſneſſe*, ains ſeulement en telle part & portion que ſondit pere eût eu, s'il eût été *puiſné* : & en ce cas, ledit droit d'*aiſneſſe* appartient à celui de ſes oncles qui eſt le plus âgé. » *Art. 114.*

Pareilles diſpoſitions dans les coutumes d'Auxerre, *art. 57 & 58* ; de Laon, *art. 155 & 156;* de Châlons, *art. 161 & 162;* de Rheims, *art. 50;* de Bourbonnois, *art. 301;* de Vermandois, *art. 155 & 157.*

Difpofitions contraires dans celle de Paris, *art. 324;* d'Eftampes, *art. 119;* de Monfort, *art. 105;* de Mantes, *art. 8;* d'Orléans, *art. 305.*

Enfin, quelques coutumes prennent un milieu; & accordent à la fille du fils *ainé* dans la fucceffion de l'aïeul, une portion plus confidérable que celle qui lui appartiendroit, fi elle n'étoit confidérée que comme une fimple puinée. Ce font celles de Troies, *art. 14;* de Chaumont, *art. 79;* de Vitri, *art. 66;* de Sédan, *art. 163.* De telles contradictions font fans doute bien faites pour rebuter dans la recherche que nous faifons de nos loix coutumieres; mais du moins chacune des coutumes que nous venons d'énoncer, a pris un parti tel quel. Mais que dire de toutes celles qui ont gardé fur cette queftion de *repréfentation* un parfait filence? Suivra-t-on les difpofitions de la coutume de Paris, à caufe de fa prééminence. Suivra-t-on celles des coutumes les plus voifines? Ce point de droit public exige une differtation particuliere qui trouvera fa place fous le mot *Coutume.*

Mantes.

34. « Si le fils *aifné* renonce à la fucceffion de pere, mere, aïeul ou aïeule, & ne fe veut porter héritier, le puîné tient lieu de l'*aifné* au préciput; & prend tel advantage aux fiefs, comme euft fait l'*aifné;* pourvu toutes fois qu'à icelui *aifné,* le pere ou mere, aïeul ou aïeule n'ait *rien donné par donation entrevifs, teftament ou autrement;* auquel cas ledit puîné ne tient lieu de l'*aifné,* mais fera la fucceffion partie entre les puînés également, » *art. 31 de la Coutume de Mantes.* L'*art. 163* de la même coutume confirme ces difpofitions, qui fe trouvent également dans l'*art. 84* de celle de Clermont en Beauvoifis.

Il faut confulter ici ce que nous avons expliqué fous le mot *Accroiffement,* pag. 94 & fuiv. On doit fuivre les difpofitions des coutumes fur l'objet des renonciations au droit d'*aineffe,* lorfqu'elles en ont de formelles; mais à l'égard des coutumes qui n'en ont point, il faut, ainfi qu'à Paris, tenir pour principe, *que le droit de l'aîné qui renonce, accroît aux autres enfans héritiers, fans aucune prérogative d'aineffe de la portion qui accroît.*

Marche.

35. Il y a droit d'*aineffe* en ligne directe, entre mâles nobles, & de chofe noble; il n'y en a point en ligne collatérale; il n'y a point de droit d'*aineffe* entre filles, foit en ligne directe, foit en ligne collatérale. Enfin il n'y a pas de droit d'*aineffe* entre roturiers, pour les chofes nobles qui peuvent leur arriver par voie de fucceffion. (*Art. 111, 112, 113, & 114.*) Voyez ci-deffus *n°. 17.*

Melun.

36. Suivant l'*art. 95* de cette coutume : « Si après que la fucceffion directe eft échue à plufieurs enfans, le fils *ainé* meurt fans hoirs, procréés de fon corps *par avant partage,* le frere plus âgé d'après aura le droit d'*aineffe* qu'avoit eu ledit défunt : & fi le fecond frere décede auffi fans enfans *par avant ledit partage,* le tiers frere fera fubrogé au droit d'*aineffe.* Mais *fi partage a été fait,* ce qui fera échu au fils *ainé,* fe partira entre fes freres comme en ligne collatérale. »

On a demandé fi les difpofitions de cet article devoient s'appliquer au partage provifionnel, comme au partage définitif?

ARRÊT du parlement de Paris, de l'année 1589, qui adjuge le droit d'*aineffe* malgré le partage provifionnel.... ARRÊT du parlement de Paris, du mois de mai 1596, portant rétractation du précédent. Rouillard, qui avoit gagné fa caufe lors du premier jugement, & qui la perdoit par le second, dit que, ne s'agissant que d'un pur point de droit, « y ha lieu de s'estonner de la diversité des mouvemens des esprits, selon le changement des temps; & croire qu'*il n'y a rien de si incertain que ce qui debvroit avoir le plus de certitude*, mesmement ès questions d'importance, & *dont la décision faict loy pour toutes autres semblables.* » (Reliefs forenses, *chap. 28, pag. 1115 à 1146.*)

Quand on s'écarte de la simplicité primitive qui doit caractériser une loi, on ouvre la porte aux abus & aux procès. Pourquoi la coutume de Melun renferme-t-elle une disposition si singuliere & si bizarre, qu'elle choque celles de toutes les autres coutumes du royaume? Par tout ailleurs qu'à Melun, soit que l'*ainé* decede sans enfans, soit qu'il devienne incapable après avoir été saisi du droit d'*ainesse*, on suit la regle *le mort saisit le vif*; & sa succession collatérale est partagée entre ses freres, sans s'occuper du fait, si la succession a été partagée ou non : par-tout ailleurs on n'est pas exposé à une *incertitude* cruelle, à une variation *désespérante* sur la distinction du *partage provisionnel ou définitif.*

ARRÊT du parlement de Paris, du 3 février 1651, qui juge que, dans la coutume de Melun, l'*ainé* peut disposer de son droit d'*ainesse*, au préjudice du second fils, *avant le partage*, malgré les dispositions de l'*art. 95.* (Soefve, *tom. 1, centur. 3, chap. 61, pag. 290.*)... Ce préjugé aura-t-il ramené l'ordre, & fait cesser entièrement la disposition isolée & bizarre? Non! tant il est vrai, qu'il est difficile de faire taire l'intérêt étayé des armes que lui présente une loi quelconque!

ARRÊT du parlement de Paris, du 13 mai 1662, qui confirme les dispositions de l'*art. 95 de la Coutume de Melun.* Requête civile. ARRÊT de la même cour, du 3 février 1667, qui l'entérine & anéantit ces mêmes dispositions. (Soefve, *tom. 2, centur. 3,*

chap. 84, pag. 333.).... Quelle carriere aux réflexions?...

Nivernois.

37. Cette coutume est très-conséquente, dans les regles qu'elle prescrit par rapport au droit d'*ainesse*; c'est peut-être la seule qui n'ait jamais perdu de vue le motif qui l'a fait établir; elle ne l'admet qu'entre gens nobles, vivant noblement, dans la succession des ascendans mâles seulement, & quand la *chevance* du défunt vaut cent livres de rente, par commune estimation. (*Chap. 35, art. 1.*)

La coutume ne s'explique pas sur la nature de cette *chevance* : elle ne dit pas que les biens qui la composent doivent être tenus noblement; mais Coquille le pense ainsi, & la raison qu'il en donne est très-judicieuse; c'est que la plupart des coutumes de France, attachent le droit d'*ainesse* aux héritages nobles, & considerent moins la qualité des personnes que celle des fonds; or, quand il y a quelque doute dans une coutume, on doit l'interpréter par les autres, & surtout par les voisines; d'ailleurs les gens nobles, entre lesquels seuls le droit d'*ainesse* est admis, ne possédoient guere que des biens nobles, dans le temps que la coutume de Nivernois fut rédigée. (Coquille, *sur l'art. cité pag. 373.*)

Quant à l'estimation dont il est parlé en cet article, elle doit se faire par des *personnes expertes*; ou, selon le revenu des dix dernieres années, en faisant une masse de ce revenu, dont on prend un dixieme pour l'année commune. (*Ibid.*)

Il n'y a point de droit d'*ainesse* dans la succession des femmes, comme nous l'avons déja annoncé : il n'y en a pas non plus entre filles, pas même quand elles viennent par représentation de leur pere, qui étoit l'*ainé*; lequel ne peut être représenté au droit d'*ainesse*, que par l'*ainé* de ses fils. (*Art. 2, 4 & 5.*)

Quoique la coutume (*art. 3*) dise formellement, que le droit d'*ainesse* n'a pas lieu en succession collatérale; Coquille néanmoins semble avoir quelque incertitude à cet égard, à cause de la jurisprudence.

ARRÊTS du parlement de Paris, du 14 avril 1537, & du 16 mai 1567, qui ont jugé que, dans le cas où il y auroit plusieurs enfans venans à la succession de leur oncle, comme représentans leur pere, l'*ainé* de ces enfans doit prendre le droit d'*ainesse*. (Chopin, *de privil. rust. part. 3, lib. 3. cap. 9, num. 2.*)

Coquille justifie ces préjugés, par ce motif : les enfans étoient censés prendre cette succession des mains de leur pere, qui l'avoit déja recueillie *in intellectu.* Mais ce judicieux commentateur ajoute qu'il ne voudroit pas soutenir la doctrine de ces arrêts, dans la coutume de Nivernois ; parce qu'en effet c'est une succession collatérale, dont la coutume écarte toute prérogative d'*ainesse*. (Ibid. *pag.* 374.)

Cette prérogative, quand elle a lieu, donne à l'*ainé*, 1°. La meilleure maison forte, ou non forte, ainsi qu'elle se comporte ; avec les fossés, s'il y en a. 2°. le meilleur fief à son choix, c'est-à-dire, la féodalité, & supériorité du meilleur fief mouvant de l'hérédité de pere ; & non la meilleure seigneurie utile qui se trouve dans la succession. (*Art.* 5.)

Ainsi, quoique l'*ainé* ait le principal château, il n'en a pas toutes les mouvances ; une seule, à son choix, lui appartient, & les autres sont partagées également entre les cohéritiers. Mais, parce que les vassaux ne peuvent être contraints de faire la foi & hommage dans un autre lieu que dans celui du fief dominant ; l'*ainé*, auquel sera demeuré le château, sera tenu d'en accommoder ses freres puînés, & de leur prêter *patience* audit château, pour, au jour assigné, y recevoir l'hommage de leurs vassaux.

Outre ces avantages, l'*ainé* a encore celui de prendre les héritages joignants,

& contigus au principal manoir, comme grange, verger, colombier, prés, & autres choses, sans interposition des autres fonds ; en récompensant les puînés en héritages, ARBITRIO BONI VIRI. (*Art.* 6.)

Comme l'art. 6, du chap. 36, permet à chacun de disposer de ses meubles & acquêts, ainsi que de la cinquieme partie de ses propres ; & qu'il pourroit se faire que la maison principale & la mouvance du meilleur fief, qui forment le préciput de l'*ainé*, se trouvassent dans la disposition du pere : on demande si dans ce cas l'*ainé* seroit privé de son droit ? La coutume ne s'expliquant pas à cet égard, on doit suivre la regle commune, selon laquelle un pere ne peut faire aucune disposition au profit des puînés au préjudice du droit d'*ainesse*.

Normandie.

38. Le droit d'*ainesse* en Normandie remonte à la plus haute antiquité. « Un gentilhomme du pays de Cottentin, appellé Tancrede de Hauteville, eut douze enfans mâles, & plusieurs filles de deux lits. Il donna *tous ses biens à son* AINÉ, qui s'appelloit Geoffroy ; de sorte que les cadets n'*hériterent rien de leur pere que l'épée & le courage.* Les onze cadets, se voyant ainsi déshérités, résolurent à diverses fois d'aller chercher quelque aventure en Italie, où ils entendoient que leur nation étoit fort estimée. Drogon, Humfroy, Guillaume & Herman y passerent les premiers ; Robert, Guichard & Roger les suivirent : & puis les autres freres coururent après la bonne fortune de leurs *ainés.* » (*Histoire de la délivrance de l'Eglise, par le P. Morin, part. 3, chap.* 27, *n°.* 5 & 6.)

De la Normandie, le droit d'*ainesse* passa en Angleterre, (Glanvilla, *de leg. Angliæ. lib.* 7, *cap.* 3,) & successivement à Naples & en Sicile. Aussi, les jurisconsultes de ces deux royaumes, en expliquant ce que c'est que succéder aux fiefs, *jure francorum,* disent-ils

que c'est, lorsque l'*ainé* y succede seul,
& ne donne aux puinés que leurs alimens, & de l'emploi à la guerre,
victum & militiam. (Matth. *de afflictis*,
*lib. 3, constit. Neapolitan. rubr. 17
& 23.*)

Les *ainés* ont aujourd'hui en Normandie des droits moins considérables,
& les puinés n'y sont plus réduits *à la
cape & à l'épée.* Les fiefs étant devenus
patrimoniaux, le pere peut en disposer,
comme des autres biens; & l'*ainé* ne
prend, le préciput que lui donne l'*art. 338*
dans chacune des successions paternelle
& maternelle, que quand il s'y trouve
des biens, de la qualité requise pour y
donner lieu. On y regarde même, les
aliénations qui ont pu être faites par les
peres dans le dessein d'établir l'égalité
entre leurs enfans, comme très-favorables.

ARRÊT du parlement de Rouen, du
20 juillet 1629. . . . *Espece.* Catherine
de Moulins, atteinte de la maladie dont
elle mourut, échange son fief de Berou
contre huit acres de terre en roture, avec
le Franc qui achete, le même jour, le
domaine non fieffé, moyennant une
rente constituée de 500 l. au capital de
7000 l. & sous la réserve de la jouissance
pour quelques mois. Après le décès de
Catherine de Moulins, arrivé neuf jours
après ces contrats, son fils *ainé* prend
possession des biens & des lettres de rescision. Il soutient que l'aliénation est
frauduleuse, faite dans l'intention de le
frustrer de son préciput; il releve les
circonstances dans lesquelles elle a été
faite, à l'extrémité de la vie, sans nécessité, puisqu'il n'y a eu aucun argent
comptant, & point de dépossession. Les
puinés répondent que leur mere, n'étant
point interdite, a pu disposer de son
bien, & que leur *ainé* doit prendre la
succession dans l'état où elle l'a laissée;
ils prétendent enfin que l'on ne peut
blâmer son intention, de remettre les
choses dans le droit commun, en rendant tous ses enfans égaux. L'acquéreur,
de son côté, soutenoit la sincérité des
contrats; & qu'il n'y avoit ni collusion,
ni simulation. La cour déboute l'*ainé* de
sa demande en entérinement des lettres
de rescision. (Basnage, *tom. 1, pag. 557.*)

ARRÊT du parlement de Paris, du
23 mai 1639. . . . *Espece.* Le baron
de Pretot, obtient lettres pour faire
réunir le fief d'Auvers à celui de Pretot;
qu'il fait enrégistrer au parlement, mais
qu'il néglige de faire enrégistrer en la
chambre des comptes. Après son décès,
son *ainé* opte le fief de Pretot; & soutient qu'en vertu de la réunion, celui
d'Auvers en fait partie : c'est ce qui
fut décidé d'abord par le juge de Caren-
tan; & ensuite par la cour, la cause
ayant été évoquée au parlement de
Rouen. Basnage (*ibid.*) dit qu'il paroît,
d'après les plaidoyers des parties, & de
M. Talon, avocat-général, qu'on ne se
décida que sur la circonstance que la
réunion avoit été faite avant que le
baron de Pretot eût eu des enfans;
ce qui ôta toute idée de soupçon qu'il
eût voulu favoriser son fils *ainé* : mais il
observe que cette réunion auroit été
valable, quand même elle auroit été
faite après la naissance des enfans. « C'est,
dit-il, une jurisprudence certaine en
Normandie, que les peres & meres sont
les maitres absolus de leurs biens, &
qu'il peuvent en changer la nature &
la qualité, comme bon leur semble. Ils
peuvent vendre leurs fiefs pour en acheter des rotures, vendre ce qui est en
Caux, ou dans la coutume générale;
unir & désunir leurs fiefs : & leurs
enfans sont tenus de partager leur succession en l'état qu'elle se trouve lorsqu'elle est ouverte. »

Comment concilier ces principes sur la
liberté indéfinie, qui peuvent augmenter
infiniment le droit d'*ainesse*, ou le réduire
à rien, avec ce qu'assure tout de suite
Basnage. « Le pere ne pourroit pas néanmoins, par une donation, ou par un
contrat de mariage, faire des avantages
aux puinés, au préjudice du droit de
primogéniture. »

Tout nous paroît singulier & contradictoire, dans les dispositions des coutumes, & dans les explications des auteurs qui les commentent. Comment peut-on dire, d'un côté « que les peres & meres sont les maîtres absolus de leurs biens, & qu'ils peuvent en changer la nature & la qualité, comme bon leur semble? » Comment peut-on assurer, de l'autre, que le pere ne pourroit pas, « par une donation, ou par un contrat de mariage, faire des avantages aux puînés, au préjudice du droit d'ainesse? » Est-ce donc qu'il seroit difficile à un pere de combiner de telle maniere, la disposition de ses biens, par des aliénations qui lui sont permises; que le résultat pour les puînés en seroit le même, que s'il disposoit par des donations & des testamens, maniere d'avantager qui lui est prohibée?

Rappellons que nous avons traité déja la question de savoir si l'aîné peut prendre deux préciputs, l'un dans les propres, & l'autre dans les acquêts; & celle de savoir comment l'aîné & les puînés procedent au partage des portions, qui leur sont respectivement contingentes? (Voyez *Accroissement*, n°. 6, & ci-dessus n°. 17.)

Bornons nous à quelques remarques sur quelques autres questions importantes.

L'aîné a le privilege d'être saisi, par la mort de ses pere & mere, de l'entiere succession, jusqu'à ce que les puînés lui demandent partage. *Art. 350.* (Voyez n°. 29.)

Le préciput ne passe point au fils, ni aux créanciers de l'aîné, qui n'a pas encore consommé son option : ils ont seulement le droit de concourir avec les puînés au partage qui se fait en ce cas par portions égales. (Merville, sur l'art. 345, pag. 341.)

« Quand il n'y a qu'un fief pour tout, en une succession, sans autres biens, tous les puînés ensemble ne peuvent prendre que provision du tiers à vie, sur ledit fief, les rentes & charges de la succession déduites. (*Ibid. art. 346, pag. 342.*)

Quelles inconséquences toujours renaissantes! là on favorise les aliénations, qui tendent à ramener l'égalité; ici on réduit tous les puînés à de misérables alimens. Que d'Argentré a bien raison d'appeller ces misérables cadets, dont les loix coutumieres se jouent aussi indignement, *alimentarios potius quàm heredes!*

L'aîné, après avoir fait option de fiefs par préciput, peut-il varier?

ARRÊT du parlement de Rouen, du . . . . . . en faveur de l'aîné, dans cette. . . . *Espece.* Le sieur de Mailloc eut trois enfans; l'aîné, encore mineur, étant mort, le puîné interpella son aîné de déclarer quelle terre il choisissoit pour préciput, en la coutume de Normandie, en celle de Picardie, ou ailleurs, & quels biens il prétendoit divisibles entr'eux, comme puînés de Charles leur frere aîné. Il répondit qu'il prenoit les terres de Mailloc & de Cailly, en leur intégrité, comme héritier de son pere & de son frere, offrit au puîné la provision à vie, & consentit qu'il prît sa part aux terres en Picardie, selon la coutume du lieu. Le puîné demanda qu'il expliquât plus précisément, qu'elles terres il prenoit en la succession du pere, & quelles terres il prenoit pour la succession du frere. L'aîné déclara que, n'y ayant d'autres biens en la coutume de Caux que la terre de Cailly, elle lui appartenoit entiere, comme représentant son aîné, sauf la provision à vie, qui seroit du sixieme, comme héritier de son pere; &, à l'égard des biens situés en la coutume générale, qu'il prenoit au droit dudit Charles la terre de Mailloc, sauf à partager entre lui & ledit Jacques les rotures, s'il y en avoit.

Le puîné soutenoit que l'aîné, ayant déclaré par deux actes qu'il prenoit les terres comme héritier de son pere & de son frere, ne pouvoit plus varier, mais expliquer simplement, laquelle il choisissoit comme héritier du pere, & laquelle il choisissoit comme héritier du frere. D'un côté, il invoquoit les *articles* 337,

338, 340 & 343; de l'autre, son intérêt étoit sensible, & consistoit en ce que, sur la terre qu'il prendroit comme héritier du pere, la provision due au puîné seroit du tiers entier, & non d'un sixieme; ou que les rotures lui appartiendroient entiérement, & non pour une moitié.

L'aîné disoit, qu'on pouvoit varier à la forme de l'art. 338, & que les choses, d'ailleurs, étoient entieres, puisqu'il ne s'agit que d'une explication demandée par le puîné. C'est une méprise de la part de son procureur, d'avoir dit que l'aîné prenoit les fiefs comme héritier de son pere & de son frere : tandis qu'il devoit dire, qu'il prenoit, les fiefs comme héritier de son frere, & part aux rotures comme héritier de son pere, ou qu'il prenoit les fiefs comme héritier de son frere, qui l'étoit de son pere. . . . La cour maintint l'aîné en la possession des terres de Mailloc & de Cailly, sauf les droits des puînés, suivant la coutume. (Basnage, Ibid. pag. 574.)

ARRÊT du parlement de Rouen, du 28 juin 1690. . . . Espece. La succession d'Adrien du Houlay fut partagée entre, François, Nicolas, Jean & Jacques du Houlay, écuyers, sortis de son premier mariage; Jacques, Alphonse & Adrien du Houlay, écuyers, enfans du second lit. L'aîné prit un fief par préciput; le reste, consistant en rotures, fut partagé entre les six puînés. Le partage de Nicolas consistoit en sa charge de conseiller en la cour, en rentes, & en héritages non nobles; il avoit encore part à la rente dotale de sa mere, qu'il avoit partagée avec ses trois freres, sortis du premier mariage. Après sa mort, sans enfans, on trouva qu'il avoit vendu tous ses propres, & qu'il avoit acquis le fief de Courson, & quelques autres rotures. Par les contrats d'acquisition des deux portions dudit fief il étoit déclaré que, des deniers qu'il payoit, il y en avoit 24700 l. qui provenoient de l'aliénation de son propre, voulant que les choses, par lui

retirées, tinssent pareille nature de propre. Les autres contrats ne portoient aucune déclaration.

Le fils du frere aîné fait sa déclaration, qu'il prend, par préciput, en la succession, le fief noble de Courson, circonstances & dépendances; aux termes de l'article 342 de la coutume de Normandie. Les puînés s'opposent & disent, que c'est un acquêt, & que suivant l'art. 308, les enfans des aînés, venans par représentation de leur pere, ne prendront aucun préciput dans les meubles, acquêts & conquêts en ligne collatérale, au préjudice de leurs oncles ou tantes: On soutient, au contraire, que le fief étoit dans le cas de l'article 342, qui dit que, s'il y avoit (dans la succession d'un des puînés mort sans enfans) aucun fief partagé avec les autres biens de la succession paternelle, sans avoir été choisi par préciput, avenant la mort de celui au lot duquel il est échu, l'aîné, ou ses représentans, succedent en ce qui est noble, & peut prendre le fief par préciput.

L'instance évoquée aux requêtes du palais; sentence, intervint le 2 août 1686, par laquelle le sieur de Courtonne, comme représentant l'aîné, fut maintenu, en la propriété du fief de Courson, jusqu'à la concurrence & au marc la livre du prix des propres aliénés du feu sieur du Houlay, à la charge seulement, en cas que cette terre se trouvât excéder la valeur d'iceux, de rapporter l'excédant au profit des sieurs d'Argouges & Consors; les opposans condamnés aux dépens & à la restitution des fruits perçus, ou qu'ils avoient empêché de percevoir. La cour confirma. (Arrêts notables du parlement de Normandie, pag. 126 & suiv. étant ensuite de l'esprit de la même coutume.)

La coutume de Normandie, depuis l'art. 304 jusqu'à l'art. 335, traite des successions collatérales. Le 318 porte que les freres partageront également, sauf le préciput appartenant à l'aîné : & l'art. 320 porte que les neveux & arriere-neveux succedent à leurs oncles & tantes, par têtes

têtes & non par fouches; tellement que l'un ne prend, *non plus que l'autre*, fans que les enfans des *ainés* puiffent avoir droit de préciput, à la repréfentation de leurs peres.

Bafnage dit, fur ce dernier article, que la difpofition n'en eft pas fuivie, « fi la fucceffion entiere échet à plufieurs neveux ou coufins, fortis d'une feule fouche : par exemple, fi Titius avoit plufieurs neveux, defcendant de fon frere, ou plufieurs coufins, fortis de fon oncle ; l'*ainé* pourra prendre un préciput ; l'*art.*318 ne faifant point de diftinction, de frere, oncle, ou coufin ; mais fon intention femble être, que toute fucceffion collatérale, échéant à des freres, foit partagée également, fans préjudice du préciput appartenant à l'*ainé*. Elle difpofe (la coutume) autrement en cet article de la fucceffion qui fe partage par têtes. »

L'annotateur de Bafnage obferve que « Pefnelle n'eft pas de fon avis fur cette queftion ; qu'il penfe que l'*ainé* ne doit point avoir de préciput, quand une fucceffion d'acquêts eft à partager entre des neveux, arriere-neveux & coufins, c'eft-à-dire, entre des parens qui font hors du premier degré, quoiqu'ils foient fortis d'une même fouche. » (Bafnage, *tom. 1*, *pag.* 529.)

Les deux articles de la coutume font obfcurs, & fur leur explication, Bafnage dit *oui*, Pefnelle dit *non*, & l'annotateur du premier ne dit *rien*. Dans de telles circonftances on prévoit bien fans doute que cette obfcurité, d'un côté, & cette variation de l'autre, ont dû donner lieu à des conteftations, & on ne fe trompe pas : mais l'ancien commentateur a triomphé du nouveau.

ARRÊT du parlement de Rouen, du 5 avril 1783. . . . *Efpece.* La fucceffion de la demoifelle Meraut eft à partager entre fes trois neveux, le fieur de Meraut, *ainé*, le chevalier & l'abbé de Meraut, puinés. Ceux-ci refufoient le préciput à celui-là, en difant : qu'il falloit moins confidérer la qualité de *frere*, commune

aux co-partageans, qualité qui les plaçoit au premier degré de la ligne collatérale ; que celle de neveux, fous laquelle ils venoient à la fucceffion de leur tante, à l'égard de laquelle ils étoient au deuxieme degré. Ils ajoutoient qu'en Normandie il n'y a ouverture au préciput de l'*ainé*, en ligne collatérale, au delà du premier degré. Le bailli de Caen, ayant accordé un préciput à l'*ainé*, la cour a confirmé fon jugement.

Orléans.

39. L'*art. 97* n'accorde à l'*ainé* qu'un feul manoir, dans la fucceffion du pere ou de la mere ; mais le choix qu'il a droit de faire dans l'une ou dans l'autre, n'eft confommé qu'après qu'elles font toutes les deux échues. Ainfi, fi, après avoir pris le manoir dans la fucceffion du prédécédé, il defire celui qu'il trouve dans la fucceffion du dernier mort, il peut le réclamer, en rapportant le premier, & en tenant compte à fes puinés des revenus qu'il en a retirés. (Lalande, *pag. 128*, *édit. de 1653.* Pothier, *pag. 225.*)

Les coutumes, de Montargis, *chap. 1*, *art. 24*, & de Dreux, *art. 3*, n'accordent, comme celle d'Orléans, qu'un feul manoir ; mais Lalande obferve après Dumoulin, « que les coutumes qui donnent à l'*aifné* un feul hôtel, en l'une des fucceffions, fe doivent référer aux enfans iffus de même mariage ; parce que s'ils font de divers lits, l'*ainé* d'entr'eux, peut prendre deux manoirs ; attendu que ce font deux hoiries différentes & féparées, où les héritiers en l'une, ne fuccedent pas en l'autre. » Ainfi donc, le fils *ainé* qui a pris un préciput dans la fucceffion de fon pere, en peut prendre un encore dans celle de fa mere remariée.

Paris.

40. Les *art. 13, 14, 15, 16, 17, 18, 19, 27, 310, 324, 326, 332 & 334*, traitent du droit d'*ainesse* : la prééminence de cette coutume mérite

une exacte, mais courte analyse des dispositions qu'ils renferment.

Les *art. 13 & 14* attribuent au fils *aîné* le *préciput*, & déterminent ce qui contribue à le former. Voyez *ce mot*.

L'*art. 15* donne encore à l'*aîné* les deux tiers des fiefs & héritages tenus noblement, & le tiers au puîné lorsqu'il n'y en a qu'un.

L'*art. 16* réduit l'avantage de l'*aîné* à la moitié des fiefs, lorsqu'il y a plusieurs puînés, qui, alors, partagent entr'eux l'autre moitié.

L'*art. 17* dit que, s'il n'y a qu'un fief, consistant seulement en ce qui forme le préciput, l'*aîné* le prend en entier, à la charge de la légitime, ou du droit de douaire coutumier, ou préfix, en faveur des autres enfans. S'il y a d'autres biens, le fief fait face au supplément de légitime, ou de douaire ; mais l'*aîné*, pour ne pas morceler le fief, a droit, en ce cas, de récompenser, à dire d'experts, les puînés de la portion qu'ils pourroient prétendre sur le fief.

L'*art. 18* attribue à l'*aîné* un arpent de terre pour préciput, lorsqu'il n'y a que des terres labourables dans la succession.

L'*art. 19* exclut les filles du droit d'*ainesse*, en succession directe & collatérale.

L'*art. 27* dit que, si, au moyen d'un fief, donné à l'*aîné* en avancement d'hoirie, il renonce à la succession, il n'y a point de droit d'*ainesse* entre les puînés.

L'*art. 310* dit aussi, que la portion de celui qui s'abstient, & renonce à la succession de ses pere & mere, accroît aux autres enfans héritiers sans droit d'*ainesse*. . . . Voyez sur ces deux articles nos explications, au mot *Accroissement*. (N°. *5, pag. 94, & suiv.*)

L'*art. 324* veut que les enfans du fils *aîné*, males ou femelles, représentent leur pere, quant au droit d'*ainesse*, dans la succession de leurs aïeul ou aïeule ; mais que, s'il n'y a que des filles, il n'y

ait point de droit d'*ainesse* entr'elles, dans la subdivision. . . . Il faut observer ici que, pour que le droit d'*ainesse* ait lieu entre mâles, dans la subdivision, les représentans doivent être héritiers de leur pere : en effet, la succession de l'aïeul étant considérée, en ce cas, comme la succession du pere, on ne peut avoir le droit d'*ainesse* qu'à titre d'héritier : c'est ce qui a fait que quelques coutumes appellent ce droit, *le droit hérédi- taire de l'aîné*. (Orléans, *art. 95*.)

L'*art. 331* porte que le droit d'*ainesse* n'a point lieu en ligne collatérale.

L'*art. 334*, enfin, qui détermine que les héritiers des meubles, acquêts & conquêts, d'un côté, & des propres de l'autre, contribuent aux dettes à raison de l'émolument, excepte de cette disposition « les *aînés* en ligne directe, qui ne sont tenus des dettes personnelles, en plus que les autres cohéritiers pour le regard de leur dite *ainesse*. »

Les réflexions que nous placerons à la fin de cet article, jetteront un plus grand jour sur les dispositions que nous venons d'extraire.

Périgueux.

41. « Ores que le pays de Périgueux n'ait aucune coustume escripte, & que le droit romain qu'il observe pour loi, n'ait onc eu cognoissance de ce droit de primogéniture, si lui est-il en usage aux mêmes prééminences & prérogatives que dessus. »

C'est ainsi que s'exprime Rouilliard, dans ses Reliefs forenses (*pag. 1122*) après avoir dit que le droit d'*ainesse* est presque universel par toutes les coutumes de France, qu'il cite en grande partie.

Poitou.

42. Le droit d'*ainesse* a lieu *entre nobles, au regard des choses nobles, tant en succession directe que collatérale*. Ces dispositions de l'*art. 289* ont déterminé l'exception portée par l'*art. 214*, qui, en permettant de disposer *de la tierce partie*

de son héritage, ne veut pas que *le châtel ou hôtel principal qui doit venir à l'aîné, fils ou fille, pour son droit d'AINESSE, choie en telle donation.* La prohibition est si formelle, que le donataire ne prend pas même, sur les autres biens, l'estimation du préciput qu'il est obligé de laisser à l'*aîné*. (Boucheul, tom. *1*, pag. 605.)

ARRÊT du parlement de Paris, du 9 avril 1726, qui juge que le droit d'*ainesse* de M. d'Estouy, conseiller au grand-conseil, dans la succession de la marquise de l'Hospital, sa mere, n'a pu recevoir d'atteinte par la donation entre-vifs & le testament qu'elle avoit faits au profit du sieur de Curzay, son puîné.

L'*art. 208* porte que, si les pere & mere, qui ont peu de propres, ont fait donation de tous leurs meubles & acquêts à l'un de leurs enfans, les autres, nonobstant cette donation, ont le choix de prendre le tiers des immeubles, tant propres qu'acquêts, ou de s'en tenir aux deux tiers du propre à eux délaissé.

ARRÊT célebre du parlement de Paris, du 16 juin 1682, qui juge qu'entre nobles, le préciput dû à l'*aîné* par l'*art.* 289, n'entre pas dans le tiers porté par l'*art.* 208, & doit être distrait avant que de prendre ledit tiers sur la masse des immeubles. La raison est, que ce préciput aux termes de l'*art.* 214, ci-dessus cité, n'entre pas dans le don des propres ; & qu'ainsi, appartenant à l'*aîné* à autre titre, & hors part, il faut par conséquent le distraire de la masse des immeubles. (*Journal des audiences, tom.* 3, *liv.* 4, *chap.* 29, *pag.* 270 & *suiv.*)

La maniere de contribuer aux dettes entre l'*aîné* & les puînés, a toujours donné lieu dans la coutume de Poitou à de grandes difficultés.

ARRÊT du parlement de Paris, du 2 juillet 1674, qui statue : « 1°. que l'*aîné*, fondé par la coutume dans le préciput & les deux tiers des biens nobles, doit payer les dettes *per viriles* & non

pro modo emolumenti ; en forte qu'il n'en doit pas payer plus que les puînés ; 2°. que, la mere tutrice ayant vendu une terre, & en ayant payé les créanciers, il est dû par les puînés récompense à l'*aîné*, pour ce qui a été payé des dettes au delà de sa portion virile ; 3°. que cette contribution *per viriles* n'est pas seulement pour les dettes mobiliaires, mais encore pour les dettes personnelles immobiliaires des contrats de constitution. » (*Journal des audiences, tom.* 3, *liv.* 1, *chap.* 11, *pag.* 34 & *suiv.*)

ARRÊT du parlement de Paris, du 28 août 1778, qui ordonne qu'il sera rapporté acte de notoriété des juges, avocats & procureurs du roi, & des avocats en la sénéchaussée de Poitiers, Fontenay-le-Comte & Niort, qui attesteront la maniere dont se fait la contribution aux dettes entre cohéritiers ; & l'usage qui se pratique entre l'*aîné* & les puînés, pour la contribution aux dettes pour les biens nobles, dans le cas où le mobilier & ces rotures sont insuffisans pour le paiement des dettes de la succession commune ; & si audit cas d'insuffisance, les dettes qui restent à payer sur les biens nobles, se contribuent entre l'*aîné* & les puînés cohéritiers *per viriles*, ou à raison de l'émolument des deux tiers que la coutume défere à l'*aîné*, & du tiers réservé au puîné ; & comment il est d'usage de faire ladite contribution, dans le cas où l'*aîné* ne contribuant que pour sa portion virile, celle des puînés dans les fiefs seroit absorbée par leur contribution par tête, au paiement desdites dettes.

ACTE DE NOTORIÉTÉ de la sénéchaussée de Poitiers, du premier février 1779, qui atteste qu'il est d'usage en Poitou, que la contribution aux dettes mobiliaires personnelles, & immobiliaires hypothécaires, se fait *per viriles ;* qu'il est également d'usage en Poitou entre nobles, & pour les biens nobles, dans le cas où le mobilier & les rotures sont insuffisans pour le paiement des dettes de la succession commune, que la contribution aux dettes, audit cas d'insuffisance, se fait aussi *per viriles*, entre l'ainé & les puinés; sans que l'ainé puisse être tenu aux deux tiers des dettes, quoique la coutume lui défere les deux tiers dans les biens nobles : & pour ce qui est de l'hypothese prévue par l'ARRÊT, de faire ladite contribution aux dettes, dans le cas où l'ainé ne contribuant que pour sa portion virile, le tiers des puinés dans les propres seroit absorbé par leur contribution par tête, au paiement desdites dettes; on ne peut à cet égard attester aucun usage, n'ayant pas connoissance que l'espece se soit présentée.

On nous a dit que l'ainé n'avoit pas attendu l'ARRÊT ultérieur, & qu'il avoit consenti à ce que ses puinés ne fussent pas dans la dure nécessité de mourir de faim.

Autres questions décidées par la jurisprudence :

ARRÊT du parlement de Paris, de 1619, qui juge que « les successions des filles qui ont renoncé en faveur des masles, se partagent également entre les masles sans droit d'ainesse, en la coutume de Poitou. » (Montholon, *arr. 133, pag. 290.*)

ARRÊT du parlement de Paris, du premier juillet 1647, qui décide « que la portion légitimaire appartenant à l'ainé dans la succession de ses pere & mere, a un privilege particulier, pour être par lui prétendue avant le paiement de la dot promise à sa sœur : la raison est, que comme un pere ne peut pas priver ses enfans de leur légitime, & par conséquent de leur droit d'ainesse, qui est la légitime de la loi, aussi ne peut-il en façon quelconque, la diminuer par une constitution dotale faite en faveur de sa fille; laquelle, constamment par nos coutumes, voulant venir à partage, doit rapporter ce qui lui a été donné en dot, ou se tenir à son don, la légitime réservée aux autres enfans. » (Soefve, *tom. 1, centur. 2, chap. 25, pag. 234.*)

Ponthieu.

43. Cette coutume est encore plus défavorable aux puinés, que toutes celles que nous avons parcourues jusqu'ici : l'ainé des mâles, & au défaut de mâles, l'ainée des filles a toute la succession *ab intestat*, soit en ligne directe, soit en collatérale. Les meubles comme les immeubles, les biens nobles, comme les biens en roture, lui appartiennent; à la charge, dans les successions directes seulement, d'un quint viager qui se partage entre les autres enfans; encore les portions de ceux-ci accroissent-elles à l'héritier, à la mort de chacun d'eux. (*Art. 1 & 15.*) Il y a même un cas, où les puinés sont privés de la petite ressource du quint viager, c'est quand le pere & mere ont fait donation entre-vifs de quelque héritage à l'ainé, alors les puinés n'ont absolument rien à prétendre sur cet héritage. (*Art. 61.*)

La coutume a tellement pris à cœur l'intérêt des ainés, qu'elle leur a comme substitué les quatre cinquiemes des propres, qui ne peuvent être aliénés ni hypothéqués que de leur consentement, ou par nécessité jurée, & suffisamment prouvée. (*Art. 19.*)

A l'égard de l'autre cinquieme des propres, ainsi que des meubles & acquêts, chacun peut en disposer au profit de qui bon lui semble, soit entre-vifs, soit à cause de mort, sans le consentement de l'ainé, ou héritier apparent; & c'est le seul moyen qu'ont les parens pour adoucir la rigueur de la loi, en faveur des puinés dont ils ont lieu d'être satisfaits. (*Art. 20.*)

La représentation n'a pas lieu dans la coutume de Ponthieu, ni en ligne directe, ni en collatérale, de maniere que si l'ainé meurt avant l'ouverture de la succession, ses enfans en sont totalement exclus, & le droit d'ainesse passe au second fils, & même à l'ainée des filles, s'il n'y a point de mâles. (*Art. 8.*)

La regle de l'unité d'héritier eſt inviolable en la coutume de Ponthieu.

ARRÊTS du parlement de Paris, du 26 juin 1597, & du 17 mars 1682, qui décident que les avantages faits par le conjoint décédé au conjoint ſurvivant, qui en perd la propriété par un ſecond mariage, appartiennent à l'aîné du premier mariage, à l'excluſion des autres enfans, tant du premier que du ſecond lit. On eut beau dire que cet avantage, ſuivant l'authentique *lucrum*, étoit un bénéfice de la loi, & non des parens, *lucrum hoc lege diſtribuitur, non voluntate parentûm diſtribuitur*, (C. de ſec. nuptiis,) & ſoutenir qu'il ne pouvoit, par cette raiſon, tomber dans les diſpoſitions de la coutume, l'aîné l'emporta. (Le Prêtre, *cent. 1, ch. 49, n°. 15, pag. 153. Journal des audiences, tom. 3, liv. 8, chap. 10, pag. 542.*)

Rheims.

44. Cette coutume, à bien des égards conforme à celle de Paris, n'admet point les filles au droit d'*aineſſe*, qui n'a lieu que dans les ſucceſſions directes, & qui dépend, non de la qualité des perſonnes, mais de celle des héritages qui doivent être nobles. (*Art. 41, 42 & 52.*)

Mais ſur le point de la repréſentation, la coutume de Rheims eſt plus conſéquente que celle de Paris : l'aîné prédécédé eſt bien repréſenté par ſes fils ; mais s'il n'a laiſſé que des filles, elles ſont exclues du droit d'*aineſſe* par l'aîné de leurs oncles, ou par ſes repréſentans mâles ; de maniere qu'elles n'ont que ce qu'auroit eu leur pere, s'il eut été puîné. (*Art. 50.*) La prérogative de l'aîné conſiſte à prendre ; 1°. le principal manoir, avec la baſſe cour & le jardin qui en dépendent, en chacune des ſucceſſions, de pere, mere, aïeul, aïeule, ou autres aſcendans ; 2°. la moitié des héritages nobles. L'autre moitié eſt partagée entre les puînés, de maniere cependant que chaque fille ne prend que la moitié de ce que prend un fils. (*Art. 42.*)

L'on voit par la diſpoſition de cet article, que, s'il n'y a que deux fils venant à la ſucceſſion, & point de filles, l'aîné n'a d'autre avantage ſur le puîné que le manoir, la baſſe-cour, & le jardin ; le reſte eſt partagé également entre les deux freres.

Mais comme l'eſprit de la coutume eſt d'avantager les mâles, & de leur donner au moins une portion double de celle des filles ; s'il n'y a qu'un fils & une fille venant à la ſucceſſion, le fils, outre le manoir & ce qui en dépend, prend les deux tiers des fiefs, & la fille l'autre tiers. (*Art. 47.*)

Dans tous les cas, l'aîné a le droit de retenir, parc clos de vigne, garenne fermée de murailles ou de foſſés, qui ſe trouvent près du manoir qu'il a choiſi, & qui ſervent à ſon embelliſſement ; à la charge d'en récompenſer les puînés en terres de fiefs, s'il y en a, ſinon en d'autres terres de la ſucceſſion, à la commodité des puînés, le plus que faire ſe pourra. (*Art. 46.*)

Il peut même prendre l'autre moitié du fief où eſt aſſis le principal manoir, en récompenſant les puînés dans l'an & jour de la ſucceſſion échue, en terres d'autres fiefs étant de la même ſucceſſion, & de pareille prééminence, valeur & commodité. (*Ibid.*)

Si dans la ſucceſſion il y a pluſieurs fiefs aſſis en divers bailliages ; ſavoir, l'un au bailliage de Vermandois, & l'autre au bailliage de Vitri, ou autre bailliage, le droit d'*aineſſe* ſe prend dans chacun des bailliages. (*Art. 49.*)

L'*art. 292*, qui permet à toute perſonne de diſpoſer par teſtament de la totalité de ſes acquêts, & de la moitié de ſes propres, au profit de qui bon lui ſemble, doit être entendu, de maniere que le droit d'*aineſſe* ne ſoit bleſſé en aucune maniere.

ARRÊTS du parlement de Paris, des années 1560, & mois de ſeptembre 1561, qui ont jugé que le partage fait par le pere, même du conſentement de l'aîné, ne pouvoit préjudicier au droit d'*aineſſe*.

(Buridan , fur l'*art.* 49 , n°. 1 ; *pag.* 86.)

ARRÊT du parlement de Paris, du....... Un aïeul maternel donne en faveur de mariage à fa petite-fille, fes principaux biens nobles : la mere, fille & unique héritiere du donateur, renonce à la fucceffion. Sans avoir égard à la donation, le préciput fut adjugé au fils *ainé* de la petite - fille donataire. (*Journ. du palais, tom.* 2, *pag.* 92, *aux arrêts fans date.*)

Saint-Quentin, Vermandois.

45. On a demandé « fi dans la coutume de Saint - Quentin, il eft permis à un pere noble qui n'a que des filles, de donner par donation entre - vifs à fa fille puînée, tout ce que l'*ainée* pouvoit prétendre dans les fiefs, fuivant la coutume : ou fi c'eft un droit d'*ai-neffe* que la loi donne irrévocablement aux *ainés*, mâles, ou femelles ? . . . Si , la coutume de Saint-Quentin ne s'expliquant pas nettement fur ce fait-là, on doit avoir recours à la coutume de Vermandois? »

ARRÊT du parlement de Paris, du 22 avril 1686 , après partages, qui décida que le pere avoit pu donner. (*Journal du palais, tom.* 2, *pag.* 596.)

L'*art.* 33 de la coutume locale de Saint-Quentin, accordoit à l'*ainé*, ou à l'*ainée*, la totalité des fiefs, fauf le quint pour les puînés ; mais lors du procès-verbal, on trouva cet article déraifonnable, & mériter réformation; on indiqua en conféquence une affemblée, qui fe trouva trop peu nombreufe, ce qui détermina les commiffaires à renvoyer en la cour pour y ftatuer ; mais la chofe demeura indécife.

L'*art.* 5 de la coutume de Vermandois , porte que « pere & mere, aïeul, ou aïeule , peut donner à l'un de fes enfans, non venant à fucceffion, telle partie de fes biens, meubles, & immeubles, d'acquêts ou de naiffant, qu'il lui plaira , & l'avantager pardeffus fes autres enfans, réfervant toutefois à iceux leur légitime, felon la RAISON ÉCRITE. »

Remarquons en paffant ces termes, *raifon écrite* ! les rédacteurs coutumiers n'ont pu s'empêcher de rendre ainfi un hommage effentiel à la compilation des loix romaines.

Mais revenons , & difons que l'*art.* 52 de la coutume de Vermandois , en permettant indiftinctement de donner & d'avantager un puîné, pardeffus l'*ainé*, laiffe , par-là , bien évidemment à un pere la liberté de retrancher les droits d'*aineffe*. Or , d'après l'état d'indécifion où on eft refté fur l'*art.* 33 de la coutume locale de Saint - Quentin, il faut fe régler par la coutume générale de Vermandois. En effet : un ACTE DE NOTORIÉTÉ des deux fieges, de Laon & de Saint-Quentin, rendu enfuite d'un ARRÊT interlocutoire, du 15 juin 1684, attefte « qu'autant de fois qu'il s'eft préfenté quelque queftion, non réglée par la coutume locale de Saint-Quentin, on a toujours eu recours à la coutume de Vermandois, comme générale. »

Sédan.

46. Cette coutume a une difpofition tout-à-fait finguliere : prefque toutes les autres coutumes, en effet, n'accordent un préciput, & une portion avantageufe, qu'à l'*ainé* ; & celle-ci accorde un préciput aux puînés, à proportion du nombre des fiefs.

« En feigneuries & terres féodales, le fils *ainé* aura & prendra, par préciput, & hors part, le principal châtel ou maifon forte, & feigneuriale, pour fon droit d'*aineffe*, & en partage moitié des terres & feigneuries nobles. Le fecond fils, femblablement aura le fecond châtel, place, ou maifon forte, par préciput, & ainfi des autres fils fucceffivement, fi tant y a de places, châteaux, ou maifons fortes en la fucceffion : & quant à l'autre moitié des terres féodales & feigneuries, revenus & dépendances d'icelles, qui feront de fiefs, elle fe partira également entre les puînés ; & s'il y a filles, un fils en prendra autant que deux filles. » . . . Excellente recette pour peupler les cloîtres, lorsqu'on admettoit l'enfance à y faire profession. Aujourd'hui que deviendront les filles dans de telles coutumes ? . . . .

Senlis.

47. L'*aîné*, dans les successions qui consistent en fiefs, prend les deux parts (*les deux tiers*) outre son préciput : mais il n'y a aucune prérogative d'*aineffe*, quand, dans une succession, il n'y a que *terres & héritages roturiers. (Art.* 126 *&* 133.*)*

ARRÊT du parlement de Paris, du 14 avril 1654, qui juge, conformément aux dispositions de l'*art.* 26, que l'*aîné* doit avoir ses deux parts des fiefs, & son préciput sans diminution : en conséquence, « qu'un aïeul & aïeule ne peuvent, par donation entre-vifs, faite à la fille de leur puîné, d'une notable somme de deniers, à prendre sur tous leurs biens, après le décès du dernier mourant d'eux, diminuer ou bleffer le droit d'*aineffe*, qui doit appartenir à leur fils *aîné*, en leur succession. » (*Journ. des audiences, tom.* 1, *liv.* 7, *chap.* 38, *pag.* 577.*)*

Ricard, qui cite ce même arrêt dans son commentaire sur la coutume de Senlis, en rapporte un autre du 24 mars 1665, qui décida dans la coutume de Mont-Didier, que le droit d'*aineffe* n'avoit pu être diminué par la dot de la sœur ; il ajoute : « Il faut néanmoins remarquer que, si le pere avoit donné à un *étranger* ; la légitime de son *aîné*, ne seroit que la moitié du préciput, & la moitié des deux tiers. Il en seroit de même si la légitime étoit liquidée à l'égard des créanciers. » (Ricard, *tom.* 2, *de ses Œuvres, pag.* 36, *édit.* 1754.).... Que le droit d'*aineffe* soit diminué, au préjudice des créanciers! si la loi est connue, il est juste qu'elle soit suivie. Mais ce qu'il y a d'inconcevable, c'est qu'il ne soit pas permis à un aïeul

de donner la moindre chose à sa petite-fille, au préjudice de l'*aîné*, qui a droit de faire annuller la donation; tandis qu'il est permis à ce même aïeul de donner à un étranger, & de diminuer par-là le droit d'*aineffe* à concurrence de la moitié. Un *étranger* est donc bien plus digne de faveur en pays coutumier que de misérables *puînés*, que les *enfans de la maison !*

Quelques auteurs qui cherchent à justifier les loix coutumieres, ont cru pallier ce qu'elles présentent de révoltant dans les dispositions qui permettent à un pere de préjudicier au droit d'*aineffe*, en faveur des *étrangers*, & non pas en faveur de ses *enfans*. Ils ont donc dit, que ceux-ci étoient placés dans la prohibition, & non ceux-là, parce qu'il est plus ordinaire de voir préférer des puînés à un *aîné*, que des étrangers.... Raison admirable ! est-ce qu'un pere, qui veut donner atteinte au droit d'*aineffe*, & se livrer à sa prédilection pour un puîné, n'aura pas toutes les facilités nécessaires au succès de son projet, dès qu'il peut éluder la loi, en choisissant un étranger affidé, qui prêtera son nom, & servira de voile pour légitimer des libéralités, autrement prohibées ? La loi commence par outrager la nature, pour parvenir à un but qu'il est évident qu'elle n'atteindra jamais ; la loi est-elle réfléchie ?

Sens.

48. « Le fils *aîné* âgé de dix-huit ans & un jour ; & en faute de mâle, la fille *aînée*, âgée de quatorze ans & un jour, peuvent prêter la foi & hommage pour leurs autres freres & sœurs, non mariés, lesquels en ce faisant, seront quittes du profit de rachat. » (*Art.* 220.)

Ces dispositions à l'égard de la fille *aînée*, sont particulieres à cette coutume, & à celle de Montargis. (*Chap.* 1, *art.* 2.) Dans les autres, telles que Paris, *art.* 35; Meaux, *art.* 140, &c. il n'y a que les *aînés* mâles qui aient le droit de pouvoir reprendre pour leurs freres & sœurs puînés.

Voyez *Acquit*, & les autres mots que nous y citons.

Touraine, Loudunois.

49. Les rédacteurs de ces deux coutumes, qui ont entre elles les plus grands rapports, paroissent avoir pris plaisir de procurer aux *ainés* nobles les plus grands avantages, & par conséquent le plus triste sort aux puînés.

Nous avons déja vu, (*n°. 13*) qu'elles étoient du nombre de celles qui faisoient participer les filles au droit d'*ainesse*. Analysons à présent les avantages qui sont communs à ces enfans de l'un & de l'autre sexe, que l'ordre de leur naissance rend si privilégiés.

L'*ainé* ou l'*ainée* prennent d'abord tous les meubles, à la forme des *art. 260 & 274* de la coutume de Touraine, & *3 du tit. 27*, de celle de Loudunois. Cette derniere explique plus précisément en quoi consiste le préciput du mobilier, « esquels meubles font comprins les deptes personnelles, arrérages de rentes deues au deffunt au temps de son décès, & aussi les deniers des choses immeubles acquises par ledit deffunt, subjettes à retrait conventionnel ou coutumier, retraites dedans le temps de la grace, ou dedans le temps de la coutume du pays, qui est dedans l'an & jour de la vendition, ou de la possession prinse par l'acquéreur desdites choses, si autrement ledit deffunt n'en avoit disposé de son vivant. »

On peut assurer que la disposition de ces coutumes, quant aux meubles, forme un réglement inconséquent. Il tire son origine du *chap. 8* des établissemens de St. Louis, *tuit li meubles seront à l'ainé*; & il avoit été adopté dans la plupart des coutumes : mais on reconnut bientôt que les meubles qui garnissent la maison féodale ne participent en rien à la nature du fief; aussi, par-tout ailleurs, on restraignit le préciput au principal manoir.

L'*ainé* ou l'*ainée* nobles prennent en-core « les *deux parts*, tant en fief qu'en roture des choses demourées desdites successions directes avec l'advantage, qui est le châtel noble estant en fief, & la pourprinse d'icelui, avec une foi & hommage, si elle y est, sinon *un arpent* de terre, ou cinq sols de rente au choix dudit *ainé*, ou son représentant; & le cheze, qui est *deux arpens* de terre environ ledit hostel. » (*Tour. 260*.) Ils prennent « les *deux parts* des choses héréditaux demourées desdites successions directes, avec l'advantage, qui est le maître hostel ou manoir, & la pourprinse d'icelui, avec une foi & hommage, si elle y est; & sinon, *une septerée* de terre, ou cinq sous de rente; & le cheze, c'est à savoir, de terre, le vol d'un chapon environ ledit hostel. » (*Lodun. tit. 27, art. 4.*)

L'*ainé* ou l'*ainée* ont enfin la portion des puînés décédés sans héritiers, après qu'il a été procédé au partage des successions communes. (*Tour. art. 263, 279, 282. Loud. tit. 27, art. 7, 22, 23.*) Nous avons déja dit quelque chose de ce droit, soumis à-peu-près aux mêmes regles que le tiers héréditaire des coutumes d'Anjou & du Maine, sous le mot *Accroissement, pag. 90 & 91.*

« L'*aisné* noble, pour le droit qu'il prend plus que ses puisnés, est chargé de faire les foi & hommage, & garantir en franc *parage* sous son hommage, à ses puisnés leur tierce partie franche de tout devoir féodal, ordinaire, due pour raison dudit hommage, en retenant à soi les deux parts du fief durant ledit *parage*, qui dure jusques à ce que la lignée issue desdits *ainés* & puisnés se puisse prendre par mariage, qui est du quart au quint degré : mais lesdits puisnés contribueront pour leur regard avec ledit *aisné*, aux charges du ban, arriere-ban, & loyaux aides. » *Art. 264* de la coutume de Touraine. L'*art. 9 du chap. 27*, de celle de Loudunois, a des dispositions à-peu-près semblables.

Pour l'intelligence de tout ceci, il faut savoir

favoir que le *parage* eſt une tenure ou les *aînés* & les puînés ſont *pairs*, & poſſedent leurs parts dans les fiefs, auſſi noblement les uns que les autres : *Pares ſunt in honore & titulo, tanquam conſortes, concurrentes cum primogenito, non tanquam ſubditi & dependentes.* (Molinæus, *tom. 1, pag. 272, col. 1, n°. 21.*) Afin que les fiefs ne ſoient point diviſés, l'*aîné* dans cette tenure, ou ſes deſcendans garantiſſent les puînés & leurs deſcendans ſous leur hommage envers le ſeigneur, tant que le parage dure. Les puînés ne doivent à l'*aîné* que le dénombrement de leurs portions, afin qu'il fourniſſe l'aveu général au ſeigneur dominant.

Quand le parage eſt *failli* (ce qui arrive, entr'autres, lorſque les deſcendans reſpeſtifs de l'*aîné* & des puînés peuvent ſe marier entr'eux ſans diſpenſe) les puînés ne ſont plus *pairs* de l'*aîné* : « hommage deu par parage *failli*, ſe doit faire au parageur immédiat, tel qu'icelui parageur fait à ſon ſuzerain. » (*Tour. art. 127. Loudun. chap. 27, art. 19.*)

Il réſulte de ces explications, que le parage devint une des ſources les plus fécondes des arriere-fiefs ; en effet, dès que le parage, en prenant fin formoit des portions cadettes, autant de ſous-fiefs de la portion *aînée*, cela dut multiplier les arriere-fiefs.

Les hauts ſeigneurs s'appercevant que les tenures en parage relevant tôt ou tard des *aînés*, ne donnoient plus ouverture aux divers droits en faveur de leurs fiefs dominans, ſe donnerent les plus grands mouvemens pour en prévenir les démembremens. Eudes, duc de Bourgogne ; Renault, comte de Boulogne ; le comte de Saint-Paul, Guy de Dampierre, & pluſieurs autres ſeigneurs déterminerent donc l'abolition du parage dans leurs terres, & engagerent Philippe-Auguſte à faire rédiger cette convention ſous ſes yeux, & de l'avis de ſon conſeil. Auſſi fut-elle publiée au nom de ce monarque, le premier mai 1209 : date que lui

donne M. de Lauriere, dans l'édition qu'il en a mis au jour, à la tête de ſon *Recueil des Ordonnances du Louvre* : c'eſt auſſi celle que lui donne Brodeau, qui la rapporte, dans ſon *Commentaire ſur la Coutume de Paris (tom. 1, pag. 124.)*

On a agité long-temps la queſtion de ſavoir, ſi la charte de 1209 avoit fait loi dans le royaume ? mais il nous paroît que les conteſtations élevées à ce ſujet ont été peu réfléchies, puiſque les articles cités des coutumes de Touraine & de Loudunois prouvent que le parage n'a pas été totalement détruit en France : il exiſte d'ailleurs encore dans d'autres contrées, ainſi que le démontrent les diſpoſitions des coutumes d'Anjou, *art. 63, 201, 212; &c.* du Maine, *art. 72, 216, 219, 227; &c.* de Blois, *art. 69 ;* de Poitou, *art. 17, 95, 99;* Angoumois, *art. 20 & 26;* de Saintonge au ſiege de Saint-Jean-d'Angely, *art. 30 ;* enfin, de Bretagne, *art. 330.*

Quoi qu'il en ſoit, cette charte remédia à l'abus dans pluſieurs lieux : ainſi, par exemple, les coutumes de Senlis, Valois, Amiens, &c. ordonnerent que les puînés ne releveroient qu'une ſeule fois de leur AINÉ, & qu'enſuite ils retourneroient à l'hommage du ſeigneur ſuzerain. Quelques autres, comme celle du Perche, *art. 62 & 63;* de Troyes, *art. 14;* de Mantes, *chap. 1, art. 5;* de Laon, *art. 159;* de Châlons, *art. 167;* de Rheims, *art. 115;* de Clermont, *art. 82;* laiſſerent aux puînés le choix de relever du ſeigneur féodal, ou de tenir leurs portions en parage de leur *aîné*, qui les acquitteroit de la foi pour le tout envers le ſeigneur commun. Enfin, ailleurs le parage fut entiérement rejeté ; comme, par exemple à Paris, où, en vertu des diſpoſitions de la coutume, tant ancienne que réformée, toutes les portions du fief partagé, échues aux puînés, relevent du ſeigneur immédiat, comme avant le partage.

On peut même dire que le droit établi à cet égard par la coutume de Paris, forme le droit commun du royaume : en effet, il y a deux ARRÊTS du parlement de Paris, l'un de l'année 1687, & l'autre du premier juin 1707, qui rejettent le parage établi dans un partage fait dans le reſſort de la coutume de la Rochelle, quoiqu'il ſoit voiſin de celui des coutumes d'Angoumois & de Poitou, où le parage eſt admis. Voyez *Chambellage*, *Démembrement*, *Fief-bourſal*, *Frérage*, *Miroir-de-fief*, *Parage*, *Parageau*, *Parageur*, *Port-de-fief*, &c. ainſi que la plupart des mots cités à la fin de la *diviſion 18*, *pag. 697*.

Troyes.

50. Cette coutume a cette diſpoſition ſinguliere, que pour être noble, il « ſuffit que le pere, ou la mere ſoit noble; poſé que l'autre deſdits conjoints ſoit non noble, ou de ſerve condition. » *Art. 2.*

ARRÊT du parlement de Paris, de l'année 1599, qui confirme le teſtament de la nommée Duval, noble d'extraction, qui, enſuite des lettres obtenues du prince, avoit inſtitué ſon fils ſon héritier, à la charge de porter ſon nom, & non pas celui de ſon pere, roturier, *de peur que la honte & le déshonneur de ce mariage ne demeurât*. Les parens paternels furent déboutés de l'oppoſition formée à ces lettres. (*Mornacius*, *ad lib. 37, D. de leg. & ſenatûs-conſ. tom. 2, pag. 53.*) L'auteur obſerve que les lettres étoient ſurabondantes, d'après les diſpoſitions préciſes de la coutume : *Fruſtrà impetraſſe diploma in hoc ipſum à principe, cùm conſuetudo Tricaſſium de quâ agebatur, ſtatuat jure ſingulari; nobilitatem conferri liberis tam à matre ipſâ quàm à patre.*

La coutume de Troyes n'eſt pas moins ſinguliere ſur la qualité des biens, ſujets au droit d'*aineſſe*, que ſur la qualité des perſonnes qui peuvent y prétendre en vertu de leur *nobleſſe*. Elle n'autoriſe le préciput que pour les fiefs, & non pour les francs-aleux nobles, ce qui eſt

contraire au droit commun, qui met ſur la même ligne ces deux eſpeces d'héritages. Il eſt bien vrai que la coutume n'exclut pas préciſément le franc-aleu noble, mais ſeulement le franc-aleu pris en général. (*Art. 14.*) Mais la juriſprudence a décidé que le franc-aleu noble étoit, ainſi que le roturier, compris dans la prohibition indéterminée.

ARRÊT du parlement de Paris, du 28 mai 1546, au profit de M. le préſident de Longueuil, à cauſe de ſa femme, qui, après une enquête par Turbes, ordonnée par un premier ARRÊT, prononce que la terre de Nozay, qui étoit en franc-aleu noble, ſera partagée ſans prérogative d'*aineſſe*. (*Le Grand, tom. 1, pag. 51.*)

Ainſi le droit d'*aineſſe*, eſt reſtreint aux ſeuls héritages tenus en fief; il l'eſt auſſi aux ſeules ſucceſſions directes, & n'a pas lieu à l'égard des filles : elles ne repréſentent pas même leur pere au droit d'*aineſſe*, quand elles concourent avec un oncle, frere germain de leur pere, & n'ont, dans ce cas, que la portion d'un fils puiné. (*Art. 14, 15 & 92.*)

Nous traiterons ſous le mot *Préciput*, de l'étendue des bénéfices qui en réſultent pour l'*ainé* dans la coutume de Troyes. Ils ſont très-conſidérables, & le dédommagent abondamment de la privation d'une *portion avantageuſe*.

Nous avons ſouvent dit que, le droit d'*aineſſe* dérivant des diſpoſitions de la loi, & non de celles de l'homme, un pere ne peut y déroger en aucune maniere : cependant il y a des cas où on maintient les ſubſtitutions qu'il a pu faire; par exemple, lorſqu'en conſidération de ces ſubſtitutions, il laiſſe à l'*ainé* de plus grands avantages que ceux que la coutume lui aſſuroit. Dans ces circonſtances on confirme l'acceptation qu'il a faite de ces avantages, à la charge des ſubſtitutions; & ſes héritiers de droit ſont non recevables à l'attaquer : voici à ce ſujet un préjugé remarquable :

ARRÊT du parlement de Paris, du 23 juillet 1644. . . . . *Eſpece.* M. Colbert de

Villacerf, fecretaire du roi, demeurant à *Troyes*, avoit fix fils, & un petit-fils, Édouard, repréfentant fon pere, l'*ainé* de fa famille, qui avoit auffi laiffé des filles. Il donne à ce petit-fils tous fes meubles, acquêts, & conquêts, & le tiers de fes propres; à la charge, toutefois, que, fi fes oncles vouloient lui délaiffer la terre de Villacerf, fituée en la coutume de *Troyes*, & la feptieme partie de tous fes biens, pour être partagés entre lui & fes fœurs, le legs demeureroit nul; & auffi à la charge qu'il ne prendroit dans les fucceffions paternelle & maternelle, autre préciput & droit d'*aineffe* que cette terre de Villacerf. Le teftateur après avoir ainfi réglé le préciput de fon fils *ainé*, ou de fa repréfentation, ordonne que, s'il venoit à décéder fans enfans mâles, la terre de Villacerf, appartiendra à M. Colbert de St. Pouange, fon fecond fils. Publication du teftament, & déclaration des fix puînés qu'ils laiffent à Édouard, leur neveu, la terre de Villacerf, & la feptieme partie des biens, pour être partagés conformément à la difpofition du pere & grand-pere, acceptée par les tuteurs, de l'avis des parens: partage de l'autorité des requêtes du palais. Édouard décede, après avoir joui trois ans de la terre de Villacerf; procès. La cour juge que la fubftitution eft ouverte au profit du fieur de Saint-Pouange, & que les fœurs d'Édouard étoient non recevables, & mal fondées à la débattre, parce qu'il étoit conftant que le teftament étoit utile & avantageux à leur frere défunt, malgré la charge de la fubftitution, puifque la terre de Villacerf, excédoit vingt & trente fois fon préciput, & droit d'*aineffe*; & qu'ainfi s'il eût vécu & eût laiffé des enfans, ni lui, ni eux n'auroient fongé à attaquer la fubftitution. En pareille matiere, on ne confidere pas la léfion du côté des collatéraux; on ne balance que l'intérêt du mineur, fans s'occuper de fes héritiers, quoi qu'ils fouffrent, par événement, d'un réfultat,

qui auroit été avantageux au grevé de fubftitution, qui feul mérite les regards de la juftice. C'eft auffi la décifion de l'AR-RÊT vulgairement dit *des Guyots*, du 14 août 1611. (Louet & Brodeau, *lettre* E, *fom. 7, n°. 19, pag. 672 & 673.*)

Vexin - François.

51. Il n'y a point de coutume particuliere pour ce petit pays qui eft enclavé dans différentes coutumes, telles que celles de Paris, de Senlis, & de Clermont; ainfi ce qu'on appelle l'*ufage du Vexin*, n'eft autre chofe que la loi qu'il a plu à quelques feigneurs d'impofer à leurs vaffaux, comme, par exemple, de payer le relief à chaque mutation, même en ligne directe.

Les difpofitions de l'*art.* 35 de la coutume de Paris, qui porte que « le fils *ainé* en faifant la foi & hommage au feigneur féodal, acquitte fes fœurs de leur premier mariage, tant de foi, que du relief où il eft dû relief, &c. » ne s'appliquent point aux fiefs du *Vexin-François.* C'eft ce qu'il faut conclure d'un ARRÊT célebre du parlement de Paris, du 26 août 1608, qui jugea que le relief étoit dû pour le premier mariage, pour le fief de Gournay, tenu & mouvant aux us & coutumes du *Vexin*, de la feigneurie de Baillet; & en conféquence condamna maître Jacques du Quefnel, à caufe de demoifelle de Piennes, fa femme, à payer ce relief. C'eft ce qu'il faut conclure du fentiment de la plupart des auteurs, tels que Tronçon; Tournet, Ricard & Brodeau. Voyez entr'autres la differtation de ce dernier auteur fur le *Vexin*, tant *François* que *Normand*, dans fon commentaire fur l'*art.* 3, de la coutume de Paris, *pag.* 55 & *fuiv.*

« Il y a des fiefs fitués en la prévôté de Paris, hors l'étendue du Vexin, qui, néanmoins, fe gouvernent felon la coutume & ufage du Vexin, efquels le droit de quints eft inconnu; mais eft du relief en toutes mutations, même en uccession & donation en ligne directe & ascendante, *& pour un premier mariage :* ce qui ne fait pas néanmoins que, si en une même succession il se trouvoit deux fiefs situés dans la prévôté & vicomté de Paris, l'un dans le Vexin, l'autre hors le Vexin, *l'aîné* eût droit de demander *son préciput en l'un & l'autre*, quoique les fiefs du Vexin se partagent comme les autres, *parce que ce n'est en effet qu'une même coutume, & bailliage ou prévôté.* Et de fait, Dumoulin tient que le Vexin n'est pas proprement une coutume, ni un droit coutumier, & que le droit & usage d'y payer relief à toutes mutations, ne se peut pas exercer, demander, ni exiger, par l'autorité publique, d'une coutume & loi municipale ; *mais est un droit particulier, singulier, privé, & local,* introduit en faveur d'aucuns seigneurs, sur de certains fiefs qu'ils ont autrefois baillés, & en ont investi leurs vassaux, sous cette charge & condition expresse de relever à toutes mains ; auxquels droits la coutume, soit ancienne, ou nouvelle & réformée n'a point voulu déroger, &c. » (*Ibid. pag. 56.*) Voyez *Vexin,* où nous examinerons l'opinion isolée d'un commentateur de la coutume de Paris, qui dit, que même dans le Vexin le relief n'est point dû pour le premier mariage.

Vitri - le - François.

52. Les *art. 46, 53 & 55,* de la coutume de Vitri, ne s'expliquant pas bien clairement sur le point de savoir si le droit *d'aînesse* a lieu pour les fiefs, dans les successions roturieres ; il y a eu, à ce sujet, une contestation sérieuse.

On disoit, d'un côté, « que, suivant l'usage général de la Gaule Belgique, dans les limites de laquelle est la coutume de Vitri-le-François ; le partage des fiefs se fait avec préciput & avantage pour les *aînés,* dans les successions roturieres, aussi-bien que dans les successions nobles ; & que c'est une loi commune entre toute sorte de personnes indifféremment, de quelque condition qu'elles soient. L'*art.* 147 de la coutume de Vermandois, le 42 de la coutume de Rheims, le 150 de Châlons, y sont précis & décident indéfiniment sans distinction de nobles ou de roturiers ; qu'en succession de pere ou mere, délaissant des fiefs, il y a préciput en faveur de *l'aîné.* On peut même dire que cette disposition est générale par toute la France, & forme une espece de droit commun : car, sans parler de Paris, capitale du royaume, qui en dispose de la même sorte en ses *articles,* 15, 16 & 17; il y a encore celle de Mantes *art.* 1, Senlis 126, Clermont en Beauvoisis 82, Valois 57, Amiens 39, Montreuil 4, Chauni 70, Boulogne 63, Orléans, & plusieurs autres où le partage des fiefs avec préciput pour l'*aîné,* est reçu, tant entre les personnes roturieres que nobles. »

On répondoit que les articles de la coutume de Vitri cités, ne présentoient aucune obscurité ; que la raison qui avoit fait établir parmi les nobles le droit d'*aînesse,* pour ne pas affoiblir leurs familles, & les rendre recommandables aux yeux du peuple, cessoit vis-à-vis des roturiers, qui doivent partager les biens de leur pere & mere, également sans distinction de sexe ni de qualité des biens ; que les coutumes de Troyes, *art. 14,* & de Chaumont, *art. 8 & 13,* voisines de celle de Vitri, & rédigées dans le même temps, & par les mêmes commissaires, n'admettoient le droit d'*aînesse* que dans le cas des successions de gens nobles. On disoit enfin que « n'y ayant rien de plus naturel, ni de plus conforme à l'équité, que l'égalité dans les partages, on ne doit envisager le préciput que comme un droit exorbitant, rigoureux & étroit, dont l'extension est plus odieuse que favorable ; ce qui a fait dire à Dumoulin, sur l'*art.* 301 de la coutume du Bourbonnois, conçu en mêmes termes que le 55 de celle de

Vitri : *Cùm jus præcipuè fit ftrictum & exorbitans locum non habet extra cafum & perfonas à confuetudine expreffas.* »

ARRÊT du parlement de Paris, du 16 mars 1678, rendu en forme de RÉGLEMENT, qui ordonne l'égalité du partage des biens féodaux, & juge conféquemment que le droit d'*aineffe* n'a pas lieu entre roturiers, même pour cette efpece de biens. (*Journal du palais, tom. 1, pag. 878 & fuiv.*)

L'*art. 99* défend à toutes perfonnes d'*avantager, par legs teftamentaires, ou autrement, l'un de leurs enfans plus que l'autre*, à peine de nullité des difpofitions.

Cette peine n'auroit pas lieu, fi les avantages étoient faits de confentement des freres & fœurs du légataire, &c. mais dans le cas même où ce confentement auroit précédé, le légataire feroit tenu, s'il vouloit venir à la fucceffion, de conférer, & rapporter fon legs, &c.

En cherchant ainfi à maintenir l'égalité, qui pourroit être enfreinte par les difpofitions de l'homme, la coutume, elle-même, n'a pas craint de la bleffer, en déterminant les plus grands avantages en faveur de quelques-uns des enfans, au préjudice des autres. En effet, indépendamment du droit d'*aineffe*, elle établit des préciputs pour les puînés, un droit de mafculinité qui emporte, en faveur des mâles, une portion double de celle des filles, dans les fiefs & franc-aleux nobles : & tous ces droits ne font point fujets à rapport, pour ce qui excede la portion héréditaire de chaque fœur.

Arrêtés de M. de Lamoignon.

53. Le droit d'*aineffe*, qui, dans fon origine, réduifoit les puînés à vivre d'induftrie, & fous la dépendance de leur AINÉ (*Vives in gladio & fratri tuo fervies*) fut bientôt réduit aux juftes bornes qu'il devroit avoir dans les familles ordinaires, c'eft-à-dire, à une double portion dans les biens des pere & mere

(*cuncta duplicia.*) Les raifons de politique qui maintinrent ce droit à l'égard des fucceffions aux trônes dans toute fon étendue primitive, ceffant, en effet, dans les fucceffions particulieres, Rome fit bien de ne pas l'adopter pour celles-ci ; & nous avons bien fait auffi de fuivre cet exemple, dans nos pays régis par le droit écrit. Les rédacteurs de nos conftitutions coutumieres ont penfé différemment ; mais la preuve que leurs vues à cet égard, n'ont point été dirigées par des principes raifonnables, c'eft qu'ils ont prefque tous établi des regles différentes, & le plus fouvent contradictoires.

Cette diffonance & cette contrariété ont frappé dans tous les temps nos jurifconfultes les plus célebres, & nos magiftrats les plus éclairés & les plus équitables. On s'efforça donc d'établir une uniformité fur ce point, comme fur tous les autres, de notre légiflation, dans les conférences tenues en préfence, & fous la direction de M. de Lamoignon. Examinons le réfultat de ce travail, fur les effets du droit d'*aineffe*, après avoir rapproché les détails, dans lefquels nous fommes entrés, fur le titre & la qualité d'*ainé*.

Celui, de deux jumeaux, qui naît le premier eft l'*ainé* : (*n°. 6.*) Le même titre eft acquis au premier fruit du premier mariage. (*N°. 7.*)

L'enfant légitimé par lettres du prince, ne peut acquérir le droit d'*aineffe*, au préjudice de l'enfant légitime. Celui qui eft légitimé par le mariage fubféquent de fon pere & de fa mere, qui n'ont point d'enfans légitimes d'un autre mariage, eft l'*ainé* de fes freres, nés après la légitimation : il n'en eft pas de même de celui qui n'eft légitimé qu'après que le pere a eu des enfans, d'un mariage contracté dans l'intervalle qui s'eft écoulé entre fa naiffance & fa légitimation. Cependant il eft confidéré comme *ainé*, s'il n'y a eu que des filles du mariage intermédiaire ; parce que la mafculinité prévaut dans tous les cas, même dans celui de la légitimation, par la bonne foi de l'un des conjoints, (*n°. 8,*) même dans celui d'une méprife originaire dans les fexes. (*N°. 14.*)

Le fils né avant l'époque où fon pere eft invefti d'une baronnie, avec claufe de future fucceffion, & prérogative d'*aineffe*, lui fuccede dans cette baronnie, préférablement à l'enfant qui naît le premier après l'inveftiture. (*N°. 10.*)

Le furieux, celui qui eft dans un état de démence habituelle, ne font pas habiles à jouir du droit d'*aineffe*; mais celui qui n'eft que difforme & contrefait n'en eft pas incapable. La promotion aux ordres facrés, ne fait pas perdre en France la qualité d'*ainé.* (*N°. 11.*) On ne la perd pas non plus pour de légers manquemens d'égards à fes parens; il faut être tombé dans l'un des cas qui font encourir la peine d'exhérédation. Pour les trônes & les dignités éminentes, il faut même avoir commis un de ces crimes graves, qui livrent celui qui en eft coupable à l'infamie, & méritent le dernier fupplice. (*N°. 22.*)

En cas d'incapacité ou d'indignité, le mâle qui fe trouve le plus âgé, après l'ainé, eft fubrogé à fes droits. « Quand le fils *ainé* eft incapable de fuccéder par exhérédation, ou autrement, celui qui fe trouvera le plus âgé après lui, lors de l'ouverture de la fucceffion, prendra les préciputs & droits d'*aineffe.* » (*Arrêtés* de M. de Lamoignon, *tit. des fucceffions de fief & du droit d'aineffe, art. 4.*)

Le droit d'*aineffe* n'ayant été établi que pour conferver l'éclat des familles, il eft ridicule de l'avoir accordé aux filles, à défaut des mâles, puifque les filles ne peuvent ni perpétuer le nom, ni maintenir par conféquent l'illuftration de la famille à laquelle elles doivent le jour.

M. de Lamoignon, après avoir déterminé que *les préciputs & avantages donnés par les coutumes aux* AINÉS, *demeureroient reftreints aux biens féodaux,* a donc bien fait, de décider que la fille

qui viendroit *de fon chef à une fucceffion directe ou collatérale, ne jouiroit point des droits accordés aux* AINÉS *dans les biens féodaux.* (Arrêtés, *art. 1, & 2, ibid.*)

Mais ce grand homme, fubjugué par les difpofitions de l'*art.* 324 de la coutume de Paris, n'a pas été affez loin, & eft tombé dans une contradiction évidente avec lui-même, en accordant le droit d'*aineffe* à la fille, *venant à la fucceffion par repréfentation de fon pere, avec fes tantes ou coufines, iffues de mâles ou de filles,* MÊME AVEC UN ONCLE, ET UN COUSIN ISSU D'UN ONCLE. » La fille venant de fon chef, eft exclue; parce qu'elle eft le commencement & la fin de fa famille, & ne peut conferver l'éclat d'un nom qu'elle perd en fe mariant. La petite-fille n'a-t-elle pas la même incapacité? Difons, avec Coquille, d'après Barthole, « quoique l'enfant repréfente, en ligne directe, fon pere, en cette qualité d'enfant; toutefois, la fille ne peut repréfenter fon pere, en qualité de mafculinité, avec laquelle qualité fon pere a le privilege. » (Coquille, *tom. 2, pag. 375, colon. 1.*) Voilà qui eft vrai, voilà qui eft conféquent; ainfi la coutume de Nivernois, *art. 5,* celle de Rheims, *art. 50,* &c. ont eu raifon de n'admettre au droit d'*aineffe*, par repréfentation de leur pere, que les enfans mâles.

Mais indépendamment de l'inconféquence qu'il y a eu, d'introduire le droit de repréfentation pour les filles, voyez quels inconvéniens a produit ce premier faux pas! examinez l'incertitude où l'on eft fur le parti qu'il faut prendre dans les coutumes qui ont gardé le filence fur cet objet! On ne fait s'il faut fe régler fur les coutumes voifines, ou fur celle de Paris? On ne fait.... (*Voyez* ci-deffus *n°. 13, 27, 29, 33, 37.*)

N'oublions pas une autre obfervation fur cet article. M. de Lamoignon dit, que *les préciputs & avantages, donnés par les coutumes aux* AINÉS, *demeu-*

reroient reſtreints aux biens féodaux ; voilà qui eſt bien ſans doute ; mais il ajoute que ces biens féodaux *appartiendroient indifféremment aux perſonnes nobles & roturieres* ; cela paroît auſſi inconſéquent.

Le motif, on ne ſauroit trop le répéter, qui a fait établir le droit d'*aineſſe* eſt l'éclat des familles, le maintien d'un nom illuſtre, l'indiviſibilité des terres patrimoniales titrées : mais ce motif ceſſe toutes les fois qu'on parle de perſonnes, ou de biens roturiers. La coutume de Nivernois a donc ſagement fait, de borner l'uſage du droit d'*aineſſe aux gens nobles, & vivant noblement.* (N°. 37.) L'ARRÊT du parlement de Paris, du 16 mars 1678, a donc ſagement déterminé que le droit d'*aineſſe* n'auroit pas lieu dans la coutume de Vitri, même pour les fiefs, dans les ſucceſſions *roturieres.* (N°. 52.)

« La renonciation faite par l'*ainé* au droit d'*aineſſe*, du vivant des pere & mere, eſt nulle. . . . Et néanmoins, ſi le fils *ainé* majeur, & n'ayant point d'enfans, a renoncé, par le contrat de mariage, au profit d'aucuns de ſes puînés mâles, le puîné, en faveur duquel la renonciation eſt faite, jouira des droits & prérogatives d'*aineſſe.* . . . Si la renonciation, faite par l'*ainé*, eſt au profit de tous les mâles, il n'y aura entr'eux aucun droit d'*aineſſe.* . . . . Et au cas que la renonciation de l'*ainé* ſoit faite, après le décès du pere & de la mere, gratuitement, les préciputs & avantages qu'il étoit fondé de prendre accroiſſent également aux autres enfans. » (*Arrêtés, ibid. art.* 5, 6, 7 & 8.)

Ces principes ſont à peu près ceux que nous avons établis (n°. 22.)

Mais il faut une explication à ce que nous avons obſervé ſur l'*art.* 324 de la coutume de Paris. (*n°.* 40.) Nous avons dit que, pour qu'en cas de repréſentation le droit d'*aineſſe* ait lieu dans la ſubdiviſion, il faut que les repréſentans ſoient héritiers de leur pere ; par la

raiſon que la ſucceſſion de l'aïeul étant en ce cas conſidérée comme la ſucceſſion du pere, on ne peut avoir le droit d'*aineſſe* qu'à titre d'héritier.

Cela n'eſt applicable qu'aux diſpoſitions de la coutume de Paris, qui ne donne pas à l'*ainé* du fils *ainé* le droit d'*aineſſe* qu'auroit eu ſon pere, s'il eût ſurvécu à l'aïeul ; mais il n'en eſt pas de même dans les coutumes qui donnent à l'*ainé* du fils *ainé* le droit d'*aineſſe* en entier, parce que ces coutumes donnent ce droit, non à la repréſentation & à la ſucceſſion de l'*ainé*, mais à la perſonne du petit-fils, *ainé* du fils prédécédé. Ce petit-fils doit donc jouir du droit d'*aineſſe* au préjudice de ſes freres & ſœurs, quand même il auroit ſeul renoncé à la ſucceſſion de ſon pere : il lui ſuffit d'être héritier de l'aïeul pour avoir droit d'en jouir. Voyez ſur ces diſtinctions ſubtiles mais eſſentielles, Lebrun, dans ſon *Traité des Succeſſions,* (*liv.* 2, *chap.* 2, *ſect.* 9, *n°.* 27.)

« Dans les coutumes, qui doivent plus ou moins à l'*ainé*, ſelon le nombre des enfans, ceux qui ſont incapables de ſuccéder par exhérédation, *ou autrement,* ne doivent être comptés au nombre des enfans. (*Arrêtés, ibid. n°.* 9.). . . . . En Bretagne, la portion de la fille mariée par le pere noble *à moindre part,* & celle du religieux qui a fait profeſſion, appartiennent & accroiſſent à l'*ainé* ſeul. Ce ſont les diſpoſitions de l'art. 558 de la coutume de cette province. Celles des *art.* 248 de la coutume d'Anjou & 266 de celle du Maine ſont ſemblables. Voyez nos explications à ce ſujet, (*tom.* 2, *pag.* 87 & ſuiv.)

Tous les autres articles des *Arrêtés* de M. de Lamoignon, concernent le *préciput,* & nous renverrons à *ce mot,* ainſi que nous l'avons déja dit, pour y traiter tout ce qui eſt relatif à ce droit important. Nous y examinerons les cas, où, ſuivant les différentes diſpoſitions des coutumes, & les différentes circonſtances, l'*ainé* peut ou ne peut pas chercher à annexer à ſon *préciput* des objets de convenance; ainfi que les cas pour lefquels il doit ou ne doit pas de *récompenfe* aux puînés. Nous y examinerons encore ces points épineux : fi le *préciput* fe prend fur les terres nobles acquifes du domaine par engagement; s'il fe prend fur un immeuble fubrogé au lieu du fief; s'il fe prend fur les fiefs vendus après la mort du pere; s'il fe prend fur les deniers provenus d'un rachat; s'il fe prend du fief, acquis à faculté de réméré, & fujet au retrait conventionnel; s'il fe prend fur le fief acquis, dont le prix eft encore dû lors de l'ouverture de la fucceffion; s'il fe prend fur les rotures réunies au fief, foit par la reverfion & réunion qui s'operent de droit, foit par le retrait féodal, foit par l'acquifition que fait le feigneur des rotures, ou celle qu'a fait du fief le cenfitaire; s'il fe prend fur les deniers provenans du rembourfement du fief évincé en vertu de lettres de refcifion prifes contre la vente léfive qui en avoit été faite; s'il fe prend fur le prix du fief licité & adjugé à des étrangers; s'il fe prend fur les deniers provenus d'un héritage forti de la fucceffion par la voie du retrait lignager? &c. &c.

Obfervations.

54. Nous avons renvoyé au mot *Communauté*, l'examen de la queftion, fi l'*ainé* a des avantages à prétendre dans les biens qui reviennent aux enfans, en vertu de la continuation de communauté. Sous le mot *Douaire* nous difcuterons la préférence du *douaire* fur le droit d'*aineffe*, & nous analyferons l'ARRÊT du parlement de Paris, du 16 avril 1677, qui a prononcé dans la coutume de Senlis en faveur du douaire. Nous difcuterons auffi cette difpofition de l'*art. 132* de la coutume d'Étampes, qui choque tous les principes, & qui a fi fort échauffé la bile de Dumoulin; difpofition qui dit qu'*en douaire, il y a prérogative & droit d'aineffe.*

Qui pourroit épuifer toutes les queftions réfultantes de l'obfcurité & de la contradiction des coutumes? Bornons nous à deux points qui ne fe trouvent pas dans les arrêtés : 1°. la contribution de l'*ainé* aux dettes; 2°. les atteintes portées au droit d'*aineffe.*

Nous avons laiffé entrevoir notre fentiment fur la contribution aux dettes de la part de l'*ainé*. S'il peut être toléré qu'il ne foit tenu à rien à l'égard du préciput, lorfqu'il y a d'ailleurs quelque chofe pour les puînés dans le refte de la fucceffion; il eft affreux qu'on puiffe mettre en queftion, fi la contribution doit fe faire *per viriles*, lors même que la portion des puînés feroit abforbée par leur contribution par têtes.

Ne feroit-on pas mieux dans tous les cas, d'adopter en matiere de contribution aux dettes entre l'*ainé* & les puînés ce principe équitable : « Le droit d'*aineffe* n'eft qu'une maniere de partager inégale & avantageufe pour les *ainés*; mais ce n'eft toujours qu'un véritable partage fujet aux loix & aux conditions de tous les autres partages. . . . Puifqu'il eft de la nature du partage que chacun des co-partageans contribue aux dettes à proportion de l'émolument; quelle raifon y auroit-il pour tirer de la regle commune, ces partages qui fe font entre un *ainé* & fes cadets, & pour exempter de la contribution aux dettes une parrie des biens qu'il prend à titre d'héritier? » Voyez les *n°. 20, 22 & 42.*

Nous en fommes au point vraiment délicat. Quoique le droit d'*aineffe*, tel qu'il eft établi par la plupart de nos coutumes, foit un droit injufte, contraire aux loix naturelles, & par conféquent au bonheur de la fociété, qui eft incompatible avec la violation des loix facrées de l'humanité, il exifte cependant ce droit, à l'abri des loix pofitives, qui, telles quelles, font des loix. Dans cet état de chofes, les defcendans ne peuvent, ni ne doivent donner atteinte à ces loix, en cherchant à priver leur *ainé* de fes prérogatives.

Admirez

Admirez cependant l'inconféquence, & tranchons le terme., l'abfurdité de nos difpofitions coutumieres, qui permettent de diminuer le droit d'*aineffe* par des *aliénations* évidemment collufoires, par des difpofitions, même gratuites en faveur des *étrangers*, tandis qu'elles gênent le pere de famille vis-à-vis de fes enfans, dans les circonftances où la raifon & la néceffité paroiffent cependant exiger des tempéramens qui puiffent maintenir en-tr'eux une certaine égalité, ou même leur fournir le moyen de fubfifter. Voyez nos réflexions fur les coutumes de Normandie & de Senlis, (*n°. 38, pag. 710, & n°. 47.*)

Mais ce qui a droit, fur-tout, de fur-prendre, c'eft l'incertitude qui regne dans la jurifprudence. En effet, comment con-cilier l'ARRÊT du parlement de Paris, du 2 janvier 1623, qui protege le droit d'*aineffe* contre la fauffe interprétation qu'on vouloit donner à l'*art.* 57 de la coutume d'Amiens : comment le con-cilier, difons-nous, avec l'ARRÊT de la même cour, du 18 mars 1749, qui autorife des difpofitions faites au préjudice du droit d'*aineffe*, fur le fondement de l'*art.* 133 de la coutume d'Artois, conçu dans des termes femblables à ceux de l'*art.* 57 de celle d'Amiens?

Voyez encore les deux ARRÊTS que nous venons de rappeler, (*n°.* 20 & 23); les réflexions fur l'*art.* 6 du *chap.* 36 de la coutume de Nivernois, *n°.* 37); l'ARRÊT du parlement de Paris, du 9 avril 1726, (*n°.* 42); les ARRÊTS du parlement de Paris, du 26 juin 1597, & 17 mars 1682, (*n°.* 43); la remarque fur l'*art.* 292 de la coutume de Rheims, (*n°.* 44); l'ARRÊT du parlement de Paris, du 22 avril 1686, (*n°.* 45); les ARRÊTS du parlement de Paris, du 14 avril 1654, & 24 mars 1665, (*n°.* 47), &c. &c.

Voyez auffi Auzanet, (*fur les art.* 13 & 15 *de la Cout. de Paris;*) Bafnage, (*fur les art.* 282, 337 & 356 *de la Cout. de Normandie;*) Bechet,

(*fur l'art.* 60 *de l'ufance de Saintonge;*) Bouchel & Bechefer, (au mot *AINESSE;*) Brodeau, (*fur l'art.* 13 *de la Cout. de Paris;*) Charondas, (*liv.* 2 *de fes Réponfes, chap.* 22 ;) Lebrun , (*des Succeffions, liv.* 2, *chap.* 2, *fect.* 1 ;) Leveft, (*arr.* 115, *pag.* 544 ;) Louet, (*lettre* E, *fom.* 7 ;) Papon, (*liv.* 20, *tit.* 1 ;) Pothier, (*fur la Coutume d'Orléans, pag.* 162 & 222 ;) St. Leu, (*fur la Cout. de Senlis, pag.* 89 ;) les rédac-teurs du *Journal des audiences*, (*tom.* 4, *liv.* 4, *chap.* 121, *pag.* 185, &c. &c.*)

DROIT ÉTRANGER.

55. Sous le *n°.* 38, *pag.* 709 & 710, nous avons expliqué comment le droit d'*aineffe* avoit, par les Normands, paffé de la France, d'abord en Angleterre, enfuite à Naples & en Sicile. Ce droit fubfifte encore dans ces trois royaumes. Il a été également adopté dans l'Allemagne & dans les dix-fept provinces des pays-bas, (*n°.* 11 & 30.) Enfin, il a lieu dans prefque toute l'Europe, du moins pour la fucceffion aux trônes, aux prin-cipautés, & grands fiefs de dignité & terres ritrées. Voyez la plupart des ju-rifconfultes, entr'autres, Tiraqueau : *Et fané noftris quoque temporibus apud omnes gentes confuetudo eft, & eadem quidem jure approbata, ut in his quæ funt digni-tatis, primogenitus cæteris præferatur.* (*De jure primogeniorum in præfat. n°.* 35, *pag.* 416.)

Cependant, il faut remarquer avec Molina, qu'en Efpagne le droit d'*aineffe* n'a point lieu dans les fucceffions parti-culieres en vertu des difpofitions de quel-que loi précife, de quelque coutume écrite; il y dépend entiérement de la volonté des teftateurs qui font libres & parfaitement libres d'établir ou de ne pas établir des majorats, des fubftitutions. *In* HISPANIA *nihil competit* PRIMO-GENITO *filio inter alios fratres, ex parentum feu aliorum confanguineorum hereditate præcipuum, nifi id fibi ex aliqud difpofitione præambulá, feu ex-*

præscriptione antiquissimâ deferatur: adeò ut, cessante MAJORATUS institutione, seu succedendi jure, PRIMOGENITURÆ præscriptione, filius primogenitus, nihil præcipuum ex hereditate parentum præ cæteris fratribus obtineat. (Molina, *de Hispanis primogenitis, lib. i, cap. i, n°. 6, pag. 2, edit. Lugd. 1672.*)

Le code Fréderic statue également, que « tous les enfans sans distinction de sexe qui sont nés d'un légitime mariage, ou légitimés par un mariage subséquent, succedent aux biens paternels. »

Résultat.

56. Examinons avec attention l'esprit de nos ordonnances, rendues à différentes époques en France, sur la matiere des substitutions. Celle d'Orléans de 1560, par l'art. 59, & celle de Moulins, de 1566, par l'art. 57, avoient borné à deux les degrés des substitutions, *pour couper la racine à plusieurs procès qui se meuvent en matiere de substitutions.* L'art. 124 de celle de 1629 avoit prescrit que ces degrés seroient *comptés par têtes, & non par souches & générations.* L'art. 30 de l'ordonnance de 1749 a ordonné de nouveau l'exécution de celle d'Orléans, & l'art 34 a ordonné l'exécution de celle de 1629.

L'art 19 de cette derniere loi a été plus loin encore. Il a proscrit les substitutions conjecturales fondées sur la condition redoublée ou masculine, sur l'obligation de porter le nom & les armes du testateur; enfin, l'art. 22 veut que dans le cas où l'auteur d'une substitution aura appellé les filles au défaut de mâles, sans régler l'ordre dans lequel elles doivent recueillir, les plus proches du dernier possesseur des biens substitués les recueillent, en quelque degré de parenté qu'elles se trouvent à l'égard de l'auteur de la substitution; *& encore qu'il y eût d'autres filles qui en fussent plus proches, ou d'une branche AINÉE.*

Voilà sans contredit un grand pas pour arrêter le danger de toutes ces prédilections

aveugles pour les *mâles*, pour les *ainés*; ce sont les premiers efforts faits pour sortir du labyrinthe obscur & tortueux, qu'avoient creusé la complaisance & la subtilité des docteurs, en étendant & compliquant les substitutions, source inépuisable de procès qui ruinoient les familles.

N'ira-t-on pas plus loin? La multitude des réglemens sur les droits & les prérogatives des *ainés*, la variation, la contradiction des dispositions d'une immensité de coutumes sur tous les objets traités dans cet article, ne détermineront-ils pas enfin une loi nécessaire qui ramene l'ordre naturel des successions, & qui rétablisse l'égalité desirable entre les enfans d'un même pere? Si l'on conserve l'indivisibilité pour les pairies, pour les grands noms, pour les premieres maisons du royaume; ne doit-on pas pour les familles ordinaires anéantir un ordre de choses évidemment vicieux ? Ne doit-on pas couper la racine de tant de procès *qui se meuvent en matiere DE DROIT D'AINESSE,* bien plus encore qu'en *matiere de substitutions?* Voyez les différens *mots* auxquels nous avons renvoyé dans les divisions de cet article, & sur-tout dans la vingt-huitieme *pag.* 697, & encore *Affection, pag.* 299, *Affiliation, n°. 10, Avenant (mariage,) Avitins, Lar, Majorat, Nécessité (jurée,) Papoage, Substitution, &c.*

Cependant, & si, à raison des motifs que nous avons exposés (*n°.* 5, *pag.* 680 & 681) l'on vouloit accorder quelqu'avantage à un *ainé* sur ses freres, il faudroit que cet avantage fût modique & invariable. En réformant nos regles coutumieres, ce seroit tomber dans un autre abus que de prendre celles des Romains sur la fixation de la portion afférente à un héritier : fixation peut-être exorbitante, comme nous le ferons connoître sous les mots *Héritier, Légitime.* Le parti le plus simple & le plus équitable, ne seroit-il pas (nous le répétons) de s'en tenir à la loi du Deutéronome, de diviser la succession en autant de portions, *plus une,*

qu'il y auroit d'enfans, & ainsi, d'attribuer deux portions à l'*ainé*.

Il y a encore une maniere d'avantager
un *ainé*, c'est de lui accorder la garde
noble de ses freres, ainsi que le détermi-
minoit l'ancienne coutume de Beauvoisis.
Enfin, la coutume d'Acqs (*art. 9 du*
tit. 3) présente à cet égard quelques
idées dont le fonds est bon ; rectifiées,
elles pourroient former un plan simple
& raisonnable qui concilieroit tout. Voyez
les divisions *19 & 26*.

A J O I N T.

Ce mot qui ne se trouve pas dans
les Dictionnaires, seroit synonyme d'*adjoint*. Brillon en a fait un long article,
où il a rapporté une grande quantité de
loix fiscales, portant *création d'offices*
d'*ajoints*, supprimés depuis long-temps;
en sorte qu'heureusement la chose & le
mot ne subsistent plus. Voyez *Adjoint*.

A J O U R N E M E N T.

(*Dr. naturel. Dr. des gens. Dr. public.*
Dr. ecclésiast. Dr. civil. Dr. criminel.
Police.)

1. C'est l'acte par lequel on somme
quelqu'un de comparoître, à jour
fixe, devant un tribunal pour y avoir
justice.

C'est dans ce sens qu'on fait dire au
grand maître des Templiers : « *Clément,*
juge inique, cruel bourreau, je t'AJOURNE
à comparoir dans quarante jours devant le
tribunal du souverain juge. » (Mezeray,
tom. 1, *pag. 779*.)

Dans son *Instruction judiciaire, pag. 8,*
Ayrault dit ; que *l'ajournement est loi de*
nature & des gens. C'est-à-dire, que
la nature a enseigné à toutes les nations
qu'on ne doit pas juger sans avoir entendu
les parties, & qu'avant de condamner

quelqu'un, il faut qu'il ait été amené,
ou *ajourné*, pour pouvoir se défendre.

L'ajournement est donc du droit naturel. Mais ses formes sont du droit civil;
& chaque nation les a réglées suivant
ses mœurs, la nature de l'affaire, & la
qualité des parties.

Au mot *Action, tom. 2, pag. 679,*
nous avons dit quel fut long-temps l'*ajournement* des Romains. Les neuf premieres
loix des douze tables, étoient admirables
pour leur simplicité. Les formes se multiplierent, comme les insectes dans la
corruption.

Nos premieres loix furent simples, &
en finissant cet article, nous dirons quelque chose de *ce qui a été.* Ici nous
cherchons *ce qui est.*

La loi vivante sur les *ajournemens*,
est le *tit. 2* de l'ordonnance civile de
1667. L'*art. 1* suffit pour montrer l'intention du législateur, qui n'a pas été
trop bien suivie. « Les *ajournemens* &
citations en toutes matieres & jurisdictions, seront *libellés*, contiendront les
conclusions, & sommairement les *moyens*
de la demande, à peine de nullité & de
20 liv. d'amende. » Le surplus du titre
contient les formes diverses, suivant les
distances, les ressorts, les tribunaux, &
la nature de l'affaire ; car, il en est qui
exigent plus de célérité, comme celles
du commerce ; ou, par conséquent, il
faut pouvoir *ajourner* à un terme plus
court. Il en est, où indépendamment du
jugement du fond, les circonstances
exigent un parti provisoire & conserva-
toire, comme la saisie. Il en est enfin,
où le bien public permet de juger sur-
le-champ les parties présentes, ou de les
mander comme en police. Voyez *Citation, Commerce, Juges-consuls & Lettre
de change, Mandement & Police, Provisoire & Saisie.*

L'usage a attaché à l'*assignation*, qui
n'est que l'acte par lequel on *ajourne*,
les principes ainsi que les formes de
l'*ajournement*; & ce dernier mot ne se
dit guere plus que dans le droit criminel.

Nous fuivons l'ufage, & renvoyant au mot *Affignation*, tout ce qui a rapport au droit civil : nous nous bornerons au droit criminel.

AJOURNEMENT PERSONNEL.

2. La premiere idée qui fe préfente à l'efprit, eft qu'il ne doit y avoir que deux manieres de citer l'accufé en jugement ; 1°. l'emprifonner fi le crime eft grave & s'il y a des preuves ; 2°. l'ajourner en perfonne s'il n'y a pas des preuves, ou fi le crime n'eft pas grave.

L'ordonnance de 1539, *art. 146*, difoit : « Seront incontinent lefdits délinquans, *tant ceux qui feront ENFERMÉS, que ceux qui feront AJOURNÉS EN PERSONNE*, bien diligemment interrogés, & leurs interrogatoires réitérés & répétés, felon la forme du droit & nos anciennes ordonnances, & felon *la qualité des perfonnes & des matieres* pour trouver la vérité defdits crimes, délits & excès par la bouche des accufés, fi faire fe peut. »

L'ordonnance de 1670 a introduit un troifieme décret.

L'*art. 2 du tit. 10* dit : « Selon la qualité des crimes, des preuves & des perfonnes, fera ordonné que la partie fera *affignée pour être ouie, ajournée à comparoir en perfonne, ou prife au corps.* »

De ce nouvel ordre de chofes, il eft réfulté que le décret de prife de corps eft refté pour ce qu'il étoit, mais que l'ajournement perfonnel a été divifé en deux parties.

La premiere, appellée *affigné pour être oui*, a confervé le caractere primitif, d'avoir lieu lorfque le crime eft léger, ou lorfque la preuve eft infuffifante.

La feconde, à laquelle on a confervé le nom d'*ajournement perfonnel*, eft un moyen terme embarraffant ; 1°. par l'objet qu'on s'eft propofé ; ou plutôt par l'effet qu'on lui a donné ; 2°. par les moyens imaginés pour le détruire ; 3°. par la difficulté de déterminer les cas où il doit avoir lieu.

Objet & forme de l'ajournement perfonnel.

3. Après avoir ainfi ftatué, l'ordonnance ajoute : *le décret d'AJOURNEMENT PERSONNEL, ou de prife de corps, emportera de droit INTERDICTION.* (Art. 11.)

Ce texte clair, montre l'objet du légiflateur. Il a penfé que, la décence & l'ordre public, exigeoient que l'accufé ceffât fes fonctions publiques, lorfque la qualité du crime & celle des preuves, permettroient au juge de le décréter d'*ajournement perfonnel*. Ce motif eft développé dans le procès-verbal de l'ordonnance.

Cette interdiction n'a lieu que du moment de la fignification ; jufques-là on peut exercer fes fonctions, quand même on fauroit certainement qu'on a été décrété.

SENTENCE du châtelet de Paris, du 3 décembre 1761. (Denifart, au mot *Décret.*) Point d'arrêt contraire.

L'ÉDIT de mars 1680, a ajouté les explications, & les formes fuivantes :

« Tous juges royaux, & de feigneurs, font tenus d'exprimer dans les ajournemens perfonnels, *le titre de l'accufation*, pour laquelle ils décréteront, à peine contre lefdits juges ordinaires, & des feigneurs, d'interdiction de leurs charges.»

ARRÊT du parlement de Paris, du 12 mai 1711, qui répete cette forme... ARRÊT du même parlement, du 2 feptembre 1761, qui fait les mêmes injonctions au châtelet. (Jouffe, *part. 3, liv. 2, tit. 10, tom. 2, pag. 28.*)

Dans le décret, il faut énoncer précifément, & textuellement, *accufé de, &c.* & l'on ne peut pas dire vaguement *pour les cas réfultans du procès.* Lacombe, *part. 2, chap. 6, fect. 3*, dit, que plufieurs arrêts l'ont défendu, & cette jurifprudence eft conforme à l'efprit, & au texte de l'édit de 1680.

On fe borne à ces citations, parce que la jurifprudence eft conftante.

Preſcription, Oppoſition, Arrêt de défenſes.

4. L'interdiction réſultante de l'ajornement perſonnel, finit de pluſieurs manieres.

Par le laps de vingt ans : la preſcription étant ainſi acquiſe contre le délit même, *l'ajournement*, qui en eſt une conſéquence, ne peut pas durer davantage. La juriſprudence eſt encore conſtante.

L'accuſé peut-il former oppoſition, ſe préſenter à l'audience, & faire parler un avocat ? Le *ſecret* de la procédure eſt un obſtacle, & le juge veut avant tout, qu'on obéiſſe au décret. Cependant, s'il étoit léger ou injuſte, ou ſi l'on vouloit prévenir les ſuites par cette publicité, qui, comme dit Airault, peut ſeule éclairer ou retenir le juge, ne pourroit-on pas avant l'expiration du délai, demander le renvoi à l'audience, & plaider contre l'accuſateur quelconque ? On riſqueroit d'être débouté de ſon oppoſition, & renvoyé à prêter ſes réponſes. Mais, on auroit atteint ſon but, & l'inſtructeur ſeroit circonſpect.

La voie la plus uſitée, eſt celle des arrêts de défenſes, & à cet égard, l'édit de 1680 trace la forme ſuivante.

1°. « Ceux qui demandent des défenſes, ſont tenus d'attacher à leur requête, la copie du décret qui leur a été ſignifié. »

2°. Cette requête doit être « communiquée au procureur-général, pour veiller au bien de la juſtice. »

3°. « Les cours ne peuvent donner aucun arrêt de défenſes, d'exécuter les décrets *d'ajournement perſonnel*, qu'après avoir vu les informations. »

ARRÊT du conſeil privé, du 21 mai 1721, qui caſſe un arrêt du grand-conſeil, lequel avoit fait défenſes d'exécuter un décret *d'ajournement perſonnel*, décerné par l'official de Troyes ſans avoir vu les charges & informations, & évoque les conteſtations.... Le clergé excipoit encore de l'*art.* 40 de l'édit de 1695, qui renferme les mêmes diſpoſitions, & le grand conſeil n'avoit pas vu les charges, puiſque par l'arrêt de défenſes, il en ordonnoit l'apport au greffe. (*Rapport de l'agence du clergé, de 1720 à 1725, pag. 52, des pieces juſt.*)

On échappe à la loi par ces mots, *toutes choſes demeurant en l'état*, ce qui ne leve pas l'interdiction, mais empêche l'accuſé d'être décrété de priſe de corps à l'échéance du délai, & met quelquefois le parlement dans le cas de convertir le décret en *aſſigné pour être oui*, même de le révoquer, & d'abſoudre l'accuſé, ſoit en lui faiſant prêter ſes réponſes en la cour, ſoit même en le renvoyant d'accuſation ſur le vu des charges.

ARRÊT du parlement de Toulouſe, du 17 juillet 1732, qui juge que, quand le décrété *d'ajournement perſonnel* a obtenu un *ſurſis* (*défenſes,*) l'oppoſant eſt reçu à demander *viſion* des pieces à M. le procureur général. (*Journ. Aguier, tom.* 2, *pag.* 69.)

Cette juriſprudence tient à l'eſprit, qui, d'après les ordonnances de 1539 & 1670, communique tout à l'accuſateur, & cache tout à l'accuſé.

Sur quelles perſonnes & ſur quoi porte l'interdiction réſultante de l'ajournement perſonnel.

5. Au mot *Accuſation*, n°. 51, 54, 55, 56, 57 & 58, nous avons dit quel eſt le terrible état de toute eſpece d'accuſé, & nous nous ſommes appuyés, entr'autres, de l'opinion de M. Richer, dans ſon *Traité de la Mort Civile*, chap. 2.

« C'eſt, dit-il, *pag.* 49, un principe conſtant, qu'un accuſé jouit de la vie civile tant qu'il n'a point été condamné. »

C'eſt-à-dire, qu'on eſt encore homme, pere, mari. Rien n'empêche non plus que l'on ne commerce, & qu'on ne livre à la circulation pour des millions de papiers, ſi l'on eſt en plein crédit.

Tous ces actes de l'homme ou de la vie civile échappent à l'interdiction. Elle ne suspend que les fonctions publiques : & tandis que le négociant peut ainsi continuer ses opérations, nous croyons qu'elles sont interdites à l'agent de change ajourné, sur-tout s'il est accusé de faux dans ses fonctions.

Cependant, le militaire ainsi décrété, ne se regarde pas comme interdit : le service souffriroit, & c'est un autre ordre de choses.

Le financier n'est pas non plus interdit. L'ordonnance des aides de 1680, *tit. 5* de l'exercice des commis, *art. 3*, dit que « les commis aux exercices contre lesquels il y aura un décret d'*ajournement personnel*, subiront l'interrogatoire en la maniere accoutumée, après lequel, *sans qu'il soit besoin d'aucun autre jugement, ils continueront leurs fonctions.* ».... c'est une exception dictée encore pour la nécessité du service.

L'interdiction frappe essentiellement deux especes d'hommes publics, le ministre des autels, & l'officier de justice.

Ecclésiastique ajourné.

6. Après plusieurs arrêts qui jugent que les décrets d'*ajournement personnel*, décernés par les juges laïcs, contre les ecclésiastiques, interdisent ces derniers de leurs fonctions. Jousse, *part. 3, liv. 11, tit. 10, n°. 4, tom. 2, pag. 164*, ajoute : « On prétend néanmoins qu'au parlement de Bourdeaux on suit la maxime contraire; ce qui paroît en effet résulter d'un ARRÊT de cette cour, du 25 janvier 1754, rendu contre le sieur Deyris, curé de Dax. »... Ailleurs on pense différemment.

ARRÊT du parlement de Paris, du 3 octobre 1752, qui « fait défenses aux ecclésiastiques de contrevenir aux ordonnances & aux canons reçus dans le royaume, en faisant les fonctions de leur ministere au préjudice de la signification des décrets d'*ajournement personnel*, & notamment tous actes publics, qui intéressent l'état & la fortune des sujets du roi, au préjudice des décrets décernés ou

des jugemens intervenus contre lesdits ecclésiastiques, & déclare *nuls* tous lesdits actes, si aucuns étoient faits au préjudice desdites défenses. » (Jousse, *ibid.*)

ARRÊT du parlement de Paris, du 12 novembre 1754, qui ordonne qu'il sera informé contre Vallet, chanoine, pour avoir fait des fonctions ecclésiastiques, après la signification de l'*ajournement personnel* décerné par le parlement. (*Ibid.*)

ARRÊT du même parlement, du 24 janvier 1781.... *Espece remarquable.* — Un vicaire de Normandie, décrété d'*ajournement personnel*, mais renvoyé provisoirement dans ses fonctions, après un jugement qui avoit converti les informations en enquêtes, requiert en vertu de ses grades, une cure à la nomination de l'abbaye de Marmoutier-lès-Tours, & à la collation de l'évêque du Mans, qui refuse de le pourvoir. Il n'en prend pas moins possession, & touche les fruits. L'évêque ayant conféré le bénéfice à un autre gradué, celui-ci soutient le bénéfice vacant, attendu que le vicaire Normand étoit dans les liens du décret. SENTENCE contradictoire du 9 mars 1780, qui, vu l'incapacité du décrété, maintient son compétiteur en la possession de la cure; le condamne à restituer les fruits, & aux dépens. Sur l'appel, l'ARRÊT confirme la sentence avec dépens. D'après les conclusions de M. Joli de Fleury, avocat-général, le motif paroît avoir été; 1°. que bien qu'un ecclésiastique décrété puisse n'être pas coupable, il suffit que son innocence soit équivoque, pour qu'il doive être éloigné du ministere des autels; 2°. que l'envoi provisoire n'étoit pas une justification; que le préjugé qui sembloit en naître, étoit affoibli par une circonstance remarquable; savoir, que le décrété n'avoit pas daigné pendant sept ans poursuivre un jugement définitif, qui mît son innocence au grand jour.

L'ecclésiastique interdit valablement par

l'*ajournement* du juge laïc, l'est-il de même par celui du juge ecclésiastique?

ARRÊT du parlement d'Aix, du 16 mai 1720, qui confirme l'interdiction insérée par l'official dans l'*ajournement* de Biscarre, prêtre catéchiste de la paroisse des Accoules de Marseille. (*Discours prononcés au parlement de Provence, par l'un de messieurs les avocats-généraux, tom. 4, pag. 199.*)

Dans cette affaire, M. de Gueydan développa les principes sur l'interdiction, & prouva de quelle conséquence il seroit d'ôter aux officiaux ce moyen nécessaire de la discipline ecclésiastique. A l'*ajournement* l'official avoit ajouté ceci : *Ordonnons à messire Biscarre de s'abstenir, ensuite du présent décret, de faire le catéchisme & aucune autre semblable fonction, & même de dire la messe, jusqu'à ce qu'il en ait été autrement dit & ordonné.*

Mais, si le décret d'*ajournement personnel* est simple, & si cette prononciation n'y est point ajoutée?

Du Perray, sur l'art. 40 de l'édit de 1695, dit qu'il n'y a point interdiction, si l'official n'a pas ajouté, *& cependant interdit.* Ducasse, en son *Traité de la jurisdiction ecclésiastique, part. 2, ch. 3, n°. 2,* dit que telle est la jurisprudence du parlement de Toulouse, & néanmoins adopte l'avis de Héricourt, dans ses *Loix ecclésiastiques, part. 2, chap. 21, n°. 12* : celui-ci dit, que ce décret supposant un crime grave & des preuves très-fortes, emporte une espece d'infamie, qui, suivant l'esprit de l'église, rend l'accusé *suspens* des fonctions de son ordre. Jousse, Serpillon & tous les criminalistes modernes suivent d'Héricourt.

Dans l'affaire du catéchiste Biscarre, M. de Gueydan a traité cette question. Il dit très-bien, *pag. 218* : « puisqu'il est prescrit aux tribunaux ecclésiastiques de se conformer à l'une & à l'autre de ces ordonnances (de 1667 & 1670) & que c'est en se conformant à leur disposition, que les procès civils & crimi-

nels sont instruits ; pourquoi ce qui est réglé aux *art. 10 & 11 du tit.* des décrets envers les officiers de justice, ne sera-t-il pas commun à l'égard des ecclésiastiques dans leurs tribunaux ? Si donc il y a irrévérence que le respectable ministere de la justice soit exercé par un officier accusé de crimes, avant d'avoir justifié son innocence, ne peut-on pas en dire de même de ceux qui sont honorés du sacerdoce ; & avec d'autant plus de raison, que leurs fonctions étant infiniment plus saintes, exigent plus de précautions & de pureté ? C'est proprement d'eux qu'on peut dire, que leur vie doit être exempte, non seulement de crimes, mais encore de soupçons. Les saints canons l'ont ainsi entendu, quand ils ont exclus de la promotion aux ordres & aux bénéfices, tous ceux qui étoient sous quelque décret. »

Brillon dit : « *Ajournemens personnels,* ou prises de corps, donnés contre les évêques, n'ont jamais été approuvés, mais on doit les envoyer avertir. Jugé pour l'évêque d'Amiens, le 9 janvier 1564. *Bibl. can. tom. 1, pag. 34, col. 1.* »

Pour voir combien il faut peu compter sur ces arrêts solitaires, sur ces compilations arides & sans principes, il faut parcourir, dans les œuvres du chancelier d'Aguesseau, *tom. 5,* son fameux Mémoire sur la jurisdiction royale, & s'arrêter à la *deuxieme partie, pag. 251,* où il examine *si les évêques ont quelque privilege qui les distingue des autres ecclésiastiques en ce point :* Il détruit l'exemption de la jurisdiction royale, que les évêques & tous les prêtres, en général, tiroient des fausses décrétales ; il regarde la puissance de la jurisdiction royale comme solidement établie, *sur la personne des évêques,* & rapporte une foule de préjugés.

Ainsi on a le droit d'instruire contre un évêque, de le décréter ; & l'*ajournement personnel* l'interdit : mais la religion & la bienséance publique demandent des égards & la plus grande circonspection.

Officiers de justice.

7. L'interdiction de l'officier de justice, réfultante de l'*ajournement perfonnel* n'eft pas ainfi contestée. La loi eft précise.

Jufqu'au jugement d'absolution, ou du moins jufqu'au renvoi en état d'*affigné pour être oui*, tout magiftrat *ajourné perfonnellement* ne fauroit remplir aucune fonction publique, quand même il auroit été décrété par le dernier des juges.

Ainfi l'homme le plus vertueux peut être compromis par l'ignorance, la dureté, la vengeance, ou la vénalité; trop heureux s'il échappe après une longue & ténébreufe procédure!

Loifeau, dans fon *Traité des offices*, chap. 14, *n°. 18 & fuiv.* pág. 87, s'élève, avec la iberté de fon fiecle, contre cette procédure: il ne faut rien changer à fon langage vigoureux & naïf.

« Il me femble, dit-il, *fauf correction*, qu'en procédures contre les officiers, en particulier, nous leur faifons BEAUCOUP D'INJUSTICE. Premièrement, en ce que nous les fufpendons *trop legérement* de l'exercice de leurs charges, & ce, ordinairement, dès-lors du premier décret d'*ajournement perfonnel*: puis, tant que leur procès dure, nous les tenons en interdiction, & les faifons mâcher à vuide; même *nous les dépouillons*, autant qu'il nous eft poffible, de leur bonneur & de leur pouvoir, AVANT QUE SAVOIR S'ILS SONT COUPABLES: ce qui eft, ce me femble, contre la décifion de la loi *libertus*, § *in quæftionibus*, D. *ad municipalem & de incolis.* » . . .

« Eft-ce pas préjuger leur condamnation, avant qu'avoir oui leur défenfe? Eft-ce pas les condamner *par provifion* pendant le procès? Bien qu'il faille plutôt préfumer l'innocence, & que pendant l'accufation le prévenu doive demeurer *integri ftatûs*. Et néanmoins, FUSSENT-ILS LES PLUS INNOCENS DU MONDE, cette *foudaine* interdiction leur apporte une très-mauvaife réputation parmi le peuple;

porté à préfumer plutôt le mal que le bien; réputation qui ne fe répare jamais tout-à-fait, parce que la plaie de la calomnie étant guérie par l'abfolution, la marque & la cicatrice en demeure néanmoins. »

« *Quàm, nofmet nobis legem fancimus, INIQUAM!* »

En quels cas le juge peut-il décréter d'ajournement perfonnel?

8. Le réfultat de ce décret étant terrible, la loi a dû indiquer précifément les cas dans lefquels il pourroit être ordonné.

L'examen de ce point n'eft pas inutile, ne fût-ce que pour voir la marche de la législation.

Suivant le procès verbal de l'ordonnance de 1670, le projet étoit ainfi qu'il fuit:

Art. 2. *Selon la* QUALITÉ *des CRIMES, des PREUVES & des PERSONNES, fera ordonné que la partie fera affignée pour être ouie,* AJOURNÉE *à comparoir en perfonne,* OU *prife au corps.*

Art. 10. *L'ordonnance d'affigné pour être oui,* OU *le décret d'*AJOURNEMENT *perfonnel, contre un juge ou un officier de juftice n'*EMPORTERA POINT D'IN-TERDICTION*, fi elle n'y eft clairement exprimée.*

Art. 11. *Le décret de prife de corps emportera de droit interdiction.*

Qu'eft-il arrivé? Le procès verbal, après quelques obfervations, ajoute: « Sur les objections faites contre l'article 10, on a retranché la claufe qui porte que l'*ajournement perfonnel* n'emportera point d'interdiction, fi elle n'eft exprimée: & cette claufe a été inférée dans l'article fuivant, qui donne au décret de prife de corps la force de l'interdiction. » . . . L'ordonnance eft ainfi rédigée:

Art. 10. *L'ordonnance d'*ASSIGNER POUR ÊTRE OUI*, contre un juge ou un officier de juftice, n'emportera* POINT D'INTERDICTION*.* . . .

D'INTERDICTION. . . . . Art. 11. *Le décret d'AJOURNEMENT perfonnel ou de PRISE DE CORPS emportera de droit interdiction.*

En facilitant ainfi l'interdiction par l'affimilation du décret d'*ajournement* à celui de *prife de corps*, il falloit prononcer & referrer les motifs néceffaires pour l'*ajournement* : mais l'*art.* 2 étoit arrêté. Ce n'eft que dix ans après que l'abus a ouvert les yeux.

L'ÉDIT de mars 1680, a indiqué qu'on pourra prononcer l'*ajournement pour FAUSSETÉ*, pour *MALVERSATION* d'officiers dans l'exercice de leurs charges, ou lorfqu'il y aura d'*AUTRES CO-ACCUSÉS*, contre lefquels il aura été décrété de prife de corps.

Or par ces explications la loi a-t-elle atteint le but qu'elle cherchoit, pour l'honneur, le repos, & la sûreté du citoyen, du juge même ?

Cette expreffion *malverfation*, n'eft-elle pas vague & arbitraire ? Ne peut-il pas arriver, n'arrive-t-il pas tous les jours que ce qui paroît *malverfation* fur les lieux, où l'on évalue mieux *la qualité du crime, des preuves & de la perfonne*, difparoît ou s'affoiblit dans l'éloignement & *vice verfâ* ? Par-là le premier juge eft compromis, malgré la pureté de l'intention, & uniquement par la différence du coup d'œil, fi important dans toutes les affaires. Le premier caractere de la loi eft, que fon dépofitaire fache ce qu'il peut & ce qu'il doit. S'il l'ignore, elle doit être réformée ; elle doit être expliquée d'une maniere fi claire, qu'on ne puiffe pas fe tromper. Car quand elle eft obfcure, le juge fouverain peut bien, fuivant fon opinion, inculper, mortifier & punir fon inférieur ; mais lui-même n'eft pas à l'abri du mal jugé : car le public prononce, & l'hiftoire enrégiftre cet arrêt fuprême dans fes archives éternelles.

Voilà pour le juge. Le citoyen eft encore plus compromis par la difpofition fuivante : Quoi ! parce que vous ferez foupçonné de complicité, quelque innocent que vous foyez, il fuffira que le coupable, appellé votre *co-accufé*, ait été décrété de prife de corps, pour que le juge vous décrete d'*ajournement perfonnel* ! Il faudra ceffer vos fonctions, folliciter un arrêt de défenfes, qu'on n'accordera pas toujours ; & pour vous juftifier, il faudra facrifier votre temps, votre fanté, votre fortune ! . . . Nous ne difons pas que le juge éclairé, integre, & fenfible, procede avec cette atroce & aveugle légéreté. Nous difons feulement qu'il le peut fans fe compromettre ; nous difons que cela eft arrivé fouvent ; que cela peut arriver encore ; que le parlement peut bien réformer ; mais qu'en attendant l'innocence eft opprimée.

Y auroit-il quelque inconvénient à ne permettre de prononcer l'*ajournement perfonnel*, qu'au nombre de trois juges ? C'eft une peine anticipée. Or un feul homme ne doit pas difpofer de l'état, de l'honneur, & de la fortune de fon femblable ; d'un officier public, quelquefois au deffus de lui à tous égards.

On oppofera qu'il faudroit, à plus forte raifon, trois juges, pour décréter de prife de corps. La conféquence n'eft pas jufte. Il eft néceffaire de décréter fur-le-champ de prife de corps, & fouvent il n'y a pas une minute à perdre. Mais puifqu'on donne à l'ajourné un délai pour comparoir, l'inftructeur a donc le temps d'affembler deux juges. Cette précaution détruiroit bien des abus.

Dans le refte de l'édit de 1680, l'arbitraire reprend toute fa force ; « D'autant que les accufés qui auroient été décrétés d'*ajournement perfonnel*, *pour d'autres cas que ceux exprimés ci-deffus*, pourroient prétendre que nofdites cours feroient obligées de donner des arrêts de défenfes, lorfqu'ils les en requerroient : Nous voulons & entendons que nofdites cours puiffent refufer lefdits arrêts de défenfes, felon que pour le TITRE DE L'ACCUSATION il leur

PAROITRA *convenable pour LE BIEN DE LA JUSTICE.* »

Et comme les cours ont en première inftance le même droit que fur l'appel, il en réfulte qu'elles peuvent toujours décréter *d'ajournement perfonnel, POUR D'AUTRES CAS QUE CEUX EXPRIMÉS DANS L'ÉDIT.*

Ainfi un ARRÊT du parlement de Touloufe, du 23 novembre 1730, a décrété *d'ajournement perfonnel* les deux fils & les deux neveux du feigneur de Solatges, pour avoir *menacé rudement & faifi à la gorge, un payfan, fyndic de fa communauté,* quoiqu'ils ne l'euffent pas battu. Le motif de cette rigueur a été de réprimer & de punir l'orgueil & la fougue des jeunes nobles, qui fe croyant tout permis dans les campagnes, fe livreroient à toutes fortes d'excès, s'ils n'étoient retenus par la crainte & l'honneur. Cet arrêt a été loué & devoit l'être.

Mais auffi la diftance, le temps, les faux rapports, & la prévention, peuvent trop aifément défigurer *la qualité du crime, de la preuve, de la perfonne.* Les archives de la juftice font remplies d'injuftes décrets. Or il eft permis de defirer une loi, qui les empêche, ou qui en diminue le nombre. Voyez *Adminicule & Accufation.*

Signification, converfion du décret.

9. L'art. 4 *du tit.* 10 de l'ordonnance de 1670, ftatue ainfi : « *L'ajournement perfonnel* fera converti en décret de prife de corps, fi l'accufé ne comparoît pas dans le délai qui fera fixé par le décret *d'ajournement perfonnel,* felon la diftance des lieux, ainfi qu'aux *ajournemens* en matiere civile. »

Ces délais & les diftances font fixés par le *tit.* 3 de l'ordonnance de 1667, qui charge de toutes fignifications les *huiffiers, fergens,* ou *appariteurs.*

De cet ordre de chofes, il réfulte d'abord qu'il dépendroit d'un juge méchant & vindicatif, de faire emprifonner fon ennemi, fans que celui-ci pût fe plaindre : 1°. En l'*ajournant* perfonnellement, comme *co-accufé;* 2°. En ne faifant pas fignifier le décret.

Ce que la méchanceté pratiqueroit, peut arriver, & eft trop fouvent arrivé : 1°. Par la manœuvre d'un fubalterne, mieux payé quand l'accufé eft prifonnier. 2°. Par l'habitude de l'huiffier, qui par-là multiplie les exploits. 3°. Par l'abfence de l'accufé, l'erreur du domicile, & la perte de la copie, remife fouvent au premier venu, avec cette phrafe bannale, *en parlant à un laquais; une fervante fommée de dire fon nom, a fait refus.*

S'il n'y a pas de moyen légal de corriger ces abus, qui menacent à chaque inftant le rang, l'honneur & l'innocence; il refte du moins au juge vertueux la précaution de s'affurer extrajudiciairement de la fignification, & nous oferions regarder cette précaution comme un devoir; à moins que le décrété ne fût un vagabond, ou un homme noté (*vir famofus,*) un de ces êtres vils ou dangereux que la loi abandonne & qu'il faudroit enfermer.

ANCIENS AJOURNEMENS.

10. Nous avons promis fur la jurifprudence primitive des *ajournemens,* une notice, qui tient à l'étude de l'hiftoire, aux prétentions du clergé, de la pairie & de la nobleffe. Nous marchons dans les débris & les ténebres. Avançons.

Forme des anciens ajournemens.

11. D'abord on cita en juftice par deux témoins, & dans les fiefs par deux *hommes.* L'ajournement étoit nul avant le lever ou après le coucher du foleil, les jours de dimanche & de fêtes. (*Quoniam attachiamenta,* cap. 28. Loix anglo-normandes, tom. 2, pag. 301.)

S'agiffoit-il d'ajourner les vaffaux devant leur baron, ils ne pouvoient l'être que par deux de leurs *pairs.* Mais c'étoient des fergens qui *ajournoient* devant le *comte*, comme repréſentant le roi. (Beaumanoir, *chap.* 2, *pag.* 28.)

S'agiſſoit-il d'*ajourner* les grands vaſſaux devant le roi, vous trouvez dans l'hiſtoire plus de faits obſcurs & de prétentions que de principes.

Jeanne, comteſſe de Flandres, citée par deux chevaliers, ſoutint l'*ajournement* nul, pour n'avoir pas été fait par ſes pairs. (Du Tillet, *rang des grands*, *pag.* 29.)

En 1203, Jean ſans-terre, roi d'Angleterre, accuſé d'avoir aſſaſſiné Artus à Rouen, fut *ajourné* devant la cour des pairs par des ſergens d'armes ; & ſur le défaut de comparution, la cour le condamna à mort, & déclara tous ſes fiefs dans le royaume, acquis & confiſqués au roi.

En 1276 les barons ayant demandé à n'être *ajournés* que par des barons ; le roi répondit qu'il étoit le maître. *Reſponſum fuit quòd rex non faciet, neque tenebatur hoc facere niſi fortaſſe eidem placeret.* (Regiſt. olim pag. 38.)

En 1292, ſuivant l'ancienne chronique de St. Denys, *chap.* 35, Gui comte de Flandres, s'étant allié avec l'Angleterre, & la cour des pairs jugeant qu'il devoit être *adjourné en propre perſonne par main - miſe pour amander l'outrage qu'il avoit fait*; le prévôt de Montreuil & un ſeigneur de Baucqueſne, qui n'étoient pas *pairs* de Gui, furent chargés de la commiſſion, & après avoir fait lire leur pouvoir devant le comte, *lui mirent la main deſſus, & lui commanderent qu'il livrât ſon corps en priſon dans quinze jours, au châtelet de Paris.*

Le préſident Hénaut, année 1292, dit : « Guerre entre la France & l'Angleterre, au ſujet de quelques vaiſſeaux normands inſultés par les Anglois. Philippe en demande raiſon à Edouard I, qui refuſe de rendre juſtice. Philippe le fait *ajourner* à la cour des pairs, pour y répondre à l'accuſation de félonie, par lui commiſe, contre le roi ſon ſeigneur. *Cet ajournement fut fait par les*

évêques de Bauvais & de Noyon. Dans la ſuite ce ne fut plus que des chevaliers qui furent chargés de ces ſortes d'ajournemens qui ſe font aujourd'hui par les greffiers de la cour. »

En parcourant ainſi les monumens de ce qu'on appelle *droit public*, on ne trouve preſque toujours que contradiction & ténebres. Les formes n'étoient que des uſages : à l'égard des principes, que pouvoient-ils être, & que ſont-ils encore aujourd'hui ?

Ajournement des pairs pour juger.

12. On donnoit encore le titre d'*ajournement* à l'acte par lequel le roi ordonnoit aux *pairs* de ſe trouver au parlement pour délibérer & juger ; & le fameux procès du comte d'Artois contient des faits remarquables.

L'*ajournement* étoit ainſi conçu : « Philippe, &c. Comme à la requête de notre procureur, nous avons fait *ajourner* notre féal Robert d'Artois, pour répondre, pardevant nous, en notre cour, ſuffiſamment garnie de pairs, à certains articles criminels & civils, qui touchent l'état de ſon corps, de ſa perſonne & de ſa *pairie, qu'il tient de nous*, pour faire à notredit procureur, & audit Robert *droit & juſtice*; & pour ce, nous *adjournons* vous qui êtes pair de France, à ladite journée, pour faire aux choſes deſſus ce qui appartient faire. »

Le 8 août 1330, le parlement rendit arrêt, portant injonction à Robert de comparoître devant le roi & ſa cour garnie de pairs, au jour de Saint-Michel : n'y ayant pas comparu on donna défaut contre lui. Il y eut deux nouveaux *Ajournemens*, dont le dernier échéant le 17 février, on donna défaut. Le lendemain 18, Cappel avocat, & Henri de Bruxelles, s'étant préſentés ne furent plus admis à défendre Robert. A la ſollicitation des rois de Bohême & de Navarre, *pairs*, on lui accorda pour comparoître *en perſonne* ſauf-conduit & un quatrieme délai, après lequel n'ayant

pas comparu, il fut condamné au banniſſement, & ſes biens furent confiſqués
au profit du roi, lequel préſida le parlement, recueillit les voix & *prononça
l'arrêt.*

C'eſt ainſi que ſont retournés à la
couronne, ces provinces, ces grands fiefs,
uſurpés originairement par les comtes,
ſimples magiſtrats à vie. Le vice primitif & notoire de la poſſeſſion paroiſſoit
couvert par la preſcription & la propriété.
Le droit naturel n'étoit plus. Le droit
féodal étoit devenu le droit commun de
l'Europe, il falloit en ſuivre les maximes
& les formes; il falloit *accuſer, ajourner, juger, confiſquer.* Les peuples n'é-
toient pas aſſez éclairés, & nos rois
n'étoient pas aſſez puiſſans, pour réclamer contre l'abus que les magiſtrats-comtes
avoient fait de leur pouvoir. Et l'adage
perpetuò clamat, cette maxime que le
moindre eccléſiaſtique fait valoir aujour-
d'hui avec tant de ſuccès dans les parlemens, nos rois ne ſavoient ou ne pouvoient pas la faire valoir.

*Ajournement des premiers juges, pour
défendre le bien jugé.*

13. L'ordonnance du 9 mai 1322,
dit: *JUDICES à quibus appellatum
extitit, ADJORNARI, ſeu citari, ac parti
appellatæ intimari facere, vel è converſo
ſecundùm diverſitatem regionum teneatur.*
(Néron, *tom. 1, pag. 1.*)

On *ajournoit* donc les premiers juges
pour rendre compte des motifs de leur
ſentence & la défendre.

C'étoit un reſte de cette juriſprudence
féodale & chevalereſque par laquelle les
premiers juges, au lieu de rendre compte
de leurs motifs à la cour du roi, prenoient l'appel pour injure, *foi mentie,*
& ſoutenoient le bien jugé en champ
clos, ſe battant les uns après les autres
contre le malheureux appellant, qui ne
manquoit pas de ſuccomber.

Et c'eſt par une ſuite de cet uſage
d'*ajourner* les premiers juges pour motiver leur ſentence, que le châtelet

aſſiſte au parlement à la première cauſe
du rôle de Paris, pour l'entendre plaider
& voir confirmer ou infirmer la ſentence.
Foible ſimulacre, qui tient plutôt à la
ſoumiſſion qu'à l'inſtruction & au bien
de la juſtice.

*De l'état dans lequel devoit ſe préſenter
l'accuſé ajourné.*

14. Nous ne finirons pas ces recherches, ſans obſerver une forme plus utile
que celle de la qualité des perſonnes
chargées d'*ajourner* l'accuſé.

Dans le ſupplément de du Cange, au
mot *Adjornamentum,* Carpentier dit
qu'on obligeoit l'*ajourné,* renvoyé ſous
caution à un autre jour, à ſe repréſenter dans le même état, & avec les
mêmes habits. *Adjornamento ſatisfacere
non cenſebatur qui alio cultu & habitu,
quàm eo quo veſtitus erat, cùm ſub
cautione fuit dimiſſus, citationi aderat.* Il
en cite entr'autres deux traits frappans.

Cette forme n'étoit ni minutieuſe ni
vaine, & il ſeroit à deſirer qu'elle fût
maintenue dans toutes les procédures
criminelles. Le premier ſoin de tous les
ſcélérats de profeſſion, eſt de changer tous
leurs vêtemens, de décolorer leur teint,
de diminuer leur embonpoint, & de
pratiquer, en un mot, tout ce qui peut
les faire méconnoître. Combien l'indifférence ſur ces détails n'a-t-elle pas
produit de doutes, d'erreurs, & de
mépriſes!

Voyez *Accuſation n°. 64, Admini-
cule, Aſſignation, Co-accuſé, Complice,
Huiſſier, Incapacité, Indignité, Inter-
diction, Juge, Lieutenant-criminel, Office,
Pairs, Preuve, Procédure criminelle,
Signification.* Voyez ſur-tout *Décret.*

AJOUTÉ DE PLAINTE.

(Droit criminel.)

C'eſt un acte par lequel on ajoute à
l'accuſation qu'on avoit faite, à la plainte

qu'on avoit donnée, des faits furvenus depuis, ou des circonftances aggravantes qu'on ignoroit.

Nous avons fait cet article dans le *Traité de l'ACCUSATION*, n° 26 : nous en avons encore parlé au mot *Addition*, n°. 4 : & c'eft ainfi qu'en plaçant de grands traités fous les premiers mots, trouvés naturellement dans la *lettre* A, & en y jetant les principes fondamentaux, nous avons deux grands avantages : le premier, d'élaguer prodigieufement les volumes fuivans ; le fecond, d'éviter le grand défaut des dictionnaires.

A I R.

(*Tous les droits.*)

1. C'eft une fubftance tranfparente, fluide, fpongieufe, fubtile, qui, environnant & pénétrant les corps, influe merveilleufement fur leur naiffance, leur progrès, leur mouvement, & leur durée.

Que l'*air* foit feulement le vuide dans lequel circulent & s'agitent les molécules de l'eau, de la terre & du feu ; ou plutôt qu'il foit ce quatrieme élément, qui, fous les noms de fluide électrique, de phlogiftique, & tant d'autres, produit la foudre & les grandes révolutions du globe : ces recherches appartiennent à la phyfique. La jurifprudence s'arrête aux effets effentiels & inconteftables.

La refpiration de l'*air*, eft pour la loi le figne de la vie : Sa bonté eft pour la police le premier agent de la fanté publique.

Sa corruption porte par-tout la langueur, la maladie, & la mort. Sa fuppreffion eft un fupplice ou un crime. Pendre ou étrangler ; c'eft ôter la refpiration *jufqu'à ce que mort naturelle s'en fuive.*

D R O I T.

2. L'art de tourmenter & de tuer eft vieux & favant. L'art de conferver & d'améliorer eft dans l'enfance.

Le premier a des données fimples, des effets fûrs & rapides. Le fecond marche à travers les erreurs & les doutes : comme la phyfique, la jurifprudence a fur l'*air* des fyftêmes ; des fophifmes & des paradoxes.

D R O I T D E S G E N S.

3. Peut-on empoifonner l'*air* ? Ce n'eft pas une queftion inutile.

Dans le fait on a effayé devant un fouverain, des bombes méphytiques, qui, crevant fur un troupeau, lui ont donné la mort la plus prompte ; & vous voyez fur-le-champ, quel parti notre ancienne barbarie, & le fanatifme de la ligue, auroient tiré de cette affreufe découverte.

Le particulier qui tueroit ainfi fon femblable feroit puni, comme celui qui, durant votre fommeil, mettroit du charbon allumé pour vicier l'*air*, & vous faire mourir par afphyxie.

A l'égard des nations, ce font d'autres loix, comme nous l'avons dit au mot *Affamer*. Si l'on raifonne par parité, l'ufage profcrivant l'empoifonnement des eaux, ne doit pas admettre celui de l'*air*. Si vous interrogez d'anciens publiciftes, ils répondent que le droit de la guerre autorife toute efpece de moyens de détruire fon ennemi, & que quand il s'agit de vaincre, des bombes peftiferes font auffi licites que des bombes enflammées.

Quittons ce droit des gens, que défavoue le droit de la nature ; que rectifie chaque jour le bon efprit du fiecle ; & voyons comment le droit privé confidere l'*air*.

Propriétés.

4. Les peuples anciens ont mis l'*air* au rang des chofes qui ne tombent pas plus en propriété que le foleil. *Solem, proprium, natura, nec AERA fecit.* (*Ovid. metam. lib. 6, V. 351.*)

Cette vérité de tant de fiecles doit refter jufqu'à ce que, le projet des chars volans s'exécutant enfin, l'on voie des armées prendre l'*air* pour champ de bataille, & pour objet de conquête ; jufqu'à ce qu'on trace dans l'atmofphere des lignes de démarcation, femblables à celle fixée dans le monde inconnu, par la bulle du 2 mai 1493, entre l'Efpagne & le Portugal.

Jufques-là, il faut dire avec le droit romain, que l'*air*, dont la propriété ne peut être qu'inftantanée & relative, eft un bien commun à tous les hommes. *Naturali jure communia funt omnium hæc, AER, aqua profluens & mare.* (Inft. lib. 2, tit. 1, § 1.)

Comment une loi, dictée par la nature même, a-t-elle pu avoir des contradicteurs, & comment en a-t-on tiré les étranges réfultats qu'ont raffemblé, Grotius, *liv. 2, chap. 2, § 3*, & Puffendorf, *liv. 4, chap. 5, § 2* ?

De ce que l'*air* eft déclaré commun & ne pouvoir tomber en propriété, on a conclu, que, pourvu qu'on n'appuie pas fur le fol, on peut bâtir en l'*air* ; c'eft-à-dire, y faire des avances & des voûtes. Par exemple, fi je poffede deux fonds, féparés par un autre qui ne m'appartient pas, on veut que de l'un à l'autre de mes fonds je puiffe faire une communication, par un pont d'une arche, pourvu que les deux culées portent fur mes fonds, feulement, & que je ne touche point le fol de mon voifin.

L'abfurdité de ce fophifme eft frappante : l'*air* étant commun à tous, je ne puis pas plus y bâtir que fur le fol d'une place publique. C'eft ériger en propriété ce qui eft déclaré commun. Et quiconque paffe fous ces avances ambitieufes & funeftes, peut dire comme Diogene à Alexandre : *Ote toi de mon foleil.*

Ces queftions, & cent autres qui en dérivent, font décidées dans le droit romain, D. *Ne quid in loco publico vel itinere fiat* ; mieux encore dans le titre *De damno infecto, de fuggrundis & projectis* ; Et la loi 21, D. *Quod vi aut clam* regle la propriété de l'*air* comme du

tréfonds par la fuperficie : *in opere novo tam foli quam cœli menfura facienda eft.*

DROIT PUBLIC, *Voirie.*

5. De là naît, dans tous les pays policés, le droit qu'ont, l'édilité, la voirie, la police, d'empêcher les balcons, les auvents, les enfeignes, & toutes les avances aëriennes ou fouterraines, qui interrompent le courant de l'*air*, offufquent la vue, & compromettent la fûreté, foit par les chofes faillantes, qui peuvent choir, foit par les fouterrains qui peuvent s'écrouler.

Que fi, dans les villes antiques, vous trouvez encore ces monumens d'avidité, d'ignorance & de barbarie, & fi on les tolere, malgré les accidens journaliers, l'on n'a pas moins le droit de les condamner, comme les *enfeignes* & autres avances fur la *Voie publique.* Voyez *ces mots.*

DROIT FÉODAL.

6. La féodalité avoit introduit cette propriété de l'*air*, en faveur des feigneurs, d'où elle paffa bientôt aux villains, à qui ils l'inféoderent ; & une infinité de ces avances dangereufes payerent des fervis.

Heineccius va plus loin, puifqu'il dit, qu'alors il fuffifoit de refpirer l'*air* dans un fief, pour être imprégné de la fervitude, dont le feigneur propriétaire l'avoit frappé ? *Commoratio in hujufmodi loco ubi AER fervos reddere dicitur.* (Elementa juris Germanici, lib. 1, tit. 1, § 36, tom. 7, operum pag. 15.)

Et à en croire ce texte, qui fait fi ce droit affreux ne fubfifte pas encore en quelques contrées d'Allemagne ? Ailleurs l'*air*, s'il ne rend pas efclave, devient un objet d'impôt.

DROIT FISCAL.

7. Lorfque l'Angleterre eut taxé les cheminées & les fenêtres, on ne manqua pas de dire au fifc ; « Vous voulez

faire payer jufqu'à l'*air* qu'on refpire, & dans le pays le plus libre tarifer le fymbole de la liberté. »

Cette idée a repouffé en France mille projets pareils ; &, quoique celui qui ne paiera pas de cette maniere n'en foit pas moins impofé d'une autre, il n'en faut pas moins *conferver l'illufion*, comme dit Montefquieu.

DROIT ECCLÉSIASTIQUE.

8. Il n'y a pas jufqu'au droit eccléfiaftique, pour qui l'*air* ne foit devenu un objet de légiflation & de controverfe.

L'intempérie de l'*air* donne au permutant, qui ne s'y accoutume pas, le droit de reprendre fon premier bénéfice. *Deceptus qualitate loci reftituendus eft.* (Glof. in cap. 6, dift. 74.)

On excufe encore la non-comparution de celui qui a été cité. (Felinus, *in cap. accedens 4, lib. 2, decretal. tit. 6, n°. 11.*)

L'évêque qui ne peut pas demeurer avec fûreté dans fon église, *fecurè morari*, à caufe de l'intempérie de l'*air* (comme dit la glofe *in cap. 9, lib. 1, decret. tit. 9*) *propter intemperiem AERIS*, peut demander fa démiffion. C'eft entr'autres l'avis de Flaminius Parifius. *(De refignat. benef. lib. 5, quæft. 3, n°. 244 & fequent.)*

Mais les canoniftes ne font pas d'accord fur ce qu'on doit appeler *intempérie de l'air*, vraiment nuifible.

Les uns, comme Felinus, comme Ripa (*In tract. de pefte, tit. de privileg. contract. n°. 140)* penfent qu'il faut que l'*air* foit entièrement corrompu ; que ce foit une contagion décidée.

Les autres difent que c'eft alors, furtout, que le pafteur doit réfider, & c'eft ainfi que penfa le faint évêque de Marfeille, lors de la pefte en 1720. Suivant eux l'intempérie de l'*air*, n'eft un motif fuffifant qu'autant qu'elle attaque la fanté de l'évêque feul, & non de fes diocéfains, comme celui qui ayant une poi-

trine foible, fouffriroit de l'*air* de Marfeille, auquel les Provençaux font accoutumés.

Ces principes dicterent le décret du 11 juillet 1652, par lequel la congrégation du confiftoire, décida que le cardinal Azzolini pouvoit demander au pape la démiffion de fon évêché de Bagnarea, dont l'*air* lui étoit fi funefte qu'aucun remede ne pouvoit le fauver. *Nulla remedia ex illâ AERIS intemperie admittens. . . . ad fuam ecclefiam redire & apud eam refidere, nifi cum certo vitæ periculo non poterat.*

Il y a donc des *airs* effentiellement viciés & deftructeurs : d'autres ne le font que relativement, ou accidentellement. Et c'eft fous tous fes points de vue, que doit les confidérer cette partie de l'adminiftration publique, appellée police, chargée de pourvoir à la fanté, à la fûreté, & au bien-être de la fociété.

POLICE.

9. Au recueil des premieres loix fur la falubrité de l'*air*, Lamarre, dans fon traité de la police (*tom. 1, liv. 4, tit. 2*) ajoute une petite differtation médico-légale, fur l'*air*, par rapport à fa fubftance, & par rapport à fes qualités.

Vous trouverez plus de lumieres dans les mémoires de l'académie des fciences, entr'autres, dans les expériences faites par M. Lavoifier, devant l'empereur, en 1777. On décompofe l'*air* en demi-portions, l'une falubre, refpirable, fufceptible d'entretenir la vie des animaux, la combuftion & l'inflammation ; l'autre funefte pour les animaux qui la refpirent & dans laquelle les lumieres & les corps allumés s'éteignent à l'inftant. Puis mêlant ces portions, on en refait un *air* femblable à celui de l'atmofphere. Ce mémoire précieux eft fuivi de confidérations importantes fur les qualités de l'*air*, & fur fon influence dans tous les lieux habités par des hommes.

Premiers moyens employés pour la salubrité de l'air.

10. Ces connoissances n'existoient pas quand la police commença à s'occuper de la salubrité de l'*air*. L'excès du mal fit songer au remede, à-peu-près comme on imagina de mettre des gardes-corps sur les ponts, quand le nombre des cadavres eut montré la grandeur du péril. Mais l'*air* ne se dirige pas comme un pont.

Il n'y avoit pas un physicien en Europe ; & nous n'avions plus rien de la grande police des Romains, rien sur-tout qui ressemblât à ces fameux égouts, entrepris sous Tarquin l'ancien, subsistant encore aujourd'hui, & dont le maintien est le sujet du titre du D. *de cloacis.*

Jusqu'en 1182, l'odeur sortant des boues & des fumiers de Paris étoit si infecte qu'elle pénétroit jusques dans le palais des rois ; & ce fut cette année seulement que Philippe-Auguste fit paver sa capitale.

L'ignorance ne permit pas d'aller plus loin, dans l'affreuse peste de 1348, 49 & 50, qui avoit commencé en Chine, & qui parcourant l'ancien monde détruisit la moitié du genre humain. Au lieu de prévenir & d'empêcher la communication, le profond abrutissement de l'Europe se borna à tourmenter les Juifs, accusés d'avoir empoisonné l'eau & l'*air* ; *quòd fontes & AEREM intoxicassent.* Infortunés ! ils égorgerent leurs enfans & leurs femmes, & se brûlerent dans leurs maisons, pour ne pas tomber entre les mains des tigres, qui s'appelloient chrétiens. (Thrithemii, *Chronicon Spanheimense*, tom. 2, oper. hist. pag. 322.)

La Marre, *chap. 1,* de l'endroit cité, rapporte les premieres loix, qui ont ordonné de jeter de l'eau pour tempérer l'*air* ; défendu de brûler de la paille, des fumiers, des herbes, & autres choses capables d'infecter l'*air* ; prescrit des fosses d'aisances ; ordonné d'éloigner des villes certains animaux, tous les entrepôts & métiers qui peuvent corrompre l'*air*. Vous retrouvez ces loix jusques dans les camps. Elles ordonnent d'en faire *nettoyer la tête, dès que les tentes seront tendues,* & l'on a prescrit des précautions pour la *température de l'air*, dans les hôpitaux de l'armée. (*Code milit. tit. 44, art. 59, tom. 2, pag. 249. . . . tit. 102, § 15. tom. 4, pag. 272.*)

Sous les mots qui y ont rapport nous extrairons ces réglemens, trop peu connus peut-être en quelques lieux. Mais dès-à-présent, d'après la raison & l'esprit actuel de la jurisprudence, nous croyons pouvoir poser, comme principe, l'assertion suivante :

« Toutes les fois que par un entrepôt, un métier, ou une opération quelconque, l'*air* peut être vicié, de maniere à altérer la santé, le magistrat doit proscrire ou expulser. Que s'il y a du doute, il doit informer, prendre l'avis des médecins, & prononcer en conséquence. »

La commodité, le profit particulier, l'usage, ne sont rien : ce qui est tout, & ce qui doit régler la justice, c'est la salubrité de l'*air* ; c'est la santé publique. *Salus populi, suprema lex esto.*

Cimetieres, Hôpitaux, Prisons, Ventilateur, Desséchement, Administration, & Loix modernes.

11. C'est cette maxime, qui, dirigeant tout-à-coup l'administration & la loi, les sciences & les arts, a fait depuis quelques années imaginer, statuer & exécuter de si grandes choses.

Tandis qu'on s'étoit occupé de disputes vaines & de conquêtes ruineuses, on avoit oublié que des contrées mal saines n'avoient qu'une population foible & languissante ; que les villes renfermoient des foyers de contagion, protégés par l'intérêt, l'ignorance & l'habitude.

Comment tout-à-coup, & presque par-tout l'esprit humain, s'est-il élevé à la hauteur du bien public ? Comment, éclairant la loi sur l'insalubrité de l'*air*,

l'a-t-on

l'a-t-on mife à portée de l'affujettir & de le purifier? L'humanité eft devenue le mot de ralliement. Le bonheur général eft l'oriflamme fous lequel fe rangent à la fois, l'étude, l'imagination & la gloire; l'artifte, le favant, le magiftrat, l'adminiftrateur & les fouverains eux-mêmes.

De cette belle & touchante confédération, font fortis des écrits, des recherches, des découvertes, des projets & des fyftémes; des vues, des principes & des loix. On a plus fait depuis quelques années, que dans les douze fiecles qui avoient précédé.

Perfuadé que l'entaffement des hommes eft mortel, par le défaut d'*air* & le mélange des exhalaifons, l'artifte a étudié la convenance & la diftibution des édifices publics: ce qu'il n'a pas pu refaire, il l'a corrigé par le ventilateur; & fi pour les théatres il n'a pas encore atteint les Romains & les Grecs, il viendra à bout de garantir de l'infalubrité de l'*air*, comme il eft parvenu à éviter les incendies.

Le favant n'a pas dédaigné de fe confacrer plufieurs mois à l'examen des foffes d'aifance, pour diminuer les effets de l'exhalaifon, & fauver les vuidangeurs, que l'*air* feul fait mourir.

Les tribunaux fe font occupés des moyens de placer les *cimetieres* hors des villes, & M. l'archevêque de Touloufe a donné l'exemple. La DÉCLARATION du 10 mars 1776, a fait de cette police une loi générale; & c'eft une chofe remarquable, qu'après mille ans on revienne à cette loi romaine des douze tables: *Mortuos in urbe ne fepelito.*

D'après les LETTRES-PATENTES du 22 avril 1781, pour l'hôtel-dieu de Paris, on a travaillé à diminuer l'entaffement des hommes & fes funeftes effets, en multipliant les *hôpitaux* & leurs lits, en les *aérant*, & en rompant les communications.

Dans la DÉCLARATION du 30 avril 1780, Louis XVI portant fes regards paternels fur les *prifons*, prefque toutes

Tome III.

ténebreufes & mal faines, a regardé comme une *juftice d'adoucir, pour les criminels même, ces fouffrances inconnues & ces peines obfcures.*

Le gouvernement fait imprimer une *Inftruction* fur les moyens de prévenir dans les campagnes l'infalubrité de l'*air*, & comme elle a en quelques lieux des caufes au deffus des efforts particuliers, il fait exécuter des defféchemens qui valent mieux que des conquêtes.

Ses foins paternels fe font portés jufques fur une nouvelle famille. L'ÉDIT de mai 1771, charge les podeftats & l'adminiftration municipale de la Corfe, « de veiller à tout ce qui peut intéreffer la falubrité de l'*air*; de fournir des mémoires fur les précautions à prendre, & les ouvrages à faire pour le defféchement des marais, la fépulture des morts, l'exercice de certaines profeffions qui peuvent infecter l'*air*, &c. » (*Code Corfe, tom. 2, pag. 262.*)

Tous ces objets, plus utiles fans doute que ceux du droit privé, reviendront dans le cours de cet ouvrage, fous les mots qui les expriment. Nous avons dû les réunir & les grouper, pour donner une idée générale de ce que chacun peut projeter, requérir & ordonner, d'après l'efprit actuel des loix & de l'adminiftration.

Ne refte-t-il plus rien à faire?

Cours, Maifons, Rues, Situation.

12. Au mot *Étang*, nous examinerons fi l'on peut en prefcrire le defféchement, ou du moins en empêcher la conftruction.

Aux mots *Alignement, Architecture, Bâtiment, Place, Rue, Ville & Voirie*, nous chercherons ce que la police peut ftatuer pour l'élargiffement des rues, l'agrandiffement des places & la fûreté. Ici nous nous bornons à la fanté.

Dans fon voyage fentimental, (*Ch: The Dwarf*) Sterne dit, n'avoir vu dans le grand nombre des Parifiens que des nains tortus, noués, boffus, rachitiques;

Bbbbb

& d'après la médecine, il conclut que c'est faute d'*air; to want of air.* Puis mesurant la hauteur des maisons, le peu de largeur des rues & la petitesse des logemens, où, dit-il, faute de place pour faire des hommes, on ne fait que des riens; il prétend qu'on ne doit pas appeller homme, un être qui n'est pas plus haut que la jambe.

Cet effet de l'*air* paroîtroit exagéré, si on ne le retrouvoit pas à Lyon, dans la taille, le teint & la conformation des ouvriers en soie, entassés en des maisons de cinq étages, dans lesquelles ce qu'on appelle cour, ressemble au tuyau d'une cheminée, ou plutôt au soupirail d'une fosse d'aisance.

D'après ces hypotheses, on demande si la police, chargée de maintenir la santé publique, ne peut pas fixer la hauteur des maisons & la largeur des cours? Ce pouvoir paroît d'abord fondé sur quelques loix.

En effet, ouvrez le droit romain : il fut impérieux & précis, & vous en trouvez des fragmens dans les titres du Digeste : *De operis novi nunciatione.* . . . . *De damno infecto, de suggrundis & projectis :* & dans le titre du Code : *De ædificiis privatis.*

La loi premiere de ce dernier titre ne permet d'élever un édifice qu'à la charge de ne pas excéder la hauteur usitée. *Nec modum usitatum altitudinis excedas;* Tacite, dans ses *Annales* (XV. 43) rappelle cette défense en ces termes : *Cohibitâ que ædificiorum altitudine :* & Strabon, liv. 5, détermine la hauteur licite à soixante pieds, suivant une loi d'Auguste.

La *loi 11* du même titre ne permet de construire qu'à la charge de laisser entre les édifices un intervalle suffisant pour la circulation de l'AIR. *Construenda, nisi spatium inter se per decem pedes LIBERI AERIS habuerint, modis omnibus detruncentur.* Ce n'est pas assez de démolir, on confisque. *Non solùm fabricata demolienda, sed etiam domum fisco nostro adscribendam.* Cette sévérité & toutes ces précautions prouvent quelle

opinion avoit, sur la salubrité de l'*air,* sur la nécessité & les moyens de l'entretenir, ce peuple, dont les *loix,* suivant le chancelier d'Aguesseau, sont d'*une éternelle vérité.*

Notre législation n'a pas cet esprit. Dans le recueil immense de nos réglemens, nous n'avons trouvé de relatif qu'une disposition de la DÉCLARATION du 18 juillet 1724, portant réglement pour les limites de la ville & fauxbourgs de Paris. L'*art. 9* statue ainsi : « permettons aux propriétaires des terrains ayant face sur des rues actuellement ouvertes & commencées, à bâtir dans lesdits faubourgs, & qui sont dans l'enclave des maisons desdites rues, d'y pouvoir faire bâtir des boutiques & maisons à petites portes, ayant entrée sur lesdites rues, *pourvu qu'elles ne soient élevées que d'un étage au dessus du raiz-de-chaussée.* »

Ce n'est rien au premier coup-d'œil, qu'une pareille loi bornée à des fauxbourgs, & d'ailleurs tombée en désuétude : mais c'est tout pour le droit inhérent à la souveraineté, de fixer la hauteur des maisons en raison du climat, de la population, de la largeur des rues & de la petitesse des cours.

Que si la crainte de ne pas compléter l'approvisionnement a suffi pour autoriser la loi à interdire à quelques propriétaires le droit qu'ils sembloient avoir de bâtir sur leur fonds, & à d'autres d'exhausser leurs édifices; la conservation de la santé publique, par la salubrité de l'*air,* donne incontestablement, & à plus forte raison le même droit.

Et si pour votre agrément, vous stipulez avec votre voisin une servitude qui l'empêchera à jamais d'élever sa maison, *altiùs non tollendi;* la public entier n'a-t-il pas le même droit pour la conservation de sa santé, le premier de tous les biens?

En statuant ainsi, la loi préfere la santé à un vil intérêt : elle interdit une *cour* meurtriere, comme elle défend le poison. Ce n'est point attaquer la propriété : c'est régler la jouissance.

Voyez ailleurs quelle autorité ce grand motif donne, sur les ports de mer, à ces chambres de santé, où la justice, prompte & absolue, méconnoit les ordres ministériels, & ne voit que le *salut public*. Le chancelier d'Aguesseau, le regardoit comme la premiere des loix, comme un motif suffisant pour empêcher ce qui peut *faire périr la société*. (*Tom. 10, pag. 266*)

La loi peut donc justement ordonner, sans donner atteinte à cette *propriété* que le bien public trouve sans cesse sur sa route. Or, si elle le peut, ne le doit-elle pas, & n'a-t-elle point d'occasions de prononcer ?

Nous terminons par cette question, des recherches que nous avons faites avec quelque soin, parce que nous les croyons utiles, & pour remplir notre plan, qui est sur-tout d'offrir ce qui n'est pas ailleurs, & ne se rassemble qu'avec des peines incroyables.

AIRAIN.

(Droit ecclésiastique. Droit fiscal. Droit médico-légal.)

1. C'est un métal factice, composé de cuivre fondu avec la pierre de calamine qui lui communique la dureté & la couleur.

Au *figuré*, on dit un *front d'airain*, comme l'Hospital écrivoit des *visages de fer*. Voyez *Accusation, n°. 19; Adresse & Affronteur*.

On a dit de quelques magistrats qu'ils avoient des *cœurs d'airain*; & malheur aux sociétés dont ils furent les législateurs & les juges !

On dit enfin, que les loix doivent être *gravées sur l'airain*, pour signifier qu'elles sont bonnes, & qu'elles doivent être durables. C'étoit en effet l'usage des anciens peuples, comme nous l'avons dit au mot *Affiche, n°. 2 & 3*. La ville de Lyon conserve deux tables d'*airain*, où sont gravés: 1°. l'éloge de ses habi-

tans, par l'empereur Claude; 2°. la preuve qu'elle étoit colonie romaine, & qu'elle se soumit en entier aux loix romaines.

DROIT ECCLÉSIASTIQUE.

2. Le canon *ut calix* (*décret. Gratiani, 3 part. dist. 1, can. 45*) défend de se servir, pour offrir le saint sacrifice, de calices d'*airain* ; parce que l'acide du vin peut occasioner une rouille qui provoqueroit un vomissement. *De ÆRE aut oricalcho non fiat calix, quia ob vini virtutem, æruginem parit, quæ vomitum provocat.*

DROIT MÉDICO-LÉGAL.

3. DÉCLARATION du 13 juin 1777, qui fait défenses aux laitieres, & autres personnes vendant du lait, ainsi qu'aux regrattiers de sel, & aux débitans de tabac, de faire à l'avenir usage de vaisseaux & de balances de cuivre pour leur commerce.

L'*airain* étant une espece de cuivre, où s'amasse pareillement le verd-de-gris, il est compris dans cette prohibition.

La médecine est parfaitement d'accord sur les dangers de l'usage de ce métal dans la vaisselle ; & la Suede, qui en vend à toute l'Europe, vient de se proscrire pour les ustensiles de cuisine.

Tandis que la déclaration ci-dessus défend le cuivre pour le lait, comment peut-on en remplir les cuisines, où l'acide le décomposant, le rend plus funeste ?

DROIT FISCAL.

4. Le tarif de 1664, assujetissoit l'*airain* aux droits du cuivre, 2 liv. 10 s. à l'entrée, & 3 liv. à la sortie. Ces droits ont été changés par un arrêt du 22 juillet 1760. Voyez *Cuivre*.

AIRAULT.

Pierre Airault, ou Ayrault, né en 1536, fut d'abord avocat célebre au parlement de Paris, & après son pere, lieutenant-criminel d'Angers, fa patrie, où il mourut en 1601, oublié de la cour qu'il avoit bien fervie contre la ligue ; mais heureux par l'amour du peuple, par fes écrits, & fa confcience.

Ses œuvres ont été recueillies en deux volumes féparés.

Le premier a ce titre : *Petri Ærodii quæſitoris Andegavi rerum ab antiquitate judicatarum Pandectæ.* Voyez un de ces jugemens, au mot *Adreſſe*, n°. 12, pag. 140.

L'ouvrage eſt précédé d'un difcours fur l'autorité des arrêts, & fuivi du fameux traité de la puiſſance paternelle, par rapport à l'entrée en religion : *De patrio jure ad filium pfeudo-jefuitam.* C'eſt une favante diſſertation ; c'eſt un manifeſte énergique, où il conjure de découvrir & de ramener dans le fein paternel fon fils, caché par les jéfuites, &, depuis, mort jéfuite en 1644.

L'autre volume terminé par des plaidoyers, leurs arrêts & des harangues, a ce titre : *L'ordre, formalité, inſtruction judiciaire, dont les Grecs & les Romains ont uſé ès accuſations publiques, conféré au ſtyl de notre France.*

Le favant y trouve, 1°. des connoiſſances néceſſaires pour l'intelligence de l'hiſtoire ; 2°. des recherches curieuſes fur la maniere de faire le procès aux cadavres, & à la mémoire des criminels ; fur la condamnation des *bêtes brutes*, & des choſes inanimées.

Mais ce qui diſtingue ce traité de tant de lâches & perfides compilations, qui n'ont fervi depuis qu'à épaiſſir les ténebres, à égarer la juſtice, & à perdre l'innocence ; ce qui eſt précieux, pour les temps & les lieux où l'on n'oſe pas écrire de triſtes & utiles vérités ; c'eſt la franchiſe avec laquelle Airault s'éleve contre le fecret de la procédure & l'abolition des conſeils des accuſés.

On aime à voir un lieutenant-criminel, ſacrifiant le pouvoir inviſible des juges, à l'humanité, à la vérité, & à la vraie juſtice, dire :

« Ce qui fe fait en public, a plus de *majeſté*, plus de *ſincérité*, & plus d'*exemple*. . . . Dans l'état actuel, les pauvres parties (accuſées) font en curatelle, plus aveugles que ceux qui eſcriment en plein minuit. . . . Si le juge & le greffier veulent faire comme les *fauſſes balances*, c'eſt pencher plus d'un côté ; difficilement y a-t-il remede aujourd'hui, tant notre ſtyl y eſt enclin. . . . Les *témoins* reſſemblent aux *cloches*, on leur fait dire ce qu'on veut. . . . On a fait de la *juſtice*, comme des faints & facrés *myſteres*, qui ne fe communiquent qu'aux prêtres. » (*Liv. 3, art. 3, n°. 19, 20, 21, 41 & 60.*)

On aime encore à voir Airault terminer un difcours au duc d'Anjou, dont il étoit maître des requêtes, par ce conſeil : *Faites - vous lire les livres des royaumes & monarchies : car vous y trouverez les choſes que perſonne ne vous oſeroit dire.* (pag. 560.)

Dans la harangue qui fuit, comme maire, il dit au même prince : « Vous aurez pitié de la foule & oppreſſion que ſouffre le pauvre peuple . . . pillé & gaſté de *gens de guerre*, qui prennent ce titre & *ne le font qu'à leurs caſaques*. . . . Hélas ! monfeigneur, on peut dire : *Il n'y a plus de juſtice en ce royaume, & qu'elle en eſt bannie, comme ſi on lui avoit fait fon procès à elle-même. . . . . Jamais on ne vit tant de juges, & ſi peu néanmoins de bonne & brieve juſtice.* » (pag. 562 & 563.)

Tel étoit le ſtyle du feizieme fiecle, & c'eſt avec cette fainte liberté qu'écrivirent, Cujas, Dumoulin, Briſſon, l'Hofpital, Paſquier, Pithou & Loyſeau. La religion n'a pas eu de défenfeurs plus zélés, puiſque c'eſt à eux que l'égliſe gallicane doit fes libertés, comme le gouvernement les principes de fon droit public. La juſtice n'eut pas de plus ſûrs interpretes, la morale de plus grands exemples, l'état de meilleurs citoyens, & le roi de fujets plus fideles.

AIRE.

(*Droit privé. Eaux & Forêts.*)

1. C'eſt en général la ſuperficie plane d'un terrain.

C'eſt, ſuivant l'*art.* 240 de la coutume de Senlis, *un eſpace de terre :* ſuivant celles, de Poitou, *art.* 190, & Saintonge, *art.* 129; c'eſt l'eſpace d'un marais où l'on fait le ſel. Voyez *Marais, Salines.* (Gloſſ. de Delaurière, tom. 1, pag. 38.)

Dîme.

2. C'eſt particuliérement une place unie & préparée pour y battre les grains.

Doit-on payer la dîme des menus grains à l'*aire* ou au grenier ? Sur ce point ſi ſimple, la juriſprudence n'eſt pas plus uniforme que ſur tant d'autres.

ARRÊTS du parlement de Toulouſe, des 27 juillet 1638 & 13 juin 1644, qui condamnent à payer la dîme à l'*aire:* le dernier contre les habitans de Saint-Laurent en Rouergue, quoique la coutume fût contraire.

ARRÊTS du parlement de Toulouſe, de 1665 & 1666, qui autoriſent à payer la dîme au grenier, ſuivant l'uſage.

Albert, au mot *Dîme, chap.* 16, *pag.* 129, préfere les premiers arrêts, ſous prétexte qu'au grenier l'on peut tromper, & *la coutume eſt mauvaiſe, qui ouvre la porte à la tromperie.*

ARRÊT du parlement de Toulouſe, du 5 août 1741, qui admet les habitans de la Baſtide Lordat, à prouver que depuis quarante ans ils avoient payé à l'*aire* ou *ſol* la dîme du millet, de la poumoule & de l'orge. (*Journ. Aguier,* tom. 2, arr. 157, pag. 155.) Aguier ajoute, que les anciens arrêts ci-deſſus cités, de Cambolas & d'Albert, étoient pour le bled.

ARRÊT du 2 août 1735, contre le ſéminaire d'Uſez, qui juge que la dîme des menus grains ne ſera payée qu'à l'*aire.*

Ces diſtinctions de la juriſprudence portent ſur le plus ou le moins de faveur du genre de la dîme. Dès que vous admettez la dîme; dès que vous ſuppoſez que le contribuable doit payer exactement, ne ſeroit-il pas plus ſimple de faire percevoir ſur le fonds même ? Voyez *Dîme.*

Eaux & forêts.

3. Suivant l'ordonnance de 1669, l'*aire* eſt encore la place ou le terrain après la coupe des bois. L'*art.* 11 *du tit.* 25, dit que « les coupes ſeront faites à *tire & aire* par gens entendus & choiſis. »

« Couper *à tire & aire,* c'eſt couper le bois tout d'une ſuite, ſans inter-miſſion, & non par pied d'arbres, ne laiſſant aucun bois entre deux, abattant les arbres debout, ôtant & rompant les vieilles ſouches, & eſtocs le plus près que faire ſe pourra, & coupant tout le menu bois avorté, brouté & mangé des bêtes. » (*Conférence de l'ordonnance des eaux & forêts,* tom. 2, pag. 303 & 304.)

Enfin, on appelle *aire,* le nid des oiſeaux.

Par les *art.* 8 & 9 *du tit.* 30 de l'ordonnance de 1669, il eſt défendu de prendre dans les forêts, garennes, buiſ-ſons & plaiſirs du roi, aucunes *aires* d'oiſeaux, à peine de 100 liv. pour la première fois, du double pour la ſe-conde, du banniſſement de cinq ans, & du fouet pour la troiſieme. — Les gardes ſont chargés de la conſervation de ces *aires* par acte particulier, & en ſont reſponſables.

ARRÊT de réglement du ſiege général de la table de marbre du palais à Paris, du 3 ſeptembre 1776, qui, renouvellant l'exécution des anciennes ordonnances ſur le trafic des oiſeleurs, leur défend, entr'autres, par l'*art.* 4, « de prendre ès forêts du roi & en ſes garennes, buiſ-ſons & plaiſirs, aucunes *aires* d'oiſeaux de quelque eſpèce que ce ſoit, & en tous autres lieux les œufs des cailles, perdrix & faiſans. »

Ces précautions pour la conſervation des oiſeaux ſe trouvent dans les anciennes loix angloiſes. (Fleta, *lib. 2, cap. 41, § 7, pag. 46.*) On les trouve dans le placard des archiducs Albert & Iſabelle, du 31 août 1613. L'*art. 66* dit : « *Item,* ſi quelqu'un tiroit ou prenoit un tel oiſeau (*de proie*) devant ou ſur l'*aire* avec arquebuſe, piſtolet, avec filet, grippeaux; détruiſoit leurs *aires,* ou prenoit les œufs ſans conſentement de nos commis, il ſourfera ſoixante royaux d'amende. »

Qu'on empêche de détruire les *aires* de bons oiſeaux, pour les multiplier; fort bien : pour les plaiſirs du ſouverain; fort bien encore : pour le privilege même du ſeigneur; encore paſſe : mais, des *oiſeaux de proie* qui dévaſtent, on ne pourra pas les détruire dans l'*aire*; il faudra les laiſſer groſſir pour le malheur du pays, & le vain plaiſir du ſeigneur! Voyez *Chaſſe.*

A I R E en Artois.

C'eſt une place forte de l'Artois, ſituée ſur la Lis, au ſud-oueſt de St. Omer, qui communique avec cette ville, & Dunckerque, par un canal; il y a une grande & belle collégiale, fondée par les comtes de Flandres; deux paroiſſes, ſix couvens, deux maiſons de charité, & une eſpece de college public; l'hôtel-de-ville eſt tout neuf, & magnifiquement conſtruit. Les caſernes, bâties par les ordres de Louis XIV, ſont un des plus beaux ornemens de cette ville dont la population eſt d'environ 30 mille ames.

Il s'y fait un commerce conſidérable & ſur-tout de grains & d'amidon.

Les juriſdictions les plus importantes ſont celles de l'échevinage & du bailliage.

L'échevinage connoît des affaires civiles & criminelles, & de la police de la ville & banlieue; l'appel de ſes jugemens

civils ſe porte au bailliage, & des criminels au conſeil provincial d'Artois.

Le tribunal de l'échevinage à la forme de l'ARRÊT du conſeil du 15 juillet 1766, eſt compoſé du mayeur & de ſix échevins, dont deux ſont tirés de l'ordre des avocats; ceux-ci tiennent tous les mercredis à dix heures du matin, leur audience pour les affaires civiles, & du petit criminel. Les autres échevins ont chacun dans leur partie, la juriſdiction ſur les jurandes, l'approviſionnement, les prairies, les conſtructions, les fournitures aux troupes : le mayeur ſeul n'a point de département fixe, ſans doute parce qu'il a inſpection générale ſur tout. Il y a encore d'autres officiers de l'échevinage, un procureur-ſyndic, un greffier, un avocat-penſionnaire, un châtelain royal, un châtelain vicomtier, un aumônier, ſix ſergens, & un inſpecteur des ouvrages publics.

Ce ſont les échevins qui adminiſtrent la régie des différens octrois, & perçoivent des droits ſur les toiles, draps, biere, vin, bled, houblon, & autres marchandiſes commeſtibles & boiſſons. Ces droits ſont aſſez conſidérables, parce que la ville eſt aſſujettie à des réparations d'entretien, & notamment à celle de la chauſſée de St. Omer, eſſentielle au commerce qui ſe fait par le canal de navigation dont nous avons parlé.

La juriſdiction du bailliage d'*Aire,* s'étend ſur environ trente-trois juſtices; & indépendamment des affaires de la juriſdiction ordinaire, civile & criminelle, ce tribunal connoît encore de quelques matieres d'impoſitions.

Aire eſt le chef-lieu d'une ſubdélégation de l'intendance de Flandres & Artois : il y a un receveur des finances & domaines, & deux receveurs pour les états de la province.

Aire eſt l'une des villes énoncées dans l'ARRÊT du conſeil du 29 avril 1692 qui a déterminé plus particuliérement l'exception ou *réſerve* portée par l'ÉDIT de création du bureau des finances de

Lille. Cet édit du mois de septembre 1691, avoit attribué à ce siege, entr'autres choses, le pouvoir d'ouir, examiner, & clorre les comptes des deniers d'octrois des villes, bourgs & villages de la Flandre, Artois, Hainaut, Cambresis, &c. à la *réserve de ceux des corps d'état, & des grosses villes, dont les intendans font auditeurs.*

La ville & la banlieue d'*Aire* sont régies par une coutume locale composée de vingt-huit articles : la particuliere du bailliage en renferme soixante & dix. Elles ont été réformées l'une & l'autre en 1739 : leur enrégistrement au parlement de Paris suivit de près ; il est du 10 décembre 1743. On les trouve réunies avec les coutumes générales de la châtellenie & bailliage d'*Aire*, membre de la comté d'Artois : celles-ci contiennent 139 articles, & avec les styles & usages, tant de la banlieue que de la ville, dans un recueil imprimé à Paris en 1744, sous le titre de *Coutume de St. Omer.*

On trouve dans le recueil des ordonnances du Louvre, plusieurs pieces relatives à la ville d'*Aire*, & entr'autres des LETTRES de Philippe-Auguste, du mois de juin 1192, par lesquelles il confirme les privileges accordés aux habitans d'*Aire*, ARIENSIBUS, notamment au sujet du recouvrement de ce qui peut leur être dû dans toute l'étendue du royaume.

LETTRES de Philippe de Valois, du mois d'octobre 1347, par lesquelles il confirme les loix & coutumes de la ville d'*Aire*. . . . Autres LETTRES du même roi, données la même année, qui accordent à tous les habitans de la ville d'*Aire*, « & qui seront témoignés par les lettres du maire & échevins d'icelle ville estre bons & loyaulx marchands, & de bonne vie & conversation, qu'ils puissent porter leurs espées, boucliers, couteaux & bâtons à tuition & défenses de leur personne, en allant à leurs marchandises, & autres besoignes, & retournant, sans ce qu'ils soient, ou puissent estre en temps présent & à venir pris ou arrêtés, ou mis à amende par aucuns de nos sergens ou autres officiers. » (*Tom. 3, pag. 509 & 510 ; tom. 12, pag. 563 & suiv.*)

AIRE en Gascogne.

1. C'est la capitale du Tursan, l'une des trois parties de la Chalosse, qui forme le quatrieme des huit petits pays que comprend la Gascogne, dépendante du gouvernement général de Guienne. Elle est située sur la riviere d'Adour.

ÉTAT ECCLÉSIASTIQUE.

2. *Aire* est le siege d'un évêché, dont la fondation se perd dans la nuit des temps. Marcel & Rustique, deux de ses plus anciens évêques, assisterent, le premier au concile d'Agde, tenu en 506, & le second à celui de Mâcon, tenu en 585.

Parmi leurs successeurs on compte plusieurs prélats illustres, entr'autres Louis d'Albret, revêtu de la pourpre romaine, par Pie II, en 1461 ; & François de Foix de Candale, auteur de plusieurs ouvrages, tels que la Traduction françoise du Pimandre attribué à Mercure Trismegiste ; il mourut en 1594, & on voit son superbe mausolée dans le chœur de l'église des Augustins.

L'évêque d'*Aire* est aujourd'hui le cinquieme suffragant de la métropole d'Auch : on lui donne environ 30, 000 liv. de revenu, & il est taxé à la chancellerie romaine, à douze cents florins : son diocese comprend 132 paroisses & 75 annexes.

Le chapitre de la cathédrale dédiée à la sainte Vierge, est composé de deux dignitaires, l'archidiacre de Marsan, & l'archidiacre de Chalonne ; de deux personnats, le sacristain & l'ouvrier, qui sont chanoines honoraires ; de dix chanoines prébendés : six prébendés choristes, & deux stipendiaires chapiers forment le bas chœur. Les prébendes canoniales sont à la nomination des chanoines, qui ont chacun leur mois; l'évêque a le sien qui est le mois de janvier; celui de février appartient au chapitre en corps. Les deux dignités, & les deux personnats ou offices, sont à la nomination & collation de l'évêque; les places du bas chœur sont à celles du chapitre.

Les statuts & réglemens synodaux du diocese d'*Aire*, ont été imprimés à Bourdeaux, chez la Cour, en 1654.

Il y a quelques années qu'il s'éleva une contestation entre l'évêque d'*Aire* & son chapitre. Celui-ci prétendant avoir des statuts particuliers, autorisés par plusieurs évêques, en vertu desquels, c'étoit à lui à faire les réglemens nécessaires pour la direction du culte divin, & la correction de ses membres, interjeta appel comme d'abus, d'une ordonnance de visite de son évêque. Mais tout fut terminé par un ARRÊT du conseil du 28 septembre 1746, rendu sur l'avis de M. l'archevêque d'Auch, & de M. Caze de la Bove, intendant de la même ville. Cet arrêt en assurant l'exécution de l'ordonnance de visite sur ses principaux points, détermine sur quelques autres des modifications, qui, ne blessant point l'autorité épiscopale, avoient été acceptées par M. l'évêque d'*Aire*. Cette décision rétablit l'union & la paix entre le chef & les membres. (*Rapport de l'agence, fait en 1750, pag. 45 & suiv. & aux pieces justif. pag. 56, & suiv.*) Voyez *Chapitre*, *Evêque*, *Visite*, &c.

Il y a dans le diocese d'*Aire* deux abbayes d'hommes : celle de Pontaut, de l'ordre de cîteaux; & celle de saint-Sever, de celui de St. Benoît. Il y a aussi trois collégiales : Saint - Girons, St. Loubon, Pimbo.

ÉTAT CIVIL.

3. La ville d'*Aire* est, comme nous l'avons dit, dans l'étendue du gouvernement général de Guienne. La justice commune & en pariage entre sa majesté & l'évêque, s'y exerce sous le ressort de la sénéchaussée des Landes ou des Lannes, & du parlement de Bourdeaux.

Les affaires d'imposition se traitent à l'élection des Lannes, dans la généralité d'Auch, & par appel à la cour des aides de Guienne. On y suit le droit écrit, cependant il y a quelques coutumes particulieres. On lit dans celle de Saint-Sever (*art. 30, du tit. 12*) que les enfans mâles d'un même mariage succedent également à leur pere & mere, & en déboutent & forcluent les filles, « sauf ès villes d'*Ayre* & du -Mas, Meilhan, Ste. Croix & lieu de Poyol, esquelles les filles succedent avec les mâles aux biens maternels. » (Oihenharti, *notitia Vasconiæ*, pag. 462 & sequent. Gallia christiana, tom. 1, pag. 1247 ad 1172, & in probat. pag. 181.) Voyez *Acqs*, *Gascogne*, *Guienne*, *Marsan (Mont de)*, *St. Sever*, &c.

AIREURES.

(Droit coutumier.)

C'est ainsi qu'on appelle en Normandie, les travaux faits pour préparer les terres, & les dépenses faites pour les ensemencer. L'*art. 119* de la coutume de cette province dit : « Si les fruits demeurent au seigneur, il doit payer les *aireures*, labours & semences à celui qui les aura faites, autre que le vassal; si mieux le seigneur n'aime se contenter du fermage, ou de la moitié des fruits. » Voyez *Colon*, *Culture*, *Labour*, *Saisie (féodale,)* *Semence*, &c.

AISANCE.

(Droit public. Droit privé.)

Ce mot a plusieurs acceptions relatives à la jurisprudence.

On le prend au barreau pour la facilité de parler, de rédiger, d'écrire,

de

de faifir & de manier les *affaires*. Voyez ce mot & *Acte*, *Activité*, *Adreffe*, *Avocat*, *Juge*, *Notaire*, *Opinion*, *Procureur*, *Rôle*.

On dit, avoir de l'*aifance* dans fon *Commerce*. Voyez ce mot, & *Change*, *Crédit*.

On dit, avoir de l'*aifance* dans la fortune. Voyez *Aifés*.

C'eft encore la faculté de fe fervir du fonds ou des chofes d'autrui, réfultante d'une convention, ou du droit municipal. Voyez Ducange, au mot *Aifantia* & *Servitude*.

Enfin, l'académie dit : « c'eft le lieu pratiqué dans une maifon pour y faire fes néceffités. » Et ce mot eft employé dans ce fens par plufieurs coutumes. Voyez *Foffe d'aifance*, *Latrines*, *Ventilateur* & *Vuidange*.

A I S É S.
(Droit fifcal.)

Sous *ce mot* Brillon rapporte les loix fuivantes :

DÉCLARATION du 16 janvier 1557, pour la taxe des *aifés*, dans le Dauphiné.

ÉDIT, de mars 1558, pour emprunter 1,200,000, liv. fur les riches & *aifés*.

É D I T d'avril 1570, pour lever 1, 200, 000 liv. fur les *aifés* de la généralité de Paris.

ÉDIT de janvier 1648 portant rénovation de la taxe des *aifés*, pour tout ce qui' refte à exécuter.

Nous l'avons dit au mot *Accife*, n°. 6: il faudroit pouvoir dire à l'impôt : Refpectez le *néceffaire phyfique* : Ménagez la *médiocrité* : Taxez la *richeffe*, & prenez le *fuperflu* : mais comment déterminer ces états divers ? . . . .

L'*aifé* n'eft pas celui qui a une telle fortune ; mais celui qui, relativement à fon rang, fes fonctions, fa ville, fa famille, fes befoins, & la nature de fes

Tome III.

revenus, peut économifer ; & par-là même, contribuer plus aifément aux charges de l'état.

Il y a beaucoup d'*aifés*, fur-tout dans les grandes villes : cherchez-les pour les taxer ; les fortunes s'enterreront comme dans l'Inde. Le luxe, fruit de l'aifance, du goût & de la vanité, fe cachera ; les manufactures tomberont ; les ouvriers émigreront ; les confommations diminueront ; & par une taxe modique, redoutée à caufe de l'arbitraire, vous diminuerez le produit de tous les impôts.

Ces réflexions, appuyées de l'expérience, ont fait difparoître depuis longtemps ces taxes du code fifcal. Voyez *Impôt*.

A I S S E L L E S.
(Droit criminel.)

On pend fous les *aiffelles*, celui qu'on auroit condamné à mort, s'il avoit eu l'âge requis ; ou que la loi fembloit condamner à mort, & à qui l'on fait grace de la vie, en lui faifant fubir l'appareil & l'ignominie du fupplice.

Cette définition eft tirée des faits, & nous avons beau les analyfer, nous n'entendons pas la jurifprudence ; ou plutôt, nous n'y trouvons pas les deux grands caracteres qui doivent la former : humanité & juftice.

« Un jeune homme voyant que deux femmes fe battoient, donne un coup de pierre à l'une fur la temple, (tempe) près l'oreille, dont elle meurt incontinent. Par ARRÊT de Bourdeaux, en l'an 1590, il eft condamné à être pendu par deffous les *aiffelles*, au même lieu que ladite femme avoit été frappée. » (Automne, en fa *Conférence du droit*, *in L. 2, C. ad L. corneliam de ficariis*, *tom. 2, pag. 456.*)

Le malheureux avoit-il bonne intention ? Eft-ce un accident ? S'il étoit homicide volontaire, a-t-il été affez puni ?

Ne l'a-t-il pas été trop cruellement, s'il n'a été que mal-adroit? & sous ce point de vue l'arrêt n'est-il pas injuste? Voyez *Accident, Assassinat, Grace, Homicide, Imprudence, Malheur, Meurtre.*

« Le 30 juillet 1722, le jeune Cartouche, *âgé de quinze ou seize ans,* fut pendu sous les *aisselles.* Il devoit être en cette posture pendant deux heures. Comme il avoit eu la question des brodequins, il tomba en grande foiblesse. On le détacha après une heure, & on le porta dans l'hôtel-de-ville, où il *mourut.* Le lendemain on prétendit que le bourreau ne savoit pas faire *cette exécution, qui est plutôt une ignominie qu'un vrai supplice.* Il y avoit alors environ douze années qu'on n'avoit fait exécution semblable. On mettoit une petite planche sous les pieds pour soutenir le patient. C'est ce que l'on ne fit pas au jeune Cartouche. Ce ne fut qu'après un long temps que le voyant épuisé *de douleurs & de foiblesse,* on mit un escabeau sous ses pieds. *La peine* prononcée contre ce petit misérable, qui étoit plus méchant que son frere, roué vif quelques mois auparavant, étoit de demeurer *deux ans* à l'hôpital, & de là aux galeres à perpétuité. » (Brillon, au mot *Peine,* n°. 34.)

Peut-on condamner à la question, quand on ne peut pas prononcer la mort? Qu'est-ce que toute cette jurisprudence arbitraire & dégoûtante? Voyez *Accusation,* n°. 66, *Peine, Supplice.*

AISSIEU ou ESSIEU.

(Sûreté. Police.)

C'est une piece de bois ou de fer passant dans le moyeu des roues d'une voiture.

L'académie n'écrit plus qu'*Essieu,* nous conservons un moment l'ancienne orthographe, pour rappeller plutôt une loi sage, & tombée en désuétude.

ORDONNANCE du 4 mai 1624, qui, « voulant pourvoir aux *accidens qui en pourroient arriver,* statue que dans tout le royaume, les *essieux* des coches ordinaires, charriots & charrettes de voituriers & autres personnes, *sans exception,* seront de semblable échantillon & de même voie que ceux du canon & de l'artillerie, & qu'ils auront en se faisant pour toute longueur *cinq pieds dix pouces,* dont il y aura cinq pieds & demi entre les deux yeux de l'*essieu,* & le reste pour servir de rebord, qui est deux pouces pour chacun des deux bouts; défenses à tous forgeurs, maréchaux & charrons, de faire lesdits *essieux,* tant de fer que de bois de plus grande longueur & distance, à peine de confiscation, de 15 liv. d'amende, & à tous voituriers de s'en servir. » (*Traité de la police de* Lamare, tom. 4, liv. 6, tit. 13, pag. 509.)

On aime à voir le souverain entrer dans ces détails d'ordre public. C'est le pere de famille qui ne néglige rien pour la conservation de ses enfans.

C'étoit Louis XIII : mais on aime à voir au bas de cette loi, Sully, comme grand voyer, dans son *Ordonnance d'enrégistrement, du 31 juillet 1624,* écrire: *nous reconnoissons la facilité & commodité publique & particuliere qui résulte de la réduction des essieux, &c.*

Mais cette loi n'est plus exécutée. Les *essieux* des Provençaux sur-tout, ont hors des moyeux une longueur arbitraire, inutile, &, pour ainsi dire, affectée, qui occasione des embarras & des accidens difficiles à prévoir : à la tombée de la nuit, sur-tout, croyant avoir un espace suffisant, on est éventré par un *essieu* de fer long & pointu, & nous pouvons attester plusieurs de ces accidens.

Ce qui parut important à Sully ne le seroit-il plus? Ou seroit-il difficile de remettre cette loi en vigueur? Comme elle n'a point été abrogée, nous demandons si l'on pourroit réformer le moindre juge qui la feroit exécuter?

Qu'on nous pardonne ces articles;

minutieux en apparence. Nous savons bien qu'ils ne sont pas dans nos Dictionnaires de droit privé. Nous remplissons notre tâche.

_____

A I T — A C T E.

(Procédure.)

C'est une ordonnance mise au bas d'une requête, dont les conclusions n'exigent aucune décision, aucune permission provisoire ; ou sur lesquelles l'instructeur ne veut pas statuer. C'est comme s'il disoit à la partie : je vous entends; j'y aurai, en temps & lieu, ou *en jugeant*, tel égard que de droit.

On dit aussi : *acte & joint* : tout cela est synonyme, s'entend bien au palais, & a lieu au criminel comme au civil.

En effet, l'art. *3 du tit. 23* de l'ordonnance de 1670, permet aux parties, à l'*accusé*, de *présenter des requêtes*, & *d'y attacher des pieces*. Mais comme l'instructeur est gêné par le secret, & par le *tit. 28* des faits justificatifs, il met *acte & joint*, ou *ait-acte*, & en rend compte à la chambre, en rapportant l'affaire. D'où il arrive que la preuve des faits justificatifs peut périr. Voyez *Accusation*, n°. *102*.

_____

A J U S T E U R.

(Monnoie.)

C'est celui qui ajuste les *flaons*, & les met au juste poids que doivent avoir les especes, en limant ceux qui sont trop pesans, & rejetant ceux qui sont trop légers.

Les *flaons* sont les morceaux des divers métaux employés dans le monnoyage, coupés de la grandeur, de l'épaisseur & de la rondeur des especes, & réduits au poids porté par les ordonnances.

Ces *flaons* confiés aux *ajusteurs* pour remplir leurs fonctions, sont ensuite rendus par leur prévôt au directeur, avec ceux qui ont été rebutés comme foibles ou trop forts, avec les limailles, le tout poids pour poids, comme il s'en étoit chargé, ce qui s'appelle rendre *la breve*. Le directeur paie à ce prévôt deux sous par marc d'or, & un sou par marc d'argent, pour être distribué à ceux qui ont *ajusté* la *breve*. (Basinghen.)

Certes, cette main-d'œuvre n'est pas chere. Ces officiers ont les privileges des monnoyeurs. Voyez *Accueil, Monnoie*.

_____

AIX—LA—CHAPELLE.

Nous avons cru devoir parler de cette ville, tant parce qu'elle a été pendant long-temps la capitale de l'empire François, quoiqu'elle n'en fasse plus partie aujourd'hui ; que parce que c'est là que Charlemagne & ses premiers successeurs publierent la plus grande partie de leurs capitulaires, cette partie essentielle de notre législation civile, & sur-tout ecclésiastique.

Premier capitulaire de 789, *Capitulare AQUISGRANENSE*. Capitulaire des Saxons de 797, *capitulare Saxonum datum AQUISGRANI*. Capitulaire de 809... *Capitula quæ domnus imperator AQUIS palatio constituit in anno nono....* *Capitula quæ AQUIS palatio commonita sunt*. Épître de Louis le Débonnaire à l'archevêque de Sens, sur la confirmation de la regle des chanoines, arrêtée dans le concile d'*Aix-la-Chapelle* de 816 : *Epistola ad magnum archiepiscopum Senonensem de confirmatione regulæ canonicorum decreta in concilio AQUISGRANENSI anno 816. GLORIOSISSIMUS HLUDOVICUS, &c.*

Charte de la division de l'empire entre Lothaire, Pepin, & Louis, fils de Louis-le-Pieux, donnée en 817, dans l'assemblée générale de la nation, tenue suivant l'usage

à AIX-LA-CHAPELLE : *Cùm nos.....*
AQUISGRANI palatio noftro more folito
facrum conventum & generalitatem populi
noftri, propter ECCLESIASTICAS, vel
totius imperii noftri utilitates pertractandas
congregaffemus. (Baluzius, tom. 1,
pag. 210, 276, 465, 473, 553,
574.)... La derniere de ces citations
peut fervir à autre chofe qu'à la preuve des
faits hiftoriques relatifs à *Aix-la-Chapelle.*
Voyez *Etats.*

Aix-la-Chapelle, appellée en latin
Aqua, Aquifgranum, eft une ville libre
& impériale, partagée en ville vieille &
nouvelle, qui toutes deux font belles &
affez bien fortifiées. *Aix-la-Chapelle* tient,
à la diete de Ratisbonne, & dans les affemblées du cercle de Weftphalie, le fecond
rang fur le banc du Rhin, dans l'ordre
des villes libres & impériales. Elle a
long-temps joui du premier, & elle le
prétend encore fur la ville de Cologne,
parce que les empereurs y étoient couronnés autrefois, & y ont eu long-temps
leur palais, où ils faifoient leur principale réfidence. Aujourd'hui elle eft encore
dépofitaire de l'épée & du baudrier de
Charlemagne, du livre des évangiles &
des reliques de St. Étienne, qu'on envoie
dans la ville que les empereurs choififfent pour leur inauguration.

L'églife d'*Aix-la-Chapelle,* fondée ou
reftaurée par Pépin d'Heriftal, bifaïeul
de Charlemagne, & rebâtie par ce Prince,
fut détruite par les Normands au neuvieme
fiecle, & réédifiée encore par l'empereur
Othon III. Elle a de grandes prérogatives,
& eft compofée de vingt-quatre chanoines
capitulans, dont tout empereur regnant
eft du nombre, & de huit chanoines
domiciliaires.

La religion catholique eft dominante
à *Aix-la-Chapelle;* & les proteftans fimplement tolérés, & fans aucun culte
extérieur, n'y peuvent être admis au gouvernement ou régence de cette ville, que
forment un bourgmeftre & un certain
nombre d'échevins & de confeillers. Sa
contribution à la chambre impériale n'eft

que de 155 rizdales, & 50 creutzers;
& fes mois romains ne font que de cent
florins.

Il y a à *Aix-la-Chapelle* un commerce
affez étendu en draps, en ouvrages de
cuivre & en aiguilles; mais il y feroit
encore plus confidérable, s'il y avoit
plus de population & moins de communautés régulieres de l'un & de l'autre
fexe.

Aix-la-Chapelle à encore de la réputation, à caufe de fes bains chauds & de
fes eaux minérales.

Mais ce qui a fur-tout illuftré cette
ville dans le fiecle précédent & celui-ci,
ce font les deux célebres traités qui y ont
été conclus, le premier, le 2 mai 1668,
entre le roi très-Chrétien & le roi Catholique : le fecond, le 18 octobre 1748,
entre le roi très-Chrétien, le roi Catholique, le duc de Modene & la république
de Genes, d'une part; & de l'autre, l'impératrice reine de Hongrie, le roi d'Angleterre, le roi de Sardaigne & les états
généraux des Provinces-unies. Voyez
Allemagne, Capitulaires, Cercle, Cham-
bre impériale, Landit, Mois Romains,
Négociation, Paix, Traité, Weftphalie.

A I X en Provence.

1. La ville d'*Aix,* capitale de la
Provence, eft la plus ancienne ville
que les Romains aient eue dans les
Gaules.

Elle fut le féjour ordinaire des anciens
fouverains du pays.

Elle eft fituée à cinq lieues au nord
de Marfeille. On y compte environ vingt-
cinq mille ames. Elle ne fait prefque
d'autre commerce que celui de fes huiles.
Elle eft bien bâtie. Elle réunit tous les
avantages qui diftinguent une capitale.

État actuel.

2. Il y a dans cette ville un parlement, une chambre des comptes à

laquelle eft réunie la cour des aides, une univerfité, un bureau des finances, une fénéchauffée, un hôtel des monnoies & une chambre fouveraine eccléfiaftique.

M. le premier préfident au parlement eft en même temps intendant de la Province.

M. l'archevêque d'*Aix* eft *premier procureur né du pays.* En cette qualité, il préfide les états.

Il y a quatre paroiffes dans *Aix*, & un chapitre métropolitain dont les membres font décorés par une croix.

C'eft par des LETTRES-PATENTES de Louis III, datées du 24 novembre 1425, qu'il fut ordonné que les cours fouveraines auroient leur féance à *Aix*, & que les gouverneurs de la province y feroient leur réfidence.

Les gouverneurs ne peuvent *prendre connoiffance des affaires de juftice.* Ils ne peuvent *élargir les prifonniers, les changer d'une prifon à autre, ni faire emprifonner aucuns de leur autorité, fans ordonnance précédente de juftice, ni les envoyer dans les châteaux & fortereffes, ni donner retraite dans les places à ceux contre lefquels y a décret de juftice, mais les repréfenter à la juftice.* Ils ne peuvent fe mêler ni du commerce, ni des finances, ni de la police, ni de l'adminiftration municipale.

Quand il furvient des conteftations entre les gouverneurs & les officiers de juftice, *ils doivent, avant que de recourir à fa majefté, effayer de les compofer fur les lieux par conférence.* (ARRÊT de réglement du confeil d'état, entre le gouverneur de Provence & la cour de parlement, du 8 mars 1635.)

Le parlement de Provence fut érigé en 1501. Il repréfente *le confeil éminent des anciens fouverains du pays.* De tous les temps les loix lui ont été adreffées pour y être vérifiées & enregiftrées. Cet objet eft même un des premiers articles que la nation Provençale s'empreffa de faire confirmer, lors de l'union de la Provence à la Couronne. *Item placeat regiæ majeftati, quòd litteræ veftræ regiæ*

priùs quàm exequantur, prefententur veftro concilio in provinciâ refidenti, ut maturiùs & confultiùs exequantur; habitâ priùs dicti concilii interinatione & annexâ. La réponfe du roi fut : *Placet requifitio.* (Articles obtenus par l'affemblée des états de 1482.)

Au mot *Parlement*, nous traiterons de tout ce qui concerne la jurifdiction & les prérogatives de ces grands corps de magiftrature.

La chambre des comptes d'*Aix* peut *ufer du titre de cour des comptes, aides & finances, mais à la charge qu'au difpofitif de fes arrêts, jugemens, commiffions, actes & autres expéditions, lefdites qualités feront diftinguées felon les matieres; à favoir où il fera queftion de comptes & autres chofes qui en dépendent, fera mis le titre de chambre des comptes; & où il s'agira de tailles, aides & autres matieres femblables, fera mis le titre de cour des aides.* (Réglement du confeil d'état, du 23 août 1608.)

Dans les proceffions & cérémonies publiques, les officiers des cours de parlement, chambre des comptes, cour des aides, marchent *felon le rang & ordre obfervés entre la cour de parlement & chambre des comptes de Paris; à favoir les officiers de la cour de parlement à main droite, & ceux de ladite chambre des comptes & cour des aides à main feneftre, qui feront toutefois un peu plus bas que les préfidens de ladite cour de parlement.* (Ibid.)

Le bureau des finances, établi à *Aix*, a une jurifdiction fixée par les ordonnances générales du royaume, & dont nous parlerons ailleurs, quand nous traiterons en général du pouvoir de ces tribunaux. Nous devons feulement faire remarquer qu'à *Aix* le bureau des finances n'a aucune part à l'adminiftration des chemins.

Mrs. les procureurs du pays de Provence, qui font en même temps confuls d'*Aix*, ont eu de tout temps cette adminiftration. Leur droit ne leur a point été concédé par un titre particulier; il est fondé sur les *anciens usages*; il est lié à la constitution nationale.

Une DÉCLARATION du roi, du 20 novembre 1714, enrégistrée le 9 janvier 1715, après avoir énuméré les différens arrêts du conseil qui consacrent l'*ancien usage où étoient de tout temps les procureurs du pays de se transporter sur les ponts & chemins pour en ordonner & diriger les opérations*, déclare & veut que *les procureurs du pays de Provence soient maintenus & gardés dans le droit de placer les ponts & chemins dans tous les endroits de la province où ils les croiront plus sûrs & plus commodes au public, & que les devis qui ont été & seront dressés par l'ordre desdits procureurs du pays, & les baux à prix-fait par eux passés, & à passer en conséquence pour la construction, réparation & placement desdits ponts & chemins de ladite province, soient exécutés suivant leur forme & teneur.*

La ville d'*Aix* est régie, comme le reste de la Provence, par le droit romain, & par les statuts généraux du pays.

Elle a pourtant quelques privileges & quelques statuts particuliers.

Impositions & Rêves.

3. Dans les affouagemens généraux de la province, la ville d'*Aix* ne peut être affouagée que *pour la septieme de sa viguerie.* (Privileges d'*Aix*, pag. 1 & suiv.)

Elle peut lever toutes les impositions sur les consommations, pour soulager les fonds de son territoire, qui sont de médiocre valeur. (*Ibid.* pag. 20.)

Les communautés des lieux voisins & limitrophes, & les particuliers de ces communautés, ne peuvent à l'extrémité de leur territoire, ni dans le lieu même, faire des établissemens capables de favoriser les fraudes, & de porter préjudice à la levée des impositions de la ville d'*Aix*.

Par un ARRÊT rapporté par Boniface, tom. 4, liv. 10, tit. 1, chap. 18,

rendu en faveur du fermier de l'imposition des chandelles de la ville d'*Aix*, il fut fait défenses d'établir des fabriques de chandelles au lieu du Tholonel & autres lieux inhabités, limitrophes des environs d'*Aix*.

Un ARRÊT de la cour des aides, du 20 août 1704, fit inhibitions & défenses, tant à Benoît Maurel qu'à tous autres, de faire des fabriques de chandelles dans le lieu de Meireuil, & dans les autres lieux limitrophes du terroir d'*Aix*, & d'en porter & débiter dans la ville, à peine de 300 liv. Un autre ARRÊT du 26 mai 1719, condamna Henri Deidier & Claire Franc, sa femme, aux dommages & intérêts soufferts par le fermier de la communauté d'*Aix*, à l'occasion d'une fabrique de chandelles, élevée au lieu de Venelles.

La même chose a été jugée pour la ferme des boucheries. La communauté d'*Aix* obtint un ARRÊT de la cour des aides, rendu sur requête, le 20 mars 1726, qui fit inhibitions & défenses à ceux qui débitent ou font débiter de la viande dans les terroirs des lieux de Venelles, de Meireuil, du Tholonel & autres limitrophes de la même ville, de faire à l'avenir ledit débit, à peine de confiscation, 500 liv. d'amende, dépens, dommages & intérêts. Les seigneurs de Venelles, du Tholonel & de Meireuil, se pourvurent par opposition contre cet arrêt, & en demanderent la révocation. Dans cette instance intervint un ARRÊT à l'audience, le 7 janvier 1728, par lequel la cour, ouï le procureur-général du roi, faisant droit sur les fins plaidées, ordonne que le débit de la viande qui se fait aux lieux de Venelles, du Tholonel & de Meireuil, sera fait, savoir : à Venelles, dans le village ou fauxbourg, qui est immédiatement au dessous; & aux lieux de Tholonel & Meireuil, aux environs de l'église paroissiale : fait inhibitions & défenses à tous les habitans desdits lieux, de faire la fourniture ailleurs, & notamment aux bastides attenantes les grands chemins de Pertuis, de Saint-Maximin ou de Toulon, à peine de confiscation de la viande, & de 100 l. d'amende pour chaque contravention. Et à cet effet, permet aux consuls d'*Aix* de faire faire telles visites qu'ils trouveront bon dans lesdits endroits prohibés, & à ces fins, que l'arrêt sera lu, publié & affiché auxdits lieux & autres que besoin sera, les dépens entre les parties compensés.

A *Aix* personne n'est exempt des impositions publiques.

Un statut particulier porte que tous les officiers, tant supérieurs qu'inférieurs de la ville d'*Aix*, présents & à venir, contribueront à toutes les charges de ladite ville, comme les autres citoyens: *Item quòd omnes officiales tàm majores quàm minores civitatis aquensis, præsentes & futuri, pro bonis habitis quibuscumque & habendis in dicta civitate & ejus territorio, in oneribus dictæ civitatis contribuant, sicuti alii cives ejusdem.*

Un ARRÊT du conseil du 18 juin 1765, condamna les officiers de la monnoie d'*Aix*, qui prétendoient être exempts des impositions.

Il s'étoit élevé entre la ville d'*Aix* & le chapitre métropolitain de la même ville, des contestations sur la franchise réclamée par ce chapitre. Ces contestations furent terminées par une sentence de M. de Belleval, gouverneur & sénéchal de Provence, rendue le 7 avril 1434.

Cette sentence accorda à l'église d'*Aix* l'immunité de la rêve des farines, par les considérations suivantes: La premiere, que la plus grande partie des bleds de cette église, provient des dimes, qui, de droit, ne sont pas sujettes aux impositions: La seconde, que le chapitre de Saint-Sauveur est en coutume de faire annuellement aux pauvres une aumône de quatre-vingts charges de bled: La troisieme, & la principale, qu'il y a une particuliere raison d'immunité, pour la rêve des farines, parce qu'elles regardent l'entretien nécessaire des ministres députés

au service divin, raison qui cesse pour les rêves du vin, de la chair, & autres, auxquelles l'église d'*Aix* & ses ministres doivent contribuer, comme ils avoient toujours fait. *Quantùm autem ad rêvam farinarum attinet, ex causis allegatis pro parte ecclesiæ, maximè quia plurima pars bladorum provenit ex decimis, oneri civitatis de jure tanquam merè spiritualibus non suppositis nec submissis: & ut magis ipsa ecclesia seu ejus suppositi afficiantur ad eleemosynam solitam fieri continuandam etiam & futuris temporibus applicandam: & quia alia & præcipua ratio immunitatis versatur in hâc ipsâ farinarum rêvâ pro victu ministrorum ecclesiæ aquensis ad cultum divinum deputatorum necessariâ, quam in aliis vini & macelli, in quibus & aliis solvant & contribuant ecclesia & ejus ministri deinceps in futurum prout hactenùs facere consueverunt: volumus & ordinamus quòd ecclesia supradicta & ejus ministri & tam in capite quàm in membris gaudeant immunitate non solvendi rêvam farinarum pro tempore præterito & in futurum, & in eâ parte fruantur deinceps perpetuâ libertate, cessante tamen semper in iis omnibus fraude; ita quòd immunitas hujusmodi duntaxat ad ipsa blada seu farinas dictæ ecclesiæ extendatur. Ubi verò de fraude procedenti ex facto & opere dictæ ecclesiæ vel ministrorum ejusdem legitimè appareret; videlicet quòd aliena farina nomine ecclesiæ transferretur ad effectum immunitatis prædictæ, declaramus quòd ex tunc in anteâ, extrà & ultrà farinas bladorum dictæ ecclesiæ ex decimis proventorum in quibus immunitatem perpetuam & incommutabilem esse volumus, eâ ipsâ immunitate privati sint ipso facto.*

L'immunité des rêves des farines ne pouvant regarder que la quantité de bled nécessaire pour l'entretien des ministres de l'église, la ville d'*Aix* se pourvut à la cour des aides qui en 1634 rendit l'ARRÊT suivant: « La cour faisant droit sur ladite requête, a déclaré & déclare ledit économe devoir être exempt de ladite rêve & impofition de la farine dont il s'agit, pour la quantité de bled que s'enfuit ; favoir : le prévôt pour 14 charges ; l'archidiacre, facriftain & capif-col pour 12 chacun ; les chanoines pour 10 ; & les bénéficiers pour 8 ; & quant aux bailes, fous-facriftain, deux curés, deux diacres, deux fous-diacres, le maître de chapelle, le bailon, deux baffes-contre, deux tailles, deux hautes-contre, deux campaniers, le maître de grammaire, l'organifte, dix enfans de chœur, quatre ferviteurs de meffes, le maffier, deux valets, un cuifinier, quatre prêtres, fervans en l'églife Ste. Magdeleine, deux clercs & un ferviteur, dont le tout fait le nombre de 45, ordonne qu'ils jouiront de ladite exemption, pour trois charges de bled chacun. »

Dernierement l'ordre de Malthe a prétendu être exempt des impofitions appellées *rêves* établies par la communauté d'*Aix*. Deux chevaliers réfidens à *Aix* parloient des privilèges de leur ordre, & refufoient de payer les droits fur les farines de leur confommation. La ville dénonça cette prétention au corps du pays. L'affemblée générale des communautés tenue à Lambefc en novembre 1778, délibéra « que le pays interviendroit en faveur de la ville d'*Aix*, à l'effet de faire valoir les *ftatuts & loix fondamentales & conftitutives de la province*, *fuivant lefquelles il ne peut y avoir lieu, en matiere de rêves, à aucune exemption ou privilege perfonnel* Elle chargea en même temps les procureurs du pays de demander que l'arrêt qui interviendroit, feroit exécuté dans toute l'étendue du pays & comté de Provence & terres adjacentes.

L'ordre de Malthe prit le fait & caufe de fes deux chevaliers ; en forte que la claufe plaidée pendant feize audiences, étoit véritablement entre l'ordre de Malthe & le *pays* de Provence.

ARRÊT de la cour des aides d'*Aix*, du 3 juillet 1779. « La cour, fans s'arrêter aux fins de non-recevoir propofées

par l'ordre de Malthe, dont elle l'a démis & débouté, faifant droit à la requête des procureurs des gens des trois états du pays de Provence, du 13 février 1779, de même qu'aux fins par eux prifes fur le barreau, & à l'oppofition par eux formée, en tant que de befoin, comme tiers non ouis, à tous arrêts émanés de l'autorité de la cour, & à *tous autres titres quelconques*, obtenus par l'ordre de Malthe, relativement à l'exemption perfonnelle des rêves & impofitions établies & à établir par les communautés du pays fur les fruits, denrées & marchandifes, *fans s'arrêter auxdits arrêts & titres, ni à tout ce qui peut s'en être enfuivi*; & ayant égard au moyen de ce, à la requête des confuls & communauté de la ville d'*Aix*, du 14 novembre 1778, ORDONNE que l'édit du mois d'août 1661, l'ARRÊT du confeil, du 7 février 1702, les ftatuts & autres *loix municipales de la Province* feront exécutés fuivant leur forme & teneur ; ce faifant, fait défenfes aux chevaliers d'Albert & de Treffemannes, ou foit au receveur de l'ordre, prenant leur fait & caufe, & à tous autres membres dudit ordre, de faire entrer dans ladite ville d'*Aix* aucune farine, fans payer le droit de rêve & de piquet, à quelque titre & fous quelque prétexte que ce foit, à peine de faifie d'icelle, du paiement de l'amende & autres peines portées par les baux ; & de même fuite, ORDONNE *que ledit ordre, & tous les membres qui le compofent feront & demeureront foumis au paiement de toutes les rêves & impofitions établies & à établir, tant pour la ville d'*AIX*, que pour les autres communautés du pays, fur les fruits, denrées & marchandifes, fans pouvoir réclamer aucune exemption perfonnelle, fauf cependant les exemptions réelles aux cas & formes de droit*. Ordonne que le préfent arrêt fera exécuté dans toute l'étendue du comté de Provence, Forcalquier & terres adjacentes, imprimé, publié, affiché par-tout où befoin fera, à la diligence des procureurs du pays, & aux frais

frais de la province ; condamne le receveur général de l'ordre de Malthe, aux dépens envers toutes les parties. »

Nous avons tranfcrit cet arrêt en entier, parce qu'il confirme des maximes infiniment précieufes en matiere d'impofitions royales & d'octrois municipaux. La premiere eft, que nul n'eft affranchi de l'impôt établi par le fouverain pour le foutien de l'état, ou par les provinces & villes, avec la permiffion du roi, pour l'entretien & la dépenfe commune. La feconde, que la fouveraineté peut bien accorder des exemptions & privileges, mais qu'ils font une grace révocable à volonté. La troifieme, qu'à l'égard des exemptions venant du rachat, ou de l'abonnement, on peut les faire ceffer, en indemnifant s'il y a lieu. La quatrieme, que les traités faits par les provinces & les villes ne peuvent fe foutenir, qu'autant qu'ils ne nuifent pas à la communauté, au bien public. Car s'il en étoit autrement, des adminiftrateurs foibles ou complaifans, d'une part, & de l'autre des hommes puiffans dégraderoient le revenu public, & perdroient entiérement les principes inviolables établis chez toutes les nations éclairées fur l'*impôt* & les *charges publiques.* Voyez ces mots & *Accife, Aides, Adminiftration, Municipalité, Octroi, &c.*

Droits & privileges des habitans.

4. Raymond, comte & marquis de Provence, accorda aux habitans de la ville d'*Aix*, le privilege de couper du bois, & de faire paître leurs troupeaux, cinq lieues aux environs de ladite ville : *Item quòd cives aquenfes & habitatores, juxtà eorum antiquam confuetudinem & approbatam & in contradictorio judicio fæpiùs obtentam, & per privilegia regalia confirmatam, poffint & valeant ligna fcindere & pecora pafcere & lenhairare & paftorgare per fe & per paftores fuos undecumquè in locis campeftribus non cultivatis, in fylvis ac nemoribus per quinque leucas, circùm*

circà civitatem aquenfem, prout facere confueverunt.

Le même privilege fut confirmé par des lettres-patentes du roi René du 15 avril 1477.

Les habitans de la ville d'*Aix* poffedent leurs biens en franc-aleu.

Ils font autorifés par un ftatut particulier, à racheter les cens ou fervices qu'ils doivent (bien que ces cens ou fervices aient été établis *in traditione fundi*) quand ces droits font vendus par le feigneur direct ou cenfier. Ils peuvent les racheter au même prix que le feigneur les vend à d'autres, pourvu, toutefois, que dans un mois, à compter du jour du contrat, ou pour le moins du jour de la notice qu'ils en auront eue, ils paient le prix à l'acheteur, ou qu'ils le dépofent : *Item quòd cùm venduntur alicui cenfus & fervitia......* *quòd ipfi, qui dictos cenfus & fervitia faciunt, poffint illo pretio, quo venduntur aliis, emere & habere : dùm tamen intra menfem à die facti contractûs, vel faltem à die fuæ fcientiæ pretium folvant emptori, vel ipfum deponant.*

Ils font exemps du droit de latte, peine introduite en la chambre rigoureufe, pour punir la demeure & les chicanes des débiteurs obligés par des actes foumiffionnés.

Item quòd de quibufcumque clamoribus & petitionibus pecuniarum vel aliarum rerum, quæ fient in camerâ rationum, vel in curiâ ordinariâ, vel aliis curiis quibufcumque, in civitate aquenfi, in quantùm cives vel habitatores aquenfes tanguntur confeffatis, vel de quibus ad litis conteftationem non procedetur, nulla lata folvatur : & proptereà nil curiæ feu fifco debeatur.

Item quòd de proceffibus & petitionibus pendentibus & futuris, qui funt vel fient in camerâ rationum vel aliâ quâcumque in civitate aquenfi, pro difcuffionibus bonorum, ubi procedetur de prioritate & pofterioritate creditorum, in

*quantùm cives & habitatores aquenses tan-
guntur, nulla lata debeatur nec exigatur.*

Il a été jugé que le citoyen, originaire d'*Aix*, jouit de l'exemption du
droit de latte, bien qu'il ait établi
ailleurs son domicile. (Decormis, *tom.* 2,
col. 1009.)

Le fidéjusseur d'un débiteur, citoyen
d'*Aix*, jouit de la même exemption,
quoiqu'il soit originaire & habitant d'un
autre lieu. On a pensé que le citoyen
d'*Aix* seroit frustré de son privilege, si
sa caution étoit soumise au droit de latte,
parce que le débiteur principal est obligé
de garantir & relever sa caution, de tout
le dommage qu'elle souffre. (Boniface,
tom. 2, part. 3, liv. 2, tit. 10, chap. 6.)

Enfin, les citoyens & habitans d'*Aix*
sont exempts des droits de péages, leyde,
& autres redevances pareilles qui sont
levées sur les denrées & marchandises
transportées d'un lieu à un autre :

*Item quòd homines habitatores &
incolæ civitatis aquensis præsentes &
futuri, sint & esse debeant perpetuò in
futurum liberi & immunes omni tempore,
in omnibus terris & locis, quæ & quas
habet, tenet & possidet, aut habebit in
futurum dictus illustris rex Ludovicus
provinciæ comes, natus noster, & sui in
posterùm successores, infra comitatus præ-
dictos acquisitis & acquirendis, à quâcumque solutione & præstatione pedagii, lesdæ,
vectigalis, revæ, daciæ & impositionis
constitutarum & constituendarum, ac debi-
tarum & debendarum, pro quibuscumque
mercaturis, & rebus, eas emendo, vel vendendo, portando, mandando, vel tran-
seundo per loca prædicta, per mare,
vel per terram, aut per aquam : &
specialiter pro prætenso jure cathenæ
insulæ Sti. Genesii, ita quòd in dicto
loco nihil solvatur per cives vel habitatores
aquenses, & custodes cathenæ aperire
teneantur dictam cathenam absque aliquid
exigendo: ita quòd ad ipsorum & ipsarum
solutionem, minimè pro rebus & mercaturis ipsis teneantur, seu compellantur
aquenses prædicti quovis modo.*

Administration municicipale.

5. Au mot *Provence*, nous donnerons
une notice exacte de l'administration
sage & simple de cette province. Ici nous
devons dire quelque chose de celle de la
ville d'*Aix*, qui a une forme & un
régime remarquables.

Il y a quatre consuls à la tête de l'administration. Le premier est choisi dans la
classe des gentilshommes, possédans fiefs ;
le second, connu sous le titre d'*assesseur*,
est pris dans l'ordre des avocats ; le
troisieme est un gentilhomme ; le quatrieme, un ancien bourgeois.

Ces quatre administrateurs sont de
droit *procureurs nés du pays.*

Ils sont élus à la ballote secrete par
le conseil municipal de la ville d'*Aix*,
sur la proposition des consuls qui sortent
de charge.

Le conseil d'élection se tient de deux
en deux ans, *le samedi plus proche de
la fête, St. André.* Il est composé de
cent six personnes, choisies dans tous les
ordres de citoyens. Il est autorisé par
des députés du parlement.

Rien ne peint mieux l'esprit de cette
administration, & de ses élections, que
le discours prononcé le 2 décembre 1780,
par M. Portalis, alors assesseur d'*Aix*.
Nous voulions n'en donner qu'un extrait.
L'aurions-nous pu ?

« Messieurs, le peuple célebre, dont
les loix nous gouvernent encore, avoit
établi que les magistrats, en quittant
leurs places, demeureroient exposés pendant quelques mois, à la censure du public,
pour répondre de leur administration.
Ces précautions inquiétantes sont inconnues dans nos mœurs. Nous offrons un
spectacle bien plus attendrissant & bien
plus honorable pour l'humanité, lorsque
l'on voit toujours, parmi nous, la nation
& ses chefs, s'abandonner mutuellement
& sans réserve, à une confiance sans
bornes, & n'oser croire, dans aucun
temps, à la possibilité même du mal. »

« Tel est l'heureux effet de notre

conſtitution , que *la ſeule bonté des loix,
ſemble garantir ſuffiſamment la bonté des
adminiſtrateurs* , & que nous dédaignons
tout ce qui pourroit altérer ce commerce
paiſible , d'égards & de ſervices réciproques, qui maintient le bonheur commun ;
qui ne laiſſe rien à la crainte, de ce
qui peut être opéré par l'honneur , ou
par la vertu ; & qui fait, du ſentiment le
plus doux de la ſociété , le lien le plus
fort du gouvernement. »

« C'eſt par une ſuite de ce principe
général de confiance, qui honore à-la-
fois la nation & ſes membres , que, dans
le moment même où vous pourriez être
nos juges, vous voulez encore que nous
ſoyions vos conſeils. Nous ſentons toute
l'importance & tout le prix du miniſtere qui nous eſt aujourd'hui confié. Le
bon uſage de notre liberté , devient le
premier devoir de notre reconnoiſſance.»

« Nous allons donc remplir, ſous vos
yeux , la derniere, mais la plus délicate
de nos fonctions, celle de vous préſenter
des ſujets qui puiſſent dignement répondre à vos vœux, à ceux de la province
entiere. Vous rendez déja juſtice à nos
intentions , avant que de connoître nos
ſuffrages. Ce qui nous raſſure, c'eſt que
notre choix va être éclairé par le vôtre. »

« *Se montrer capable des grandes choſes, ſans négliger les détails ; voir les
objets avec une certaine étendue, & ne
pas ſe livrer à des ſyſtêmes, qui ne naiſſent d'ordinaire , que parce que l'eſprit
ſe jette aveuglément d'un côté & abandonne tous les autres ; ouvrir ſon ame
à la ſenſibilité, ſans la rendre acceſſible
à la faveur; réunir la ſageſſe & l'activité ;
avoir cette force de caractere qui donne
le mouvement à la volonté, & la volonté à la penſée , qui change les
idées heureuſes en actions utiles, & qui
fait ſortir les reſſources du ſein même
des difficultés & des obſtacles.* »

« *Lier les intérêts particuliers à l'intérêt
général ; diriger toutes les paſſions, ſans
preſque en éprouver aucune ; concilier
équitablement les droits du citoyen avec*

*ceux de la cité; DÉTRUIRE LE MAL,
EN FAISANT SENTIR LE BIEN;
DISPOSER LES HOMMES, par l'exem-
ple & par la perſuaſion, à porter doci-
lement & avec liberté LE JOUG DE LA
FÉLICITÉ PUBLIQUE.* »

« *Ramener autant qu'on le peut, les
beſoins de la ſociété à la ſimplicité de la
nature ; diſtribuer les revenus publics avec
ordre, & les employer avec économie ;
NE PAS S'ÉCARTER DES PRINCIPES
GÉNÉRAUX POUR QUELQUES INCON-
VÉNIENS PRIVÉS; ne pas occaſioner
le malheur du pays, pour le bien d'une
ville, ni préparer des maux durables pour
l'intérêt d'un inſtant.* »

« *Enfin, REGARDER COMME UN
VICE DE N'AVOIR PAS TOUTES LES
VERTUS.* »

« *Telle eſt l'image des qualités & des
devoirs d'un adminiſtrateur.* »

« Cette image doit être préſente à vos
yeux. Nous avons dû nous-mêmes oublier
un inſtant ce que nous ſommes, pour
rappeller uniquement ce que nous de-
vrions être. »

« Connoiſſez, meſſieurs, toute votre
dignité. L'étendue de vos privileges fixe
celle de vos obligations. Nos loix vous
ont établis *gardiens & dépoſitaires de la
liberté générale*; vous êtes, dans ce moment, comme *la conſcience publique de
la nation*. Laiſſons à ceux qui peuvent
redouter vos ſuffrages , le triſte avantage
de jalouſer vos droits. Que ſeroit devenue
la province, ſi le choix de ſes défenſeurs
n'eût conſtamment appartenu à un conſeil
éclairé & permanent, compoſé de tous
les ordres, placé au centre de toutes
les lumieres, & au milieu de toutes les
autorités ? Ici vraiment eſt la patrie,
puiſque tout ſon eſpoir y réſide. »

« Vous faites plus que d'élire les
adminiſtrateurs, vous réuſſiſſez encore à
les former. C'eſt de vous qu'ils tiennent
ces vues & ces maximes, dont vous
conſervez la tradition, & qui fixent la
grande ſcience du bien public. Preſque
toujours vous inſpirez ce qu'ils ſont

d'utile, & vous prévenez ce qu'ils peuvent faire de dangereux. »

« Vous savez contenir, par le point d'honneur, une autorité qui pourroit n'être pas toujours réglée par le devoir. Si la vertu n'a plus aujourd'hui, comme autrefois, un *for* extérieur, connu sous le nom de *tribunal des mœurs*, nous retrouvons ce tribunal avec de plus grands avantages, peut-être, dans *cette OPINION PUBLIQUE*, que vous dirigez, qui *regne sur les hommes en place, & sur les simples particuliers, & qui note les négligences & les simples fautes, comme les loix sévissent contre les crimes.* »

« Un administrateur honnête & bien intentionné, applaudira toujours à la sévérité de vos jugemens, sans avoir la lâcheté de s'en plaindre. Il saura que *la vertu même a besoin de limites*, & que votre *CENSURE est une leçon utile de vigilance, lors même qu'elle peut n'être pas toujours un acte raisonné de justice.* »

« Que la nation est heureuse d'avoir déposé ses intérêts dans vos mains ! vous veillez, & elle est tranquille. Votre zele & vos efforts sont secondés par ce corps auguste, qui a le dépôt de nos loix, qui défend en toute occasion nos maximes, & qui est aujourd'hui représenté, au milieu de vous, par des magistrats respectables, par des magistrats citoyens, aussi dévoués à la patrie qu'à la justice. Sous leurs auspices, réunissons nous tous pour le plus grand bien public ; & dans le choix important que l'on attend de nous, ne consultons que nos devoirs & nos consciences, & sachons répondre dignement à la confiance du peuple. »

Les consuls d'*Aix* sont en même temps lieutenans-généraux de police. Ils président à l'alignement & à l'agrandissement des rues & des places publiques. Ils ont la garde du territoire.

Ils font plus : Ils assistent aux actes d'émancipation, & aux donations entre-vifs, & sont juges des comptes tutélaires : régime sage qui maintient l'harmonie, & empêche la ruine des familles.

Enfin, le conseil municipal d'*Aix*, peut s'occuper de tout ce qui est bien public ; *faire des statuts & des loix municipales*, en ce qui est des *négoces & causes civiles des habitans.* (Privil. de la ville d'Aix, pag. 19.)

Pour tant de travaux & de soins, il n'y a ni émolumens, ni honoraires. Le désintéressement a toujours été le caractere distinctif des administrateurs de Provence.

Hôpital général.

6. En sortant de l'hôtel-de-ville, les consuls d'*Aix* sont administrateurs nés de l'hôpital général. Le régime de cet établissement n'est rien sans son esprit : il faut le chercher encore dans le discours prononcé par M. Portalis.

« Vous n'êtes point, leur dit-il, arrivés au terme de votre administration. Des objets, moins brillans peut-être, mais qui ne seront pas moins chers à votre cœur, s'offrent à votre sollicitude. Vos jours ne seront pas perdus pour la patrie, quand vous les consacrerez à l'humanité. »

« C'est la patrie elle-même que vous servirez sous de nouveaux rapports. Vous venez remplir les engagemens les plus sacrés. Elle vous établit les ministres de cette *bienfaisance civile* tant célébrée dans ce siecle, & que l'on peut regarder comme la *charité* des états & la *vertu* des empires. »

« Vos nouvelles fonctions paroissent n'avoir qu'un objet particulier. Mais vous les dirigerez vers la plus grande utilité publique. Le même esprit, qui a déja présidé à tous vos succès, continuera de présider à toutes vos démarches. *Hommes & citoyens*, vous serez à la fois *humains & patriotes.*

« L'ABUS LE PLUS COMMUN DANS LE RÉGIME DES INSTITUTIONS PARTICULIERES, EST DE LES ISOLER DE LA SOCIÉTÉ GÉNÉRALE. »

« *Trop souvent on croit ne plus appartenir à la cité, quand on appartient à une œuvre pie, comme si toutes les œuvres pies n'étoient pas uniquement établies pour la cité.* »

« Dans cette matiere, plus que dans aucune autre, *le bien public est la loi suprême*, & cette loi ne doit être balancée, ni par *les idées rétrécies d'un fondateur qui n'a pu enchaîner les générations & les siecles*, ni par les droits prétendus des établissemens particuliers. »

« LES CITOYENS *ont des droits propres & absolus, qui sont sacrés pour le corps même de la société. Comme hommes, ils existent indépendamment d'elle; ils en font, sous un autre rapport, les élémens nécessaires.* Nous ajoutons, que *c'est pour leur défense & pour leur bonheur qu'elle existe toute entiere.* Mais les établissemens sont dans l'état sans être membres de l'état. *La société ne s'est pas formée pour eux. Ce sont eux qui n'existent que pour la société.* On ne doit donc jamais les considérer en eux-mêmes. *Pour les diriger sagement, il faut se mettre à la place de la cité, & ne les voir qu'avec les yeux de la patrie.* »

« Ces principes, confirmés par l'exemple des citoyens généreux, qu'un choix éclairé associe à vos travaux, sont heureusement retracés par toute la constitution de cet hôpital. »

Nous avons une religion, un sacerdoce & des pontifes qui enseignent la pratique de tout ce qui est bon, de tout ce qui est saint, de tout ce qui est juste. Mais on a tant redouté l'influence de l'esprit particulier dans une institution essentiellement sociale, que les membres du clergé sont écartés de nos assemblées, par une loi domestique & fondamentale. Nos peres ont cru que *des citoyens exercés aux affaires, des peres de famille qui ont l'HABITUDE DES PLUS DOUCES AFFECTIONS, seroient de meilleurs administrateurs d'hôpitaux, que des agens étrangers à la société.* »

« Quels sont les premiers recteurs de l'œuvre? Des hommes, dont le patriotisme, déja éprouvé dans les administrations importantes de la ville & de la pro-

vince, peut raisonnablement fonder nos espérances, après avoir mérité nos regrets. »

« Et ces hommes ne doivent avoir pour adjoints que des personnes de l'état consulaire, c'est-à-dire, des personnes choisies dans des conditions vouées par éducation & par principe à la conduite des affaires communes, & au gouvernement de la chose publique. »

« L'esprit de cité se montre donc par-tout dans notre régime. Par-là, ne sommes-nous pas avertis qu'il doit journellement se reproduire dans nos délibérations? Pourrions-nous tromper les sages vues de nos loix? Pourrions-nous méconnoître notre propre vocation, j'ose même dire, notre propre dignité? »

« Les fonds, dont l'emploi nous est confié, nous les tenons, ou des fondateurs citoyens qui ont stipulé pour la patrie, ou des mains de *la patrie elle-même: elle est obligée de suppléer à nos ressources.* C'est sa dette qui est acquittée par nos mains. Nous sommes donc véritablement magistrats municipaux. Nous sommes les vrais *ministres de la bienfaisance publique.* »

« On abandonne au goût ou au zele particulier l'exercice des charités privées. Dans certains établissemens publics, on est même souvent forcé de respecter les loix singulieres de l'institution. »

« Mais dans une œuvre, toute nationale par sa nature & par ses rapports, on doit mettre de côté les goûts, les volontés, les affections personnelles. On doit sur-tout abdiquer cet *esprit de corps qui rétrécit les idées, qui trompe le talent, & qui donne même des foiblesses à la vertu.* L'image auguste de la patrie, toujours présente aux regards de l'administrateur, doit anoblir ses pensées & épurer ses sentimens. Elle doit le suivre jusques dans les moindres détails de son administration, & lui inspirer, dans chaque bien particulier, le noble courage de s'élever jusqu'à la source du bien public & général. »

« Loin de nous, l'idée de censurer

aucune des inftitutions établies. **Mais on a remarqué que** *la plupart de ces inftitutions choquent les vrais principes de la fociété.* Dans quelques états voifins, les hôpitaux ne font que des afyles ouverts à l'oifiveté & à l'indolence. On diroit qu'ils font moins faits pour fecourir le pauvre, que pour détruire l'efprit d'induftrie & de commerce, & pour encourager la pauvreté. »

« Si l'on ne trouve pas ici les mêmes inconvéniens, il faut en rendre hommage à cet efprit de cité qui fonda notre régime, qui infpire tous nos adminiftrateurs, qui foutient les grandes vues par de grands motifs, & qui feul préfide aux établiffemens utiles & durables. »

« *Un homme n'eft pas pauvre, parce qu'il n'a rien, mais parce qu'il ne travaille pas.* »

« Admirons la fainteté, la fageffe de nos loix, qui n'ouvrent le fanctuaire de nos miféricordes qu'aux citoyens infirmes, qu'il faut arracher à la maladie ou à la mort, dans l'efpoir de les rendre bientôt à la patrie. »

« Voilà les hommes qu'il nous eft permis de fecourir. »

« Et ces infortunés font avertis que fi l'œuvre eft permanente, le fecours n'eft jamais que paffager, comme le befoin. »

« Ainfi, un acte de bienfaifance devient encore pour eux une invitation au travail, & une leçon de morale & de vertu. »

« Des efprits bornés ofent quelquefois accufer notre régime de dureté. Ils ne voient pas que des fecours, prodigués fans difcernement & fans méthode, feroient des reffources enlevées aux vrais befoins; *qu'il eft un terme au-delà duquel la piété n'eft que foibleffe, & devient même cruauté; qu'une bienfaifance aveugle, réduite en fyfteme politique, feroit un principe de corruption pour le peuple, & un fléau public dans la fociété.* »

« Faut-il parler de ces enfans malheureux qui naiffent épars fur la furface de la terre, qui n'ont que l'état pour famille, & auxquels une loi fage, qui s'eft propofée de raffurer la pudeur d'un fexe timide, & de tranquillifer les familles, a voulu ménager un afyle contre les dangers de leur naiffance? Nous les recueillons, ces enfans, au nom de la patrie, fi intéreffée à les protéger. Nous leur appliquons fes bienfaits. Nous les marquons du fceau de fes promeffes. Après avoir confervé en eux des hommes, nous cherchons encore à préparer des citoyens. »

« Dans des temps moins éclairés, on laiffoit multiplier, languir ces générations naiffantes dans l'étroite enceinte des murs de l'œuvre. On croyoit en impofer & fe montrer grand, quand on conduifoit en trophée ce peuple de malheureux dans les cérémonies publiques, comme on portoit autrefois les richeffes de la république dans les triomphes. »

« Ce luxe, auffi puérile que déraifonnable a difparu. La vanité en a fait un facrifice à la patrie. »

« Un zele, épuré par le patriotifme, diftribue aujourd'hui dans les campagnes, & applique à l'agriculture tous ces êtres, que l'on doit chercher à rendre utiles au public, & que l'on doit mettre en état de porter le poids de leur propre deftinée. »

« Notre adminiftration travaille donc à la fois, & pour le bonheur des hommes, & pour celui de la fociété, quand elle cherche à renouveller fans ceffe cette maffe premiere de la nation, qui eft comme la grande bafe fur laquelle porte tout l'édifice politique, & qui fe divife enfuite, & va fucceffivement s'engloutir dans nos armées, dans nos arfenaux & dans nos ports. »

« Ne nous y trompons pas : c'eft l'efprit de cité, à qui nous devons la bonté de nos loix, & la fageffe de notre adminiftration. »

« C'eft lui qui étend les heureux effets de notre régime au-delà des murs, qui paroiffent en circonfcrire l'enceinte. »

« C'eft lui qui donne, pour ainfi dire,

à chaque particulier, cette ame publique, qui est inaccessible aux petites erreurs, & qui n'est ouverte qu'aux grandes vues, qui réunit toute l'activité de la sensibilité privée, avec tous les avantages de la raison universelle. »

« Plaçons donc notre véritable gloire à être administrateurs citoyens. Que les mots révérés de *patriotisme* & de *bienfaisance* ne s'effacent jamais de nos cœurs. »

« Laissons les œuvres particulieres s'enorgueillir de la célébrité d'un fondateur, ou aspirer à une fausse indépendance. »

« Pour nous, glorifions nous dans la cité. N'ayons d'autre vœu, d'autre intérêt, d'autre honneur, d'autre orgueil que le sien. »

« Voilà ce qui rend une administration respectable. »

« Je voudrois effacer toute consécration, toute inscription particuliere des portes de ce temple auguste. Je voudrois n'y lire que ces mots, qui retracent nos devoirs, & qui expriment tous nos sentimens : *Monument élevé à la patrie & à l'humanité.* »

Bureau d'agriculture.

7. Les états de la province ont fondé à *Aix* un bureau d'agriculture, dont la constitution se rapproche par l'autorité, les moyens & les vues de celle proposée par Raoul Spifame, comme nous l'avons dit au mot *Agriculture*, n°. 49. En sorte que c'est un avocat, qui au seizieme siecle donna l'idée heureuse de cet établissement utile, & lorsque deux siecles après elle se réalise à *Aix*, c'est encore un avocat; c'est M. Portalis, qui, présidant ce bureau comme assesseur d'*Aix*, parle ainsi :

« Messieurs, la société, que nous avons l'honneur de présider, & qui ouvre aujourd'hui pour la premiere fois ses séances publiques, a des droits certains à la confiance de la nation, puisqu'elle a été formée par le vœu de la nation elle-même. »

« Son objet est l'agriculture, c'est-à-dire, le premier, le plus étendu, le plus essentiel des arts. »

« L'émulation, la faveur publique, les encouragemens n'ont d'abord été prodigués qu'aux talens, à l'industrie, & aux lettres. On abandonnoit les arts nécessaires à une pratique aveugle; on négligeoit les richesses réelles de la France pour leur préférer des richesses de convention; on étoit plus jaloux de ce qui pouvoit orner la société, que de ce qui pouvoit servir les hommes. »

« Il a fallu du temps pour nous éclairer sur nos vrais intérêts, pour nous rappeller à la nature, sans nous faire oublier les bienfaits de l'art, pour rétablir un juste équilibre entre les institutions agréables & les institutions utiles, ou, ce qui est mieux, pour assigner à chacune son véritable rang. »

« La grandeur & les ressources de la France sont l'œuvre de deux siecles, *qui ont ouvert de nouvelles routes à l'administration publique, l'un vers la gloire, l'autre vers le bonheur des peuples.* »

« Pour consommer cette œuvre, *qui consiste à agrandir l'état par le commerce, & le commerce par l'agriculture*, le gouvernement à porté quelques loix agraires qui ont encouragé le cultivateur. Il a décerné des prix, des récompenses aux découvertes, à la bonne culture. Il a établi des sociétés qui se sont insensiblement multipliées dans l'Europe, & qui nous communiquent les lumieres de chaque peuple, comme le commerce nous départit les productions de chaque territoire. Cette correspondance, qui, malgré la diversité des loix & des cultes, resserre les liens de la société générale des hommes, est une des consolations des maux que l'ambition & la politique font encore sur la terre. »

« N'envions point à la capitale ces corps académiques, ces institutions brillantes qui ont produit des chefs-d'œuvre en tout genre. Les beaux arts ne peuvent fleurir que dans les grandes villes, où un grand luxe corrompt les mœurs, & forme le goût. »

« Mais, en matiere de recherches & de découvertes utiles, connoissons tous nos avantages : nous gagnons du côté de la raison, ce que nous perdons du côté de l'agrément. La nature s'offre par-tout. C'est un livre ouvert à tous les hommes. Elle est même plus près de nous que des lieux où l'art semble prévaloir sur elle & lui disputer l'empire. »

« On a donc tout à espérer de l'établissement d'une société d'agriculture en Provence. Nous habitons un sol ingrat ; il faut que l'industrie nous donne ce que la terre nous refuse. Il faut que les connoissances & les encouragemens dirigent & soutiennent les efforts de l'industrie. »

« Les sociétés agraires sont utiles, tant qu'elles ne dégénerent point en sectes, tant qu'on n'abandonne pas le secours de l'expérience pour se livrer aux dangers du raisonnement ; tant que le systême ne remplace pas l'esprit d'observation. Avec des systêmes, on peut tromper les hommes. Avec des systêmes, on ne trompe pas la nature. »

« Vous avez, messieurs, dans les lumieres des membres qui composent cette société, un sûr garant du progrès des connoissances publiques. Ils parcourent une carriere moins brillante, mais plus sûre & plus utile que celle des littérateurs. »

« Quand on approfondit la théorie des arts, purement de génie & de goût, on s'apperçoit que les beautés qui leur appartiennent, & qui conviennent à la nation, pour laquelle on travaille, sont bientôt épuisées. De-là vient peut-être que, dans chaque gouvernement, le siecle, où l'on voit fleurir les arts & les lettres, est suivi de près par leur décadence. Mais les genres dont les sujets se renouvellent sans cesse, comme l'agriculture, les observations physiques, & qui ne demandent que du travail, du jugement, de l'expérience, se soutiennent toujours :

les beautés de l'art ont des bornes ; mais la raison est de tous les siecles, & la nature est infinie. »

« Que ne devons-nous pas attendre d'un établissement que la nation a formé & qui n'est dirigé qu'au bonheur de la nation ? Vous croyez, messieurs, n'encourager que ses premiers efforts ; vous venez être les témoins de ses premiers succès. Le prix, que l'on décerne aujourd'hui, prouve qu'il n'y a point eu de moment perdu pour le travail, l'émulation & le talent, & que si le présent justifie vos suffrages, l'avenir répondra à toutes vos espérances. »

Barreau.

8. A côté de cet orateur, je vois messieurs, *Julien, Pazeri, Siméon, Pascalis, Barlet, Pochet, Alpheran* ; & combien d'autres ! Ils ont rempli la même carriere, & comme lui, ils ont observé le précepte de Plutarque : *Savoir bien dire, encore mieux faire.* Voyez *Administration*, n°. 15.

Ainsi dans son barreau célebre, la Provence trouve à-la-fois des jurisconsultes profonds, des orateurs éloquens, & des administrateurs éclairés. Ils ne se sont bornés ni à l'étude mal digérée, de la compilation Justinienne, ou de quelque coutume barbare ; ni à la routine du droit privé, & à la collection d'une jurisprudence obscure & versatile. Ces travaux arides étouffent le génie, & rétrécissant l'ame ne préparent point l'administrateur. Ils ont étudié le droit naturel, le droit des gens, le droit public du royaume & de la province : c'est à eux qu'elle doit le maintien de sa liberté, & de ses droits ; la sagesse, la vigueur & la justice de ses états.

Cette heureuse constitution a une base. On choisit toujours dans le barreau d'*Aix*, le second administrateur de la province, connu sous le nom d'*assesseur*. C'est lui qui a la parole ; qui rend compte de toutes les affaires aux assemblées générales des communautés & qui

est

est comme le procureur - général des états. De plus, les possédans-fiefs, qui forment un corps particulier en Provence, choisissent également dans l'ordre des avocats, un de leurs administrateurs, qui est appellé *syndic de robe de la noblesse*, & cette place est remplie par M. Gassier, si connu par ses vertus, ses talens & ses lumieres.

On nous pardonnera ces discours, ainsi que ces détails sur une seule ville. Ils valent bien tant de longues dissertations, dont l'effet le plus sûr est d'embrouiller la jurisprudence. Ils nous offrent une mine abondante, où nous puiserons souvent. En parcourant ainsi des lieux dévastés par la féodalité, l'ignorance & la barbarie ; nous trouvons des vestiges de Rome & d'Athenes : comment ne pas s'y arrêter ? Nous découvrons un lieu qui nous rappelle ce que les jurisconsultes furent autrefois, & ce qu'ils devroient être tous pour le bonheur de la patrie : comment ne pas les distinguer, les admirer & les chérir ?

Procession de la Fête-Dieu.

9. Nous ne terminerons pas cet article, sans parler de la fameuse procession de la Fête-Dieu.

Le roi René, comte de Provence, l'institua vers l'an 1462. C'est le temps où les freres de la passion représentoient les mysteres sur le théâtre de Paris.

Les détails de cette pieuse farce sont étrangers à notre ouvrage. On les trouve dans le voyage littéraire du pere Papon; & l'on peut encore consulter l'ouvrage de M. Gregoire.

Quand on a demandé comment on conserve encore cette bizarre institution au dix - huitieme siecle, dans un pays ou l'on trouve à-la-fois tant de connoissances & un si bon esprit; on a répondu qu'elle appelle à *Aix* tous les ans un concours considérable d'étrangers, & qu'elle est en conséquence maintenue comme un objet important de revenu.

L'on a fait encore deux questions;

Cet intérêt pécuniaire peut-il être mis en balance avec les maux qu'entraînent la superstition, & à sa suite le fanatisme ? Cette procession date de 1462, & c'est en 1545 que Cabriere, Merindol & trente-deux villages ont été brûlés ; & que leurs malheureux habitans ont été égorgés avec le glaive des loix !

N'y auroit-il aucun moyen de conserver le produit, en remplaçant ce spectacle incroyable, par quelque fête religieuse ou civile, dont l'esprit fût au moins raisonnable, & qu'on pourroit même rendre utile à l'instruction & à la bienfaisance publique ? . . . .

Sur ces questions, le doute ne donneroit pas une merveilleuse idée de l'état actuel de l'esprit humain ; spectacles, fêtes, cérémonies, discours, tout doit tendre à l'instruction publique : comme le disoit le chancelier de l'Hospital, *les hommes ne sont malheureux que par l'ignorance.*

A L A I S.

1. C'est une ville du Bas-Languedoc, sur le Gardon, proche des Cevenes, à deux lieues d'Anduse & cinq d'Usez, avec titre de comté.

État ecclésiastique.

2. Après la révocation de l'édit de Nantes, Louis XIV s'empressa d'établir un évêché à *Alais*, dans l'espoir qu'un premier pasteur convertiroit la très-grande quantité de protestans qui remplissoit la contrée. La bulle d'érection est du 17 mai 1694, & les lettres-patentes ont été enregistrées au parlement de Toulouse le 22 novembre suivant. La dotation fut faite par la suppression de l'abbaye de Psalmody. Les revenus étoient estimés à 16000 liv. & ont dû augmenter avec le prix des grains. La taxe pour les bulles est de 500 florins. Le diocese n'a que quatre-vingt-six paroisses & trois annexes.

Le chapitre formé par les menses des deux églises d'*Alais* & de Pfalmody, a dix-neuf prébendes, y compris celle de l'évêque. Le roi nomme à la prévôté; le chapitre en corps à l'archidiaconé; l'évêque à la chantrerie, à la facriftie, & à la fous-chantrerie. Un canonicat eft conféré alternativement par les évêques d'*Alais* & d'Ufez : le comte d'*Alais* en confere deux. Tous les autres font à la collation alternative du roi & du chapitre. Au mot *Préceptoriale,* voyez un ARRÊT du confeil de 1775, qui a caffé un ARRÊT du parlement de Touloufe, du 14 avril 1772, au fujet de la prébende préceptoriale d'*Alais.*

Le procès verbal de l'affemblée du clergé de 1758, *pag. 46,* contient une lettre de l'évêque d'*Alais,* pour obtenir du roi la conftruction d'une cathédrale. Et nous voyons dans le diocefe deux abbayes de bénédictins, Sauve & Cendras, & une abbaye de bernardines, Fonds ou Fontaine d'*Alais !* Étoit-ce à l'état à faire cette dépenfe ? étoit-ce à l'églife ? au diocefe ? Voyez *Aide, Clergé, Diocefe, Églife, État.*

État civil.

3°. *Alais* fitué dans le reffort de la fénéchauffée de Nîmes & du parlement de Touloufe eft régi par le droit écrit.

Le feigneur comte prend féance à la tête de la nobleffe dans l'affemblée des états de Languedoc. Le diocefe eft un des douze qui compofent la généralité de Montpellier, & a quatre-vingt-quinze communautés contenant 15374 feux. Sa taxe eft de 10521 liv. 11 fous 8 den. en fuppofant la taxe de la généralité de 300, 000 liv.

L'hiftoire préfente à chaque pas cette ville en proie aux ravages de la féodalité, & aux fureurs des guerres civiles & religieufes. Louis XIII l'affiégea & la prit en 1629 : Louis XIV y fit faire une citadelle en 1689, & il y a eu encore des mouvemens au commencement de ce fiecle, lors de la dragonnade.

Ces troubles font diffipés, graces au lumieres du fiecle, à la tolérance du gouvernement, à la circonfpection & à la fidélité des habitans. Allez-y, vous verrez un très - beau pays, une terre fertile en bled, en vin, en olives & en mûriers; un commerce de foies, connues fous le nom de *poil d'Alais;* des manufactures de cadis, de ferge & de ratine. Vous verrez une induftrie active, point de pauvres; & par-tout de bons françois. Vous les entendrez au nom de Louis XVI, dire, comme après la prife de Paris les ligueurs difoient de Henri IV :

Du Dieu vivant c'eft la terrible image;
C'eft un roi bienfaifant, le modele des rois.

Henriade , chant 10.

Fin du Tome troifieme.

TABLE ANALYTIQUE

de ce troifieme volume.

5. *Questions,*

Ce mot ſi ſouvent employé dans le droit criminel, n'en a pas moins encore une ſignification équivoque.

Matiere importante pour les finances & le commerce. On marche d'après l'hiſtoire, le chancelier d'Agueſſeau & la juſtice.

La fermentation actuelle des eſprits ſur l'eſclavage, exigeoit que l'on donnât une certaine étendue à cet article, qui ne paroît avoir été traité par aucun juriſconſulte.

Aux édits de 1315 & 1553, on peut ajouter le fameux arrêt du parlement de Toulouſe, de 1443 répété par tous les hiſtoriens d'après Mezeray « On remarque, dit-il, que le premier arrêt du » nouveau parlement a été donné en faveur de la » liberté, ſur ce que les Catalans redemandoient » certains eſclaves qui s'étoient ſauvés en France, » portant que : *Quelque eſclave que ce ſoit, qui* » *pourra mettre le pied ſur les terres de France,* » *criant* FRANCE, *ſera affranchi de ſervitude, &* » *entiérement délivré de la puiſſance de ſon patron.* » Si grande étoit la liberté de cette noble monar- » chie, que même ſon *air* la communique à celui » qui ſe jette en ſes bras, & ſi auguſte la majeſté » de nos rois, qu'ils *dédaignent de commander à* » *des hommes, s'ils ne ſont libres.* » (Hiſtoire de France, tom. 2, pag. 39, édit. de Guillemot.) Louis XVI a répété ces dernieres expreſſions dans ſon édit d'août 1779. *Mettant notre principale gloire à commander à une nation libre & généreuſe.* Après tant de titres, l'affranchiſſement abſolu eſt le droit commun de la France.

Cet article ne paroissant traité nulle part, & tenant au commerce comme à la finance, aux mœurs comme à la justice, on a essayé de resserrer des principes & des notions exactes.

L'action ou l'inaction peuvent-elles être un devoir ou un crime? Quand? Comment? Questions intéressantes.

On a peint foiblement les maux occasionés dans les états, les provinces, les villes & les campagnes, par cette espece dangereuse d'hommes. Voyez *Ambition, Inquiétude, Compagnie, Corps.*

Il s'agit sur-tout de la dîme des agneaux.

L'objet principal de cet article, est la validité des actes faits près de l'agonie.

C'eft d'après l'incroyable contradiction de ces coutumes, & les vues renfermées dans les quatre derniers chapitres, qu'il faut examiner, s'il ne feroit pas jufte & aifé, de donner une loi unique fur le droit d'aineffe.

AJOINT. 731.

1. AJOURNEMENT. *ibid.*

On renvoie avec l'ufage les formes au mot *Affignation*, & l'on fe borne au droit criminel.

2. AJOURNEMENT PERSONNEL. 732.

3. *Objet & forme de l'ajournement perfonnel.* ibid.

4. *Prefcription, Oppofition, Arrêt de défenfes.* 738.

5. *Sur quelles perfonnes & fur quoi porte l'interdiction réfultante de l'ajournement perfonnel.* ibid.

6. *Eccléfiaftique ajourné.* 734.

7. *Officiers de juftice.* 736.

8. *En quels cas le juge peut-il décréter d'ajournement perfonnel ?* ibid.

Les choses importantes que nous avons recueillies sous ce mot, se trouvent rarement dans nos livres classiques, ou y sont éparses. Il nous a paru intéressant de suivre notre plan, & d'avoir des souches.

Au moment où nous finissons cette table, nous recevons une déclaration enregistrée au parlement de Paris, ce 8 juillet 1783, que nous placerons sous le mot *Alignement*, & qui remplit exactement les vues que nous avions développées sous ce mot *AIR*, n°. 12. Le roi convaincu que l'excessive élé-

vation des bâtimens n'est pas moins préjudiciable à la *SALUBRITÉ DE L'AIR* dans une ville aussi étendue & aussi peuplée, qu'elle est contraire à la sûreté des habitans, « *art. I*, fixe la largeur des rues à trente pieds au moins.... Défend, *art. III* & *IV*, d'élever aucun édifice sans avoir communiqué les plans, (ce qui mettra à portée d'interdire les cours étroites & pestiférées).... *Art. V*, fixe la hauteur des maisons à soixante pieds ; & à quarante-huit seulement, lorsqu'elles seront en bois. *Art. VI*, défend toutes saillies & porte à faux, & en ordonne la démolition, &c. »

Si quelque chose peut encourager, c'est, sans contredit, le bonheur de prévenir, & d'annoncer en quelque sorte les vues d'un gouvernement éclairé, paternel ; d'une législation sage & puissante, qui sent enfin tout ce qu'elle peut pour le bien public.

La vie de ce jurisconsulte est simple ou obscure, comme celle de tous ceux qui ont fait le bien ; mais ses écrits restent, & l'on cherche à les faire connoître, sur-tout à cause de leur véracité.

Fin de la Table.

FAUTES A CORRIGER.

Page 23, col. 1, ligne 8, au lieu de *vouloient*, lifez : *roulant*.

Page 26, col. 2, lignes 27 & 28, au lieu de *affemblés fous le titre de parlement gens*, lifez : *des gens affemblés fous le titre de parlement*.

Page 35, col. 2, ligne 13, au lieu de *les ancienne lois*, lifez : *les anciennes lois*.

Page 37, col. 1, ligne 26, au lieu de *éternelle dédale*, lifez : *éternel dédale*.

Page 91, col. 2, ligne 43, au lieu de IGNORENTIA, lifez : IGNORANTIA.

Page 109, col. 2, ligne 8, au lieu de *preferite*, lifez : *proferite*.

Page 121, col. 1, ligne 14, au lieu de *provoluti genua*, lifez : *provoluti in genua*.

Page 122, col. 2, ligne 29, au lieu de *regem fuum in terrâ*, lifez : *regem fuum in genua*.

Page 123, col. 1, lignes 10 & 11, au lieu de *perfonnam*, lifez : *perfonam*.

Page 152, col. 2, ligne 40, au lieu de *1569, in-fol.* lifez : *1569, in-4°*.

Page 154, col. 2, ligne 21, au lieu de *nunc mihi turpeias*, lifez : *tarpeias*.

Page 246, col. 2, ligne 35, au lieu de RÉTABLISSEMET, lifez : RÉTABLISSEMENT.

Page 249, col. 1, ligne derniere, au lieu de *gens biens*, lifez : *gens bien*.

Page 255, col. 1, ligne 27, au lieu de *affaires étrangeres*, lifez : *affaires étrangeres*.

Page 266, col. 1, ligne 13, au lieu de *la fouveraifé*, lifez : *la fouveraineté*.

Page 267, col. 1, ligne 19, au lieu de *tom. 1, priorum*, lifez : *tom. 3, priorum*.

Page 303, col. 2, ligne 32, au lieu de *coopriétaires*, lifez : *copropriétaires*.

Page 313, col. 2, ligne 32, au lieu de *l'amour*, lifez : *l'effet*.

Page 353, col. 1, ligne 29, au lieu de *on le dégage*, lifez : *on les dégage*.

Page 354, col. 2, ligne 23, au lieu de *des tireurs de Lyon*, lifez : *des tireurs d'or de Lyon*.

Page 417, col. 1, ligne 37, au lieu de *curam*, lifez : *caram*.

Page 441, col. 2, ligne 21, au lieu de *quelque inconvéniens*, lifez : *quelques inconvéniens*.

Page 460, col. 2, ligne 42, au lieu de *ita etiam quî nondum*, lifez : *ita etiam eos qui nondum*.

Page 463, col. 2, lignes 11 & 12, au lieu de *abandonnée*, lifez : *abandonné*.

Page 513, col. 1, ligne 32, au lieu de *Langres*, lifez : *Gangres*.

Page 530, col. 1, ligne 12, au lieu de *& conclut*, lifez : *& conclu*.

Page 556, col. 1, ligne 26, au lieu de *meffier*, lifez : *meffier*.

Page 551, col. 1, lignes 44 & 45, au lieu de *partiaire*, lifez : *parciere*.

Page 640, col. 1, lignes 35 & 36, au lieu de *du parlement de Paris*, lifez : *de la cour des aides de Paris*.

Page 713, col. 2, ligne 25, ou lieu de *édit. de 1653*, lifez : *édit. de 1673*.

Page 715, col. 2, ligne 25, au lieu de *ces rotures*, lifez : *les rotures*.

Page 722, col. 1, ligne 33, au lieu de *ad lib. 37, D.* lifez : *ad l. 37, D.*

Page 725, col. 1, ligne 1, au lieu de *cùm jus præcipuè*, lifez : *cùm jus præcipui*.

Ibid. ligne 18, au lieu de *faits de confentement*, lifez : *faits du confentement*.

Page 751, lignes 41 & 42, au lieu de *St. Girons, St. Loubon, Pimbo*, lifez : *St. Gerons, St. Loubouer, Pimbes*.

Difcours préliminaire.

Page iv, ligne 37, au lieu de *moins expofés*, lifez : *mais expofés*.

Page v, ligne 33, lifez : *2°. que nous nous attachons*.